I0822236

La BIBLIA de
NUESTRO PUEBLO

NUEVO TESTAMENTO

La BIBLIA de NUESTRO PUEBLO

Texto:
LUIS ALONSO SCHÖKEL
Adaptación del texto y comentarios:
EQUIPO INTERNACIONAL

Nuevo Testamento

III Edición

Imprimatur:

Cardenal Oscar A. Rodríguez M., SDB
Arzobispo de Tegucigalpa
Presidente de la CEH

Monseñor Roberto Camilleri, OFM
Obispo Auxiliar de Tegucigalpa
Secretario General de la CEH

2015
© Pastoral Bible Foundation (PBF)
P.O. Box 1608
Macau, China
bible@claret.org
ISBN 978-99937-923-1-4

PBF es parte del grupo de Editores Claretianos (Claret Publishing Group)

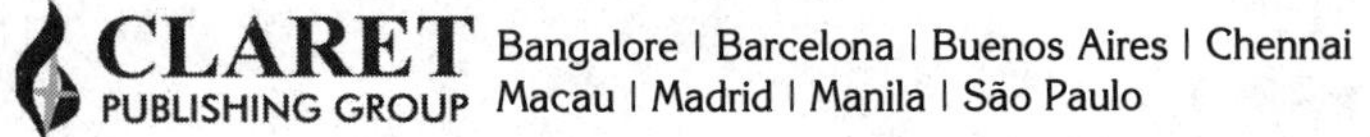

Printed in China by Nanjing Amity Printing Co.
FT331403

Índice

VOCABULARIO DE NOTAS TEMÁTICAS

Este vocabulario no es una concordancia. Ni siquiera es un índice de conceptos para facilitar su búsqueda. Es más bien, una selección de más de un centenar de temas importantes, conceptos, símbolos e ideas que se encuentran en el Nuevo Testamento. Cada unidad está tratada de modo sistemático (en cuanto nos ha sido posible), dispuestas en orden alfabético y casi siempre con referencias cruzadas.

Este vocabulario desea sustituir la multiplicidad de notas dispersas. En efecto, veinte líneas organizadas sobre la «alegría» o la «conversión» pueden hacer el servicio de cuarenta notas repartidas en diversos puntos del Comentario (ayudando al estudioso, no distraen al lector).

El índice es teológico: no pretende informar sobre geografía, arqueología, religiones comparadas, sino ayudar a comprender mejor el mensaje bíblico. Es, además, complementario al Comentario y a las Introducciones de los distintos libros bíblicos.

(El signo ◇ remite a la palabra que le acompaña).

A

Abrahán. Hablan de su descendencia natural (Mt 3,9 y Jn 8,39). Modelo de fe sin ◇obras (Rom 4), de fe = esperanza (Heb 11,8-19), de obras inspiradas por la fe (Sant 2,21-23). «Seno de...» es un lugar preferente en el banquete ◇celeste, junto a (según la costumbre de comer reclinados en divanes).

Aceite. Se emplea para alumbrar y perfumar (Lc 7,46), es medicinal (Lc 10,34); se emplea en el rito de la ◇unción (Heb 1,9; Sant 5,14).

Adán. Lc 3,38 hace subir la genealogía de Jesús hasta Adán. Ef 5,25s aduce la figura de Adán y Eva en la simbología matrimonial de Cristo y la Iglesia. Rom 5,12-21 presenta a Adán como tipo de Cristo por oposición. Col 1,15 alude quizá al primer hombre en el título «primogénito». La expresión literal «Hijo del Hombre» parece calco del semitismo *ben 'adam* = hijo de Adán/hombre (según Ezequiel). ◇Hombre. ◇Eva.

Admiración, estupor, asombro, maravilla, extrañeza. Sobre todo en los evangelios, reacción frecuente ante lo grande o sobrehumano o inesperado. Sujeto: Jesús (Mt 8,10; Lc 7,9), de ordinario la gente. Objeto: los ◇milagros, la enseñanza, la conducta. Extrañeza (Jn 4,27; 1 Jn 3,13).

Adopción. ◇Hijo.

Adoración. En sentido estricto sólo a Dios (Mt 4,10, cfr. 1 Cor 14,25). No a seres humanos (Hch 10,26; Ap 19,10; 22,9). A Cristo (Flp 2,10s; Heb 1,6); los apóstoles a Cristo (Mt 28,9.17). A otros dioses es idolatría (Hch 7,43); a la fiera o su estatua (Ap 13). Con frecuencia se trata de simple postración que expresa profundo respeto. ◇Dios. ◇Veneración.

Adulterio. Jesús confirma el mandamiento (Mt 5,27), lo amplía al deseo (Mt 5,28). Perdona a la adúltera propiciando la conversión (Jn 8,1-11). ◇Matrimonio.

Agua. Objeto o instrumento de milagros (Mc 4,35-41; Jn 5, la piscina). De abluciones rituales (Jn 2,1-11; 3,25); polémica (Mc 7,1-4). Del ◇bautismo: como lavatorio (1 Cor 6,11; Ef 5,26s); de cuerpo y espíritu (Heb 10,22); comparado al diluvio (1 Pe 3,20). Símbolo del ◇Espíritu (Jn 7,38; 19,34); en el relato de la Samaritana (Jn 4). ◇Mar. ◇Océano. ◇Manantial. ◇Nube.

Alegría. Imágenes: banquete, boda, tesoro. Don mesiánico: junta el saludo griego *khaire* con la tradición profética. De Jesús: por la revelación del Padre (Lc 10,21); por Lázaro (Jn 11,15). Por el Mesías: de Abrahán (Jn 8,56); de David (Hch 2,26). Objetos: por las pruebas (Sant 1,2); por la tribulación (2 Cor 7,4), persecución (Mt 5,12; Jn 16,20s); porque los nombres están inscritos (Lc 10,20); los paganos por ser llamados (Hch 13,48), por el bautismo (Hch 8,39), por la fe (1 Pe 1,8), por la esperanza (Rom 12,12); por los discípulos (Flp 4,1; 1 Tes 2,20); por la resurrección de Jesús (Mt 28,9; Jn 20,20), por su parusía (1 Pe 4,13). Gozo maligno: de Herodes (Lc 23,8), del mundo (Jn 16,20), de la gente (Ap 11,10).

Alianza. Nueva Alianza = Nuevo Testamento. El Nuevo Testamento presenta la obra de Jesús como la nueva alianza contrapuesta a la antigua de Éx 24, siguiendo a Jr 31,31-34: Está dominada por el Espíritu (2 Cor 3,6s); es de hombres y mujeres libres (Gál 4,21-31); es superior y deja «anticuada» a la anterior (Heb 7,22). Su mediador es Jesús, no Moisés (Heb 9,15); el Apóstol la predica (2 Cor 3). Heb 9,16s juega con el doble sentido del griego *diatheke* = ◇testamento y alianza. ◇Sangre.

Alimento. 1. Dios cuida paternalmente de sus hijos (Mt 6,26). Jesús se preocupa de la multitud hambrienta (Mc 8,1-10) y hace un milagro para saciarla; piensa en el alimento de los discípulos al enviarlos (Lc 10,8); pero relativiza su importancia en relación con su mensaje. 2. Metafórico: suyo es hacer la voluntad de su Padre (Jn 4,34); quiere darse en alimento a los suyos, en su palabra y en el pan eucarístico (Jn 6). Declara abolida la distinción de alimentos (Mc 7,19). Pablo permite aun la carne inmolada a los ídolos (1 Cor 8,4; 10,26s).

Alma. El Nuevo Testamento usa el término griego *psykhe* prolongando el uso de *nephes* en el Antiguo Testamento. Por lo tanto, significa muchas veces ◇vida; algunas veces designa simplemente la persona o individuo (Hch 2,41; Rom 2,9). Puede designar la ◇conciencia: sede de emociones y decisiones, y significa ánimo, mente (cfr. «con toda el alma» Mc 12,30, según Dt 6,5). También puede designar la sede de la vida ya salvada por la gracia (Heb 10,39; 1 Pe 1,9; Mc 8,35); *soma kai psykhe* = vida natural y sobrenatural. Equivale a espíritu (1 Pe 2,11). Adjetivo *psykhikos* = natural. ◇Cuerpo. ◇Carne.

Altar. Heb 13,10 menciona un altar de los cristianos, quizá la mesa ordinaria de la eucaristía. Ap 6,9; 8,3 menciona un altar celeste. ◇Culto. ◇Sacrificio.

Amén. Hebraísmo usado para introducir palabras de Jesús, a veces duplicado: «Les aseguro». Como aclamación o respuesta, al final de libro o carta (1 Cor 14,16; Ap 22,21). Cristo es el amén de Dios, su respuesta afirmativa y definitiva (2 Cor 1,20; Ap 3,14).

Amor. En el Nuevo Testamento aparece el amor en sus diversas manifestaciones: conyugal, en sí y como símbolo (Ef 5,25-27; cfr. Lc 7,36-50 y Jn 20,11-18); paterno y filial, fraterno y de amistad. Aparece con diversas características, entre las que sobresalen la gratuidad, la persistencia, la amplitud, la capacidad de sacrificio. En cuanto a las personas relacionadas, se pueden distinguir el amor paterno-filial de Dios Padre y su Hijo Jesús, el amor a los hombres y mujeres de Dios Padre y de Jesucristo; el amor de los hombres y mujeres a Dios y a Cristo, el amor fraterno de los cristianos, el amor de los enemigos. Son textos fundamentales: Jn 15,9-17 (Padre-Hijo-Humanidad); 1 Jn 4,7-21; 1 Cor 13. El Padre llama a Jesús su predilecto: bautismo y transfiguración. Jesús ama al Padre y por eso cumple sus mandamientos (Jn 15,10). Dios toma la iniciativa de amar al ser humano (Rom 8,28-39), muestra su amor entregando a su Hijo (Jn 3,16); su amor paternal se propone en la parábola del hijo pródigo (Lc 15,11-32). Jesucristo nos ama y se entrega por nosotros (2 Cor 5,14s; Rom 5,6-11), su amor lo supera todo (Ef 3,19), hasta el extremo (Jn 13,1). El ser humano ha de amar a Dios (Mc 12,30 –Dt 6,5–; 1 Jn 5,1s; 4,20s). El amor fraterno es el precepto nuevo y sumo y síntesis de la Ley (Mc 12,31 –Lv 19,18–; Jn 15); tema central de 1 Jn. Se ha de extender a los enemigos (Mt 5,44).

Ancianos. ◇Autoridades.

Ángel, enviado, mensajero, encargado. Sinónimos: santos, ejércitos, gloriosos. Al servicio de Dios (Ap); al servicio de Jesús (Mc 1,13; Lc 22,43). Al servicio de la humanidad: en mensajes, ◇sueños, ◇apariciones, en figura humana: especialmente en relatos de la infancia y resurrección. Clases (1 Cor 15,24; Col 1,16); arcángel (Jds 9). Funciones y campos en Apocalipsis: ángel de los vientos, del agua. Nombres: Gabriel (Lc 1,19.26), Miguel (Jds 9; Ap 12,7). Quizá designen a los obispos o jefes de las Iglesias en Ap 2s. Ángeles malignos: pecadores (Jds 6; 2 Pe 2,4); lucha (Rom 8,38; Ef 6,12). ◇Mediador.

Animales. Entre los domésticos destacan el humilde borrico de la entrada en Jerusalén (Mc 11,1-11), los perritos aludidos por la mujer fenicia (Mc 7,24-30). Términos de comparación: ovejas y lobos, paloma y serpiente (Mt 10,16), gallina (Mt 23,37), caballo (Sant 3,3.7). Con valor simbólico: los del Apocalipsis: dragón, fieras, cordero. Jesús inaugura la paz con los animales (Is 11,1-9): en el desierto (Mc 1,13), lo anuncia a los discípulos (Mc 16,18), lo cumple Pablo (Hch 28,3-6).

Anticristo. Es el poder hostil o el personaje rival del Mesías = Cristo, con antecedentes en el Gog de Ez 38s, el personaje de Dn 8,23-25 y otros. Figura con ese título en 1 Jn 2,18; 4,3; 2 Jn 7: pertenece a la etapa final, oprime, extravía y persigue, es uno. En cambio Mc 13,22, Mt 24,24 hablan de varios falsos mesías. Sin el nombre, 2 Tes 2,3-12 habla de un rival y lo describe. A la misma categoría pertenecen las dos fieras del mar y de la tierra de Ap 13.

Antiguo. ◇Nuevo. ◇Tiempo.

Anunciación. El Nuevo Testamento recoge el patrón literario de relatos de anunciación de un nacimiento adaptándolo al nuevo contexto y situación (Mt 2,20-23; Lc 1,5-38). ◇Ángel. ◇María.

Aparición, manifestación. La encarnación y nacimiento es una primera manifestación, después de la ◇resurrección sucederá una serie; la final será la ◇parusía (Tit 2,11-13; Col 3,4; 1 Pe 5,4; 1 Jn 3,2).

Apóstol, discípulo. Doce son enviados y representantes. Enviados: elegidos para la misión, para estar con Él, para anunciar con poder (Mc 3,13-19). Misión definitiva (Mt 28,16-20; Jn 21,15-17). Representantes de Jesús (Mc 9,37). Pablo ironiza con los superapóstoles y polemiza con los pseudoapóstoles (2 Cor 11,5.13; 12,11). Al grupo se añaden después Matías (Hch 1,26); Bernabé y Pablo son considerados apóstoles (Hch 14,14). ◇Testimonio. ◇Predicación. ◇Milagros. ◇Iglesia.

Arameo. Lengua hablada comúnmente en Palestina en tiempos del Nuevo Testamento. El arameo influyó en el texto de los evangelios a través del ◇targum y de la ◇tradición oral.

Árboles. 1. Destaca la higuera, como signo de la estación (Lc 21,29), y la higuera maldita (Mc 11,14). El olivo en comparación (Rom 11,24; Sant 3,12). Genérica es la antítesis de árbol bueno y malo (Mt 7,16-20). 2. Con valor simbólico: el árbol de la vida (Ap 2,7) y el de la cruz (1 Pe 2,24).

Armadura. Se usa como metáfora de la lucha espiritual en Ef 6,14-17 y 1 Tes 5,8. ◇Guerra.

Arrepentimiento. El griego, siguiendo al hebreo, suele distinguir el arrepentirse *metanoeo* y el convertirse *epistrepho* (cfr. Lc 17,4); los une (Hch 3,19). Es arrepentirse de algo (*apo*: Hechos, *ek*: Apocalipsis), excepto Hch 20,21 que lo usa en sentido de conversión (con *eis*). Se ordena al ◇perdón de los ◇pecados (Mc 1,4; Lc 3,3) y ha de dar frutos de penitencia (Mt 3,8; Lc 3,8).

Artemisa. Diosa asiática de la fecundidad y fertilidad. Venerada en Éfeso (Hch 19,21-40).

Ascensión. Es el símbolo espacial de la glorificación, según el esquema vertical bajo/alto, tierra/cielo. El Nuevo Testamento utiliza varias expresiones griegas: la tradicional del Antiguo Testamento y los apócrifos «ser tomado, llevado, trasladado arriba» (*anaphero* Lc 24,51 dudoso; *analambano* Hch 1,11; *hypolambano* Hch 1,9). Jesús a los suyos (*paralambano* Jn 14,3). También se usa «subir» (Jn 20,17; Ef 4,8-10, citando Sal 68,19); por eso la ascensión a Jerusalén es su comienzo (Lc 9,51). Juan emplea «ir, marcharse» (*hypago*, *poreuo* 8,14; 13,33; 14,2; 16,5). Hebreos emplea «atravesar, entrar», en el cielo, a través del velo o cortina 4,14; 6,20. ◇Pasión. ◇Gloria. ◇Cielo.

Astros. Según concepciones antiguas, los astros celestes determinan o revelan los destinos humanos. El Mesías tiene su astro, que los magos reconocen (Mt 2,2.9s). Una constelación de siete estrellas son los ángeles de las siete Iglesias (Ap 1,20). En la proyección celeste del Apocalipsis muchos astros celestes son arrastrados por la cola del dragón (Ap 12,4), mientras que la mujer se corona de una constelación nueva de doce estrellas. La caída de los astros es dato de la

◇escatología (Mt 24,29). Astro matutino es el Mesías glorificado, que se opone a la arrogancia del hombre de Is 14,12.

Autoridad. Humana, del centurión (Mt 8,9); de Herodes, jurisdicción (Lc 23,7). De Jesús: en su enseñanza (Mc 1,22), para perdonar pecados (Mc 2,10s), sobre los demonios (Mc 3,15), para juzgar (Jn 5,27), para dejar y recobrar la vida (Jn 10,18). Recibida del Padre (Mt 28,18) y transmitida a los discípulos (Mc 3,15). De las ◇tinieblas (odio y ◇muerte) (Lc 22,53; Col 1,13).

Autoridades. (Lc 12,11; Rom 13,1-3). Lista: rey ◇Herodes, gobernador (o procurador) Pilato, Festo; ◇césar (= emperador), mandos militares. ◇Sumo sacerdote, ◇Consejo (Sanedrín), ◇ancianos (= senadores), jefes del pueblo. Autoridad moral, competencia reconocida: fariseos, letrados o juristas.

Ayuno. Niega su valor u oportunidad (Mc 2,18-22); lo relativiza (Col 2,16; Rom 14,17); lo aprueba (Mt 17,21); lo practica (Hch 13,2). Por analogía, la continencia (1 Cor 7,5).

Ázimos. Pan y otros alimentos sin levadura. La levadura es principio de fermentación y por ello de corrupción. Se excluye durante la semana de Pascua. De aquí toma Pablo su imagen de una vida cristiana sin levadura de corrupción (1 Cor 5,6s).

B

Babilonia. Apocalipsis presenta a una Babilonia, capital emblemática de la lucha contra Dios y contra el ◇Cordero y los suyos, y describe su caída definitiva (Ap 18). En el mismo sentido llama Babilonia a Roma (1 Pe 5,13). ◇Satanás.

Balaán. Siguiendo leyendas judías, más que el texto bíblico, Balaán figura como modelo de doctrina falsa e incitación al mal (2 Pe 2,15s; Jds 11; Ap 2,14).

Bandera, estandarte. Mt 24,30 probablemente se refiere al estandarte de Jesucristo en su parusía; según una tradición, la cruz.

Banquete. Une en el carácter festivo el compartir social. Por eso Jesús observa los banquetes rituales (Pascua) y acepta las invitaciones, de amigos (Lc 10,38-42) y aun de pecadores (Mc 2,15; Lc 19,1-10). Como símbolo: el suspirado banquete en el reino (Lc 14,15), el escatológico de las doncellas (Mt 25,10), el del cielo (Ap 3,20).

Bautismo. Es una inmersión ritual. De Juan y de Jesús, de agua y de Espíritu, de arrepentimiento y perdón, y de renacimiento. Simbolismo: de lavatorio y purificación (1 Cor 6,11; Ef 5,26s); de renacer (Jn 3,3-8; Tit 3,5; 1 Pe 1,3s); de morir y ◇resucitar (Rom 6,1-11; Col 2,11-14); de consagración, *eis to onoma* (Hch 2,38; 8,16; 1 Cor 1,13; Mt 28,19); de ◇circuncisión (Col 2,11); de iluminación (Heb 6,4; 10,32); revestirse (Gál 3,27); ◇sello (2 Cor 1,21s; Ef 1,13); incorporación a la comunidad (Hch 2,41.47); al ◇cuerpo (1 Cor 12,13). ◇Circuncisión.

Belcebú. Uno de los nombres del Diablo o jefe de demonios (Lc 11,15-19); insultando a Jesús (Mt 10,25). De un original Baal Zebul, deformado maliciosamente en Bel-zebub. ◇Satanás.

Bendición. De Dios a los hombres y mujeres: es eficaz, otorga dones y poderes (Ef 1,3; Mt 25,34; 1 Pe 3,9). De Jesús a los discípulos, de despedida (Lc 24,50-53). De Jesús al Padre, sobre los panes (Mc 6,41; Lc 24,30). De los hombres y mujeres a Dios: expresa alabanza o agradecimiento (Lc 1,64; 24,53). Del pueblo al Mesías, aclamación (Mc 11,9s, Ramos). Entre los seres humanos, deseándole un bien o felicitándolo (Heb 7,1-7; Lc 2,34, Simeón); a los perseguidores (Lc 6,28; Rom 12,14). ◇Perdón.

Bienaventuranza (= macarismo). Forma literaria tradicional de felicitación. Parte sustancial del manifiesto de Jesús (Mt 5,3-10 y Lc 6,20s valores, felicidades en vez de mandatos o prohibiciones). Extendida a los que creen (Jn 20,29), a los que esperan (Mt 24,46). ◇María e Isabel (Lc 1,45.48), la madre de Jesús (Lc 11,27). Ocasiones: la ◇prueba (Sant 1,12), la ◇pasión (1 Pe 3,14); el banquete escatológico (Lc 14,15); la boda del ◇Cordero (Ap 19,9).

C

Calamidad. ◇Plaga.

Camino. Metáfora común (Antiguo Testamento) de conducta, proceder. La vida nueva de los cristianos se llama simplemente «El Camino» en Hch 9,2; 18,25; 19,9; etc. Como proceso hacia una meta, Jesús es el camino hacia el Padre (Jn 14,6); a la vida (Mt 7,14); a la salvación (Hch 16,17). Los caminos de Dios son sus designios y sus métodos, su estilo (Rom 11,33). ◇Mediador.

Canto. Escasean en el Nuevo Testamento las referencias musicales. De instrumentos: la alusión a juegos infantiles (Mt 11,16s), el toque de trompeta hiperbólico (Mt 6,2), el de la trompeta escatológica (1 Cor 15,52; 1 Tes 4,15s). Más generoso es Apocalipsis, con las siete trompetas (8,6–11,18), las cítaras (Ap 5,8) y los cantos (Ap 5,9).

Carisma. Don gratuito y extraordinario, variado, repartido por el Espíritu para bien de la comunidad. Texto básico (1 Cor 12–14) con enumeración y descripción de algunos. Menciones frecuentes y dispersas en Hechos. Se pueden agrupar: de conocimiento, de palabra, de acción.

Carne. Es difícil precisar conceptos en la antropología semítica, que recoge en buena parte el Nuevo Testamento. Carne (*sarx, basar*) significa muchas veces aspectos de una realidad unitaria o predominio de un aspecto o dimensión del ser humano. Subraya la corporeidad, el realismo –no algo fantasmal– (Lc 24,39); factor de relación «una carne» (Mc 10,6-9); de descendencia «carnal» (Rom 1,3); de la encarnación (Jn 1,14), universalidad, toda carne (Rom 3,20). Muchas veces indica la debilidad o caducidad del ser humano (Gál 4,13). Puede precisar su significado por polarización: *sarx* = lo material/*soma* = lo orgánico; carne/espíritu, carne/Dios, carne/redención; carne/corazón. Lo puramente humano: criterios, valores, intereses, lo instintivo (2 Cor 5,16; Flp 1,6); títulos humanos (2 Cor 11,18). ◇Cuerpo. ◇Sangre. ◇Alma.

Castigo. ◇Retribución.

Ceguera. Jesús la sana (Mc 10,46-52; Jn 9). Metáfora de incapacidad o resistencia a creer o comprender (Lc 6,39); guías ciegos (Mt 23,16; Rom 2,19). ◇Visión.

Celo. Positivo: diligencia, fervor (1 Cor 12,31; Gál 4,18; 1 Pe 3,13). Negativo: envidia (Rom 13,13; Sant 3,14); los judíos de los cristianos (Hch 5,17; 17,5). Pablo los provoca buscando su conversión (Rom 10,19; 11,11). Celos amorosos (2 Cor 11,2). ◇Matrimonio.

César. Nombre propio del primer dictador romano (Julio César), que se transmite y pasa a significar emperador. Lc 2,1 menciona al «emperador Augusto» a propósito del censo; Jesús responde a la cuestión sobre el tributo imperial (Mc 12,13-17); Pilato se expone a perder su amistad (Jn 19,12); Pablo apela a su tribunal (Hch 25,11s). ◇Autoridad.

Cielo. Se imagina como el lugar donde habita Dios; después se usa para no pronunciar el nombre de Dios (cfr. «no lo quiera el cielo»). Como destino final dichoso, se expresa con diversos componentes e imágenes, como lugar o estado, como premio o don. Fiesta (Mt 25,21); banquete (Lc 13,29), posesión del reino (Mt 25,34); ◇alegría (1 Pe 4,13); ◇gloria y paz (Rom 2,6.10); asiento (Ef 2,6; Ap 3,21); corona (1 Pe 5,4); paraíso (Lc 23,43); seno de ◇Abrahán (Lc 16,23). En Apocalipsis se presenta como ciudad con la presencia y compañía de Dios (21,9–22,5). ◇Tierra.

Circuncisión. Jesús observa la ◇Ley (Lc 2,21-23), y Pablo lo dice de sí (Flp 3,5). Al incorporarse los paganos a los creyentes, surge una disputa sobre la necesidad de la circuncisión, que se debate y resuelve en el concilio de Jerusalén (Hch 15). Pablo la relativiza y apela a una circuncisión metafórica del espíritu (Rom 2,29). El ◇bautismo sustituye a la circuncisión (Col 2,11s).

Colecta. ◇Limosna.

Conciencia. Psicológica: expresada como corazón o ◇espíritu (*kardia, pneuma*). Ética y religiosa: en conciencia (Rom 13,5), buena (Hch 23,1; Heb 13,18), tranquila (1 Jn 3,20-23), personal y ajena (1 Cor 10,29); testimonio de la conciencia (Rom 2,15; 9,1; 2 Cor 1,12); examen de conciencia (2 Cor 9,7).

Confianza. ◇Esperanza. ◇Fe.

Conocer, reconocer, tratar: son tres significados del verbo griego, prolongando la tradición del Antiguo Testamento. Su objetivo puede ser una persona, una verdad, un misterio, etc. Positivo: don del Espíritu (1 Cor 12,8); iluminación (2 Cor 4,6). Negativo: se acaba (1 Cor 13,8s), hincha (1 Cor 8,1), lo limita el amor (1 Cor 13,2). Objeto: Dios (2 Cor 4,6); Cristo (Flp 3,8; Ef 4,13), «Yo soy» (Jn 8,28); la verdad (1 Tim 2,4). El ◊hijo y el ◊Padre (Mt 11,27).

Consagración. Es la dedicación de objetos y personas a la divinidad por la cual pasan a la esfera sagrada. No por dedicación externa, sino por la aceptación de Dios y la transformación que opera Cristo (Jn 17,19) y el Espíritu (1 Cor 3,16). ◊Santidad.

Consejo. ◊Sanedrín.

Copa. Según la tradición del Antiguo Testamento puede ser de ira o de bendición. De ira (Mc 14,36; Jn 18,11); Babilonia (Ap 16,19). De bendición: eucarística (Mc 14,23; 1 Cor 11,25s; antes de ella se bebe una primera copa en la cena pascual, Lc 22,14-20). Ofrecida a los ídolos = demonios (1 Cor 10,21).

Corazón. Como en el Antiguo Testamento, representa la interioridad consciente y responsable del ser humano (Rom 2,15), sede de la fe (Rom 10,9s), en él habita Cristo (Ef 3,17), origen de la conducta ética (Mc 7,20-23).

Cordero. Nombre o título emblemático aplicado a Jesucristo, en el cual convergen el uso cúltico, ◊pascua y ◊sacrificios, y la imagen de Is 52,13–53,12 (Jn 1,29.36; Hch 8,32; 1 Pe 1,19). En el Apocalipsis, sacrificado (5,6); vencedor (17,14), boda (19,7-9); cordero y ◊pastor (7,17). En la imagen del pastor (Jn 21,15-17).

Corona. Premio por una victoria (1 Cor 9,25; Ap 2,10); signo de majestad (Ap 4,4).

Creación. El Nuevo Testamento trata de la creación menos que el Antiguo Testamento. La novedad que introduce es presentar a Cristo como agente de la creación (Jn 1,1-3; Col 1,16; Heb 1,2); es modelo y fin de toda la creación (Col 1,17). Por Él los cristianos son nueva creación, o humanidad (2 Cor 5,17). El mundo creado puede revelar al Creador (Rom 1,19s). ◊Nuevo.

Creer. ◊Fe.

Cristiano. Adjetivo derivado del griego *khristos* = ungido, equivale a «mesianista»: en concreto designa a uno que reconoce a Jesús de Nazaret como el Mesías esperado por Israel y enviado a todo el mundo. El adjetivo se acuña en Antioquía (Hch 11,26). Se usa sin más en Hch 26,28; 1 Pe 4,16. El sintagma griego *en khristo* equivale a veces a cristiano (1 Cor 15,18). ◊Santidad.

Cristo. (Una exposición sobre Jesucristo equivaldría a resumir el Nuevo Testamento entero) El término significa Ungido = Mesías. Primero es un adjetivo de título, que se sustantiva con el artículo: el Ungido por antonomasia, el rey mesiánico. Más tarde se vuelve nombre propio de Jesús, solo o especialmente en formas compuestas. Ambos usos son bastante claros en muchos casos (con artículo, en credenciales), son dudosos en otros muchos.

Cronología. A partir de los evangelios es imposible reconstruir una cronología ni siquiera relativa de la vida de Jesús; encajarla en datos externos permite aproximaciones. La datación de nuestra era (por Dionisio el Exiguo) es equivocada (Herodes muere el año 4 a.C.).

Cruz. Suplicio oriental, usado por los romanos como pena extrema para los no romanos por crímenes graves. Los relatos de la pasión suponen conocido el modo del suplicio. Pablo usa el término como equivalente de la ◊pasión. El cristiano ha de cargar con su cruz (Mc 8,34); ha de crucificar su carne = instintos (Gál 5,24); Pablo está crucificado al mundo (Gál 6,14). Si el mensaje de la cruz es un escándalo, es también una fuerza (1 Cor 1,18s).

Cuerpo. Como organismo unitario y diferenciado en miembros y funciones, se emplea como imagen de la Iglesia, cuya cabeza es el Mesías (1 Cor 12; Rom 12,5).

Culto. Jesús participa regularmente en el culto judío tradicional: festividades, ritos, sacrificios, Templo y sinagogas. Instaura un nuevo culto formulado en Jn 4,21-23, instituido en la eucaristía como banquete y memoria (Lc 22,14-20). Se mencionan celebraciones de las primeras comunidades (Hch 2,41s; 20,7), Pablo describe y da normas (1 Cor 11; 14). Hechos desarrolla ampliamente el tema. ◊Sábado. ◊Sacrificio. ◊Templo.

Cumplir, completar, perfeccionar, consumar, llenar. Cumplir una orden o ◊mandato = observar, guardar. Cumplirse una ◊profecía: citas frecuentes del Antiguo Testamento. Llenar: Dios lo llena todo; Cristo está lleno y llena todo (Ef 1,10; 4,10; Col 2,9); llena el universo (Ef 1,23), la Iglesia; los fieles se llenan de Cristo (Col 2,10; Ef 4,13); de Dios (Ef 3,19). Plenitud = totalidad: de Israel (Rom 11,12), de los paganos (Rom 11,25). Completar, rematar (Mt 5,17; Jn 16,24), se cumple el ◊tiempo o plazo (Gál 4,4). Llevar a perfección, rematar, consumar (*teleioo*) Jesús su tarea (Jn 4,34; 5,36; 17,4); por su muerte y resurrección (Heb 2,9s); para otros (Heb 5,9); a los suyos (Jn 17,4-8). Los cristianos: como el Padre (Mt 5,48); como llamada (Mt 19,21); como ideal y meta (Flp 3,12.15); en la escatología (Ef 4,13). La Ley y el culto son incapaces (Heb 7,19; 9,9; 10,1).

D

David. Se menciona como antepasado del Mesías (Mt 22,45; Rom 1,3); tanto que Hijo de David es título mesiánico (Mt 1,1). Aparece también como autor inspirado de Escritura (Mc 12,35s; Hch 1,16). La llave de David es su autoridad real consumada en el Mesías (Ap 3,7).

Demonios, espíritus inmundos, malos. Los evangelios los presentan según las creencias de la época. De ordinario producen ◊enfermedades o posesión; adivinación (Hch 16,16). No inducen al pecado ni llevan a la condenación; pero pueden llevar a perder la fe (1 Tim 4,1; 1 Jn 4,6). Aparecen personificados: reconocen, hablan, piden, habitan, salen. Jesús y los apóstoles tienen poder sobre ellos. Identificados con los ídolos (1 Cor 10,20).

Desierto. Siguiendo la tradición del Antiguo Testamento, desempeña una función importante: el Bautista se retira (como Elías), Jesús pasa cuarenta días sometido a ◊prueba (como Moisés, los israelitas y Elías); se retira a orar (Mc 1,35); a enseñar (Mc 6,31s); es refugio en la persecución (Ap 12,6).

Designio, plan, proyecto. La salvación se concibe en su conjunto como un proyecto de Dios elaborado de antemano, que se cumple con la acción de la libertad humana. Están definidos los tiempos, los personajes, los sucesos, los destinos. Unos se anuncian con gran antelación, otros cuando son inminentes, otros se descubren cuando han sucedido.

Destino. ◊Designio.

Diablo, Satanás, Belcebú, el Fuerte, Serpiente primordial, Dragón, Fiera del mar y la tierra. Ap 20,2 identifica varios nombres. Es jefe de una banda (Ap 12,7s; Mc 3,22-27); no se mantuvo en la verdad y cayó, es homicida y mentiroso (Jn 8,44); es dios y jefe de este ◊mundo (Jn 12,31); señor de la ◊muerte (Heb 2,14). Actúa contra la ◊Iglesia: toma la semilla (Mc 4,15); siembra la cizaña (Mt 13,28); entra en Judas (Lc 22,3); estorba al Apóstol (1 Tes 2,18; 2 Cor 12,7). Pero con permiso de Dios (–Job 1s–, Lc 22,3), lucha con Jesús y es vencido, es expulsado, es vencido. Se le permite atacar a los cristianos para ◊prueba y victoria (Ef 6,10s; 1 Pe 5,8).

Diáconos. Sobre su institución: Hch 6,1-6. En un sentido amplio, son los ministros con funciones especiales dentro de la Iglesia; en particular, los apóstoles.

Dios. 1. Es el mismo del Antiguo Testamento (monoteísmo): Dios de los Padres, de Abrahán, Isaac, Jacob (Mc 12,26; Hch 3,13), de Israel (Mt 15,31). Conserva sus aspectos duros y exigentes (Mt 11,21; 12,41s), parábola del administrador (Mt 18,23-33, juicio Mt 25,31-46). 2. La novedad en el Nuevo Testamento es de ◊Padre: primero de Jesús. La paternidad se extiende a otros (Mt 5,45). De ahí los aspectos de bondad, compasión, gratuidad, amor (Jn 3,16; Rom 5,8; 8,32; Tit 3,4); es amor (1 Jn 4,8). A veces se sustituye su nombre por Cielos o la pasiva teológica. ◊Trinidad.

Discipulado. Tanto en el Antiguo Testamento como en el judaísmo, hay una noción de discípulo que se refiere propiamente a la enseñanza de una doctrina. Por eso el punto de referencia es la Ley y Moisés. En el Nuevo Testamento es todo lo contrario: discípulo es todo aquel que sigue a Jesús y aprende de Él un modo de vida más que una doctrina. Jesús no lleva a sus discípulos hacia la Ley, sino hacia el tipo de justicia que anuncia y practica. Jesús no es un Maestro de ortodoxia sino de ortopraxis. Por eso se constituye en punto de seguimiento (Mc 2,14), de invitación (Mc 1,16), de adhesión, de aceptación, de exigencias (Lc 9,57-62), de renuncia de sí mismo (Lc 14,25-27), de participación en su vida y destino, y de testimonio. El Nuevo Testamento señala por lo menos cuatro grupos de discípulos: 1. Los Doce, los íntimos, los dedicados por completo al maestro, sus grandes amigos (Mc 3,13-19); 2. El grupo de los setenta (Lc 10,1); 3. Los que aceptan las exigencias del maestro (Mt 16,21), incluyendo entre éstos a los pobres de más baja clase; de las 92 veces que se indica el seguimiento de Jesús, 37 veces se aplica al pueblo de más baja condición social (cfr. Mt 4,23-25); 4. Finalmente, los cristianos (Hch 6,1; 9,1) que tienen una fe sin reservas en la persona de Jesús.

Divorcio. ◇Matrimonio.

Dolor. ◇Pasión.

E

Edificar. Metáfora para expresar la pluralidad de elementos en unidad y estabilidad. Fundida con la metáfora del cuerpo introduce el aspecto de vitalidad. Cristo resucitado, nuevo ◇Templo (Mc 14,58); piedra angular, de la Iglesia (Mc 12,10). Pedro (Mt 16,18), los apóstoles, cimientos (Ef 2,20), los cristianos, ◇piedras (1 Pe 2,5), los paganos (Ef 2,22). Sujeto es Dios (Hch 20,32), Jesús (Mt 16,18), el Apóstol (Rom 15,20), el cristiano (Rom 15,2).

Ejemplo. Se ofrece a la imitación: Dios Padre en su perfección (Mt 5,48); Jesús en su sacrificio por amor (Jn 13,15.34; 1 Pe 2,21); Pablo (1 Cor 11,1).

Elección. Acto libre y soberano de Dios (Rom 9,6-33), es eterna (Ef 1,4), puede parecer paradójica (1 Cor 1,27s). Jesús es el Elegido por antonomasia (Lc 9,35; Jn 1,34 –con artículo–); elige soberanamente a los apóstoles (Mc 3,13; Jn 15,16). Los apóstoles prolongan la actividad de elegir (Hch 6,5). Los cristianos pueden llevar el título de elegidos (Rom 8,33; 2 Tim 2,10). Es para una función e impone sus exigencias (Col 3,12).

Elías. Varios pasajes de los sinópticos, en conexión con el Bautista, atestiguan la expectación de los judíos sobre la vuelta de Elías (Mc 9,11-13; Mt 11,14). Asiste a la transfiguración representando a la ◇profecía. Sant 5,17 lo presenta como modelo de ◇intercesión.

Enfermedad. Se menciona casi siempre como ocasión de milagros. Son de nacimiento o contraídas, sanables naturalmente o insanables; algunas causan impureza legal, como enfermedades de la piel, hemorragias; algunas son atribuidas a la acción de ◇demonios o espíritus. Pueden considerarse como un castigo, efecto del ◇pecado (Jn 5,14). Sant 5,14s menciona la ◇unción de los enfermos.

Error. La verdad de Jesús y de su Evangelio tiene que defenderse del error y la mentira. Ya Jesús denuncia el error de sus rivales (Mc 12,26s) y previene contra la levadura de sus adversarios (fariseos y herodianos: Mc 815; fariseos y saduceos: Mt 16,5; fariseos (Lc 12,1) y contra los falsos profetas de los últimos tiempos (Mc 13,6). Los apóstoles redoblan las advertencias: contra los falsos doctores (1 Tim 1,3s), engañados y engañadores (2 Tim 3,13; 2 Pe 2,1s), el espíritu de la mentira (1 Jn 4,6), el seductor (Ap 12,9). ◇Verdad. ◇Profeta.

Escándalo, trampa, tropiezo. Provocado por Dios: por su plan extraño, paradójico (Lc 2,34), por los antecedentes de Jesús (Mc 6,3), incluso por sanaciones (Mt 11,6), por la cruz (1 Cor 1,21). Provocado por hombres y mujeres (Lc 17,1s; Mc 9,42), por el ◇Anticristo (2 Tes 2,9s). Escándalo como impulso al pecado (Mc 9,43-47). ◇Prueba.

Esclavo, siervo, empleado, obrero. La esclavitud en Grecia de ordinario no era cruel; el esclavo podía ser de confianza, desempeñar tareas delicadas, los trabajos manuales y artesanales muchas veces eran encomendados a esclavos = empleados. Aparente neutralidad frente a la esclavitud (1 Cor 7,21s), con inversión de papeles en el orden espiritual; igualdad respecto a Cristo (Gál 3,28; Col 3,11). Se les recomienda la obediencia (Ef 6,5-9; Carta a Filemón). Uso metafórico: título de María (Lc 1,38), de apóstol, Cristo esclavo (Flp 2,7), hace libres (Gál) y amigos (Jn 15,15). ◇Libertad.

Escritura. ◇Inspiración.

Espada. El término griego (*makhaira*) designa la espada militar, el machete y el cuchillo de uso personal –no se usaban cubiertos– (Lc 22,8; Jn 18,10); uso militar en Getsemaní

(Hch 16,27), instrumento de ejecución capital (Hch 12,2). Metáfora o emblema de guerra (Mt 10,34), en el combate espiritual (Ef 6,17), el martirio (Rom 13,4). En el castigo escatológico (Ap 6,4; 13,14).

Esperanza, confianza, expectación. Los evangelios, sin usar el término, traen un mensaje de esperanza y muestran la expectación del reinado de Dios. Entre las tres virtudes (1 Cor 13,13), asimilada a la fe en Heb 11; su objeto es lo que no se ve (Rom 8,24s). Genera constancia, paciencia, perseverancia (1 Pe 1,21; Rom 5,4; 15,4). ◊Promesa.

Espina. La corona de espinas no es instrumento de tortura (espinas que se clavan), sino de burla: corona real de un presunto rey, hecha de material despreciable (cfr. Jue 9,14). La espina en la carne de 2 Cor 12,7 es probablemente una enfermedad o la persecución. ◊Reino.

Espíritu. 1. Del ser humano: aliento, principio vital (Hch 17,25; Heb 4,12); principio de vida consciente (Rom 12,11; Ef 4,23). 2. El Espíritu divino en Cristo; en la concepción (Lc 1,35), bautismo (Mc 1,10), ministerio (Mc 1,12; Lc 4,18-21), milagros (Mc 3,28-30), cruz (Heb 9,14), resurrección (Rom 8,11), poder (Rom 1,4), eucaristía (Jn 6,35), predica a las ánimas (1 Pe 3,18s). 3. El Espíritu y los apóstoles: Pentecostés, en la resurrección (Jn 7,37s; Jn 20,22); recuerda y hace comprender (Jn 14,25s; 15,18.25s), inspira a los que hablan (Hch 4,8), confirma el testimonio (Hch 5,32), guía (Hch 20,22). 4. El Espíritu y la Iglesia: Pentecostés, la Iglesia local (Hch 4,31), anima el cuerpo (1 Cor 12,13), consagra un templo (1 Cor 3,16), imposición de manos (Hch 8,17). 5. Acción en los creyentes: consagra (1 Pe 1,2), regenera (Jn 3,3-6), da la filiación (Gál 4,6), habita (Rom 8,9), da esperanza (Rom 15,13), de amor fraterno (Rom 5,5; 2 Cor 6,6), es prenda (2 Cor 1,22), sella la nueva alianza (2 Cor 3,6), da libertad (2 Cor 3,17), transforma (2 Cor 3,18), fuente de carismas (1 Cor 12), crea unidad (Ef 4,3s), da solidaridad (Flp 2,1s), da testimonio (1 Jn 5,6), pide con la esposa (Ap 22,17). ◊Trinidad. ◊Dios.

Eternidad, perpetuidad. Conviene distinguir entre perpetuo-indefinido-sin término y definitivo-sin remedio (una destrucción definitiva corta la perduración del sujeto destruido). La perpetuidad o perduración puede ser absoluta, sin límite, o respecto a un parámetro, p. ej., vitalicio, de por vida. En el Nuevo Testamento los significados de aion, aionios no siempre se distinguen con precisión. Definitivo: con negación, nunca, jamás: juicio final (Heb 6,2), perdición (2 Tes 1,9). Indefinido, perpetuo: la vida en Juan, su contrario la cólera (Rom 2,7). Menciona un tormento indefinido Ap 20,10; oponen vida y fuego Mt 18,8s y Jds 7.21. ◊Tiempo.

Eucaristía. Institución (Lc 22,14-20); celebración (Hch 20,11); teología (Jn 6; 1 Cor 11); alianza (Mc 14,22-24); sacrificio pascual (1 Cor 5,7); comunión con Cristo (1 Cor 10,14-22).

Eva. Además de las referencias explícitas a la creación (1 Tim 2,13) y al pecado (2 Cor 11,3), podría aludir por contraste a la Magdalena en el huerto el día de la resurrección (Jn 20) y a la mujer celeste de Ap 12. ◊Adán.

Evangelio. ◊Introducción a los Evangelios.

Expiación. Es pagar o compensar por un reato o culpa, puede ser acto cúltico. A ella se refiere Heb 9,22s; parecen aludir 2 Cor 7,1; 1 Jn 1,7.9. ◊Sacrificio. ◊Perdón.

F

Familia. 1. De los deberes familiares se habla en pocas ocasiones: deber de sustentar (no sólo honrar) a los padres (Mc 7,8-12). En series: Col 3,18–4,6 (los esclavos, o sea, empleados y obreros, formaban parte de la ordenación familiar); 1 Tim 5,4; Tit 2,3-5. 2. Jesús impone límites al amor familiar subordinándolo a la fidelidad a su persona (Mc 13,12s); establece una nueva familia cuyo vínculo es cumplir la voluntad del Padre (Mt 12,46-50). 3. Las relaciones familiares se toman como símbolo para expresar el misterio: paternidad de Dios, fraternidad de los cristianos, maternidad de Ap 12 (Sinagoga o Iglesia).

Fariseos. Herederos de los hasidim (1 Mac 1,62s) que se distancian de Juan Hircano (135-140 a.C.) y de su política mundana; se organizan y logran la hegemonía espiritual hacia el año

70; dominan el judaísmo posterior, son laicos, entre ellos hay especialistas de la Ley (*grammateis* = letrados); pero no colaboracionistas ni rebeldes; aferrados a sus ◇tradiciones. Esperan al Mesías, creen en la ◇resurrección, en la justicia por las ◇obras. Méritos: sentido religioso, fidelidad, haber salvado el judaísmo. Críticas: juridicismo, formalismo, particularismo. ◇Saduceos.

Fe. 1. Creer a Dios, que prometió y cumple en Cristo; a las palabras de Jesús; en Juan, sinónimo de escuchar, acudir a, recibir. 2. Creer en Dios y en Jesucristo, que lo revela; por y para sus milagros (Mc 2,5); falta fe (Mc 6,5s). 3. Es la opción radical, decisiva (Mc 9,42; Mt 12,30); por ella se obtiene la justicia (Rom 3,21-31); su proceso (Rom 10,14-17); se traduce en ◇obras (Sant 2,14-26); produce vida (Jn 20,31; 1 Jn 5,13). Heb 11 habla de una fe que equivale a ◇esperanza. ◇Predicación.

Fecundidad. Es la bendición primaria (Gn 1,22), suprema en María, madre del Mesías (Lc 1,42). La cadena de la fecundidad conduce desde Adán hasta Jesús (Lc 3,23-38). Metafóricamente Pablo es madre (Gál 4,19) y padre (1 Cor 4,15). ◇Genealogía.

Felicidad. ◇Bienaventuranza.

Fiesta. Calendarios del Antiguo Testamento (cfr. Lv 23 y Dt 16,1-17).

Franqueza, libertad, audacia (*parresía*). Jesús anunciando su pasión (Mc 8,32), subiendo a la fiesta (Jn 7,10), enseñando (Jn 16,25-29); en su victoria (Col 2,15). El Apóstol en su predicación a judíos y paganos (Hch 4,13.29; 2 Cor 3,12). El cristiano para acercarse a Cristo (Ef 3,11s); unida a la esperanza (Heb 3,6). ◇Verdad.

Fuego. Puede ser teofánico (Heb 12,18, Sinaí). Parece tener carácter de prueba: pasión (?) (Lc 12,49), purificación (Mc 9,49). Tiene función judicial: en el bautismo (?) (Mt 3,11s; 1 Cor 3,13). Significa la condena definitiva (Mt 18,8s), eterno (Heb 10,27; 2 Pe 3,7), *gehenna* (Mt 5,22; Ap 8,7s; 11,5), ◇infierno (Ap 20,10.14).

G

Galilea. Región del norte de Palestina. Allí comienza Jesús su ministerio, antes de subir a Jerusalén; allí cita a sus discípulos para después de la resurrección.

Genealogía. Según la costumbre del Antiguo Testamento, dos evangelistas componen una genealogía estilizada de Jesús. Mt 1,1-17 va bajando de Abrahán a Jesús en tres etapas de catorce nombres; Lc 3,23-38 va subiendo hasta Adán y Dios, en una visión más universal: Jesús es hijo de Adán (*ben 'adam*).

Gloria. 1. En la esfera del honor, prestigio (1 Cor 10,31; Flp 2,11); dar, reconocer la gloria (Lc 17,18); la confesión (Jn 9,24). Su formulación constituye las doxologías. 2. En la esfera de la riqueza, fasto, poco frecuente. 3. En la imagen de esplendor, brillo: de los ◇astros (1 Cor 15,40; Lc 2,9; 2 Cor 3,4–4,6, desarrollo importante), en la ◇transfiguración (Lc 9,32); elemento de la ◇escatología (Mt 24,30; 25,31); se revela (Jn 1,14). A veces sustituye a Dios o es redundante (Hch 7,55). Los creyentes la esperan (Col 1,27), como un estado y no un lugar (Rom 8,21); se asemeja a ella (Flp 3,21).

Glosolalia. Forma particular de lenguaje, más expresión que información, porque su articulación no responde a una lengua común, compartida. Tiene más bien función monológica. Es ininteligible si no se interpreta –supuesto que contenga información– (1 Cor 14). Milagrosamente una lengua es entendida por personas de muchas lenguas (Hch 2). ◇Carismas.

Gracia. 1. Del que la posee es el atractivo y su efecto, aceptación, popularidad (Hch 2,47; 4,33); ganarse el favor (Hch 24,27). 2. Del que la da es el favor: gratuito (Rom 3,24), dilatado y abundante (Rom 5s), no por las obras (Rom 11,6), es activo y eficaz (1 Cor 15,10; 2 Cor 6,1), salva (Ef 2,5), es suficiente (2 Cor 12,9). No se ha de recibir en vano (2 Cor 6,1), so pena de perderla = caer en desgracia (Gál 5,4).

Guerra. Uno de los signos escatológicos (Mc 13,7). Uso frecuente como metáfora: Apocalipsis contempla una batalla celeste de Miguel contra el dragón (Ap 12,7s) y la guerra de la fiera contra los consagrados (Ap 13,7); Ef 6,12 habla de una pelea contra poderes malignos. Más frecuente es el tema de la victoria: Jesús ha vencido al mundo (Jn 16,33; Ap 3,21), como león (Ap 5,5), como jinete (Ap 6,2); a su imitación son invitados a vencer los cristianos (Ap 3,5; 21,7), por la sangre del Cordero (Ap 12,11), por la fe (1 Jn 5,4). De la guerra se toman las imágenes de ◊espada y ◊armadura.

H

Herencia. Es consecuencia de la filiación: de Cristo (Mc 11,3; Heb 1,2) y se extiende a los coherederos (Rom 8,17); se otorga por la ◊alianza = testamento (Heb 9,15); su prenda es el Espíritu (Ef 1,13s). No basta ser hijos carnales de Abrahán (Rom 4), pero se abre a los paganos (Ef 3,6; Gál 3,28s). Su objeto es la ◊vida eterna (Mt 19,29), el ◊reino (1 Cor 15,50), la ◊bendición (1 Pe 3,9).

Hermano. ◊Familia.

Herodes, el Grande (Lc 1,5; Mt 2); Antipas, el del Bautista y la pasión (Mc 6,14-29; Lc 23,8-12); Agripa, el de Pablo (Hch 25,13–26,32).

Hijo (*hyios*, *pais*). Como en hebreo, en sentido estricto y lato, descendiente, discípulo, miembro. Sentido propio (Mt 7,9-11). Hijo de Dios. 1. Sentido limitado, equivale a hombre de Dios (Mt 14,33). 2. Título mesiánico: en los sinópticos no lo usa Jesús; en Juan aparece cinco veces. 3. Sentido trascendente (Hch 13,33); por su actividad, expulsando demonios y perdonando pecados; título ◊Señor y ◊Mesías (Hch 2,36); enviado por Dios (Rom 8,3; Gál 4,4); Hijo en sentido pleno (Col 1,13; contrapuesto a los profetas: Heb 1,2); tiene un ◊conocimiento íntimo y único del ◊Padre, posee el Espíritu, realiza la filiación de Israel (Mt 2,15, citando Os 11,1). Hijo único y heredero, en intimidad con el Padre. En las cartas se muestra su naturaleza divina, origen divino, poder divino. El tema domina en el evangelio de Juan. El Hijo concede la filiación, es el mediador único. El título Hijo de Dios es, en el Nuevo Testamento, soteriológico con implicaciones metafísicas. ◊Trinidad.

Hijos de Dios. Texto básico: Rom 8. De esclavos hechos libres por la adopción (Gál 4,5s), por tanto libres, coherederos, con derecho a la inmortalidad; llamamos a Dios Abba y somos realmente hijos de Dios (1 Jn 3,1s), hermanos de Jesús primogénito y partícipes de la naturaleza divina (2 Pe 1,4); nacidos por la fe (Jn 1,12s) y el ◊bautismo (Gál 3,26s).

Hipocresía. Del griego *hypokrites* = comediante, histrión. El hipócrita representa un papel externo, hace teatro para parecer al público lo que no es: religioso, devoto, ejemplar; así pervierte con la mala intención la buena acción (Mt 6,2.5.16); es un fermento que corrompe (Lc 12,1).

Hombre. La visión física del ser humano en el Nuevo Testamento no sigue el modelo griego, sino el semítico del Antiguo Testamento (con la excepción platónica de Heb 4,12): domina la unidad aunque se compone de carne (*sarx*) y aliento alma-espíritu (*psykhe-pneuma*). El corazón (mente) es la sede de la vida consciente, recuerdos, pensamientos, deseos, decisiones; los riñones, sede de pasiones; la cabeza, sede de la responsabilidad; los ojos, de la estimativa. Siendo el ser humano imagen de Dios (1 Cor 11,7, cfr. Col 3,10), suministra imágenes = símbolos para hablar de Dios, antropomorfismos. Pero con mucha frecuencia el ser humano se contrapone a Dios: en su acción (Mc 8,33), en su ser (Jn 10,33), en la obediencia debida (Hch 5,4.29), en su reclamación (Rom 9,20), en el saber (1 Cor 2), en la palabra (1 Tes 2,13). El ser humano es mortal (Hch 14,14; Heb 9,27), limitado en su conocimiento (Mc 8,33), criterios (1 Cor 3,3), alcances (2 Cor 12,4). El Hijo de Dios se hace hombre (Jn 1,1-16; Flp 2,7) y subraya su común humanidad apropiándose el semitismo «hijo de Adán/hombre» (*hyios anthropou, ben 'adam*), como los demás (Heb 2,11.17; Rom 8,3). Para renovar la imagen de Dios en el ser humano (Col 3,10), para salvar a todos (1 Tim 2,4), para una nueva humanidad = creación (2 Cor 5,17). El orden nuevo de la redención se expresa en varias oposiciones: interior/exterior (Rom 7,22s; 2 Cor 4,16), nuevo/viejo (Rom 6,6; Ef 4,24). Hijo del hombre: es calco literal de un semitismo (*ben 'adam, bar nas*) que designa un individuo de la colectividad (singular). Adán = hombre (como *ben yisra'el* significa un israelita). Así se lee, p. ej., en Is 51,12; 52,14; Sal 8,5; 45,3; etc.; en Ezequiel equivale a un antitítulo «hijo de Adán/hombre» (como cualquiera). Dn 7,13 habla de «figura humana/de hombre» contrapuesta a las cuatro fieras precedentes; esa figura sube en una nube al cielo (no baja en el texto); en 7,27 se identifica esa figura con «el pueblo de los santos del Altísimo». Una traducción literal o calco dio el griego *hyios* (*tou*) *anthropou*, del cual arranca, al parecer, la especulación sobre un ser misterioso, celeste, que bajará en una nube. Tal especulación está atestiguada en el «libro de las semejanzas» de Henoc etiópico (1 Hen(et) 37-71): finge un ser angélico, no humano, destinado a juzgar al final a la humanidad (este texto probablemente es posterior al Nuevo Testamento). En los evangelios sólo Jesús, que suele evitar títulos, lo usa; los narradores, que no temen los títulos, no lo usan. A veces donde un evangelista usa la expresión, el paralelo pone pronombre, p. ej., Lc 6,22 /Mt 5,11; Lc 12,8/Mt 10,32; Mt 16,13/ Lc 9,18; Mc 8,31/Mt 16,21. Falta la expresión en textos capitales como Mt 17,1-8 (transfiguración) y Mt 28,18-20 (plenitud de poder). Lo usan en plural significando «hombres» (Mc 3,28 y Ef 3,5). Falta totalmente en Pablo, incluso donde se podía esperar, como 1 Tes 1,10; 1 Tim 2,5s. Ignacio de Antioquía (Ef 20,2) lo justifica «por ser hijo de David», Bernabé lo opone a «hijo de Dios». No se sabe cuándo entra en la comunidad cristiana la especulación citada.

Hora. ◇Tiempo.

Humildad. Virtud capital y doctrina central en el Nuevo Testamento: figura en el manifiesto de Jesús (bienaventuranzas), como hecho social (Lc 6,20), como actitud (Mt 5,3); aforismo (Mt 23,12). Jesús da ejemplo en su encarnación (Flp 2,8), en su estilo de vida, incluso en el triunfo (Mt 21,5), presta especial atención a los humildes (Mc 9,41; 10,31). El cristiano: respecto a Dios (Lc 17,7-10; Rom 3,27); respecto a los demás (Mc 9,35; Rom 12,16). ◇Orgullo.

I

Idolatría. Culto de falsos dioses o de sus imágenes. Son nulidad, nada (1 Cor 8,4), inertes (1 Cor 12,2); son demonios (1 Cor 10,19s). La avaricia es una idolatría (Col 3,5. Cfr. Mt 6,24).

Iglesia. Neologismo calcado del griego *ekklesia*, que significa asamblea de ciudadanos y traduce el hebreo *qahal* y *eda*. Sin mencionar la palabra, la realidad está presente en los evangelios cuando muestran el plan y ejecución de Jesús en formar un grupo estable y encomendarle una continuidad. La palabra aparece en Mt 16,18, donde Jesús se declara fundador de la Iglesia, y en Mt 18,17, donde aparece ya en una función judicial. El libro de los Hechos describe la expansión y aplica el término a las Iglesias locales, de las cuales es madre y jefe la de Jerusalén, y entre las cuales adquiere pronto un puesto especial la de Antioquía. Cada Iglesia tiene su organización y sus funcionarios: *episkopoi* = vigilantes, *presbyteroi* = ancianos, *diakonoi* = servidores. Pablo prolonga la idea e introduce varias imágenes. Efesios y Colosenses se destacan por su visión de una Iglesia universal, Apocalipsis vuelve a la idea de las Iglesias locales, pero contempla también a la Iglesia universal en la imagen de la Nueva Jerusalén, la novia del Cordero. Imágenes: cuerpo cuya cabeza es Jesucristo (1 Cor 12; Ef 1,22s; Col 1,18), esposa del Mesías (Ef 5,22-33; Ap 21s), ciudad (Ef 2,19), edificio y templo (Mt 16,18; 1 Pe 2,5).

Imagen. Cristo de Dios (2 Cor 4,4; Col 1,15; Heb 1,3). El ser humano de Dios (Col 3,10). El ser humano de Cristo (1 Cor 15,49); por acción del Espíritu (2 Cor 3,18).

Infierno. Sinónimos: Hades, Abismo, *Gehenna*, Muerte. Al *Sheol* del Antiguo Testamento, lugar de los muertos y no de castigo, puede responder Hades y Abismo. Se imagina como lugar subterráneo al que se baja (Mt 11,23), con habitantes, como una cárcel (1 Pe 3,19). Puede aparecer personificado, acompañado o no de *thanatos* (Ap 6,8; 20,13s). Como lugar de castigo suele llamarse *Gehenna*, lugar de ◇fuego, gusanos, ◇oscuridad, dolor y rabia. Jds 4; 2 Pe 2,4 hablan de cárcel temporal en espera del ◊juicio. Ap 9,1s habla del Pozo, del que sube la Fiera (Ap 11,7). De una destrucción final o perdición (*apoleia*) hablan Flp 3,19, 2 Pe 3,7 y Ap 20,14.

Inmortalidad o incorruptibilidad (*aptharsia*). Es título de Dios (Rom 1,23; 1 Tim 1,17); del ser humano por la resurrección (1 Cor 15,50), el cristiano lo es en potencia (2 Tim 1,10), porque lleva una semilla inmortal (1 Pe 1,23). ◊Vida.

Inspiración. Acción del Espíritu que sugiere palabras o promueve acciones. Palabras: citando el Antiguo Testamento, p. ej., David (Mc 12,36; Hch 1,16); sobre la Escritura en general (2 Tim 3,15s y 2 Pe 1,19-21); en el testimonio de los cristianos (Mc 13,11; Hch 6,10; 1 Cor 12,3); la glosolalia (1 Cor 14,14). Ofrece un oráculo (Hch 13,2; 19,1). Impulsa (Mc 1,12; Hch 11,12). ◊Palabra. ◊Carisma. ◊Escritura.

Instinto. ◊Carne.

Intercesión. Jesús lo hace por Pedro (Lc 22,31s), por los que lo confiesan (Mt 10,32s); por los creyentes (Jn 17,9-26); Cristo resucitado (Rom 8,34; Heb 7,25; 1 Jn 2,1). El Espíritu Santo (Jn 14,16; Rom 8,26). El Apóstol: frecuente en las cartas (Rom 1,9; Flp 1,3). El cristiano (Ef 1,17s; 3,16-19; Sant 5,16). ◊Oración.

Interpretación. El Nuevo Testamento interpreta con frecuencia el Antiguo. Citando textos y añadiendo a veces «así se cumplió» como argumentos en una discusión; explotando símbolos, como esposo, agua, luz (Juan); releyendo como símbolos instituciones (Hebreos); usando patrones, p. ej., del Pentateuco, Mateo, caso especial es el Apocalipsis. La clave es cristológica, la técnica muchas veces ◊targúmica o ◊midrásica.

Ira. Persiste el concepto del Antiguo Testamento. La ira de Dios abarca a toda la humanidad pecadora (Ef 5,6), de ella nos libra Jesús (1 Tim 1,10); la ira escatológica o condena afectará a los impenitentes (Rom 2,8s). También Jesús es capaz de mostrar ira o indignación (Mc 3,5) y de presentarla en las parábolas (Lc 12,46). El cristiano no debe ceder a la ira (Mt 5,22; Rom 12,19). Puede designar condena. ◊Juicio.

J

Jerusalén. 1. Empírica: allá van los magos (Mt 2,1), Ana espera la liberación de Jerusalén (Lc 2,38), allí se consumará la pasión (Mt 16,21); Lucas construye la gran subida de Jesús a Jerusalén que comienza en 9,51. Recibe en fiesta a Jesús (Ramos), pero luego lo rechaza (Mt 23,37) y sufrirá el castigo (Lc 19,41-44). Pero allí comienza la Iglesia (Pentecostés) y de allí arranca la predicación apostólica (Lc 24,47). 2. La celeste es la ◊Iglesia (Heb 12,22; Ap 21s). ◊Galilea.

Judíos. En los pasajes polémicos de Juan (5; 8; 9; etc.) suele designar a las autoridades; la presentación de los judíos en varios textos está condicionada por las polémicas en curso de la segunda generación cristiana, que culminan en la ruptura del sínodo de Yamnia = Yabné (hacia el 85). Pablo tiene por norma dirigirse primero a los judíos (Hch); sobre su vocación reflexiona en Rom 9–11.

Juicio. Es inminente con la llegada del ◊reinado de Dios: lo anuncia el Bautista (Mt 3,7), lo proponen varias parábolas; se anticipa (Jn 3,18); se consuma en la pasión (Jn 12,31s). Queda pendiente un juicio futuro y final: de Dios (Rom 2,16; 2 Tim 4,1); de Cristo (Mt 25,31-46; Hch 17,31). ◊Ira. ◊Testimonio.

Juramento. Recomiendan no jurar Mt 5,33-36 y Sant 5,12, denuncia la casuística del jurar Mt 23,16-22, Pedro jura en falso, Mc 14,71. Se acepta el juramento: Jesús en el proceso (Mt 26,63s); 2 Cor 1,23; Heb 7,20s.28 habla del juramento de Dios, que refrenda la promesa.

Justicia. Con una sola raíz, *dikai-*, se expresan muchos significados manteniendo una cierta unidad de contexto mental. Para orientarse es útil disponer de un repertorio de distinciones con sus oposiciones. Ante todo honradez/justicia/inocencia. 1. Honradez: respecto a una norma/respecto a una persona: a Dios/a los demás; opuesto: maldad, perversión. 2. En el orden jurídico: justicia, derecho natural/positivo, mérito; opuesto: injusticia, perjuicio, ofensa. 3. En el orden judicial: inocencia; opuesto: culpa, reato. En segundo lugar, hay que distinguir la justicia del soberano, legal, que puede castigar o indultar; la del juez, retributiva, que debe absolver o condenar; la de las partes, conmutativa. Como en la antigüedad el soberano era también juez, la primera y la segunda se pueden sobreponer y aun confundir. En tercer lugar, hay que considerar el paso de lo negativo a lo positivo: de maldad a honradez, por cambio de actitud y conducta; de injusticia = deuda a justicia, por pago, compensación, arreglo; de culpa a inocencia, por expiación, cumplimiento total de la condena, indulto o gracia. Algunos ejemplos ilustrarán estas distinciones. Mateo opone a la justicia farisaica, legal y objetiva, la nueva honradez, más exigente en contenido e interioridad (Mt 5,20; 6,33). Jn 16,8-10 menciona el juicio del Espíritu probando una inocencia, una culpa, una condena. Hch 10,35 propone una síntesis: para con Dios veneración (*foboumenos*), para con los demás justicia (*dikaiosyne*). Pablo utiliza con abundancia y fluidez las imágenes y vocabulario de esa justicia. Rom 1,17: Dios revela su justicia-inocencia-derecho de soberano haciendo pasar de la culpa a la inocencia por el indulto; Rom 3,5: en las relaciones del ser humano con Dios opone con claridad el derecho-inocencia (*dikaiosyne*) de Dios y nuestra culpa = no derecho (*adikia*); Rom 3,21 habla de una honradez-justicia obtenida no por la Ley, sino por la fe; Rom 5,20: contrapone: por la Ley el delito y la culpa, por la gracia-indulto la vida; Rom 6,13.19: habla de los miembros como instrumentos de la nueva honradez. Ef 4,24: habla del ser humano nuevo creado en estado de (*dikaiosyne*) inocencia-honradez. El verbo *dikaioo* también tiene una gama de significados. Mt 11,19: la Sabiduría (*sophia*) se acredita; Lc 7,29: es reconocer que Dios tiene razón, derecho; Lc 10,29: presenta un intento de justificarse-disculparse por la casuística; Lc 18,14: contrapone la sentencia de Dios absolviendo al pecador contrito y condenando al supuesto honrado, mérito/demérito; Rom 2,13; 3,20: sobre la función de la Ley y la fe; Rom 3,26: Dios posee la justicia y puede otorgársela al pecador perdonando. El adjetivo *dikaios*. Honradez (Mt 1,19); de justicia conmutativa (Mt 20,4); el sueldo (Col 4,1); inocencia: sangre inocente (Mt 23,35); Jesús inocente (Lc 23,47).

L

Labrador. Son frecuentes las imágenes de labranza en el Nuevo Testamento: siembra (Mc 4,1-20), siega (Jn 4,35-38), semilla (Jn 12,24), comparación (1 Cor 15,37), cosecha (Mt 13,41), braceros (Mt 20,1-16), arrendatarios (Mc 12,1-12). Dios labrador (Jn 15,1-8). ◊Trabajo.

Lámpara. Se opone a la luz, como sustituto menor en la noche o la oscuridad (Lc 15,8; Ap 18,23). Comparación en parábolas (Mt 25,1-13); el Bautista respecto a la luz del Mesías (Jn 5,35); la palabra profética (2 Pe 1,19); el ojo en cuanto suministra luz (Mt 6,22). No será necesaria en la Jerusalén celeste (Ap 22,5). ◊Luz.

Lapidación. Pena de blasfemos (Jn 10,31-33) y adúlteras (Jn 8,3-11). Esteban muere lapidado, acusado de blasfemia (Hch 7,57-60), Pablo no llega a morir (Hch 14,19s).

Lenguas arcanas. ◊Glosolalia.

León. Título de Cristo (Ap 5,5) y figura de los vivientes (Ap 4,7). Imagen del Diablo (1 Pe 5,8).

Lepra. El término hebreo designa genéricamente una enfermedad de la piel, en muchos casos sanable; es muy dudosa la existencia de la lepra en la Palestina antigua. En los evangelios se subraya el aspecto de impureza legal.

Letrados, juristas (*grammateis*, *nomikoi*). La mayoría eran ◊fariseos. Hacían estudios especiales de la ◊Ley (Torá), recibían una especie de título y podían enseñar; eran consultados en materias legales (*halaká*). En general, son hostiles a Jesús, aunque uno intenta seguirlo (Mt 8,19) y otro no está lejos del reino (Mc 12,28-34).

Ley. Como institución humana es copiada o imitada de otras culturas; después canonizada como Torá = instrucción = ordenación de Dios, vinculada a la ◊alianza; duplicada en el Deuteronomio; comentada y recubierta por letrados y rabinos, con tendencia a absolutizarla, a hacerla universal. El Nuevo Testamento reconoce su origen mosaico (Gál 3,20) y divino (Rom 2,27); su contenido es bueno (Rom 7,12); pero la somete a una crítica general que abarca todos sus campos, el ético, el jurídico, el ritual. El término nomos equivale a veces a régimen: del ◇pecado (Rom 7,22), de pecado y muerte (Rom 8,2), del Espíritu de vida; de Cristo (Gál 6,2), de la fe (Rom 3,27). Jesús y la Ley: su actitud, conducta y principios sin complejos. Acepta, pero relativiza y limita: sobre el Templo (Mt 5,24), la ofrenda (Mc 7,8-13), el sábado, las normas de pureza (Mt 7,14-23). Radicaliza lo ético en la serie de antítesis (Mt 5,21-48). Reduce todo al doble precepto (Mc 12,28-31). Según Pablo, la Ley no otorga la justicia a los judíos; lo prueba por la Escritura, por la experiencia universal y personal. No obliga a los paganos convertidos: Hch 15,1-35; 2 Cor 3; Ef 2,15; Col 2,14. Ahora Cristo es la Ley: ocupa el puesto de la Torá rabínica en símbolos tomados del Antiguo Testamento.

Libertad. 1. Psicológica: es afirmada o implicada en el aceptar o rechazar el mensaje, pero queda condicionada y limitada por el ◇mundo (1 Jn 2,15) y el instinto (Rom 8,7s). 2. Política: no importa tanto, se reconoce el ejercicio del tributo (Mt 22,2-7); importa menos la libertad social (1 Cor 7,21-24). 3. Cristiana: la concede la verdad (Jn 8,32), Cristo (Jn 8,36), el Espíritu (2 Cor 3,17); es libertad del pecado (Rom 7,14; 6,14.18), de la ◇muerte (Col 2,13s), que es el último enemigo (1 Cor 15,26), de ◇Satanás (Ap 20,3.10), del instinto (Rom 8,13), de la ◇Ley o régimen legal (Rom 6). Pero no ha de ser pretexto para el mal (1 Cor 8,9; 1 Pe 2,16). ◇Roma. ◇César. ◇Franqueza.

Limosna. Muy estimada en círculos sapienciales y autores tardíos. Se alaba en Hch 9,36; Pablo la organiza en forma de colecta en favor de la Iglesia pobre de Jerusalén (2 Cor 8s). Se ha de evitar la ostentación (Mt 6,2s). Jesús radicaliza la limosna en la renuncia (Mc 10,21-27).

Luz. Sentido propio (Mt 10,27; Jn 3,20), elemento de teofanía en la transfiguración (Mt 17,2). Como símbolo: Dios es luz (1 Jn 1,5); Jesús es luz (Jn 1,4s; 8,12); el discípulo debe serlo (Mt 5,14.16; Ef 5,8s; 1 Jn 2,9-11). ◇Oscuridad.

M

Maestro (*didaskalos, rabbi*). Título corriente de algunos judíos y de Jesús (Mt 17,24; 26,18), reconocido por Nicodemo como enviado por Dios (Jn 3,2), el título está implícito en toda su tarea de enseñar. En la Iglesia aparecen cargo y título en las listas (1 Cor 12,28s; Ef 4,11); pero no hay que codiciar esa función (Sant 3,1).

Maldición. No se ha de maldecir al prójimo ni al enemigo (Lc 6,28; Rom 12,14; Sant 3,8-10); los judíos se maldicen en el proceso de Jesús (Mt 27,25). Jesús maldice la higuera (Mc 11,12-14); se hizo maldición (sufrió las consecuencias) por la humanidad (Gál 3,13). Pablo maldice al falso predicador (Gál 1,8) y al incestuoso para su conversión (1 Cor 5,3-5). ◇Bendición.

Manifestación. ◇Revelación. ◇Parusía.

Manos, imposición de. Gesto eficaz de sanación (Mc 16,18), de bendición (Mc 10,16) o rito de nombramiento (2 Tim 1,6), que suele incluir el don específico del Espíritu (Hch 8,17).

María. Tres figuras principales llevan ese nombre en el evangelio: la madre de Jesús, la Magdalena y la de Betania (las dos últimas a veces confundidas en la tradición occidental). María la madre de Jesús: domina la etapa de la infancia (Mt 1,18-25; Lc 1s). En los sinópticos reaparece en Mc 4,31-35. Juan la presenta en momentos decisivos: en Caná, primera señal (2,3-5), y junto a la cruz, donde es nombrada madre de Juan (19,25-27); después de la resurrección está en Jerusalén en compañía de los apóstoles (Hch 1,14). María Magdalena: es una de las mujeres sanadas que acompañan a Jesús (Lc 8,1-3); presente en el calvario (Mc 15,40), ante el sepulcro (Mc 15,47); va al sepulcro (Mc 16,1s); según Jn 20,1-18 es el primer testigo y anunciadora de la resurrección. María de Betania, hermana de Marta, aparece hospedando y escuchando a Jesús (Lc 10,38-42), lo unge (Jn 12,1-8). ◇Mujer.

Matrimonio. Jesús corrige la legislación mosaica apelando a la institución que refiere Gn 2,24; Mc 10,2-9. ¿Hay alguna excepción? Mt 5,32; 19,9 son textos discutidos (*porneia*). Instrucciones sobre el matrimonio (1 Cor 7;

Ef 5,22-33; 1 Pe 3,7). El matrimonio, símbolo de la unión del Mesías con la Iglesia (Jn 3,29; 2 Cor 11,2; Ap 21,2.9; 22,17). ◊Virginidad.

Mediador. Gál 3,19 lo refiere a ◊Moisés. Ahora Jesucristo es el único mediador entre los seres humanos y Dios, como Hijo, profeta, siervo (1 Tim 2,5; Heb 8,6; 9,15; 12,24). Por su relación única con el Padre (Mt 11,27), porque va al Padre (Jn 14,6).

Melquisedec. Heb 5,1-10; 7,1-28 explotan la figura de Melquisedec en Gn 14,18-24 y Sal 110.

Memoria. En forma implícita está presente como exigencia en toda la misión de Jesús. Explícitamente está la recomendación de Jn 15,20, la institución formal de la memoria eucarística (1 Cor 11,25s). Una predicción produce su efecto de reconocimiento cuando es recordada al cumplirse: Pedro (Mc 14,72), los judíos (Mt 27,63), los cristianos (2 Pe 3,2). María recuerda los hechos de la infancia (Lc 2,19.51). Memoria judicial de los delitos (Ap 18,5).

Mesías. ◊Cristo.

Midrás. Tipo de comentario rabínico a la Biblia: no crítico, sino relacionando textos, explotando su potencial simbólico, ampliando relatos para explicarlos (*hagadá*), sacando consecuencias para la conducta (*halaká*). Como técnica y estilo está presente en el Nuevo Testamento. ◊Interpretación.

Milagros. Sinónimos: prodigios, portentos, señales (*thaumasia*, *terata*, *semeia*, *dynameis*). A veces se acumulan los términos (según la tradición del Antiguo Testamento). Los términos sugieren lo maravilloso, extraordinario, sobrehumano de la acción (*pl', thaumasion*) o apuntan su función. Su función es hacer un bien extraordinario, probar un poder; son parte integrante de la misión de Jesús y de los apóstoles. Historicidad: hay en los evangelios cierta tendencia a aumentar, duplicar; el efecto en la gente y en los rivales abona una historicidad básica. Muchos son signos y no son milagros en sentido metafísico. Efecto en los rivales (Mc 3,6.22); como si una fuerza saliese de Él (Mc 5,30); resumen en Hch 2,22. Pablo, como Pedro (Hch 3,1-11), los realiza (Rom 15,18s), entre los ◊carismas (1 Cor 12,28). Los judíos piden a Jesús una señal que compruebe su misión (Mc 8,11; Jn 6,30), Jesús la ofrece (Jn 2,11; 4,54), convence a la gente (Jn 2,23), a Nicodemo (Jn 3,2), transmite su poder.

Misericordia. 1. Jesús da muestras constantes de misericordia en sentimiento y en obras: a la multitud (Mc 6,34), enfermos (Mt 14,14), la viuda (Lc 7,13); se preocupa, se compadece (Heb 4,15); así revela el perfil de su Padre. 2. Dios es rico en misericordia (Ef 2,4. Cfr. Éx 34,6), por la cual nos salva (Tit 3,5), nos regenera (1 Pe 1,3); en la parábola del hijo pródigo (Lc 15,11-32), con los paganos (Rom 15,9), lo lleva como título (2 Cor 1,3); por lo cual el ser humano debe imitarlo (Lc 6,36). 3. El cristiano: tiene una bienaventuranza (Mt 5,7), el buen samaritano (Lc 10,33), el mal administrador (Mt 18,33); sentimientos (Col 3,12); vale más que el sacrificio (Mt 9,13) y que las observancias (Mt 23,23). ◊Compasión. ◊Ira.

Misterio. El griego *mysterion* puede significar símbolo, secreto, misterio que se revela. Símbolo (Ef 5,32; Ap 1,20; 17,7). Secreto que se comunica o explica: en las parábolas del reino (Mc 4,11). Misterio que se revela, proyecto secreto: antes escondido (1 Cor 2,7; Ef 3,9) y ahora revelado (Ef 1,9; Col 1,26). Su contenido: el Evangelio (Ef 6,19); la obstinación de los judíos (Rom 11,25), la vocación de los paganos, frecuente. Hay también un «misterio de iniquidad», un poder del mal que actúa en secreto (2 Tes 2,7). En 1 Tim 3,16 equivale a un prontuario o credo de la fe y la piedad.

Moisés. Referencia simple al Antiguo Testamento (Mc 1,44; 10,3-5; Hch 7,20-45). En paralelo antitético (Mt 5,17-48; 2 Cor 3; Jn 1,17; Jn 6,32); en boca de los rivales (Jn 9,28s). Tipo de Cristo: del bautismo (1 Cor 10,2), en la fidelidad (Heb 3,2). Acude a la transfiguración (Mc 9,4s), se canta su cántico nuevo (Ap 15,3).

Muerte. Ap 2,11 distingue una primera y una segunda muerte. La primera sería la condición del ser humano, a la vez mortal (cfr. Heb 9,27) y destinado a la ◊inmortalidad (Sab 2,23). El ◊pecado frustra ese destino y cierra la salida a la muerte primera (biológica); el pecado consolida la muerte primera en muerte segunda (Rom 5,12; 6,16; Sant 1,15 –paradoja–). La muerte segunda es el último enemigo que hay que vencer (1 Cor 15,26). Lo hace Jesús, no desde fuera, sino entrando como «más fuerte» en la casa controlada por el «fuerte» (Lc 11,21s). Jesús pasa por la muerte primera dándole salida hacia la ◊vida; así vence definitivamente a la muerte (1 Cor 15,14; cfr. Is 25,8; Os 13,14); pasa al reino donde no existe la muerte (Ap 21,4). Ahora la muerte puede glorificar a Dios: de Pedro (Jn 21,19), de Pablo (Flp 1,20). Ahora el ser humano puede configurar (*symmorphos*) su muerte a la de Cristo (Flp 3,10) dando paso hacia la vida, incluso lo anticipa (1 Jn 3,14). Venciendo a la muerte vence Cristo también el miedo que esclaviza (Heb 2,15). ◊Infierno. ◊Resurrección.

Mujer. Jesús les dedica especial atención: las admite en su compañía (Lc 8,2s), en su amistad (Jn 11,5), les obra milagros (Mc 5,21-43), perdona a la adúltera (Jn 8,10s), admite la unción (Lc 7,36-50), son protagonistas en la sepultura (Mc 15,47) y en los primeros momentos de la resurrección (Mc 16,1). Figuran en los saludos de las cartas (Rom 16). Son iguales en el bautismo (Gál 3,28) y en la esperanza (1 Pe 3,7). Su función es subordinada (no se considera indigno ser súbdito) en la familia (1 Tim 2,13-15) y en el culto (1 Cor 11,3); puede hablar con el velo puesto (1 Cor 11,5); aunque luego se lo niegue (1 Cor 14,34; 1 Tim 2,12). Sobre las ◊viudas (1 Tim 5,3-16). ◊María.

Mundo. 1. Sentido cronológico: el universo creado, que comienza (Mt 24,21) con la creación (Ef 1,4) y que tendrá algún día su fin (Mt 13,40). El mundo de los seres humanos (Lc 12,30). Los «elementos del mundo» parecen ser realidades o fuerzas cósmicas que dominan o someten al ser humano. 2. Sentido teológico: Contrapuesto a Dios (1 Cor 1,20-31; 2,12); hostil a Dios y a Jesucristo (1 Cor 2,8). Idea central en Juan, que extrema la oposición, hasta considerarlos irreconciliables (Jn 17,9); es juzgado y condenado con su jefe (Jn 12,31s); porque Cristo ha vencido al mundo (Jn 16,33). 3. Otro sentido: puede ser redimido. Dios lo reconcilia consigo (2 Cor 5,19); Cristo viene a salvarlo (1 Tim 1,15), es su luz (Jn 8,12), Dios lo ama (Jn 3,16-20). 4. El cristiano no es del mundo (Jn 15,19), no debe amarlo (1 Jn 2,15; Sant 4,4), debe vencerlo (1 Jn 5,4s), relativizarlo (1 Cor 7,31); pero ha de permanecer en él (Jn 17,15) y predicar en él y a él el Evangelio (Mc 16,15).

N

Niño. Se mencionan sus juegos (Mt 11,16s), Jesús los acoge (Mc 10,13-16) y ellos lo aclaman (Mt 21,15). Jesús los presenta como modelo de actitud espiritual humilde y receptiva (Mc 9,36s). Sentido negativo, de infantilismo (1 Cor 14,20). Mateo y Lucas se interesan por la infancia de Jesús.

Nombre. El vocablo griego (*onoma*) retiene los significados del hebreo (*sem*): nombre, título, fama. Como en castellano, es decisivo el uso de las preposiciones: imposición + explicación (Mt 1,21), cambio de nombre, Pedro (Mc 3,16), nuevo (Ap 2,17). En nombre de (*en onomati*): representando, con la autoridad de (Mt 7,22), del Padre (Jn 5,43; 10,25). Por el nombre (*hyper* o. *dia* o.), por causa de (Hch 21,13), a causa del nombre que invocan, por ser cristianos; odiados (Mt 10,22). En atención a (*epi* o.) (Mc 9,37.41). Invocando, mencionando, alegando: el bendecir (Mc 11,9; Hch 4,17s), alegando en la petición (Jn 14,13), alegar el título en falso (Mt 24,5). Para, en honor de (*eis* o.) invocando y consagrando: bautismo (Mt 28,19; 1 Cor 1,13.15), unción (Sant 5,14), congregación (Mt 18,20). Título: sublime, supremo (Flp 2,10; Ef 1,21). Hch 2,21 pone el nombre de Jesucristo al citar Jl 3,5.

Nube. El motivo clásico de la nube teofánica aparece en la ◊transfiguración, ◊ascensión y ◊parusía: indica la presencia velando la figura.

Nuevo. El adjetivo define en bloque toda la nueva alianza, el Nuevo Testamento. Aunque es continuación de lo anterior, algo nuevo se instaura, dejando anticuado lo otro, completando, incluso aboliendo lo antiguo en una ruptura formal, desbordando la esperanza, superando la imaginación. Hay una creación nueva (2 Cor 5,17), un ser humano nuevo (Ef 4,24), nuevas enseñanzas (Mt 13,52). El ser humano debe abrirse a la novedad (Mc 2,22), y vivir una vida nueva (Rom 6,4), por la novedad del Espíritu (Rom 7,6). Pero queda pendiente la última novedad, la que anuncia Jesús (Mt 26,29), del universo entero (2 Pe 3,13; Ap 21,5). ◇Creación.

Números. Valor simbólico: tres, siete, diez, doce, cuarenta; muy raros: 153 (Jn 21,11) y 666 (Ap 13,18).

O

Obediencia. Jesús obedece a la ◇Ley: prácticas litúrgicas, el impuesto del Templo (Mt 17,24s), nace bajo la Ley (Gál 4,4). Obedece al Padre (Mc 1,38; Lc 2,49); hasta la cruz (Flp 2,8; Heb 10,5-10, citando Sal 40); es su comida (Jn 4,34). La obediencia del cristiano: inculcada en Lc 17,7-10; en el Padrenuestro (Mt 6,9-13). La ◇fe como obediencia o respuesta positiva (Rom 1,5). En la vida ◇familiar: mujer, hijos y siervos (Ef 5,21–6,10).

Obras, tarea. 1. De Dios: actuó en la creación, que es obra suya (Heb 1,10; 4,4, citando el Antiguo Testamento), en la historia salvífica (Heb 3,9), en la redención (Jn 9,3), y sigue actuando (Jn 5,17). Jesús recibe del Padre su tarea, que ha de realizar hasta el final: idea frecuente en Juan (17,4). 2. El ser humano. Por una parte las obras no dan la ◇justicia, no dan derechos frente a Dios, es la doctrina de Pablo en Gálatas y Romanos. Por otra parte, una ◇fe auténtica y vital produce como fruto obras, como aclara Santiago; por eso se alaban (Mt 5,16); se recomiendan (2 Cor 9,8); Dios las tiene en cuenta (Ap 2,1-7); por ellas juzgará (Rom 2,6; Mt 25,31-46). 3. También el Diablo realiza sus obras (1 Jn 3,8).

Ojo. Como órgano de la visión percibe objetos, recibe la luz y se la suministra a todo el cuerpo (el cuerpo entero ve por los ojos), como una lámpara (Mt 6,22). Además, como sede de la estimativa aprecia y define valores: de donde el semitismo «ojo malo» = tacaño, envidioso (Mt 6,23; Mt 20,15) y correlativamente «ojo bueno/simple» = generoso (Mt 6,22); codicia de bienes (1 Jn 2,16). ◇Ver. ◇Visión.

Oración. 1. De Jesús. Lo ritual: alude a las 18 bendiciones y cita el «escucha, Israel» (Mc 12,29s), bendice al partir el pan (Mc 6,41) y recita el gran Hallel (Mc 14,26). Lo personal: es frecuente en el bautismo (Lc 3,21), al elegir a los Doce (Lc 6,12), en la confesión de Pedro (Lc 9,18). Oración al Padre (Mt 11,25s; Jn 11,41; Jn 17), en Getsemaní (Mc 14,32-42), en la cruz (Mc 15,34). 2. Del cristiano. Jesús nos enseña a orar (Mt 6,9-13; Lc 11,2-4) sin multiplicar palabras. El cristiano ha de orar con confianza (Mt 18,19), con perseverancia (Lc 18,1), sin titubear (Sant 1,5-8), con sinceridad interna (Mt 6,6), en compañía (Mt 18,19), con humildad (Lc 18,9-14).

Orgullo. El ser humano no debe gloriarse de sus cualidades y dones (1 Cor 4,7), de la Ley (Rom 2,23), de las obras como méritos (Ef 2,9; Rom 3,27), por razones humanas (2 Cor 11,18), por encima de otros (Rom 11,18), de valores humanos (1 Cor 3,21), frente a Dios alegando méritos-derechos (1 Cor 1,29). Pero puede y debe gloriarse de Dios (Rom 5,11), de Jesucristo (Flp 3,3), de la cruz (Gál 6,14), de las tribulaciones y debilidades (2 Cor 11s), de la esperanza (Rom 5,2), el Apóstol por una comunidad (2 Tes 1,4; 2 Cor 7,4). ◇Humildad.

Oscuridad. En sentido metafórico, es el mundo sin Dios (1 Jn 1,5), del pecado (Jn 12,35), del demonio (Ef 6,12), del odio (1 Jn 2,11), del castigo definitivo (Mt 22,13). Dios es luz sin tinieblas (1 Jn 1,5), saca luz de la oscuridad (2 Cor 4,6), transforma la oscuridad en ◇luz (Ef 5,8).

P

Paciencia. De Dios, esperando (2 Pe 3,9); de Jesús (Mt 11,28-30), como ejemplo (2 Tes 3,5); del cristiano (Rom 5,3), en las pruebas (Sant 1,2-4). ◇Pasión.

Padre. ◇Dios. ◇Trinidad.

Paganos, gentiles, naciones. Subsiste en el Nuevo Testamento la ambigüedad del hebreo *goyim* = paganos/naciones, como muestra Mt 25. El principio es que la redención del Mesías es universal y anula las diferencias (Rom 5,18). La práctica de la incorporación se puede apreciar, p. ej., en Hch 10s. Las cartas explican la doctrina (Rom 12,13; Ef 4,4-6). Esa vocación universal ha sido revelada ahora (Rom 16,26). ◊Prosélito.

Palabra. 1. De Dios: es el Antiguo Testamento (Rom 13,9s). Es la Buena Noticia proclamada (Hch 4,29; Flp 1,14); el mensaje de la ◊verdad (Ef 1,13), de la vida (Flp 2,16), auténtico (1 Tes 2,13), es fuerza (1 Cor 1,18), es libre (2 Tim 2,9) y juzga (Heb 4,12). 2. Jesús es la Palabra (Jn 1,1.14; 1 Jn 1,1; Ap 19,13); su palabra suena con ◊autoridad (Mt 7,29), es del Padre (Jn 6,68), es de Dios (Heb 1,2).

Paloma. Ejemplo de sencillez sin doblez ni mezcla (Mt 10,16). Imagen en que se manifiesta el Espíritu (Mc 1,10), aludiendo quizá al Cantar de los Cantares y revelando el amor.

Pan. El milagro de los panes se cuenta en los cuatro evangelios, por duplicado en Mt 14s y Mc 6; 8. En Lucas y Juan una sola vez (Lc 9 y Jn 6). El sentido del pan eucarístico se explica en Juan: Jesús es el pan del cielo que da vida.

Parábola. Traduce sin definirlo el hebreo *masal*, que es aforismo, comparación, fábula, relato ejemplar. Como tal, suele tener un plano imaginativo, casi siempre de acción, y un plano de significado trascendente. Con frecuencia se refieren a la inminencia o presencia del reinado definitivo (escatológico) de Dios. Algunas incorporan la explicación posterior de la comunidad, o sea, son texto y lectura. Sobre su inteligencia, Mt 13,14s.

Paráclito. Es el abogado o valedor. Su función es exhortar, defender, consolar. Título de Jesucristo (1 Jn 2,1); del Espíritu (Jn 14,16).

Parusía. Significa, en general, presencia/visita, en particular la visita festiva de un monarca. En sentido técnico, es la segunda y definitiva venida de Jesucristo, con ◊gloria, para juzgar e instaurar el reino definitivo del Padre. Textos básicos: Mt 24; 1 y 2 Tesalonicenses; otras referencias, 1 Cor 15,23s; Sant 5,7; 2 Pe 1,16; 3,4-12; 1 Jn 2,18. Sin emplear el término, se refieren a ello con sinónimos: manifestación (*epiphaneia*), ◊día del Señor, venida de Jesús, encuentro. El modo será terrible y festivo: con gloria, acompañado de ángeles (cielo), con aparato cósmico, a toda la humanidad. El tiempo: hay dos versiones: será repentina/prevista, inminente/diferida; según Juan ya está sucediendo, es espiritual, escondida, no espectacular; el Apocalipsis la hace coincidir con la caída de Roma = Babilonia.

Pascua. Jesús celebra la tradicional (Lc 2,41; Jn 2,23), la última suya (Mc 14,22-25). Es la nueva pascua (1 Cor 5,7), crucificado a la hora de matar el ◊cordero (Jn 19,14). ◊Sacrificio.

Pasión. 1. Los relatos alcanzan ya en la tradición oral una forma estable y orgánica, se distinguen por el orden y la concentración, con variantes significativas. 2. Teología. Forma parte de un designio, «tiene que, ha de», es anunciada tres veces (Mc 8,31; 9,31; 10,33s) y aludida otras veces, explicada después (Lc 24,25); prefigurada en Is 53 y Sal 22 entre otros; predicada sin ambages por los apóstoles en Hechos. Es rescate (Mc 10,45). Jesús la aborda a sabiendas, queriendo (Mc 14,42). Pablo prefiere el término ◊cruz: es prueba de ◊amor (2 Cor 5,14), revela ◊sabiduría y fuerza (1 Cor 1,18), opera la ◊redención (Rom 3); es fundamento del ◊culto (Flp 2,11), del ◊bautismo (Rom 6) y ◊eucaristía (1 Cor 10). Juan la presenta como exaltación (3,14; 8,28; 12,32); es acto de ◊solidaridad (Heb 2,18; 5,8s) y ejemplo (1 Pe 1,21s). 3. El cristiano ha de aceptarla e imitarla (Mc 8,34s; Mt 10,38s; Flp 1,29s); el Apóstol (Hch 9,16) se gloría (2 Cor 12); participación física en la tribulación (*thlipsis*) y mística en el bautismo.

Pastor. Como imagen: textos básicos, Jn 10,11; 1 Pedro.

Paz. Saludo hebreo, cristiano y apostólico; es eficaz (Mt 10,13). Se anuncia en el nacimiento (Lc 2,14), se canta en la entrada en Jerusalén (Lc 19,38), es saludo del resucitado (Lc 24,36), don del Espíritu (Rom 8,6; Gál 5,22). Incluye la paz con Dios (Rom 5,1); en la Iglesia (Ef 2,14-17), con todos (Mt 5,9; Heb 12,14). ◊Guerra.

Pecado. Término fundamental *hamartia*; sinónimos: *anomia* (sin ley), *adikia* (injusticia), *paraptoma* y *parabasis* (transgresión); otros son específicos. Metáforas: deuda, mancha, carga. En relación con una norma, con una persona, Dios o Cristo: apartarse, abandonar, negar. Se personifica. La presencia y doctrina del pecado es fundamental y constante en el Nuevo Testamento, como fondo de contraste para el mensaje positivo de la buena noticia. Para orientarse en la complejidad, son útiles algunas distinciones: 1. Como acto responsable, individual o colectivo como condición humana, radical y universal; interior al ser humano y concebido como exterior a él, hamartia personificada. 2. Como infracción de una norma objetiva, ley o mandamiento como ruptura con una persona, Dios o Cristo. 3. De ahí se siguen las consecuencias: culpa-reato, ira-condena, castigo-muerte. 4. El pecado cometido se anula por el perdón, que es gracia de Dios por medio de Jesucristo; su poder se contrarresta por la ◊gracia. 5. El pecado se relaciona con el instinto (*sarx*), con el ◊Diablo, con el ◊mundo (según Juan). Hay pecados que acarrean la muerte (1 Jn 5,16s). Textos más significativos: Rom 6–8; Jn 12,17; 1 Jn. Jesús no comete pecado (Jn 8,46) y viene a ocuparse del pecado (Rom 8,3; 2 Cor 5,21).

Pecador. En sentido técnico solían llamar pecador al que llevaba una vida pública depravada o practicaba una profesión pecaminosa, como prostitutas y recaudadores (Mt 9,10); también al que no cumplía la ley farisaica (Jn 7,49), incluso a los paganos (Mt 26,45).

Perdón. 1. A Dios toca perdonar (Mc 2,5-7). Jesús perdona ◊pecados (Mc 2,5), pide perdón por sus ejecutores (Lc 23,34), concede el poder a los apóstoles (Jn 20,21-23), que lo ejercen (Hch 5,31). 2. El perdón se obtiene por el bautismo de Juan (Mc 1,4), por la fe (Hch 10,43), por el amor (Lc 7,47), por la súplica de la Iglesia (Sant 5,13s); del perdón se excluye el pecado contra el Espíritu Santo (Mc 3,28s). 3. El cristiano ha de perdonar a hermanos y enemigos (Mt 18,21-35; Lc 17,3).

Persecución. Jesús es perseguido (Jn 13,18) y lo serán sus discípulos (Jn 15,20); Jesús lo anuncia (Jn 16,1-4). Pablo, perseguidor y perseguido (Hch 9), como los otros apóstoles (Hch 4). Es parte de la vida cristiana (1 Tes 3,3); se ha de llevar con paciencia (Mt 10,22) y aun con gozo (Mt 5,11s; 1 Pe 4,12s); rezar por los perseguidores (Rom 12,14).

Pescador. Como imagen, Mc 1,17.

Piedra. El Nuevo Testamento distingue entre piedra (*lithos*) y roca (*petra*) en la línea de la distinción hebrea entre *'eben* y *sûr*. Juega con los términos (Mt 16,18). Jesús es la piedra angular (Mt 21,42; Ef 2,20; 1 Pe 2,7), y la piedra de tropiezo (Lc 20,17; Rom 9,32, citando Sal 118,22 e Is 28,16). Los cristianos son piedras vivas en la edificación de la Iglesia (1 Pe 2,5; Ef 2,21).

Plagas. La palabra griega *plege* es traducción del hebreo *makka*. Significa primero golpe, herida (Hch 16,23-33; Ap 13,3). De ahí pasa a significar una desgracia o calamidad grave y colectiva. Tomando como modelo o inspiración el relato de Éxodo, Apocalipsis describe el sucederse de diversas plagas más o menos fantásticas.

Pobreza. Es una ◊bienaventuranza (Mt 5,3; Lc 6,20; desarrollo en Sant 1,9-11; 2,1-13); dos órdenes de pobreza (Ap 3,17s), la viuda pobre y generosa (Mc 12,41-44). Cristo se hizo pobre (2 Cor 8,9); pobreza del apóstol (Mt 10,9; 19,21-24). ◊Riqueza.

Predicación, proclamar (*keryzo*). Anuncio oficial, en virtud de un cargo o misión, oral y público. Función primaria del Bautista, de Jesús, de los apóstoles. Su contenido básico es el Evangelio o Buena Noticia, el reinado/reino de Dios, la persona-obra y mensaje de Jesucristo. Ha de ser universal y será acompañado de señales y dotado de fuerza superior. Invita a la conversión y la fe. Los evangelios y los Hechos lo presentan en acción.

Primicia, primogénito. 1. Cristo es el primogénito del Padre (Heb 1,6) de muchos hermanos, de la creación (Col 1,15), de los muertos por ser el primer resucitado (1 Cor 15,20.23; Col 1,18; Ap 1,5). 2. El cristiano es primicia (2 Tes 2,13; Sant 1,18; Ap 14,4), aunque cronológicamente se puedan llamar primicia los judíos (Rom 1,6); el primer convertido de una región (Rom 16,5). Poseer como primicias el Espíritu (Rom 8,23).

Profano. En teoría hay dos sistemas de oposiciones: sagrado/profano y puro/impuro (contaminado); en la práctica se sobreponen. Lo profano puede ser consagrado, lo impuro puede ser purificado por abluciones o acciones rituales. Los tabúes, alimentos y relaciones no admiten el cambio.

Profeta. Los del Antiguo Testamento son citados o aludidos. Los del Nuevo Testamento: existencia (Hch 13,1; 21,10; quizá Ef 3,5); nombramiento (Ef 4,11), profetisas (Hch 21,9). Jesús es profeta (Lc 4,24), tenido por tal (Mt 21,46), el profeta (Jn 6,14). La profecía es un ◊carisma (1 Cor 12,28s; 14,32; 1 Tes 5,20). El Apocalipsis se presenta como profecía (1,3; 22,10).

Promesa. El Antiguo Testamento es en buena parte promesa, en su dinámica interior histórica y en su movimiento hacia el futuro. El Nuevo Testamento viene a cumplir y desbordar todas las promesas del Antiguo Testamento en el don de Jesús y del Espíritu. 1. Jesús es el sí = realización de las promesas (2 Cor 1,20); hace múltiples promesas a los suyos: bienaventuranzas (Mt 5,1-12), apoyo en la misión (Mt 28,20); las resume en la vida eterna (Jn 3,16). 2. El Espíritu es la promesa del Padre (Hch 1,4; Gál 3,14). 3. El cristiano es heredero de las promesas (Ef 3,6), sigue esperando el cumplimiento de la promesa final (Heb 10,26s). ◊Esperanza.

Prosélito (= advenedizo). Se distinguían los plenamente convertidos al judaísmo y circuncidados (Mt 23,15), presentes (Hch 2,11; 6,5); y los simpatizantes, personas religiosas, *foboumenoi* (Hch 10,2) o *sebomenoi* (Hch 17,4). ◊Paganos.

Proverbios, aforismos, sentencias: una de las formas del masal. Jesús utiliza generosamente el género en su enseñanza y predicación. Se podría compilar un repertorio o antología de ellos, como un texto sapiencial del Nuevo Testamento.

Publicano. Recaudador de impuestos al servicio de Roma; iban acompañados y protegidos por policías. Había dos tipos de impuestos: el general (*kensos, phoros*) y el de aduana o fielato (*telos*). El sistema se prestaba a abusos: el recaudador, y más el jefe, se enriquecían a costa de la población; por eso eran mal vistos y los llamaban ◊pecadores. Se convierten Leví-Mateo (Mc 2,14) y Zaqueo (Lc 19,1-10). Oración del publicano (Lc 18,9-14).

Pureza legal. La legislación del Levítico y del Deuteronomio, y más aún la interpretación rígida de los fariseos, son abolidas por Jesús (Mt 15,10-20), que insiste en la pureza interior, que es una bienaventuranza (Mt 5,8). ◊Profano.

R

Rabbí, rabino. Por la etimología es título honorífico, en la práctica era título del maestro. Lo lleva el Bautista y con frecuencia Jesús. A veces se traduce por *didaskalos* = maestro o *epistates*.

Reconciliación. Texto básico 2 Cor 5,18s: Dios, por medio de Cristo, reconcilia al ser humano consigo; predicarla es ministerio apostólico primario. Se reconcilian judíos con paganos (Ef 2,16), el cielo con la tierra (Col 1,20). ◊Perdón. ◊Pecado.

Redención. El Nuevo Testamento prolonga el uso de los dos verbos hebreos *pdh* y *g'l*. En el sentido genérico de liberar (Lc 1,68; 2,38; 24,21); de una conducta (Tit 2,14; Heb 9,15; 1 Pe 1,18). Con el matiz de comprar, rescatar: una propiedad enajenada (1 Cor 6,20; 7,23; Gál 3,13; 4,5; Ap 5,9); para adquirir (Ef 1,14), por un precio (1 Pe 1,18; Rom 3,24). Con el matiz de rescatar de una esclavitud (Rom 8,23; Ef 4,30).

Reino, reinado. Como territorio y posesión, como ejercicio del poder real. Se mantiene cierta ambigüedad de significado. El reinado se acerca, llega, comienza, en el reino se entra, uno se incorpora. Término (*basileia*) típico de los sinópticos. Lo anuncian el Bautista (Mt 3,2) y Jesús (Mc 1,15). Es trascendente y presente, diferido y actual. Está por llegar (Mc 1,15), ya está (Mt 12,28), está en medio (Lc 17,20s). Es don de Dios (Lc 12,32), no depende de la raza (Mt 8,12), sino de convertirse (Mc 1,15) y obedecer a Dios (Mt 7,21). Las parábolas del reino proponen o sugieren esa tensión entre el presente escondido y el futuro manifiesto (Mt 13; 21). Reino/reinado de Cristo (Lc 23,42; Ef 5,5; 2 Tim 4,1).

Resto. Como en el Antiguo Testamento.

Resucitar. En sentido transitivo, volver nuevamente a la vida: en Naín (Lc 7,11-17), la hija de Jairo (Mt 9,18-26), Lázaro (Jn 11), Tabita (Hch 9,36-43), Eutico (20,9-12).

Resurrección. La admitían los fariseos, no los saduceos (Mc 12,18; Hch 23,6-8); se afirma en el sentido de «levantarse» para comparecer a juicio (Jn 5,29, la palabra griega significa levantarse: del que yace, del sueño, de la muerte, siguiendo el hebreo *qûm*).

Resurrección de Cristo. Los relatos se distinguen por la variedad en los evangelios; no hay una serie y un orden estables; subrayan la identidad del resucitado; empiezan a explicar el sentido y añaden instrucciones eclesiales. Dar testimonio de la resurrección de Jesús es misión primordial del apóstol (Hch 1,21s; 2,32; etc.). Doctrina: Jesús es la resurrección (Jn 11,25); texto básico (1 Cor 15). De los cristianos (Rom 8,11; 2 Cor 5,4; 1 Cor 6,14); Jesús los resucita (Jn 6,39.44.53). ◊Vida. ◊Muerte. ◊Eternidad.

Retribución. Castigo: a los viñadores malvados (Mt 12,1-12), a los impostores (2 Cor 11,15), por abuso de la eucaristía (1 Cor 11,29). Por no convertirse (Mt 11,20-24). De la Babilonia simbólica (Ap 18). Premio: ya en la tierra (Mt 10,30s), escatológica (Mt 25,31-46; Rom 2,7; Ap 2,23; 20,12s). Según las obras (2 Tim 4,14; Ap 22,12); sin proporción con los sufrimientos (Rom 8,18); la herencia (Col 3,24) o la vida eterna (Mt 25,46). ◊Obras.

Revelación. Descubrir lo oculto. Informar sobre datos o manifestar en acción. El Padre revela a Pedro (Mt 16,17), el Padre nos revela al Hijo (Gál 1,16). Jesús revela al Padre (Mt 11,25s; Jn 1,18; 14,9); se revelará en la parusía (2 Tes 1,7). El Espíritu revela la intimidad de Dios (1 Cor 2,10), revela progresivamente (Jn 16,13). La condición plena de ◊hijos de Dios se revelará (Rom 8,19; 1 Jn 3,2).

Roca. ◊Piedra.

Roma. El 63 a.C. Judea es incorporada a la provincia romana de Siria; es gobernada por un procurador o gobernador romano o por reyes y etnarcas bajo la tutela de Roma. Los romanos se reservan varias competencias jurídicas, respetan la religión y costumbres locales. Cobran impuestos (por medio de recaudadores locales, publicanos), mantienen tropas de ocupación. Aceptados por los saduceos, tolerados por los fariseos, odiados por gran parte del pueblo. Las dos revueltas armadas contra Roma, los años 70 y 135, terminan trágicamente con la destrucción del Templo y la devastación de Jerusalén y Judea. ◊Babilonia.

S

Sábado. Jesús polemiza contra la interpretación exagerada y casuística del precepto bíblico; relativiza su valor subordinándolo al ser humano (Mc 2,27), lo pone bajo su autoridad (Mc 2,28). Por otra parte, enseña en sábado en las sinagogas (Mc 1,21; 6,2), lo mismo hará Pablo (Hch 13,14). Los cristianos muy pronto abandonaron la observancia del sábado y celebraron el «primer día» como día del Señor (*kyriakos*) (1 Cor 16,2; Hch 20,7).

Sabiduría. La sabiduría-sensatez-habilidad era una cualidad y actividad humana, internacional, transmitida y aprendida en diversos ambientes. En tiempos posteriores los «sabios» (*hakamim*) se concentran en el estudio y explicación de la Torá. Jesús recoge en su enfoque y estilo la tradición antigua (parábolas, aforismos) superando la estrechez de los maestros, su legalismo, y enseñando con autoridad. 1. Dios es sabio en sus planes secretos (1 Cor 2,7), sólo él es sabio (Rom 16,27), profundo (Rom 11,33), múltiple (Ef 3,10). 2. Jesús es la sabiduría de Dios (1 Cor 1,30), encierra todos los tesoros de sabiduría (Col 2,3), progresa en la sabiduría (formación humana) (Lc 2,40.52), propone cosas nuevas y antiguas (Mt 13,52). 3. Sabiduría humana y divina, distinción y polémica. Texto básico, 1 Cor 1s; carnal/espiritual (2 Cor 1,12; Col 1,9); de arriba/terrena (Sant 1,5); humana-mundana/divina (1 Cor 2,13; 3,19). La sabiduría de Dios se acredita (Lc 7,35), la humana se confunde (Rom 1,22); Dios esconde su revelación a los doctos (Mt 11,25). 4. El ser humano puede adquirir esa nueva sabiduría como don de Dios (Sant 1,5), como carisma del Espíritu (1 Cor 12,8; Ef 1,17), así podrá enseñar a otros (Col 1,28).

Sacerdotes. Judíos (Mc 1,44), convertidos (Hch 6,7). Jesucristo en la exposición de Hebreos. Los cristianos (1 Pe 2,5.9; Ap 1,6; 5,10; 20,6). No en el sentido diferenciado actual. ◇Culto.

Sacrificio. 1. Jesús, si bien admite el culto (Mc 11,17), relativiza su valor: antes hay que ◇reconciliarse con el hermano (Mt 5,23s), más vale la misericordia (Mt 9,13). Establece una nueva alianza (Lc 22,20), un nuevo modo de culto (Jn 4,21-24), se presenta como nuevo ◇Templo (Jn 2,21) y anuncia la destrucción del antiguo (Mt 24,1s). 2. La muerte de Jesús como sacrificio: apuntado en Mc 10,45, afirmado en Ef 5,2; indicado en la ◇sangre de la nueva alianza (1 Cor 11,25), el ◇cordero pascual inmolado (1 Cor 5,7); se atribuye a la sangre derramada la ◇redención y expiación (Rom 3,25). Hebreos desarrolla el tema. Juan lo llama cordero que quita los pecados (Jn 1,29.36), lo considera cordero pascual (Jn 19,14), atribuye a su sangre el ◇perdón de los pecados (1Jn 1,7; 3,5). 3. El cristiano ofrece su vida cristiana como sacrificio (Rom 12,1).

Saduceos. Probablemente vinculan su nombre al sumo sacerdote de David y Salomón, Sadoc. Forman una especie de secta religiosa y partido político: ricos, influyentes aunque no para el pueblo, amigos de los romanos, rivales de los ◇fariseos. Se atienen a la Escritura sin las adiciones de los fariseos; no aceptan la resurrección (Mc 11,18-27) ni ángeles ni espíritus (Hch 23,6-8). Son hostiles a Jesús.

Salvación. Tiene dos componentes, salvar de, salvar para; es total, todo el ser humano, y universal, toda la humanidad, y es gratuita. 1. Salvar de ◇pecado (Mt 1,21), de la ◇condena (Rom 5,9), de la ◇muerte (Sant 5,20). Salvar para la vida (Ef 2,5), para el reino celeste (2 Tim 4,18). 2. Es total, como muestran las sanaciones (Mc 5,27s), en la tempestad (Mt 14,30), bajar de la cruz (Mc 15,30), aun de la muerte (Jn 11,12); su contrario es la perdición o destrucción (Sant 4,12). Es universal (1 Tim 2,4) y gratuita (Ef 2,5), por la ◇fe (Hch 16,31). ◇Redención.

Salvador. Título de Dios (Tit 1,3), de Jesucristo (Hch 5,31).

Samaritanos. Por sus orígenes y creencias eran considerados por los judíos como cismáticos, casi paganos; no se trataban. Admitían sólo el Pentateuco como Escritura y consideraban el monte Garizín como único lugar legítimo de culto. Jesús presenta en su parábola como modelo un samaritano (Lc 10,30-37), convierte a una mujer y a toda una población (Jn 4), sólo un samaritano vuelve a darle gracias (Lc 17,11-19). Viviendo Él, los apóstoles no han de predicar en Samaría; después de la resurrección sí (Mt 10,5; Hch 1,8).

Sanedrín, sinedrio, Gran Consejo, senado (gerousia). Supremo cuerpo de gobierno y judicial. Comprende sumos sacerdotes (familias sacerdotales dominantes), cabezas de familia de la aristocracia (ancianos, senadores), letrados. Son setenta más el sumo sacerdote que lo preside. Juzgan y condenan a Jesús (Mc 14,53-65); reunión deliberativa previa (Jn 11,47-52); juzgan a los apóstoles (Hch 4–6) y a Pablo (Hch 22s). ◇Autoridad.

Sangre. De ◇sacrificio: de la nueva ◇alianza (Lc 22,20; Heb 13,20), de la expiación (Rom 3,25; Heb 9s), precio del rescate (1 Pe 1,18-20), prenda de paz con Dios (Col 1,20; Ap 5,9). Sangre eucarística: es verdadera bebida (contra el uso y sentimiento hebreos). La de Cristo pide una venganza que consiste en el perdón (Heb 12,24).

Santidad. Condición especial y exclusiva de la divinidad, a la cual accede el ser humano por la consagración. Sugiere la trascendencia total y la absoluta perfección moral. La doble oposición sagrado/profano y santo/ pecador a veces se sobrepone. Es próxima a la perfección. Dios es santo (Ap 4,8), así lo llama el Hijo (Jn 17,11) y el cristiano ha de hacerlo en la oración (Mt 6,9). Jesús es santo, consagrado por el Espíritu (Lc 1,35; Mc 1,24). El Espíritu es Santo (Jn 20,22) y consagra (Rom 15,16). Consagrados (*hagioi*) es título frecuente de los cristianos; puede tener un componente ético (Col 3,12; Ef 5,27). ◇Cumplir.

Santuario, tabernáculo. Es su origen la tienda móvil que sirve de recinto sagrado, después todo el recinto del Templo o el edificio dentro de él. Referido como tipo del cielo (Heb 8,2.5; 9,11s) de la Jerusalén celeste (Ap 21,3).

Satanás. ◊Diablo.

Secreto mesiánico. Jesús prohíbe divulgar que Él es el Mesías a los demonios (Mc 1,25), a los sanados (Mc 1,44), a los apóstoles (Mc 8,30).

Seguimiento. ◊Discipulado.

Sello. Sirve para cerrar algo con garantía: el sepulcro (Mt 27,66), el rollo (Ap 5,2; 6,1), el Abismo (Ap 20,3). Sirve para grabar una marca de garantía y protección (Ap 7,2; 9,4); el sello o marca del Espíritu (Ef 1,13; 4,30).

Señal. ◊Milagro.

Señor. Traducción de *'adonay* = *Yhwh*. Título y nombre de Dios (Lc 1,38; Hch 17,24). Título de Cristo (Mt 21,3; Lc 7,13; 11,39), en Juan después de la resurrección (Jn 20,18), lo mismo en Hch 2,36, en la invocación *marana tha* (1 Cor 16,22), cuaja en la fórmula nuestro Señor Jesucristo. Es el título supremo de Flp 2,11, y da nombre al domingo = *dominicus dies, kyriakos* (Ap 1,10). Título del Espíritu (2 Cor 3,17).

Serpiente. Ejemplo de astucia (Mt 10,16), temible por su veneno y usada como injuria (Mt 23,33). Jesús en la cruz es comparado a la serpiente benéfica de Moisés (Jn 3,14). Referencia a la serpiente primordial (Gn 3) en 2 Cor 11,3; Ap 12,9; 20,2.

Setenta (= LXX). Es la traducción griega oficial de la Biblia hebrea, a la que se añaden los libros deuterocanónicos (algunos escritos originalmente en griego). Es el texto citado normalmente en el Nuevo Testamento, aunque no siempre corresponda al hebreo original.

Siervo. El apóstol es siervo de Cristo (Rom 1,1; Sant 1,1). Los cristianos fieles (Ap 1,1). ◊Esclavo.

Símbolos. ◊Interpretación.

Sinagoga. Edificio local de culto. Gobernado por un jefe, archisinagogo (Mc 5,22), con un empleado o sacristán (Lc 4,20). La celebración suele seguir un orden fijo: el shemá («escucha, Israel» Dt 6) con otras plegarias, lecturas de la Torá y los profetas, homilía, bendición. Jesús aprovecha la institución para enseñar (Lc 4,16-30; Jn 8,1-20), lo mismo los apóstoles (Hch 3). Expulsar de la sinagoga es una especie de excomunión (Lc 6,22; Jn 9,22).

Sinópticos. Son los tres evangelios de Mateo, Marcos y Lucas, que plantean un problema con sus coincidencias y discrepancias: en cada perícopa, en las secuencias, en la tendencia. La comparación permite agrupar perícopas que figuran en triple tradición (Mt-Mc-Lc), doble tradición (Mt-Lc), sencilla el resto. Se han elaborado diversas teorías para explicar los hechos: 1. una teoría documental que pone en la base Mc + una fuente que se reconstruye (Q). 2. Interdependencia compleja. 3. Tradición oral en la que van tomando forma relatos y secuencias, de acuerdo con formas relativamente estables, que los evangelistas emplearán como materiales para su composición personal. Hoy se estudian con preferencia las formas comunes de la tradición oral y lo propio de cada evangelista: crítica de formas-géneros y de redacción.

Sol. Aparte del uso ordinario, es don generoso de Dios sin distinciones (Mt 5,45). Se oscurece en la pasión (Mc 15,33), en la ◊parusía (Mc 13,24); no será necesario en el cielo (Ap 21,23; 22,5).

Solidaridad y conceptos asociados. Participar = compartir recibiendo una parte con otros; compartir dando de lo propio, solidaridad como espíritu de ambos. 1. Compartir, tener parte: negativo (Hch 8,21), positivo (Col 1,12). Jesucristo comparte nuestra carne y sangre (Heb 2,14), Pedro con Jesús (Jn 13,8); de la vocación (Heb 3,1), de la resurrección (Ap 20,12), de la mesa eucarística (1 Cor 10,17), del Espíritu (Heb 6,4). Compartir una culpa es complicidad, solidaridad en el mal (2 Jn 11; 1 Tim 5,22). 2. Compartir lo propio (Gál 6,6; Rom 12,13). Solidaridad (Hch 2,42; 2 Cor 9,13; Heb 13,16). ◊Amor.

Sueño: dormir, soñar. 1. Dormir: Jesús en la barca (Mc 4,38), los apóstoles (Mc 14,37-42), tener sueño (Hch 20,9). Uso metafórico: pereza (Ef 5,14), ◊muerte (Jn 11,11; Hch 7,60; 1 Tes 5,10). 2. Soñar: medio de revelación (Mt 1,24; 2,12s), pesadilla (Mt 27,19), la fantasía (Jds 8).

Sufrimiento. ◊Pasión.

Sumo sacerdote. Cargo un tiempo vitalicio, pero desde Herodes el Grande anual. Es la autoridad religiosa suprema, preside el

◊consejo o sinedrio, se le debe un respeto sagrado (Hch 23,4s). Según Hebreos, Jesucristo es el nuevo sumo sacerdote.

T

Talento. Originariamente unidad máxima de precio, según peso, no acuñada, de plata si no se dice que es de oro. Equivale a sesenta minas o a seis mil denarios (el denario es el jornal de un día). Usado en parábolas para indicar una cantidad muy grande.

Targum. Traducción parafrástica y explicativa de las lecturas bíblicas que se leían en hebreo. Transmitidas en tradición oral y recogidas más tarde por escrito. Influyeron en el uso que hace el Nuevo Testamento del Antiguo Testamento, según se reconoce cada vez más. ◊Interpretación.

Temor. La raíz griega *phobeo*, como la hebrea *yr'* puede significar el temor o el miedo, la reverencia debida a Dios, el sobrecogimiento ante el misterio. 1. Miedo: a los demás (Mt 10,26.28; 2 Cor 7,5), al castigo de Dios (Heb 10,27.31). Miedo a no hacer algo perfectamente, a olvidar detalles (cfr. meticulosamente) (2Cor 7,15; Flp 2,12). 2. Sobrecogimiento ante apariciones de ángeles (Lc 1,12s.29s), ante milagros (Mt 9,8; Lc 7,16), ante la transfiguración (Mc 9,6). 3. Es tradicional y frecuente la fórmula «no temas, no teman» al presentarse el Señor (Mt 28,5; Mc 5,36; Jn 6,20). La victoria sobre el temor es actitud básica del cristiano (Rom 8,15; 1 Jn 4,18).

Templo. ◊Culto.

Tentación. Hay que distinguir la ◊prueba que uno ha de superar para templarse y acreditarse y la tentación que es inducir positivamente al mal. Poner a prueba no es inducir al mal; ser tentado puede ser una prueba. 1. Las de Cristo son pruebas en que se confronta el designio del Padre con el opuesto (sentido etimológico de *stn*); Jesús vence y se acredita. 2. El cristiano ha de soportar pruebas (Sant 1,3; 1 Pe 1,7; 1 Cor 11,19), es tentado por la concupiscencia (Sant 1,13-15) y por el ◊Diablo, que es el Tentador (1 Tes 3,4s).

Testamento. Es el significado original del griego *diatheke*, que pasa a significar técnicamente alianza. Con los dos sentidos juegan Heb 9,16s y Gál 3,16s. Se puede considerar ◊bendición testamentaria la de Jesús en la ascensión (Lc 24,50-52); discurso testamentario, según modelos del Antiguo Testamento y de apócrifos, el discurso de la cena (Jn 14–17).

Testimonio. 1. Puede tener sentido judicial técnico, p. ej. en el proceso de Jesús (Mt 18,16). 2. De ordinario significa una declaración formal y pública en la que uno se compromete. Es central en el pensamiento de Juan. Textos básicos Jn 5,31-40; 8,13-18; 1 Jn 5. Dios da su testimonio sobre el Hijo (1 Jn 5,10), sobre el ser humano (Hch 15,8). Jesús con sus obras (Jn 10,25), ante Pilato (Jn 18,37; 1 Tim 6,13), sobre el Padre (Jn 7,17s). La Escritura da testimonio (Hch 10,43; Rom 3,21). El Bautista (Jn 1,7.15), Pablo (Hch 23,11), los apóstoles (Hch 1,8), Timoteo (2 Tim 1,8). 3. Sentido técnico de martirio (Ap 2,13; 17,6).

Tiempo. Vocabulario: el genérico *khronos*, semejante al nuestro; *aion* = era, etapa, siglo; *kairos* = sazón, ocasión, coyuntura; años, días, horas; instante. Una serie (Ap 9,15), bina (1 Tes 5,1). 1. *Aion* = edad, siglo = pasado (*apo*) (Hch 15,18), inmemorial (*ek*) (Jn 9,32), futuro (Ef 2,7), tienen comienzo y término (1 Cor 2,7); simplemente de por vida (*eis*) (Jn 8,35). Siglos de siglos designa la perpetuidad. Dios proyecta y controla las edades (Ef 3,11; 1 Tim 1,17). 2. Año de gracia (jubilar) (Lc 4,19). ◊Día del Señor, de Cristo, es la parusía, el día escatológico, último (Jn 6,39); puede significar el tiempo de la vida de Jesús (Jn 8,56), día del ◊juicio (1 Jn 4,17), de la ◊ira (Rom 2,5), de la ◊salvación (2 Cor 6,2), de la liberación (Ef 4,30). Hora: de Jesús (Jn 2,4; 7,30), llega (Jn 12,23; 17,1), la última (1 Jn 2,18). Oportunidad (*kairos*), un tiempo predefinido que se ofrece como ocasión quizá única, quizá última (Lc 19,44s; 2 Tes 2,6); hay que aprovecharlo (Ef 5,16). Tiempo: de preparación (Heb 1,1), de la paciencia de Dios (Rom 3,26), de salvación (Rom 3,25). El tiempo señalado (Gál 4,4). ◊Eternidad.

Tierra. 1. Como en el Antiguo Testamento, compone con el cielo el universo (Mt 28,18), pasará con él (Mc 13,31), dando paso a otros nuevos (Ap 21,1). Con valor simbólico se opone al cielo como lo puramente humano a lo divino (Mt 6,10.19; Lc 2,14; Jn 3,31). 2. La tierra habitada, universal (Ap 8,13; 13,3; Mt 10,34). La tierra de cultivo (Heb 6,7; Sant 5,18). 3. El suelo (Mt 10,29; Lc 22,44). La morada subterránea de los muertos (Mt 12,40; Ef 4,9). 4. Símbolo del Reino (Mt 5,5).

Trabajo. Lo recomienda el ejemplo de Jesús en su vida oculta (Mc 6,3), de los que escoge como discípulos (Mc 1,16-20), las referencias en las parábolas (Mc 4,1-9); como término de comparación de la tarea apostólica (Mt 9,37; Jn 4,38); Pablo lo practica (Hch 20,34; 1 Cor 4,12), y lo inculca (2 Tes 3,6-10). Trabajo más importante es la obra de Dios (Jn 6,28s) y la tarea apostólica.

Tradición. La transmisión sucesiva del mensaje evangélico es esencial. Contenidos concretos: la eucaristía (1Cor 11,23), el credo (1Cor 15,3), enseñanzas y normas (2 Tes 2,15; 3,6). Se oponen las tradiciones de los ◇fariseos que oscurecen e invalidan la Ley de Moisés (Mc 7,1-13) y otras tradiciones meramente humanas (Col 2,8).

Transfiguración. Suprema manifestación en vida de la gloria de Jesús: prolonga la manifestación a los pastores (Lc 2,8-20), la del bautismo (Mc 1,11), y anticipa la resurrección (Mc 9,9s). Se describe acumulando motivos simbólicos: ◇gloria (Lc 24,26), ◇luz (1 Cor 15,40-44), ◇nube (Mc 14,62; 1 Tes 4,17), blancura (Mc 16,5; Mt 28,3), las tiendas de la presencia, el ◇testimonio de la Ley y los Profetas y del Padre. Se vincula a la ◇pasión (Lc 9,30s). Textos: Mc 9,2-13; Mt 17,1-13; Lc 9,28-36; 2 Pe 1,16. El cristiano participa de esa gloria (2 Cor 3; Flp 3,21).

Trinidad. El texto de Mt 28,19 corresponde a una fórmula bautismal posterior; es interpolación tardía. En otros pasajes hay menciones trinitarias no convertidas en fórmula: en el bautismo la voz del Padre, el Hijo y el Espíritu; Jesús Señor (1 Cor 12,3-6), el mismo Espíritu, el mismo Dios (Ef 5,18-20; 1 Pe 1,3.11s); la despedida de 2 Cor 13,13 es, quizá, una fórmula litúrgica. Terminología: es obvio que el Padre es Dios; Jesucristo es Dios (Jn 1,1.18), uno con el Padre (Jn 10,30.33), lo confiesa Tomás (Jn 20,28; 1 Jn 5,20; quizá Rom 9,5); aunque no se dice expresamente que el Espíritu es Dios, se deduce claramente por su acción y atributos, se llama *kyrios* en 2 Cor 3,17; figura como persona en Hch 15,28. ◇Dios.

Trono. Asiento y símbolo de autoridad real o judicial. Sentado en el trono o entronizado es título de Dios, rey supremo, en el Apocalipsis. Dios tiene un tribunal especial, no para condenar, sino para perdonar, conceder gracia (Heb 4,16). Jesús hereda el trono real de David (Lc 1,32; Heb 1,8) y tendrá un trono para juzgar (Mt 25,31). Los apóstoles tendrán tronos para juzgar/gobernar (Mt 19,28). También Satanás tiene un trono en Pérgamo donde reina (Ap 2,13).

Trueno. Voz de Dios en Juan (cfr. Sal 29); elemento de teofanía en Apocalipsis; quizá la «gran voz» de Mt 27,50 aluda a la teofanía (*qôl gadôl*).

U

Unción. 1. Como los aromas y esencias se disolvían en aceites, ungir = perfumar puede tener sentido festivo (Mt 6,17), de agasajo (Lc 7,36-48; Jn 12,1-8); hay un perfume de la fiesta (Heb 1,9, citando Sal 45). 2. Por las propiedades del aceite hay una unción medicinal (suaviza, protege) (Lc 10,34), y se usará en la unción ritual de enfermos (Sant 5,14). 3. Penetrando, el aceite tonifica, robustece, y se usa en la consagración: del Mesías (Lc 4,18, cita de Is 61,1; Hch 10,38); el cristiano por el Espíritu Santo (2 Cor 1,21; 1 Jn 2,20.27).

V

Venganza. ◇Ira.

Verdad. Siguiendo la tradición hebrea, el Nuevo Testamento presenta los dos significados de verdad (objetivo) y sinceridad (subjetivo); emparentado con ellos está el sentido de fiel, de fiar. Contrarios son falso, mentiroso, desleal. 1. Sentido normal: la mujer confiesa toda la verdad (Mc 5,33). Sinceridad (Flp 1,18; 1 Tim 2,7; Tit 1,13). De donde, de fiar (Rom 3,4); testimonio fidedigno (Jn 5,31; 8,13s; Ap 3,14). 2. Auténtico, contrario a falso, a imitación: el Dios verdadero-auténtico (1 Jn 5,2), comida y bebida (Jn 6,55), vid (Jn 15,1), opuesto a imagen (Heb 9,24). 3. Equivale a la revelación de Dios en y por Jesús (Jn 14,6; 8,32); la palabra del Padre (Jn 17,17), el Espíritu (1 Jn 4,6; Jn 15,26); el Evangelio (2 Cor 4,2; 1 Pe 1,22).

Vestido. Básicamente consistía en una pieza interior, especie de braga o calzón, una túnica talar y un manto. Llevar una segunda túnica superpuesta era ostentación; tener una de repuesto indicaba cierto bienestar. El pescador trabaja sin la túnica (Jn 21,7); los soldados no rompen la túnica de punto (Jn 19,23s). Metáfora del revestir la nueva condición cristiana o celeste (2 Cor 5,2-4). ◇Bautismo.

Victoria. ◇Guerra.

Vid, vino. 1. Israel era la vid, que falló; Jesús es la vid auténtica, de fiar, única, de la que los demás son sarmientos (Jn 15,1s). 2. Aparte el uso normal del vino, hay que señalar el vino eucarístico, mencionado como copa, el vino milagroso de Caná, el vino drogado y letárgico de la cruz (Mc 15,23), el vino nuevo en el reino (Mc 14,25).

Vida. 1. Esta vida (Lc 16,25; Hch 17,25; 1 Cor 15,19); los autores prefieren la palabra *psykhe*. 2. La otra vida: es la auténtica (1 Tim 6,19), nueva (Rom 6,14), presente y futura (1 Tim 4,8), en la resurrección (Jn 5,29), es el término (Rom 6,22), pero ya está presente (2 Cor 4,10). 3. Jesús es la vida (Jn 11,25), la posee (Jn 5,26), la da (Jn 6,33; 10,28). Como condición exige la fe (Jn 3,15.36) y el cumplimiento de los mandatos (Jn 5,29). 4. Compuestos con vida en genitivo: árbol (Ap 2,7), corona (Ap 2,10), libro (Ap 13,8), manantial (Ap 7,17), palabra (Flp 2,16).

Viento. Además de *pneuma*, relacionado con el Espíritu, el Nuevo Testamento habla de *anemos* como fuerza destructora (Mt 7,25), que Jesús controla (Mc 4,39), y los cuatro ángeles de Ap 7,1. También sirve para indicar falta de orientación, movimiento sin ruta (Ef 4,14).

Virginidad. Doctrina en 1 Cor 7. María es virgen (Lc 1,26-38) y también Jesús (cfr. Mt 19,12). En sentido metafórico, opuesta a la idolatría como fornicación (Ap 14,4). ◇Matrimonio.

Visión. Aparte del uso normal de ver, se puede considerar en el contexto de la revelación. 1. Como recurso convencional de la época, especialmente de ángeles (Lc 1,11). Recurso frecuente del género apocalíptico. 2. La visión propiamente dicha como acto supranormal de la imaginación o de los sentidos: Pedro (Hch 10,10), las menciona Pablo en 1 Cor 12,7. 3. Símbolo de la visión escatológica de Dios (Mt 5,8; 1 Cor 13,12; 1 Jn 3,2). ◇Cielo. ◇Revelación.

Viuda. Estado social y económico más que familiar. Es tradicional el cuidado de las viudas que se suponen sin medios (Hch 6,1; Sant 1,27); 1 Tim 5,3-16 describe una organización que parece asignar alguna función particular a las viudas en la comunidad y las considera acreedoras a un subsidio.

Vocación. ◇Elección.

Voluntad. ◇Designio.

EVANGELIOS

La Buena Noticia. La palabra «evangelio» (buena noticia, en griego) no es de origen cristiano, la utilizaba el mundo greco-romano para referirse no a cualquier anuncio, sino a aquellos procedentes de la más alta instancia, por ejemplo, del emperador, y cuyas felices consecuencias afectaban a todos. Pronto los cristianos comenzaron a aplicar el término, en singular, al mensaje salvador que había traído Jesús, o a su misma persona, identificando así el mensaje con el mensajero, como hace Marcos: «El que quiera salvar su vida, la perderá; quien la pierda por mí y por la Buena Noticia, la salvará» (8,35).

Cuando el mensaje fue puesto por escrito, el «singular» se convirtió poco a poco en «plural», en referencia a las cuatro versiones que conocemos: Según Mateo, según Marcos, según Lucas y según Juan. Y así ha llegado hasta nosotros. Los cuatro tratan de la única y buena noticia de salvación o «memoria de Jesús», pero vista y vivida desde ángulos distintos, por distintas comunidades cristianas, de la que se hicieron portavoces escritores distintos, llamados «evangelistas».

Género literario. No es posible encuadrar los evangelios en ningún género literario en uso en la cultura de entonces o de ahora. Aunque son documentos de historia no son una «historia» de Jesús.

Tampoco son «biografía» o «hagiografía» o simple «memoria» de gestas y acontecimientos pasados, aunque de todo ello tenga un poco. Son algo completamente distinto y nuevo, que crean y agotan su propio género literario.

La novedad radical que hace de los evangelios ser «documentos escritos» absolutamente únicos, consiste en que el héroe de los relatos, de los milagros, de los discursos, está vivo, y su presencia y su palabra siguen resonando y actuando en medio de la comunidad cristiana y del mundo entero, con su poder salvador. Dicho de otro modo: fueron, son y seguirán siendo hasta el final de los tiempos Palabra viva de Dios.

¿Cómo narrar como simplemente históricos los acontecimientos de una vida que terminó con la muerte, pero que la resurrección la situó en un «ahora permanente» que al mismo tiempo que abarca toda la historia humana la trasciende y la está llevando a una consumación gloriosa? Ésta es la perspectiva de fe desde la que los evangelistas componen sus relatos. Por eso también, al cabo de dos mil años, leer y meditar los evangelios no es sólo recordar un pasado, sino entrar en la realidad salvadora de un presente que nos hace vivir ya, en la esperanza las realidades prometidas del futuro.

¿Con qué fin se escribieron los evangelios? La respuesta la da Juan, el evangelista, al final de su obra: «Éste es el discípulo que da testimonio de estas cosas y lo ha escrito; y nos consta que su testimonio es verdadero» (21,24); «Éstas quedan escritas para que crean que Jesús es el Mesías, el Hijo de Dios, y para que creyendo, tengan vida por medio de él» (20,31). Se escribieron para ser leídos y proclamados en la liturgia y asambleas de los creyentes, para ser anunciados a todos los hombres y mujeres de toda raza y nación.

¿Cómo se formaron los evangelios? Los cuatro evangelios nacieron de una tradición o «evangelio oral», es decir, del anuncio y la predicación de los testigos de la vida, muerte y resurrección de Jesús. Por algún tiempo fue la «palabra» el único medio de transmisión y difusión de la nueva noticia. La «cultura oral» de aquel tiempo, basada en la importancia de la memorización individual y colectiva, no precisaba de la escritura para preservar con fidelidad el mensaje de Jesús. Y así lo hicieron sus primeros seguidores tanto en la evangelización y en la catequesis, como en las oraciones e himnos de sus liturgias y celebraciones eucarísticas.

Primeras tradiciones escritas. Pronto, sin embargo, se hizo necesario poner por escrito en hebreo y arameo (lenguas locales) los principales hechos y dichos del Señor para ayuda de la catequesis, de la predicación y otros usos de las comunidades que se desarrollaban y crecían en número.

Así nacieron los primeros documentos escritos. Probablemente lo primero que se escribió fue el acontecimiento más importante de la vida de Jesús: su pasión, muerte y resurrección. Después, fueron apareciendo resúmenes o colecciones de sus milagros, de sus parábolas, de sus discursos. Este material abundante es el que pasó después a formar parte de nuestros cuatro evangelios.

Los cuatro evangelios. La rápida difusión de la comunidad cristiana fuera del ámbito religioso, cultural y lingüístico judío, necesitaba de una renovada presentación del mensaje de Jesús, adaptada e inculturizada (como diríamos hoy), que respondiera a la nueva situación de las Iglesias locales. Y aquí entra el genio literario y la creatividad de cada uno de los cuatro evangelistas. Todos escribieron en griego, la lengua más hablada en el Imperio de aquel entonces. Fue un importante esfuerzo de inculturización, pues el griego no era la lengua materna de tres de los evangelistas, y se nota. Sólo Lucas, proveniente del helenismo, manifiesta su dominio.

No fueron meros recopiladores que se limitaron a ordenar, traducir y retocar aquí y allá el material ya existente. Fueron verdaderos «autores», quienes al seleccionar, adaptar, ampliar o abreviar sus fuentes (no sólo las «escritas», sino otras «orales» en que también se inspiraron), dejaron su impronta personal, es decir, su experiencia de fe, su visión de la Iglesia y el conocimiento que tenían de las necesidades y problemas concretos de las comunidades cristianas para las que escribieron. Aunque unidas en una fe común, eran comunidades de cultura y contextos diferentes, separadas no sólo por la geografía, sino también por el tiempo. Entre el primer evangelio que se escribió (el de Marcos) y el último (el de Juan) pasaron varias décadas.

Los «evangelios sinópticos». El termino «sinóptico» (en griego: visión de conjunto) ha sido aplicado, desde hace un par de siglos a los escritos de Marcos, Mateo y Lucas, por el gran parecido que tienen entre sí, y que los distingue claramente del evangelio de Juan. Vistos «de conjunto», saltan a la vista las correspondencias mutuas y el mismo trazado básico... Y como «evangelios sinópticos», se los conoce hoy familiarmente.

En el círculo de estudiosos de la Biblia, se habla del «problema o la cuestión sinóptica», consistente en la ardua tarea de identificar las fuentes en las que se inspiraron los tres evangelistas mencionados. Lo que parece ser cierto, es que el evangelio de Marcos fue «el primero» que se escribió, sirviendo de base para los escritos de Mateo y de Lucas, los cuales no sólo incorporaron a sus respectivas obras el material de Marcos, sino que utilizaron también las primeras tradiciones escritas de los «dichos de Jesús» (hoy perdidas, llamadas simplemente «Q», del alemán «*quelle*» = fuente).

Seguramente Marcos, aparte de sus propias fuentes de información, se inspiró asimismo en esas mismas tradiciones, pero quizás por la brevedad de su escrito no hiciera uso extensivo de ellas. Mateo y Lucas completaron la labor. Estos dos evangelistas, además de las ya mencionadas, tuvieron acceso a otras tradiciones que aparecen sólo en cada uno de ellos, conocidas por las iniciales «M» y «L», de Mateo y Lucas respectivamente.

Este entramado de conexiones e influencias mutuas dan fe de la fidelidad a la palabra trasmitida que presidió la composición definitiva de los evangelios. El mantener intacto el depósito de la revelación fue la gran preocupación de la Iglesia primitiva como lo demuestran muchos escritos del Nuevo Testamento, especialmente las «cartas pastorales»: «Lo que me escuchaste en presencia de muchos testigos transmítelo a personas de fiar, que sean capaces de enseñárselo a otros» (2 Tim 2,2).

Evangelio de Juan. El evangelio de Juan fue el último en escribirse. Seguramente su autor supone ampliamente conocidos los «sinópticos» que circulaban ya por las comunidades, y así, quiso dar un enfoque distinto a su obra. No obstante, y solamente cuando viene al caso, utiliza tradiciones comunes.

MATEO

Contexto histórico. La obra de Mateo nos sitúa en la segunda generación cristiana. Durante varias décadas, después de la muerte y resurrección de Jesús, sus seguidores forman un grupo más –los «nazarenos»– dentro de la gran familia religiosa judía de fariseos, saduceos, zelotas, esenios y otros. Conviven con los demás grupos entre tensiones, tolerancia, indiferencia o sospecha. No faltan amagos y brotes de persecución. Así, hasta el año 70 en que sobreviene la catástrofe de Judea y Jerusalén, con la destrucción del Templo, en la guerra de los judíos contra los romanos.

De las ruinas materiales y la crisis espiritual emerge un grupo fariseo que unifica poderosamente la religiosidad bajo un férreo y normativo judaísmo, excluyendo cualquier tipo de pluralidad religiosa. De este modo, el rechazo a los cristianos o nazarenos cobra más intensidad hasta hacerse oficial en el sínodo judío de Yamnia (entre el año 85 y 90). Los judíos cristianos son excluidos formalmente de la sinagoga y deben comenzar a caminar solos.

Destinatarios. Mateo parece escribir principalmente para estas comunidades, conscientes ya de su propia identidad. Y afirma, como «el dueño de una casa que saca de su tesoro cosas nuevas y viejas» (13,52), la continuidad y la novedad del mensaje de Jesús respecto a sus raíces judías. Continuidad, porque en Él, que es el Mesías, se cumplen las profecías y alcanza su perfección la Ley. Novedad, porque la «Buena Noticia», el «Evangelio», desborda todas las expectativas: «el vino nuevo se echa en odres nuevos» (9,17). Por eso, entre otras cosas, cita con frecuencia textos del Antiguo Testamento que se cumplen en muchos acontecimientos de la vida de Jesús, además de entroncarlo en la genealogía de David y de Abrahán (1,1).

Jesús, superior a Moisés, aprueba los mandatos de la ley judía, pero también los corrige y los lleva a plenitud proponiendo sus bienaventuranzas (5,3-10). Después del momento escatológico de su muerte, investido de plenos poderes con la resurrección, lega su enseñanza como mandamientos a sus discípulos (28,16-20): en vez de la convergencia de las naciones hacia Israel, anunciada por los profetas, promueve la propagación de la Buena Noticia para todo el mundo. En vez de la circuncisión, instaura el bautismo como signo y realidad de pertenencia al nuevo pueblo de Dios.

Autor, fecha y lugar de composición. Una tradición muy antigua atribuyó este evangelio a Mateo, el apóstol publicano (9,9). Hoy en día, sin embargo, una serie de razones convincentes sugiere que su autor fue un cristiano de la segunda generación, proveniente del judaísmo de la diáspora. Compuso su obra en griego, utilizando los materiales de Marcos –el primer evangelio que se escribió–, e inspirándose también en otra tradición escrita, hoy perdida, conocida como «documento Q».

En cuanto a la fecha de su composición, el autor tiene conocimiento de la destrucción de Jerusalén (año 70) y experimenta muy de cerca la separación de los cristianos de la sinagoga judía (85-90); por eso, muchos biblistas sugieren como fecha probable la década de los 80.

En cuanto al lugar: Antioquía, la capital de Siria, es la hipótesis más aceptada.

Un evangelio para una Iglesia que comienza a caminar. Mateo es el evangelio más conocido, preferido y citado por la tradición antigua de la Iglesia (san Ignacio de Antioquía, hacia el año 110, ya lo cita en sus cartas), y ha llegado a ser, con el paso de los tiempos, algo así como el «evangelio eclesiástico» por excelencia.

Entre las razones que avalan esta afirmación, encontramos:

Su estilo literario. Sobrio y didáctico. Claridad de composición y del desarrollo de los acontecimientos. Los relatos están cuidadosamente elaborados. Todo ello hace que sea un evangelio para ser proclamado en asamblea.

Su carácter doctrinal. Aunque no es un tratado ni un catecismo, Mateo relata los hechos y milagros de la vida de Jesús teniendo presente a una comunidad cristiana de la segunda generación que comienza ya a organizarse y necesita ser instruida en la «nueva ley» que ha traído el Señor.

El Jesús que presenta. No es el Jesús visto con la espontaneidad del evangelio de Marcos, sino el Jesús que la fe de la comunidad vive y expresa en sus celebraciones litúrgicas: lleno de dignidad, majestuoso, y en el que se realiza las promesas de las Escrituras.

Los apóstoles. A diferencia del grupo asustadizo, terco y tardo en comprender que nos presenta Marcos sin paliativos, el retrato que nos brinda Mateo de los apóstoles es el que conviene a una comunidad que comienza a organizarse y que necesita del ejemplo, prestigio y la autoridad de sus responsables. Los apóstoles, según Mateo, a pesar de sus defectos, terminan comprendiendo las enseñanzas y las parábolas del Maestro (16,12); lo reconocen como Hijo de Dios (14,33). Cuando les habla del reinado de Dios y les pregunta si han entendido todo, ellos responden que sí, y a continuación los compara como a letrados expertos (13,51s). Más adelante los equipara a profetas, doctores y letrados (23,34). Es Mateo, también, el único de los evangelios sinópticos que nos relata el pasaje en el que Jesús confiere su autoridad y poder a Pedro, para ser base y fundamento de la Iglesia (16,18s).

El reino de Dios. Las comunidades de la segunda generación ya han comprendido que la instauración definitiva del reinado de Dios no es una realidad tan inminente, sino que les espera un largo camino por recorrer.

La Iglesia. Este reinado de Dios, en camino hacia su manifestación definitiva, ha tomado cuerpo en la comunidad cristiana, a la que Mateo llama «Iglesia», continuadora legítima del Israel histórico. Es el Israel auténtico que ha entrado ya en la etapa final. La comunidad no tiene que añorar el pasado ni renegar de él. Ahora se aglutina en su lealtad a Jesús, Mesías y Maestro, nuevo Moisés e Hijo de David. Es una comunidad consciente y organizada, en la que van cuajando normas de conducta, prácticas sacramentales y litúrgicas, y hasta una institución judicial. Una comunidad que se abre para anunciar su mensaje a judíos y paganos.

Sinopsis. Inicia el evangelio con una gran introducción: «el evangelio de la infancia», que tiene valor de relato programático sobre la falsilla de Moisés en Egipto y de ciertos anuncios proféticos (1s). Tras el bautismo (3), el cuerpo de la obra se reparte geográficamente entre el ministerio en Galilea (4–13) y en Jerusalén (14–25), donde Jesús va pronunciando sus famosos cinco discursos –a modo de un nuevo Pentateuco–: El sermón del monte (5–7), como contrafigura de la ley de Moisés; la misión presente de los apóstoles (10) que prefigura la futura; las parábolas (13) que explican cómo es el reinado de Dios; las instrucciones a la comunidad (18) y el discurso escatológico (24s). Sigue como desenlace la pasión, muerte y resurrección (26–28) sobre la falsilla del Sal 22 y otros textos del Antiguo Testamento.

Genealogía de Jesús

(cfr. Lc 3,23-38)

1 1 Genealogía de Jesucristo, hijo de
David, hijo de Abrahán:

2 Abrahán engendró a Isaac; Isaac
engendró a Jacob; Jacob engendró a
Judá y a sus hermanos. 3 Judá engendró, de Tamar, a Fares y Zará; Fares
engendró a Esrón; Esrón engendró a
Arán. 4 Arán engendró a Aminadab;
Aminadab engendró a Naasón; Naasón
engendró a Salmón. 5 Salmón engendró, de Rajab, a Booz; Booz engendró,
de Rut, a Obed; Obed engendró a
Jesé. 6 Jesé engendró al rey David.

David engendró, de la mujer de
Urías, a Salomón. 7 Salomón engendró
a Roboán; Roboán engendró a Abías;
Abías engendró a Asaf. 8 Asaf engendró
a Josafat; Josafat engendró a Jorán;
Jorán engendró a Ozías. 9 Ozías engendró a Joatán; Joatán engendró a Acaz;
Acaz engendró a Ezequías. 10 Ezequías
engendró a Manasés; Manasés engendró a Amón; Amón engendró a Josías.
11 Josías engendró a Jeconías y a sus
hermanos, en tiempos del destierro a
Babilonia.

12 Después del destierro a Babilonia,
Jeconías engendró a Salatiel; Salatiel
engendró a Zorobabel. 13 Zorobabel
engendró a Abiud; Abiud engendró a
Eliacín; Eliacín engendró a Azor. 14 Azor
engendró a Sadoc; Sadoc engendró a
Aquín; Aquín engendró a Eliud. 15 Eliud
engendró a Eleazar; Eleazar engendró a
Matán; Matán engendró a Jacob. 16 Jacob engendró a José, esposo de María,
de la que nació Jesús, llamado el Mesías.

17 De este modo, todas las generaciones de Abrahán a David son catorce;
de David hasta el destierro a Babilonia,
catorce; del destierro de Babilonia
hasta el Mesías, catorce.

Nacimiento de Jesús

(cfr. Lc 2,1-7)

18 El nacimiento de Jesucristo sucedió así: su madre, María, estaba
comprometida con José, y antes del
matrimonio, quedó embarazada por
obra del Espíritu Santo. 19 José, su esposo, que era un hombre justo y no
quería denunciarla públicamente,
pensó abandonarla en secreto.

1,1-17 Genealogía de Jesús. La genealogía nos ayuda a conocer nuestros orígenes, nuestras raíces. Para los judíos era muy importante conservar viva la memoria de sus antepasados. De esta manera, el nacimiento de Jesús queda vinculado a la historia de un pueblo, Israel; una historia cargada de promesas y esperanzas, pero también de fragilidad y de pecado. Una pequeña historia, en definitiva, que representa y de la que dependerá toda la historia humana.

Así lo ve Mateo al comenzar su evangelio con la genealogía de Jesús, elaborando artificiosamente la cadena de generaciones hasta llegar a su punto culminante: un hombre concreto, «Jesús, llamado el Mesías» (16). En Él confluyen la historia de la humanidad y la historia de las promesas de Dios, representadas por David y por Abrahán.

Pero Mateo no nos está hablando de una historia en abstracto, sino de una real y concreta, una historia de hombres y mujeres que evocan todo lo que de bueno, de frágil, de éxito y de fracaso, de dolor y de sufrimiento existe en la familia humana: patriarcas, sabios y profetas; buenos y malos gobernantes; trabajadores, campesinos, desterrados, esclavos, nativos, emigrantes y prostitutas...

¿Quién, al leer esta primera página del evangelio, se sentirá excluido de la familia de Jesús? ¿Quién no se sentirá llamado a participar de la plenitud de las promesas de Dios que se han hecho carne en un miembro de nuestra familia humana?

Al poner fin a la serie de nombres, Mateo intencionadamente no llama a María esposa de José, sino todo lo contrario: José, esposo de María.

1,18-25 Nacimiento de Jesús. La cadena de generaciones desemboca, por fin, en el último eslabón, no uno más, sino único, definitivo y extraordinario: uno nacido de una «virgen». Mateo se apoya en la promesa/profecía de Is 7,14, leída ya en un sentido especificado por la tradición judía. Mateo sigue esa tradición y la autentifica en este relato que desarrolla con total claridad: la maternidad de María no es obra de José, sino del Espíritu Santo. Así habla el texto (1,20-23), y así ha permanecido en la fe de la Iglesia.

¿Cómo reacciona José ante el acontecimiento del embarazo de María? Se dice que José era «justo» (19) y no quería difamarla repudiándola públicamente; por eso,

20 Ya lo tenía decidido, cuando un
ángel del Señor se le apareció en
sueños y le dijo:
—José, hijo de David, no temas
recibir a María como esposa tuya, pues
la criatura que espera es obra del Espíritu Santo. 21 Dará a luz un hijo, a quien
llamarás Jesús, porque él salvará a su
pueblo de sus pecados.

22 Todo esto sucedió para que se
cumpliera lo que el Señor había anunciado por medio del profeta:

23 *Mira, la virgen está embarazada,*
dará a luz a un hijo
que se llamará Emanuel,
que significa: *Dios con nosotros.*

24 Cuando José se despertó del sueño,
hizo lo que el ángel del Señor le había
ordenado y recibió a María como esposa.
25 Y sin haber mantenido relaciones dio
a luz un hijo, al cual llamó Jesús.

Homenaje de los magos
(cfr. Lc 2,8-20)

2 1 Jesús nació en Belén de Judea,
en tiempos del rey Herodes. Por
entonces sucedió que unos magos
de oriente se presentaron en Jerusalén
2 preguntando:
—¿Dónde está el rey de los judíos
que acaba de nacer? Vimos su estrella
en el oriente y venimos a adorarle.

3 Al oírlo, el rey Herodes comenzó a
temblar, y lo mismo que él toda Jerusalén. 4 Entonces, reuniendo a todos
los sumos sacerdotes y letrados del
pueblo, les preguntó en qué lugar
debía nacer el Mesías.

5 Le contestaron:
—En Belén de Judea, como está
escrito por el profeta:

6 *Tú, Belén, en territorio de Judá,*
no eres ni mucho menos la última
de las poblaciones de Judá,
pues de ti saldrá un líder,
el pastor de mi pueblo Israel.

7 Entonces Herodes, llamando en
secreto a los magos, les preguntó el
tiempo exacto en que había aparecido
la estrella; 8 después los envió a Belén
con este encargo:
—Averigüen con precisión lo refe-
rente al niño y cuando lo encuentren
avísenme, para que yo también vaya a
adorarle.

9 Y habiendo escuchado el encargo
del rey, se fueron. De pronto, la estrella
que habían visto en oriente avanzó
delante de ellos hasta detenerse sobre
el lugar donde estaba el niño. 10 Al ver
la estrella se llenaron de una inmensa
alegría. 11 Entraron en la casa, vieron al
niño con su madre, María, y postrándose

decidió hacerlo en privado. ¿Le sorprendió ver a María embarazada? ¿Es posible que su prometida no le hiciera partícipe del acontecimiento? No es éste el drama que acongoja su corazón.

Podemos pensar que la decisión de José tiene en Mateo un sentido más profundo: se siente perplejo y desconcertado, lleno de temor reverencial ante un misterio que intuye pero que le desborda. La instintiva reacción de huida ante la presencia del misterio de Dios es una constante en los relatos de vocación de todos los grandes personajes del Antiguo Testamento. Y esto es probablemente lo que el evangelista quiere contarnos a través del drama humano de su relato: la «vocación de José» al servicio del misterio de la salvación.

Una vez que el ángel calma su temor, José, convertido en el padre legal del hijo de María, iniciará su misión e impondrá al futuro recién nacido un nombre, Jesús, cuyo significado resume la nueva revelación que se hará realidad en su vida, muerte y resurrección: «porque él salvará a su pueblo de sus pecados» (21). Así inicia José su vocación: encubriendo y protegiendo el misterio del «Emanuel, Dios con nosotros» (23), hasta que llegue su hora.

2,1-12 Homenaje de los magos. He aquí uno de los episodios más bellos de la infancia de Jesús, que ha cautivado y sigue cautivando la imaginación de creyentes y no creyentes, de teólogos, pintores y poetas: el homenaje de los magos. ¿Qué quiere contarnos el evangelista? ¿Un acontecimiento histórico, una leyenda, una reflexión teológica dramatizada sobre el alcance universal del nacimiento del Salvador? Quizás un poco de todo eso. Y con mente abierta debemos adentrarnos en los relatos de todo el capítulo segundo, en donde Mateo va tejiendo, a modo de presentación, el perfil de su personaje.

le adoraron; abrieron sus tesoros y le ofrecieron como regalos: oro, incienso y mirra.
12 Después, advertidos por un sueño de que no volvieran a casa de Herodes, regresaron a su tierra por otro camino.

Huida a Egipto y matanza de inocentes

13 Cuando se fueron, un ángel del Señor se apareció en sueños a José y le dijo:

—Levántate, toma al niño y a su madre, huye a Egipto y quédate allí hasta que te avise, porque Herodes va a buscar al niño para matarlo.
14 Se levantó, todavía de noche, tomó al niño y a su madre y partió hacia
Egipto, 15 donde residió hasta la muerte de Herodes.

Así se cumplió lo que anunció el Señor por el profeta:

De Egipto llamé a mi hijo.

16 Entonces Herodes, al verse burlado por los magos, se enfureció mucho y mandó matar a todos los niños menores de dos años en Belén y sus alrededores; según el tiempo que había averiguado por los magos.
17 Así se cumplió lo que anunció el profeta Jeremías:

18 *Una voz se escucha en Ramá:*
muchos llantos y sollozos;
es Raquel que llora a sus hijos
y no quiere que la consuelen
porque ya no viven.

Regreso de Egipto

19 A la muerte de Herodes, el ángel del Señor se apareció en sueños a José
en Egipto 20 y le dijo:

—Levántate, toma al niño y a su madre y regresa a Israel, pues han muerto los que atentaban contra la vida del niño.

Desde la noche de los tiempos, la contemplación de las estrellas ha fascinado a hombres y mujeres de todas las religiones y culturas. Las estrellas les han hablado de Dios y del destino del ser humano y han leído en el cambiante mapa astral acontecimientos decisivos de la historia; han visto en la aparición de una nueva estrella el nacimiento de personajes importantes; han asignado a cada pueblo su estrella o constelación. Han soñado, esperado y rezado mirando a las estrellas.

También la cultura bíblica escudriñó en las estrellas el acontecimiento más importante hacia el que tendía toda la historia de Israel: el nacimiento del Mesías-Rey. La secta judía de Qumrán había llegado incluso a confeccionar su horóscopo. En el libro de los Números (24,17), el profeta astrólogo Balaán contempla en el firmamento cómo «avanza la constelación de Jacob y sube el cetro de Israel».

Sobre este horizonte de historia y de leyenda proyecta el evangelista esta meditación en forma de relato escenificado que contiene ya, en germen, todo lo que nos va a decir a lo largo de su evangelio: Jesús es el heredero de las promesas de Israel, pero también de la esperanza de todos los pueblos de la tierra; es el Mesías-Rey e Hijo de Dios, pero se revela en la humilde fragilidad del niño, hijo de María; su presencia provoca el rechazo de los suyos y la aceptación de los alejados y extranjeros.

Los que, dejándolo todo, se lanzan decididamente en su búsqueda, lo encontrarán y se llenarán de la «inmensa alegría» (10) de quienes han entrado, como los magos, en el misterio de la presencia amorosa de Dios (cfr. Mt 5,12; 13,20; 13,44; Lc 1,28; 2,10; 10,20).

La liturgia de la Iglesia ha captado y expresado todo el alcance de la narración de Mateo en el nombre de la fiesta con que celebra la visita de los magos: La Epifanía -manifestación- de Jesús.

2,13-23 Huida a Egipto y matanza de inocentes – Regreso de Egipto. Historia, leyenda y teología se dan de nuevo la mano en el presente episodio con el que Mateo va a concluir su presentación de Jesús.

La crueldad sanguinaria de Herodes, que afectó al recién nacido y a su familia, es un dato histórico de aquellos tiempos turbulentos por los que atravesaba Palestina bajo la opresión del tirano. Así lo recoge el evangelista, mas no como historiador, sino como teólogo que lee la historia, la interpreta a la luz de la Palabra de Dios y después la vierte en un relato dramático de tono legendario, el instrumento literario que más se presta a la evocación simbólica y a la reflexión.

Al igual que Moisés (cfr. Éx 2,1-9), Jesús es salvado de una muerte segura a manos del tirano; como el fundador del pueblo de Israel (cfr. Éx 4,19-23), tiene que huir con su familia. La matanza de los inocentes evoca el exterminio de los niños israelitas (cfr. Éx 1,15s) y el llanto de Raquel (cfr. Jr 31,15). Su regreso de Egipto parece obedecer al mandato de Dios que ya anunció el profeta: «Desde Egipto llamé a mi hijo» (Os 11,1).

De esta forma, el evangelista nos dice que Jesús es el nuevo Moisés quien, a través de un nuevo Éxodo, llevará a su pueblo, asumiendo el exilio y la persecución, hacia una nueva y definitiva liberación. Pero no sólo a su pueblo, Israel, sino a todos los pueblos de la tierra.

21 Se levantó, tomó al niño y a su
madre y se volvió a Israel. 22 Pero, al
enterarse que Arquelao había sucedido
a su padre Herodes como rey de Judea,
tuvo miedo de ir allí. Y avisado en
sueños, se retiró a la provincia de Galilea
23 y se estableció en una población llamada Nazaret, para que se cumpliera
lo anunciado por los profetas:
—Será llamado Nazareno.

Juan el Bautista

(Mc 1,2-4; Lc 3,3s; cfr. Jn 1,19-23)

3 1 En aquel tiempo se presentó
Juan el Bautista en el desierto de
Judea, 2 proclamando:
—Arrepiéntanse, que está cerca el
reino de los cielos.
3 Éste es a quien había anunciado el
profeta Isaías, diciendo:
Una voz grita en el desierto:
Preparen el camino al Señor,
enderecen sus senderos.

(Mc 1,5s)

4 Juan llevaba un manto hecho de
pelos de camello, con un cinturón de
cuero en la cintura y se alimentaba de
saltamontes y miel silvestre. 5 Acudían
a él de Jerusalén, de toda Judea y de la
región del Jordán, 6 y se hacían bautizar
en el río Jordán por él, confesando sus
pecados.

(Lc 3,7-9)

7 Al ver que muchos fariseos y saduceos acudían a que los bautizara les dijo:
—¡Raza de víboras! ¿Quién les ha
enseñado a escapar de la condena que
llega? 8 Muestren frutos de un sincero
arrepentimiento 9 y no piensen que
basta con decir: Nuestro padre es
Abrahán; pues yo les digo que de estas
piedras puede sacar Dios hijos para
Abrahán. 10 El hacha ya está apoyada
en la raíz del árbol: árbol que no produzca frutos buenos será cortado y
arrojado al fuego.

(Mc 1,7s; Lc 3,15s; cfr. Jn 1,24-28)

11 Yo los bautizo con agua en señal de
arrepentimiento; pero detrás de mí viene
uno con más autoridad que yo, y yo no
soy digno de quitarle sus sandalias. Él
los bautizará con Espíritu Santo y fuego.

(Lc 3,17)

12 Ya empuña la horquilla para limpiar su cosecha: reunirá el trigo en el
granero, y quemará la paja en un fuego
que no se apaga.

Mateo insinúa esta dimensión con el nombre del lugar donde se establece y donde comenzará su vida pública: «Galilea», «el distrito de los paganos», la provincia más extranjera y más paganizada del pueblo de Dios.

La pincelada final del retrato de Jesús tiene también su intención: «será llamado Nazareno» (23), en alusión a la aldea perdida donde vivió como artesano carpintero durante años. Aunque todavía no se ha logrado identificar el texto del profeta aludido en el versículo 23, el nombre de «nazareno» era polémico y despectivo; ser de Nazaret era algo así como ser un «don nadie». El evangelista Juan lo dirá más explícitamente por boca de Natanael: «¿Acaso puede salir algo bueno de Nazaret?» (Jn 1,46).

3,1-12 Juan el Bautista. Después de varias décadas de vida oculta y anónima de Jesús, que los evangelistas dejan en el silencio, Mateo retoma su narración con una fórmula temporal genérica, con la que presenta a Juan, con el título propio de «el Bautista».

El retrato que nos hace de él es impresionante, tanto por su atuendo silvestre, dieta ascética y el lugar de su predicación, el desierto; como por la fuerza demandante de su mensaje: el arrepentimiento como cambio radical de vida y la inminencia del juicio de Dios, vengador de las injusticias. En su punto de mira están, sobre todo, los líderes religiosos y políticos del pueblo, responsables directos de la corrupción y decadencia de aquella sociedad: los fariseos y saduceos, «raza de víboras» (7). De esta manera oblicua, Mateo presenta también a estos personajes que, de ahora en adelante, serán los enemigos más acérrimos de Jesús.

Juan exige el arrepentimiento (cfr. Jr 8,6), la confesión pública de pecados (cfr. Neh 9), la enmienda (cfr. Sal 50,23; 51,15), y como señal de purificación, el bautismo. El paso por el agua recuerda el paso del Mar Rojo y del Jordán.

Ante los proyectos de la élite judía (fariseos y saduceos) se encuentra en el movimiento bautista una aguda preocupación por anunciar a todos la salvación, vista la proximidad amenazante del inminente juicio de Dios.

El Bautista es el enlace entre los profetas y Jesús: lo que los profetas vieron o entrevieron como futuro, él lo muestra ya como presente.

Bautismo de Jesús
(cfr. Mc 1,9-11; Lc 3,21s; Jn 1,29-34)

13 Entonces fue Jesús desde Galilea
al Jordán y se presentó a Juan para que
lo bautizara.
14 Juan se resistía diciendo:
—Soy yo quien necesito que tú me
bautices, ¿y tú acudes a mí?
15 Jesús le respondió:
—Ahora haz lo que te digo pues de
este modo conviene que realicemos la
justicia plena.
Ante esto Juan aceptó.
16 Después de ser bautizado, Jesús
salió del agua y en ese momento se
abrió el cielo y vio al Espíritu de Dios
que bajaba como una paloma y se po-
saba sobre él. 17 Se escuchó una voz
del cielo que decía:
—Éste es mi Hijo querido, mi
predilecto.

La prueba en el desierto
(Lc 4,1-13; cfr. Mc 1,12s)

4 1 Entonces Jesús, movido por el
Espíritu, se retiró al desierto para
ser tentado por el Diablo.
2 Hizo un ayuno de cuarenta días
con sus noches y al final sintió hambre.
3 Se acercó el Tentador y le dijo:
—Si eres Hijo de Dios, di que estas
piedras se conviertan en pan.
4 Él contestó:
—Está escrito:

No sólo de pan vive el hombre,
sino de toda palabra
que sale de la boca de Dios.

5 Luego el Diablo se lo llevó a la Ciudad Santa, lo colocó en la parte más
alta del templo 6 y le dijo:
—Si eres Hijo de Dios, tírate abajo,
pues está escrito:

3,13-17 Bautismo de Jesús. La brevedad con que narra Mateo esta escena deja, aparentemente, muchas preguntas sin responder. ¿Fue Jesús discípulo de Juan? Y si lo fue, ¿qué fue lo que le motivó? Pero, sobre todo, ¿por qué se sometió, también Él, al rito simbólico de purificación?

En el relato del bautismo se narra un hecho histórico (Jesús es bautizado por Juan) con ayuda de elementos de la apocalíptica. A ella se debe la rasgadura del cielo que hace posible la aparición del Espíritu y la audición de la voz divina. Como resultado se obtiene un relato de vocación sapiencial-apocalíptica.

Con el reconocimiento por parte del Bautista de la superioridad de Jesús, Mateo aclara la relación que hubo entre Jesús y el Bautista, tanto a los discípulos de Juan que se aferraban a su memoria, como a los primeros cristianos que podían escandalizarse de este gesto de Jesús. Pero es en sus palabras enigmáticas, que acallan la reticencia del Bautista, donde hay que buscar el sentido profundo de todo el episodio: «conviene que realicemos la justicia plena» (15).

Si el rito era para otros señal de arrepentimiento, para Jesús es plenitud de la justicia. El evangelista adelanta así uno de los temas fundamentales que, junto con el reinado de Dios, va a desarrollar a lo largo de todo su evangelio. La justicia de Dios no es otra cosa que la voluntad divina de salvación gratuita ofrecida para todos, y es esto lo que Jesús llevará a su plenitud en cada palabra y en cada gesto de solidaridad y de perdón con que acogerá a los pobres, a los oprimidos y a los marginados. Bautizándose con los pecadores en el Jordán, carga sobre sus hombros solidarios todo el peso del pecado y del sufrimiento humano.

Sólo después de pasar Jesús por este bautismo del pueblo pecador se abre el cielo y el Padre lo señala como su hijo «predilecto» y se hace explícita su misión.

El gesto bautismal de Jesús se completa con la visión celestial, en forma de estructura trinitaria, puesta de relieve por la posterior tradición cristiana: voz del Padre, presencia del Espíritu y título de Hijo. Es la segunda Epifanía, la manifestación solemne de una identidad que ya se había ido perfilando en los capítulos de la infancia. La expresión «éste es mi Hijo querido, mi predilecto» (17) es una adaptación de las palabras del Señor dirigidas al Siervo (cfr. Is 42,1), figura misteriosa que, aunque inocente, sufre por su pueblo. Y así, al gesto de Jesús se une la palabra del Padre para indicarnos que este Hijo es también el Siervo sufriente de Dios.

4,1-11 La prueba en el desierto. Mateo nos ofrece a continuación uno de los episodios más impresionantes del Nuevo Testamento, conocido tradicionalmente como «las tentaciones de Jesús», aunque es preferible llamarlas pruebas. Literaria y teológicamente es también uno de los textos más elaborados. Sólo el artificio dramático de un relato como el presente podía decir tanto en tan pocas líneas.

Jesús acaba de ser proclamado Hijo de Dios y, como tal, va a comenzar el nuevo Éxodo que será duro y doloroso. Sin embargo, antes de contarnos paso a paso el itinerario que le conducirá a la muerte, el evangelista nos presenta, como en un pórtico grandioso, la confrontación de Jesús con el enemigo, que será constante a lo largo del camino y al que vencerá: el Diablo, o la personificación de la tentación y de la prueba (cfr. Mt 12,38; 16,22; Jn 6,15; 7,3; 12,27).

(Lc 6,20-23)

3 Felices los pobres de corazón,
porque el reino de los cielos les pertenece.
4 Felices los afligidos,
porque serán consolados.
5 Felices los desposeídos,
porque heredarán la tierra.
6 Felices los que tienen hambre y sed de justicia,
porque serán saciados.
7 Felices los misericordiosos,
porque serán tratados con misericordia.
8 Felices los limpios de corazón,
porque verán a Dios.
9 Felices los que trabajan por la paz,
porque se llamarán hijos de Dios.
10 Felices los perseguidos por causa del bien,
porque el reino de los cielos les pertenece.

11 Felices ustedes cuando los in-
jurien, los persigan y los calumnien de
todo por mi causa. 12 Alégrense y estén
contentos pues la paga que les espera
en el cielo es abundante. De ese mismo modo persiguieron a los profetas
anteriores a ustedes.

Imagen de los discípulos: sal y luz
(Mc 9,50; Lc 14,34s)

13 Ustedes son la sal de la tierra. Si la
sal se vuelve insípida, ¿con qué se le
devolverá su sabor? Sólo sirve para
tirarla y que la pise la gente.

A diferencia de Lucas (6,20-23), cuyas bienaventuranzas van dirigidas a todos, sin distinción ni especificación, las bienaventuranzas de Mateo tienen un auditorio concreto y restringido: el grupo de los que Jesús había llamado a seguirle: «se le acercaron los discípulos... y comenzó a enseñarles del siguiente modo» (1s).

El evangelista escribe para una comunidad cristiana ya establecida, que comienza a organizarse como Iglesia y necesita profundizar en su nueva identidad de seguidora de Jesús, después de la ruptura traumática con el judaísmo, de donde procedía la mayoría y que les dejó en una situación de marginación social, cultural y religiosa. Es probable que estos hombres y mujeres fueran realmente pobres, menospreciados y perseguidos. Mateo les invita a descubrir los valores del reinado de Dios en las dificultades por las que atraviesan.

Las palabras de Jesús son, en primer lugar, una invitación a vivir la pobreza, la aflicción, el desprendimiento, el hambre y la sed de justicia como «bienaventuranzas». Y así, la pobreza material se transformará en «pobreza de corazón» o apertura confiada a la voluntad y providencia del Padre; la aflicción, en «consuelo» mesiánico, el único capaz de dar sentido al sufrimiento y a la muerte; el desprendimiento, en posesión de la «herencia» de la tierra, expresión que equivale a recibir el reinado de Dios; y el hambre y la sed de justicia, en «esperanza» del cambio radical que traerá la Buena Noticia.

Estas cuatro primeras bienaventuranzas podrían dar la impresión de una fácil y falsa espiritualización de la dura realidad humana con la esperanza pasiva de una reivindicación en un futuro reinado de Dios. Pero no es así. A estas cuatro actitudes del corazón siguen las otras cuatro bienaventuranzas del compromiso y del empeño por cambiar la realidad y hacer presente el reinado de Dios aquí y ahora: el compromiso de la misericordia y la solidaridad; el empeño de una vida honrada y limpia; el trabajo por la paz y la reconciliación; la firmeza ante la persecución.

En estas ocho bienaventuranzas Jesús indica el comienzo del reinado que ya está aconteciendo en la praxis de los pobres. Y es en la práctica de los pobres donde despunta, aunque de lejos, la nueva creación. En ellos la vida nueva del reinado se construye en torno a sus ejes básicos: posesión compartida de la tierra (4), ausencia de males que hacen sufrir y llorar (6), práctica de la justicia (6) y de la solidaridad (7), nueva experiencia de Dios (8) y de la relación filial con Él (9), que es la raíz de la verdadera fraternidad.

5,13-16 Imagen de los discípulos: sal y luz. Las breves parábolas de la sal y de la luz completan la proclamación de las bienaventuranzas y terminan el exordio del sermón del monte. Estos dos elementos tan necesarios en la vida cotidiana han entrado a formar parte del mundo simbólico de todas las religiones y culturas.

14 Ustedes son la luz del mundo. No
puede ocultarse una ciudad construida
sobre un monte.

(Lc 11,33)

15 No se enciende una lámpara para
meterla en un cajón, sino que se pone
en el candelero para que alumbre a
todos en la casa.
16 Brille igualmente la luz de ustedes
ante los hombres, de modo que cuando ellos vean sus buenas obras, glorifiquen al Padre de ustedes que está en el
cielo.

Jesús y la Ley

17 No piensen que he venido a abolir
la ley o los profetas. No vine para abolir,
sino para cumplir. 18 Les aseguro que
mientras duren el cielo y la tierra, ni una
letra, ni una coma de la ley dejará de
realizarse.
19 Por tanto, quien quebrante el más
mínimo de estos mandamientos y enseñe a otros a hacerlo será considerado el más pequeño en el reino de
los cielos. Pero quien lo cumpla y lo
enseñe será considerado grande en el
reino de los cielos.
20 Porque les digo que si el modo de
obrar de ustedes no supera al de los
letrados y fariseos, no entrarán en el
reino de los cielos.

Respecto a la ofensa

21 Ustedes han oído que se dijo a los
antiguos: *No matarás*; el homicida responderá ante el tribunal. 22 Pues yo les
digo que todo el que se enoje contra su
hermano responderá ante el tribunal.
Quien llame a su hermano imbécil
responderá ante el Consejo. Quien lo
llame estúpido incurrirá en la pena del
infierno de fuego.

La tradición bíblica ha visto en las propiedades de la sal –dar sabor y preservar los alimentos– un símbolo de la sabiduría. Para Mateo, esta sabiduría es la Palabra de Dios, la Buena Noticia, no en abstracto, sino personificado en la vida de los creyentes: «Ustedes son la sal de la tierra» (13).

La advertencia: «si la sal se vuelve insípida» resuena quizás hoy en día con más urgencia que en otras épocas de la historia de la evangelización de la Iglesia. Nuestro mundo postmoderno, que ha dado ya la espalda a todas las ideologías, sólo reacciona ante el impacto del testimonio, y sin el testimonio de una vida cristiana seria y consecuente, la Buena Noticia se convertirá en una ideología más; habrá perdido todo su sabor.

En la misma línea se mueve la comparación de los cristianos con la luz del mundo. Más explícitamente que la sal, la luz evoca el mensaje de Jesús reflejado en la conducta diaria de sus seguidores. San Pablo dirá: «si en un tiempo eran tinieblas, ahora son luz por el Señor: vivan como hijos de la luz» (Ef 5,8). También la luz, sin el testimonio, es opaca; brilla solamente a través de las obras.

La práctica de las bienaventuranzas lleva consigo una forma de vida alternativa que necesariamente será contracultural y que generará persecuciones. Pero, incluso, o mejor, es en la persecución cuando este estilo de vida alcanza mayor plenitud de sentido.

En la visión de Isaías de la ciudad irradiando luz desde lo alto y atrayendo a todos los pueblos de la tierra (60,1-3) ve el evangelista la misión universal de anunciar la Buena Noticia, encomendada a los que ya han sido iluminados por la luz de Cristo.

5,17-48 Jesús y la Ley. Jesús expone su postura frente a la Ley, la Torá. Primero, en términos genéricos, incluyendo toda la Escritura en la consabida fórmula «ley y profetas»; después, en una serie de seis contraposiciones agudamente perfiladas, encabezadas por las famosas antítesis de Mateo: «han oído que se dijo... pues yo les digo». Jesús habla con una autoridad que está por encima de la legislación antigua.

Jesús reconduce los mandamientos a su raíz y a su objetivo último: el servicio a la vida, a la justicia, al amor, a la verdad. No opone a la Ley antigua una nueva ley, sino que la transforma y la lleva hacia una radicalidad sin precedentes, rompiendo todos los moldes y criterios que han dado origen a cualquier legislación humana. En el centro de esta parte del sermón del monte está el respeto sagrado a la persona y la denuncia contra todo aquello que, aun camuflado de artificio legal, atente contra la dignidad del hombre y de la mujer.

Pero es, sobre todo, en las dos últimas antítesis donde aparece toda la revolucionaria novedad del mensaje de Jesús, el NO rotundo a la ley del Talión: «ojo por ojo, diente por diente» (38). ¿No sería utópica una sociedad sin esta ley? En realidad, la ley del Talión ha existido en todas las culturas, no sólo en la bíblica, como mecanismo para que la sociedad no se disuelva en el caos de una violencia indiscriminada. Aunque su cruda aplicación haya desaparecido prácticamente de nuestro mundo actual, la ley del Talión, por más sofisticada que se muestre en nuestros comportamientos individuales o en los códigos legales, sigue estando vigente y considerada como necesaria para asegurar una aceptable convivencia humana.

23 Si mientras llevas tu ofrenda al altar
te acuerdas de que tu hermano tiene
algo contra ti, 24 deja la ofrenda delante
del altar, ve primero a reconciliarte con
tu hermano y después vuelve a llevar tu
ofrenda.

(Lc 12,57-59)

25 Con quien tienes pleito busca
rápidamente un acuerdo, mientras vas
de camino con él. Si no, te entregará al
juez, el juez al comisario y te meterán en
la cárcel. 26 Te aseguro que no saldrás
hasta haber pagado el último centavo.

Respecto al adulterio

27 Ustedes han oído que se dijo: *No
cometerás adulterio.* 28 Pues yo les digo
que quien mira a una mujer deseándola
ya ha cometido adulterio con ella en su
corazón.

29 Si tu ojo derecho te lleva a pecar,
sácatelo y tíralo lejos de ti. Más te vale
perder una parte de tu cuerpo que ser
arrojado entero al infierno. 30 Y si tu
mano derecha te lleva a pecar, córtatela
y tírala lejos de ti. Más te vale perder
una parte de tu cuerpo que terminar
entero en el infierno.

Respecto al divorcio

31 Se dijo: *Quien repudie a su mujer
que le dé acta de divorcio.* 32 Pues yo
les digo que quien repudia a su mujer
–salvo en caso de concubinato– la induce a adulterio, y quien se case con
una divorciada comete adulterio.

Respecto a los juramentos

33 Ustedes, también, han oído que se
dijo a los antiguos: *No jurarás en falso
y cumplirás tus juramentos al Señor.*
34 Pues yo les digo que no juren en
absoluto: ni por el cielo, que es trono
de Dios; 35 ni por la tierra, que es tarima
de sus pies; ni por Jerusalén, que es la
ciudad del gran Rey; 36 ni jures tampoco
por tu cabeza, pues no puedes convertir
en blanco o negro uno solo de tus cabellos. 37 Que la palabra de ustedes sea
sí, sí; no, no. Lo que se añada luego
procede del Maligno.

Respecto a la venganza

(Lc 6,29s)

38 Ustedes han oído que se dijo: *Ojo
por ojo, diente por diente.* 39 Pues yo
les digo que no opongan resistencia al
que les hace el mal. Antes bien, si uno
te da una bofetada en [tu] mejilla derecha, ofrécele también la otra. 40 Al que
quiera ponerte pleito para quitarte la túnica déjale también el manto. 41 Si uno te
obliga a caminar mil pasos, haz con él
dos mil. 42 Da a quien te pide y al que te
solicite dinero prestado no lo esquives.

(Lc 6,27s.32-36)

43 Ustedes han oído que se dijo:
Amarás a tu prójimo y odiarás a tu enemigo. 44 Pues yo les digo: Amen a sus
enemigos, oren por sus perseguidores.
45 Así serán hijos de su Padre del cielo,
que hace salir su sol sobre malos y buenos y hace llover sobre justos e injustos.

Así, la violencia legalizada y más o menos controlada parece ser la única respuesta para hacer frente a todo otro tipo de violencia que amenace al individuo o a la colectividad. Un ejemplo entre tantos, es la pena de muerte.

Jesús propone la subversión de este principio porque corrompe las relaciones de las personas entre sí y con Dios. Este cambio radical sólo podrá partir de la fuerza creadora del amor y será la única respuesta que pondrá fin a toda violencia. No sólo se trata de una no violencia pasiva –«no opongan resistencia al que les hace el mal» (39)–, sino activa: «Pues yo les digo: amen a sus enemigos, oren por sus perseguidores» (44). Ésta es la utopía evangélica que propone el sermón del monte: el amor a todos, sin condiciones, tal y como es el amor de «su Padre del cielo, que hace salir su sol sobre malos y buenos y hace llover sobre justos e injustos» (45). El amor no tiene límites, como no tiene límite la perfección a la que el creyente tiene que aspirar: «sean perfectos como es perfecto el Padre de ustedes que está en el cielo» (48). Imitando de esta manera a Dios podremos crear una sociedad justa, radicalmente nueva.

Quizás tengamos que confesar tristemente que nuestro mundo no está aún preparado para que la ley evangélica del amor sustituya a la ley del Talión; pero, precisamente

46 Si ustedes aman sólo a quienes los
aman, ¿qué premio merecen? También
hacen lo mismo los recaudadores de
impuestos. 47 Si saludan sólo a sus hermanos, ¿qué hacen de extraordinario?
También hacen lo mismo los paganos.
48 Por tanto, sean perfectos como es
perfecto el Padre de ustedes que está
en el cielo.

Sobre la práctica de las obras buenas

6 1 Cuídense de hacer obras buenas
en público solamente para que los
vean; de lo contrario no serán recom-
pensados por su Padre del cielo.

Respecto a la limosna

2 Cuando des limosna no hagas
tocar la trompeta por delante, como
hacen los hipócritas en las sinagogas y
en las calles para que los alabe la gente.
Les aseguro que ya han recibido su
paga.
3 Cuando tú hagas limosna, no sepa
tu mano izquierda lo que hace tu derecha; 4 de ese modo tu limosna quedará
escondida, y tu Padre, que ve en lo
escondido, te lo pagará.

Respecto a la oración

5 Cuando ustedes oren no hagan
como los hipócritas, que gustan rezar de
pie en las sinagogas y en las esquinas
para exhibirse a la gente. Les aseguro
que ya han recibido su paga.
6 Cuando tú vayas a orar, entra en tu
habitación, cierra la puerta y reza a tu
Padre a escondidas. Y tu Padre, que ve
en lo escondido, te lo pagará.
7 Cuando ustedes recen no sean
charlatanes como los paganos, que
piensan que por mucho hablar serán
escuchados. 8 No los imiten, pues el
Padre de ustedes sabe lo que necesitan
antes de que se lo pidan.

El Padrenuestro

(Lc 11,2-4)

9 Ustedes oren así:
¡Padre nuestro
que estás en el cielo!
Santificado sea tu Nombre,
10 venga tu reino,
hágase tu voluntad
en la tierra como en el cielo;
11 danos hoy nuestro pan de cada día,
12 perdona nuestras ofensas

porque hemos tocado fondo en los horrores de la violencia y la violencia institucionalizada está enquistada, Jesús invita apremiantemente a sus seguidores a poner en práctica la utopía del amor evangélico como humilde levadura que producirá el cambio. Mateo lo expresa con sencillez y realismo: «si uno te da una bofetada... al que quiera ponerte pleito... si uno te obliga a caminar mil pasos... a quien te pide prestado» (39-42). Las respuestas podrán parecer absurdas, pero llevan en sí el poder que cambiará el mundo.

6,1-18 Sobre la práctica de las obras buenas. Al igual que para la mayoría de las religiones de la tierra, la limosna, la oración y el ayuno eran los tres pilares de la práctica religiosa judía. Pero cuando estas prácticas se institucionalizan y se legalizan corren el riesgo de convertirse en mera rutina, superficialidad e hipocresía. Así ocurría en el contexto religioso judío donde vivían las pequeñas comunidades de Mateo que buscaban definir su identidad como cristianos.

Mateo, a través de las palabras de Jesús, les invita a purificar toda práctica religiosa a partir del espíritu evangélico como criterio de discernimiento, como hizo antes con respecto a la Ley. Y establece un principio general: las obras de piedad no deben practicarse para ganar prestigio ante los demás, posición de poder o privilegios.

Llama comediantes, hipócritas, charlatanes, a los que exhibían sus rezos y sus ofrendas al son de trompetas en las esquinas y en las plazas o desfiguraban «la cara para hacer ver a la gente que ayunan» (16). Es una crítica mordaz al eterno problema del fariseísmo, enfermedad que puede atacar a todos, pero que se ceba especialmente en las gentes de Iglesia, «personas en riesgo», como los fariseos de su tiempo. Con razón, una de las críticas históricas a la Iglesia como institución y a sus representantes ha sido precisamente la de la ostentación, el boato, la apariencia, el culto a la imagen.

***El Padrenuestro* (9-15).** Todas las religiones tienen su oración especial, la que define su identidad y queda grabada en la memoria colectiva de sus seguidores. Para los cristianos es el Padrenuestro u oración dominical –de «dominus», «señor» en latín–, porque ha salido de los labios del Señor. Lucas (11,1) dice explícitamente que fue enseñada por Jesús a petición de los discípulos. Mateo lo deja entender (9).

como también nosotros perdonamos
a los que nos ofenden;
13 no nos dejes caer en la tentación
y líbranos del mal.

(Mc 11,25s)

14 Pues si perdonan a los demás las
ofensas, su Padre del cielo los perdonará a ustedes, 15 pero si no perdonan
a los demás, tampoco el Padre los perdonará a ustedes.

Respecto al ayuno

16 Cuando ustedes ayunen no pongan cara triste como los hipócritas, que
desfiguran la cara para hacer ver a la
gente que ayunan. Les aseguro que ya
han recibido su paga.
17 Cuando tú ayunes, perfúmate la
cabeza y lávate la cara, 18 de modo que
tu ayuno no lo vean los demás, sino tu
Padre, que está escondido; y tu Padre,
que ve en lo escondido, te lo pagará.

La versión que presenta Mateo es más elaborada que la de Lucas, quizás porque así se rezaba ya en las comunidades cristianas a las que dirige su evangelio. Con esta oración pedimos, agradecemos y nos renovamos. Contiene una invocación: «¡Padre nuestro que estás en el cielo!», y siete peticiones, tres en honor de Dios (su nombre, su reino, su voluntad); cuatro a favor nuestro (nuestro pan, nuestras ofensas, nuestras tentaciones, los males que nos acechan).

La gran novedad de la oración dominical está en la primera palabra con la que comienza: «Padre», de la que surge espontáneamente y cobra verdadero sentido todo lo demás. Si bien la expresión «Padre» referida a Dios es frecuente en la tradición bíblica del Antiguo Testamento, nunca se había llegado más allá de un significado simbólico: Dios era padre del pueblo en general o se comportaba como un padre. En Jesús, el símbolo se hace realidad; Dios es realmente su padre, al que llama con el diminutivo entrañable con que los niños se dirigen a la persona que les dio la vida: «abba», «papá» en arameo. Pero no sólo es su padre, sino también nuestro padre; de cada uno en particular y de todos como familia suya y hermanos de su Hijo primogénito. Todo el Nuevo Testamento es revelación de este misterio de salvación (cfr. Rom 8,15; Ef 2,18; 3,12; Heb 10,17-20).

Aunque por razón de su cultura patriarcal los evangelistas no se atreven a llamar a Dios «madre», hoy día, libres ya de esos condicionamientos culturales, no expresaríamos adecuadamente toda la dimensión de nuestra relación filial con Dios si no nos dirigiéramos a Él/Ella como «Padre-Madre que estás en el cielo», o simplemente «Padre-Madre Dios», ya que la expresión «que estás en el cielo» es una expresión que encubre el nombre de Dios, y que el israelita, por respeto, no se atrevía a pronunciar.

Las tres primeras peticiones, tu nombre, tu reino, tu voluntad, son en realidad una sola: el deseo ardiente de que su paternidad-maternidad se haga presente eficazmente en el mundo. El nombre, el reino y la Ley son tres ejes sacados del Antiguo Testamento que expresan cómo debe ser la nueva relación con Dios.

El nombre en la tradición bíblica es sinónimo de la identidad de la persona; apelar al nombre de Dios es invocar el esplendor de su presencia activa en medio de nosotros. Es una petición de fe.

«Venga tu reino» (10) es la otra cara de la fe: el deseo y la esperanza de que el ejercicio de su poder (es decir el reinado de Dios, tema central de la predicación de Jesús), vaya cambiando la realidad presente hasta su futura y plena transformación.

La petición «hágase tu voluntad en la tierra como en el cielo» (10) no es fatalismo ni espera pasiva, sino que expresa el compromiso activo del orante, consecuencia de la fe y de la esperanza, a colaborar activamente para que el reinado de Dios se vaya haciendo realidad aquí y ahora.

Las cuatro peticiones restantes nos muestran que la relación renovada con Dios, nuestro Padre, sólo es posible en la relación renovada entre nosotros, sus hijos. De ahí que esas cuatro peticiones sean para la comunidad y se refieren a cuatro necesidades:

El orante pide a su Padre-Madre Dios la fuerza para el camino, para empezar, el alimento de cada día: «danos hoy el pan nuestro de cada día» (11). Esta expresión de Mateo deja abierta una variedad de sentidos que no se excluyen entre sí, sino que contribuyen a presentar todo el arco de las necesidades humanas: el alimento terreno, el pan del pobre y del necesitado y, sobre todo, el alimento definitivo del reinado de Dios, anticipado en el pan de la Eucaristía.

Finalmente, y dada la condición pecadora del orante, se pide el perdón de nuestras ofensas (12) con el compromiso añadido de perdonar a los que nos ofenden, el auxilio en la prueba y la protección contra el maligno.

El perdón es un punto central en la oración cristiana. Hemos traducido «perdona nuestras ofensas» por el uso litúrgico actual; pero también se podría traducir: «perdona nuestras deudas», como antiguamente se rezaba. El término «deudas» hace referencia no sólo a las ofensas, sino también a las deudas económicas. Algunos biblistas no dudan en afirmar que esto es lo que acentúa Mateo en su versión del Padrenuestro (cfr. Lc 11,4: «pecados»; no deja de ser sugerente lo que se dice en Mt 5,42).

El mal como realidad o el Maligno como causante del mal tienen en cada momento su figura histórica. Atrevernos a delimitarlo y a llamarlo por su nombre en cada coyuntura histórica es un ejercicio de discernimiento cristiano y una exigencia de la dimensión profética de nuestra fe. Así termina la oración cristiana que, en su brevedad, resume todo el evangelio.

El verdadero tesoro
(cfr. Lc 12,33s)

19 No acumulen tesoros en la tierra,
donde la polilla y la herrumbre los destruyen, donde los ladrones perforan
paredes y roban. 20 Acumulen tesoros
en el cielo, donde no roe la polilla ni
destruye la herrumbre, donde los ladrones no abren brechas ni roban.
21 Pues donde está tu tesoro, allí
estará también tu corazón.

Luz y tinieblas
(Lc 11,34-36)

22 La lámpara del cuerpo es el ojo:
por tanto, si tu ojo está sano, todo tu
cuerpo estará lleno de luz; 23 pero si tu
ojo está enfermo, todo tu cuerpo estará
lleno de oscuridad. Y si tu fuente de luz
está a oscuras, ¡cuánta oscuridad habrá!

Dios y el dinero
(Lc 16,13)

24 Nadie puede estar al servicio de
dos señores, pues odiará a uno y amará
al otro o apreciará a uno y despreciará
al otro. No pueden estar al servicio de
Dios y del dinero.

Confianza en Dios
(Lc 12,22-31)

25 Por eso les digo que no anden angustiados por la comida [y la bebida]
para conservar la vida o por la ropa
para cubrir el cuerpo. ¿No vale más la
vida que el alimento?, ¿el cuerpo más
que la ropa?
26 Miren las aves del cielo: no siembran ni cosechan ni recogen en graneros, y sin embargo, el Padre del cielo
las alimenta. ¿No valen ustedes más
que ellas? 27 ¿Quién de ustedes puede,
por mucho que se inquiete, prolongar
un poco su vida?
28 ¿Por qué se angustian por la vesti-
menta? Miren cómo crecen los lirios sil-
vestres, sin trabajar ni hilar. 29 Les aseguro que ni Salomón, en el esplendor
de su gloria, se vistió como uno de
ellos. 30 Pues si a la hierba del campo,
que hoy crece y mañana la echan al
horno, Dios la viste así, ¿no los vestirá
mejor a ustedes, hombres de poca fe?
31 En conclusión, no se angustien
pensando: ¿qué comeremos?, ¿qué be-
beremos?, ¿con qué nos vestiremos?

6,19-24 El verdadero tesoro – Luz y tinieblas – Dios y el dinero. Con estas recomendaciones, Jesús desenmascara la maldad de la codicia en su raíz más profunda: la idolatría. «Mamón», dios del dinero, es rival irreconciliable del Dios de las bienaventuranzas, cuya santidad se manifiesta en el esplendor de su generosidad, como lo acaba de enseñar el Padrenuestro.

El afán y la ilusión de los discípulos de Jesús deben estar centrados en el reino, ése es su tesoro. «¡Cuánta oscuridad» (23) la que entra en el corazón del hombre o de la mujer a través del ojo cegado por la tacañería!

Jesús termina con una frase lapidaria que emplaza a los oyentes de ayer y de hoy a optar de forma radical, sin medias tintas, o por Dios o por el dinero (24).

6,25-34 Confianza en Dios. Quizás no exista otro concepto religioso en nuestra tradición cristiana que se haya prestado tanto al desconcierto, al abuso y a la manipulación, como el de la providencia de Dios. Ha servido para todo: para encubrir la falta de esfuerzo y trabajo personal y aceptar con fatalismo lo que venga; para aquietar nuestra conciencia ante la injusticia y la opresión de los pobres, esperando que la providencia se cuide de ellos. A veces llamamos instintivamente providencia a la abundancia y al bienestar, o nos sentimos apartados de ella cuando llaman a nuestras puertas la penuria y el sufrimiento. En el fondo, si no sabemos a qué atenernos respecto a la providencia de Dios, es porque quizás hasta ahora no hayamos leído con seriedad el sermón del monte.

Jesús no nos explica cómo o cuándo se hace presente la providencia; simplemente nos invita a abandonarnos en manos de nuestro Padre-Madre Dios, para quien sus hijos e hijas son las criaturas más importantes de toda su creación, y así, pasar de la angustia a la confianza.

Jesús resume en una frase cuál debe ser la actitud de sus seguidores ante la providencia de Dios: «busquen ante todo el reino de Dios y su justicia» (33). El reinado se recibe como don gratuito, con la alegría y confianza de quien experimenta la paternidad-maternidad de Dios en su acción trasformadora del mundo. Pero esta justicia (salvación) de Dios invita también a la colaboración y al empeño personal y colectivo de sus seguidores con su plan salvador. La confianza lleva necesariamente al compromiso, pues nadie se compromete con una causa perdida.

32 Todo eso buscan ansiosamente los
paganos. Pero el Padre del cielo sabe
que ustedes tienen necesidad de todo
aquello. 33 Busquen primero el reino
[de Dios] y su justicia, y lo demás lo
recibirán por añadidura.
34 Por eso, no se preocupen del
mañana, que el mañana se ocupará de
sí. A cada día le basta su problema.

El juicio a los demás
(Lc 6,37s)

7 1 No juzguen y no serán juzgados.
2 Del mismo modo que ustedes
juzguen se los juzgará. La medida que
usen para medir la usarán con ustedes.

(Lc 6,41s; cfr. Jn 8,1-11)

3 ¿Por qué te fijas en la pelusa que
está en el ojo de tu hermano y no miras
la viga que hay en el tuyo? 4 ¿Cómo te
atreves a decir a tu hermano: Déjame
sacarte la pelusa del ojo, mientras llevas
una viga en el tuyo? 5 ¡Hipócrita!, saca
primero la viga de tu ojo y entonces
podrás ver claramente para sacar la
pelusa del ojo de tu hermano.

Las cosas santas

6 No tiren las cosas santas a los perros,
ni arrojen sus perlas a los cerdos, no
sea que las pisoteen y después se vuelvan contra ustedes para destrozarlos.

Perseverancia en la oración
(Lc 11,9-13; cfr. Jn 14,13s)

7 Pidan y se les dará, busquen y
encontrarán, llamen y se les abrirá,
8 porque quien pide recibe, quien busca
encuentra, a quien llama se le abrirá.
9 ¿Quién de ustedes, si su hijo le
pide pan, le da una piedra? 10 ¿O si le
pide pescado, le da una culebra?
11 Pues si ustedes, que son malos,
saben dar cosas buenas a sus hijos,
¡cuánto más dará el Padre del cielo
cosas buenas a los que se las pidan!

La regla de oro
(Lc 6,31)

12 Traten a los demás como quieren
que los demás los traten. En esto consiste la ley y los profetas.

Y esto es justamente lo que nos enseña esta página entrañable del evangelio: que el poder salvador de Dios, simbolizado en el esplendor y la delicada magnificencia con que trata a las aves del cielo y a las flores del campo, no va a dejar fuera del reino a sus hijos e hijas.

7,1-6 El juicio a los demás – Las cosas santas. El sermón del monte ha ido desmantelando poco a poco todas las estructuras y condicionamientos internos que aprisionan y esclavizan a la persona desde una perspectiva nueva que revoluciona la ética y todo comportamiento humano convencional: la presencia del reinado de Dios. Lo ha hecho con la ley del Talión, con el afán de poseer, con la angustia ante el mañana; ahora lo hace con el juicio contra el hermano.

Si Jesús hablara simplemente de actitudes civilizadas como la compresión o la tolerancia no habría dicho nada nuevo que no hubieran dicho ya los rabinos de su tiempo (o de todos los tiempos), quienes usaban la proporción como norma positiva de juicio: «Del mismo modo que ustedes juzguen se los juzgará» (2).

Confucio decía, quinientos años antes de Jesús, que «el hombre justo, cuando ve una cualidad en los demás, la imita; cuando ve un defecto, lo corrige en sí mismo». Jesús cita la norma, pero para negarla, para prohibir y condenar como falso, hipócrita y farisaico todo juicio humano que no esté inspirado en la nueva justicia que ha traído el reinado de Dios. Lo ilustra mediante el proverbio que pone de relieve la desproporción hiperbólica entre la basura o la pelusa en el ojo del hermano y la viga en el ojo propio. Si la presencia del reinado de Dios entre nosotros nos ha hecho experimentar el don inmenso e impagable de su perdón y misericordia, es decir, la revelación de su justicia (salvación), todo otro juicio que no sea el de ver al prójimo en el mismo abrazo salvador del Padre, sería tan injusto y absurdo como quien se fija en la pelusa del ojo del hermano llevando una viga en el propio.

El versículo 6 rompe la unidad del contexto literario. Su interpretación no es unánime entre los biblistas. Las cosas santas y las perlas pueden referirse al Evangelio; mientras que perros y cerdos, animales impuros, a todos aquellos que lo rechazan.

7,7-12 Perseverancia en la oración – La regla de oro. A estas alturas del sermón del monte, el discípulo-oyente de Jesús podría sentirse sobrecogido ante los desafíos tan radicales que plantea el reinado de Dios, desafíos que aparecen como exigencias utópicas que bordean lo

La puerta estrecha

(Lc 13,24; cfr. Sal 1)

13 Entren por la puerta estrecha;
porque es ancha la puerta y espacioso
el camino que lleva a la perdición, y son
muchos los que entran por ella. 14 ¡Qué
estrecha es la puerta!, ¡qué angosto el
camino que lleva a la vida!, y son pocos
los que lo encuentran.

Todo árbol se conoce por su fruto

15 Cuídense de los falsos profetas
que se acercan disfrazados de ovejas y
por dentro son lobos rapaces.

(Lc 6,43s)

16 Por sus frutos los reconocerán.
¿Se cosechan uvas de los espinos o higos de los cardos? 17 Un árbol sano da
frutos buenos, un árbol enfermo da frutos malos. 18 Un árbol sano no puede
dar frutos malos ni un árbol enfermo
puede dar frutos buenos. 19 El árbol que
no dé frutos buenos será cortado y
echado al fuego. 20 Así pues, por sus
frutos los reconocerán.

No basta decir: ¡Señor, Señor!

(Lc 6,46)

21 No todo el que me diga: ¡Señor,
Señor!, entrará en el reino de los cielos,
sino el que haga la voluntad de mi
Padre del cielo.

(cfr. Lc 13,25-27)

22 Cuando llegue aquel día, muchos
me dirán: ¡Señor, Señor! ¿No hemos
profetizado en tu nombre? ¿No hemos
expulsado demonios en tu nombre? ¿No hemos hecho milagros en tu
nombre?
23 Y yo entonces les declararé: Nunca
los conocí; apártense de mí, ustedes
que hacen el mal.

absurdo y desbordan toda nuestra capacidad humana de comprensión y de realización. Pues con el mismo laconismo y autoridad con que ha propuesto la nueva ley del reinado de Dios, Jesús nos viene a decir que dicha ley no se puede cumplir a través del solo esfuerzo humano, sino que se recibe gratuitamente, como don de Dios.

Pero al don debe preceder la petición del don, y no una petición puntual y coyuntural, sino de toda una vida entendida como empeño de búsqueda comprometida con el reinado, expresada en la reiteración: «pidan, busquen, llamen... porque quien pide, quien busca, a quien llama» (7s). La posible duda sobre un Dios sordo a nuestras peticiones la reduce Jesús al absurdo; sería como colocar al Padre-Madre del cielo (11) a un nivel más bajo que los padres y madres de la tierra quienes, aunque malos, saben dar cosas buenas a sus hijos.

La «regla de oro» (12) no es nueva; de una manera u otra se encuentra en el código ético de todas las religiones y culturas. En el judaísmo aparece expresada negativamente: «no hagas a otro lo que no quieres que te hagan a ti», tal como Tobías inculcaba a su hijo y los judíos enseñaban a los prosélitos de origen pagano (Tob 4,15).

El sermón del monte termina con esta regla de oro; la novedad que propone no está en que viene expresada en forma positiva: «traten a los demás...» (12); esto sería sólo cuestión de matices. Su novedad se encuentra en la perspectiva radicalmente distinta desde la que se coloca: la presencia del reinado de Dios entre nosotros, que revoluciona el comportamiento mutuo abriéndolo a la creatividad de un amor que no conoce proporciones ni límites.

7,13s La puerta estrecha. Mateo pone fin al sermón del monte con un epílogo que refleja las circunstancias difíciles de los cristianos de su tiempo, no exentas de hostilidad y persecución. Si el evangelista tiene presente a las comunidades a las que dirige su evangelio, las palabras de Jesús se dirigen a sus seguidores de todos los tiempos, para quienes profesar una vida según los valores del Evangelio es siempre ir contracorriente, contra lo social, lo político y, a veces, lo religiosamente correcto.

En tal situación hay que tomar decisiones y actuar consecuentemente. Jesús nos previene y ofrece criterios de discernimiento, usando y renovando las imágenes tradicionales del camino, el árbol y la construcción.

La puerta estrecha sigue siendo para todos los seguidores de Jesús la puerta del pobre y del excluido, la puerta por la que el mismo Jesús atravesó el umbral de la existencia humana; Él no se hizo genéricamente hombre, sino específicamente hombre pobre. En las palabras de Jesús a sus discípulos «como el Padre me ha enviado, así les envío yo» no sólo se expresa el anuncio del envío misionero, sino también la forma específica de realizar la misión como Él la llevó a cabo, por voluntad del Padre.

7,15-29 Todo árbol se conoce por su fruto – No basta decir: ¡Señor, Señor! – Roca y arena. En el Antiguo Testamento, los falsos profetas fueron la pesadilla de los auténticos profetas (cfr. Jr 23 y Ez 13, entre otros), lo mismo que los falsos doctores lo fueron de las primeras comunidades cristianas (1 Jn 2 hablará de anticristos). El criterio de discernimiento es claro: los frutos, como los que da el árbol sano.

Roca y arena
(Lc 6,47-49)

24 Así pues, quien escucha estas palabras mías y las pone en práctica se
parece a un hombre prudente que
construyó su casa sobre roca. 25 Cayó
la lluvia, crecieron los ríos, soplaron los
vientos y se abatieron sobre la casa;
pero no se derrumbó, porque estaba
cimentada sobre roca.
26 Quien escucha estas palabras
mías y no las pone en práctica se parece
a un hombre tonto que construyó su
casa sobre arena. 27 Cayó la lluvia, crecieron los ríos, soplaron los vientos,
golpearon la casa y ésta se derrumbó.
Fue una ruina terrible.

(Mc 1,22; Lc 4,32)

28 Cuando Jesús terminó su discurso, la multitud estaba asombrada
de su enseñanza; 29 porque les enseñaba
con autoridad, no como sus letrados.

Sana a un leproso
(Mc 1,40-45; Lc 5,12-16)

8 1 Cuando bajaba del monte le seguía
una gran multitud. 2 Un leproso se
le acercó, se postró ante él y le dijo:
—Señor, si quieres, puedes sanarme.
3 Él extendió la mano y le tocó
diciendo:
—Lo quiero, queda sano.
Y en ese instante se sanó de la lepra.
4 Jesús le dijo:
—No se lo digas a nadie; ve a
presentarte al sacerdote y, para que les
conste, lleva la ofrenda establecida por
Moisés.

Sana al criado de un centurión
(Lc 7,1-10; cfr. Jn 4,46-54)

5 Al entrar en Cafarnaún, un centurión se le acercó y le suplicó:
6 —Señor, mi muchacho está postrado en casa, paralítico, y sufre
terriblemente.

No es cuestión de doctrina correcta, de ortodoxia, sino de ortopraxis. Jesús anatematiza a los que nunca recorrieron la senda del pobre y al final se encontraron sin los frutos del reinado: «lo que no hicieron a uno de estos más pequeños no me lo hicieron a mí» (25,45).

8,1-17 Sana a un leproso – Sana al criado de un centurión – Sana y exorciza en torno a la casa. Las sanaciones no son prueba extrínseca de una doctrina o una misión, sino que son ya la realización parcial y concreta del reino de Dios; al sanar, Jesús lo hace presente, liberando a toda la persona y a todas las personas.

Los relatos de sanación siguen con gran libertad un esquema básico: diálogo con el enfermo y efecto en los que asisten o se enteran. En primer plano se aprecia la necesidad de creer y confiar en Jesús para disponerse a su gesto liberador. Todos los relatos sinópticos suponen o conducen a una fe en Jesús; a veces Jesús mismo la pide, otras la descubre en los gestos de la gente o la suscita con sus preguntas. En ocasiones, subraya que es la fe del enfermo la que le ha sanado.

Mateo acentúa, en comparación con Marcos y Lucas, la «poca fe» de los discípulos como impedimento para comprender a Jesús, y la dificultad de realizar ciertas sanaciones que el Maestro hace. Se tiene fe en Jesús si se tiene fe en la Buena Noticia del reinado que Él anuncia y realiza. Por encima de todo, lo que Jesús pide es una fe en la irrupción de la fuerza del reinado en esas obras poderosas que lo manifiestan. Mateo subraya este camino enseñado por Jesús en varios discursos, pero también mostrado en obras, sobre todo en esas «obras poderosas» que se concentran especialmente en los capítulos 8s y repite en sus sumarios a lo largo de todo su evangelio (4,23s; 8,16; 9,35; 12,15s; 14,14.34s; 15,29s; 19,2; 21,14). Esta misma actitud debe continuar en la Iglesia, poniéndose al servicio de los pequeños y superando la «poca fe» en su Maestro y Señor (6,30; 8,26; 14,31; 16,8; 17,20).

La fuerza salvadora del reinado de Dios no tiene fronteras; por eso Jesús se acerca, en primer lugar, a tres necesitados que simbolizan la marginación en aquella sociedad: los enfermos contagiosos, por su enfermedad; las mujeres, por la opresión de una cultura patriarcal; los paganos, por su exclusión del pueblo de Dios.

Jesús respeta la ley de reintegrar al leproso con un certificado otorgado por un sacerdote. Los sacerdotes examinaban, diagnosticaban y, en ciertos casos, confinaban o excluían de la vida social. Jesús, en cambio, sana, limpia y restituye a los marginados a la vida de la comunidad. Es su voluntad y tiene poder para ello.

El centurión (jefe de cien hombres del ejército romano), además de pagano, representaba a la potencia colonial de Roma; doble motivo para convertirse en una persona desdeñable. Pero por su fe entra en la nueva comunidad y se convierte en figura ejemplar: como denuncia a los que se resisten a creer («los ciudadanos del reino», el pueblo que rechaza a Jesús) y como anuncio de muchos que creerán (la incorporación de los paganos en la comunidad cristiana). El caso particular de la sanación del criado paralítico se prolonga como anuncio misionero de alcance universal (cfr. Is 2,2-5; Miq 4,1-5).

[7] Jesús le contestó:
—Yo iré a sanarlo.
[8] Pero el centurión le replicó:
—Señor, no soy digno de que entres bajo mi techo. Basta que digas una palabra y mi muchacho quedará sano.
[9] También yo tengo un superior y soldados a mis órdenes. Si le digo a éste que vaya, va; al otro que venga, viene; a mi sirviente que haga esto, y lo hace.

[10] Al oírlo, Jesús se admiró y dijo a los que le seguían:
—Les aseguro, que no he encontrado una fe semejante en ningún israelita.
[11] Les digo que muchos vendrán de oriente y occidente y se sentarán con Abrahán, Isaac y Jacob en el reino de los cielos. [12] Mientras que los ciudadanos del reino serán expulsados a las tinieblas de fuera. Allí será el llanto y el crujir de dientes.

[13] Al centurión, Jesús le dijo:
—Ve y que suceda como has creído.
En aquel instante [su] muchacho quedó sano.

Sana y exorciza en torno a la casa
(Mc 1,29-34; Lc 4,38-41)

[14] Entrando Jesús en casa de Pedro, vio a su suegra acostada con fiebre.
[15] La tomó de la mano, y se le fue la fiebre; entonces ella se levantó y se puso a servirle.

[16] Al atardecer le trajeron muchos endemoniados. Él con una palabra expulsaba los demonios, y todos los enfermos sanaban.
[17] Así se cumplió lo anunciado por el profeta Isaías:
Él tomó nuestras debilidades
y cargó con nuestras enfermedades.

Exigencias del seguimiento
(Lc 9,57-60)

[18] Al ver Jesús la multitud que lo rodeaba, dio orden de atravesar el lago.
[19] Entonces se acercó un letrado y le dijo:
—Maestro, te seguiré adonde vayas.
[20] Jesús le contestó:
—Las zorras tienen madrigueras, las aves del cielo nidos, pero el Hijo del Hombre no tiene dónde recostar la cabeza.

En el caso de la suegra de Pedro hay un detalle interesante: «se levantó y se puso a servirle» (15). La sanación capacita a la mujer para el servicio. ¿Está simbólicamente indicando el evangelista la dignidad recobrada de las seguidoras de Jesús y su protagonismo en la vida de las comunidades cristianas?

8,18-22 Exigencias del seguimiento. El entusiasmo suscitado por la enseñanza y los milagros no debe engañar a los que quieran seguirle. El seguimiento lleva consigo unas condiciones que el mismo Jesús va señalando progresivamente: 1. El riesgo de una vida completamente libre de cualquier atadura o seguridad y pobre, signo de contradicción, contracultural e itinerante. 2. La disponibilidad para la misión sin calcular los riesgos y en las condiciones de vida que la misión exija. 3. El seguimiento debe ser inmediato porque, una vez recibido el llamado, el camino y las exigencias del reinado de Dios no tienen espera.

Este estilo de vida viene ya sugerido, de alguna manera, en el título con que Jesús se designa a sí mismo: Hijo del Hombre. Se trata de una expresión enigmática de la profecía apocalíptica del Antiguo Testamento que veía en la aparición de este misterioso personaje de origen celestial una especie de salvador universal que llevaría a cabo los planes del señorío de Dios sobre la historia humana en un deslumbrante despliegue de poder (cfr. Dn 7,13s). Algunas tradiciones le atribuían rasgos del Mesías real y del Siervo del Señor, pero sin los sufrimientos propios de la condición humana.

Jesús se aplica el título, deja de momento en la ambigüedad su dimensión gloriosa y advierte a los que quieran seguirle con la intención de unirse al cortejo de un triunfador: «El Hijo del Hombre no tiene dónde recostar la cabeza» (20). Así responde al primero de los candidatos, un «letrado» (19) y como tal, conocedor de las Escrituras. Jesús ayuda a discernir al letrado, echando por tierra sus expectativas y sus falsas interpretaciones mesiánicas.

El segundo candidato, anónimo, quiere seguirle pero tiene que enterrar primero a su padre (21). «Primero», ésta es la palabra clave para entender la respuesta de Jesús. La petición no suponía el hecho puntual de ir al funeral de su padre, sino que le permitiera permanecer en la casa hasta que vivieran sus padres. La dureza de la respuesta, tomada al pie de la letra, choca con nuestra sensibilidad y desencadena en el discípulo la tensión de una disyuntiva que le pone en guardia frente a un compromiso débil y le ayuda en el camino de su discernimiento. Lo verdaderamente «primero» es Jesús y su proyecto,

[21] Otro discípulo le dijo:

—Señor, déjame primero ir a enterrar a mi padre.

[22] Jesús le contestó:

—Sígueme y deja que los muertos entierren a sus muertos.

Calma una tempestad

(Mc 4,35-41; Lc 8,22-25; cfr Sal 107,21-30)

[23] Cuando subía a la barca le siguieron los discípulos. [24] De pronto se
levantó tal tempestad en el lago que las olas cubrían la embarcación, mientras tanto, él dormía.

[25] Los discípulos se acercaron y lo despertaron diciendo:

—¡Señor, sálvanos, que morimos!

[26] Él les dijo:

—¡Qué cobardes y hombres de poca fe son!

Se levantó, increpó a los vientos y al lago, y sobrevino una gran calma.

[27] Los hombres decían asombrados:

—¿Quién es éste, que hasta los vientos y el lago le obedecen?

Exorciza en Gadara

(Mc 5,1-20; Lc 8,26-39)

[28] Al llegar a la otra orilla y entrar en territorio de Gadara, fueron a su encuentro dos endemoniados salidos de los sepulcros; eran tan violentos que nadie se atrevía a pasar por aquel camino. [29] De pronto se pusieron a gritar:

—¡Hijo de Dios!, ¿qué tienes con nosotros? ¿Has venido antes de tiempo a atormentarnos?

[30] A cierta distancia había una gran
piara de cerdos pastando. [31] Los demonios le suplicaron:

—Si nos expulsas, envíanos a la piara de cerdos.

[32] Él les dijo:

—Vayan.

Ellos salieron y se metieron en los cerdos. La piara en masa se lanzó por un acantilado al lago y se ahogó en el agua.

[33] Los pastores huyeron, llegaron al
pueblo y contaron lo que había sucedido
con los endemoniados. [34] Toda la pobla-
ción salió al encuentro de Jesús y al verlo le suplicaban que se fuera de su territorio.

el reinado de Dios; sólo si se acepta su seguimiento sin condiciones desaparece la tensión y se descubre el sentido de su respuesta paradójica; los que confinan su horizonte a esta vida mortal, que se ocupen de enterrar; ellos serán enterrados a su vez. Jesús llama a una vida nueva, a la Vida.

8,23-27 Calma una tempestad. Los discípulos que momentos antes habían manifestado una total adhesión a Jesús se sienten ahora desconcertados frente al ímpetu de la tormenta. Este relato viene a ser como una ilustración concreta del tema del seguimiento.

Dice el evangelista que cuando Jesús subía a la barca «le siguieron los discípulos» (23), es decir, comenzaron a compartir su misma suerte. Pero sin fe y confianza, el seguimiento se tambalea en las situaciones extremas donde la fidelidad al reinado de Dios exige incluso poner en juego la propia vida. Jesús denuncia la falta de fe de sus discípulos en el momento mismo de la prueba, cuando «las olas cubrían la embarcación» (24), y no después de restablecida la calma.

El que dormía en medio del vendaval se revela como Señor del mar, esa potencia caótica y levantisca que en la simbología del Antiguo Testamento Dios somete y apacigua (Sal 93; 104,6s; etc.).

El evangelista dice que «se levantó» (la misma palabra griega usada para «resucitó»), para indicar su presencia salvadora en medio de la comunidad. Éste es el mensaje de ánimo y confianza que nos transmite el relato de Mateo a los seguidores y seguidoras de Jesús cuando se hacen a la mar, rumbo a la misma misión y al mismo destino de Aquel que los llamó.

8,28-34 Exorciza en Gadara. Según la concepción de la época, el mundo de los espíritus malévolos se asocia con lo contaminado que mancha y con lo enfermo que contagia (cfr. Sal 91,6); además, su presencia en el mundo llegaría a su término al final de los tiempos (Ap 20,2s). Es con este trasfondo que debemos interpretar este pasaje.

Con su presencia y acción, Jesús va desterrando el poder demoníaco del entorno humano, empujándolo al reino de lo impuro simbolizado en los cerdos (cfr. Is 66,3.17), al abismo de la perdición (el lago o el mar). Esto es manifestación de la llegada del reino, del poder de Dios que se manifiesta liberando a la humanidad de todo tipo de posesión demoniaca, incluso más allá de los límites del pueblo elegido.

Los vecinos no saben apreciar tal liberación y su actitud contrasta con la admiración de otros ante el poder de Jesús.

Sana a un paralítico

(Mc 2,1-12; Lc 5,17-26; cfr. Jn 5,1-18)

9 1 Jesús subió a una barca, cruzó a
la otra orilla y llegó a su ciudad.
2 Le trajeron un paralítico tendido en
una camilla. Al ver Jesús la fe que tenían,
dijo al paralítico:
—¡Ánimo, hijo! Tus pecados te son
perdonados.
3 Entonces algunos letrados pensaron: Éste blasfema.
4 Jesús, conociendo sus pensamientos, dijo:
—¿Por qué piensan mal? 5 ¿Qué es
más fácil? ¿Decir: se te perdonan tus
pecados; o decir: levántate y camina?
6 Pues, para que sepan que el Hijo del
Hombre tiene autoridad en la tierra
para perdonar pecados, dirigiéndose al
paralítico, le dijo: Levántate, toma tu
camilla y vete a tu casa.
7 Él se levantó y se fue a su casa. 8 La
multitud al verlo quedó atemorizada y
daba gloria a Dios por haber dado tal
autoridad a los hombres.

Llama a Mateo: comparte la mesa con pecadores

(Mc 2,13-17; Lc 5,27-32)

9 Cuando se iba de allí vio Jesús a un
hombre llamado Mateo sentado junto
a la mesa de recaudación de los impuestos. Le dijo:
—Sígueme.
Él se levantó y le siguió.
10 Estando Jesús en casa, sentado a
la mesa, muchos recaudadores de
impuestos y pecadores llegaron y se
sentaron con él y sus discípulos. 11 Al
verlo, los fariseos dijeron a los discípulos:
—¿Por qué su maestro come con
recaudadores de impuestos y pecadores?

9,1-8 Sana a un paralítico. Se trata del mismo episodio relatado por Marcos (2,1-12). Mateo esquematiza, abrevia suprimiendo detalles y hace concentrar la atención, no ya en el milagro, sino en el poder de Jesús de perdonar los pecados ante la acusación de blasfemo por parte de los letrados.

La mentalidad judía relacionaba la enfermedad con el pecado; los propios discípulos creen que la enfermedad o la desgracia son causadas por alguna culpa, propia o ajena (cfr. Jn 9,1s). Y dentro de la comunidad creyente, el pecado mayor consiste en la incapacidad de ver la acción liberadora de Dios en medio de las más desgarradoras situaciones de marginación y exclusión.

Jesús manifiesta que ha recibido el poder de sanar, pero, sobre todo, el de perdonar (atributo exclusivamente divino), que abarca todo el proyecto de su misión liberadora y llega a la raíz misma de la condición humana necesitada de salvación. La sanación del paralítico le sirve para proclamar su autoridad solemnemente, ante el escándalo de los letrados.

Con las palabras del versículo 6, centro del relato, Mateo quiere asegurar a las comunidades cristianas para las que escribe su evangelio que la autoridad de perdonar de Jesús sigue presente en y por medio de la Iglesia.

Al final, el temor y la alabanza a Dios de los presentes no es ante el milagro realizado (como en Marcos), sino «por haber dado tal autoridad a los hombres» (8).

La tarea que Jesús realizó y que por la fuerza de su Espíritu continuó en la Iglesia primera, sigue vigente hoy, tal vez bajo nuevas formas, pero siempre en continuidad con sus gestos liberadores.

9,9-13 Llama a Mateo: comparte la mesa con pecadores. Mateo, a quien el evangelio de Marcos llama Leví (2,13-16), se identifica como el pecador llamado por Jesús. La vocación de Mateo es muy significativa: Jesús elige a un recaudador de impuestos, a un publicano al servicio de Roma, potencia ocupante. Y como todos los recaudadores de impuestos, con muy mala fama ante el pueblo. Jesús le da un voto de confianza, sin pedirle confesiones públicas de conversión. Mateo («don de Dios» en hebreo) le sigue inmediatamente, dejándolo todo. La vocación es una forma de sanación; el que es llamado es perdonado. La llamada soberana de Jesús le hace pasar de la esclavitud del dinero a la libertad del seguimiento.

Jesús, asiduo comensal en la mesa del pobre y del pecador, hizo de la comida compartida con todos, sin discriminación, uno de los símbolos más expresivos de la novedad del reinado de Dios que proclamaba. De ahí el escándalo generado por su práctica de convidar o dejarse invitar por recaudadores de impuestos y pecadores, personajes mal vistos por las élites sociorreligiosas. El gesto mismo es ya un desafío a las barreras y a sus valoraciones humanas. Ante Dios todos somos iguales: pecadores necesitados de su misericordia y de su pan de vida. Como era de esperar, su reputación entre la clase social y religiosamente correcta de su tiempo cayó por los suelos.

Jesús tiene el valor de repetirlo y acepta el apelativo de «borracho y comilón», «amigo de recaudadores de impuestos y pecadores». Asimismo, utiliza las comidas como ocasión para invertir las relaciones piramidales de la sociedad, tanto por los invitados que se eligen (pobres y marginados), como por la valoración de los servidores.

12 Él lo escuchó y contestó:
—No tienen necesidad del médico
los sanos, sino los enfermos. 13 Vayan a
aprender lo que significa: *Misericordia*
quiero y no sacrificios. No vine a llamar a justos, sino a pecadores.

Sobre el ayuno

(Mc 2,18-22; Lc 5,33-39; cfr. Is 58,1-12)

14 Entonces se le acercaron los discípulos de Juan y le preguntaron:
—¿Por qué nosotros y los fariseos
ayunamos [mucho] mientras que tus
discípulos no ayunan?
15 Jesús les respondió:
—¿Pueden los invitados a la boda
estar tristes mientras el novio está con
ellos? Llegará un día en que les arrebaten el novio y entonces ayunarán.
16 Nadie usa un trozo de tela nueva para
remendar un vestido viejo; porque lo
añadido tira del vestido y la rotura se
hace más grande. 17 Ni se echa vino
nuevo en odres viejos, pues los odres
reventarían, el vino se derramaría y los
odres se echarían a perder. El vino
nuevo se echa en odres nuevos y los
dos se conservan.

Sana a una mujer y resucita a una niña

(Mc 5,21-43; Lc 8,40-56)

18 Mientras les explicaba eso, se le
acercó un jefe, se postró y le dijo:
—Mi hija acaba de morir. Pero ven a im-
ponerle tu mano y ella recobrará la vida.
19 Jesús se levantó y le siguió con
sus discípulos.
20 Entre tanto, una mujer que llevaba
doce años padeciendo hemorragias, se
le acercó por detrás y le tocó el borde
de su manto. 21 Pues se decía: Con sólo
tocar su manto, quedaré sana.

Y también utiliza la comida en común para cambiar los modos de juzgar y de actuar que marginaban a los pobres de la mesa de Dios y de los hombres.

Atendiendo a la acogida que Jesús hace de los pobres, marginados y enfermos se ha llegado a decir que a Jesús lo mataron por el modo en que comía. También se ha afirmado que la esencia del cristianismo es comer juntos.

9,14-17 Sobre el ayuno. A través de esta consulta particular sobre el ayuno se entrevé el simbolismo del Mesías esposo (cfr. Mt 22,1-14; 25,1-13). Los discípulos de Juan el Bautista continúan todavía aferrados a la vieja mentalidad, centrados en la penitencia y en una visión pesimista de la vida; no han descubierto que la fiesta del reinado de Dios ya ha comenzado.

Juan no es esposo ni Mesías (cfr. Jn 3,28s); Jesús procura suavemente, con imágenes, abrir los ojos de los discípulos del Bautista a la nueva realidad. Al mismo tiempo deja entrever el desenlace trágico: «les arrebaten el novio» (15), como arrebatan al Siervo (cfr. Is 53,8). Los amigos del novio deben sacudirse de la tristeza heredada.

Con su Buena Noticia para los pobres, Jesús les abría a todos los oprimidos y marginados por la oficialidad religiosa la puerta de la alegría. Y lo hacía sin permiso de la Ley ni de la oficialidad del Templo. Y para justificar la alegría que debía acompañar a sus seguidores, Jesús daba esta única razón: precisamente por ser pobres y oprimidos, eran «los amigos del novio».

Jesús alude a los textos del Antiguo Testamento que habían expresado la promesa de Dios de desposarse con su pueblo (Os 2,16-22). Este desposorio Él lo estaba realizando, especialmente con su opción por los pobres y marginados. Y ésta era la alegría que nadie podía arrebatarle al pobre: la de sentirse, en Jesús, amado del Padre. Y era este Dios, su Esposo, quien lo liberaba del poder de la Ley que se había adueñado hasta de su alegría.

La novedad que trae el esposo se explica en los versículos 16s con las parábolas del remiendo en el vestido viejo y del vino vertido en odres viejos. El reinado de Dios no es una reforma: lo nuevo siempre entra en conflicto con lo envejecido. Las imágenes del vino y del vestido nuevos dejaban claro que el Evangelio debía mantener su independencia, sin contaminaciones, sin alianzas que lo desnaturalizaran. Las instituciones de aquel tiempo eran para Jesús odres viejos sin resistencia y vestido viejo sin consistencia. El Evangelio y los grupos de poder eran –y deben seguir siendo– incompatibles. El mensaje evangélico no se puede manipular para ir remendando un paño ya gastado (cfr. Sal 102,27; Jr 13,7); es un vino que no puede contener instituciones envejecidas y caducas. Al igual que el judaísmo legalista y farisaico con el que se enfrentó Jesús, la mentalidad de grupos cristianos o de las instituciones eclesiales de hoy también puede convertirse en telas y odres viejos si no están convencidos de que el Evangelio no es una mera reforma de instituciones caducas, sino una alternativa de parte de Dios a lo viejo.

9,18-26 Sana a una mujer y resucita a una niña. Ambos milagros están entrelazados y se encuentran en los tres sinópticos. En ambos es decisiva la fe y el contacto con Jesús; y están unidos por la necesidad que tienen los que acuden a Jesús de ser reintegrados a la vida en toda su plenitud.

22 Jesús se volvió y al verla dijo:
—¡Ten ánimo, hija! Tu fe te ha sanado.
Al instante la mujer quedó sana.
23 Jesús llegó a casa del jefe y al ver a
los flautistas y el barullo de gente, 24 dijo:
—Retírense; la muchacha no está
muerta, sino dormida.
Se reían de él. 25 Pero, cuando echaron a la gente, él entró, la tomó de la
mano y la muchacha se levantó. 26 El
hecho se divulgó por toda la región.

Sana a dos ciegos y exorciza a un mudo

27 Cuando se iba de allí, dos ciegos
le seguían dando voces:
—¡Hijo de David, ten piedad de
nosotros!
28 Al entrar en casa, se le acercaron
los ciegos y Jesús les dijo:
—¿Creen que puedo hacerlo?
Contestaron:
—Sí, Señor.
29 Él les tocó los ojos diciendo:
—Que suceda como ustedes han
creído.
30 Se les abrieron los ojos, y Jesús
les advirtió:
—¡Cuidado, que nadie lo sepa!
31 Pero ellos se fueron y divulgaron
su fama por toda la región.
32 Mientras salían los ciegos, le trajeron un mudo endemoniado. 33 Expulsó
al demonio, y el mudo comenzó a hablar.
La multitud comentaba asombrada:
—Nunca se vio tal cosa en Israel.
34 Pero los fariseos decían:
—Expulsa demonios con el poder
del jefe de los demonios.

Resumen narrativo de la actividad de Jesús

35 Jesús recorría todas las ciudades y
pueblos, enseñando en sus sinagogas,
proclamando la Buena Noticia del reino
y sanando toda clase de enfermedades
y dolencias.

Compasión de Jesús

36 Viendo a la multitud, se conmovió
por ellos, porque estaban maltratados y
abatidos, como ovejas sin pastor.

(Lc 10,2)

37 Entonces dijo a los discípulos:
—La cosecha es abundante, pero
los trabajadores son pocos. 38 Rueguen
al dueño de los campos que envíe trabajadores para su cosecha.

Mateo, como siempre, estiliza, resume y hace concentrar la atención del lector en lo esencial del mensaje: por una parte, la fe del funcionario y de la mujer, y por otra, el poder de Jesús sobre la enfermedad y la muerte. Para Lucas y Marcos, la hija del funcionario estaba muy grave; para Mateo estaba muerta y, como tal, era ya un cadáver impuro, como impura era la enfermedad que padecía la mujer. El dolor de este padre y la vergüenza de esta mujer pueden ser un símbolo de todos nuestros males personales y colectivos.

9,27-34 Sana a dos ciegos y exorciza un mudo. Toda sanación puede tener un significado que va más allá del hecho físico, pero quizás sean el ciego que recobra la vista y el mudo que habla los acontecimientos milagrosos más cargados de simbolismo en la tradición bíblica. Isaías ya había anunciado que «aquel día oirán los sordos la palabra del libro, sin tinieblas ni oscuridad verán los ojos de los ciegos» (Is 29,18).

Aquel día mesiánico que contemplaba el profeta en lontananza se ha hecho presente en la persona de Jesús. Con estos milagros (diez en total en los capítulos 8s), Mateo va preparando la declaración solemne que hará Jesús a los discípulos de Juan en 11,5. El evangelista insiste en la importancia de la fe como condición necesaria para que se realicen los signos que manifiestan la llegada del reinado de Dios. La fe es precisamente el tema del diálogo que Jesús mantiene con los ciegos (28s), el ámbito donde se da el encuentro personal que sana y restablece a la persona.

La presencia del reinado de Dios, sin embargo, es y seguirá siendo signo de contradicción: mientras que la multitud de los pobres y sencillos se asombra alborozada (33, cfr. Is 29,19), los fariseos de siempre, ciegos de profesión, se confirman en su ceguera: «expulsa demonios con el poder del jefe de los demonios» (34).

9,35-38 Resumen narrativo de la activad de Jesús – Compasión de Jesús. Estos cuatro versículos sirven de intermedio, cierran una sección y abren otra.

Jesús, el Mesías, ha anunciado el comienzo del reinado de Dios con palabras y obras. Su primer discurso, el sermón del monte, ha sido confirmado por signos y milagros. El éxito de su poder liberador de toda clase de enfermedades y dolencias ha atraído a una multitud de pobres y necesitados.

Los Doce

(Mc 3,13-19; Lc 6,12-16)

10 [1] Y llamando a sus doce discípulos, les dio poder sobre los espíritus inmundos, para expulsarlos y para sanar toda clase de enfermedades y dolencias.

[2] Éstos son los nombres de los doce apóstoles: primero Simón, llamado Pedro, y Andrés su hermano; Santiago de Zebedeo y su hermano Juan; [3] Felipe y Bartolomé; Tomás y Mateo, el recaudador de impuestos; Santiago de Alfeo y Tadeo; [4] Simón el cananeo y Judas Iscariote, el que incluso le traicionó.

Misión de los Doce

[5] A estos doce los envió Jesús con las siguientes instrucciones:

—No se dirijan a países de paganos, no entren en ciudades de samaritanos; [6] vayan más bien a las ovejas descarriadas de la Casa de Israel. [7] Y de camino proclamen que el reino de los cielos está cerca. [8] Sanen a los enfermos, resuciten a los muertos, limpien a los leprosos, expulsen a los demonios. Gratuitamente han recibido, gratuitamente deben dar.

(Lc 10,4-12)

[9] No lleven en el cinturón oro ni plata ni cobre, [10] ni provisiones para el camino ni dos túnicas ni sandalias ni bastón. Que el trabajador tiene derecho a su sustento. [11] Cuando entren en una ciudad o pueblo, pregunten por alguna persona respetable y quédense en su casa hasta que se vayan. [12] Al entrar en la casa, salúdenla invocando la paz; [13] si la casa lo merece, entrará en ella la paz; si no la merece, esa paz retornará a ustedes. [14] Si alguien no los recibe ni escucha el mensaje de ustedes, al salir de aquella casa o ciudad, sacúdanse el polvo de los pies. [15] Les aseguro que el día del juicio Sodoma y Gomorra serán tratadas con menos rigor que aquella ciudad.

Éste es el escenario donde se desarrolla la siguiente sección: la del envío misionero de los Doce, colaboradores íntimos que aprenderán en compañía de Jesús el alcance de la misión, la manera de llevarla a cabo y la iniciativa de Dios que se anticipa con el llamado. A la imagen de la pesca (4,19) se añaden la clásica del pastor (cfr. Jr 23; Sal 23; 80) y la del segador (apuntada en Sal 126).

La visión de Mateo va más allá de los pocos aldeanos y aldeanas que seguían a Jesús, calificados como una multitud (36). El horizonte de la misión de las comunidades cristianas para las que escribe el evangelio se perfilaba ya como universal, pero no una universalidad abstracta, sino concreta, al modo de la actuación del Maestro. Los destinatarios de la misericordia de Jesús son los marginados por la sociedad, especialmente por los grupos dirigentes y religiosos: el ancho mundo de los maltratados y abatidos (36), esos hombres y mujeres de todos los tiempos ante los que Jesús siente una compasión que le conmueve las entrañas, y a los que hace destinatarios privilegiados del anuncio y de la realidad del reinado de Dios. Destinatarios privilegiados de Jesús son, sobre todo, los pobres. Aquí entran los niños, despreciados y apenas tenidos en cuenta; también la mujer, ser humano considerado de segunda clase para el pueblo judío de entonces y para tantos otros pueblos y culturas de entonces y de hoy. Ellos son los pequeños que los servidores en la comunidad eclesial deben privilegiar.

Es justamente en la opción preferencial por el pobre donde la Iglesia se juega la credibilidad de su misión, como continuadora en cada tramo de la historia del proyecto de Jesús, el reinado de Dios; así manifestará la urgencia y universalidad de su misión.

10,1-4 Los Doce. Los elegidos son doce, número que indicaba la totalidad de las tribus de Israel (19,28) y que ahora representa la universalidad del nuevo pueblo de Dios. Se anticipa el título de apóstoles, o sea, enviados. Los encabeza Pedro con su nuevo nombre de ministerio. Son de extracción y mentalidad diversos: nombres hebreos y griegos, pescadores, un recaudador de impuestos, uno perteneciente al partido político-religioso de los zelotas... Y en medio, Jesús, como centro de unidad. La tradición ha identificado a Natanael (Jn 1,45) con Bartolomé y a Leví (Mc 2,14; Lc 5,27) con Mateo (Mt 9,9). Se anticipa asimismo el destino de Judas. A este primer equipo misionero dirigirá Jesús su segundo discurso, el de la misión.

10,5-15 Misión de los Doce. Se abre el discurso con una recomendación que puede causar perplejidad a los lectores de hoy y que ha dado lugar a diversas interpretaciones: «no se dirijan a países de paganos» (5), en aparente contradicción con el gran mandato de la misión universal de 28,19: «hagan discípulos entre todos los

Advertencia de persecuciones

16 Miren, yo los envío como ovejas
en medio de lobos: sean astutos como
serpientes y sencillos como palomas.

(Mc 13,9; Lc 21,12s)

17 ¡Cuidado con la gente!, porque
los entregarán a los tribunales y los
azotarán en sus sinagogas. 18 Los harán comparecer ante gobernadores y
reyes por mi causa, para dar testimonio
ante ellos y los paganos.

(Mc 13,11; Lc 12,11s)

19 Cuando los entreguen, no se preocupen por lo que van a decir; 20 pues no
serán ustedes los que hablen, sino el
Espíritu de su Padre hablará por ustedes.

(Mc 13,12s)

21 Un hermano entregará a la muerte
a su hermano, un padre a su hijo; se
rebelarán hijos contra padres y los matarán. 22 Serán odiados por todos a
causa de mi nombre. Quien resista
hasta el final se salvará.

23 Cuando los persigan en una ciudad,
escapen a otra; les aseguro que no habrán recorrido todas las ciudades de Israel
antes de que venga el Hijo del Hombre.

(Lc 6,40; cfr. Jn 13,16; 15,20)

24 No está el discípulo por encima
del maestro ni el sirviente por encima
de su señor. 25 Al discípulo le basta ser
como su maestro y al sirviente como
su señor. Si al dueño de casa lo han
llamado Belcebú, ¡cuánto más a los
miembros de su casa!

Exhortación al valor

(Lc 12,2-7)

26 Por tanto no les tengan miedo. No
hay nada encubierto que no se descubra, ni escondido que no se divulgue.
27 Lo que les digo de noche díganlo en
pleno día; lo que escuchen al oído
grítenlo desde los techos. 28 No teman a
los que matan el cuerpo y no pueden
matar el alma; teman más bien al
que puede arrojar cuerpo y alma en el
infierno.

29 ¿No se venden dos gorriones por
pocas monedas? Sin embargo ni uno
de ellos cae a tierra sin permiso del
Padre de ustedes. 30 En cuanto a ustedes, hasta los pelos de su cabeza están
contados. 31 Por tanto, no les tengan
miedo, que ustedes valen más que
muchos gorriones.

pueblos». La comunidad cristiana a la que dirige Mateo su evangelio seguramente no vería tal contradicción, pues estaba viviendo ya, como las otras iglesias locales dispersas por el imperio romano, la realidad de una Buena Noticia abierta por igual a judíos y paganos.

Quizás haya que buscar la solución en el sentido de las palabras «ovejas descarriadas de la Casa de Israel» (6), que pueden referirse o bien a todo el pueblo de Israel o, en particular, a los pobres y marginados del pueblo, gente humilde y oprimida. Éstos eran designados en la tradición bíblica con un término específico, «el pueblo de la tierra», cargado de contenido sociológico y religioso. Por ser pobres y abandonados eran los preferidos de Dios. En este caso, Jesús estaría indicando a sus discípulos enviados a proclamar el Evangelio una clara opción por los pobres de Israel, símbolo de todos los pobres del mundo.

El versículo 7 indica que el mensaje que deben anunciar los enviados es el de Jesús, el reinado de Dios, que irrumpe en la historia con el poder de la liberación de todo mal que afecte a la persona y a la familia humana. Y, al igual que Jesús, los portadores del mensaje deben adoptar su mismo estilo de vida itinerante y pobre: no dos túnicas, ni oro ni plata para el camino, simplemente vivir al día, con el solo salario para el sustento.

Pero una Iglesia misionera pobre y comprometida con los pobres está necesariamente abocada, incluso dentro de la propia comunidad creyente, a crear problemas, a encontrar oposición, a ser signo de contradicción y a ser perseguida si es portadora de la paz y de la justicia de la Buena Noticia. Porque la paz que Mateo identifica aquí con el reinado de Dios lleva consigo la exigencia de la reconciliación entre Dios y la humanidad y de los hombres y mujeres entre sí; y esto no puede darse sin la justicia y sin la eliminación de todas las barreras que discriminan, explotan y oprimen.

10,16-33 Advertencia de persecuciones – Exhortación al valor – Opción por Jesús. Por boca de Jesús, Mateo alude a los sufrimientos y las contradicciones por las que estaban pasando sus comunidades, signo de lo que ocurrirá a todo cristiano comprometido con el Evangelio. Mateo no dramatiza retóricamente. La comparecencia ante tribunales, los azotes, los desgarros familiares después de la expulsión de la comunidad cristiana de la

Opción por Jesús

(Lc 12,8s)

32 Al que me reconozca ante la gente
yo lo reconoceré ante mi Padre del cielo.
33 Pero al que me niegue ante los hombres, yo también lo negaré ante mi
Padre del cielo.

Radicalidad del seguimiento

(cfr. Lc 12,51-53)

34 No piensen que he venido a traer
paz a la tierra. No vine a traer paz, sino
espada. 35 Vine a *enemistar a un hombre
con su padre, a la hija con su madre,
a la nuera con su suegra;* 36 *y así el
hombre tendrá por enemigos a los de
su propia casa.*

(Lc 14,26s)

37 Quien ame a su padre o a su madre
más que a mí no es digno de mí; quien
ame a su hijo o a su hija más que a mí
no es digno de mí. 38 Quien no tome su
cruz para seguirme no es digno de mí.
39 Quien se aferre a la vida la perderá,
quien la pierda por mí la conservará.

Recompensas

40 El que los recibe a ustedes a mí
me recibe; quien me recibe a mí recibe
al que me envió.
41 Quien recibe a un profeta por su
condición de profeta tendrá paga de
profeta; quien recibe a un justo por su
condición de justo tendrá paga de justo.

sociedad judía en el año 70... todo esto fue moneda corriente en aquellos tiempos fundacionales de la Iglesia (cfr. los Hechos de los Apóstoles) y lo seguirá siendo allí donde la Buena Noticia de Jesús se anuncie con valentía y sin otra alianza ni compromiso que las causas históricas de los pobres (léase la historia reciente de América Latina, cuando una parte de la Iglesia hizo una clara opción por los pobres, «por la gente de la tierra»).

Pero si esto es un discurso premonitorio de sufrimientos y contradicciones, lo es también de aliento y esperanza. Por tres veces se repite que no tengan miedo (26.28.31). La causa de la Buena Noticia no es una causa perdida, aunque a veces lo parezca; no es un proyecto humano, sino de Dios, quien dará fortaleza y confianza a los que se comprometen con ella. Él los cuida y de Él dependen el mundo y la historia. Jesús anticipó con su vida esta pasión por Dios y por su pueblo.

10,34-39 Radicalidad del seguimiento. Según el Antiguo Testamento, la razón por la que Dios se escogió un pueblo –Israel– era precisamente para lograr que alguien animara la historia en beneficio de todos los pueblos, con la justicia como norma de vida y así aniquilar la raíz del mal que está dentro del ser humano y de las estructuras de la sociedad. Ambos (individuo y sociedad) debían convertirse. En qué medida fue Israel fiel a esta vocación es lo que el Pentateuco y los Profetas tratan de contarnos.

Los partidos político-religiosos en que se dividía el pueblo (saduceos, fariseos, herodianos y zelotes), las clases socio-religiosas (sacerdotes, levitas, escribas y doctores) y las estructuras de poder (Sanedrín, sumo Sacerdocio, la guardia y los tesoros del Templo, los maestros de la Ley); todos ellos se veían directamente afectados y cuestionados por los planteamientos de Jesús. Todos los grupos de poder en tiempos de Jesús buscaban, de una u otra forma, dominar. La imagen del Mesías que el pueblo esperaba estaba también construida a partir del poder: debía ser un descendiente de la dinastía de David, un rey que le devolviera a Israel el dominio sobre las naciones extranjeras.

No es que Jesús provoque o declare la guerra, sino que su mensaje es signo de contradicción: buena noticia para los pobres y mala noticia para los poderosos y explotadores de todos los tiempos que tienen como centro de su vida el dominio; son ellos los que empuñan la espada y provocan la muerte de tantos seres humanos (cfr. Éx 5,21). La propuesta de Jesús apuntaba a destruir las raíces de ese poder. La práctica de Jesús fue una forma novedosa y alternativa de destruir el mal, proponiéndose destruir en el interior de las personas e instituciones el deseo de dominio que lo engendra.

Por el contrario, Jesús se define desde la entrega total. Entregó en la cruz su misma vida por la causa de los deshumanizados. Pero, paradójicamente, su cruz y su muerte son fuente de vida: «quien la pierda por mí la conservará» (39).

La fidelidad a Jesús ha de superar cualquier otra, incluso la familiar; porque, lejos de discriminar, dará su verdadero sentido a todas las demás fidelidades.

10,40–11,1 Recompensas. Las palabras con que se cierra el sermón de la misión hablan de la recompensa que recibirán todos aquellos que acojan a sus enviados, en clara alusión a lo que debería significar la hospitalidad para aquellos misioneros y misioneras itinerantes, acostumbrados a partir sin previo aviso, debido a la hostilidad o al simple rechazo del mensaje. Quizás indirectamente nos está informando de que, en sus comunidades, la misión no era sólo privilegio y deber de los apóstoles, sino también de los que ejercían el ministerio de profetas, de los «justos» y de los «pequeños». Cualquiera que sea el significado que tienen estos dos últimos títulos para Mateo, lo que sí parece claro es que la misión era tarea de toda la comunidad cristiana, con carismas diferentes pero con una sola misión.

(Mc 9,41)

42 Quien dé a beber un vaso de agua
fresca a uno de estos pequeños por su
condición de discípulo, les aseguro que
no quedará sin recompensa.

11 1 Cuando Jesús terminó de dar
instrucciones a los doce discípulos, se fue de allí a enseñar y predicar
por aquellas ciudades.

Sobre Juan el Bautista

(Lc 7,18-35)

2 Juan oyó hablar en la cárcel de la
actividad del Mesías y le envió este
mensaje por medio de sus discípulos:
3 —¿Eres tú el que había de venir o
tenemos que esperar a otro?

4 Jesús respondió:

—Vayan a contar a Juan lo que ustedes ven y oyen: 5 los ciegos recobran
la vista, los cojos caminan, los leprosos
quedan limpios, los sordos oyen, los
muertos resucitan, los pobres reciben
la Buena Noticia; 6 y, ¡feliz el que no
tropieza por mi causa!

7 Cuando se fueron, se puso Jesús a
hablar de Juan a la multitud:

—¿Qué salieron a contemplar en el
desierto? ¿Una caña sacudida por el
viento? 8 ¿Qué salieron a ver? ¿Un hombre elegantemente vestido? Miren, los
que visten elegantemente habitan en
los palacios reales. 9 Entonces, ¿qué
salieron a ver? ¿Un profeta? Les digo
que sí, y más que profeta.

10 A éste se refiere lo que está escrito:

Mira, yo envío por delante
a mi mensajero
para que te prepare el camino.

11 Les aseguro, de los nacidos de
mujer no ha surgido aún alguien mayor
que Juan el Bautista. Y sin embargo,
el último en el reino de los cielos es
mayor que él.

12 Desde los días de Juan el Bautista
hasta ahora el reino de los cielos sufre
violencia, y gente violenta intenta
arrebatarlo. 13 Hasta Juan todos los
profetas y la ley eran profecía. 14 Y, si
ustedes están dispuestos a aceptarlo, él

11,2-19 Sobre Juan el Bautista. Juan terminó como todos los verdaderos profetas incómodos de siempre, es decir, fuera de circulación. Desde la cárcel envía a sus discípulos a preguntar a Jesús nada menos que sobre el Mesías esperado, sobre «el que había de venir» (Mal 3,1).

Cuando Mateo habla del Bautista se está siempre dirigiendo, entre líneas, al grupo de discípulos que habían permanecido fieles a la memoria de su profeta y que, décadas después, aún no acababan de decidirse a entrar en la comunidad cristiana, quizás porque el sufrimiento y la muerte de Jesús no encajaban con la idea que ellos se habían hecho del Mesías, y por ello seguían esperando.

Jesús responde sobre su persona y su misión, no teorizando, sino señalando una praxis concreta y liberadora: los milagros y signos realizados que tienen como destinatarios al pobre y al excluido (8s), y en los que resuena el eco de las profecías (Is 35,5s; 61,11). En otros términos, el cumplimiento de las profecías confirma su misión, pero de un modo inesperado y desconcertante: una misión llevada a cabo en el compromiso personal con el pobre y el necesitado: «los ciegos recobran la vista... los pobres reciben la Buena Noticia» (5). Esto es lo que define su persona y su misión como Mesías, y no otro mesianismo fácil y triunfalista. Por eso decepcionó a todos los que veían en Él al heredero del poder de dominio de David, su padre. El signo mayor del mesianismo de Jesús, la señal de la irrupción de los tiempos mesiánicos anunciados por los profetas, es su opción por el pobre y el excluido como destinatarios y sujetos privilegiados del reinado de Dios.

Los que no estuvieron de acuerdo con la propuesta de Jesús lo asesinaron. Fue esta misión la que, en definitiva, le llevó a la muerte y produjo un escándalo permanente, tanto entre muchos judíos de aquel tiempo (incluidos los discípulos de Juan) como entre aquellos cristianos y cristianas de hoy que se siguen escandalizando de una Iglesia pobre, alejada de todo triunfalismo, de las alianzas de poder y cuya opción prioritaria de misión es el pobre y el excluido.

Del versículo 12 en adelante, Mateo anuncia la violencia que sufre el reinado de Dios. No sabemos exactamente el sentido que quiso darle el evangelista a las palabras «violencia» y «violentos», pero todas las posibles interpretaciones deberán moverse en el mismo contexto del discurso de la misión, es decir: el anuncio y la presencia del reinado de Dios es un acontecimiento tan decisivo para el cambio radical del interior de la persona y de las estructuras sociales, que no deja espacio a la neutralidad, sino que emplaza al oyente a tomar una opción definitiva.

es Elías que debía venir. 15 El que tenga
oídos que escuche.
16 ¿Con qué compararé a esta generación? Son como niños sentados en la
plaza que gritan a otros:

17 Hemos tocado la flauta
y no bailaron,
hemos entonado cantos fúnebres
y no hicieron duelo.

18 Vino Juan, que no comía ni bebía,
y dicen: está endemoniado. 19 Vino el
Hijo del Hombre, que come y bebe, y
dicen: miren qué comilón y bebedor,
amigo de recaudadores de impuestos y
pecadores.
Pero la sabiduría se conoce por sus
obras.

Recrimina a las ciudades de Galilea
(Lc 10,13-15)

20 Entonces se puso a recriminar a
las ciudades donde había realizado la
mayoría de sus milagros, porque no se
habían arrepentido:
21 —¡Ay de ti, Corozaín, ay de ti, Betsaida! Porque si los milagros realizados
entre ustedes se hubiesen hecho en
Tiro y Sidón, hace tiempo habrían hecho
penitencia vistiéndose humildemente
y cubriéndose con ceniza. 22 Pues yo
les digo que el día del juicio será más
llevadero para Tiro y Sidón que para
ustedes.
23 Y tú, Cafarnaún, ¿pretendes en-
cumbrarte hasta el cielo? Pues caerás
hasta el abismo. Porque si los milagros
que se han realizado en ti se hubiesen
hecho en Sodoma, esa ciudad todavía
existiría. 24 Yo les digo que el día del
juicio será más liviano para Sodoma
que para ti.

El Padre y el Hijo
(Lc 10,21s)

25 En aquella ocasión Jesús tomó la
palabra y dijo:
—¡Te alabo, Padre, Señor del cielo y
de la tierra, porque, ocultando estas

Los que lo rechazan se oponen con violencia a sus mensajeros, como estaba sucediendo en las comunidades a las que dirige Mateo su evangelio; así también sucede hoy y sucederá siempre. Los que lo aceptan deberán hacerse violencia a sí mismos, o lo que es lo mismo, jugarse la vida por su causa, como lo hizo Jesús.

El párrafo termina con una clara alusión a una tercera actitud ante la presencia del reinado de Dios: la de los que no quieren comprometerse. Jesús lo ilustra con la cita de un fragmento curioso de juego infantil en el que reconocemos al caprichoso. Es la misma actitud del que se sienta en la barrera sin querer entrar en el juego. Los que estaban bien instalados en su conformismo religioso ni aceptaron a Juan, el penitente austero, ni a Jesús, el liberado feliz.

11,20-24 Recrimina a las ciudades de Galilea. En tono de lamentación, Jesús invita a la conversión a las ciudades con las que más se había comprometido de palabra y obra en el anuncio del reinado de Dios.

Corozaín, Betsaida y Cafarnaún habían sido testigos privilegiados de la acción misionera de Jesús y de su comunidad de seguidores. Sin embargo, el peso de las tradiciones y la autosuficiencia les impidieron captar la novedad que Jesús les comunicaba. Su responsabilidad ante el juicio de Dios será mayor en comparación con aquellas ciudades-símbolo del poder económico y de la vida pagana, Tiro, Sidón y Sodoma.

Mateo dirige estas palabras de Jesús a una comunidad cristiana siempre necesitada de conversión. Si la razón de ser de la Iglesia es estar al servicio del reinado de Dios, la conversión a los valores de su reinado debe ser la actitud de discernimiento permanente para no traicionar la misión de Jesús. Ésta es la conversión a la que están llamados, tanto los cristianos y cristianas como la Iglesia-institución, con todo lo que ella simboliza. Los dones que recibe una persona o una comunidad son para ser nuevamente donados; son a la vez don y compromiso. Cuanto más se recibe, más se tiene que dar.

11,25-30 El Padre y el Hijo. Esta corta plegaria (25) se lee también en Lc 10,21, como reacción espontánea y jubilosa de Jesús ante el resultado de la misión de los apóstoles: la gente sencilla ha recibido el anuncio y la realidad del reinado de Dios. En el mismo contexto la transcribe Mateo. Es la oración mesiánica de Jesús ante la revelación sorprendente de Dios a los desheredados de este mundo.

En una sociedad donde el prestigio era una forma de poder y de seguridad económica, la ignorancia era considerada no sólo como ausencia de conocimiento, sino como una marca sobre las personas que carecían de instrucción o enseñanza. Ya en la época de Jesús, algunos grupos consideraban «malditos» a los que no conocían la Ley en profundidad. Jesús denuncia esa falsa religiosidad. La salvación no depende de una mayor o menor pericia

cosas a los sabios y entendidos, se las
diste a conocer a la gente sencilla! 26 Sí,
Padre, ésa ha sido tu elección. 27 Todo
me lo ha encomendado mi Padre: nadie conoce al Hijo, sino el Padre; nadie
conoce al Padre, sino el Hijo y aquél a
quien el Hijo decida revelárselo.

28 Vengan a mí, los que están can-
sados y agobiados, y yo los aliviaré.
29 Carguen con mi yugo y aprendan de
mí, que soy tolerante y humilde de
corazón, y encontrarán descanso para
su vida. 30 Porque mi yugo es suave y
mi carga ligera.

Jesús y el sábado

(Mc 2,23-28; Lc 6,1-5)

12 1 En cierta ocasión, Jesús atravesaba unos campos de trigo en día
sábado. Sus discípulos, hambrientos,
se pusieron a arrancar espigas y co-
mérselas. 2 Los fariseos le dijeron:
—Mira, tus discípulos están haciendo en sábado una cosa prohibida.
3 Él les respondió:
—¿No han leído lo que hizo David y
sus compañeros cuando estaban hambrientos? 4 Entraron en la casa de Dios
y comieron los panes consagrados que
no les estaba permitido comer ni a él ni
a sus compañeros, sino solamente a
los sacerdotes.
5 ¿No han leído en la ley que, en el
templo y en sábado, los sacerdotes
quebrantan el reposo sin incurrir en
culpa? 6 Ahora bien, yo les digo que
aquí hay alguien mayor que el templo.
7 Si comprendieran lo que significa:
misericordia quiero y no sacrificios,
no condenarían a los inocentes. 8 Porque
el Hijo del Hombre es Señor del sábado.

(Mc 3,1-6; Lc 6,6-11)

9 Se dirigió a otro lugar y entró en su
sinagoga. 10 Había allí un hombre que
tenía una mano paralizada. Le preguntaron, con intención de acusarlo, si era
lícito sanar en sábado.

en la compleja interpretación bíblica, sino de la capacidad para captar el paso de Dios en la historia y de la disponibilidad para aceptar su llamado.

Junto con la transfiguración, éste es uno de los momentos culminantes del evangelio. Un gozo exultante, fruto de su experiencia de Dios como Padre, infundido por el Espíritu, se expresa en esta confesión. Jesús se transfigura e irradia luz de revelación, abriendo lo más íntimo de su espiritualidad: la predilección del Padre, su sentimiento filial y la misión que de Él ha recibido.

Jesús invita a todos los abatidos, a las personas agobiadas por los mecanismos de exclusión social y religiosa, y les propone llevar otro yugo, otra carga: el yugo de la libertad, que exige al mismo tiempo humildad y mansedumbre, es decir, honestidad personal y capacidad de diálogo y tolerancia.

El que envía con autoridad a sus seguidores a una tarea que aparentemente excede toda capacidad humana es el único capaz de hacer que esa carga y ese yugo se trasformen en experiencia de júbilo indescriptible al ver cómo el reinado de Dios se va haciendo realidad entre los pobres y los sencillos, el mismo júbilo que invadió a Jesús.

12,1-15a Jesús y el sábado. En el capítulo 12 Mateo describe la creciente hostilidad de los fariseos contra Jesús. Las controversias resultantes sirven para aclarar aspectos de su misión: el sábado (1-21), el origen de su poder taumatúrgico (22-37) y la exigencia de un signo que compruebe su misión (38-45).

En la importancia que da Mateo a estas controversias podemos leer entre líneas las dificultades por las que atravesaban las comunidades cristianas a las que dirige su evangelio ante la hostilidad de un entorno religioso dominado por la casuística y el legalismo farisaico.

Este pasaje nos presenta dos situaciones en las que Jesús se opone a le ley del sábado en beneficio de la persona: el hambre (1-8) y la enfermedad (9-14). En ambos casos, la mentalidad farisaica daba preferencia al precepto del sábado sobre la situación del enfermo y del hambriento.

El descanso sabático, que fue en su origen una institución humanitaria, se convirtió en muchos casos en una carga opresiva. Ante tal abuso, Jesús reacciona frente a las acusaciones de los fariseos con dos frases que provocaron un escándalo total: Él es «mayor que el templo» (6) y «Señor del sábado» (8).

Una de las estructuras opresoras de las que Jesús se siente libre y trata de liberar al pueblo es la estructura religiosa de la que forma parte la ley del sábado. Por eso, contravenir este precepto, aun para hacer el bien, era una provocación para la élite religiosa.

Este legalismo casuístico de los fariseos del tiempo de Jesús nos puede parecer pueril y desfasado; sin embargo, el espíritu farisaico es como un mal crónico que nos sigue afectando a personas e instituciones religiosas.

11 Él respondió:

—Supongamos que uno de ustedes tiene una oveja y un sábado se le cae en un pozo: ¿no la agarraría y la sacaría? 12 Ahora bien, ¡cuánto más vale un hombre que una oveja! Por tanto, está permitido en sábado hacer el bien.

13 Entonces dijo al hombre:

—Extiende la mano.

Él la extendió y se le quedó tan sana como la otra. 14 Los fariseos salieron y deliberaron cómo acabar con él.

15a Pero Jesús se dio cuenta y se fue de allí.

Jesús, el Siervo de Dios

15b Le seguían muchos; sanaba a todos 16 y les pedía encarecidamente que no lo divulgaran.

17 Así se cumplió lo que anunció el profeta Isaías:

18 *Miren a mi siervo,*
a mi elegido, a quien prefiero.
Sobre él pondré mi Espíritu
para que anuncie
la justicia a las naciones.
19 *No gritará, no discutirá,*
no voceará por las calles.
20 *No quebrará la caña débil,*
no apagará la vela vacilante,
hasta que haga triunfar la justicia.
21 *Y en su nombre*
esperarán las naciones.

Jesús y Satanás

(Mc 3,22-27; Lc 11,14-23)

22 Entonces le llevaron un endemoniado ciego y mudo. Él lo sanó, de modo que recobró la vista y el habla. 23 La multitud asombrada comentaba:

—¿No será éste el Hijo de David?

24 Pero los fariseos al oírlo dijeron:

—Éste expulsa demonios con el poder de Belcebú, jefe de los demonios.

25 Él, leyendo sus pensamientos, les dijo:

—Un reino dividido internamente va a la ruina; una ciudad o casa dividida internamente no se mantiene en pie. 26 Si Satanás expulsa a Satanás, ¿cómo se mantendrá su reino? 27 Si yo expulso demonios con el poder de Belcebú, ¿con qué poder los expulsan los discípulos de ustedes? Por eso ellos los juzgarán. 28 Pero si yo expulso los demonios con el Espíritu de Dios, es que ha llegado a ustedes el reino de Dios. 29 ¿Puede alguien acaso entrar en casa

Los cristianos tendemos a absolutizar ciertas normas inmemoriales, que fueron respuestas a problemas concretos de una época. ¡Primero el reinado de Dios y luego sus añadiduras! Y así, todo culto cristiano, personal o público, desvinculado de una opción seria y comprometida por el pobre y el excluido, será un culto vacío, sin misericordia, farisaico.

12,15b-21 Jesús, el Siervo de Dios. Los enemigos de Jesús se quedan sin respuesta ante sus palabras, pero Jesús comienza a ser ya un peligro público que debe ser eliminado.

En el relato de Mateo, el versículo 14 marca el comienzo de las deliberaciones del desenlace final (cfr. 27,1). Frente a dicha deliberación, Mateo pronuncia un veredicto (15b-21) aplicando a Jesús un texto profético, el primer canto del Siervo (Is 42,1-4).

Colocado aquí, servirá también de contraste para la controversia que sigue, en la que sus enemigos lo denuncian como agente de Belcebú, siervo del mismísimo Diablo.

12,22-37 Jesús y Satanás. He aquí una controversia sobre el origen del poder de Jesús, que se completa en los versículos 43-45.

Ante el milagro, la gente se pregunta si Jesús será el Mesías. Los fariseos, al no poder negar el hecho evidente, acusan a Jesús de ser representante de la divinidad pagana Belcebú (cfr. 2 Re 1), identificado como príncipe o soberano de los demonios.

Jesús responde utilizando imaginativamente creencias y representaciones populares sobre el reino de los espíritus. Todo ese mundo se derrumbará ante el poder de Jesús, y así se irá manifestando y avanzará el reinado de Dios. Los judíos estaban seguros de que Satanás perdería su poder sobre las personas en el tiempo mesiánico. Esto estaba sucediendo desde la venida de Jesús.

La blasfemia contra el Espíritu Santo, en este contexto, consiste en la ceguera voluntaria y obstinada de la persona que se niega a reconocer la acción evidente de Dios y, recurriendo a acusaciones falsas y calumniosas, atribuye al demonio lo que sabe que procede de Dios (cfr. Heb 6,4-6; 10,26-29).

de un hombre fuerte y llevarse sus cosas si primero no lo ata? Sólo así podrá
saquear la casa. 30 El que no está conmigo está contra mí. El que no recoge
conmigo desparrama.

(Mc 3,28s)

31 Por eso les digo que cualquier pecado o blasfemia se les puede perdonar
a los hombres, pero la blasfemia contra
el Espíritu no tiene perdón. 32 A quien
diga algo contra el Hijo del Hombre se
le puede perdonar; a quien lo diga contra el Espíritu Santo no se le perdonará
ni en el presente ni en el futuro.

33 Planten un árbol bueno y tendrán
un fruto bueno; planten un árbol enfermo y tendrán un fruto dañado. Pues
por el fruto conocerán al árbol.

(cfr. Lc 6,45)

34 ¡Raza de víboras! ¿Cómo podrán
decir palabras buenas si son malos? De
la abundancia del corazón habla la
boca. 35 El hombre bueno saca cosas
buenas de su tesoro de bondad; el
hombre malo saca cosas malas de su
tesoro de maldad.

36 Les digo que el día del juicio los
hombres deberán dar cuenta de cualquier palabra inconsiderada que hayan
dicho. 37 Porque por tus palabras te absol-
verán y por tus palabras serás condenado.

La señal de Jonás

(Lc 11,29-32)

38 Entonces algunos letrados y fariseos le dijeron:

—Maestro, queremos verte hacer alguna señal.

39 Él les contestó:

—Una generación malvada y adúltera reclama una señal, y no se le concederá más señal que la señal del profeta Jonás. 40 *Como estuvo Jonás en el*
vientre del pez tres días y tres noches,
así estará el Hijo del Hombre en las
entrañas de la tierra, tres días y tres
noches. 41 Durante el juicio se alzarán
los habitantes de Nínive contra esta
generación y la condenarán porque
ellos se arrepintieron por la predicación
de Jonás, y aquí hay alguien mayor que
Jonás. 42 La reina del sur se alzará en el
juicio contra esta generación y la condenará, porque ella vino del extremo de
la tierra para escuchar la sabiduría de
Salomón, y aquí hay alguien mayor que
Salomón.

(Lc 11,24-26)

43 Cuando un espíritu inmundo sale
de un hombre, recorre lugares áridos
buscando descanso, y no lo encuentra.
44 Entonces dice: Me vuelvo a la casa
de donde salí. Al volver, la encuentra

Ante la ceguera voluntaria de los fariseos, Jesús les avisa del grave peligro que corren. El árbol se conoce por sus frutos. Un árbol malo no puede dar frutos buenos. Han atesorado maldad en su corazón y eso les impide abrirse a la propuesta de Dios.

12,38-45 La señal de Jonás. A veces, el milagro deslumbrante y sensacionalista puede convertirse en el peor enemigo del reinado de Dios, que se acoge solamente por la fe. Jesús se niega sistemáticamente a contentar a la galería con portentos milagreros; ya lo hizo cuando se enfrentó con el Diablo en el desierto (4,3-7) o cuando, en un arrebato de exasperación, se quejó a la gente que le seguía: «Si no ven signos y prodigios, ustedes no creen» (Jn 4,48), o cuando permaneció mudo ante el payaso de Herodes que «esperaba verlo hacer algún milagro» (Lc 23,8). Ahora, cuando los fariseos le piden algún prodigio que acredite su misión, Jesús les remite al único signo que es justamente la negación de toda espectacularidad milagrosa: el signo de Jonás, un signo permanente de contradicción. Esta invitación a realizar una señal extraordinaria es una nueva tentación para manipular, por medio del poder, lo que Jesús pueda hacer.

La alusión al signo de Jonás ha recibido diversas explicaciones: muerte y resurrección de Jesús, predicación a los paganos y su conversión. Es posible que el evangelista haya pensado en ambas al dirigir el relato a unas comunidades cristianas que estaban viviendo las contradicciones provocadas por el anuncio de la Buena Noticia: los pobres y los paganos aceptaban la persona de Jesús muerto y resucitado, los sabios y engreídos no tenían ojos para ver en este hombre humilde y ajusticiado la presencia del reinado de Dios. No hay peor ciego que el que no quiere ver.

deshabitada, barrida y arreglada. 45 Entonces va, se asocia a otros siete espíritus peores que él, y se meten a habitar
allí. Y el final de aquel hombre resulta
peor que el comienzo. Así le sucederá a
esta generación malvada.

La madre y los hermanos de Jesús
(Mc 3,31-35; Lc 8,19-21)

46 Todavía estaba hablando a la multitud, cuando se presentaron su madre
y sus hermanos, que estaban afuera,
deseosos de hablar con él.
47 [Uno le dijo:
—Mira, tu madre y tus hermanos
están fuera y desean hablar contigo.]
48 Él contestó al que se lo decía:
—¿Quién es mi madre? ¿Quiénes
son mis hermanos? 49 Y señalando con
la mano a sus discípulos, dijo:
—¡Ahí están mi madre y mis hermanos! 50 Cualquiera que haga la voluntad de mi Padre del cielo, ése es mi
hermano, mi hermana y mi madre.

Parábola del sembrador
(Mc 4,1-12; Lc 8,4-10)

13 1 Aquel día salió Jesús de casa
y se sentó junto al lago. 2 Se
reunió junto a él una gran multitud, así
que él subió a una barca y se sentó,
mientras la multitud estaba de pie en
la orilla. 3 Les explicó muchas cosas
con parábolas:
—Salió un sembrador a sembrar. 4 Al
sembrar, unas semillas cayeron junto al
camino, vinieron las aves y se las comieron. 5 Otras cayeron en terreno pedregoso con poca tierra. Al faltarles
profundidad brotaron enseguida; 6 pero,
al salir el sol se marchitaron, y como no
tenían raíces se secaron. 7 Otras cayeron
entre espinos: crecieron los espinos y
las ahogaron. 8 Otras cayeron en tierra
fértil y dieron fruto: unas cien, otras
sesenta, otras treinta.
9 El que tenga oídos que escuche.
10 Se le acercaron los discípulos y le
preguntaron:

12,46-50 La madre y los hermanos de Jesús. Este episodio parece que está fuera de contexto, como añadido para que no se pierda, antes de comenzar la gran sección de las parábolas. En rigor, habría que leerlo en el capítulo 10 que trata de los discípulos. Jesús no se deja intimidar por la actitud de los parientes y los invita a hacerse familia suya, no por los vínculos de sangre, sino por la práctica de la Buena Noticia, como oyentes y servidores de la Palabra.

La palabra «hermano» en el hebreo del Antiguo Testamento designaba también a los parientes próximos: tíos, sobrinos y primos, por ejemplo en la relación de Abrán y Lot (Gn 12,5: sobrino Lot; Gn 13,8: hermano Lot). En el Nuevo Testamento, esta palabra puede designar a parientes y a personas de la misma raza o comunidad. Todos los israelitas eran hermanos, así como lo son todos los cristianos.

Alrededor de Jesús surge una familia nueva, unida por lazos de fe. El discípulo auténtico es el que obedece o hace, no el que habla o nace (7,21).

Al leer estas palabras de Jesús nos damos cuenta de que María fue recorriendo un camino de fe que la llevó al encuentro con su hijo y con el Señor. La asidua meditación de los acontecimientos diarios hizo crecer su corazón hasta el punto de llegar a albergar en él a toda la Iglesia: el pueblo de su Hijo. María, primera discípula, hizo el camino de la fe y seguimiento de Jesús que todo creyente debe emprender.

13,1-23 Parábola del sembrador – Explicación de la parábola del sembrador. A través de las parábolas que aparecen en el Nuevo Testamento podemos acercarnos a lo que Jesús sentía y pensaba sobre el reinado de Dios que venía a anunciar, y a la experiencia propia de Jesús sobre el modo de actuar de Dios, su Padre. El tema de las parábolas es el reinado de Dios, no como teoría, sino como proclamación que exige una respuesta para ser comprendida. Quien lo acepta, comprende; quien no quiere aceptar, se niega a comprender.

La parábola del sembrador es precisamente la dramatización de las diferentes actitudes ante el mensaje de Jesús. Aquellos hombres y mujeres que se reunieron a su alrededor representan a los que aceptando la palabra, van comprendiendo y entrando en el misterio del reino. Eran, en su mayoría, trabajadores pobres, hartos de bregar con una tierra ingrata, rocosa y poco fértil.

Las dificultades del crecimiento de la semilla que va arrojando el sembrador eran bien sabidas por aquellos oyentes acostumbrados a recoger una pobre cosecha de apenas un 10 por ciento, y de la que debían dar la mayor parte a los amos de la tierra que vivían en las ciudades.

El énfasis de la parábola, sin embargo, no está en las dificultades, sino en lo espectacular de la cosecha: el 30, el 60 y hasta el 100 por uno. Una cosecha superabundante, inimaginable. ¡Eso sí que era una buena noticia! Pero sólo para los que tienen los oídos bien abiertos: «el que tenga oídos, que escuche» (9).

—¿Por qué les hablas contando
parábolas?
11 Él les respondió:
—Porque a ustedes se les ha concedido conocer los secretos del reino de
los cielos, pero a ellos no se les concede.
12 Al que tiene le darán y le sobrará; al
que no tiene le quitarán aun lo que tiene.
13 Por eso les hablo contando parábolas:
porque miran y no ven, escuchan y no
oyen ni comprenden.
14 Se cumple en ellos aquella profecía de Isaías:

Por más que escuchen,
no comprenderán,
por más que miren, no verán.
15 *Se ha endurecido*
el corazón de este pueblo;
se han vuelto duros de oído,
se han tapado los ojos.
Que sus ojos no vean
ni sus oídos oigan,
ni su corazón entienda,
ni se conviertan para que yo los sane.

(Lc 10,23s)

16 Dichosos en cambio los ojos de
ustedes porque ven y sus oídos porque
oyen. 17 Les aseguro que muchos
profetas y justos ansiaron ver lo que
ustedes ven, y no lo vieron, y escuchar
lo que ustedes escuchan, y no lo
escucharon.

Explicación de la parábola del sembrador
(Mc 4,13-20; Lc 8,11-15)

18 Escuchen entonces la explicación
de la parábola del sembrador.
19 Si uno escucha la palabra del reino
y no la entiende, viene el Maligno y le
arrebata lo sembrado en su corazón;
ése es como lo sembrado junto al
camino.
20 Lo sembrado en terreno pedregoso es el que escucha la palabra y la
recibe enseguida con gozo; 21 pero no
tiene raíz y es inconstante. Llega la tribulación o persecución por causa de la
palabra e inmediatamente falla.
22 Lo sembrado entre espinos es el
que escucha la palabra; pero las preocupaciones mundanas y la seducción
de la riqueza la ahogan y no da fruto.
23 Lo sembrado en tierra fértil es el
que escucha la palabra y la entiende. Ése
da fruto: cien o sesenta o treinta.

Los discípulos piden a Jesús una explicación de la parábola (10). Mateo, con toda seguridad, está pensando en las comunidades cristianas a las que dirige su evangelio y que llevaban a cabo su misión en un ambiente hostil de rechazo y persecución. Ellas necesitaban una palabra de aliento ante el lógico cansancio y la frustración de predicar a oídos sordos, a mentes cerradas y soberbias; pero, sobre todo, necesitaban comprender que la causa del reinado de Dios no es un paseo triunfal, sino que lleva siempre consigo el sufrimiento y la tribulación.

Jesús, en primer lugar, conforta a sus discípulos y les asegura que ellos, al aceptar su palabra, han entrado ya en el proceso de comprensión de los misterios del reinado de Dios, lo que significa recibir abundancia sobre abundancia. Los llama dichosos (16) y testigos de excepción de un acontecimiento de tanta plenitud y tan largamente esperado (17).

Los que no aceptan el reinado de Dios son como aquellos «que miran y no ven, escuchan y no oyen ni comprenden» (13); a ellos Jesús les dirige las duras palabras del profeta Isaías (Is 6,9s). Son palabras de denuncia y de condena, pero son, sobre todo, una invitación al arrepentimiento y a la conversión: acoger su Palabra, el mensaje del reino.

Ésta es también la lección que quiere dar Mateo a sus comunidades cristianas (y a las comunidades de hoy): el aparente fracaso de reinado de Dios, el rechazo del mensaje y la hostilidad a sus mensajeros, más que menguar los ánimos de una Iglesia marginada y perseguida en su misión de anuncio y de denuncia, debe, por el contrario, fortalecer su compromiso y su testimonio, pues es precisamente en la persecución y en la prueba donde se revela el poder y la verdad de la Buena Noticia del reinado de Dios.

El misterio mayor y más difícil de comprender sobre el reinado de Dios es el sufrimiento, la muerte y la resurrección de su primer testigo y mensajero, Jesús. La instauración del reinado de Dios en el interior de la persona y en las estructuras de la sociedad es siempre un camino doloroso, lleno de fracasos. Sólo a la luz de la Pascua sabemos que el fracaso y la muerte no serán la última palabra de la historia.

Parábola de la cizaña

24 Les contó otra parábola:
—El reino de los cielos es como un
hombre que sembró semilla buena en
su campo. 25 Pero, mientras la gente
dormía, vino su enemigo y sembró
cizaña en medio del trigo, y se fue.
26 Cuando el tallo brotó y aparecieron
las espigas, también apareció la cizaña.
27 Fueron entonces los sirvientes y le
dijeron al dueño: Señor, ¿no sembraste
semilla buena en tu campo? ¿De dónde
le viene la cizaña? 28 Les contestó: Un
enemigo lo ha hecho. Le dijeron los sirvientes: ¿Quieres que vayamos a arrancarla? 29 Les contestó: No; porque, al
arrancarla, van a sacar con ella el trigo.
30 Dejen que crezcan juntos hasta la
cosecha. Cuando llegue el momento,
diré a los cosechadores: Arranquen
primero la cizaña, y en atados échenla
al fuego; luego recojan el trigo y guár-
denlo en mi granero.

Parábola de la semilla de mostaza

(Mc 4,30-32; Lc 13,18s)

31 Les contó otra parábola:
—El reino de los cielos se parece a
una semilla de mostaza que un hombre
toma y siembra en su campo. 32 Es
más pequeña que las demás semillas;
pero, cuando crece es más alta que otras
hortalizas; se hace un árbol, vienen las
aves del cielo y anidan en sus ramas.

Parábola de la levadura

(Lc 13,20s)

33 Les contó otra parábola:
—El reino de los cielos se parece a

13,24-30 Parábola de la cizaña. La parábola de la cizaña completa la gran parábola del sembrador y, como ésta, se compone de dos partes: la exposición al pueblo (24-30) y la explicación a los discípulos (36-43).

Los campesinos que escuchaban a orillas del lago no necesitaban seguramente de muchas explicaciones para identificar a los sembradores de la cizaña, los enemigos del reinado de Dios, con aquellos fariseos y líderes del Templo que se oponían, por ejemplo, a que Jesús sanara a un enfermo en el día sagrado del sábado (12,9-14); los mismos que reducían al pobre a una marginación religiosa por su ignorancia de las leyes y la imposibilidad de cumplirlas. Es posible que aquella gente sencilla, los primeros llamados a convertirse al reinado de Dios, descubrieran también la cizaña que llevaban dentro, pues la acción de Jesús sanaba a la persona entera, los cuerpos y los corazones (9,2).

El trigo y la cizaña que crecen juntos eran la mejor expresión de que la propuesta del nuevo ser humano y de la nueva sociedad que quería Jesús debía realizarse bajo la convicción de que la realidad tangible del mal será compañera inseparable de la historia de la salvación. Dividir la humanidad entre buenos que hay que salvar y malos que hay que condenar ha costado equivocaciones irreparables que la historia sigue aún lamentando.

13,31s Parábola de la semilla de mostaza. Las dos imágenes de la mostaza y la levadura (13,33-35) se complementan para darnos una idea del dinamismo de crecimiento y de transformación del reinado de Dios.

En la minúscula semilla de mostaza se encierra algo inmensamente grande. Dios sabe valorar la dimensión de lo pequeño frente a la mentalidad oficial del tiempo de Jesús donde sólo contaba lo grande y poderoso, y esta mentalidad se había convertido en la medida de todo juicio. Jesús reacciona contra este modo de ver la vida y en esta bella parábola nos describe otra realidad.

Jesús sabía, por propia experiencia, que, para que aconteciera el reinado, Dios había tomado la dimensión de lo pequeño, la misma dimensión del ser humano. Bastaba oír de sus labios esta parábola para estar convencido de la predilección de Dios por lo pequeño, por lo pobre, como medida propia y como medida de su obra evangelizadora.

De una minúscula semilla brota la vida más exuberante: un árbol que crece y da cobijo a otros seres, a donde «vienen las aves del cielo y anidan en sus ramas» (32). Mateo podría hacerse eco de las profecías de Ezequiel y de Daniel (cfr. Ez 17,23; Dn 4,8s.18) hechas realidad en sus comunidades cristianas, abiertas ya a todos los pueblos.

Hoy día podemos prolongar la imagen y aplicarla al ideal de una Iglesia que sea el hogar de todos, donde nadie se sienta extraño, excluido o de segunda categoría: ni el pobre por ser pobre, ni la mujer por ser mujer, ni el laico por ser laico, ni el que disiente por defender sus propias opiniones; una Iglesia donde todos los carismas y todos los servicios tuvieran carta de ciudadanía.

13,33-35 Parábola de la levadura. Para ser levadura que fermente a la masa, la Iglesia no puede vivir separada del mundo, sino todo lo contrario, inmersa en las realidades sociales, políticas, económicas y culturales, allí donde esté en juego la causa del reinado de Dios, que es el anuncio de la Buena Noticia de liberación, especialmente para el pobre y el oprimido. Este compromiso será siempre arriesgado y podrá aparecer, frente a los poderes establecidos, tan insignificante como el poquito de levadura de la parábola, pero la fermentación de la masa está asegurada.

la levadura: una mujer la toma, la mezcla con tres medidas de harina, hasta
que todo fermenta.

(Mc 4,33s)

34 Todo esto se lo expuso Jesús a la
multitud con parábolas; y sin parábolas
no les expuso nada.
35 Así se cumplió lo que anunció el
profeta:

Voy a abrir la boca
pronunciando parábolas,
profiriendo cosas ocultas
desde la creación [del mundo].

Explicación de la parábola de la cizaña

36 Después, despidiendo a la multitud, entró en casa.
Se le acercaron los discípulos y le
dijeron:
—Explícanos la parábola de la cizaña.
37 Él les contestó:
—El que sembró la semilla buena
es el Hijo del Hombre; 38 el campo es
el mundo; la buena semilla son los ciudadanos del reino; la cizaña son los
súbditos del Maligno; 39 el enemigo que
la siembra es el Diablo; la cosecha es el
fin del mundo; los cosechadores son
los ángeles. 40 Como se junta la cizaña
y se echa al fuego, así sucederá al fin
del mundo: 41 El Hijo del Hombre enviará a sus ángeles que recogerán de
su reino todos los escándalos y los malhechores; 42 y los echarán al horno de
fuego. Allí será el llanto y el crujir de
dientes. 43 Entonces, en el reino de su
Padre, los justos brillarán como el sol.
El que tenga oídos que escuche.

Parábola del tesoro escondido

44 El reino de los cielos se parece a
un tesoro escondido en un campo: lo
descubre un hombre, lo vuelve a escon-
der y, lleno de alegría, vende todas sus
posesiones para comprar aquel campo.

Parábola de la perla fina

45 El reino de los cielos se parece a
un comerciante de perlas finas: 46 al
descubrir una de gran valor, va, vende
todas sus posesiones y la compra.

Jesús se enfrenta a la mentalidad religiosa de su pueblo, convencido de que la historia se construía a base de intervenciones directas, espectaculares y unilaterales de Dios, sin el concurso del ser humano. Jesús, en cambio, experimentaba cómo Dios actuaba en Él y en mucha gente del pueblo de una manera silenciosa, pero efectiva.

13,36-43 Explicación de la parábola de la cizaña. La explicación de la parábola se presta a muchas reflexiones, todas ellas previstas, quizá, por el evangelista.

Es, en primer lugar, una exhortación a la tolerancia, ante el riesgo constante de todo grupo o institución religiosa de creerse y autoproclamarse grupo escogido frente a los otros, fácilmente calificados como «malas hierbas». La Iglesia ha caído muchas veces a lo largo de su historia en este complejo de superioridad y de condena frente a las otras religiones, frente a las otras denominaciones cristianas, frente a los propios católicos y católicas que difieren de lo establecido como institucional o teológicamente correcto.

Pero, sobre todo, el énfasis de la explicación de la parábola está en el juicio escatológico donde, al final de los tiempos, será el juez supremo quien hará la separación entre los verdaderos «ciudadanos del reinado» y la cizaña o «súbditos del Maligno» (38).

El criterio de la separación, como se dirá más adelante en el juicio de las naciones (25,31-46), será la opción por el pobre y el necesitado. Quién haya hecho esta opción en su vida habrá sido buena semilla en su reinado, aunque no haya pertenecido explícitamente a la Iglesia; quien no, será cizaña. Mientras tanto, estamos en el tiempo de la paciencia histórica de Dios, el ámbito de su misericordia donde siempre es posible la conversión y el cambio.

13,44-50 Parábola del tesoro escondido – Parábola de la perla fina – Parábola de la red. Las dos primeras parábolas encarecen el valor del reinado de Dios, al cual hay que sacrificar todos los demás valores.

El hombre que descubrió el tesoro descubrió lo que no buscaba, mientras que el buscador de perlas encontró lo que no se atrevía a imaginar. No se entra en el reinado de Dios por los propios méritos, sino que es un don que se ofrece y que pide una respuesta.

A los afortunados con el hallazgo les queda por delante la labor de toda una vida, la de ir subordinando todo (vender todas las posesiones, dice Jesús) a la causa del reino. El reino se convierte en el único valor absoluto para quien lo descubre; es la mayor riqueza para el seguidor de Jesús.

Parábola de la red

47 El reino de los cielos se parece a una red echada al mar, que atrapa peces de toda especie. 48 Cuando se llena, los pescadores la sacan a la orilla, y sentándose, reúnen los buenos en cestas y los que no valen los tiran. 49 Así sucederá al fin del mundo: vendrán los ángeles y separarán a los malos de los buenos 50 y los echarán al horno de fuego. Allí será el llanto y el crujir de dientes.

Lo nuevo y lo viejo

51 ¿Lo han entendido todo?

Le responden que sí, 52 y él les dijo:

—Pues bien, un letrado que se ha hecho discípulo del reino de los cielos se parece al dueño de una casa que saca de su tesoro cosas nuevas y viejas.

En la sinagoga de Nazaret

(Mc 6,1-6; Lc 4,16.22-30)

53 Cuando Jesús terminó estas parábolas, se fue de allí, 54 se dirigió a su ciudad y se puso a enseñarles en su sinagoga.

Ellos preguntaban asombrados:

—¿De dónde saca éste su saber y sus milagros? 55 ¿No es éste el hijo del carpintero? ¿No se llama su madre María y sus hermanos Santiago, José, Simón y Judas? 56 Sus hermanas, ¿no viven entre nosotros? ¿De dónde saca todo eso?

57 Y esto era para ellos un obstáculo.

Jesús les dijo:

—A un profeta sólo lo desprecian en su patria y en su casa.

58 Y por su incredulidad, no hizo allí muchos milagros.

La parábola de la red insiste en el desenlace del reinado, como nos lo ha enseñado ya la parábola de la cizaña: el fuego acabará con la cizaña y con los peces malos. Jesús no dudó en utilizar esta imagen que formaba parte de su cultura y que Mateo quiso conservar (5,22; 7,19; 13,30; 25,41). No intenta amenazar ni infundir terror, sino resaltar lo extraordinariamente importante que es el don que se ofrece y lo decisivo de la respuesta de la persona.

13,51s Lo nuevo y lo viejo. Con esta interesante conclusión a las parábolas, Mateo parece tranquilizar a sus cristianos y cristianas procedentes del judaísmo, haciéndoles ver que la Buena Noticia no ha venido a hacer tabla rasa de la cultura y tradición religiosa de sus antepasados, sino todo lo contrario, a infundir en ellas un nuevo e inesperado vigor.

Jesús entendió desde el principio, y así se lo enseñó a sus discípulos, que el reinado de Dios debía partir de los valores de la cultura, que son valores que provenían del mismo Dios. Si algún judío daba el paso hacia la propuesta de Jesús, no tenía por qué perder los valores multiseculares de su cultura. Toda ella era un don que había que poner a disposición del reinado de Dios, que no venía a destruir, sino a construir sobre lo que el ser humano había logrado hasta ese momento.

Como los pájaros del cielo que vienen a hacer sus nidos en el árbol de mostaza, en el reinado de Dios todas las culturas y tradiciones religiosas de la tierra son como de casa: bienvenidas, reconocidas y llamadas a unirse a la causa de Jesús. Así debe ser también en la Iglesia que está a su servicio.

La causa del pobre y del excluido es el criterio de discernimiento que hará posible el encuentro, la armonía y el diálogo interreligioso. Éste es el lugar común y el macroecumenismo donde hay cabida para todos los trabajadores del reinado de Dios.

13,53-58 En la sinagoga de Nazaret. El capítulo se cierra en el pueblo de Nazaret, a donde Jesús se dirige para predicar en la sinagoga y se encuentra con la incomprensión y el rechazo. Lo que ha expuesto en sus parábolas se cumple en sus paisanos: «miran y no ven, escuchan y no oyen ni comprenden» (13). Su imagen de profeta no es compatible con la humildad de su familia ni con su condición de artesano. ¿Es posible que sus manos encallecidas de trabajador sean ahora instrumentos de Dios para sanar y liberar? Se admiran, preguntan, pero se resisten a responder, porque tropiezan en la humildad y pobreza del carpintero. ¡Cómo se va a revelar Dios con sus signos y prodigios en un pobre como Jesús a quien sus paisanos conocen bien!

El contraste entre esta mentalidad (de ayer y de hoy) con las palabras de Jesús no puede ser mayor: «¡Te alabo, Padre... porque, ocultando estas cosas a los sabios y entendidos, se las diste a conocer a la gente sencilla! Sí, Padre, ésa ha sido tu elección» (11,25s).

Ésta es la novedad más sorprendente del reinado de Dios. Cuando oímos la frase «los pobres nos evangelizan», no es retórica lo que estamos oyendo, sino la pura realidad de la Buena Noticia si es que nos dejamos evangelizar por ellos. Los pobres pueden convertirse para nosotros en sacramento de conversión y de encuentro con el Dios de Jesús.

Muerte de Juan el Bautista
(Mc 6,14-16; Lc 9,7-9)

14 1 Por aquel tiempo oyó el tetrarca
Herodes la fama de Jesús 2 y dijo
a sus servidores:
—Ése es Juan el Bautista que ha
resucitado, y por eso se manifiestan en
él poderes milagrosos.

(Mc 6,17-20; Lc 3,19s)

3 Herodes había hecho arrestar a
Juan, encadenarlo y meterlo en prisión
por instigación de Herodías, esposa de
su hermano Felipe. 4 Juan le decía que
no le era lícito tenerla. 5 Herodes quería
darle muerte, pero le asustaba la gente,
que consideraba a Juan como profeta.

(Mc 6,21-29)

6 Llegó el cumpleaños de Herodes y
la hija de Herodías bailó en medio de
todos. A Herodes le gustó tanto 7 que
juró darle lo que pidiera. 8 Ella, inducida
por su madre, pidió:
—Dame aquí, en una bandeja, la
cabeza de Juan el Bautista.
9 El rey se sintió muy mal; pero, por
el juramento y por los convidados, ordenó
que se la dieran; 10 y así mandó
decapitar a Juan en la prisión.
11 La cabeza fue traída en una
bandeja y entregada a la joven; ella se
la entregó a su madre. 12 Vinieron sus
discípulos, recogieron el cadáver y lo
sepultaron; después fueron a contárselo
a Jesús.

Da de comer a cinco mil
(Mc 6,30-44; Lc 9,10-17; cfr. Jn 6,1-15)

13 Al enterarse, Jesús se fue de allí
en barca, él solo, a un paraje despoblado.
Pero lo supo la multitud y le siguió
a pie desde los poblados. 14 Jesús
desembarcó y, al ver la gran multitud,
se compadeció y sanó a los enfermos.
15 Al atardecer los discípulos fueron a
decirle:
—El lugar es despoblado y ya es
tarde; despide a la multitud para que
vayan a los pueblos a comprar algo de
comer.
16 [Jesús] les respondió:
—No hace falta que vayan; denle
ustedes de comer.
17 Respondieron:
—Aquí no tenemos más que cinco
panes y dos pescados.
18 Él les dijo:
—Tráiganlos.
19 Después mandó a la multitud sentarse
en la hierba, tomó los cinco panes
y los dos pescados, alzó la vista al cielo,
dio gracias, partió el pan y se lo dio a
sus discípulos; ellos se lo dieron a la

14,1-12 Muerte de Juan el Bautista. Lo mismo que en Marcos 6,14-29, el relato de la decapitación del Bautista entra retrospectivamente, como recuerdo inquietante suscitado por hechos recientes. Un Juan vuelto a la vida cabe en la fantasía popular y en la mala conciencia de Herodes.

Mateo abrevia el relato de Marcos conservando lo esencial, los elementos suficientes para construir un drama: pasión y venganza, miedo y complacencia, danza fatal y una vida humana servida en bandeja en un banquete. La muerte del Bautista es historia con aura de leyenda. Si la misión de Juan está vinculada a la de Jesús (3,2; 11,18s), su muerte violenta y su sepultura pueden prefigurar la de Jesús (17,11-13).

14,13-21 Da de comer a cinco mil. Cinco mil hombres sin contar mujeres y niños, dice Mateo. El reparto del alimento maravilloso, comúnmente llamado multiplicación de los panes, lo encontramos en los cuatro evangelios y en Mateo y Marcos, por duplicado.

Dios es el dador por antonomasia (cfr. Sal 104,27s; 136,25; 145,15s), que ahora despliega todo el tesoro de su abundancia por medio de su enviado. La generosidad es parte de su reinado. Jesús, que se ha negado a un milagro fácil y cómodo para satisfacer su hambre en el desierto porque vive de la Palabra de Dios (4,4), ha repartido a la gente esa palabra y recurre al milagro para darles también el pan. El simbolismo se sustenta en el realismo. Una palabra que no lleve a dar también pan al hambriento y vestido al desnudo no es Palabra de Dios.

En este sentido total, el milagro de la multiplicación es anticipación de la Eucaristía, como lo ha interpretado la tradición apoyada en la fórmula litúrgica del versículo 19: «tomó los cinco panes..., alzó la vista al cielo, dio gracias, partió el pan y se lo dio a sus discípulos». El pan

multitud. 20 Comieron todos, quedaron
satisfechos, recogieron las sobras y
llenaron doce canastos. 21 Los que
comieron eran cinco mil hombres, sin
contar mujeres y niños.

Camina sobre el agua
(Mc 6,45-52; cfr. Jn 6,16-21)

22 Enseguida mandó a los discípulos
embarcarse y pasar antes que él a la
otra orilla, mientras él despedía a la
multitud. 23 Después de despedirla,
subió él solo a la montaña a orar. Al
anochecer, todavía estaba allí, solo.
24 La barca se encontraba a buena distancia de la costa, sacudida por las
olas, porque tenía viento contrario.
25 Ya muy entrada la noche Jesús se
acercó a ellos caminando sobre el lago.
26 Al verlo caminar sobre el lago, los
discípulos comenzaron a temblar y
dijeron:
—¡Es un fantasma!
Y gritaban de miedo.
27 Pero [Jesús] les dijo:
—¡Anímense! Soy yo, no teman.
28 Pedro le contestó:
—Señor, si eres tú, mándame ir por
el agua hasta ti.
29 —Ven, le dijo.
Pedro saltó de la barca y comenzó a
caminar por el agua acercándose a
Jesús; 30 pero, al sentir el [fuerte] viento,
tuvo miedo, entonces empezó a hun-
dirse y gritó:
—¡Señor, sálvame!
31 Al momento Jesús extendió la
mano, lo sostuvo y le dijo:
—¡Hombre de poca fe! ¿Por qué
dudaste?
32 Cuando subieron a la barca, el
viento amainó. 33 Los de la barca se
postraron ante él diciendo:
—Ciertamente eres Hijo de Dios.

Sanaciones en Genesaret
(Mc 6,53-56)

34 Terminaron la travesía y atracaron
en Genesaret.
35 Los hombres del lugar lo supieron
y difundieron la noticia por toda la

de la Eucaristía que congrega en una misma mesa a los hermanos y hermanas no puede separarse del pan debido en justicia al pobre y al necesitado. Un pan lleva al otro, y ambos hacen de la Eucaristía el alimento de vida eterna que se está haciendo ya, aquí y ahora, presente entre nosotros con la venida del reinado de Dios.

14,22-33 Camina sobre el agua. En la oscuridad de la noche, en la agitación de un mar levantisco, Jesús se aparece a sus discípulos. Podemos relacionar este episodio con los relatos de la transfiguración y la Pascua: son manifestaciones de la identidad profunda de Jesús como el Señor: domina los elementos (cfr. Sal 77,20), infunde paz y confianza con su presencia (fórmula clásica, por ejemplo, en Is 41,10; 43,5), con su palabra, con el contacto de su mano (cfr. Sal 73,23; 80,18).

Pedro no teme porque se hunde, sino que se hunde porque teme (cfr. Sal 69,2s). Mateo quiere mostrar el itinerario espiritual del primer apóstol: cuando Jesús se identifica, lo reconoce; solicita su llamada y la sigue con audacia confiada; titubea, falla en el peligro y es salvado por Jesús. Figura ejemplar para la Iglesia.

La comunidad en medio de la tormenta se olvida del Jesús de la solidaridad y lo ven únicamente como un fantasma que se aproxima en la oscuridad. Quieren ir hacia Él, pero se dejan amedrentar por las fuerzas adversas. El evangelio nos invita a hacer una experiencia total de Jesús, rompiendo viejos prejuicios y nuestras seguridades. Debemos dejar que sea Él quien nos hable a través del libro de la Biblia y del libro de la vida.

Éste es uno de los episodios evangélicos que mejor ilustra, por una parte, la situación de la comunidad cristiana (la de Mateo y la de todos los tiempos) en su histórico caminar en medio de la dificultad y de la tribulación; y por otra, la presencia permanente del Señor resucitado en la barca de Pedro. Con la promesa de su presencia termina Mateo su evangelio: «Yo estaré con ustedes siempre, hasta el final del mundo» (28,20). Dentro de este contexto hay que situar la mención de la oración de Jesús a solas en la montaña (23), justo antes de la tempestad y del miedo de los navegantes.

La otra vez que nos dirá explícitamente el evangelista que Jesús reza será en el huerto de Getsemaní (26,36s), antes de la gran prueba por la que atravesarán sus discípulos: el escándalo de la cruz.

14,34-36 Sanaciones en Genesaret. El evangelista contrapone intencionadamente la acogida de los habitantes de Genesaret a la actitud de hostilidad y desconfianza de sus paisanos de Nazaret (13,53-58). Jesús sana a mucha gente porque se acercan con fe y es la fe la que hace posible el milagro.

región. Le llevaron todos los enfermos
36 y le rogaban que les permitiese nada
más rozar el borde de su manto, y los
que lo tocaban quedaban sanos.

Sobre la tradición

(Mc 7,1-13)

15 1 Entonces unos fariseos y letrados de Jerusalén se acercaron a
Jesús y le preguntaron:
2 —¿Por qué tus discípulos quebrantan la tradición de los mayores? Pues
no se lavan las manos antes de comer.
3 Él les respondió:
—¿Y por qué ustedes quebrantan el
precepto de Dios en nombre de su
tradición?
4 Pues Dios mandó: *Sustenta a tu
padre y a tu madre. El que abandona
a su padre o su madre debe ser condenado a muerte.* 5 Ustedes, en cambio, dicen: Si uno comunica a su padre
o su madre que los bienes que tenía
para ayudarlos han sido ofrecidos al
templo, 6 queda libre de la obligación
de sustentarlos. Y así en nombre de su
tradición ustedes invalidan el precepto
de Dios.
7 ¡Hipócritas! Qué bien profetizó de
ustedes Isaías cuando dijo:
8 *Este pueblo me honra con los labios,
pero su corazón está lejos de mí;*
9 *el culto que me dan es inútil,
pues la doctrina que enseñan
son preceptos humanos.*

Sobre la verdadera pureza

(Mc 7,14-23)

10 Y llamando a la gente, les dijo:
—Escuchen atentamente: 11 No contamina al hombre lo que entra por la
boca, sino lo que sale de ella; eso es lo
que realmente contamina al hombre.
12 Entonces se le acercaron los discípulos y le dijeron:
—¿Sabes que los fariseos se han escandalizado al oírte hablar así?
13 Él respondió:
—Toda planta que no plantó mi Padre
del cielo será arrancada. 14 Déjenlos:
son ciegos y guían a otros ciegos. Y,
si un ciego guía a otro ciego, los dos
caerán en un pozo.
15 Pedro contestó:
—Explícanos [esta] comparación.
16 Él les dijo:
—¿También ustedes siguen sin entender? 17 ¿No ven que lo que entra
por la boca pasa al vientre y luego es
expulsado del cuerpo?

15,1-20 Sobre la tradición – Sobre la verdadera pureza. (Véase el comentario a Mc 7,1-13 y 7,14-23). Desde Jerusalén, los fariseos interrogan a Jesús sobre su libertad y la de sus discípulos frente a las tradiciones, cuya interpretación abusiva ellos habían convertido en ley. En este caso se trata del rito de lavarse las manos antes de comer.

Jesús convierte el interrogatorio en controversia y la aprovecha para exponer con claridad desafiante su enseñanza. En la época de Jesús, el pecado se reducía a las simples transgresiones higiénicas, alimentarias y étnicas. Primero, les responde con otra pregunta que desenmascara la aberración a que habían llegado en su manipulación de una ley tan fundamental del decálogo como es la de proveer sustento al padre y a la madre. Sin esperar a la reacción de sus contrincantes, lanza contra ellos el anatema del profeta (Is 29,13), que es una condena contra todo culto falso y farisaico, contra todas las tradiciones esclavizantes que matan el espíritu hasta del mandamiento más sagrado.

A continuación, y dirigiéndose ya a la multitud (10s), vuelve a la pregunta inicial de los fariseos y expone su nueva enseñanza con la comparación sobre lo que de verdad contamina o no a la persona. Los fariseos están escandalizados, los discípulos no saben a qué atenerse y nosotros, quizás, no acabamos de comprender hasta qué grado de perversión había llegado aquella sociedad en manos de sus dirigentes políticos y religiosos. Jesús llamó «guías ciegos» a los líderes oficiales del pueblo (14s). Pero la ceguera es tanto de los líderes como del pueblo. Caminan juntos, como dos ciegos, sin que el uno pueda ayudar al otro.

En el fondo, todas aquellas tradiciones de pureza legal no tenían otro objetivo que el de preservar la identidad del pueblo judío como pueblo elegido por Dios frente a los demás pueblos. Y esto es, en realidad, lo que ataca Jesús yendo a la raíz de lo que hace a la persona pura o impura, digna o indigna ante Dios: lo que sale de su corazón y se traduce en sus acciones, no la clase de alimento que entra por la boca.

18 En cambio, lo que sale por la boca
brota del corazón; y eso sí que contamina al hombre. 19 Porque del corazón
salen malas intenciones, asesinatos,
adulterios, fornicación, robos, falso testimonio, blasfemia. 20 Esto es lo que
hace impuro al hombre y no el comer
sin lavarse las manos.

La fe de una mujer cananea
(Mc 7,24-30)

21 Desde allí se fue a la región de
Tiro y Sidón. 22 Una mujer cananea de
la zona salió gritando:
—¡Señor, Hijo de David, ten compasión de mí! Mi hija es atormentada por
un demonio.
23 Él no respondió una palabra. Se
acercaron los discípulos y le suplicaron.
—Señor, atiéndela, para que no siga
gritando detrás de nosotros.
24 Él contestó:
—¡He sido enviado solamente a las
ovejas perdidas de la Casa de Israel!
25 Pero ella se acercó y se postró
ante él diciendo:
—¡Señor, ayúdame!
26 Él respondió:
—No está bien quitar el pan a los
hijos para echárselo a los perritos.
27 Ella replicó:
—Es verdad, Señor; pero también
los perritos comen las migajas que
caen de la mesa de sus dueños.
28 Entonces Jesús le contestó:
—Mujer, ¡qué fe tan grande tienes!
Que se cumplan tus deseos.
Y en aquel momento, su hija quedó
sana.

Múltiples sanaciones

29 Desde allí se dirigió al lago de Galilea, subió a un monte y se sentó.
30 Acudió una gran multitud que traía
cojos, lisiados, ciegos, mudos y otros
muchos enfermos. Los colocaban a
sus pies y él los sanaba. 31 La gente
quedaba admirada al ver que los mudos
hablaban, los cojos caminaban, los lisiados quedaban sanados y los ciegos
recobraban la vista. Y todos glorificaban al Dios de Israel.

15,21-28 La fe de una mujer cananea. Mateo sitúa a continuación este relato para ilustrar la enseñanza anterior de Jesús. Se trata de una mujer pagana; por tanto, según la mentalidad religiosa judía, una mujer excluida e impura. El escenario se sitúa en la zona de Tiro y Sidón, tierra extranjera. Tras los gritos de angustia de la cananea: «¡Señor, ayúdame!» (25), expresión de una fe que surge de la pureza del corazón, se entabla un diálogo entre Jesús y la mujer en presencia de los discípulos, quienes querían despedirla como a una intrusa que no merecía la atención del Maestro.

Este episodio nos plantea un dilema: a Jesús no parece interesarle la suerte de los que no pertenecen étnicamente al pueblo israelita. Sin embargo, esta escena hay que interpretarla desde las claves misioneras y culturales que nos proporciona el evangelio.

Las aparentes objeciones de Jesús a realizar el milagro reflejan en realidad las objeciones de la comunidad cristiana –representada aquí por los discípulos– para la que escribe Mateo su evangelio y que no acababa aún de digerir la presencia en su seno de creyentes convertidos del paganismo. Es como si Jesús pusiera objeciones, para después negarlas con el milagro. El exclusivismo de la pureza racial de su herencia judía aún pesaba mucho sobre aquellos judeocristianos de las primeras generaciones. Pero el don de la fe no conoce fronteras de raza, cultura o condición social. Con este milagro y la alabanza pública de la fe de esta mujer, Jesús está señalando la nueva comunidad universal que ha venido a inaugurar, como alternativa a todos los exclusivismos de su tiempo y de nuestro tiempo.

15,29-31 Múltiples sanaciones. El sumario que presenta Mateo a continuación tiene como escenario un monte, lugar preferido por el evangelista para las revelaciones de Jesús. El contexto sigue siendo el mundo pagano, es decir, los hombres y mujeres necesitados de todos los pueblos y de todos los tiempos para quienes el reinado de Dios trae la liberación definitiva. Liberación que Mateo resume en el júbilo de la muchedumbre que comprueba admirada cómo los mudos hablan, los cojos andan y los ciegos ven (31).

El evangelista ve en el poder sanador de Jesús el cumplimiento de la profecía de Isaías (Is 35,5s), donde el profeta describe en un himno de alegría el regreso de los exiliados a la patria, donde les espera la redención y el gozo de la presencia del Señor. Isaías sólo canta la marcha, no describe la instauración del nuevo reinado. El evangelista anuncia ya la presencia de la gloria Dios y su reinado en la persona de Jesús.

Da de comer a cuatro mil
(Mc 8,1-10)

32 Jesús llamó a los discípulos y les
dijo:
—Me compadezco de esta gente,
porque llevan tres días junto a mí y no
tienen qué comer. No quiero despedir-
los en ayunas, no sea que desfallezcan
en el camino.
33 Le dijeron los discípulos:
—¿Dónde podríamos, en un lugar
tan despoblado como éste, conseguir
suficiente pan para toda esta gente?
34 Jesús les preguntó:
—¿Cuántos panes tienen?
Ellos le contestaron:
—Siete y algunos pescaditos.
35 Él ordenó a la gente que se sentara
en el suelo. 36 Tomó los siete panes y
los pescados, dio gracias, partió el pan
y se lo dio a los discípulos; éstos se los
dieron a la multitud. 37 Comieron todos
hasta quedar satisfechos; y con los restos llenaron siete canastos. 38 Los que
habían comido eran cuatro mil hombres, sin contar mujeres y niños.
39 Luego despidió a la multitud, subió a la barca y se dirigió al territorio de
Magadán.

Le piden una señal celeste
(Mc 8,11-13)

16 1 Se acercaron los fariseos y saduceos y, para tentarlo, le pidieron
que les mostrara una señal del cielo.
2 Él les contestó:
[—Al atardecer ustedes dicen: va a
hacer buen tiempo porque el cielo está
rojo. 3 Por la mañana dicen: hoy seguro
llueve porque el cielo está rojo oscuro.
Saben distinguir el aspecto del cielo y
no distinguen las señales de los tiempos.] 4 Esta generación perversa y adúltera reclama una señal; y no se le dará
más señal que la de Jonás.
Los dejó y se fue.

Ceguera de los discípulos
(Mc 8,14-21)

5 Al atravesar a la otra orilla, los
discípulos se olvidaron de llevar pan.
6 Jesús les dijo:
—¡Pongan atención y cuídense de la
levadura de los fariseos y saduceos!
7 Ellos comentaban: Se refiere a que
no hemos traído pan.
8 Cayendo en cuenta, Jesús les dijo:
—¿Qué comentan, hombres de
poca fe? ¿Acaso no tienen pan? 9 ¿Todavía no entienden? ¿No se acuerdan de

15,32-39 Da de comer a cuatro mil. ¿Hubo en realidad una segunda multiplicación de los panes? Lucas y Juan sólo hablan de una. Mateo (al igual que Marcos 8,1-10) nos refiere dos, pero más que de duplicación del hecho milagroso habría que hablar de extensión de su significado al nuevo auditorio que se ha reunido a los pies de Jesús en el monte: los paganos. También ellos, al igual que la muchedumbre judía de la primera multiplicación (14,13-21), han sido llamados a participar del banquete mesiánico, simbolizado en la abundancia del pan ofrecido y repartido.

El relato de Mateo, dirigido a una comunidad cristiana mixta, pone de manifiesto la única razón que les había convocado a sentarse a la mesa del Señor como una sola comunidad de hermanos y hermanas: no la raza o la procedencia religiosa, sino la compasión de Jesús: «se compadeció» (14,14), «me compadezco de esta gente» (32).

16,1-12 Le piden una señal celeste – Ceguera de los discípulos. Esta vez acompañan a los fariseos los saduceos, los cuales exigen un signo del cielo como legitimación de quien se presenta como Mesías. Jesús responde con un juego ingenioso. Los signos naturales del cielo los interpretan sin dificultad; los signos terrestres, las coyunturas decisivas de la historia, no las saben interpretar. Después de poner al descubierto la ceguera espiritual de sus adversarios, Jesús se refiere una vez más a la «señal de Jonás», es decir, a su muerte y resurrección (4). Ante la incapacidad de los líderes del pueblo para descubrir en sus signos la presencia del reinado de Dios, Jesús se desentiende de ellos y concentra su actividad desde ahora y hasta el final del capítulo 18 en el grupo de discípulos para ir formando la comunidad. La lentitud de éstos en entender a Jesús muestra la necesidad que tienen de un conocimiento y una experiencia cada vez más intensos sobre su persona, su proyecto y las exigencias del seguimiento. Deben pasar de la preocupación a la confianza; de la comprensión material, a una más espiritual y a una actitud de vigilancia.

La levadura hace fermentar (13,33), pero también echa a perder y está excluida durante la Pascua (Éx 12,15; 1 Cor 5,7s). La advertencia del Maestro es una invitación a estar precavidos para discernir todo lo que entra en

los cinco panes para los cinco mil y
cuántos canastos sobraron? 10 ¿O de
los siete panes para los cuatro mil y
cuántas canastas sobraron? 11 ¿No se
dan cuenta que no me refería a los
panes? ¡Aléjense de la levadura de los
fariseos y saduceos!
12 Entonces entendieron que no
hablaba de cuidarse de la levadura del
pan, sino de la enseñanza de los fariseos
y saduceos.

Confesión de Pedro
(Mc 8,27-30; Lc 9,18-21; cfr. Jn 6,67-71)

13 Cuando llegó Jesús a la región de
Cesarea de Felipe, preguntó a los discípulos:
—¿Quién dice la gente que es el
Hijo del Hombre?
14 Ellos contestaron:
—Unos dicen que es Juan el Bautista; otros, que es Elías; otros, Jeremías o algún otro profeta.
15 Él les dijo:
—Y ustedes, ¿quién dicen que soy?
16 Simón Pedro respondió:
—Tú eres el Mesías, el Hijo de Dios
vivo.
17 Jesús le dijo:
—¡Dichoso tú, Simón, hijo de Jonás,
porque no te lo ha revelado nadie de
carne y hueso, sino mi Padre del cielo!
18 Pues yo te digo que tú eres Pedro y
sobre esta piedra construiré mi Iglesia,
y el imperio de la muerte no la vencerá.
19 A ti te daré las llaves del reino de
los cielos: lo que ates en la tierra quedará atado en el cielo; lo que desates
en la tierra quedará desatado en el cielo.
20 Entonces les ordenó que no dijeran a nadie que él era el Mesías.

Primer anuncio de la pasión y resurrección
(Mc 8,31-33; Lc 9,22)

21 A partir de entonces Jesús comenzó
a explicar a sus discípulos que debía ir a
Jerusalén, padecer mucho por causa de
los ancianos, sumos sacerdotes y letrados,
sufrir la muerte y al tercer día resucitar.

contradicción con sus enseñanzas. Las palabras finales de Jesús invitan a desvelar el significado simbólico del pan en estos capítulos: el pan que Jesús reparte es el reinado de Dios, nacido de la levadura nueva de su enseñanza. Éste es el pan que los discípulos deben conservar sin contaminación y además, repartir a todos.

16,13-20 Confesión de Pedro. Éste es un texto denso y elaborado. Recoge un hecho tal como lo ha entendido y vivido la comunidad. Se trata de identificar el ser de la persona de Jesús. Jesús pregunta qué opinión tiene la gente de Él. El interrogante abierto en tiempos de Jesús sigue igualmente abierto en nuestros días. La respuesta puede darse desde el punto de vista de la gente, de la apreciación humana de este personaje histórico o desde el punto de vista de Dios, el de la revelación.

La gente buena, que ha presenciado la actividad de Jesús, lo considera un enviado especialísimo de Dios para preparar la era mesiánica. Simón declara que Jesús es el Mesías esperado y Jesús lo ratifica declarando que la confesión procede de una revelación del Padre (cfr. 11,27), por la cual Pedro (nuevo nombre que le da Jesús) tiene una bienaventuranza particular. Después prosigue estableciendo y declarando la función específica de Simón Pedro. Jesús se propone construir un «templo», una comunidad nueva, en la cual Pedro será una «piedra» fundamental. «Petra» en griego designa un sillar o la peña o roca donde se asienta un edificio. El edificio o comunidad es obra y pertenencia de Jesús, «mi Iglesia»; Pedro tendrá en ella una función mediadora central. Contra la Iglesia de Jesús nada podrá el poder de la muerte.

Este texto ha suscitado numerosas discusiones entre católicos y protestantes sobre la figura del Papa como sucesor de Pedro. La tradición católica sostiene que estas palabras se aplican a Pedro y también a todos los que le suceden en la tarea de presidir en la fe y el amor. La tradición protestante, sin embargo, ha visto en las palabras de Jesús una alabanza y una promesa referidas, no a la persona de Pedro, sino a su actitud de fe.

16,21-28 Primer anuncio de la pasión y resurrección – Condiciones para ser discípulo. Hay un corte narrativo y un nuevo comienzo: se inicia el camino hacia la pasión y muerte. Este primer anuncio desvanece cualquier duda sobre qué clase de Mesías es Jesús. Proclama sin ambigüedades que tendrá que sufrir y morir: consecuencia de su mesianismo, de acuerdo con el plan del Padre.

Pedro, que poco antes había confesado su fe en Jesús, ahora rechaza la posibilidad de sufrimiento y muerte del Mesías. Jesús reacciona muy bruscamente llamándole Satanás (23), es decir, se comporta como una piedra de tropiezo, con una manera de pensar solamente humana. Jesús reprende a Pedro, que insiste en encajar a Jesús en una de las imágenes tradicionales del Mesías.

22 Pedro se lo llevó aparte y se puso
a reprenderlo:
—¡Dios no lo permita, Señor! No te
sucederá tal cosa.
23 Él se volvió y dijo a Pedro:
—¡Aléjate, Satanás! Quieres hacerme caer. Piensas como los hombres,
no como Dios.

Condiciones para ser discípulo

(Mc 8,34–9,1; Lc 9,23-27)

24 Entonces Jesús dijo a los discípulos:
—El que quiera seguirme que se
niegue a sí mismo, cargue con su cruz
y me siga. 25 El que quiera salvar su
vida la perderá; pero quien pierda la
vida por mi causa la conservará. 26 ¿De
qué le vale al hombre ganar todo el
mundo si pierde su vida?, ¿qué precio
pagará por su vida? 27 El Hijo del
Hombre ha de venir con la gloria de su
Padre y acompañado de sus ángeles.
Entonces pagará a cada uno según su
conducta.
28 Les aseguro: hay algunos de los
que están aquí que no morirán antes de
ver al Hijo del Hombre venir en su reino.

Transfiguración de Jesús

(Mc 9,2-10; Lc 9,28-36)

17 1 Seis días más tarde llamó Jesús
a Pedro, a Santiago y a su hermano Juan y se los llevó aparte a una
montaña elevada. 2 Delante de ellos se
transfiguró: su rostro resplandeció
como el sol y su ropa se volvió blanca
como la luz. 3 De pronto se les aparecieron Moisés y Elías conversando
con él. 4 Pedro tomó la palabra y dijo a
Jesús:
—Señor, ¡qué bien se está aquí! Si te
parece, armaré tres chozas: una para ti,
otra para Moisés y otra para Elías.

Pedro no espera un Siervo sufriente (Is 42,1), sino que le impone a Jesús su propia imagen triunfante. La respuesta tajante de Jesús echa por tierra todas estas pretensiones que no se ajustan a lo que Él había obrado durante su misión.

Al anuncio de la pasión sigue el precio y la recompensa del discipulado. Así como antes los discípulos habían participado del poder de Jesús (10,1), ahora tendrán que correr la misma suerte que el Maestro. Las sentencias sobre la necesidad de cargar la cruz y entregar la vida lo ponen de relieve. La fidelidad total en el seguimiento implica frecuentemente dificultades y hasta persecuciones. Aceptar el discipulado cristiano sin condiciones, con todas las implicaciones que lleva consigo, es cargar con la cruz. Somos los discípulos de un hombre ajusticiado en la cruz.

Durante mucho tiempo, ciertas corrientes ascéticas han entendido la negación de sí mismo como una especie de combate contra los deseos del individuo. La negación de sí mismo debe leerse en la clave iluminadora de la cruz. Pero la cruz de la que habló Jesús tiene una dimensión más redentora y solidaria: se trata de la cruz de la injusticia, de la miseria y de la exclusión que los sistemas sociales de todos los tiempos les imponen a las personas más débiles. Si Jesús nos invita hoy a negarnos a nosotros mismos y a cargar con la cruz, no nos invita a un ejercicio piadoso, sino a una opción serena y responsable por aquéllos a los que el sistema les impone la cruz de la intolerancia, la exclusión y la miseria. No nos inventemos más cruces para no aceptar la verdadera cruz del Maestro.

El discípulo de Jesús no se pertenece, pertenece a la familia de Jesús (véase el comentario a 10,16-33). Está siempre disponible para las urgencias del reino. «Salvar la vida»/«perder la vida» son la expresión máxima del egoísmo o de la solidaridad: retener la vida para sí mismo, cerrando los ojos y el corazón a las necesidades de los pobres y excluidos, es perderla para la causa del reino; y entregar la vida, «descentrarse» para poner el centro en aquéllos a los que se les niega permanente la vida o su dignidad, es ganarla para la progresiva instauración del reino. Éste será el criterio definitivo de discernimiento en el juicio de las naciones. La libertad y la felicidad cristianas sólo se encuentran en la aceptación gozosa de la voluntad de Dios que nos invita a escuchar a su Hijo y a seguirle por los caminos y sendas que Él recorrió (25s).

17,1-13 Transfiguración de Jesús. Los discípulos se sienten desanimados después de escuchar el anuncio de la pasión de Jesús y conocer las consecuencias de su seguimiento. La transfiguración es una palabra de ánimo, pues en ella se manifiesta la gloria de Jesús y se anticipa su victoria sobre la cruz.

Tenemos en este relato una completa presentación de Jesús. En Él se ha manifestado la gloria de Dios; Él es verdaderamente el Mesías esperado de Israel; más aún, es el Hijo de Dios, un título en el que Mateo insiste a lo largo de todo su evangelio. Esta presentación tiene como destinatarios a los discípulos que lo acompañan y, en la mente del evangelista, también a todos los que leen el evangelio. Su propósito es acrecentar la fe de los

5 Todavía estaba hablando, cuando
una nube luminosa les hizo sombra y
de la nube salió una voz que decía:
—Éste es mi Hijo querido, mi predilecto. Escúchenlo.
6 Al oírlo, los discípulos cayeron boca
abajo temblando de mucho miedo.
7 Jesús se acercó, los tocó y les dijo:
—¡Levántense, no tengan miedo!
8 Cuando levantaron la vista, sólo
vieron a Jesús.
9 Mientras bajaban de la montaña,
Jesús les ordenó:
—No cuenten a nadie lo que han
visto hasta que el Hijo del Hombre
resucite de entre los muertos.

(Mc 9,11-13)

10 Los discípulos le preguntaron:
—¿Por qué dicen los letrados que
primero tiene que venir Elías?
11 Jesús respondió:
—Elías tiene que venir a restablecer
nuevamente el orden de todas las cosas.
12 Pero les aseguro que Elías ya vino,
no lo reconocieron y lo maltrataron.
Del mismo modo el Hijo del Hombre va
a sufrir a manos de ellos.
13 Entonces los discípulos comprendieron que se refería a Juan el Bautista.

Sana a un niño epiléptico

(Mc 9,14-29; Lc 9,37-43a)

14 Cuando volvieron adonde estaba
la gente, un hombre se le acercó, se
arrodilló ante él 15 y le dijo:
—Señor, ten compasión de mi hijo
que es epiléptico y sufre horriblemente.
Muchas veces se cae en el fuego o en
el agua. 16 Se lo he traído a tus discípulos y no han podido sanarlo.
17 Respondió Jesús:
—¡Qué generación incrédula y perversa! ¿Hasta cuándo tendré que estar
con ustedes y soportarlos? Tráiganmelo aquí.

discípulos en Jesús a través de la contemplación de su victoria sobre la muerte; de este modo, podrán asumir todas las exigencias que lleva consigo ser discípulos y seguidores de Jesús.

Jesús es el Maestro que habla y enseña a sus discípulos. Pero, al mismo tiempo, es el Señor, penetrado por la luz de Dios y envuelto en la nube (signos de la presencia divina). Dios quiso retirar el velo tras el cual se esconde el misterio de Jesús. Los discípulos caen en tierra ante Él. Es la actitud de adoración ante el Señor. Y el temor surge del pensamiento de estar ante Dios; un temor que es superado gracias a la presencia y la palabra de Jesús: «no tengan miedo» (7).

El mensaje de esta narración y la finalidad perseguida por el evangelista es que todo lo esperado para el futuro se ha hecho realidad en el presente en la persona de Jesús. El relato invita también a superar la tentación de un mesianismo glorioso y fácil, animando a los discípulos a comprender con Jesús el camino de la obediencia a la voluntad del Padre. Para Mateo, el sufrimiento y la gloria de Jesús son dos dimensiones inseparables de su acción redentora.

En el versículo 10, la pregunta sobre Elías llega atraída por la visión del profeta en la transfiguración. Los discípulos se hacen eco de la creencia popular, enseñada por los doctores a la luz de Mal 4,5s: si Elías no ha vuelto aún, Jesús no es el Mesías. Jesús, en su respuesta, identifica la persona de Elías con la del Bautista (cfr. 11,14), quien cumplió con su tarea de preparar al pueblo. De la misma manera que a Juan no lo reconocieron, sino que lo mataron (cfr. 14,1-12), así Jesús, el Hijo del Hombre, será malinterpretado y condenado a muerte.

La insistencia de Jesús en la pasión rompe las esperanzas en un Mesías político y nacionalista. El Hijo del Hombre es, efectivamente, el Mesías, pero un Mesías doliente, en la línea del Siervo del Señor.

17,14-21 Sana a un niño epiléptico. La función de este relato es instruir sobre la fe a partir de un hecho concreto. El relato paralelo de Marcos (Mc 9,14-29) es más amplio y contiene detalles que hacen más comprensible la escena narrada; la insistencia allí es en la oración.

El milagro de sanación le sirve a Mateo para encuadrar el tema del poder de la fe. Era necesario insistir ante la ausencia de la fe, especialmente entre los discípulos, «hombres de poca fe» (6,30; 8,26).

La fe auténtica, aunque sea pequeña como un grano de mostaza, participa en el poder de Dios (Rom 4,17-21). Precisamente por eso puede decirse de ella que «mueve montañas» (cfr. 1 Cor 13,2). Se trata de una descripción poética del poder del Creador, ante el cual no hay obstáculo alguno, incluso ni lo más sólido e inamovible: los montes («los montes brincaron como carneros, las colinas como corderos», Sal 114,4).

Mateo reprocha a los discípulos su falta de confianza en el poder que habían recibido de Jesús y, en tal sentido, este mensaje no ha perdido actualidad: es una exhortación a no poner en duda la fuerza salvadora de la Buena Noticia.

[18] Jesús reprendió al demonio, y éste abandonó al muchacho que desde aquel momento quedó sano.
[19] Entonces los discípulos se acercaron a Jesús y le preguntaron aparte:

—¿Por qué nosotros no pudimos expulsarlo?

[20] Él les contestó:

—Porque ustedes tienen poca fe. Les aseguro que, si tuvieran la fe del tamaño de una semilla de mostaza, dirían a aquel monte que se trasladara allá, y se trasladaría. Y nada sería imposible para ustedes.
[21] [[Pero esta clase sólo se expulsa con oración y ayuno.]]

Segundo anuncio de la pasión y resurrección
(Mc 9,30-32; Lc 9,43b-45)

[22] Mientras paseaban juntos por Galilea, Jesús les dijo:

—El Hijo del Hombre será entregado en manos de hombres
[23] que le darán muerte. Pero al tercer día resucitará.

Ellos se entristecieron profundamente.

Sobre el impuesto del Templo

[24] Cuando llegaron a Cafarnaún, los recaudadores de impuestos se acercaron a Pedro y le dijeron:

—¿El maestro de ustedes no paga los impuestos?

[25] Pedro contestó:

—Sí.

Cuando entró en casa, Jesús se le adelantó y le preguntó:

—¿Qué te parece, Simón? Los reyes de la tierra, ¿de quiénes cobran impuestos?, ¿de los hijos o de los extraños?

[26] Contestó que de los extraños y Jesús le dijo:

—Eso quiere decir que los hijos quedan libres de pagar.
[27] Pero para no dar motivo de escándalo, ve al lago, echa un anzuelo y al primer pez que pique sácalo, ábrele la boca y encontrarás una moneda. Tómala y paga por mí y por ti.

¿Quién es el más importante?
(Mc 9,33-37; Lc 9,46-48)

18 [1] En aquel tiempo los discípulos se acercaron a Jesús y le preguntaron:

—¿Quién es el más grande en el reino de los cielos?

[2] Él llamó a un niño, lo colocó en medio de ellos
[3] y dijo:

17,22s Segundo anuncio de la pasión y resurrección. Véase el comentario a Mc 9,30-32.

17,24-27 Sobre el impuesto del Templo. La cuestión del impuesto surgió por la costumbre que se había generalizado entre los judíos –incluso entre los que vivían dispersos por el mundo romano– de pagar un impuesto anual para el Templo. La cantidad era, más bien, pequeña: una didracma o dos dracmas, moneda griega que equivalía al jornal de dos días de un obrero. Pero la obligación de este impuesto no podía urgirse desde la Ley. Según el punto de vista de los saduceos, sólo podían exigirse los impuestos señalados expresamente por la Ley (Éx 30,11-13), y el referido al Templo no figuraba en ella.

La analogía tiene, sin embargo, otro nivel más profundo. El relato muestra claramente que Jesús no estaba obligado a pagar este impuesto. Esta obligación correspondía a los súbditos, no a los hijos del rey; de ahí la analogía que usa Jesús. La ilustración utilizada en los versículos 25s se basa en la identidad de Jesús como Hijo de Dios. El Señor del Templo era Dios. Jesús es su Hijo. Los que creen en Jesús participan de esta filiación. Su libertad –la de Jesús y la de sus discípulos– nace de su calidad de hijos. Pero, junto a esta libertad, Jesús quiere expresar también una actitud de respeto frente a la posible obligación legal y frente al Templo, en cuanto que es la casa de Dios.

Jesús paga los impuestos para no escandalizar ni entrar en conflicto con las autoridades legales. Después de la destrucción del Templo en el año 70 d.C., los impuestos cobrados a los judíos se asignaban para el mantenimiento del templo pagano de Júpiter Capitolino en Roma; este recuento pudo ayudar a los miembros judíos de la comunidad de Mateo. Aunque no estaban obligados a pagar el impuesto, convenía hacerlo para evitar escándalos (cfr. Rom 13,1-7; 1 Pe 2,13-17).

18,1-9 ¿Quién es el más importante? – Radicalidad ante el pecado. Este capítulo presenta el cuarto de los cinco grandes discursos de Jesús. Se dirige especialmente a los discípulos y son instrucciones para una comunidad dividida. Se pueden adivinar tensiones entre los

—Les aseguro que si no se convierten y se hacen como los niños, no
entrarán en el reino de los cielos. 4 El
que se haga pequeño como este niño,
ése es el más grande en el reino de los
cielos. 5 Y el que reciba en mi nombre a
uno de estos niños a mí me recibe.

Radicalidad ante el pecado

(Mc 9,42; Lc 17,1s)

6 Pero el que lleve a pecar a uno de
estos pequeños que creen en mí, más
le valdría que le colgasen al cuello una
piedra de molino y lo arrojaran al fondo
del mar. 7 ¡Ay del mundo por los escándalos! Es inevitable que sucedan escándalos. Pero, ¡ay del hombre por quien
viene el escándalo!

(Mc 9,43-48)

8 Si tu mano o tu pie te lleva a pecar,
córtatelo y tíralo lejos de ti. Más te vale
entrar en la vida manco o cojo que con
dos manos o dos pies ser arrojado al
fuego eterno.
9 Si tu ojo te lleva a pecar, sácatelo
y tíralo lejos de ti. Más te vale entrar en
la vida tuerto que con dos ojos ser arrojado al infierno de fuego.

Parábola de la oveja perdida

(Lc 15,3-7)

10 Cuidado con despreciar a uno de
estos pequeños. Pues les digo que sus
ángeles en el cielo contemplan continuamente el rostro de mi Padre del cielo.
11 [[Porque el Hijo del Hombre ha venido a salvar lo que estaba perdido.]]
12 ¿Qué les parece? Supongamos que
un hombre tiene cien ovejas y se le extravía una: ¿no dejará las noventa y nueve en el monte para ir a buscar la extraviada? 13 Y si llega a encontrarla, les
aseguro que se alegrará más por ella que
por las noventa y nueve no extraviadas.
14 Del mismo modo, el Padre del
cielo no quiere que se pierda ni uno de
estos pequeños.

Sobre el perdón

(Lc 17,3s)

15 Si tu hermano te ofende, ve y co-
rrígelo, tú y él a solas. Si te escucha has
ganado a tu hermano. 16 Si no te hace

distintos grupos y problemas de convivencia. Para iluminar esta situación, Mateo nos exhorta a prestar atención a los pequeños y el perdón como norma básica en la comunidad cristiana; un modelo de comunidad para todos los tiempos. Este cambio de valores se ha inaugurado con la llegada del reino. La ocasión de este discurso deriva de la pregunta de los discípulos (1). La Iglesia debe organizarse y algunos asumen ciertos servicios y responsabilidades. ¿Son estas personas más importantes? Los discípulos quieren saber, y Mateo les recuerda las enseñanzas de Jesús sobre este tema. Como respuesta, Jesús señala a un niño (2) y pide a los discípulos que se hagan como ellos (3). A diferencia de ahora, en aquella sociedad el niño no tenía derechos legales; todo lo que recibía era para él un regalo. Del mismo modo, el reino de Dios no se adquiere por las propias fuerzas; es un don que se recibe con la sencillez y el agradecimiento de un niño.

En el evangelio de Mateo, la palabra «pequeño» no se refiere únicamente a los niños. Pequeños son todas las personas humildes y sencillas que desde su simplicidad de vida han optado por seguir a Jesús con toda radicalidad. La comunidad cristiana, particularmente sus responsables, han de tener cuidado de no subestimar la función y el aporte de estas personas. Los pequeños encarnan los valores fundamentales de la Buena Noticia y hacen patente la presencia de Jesús entre los más pobres y sencillos.

18,10-14 Parábola de la oveja perdida. Quizás sería preferible hablar del pastor que sale en busca de la oveja extraviada. La experiencia de Jesús respecto de su Padre no era la de un Dios excluyente. Él sabía que Dios se definía como Padre, precisamente por salir al encuentro de lo perdido, por hacer una oferta de amor al que estaba en la peor circunstancia.

Dejar las noventa y nueve ovejas para ir en busca de la perdida hasta encontrarla, cargarla sobre sus hombros, alegrarse por su encuentro y participar a otros su alegría, ¿no era precisamente la forma más expresiva de anunciar que Dios era verdaderamente Padre? Amar a la persona perdida no era dejar de amar a las otras, sino garantizarles amor si llegaran a perderse.

Mateo aplica la parábola a los discípulos seducidos y engañados que se han apartado de las enseñanzas de Jesús. Es la conducta que hay que asumir ante los caídos o los que se hallan en peligro de caer. La vida extraviada necesita que alguien la valore y no la deje morir. Dios no da a nadie por perdido y siempre espera.

Leída en este contexto, la parábola subraya el valor único de cada persona y descubre a los cristianos que la fraternidad se construye desde la paternidad de Dios: cuando van en busca de la persona extraviada están cumpliendo la voluntad del Padre que «no quiere que se pierda ni uno de estos pequeños» (14).

caso, hazte acompañar de uno o dos,
para que el asunto se resuelva por dos
o tres testigos. 17 Si no les hace caso,
informa a la comunidad. Y si no hace
caso a la comunidad considéralo un
pagano o un recaudador de impuestos.
18 Les aseguro que lo que ustedes aten
en la tierra quedará atado en el cielo, y
lo que desaten en la tierra quedará
desatado en el cielo.

19 Les digo también que si dos de
ustedes se ponen de acuerdo en la tierra
para pedir cualquier cosa, mi Padre del
cielo se la concederá. 20 Porque donde
hay dos o tres reunidos en mi nombre,
yo estoy allí, en medio de ellos.

21 Entonces se acercó Pedro y le preguntó:

—Señor, si mi hermano me ofende,
¿cuántas veces tengo que perdonarle?
¿Hasta siete veces?

22 Le contestó Jesús:

—No te digo hasta siete veces, sino
hasta setenta veces siete.

Parábola sobre el perdón

23 Por eso, el reino de los cielos se
parece a un rey que decidió ajustar
cuentas con sus sirvientes. 24 Ni bien
comenzó, le presentaron uno que le
adeudaba diez mil monedas de oro.
25 Como no tenía con qué pagar, mandó
el rey que vendieran a su mujer, sus hijos
y todas sus posesiones para pagar la
deuda. 26 El sirviente se arrodilló ante él
suplicándole: ¡Ten paciencia conmigo,
que todo te lo pagaré! 27 Compadecido
de aquel sirviente, el rey lo dejó ir y le
perdonó la deuda.

28 Al salir, aquel sirviente tropezó con
un compañero que le debía cien monedas. Lo agarró del cuello y mientras
lo ahogaba le decía: ¡Págame lo que
me debes! 29 Cayendo a sus pies, el
compañero le suplicaba: ¡Ten paciencia
conmigo y te lo pagaré! 30 Pero el otro se
negó y lo hizo meter en la cárcel hasta
que pagara la deuda.

31 Al ver lo sucedido, los otros sirvientes se sintieron muy mal y fueron a
contarle al rey todo lo sucedido. 32 Entonces el rey lo llamó y le dijo: ¡Sirviente
malvado, toda aquella deuda te la per-
doné porque me lo suplicaste! 33 ¿No
tenías tú que tener compasión de tu
compañero como yo la tuve de ti? 34 E
indignado, el rey lo entregó a los ver-
dugos hasta que pagara toda la deuda.

18,15-22 Sobre el perdón. En la comunidad debe reinar la paz, bien porque no hay ofensas o porque se busca la reconciliación (14). Si un miembro de la comunidad cristiana se niega a reconciliarse será como un extraño a la comunidad y los responsables tienen el derecho de excluirlo mientras permanezca en esa actitud (cfr. 1 Cor 5,5s).

La referencia al perdón y a la reconciliación se completa con una instrucción sobre la oración comunitaria. La comunidad orante es un lugar privilegiado de la presencia de Jesús (cfr. 28,20) siempre que se den las condiciones y actitudes que Jesús señaló en la oración del Padrenuestro.

18,23-35 Parábola sobre el perdón. A la pregunta «aritmética» de Pedro (21) responde el Señor en el mismo terreno, saltando de un número generoso a otro indefinido. Y lo aclara con una parábola que se complace en presentar los contrastes extremos.

La venganza era una ley sagrada en todo el Antiguo Oriente y el perdón, humillante; pero, para el cristiano, la contrapartida de la venganza es el perdón ilimitado.

La parábola describe la relación de los seres humanos con Dios y con los demás. La deuda de diez mil monedas de oro, impagable, en todo caso, simboliza la situación de toda persona a quien Dios perdona por pura gracia (24s). La actitud del siervo despiadado retrata la mezquindad del corazón humano. Unos a otros nos debemos «cien monedas» (28), una ridiculez en comparación con lo que se nos ha sido perdonado.

¿Cuál debe ser la reacción nuestra frente al prójimo? Dios nos abre la gracia de su perdón de una manera insospechada, pero la retira ante los corazones ruines que niegan el perdón al prójimo.

Quien haya experimentado la misericordia del Padre no puede andar calculando las fronteras del perdón y la acogida a los hermanos.

35 Así los tratará mi Padre del cielo si no perdonan de corazón a sus hermanos.

Sobre el divorcio
(Mc 10,1-12)

19 1 Cuando Jesús terminó este discurso, se trasladó de Galilea a Judea, al otro lado del Jordán. 2 Le seguía una gran multitud, y él los sanaba allí. 3 Se acercaron unos fariseos y, para ponerlo a prueba, le preguntaron:

—¿Puede un hombre separarse de su mujer por cualquier cosa?

4 Él contestó:

—¿No han leído que al principio el Creador *los hizo hombre y mujer*? 5 Y dijo: *por eso abandona un hombre a su padre y a su madre, se une a su mujer y los dos se hacen una sola carne.* 6 *De suerte que ya no son dos, sino una sola carne.* Así pues, lo que Dios ha unido que no lo separe el hombre.

7 Le replicaron:

—Entonces, ¿por qué Moisés mandó *darle un acta de divorcio cuando uno se separa* [de ella]?

8 Les respondió:

—Moisés les permitió separarse de sus mujeres a causa de la dureza de sus corazones. Pero al principio no era así. 9 Les digo que quien se divorcia de su mujer –si no es en caso de concubinato– y se casa con otra, comete adulterio.

10 Los discípulos le dijeron:

—Si ésa es la condición del marido con la mujer, más vale no casarse.

11 Y él les respondió:

—No todos pueden con [esto]; solamente aquellos que reciben tal don. 12 Porque hay eunucos que así nacieron desde el seno de su madre, hay eunucos hechos eunucos por los hombres y hay eunucos que a sí mismos se hicieron eunucos por el reino de los cielos. El que pueda entender que lo entienda.

Bendice a unos niños
(Mc 10,13-16; Lc 18,15-17)

13 Entonces le llevaron unos niños para que pusiera las manos sobre ellos y pronunciara una oración. Los discípulos los reprendían. 14 Pero Jesús dijo:

—Dejen a los niños y no les impidan que se acerquen a mí, porque el reino de los cielos pertenece a los que son como ellos.

15 Entonces impuso las manos sobre ellos y se fue.

19,1-12 Sobre el divorcio. Las discusiones en torno al divorcio son más viejas que el evangelio. En tiempos de Jesús, la discusión sobre el tema estaba polarizada en dos escuelas: una, laxista en grado sumo, admitía el divorcio por cualquier causa: era suficiente para despedir a la mujer que se le hubiese quemado o simplemente ahumado la comida, según su interpretación de la Ley genérica que autorizaba el divorcio si el marido «descubre en ella algo vergonzoso» (Dt 24,1). La otra escuela, rigorista, entendía que la excepción del Deuteronomio se refería únicamente al caso de adulterio.

El asunto lo presentan los fariseos como pregunta capciosa. Jesús sube de una ley positiva, concesión más que imposición, al orden primordial establecido por Dios (Gn 1,27; 2,24; 5,2).

En aquella sociedad, dominada por los hombres, una mujer repudiada debía regresar a la casa de su padre llevando consigo el deshonor que afectaría a toda su familia de origen. La amenaza de divorcio era un arma implacable para asegurar la sumisión de la mujer a su marido. En este contexto, las palabras de Jesús son tremendamente liberadoras. La prohibición del divorcio es, eminentemente, una defensa de la mujer y una recuperación del designio de Dios establecido desde el principio.

Los discípulos se sorprenden ante la exigencia de un vínculo indisoluble (los fariseos ya no intervienen). Jesús no retira lo dicho, sino que da otro paso, proponiendo otra situación que tendrá cabida en su comunidad: el celibato voluntario (12). El celibato cristiano es comprensible únicamente desde el misterio del reino. Por eso añade Jesús: «el que pueda entender que lo entienda» (12).

19,13-15 Bendice a unos niños. Mateo ha presentado ya a los niños como modelo para los discípulos. El relato contrapone la actitud de Jesús al disgusto que experimentan los discípulos. Jesús utiliza este gesto simbólico para resaltar la precedencia que tienen en el reino de los cielos los que se hacen como ellos, o sea, los que lo reciben sencilla y humildemente como un don gratuito de Dios.

El joven rico
(Mc 10,17-31; Lc 18,18-30)

16 Luego se le acercó uno y le dijo:
—Maestro, ¿qué obras buenas debo
hacer para alcanzar la vida eterna?

17 Jesús le contestó:
—¿Por qué me preguntas acerca de
lo que es bueno? Uno solo es el bueno.
Si quieres entrar en la vida guarda los
mandamientos.

18 El joven le preguntó:
—¿Cuáles?
Jesús le dijo:
—*No matarás, no cometerás adul-*
terio, no robarás, no perjurarás, 19 *honra*
a tu padre y a tu madre, y *amarás al*
prójimo como a ti mismo.

20 El joven le dijo:
—Todo eso lo he cumplido, ¿qué
me queda por hacer?

21 Jesús le contestó:
—Si quieres ser perfecto, ve, vende
tus bienes, dáselo a los pobres y tendrás un tesoro en el cielo; después
sígueme.

22 Al oírlo, el joven se fue triste, porque era muy rico.

23 Jesús dijo a sus discípulos:
—Les aseguro que difícilmente entrará un rico en el reino de los cielos.
24 Se los repito, es más fácil para un camello pasar por el ojo de una aguja que
para un rico entrar en el reino de Dios.
25 Al oírlo, los discípulos quedaron
muy espantados y dijeron:
—Entonces, ¿quién podrá salvarse?
26 Jesús los quedó mirando y les dijo:
—Para los hombres eso es imposible, para Dios todo es posible.
27 Entonces Pedro le respondió:
—Mira, nosotros hemos dejado
todo y te hemos seguido; ¿qué será de
nosotros?
28 Jesús les dijo:
—Les aseguro que en el mundo nuevo, cuando el Hijo del Hombre se siente
en su trono de gloria, ustedes, los que
me han seguido, se sentarán también en
doce tronos para juzgar a las doce tribus
de Israel. 29 Y todo aquel que por mí deje
casas, hermanos o hermanas, padre o
madre, hijos o campos, recibirá cien
veces más y heredará vida eterna.
30 Muchos de los primeros serán los
últimos y muchos de los últimos serán
los primeros.

19,16-30 El joven rico. Jesús reivindica una idea de los profetas: la riqueza puede ser un enorme obstáculo en el camino hacia el reino. Este pasaje evangélico es, probablemente, uno de los que más ha influido en la historia del cristianismo.

Al joven rico le parece excesivo el precio que tiene que pagar para entrar en el discipulado de Jesús, porque era muy rico (22). Él esperaba de Jesús otra cosa: que le hubiese mandado hacer obras buenas, dar limosna en mayor cantidad, algo que pudiese hacer desde su riqueza sin perturbar su vida. ¡Pero a Dios no le damos nada hasta que no le damos todo!

Estas palabras de Jesús han inspirado formas radicales de seguimiento, como la inaugurada por Francisco de Asís, que entregó todos sus bienes a los pobres; la tradición de la Iglesia elaboró a partir de aquí la idea de los «consejos evangélicos», que no son obligatorios para todos, distintos de los «preceptos». Sin embargo, la palabra que Jesús dirige al joven no es un consejo, sino un imperativo personal e ineludible (21).

La renuncia a los bienes materiales no es un consejo que se pueda seguir o no, sino una exigencia absoluta y obligatoria siempre que el mantenimiento de esas posesiones se convierta en un obstáculo para la aceptación del reino y para el seguimiento de Jesús. No se puede servir a Dios y al dinero.

A continuación sigue el diálogo de Jesús con sus discípulos acerca del impedimento que representan las riquezas para entrar en el reino de los cielos (23-26). La imagen del camello y la aguja es una exageración oriental que trata de mostrar la imposibilidad de romper con el prestigio y el poder que dan las riquezas.

Los discípulos cumplen los dos requisitos que Jesús puso al joven rico: lo han dejado todo y le han seguido; por eso, su recompensa será la plenitud de la vida, anticipada ya en la vida presente.

La promesa de Jesús se amplía a todos aquellos que hayan abandonado todo por su causa y, en definitiva, a todos los creyentes. El premio es seguro y mucho mayor que el que uno pueda imaginar, aunque en el reino de

Parábola de los jornaleros de la viña

20 1 El reino de los cielos se parece
a un hacendado que salió de
mañana a contratar trabajadores para
su viña. 2 Cerró trato con ellos en un
denario al día y los envió a su viña.
3 Volvió a salir a media mañana, vio en
la plaza a otros que no tenían trabajo 4 y
les dijo: Vayan también ustedes a mi
viña y les pagaré lo debido. 5 Ellos se
fueron. Volvió a salir a mediodía y a
media tarde e hizo lo mismo. 6 Al caer
de la tarde salió, encontró otros que no
tenían trabajo y les dijo: ¿Qué hacen
aquí ociosos todo el día sin trabajar?
7 Le contestan: Nadie nos ha contratado.
Y él les dice: Vayan también ustedes a
mi viña.
8 Al anochecer, el dueño de la viña
dijo al capataz: Reúne a los trabajadores
y págales su jornal, empezando por los
últimos y acabando por los primeros.
9 Pasaron los del atardecer y recibieron un denario. 10 Cuando llegaron
los primeros, esperaban recibir más;
pero también ellos recibieron la misma
paga. 11 Al recibirlo, se quejaron contra
el hacendado: 12 Estos últimos han trabajado una hora y les has pagado igual
que a nosotros, que hemos soportado
la fatiga y el calor del día. 13 Él contestó
a uno de ellos: Amigo, no estoy siendo
injusto; ¿no habíamos cerrado trato en
un denario? 14 Entonces toma lo tuyo y
vete. Que yo quiero dar al último lo
mismo que a ti. 15 ¿O no puedo yo disponer de mis bienes como me parezca?
¿Por qué tomas a mal que yo sea
generoso?
16 Así los últimos serán los primeros
y los primeros serán los últimos.

Tercer anuncio de la pasión y resurrección
(Mc 10,32-34; Lc 18,31-34)

17 Cuando Jesús subía hacia Jerusalén, tomó aparte a los Doce [discípulos]
y por el camino les dijo:
18 —Miren, subimos a Jerusalén, y el
Hijo del Hombre será entregado a los
sumos sacerdotes y letrados que lo
condenarán a muerte. 19 Lo entregarán
a los paganos para que lo maltraten, lo
azoten y lo crucifiquen. Al tercer día
resucitará.

Dios nadie tiene asegurado definitivamente el puesto (30). Los doce tronos de gloria no son otra cosa que la exigente tarea de servir y animar al pueblo de Dios en su camino hacia el reino.

20,1-16 Parábola de los jornaleros de la viña. Esta parábola completa la enseñanza anterior sobre la recompensa que espera a los que dejan todo para seguir a Jesús.

El apego del joven a sus riquezas contrasta con la generosidad de Dios que paga más de la cuenta. La misericordia de Dios no se opone a la justicia humana, sino que la trasciende totalmente en el amor. Dios no es injusto al ser generoso. No es cuestión de proporción (justicia), sino de aceptar agradecidos esta desproporción (amor).

La gracia es amar más allá de los parámetros de la justicia humana. Las relaciones con Dios que establecía el legalismo en la época de Jesús eran de paga, en razón de los méritos que se tenían. La enseñanza incansable de Jesús, por el contrario, afirmaba que las relaciones con el Dios que es Padre se establecían por amor, y no por méritos frente a la Ley. Con Jesús quedaba bien definido el comportamiento de Dios con el ser humano: Dios no se fijaría en méritos, sino en necesidad. Quien necesitara de su amor lo obtendría, no quien lo «mereciera».

Como el dueño de la viña, y por libre iniciativa de su gracia, Dios regala a sus hijos e hijas una recompensa que no guarda proporción con la duración del trabajo. Tal es la respuesta de Jesús a los espíritus legalistas que veían con malos ojos su trato amistoso con recaudadores de impuestos y pecadores (cfr. 9,11). Luego, en la comunidad de Mateo, algunos cristianos de origen judío no podían entender que los paganos, venidos más tarde, tuvieran en la Iglesia el mismo reconocimiento que ellos.

La parábola muestra que se trata de un don, un regalo inmerecido, y es igual para todos. ¡Así es Dios de bueno con nosotros!

20,17-19 Tercer anuncio de la pasión y resurrección. El tercer anuncio de la pasión y resurrección es mucho más concreto y detallado, y el evangelio queda así totalmente orientado hacia la Pascua de Jesús y a su victoria sobre la muerte.

Contra la ambición
(Mc 10,35-45)

20 Entonces se le acercó la madre de los Zebedeos con sus hijos y se postró para hacer una petición. 21 Él le preguntó:

—¿Qué deseas?

Ella contestó:

—Manda que, cuando reines, estos dos hijos míos se sienten uno a tu derecha y otro a tu izquierda.

22 Jesús le contestó:

—No saben lo que piden. ¿Son capaces de beber la copa que yo he de beber?

Ellos contestan:

—Podemos.

23 Jesús les dijo:

—Mi copa la beberán, pero sentarse a mi derecha e izquierda no me toca a mí concederlo; esos lugares son para quienes se los ha destinado mi Padre.

24 Cuando los otros diez lo oyeron, se enojaron con los dos hermanos.

25 Pero Jesús los llamó y les dijo:

—Saben que entre los paganos los gobernantes tienen sometidos a sus súbditos y los poderosos imponen su autoridad. 26 No será así entre ustedes; más bien, quien entre ustedes quiera llegar a ser grande que se haga servidor de los demás; 27 y quien quiera ser el primero, que se haga sirviente de los demás. 28 Lo mismo que el Hijo del Hombre no vino a ser servido, sino a servir y a dar su vida como rescate por muchos.

Sana a dos ciegos
(Mc 10,46-52; Lc 18,35-43)

29 Cuando se fueron de Jericó, un gran gentío le seguía. 30 Dos ciegos, que estaban sentados al costado del camino, al oír que Jesús pasaba, se pusieron a gritar:

—¡[Señor,] Hijo de David, ten compasión de nosotros!

31 La gente los reprendía para que se callasen. Pero ellos gritaban más fuerte:

—¡Señor, Hijo de David, ten compasión de nosotros!

32 Jesús se detuvo y les habló:

—¿Qué quieren que haga por ustedes?

33 Respondieron:

—Señor, que se nos abran los ojos.

34 Compadecido, Jesús les tocó los ojos y al punto recobraron la vista y le siguieron.

20,20-28 Contra la ambición. Continúa el tema de quién es el mayor y quién el menor, esta vez en el plano del poder. El episodio sucede en el círculo de los Doce y muestra lo mal que han entendido los apóstoles la enseñanza del Maestro. Del hecho concreto pasa Jesús al principio general, válido para su comunidad: lo importante en el reinado de Dios no es tener un puesto de honor, sino seguirle a Él en su camino de entrega y servicio a los más necesitados. Por tanto, la comunidad no puede ejercer la autoridad y el poder repitiendo el mismo modelo autoritario y tiránico de los gobernantes de aquel entonces.

Esta enseñanza no va dirigida solamente a los discípulos que siguieron al Jesús histórico, sino también a la comunidad de Mateo y a la de nuestros días: oponerse a los esquemas de poder y de dominio que gobiernan este mundo; hacer posible la globalización de la solidaridad. El grande es el que sirve, y el primero, el que se hace servidor de todos.

20,29-34 Sana a dos ciegos. El episodio de los ciegos se encuentra a medio camino: prolonga las instrucciones a los discípulos en el tema del seguimiento y anticipa el triunfo de Jesús en Jerusalén con la confesión de los ciegos. Hay en este relato una cierta ironía. Los que están físicamente ciegos son los que ven con más claridad quién es realmente Jesús. Los dos ciegos representan a los discípulos que reconocen a Jesús como Mesías y Señor, pero aún no han comprendido toda su enseñanza. Son dos, como los hijos de Zebedeo (20,20-23), pero su petición es bien distinta a la de aquéllos. Ellos no piden un puesto importante, sino que se acercan con fe a Jesús para pedirle que les abra los ojos y puedan así comprender y asumir el camino que Él les propone.

El cambio que se produce en los dos ciegos es el que debe producirse en los discípulos que se acercan a Jesús con fe. El encuentro con Jesús les abre los ojos, les da una luz nueva para comprender y para recorrer el camino del seguimiento en el servicio y la entrega.

Entrada triunfal en Jerusalén
(Mc 11,1-11; Lc 19,29-40; cfr. Jn 12,12-19)

21 [1] Al llegar cerca de Jerusalén,
entraron en Betfagé, junto al monte de los Olivos. Entonces Jesús envió a dos discípulos [2] diciéndoles:

—Vayan al pueblo de enfrente y enseguida encontrarán una burra atada y su cría junto a ella. Desátenla y tráiganla. [3] Si alguien les dice algo, ustedes le dirán que el Señor las necesita. Y enseguida las devolverá.

[4] Esto sucedió para que se cumpliera lo anunciado por el profeta:

[5] *Digan a la ciudad de Sión:*
mira a tu rey que está llegando:
humilde, cabalgando una burra
y un burrito, hijo de asna.

[6] Fueron los discípulos y, siguiendo las instrucciones de Jesús, [7] le llevaron la burra y su cría. Echaron los mantos sobre ellos y el Señor se montó. [8] Una gran muchedumbre alfombraba con sus mantos el camino. Otros cortaban ramas de árbol y cubrían con ellas el camino. [9] La multitud, delante y detrás de él, aclamaba:

—¡Hosana al Hijo de David!
Bendito el que viene
en nombre del Señor.
¡Hosana en las alturas!

[10] Cuando entró en Jerusalén, toda la población conmovida preguntaba:

—¿Quién es éste?

[11] Y la multitud contestaba:

—Es el profeta Jesús, de Nazaret de Galilea.

Purifica el Templo
(Mc 11,15-19; Lc 19,45-48; cfr. Jn 2,13-16)

[12] Jesús entró en el templo y echó fuera a los que vendían y compraban en el templo, volcó las mesas de los cambistas y las sillas de los que vendían palomas. [13] Les dijo:

—Está escrito que *mi casa será casa de oración*, mientras que ustedes la han convertido en cueva de asaltantes.

[14] En el templo se le acercaron ciegos y cojos y él los sanó. [15] Cuando los sumos sacerdotes y letrados vieron los milagros que hacía y a la gente gritando en el templo: ¡Hosana al Hijo de David!, se indignaron [16] y le dijeron:

—¿Oyes lo que están diciendo?

Jesús les contestó:

—Sí, ¿acaso nunca han oído aquel pasaje:

21,1-11 Entrada triunfal en Jerusalén. Después de instruir a sus discípulos sobre su destino y sobre las exigencias del seguimiento (16,21–20,34), Jesús entra en Jerusalén y el conflicto con las autoridades judías se agrava cada vez más. Jesús inicia aquí la última etapa de su vida terrena.

Con motivo de la celebración de la Pascua, memoria viva de la liberación de Egipto, acudían a Jerusalén multitud de judíos. En estas ocasiones, las expectativas mesiánicas resurgían con fuerza. La espera del inminente reinado de Dios se apoderó del grupo que lo acompañaba, y comenzaron a aclamarlo como Mesías («Hijo de David», según el versículo 9). El gesto humilde de Jesús de entrar en Jerusalén montado en un asno revela que su mesianismo no seguirá los esquemas del poder y la gloria.

Las autoridades y la gente sencilla han comprendido el significado y el alcance del gesto realizado por Jesús, pero sus reacciones son diversas: la gente reconoce que es un profeta, pero las autoridades de la ciudad acogen esta manifestación con recelo y turbación. La pregunta: «¿Quién es éste?» (10) no revela deseos de conocer, sino un rechazo frontal de Jesús.

21,12-17 Purifica el Templo. Lo primero que hace Jesús al entrar en Jerusalén es purificar el Templo. Se trata de una acción simbólica en un ámbito restringido, con un gesto de autoridad que desacredita la autoridad oficial y religiosa.

El comercio de ganado y de moneda en el patio mayor del recinto del Templo se prestaba a múltiples abusos, tolerados por la autoridad. Jesús rubrica su gesto combinando dos citas del Antiguo Testamento (Is 56,7 y Jr 7,11).

Este hecho es una de las acciones más representativas de Jesús. Reclama una conversión profunda, una vuelta a la alianza de amor con Dios. Este gesto era muy peligroso, porque atentaba contra los fundamentos de un sistema firmemente establecido. La doctrina de Jesús, ratificada con su praxis liberadora, tenía que exasperar a los dirigentes judíos. Cuestionar la imagen tradicional

sacaré una alabanza de la boca
de criaturas y niños de pecho?
17 Dejándolos, salió de la ciudad y se
dirigió a Betania, donde pasó la noche.

La higuera seca
(Mc 11,12-14.20-24)

18 De mañana, cuando caminaba a
la ciudad, sintió hambre, 19 al ver una
higuera junto al camino, se acercó,
pero no encontró más que hojas.
Entonces le dijo:
—Jamás vuelvas a dar fruto.
En ese momento se secó la higuera.
20 Al verlo, los discípulos decían
asombrados:
—¿Cómo es que la higuera se ha secado repentinamente?
21 Jesús les respondió:
—Les aseguro que, si tuvieran una
fe firme, no sólo harían lo de la higuera,
sino que podrían decir a ese monte que
se quite de ahí y se tire al mar, y lo haría.
22 Y todo lo que pidan con fe lo recibirán.

La autoridad de Jesús
(Mc 11,27-33; Lc 20,1-8)

23 Entró en el templo y se puso a
enseñar. Se le acercaron los sumos
sacerdotes y los ancianos del pueblo y
le preguntaron:
—¿Con qué autoridad haces eso?
¿Quién te ha dado tal autoridad?
24 Jesús les contestó:
—Yo a mi vez les haré una pregunta,
si me la responden, les diré con qué
autoridad hago esto: 25 El bautismo de
Juan, ¿de dónde procedía?, ¿del cielo o
de los hombres?
Ellos discutían la cuestión: Si decimos que del cielo, nos dirá que por qué
no le creímos; 26 si decimos que de los
hombres, nos asusta la gente, porque
todos tienen a Juan por profeta. 27 Así
que respondieron a Jesús:
—No sabemos.
Él les replicó:
—Entonces yo tampoco les digo
con qué autoridad lo hago.

Parábola de los dos hijos

28 —A ver, ¿qué les parece? Un hombre tenía dos hijos. Se dirigió al primero
y le dijo: Hijo, quiero que hoy vayas a
trabajar a mi viña. 29 El hijo le respondió: No quiero; pero luego se arrepintió
y fue. 30 Acercándose al segundo le dijo

de Dios, del Templo, de Jerusalén, de la Ley, era blasfemo. Tocar «el buen nombre» de los dirigentes era sacrílego. Jesús terminó enfrentado con la institución (el Sanedrín y el Templo) y con sus servidores. Por ello, entre los crímenes por los cuales condenaron a Jesús estaba la blasfemia y el sacrilegio.

La purificación del Templo va acompañada de sanaciones y aclamaciones de los niños: una manifestación de Jesús como Mesías. Los dirigentes del Templo se escandalizan, no entienden que con esta llegada de Jesús se inaugura el auténtico y verdadero culto.

21,18-22 La higuera seca. Esta escena es, a primera vista, incongruente. En Marcos, este episodio precede a la purificación del Templo (Mc 11,12-14.15-17); la higuera estéril simboliza al pueblo de Israel que no ha sido fiel a su misión y la maldición de Jesús anuncia el abandono de Dios (cfr. Lc 13,6-9). Sin embargo, para Mateo se trata de la manifestación del poder de Jesús que buscó frutos de justicia en la ciudad santa, pero no los encontró; por eso, anuncia simbólicamente la caída de Jerusalén y la destrucción del Templo. Para el evangelista, este hecho es una ocasión para instruir a la comunidad sobre la importancia y el poder de la fe; ya vimos en Mt 8s que la fe es siempre un requisito para que Jesús pueda realizar sus signos.

21,23-27 La autoridad de Jesús. La autoridad con que Jesús actúa molesta a sus adversarios. Aquí tenemos el primer debate con los jefes de los sacerdotes y los ancianos del pueblo. Se discute la autoridad (23) con que Jesús entró en la ciudad, purificó el Templo, sanó a los enfermos y enseñó. Jesús responde, como en otras ocasiones, preguntando (24): promete responder si ellos dicen públicamente si el bautismo de Juan es de Dios o es humano. Sus acusadores se ven obligados a dar una respuesta («No sabemos»), con la que quedan humillados frente a los observadores y reafirma la autoridad de Jesús (27). Los lectores de Mateo saben que tanto la actividad de Juan como la de Jesús provienen de Dios.

21,28-32 Parábola de los dos hijos. Jesús comienza la parábola con una primera pregunta: «¿Qué les parece?» (28). Según las convenciones sociales de la época,

lo mismo. Éste respondió: Ya voy, señor; pero no fue. 31 ¿Cuál de los dos hizo la voluntad de su padre?

Le dijeron:

—El primero.

Y Jesús les contestó:

—Les aseguro que los recaudadores de impuestos y las prostitutas entrarán antes que ustedes en el reino de Dios. 32 Porque vino Juan, enseñando el camino de la justicia, y no le creyeron, mientras que los recaudadores de impuestos y las prostitutas le creyeron. Y ustedes, aun después de verlo, no se han arrepentido ni le han creído.

Parábola de los viñadores malvados

(Mc 12,1-12; Lc 20,9-19)

33 Escuchen otra parábola: Un hacendado plantó una viña, la rodeó con una tapia, cavó un lagar y construyó una torre; después la arrendó a unos viñadores y se fue. 34 Cuando llegó el tiempo de la cosecha, mandó a sus sirvientes para recoger de los viñadores el fruto que le correspondía. 35 Pero los viñadores agarraron a los sirvientes y a uno lo golpearon, a otro lo mataron, y al tercero lo apedrearon. 36 Envió otros sirvientes, más numerosos que los primeros, y los trataron de igual modo. 37 Finalmente les envió a su hijo, pensando que respetarían a su hijo. 38 Pero los viñadores, al ver al hijo, comentaron: Es el heredero. Lo matamos y nos quedamos con la herencia. 39 Agarrándolo, lo echaron fuera de la viña y lo mataron. 40 Cuando vuelva el dueño de la viña, ¿cómo tratará a aquellos viñadores?

41 Le respondieron:

—Acabará con aquellos malvados y arrendará la viña a otros viñadores que le entreguen su fruto a su debido tiempo.

42 Jesús les dijo:

—¿No han leído nunca en la Escritura:

La piedra
que desecharon los arquitectos
es ahora la piedra angular;
es el Señor quien lo ha hecho
y nos parece un milagro?

43 Por eso les digo que a ustedes les quitarán el reino de Dios y se lo darán a un pueblo que produzca sus frutos. 44 [El que tropiece con esa piedra se hará trizas; al que le caiga encima lo aplastará.]

45 Cuando los sumos sacerdotes y los fariseos oyeron sus parábolas, comprendieron que se refería a ellos.

lo más probable es que la gente respondiera que el que actuó bien fue el primer hijo porque respondió bien a su padre. El otro hijo había puesto en entredicho el honor de su padre al desobedecerle; su negativa era una falta de respeto.

Pero Jesús cambia la pregunta: «¿Cuál de los dos hizo la voluntad de su padre?» (31). Lo que importa no son las apariencias externas, sino el interior de la persona; el que honra a Dios no es el que observa unos ritos externos, sino el que hace su voluntad. Al amor no lo consuma la ortodoxia, sino el compromiso. En el tiempo de Jesús, el legalismo solía poner la ortodoxia como uno de sus pilares. Había creado una mentalidad centrada en las apariencias. Jesús sabía que para Dios, que conocía lo secreto del corazón, el hijo verdadero era el que de hecho practicaba la justicia. Esta parábola lo expresa con claridad: las relaciones auténticas con Dios se establecen sobre el compromiso. Las apariencias de obediencia (sólo palabras), no crean relaciones genuinas.

21,33-46 Parábola de los viñadores malvados. Esta dura parábola nació como la expresión del agudo conflicto al que había llegado Jesús con los dirigentes de su pueblo y tomó un significado especial a partir del año 70 y después de la destrucción de Jerusalén. Jesús ya veía cercana su muerte y sabía que hacia ella lo llevaba la violencia de los dirigentes. Ellos eran los primeros responsables de su muerte y como tales, unos asesinos. La oferta de Jesús de una sociedad fraterna, solidaria e igualitaria chocó con los intereses del sistema. La parábola contiene una amarga ironía que resume toda la historia de Israel: en el Antiguo Testamento había empezado como un humilde arrendatario y frente a Jesús terminaba como un asesino por interés.

Los líderes de Israel no han cultivado bien la viña, preparándola para el Mesías. Se han apropiado del pueblo y deciden la muerte de Jesús porque les arrebata su control sobre la gente sencilla. El heredero es asesinado fuera de la viña, como Jesús a las afueras de Jerusalén.

46 Intentaron arrestarlo, pero tuvieron
miedo de la multitud, que lo tenía por
profeta.

Parábola del banquete de bodas
(Lc 14,15-24)

22 1 Jesús tomó de nuevo la palabra y les habló con parábolas:
2 El reino de los cielos se parece a
un rey que celebraba la boda de su hijo.
3 Envió a sus sirvientes para llamar a los
invitados a la boda, pero éstos no
quisieron ir. 4 Entonces envió a otros
sirvientes encargándoles que dijeran a
los invitados: Tengo el banquete preparado, mis mejores animales ya han sido
degollados y todo está a punto; vengan
a la boda. 5 Pero ellos se desentendieron:
uno se fue a su campo, el otro a su negocio; 6 otros agarraron a los sirvientes,
los maltrataron y los mataron. 7 El rey
se indignó y, enviando sus tropas,
acabó con aquellos asesinos e incendió
su ciudad.
8 Después dijo a sus sirvientes: El
banquete nupcial está preparado, pero
los invitados no se lo merecían. 9 Vayan
a los cruces de caminos y a cuantos
encuentren invítenlos a la boda.
10 Salieron los sirvientes a los caminos y
reunieron a cuantos encontraron,
malos y buenos. El salón se llenó de
convidados.
11 Cuando el rey entró para ver a los
invitados, observó a uno que no llevaba
traje apropiado. 12 Le dijo: Amigo,
¿cómo has entrado sin traje apropiado?
Él enmudeció. 13 Entonces el rey
mandó a los guardias: Átenlo de pies y
manos y échenlo fuera, a las tinieblas.
Allí será el llanto y el crujir de dientes.
14 Porque son muchos los invitados
pero pocos los elegidos.

Sobre el tributo al césar
(Mc 12,13-17; Lc 20,20-26)

15 Entonces los fariseos se reunieron
para buscar un modo de enredarlo
con sus palabras. 16 Le enviaron algunos
discípulos suyos acompañados de herodianos, que le dijeron:
—Maestro, nos consta que eres sincero, que enseñas con fidelidad el
camino de Dios y que no te fijas en la

Esos líderes judíos no van a tener ningún poder sobre el nuevo Pueblo de Dios porque ha pasado a manos de los discípulos de Jesús.

Tanto la Iglesia primitiva como la nuestra de hoy sabe que su existencia y su razón de ser están ligadas a la fidelidad a la misión de Jesús: hacer presente la novedad absoluta del reinado de Dios, que desde Jesús no se define tanto por la ortodoxia como por la praxis de liberación de los pobres y desheredados de este mundo.

22,1-14 Parábola del banquete de bodas. En el fondo de esta parábola está la respuesta de la comunidad de Mateo a la pregunta: ¿qué es el reinado de Dios? La parábola tiene dos partes: los invitados al banquete (1-10) y el comensal sin traje apropiado (11-14). La parábola expresa la relación entre el Señor y sus invitados, entre los cuales hay dos categorías: 1. Los invitados que se autoexcluyen del banquete por intereses personales de poder: «uno se fue a su campo, el otro a su negocio» (5). Además de dueños de campos y negocios eran unos asesinos (6). No son dignos de entrar en el reino porque han rechazado la propuesta de Dios. 2. Los segundos, malos y buenos, están en los cruces de los caminos. La sala que se había preparado se llena de estos nuevos comensales, que inicialmente estaban excluidos, porque aceptan y acogen con gozo la invitación al banquete del reino. Por eso concluye este pasaje: «son muchos los invitados pero pocos los elegidos» (14).

En la segunda parte (11-14) se añade un elemento nuevo a la parábola que cambia la perspectiva que hasta ahora llevaba el relato. La presencia del rey ofrece la clave del juicio que recae sobre cada uno de los invitados al banquete. En este marco de referencia tiene sentido la pregunta por el traje de fiesta. Para entrar en el banquete del reino es necesario un estilo de vida que ponga en práctica las enseñanzas de Jesús. No todos los invitados al banquete (los llamados) se encontrarán al fin con los elegidos (14). Lo que convierte a los invitados en elegidos es el amor encarnado en las circunstancias concretas de la vida (25,31-46).

22,15-22 Sobre el tributo al césar. Desde aquí hasta el final del capítulo encontramos cuatro preguntas y cuatro respuestas que muestran la creciente tensión entre Jesús y las autoridades judías.

En la primera cuestión ve Mateo un complot, protagonizado por discípulos de los fariseos y herodianos. Los discípulos de los fariseos pueden preguntar fingiendo

condición de las personas porque eres
imparcial. 17 Dinos tu opinión: ¿es lícito
pagar tributo al césar o no?
18 Jesús, adivinando su mala intención, les dijo:
—¿Por qué me tientan, hipócritas?
19 Muéstrenme la moneda del tributo.
Le presentaron un denario.
20 Y él les dijo:
—¿De quién es esta imagen y esta
inscripción?
21 Contestaron:
—Del césar.
Entonces les dijo:
—Den, pues, al césar lo que es del
césar y a Dios lo que es de Dios.
22 Al oírlo, se sorprendieron, lo dejaron y se fueron.

Sobre la resurrección
(Mc 12,18-27; Lc 20,27-40)

23 En aquella ocasión se acercaron
unos saduceos –que niegan la resurrección– y le dijeron:
24 —Maestro, Moisés mandó que,
cuando uno muera sin hijos, su herma-
no se case con la viuda para dar des-
cendencia al hermano difunto. 25 Pues
bien, había en nuestra comunidad siete
hermanos. El primero se casó, murió
sin tener hijos y dejó la mujer a su
hermano. 26 Lo mismo pasó con el segundo y el tercero, hasta el séptimo.
27 Después de todos murió la mujer.
28 Cuando resuciten, ¿de cuál de los
siete será mujer? Pues todos fueron
maridos suyos.
29 Les contestó Jesús:
—Están equivocados por no conocer la Escritura ni el poder de Dios.
30 Cuando resuciten, no se casarán ni
los hombres ni las mujeres, sino que
serán como ángeles en el cielo. 31 Y a
propósito de la resurrección, ¿no han
leído lo que les dice Dios:

32 *Yo soy el Dios de Abrahán,*
el Dios de Isaac,
el Dios de Jacob?

No es Dios de muertos, sino de vivos.

una curiosidad inocente; los herodianos son adictos a un poder establecido o respaldado por los romanos. El asunto en discusión es el tributo debido al césar. Este impuesto fue una realidad que sufrieron tanto el pueblo judío como las comunidades cristianas bajo el dominio del imperio romano. La pregunta intenta conducir a Jesús a un terreno en extremo peligroso. Es la vertiente económica de la política, en la cual se juega la lealtad y sumisión al poder imperial. Los recaudadores iban a veces acompañados por soldados romanos.

La respuesta de Jesús es habilísima: si reconocen el curso legal de la moneda (20) es que han entrado en el sistema económico y deben aceptar sus consecuencias. Pero por encima de cualquier poder humano está Dios. Jesús rompe los hilos de la red que le tienden y eleva su enseñanza a un nivel superior, de más alto alcance. El principio, en su formulación lapidaria (21), ha sido fuente de inspiración y de interpretaciones o aplicaciones diversas, no siempre acertadas.

Jesús no tuvo intención de dividir el mundo en dos reinos (el de Dios y el del césar) poniéndolos en un plano de igualdad. Tampoco quiso establecer dos órdenes separados: uno humano, otro divino que nada tiene que ver con las cuestiones terrenas. El estado no es el valor supremo, y por eso Jesús se apresura a poner en claro que mucho más importantes son los deberes para con Dios, quien siempre nos remite al otro, a todos los rostros humanos doloridos, porque la mayor gloria de Dios es que el pobre viva.

La moneda que lleva la efigie del césar le pertenece a él en calidad de tributo, pero el ser humano, que lleva impresa la imagen de Dios, se debe a su Creador. Por eso, si el estado llegara alguna vez a reclamar algo de lo que pertenece en exclusividad a Dios, entonces «hay que obedecer a Dios antes que a los hombres» (Hch 5,29).

Pertenecemos a un mundo donde hay muchas formas de idolatría, especialmente la idolatría del mercado al que se le rinde tributo a costa de la propia conciencia y de la dignidad de sus servidores. Los nuevos dioses ciudadanos –el mercado del consumo, la moda, el espíritu de competencia desleal, las armas, el poder, el dinero, el prestigio...– reclaman culto, sacrificios, adoración, adhesión fanática e irracional. Estamos sumergidos en el mundo y no podemos escapar físicamente de él, pero Jesús nos invita a mantener nuestra conciencia libre y autónoma. Al reinado de Dios lo que pertenece a Él, y a los reinos del mundo del mercado lo que les pertenece a ellos.

22,23-33 Sobre la resurrección. Lucas nos ofrece una entretenida ilustración sobre los saduceos y la resurrección (Hch 23,6-10); en ese punto, los saduceos eran enemigos de los fariseos. Para el lector cristiano es inevitable el recuerdo de 1 Cor 15,12.

[33] La multitud al oírlo estaba asombrada de su enseñanza.

Sobre el precepto más importante
(Mc 12,28-34; Lc 10,25-28)

[34] Al saber los fariseos que había
tapado la boca a los saduceos, se reunieron alrededor de él; [35] y uno de ellos,
[doctor en la ley] le preguntó maliciosamente:
[36] —Maestro, ¿cuál es el precepto
más importante en la ley?
[37] Le respondió:
—*Amarás al Señor tu Dios*
con todo tu corazón,
con toda tu alma,
y con toda tu mente.
[38] Éste es el precepto más importante; [39] pero el segundo es equivalente:
Amarás al prójimo como a ti mismo.
[40] De estos dos mandamientos dependen la ley entera y los profetas.

Sobre el Mesías y David
(Mc 12,35-37; Lc 20,41-44)

[41] Estando reunidos los fariseos,
Jesús les hizo esta pregunta:
[42] —¿Qué piensan acerca del Mesías?
¿De quién es hijo?
Ellos le responden:
—De David.
[43] Él les dijo:
—Entonces, ¿cómo David, inspirado,
lo llama Señor, diciendo:
[44] *Dijo el Señor a mi Señor:*
Siéntate a mi derecha
hasta que ponga a tus enemigos
debajo de tus pies?
[45] Si David lo llama Señor, ¿cómo
puede ser su hijo?
[46] Ninguno pudo darle una respuesta,

Los saduceos basan su caso en la ley del levirato, en virtud de la cual el cuñado debe tomar a la viuda sin hijos de su hermano para darle un hijo y perpetuar el nombre del difunto (Dt 25,5-10; Rut 4). La presentación del caso es claramente burlesca.

Jesús responde de frente. El planteamiento va desencaminado, porque supone que la otra vida es repetición y prolongación de la presente. La vida del resucitado es obra del poder de Dios y es Él quien establece la nueva condición humana (cfr. 1 Cor 15,35-53). Después cita un texto del Pentateuco (único texto sagrado que reconocen los saduceos) en el que Dios mismo se presenta y define (Éx 3,6): el Dios de la Escritura no es un dios infernal, sino vivo, de la vida y de los vivos.

22,34-40 Sobre el precepto más importante. La pregunta se explica porque los fariseos contaban 613 preceptos en la Ley. Había que saberlos y practicarlos todos. Jesús responde combinando Dt 6,5 con Lv 19,18. Para Jesús, el fundamento de la relación con Dios y con el prójimo es el amor solidario.

La integración de los dos amores, de Dios y del prójimo, es su enseñanza fundamental.

La Ley y los Profetas son toda la Escritura (Mt 7,12), pues bien: el amor es la clave de la Escritura, el indispensable principio unificador que elimina toda posible dispersión y el criterio básico de discernimiento. No se puede observar de verdad la Ley si falta el amor (Rom 13,9; Gál 5,14; Sant 2,8).

Desde una perspectiva cristiana, sin amor al prójimo no hay amor a Dios, no hay verdadero cumplimiento de la voluntad de Dios, ni se alcanza esa justicia superior que preconiza el sermón del monte (5,20). El amor al prójimo no sustituye el amor de Dios ni se identifica con él, pero es tan importante como amar a Dios (cfr. 1 Jn 4,20). Al colocar estos dos mandamientos como el eje de toda la Escritura, Jesús pone en primer lugar la actitud filial con respecto a Dios y la solidaridad interhumana como los fundamentos de toda vida religiosa.

22,41-46 Sobre el Mesías y David. Ahora es Jesús quien abre el debate. La respuesta a la primera pregunta (42) era fácil de responder y de conocimiento común. Pero la segunda pregunta (45) hace referencia a la relación entre el Mesías y el Hijo de Dios. Se trata de un texto de la Escritura (Sal 110,1) en el que David, a quien se atribuyen los Salmos, llama «Señor» al Mesías. David está llamando «Señor» a su descendiente, cuando es el hijo el que llama «Señor» a su padre, y no al revés. Así muestra David que el Mesías no es un mero descendiente suyo.

Muchos judíos esperaban al Mesías como liberador político y solía asociarse al título de Hijo de David. La doble pregunta de Jesús apunta al origen divino y a la verdadera naturaleza del Mesías. Jesús es Hijo de David en razón del linaje humano (cfr. 1,1), pero en su condición de Hijo de Dios es «Señor» de David y superior a él (cfr. 3,17; 16,16; 17,5; 27,54).

La frase final muestra la sabiduría superior de Jesús para interpretar las Escrituras. Sus oponentes, que presumían de un gran conocimiento son reducidos al silencio, manifestación de su ignorancia (46).

y en adelante nadie se atrevió a hacerle preguntas.

Invectiva contra los letrados y los fariseos

23 1 Entonces Jesús, dirigiéndose a la multitud y a sus discípulos, 2 dijo:

—En la cátedra de Moisés se han sentado los letrados y los fariseos. 3 Ustedes hagan y cumplan lo que ellos digan, pero no los imiten; porque dicen y no hacen.

4 Atan fardos pesados, [difíciles de llevar,] y se los cargan en la espalda a la gente, mientras ellos se niegan a moverlos con el dedo. 5 Todo lo hacen para exhibirse ante la gente: llevan cintas anchas y flecos llamativos en sus mantos. 6 Les gusta ocupar los primeros puestos en las comidas y los primeros asientos en las sinagogas; 7 que los salude la gente por la calle y los llamen maestros.

8 Ustedes no se hagan llamar maestros, porque uno solo es su maestro, mientras que todos ustedes son hermanos. 9 En la tierra a nadie llamen padre, pues uno solo es su Padre, el del cielo. 10 Ni se llamen jefes, porque sólo tienen un jefe que es el Mesías. 11 El mayor de ustedes que se haga servidor de los demás. 12 Quien se alaba será humillado, quien se humilla será alabado.

13 ¡Ay de ustedes, letrados y fariseos hipócritas, que cierran a los hombres el reino de los cielos! ¡No entran ni dejan entrar a los que lo intentan!

14 [[¡Ay de ustedes, letrados y fariseos hipócritas, que devoran los bienes de las viudas, mientras hacen largas oraciones para que los tengan por justos! ¡La sentencia para ustedes será más severa!]]

15 ¡Ay de ustedes, letrados y fariseos hipócritas, que recorren mar y tierra para ganar un partidario, y cuando lo consiguen, lo hacen doblemente más merecedor del infierno que ustedes!

16 ¡Ay de ustedes, guías ciegos, que dicen: Quien jura por el santuario no se compromete, quien jura por el oro del santuario queda comprometido! 17 ¡Tontos y ciegos!, ¿qué es más importante? ¿El oro o el santuario que consagra el oro? 18 Dicen: Quien jura por el altar no se compromete, quien jura por la ofrenda que hay sobre el altar queda comprometido. 19 ¡Ciegos!

23,1-36 Invectiva contra los letrados y los fariseos. Aquí culmina la polémica de la comunidad cristiana con las autoridades religiosas judías. El texto resulta condicionado por las circunstancias y por el género: la redacción probablemente refleja la época en que los cristianos habían sido ya excluidos de la comunidad judía, mientras que el género literario de la «polémica» explica indudables exageraciones o simplificaciones al describir al adversario; algunos rasgos tienen más de caricatura que de retrato –se leen semejantes descripciones en escritos filosóficos polémicos de la época–.

La descripción y caracterización de aquellos grupos de letrados y fariseos no concuerda en todo con lo que sabemos por otras fuentes. En cambio, es posible y conveniente tomar el texto como descripción de tipos que se pueden dar en otros grupos religiosos, incluida la propia comunidad. El discurso se dirige a la multitud «y a los discípulos» (1). Por tanto, las palabras de Jesús deben servir de advertencia para los discípulos de todos los tiempos, ya que siempre se está expuesto a reincidir en los vicios que aquí se condenan más severamente: la arbitrariedad de ciertas imposiciones, la vanidad y ostentación en la observancia de la Ley, la incapacidad para discernir lo importante de lo accidental y secundario y, sobre todo, la falta de correspondencia entre la doctrina y la vida. El hipócrita, como tipo humano, queda desenmascarado.

La religión es cuestión del corazón, tanto en su dimensión vertical, en relación con Dios, como en la horizontal, en relación con el prójimo. Cuando esto no sucede, se convierte en algo que abruma, asfixia y esclaviza.

Jesús respetó la Ley. Más aún, vino a darle todo su sentido y plenitud. Pero ridiculizó su concepción e interpretación farisaica. La crítica de Jesús al legalismo no va dirigida contra la Ley, sino contra aquellos que, amparándose en ella, quieren burlar sus profundas exigencias. Lo primero es el interior, el corazón; posteriormente, y naciendo de él, vendrá lo exterior. Se necesita purificar el corazón con la Palabra de Dios (Jn 15,3), con la respuesta dada a la Palabra de Dios desde la fe o desde la obediencia de la fe (Rom 1,5).

¿Qué es más importante? ¿La ofrenda
o el altar que consagra la ofrenda?
20 Porque quien jura por el altar jura por
él y por cuanto hay sobre él; 21 y quien
jura por el santuario jura por él y por
quien lo habita; 22 y quien jura por el
cielo jura por el trono de Dios y por el
que está sentado en él.

23 ¡Ay de ustedes, letrados y fariseos
hipócritas, que pagan el impuesto de la
menta, del anís y del comino, y descuidan lo más importante de la ley: la
justicia, la misericordia y la fe! ¡Eso es
lo que hay que observar, sin descuidar
lo otro! 24 ¡Guías ciegos, que cuelan el
mosquito y se tragan el camello!

25 ¡Ay de ustedes, letrados y fariseos
hipócritas, que limpian por fuera la copa
y el plato, mientras por dentro están llenos de inmoralidad y robos! 26 ¡Fariseo
ciego, limpia primero por dentro la
copa y así quedará limpia por fuera!

27 ¡Ay de ustedes, letrados y fariseos
hipócritas, que parecen sepulcros blan-
queados: por fuera son hermosos, por
dentro están llenos de huesos de muertos y de toda clase de inmundicia! 28 Así
también son ustedes, por fuera parecen honrados delante de la gente, pero
por dentro están llenos de hipocresía y
maldad.

29 ¡Ay de ustedes, letrados y fariseos
hipócritas, que construyen sepulcros
grandiosos a los profetas y monumentos
a los justos, 30 mientras comentan:
Si hubiéramos vivido en tiempo de
nuestros antepasados, no habríamos
participado en el asesinato de los profetas. 31 Con lo cual reconocen que son
descendientes de los que mataron a los
profetas. 32 Ustedes, pues, terminen de
hacer lo que iniciaron sus antepasados.
33 ¡Serpientes, raza de víboras! ¿Cómo
evitarán el juicio del infierno?

34 Miren, para eso les estoy enviando
profetas, sabios y letrados: a unos los
matarán y crucificarán, a otros los azotarán en las sinagogas y los perseguirán de ciudad en ciudad. 35 Así recaerá
sobre ustedes toda la sangre inocente
derramada en la tierra, desde la sangre
del justo Abel hasta la sangre de Zacarías, hijo de Baraquías, a quien ustedes
mataron entre el santuario y el altar.
36 Les aseguro que todo recaerá
sobre esta generación.

Lamentación por Jerusalén
(Lc 13,34s)

37 ¡Jerusalén, Jerusalén, que matas
a los profetas y apedreas a los enviados! ¡Cuántas veces intenté reunir a tus
hijos como la gallina reúne los pollitos
bajo sus alas, y tú te negaste! 38 Por
eso, la casa de ustedes quedará desierta. 39 Les digo que a partir de ahora
no volverán a verme hasta que digan:

Bendito el que viene
en el nombre del Señor.

Sobre la destrucción del Templo
(Mc 13,1s; Lc 21,5s)

24 1 Jesús salió del templo y, mientras caminaba, se le acercaron

23,37-39 Lamentación por Jerusalén. Toda esta sección que ha tenido lugar en Jerusalén termina ahora con un lamento. Estas últimas palabras de Jesús se dirigen especialmente a los líderes religiosos de la Ciudad Santa, que siempre mantuvieron una actitud de recelo y sospecha hacia Jesús y, por eso, no recibieron la salvación de Dios. Los cargos son dos: haber matado a los profetas y haber rechazado la invitación de Jesús (37). Por lo tanto, Dios dejará de habitar en el Templo (38) y Jesús el Mesías no se presentará allí hasta regresar como juez con la venida plena del reino de Dios. Jesús deja Jerusalén a su propia suerte. Sin embargo, la perspectiva no es de una oscuridad sin aurora, porque llegará el día en que dirán «bendito el que viene en nombre del Señor» (39; cfr. Sal 118,26). Esta promesa coincide con el anuncio de Pablo en Rom 11,26.

24,1-14 Sobre la destrucción del Templo – Comienzo de los dolores. Los capítulos 24s de Mateo constituyen una unidad. En ellos se incluye el último de los cinco

los discípulos y le señalaron las construcciones del templo. [2] Él les contestó:
—¿Ven todo eso? Les aseguro que
se derrumbará sin que quede piedra
sobre piedra.

Comienzo de los dolores
(Mc 13,3-8; Lc 21,7-11)

[3] Estando sentado en el monte de
los Olivos, se le acercaron los discípulos aparte y le preguntaron:
—Dinos cuándo sucederá eso y cuál es
la señal de tu llegada y del fin del mundo.
[4] Jesús les respondió:
—¡Tengan cuidado, y que nadie los
engañe! [5] Porque muchos se presentarán
en mi nombre, diciendo que son el Mesías, y engañarán a muchos. [6] Oirán hablar de guerras y noticias de guerras.
¡Tengan cuidado y no se alarmen! Todo
eso ha de suceder, pero todavía no es
el final. [7] Se alzará pueblo contra pueblo,
reino contra reino. Habrá carestías y terremotos en diversos lugares. [8] Todo eso
es el comienzo de los dolores de parto.

[9] Los entregarán para torturarlos y
matarlos; todos los pueblos los odiarán
a causa de mi nombre. [10] Entonces
muchos fallarán, se traicionarán y se
odiarán mutuamente. [11] Surgirán muchos falsos profetas que engañarán a
muchos. [12] Y, al crecer la maldad, se
enfriará el amor de muchos. [13] Pero el
que aguante hasta el final se salvará.

(Mc 13,12)

[14] La Buena Noticia del reino se proclamará a todas las naciones, y entonces llegará el final.

La gran tribulación
(Mc 13,14-20; Lc 21,20-24)

[15] Cuando vean instalado en el lugar
sagrado el ídolo abominable anunciado
por el profeta Daniel –el lector que lo
entienda–, [16] entonces los que viven en
Judea que escapen a los montes; [17] el
que esté en la azotea que no baje a recoger sus cosas; [18] el que se encuentre
en el campo que no vuelva a buscar el
manto. [19] ¡Ay de las embarazadas y de

discursos en torno a los cuales hace Mateo girar su evangelio, el llamado «discurso escatológico». Se divide en tres partes: descripción de sucesos futuros (24,1-44), parénesis sobre la vigilancia (24,45–25,30), y parábola del juicio (25,31-46).

Mateo se imagina a Jesús saliendo del Templo y volviendo a contemplarlo a cierta distancia. Esa imagen tiene valor simbólico: Jesús sale del Templo por última vez, lo deja atrás para siempre y se reúne con sus discípulos, la nueva comunidad. El Templo magnífico, de gigantescos sillares, construido por Herodes el Grande, es el trampolín para saltar al tema del discurso.

Éste es probablemente el texto más difícil de interpretar en el evangelio de Mateo, porque muchos sucesos eran futuros y desconocidos en sus detalles y porque se sobreponen las perspectivas. Los apóstoles parecen fundir y confundir dos cosas: la destrucción del Templo y el fin del mundo cuando venga el Mesías. Piden señales precisas para fabricarse un calendario seguro y razonablemente exacto. La curiosidad se mezcla con el temor.

En su respuesta, Jesús rehúsa toda determinación temporal; transforma la información en exhortación a la vigilancia frente a tribulaciones ciertas, a la expectación de lo súbito. Los discípulos preguntan dos cosas (3) sin definir su relación; «eso» es la destrucción del Templo, «tu llegada» es la parusía, la venida con gloria de Jesús el Señor, que coincide con el fin del mundo.

Una serie de acontecimientos tremendos (4-14) sucederá al final; pero no se pueden ordenar en un calendario. Dominará la anarquía interior, las guerras entre pueblos, las catástrofes naturales, las persecuciones, todo ello junto con los dolores de parto de la nueva y definitiva era. Por tanto, hay que aguantar y esperar, pues la causa ennoblecerá el sufrimiento (9), se predicará a todos la Buena Noticia (14) y los fieles se salvarán (13).

El fin del mundo –en el sentido corriente de la expresión– no es inmediato. Tiene que haber unos signos previos. Pero los signos enumerados nunca deben entenderse como fechas indicadoras del momento en que tendrá lugar. Cuantas veces se han ensayado los cálculos para determinarlo, otras tantas se ha comprobado el error. El cálculo del momento preciso en que tendrá lugar ese fin total va directamente en contra del mismo evangelio, de todos aquellos pasajes que exhortan a la vigilancia: la necesidad de estar alerta (25,13), de hacer rendir los talentos recibidos (25,14-30) y de ayudar a los hermanos necesitados (25,31-46). Si el evangelio nos proyecta hacia el futuro, es para invitarnos a una inserción más comprometida con la historia presente.

24,15-28 La gran tribulación. El texto utiliza aquí el lenguaje característico de los escritos apocalípticos. Aunque la descripción se refiere más concretamente a la destrucción de Jerusalén, la intención principal es animar

las que tengan niños pequeños en aquellos días! 20 Recen para que la huida no
suceda en invierno o en sábado. 21 Habrá
una tribulación tan grande como no
la hubo desde el comienzo del mundo
hasta ahora, ni la habrá en el futuro. 22 Si
no se acortara aquel tiempo, no se
salvaría ni uno. Pero, en atención a los
elegidos, se acortará aquel tiempo.

(Mc 13,21-23)

23 Entonces, si alguien les dice que
el Mesías está aquí o allí, no le crean.
24 Surgirán falsos mesías y falsos profetas, que harán milagros y prodigios,
hasta el punto de engañar, si fuera posible, incluso a los elegidos. 25 Miren
que los he prevenido.
26 Si les dicen: Miren, está en el desierto, no salgan; o: Miren, está en un lugar secreto, no hagan caso. 27 Porque
como el relámpago que aparece en el
oriente y brilla hasta el occidente, así será
la llegada del Hijo del Hombre. 28 Donde
esté el cadáver allí se reunirán los buitres.

La parusía

(Mc 13,24-27; Lc 21,25-28)

29 Inmediatamente después de esa
tribulación, el sol se oscurecerá, la luna
no irradiará su resplandor; las estrellas
caerán del cielo y los ejércitos celestes
temblarán. 30 Entonces aparecerá en el
cielo la señal del Hijo del Hombre. Todas
las razas del mundo harán duelo y
verán *al Hijo del Hombre llegar en las
nubes del cielo,* con gloria y poder
grande. 31 Enviará a sus ángeles a reunir,
con un gran toque de trompeta, a los
elegidos de los cuatro vientos, de un
extremo a otro del cielo.

El ejemplo de la higuera

(Mc 13,28-31; Lc 21,29-33)

32 Aprendan el ejemplo de la higuera:
cuando las ramas se ponen tiernas y
brotan las hojas, saben que está cerca
la primavera. 33 Lo mismo ustedes,
cuando vean que sucede todo eso, sepan que el fin está cerca, a las puertas.
34 Les aseguro que no pasará esta generación antes de que suceda todo
eso. 35 Cielo y tierra pasarán, mas mis
palabras no pasarán.

Sobre el día y la hora

(Mc 13,32)

36 En cuanto al día y a la hora, no
los conoce nadie, ni los ángeles del
cielo ni el Hijo; sólo los conoce el Padre.

a los discípulos a aprender de esa desolación y a guardarse de declaraciones prematuras sobre la venida del Hijo del Hombre. La gran tribulación (21) pondrá en peligro la fe e incluso la salvación de los elegidos, pero Dios mismo intervendrá por amor a ellos y hará que se abrevien aquellos días (22). Habrá que cuidarse de los falsos mesías y falsos profetas (23-28) que serán capaces de engañar hasta a los mismos elegidos. La repetida exhortación «no le crean», «no hagan caso» (23.26) recomienda la actitud que es preciso asumir frente a los seductores.

Las conmociones cósmicas con imágenes tan desoladoras quieren indicar que el juicio final puede llegar igual de repentina e inesperadamente a cada persona.

24,29-31 La parusía. La llegada final del Mesías se construye con rasgos proféticos y apocalípticos; es un lenguaje sumamente figurativo, que se utiliza para comunicar la verdad de que el juicio y vindicación inminentes los ha de llevar a cabo el Hijo del Hombre en nombre de Dios. Mientras los acontecimientos, antes descritos, se insertaban en la trama de la historia presente, la parusía marca el fin de la historia: es la meta, el acontecimiento último y decisivo que da sentido a toda la historia. Cada generación experimenta el juicio del Hijo del Hombre, y los que hayan perseverado hasta el fin obtendrán la salvación definitiva. La tradición iconográfica cristiana ha identificado el «estandarte» (la señal) con la cruz (30).

24,32-44 El ejemplo de la higuera – Sobre el día y la hora. El momento del juicio final es desconocido; se trata de una ignorancia intencionada que debe suscitar la vigilancia y que no debe confundirse con despreocupación en el tiempo presente. El comentario que sigue a la comparación de la higuera es una nueva invitación al discernimiento, la actitud que más deben cultivar los discípulos mientras se acerca el momento final.

La venida inminente se debe entender, no tanto como cercanía temporal, sino como cercanía teológica. Lo que aparece aquí y en las parábolas que siguen es la certeza de que el Señor puede volver en cualquier momento, y esta certeza debe impulsar a la comunidad a no instalarse y a no buscar en el mundo una ciudad permanente.

(cfr. Lc 17,26-36)

37 La llegada del Hijo del Hombre
será como en tiempos de Noé: 38 en
[aquellos] días anteriores al diluvio la gente comía y bebía y se casaban, hasta que
Noé se metió en el arca. 39 Y ellos no se
enteraron hasta que vino el diluvio y se los
llevó a todos. Así será la llegada del Hijo
del Hombre. 40 Estarán dos hombres en
un campo: a uno se lo llevarán, al otro lo
dejarán; 41 dos mujeres estarán moliendo:
a una se la llevarán, a la otra la dejarán.
42 Por tanto estén prevenidos porque no
saben el día que llegará su Señor.

(Lc 12,39s)

43 Ustedes ya saben que si el dueño de
casa supiera a qué hora de la noche va a
llegar el ladrón, estaría vigilando y no
permitiría que asalten su casa. 44 Por
tanto, estén preparados, porque el Hijo del
Hombre llegará cuando menos lo esperen.

Vigilancia

(Lc 12,42-48; cfr. Mc 13,34-37)

45 ¿Quién es el sirviente fiel y prudente, encargado por su señor de repartir a sus horas la comida a los de
casa? 46 Dichoso el sirviente a quien su
señor, al llegar, lo encuentre trabajando
así. 47 Les aseguro que le encomendará
todas sus posesiones.
48 En cambio, si un sirviente malo,
pensando que su señor tardará, 49 se
pone a pegar a los compañeros, a comer
y beber con los borrachos, 50 vendrá el
señor de aquel sirviente, el día y la
hora menos pensada 51 y lo castigará
dándole el destino de los hipócritas.
Allí será el llanto y el crujir de dientes.

Parábola de las diez jóvenes

(cfr. Lc 12,35-40)

25 1 Entonces el reino de los cielos
será como diez muchachas que
salieron con sus lámparas a recibir al
novio. 2 Cinco eran necias y cinco prudentes. 3 Las necias tomaron sus lámparas pero no llevaron aceite. 4 Las prudentes llevaban frascos de aceite con
sus lámparas. 5 Como el novio tardaba,
les entró el sueño y se durmieron.
6 A media noche se oyó un clamor:
¡Aquí está el novio, salgan a recibirlo!
7 Todas las muchachas se despertaron
y se pusieron a preparar sus lámparas.
8 Las necias pidieron a las prudentes:

Cuando del hecho se pasa a la fecha, la respuesta es bien clara: nadie sabe nada... sólo el Padre (36). La ignorancia sobre el día y la hora ha de conjugarse con la certeza de que el Hijo del Hombre vendrá. Hay que estar alerta y preparados.

En medio de tantas incertidumbres, cuando todo parece caer y desmoronarse, Jesús ofrece a los creyentes un punto de apoyo inconmovible: «cielo y la tierra pasarán, mas mis palabras no pasarán» (35).

24,45-51 Vigilancia. La parábola de los sirvientes pone de relieve la necesidad de estar preparado y atento ante la falta de vigilancia e invita a la perseverancia. A esta doble conducta corresponden la recompensa o el castigo cuando regrese el dueño de casa.

La parábola destaca la actitud vigilante del servidor a quien ha sido confiada la dirección de la comunidad cristiana. Al servidor responsable se le exige una actitud vigilante e inteligente. En la parábola se destaca cómo el premio del servidor fiel del reino de Dios no podía ser otro que el mismo Dios y su causa. Un premio extraño para una sociedad construida sobre el poder de dominio y el legalismo.

25,1-13 Parábola de las diez jóvenes. La parábola, exclusiva de Mateo, se refiere a la segunda venida de Jesús. Describe la situación de los que viven en la esperanza el tiempo intermedio entre la resurrección y la parusía. El reino de los cielos es comparado, no con diez jóvenes, sino con la celebración solemne de una boda. El centro del mensaje es la necesidad de la preparación.

Dos hechos suceden: el retraso del novio y el sueño de las que esperan. La insensatez de las jóvenes necias no es que se hubieran dormido (todas se durmieron), sino en que no iban preparadas para su misión. No habían contado con un posible retraso del novio y por eso no tuvieron aceite suficiente. La negación de las jóvenes prudentes a compartir el aceite es un rasgo parabólico para hacernos comprender que la preparación requerida es personal e insustituible. No vale apoyarse en la fidelidad de otro.

La respuesta del esposo indica que las jóvenes necias representan a quienes están en la comunidad de los fieles, pero carecen de auténtica entrega y, por tanto, no están preparados. «Por tanto, estén atentos» (13) es una advertencia para que permanezcamos constantemente fieles y entregados a poner en práctica las enseñanzas de Jesús.

¿Pueden darnos un poco de aceite?, porque se nos apagan las lámparas. 9 Contestaron las prudentes: No, porque seguramente no alcanzará para todas; es
mejor que vayan a comprarlo a la tienda.
10 Mientras iban a comprarlo, llegó el
novio. Las que estaban preparadas entraron con él en la sala de bodas y la
puerta se cerró. 11 Más tarde llegaron
las otras muchachas diciendo: Señor,
Señor, ábrenos. 12 Él respondió: Les
aseguro que no las conozco.
13 Por tanto, estén atentos, porque
no conocen ni el día ni la hora.

Parábola de los talentos

(Lc 19,11-27)

14 Es como un hombre que partía al
extranjero; antes llamó a sus sirvientes
y les encomendó sus posesiones. 15 A
uno le dio cinco bolsas de oro, a otro
dos, a otro una; a cada uno según su
capacidad. Y se fue.
16 Inmediatamente el que había recibido cinco bolsas de oro negoció con
ellas y ganó otras cinco. 17 Lo mismo el
que había recibido dos bolsas de oro,
ganó otras dos. 18 El que había recibido
una bolsa de oro fue, hizo un hoyo en
tierra y escondió el dinero de su señor.
19 Pasado mucho tiempo se presentó
el señor de aquellos sirvientes para
pedirles cuentas. 20 Se acercó el que
había recibido cinco bolsas de oro y le
presentó otras cinco diciendo: Señor,
me diste cinco bolsas de oro; mira, he
ganado otras cinco. 21 Su señor le dijo:
Muy bien, sirviente honrado y cumplidor;
has sido fiel en lo poco, te pongo al
frente de lo importante. Entra en la fiesta
de tu señor.
22 Se acercó el que había recibido dos
bolsas de oro y dijo: Señor, me diste dos
bolsas de oro; mira, he ganado otras
dos. 23 Su señor le dijo: Muy bien, sirviente honrado y cumplidor; has sido fiel
en lo poco, te pondré al frente de lo importante. Entra en la fiesta de tu señor.
24 Se acercó también el que había
recibido una bolsa de oro y dijo: Señor,
sabía que eres exigente, que cosechas
donde no has sembrado y reúnes donde
no has esparcido. 25 Como tenía miedo,
enterré tu bolsa de oro; aquí tienes lo
tuyo. 26 Su señor le respondió: Sirviente
indigno y perezoso, si sabías que cosecho donde no sembré y reúno donde no
esparcí, 27 tenías que haber depositado el
dinero en un banco para que, al venir yo,
lo retirase con los intereses. 28 Quítenle la
bolsa de oro y dénsela al que tiene diez.
29 Porque al que tiene se le dará y le sobrará, y al que no tiene se le quitará aun
lo que tiene. 30 Al sirviente inútil expúl-
senlo a las tinieblas de fuera. Allí será el
llanto y el crujir de dientes.

El juicio de las naciones

31 Cuando el Hijo del Hombre llegue
con majestad, acompañado de todos

25,14-30 Parábola de los talentos. Esta parábola invita también a la diligencia y a la fidelidad mientras se consuma el tiempo del juicio de Dios.

Por el contexto se puede afirmar que el punto de tensión de la parábola está en la escena de la rendición de cuentas, y de manera especial en la conducta del sirviente demasiado precavido. Jesús denuncia la inconsecuencia de los que reciben el mensaje del reino y luego pretenden refugiarse en una seguridad estéril.

Los discípulos de Jesús tienen que hacer fructificar los bienes del reino durante el tiempo que se les concede. Éste es para Mateo el «tiempo de la Iglesia». El que no hace fructificar los dones recibidos, aunque sea bajo el pretexto de colocarlos en un lugar seguro, al fin termina por perderlo todo. De igual manera, la comunidad eclesial debe estar alerta y vigilante para no caer en la comodidad y la rutina.

25,31-46 El juicio de las naciones. La intención de este discurso no es describir los acontecimientos finales, sino que trata de inculcar la preparación necesaria para superar con éxito la prueba final. Y también pretende poner de relieve el significado central de la figura de Jesús, el Hijo del Hombre. Los que son recibidos en el reino son los que tuvieron amor misericordioso con el prójimo.

sus ángeles, se sentará en su trono de gloria 32 y todas las naciones serán reunidas en su presencia. Él separará a unos de otros, como un pastor separa las ovejas de las cabras. 33 Colocará a las ovejas a su derecha y a las cabras a su izquierda.

34 Entonces el rey dirá a los de la derecha: Vengan, benditos de mi Padre, a recibir el reino preparado para ustedes desde la creación del mundo. 35 Porque tuve hambre y me dieron de comer, tuve sed y me dieron de beber, era emigrante y me recibieron, 36 estaba desnudo y me vistieron, estaba enfermo y me visitaron, estaba encarcelado y me vinieron a ver.

37 Los justos le responderán: Señor, ¿cuándo te vimos hambriento y te alimentamos, sediento y te dimos de beber, 38 emigrante y te recibimos, desnudo y te vestimos? 39 ¿Cuándo te vimos enfermo o encarcelado y fuimos a visitarte?

40 El rey les contestará: Les aseguro que lo que hayan hecho a uno solo de éstos, mis hermanos menores, me lo hicieron a mí.

41 Después dirá a los de su izquierda: Apártense de mí, malditos, vayan al fuego eterno preparado para el Diablo y sus ángeles. 42 Porque tuve hambre y no me dieron de comer, tuve sed y no me dieron de beber, 43 era emigrante y no me recibieron, estaba desnudo y no me vistieron, estaba enfermo y encarcelado y no me visitaron.

44 Ellos replicarán: Señor, ¿cuándo te vimos hambriento o sediento, emigrante o desnudo, enfermo o encarcelado y no te socorrimos?

45 Él responderá: Les aseguro que lo que no hicieron a uno de estos más pequeños no me lo hicieron a mí. 46 Éstos irán al castigo perpetuo y los justos a la vida eterna.

Complot para matar a Jesús

(Mc 14,1s; Lc 22,1s; cfr. Jn 11,47-57)

26 1 Cuando terminó este discurso, Jesús dijo a sus discípulos:

2 —Ya saben que dentro de dos días se celebra la Pascua y el Hijo del Hombre será entregado para ser crucificado.

3 Entonces se reunieron los sumos sacerdotes y los ancianos del pueblo en

Las seis maneras de manifestar el amor al prójimo se encuentran en el Antiguo Testamento (Is 58,7; Job 22,6s), pero aquí son manifestación del precepto fundamental del amor. La doctrina de Jesús excluye el espíritu financiero, el hacer algo para conseguir una recompensa de Dios; si así fuera, Dios no tendría más remedio que premiar al fiel. Se podría actuar, entonces, no por Dios sino contra Él, para atarle las manos y obligarle a retribuir a sus devotos. Una tergiversación de la verdadera religión.

La sentencia definitiva se apoya, pues, en los motivos del servicio caritativo al prójimo necesitado. Las obras de misericordia realizadas por amor aparecen liberadas de cualquier clase de limitación que condicione su valor.

Jesús se dirige a todos indistintamente, demostrando así que también fuera del ámbito visible de sus discípulos, de su Iglesia, puede acontecer el reino. La Iglesia no se identifica con el reino, sino que es su humilde servidora. El reino acontece también más allá de sus fronteras visibles; es lo que se ha llamado el «cristianismo anónimo». La escena nos hace comprender que muchos, sin conocer la persona de Jesús, se ajustan a los valores de reino en la entrega y el amor al prójimo, y eso decide su destino. El juez universal está «de incógnito» en todos los pobres de la tierra, oculto en todos los rostros doloridos, pero esa presencia oculta se pondrá de manifiesto en el momento final.

Por otro lado, esta enseñanza de Jesús se dirige a los cristianos que han descuidado su compromiso práctico, para despertarles de su letargo y recordarles que el destino de cada uno se decide en la actitud que tenga ante los necesitados en este tiempo que precede a su venida.

26,1-5 Complot para matar a Jesús. Mateo introduce a los lectores en el drama de la pasión narrando tres escenas en las que presenta las diversas actitudes de los personajes que rodean a Jesús: sus adversarios, Judas, sus discípulos y una mujer.

Se acabaron los discursos. Llega la hora de sufrir en silencio. Pero Jesús conserva la iniciativa: va al encuentro de la pasión con plena conciencia y aceptación voluntaria. El Hijo no conoce la hora del fin del mundo (24,36), pero conoce que con la Pascua llega su hora, y se lo hace saber a los discípulos.

casa del sumo sacerdote Caifás, [4] y se pusieron de acuerdo para apoderarse de Jesús mediante un engaño y darle muerte. [5] Pero añadieron que no debía ser durante las fiestas, para que no se amotinara el pueblo.

Unción en Betania
(Mc 14,3-9; cfr. Lc 7,36-50; Jn 12,1-8)

[6] Estando Jesús en Betania, en casa de Simón el Leproso, [7] se le acercó una mujer con un frasco de alabastro lleno de un perfume de mirra carísimo y se lo derramó en la cabeza mientras estaba a la mesa. [8] Al verlo, los discípulos dijeron indignados:

—¿Por qué este derroche? [9] Se podía haber vendido bien caro para dar el producto a los pobres.

[10] Jesús se dio cuenta y les dijo:

—¿Por qué molestan a esta mujer? Ha hecho una obra buena conmigo. [11] A los pobres los tendrán siempre cerca, a mí no siempre me tendrán. [12] Al derramar el perfume sobre mi cuerpo, estaba preparando mi sepultura. [13] Les aseguro que en cualquier parte del mundo donde se proclame la Buena Noticia, se mencionará lo que ha hecho ella.

Traición de Judas
(Mc 14,10s; Lc 22,3-6)

[14] Entonces uno de los Doce, llamado Judas Iscariote, se dirigió a los sumos sacerdotes [15] y les propuso:

—¿Qué me dan si lo entrego a ustedes?

Ellos se pusieron de acuerdo en treinta monedas de plata. [16] Desde aquel momento buscaba una ocasión para entregarlo.

Sólo «entonces» (3) se reúnen el poder religioso y el político para decidir el arresto y la ejecución de Jesús. El tema central de este primer cuadro es el acuerdo que toman los jefes de los sacerdotes para matar a Jesús (3-5), acuerdo al que Judas se asocia como cómplice (14-16).

26,6-13 Unción en Betania. Mateo no da el nombre de la mujer; Juan, en el capítulo 12, la identifica con María, la hermana de Lázaro.

El perfume en la cabeza de Jesús no es unción (cfr. 1 Sm 10,1; 2 Re 9,6), sino un gesto espléndido y público de estima. Los discípulos lo califican de derroche, se podía emplear mejor en beneficio de los pobres (19,21). Jesús los corrige públicamente interpretando el significado profundo del gesto:

1. En primer lugar, expresa el afecto a su persona, «conmigo» (10). En el texto aludido (Dt 15,1-11) se dice que, por el egoísmo de unos, habrá pobreza en Israel; mientras que la mujer muestra la generosidad del amor (6,22s).
2. El gesto anticipa la unción sepulcral y como tal la recibe Jesús en vida, consciente de su muerte próxima.
3. El gesto conservará para siempre un valor eclesial: su recuerdo será ejemplar (Prov 22,9).

El pasaje «a los pobres los tendrán siempre cerca, a mí no siempre me tendrán» (11) ha sido muchas veces malinterpretado. Jesús no se opone –todo lo contrario– al progreso social y al esfuerzo por mejorar la vida de los pobres. Lo que el texto hace notar es que, mientras Él estaba presente, lo más importante era tomar conciencia de su presencia y actuar de manera consecuente.

Lo que había hecho la mujer no podía hacerse más tarde, cuando Él ya no estuviera en la tierra. Sus discípulos, en cambio, tendrían mucho futuro por delante para ocuparse de los pobres (25,31-46). Por otra parte, Jesús llega a ser el pobre por excelencia: sentenciado a muerte, traicionado por un amigo, incomprendido por sus discípulos y con la mirada fija en el fin ya cercano, era la viva personificación del Siervo sufriente.

Conviene recordar que el mensaje de la Escritura no contiene un programa social concreto para erradicar definitivamente la miseria humana sobre la tierra, pero pone siempre ante nuestros ojos la realidad de la pobreza y las necesidades de los pobres: «lo que hayan hecho a uno solo de éstos, mis hermanos menores, me lo hicieron a mí» (25,40).

26,14-16 Traición de Judas. Éste es quizás el hecho más desconcertante que narran los evangelios. Cuesta mucho pensar, en efecto, que Jesús haya sido traicionado por uno de sus seguidores más íntimos.

Los primeros cristianos percibieron la dificultad y recurrieron a las Escrituras para demostrar que incluso en un acto tan vil se cumplía el designio de Dios.

Las razones de Judas Iscariote para cometer esta traición pudieron ser su amor al dinero, la ambición, la envidia o la desilusión.

La fidelidad de la mujer en casa de Simón contrasta fuertemente con la infidelidad de uno de los Doce.

Preparación de la cena pascual
(Mc 14,12-16; Lc 22,7-13)

17 El primer día de los Ázimos se
acercaron los discípulos a Jesús y le
preguntaron:
—¿Dónde quieres que te preparemos
la cena de Pascua?
18 Él les contestó:
—Vayan a la ciudad, a la casa de tal
persona, y díganle: El maestro dice: mi
hora está próxima; en tu casa celebraré
la Pascua con mis discípulos.
19 Los discípulos prepararon la cena
de Pascua siguiendo las instrucciones
de Jesús.

Anuncio de la traición
(Mc 14,17-21; cfr. Lc 22,21-23; Jn 13,21-30)

20 Al atardecer se puso a la mesa con
los Doce. 21 Mientras comían, les dijo:
—Les aseguro que uno de ustedes
me va a entregar.
22 Muy tristes, empezaron a preguntarle uno por uno:
—¿Soy yo, Señor?
23 Él contestó:
—El que se ha servido de la misma
fuente que yo, ése me entregará. 24 El
Hijo del Hombre se va, como está
escrito de él; pero, ¡ay de aquél por
quien el Hijo del Hombre será entregado! Más le valdría a ese hombre no
haber nacido.
25 Le dijo Judas, el traidor:
—¿Soy yo, maestro?
Le respondió Jesús:
—Tú lo has dicho.

Institución de la Eucaristía
(Mc 14,22-26; Lc 22,14-20;
cfr. Jn 6,51-59; 1 Cor 11,23-25)

26 Mientras cenaban, Jesús tomó
pan, pronunció la bendición, lo partió y
se lo dio a sus discípulos diciendo:
—Tomen y coman, esto es mi cuerpo.
27 Tomando la copa, pronunció la
acción de gracias y se la dio diciendo:
—Beban todos de ella, 28 porque
ésta es mi sangre de la alianza, que se
derrama por todos para el perdón de
los pecados. 29 Les digo que en adelante
no beberé de este fruto de la vid hasta
el día en que beba con ustedes el vino
nuevo en el reino de mi Padre.
30 Cantaron los salmos y salieron
hacia el monte de los Olivos.

26,17-30 Preparación de la cena pascual – Anuncio de la traición – Institución de la Eucaristía. En el relato de la pasión de Mateo, Jesús domina en todo momento la situación y va marcando sus tiempos. No conoce todos los detalles del complot que sus adversarios han tramado contra Él, pero va descubriendo que su entrega responde al plan de Dios, manifestado en las Escrituras.

Hay una diferencia sutil en el modo en que los discípulos se dirigen a Jesús. Todos, menos Judas, le llaman «Señor» y reconocen así su autoridad y su poder. Judas, sin embargo, le llama «rabbí» (maestro), un apelativo que utilizan los adversarios de Jesús y que tiene para Mateo un significado negativo (23,7; 26,49). Judas habla como los enemigos de Jesús, porque no ha comprendido que Él es el Señor.

Jesús repite gestos de la celebración de la Pascua judía, como repartir el pan y pasar la copa, pero le da a estos gestos un significado nuevo a través de las palabras que pronuncia sobre ellos que hacen referencia, no al acontecimiento del Éxodo, sino a su propia muerte: el pan partido y entregado es su propio cuerpo y el vino es su sangre derramada por todos. Jesús se presenta como el nuevo cordero pascual a través del cual se va a establecer una nueva alianza.

La palabra «cuerpo» no es solamente la parte material del ser humano, sino toda la persona en cuanto que es capaz de expresarse y de relacionarse con los demás. Al decir «mi cuerpo», Jesús evoca toda su persona y toda su vida, entregada hasta la muerte. El pan, que es uno en las manos de Jesús, al ser compartido, une a todos los que participan en la comida comunitaria, ya que todos participan de la misma fuente de vida.

Las palabras de Jesús son un compendio de lo que había sido su vida y misión: una vida entregada y destrozada por todos. Pero, al mismo tiempo, son una explicación del sentido de su sufrimiento y muerte expiatorios y redentores en la cruz.

Ante la inminencia de su muerte, Jesús manifiesta una inquebrantable confianza en el triunfo de Dios, y expresa su confianza con la imagen del banquete que en la Biblia simboliza con frecuencia el gozo final de los elegidos; y en este contexto indica la comunión perfecta de los discípulos con su Señor y con el mismo Dios: «no beberé de este fruto de la vid hasta el día en que beba con ustedes el vino nuevo en el reino de mi Padre» (29).

Anuncia el abandono de sus discípulos
(Mc 14,27-31; Lc 22,31-34; cfr. Jn 13,36-38)

31 Entonces Jesús les dijo:
—Esta noche todos van a fallar por mi causa, como está escrito:

Heriré al pastor
y se dispersarán las ovejas del rebaño.

32 Pero cuando resucite, iré delante de ustedes a Galilea.
33 Pedro le contestó:
—Aunque todos fallen esta noche, yo no fallaré.
34 Jesús le respondió:
—Te aseguro que esta noche, antes de que cante el gallo, me habrás negado tres veces.
35 Pedro le replicó:
—Aunque tenga que morir contigo, no te negaré.
Lo mismo dijeron los demás discípulos.

Oración en el huerto
(Mc 14,32-42; cfr. Lc 22,39-46)

36 Entonces Jesús fue con ellos a un lugar llamado Getsemaní y dijo a sus discípulos:
—Siéntense aquí mientras yo voy allá a orar.
37 Tomó a Pedro y a los dos hijos de Zebedeo y empezó a sentir tristeza y angustia.
38 Les dijo:
—Siento una tristeza de muerte; quédense aquí, y permanezcan despiertos conmigo.
39 Se adelantó un poco y, postrado su rostro en tierra, oró así:
—Padre, si es posible, que se aparte de mí esta copa. Pero no se haga mi voluntad, sino la tuya.
40 Volvió a donde estaban los discípulos. Los encontró dormidos y dijo a Pedro:
—¿Será posible que no han sido capaces de estar despiertos una hora
conmigo? 41 Estén atentos y oren para no caer en la tentación. El espíritu está dispuesto, pero la carne es débil.
42 Por segunda vez se alejó a orar:
—Padre, si esta copa no puede pasar sin que yo la beba, que se haga tu voluntad.
43 Volvió de nuevo y los encontró dormidos, porque tenían mucho sueño.
44 Los dejó y se apartó por tercera vez
repitiendo la misma oración. 45 Después
se acercó a los discípulos y les dijo:
—¡Todavía dormidos y descansando! Está próxima la hora en que el Hijo del Hombre será entregado en poder de los
pecadores. 46 Levántense, vamos; ¡miren!
se acerca el que me entrega.

26,31-35 Anuncia el abandono de sus discípulos. Segundo anuncio trágico donde los discípulos fallan en la gran prueba (cfr. 6,13) y se dispersan como ovejas; pero su caída no será definitiva, porque el pastor los volverá a reunir, ya resucitado, en Galilea.

Mateo indica repetidamente que Jesús está «con sus discípulos» (26,18.20.23.29.38.40.51). Sin embargo, los discípulos no están realmente con Jesús. Judas lo entregará en manos de sus adversarios; Pedro, Santiago y Juan no serán capaces de velar ni siquiera una hora con Él; los que antes habían profesado su fe en Él, lo abandonarán y huirán; el mismo Pedro, que había hecho una firme confesión de fidelidad (33-35), lo negará tres veces.

26,36-46 Oración en el huerto. En esta escena quiere el narrador revelarnos algo de la espiritualidad íntima de Jesús, su angustia humana mortal: su tristeza, la angustia que siente ante la muerte cercana, su obediencia filial a la voluntad del Padre; en una palabra, la verdadera humanidad del Hijo de Dios. Sólo el grito de abandono en la cruz tendrá un dramatismo semejante (27,46). También se puede comparar este pasaje, con «La prueba en el desierto» (4,1-11).

En la lucha, triunfa la entrega plena y confiada a la voluntad del Padre. Dos peticiones del Padrenuestro resuenan en la escena: «hágase tu voluntad», «no nos dejes caer en la tentación». Esta oración de Jesús es el modelo de oración de todo creyente ante situaciones límites donde se pierde el sentido de la vida y se pone a prueba la fe ante el silencio de Dios.

Mateo nos muestra además al hombre angustiado que busca compañía: «con ellos» (36), «conmigo» (38.40), y no la encuentra. El sueño inconsciente de los tres íntimos le hace sentir más la soledad.

Arresto de Jesús
(Mc 14,43-50; Lc 22,47-53; cfr. Jn 18,1-11)

47 Todavía estaba hablando cuando
llegó Judas, uno de los Doce, acompañado de gente armada de espadas y
palos, enviada por los sumos sacerdotes
y los ancianos del pueblo. 48 El traidor
les había dado una contraseña: Al que
yo bese, ése es; arréstenlo. 49 Enseguida, acercándose a Jesús le dijo:
—¡Buenas noches, maestro!
Y le dio un beso. 50 Jesús le dijo:
—Amigo, ¿a qué has venido?
Entonces se acercaron, le echaron
mano y arrestaron a Jesús. 51 Uno de
los que estaban con Jesús desenvainó
la espada y de un tajo cortó una oreja
al sirviente del sumo sacerdote.
52 Jesús le dijo:
—Envaina la espada: Quien a espada
mata, a espada muere. 53 ¿Crees que
no puedo pedirle al Padre que me envíe
enseguida más de doce legiones de ángeles? 54 Pero entonces, ¿cómo se
cumplirá lo que está escrito, que esto
tiene que suceder?
55 Entonces Jesús dijo a la multitud:
—Como si se tratara de un asaltante han salido armados de espadas y
palos para capturarme. Diariamente
me sentaba en el templo a enseñar y no
me arrestaron. 56 Pero todo eso sucede
para que se cumplan las profecías.
Entonces todos los discípulos lo
abandonaron y huyeron.

Jesús ante el Consejo
(Mc 14,53s; Lc 22,54s; cfr. Jn 18,12-16)

57 Los que lo habían arrestado lo condujeron a casa del sumo sacerdote Caifás, donde se habían reunido los letrados
y los ancianos. 58 Pedro le fue siguiendo
a distancia hasta el palacio del sumo sacerdote. Entró y se sentó con los empleados para ver en qué acababa aquello.

(Mc 14,55-61a)

59 Los sumos sacerdotes y el Consejo en pleno buscaban un testimonio
falso contra Jesús que permitiera condenarlo a muerte. 60 Y, aunque se presentaron muchos testigos falsos, no lo
encontraron. Finalmente se presentaron
dos 61 que declararon:
—Éste ha dicho: Puedo derribar el
santuario de Dios y reconstruirlo en
tres días.
62 El sumo sacerdote se puso en pie
y le dijo:
—¿No respondes a lo que éstos
declaran contra ti?
63a Pero Jesús seguía callado.

(Mc 14,61b-64; Lc 22,66-71; cfr. Jn 18,19-21)

63b El sumo sacerdote le dijo:
—Por el Dios vivo te conjuro para
que nos digas si eres el Mesías, el Hijo
de Dios.

26,47-56 Arresto de Jesús. En toda la escena del arresto, según Mateo, Jesús domina la situación, como el Siervo del Señor (Is 42,3s). Reprime la violencia, aun la defensiva, de uno de los suyos; acepta el beso traidor; denuncia sin oponer resistencia la violencia injustificada de la turba. No es un bandido peligroso, sino un maestro público y pacífico. Podría desplegar fuerzas superiores, pero su fuerza reside en aceptar el designio del Padre: así está anunciado en la Escritura, así tiene que suceder.

Jesús exhorta a sus discípulos a no utilizar la violencia, ni siquiera para defender una causa justa. Él ha elegido el camino del amor y la misericordia, que rompen la interminable espiral que genera la violencia. Esta enseñanza adquiere una fuerza especial al estar colocada justo en el momento en que Jesús está siendo víctima de la violencia.

26,57-68 Jesús ante el Consejo. En el relato de Mateo, el proceso de Jesús ante el Consejo procede con fluidez y coherencia. Pero no pensemos que es una redacción puntual de un taquígrafo. En el fondo, se trata de legalizar la muerte de Jesús previamente decidida. La cuestión se centra en el mesianismo trascendente de Jesús, no en su mesianismo político que esperaba parte del pueblo, ni el mesianismo simple de un rey descendiente de David, sino más bien el de quien tiene un trono a la derecha de Dios (Sal 110,1) y recibe del Altísimo el poder supremo y universal (Dn 7,13). Si Jesús se arroga sin fundamento semejante título, es blasfemo y merece la muerte. Si lo posee realmente, es Él quien, juzgado, juzga. Jesús, conjurado por el sumo sacerdote del momento, pronuncia un testimonio que lo lleva a la muerte: testigo y mártir.

64 Jesús le respondió:
—Tú lo has dicho. Y añado que desde
ahora *verán al Hijo del Hombre sentado*
a la derecha del Todopoderoso y lle-
gando en las nubes del cielo.
65 Entonces el sumo sacerdote, rasgándose sus vestiduras, dijo:
—¡Ha blasfemado! ¿Qué falta nos
hacen los testigos? Acaban de oír la
blasfemia. 66 ¿Cuál es el veredicto de
ustedes?
Respondieron:
—Reo de muerte.

(Mc 14,65; Lc 22,63-65; cfr. Jn 18,22s)

67 Entonces le escupieron al rostro,
le dieron bofetadas y lo golpeaban
68 diciendo:
—Mesías, adivina quién te ha pegado.

Negaciones de Pedro

(Mc 14,66-68; Lc 22,56s; cfr. Jn 18,17s)

69 Pedro estaba sentado fuera, en el
patio. Se le acercó una sirvienta y le dijo:
—Tú también estabas con Jesús el
Galileo.
70 Él lo negó delante de todos:
—No sé lo que dices.

(Mc 14,69-72; Lc 22,58-62; cfr. Jn 18,25-27)

71 Salió al portal, lo vio otra sirvienta
y dijo a los que estaban allí:
—Éste estaba con Jesús el Nazareno.
72 De nuevo lo negó jurando que no
conocía a aquel hombre. 73 Al poco
tiempo se acercaron los que estaban
allí y dijeron a Pedro:
—Realmente tú eres uno de ellos, el
acento te delata.
74 Entonces empezó a echar maldiciones y a jurar que no lo conocía. En
ese momento cantó un gallo 75 y Pedro
recordó lo que había dicho Jesús: Antes
de que cante el gallo, me habrás negado tres veces. Y saliendo afuera, lloró
amargamente.

Conducido a Pilato

(Mc 15,1; Lc 23,1; cfr. Jn 18,28)

27 1 A la mañana siguiente los sumos sacerdotes y los ancianos
del pueblo tuvieron una deliberación
para condenar a Jesús a muerte. 2 Lo
ataron, lo condujeron y lo entregaron a
Pilato, el gobernador.

Muerte de Judas

(cfr. Hch 1,18s)

3 Entonces Judas, el traidor, viendo
que lo habían condenado, se arrepintió
y devolvió las treinta monedas a los sumos sacerdotes y ancianos, 4 diciendo:
—He pecado entregando a un inocente a la muerte.

A la condena siguen las burlas (67). Esta escena, lo mismo que la burla de los soldados (27,27-31), está teñida de ironía, pues los jefes de los sacerdotes y los ancianos, queriendo ultrajar a Jesús, están en realidad confesando su verdadera identidad, como bien saben los lectores del evangelio.

26,69-75 Negaciones de Pedro. Los cuatro evangelios, que reconocen la supremacía indiscutida de Pedro, recogen sin disimulo su pecado y arrepentimiento. Sin duda, lo consideran un dolor de Jesús y una enseñanza para la Iglesia. La negación, situada aquí, contrasta fuertemente con el testimonio de Jesús. El apóstol niega por miedo, no por arrogancia, y se arrepiente pronto y hondamente. Pedro, como la Iglesia, es llamado y perdonado.

Lo que define a un cristiano es «estar con Jesús» (69). Esta dignidad se pierde al ignorarlo, confesando que no se le conoce (72) y se recupera al recordar la palabra de Jesús, que es más firme que todo juramento humano.

La tentación, la única gran tentación, consiste en abandonar el camino del seguimiento de Jesús. Pedro llora amargamente, y su llanto recoge las lágrimas de todos los discípulos vacilantes que en los momentos de prueba siguen negando a Jesús.

27,1s Conducido a Pilato. Era competencia romana permitir la ejecución de condenas a muerte. Como se verá después, las autoridades judías buscan algo más: un proceso civil por rebelión, terreno en el cual ellos no son competentes. Pilato representa el poder militar de Roma en la región.

27,3-10 Muerte de Judas. Antes de narrar el proceso de Jesús ante Pilato, Mateo describe, a modo de digresión, el trágico final de Judas. La frase «viendo que

Le contestaron:
—Y a nosotros, ¿qué? Eso es problema tuyo.
5 Arrojó el dinero en el santuario, se
fue y se ahorcó. 6 Los sumos sacerdotes, recogiendo el dinero, dijeron:
—No es lícito echarlo en la alcancía,
porque es precio de una vida.
7 Y, después de deliberar, compraron
el Campo del Alfarero para sepultura de
extranjeros. 8 Por eso aquel campo se
llama hasta hoy, Campo de Sangre.
9 Así se cumplió lo que profetizó
Jeremías:

Tomaron las treinta monedas,
precio del que fue tasado,
del que tasaron los israelitas,
10 *y con ello pagaron*
el campo del alfarero;
según las instrucciones del Señor.

Jesús ante Pilato
(Mc 15,2-15; Lc 23,ss; cfr. Jn 18,33-38)

11 Jesús fue llevado ante el gobernador, el cual lo interrogó:
—¿Eres tú el rey de los judíos?
Contestó Jesús:
—Tú lo has dicho.
12 Pero, cuando lo acusaban los
sumos sacerdotes y los ancianos no
respondía nada.
13 Entonces le dijo Pilato:
—¿No oyes de cuántas cosas te
acusan?
14 Pero no respondió una palabra,
con gran admiración del gobernador.

Condena de Jesús
(Mc 15,6-15; Lc 23,17-25; cfr. Jn 18,39–19,1.4-16)

15 Por la Pascua acostumbraba el
gobernador soltar a un prisionero, el
que la gente quisiera. 16 Tenía entonces
un preso famoso llamado [Jesús]
Barrabás. 17 Cuando estaban reunidos,
les preguntó Pilato:
—¿A quién quieren que les suelte?
¿A [Jesús] Barrabás o a Jesús, llamado
el Mesías? 18 Ya que le constaba que lo
habían entregado por envidia.
19 Estando él sentado en el tribunal, su
mujer le envió un recado:
—No te metas con ese inocente,
que esta noche en sueños he sufrido
mucho por su causa.
20 Mientras tanto los sumos sacerdotes y los ancianos persuadieron a la
multitud para que pidieran la libertad
de Barrabás y la condena de Jesús.
21 El gobernador tomó la palabra:
—¿A cuál de los dos quieren que les
suelte?
Contestaron:
—A Barrabás.
22 Respondió Pilato:
—¿Y qué hago con Jesús, llamado
el Mesías?
Contestaron todos:
—Crucifícalo.

lo habían condenado» (3) da a entender que Judas había seguido con ansiedad el desarrollo del proceso. Quizás no esperaba que se impusiera a Jesús la pena de muerte, y la gravedad de su traición se hizo presente cuando conoció la sentencia del Gran Consejo.

Antes de morir, Judas añade su testimonio sobre la inocencia de Jesús. Confiesa su pecado, pero desespera del perdón.

27,11-26 Jesús ante Pilato – Condena de Jesús. Tras la interrupción del episodio precedente, continúa el proceso ante Pilato hasta su desenlace fatal. Mateo sigue acumulando testimonios sobre la inocencia de Jesús: la resistencia y los manejos de Pilato, su declaración aparatosa, el sueño de su mujer. Correlativamente, carga la mano sobre la responsabilidad de las autoridades judías y «la multitud» allí reunida (20). En la imprecación final los llama «el pueblo» (25); en esta ampliación de la responsabilidad parece reflejarse la ruptura consumada entre judaísmo y cristianismo y la exclusión oficial de los cristianos por parte de la autoridad judía.

Una lectura superficial de este pasaje Mateo ha servido algunas veces en la historia para señalar al pueblo judío como el causante y responsable de la muerte de Jesús. Sin embargo, lo que aquí se nos muestra es que en Jesús, el justo, el Mesías, se cumple la voluntad de Dios. El rechazo de su pueblo forma parte de ese plan misterioso de Dios.

23 Él les dijo:
—Pero, ¿qué mal ha hecho?
Sin embargo ellos seguían gritando:
—Crucifícalo.
24 Viendo Pilato que no conseguía
nada, al contrario, que se estaban
amotinando, pidió agua y se lavó las
manos ante la gente diciendo:
—No soy responsable de la muerte
de este inocente. Es cosa de ustedes.
25 El pueblo respondió:
—Que su sangre caiga sobre nosotros y sobre nuestros hijos.
26 Entonces les soltó a Barrabás, y a
Jesús lo hizo azotar y lo entregó para
que lo crucificaran.

Burla de los soldados

(Mc 15,16-20; cfr. Jn 19,2s)

27 Entonces los soldados del gobernador condujeron a Jesús al cuartel
y reunieron en torno a él a toda la guardia. 28 Lo desnudaron, lo envolvieron
en un manto escarlata, 29 trenzaron una
corona de espinas y se la colocaron en
la cabeza, y pusieron una caña en su
mano derecha. Después, burlándose,
se arrodillaban ante él y decían:
—¡Salud, rey de los judíos!
30 Le escupían, le quitaban la caña y
le pegaban con ella en la cabeza. 31 Terminada la burla, le quitaron el manto y
lo vistieron con su ropa. Después lo
sacaron para crucificarlo.

Crucifixión y muerte de Jesús

(Mc 15,21-41; cfr. Lc 23,26-49; Jn 19,17-30)

32 A la salida encontraron un hombre
de Cirene, llamado Simón, y lo forzaron
a cargar con la cruz. 33 Llegaron a un lugar llamado *Gólgota*, es decir, Lugar de
la Calavera, 34 y le dieron a beber vino
mezclado con hiel. Él lo probó, pero no
quiso beberlo. 35 Después de crucificarlo,
se repartieron a suertes su ropa 36 y se
sentaron allí custodiándolo.
37 Encima de la cabeza pusieron un
letrero con la causa de la condena:
Éste es Jesús, rey de los judíos. 38 Con
él estaban crucificados dos asaltantes,
uno a la derecha y otro a la izquierda.
39 Los que pasaban lo insultaban
moviendo la cabeza 40 y diciendo:
—El que derriba el santuario y lo
reconstruye en tres días que se salve; si
es Hijo de Dios, que baje de la cruz.
41 A su vez, los sumos sacerdotes
con los letrados y los ancianos se burlaban diciendo:
42 —Salvó a otros, y no puede salvarse a sí mismo. Si es rey de Israel,
que baje ahora de la cruz y creeremos
en él. 43 Ha confiado en Dios: que lo
libre ahora si es que lo ama. Pues ha
dicho que es Hijo de Dios.
44 También los asaltantes crucificados con él lo insultaban.
45 A partir de mediodía se oscureció
todo el territorio hasta media tarde.

27,27-31 Burla de los soldados. El motivo de la burla es la acusación que los jefes de los sacerdotes han hecho contra Jesús. Una acusación falsa, pero que será el motivo de su condena. El episodio está narrado con cierta ironía (cfr. 26,67s). Así de desconcertante es la vida de Jesús, del reino y del Dios que proclamó y creyó.

Los lectores del evangelio reconocen a Jesús como Rey, pero saben que no es de este mundo. Contemplar estos gestos brutales les hace entrar más de lleno en el misterio de por qué Jesús ha sido incomprendido y rechazado.

En el momento de mayor humillación es cuando se manifiesta el misterio de Jesús, que ha venido a derramar su sangre por todos.

27,32-56 Crucifixión y muerte de Jesús. Éste es el relato cumbre de la historia de la pasión. Mateo presenta siete cuadros en este momento dramático, punto culminante de la historia de la salvación:

1. Las tinieblas (45). Evocación de la profecía de Amós (Am 8,9s). Los primeros cristianos releyeron este pasaje como vaticinio profético de la muerte del Hijo de Dios.

2. La oración de Jesús (46). Jesús experimenta el abandono de Dios (Sal 22), a pesar de haberse mantenido fiel hasta el extremo. El que experimenta este abandono es el mismo que había dicho antes: «no se haga mi voluntad sino la tuya» (26,39). El grito de angustia y abandono en la cruz es una súplica dirigida a Dios con la esperanza de ser escuchado.

46 A media tarde Jesús gritó con voz
potente:
—*Elí Elí lema sabactani*, o sea:
*Dios mío, Dios mío, ¿por qué me has
abandonado?*
47 Algunos de los presentes, al oírlo,
comentaban:
—Está llamando a Elías.
48 Enseguida uno de ellos corrió,
tomó una esponja empapada en vinagre y con una caña le dio a beber.
49 Los demás dijeron: —Espera, a
ver si viene Elías a salvarlo.
50 Jesús, lanzando un nuevo grito,
entregó su espíritu.
51 El velo del templo se rasgó en dos
de arriba abajo, la tierra tembló, las piedras se partieron, 52 los sepulcros se
abrieron y muchos cadáveres de santos
resucitaron. 53 Y, cuando él resucitó, salieron de los sepulcros y se aparecieron
a muchos en la Ciudad Santa.
54 Al ver el terremoto y lo que sucedía,
el centurión y la tropa que custodiaban a
Jesús decían muy espantados:
—Realmente éste era Hijo de Dios.
55 Estaban allí mirando a distancia
muchas mujeres que habían acompañado y servido a Jesús desde Galilea.
56 Entre ellas estaban María Magdalena,
María, madre de Santiago y José, y la
madre de los Zebedeos.

Sepultura de Jesús

(Mc 15,42-47; Lc 23,50-56; cfr. Jn 19,38-42)

57 Al atardecer llegó un hombre rico
de Arimatea, llamado José, que también había sido discípulo de Jesús.
58 Se presentó ante Pilato y le pidió el
cadáver de Jesús.
Pilato mandó que se lo entregaran.
59 José lo tomó, lo envolvió en una
sábana de lino limpia, 60 y lo depositó
en un sepulcro nuevo que se había
excavado en la roca; después hizo rodar una gran piedra a la entrada del
sepulcro y se fue.
61 Estaban allí María Magdalena y la
otra María sentadas frente al sepulcro.

Vigilancia del sepulcro

62 Al día siguiente, el que sigue a la
vigilia, se reunieron los sumos sacerdotes con los fariseos y fueron a Pilato
63 a decirle:
—Señor, recordamos que aquel
impostor dijo cuando aún vivía que
resucitaría al tercer día. 64 Manda que
aseguren el sepulcro hasta el tercer día,

3. La evocación de Elías (47-49). En la palabra aramea «Elí» («Dios mío») algunos creen (o fingen) oír el nombre de Elías, a quien se consideraba el precursor de la venida triunfal del Mesías.

4. La muerte de Jesús (50). El momento de mayor tensión en todo el relato evangélico se describe con la máxima economía de palabras.

5. Los fenómenos cósmicos (51-53). Ocurre algo inesperado. La ruptura del velo anuncia que el Templo ha perdido su carácter sagrado y que lo antiguo ha llegado a su fin. El lugar sagrado del judaísmo, la morada exclusiva de Dios sobre la tierra, ya no es más el lugar por excelencia del encuentro con Dios. La muerte de Jesús abrió el acceso a Dios, antes oculto detrás del velo. La muerte de Jesús no sólo destruye las antiguas estructuras, sino que introduce otras nuevas. A Dios no hay que buscarlo ya en un templo hecho por manos humanas, sino en Jesús que es verdaderamente Dios-con-nosotros, el verdadero Templo de Dios.

6. La fe de los paganos (54). Con la confesión de los soldados, Mateo quiere mostrar la fuerza reveladora de la muerte de Jesús. De paso propone un contraste: los judíos rehúsan, los paganos confiesan. El Mesías se convierte en esperanza de las naciones.

7. Las mujeres (55s). La noticia sobre las mujeres hace de puente para los relatos de la resurrección. Su presencia hasta el final contrasta con la ausencia cobarde de los discípulos. Desde el comienzo gozoso en Galilea hasta el final doloroso, ellas le han acompañado y servido. Otra enseñanza para la comunidad.

27,57-66 Sepultura de Jesús – Vigilancia del sepulcro. La sepultura de una persona era muy importante entre los israelitas. Verse privado de ella era una ignominia final. Un ajusticiado debía ser apartado para no contaminar el terreno (Dt 21,22s), por lo que le correspondía la fosa común. José quiere ofrecer su homenaje póstumo al Maestro y se une así al homenaje anticipado de la mujer que lo ungió para la sepultura (26,13). Al acto de la sepultura asisten como testigos dos de las mujeres antes citadas.

El resto de las afirmaciones del relato está hecho teniendo en cuenta el acontecimiento final: la resurrección (62s).

no vayan a ir sus discípulos a robar el
cadáver, para decir al pueblo que ha
resucitado de entre los muertos. Este
engaño sería peor que el primero.
65 Les respondió Pilato:
—Ahí tienen una guardia: vayan y
asegúrenlo como saben.
66 Ellos aseguraron el sepulcro poniendo sellos en la piedra y colocando
la guardia.

Resurrección de Jesús

(Mc 16,1-8; Lc 24,1-12; cfr. Jn 20,1-10)

28 1 Pasado el sábado, al despuntar
el alba del primer día de la semana, fue María Magdalena con la otra
María a examinar el sepulcro.
2 De repente se produjo un fuerte
temblor: Un ángel del Señor bajó del
cielo, llegó e hizo rodar la piedra y se
sentó encima. 3 Su aspecto era como el
de un relámpago y su vestido blanco
como la nieve.
4 Los de la guardia se pusieron a
temblar de miedo y quedaron como
muertos.
5 El ángel dijo a las mujeres:
—Ustedes no teman. Sé que buscan
a Jesús, el crucificado. 6 No está aquí;
ha resucitado como había dicho. Acérquense a ver el lugar donde yacía.
7 Después vayan corriendo a anunciar a
los discípulos que ha resucitado y que
irá por delante a Galilea; allí lo verán.
Éste es mi mensaje.
8 Se alejaron rápidamente del sepulcro, llenas de miedo y gozo, y corrieron
a dar la noticia a los discípulos.

Se aparece a las mujeres

(cfr. Mc 16,9-13; Jn 20,11-18)

9 Jesús les salió al encuentro y les
dijo:
—¡Alégrense!
Ellas se acercaron, se abrazaron a
sus pies y se postraron ante él.

Debían prevenirse de las acusaciones posteriores que negaran la resurrección, así que el evangelio trata de explicar el origen del rumor del robo del cadáver y demostrar su falsedad.

28,1-15 Resurrección de Jesús – Se aparece a las mujeres – Informe de los vigilantes. Si en el relato de la pasión los tres sinópticos siguen sendas paralelas, en los de la resurrección presentan divergencias impresionantes. Ninguno intenta describir el momento y modo de la resurrección, ya que trasciende la experimentación sensible. Simplemente afirman triunfalmente el hecho y lo confirman con relatos diversos. En ellos constituyen el núcleo esencial los siguientes elementos: la identificación del aparecido, su identidad con el Jesús histórico, su corporeidad, su manifestación cierta, su trato con los discípulos y la personalidad de diversos testigos.

Saltando el intermedio de 11-15, Mateo estiliza su breve relato en tres momentos: el mensaje del ángel a las mujeres, la aparición de Jesús a ellas, la misión de los apóstoles.

Las mujeres van a hacer una visita de afecto o inspección. Un dramatismo consciente en el narrador impregna la escena. Un súbito temblor de tierra anticipa un giro inesperado de los acontecimientos. Para evocar el misterio, Mateo emplea imágenes sorprendentes, como la conmoción producida en los elementos de la naturaleza. Luego se limita a presentar los hechos humanamente accesibles como el temblor de tierra, la tumba vacía y las apariciones del Resucitado a las mujeres y a los discípulos.

Del sepulcro vacío parten dos mensajes: el de las mujeres, convertidas en mensajeras de la resurrección, y el de los guardianes del sepulcro, que se dirigen a los sumos sacerdotes para comunicarles lo ocurrido.

El hecho cierto es que el sepulcro está vacío; esto lo admiten todos, pero las explicaciones son diversas, según la postura tomada ante la persona de Jesús.

Mateo recoge dos posibilidades y las expone con gran neutralidad, al menos aparentemente: el robo del cadáver o la resurrección.

Las apariciones en las que se menciona el paulatino reconocimiento del Resucitado tienden a asegurar la íntima conexión entre los momentos de muerte y resurrección. Es interesante notar que son dos mujeres las encargadas de realizar el primer anuncio de este acontecimiento. Teniendo en cuenta que en aquella cultura el testimonio de una mujer no era considerado válido, llama la atención el hecho de que los evangelistas relacionen unánimemente el descubrimiento de la tumba vacía con estas mujeres. En la tradición de la Iglesia se las llegó a conocer como «apóstoles de los apóstoles»; las dos mujeres son las primeras portadoras del mensaje pascual.

Lo que ocurrió en aquel momento sigue ocurriendo hoy. La resurrección de Jesús no es un hecho comprobable, sino un hecho sobrenatural admisible únicamente desde la fe. Cuando se cierra el corazón a la fe, la resurrección pasa automáticamente al terreno de la leyenda.

Para un cristiano, la resurrección es el fundamento de su fe. Pablo dice que si Cristo no ha resucitado, vana es nuestra fe (1 Cor 15,14.17).

10 Jesús les dijo:
—No teman; avisen a mis hermanos
que vayan a Galilea, donde me verán.

Informe de los vigilantes

11 Mientras ellas caminaban, algunos de la guardia fueron a la ciudad y
contaron a los sumos sacerdotes todo
lo ocurrido. 12 Éstos se reunieron a
deliberar con los ancianos y ofrecieron a los soldados una buena suma
13 encargándoles:
—Digan que durante la noche,
mientras ustedes dormían, llegaron los
discípulos y robaron el cadáver. 14 Si
llega la noticia a oídos del gobernador,
nosotros lo tranquilizaremos para que
no los castigue.
15 Ellos aceptaron el dinero y siguieron las instrucciones recibidas. Así
se difundió ese cuento entre los judíos
hasta [el día de] hoy.

Se aparece a los Once

(cfr. Mc 16,14; Lc 24,36s; Jn 20,19s)

16 Los once discípulos fueron a Galilea,
al monte que les había indicado Jesús.
17 Al verlo, se postraron, pero algunos
dudaron.

Misión de los discípulos

(cfr. Mc 16,15-18; Lc 24,44-49; Jn 20,22s; Hch 1,7s)

18 Jesús se acercó y les habló:
—Me han concedido plena autoridad
en cielo y tierra. 19 Vayan y hagan discípulos entre todos los pueblos, bau-
tícenlos consagrándolos al Padre y al
Hijo y al Espíritu Santo, 20 y enséñenles
a cumplir todo lo que yo les he mandado. Yo estaré con ustedes siempre,
hasta el fin del mundo.

28,16-20 Se aparece a los Once – Misión de los discípulos. Para concluir, Mateo compone una escena magistral. En el espacio de cinco versículos condensa lo sustancial de su cristología y eclesiología.

Jesús se presenta en Galilea, como volviendo al comienzo y abandonando Jerusalén, adonde fue sólo a morir. Sube al monte, en ascensión simbólica, como cuando proclamó su mensaje del reino (capítulos 5 al 7) o se transfiguró (capítulo 17). Los once discípulos de aquel momento representan a toda la Iglesia; por eso, no falta quien dude. Ven al resucitado y han de ser sus testigos.

Jesús toma la palabra afirmando su plena autoridad recibida de Dios. En virtud de ella envía a sus discípulos a una misión universal, no limitada ya a los judíos. No han de enseñar para ser maestros de muchos discípulos (23,8), sino para «hacer discípulos» de Jesús. Como rito de consagración, administrarán el bautismo, con la invocación trinitaria explícita, inaugurando así el tiempo de la Iglesia. Desde la experiencia pascual, los discípulos van a anunciar la resurrección de Jesús y no el reino de Dios. El cambio, en apariencia notable, no es tal. Anunciar la resurrección de Jesús es anunciar que el reino ha llegado y han comenzado los nuevos tiempos. Los relatos pascuales nos colocan frente a la convicción de la comunidad primitiva de que el reino ha comenzado con la resurrección de Jesús, en quien se ha hecho manifiesto el poder vivificador de Dios.

El evangelio termina como empezó. Al principio nos fue anunciado el nombre de Emanuel, Dios con nosotros, en la historia del pueblo elegido (Is 7,14). Ahora se nos asegura que la profecía de Isaías se ha hecho permanente realidad: «Yo estaré con ustedes siempre» (20). No es tarea fácil, pero Jesús estará siempre presente con su presencia consoladora y reconfortante en todas las situaciones de la misión evangelizadora, tanto en la predicación, la enseñanza y la celebración, como en la persecución y en la prueba.

La misión de los discípulos es tan amplia como el mundo y como el tiempo que habrá de transcurrir hasta el final de la historia. La comunidad cristiana es, a partir de ahora, memoria del crucificado-resucitado, a pesar del escándalo que significaba para el pueblo judío la muerte infame en la cruz. Es también comunidad de testimonio: han de ser testigos del crucificado-resucitado. Sólo en este seguimiento concreto la comunidad descubre el significado de la misión y la persona de Jesús. Descubre que el reino está ligado indisolublemente a la salvación de los pobres y marginados, y que la forma concreta de su realización no puede prescindir de la actuación histórica de Jesús. Desde la persona y misión de Jesús surgen dos actitudes comunitarias: simpatía del pueblo y libertad frente a los poderes.

La Iglesia de Jesús es esencialmente una comunidad misionera. Las palabras del Señor resucitado «vayan» (19), «pónganse en camino», la invitan a salir constantemente de sí misma, de sus problemas y preocupaciones domésticas, para abrirse a un nuevo horizonte: el de toda persona que no conoce el gozo de sentirse hijo e hija de Dios y hermanos y hermanas entre sí. Para ello cuentan con la presencia constante de Jesús que estará siempre presente: «Yo estaré con ustedes siempre, hasta el fin del mundo» (20).

MARCOS

Contexto histórico. La obra de Marcos nos sitúa en la segunda generación cristiana. El Evangelio ya ha traspasado las fronteras religiosas del mundo judío y se ha abierto también a los paganos, llegando incluso a la misma ciudad de Roma, centro geográfico económico y político del poder imperial romano. Allí el cristianismo muy pronto es catalogado como movimiento sospechoso y es duramente perseguido y castigado. Es en este contexto que probablemente Marcos escribe su evangelio: «la Buena Noticia de Jesucristo. Hijo de Dios» (1,1).

Destinatarios. Una tradición muy antigua los identifica con la comunidad perseguida de Roma en tiempos de Nerón (año 64). Se trataría de una comunidad mayoritariamente de origen pagano, pobre y en crisis, que estaría llamada a dar razón de su fe e identidad tal como la dio su Maestro y Señor en la cruz.

Autor, fecha y lugar de composición. Desde siempre se le ha llamado «según san Marcos», atribuyendo la autoría a un discípulo de Pedro: el mismo Juan Marcos que se nombra en el libro de los Hechos (Hch 12,12.25; 13,13; 15,37.39) y que envía saludos en Col 4,10; Flm 24 y 1 Pe 5,13. Aunque tal atribución no es absolutamente cierta, tampoco hay razones suficientes ni convincentes para negarla.

En cuanto a la fecha de su composición, según la tradición, Marcos escribió su evangelio después de la muerte de Pedro (año 64); y según las pistas que nos ofrece su evangelio, antes de la destrucción de Jerusalén en la rebelión de los judíos contra Roma (año 70); por eso, muchos biblistas sugieren como fechas probables los años entre el 65 y 70.

En cuanto al lugar de composición, Roma es la hipótesis más aceptada, no sólo porque así lo avala la tradición, sino también por ciertas referencias que el mismo evangelio presenta, como la explicación de palabras arameas, las alusiones al sufrimiento y a la persecución, y la relativa frecuencia de palabras y locuciones latinizadas.

Un evangelio por mucho tiempo desconocido... y hoy de sorprendente actualidad. Hasta finales del s. XIX apenas se prestó atención al evangelio de Marcos. La tradición de la Iglesia lo había relegado a un segundo plano en comparación con los demás sinópticos, ya sea por su estilo parco: pobre de vocabulario, monótono y repetitivo; o porque apenas ofrecía nada nuevo que no se encontrase mejor elaborado en Mateo o Lucas. O quizás, porque la misma Iglesia aún no estaba preparada para captar en toda su grandeza descarnada su mensaje inconformista.

Todo comenzó a cambiar cuando a finales del s. XIX, y sobre todo durante el s. XX, la crítica histórica lo descubrió como el primer evangelio escrito del Nuevo Testamento y que sirvió incluso de inspiración para la redacción de los evangelios de Mateo y de Lucas. El interés ha ido en aumento hasta nuestros días, al irse desvelando poco a poco lo que pretendía: confrontar a sus oyentes y lectores con el sorprendente misterio de la identidad de Jesús de Nazaret, misterio que sigue fascinando al hombre y a la mujer de hoy, tanto como hace 2.000 años.

¿Quién es Jesús de Nazaret para Marcos? El tema de su evangelio es la persona de Jesús y la reacción de la gente a su paso. Marcos escribe su evangelio a la luz de la resurrección, pero no abusa de ella; al contrario, se empeña en presentar a Jesús crucificado más que resucitado, y a la gente (discípulos incluidos) cegada y deslumbrada más que iluminada.

Ya al principio de su obra, a modo de introducción, declara que Jesús es ante todo «Hijo de Dios» y que el relato de su vida es una «Buena Noticia» (1,1). Complementa esto con: la declaración solemne que hace el Padre sobre su identidad (1,11) y la presencia del Espíritu que le empuja al desierto para luchar con Satanás (1,12), y cuya victoria se manifiesta en la convivencia con las fieras y en el servicio de los ángeles (1,13).

Es entonces cuando presenta a Jesús anunciando la inminente llegada del reino de Dios (1,15). Pero este anuncio provoca una confrontación dramática. A Jesús no lo comprende su familia (3,21) ni sus paisanos (6,1-6), tampoco sus discípulos (4,41; 6,51s). Los fariseos (poder religioso) y los partidarios de Herodes (poder político) deciden eliminarlo (3,6). Con todo, algunos paganos reconocen su poder (5,18-20; 7,24-30). Los discípulos están ciegos, no comprenden el anuncio de su pasión; pero Jesús, que puede sanar a los ciegos (8,22-26), también puede sanar a sus discípulos. No sería una aberración decir que en este evangelio Jesús no facilita la comprensión de su persona. Manifiesta su poder milagroso, pero a la vez impone silencio; se aleja de los suyos, pero siempre está pendiente de ellos; revela su gloria en la transfiguración, pero impone reserva hasta su resurrección. Marcos evoca una figura desconcertante ante un auditorio desconcertado.

¿Quién es el seguidor de Jesús para Marcos? Paralelamente al desconcertante misterio de la identidad de Jesús, Marcos desarrolla en su evangelio la no menos desconcertante condición del discípulo; parece como si el primer plano de su narración lo ocupara dicha relación, que se desarrolla como una catequesis progresiva. Siempre están juntos, pues para eso los eligió: «para que convivieran con él» (3,14). Todo lo hace en presencia de ellos. Estos discípulos, desde la perspectiva del evangelista, simbolizan a los destinatarios, de aquel entonces y de ahora, a quienes dirige su evangelio. Es esta relación la que estructura el plan de su obra.

En la primera parte (1,1–8,30), Jesús va implacablemente desmantelando todas las ideas preconcebidas que tenían de Dios y del Mesías prometido. El trabajo es arduo. No entienden sus parábolas (4,13); tienen miedo ante su poder (4,41); tampoco entienden sus milagros (6,52; 7,37). Parece como si todas sus instrucciones cayeran en saco roto (8,17-21).

La sanación del ciego de Betsaida (8,22-26) da comienzo a la sanación de la ceguera de sus propios discípulos, dramatizada en la confesión de Pedro (8,27-30). Ambas escenas ocupan el quicio del evangelio. A partir de entonces, la catequesis de Jesús se centra en la condición sufriente del Mesías, una cruz que debe cargar el discípulo que quiera seguirle (8,34). Les anuncia tres veces su próxima pasión, muerte y resurrección. Ellos siguen sin comprender, pero el camino está ya despejado para que sea su misma muerte silenciosa en la cruz la que desvele definitivamente el misterio de su identidad.

Así llega Marcos al punto culminante de su relato, en la confesión de un centurión: «realmente este hombre era hijo de Dios» (15,39). Esta confesión es como la respuesta a la voz del Padre al principio de su evangelio: «Tú eres mi Hijo querido, mi predilecto» (1,11). El centurión representa a Roma, el poder pagano de aquel entonces, que por la cruz llegará a la fe. Pero también representa a todos los hombres y mujeres de todos los tiempos a quienes el Mesías, Jesucristo, sale a su encuentro y les invita a descubrirlo y a reconocerlo como Hijo de Dios y Salvador del mundo en situaciones de cruz, de muerte y de desesperanza. Para ellos y ellas escribió Marcos su evangelio.

Sinopsis. Inicia el evangelio con una pequeña introducción que prepara a Jesús para su ministerio (1,1-13). Sigue a esta introducción la actividad que realiza en Galilea (1,14–7,23). Tras un intermedio en Fenicia y Cesarea (7,24–8,26), sucede el cambio decisivo, con la confesión de Pedro, la transfiguración, el anuncio de la pasión, y el camino hacia Jerusalén (8,27–10,52). En Jerusalén, Jesús es presentado como profeta y Mesías (11–13), cuyos contenidos y características se desarrollan en el relato de la pasión y resurrección (14,1–16,8). Hasta aquí la obra de Marcos. Posteriormente, alguien le añadió un apéndice (16,9-20) para paliar un poco su final desconcertante.

Prólogo
(cfr. Lc 1,1-4; Jn 1,1-18)

1 [1] Comienzo de la Buena Noticia de Jesucristo. [Hijo de Dios.]

Juan el Bautista
(Mt 3,1-3; Lc 3,3s; cfr. Jn 1,19-23)

[2] Tal como está escrito en la profecía de Isaías:
Mira, envío por delante
a mi mensajero
para que te prepare el camino.
[3] *Una voz grita en el desierto:*
Preparen el camino al Señor,
enderecen sus senderos.

[4] Así se presentó Juan en el desierto, bautizando y predicando un bautismo de arrepentimiento para el perdón de los pecados.

(Mt 3,4-6)

[5] Toda la población de Judea y de Jerusalén acudía a él, y se hacía bautizar por él en el río Jordán, confesando sus pecados. [6] Juan llevaba un manto hecho de pelos de camello, con un cinturón de cuero en la cintura, y comía saltamontes y miel silvestre.

(Mt 3,11; Lc 3,15s; cfr. Jn 1,24-28)

[7] Y predicaba así:
—Detrás de mí viene uno con más autoridad que yo, y yo no soy digno de agacharme para soltarle la correa de sus sandalias. [8] Yo los he bautizado con agua, pero él los bautizará con Espíritu Santo.

Bautismo de Jesús
(cfr. Mt 3,13-17; Lc 3,21s; Jn 1,29-34)

[9] En aquel tiempo vino Jesús desde Nazaret de Galilea y se hizo bautizar por Juan en el Jordán.

[10] En cuanto salió del agua, vio el cielo abierto y al Espíritu bajando sobre él como una paloma. [11] Se escuchó una voz del cielo que dijo:
—Tú eres mi Hijo querido, mi predilecto.

La prueba en el desierto
(cfr. Mt 4,1-11; Lc 4,1-13)

[12] Inmediatamente el Espíritu lo llevó al desierto, [13] donde pasó cuarenta días y fue tentado por Satanás. Vivía con las fieras y los ángeles le servían.

1,1 Prólogo. El primer versículo es una especie de prólogo con el que Marcos indica lo que va a tratar: «la Buena Noticia de Jesucristo». La expresión «Comienzo» señala no sólo el inicio de su obra, sino también una nueva etapa en la historia de salvación: el Nuevo Testamento. El centro de esta Buena Noticia es Jesús.

¿Quién es Jesús? Marcos lo irá revelando progresivamente. De momento sólo lo enuncia: Jesucristo es el «Hijo de Dios». Este enunciado irá adquiriendo contenidos sorprendentes, hasta llegar a su cumbre, casi al final del evangelio, cuando un centurión romano, al ver cómo Jesús muere, exclama: «Realmente este hombre era Hijo de Dios» (15,39). Así pues, la revelación de Jesús como Hijo de Dios confiere sentido a todo el relato evangélico, y la presencia del enunciado al inicio y al final lo confirma.

1,2-8 Juan el Bautista. Marcos recuerda la profecía que anuncia la cercanía del tiempo mesiánico (2s). Aunque la atribuye a Isaías (2a), la primera parte (2b) es una combinación de Éx 23,20 y de Mal 3,1. La segunda parte (3) sí que es de Is 40,3. El tiempo mesiánico está cerca, la voz de su mensajero ya se escucha.

Juan es el mensajero anunciado (2-4). El esperado «Elías» que preparará el camino al Señor (cfr. Mal 3,23). Y lo hace con un bautismo de arrepentimiento, de cambio de vida (5). Su forma de vestir y de alimentarse lo revelan como profeta (6; cfr. 2 Re 1,8; Zac 13,4).

Probablemente muchos lo confundían con el Mesías. Marcos aclara esta situación, su condición ante Jesús es incluso inferior a la de un siervo con su señor (7). Juan sólo puede bautizar con agua (exteriormente); en cambio Jesús bautiza con espíritu.

1,9-11 Bautismo de Jesús. Jesús asume nuestra condición de pecadores, con ello expresa su determinación de dar la vida a favor de los demás. El descenso del Espíritu confirma la reapertura de la comunicación entre el cielo y la tierra. Dios se hace accesible a la humanidad por medio de Jesús, su Hijo (cfr. Sal 2,7; Is 42,1).

1,12s La prueba en el desierto. El hecho de ser Hijo de Dios no exime a Jesús de su condición humana. Por eso el mismo Espíritu que recibe del Padre en el bautismo, es el que le empuja al desierto. El desierto para el

Comienza su proclamación

(Mt 4,12.17; Lc 4,14s)

14 Cuando arrestaron a Juan, Jesús
se dirigió a Galilea a proclamar la Buena
Noticia de Dios. 15 Decía:
—Se ha cumplido el tiempo y está
cerca el reino de Dios. Arrepiéntanse y
crean en la Buena Noticia.

Llama a sus primeros discípulos

(Mt 4,18-22; cfr. Lc 5,1-11; Jn 1,35-51)

16 Caminando junto al lago de Galilea, vio a Simón y a su hermano Andrés
que echaban las redes al lago, pues
eran pescadores.
17 Jesús les dijo:
—Vengan conmigo y los haré pescadores de hombres.
18 Inmediatamente, dejando las
redes, le siguieron.
19 Un trecho más adelante vio a Santiago de Zebedeo y a su hermano Juan,
que arreglaban las redes en la barca.
20 Inmediatamente los llamó. Y ellos
dejando a su padre Zebedeo en la barca
con los jornaleros, se fueron con él.

Enseña y exorciza en Cafarnaún

(Lc 4,31-37)

21 Llegaron a Cafarnaún y el sábado
siguiente entró en la sinagoga a enseñar.
22 La gente se asombraba de su enseñanza porque lo hacía con autoridad, no
como los letrados. 23 Precisamente en
aquella sinagoga había un hombre poseído por un espíritu inmundo, que gritó:
24 —¿Qué tienes contra nosotros,
Jesús de Nazaret? ¿Has venido a des-
truirnos? Sé quién eres tú: ¡el Consagrado de Dios!
25 Jesús le increpó:
—¡Calla y sal de él!
26 El espíritu inmundo sacudió al
hombre, dio un fuerte grito y salió de él.
27 Todos se llenaron de estupor y se
preguntaban:
—¿Qué significa esto? ¡Una enseñanza nueva, con autoridad. Hasta a
los espíritus inmundos les da órdenes y
le obedecen.
28 Su fama se divulgó rápidamente
por todas partes, en toda la región de
Galilea.

pueblo de Israel era tradicionalmente lugar de prueba y de toma de decisión, allí debía aprender a confiar en Dios (cfr. Dt 8). Los cuarenta días recuerdan las pruebas sufridas por Moisés (Éx 34,28) y Elías (1 Re 19,8). Satanás hacía parte de la corte celestial y actuaba como fiscal (Job 1s; Zac 3,1s) o como Adversario del proyecto divino (Ap 12,7-9). A diferencia de Mateo y de Lucas, Marcos no dice nada más sobre las pruebas. Eso sí, deja claro el triunfo de Jesús: su abandono en la providencia de Dios, expresado en la convivencia con los animales y en el servicio que le brindan los ángeles (13).

1,14s Comienza su proclamación. Este breve pasaje concluye la introducción del evangelio (1-13) y da comienzo a una nueva etapa: la intensa actividad de Jesús en Galilea, que empieza precisamente cuando termina la de Juan el Bautista (14a). «Proclamar» o «predicar» es la actividad principal de Jesús. «Se ha cumplido el tiempo» indica el comienzo de una nueva etapa en la historia de la salvación. «El reino de Dios» no es un lugar sino una experiencia de vida bajo los parámetros del proyecto divino (vida, justicia, solidaridad, fraternidad, paz). La presencia de Jesús hace cercano ese reino. «Arrepentirse» significa cambiar de rumbo, volver a Dios, en este caso, creer en la Buena Noticia de Jesús.

1,16-20 Llama a sus primeros discípulos. Jesús llama, elige a sus discípulos, para dar sentido comunitario a su misión. Sin comunidad no hay reino. Tradicionalmente los discípulos buscaban a su maestro. Aquí es Jesús el que toma la iniciativa: llama a sus discípulos y los hace pescadores de hombres, metáfora que da sentido universal a su misión.

Por otro lado, los discípulos responden con prontitud al Maestro, y dejándolo todo le siguen. En esto consiste la vocación cristiana. Es el seguimiento radical a Jesús: Camino, Verdad y Vida.

1,21-28 Enseña y exorciza en Cafarnaún. Jesús enseña y actúa con una autoridad que se fundamenta en el poder liberador de Dios. En lenguaje y mentalidad de la época, el evangelista presenta su lucha contra los poderes que oprimen a la humanidad. El exorcismo que realiza al hombre «poseído», es una invitación a sus discípulos para luchar, en el anuncio del Evangelio, contra todo tipo de «posesión» que someta y denigre a la humanidad.

La gente comienza a admirarlo pues su prédica y su enseñanza van de la mano, es una, es coherente. Esta admiración suscita, desde ya, intriga sobre su identidad: «¿Qué significa esto?» (27).

Sana y exorciza en torno a la casa
(Mt 8,14-16; Lc 4,38-41)

29 Después salió de la sinagoga y
con Santiago y Juan se dirigió a casa
de Simón y Andrés. 30 La suegra de
Simón estaba en cama con fiebre, y se lo
hicieron saber enseguida. 31 Él se acercó
a ella, la tomó de la mano y la levantó.
Se le fue la fiebre y se puso a servirles.
32 Al atardecer, cuando se puso el
sol, le llevaron toda clase de enfermos
y endemoniados. 33 Toda la población se
agolpaba a la puerta. 34 Él sanó a muchos enfermos de dolencias diversas y
expulsó a numerosos demonios, a los
que no les permitía hablar, porque lo
conocían.

Oración y misión de Jesús
(Lc 4,42-44)

35 Muy de madrugada, cuando todavía estaba oscuro, se levantó, salió y se
dirigió a un lugar despoblado, donde
estuvo orando.
36 Simón y sus compañeros lo buscaron 37 y cuando lo encontraron, le
dijeron:
—Todos te están buscando.
38 Les respondió:
—Vámonos de aquí a los pueblos
vecinos, para predicar también allí,
pues a eso he venido.
39 Y fue predicando en sus sinagogas
y expulsando demonios por toda Galilea.

Sana a un leproso
(Mt 8,1-4; Lc 5,12-16)

40 Se le acercó un leproso y [arrodi-
llándose] le suplicó:
—Si quieres, puedes sanarme.
41 Él se compadeció, extendió la
mano, lo tocó y le dijo:
—Lo quiero, queda sano.
42 Al instante se le fue la lepra y quedó
sano. 43 Después lo despidió ad-
virtiéndole enérgicamente:
44 —Cuidado con decírselo a nadie.
Ve a presentarte al sacerdote y, para
que le conste, lleva la ofrenda de tu
sanación establecida por Moisés.
45 Pero al salir, aquel hombre se puso a
proclamar y divulgar más el hecho, de
modo que Jesús ya no podía presentarse
en público en ninguna ciudad, sino que
se quedaba fuera, en lugares despoblados.
Y aun así, de todas partes acudían a él.

1,29-39 Sana y exorciza en torno a la casa – Oración y misión de Jesús. La referencia a la casa (1,29.33; 2,1s.15; 3,20; 7,17; 9,28.33; 10,10) probablemente sea una alusión al lugar de encuentro de la comunidad de Marcos, en ella Jesús sigue actuando y hacia ella concurre mucha gente.

La suegra de Pedro simboliza la situación de exclusión que sufrían las mujeres ancianas y enfermas. Los discípulos interceden por ella como un acto de solidaridad con el necesitado. Con tres verbos Jesús indica el mejor modo para relacionarse con el oprimido: acercarse, entrar en contacto con él y levantarlo (31). Jesús espera que quien sea sanado, levantado o liberado, se ponga al servicio de la causa del reino. Esto es parte de la identidad cristiana.

Las sanaciones se extienden a todos los que se acercan al Maestro, y revelan a un Jesús solidario, que pasa del discurso a la práctica liberadora.

Con su ejemplo, Jesús enseña la importancia de la oración al comenzar toda jornada misionera.

¿Por qué todos lo buscan?, ¿por los milagros o porque quieren adherirse a su proyecto? Jesús sabe que todo entusiasmo basado sólo en los milagros y no en el proyecto total del reino de Dios falsea su misión.

1,40-45 Sana a un leproso. A un leproso en aquel tiempo se le trataba como a un «muerto viviente»; era aislado, despreciado y condenado a estar lejos de los demás y de Dios, lejos de la vida. Esto lo establecía incluso la Ley (Lv 5,3; Nm 5,2), ya que sólo así se garantizaba la salud y la pureza del pueblo. Pero la fe del leproso y el amor de Jesús superan todas estas circunstancias, hacen realidad la Buena Noticia del reinado de Dios.

De nuevo, tres verbos muestran la ternura y la cercanía de Jesús con los marginados: compadecerse, extender la mano y tocar. Jesús no se conforma con estar cerca, sino que pasa a transformar la realidad de marginación sanando al leproso: Ya sano, el leproso vuelve a la vida, es restablecido no sólo físicamente sino también social y espiritualmente.

A pesar de la prohibición, el leproso se convierte en un evangelizador que propaga las acciones liberadoras de Jesús. La prohibición de divulgar lo sucedido se conoce como «secreto mesiánico», que desde la perspectiva del evangelista, es una manera de decir que el proyecto de Jesús sólo podrá ser comprendido correctamente después de su muerte y resurrección.

Sana a un paralítico
(Mt 9,1-8; Lc 5,17-26; cfr. Jn 5,1-18)

2 1 Después de unos días volvió a
Cafarnaún y la gente se enteró de
que estaba en casa. 2 Se reunieron tantos, que no quedaba sitio ni siquiera
junto a la puerta. Y él les anunciaba la
Palabra.
3 Entonces, llegaron unos trayendo
a un paralítico entre cuatro; 4 y, como
no lograban acercárselo por el gentío,
levantaron el techo encima de donde
estaba Jesús, y por el boquete que hicieron descolgaron la camilla en que
yacía el paralítico.
5 Viendo Jesús la fe que tenían, dijo
al paralítico:
—Hijo, tus pecados te son perdonados.
6 Estaban allí sentados unos letrados
que discurrían en su interior: 7 ¿Cómo
puede éste hablar así? Blasfema.
¿Quién puede perdonar pecados, sino
sólo Dios?
8 Pero, de inmediato, Jesús supo lo
que pensaban, y les dijo:
—¿Por qué piensan así en su interior? 9 ¿Qué es más fácil? ¿Decir al paralítico que se le perdonan sus pecados
o decirle que cargue con su camilla y
camine? 10 Pero para que sepan que el
Hijo del Hombre tiene autoridad en la
tierra para perdonar pecados –dijo al
paralítico–: 11 Yo te lo mando, levántate,
toma tu camilla y vete a tu casa.
12 Se levantó de inmediato, tomó
su camilla y salió delante de todos.
De modo que todos se asombraron y
glorificaban a Dios diciendo:
—Nunca vimos cosa semejante.

Llama a Leví:
comparte la mesa con pecadores
(Mt 9,9-13; Lc 5,27-32)

13 Salió de nuevo a la orilla del lago.
Toda la gente acudía a él y él les enseñaba.
14 Al pasar vio a Leví de Alfeo, sentado
junto a la mesa de recaudación de los
impuestos, y le dijo:
—Sígueme.
Él se levantó y le siguió.
15 Mientras estaba comiendo en su
casa, muchos recaudadores de impuestos y pecadores estaban a la mesa
con Jesús y sus discípulos, pues muchos eran ya sus seguidores. 16 Los letrados del partido fariseo, viéndolo comer
con aquéllos, dijeron a los discípulos:
—¿Por qué come con recaudadores
de impuestos y pecadores?
17 Lo escuchó Jesús y respondió:
—No tienen necesidad del médico
los sanos, sino los enfermos. No vine a
llamar a justos, sino a pecadores.

2,1-12 Sana a un paralítico. Marcos presenta en un solo bloque (2,1–3,6) cinco controversias con los más duros opositores de Jesús y de las primeras comunidades cristianas: letrados, fariseos, discípulos de Juan, herodianos. La Buena Noticia que alegra a los marginados, asusta, en cambio, a las autoridades religiosas y políticas.

Este pasaje resalta la solidaridad y la fe de cuatro amigos y un paralítico, que a toda costa buscan estar cerca de Jesús. Por su parte, Jesús restablece al paralítico de modo integral. En aquel tiempo las enfermedades eran consideradas consecuencias de pecados, y los enfermos, pecadores; así pues, eran marginados de la vida social y religiosa del pueblo. Por eso, Jesús primero perdona sus pecados al paralítico (aspecto religioso), lo levanta (aspecto físico) y le ordena ir a los suyos, a su casa (aspecto social).

2,13-17 Llama a Leví: comparte la mesa con pecadores. Los recaudadores de impuesto o publicanos eran considerados traidores del pueblo, y por la Ley, pecadores e impuros. Al llamar a Leví, Jesús rompe las barreras de la Ley y hace realidad la universalidad del Evangelio. Leví, por su parte, al levantarse de su sitio, abandonar su oficio y seguir a Jesús, rompe con su pasado y se compromete a una vida nueva que le ofrece el Maestro con su llamado.

Jesús no excluye a nadie. Su invitación es universal y radical, por eso comparte la mesa con gente pecadora. Compartir la mesa no sólo significaba compartir los alimentos, sino también, la vida misma. Expresaba la estrecha unidad de los comensales. Esto escandalizaba a los letrados; pero Jesús ironiza esta actitud, ya que Dios no quiere la muerte, sino la vida de todos.

Sobre el ayuno
(Mt 9,14-17; Lc 5,33-39; cfr. Is 58,1-12)

18 Un día que los discípulos de Juan
y los fariseos estaban de ayuno fueron
a decirle a Jesús:
—¿Por qué los discípulos de Juan y
de los fariseos ayunan y tus discípulos
no ayunan?
19 Jesús les respondió:
—¿Pueden los invitados a la boda
ayunar mientras el novio está con ellos?
Mientras tienen al novio con ellos no
pueden ayunar. 20 Llegará un día en que
el novio les será quitado, y aquel día
ayunarán. 21 Nadie usa un trozo de tela
nueva para remendar un vestido viejo;
porque lo nuevo añadido tira del vestido viejo, y la rotura se hace más grande. 22 Nadie echa vino nuevo en odres
viejos; porque el vino revienta los odres
y se echan a perder odres y vino. A vino
nuevo, odres nuevos.

Sobre el sábado
(Mt 12,1-8; Lc 6,1-5)

23 Un sábado mientras atravesaba
unos campos de trigo, sus discípulos
se pusieron a arrancar espigas.
24 Los fariseos le dijeron:
—Mira lo que hacen en sábado:
¡Algo prohibido!
25 Les respondió:
—¿No han leído lo que hizo David
cuando él y sus compañeros pasaban
necesidad y estaban hambrientos?
26 Entró en la casa de Dios, siendo
sumo sacerdote Abiatar, y comió los
panes consagrados, que sólo pueden
comer los sacerdotes, y los compartió
con sus compañeros. 27 Y añadió:
—El sábado se hizo para el hombre,
no el hombre para el sábado. 28 De manera que el Hijo del Hombre es Señor
también del sábado.

Sana en sábado
(Mt 12,9-14; Lc 6,6-11)

3 1 Entró de nuevo en la sinagoga,
estaba allí un hombre que tenía la
mano paralizada. 2 Algunos lo vigilaban
para ver si lo sanaba en sábado, y así
acusarlo. 3 Dijo Jesús al hombre de la
mano paralizada:
—Levántate y ponte en medio.
4 Y les preguntó a ellos:
—¿Qué está permitido en sábado?
¿Hacer el bien o el mal? ¿Salvar la vida
o dar muerte?
Ellos callaban. 5 Entonces los miró indignado, aunque entristecido por la dureza de sus corazones y dijo al hombre:
—Extiende la mano.
El hombre la extendió y su mano
quedó sanada. 6 Los fariseos salieron
inmediatamente y deliberaron con los
herodianos cómo acabar con él.

2,18-22 Sobre el ayuno. De un banquete, en el pasaje anterior, pasamos en éste al ayuno. Los adversarios son ahora los discípulos de Juan y los fariseos. Aunque la Ley exigía un día de ayuno anual (Lv 16,29; Nm 29,7), el afán de perfección de los fariseos los llevó a ayunar dos veces por semana (Lc 18,12).

Jesús no niega el ayuno; sólo que no cabe practicarlo cuando estamos de fiesta celebrando un nuevo pacto de amor, una nueva alianza entre Jesús (novio) y su pueblo (cfr. Jn 3,29; 2 Cor 11,2; Ef 5,32; Ap 19,7; 21,2). En el Antiguo Testamento es común la presentación de Dios como el esposo de Israel (Os 2,19; Is 54,4-8; 62,4s; Ez 16). Cuando el novio sea asesinado por quienes no soportan la alegría de su Buena Noticia, entonces ayunarán. El proyecto de Jesús no encaja en el modelo religioso y político dominante de su pueblo.

2,23-28 Sobre el sábado. La Ley permitía calmar el hambre cortando espigas al pasar por un sembrado, excepto en sábado (Éx 34,21; Dt 23,26). Los discípulos que han aprendido de Jesús la libertad frente a la Ley son ahora acusados por los fariseos de no acatarla. Jesús, al mejor estilo de los letrados, acude a las Escrituras (1 Sm 21,1-7) para discernir cuándo una ley es liberadora u opresora. El criterio es el ser humano. Ninguna ley, palabra o acción que lo oprima, margine o excluya puede tener el respaldo de Dios.

3,1-6 Sana en sábado. Jesús ratifica a sus oponentes que los excluidos por una falsa interpretación de la Ley son, ahora, el centro de la acción divina. Por eso, a pesar del sábado, actúa con apremio, pues la opción por la vida y por los pobres es inaplazable y se debe asumirla aun con el riesgo de perder la propia vida.

Una gran multitud se le acerca

7 Jesús se retiró con sus discípulos
junto al lago. [Le seguía] una gran multitud desde Galilea, Judea, 8 Jerusalén,
Idumea, Transjordania y del territorio
de Tiro y Sidón. Una gran multitud que
al oír lo que hacía, acudía a él.

9 Entonces dijo a sus discípulos que
le tuvieran preparada una barca, para
que el gentío no lo apretujara. 10 Ya que,
como sanaba a muchos, los que sufrían
achaques se le tiraban encima para tocarlo. 11 Los espíritus inmundos al verlo
caían a sus pies gritando: ¡Tú eres el
Hijo de Dios! 12 Pero él los reprendía severamente para que no lo descubrieran.

Los Doce

(Mt 10,1-4; Lc 6,12-16)

13 Subió a la montaña, fue llamando
a los que él quiso y se fueron con él.

14 Nombró a doce [a quienes llamó
apóstoles] para que convivieran con él
y para enviarlos a predicar 15 con poder
para expulsar demonios.

16 [Nombró, pues, a los Doce]. A Simón
lo llamó *Pedro*; 17 a Santiago de Zebedeo
y a su hermano Juan, a quienes llamó
Boanerges, que significa: Hijos del
trueno; 18 a Andrés y Felipe; a Bartolomé y Mateo; a Tomás, Santiago de Alfeo
y Tadeo; a Simón el cananeo 19 y a Judas
Iscariote, el que incluso le traicionó.

Jesús y Satanás

20 Entró en casa, y se reunió tal gentío
que no podían ni comer. 21 Sus familiares, que lo oyeron, salieron a calmarlo,
porque decían que estaba fuera de sí.

(Mt 12,22-29; Lc 11,14-22)

22 Los letrados que habían bajado de
Jerusalén decían:

—Lleva dentro a Belcebú y expulsa
los demonios con el poder del jefe de
los demonios.

23 Él los llamó y por medio de comparaciones les explicó:

—¿Cómo puede Satanás expulsarse
a sí mismo? 24 Un reino dividido internamente no puede sostenerse. 25 Una
casa dividida internamente tampoco.
26 Si Satanás se levanta contra sí mismo y se divide, no puede mantenerse
en pie, más bien perece. 27 Nadie puede
entrar en la casa de un hombre fuerte y
llevarse sus cosas si primero no lo ata.
Sólo así, podrá saquear, luego, la casa.

El poder político (herodianos) y el poder religioso (fariseos) se unen para optar y planear la muerte de Jesús. La dureza de corazón y el silencio cómplice hacen que los poderosos sigan solucionado los conflictos a través de la violencia cainita.

3,7-12 Una gran multitud se le acerca. Este pasaje es un sumario o resumen de la actividad de Jesús. Los seguidores se multiplican. La misión se hace universal. Los enfermos siguen siendo sanados. Los espíritus inmundos reconocen la filiación divina y el poder sobre el mal de Jesús. Se afirma el mandato de guardar silencio (secreto mesiánico).

3,13-19 Los Doce. La montaña simboliza el lugar privilegiado para el encuentro con Dios (cfr. Éx 19,20; 24,12; Nm 27,12; Dt 1,6-18). Jesús llama a los que Él quiere. La iniciativa es de Él, no de los discípulos. Y los llama para formar comunidad, un nuevo pueblo (simbolizado en el número doce, como las doce tribus en los inicios del pueblo de Israel). La misión de este pueblo es ser testigo y testimonio del reino de Dios. He aquí dos características importantes del seguimiento de Jesús: la comunidad y la misión.

3,20-30 Jesús y Satanás. La iniciativa de «formar» un nuevo pueblo de Dios recibe reacciones distintas. La multitud que sigue a Jesús la apoya, pero un grupo más pequeño y cercano, que incluye sus familiares, la rechaza.

A éstos, se suman los letrados de Jerusalén, quienes utilizan la difamación para negar lo evidente: Afirman que el poder de Jesús no proviene de Dios, sino de Belcebú o Satanás. Pero por medio de comparaciones, Jesús deja claro dos cosas: que su poder viene de Dios, pues lucha contra las fuerzas del mal: «¿Cómo puede Satanás expulsarse a sí mismo?»; y que son ellos, los letrados, los verdaderos blasfemos. El pecado contra el Espíritu es aquel que niega y se cierra a la manifestación liberadora de Dios. En el caso de los letrados, no sólo la niegan sino que van en contra de ella difamándola.

(Mt 12,31)

28 Les aseguro que a los hombres se
les pueden perdonar todos los pecados
y las blasfemias que pronuncien. 29 Pero
el que blasfeme contra el Espíritu Santo
jamás tendrá perdón; será culpable
para siempre.

30 Jesús dijo esto porque ellos decían
que tenía dentro un espíritu inmundo.

La madre y los hermanos de Jesús
(Mt 12,46-50; Lc 8,19-21)

31 Llegaron su madre y sus hermanos,
se detuvieron fuera y lo mandaron a llamar. 32 La gente estaba sentada en torno
a él y le dijeron:

—Mira, tu madre y tus hermanos [y
hermanas] están fuera y te buscan.

33 Él les respondió:

—¿Quién es mi madre y [mis] hermanos?

34 Y mirando a los que estaban sentados en círculo alrededor de él, dijo:

—Miren, éstos son mi madre y mis
hermanos. 35 [Porque] el que haga la
voluntad de Dios, ése es mi hermano,
mi hermana y mi madre.

Parábola del sembrador
(Mt 13,1-9; Lc 8,4-8)

4 1 En otra ocasión se puso a enseñar
a orillas del lago. Se reunió en torno
a él tal gentío que tuvo que subirse a
una barca que estaba en el agua y sentarse en ella, mientras toda la gente
quedaba en tierra, junto al lago.
2 Les enseñaba muchas cosas con
parábolas, esto es lo que les decía:
3 —¡Escuchen con atención! Salió
un sembrador a sembrar. 4 Al sembrar,
unas semillas cayeron junto al camino;
vinieron las aves y se las comieron.
5 Otras cayeron en terreno pedregoso
con poca tierra. Al faltarles profundidad
brotaron enseguida; 6 pero, al salir el
sol se marchitaron, y como no tenían
raíces se secaron. 7 Otras cayeron entre
espinos: crecieron los espinos y las
ahogaron, y no dieron fruto. 8 Otras cayeron en tierra fértil: brotaron, crecieron
y dieron fruto; produjeron: unas treinta,
otras sesenta, otras cien.
9 Y añadió: El que tenga oídos para
oír que escuche.

Propósito de las parábolas
(Mt 13,10-14; Lc 8,9s)

10 Cuando se quedó a solas, los
que estaban a su alrededor junto con
los Doce le preguntaron acerca de las
parábolas.
11 Él les dijo:
—A ustedes se les comunica el secreto del reino de Dios; pero a los de
fuera todo se les propone en parábolas
12 de modo que:

por más que miren, no vean;
por más que escuchen,
no comprendan;
no sea que se conviertan
y sean perdonados.

3,31-35 La madre y los hermanos de Jesús. Jesús aprovecha la visita de su familia para enseñar algo fundamental: no podemos ser mezquinos con los asuntos del reino atándonos a nuestra familia biológica. La verdadera familia de Jesús, la familia del reino, traspasa las fronteras biológicas y étnicas, y la constituyen todos los hombres y mujeres que hacen la voluntad de Dios.

4,1-9 Parábola del sembrador. Marcos presenta a Jesús en su faceta de Maestro. Cercano al sentir del pueblo enseña con parábolas. Empieza con la «del sembrador», en la que resalta: la universalidad del anuncio de la Buena Noticia, en todo tipo de tierra cae el grano, la semilla; y la abundancia de la cosecha de la tierra buena. Así también sucede con el anuncio del reino.

4,10-12 Propósito de las parábolas. De un escenario público, pasamos a lo privado. El grupo más cercano pregunta sobre el propósito de las parábolas. Y la respuesta de Jesús es a simple vista desconcertante. ¿Qué pretende con esto? Advertir el carácter misterioso del reino, está presente pero a la vez oculto. Quien se cierra a él es como aquel que mira pero no ve, escucha pero no entiende (Is 6,9s).

Explicación de la parábola del sembrador

(Mt 13,18-23; Lc 8,11-15)

13 Y les añadió:

—Si no entienden esta parábola, ¿cómo van a entender las demás?

14 El que siembra, siembra la Palabra.
15 Los que están junto al camino donde se siembra la Palabra son los que en cuanto la escuchan, llega Satanás y se lleva la Palabra sembrada en ellos.

16 Otros son como lo sembrado en terreno pedregoso: cuando escuchan la Palabra, la reciben con gozo; 17 pero no tienen raíces, son inconstantes. Llega una tribulación o persecución por causa de la Palabra, e inmediatamente fallan.

18 Otros son como la semilla que cae entre espinos: escuchan la Palabra,
19 pero las preocupaciones del mundo, la seducción de las riquezas y los demás deseos ahogan la Palabra y no la dejan dar fruto.

20 Y otros son lo sembrado en tierra fértil: escuchan la Palabra, la reciben y dan fruto al treinta o sesenta o ciento por uno.

Diversas sentencias

(Lc 8,16-18)

21 Y les dijo además:

—¿Acaso se enciende una lámpara para meterla debajo de un cajón o debajo de la cama? ¿No se coloca en el candelero? 22 Nada hay oculto que no se descubra, nada encubierto que no se divulgue. 23 El que tenga oídos para oír que escuche.

24 Les dijo también:

—Atiendan esto que escuchan: la medida con que midan la usarán con ustedes, y aún más. 25 Porque al que tiene se le dará; pero al que no tiene se le quitará aun lo que tiene.

Parábola de la vitalidad de la semilla

26 Les dijo:

—El reino de Dios es como un hombre que sembró un campo: 27 de noche se acuesta, de día se levanta, y la semilla germina y crece sin que él sepa cómo. 28 La tierra por sí misma produce fruto: primero el tallo, luego la espiga, y después el grano en la espiga.
29 En cuanto el grano madura, mete la hoz, porque ha llegado la cosecha.

4,13-20 Explicación de la parábola del sembrador. Con esta explicación, realizada en un ámbito privado, Jesús invita a sus discípulos a reflexionar sobre sí mismos. ¿Qué disposición tienen ante su Palabra: el anuncio del reino?

Los biblistas ven en este pasaje una interpretación muy antigua de la parábola de Jesús. De hecho, mientras que en la parábola se resalta la acción del sembrador y la suerte de la semilla (1-9), aquí se resalta la calidad del terreno.

Sólo si la semilla, es decir la Palabra, cae en terreno bueno, dará fruto; por eso los discípulos debemos estar bien dispuestos a recibir la Palabra, como la tierra fértil de la parábola, para que al recibirla renueve nuestro interior y produzcamos frutos de liberación y de vida, signos de la presencia del reino.

4,21-25 Diversas sentencias. Jesús sigue instruyendo a sus discípulos. La lampara (21s) representa la Buena Noticia que debe ser proclamada sin miedo, para que toda la humanidad se sirva de su resplandor.

La respuesta a la proclamación de la Buena Noticia (24s) debe ser como una medida desbordante, generosa, como el grano que cae en tierra fértil.

4,26-32 Parábola de la vitalidad de la semilla – Parábola de la semilla de mostaza. El tema de estas parábolas es el proceso dinámico y paradójico del reino.

Con la primera se resalta su fuerza vital: crece progresivamente en el silencio, desapercibido, más allá de los éxitos y fracasos humanos, pues es Dios mismo quien lo hace crecer. Esto no niega la participación humana, pues en la parábola se habla de la siembra y de la cosecha que realiza el agricultor.

Con la segunda se plantea su carácter paradójico, aparentemente se trata de algo insignificante; pero una vez en movimiento, no tiene fronteras, está abierto a todos.

Estas dos parábolas son un mensaje de ánimo y de esperanza, no sólo para los discípulos de aquel entonces, sino también para nosotros, los discípulos de ahora. Es una invitación a trabajar en los asuntos del reino, confiando nuestros esfuerzos en el poder de Dios.

Parábola de la semilla de mostaza
(Mt 13,31s; Lc 13,18s)

30 Dijo también:

—¿Con qué compararemos el reino de Dios? ¿Con qué parábola lo explicaremos? 31 Con una semilla de mostaza: cuando se siembra en tierra es la más pequeña de las semillas; 32 después de sembrada crece y se hace más alta que las demás hortalizas, y echa ramas tan grandes que las aves del cielo pueden anidar a su sombra.

Uso de las parábolas
(Mt 13,34)

33 Con muchas parábolas como éstas les exponía la Palabra, conforme a lo que podían comprender. 34 Sin parábolas no les exponía nada; pero aparte, a sus discípulos les explicaba todo.

Calma una tempestad
(Mt 8,23-27; Lc 8,22-25; cfr. Sal 107,21-30)

35 Aquel día al atardecer les dijo:

—Pasemos a la otra orilla.

36 Ellos despidieron a la gente y lo recogieron en la barca tal como estaba; otras barcas lo acompañaban. 37 Se levantó un viento huracanado, las olas rompían contra la barca que se estaba llenando de agua. 38 Él dormía en la popa sobre un cojín. Lo despertaron y le dijeron:

—Maestro, ¿no te importa que muramos?

39 Se levantó, increpó al viento y ordenó al lago:

—¡Calla, enmudece!

El viento cesó y sobrevino una gran calma.

40 Y les dijo:

—¿Por qué son tan cobardes? ¿Aún no tienen fe?

41 Llenos de miedo se decían unos a otros:

—¿Quién es éste, que hasta el viento y el lago le obedecen?

Exorciza en Gerasa
(Mt 8,28-34; Lc 8,26-39)

5 1 Pasaron a la otra orilla del lago, al territorio de los gerasenos. 2 Al desembarcar, le salió al encuentro desde un cementerio un hombre poseído por un espíritu inmundo. 3 Habitaba en los sepulcros. Nadie podía sujetarlo, ni con cadenas; 4 en muchas ocasiones lo habían sujetado con cadenas y grillos y él los había roto. Y nadie podía con él. 5 Se pasaba las noches y los días en los sepulcros o por los montes, dando gritos e hiriéndose con piedras. 6 Al ver de lejos a Jesús, se puso a correr, se

4,33s Uso de las parábolas. Con estos versículos, Marcos concluye su presentación de Jesús como Maestro. La expresión «conforme a lo que podían comprender», no se refiere sólo al aspecto intelectual, sino también a la disposición para acoger a la Palabra.

4,35-41 Calma una tempestad. Conforme a la universalidad del anuncio del Evangelio, Jesús se dirige ahora a tierra de paganos. Para ello debe cruzar el «lago», término que en la traducción hemos preferido a «mar», pues el «mar de Galilea», propiamente no es un mar sino un lago, como lo expresa muy bien Lucas (Lc 8,22). En la tradición judía el mar era símbolo del mal. Desde esta perspectiva el viento huracanado puede ser considerado obra de los espíritus del mal que intentan impedir que el reino de Dios llegue a los pueblos paganos. Por un momento, logran resquebrajar la fe de los discípulos.

Pero Jesús entra en escena. Como si estuviera expulsando un demonio, ordena calma al mar y al viento. Luego desenmascara la falta de fe de los discípulos, evidenciando lo mucho que les falta por aprender. Los discípulos, por su parte, quedan perplejos ante el poder de Jesús, pues sólo Dios era el único capaz de dominar el mar (Sal 107,23-32).

5,1-20 Exorciza en Gerasa. En este pasaje no se menciona a los discípulos; probablemente su falta de fe o de credibilidad los mantiene en la distancia.

El geraseno no sólo está poseído y esclavizado por un espíritu inmundo, sino que sus propios hermanos lo tratan como tal: encadenándolo en varias ocasiones. El sepulcro indica que es un hombre «muerto» para su comunidad.

Espíritus inmundos, esclavitud, muerte e impureza (cerdos), simbolizan la situación del mundo pagano

postró ante él, 7 y, dando un fuerte grito,
dijo:
—¿Qué tienes contra mí, Jesús, Hijo
del Dios Altísimo? ¡Por Dios te conjuro
que no me atormentes! 8 –Porque le decía:
¡Espíritu inmundo, sal de este hombre!–.
9 Jesús le preguntó:
—¿Cómo te llamas?
Contestó:
—Me llamo *Legión*, porque somos
muchos. 10 Y le suplicaba con insistencia
que no los echase de la región.
11 Había allí una gran piara de cerdos pastando en la ladera del monte.
12 Le suplicaron:
—Envíanos a los cerdos para que
entremos en ellos.
13 Y él los permitió. Entonces los espíritus inmundos salieron y se metieron
en los cerdos. La piara se precipitó al
lago por el acantilado y unos dos mil
cerdos se ahogaron en el agua.
14 Los pastores huyeron, y lo contaron
en la ciudad y en los campos; y la gente
vino a ver lo que había sucedido. 15 Se
acercaron a Jesús y al ver al endemoniado, sentado, vestido y en su sano
juicio, al mismo que había tenido dentro
la legión, se asustaron. 16 Los testigos
les explicaban lo que había pasado con
el endemoniado y los cerdos. 17 Y empezaron a suplicarle que se marchara
de su territorio.
18 Cuando se embarcaba, el que había estado endemoniado le pidió que le
permitiese acompañarlo. 19 Pero no se
lo permitió, sino que le dijo:
—Ve a tu casa y a los tuyos y cuén-
tales todo lo que el Señor, por su misericordia, ha hecho contigo.
20 Se fue y se puso a proclamar por
la Decápolis lo que Jesús había hecho
con él, y todos se maravillaban.

Sana a una mujer y resucita a una niña

(Mt 9,18-26; Lc 8,40-56)

21 Jesús cruzó, de nuevo [en la barca],
al otro lado del lago, y se reunió junto a él
un gran gentío. Estando a la orilla 22 llegó
un jefe de la sinagoga llamado Jairo,
y al verlo se postró a sus pies 23 y le
suplicó insistentemente:
—Mi hijita está agonizando. Ven e
impón las manos sobre ella para que
sane y conserve la vida.
24 Se fue con él. Le seguía un gran
gentío que lo apretaba por todos lados.
25 Una mujer que llevaba doce años
padeciendo hemorragias, 26 que había
sufrido mucho en manos de distintos
médicos gastando todo lo que tenía,
sin obtener mejora alguna, al contrario,
peor se había puesto, 27 al escuchar
hablar de Jesús, se mezcló en el gentío,
y por detrás le tocó el manto. 28 Porque
pensaba: Con sólo tocar su manto,

dominado por el maligno. El endemoniado rechaza a la gente de su pueblo; sin embargo, busca a toda costa acercarse a Jesús, Hijo de Dios, que actúa con poder.

El reino de Dios, que se manifiesta en el poder de Jesús contra los espíritus del mal y en el milagro como acto supremo de solidaridad, llega también al mundo pagano. Su acción no tiene límites. Sin embargo, el pueblo antes que alegrarse por la vida del hermano que ha sido rescatado del sepulcro, se preocupa por la pérdida de sus bienes (los cerdos), por eso piden a Jesús que se retire de su territorio. Jesús respeta esta decisión, pues su mensaje liberador no puede ser impuesto de manera violenta. No obstante, ordena al geraseno quedarse en su región para que anuncie la Buena Noticia que el mundo pagano sigue sin entender.

5,21-43 Sana a una mujer y resucita a una niña. Mientras los gerasenos echan a Jesús de su territorio, Jairo, el jefe de la sinagoga le suplica que vaya a su casa. Jairo reconoce que su institución religiosa ha perdido el horizonte de la vida y va a buscarla en Jesús, quien la da en abundancia. La Ley sin el horizonte de la vida pierde su sentido; por eso, ni Jairo ni la mujer hemorroísa dudan en violarla; el primero cuando se acerca al hombre que sus colegas consideran hereje, y la hemorroísa, cuando toca a Jesús, algo prohibido por La Ley (Lv 15,19-31).

La mujer trata de ocultar el milagro ante el gentío, porque sabe que podrían maltratarla si se enteran de que estando impura ha permanecido entre ellos. Jesús, sin embargo, la hace visible y la felicita porque ha comprendido la fe como una fuerza de vida que libera.

quedaré sana. 29 Al instante desapareció la hemorragia, y sintió en su cuerpo
que había quedado sana. 30 Jesús, consciente de que una fuerza había salido
de él, se volvió a la gente y preguntó:
—¿Quién me ha tocado el manto?
31 Los discípulos le decían:
—Ves que la gente te está apretu-
jando, y preguntas ¿quién te ha tocado?
32 Él miraba alrededor para descubrir
a la que lo había tocado.
33 La mujer, asustada y temblando,
porque sabía lo que le había pasado, se
acercó, se postró ante él y le confesó
toda la verdad.
34 Él le dijo:
—Hija, tu fe te ha sanado. Vete en
paz y sigue sana de tu dolencia.
35 Aún estaba hablando cuando llegaron algunos de la casa del jefe de la
sinagoga y dijeron:
—Tu hija ha muerto. No sigas mo-
lestando al Maestro.
36 Jesús, sin hacer caso de lo que
decían, dijo al jefe de la sinagoga:
—No temas, basta que tengas fe.
37 Y no permitió que lo acompañara
nadie, salvo Pedro, Santiago y su hermano Juan. 38 Llegaron a casa del jefe
de la sinagoga, vio el alboroto y a los
que lloraban y gritaban sin parar.
39 Entró y les dijo:
—¿A qué viene este alboroto y esos
llantos? La muchacha no está muerta,
sino dormida.
40 Se reían de él. Pero él, echando
afuera a todos, tomó al padre, a la
madre y a sus compañeros y entró
adonde estaba la muchacha. 41 Sujetando a la niña de la mano, le dijo:
Talitha qum, que significa: Chiquilla,
te lo digo a ti, ¡levántate!
42 Al instante la muchacha se levantó
y se puso a caminar –tenía doce años–.
Ellos quedaron fuera de sí del asombro.
43 Entonces les encargó encarecidamente que nadie se enterara de esto.
Después dijo que le dieran de comer.

En la sinagoga de Nazaret
(Mt 13,53-58; Lc 4,16.22-30)

6 1 Saliendo de allí, se dirigió a su
ciudad acompañado de sus discípulos. 2 Un sábado se puso a enseñar
en la sinagoga. Muchos al escucharlo
comentaban asombrados:
—¿De dónde saca éste todo eso?
¿Qué clase de sabiduría se le ha dado?
Y, ¿qué hay de los grandes milagros
que realiza con sus manos? 3 ¿No es
éste el carpintero, el hijo de María, el
hermano de Santiago y José, Judas y
Simón? ¿No viven aquí, entre nosotros,
sus hermanas?
Y esto era para ellos un obstáculo.
4 Jesús les decía:
—A un profeta sólo lo desprecian en
su tierra, entre sus parientes y en su casa.
5 Y no pudo hacer allí ningún milagro, salvo sanar a unos pocos enfermos
a quienes impuso las manos. 6 Y se
asombraba de su incredulidad.
Después recorría los pueblos vecinos enseñando.

La hija de Jairo muere a los doce años. La fe del jefe de la sinagoga contrasta con la fe de quienes se ríen de Jesús. Esa fe unida a la opción de Jesús por la vida, liberan a la niña de la muerte. Jesús exhorta a los testigos a callar lo acontecido (secreto mesiánico).

Tanto la hemorroísa como la niña simbolizan al antiguo pueblo de Dios (doce tribus) esclavizado por leyes de muerte, que es invitado a convertirse, por medio de la fe, en el nuevo pueblo de Dios, libre y regido por la vida.

6,1-6 En la sinagoga de Nazaret. La fe de Jairo y de la hemorroísa contrasta con la falta de fe de los nazarenos. Jesús vuelve a su tierra natal. La gente se admira de su sabiduría, pero no lo aceptan por su origen familiar y pobre. No pueden creer que Dios se manifieste en lo humilde y lo cotidiano. Por encima del rechazo de sus paisanos, Jesús manifiesta su dimensión profética, una espiritualidad que identifica a todos los que luchan por la justicia en favor de los pobres y anuncian el juicio de Dios a los que oprimen al pueblo.

Misión de los Doce

(Lc 9,1-6)

7 Llamó a los Doce y los fue enviando
de dos en dos, dándoles poder sobre
los espíritus inmundos. 8 Les encargó
que no llevaran para el camino más
que un bastón; ni pan, ni alforja, ni dinero en la faja, 9 que calzaran sandalias
pero que no llevaran dos túnicas.

10 Les decía:

—Cuando entren en una casa,
quédense allí hasta que se marchen. 11 Si
en un lugar no los reciben ni los escuchan, salgan de allí y sacudan el polvo
de los pies como protesta contra ellos.

12 Se fueron y predicaban que se
arrepintieran; 13 expulsaban muchos
demonios, ungían con aceite a muchos
enfermos y los sanaban.

Muerte de Juan el Bautista

(Mt 14,1s; Lc 9,7-9)

14 El rey Herodes se enteró de Jesús
porque su fama se había hecho célebre.
Algunos decían que Juan el Bautista había resucitado de entre los muertos y por
eso tenía poderes milagrosos. 15 Pero
otros decían que era Elías y otros que era
un profeta como los antiguos profetas.

16 Sin embargo, Herodes decía:

—Juan, a quien yo hice decapitar,
ha resucitado.

(Mt 14,3-5; cfr. Lc 3,19s)

17 Herodes había mandado arrestar
a Juan y lo había encarcelado, por instigación de Herodías, esposa de su hermano Felipe, con la que se había casado.
18 Juan le decía a Herodes que no le era
lícito tener a la mujer de su hermano. 19 Por
eso Herodías le tenía rencor y quería
darle muerte; pero no podía, 20 porque
Herodes respetaba a Juan. Sabiendo
que era hombre honrado y santo, lo
protegía; hacía muchas cosas aconse-
jado por él y lo escuchaba con agrado.

(Mt 14,6-12)

21 Llegó la oportunidad cuando,
para su cumpleaños, Herodes ofreció
un banquete a sus dignatarios, a sus
comandantes y a la gente principal de
Galilea. 22 Entró la hija de Herodías,
bailó y gustó a Herodes y a los convidados. El rey dijo a la muchacha:

—Pídeme lo que quieras, que te lo
daré.

23 Y juró [demasiado]:

—Aunque me pidas la mitad de mi
reino, te lo daré.

24 Ella salió y preguntó a su madre:

—¿Qué le pido?

Le respondió:

—La cabeza de Juan el Bautista.

En la lengua semita, la palabra «hermanos» tiene un sentido más amplio, se utiliza también para designar la relación entre primos y tíos, por ejemplo en la relación de Abrán y Lot (Gn 12,5: sobrino Lot; Gn 13,8: hermano Lot). Por tanto este pasaje no dice necesariamente que María tuviese más hijos que Jesús.

6,7-13 Misión de los Doce. Los discípulos pasan a una nueva etapa en su formación misionera. El Maestro los envía con poder para anunciar el reino. El ir de dos en dos es signo de igualdad y apoyo mutuo. Para que no se sientan superiores a los demás, deben llevar lo estrictamente necesario. El testimonio de pobreza, de sencillez, de inserción en la realidad, de respeto a la cultura y de atención a las necesidades del pueblo, debe despertar entre la gente una solidaridad, que garantice el sostenimiento digno de los misioneros. Donde no se manifieste esta solidaridad, hay que sacudir el polvo de los pies, como hacían los judíos al salir de tierras paganas. De todos modos la prioridad de los misioneros es el anuncio del reino antes que la búsqueda de comodidades.

6,14-29 Muerte de Juan el Bautista. Por primera vez, Jesús está solo y no es el protagonista del relato. El tetrarca Herodes Antipas, hijo de Herodes el Grande, confunde a Jesús con Juan Bautista resucitado. Muchos dirigentes en el mundo siguen confundiendo a Jesús con un dios hecho a la medida de sus intereses.

La descripción del martirio de Juan muestra la crueldad a la que llegan los poderosos para callar la conciencia crítica de los profetas de todos los tiempos. También es un signo premonitorio de lo que le espera a Jesús, a los discípulos y a todos los que se toman en serio la opción por la vida como base fundamental del reino de Dios.

25 Entró enseguida, se acercó al rey
y le pidió:
—Quiero que me des inmediatamente, en una bandeja, la cabeza de
Juan el Bautista.
26 El rey se puso muy triste; pero,
por el juramento y por los convidados,
no quiso contrariarla. 27 Y envió inmediatamente a un verdugo con orden de
traer la cabeza de Juan. Éste fue y lo
decapitó en la prisión, 28 trajo en una
bandeja la cabeza y se la entregó a la muchacha; y ella se la entregó a su madre.
29 Sus discípulos, al enterarse, fueron a recoger el cadáver y le dieron
sepultura.

Da de comer a cinco mil
(Mt 14,13-21; Lc 9,10-17; cfr. Jn 6,1-14)

30 Los apóstoles se reunieron con
Jesús y le contaron todo lo que habían
hecho y enseñado. 31 Él les dijo:
—Vengan ustedes solos, a un paraje
despoblado, a descansar un rato. Porque los que iban y venían eran tantos,
que no les quedaba tiempo ni para comer.
32 Así que se fueron solos en barca a
un paraje despoblado. 33 Pero muchos
los vieron marcharse y se dieron cuenta.
De todos los poblados fueron corriendo a pie hasta allá y se les adelantaron.
34 Al desembarcar, vio un gran gentío y
se compadeció, porque eran como ovejas sin pastor. Y se puso a enseñarles
muchas cosas. 35 Como se hacía tarde,
los discípulos fueron a decirle:
—El lugar es despoblado y ya es
muy tarde; 36 despídelos para que vayan
a los campos y a los pueblos vecinos a
comprar algo para comer.
37 Él les respondió:
—Denle ustedes de comer.
Replicaron:
—Tendríamos que comprar pan por
doscientos denarios para darles de comer.
38 Les contestó:
—¿Cuántos panes tienen? Vayan a ver.
Lo averiguaron y le dijeron:
—Cinco panes y dos pescados.
39 Ordenó que los hicieran recostarse en grupos sobre la hierba verde.
40 Se sentaron en grupos de cien y de
cincuenta. 41 Tomó los cinco panes y
los dos pescados, alzó la vista al cielo,
bendijo y partió los panes y se los fue
dando a [sus] discípulos para que los
sirvieran; y repartió también los pescados
entre todos. 42 Comieron todos y quedaron satisfechos. 43 Recogieron las sobras
de los panes y los pescados y llenaron
doce canastas. 44 Los que comieron
[los panes] eran cinco mil hombres.

6,30-44 Da de comer a cinco mil. Por primera y única vez aparece el título de «apóstoles» (apóstol significa enviado), esto si consideramos el título en 3,13 como un añadido posterior. Marcos prefiere hablar de discípulos (48 veces).

Después de cada misión es necesario dedicar tiempo a los informes y a la evaluación, pero, sobre todo, a estar cerca de Jesús para recuperar las fuerzas.

La compasión-misericordia no se queda en palabras, sino que busca alternativas. La expresión «ovejas sin pastor» (Nm 27,17; 1 Re 22,17) ratifica la crítica de Jesús a los dirigentes religiosos y políticos de Israel que dispersan y extravían a su pueblo (Is 56,9-12; Jr 50,6; Ez 34). Ante la pregunta, ¿qué hacer con la multitud?, los discípulos proponen despedir a la gente, desentenderse de ella; en cambio Jesús propone todo lo contrario: la solidaridad.

Los discípulos replican: «Tendríamos que comprar pan por doscientos denarios para darles de comer». ¿A qué equivaldría hoy en día esta cantidad? Fundamentándonos en la paga justa que propone Jesús en la parábola de Mt 20,1-16, a un denario por jornal, podríamos concluir que a más de medio año de sueldo de un jornalero.

Cuando se da con espíritu solidario no se busca la sumisión o la humillación del hermano, sino su libertad. La multitud tiene cinco panes y dos pescados. El número siete significa totalidad, por tanto, lo que hay alcanza para todos. Como el buen pastor que recoge las ovejas descarriadas, Jesús manda recostarse sobre la hierba (Sal 23,2). Con la multiplicación de los panes, Jesús inaugura un nuevo éxodo con un nuevo maná, revelando que donde hay solidaridad el pan de la Palabra y el pan material alcanza para todos. Sus gestos y palabras (bendecir, partir, dar y repartir) anticipan el banquete eucarístico (14,22). Lo que sobra hay que ponerlo en común para que la espiral de la solidaridad se siga multiplicando. Los doce canastos simbolizan el nuevo pueblo de Dios.

Camina sobre el agua
(Mt 14,22-33; cfr. Jn 6,15-21)

45 Enseguida obligó a sus discípulos
a que se embarcaran y lo precedieran a
la otra orilla, a Betsaida, mientras él
despedía a la gente. 46 Después de esto,
subió al monte a orar. 47 Anochecía y la
barca estaba en medio del lago y él a
solas en la costa. 48 Viéndolos fatigados
de remar, porque tenían viento contrario,
hacia la madrugada se acercó a ellos
caminando sobre el agua, intentando
adelantarlos. 49 Al verlo caminar sobre
el lago, creyeron que era un fantasma y
gritaron, 50 porque todos lo habían visto
y estaban espantados. Pero él inmediatamente les habló y les dijo:

—¡Tranquilícense! Soy yo, no teman.

51 Subió a la barca con ellos y el
viento cesó. Ellos estaban [absolutamente] pasmados; 52 ya que no habían
entendido lo de los panes, pues tenían
la mente cerrada.

Sanaciones en Genesaret
(Mt 14,34-36)

53 Terminada la travesía, tocaron tierra
en Genesaret y atracaron. 54 Cuando
desembarcaron, la gente lo reconoció.
55 Recorriendo toda la región, le fueron
llevando en camillas todos los enfermos,
hasta el lugar donde habían oído que
se encontraba. 56 En cualquier pueblo,
ciudad, o campo por donde pasaba,
colocaban a los enfermos en la plaza y
le rogaban que les dejara tocar al menos
el borde de su manto. Y los que lo
tocaban se sanaban.

Sobre la tradición
(Mt 15,1-9)

7 1 Se reunieron junto a él los fariseos
y algunos letrados venidos de Jerusalén. 2 Vieron que algunos de sus discípulos comían con manos impuras, es
decir, sin lavárselas 3 –porque los fariseos
y los judíos, en general, no comen sin
antes lavarse cuidadosamente las manos,
observando la tradición de sus mayores;
4 y si vuelven del mercado, no comen si
no se lavan totalmente; y observan
otras muchas reglas tradicionales,
como el lavado de copas, jarras y ollas
[y mesas]–. 5 De modo que los fariseos
y los letrados le preguntaron:

—¿Por qué no siguen tus discípulos
la tradición de los mayores, sino que
comen con manos impuras?

6 Les respondió:

—Qué bien profetizó Isaías de la
hipocresía de ustedes cuando escribió:

Este pueblo me honra con los labios,
pero su corazón está lejos de mí;
7 *el culto que me dan es inútil,*
ya que la doctrina que enseñan
son preceptos humanos.

8 Ustedes descuidan el mandato de
Dios y mantienen la tradición de los
hombres.

6,45-52 Camina sobre el agua. Por segunda vez Jesús se retira al monte a orar (3,13). La barca y el cansancio por el viento en contra, simbolizan la comunidad de discípulos que cree y ama a Jesús, pero que no termina de entender su mensaje. Por esto, no lo reconocen cuando se acerca, pues sólo ven al Jesús hombre y no al Jesús-Dios.

6,53-56 Sanaciones en Genesaret. En este nuevo sumario o síntesis (1,32-39; 3,7-12) el evangelista resalta la itinerancia misionera de Jesús que busca a la gente de pueblo en pueblo, y la fe de la gente que se acerca a Jesús para encontrar alivio a sus dolencias y exclusiones.

7,1-23 Sobre la tradición – Sobre la verdadera pureza. Jesús no pretende ignorar las tradiciones de su pueblo, sólo busca combatir el concepto legalista de pureza que discrimina y excluye a los enfermos, los pobres, las mujeres y los paganos.

Los discípulos no cumplen las normas de pureza porque ya habían comenzado a liberarse de leyes que esclavizan y no están al servicio de la vida (2,18.23s). Jesús responde a la crítica de los letrados y fariseos acudiendo, en primer lugar, a las Escrituras (6-8), donde la tradición profética condena la hipocresía del culto sin justicia y de creyentes de la Palabra sin coherencia de vida (cfr. Is 1,10-18; 29,13; 58,1-12; Jr 7,1-28; Am 5,18-25; Zac 7).

9 Y añadió:
—¡Cómo dejan de lado el mandato de
Dios para mantener su propia tradición!
10 Pues Moisés dijo: *Sustenta a tu padre
y a tu madre*, y también: *El que abandona a su padre o su madre debe ser
condenado a muerte*. 11 Ustedes en
cambio dicen: Si uno comunica a su
padre o su madre que la ayuda que debía
darles es *corbán*, es decir, ofrenda sagrada, 12 entonces le está permitido no
ayudarlos. 13 Y así invalidan el precepto
de Dios en nombre de su tradición. Y
como ésas hacen muchas otras cosas.

Sobre la verdadera pureza
(Mt 15,10-20)

14 Llamando de nuevo a la gente,
les dijo:
—Escuchen todos y entiendan. 15 No
hay nada afuera del hombre que, al entrar
en él, pueda contaminarlo. Lo que lo
hace impuro, es lo que sale de él. 16 [[El
que tenga oídos para oír que escuche.]]
17 Cuando se apartó de la gente y
entró en casa, le preguntaban los discípulos el sentido de la comparación.
18 Y él les dijo:
—¿Conque también ustedes siguen
sin entender? ¿No comprenden que lo
que entra en el hombre desde afuera
no puede contaminarlo, 19 porque no le
entra en el corazón, sino en el vientre y
después es expulsado del cuerpo?
–Con lo cual declaraba puros todos los
alimentos–.
20 Y añadió:
—Lo que sale del hombre es lo que
contamina al hombre. 21 De dentro, del
corazón del hombre salen los malos
pensamientos, fornicación, robos, asesinatos, 22 adulterios, codicia, malicia,
fraude, desenfreno, envidia, blasfemia,
arrogancia, desatino. 23 Todas estas
maldades salen de dentro y contaminan
al hombre.

La fe de una mujer cananea
(Mt 15,21-28)

24 Desde allí se puso en camino y se
dirigió a la región de Tiro. Entró en una
casa con intención de pasar inadvertido
pero no lo logró. 25 Una mujer que tenía
a su hija poseída por un espíritu inmundo
se enteró de su llegada, acudió y se
postró a sus pies. 26 La mujer era pagana,
natural de la Fenicia siria. Le pedía que
expulsase de su hija al demonio.
27 Jesús le respondió:
—Deja que primero se sacien los hijos.
No está bien quitar el pan a los hijos
para echárselo a los perritos.
28 Ella replicó:
—Señor, también los perritos, debajo
de la mesa, comen de las migas que
dejan caer los niños.

En segundo lugar, Jesús se basa en hechos de la vida cotidiana (9-13) para desenmascarar las artimañas de quienes controlan la Ley para manipular la Palabra de Dios; por ejemplo, con la práctica del *corbán* (ofrenda, don), que consistía en que si un hijo declara que una propiedad o cierta cantidad de dinero está destinada a Dios queda exento del mandamiento que obliga el cuidado de los padres. A Dios no le agradan las ofrendas que son fruto de la injusticia.

Volviendo al tema de la pureza, si Dios todo lo creo puro, nada de lo que hay en la creación es impuro. Jesús declara que son el corazón y las acciones del ser humano lo que hace que algo sea bueno o malo a los ojos de Dios. Lo que purifica a una persona es el amor, la solidaridad, la justicia, la misericordia, la entrega a los demás.

7,24-30 La fe de una mujer cananea. A Marcos, que evangeliza en medio de paganos, le interesa subrayar la actividad de Jesús entre los no judíos. Los planes misioneros de Jesús contemplaban en una primera etapa la evangelización del mundo judío. Sin embargo, una mujer, pagana por su religión y sirofenicia por su nacionalidad, con una fe sencilla y firme, logra que Jesús cambie sus planes permitiendo que la novedad del Evangelio también llegue a la casa de los paganos. Notemos que la mujer llama a Jesús «Señor», única vez que aparece este título en Marcos, reconociéndolo no sólo como taumaturgo, sino como salvador. La expresión «perros» era común entre los judíos para referirse a los paganos. Al volver a su casa, la madre descubre que la Palabra de Jesús y su fe han devuelto la vida a su hija.

29 Le dijo:
—Por eso que has dicho, puedes irte,
que el demonio ha salido de tu hija.
30 Se volvió a casa y encontró a su
hija acostada en la cama; el demonio
había salido.

Sana a un sordomudo

31 Después salió de la región de Tiro,
pasó de nuevo por Sidón y se dirigió al
lago de Galilea atravesando la región
de la Decápolis. 32 Le llevaron un hombre sordo y tartamudo y le suplicaban
que impusiera las manos sobre él. 33 Lo
tomó, lo apartó de la gente y, a solas, le
metió los dedos en los oídos; después
le tocó la lengua con saliva; 34 levantó la
vista al cielo, suspiró y le dijo:
—*Effatá*, que significa ábrete.
35 [Al momento] se le abrieron los oídos, se le soltó el impedimento de la
lengua y hablaba normalmente. 36 Les
mandó que no lo dijeran a nadie; pero,
cuanto más insistía, más lo pregonaban.
37 Llenos de asombro comentaban:
Todo lo ha hecho bien, hace oír a los
sordos y hablar a los mudos.

Da de comer a cuatro mil
(Mt 15,32-39)

8 1 En aquellos días se reunió otra
vez mucha gente y no tenían qué
comer. Llamó a los discípulos y les dijo:
2 —Me compadezco de esta gente,
ya llevan tres días junto a mí y no tienen
qué comer. 3 Si los despido a casa en
ayunas, desfallecerán por el camino; y
algunos han venido de lejos.
4 Le contestaron los discípulos:
—¿De dónde sacaríamos panes para
alimentarlos aquí, en despoblado?
5 Les preguntó:
—¿Cuántos panes tienen?
Respondieron:
—Siete.
6 Ordenó a la gente que se recostara
en el suelo. Tomó los siete panes, dio
gracias, los partió y se los dio a sus discípulos para que los sirvieran. Ellos los
sirvieron a la gente. 7 Tenían también
unos pocos pescaditos. Los bendijo y
mandó que los sirvieran. 8 Comieron
hasta quedar satisfechos, y recogieron
las sobras en siete canastas. 9 Eran
unos cuatro mil.
Los despidió 10 y enseguida embarcó
con los discípulos y se dirigió al territorio
de Dalmanuta.

Le piden una señal celeste
(Mt 16,1-4)

11 Salieron los fariseos y se pusieron
a discutir con él, pidiéndole, para ponerlo a prueba, una señal del cielo.
12 Él suspiró profundamente y dijo:

7,31-37 Sana a un sordomudo. La novedad del Evangelio continúa en territorio extranjero, esta vez en la Decápolis. El sordomudo simboliza la actitud cerrada del mundo pagano frente al proyecto de Dios: sordo para escucharlo y tartamudo para proclamarlo. La sanación del sordomudo ratifica la actitud de los paganos que poco a poco abren sus oídos a la Palabra de Dios.

8,1-10 Da de comer a cuatro mil. Marcos presenta un segundo relato de la multiplicación de los panes, muy parecido al anterior (6,34-44), especialmente en sus dos claves de lectura: la compasión y la solidaridad; pero difiere en su contexto, que es notablemente pagano.

Con esto el evangelista pretende confirmar la universalidad del Evangelio. En efecto, a diferencia del primero, éste ocurre en territorio pagano. Los números que predominan no son el cinco y el doce, sino el siete, que en el Antiguo Testamento evoca a las naciones paganas (Dt 7,1) y el cuatro (cuatro por mil) que simboliza el mundo entero por los cuatro puntos cardinales. La novedad lo constituye el número tres, que en la Biblia expresa el tiempo esperado para la manifestación de Dios (Gn 22,4; Éx 19,16; Jos 1,11; Os 6,2; Lc 24,7; Jn 2,1, etc.). La otra diferencia radica en la oración de Jesús; en el primero «bendice» y en éste «da gracias», oración típica del helenismo.

8,11-21 Le piden una señal celeste – Ceguera de los discípulos. Los fariseos piden a Jesús una señal. Jesús aprovecha la ocasión para enseñar que los signos o milagros que realiza son acciones de solidaridad y no espectáculos callejeros; los milagros, pues, no pretenden comprar la fe de la gente y una fe dependiente de los milagros

—¿Para qué pide una señal esta
generación? Les aseguro que a esta
generación no se le dará ninguna señal.
13 Dejándolos, se embarcó de nuevo y
pasó a la otra orilla.

Ceguera de los discípulos
(Mt 16,5-12)

14 Los discípulos se habían olvidado
de llevar pan y no tenían en la barca
más que uno. 15 Él les daba esta recomendación:
—¡Estén atentos! Cuídense de la levadura de los fariseos y de la de Herodes.
16 Ellos discutían porque no tenían
pan. 17 Dándose cuenta, Jesús les dijo:
—¿Por qué discuten que no tienen
pan? ¿Todavía no entienden ni comprenden? ¿Tienen acaso la mente cerrada?
18 Tienen ojos, ¿y no ven?; tienen oídos,
¿y no oyen? ¿No se acuerdan? 19 Cuando
repartí los cinco panes entre los cinco
mil, ¿cuántas canastas llenas de sobras
recogieron?
Le contestaron:
—Doce.
20 —Y cuando repartí los siete panes
entre cuatro mil, ¿cuántos canastos de
sobras recogieron?
[Le] respondieron:
—Siete.
21 Entonces les dijo:
—¿Todavía no comprenden?

El ciego de Betsaida

22 Cuando llegaron a Betsaida, le
llevaron un ciego y le pidieron que lo
tocase. 23 Tomando al ciego de la
mano, lo sacó a las afueras del pueblo,
luego de ponerle saliva en los ojos, le
impuso las manos y le preguntó:
—¿Ves algo?
24 Y mientras recobraba la vista dijo:
—Veo hombres; los veo como árboles, pero caminando.
25 De nuevo le impuso las manos a
los ojos. El ciego afinó la mirada, fue
sanado y distinguía todo con claridad.
26 Jesús lo envió a casa y le dijo:
—¡Ni se te ocurra entrar en el pueblo!

Confesión de Pedro
(Mt 16,13-20; Lc 9,18-21; cfr. Jn 6,67-71)

27 Jesús emprendió el viaje con sus
discípulos hacia los pueblos de Cesarea
de Felipe. Por el camino preguntó a los
discípulos:
—¿Quién dice la gente que soy yo?
28 Le respondieron:
—Unos que Juan el Bautista, otros
que Elías, otros que uno de los profetas.
29 Él les preguntó a ellos:
—Y ustedes, ¿quién dicen que soy yo?
Respondió Pedro:
—Tú eres el Mesías.
30 Entonces les ordenó que a nadie
hablaran de esto.

genera creyentes sin compromiso. En una palabra, la fe no puede depender de los milagros; al contrario, son los milagros que dependen de la fe.

La levadura (15) es aquí signo negativo de fermentación, que hace crecer el pan de la incomprensión y la incredulidad, típico de los fariseos y herodianos (cfr. 3,6). La controversia se traslada ahora a los discípulos. Con una serie de preguntas Jesús los reprende duramente, comparando su incredulidad e incomprensión con la de sus adversarios.

8,22-26 El ciego de Betsaida. Interpretamos este relato desde lo simbólico. El ciego representa a todos los que no pueden «ver» el proyecto de Jesús. La sanación, todavía imperfecta del ciego, representa a los discípulos que, aunque ven y viven con Jesús, no terminan de comprender su Palabra. La sanación total del ciego antecede a la confesión de Pedro, y es como modelo de la sanación de la ceguera de los propios discípulos. Así como la sanación del ciego se da por etapas, la fe también requiere un proceso gradual de maduración y crecimiento.

8,27-30 Confesión de Pedro. Cesarea de Felipe es testigo de un momento central en el itinerario misionero de Jesús. La mención del «camino» (27) es un dato teológico que se repite con frecuencia para resaltar la decisión de Jesús de «subir» a Jerusalén. Mientras la multitud sigue sin identificar a Jesús, los discípulos dan un paso adelante al confesar que es el Mesías (Cristo, en griego, que significa Ungido).

Primer anuncio de la pasión y resurrección

(Mt 16,21-23; Lc 9,22)

31 Y empezó a explicarles que el Hijo
del Hombre tenía que padecer mucho,
ser rechazado por los ancianos, los sumos sacerdotes y los letrados, sufrir la
muerte y luego de tres días resucitar.
32 Les hablaba con franqueza. Pero Pedro
se lo llevó aparte y se puso a reprenderlo. 33 Mas él se volvió y, viendo a los
discípulos, reprendió a Pedro:
—¡Aléjate de mi vista, Satanás! Tus
pensamientos son los de los hombres,
no los de Dios.

Condiciones para ser discípulo

(Mt 16,24-28; Lc 9,23-27)

34 Y llamando a la gente con los discípulos, les dijo:
—El que quiera seguirme, niéguese
a sí mismo, cargue con su cruz y me
siga. 35 El que quiera salvar su vida, la
perderá; quien la pierda por mí y por la
Buena Noticia, la salvará. 36 ¿De qué le
vale al hombre ganar todo el mundo si
pierde su vida?, 37 ¿qué precio pagará el
hombre por ella?
38 Si uno se avergüenza de mí y de
mis palabras ante esta generación
adúltera y pecadora, el Hijo del Hombre se avergonzará de él cuando venga
con la gloria de su Padre y acompañado de sus santos ángeles.

9 1 Y añadió:
—Les aseguro que algunos de los
que están aquí presentes no sufrirán la
muerte antes de que vean llegar el reino
de Dios con poder.

Transfiguración de Jesús

(Mt 17,1-8; Lc 9,28-36)

2 Seis días más tarde tomó Jesús a
Pedro, a Santiago y a Juan y se los llevó
aparte a una montaña elevada. Delante
de ellos se transfiguró: 3 su ropa se volvió
de una blancura resplandeciente, tan
blanca como nadie en el mundo sería capaz de blanquearla. 4 Se les aparecieron
Elías y Moisés conversando con Jesús.
5 Pedro tomó la palabra y dijo a Jesús:
—Maestro, ¡qué bien se está aquí!
Vamos a armar tres chozas: una para ti,
otra para Moisés y otra para Elías 6 –No
sabía lo que decía, porque estaban
llenos de miedo–.
7 Entonces vino una nube que les
hizo sombra, y salió de ella una voz:
—Éste es mi Hijo querido. Escúchenlo.
8 De pronto miraron a su alrededor y
no vieron más que a Jesús solo con ellos.
9 Mientras bajaban de la montaña les
encargó que no contaran a nadie lo
que habían visto, hasta que el Hijo del
Hombre resucitara de entre los muertos.
10 Ellos cumplieron aquel encargo pero

Así pues, ya todo está listo para que inicie su camino que va de Galilea a Jerusalén. Pero, ¿a qué tipo de Mesías se refiere Pedro?

8,31–9,1 Primer anuncio de la pasión y resurrección – Condiciones para ser discípulo. Jesús comienza a desvelar su identidad mesiánica. Pedro, con su concepción propia que excluye un Mesías sufriente, intenta obstaculizar el camino de Jesús. Por eso es llamado Satanás, porque actúa igual que el Tentador (cfr. 1,12; Mt 4,1,11).

Jesús aprovecha para advertir a sus seguidores de las exigencias que implica seguir su mismo camino. Éstas son: compartir el camino de su pasión, dar la vida por la causa del reino, optar por la vida antes que por el egoísmo del mundo y sentirse orgulloso de Jesús y de su Palabra.

9,2-13 Transfiguración de Jesús. Seis días después del primer anuncio de la pasión, Jesús se transfigura para anunciar su gloriosa resurrección.

Moisés representa la Ley y Elías los profetas; ambos simbolizan al Antiguo Testamento (Mt 22,40). La propuesta que hace Pedro a Jesús de quedarse a vivir en la montaña responde al miedo de ir a Jerusalén donde les espera la pasión; por eso, intenta impedir a toda costa que Jesús baje de la montaña. Como Pedro, son muchos los que prefieren la comodidad de la montaña antes que bajar de ella para enfrentar los riesgos de la vida cotidiana. De los tres personajes presentes sólo queda Jesús, el Hijo amado de Dios y a quien hay que escuchar. Jesús supera a Moisés y Elías e inaugura el Nuevo Testamento en continuidad con el Antiguo.

se preguntaban qué significaría resucitar de entre los muertos.

(Mt 17,10-12)

11 Y le preguntaron:
—¿Por qué dicen los letrados que
primero tiene que venir Elías?
12 Él les respondió:
—Elías vendrá primero y restaurará
todo. Pero, ¿por qué está escrito que el
Hijo del Hombre ha de padecer mucho
y ser despreciado? 13 Yo les digo que
Elías ya vino y lo trataron a su antojo,
tal como está escrito.

Sana a un niño epiléptico

(Mt 17,14-21; Lc 9,37-43a)

14 Cuando volvieron adonde estaban
los discípulos, vieron un gran gentío y
unos letrados discutiendo con ellos.
15 En cuanto la gente lo vio, quedaron
sorprendidos y corrieron a saludarlo.
16 Él les preguntó:
—¿De qué están discutiendo?
17 Uno de la gente le contestó:
—Maestro, te he traído a mi hijo,
poseído por un espíritu que lo deja
mudo. 18 Cada vez que lo ataca, lo tira al
suelo; él echa espuma por la boca,
rechina los dientes y se queda rígido.
He pedido a tus discípulos que lo ex-
pulsaran y no han podido.
19 Él les contestó:
—¡Qué generación incrédula! ¿Hasta
cuándo tendré que estar con ustedes?
¿Hasta cuándo tendré que soportarlos?
Tráiganmelo.
20 Se lo llevaron; y, en cuanto el espíritu lo vio, sacudió con violencia al
muchacho, que cayó a tierra y se revol-
caba echando espuma por la boca.
21 Jesús preguntó al padre:
—¿Desde cuándo le sucede esto?
Contestó:
—Desde niño. 22 Y muchas veces incluso lo tira al agua o al fuego para acabar con él. Por eso, si puedes hacer algo,
compadécete de nosotros y ayúdanos.
23 Jesús le respondió:
—¿Que si puedo? Todo es posible
para quien cree.
24 Inmediatamente el padre del muchacho exclamó:
—Creo; pero socorre mi falta de fe.
25 Viendo Jesús que la gente se
agolpaba sobre ellos, reprendió al espíritu inmundo:
—Espíritu sordo y mudo, yo te lo ordeno, sal de él y no vuelvas a entrar en él.
26 Dando un grito y sacudiéndolo
fuertemente, salió.
El muchacho quedó como un cadáver,
tanto que muchos decían que estaba
muerto. 27 Pero Jesús, tomándolo de la
mano, lo levantó y el muchacho se
puso en pie.
28 Cuando Jesús entró en casa, los
discípulos le preguntaban aparte:
—¿Por qué nosotros no pudimos
expulsarlo?
29 Respondió:
—Esa clase sólo sale a fuerza de
oración.

El mandato de no contar a nadie lo sucedido, forma parte de lo que se conoce como secreto mesiánico. Sólo se puede comprender correctamente el mesianismo de Jesús, después de su pasión y resurrección.

9,14-29 Sana a un niño epiléptico. Este pasaje es un relato de exorcismo y sanación en el que Jesús establece un diálogo con tres actores distintos: la gente, el padre del enfermo y sus discípulos. Las claves del texto son la fe y la oración. El relato comienza y termina mostrando la incapacidad de los discípulos para sanar al niño enfermo; al final sabremos las razones: falta de fe y oración. El padre acude entonces a Jesús y le dice «si puedes hacer algo» (22). La frase expresa desesperación, necesidad, urgencia, pero también cierto grado de desconfianza en el poder de Jesús. La respuesta de Jesús «todo es posible a quien cree» indica que quien tiene fe todo lo puede, porque pone toda su confianza en el poder de Dios. Como diría Pablo, «ya no vivo yo, sino que Cristo vive en mí» (Gál 2,20).

Segundo anuncio de la pasión y resurrección

(Mt 17,22s; Lc 9,43b-45)

30 Desde allí fueron recorriendo Galilea, y no quería que nadie lo supiera.
31 A los discípulos les explicaba:

—El Hijo del Hombre va a ser entregado en manos de hombres que le darán muerte; después de morir, al cabo de tres días, resucitará.
32 Ellos, aunque no entendían el asunto, no se atrevían a preguntarle.

¿Quién es el más importante?

(Mt 18,1-5; Lc 9,46-48)

33 Llegaron a Cafarnaún y, ya en casa, les preguntó:

—¿De qué hablaban por el camino?
34 Se quedaron callados, porque por el camino habían estado discutiendo quién era el más importante.
35 Se sentó, llamó a los Doce, y les dijo:

—El que quiera ser el primero, que se haga el último y el servidor de todos.
36 Después llamó a un niño, lo colocó en medio de ellos, lo acarició y les dijo:
37 —Quien reciba a uno de estos niños en mi nombre, a mí me recibe. Quien me recibe a mí, no es a mí a quién recibe, sino al que me envió.

El exorcista anónimo

(Lc 9,49s)

38 Juan le dijo:

—Maestro, vimos a uno que expulsaba demonios en tu nombre, y tratamos de impedírselo porque no nos sigue.
39 Jesús respondió:

—No se lo impidan. Aquel que haga un milagro en mi nombre no puede
luego hablar mal de mí. 40 Quien no está
contra nosotros, está a nuestro favor.

(Mt 10,42)

41 Quien les dé a beber un vaso de agua en atención a que ustedes son del Mesías les aseguro que no quedará sin recompensa.

Radicalidad ante el pecado

(Mt 18,6s; Lc 17,1s)

42 Si alguien lleva a pecar a uno de estos pequeños que creen [en mí], más le valdría que le atasen una piedra de molino en el cuello y lo arrojaran al mar.

(Mt 18,8s)

43 Si tu mano te lleva a pecar, córtatela. Más te vale entrar manco en la vida que con las dos manos ir a parar al infierno, al fuego inextinguible. 44 [[Donde
el gusano no muere y el fuego no se apaga.]]

9,30-32 Segundo anuncio de la pasión y resurrección. Jesús no quería que nadie supiera de su presencia porque deseaba estar a solas con sus discípulos para anunciarles, por segunda vez, su pasión, muerte y resurrección. La expresión en voz pasiva de la entrega del Hijo del Hombre: «ser entregado», sugiere que es Dios quien lo entrega. Esto no supone una actitud sádica de Dios. Él entregó a su Hijo amado para que la humanidad fuera salvada, pero arrebatarle violentamente la vida dependía de los «hombres» (cfr. Is 53,12), una decisión que tomaron rápidamente aquellos que sintieron amenazado su poder. Los discípulos con su visión triunfalista no entienden que el Mesías deba pasar por la cruz.

9,33-37 ¿Quién es el más importante? El silencio de los discípulos indica la dificultad que todavía tienen para comprender y asumir con radicalidad las enseñanzas de Jesús. Respecto al poder, sus palabras son contundentes: no es la dominación sino la capacidad de servicio lo que identifica al discípulo. Poniendo a un niño en medio de ellos ilustra su enseñanza. Sobre un niño no se puede ejercer otro dominio que no sea el servicio y el amor.

9,38-41 El exorcista anónimo. Los celos misioneros de Juan son descalificados por Jesús, pues una cosa es que los discípulos constituyan el grupo más cercano y otra, que se consideren los depositarios exclusivos del anuncio del reino. La universalidad del Evangelio no se refiere sólo a los destinatarios, sino también a los agentes. Los discípulos de Jesús deberíamos incluso propiciar alianzas o proyectos comunes con quienes, siendo de otras religiones o con quienes no profesan ninguna, dedican su vida al servicio de la humanidad. Hacer el bien es un evangelio universal.

9,42-50 Radicalidad ante el pecado. La radicalidad del Evangelio nos exige tomar opciones claras y coherentes por el proyecto de Jesús que es la vida, lo demás, es muerte. No podemos, pues, servir a dos señores (Mt 6,24).

45 Si tu pie te lleva a pecar, córtatelo.
Más te vale entrar cojo en la vida que
con los dos pies ser arrojado al infierno.
46 [[Donde el gusano no muere y el fuego no se apaga.]]
47 Si tu ojo te lleva a pecar, sácatelo.
Más te vale entrar con un solo ojo en el
reino de Dios que con los dos ojos ser
arrojado al infierno, 48 donde el gusano
no muere y el fuego no se apaga.
49 Todos serán sazonados al fuego.

(cfr. Mt 5,13; Lc 14,34s)

50 La sal es buena; pero si la sal pierde
el sabor, ¿con qué la sazonarán? Ustedes
tengan sal y estén en paz con los demás.

Sobre el divorcio

(Mt 19,1-9)

10 1 Desde allí se encaminó al territorio de Judea, al otro lado del
Jordán. De nuevo se acercó a él una
multitud y, según su costumbre, se
puso a enseñar. 2 Llegaron unos fariseos
y, para ponerlo a prueba, le preguntaron:
—¿Puede un hombre separarse de
su mujer?
3 Les contestó:
—¿Qué les mandó Moisés?
4 Respondieron:
—Moisés permitió escribir el *acta de
divorcio y separarse*.
5 Jesús les dijo:
—Porque son duros de corazón Moisés escribió ese precepto. 6 Pero al principio de la creación *Dios los hizo hombre y mujer*, 7 *y por eso abandona un
hombre a su padre y a su madre, [se
une a su mujer]* 8 *y los dos se hacen
una sola carne*. De suerte que ya no
son dos, sino una sola carne. 9 Así
pues, lo que Dios ha unido que no lo
separe el hombre.
10 Una vez en casa, los discípulos le
preguntaron de nuevo acerca de aquello.
11 Él les dijo:
—El que se divorcia de su mujer y se
casa con otra comete adulterio contra la
primera. 12 Si ella se divorcia del marido
y se casa con otro, comete adulterio.

Bendice a unos niños

(Mt 19,13-15; Lc 18,15-17)

13 Le traían niños para que los tocara, y los discípulos los reprendían.
14 Jesús, al verlo, se enojó y dijo:
—Dejen que los niños se acerquen a
mí; no se lo impidan, porque el reino
de Dios pertenece a los que son como
ellos. 15 Les aseguro, el que no reciba el
reino de Dios como un niño, no entrará
en él.
16 Y los acariciaba y bendecía imponiendo las manos sobre ellos.

10,1-12 Sobre el divorcio. Jesús abandona definitivamente Galilea para iniciar el camino hacia Jerusalén. Como de costumbre, siempre que puede enseña. Y de eso se aprovechan los fariseos para ponerlo a prueba.

A ellos no les interesa su postura ante el matrimonio, sino su interpretación de Dt 24,1 en torno al divorcio. Según la legislación judía sólo el varón tenía derecho a pedirlo; para la escuela de rabí Shamai sólo en caso de infidelidad; pero para la escuela de rabí Hillel por cualquier cosa que pudiera desagradar al marido, como quemar la comida, por ejemplo.

Jesús responde primero con una pregunta: «¿Qué les mandó Moisés?», para luego remitirse al momento de la creación, en la que Dios crea al hombre y a la mujer en igualdad de condiciones. Con esto, distingue las limitaciones de las leyes humanas, de la eterna validez de las leyes divinas.

Y va más allá de la perspectiva de los fariseos, pues aboga por la validez permanente del matrimonio al insistir en la fidelidad al pacto de amor: «Así pues, lo que Dios ha unido que no lo separe el hombre».

El matrimonio es un proyecto de amor que implica igualdad en derechos, dignidad y obligaciones, y excluye, por tanto, toda relación de dominación. Mientras haya amor, hay matrimonio y habrá corazón para soñar y para perdonar.

10,13-16 Bendice a unos niños. Los discípulos siguen creyendo que tienen la exclusividad del reino. No han entendido que la tarea del misionero es acercar la gente a Jesús antes que impedírselo. El reino de Dios debe ser acogido como la actitud de aquellos niños, que al contrario de la actitud dañina de los fariseos, buscan con alegría y sencillez estar cerca de Jesús.

El joven rico

(Mt 19,16-30; Lc 18,18-30)

17 Cuando se puso en camino, llegó
uno corriendo, se arrodilló ante él y le
preguntó:
—Maestro bueno, ¿qué debo hacer
para heredar vida eterna?
18 Jesús le respondió:
—¿Por qué me llamas bueno? Nadie
es bueno fuera de Dios. 19 Conoces los
mandamientos: *no matarás, no come-*
terás adulterio, no robarás, no jurarás
en falso, no defraudarás, honra a tu
padre y a tu madre.
20 Él le contestó:
—Maestro, todo eso lo he cumplido
desde mi juventud.
21 Jesús lo miró con cariño y le dijo:
—Una cosa te falta: ve, vende cuanto
tienes y dáselo a [los] pobres y tendrás
un tesoro en el cielo; después sígueme.
22 Ante estas palabras, se llenó de
pena y se marchó triste; porque era
muy rico.
23 Jesús mirando alrededor dijo a
sus discípulos:
—Difícilmente entrarán en el reino
de Dios los que tienen riquezas.
24 Los discípulos se asombraron de
lo que decía.
Pero Jesús insistió:
—¡Qué difícil es entrar en el reino de
Dios! 25 Es más fácil para un camello
pasar por el ojo de una aguja que para
un rico entrar en el reino de Dios.
26 Ellos llenos de asombro y temor
se decían:
—Entonces, ¿quién puede salvarse?
27 Jesús los quedó mirando y les dijo:
—Para los hombres es imposible,
pero no para Dios; porque para Dios
todo es posible.
28 Pedro entonces le dijo:
—Mira, nosotros hemos dejado
todo y te hemos seguido.
29 Jesús le contestó:
—Les aseguro que todo el que deje
casa o hermanos o hermanas o madre
o padre o hijos o campos por mí y por
la Buena Noticia 30 ha de recibir en esta
vida cien veces más en casas y hermanos y hermanas y madres e hijos y
campos, en medio de las persecuciones, y en el mundo futuro la vida eterna.
31 Porque muchos primeros serán
los últimos y muchos últimos serán los
primeros.

Tercer anuncio de la pasión y resurrección

(Mt 20,17-19; Lc 18,31-34)

32 Iban de camino, subiendo hacia
Jerusalén. Jesús iba adelante, los que
le seguían estaban sorprendidos y con
miedo. Él reunió otra vez a los Doce y
se puso a anunciarles lo que le iba a
suceder:
33 —Miren, estamos subiendo a
Jerusalén: el Hijo del Hombre será entregado a los sumos sacerdotes y los
letrados, lo condenarán a muerte y lo

10,17-31 El joven rico. Al joven rico lo distingue el verbo «acumular»: riquezas, prestigio, méritos, etc. Jesús le propone un cambio, optar por el verbo «compartir»: su vida con Él (discipulado) y su riqueza con los pobres. Jesús, en la línea de los profetas (Is 3,14s; 5,8; Am 2,6-7; 4,1; Miq 3,1-4) denuncia a la riqueza: obstáculo para el reino.

El joven rico, aunque se esfuerza como persona en ser bueno, su riqueza lo convierte en constructor de una sociedad injusta y no del reino de Dios; el reino implica hacer de esta tierra un espejo del cielo donde la justicia, el amor y la paz estén al alcance de todos.

Pedro, reconociendo la tendencia natural del ser humano a acumular, pregunta con preocupación, ¿quién puede salvarse? Jesús responde con dos claves: la salvación es un don de Dios y compartir la vida con Jesús y con los pobres (Buena Noticia) tiene su recompensa en este mundo y luego en la vida eterna. La opción por los pobres no excluye a los ricos; son los ricos los que se autoexcluyen por no optar por los pobres.

10,32-34 Tercer anuncio de la pasión y resurrección. Jesús acepta concientemente su destino, no porque sea un adivino, sino porque conoce su realidad y sabe que las autoridades religiosas y políticas eliminan a todos los que se oponen a sus intereses. Notemos el contraste entre Jesús, que va adelante, decidido y

entregarán a los paganos, [34] que se
burlarán de él, le escupirán, lo azotarán
y le darán muerte, y luego de tres días
resucitará.

Contra la ambición
(Mt 20,20-24)

[35] Se le acercaron los hijos de Zebedeo, Santiago y Juan, y le dijeron:

—Maestro, queremos que nos concedas lo que te vamos a pedir.

[36] Les preguntó:

—¿Qué quieren de [mí]?

[37] Le respondieron:

—Concédenos sentarnos en tu gloria uno a tu derecha y otro a tu izquierda.

[38] Jesús replicó:

—No saben lo que piden. ¿Pueden beber la copa que yo he de beber o recibir el bautismo que yo voy a recibir?

[39] Ellos respondieron:

—Podemos.

Jesús les dijo:

—La copa que yo voy a beber también la beberán ustedes, el bautismo
que yo voy a recibir también lo recibirán
ustedes; [40] pero sentarse a mi derecha
y a mi izquierda no me toca a mí concederlo, sino que es para quienes está reservado.

[41] Cuando los otros lo oyeron, se enojaron con Santiago y Juan.

(Mt 20,25-28; Lc 22,25-27)

[42] Pero Jesús los llamó y les dijo:

—Saben que entre los paganos los que son tenidos por gobernantes dominan a las naciones como si fueran sus dueños y los poderosos imponen su
autoridad. [43] No será así entre ustedes;
más bien, quien entre ustedes quiera llegar a ser grande que se haga servidor
de los demás; [44] y quien quiera ser el
primero que se haga sirviente de todos.
[45] Porque el Hijo del Hombre no vino a
ser servido, sino a servir y a dar su vida como rescate por muchos.

Sana a un ciego
(Mt 20,29-34; Lc 18,35-43)

[46] Llegaron a Jericó. Y cuando salía de allí con sus discípulos y un gentío considerable, Bartimeo, hijo de Timeo, un mendigo ciego, estaba sentado al
costado del camino. [47] Al oír que era
Jesús de Nazaret, se puso a gritar:

—¡Jesús, Hijo de David, compadécete de mí!

[48] Muchos lo reprendían para que se callase. Pero él gritaba más fuerte:

—¡Hijo de David, compadécete de mí!

[49] Jesús se detuvo y dijo:

—Llámenlo.

Llamaron al ciego diciéndole:

—¡Ánimo, levántate, que te llama!

convencido de «subir» a Jerusalén, y los discípulos que le siguen con miedo. No terminan de entender que el seguimiento de Jesús implica avanzar por caminos, unas veces de fiesta y otras de pasión, pero que conducen siempre a experiencias de resurrección. Tres días es el plazo máximo para la intervención divina a favor del justo sufriente (Os 6,2).

10,35-45 Contra la ambición. No sabemos si Santiago y Juan, con su petición, están pensando piadosamente en la gloria de los cielos o, codiciosamente en la gloria y el poder de la tierra. Cualquiera de las dos interpretaciones no coincide con los planes de Dios, porque buscan intereses personales por encima de los demás, porque tergiversan el seguimiento de Jesús, que es ante todo una opción de vida y no un trampolín para obtener privilegios, y porque el camino de la gloria es el camino de la cruz. La copa es símbolo de sufrimiento (14,36) y el bautismo, símbolo de inmersión («sumergir») en la pasión y muerte de Jesús (Rom 6,3). Jesús aprovecha la ocasión para instruir a los discípulos sobre el tema del poder y del servicio. Los gobernantes y los poderosos utilizan el poder para abusar y oprimir al pueblo. Por el contrario, Jesús instituye el servicio como requisito fundamental para los animadores y dirigentes cristianos, sea en el campo religioso, político o económico.

10,46-52 Sana a un ciego. La sanación de Bartimeo es el último milagro de Jesús en el evangelio de Marcos. El pueblo que estaba a oscuras está próximo a ver la luz de la resurrección. Ante el grito de alguien que es ciego, mendigo, ubicado al borde del camino, que pide misericordia, y que grita a pesar de que todos quieren silenciarlo, Jesús se detiene y lo manda a llamar.

50 Él dejó el manto, se puso en pie y
se acercó a Jesús. 51 Jesús le preguntó:
—¿Qué quieres de mí?
Contestó el ciego:
—Maestro, que recobre la vista.
52 Jesús le dijo:
—Vete, tu fe te ha salvado.
Al instante recobró la vista y lo
seguía por el camino.

Entrada triunfal en Jerusalén
(Mt 21,1-11; Lc 19,29-40; cfr. Jn 12,12-19)

11 1 Cuando se acercaban a Jerusalén, por Betfagé y Betania,
junto al monte de los Olivos, envió a
dos discípulos 2 diciéndoles:
—Vayan al pueblo de enfrente y, al
entrar, encontrarán un burrito atado,
que aún nadie ha montado. Desátenlo
y tráiganlo. 3 Y si alguien les pregunta
por qué hacen eso, le dirán que le hace
falta al Señor y que se lo devolverá muy
pronto.
4 Fueron y encontraron el burrito
atado junto a una puerta, por fuera, en
la calle. Lo soltaron. 5 Algunos de los
allí presentes les dijeron:
—¿Por qué sueltan el burrito?
6 Contestaron como les había encargado Jesús, y les permitieron llevarlo.
7 Llevaron el burrito a Jesús, le echaron encima sus mantos, y Jesús se
montó. 8 Muchos alfombraban el camino con sus mantos, otros con ramos
cortados en el campo. 9 Los que iban
delante y detrás gritaban:

—¡Hosana!
Bendito el que viene
en nombre del Señor.
10 Bendito el reino
de nuestro padre David que llega.
¡Hosana en las alturas!

11 Entró en Jerusalén y se dirigió al
templo. Después de inspeccionarlo
todo, como era tarde, volvió con los
Doce a Betania.

Maldice la higuera
(Mt 21,18s)

12 Al día siguiente, cuando salían de
Betania, sintió hambre. 13 Al ver de lejos
una higuera frondosa, se acercó para
ver si encontraba algo; pero no encontró
más que hojas, pues no era el tiempo
de los higos. 14 Entonces le dijo:
—Nunca jamás nadie coma frutos
tuyos.
Los discípulos lo estaban escuchando.

Purifica el Templo
(Mt 21,12-17; Lc 19,45-48; cfr. Jn 2,13-16)

15 Llegaron a Jerusalén y, entrando
en el templo, se puso a echar a los que
vendían y compraban en el templo;
volcó las mesas de los cambistas y las
sillas de los que vendían palomas, 16 y
no dejaba a nadie transportar objetos
por el templo.

La fe está a punto de hacer otro milagro. El ciego, al dejar su manto, deja tras de sí una «vieja» vida para asumir una nueva detrás de Jesús. Quien estaba al margen del camino, ahora sigue a Jesús, que es el «camino».

11,1-11 Entrada triunfal en Jerusalén. Al llegar a Jerusalén, todo está listo para que se cumpla lo anunciado (8,31; 9,31; 10,33s). Jesús es presentado como el Mesías-Rey esperado, un rey pobre y humilde, que no trae la guerra sino la paz, según la profecía de Zac 9,9s. La intención de devolver el burrito también lo muestra como un rey justo y bondadoso. La gente saluda a Jesús con las palabras del Sal 118,25s. La expresión Hosana significa «sálvanos, por favor». La idea de rey que tiene Jesús no concuerda con la de la multitud que grita «Bendito el reino de nuestro padre David que llega», por su carácter nacionalista, guerrero y vengativo.

11,12-14 Maldice la higuera. En la tradición bíblica, la higuera simboliza al pueblo de Dios (Os 9,10). Al llegar a Jerusalén, Jesús encuentra una sociedad que, teniendo la Palabra de Dios, no produce frutos (Miq 7,1; Jr 8,13), porque no cree que el «tiempo» del reino ya está en medio de ellos. Una sociedad así está condenada a la esterilidad.

11,15-19 Purifica el Templo. La esterilidad se extiende al Templo, que aparece hermoso y frondoso pero igualmente sin frutos. El Templo ha perdido su identidad

17 Y les explicó:
—Está escrito: *Mi casa será casa de*
oración para todas las naciones; en
cambio ustedes la han convertido en
cueva de asaltantes.
18 Lo oyeron los sumos sacerdotes y
los letrados y buscaban la forma de
acabar con él; pero le tenían miedo,
porque toda la gente admiraba su enseñanza. 19 Cuando anocheció, salió de
la ciudad.

La higuera seca
(Mt 21,20-22)

20 Por la mañana, pasando junto a la
higuera, vieron que se había secado de
raíz. 21 Pedro se acordó y le dijo:
—Maestro, mira, la higuera que
maldijiste se ha secado.
22 Jesús le respondió:
—Tengan fe en Dios. 23 Les aseguro
que si uno, sin dudar en su corazón,
sino creyendo que se cumplirá lo que
dice, manda a ese monte que se quite
de ahí y se tire al mar, lo conseguirá.
24 Por tanto les digo que, cuando oren
pidiendo algo, crean que se les concederá, y así sucederá.

(Mt 6,14s)

25 Cuando se pongan a orar, perdonen
lo que tengan contra otros, y el Padre del
cielo perdonará sus culpas. 26 [[Pero si
no perdonan a los demás, tampoco el
Padre del cielo los perdonará a ustedes.]]

La autoridad de Jesús
(Mt 21,23-27; Lc 20,1-8)

27 Volvieron a Jerusalén y, mientras
caminaba por el templo, se le acercaron
los sumos sacerdotes, los letrados y los
ancianos 28 y le dijeron:
—¿Con qué autoridad haces eso?
¿Quién te ha dado tal autoridad para
hacerlo?
29 Jesús respondió:
—Les haré una pregunta, si ustedes
me responden yo les diré con qué autoridad lo hago. 30 El bautismo de Juan,
¿procedía del cielo o de los hombres?
Respóndanme.
31 Ellos discutían entre sí: Si afirmamos que del cielo, nos dirá que, por
qué no le creímos. 32 ¿Vamos a decir
que de los hombres? –Tenían miedo a
la gente, porque todos consideraban a
Juan un profeta auténtico–. 33 Así que
respondieron:
—No sabemos.
Y Jesús les dijo:
—Entonces yo tampoco les digo
con qué autoridad lo hago.

Parábola de los viñadores malvados
(Mt 21,33-46; Lc 20,9-19)

12 1 Se puso a hablarles con parábolas: Un hombre plantó una
viña, la rodeó con una tapia, cavó un
lagar y construyó una torre; se la arrendó
a unos viñadores y se marchó.

como casa de oración universal (Is 56,7), y se ha convertido en una cueva de ladrones que, según Jr 7,11, equivale a un depósito de bienes adquiridos injustamente.

11,20-26 La higuera seca. La higuera estéril se ha secado. Jesús da tres claves para que las comunidades cristianas no caigan en la esterilidad ni en la sequedad: la fe sin reservas, la oración confiada y el perdón que favorece la comunión fraterna.

11,27-33 La autoridad de Jesús. Los tres grupos que representan el sanedrín (el Consejo judío), reconocen la autoridad de Jesús; pero dudan de su origen. No entienden que la autoridad pueda ejercerse desde el servicio a los más pobres y no desde el poder y los privilegios. Jesús se defiende acudiendo a la memoria de Juan el Bautista, quien conquistó la autoridad gracias a su servicio profético. Los dirigentes, que no pueden negar el argumento de Juan el Bautista, deben aceptar implícitamente que la autoridad de Jesús también es divina, porque está puesta al servicio de la humanidad.

12,1-12 Parábola de los viñadores malvados. Más que una parábola este pasaje es una alegoría muy cercana al texto griego de Is 5,1-7. Pero entre ellas hay una diferencia importante, mientras que la de Isaías se centra en la producción de la viña; la de Jesús, en cambio, en la de los viñadores.

2 A su debido tiempo, envió un
sirviente a los viñadores para cobrar su
parte del fruto de la viña. 3 Ellos lo agarraron, lo apalearon y lo despidieron
con las manos vacías.
4 Les envió un segundo sirviente;
y ellos lo maltrataron y lo injuriaron.
5 Envió un tercero, y lo mataron; y a
otros muchos: a unos los apalearon, a
otros los mataron.
6 Le quedaba uno, su hijo querido,
y lo envió en último término, pensando que respetarían a su hijo. 7 Pero los
viñadores se dijeron: Es el heredero.
Lo matamos y la herencia será nuestra.
8 Así que lo mataron y lo arrojaron
fuera de la viña.
9 Ahora bien, ¿qué hará el dueño de
la viña? Irá, acabará con los viñadores y
entregará la viña a otros.
10 ¿No han leído aquel texto de la
Escritura:

La piedra
que desecharon los arquitectos
es ahora la piedra angular;
11 *es el Señor quien lo ha hecho;*
y nos parece un milagro?

12 Intentaron arrestarlo, porque comprendieron que la parábola era para
ellos. Pero, como tenían miedo a la
gente, lo dejaron y se fueron.

Sobre el tributo al césar
(Mt 22,15-22; Lc 20,20-26)

13 Después le enviaron unos fariseos y
herodianos para ponerle una trampa con
las palabras.
14 Se acercaron y le dijeron:
—Maestro, nos consta que eres
sincero e imparcial porque no juzgas
según la apariencia de la gente, sino que
enseñas con verdad el camino de Dios.
¿Es lícito pagar tributo al césar o no? ¿Lo
pagamos o no?
15 Dándose cuenta de su hipocresía,
les dijo:
—¿Por qué me ponen a prueba?
Tráiganme una moneda, que la vea.
16 Se la llevaron y les preguntó:
—¿De quién es esta imagen y esta
inscripción?
Le contestaron:
—Del césar.
17 Y Jesús replicó:
—Entonces den al césar lo que es
del césar y a Dios lo que es de Dios.
Y quedaron sorprendidos de su
respuesta.

La viña simboliza al pueblo de Dios, y los viñadores, a los dirigentes. El dueño de la viña (Dios) no cesa de enviar siervos (profetas) a pedir el fruto que espera de su viña: justicia, misericordia, verdad, etc. Sin embargo, los viñadores, los dirigentes del pueblo, no sólo no envían lo que corresponde al dueño de la viña, sino que también rechazan o eliminan a los siervos enviados.

Tanto ama Dios a su viña que manda en «último término» a su Hijo amado (1,11; 9,7), a Jesús. Los dirigentes lo reconocen, saben que es el heredero y deciden no sólo matarlo sino también borrarlo de la memoria del pueblo («lo arrojaron fuera de la viña»), para perpetuar su dominio.

Dios interviene para salvar su viña: resucita a su Hijo amado y lo convierte en piedra angular del nuevo pueblo de Dios (Sal 118,22).

Los animadores de las comunidades cristianas deben preguntarse cada día si son fieles a la misión del Señor, y si están produciendo los frutos que el Señor espera.

12,13-17 Sobre el tributo al césar. Ahora los adversarios de Jesús son los fanáticos religiosos (fariseos) y los colaboracionistas con el imperio romano (herodianos).

La pregunta tiene rasgos de hipocresía y de engaño mortal. Si Jesús responde que sí, queda mal con los judíos y, si responde que no, los romanos lo tildarán de revoltoso. Jesús, que sabe de sus intenciones, les pide una moneda, la del imperio romano de aquel entonces; ésta llevaba una imagen del emperador (Tiberio) y una leyenda que afirmaba su divinidad. Jesús pide devolver al césar lo que es del césar, reconociendo la autonomía del poder civil, pero rechazando su divinización.

Jesús se opone a cualquier proyecto teocrático o dictatorial impuesto por gobernantes que se comportan como dioses o señores de mundo.

A Dios lo que es de Dios significa que Dios no se identifica con ningún proyecto político en particular, sino con todos aquellos que optan por la vida y se ponen al servicio de las necesidades del pueblo.

Sobre la resurrección
(Mt 22,23-33; Lc 20,27-40)

18 Se acercaron unos saduceos, quienes niegan la resurrección, y le dijeron:

19 —Maestro, Moisés nos dejó escrito que *si alguien muere* y deja a su mujer sin hijos, *su hermano debería casarse con la mujer para así dar descendencia a su hermano difunto.* 20 Eran siete hermanos: el primero se casó y murió sin descendencia; 21 el segundo tomó a la viuda y murió sin descendencia; lo mismo el tercero. 22 Ninguno de los siete dejó descendencia. Después de todos murió la mujer. 23 En la resurrección, [cuando resuciten,] ¿de cuál de ellos será la mujer? Porque los siete estuvieron casados con ella.

24 Jesús les respondió:

—¿No están equivocados por esto, por no conocer las Escrituras ni el poder de Dios? 25 Cuando resuciten de entre los muertos, los hombres y las mujeres no se casarán, sino que serán como ángeles en el cielo. 26 Y a propósito de que los muertos resucitan, ¿no han leído en el libro de Moisés el episodio de la zarza? Dios le dijo:

Yo soy el Dios de Abrahán,
el Dios de Isaac,
el Dios de Jacob.

27 No es un Dios de muertos, sino de vivos. Ustedes están muy equivocados.

Sobre el precepto más importante
(Mt 22,34-40; Lc 10,25-28)

28 Un letrado que escuchó la discusión y al ver lo acertado de la respuesta, se acercó y le preguntó:

—¿Cuál es el precepto más importante?

29 Jesús respondió:

—El más importante es:

Escucha, Israel,
el Señor nuestro Dios es uno solo.
30 *Amarás al Señor, tu Dios*
con todo tu corazón,
con toda tu alma,
con toda tu mente,
con todas tus fuerzas.

31 El segundo es:

Amarás al prójimo
como a ti mismo.

No hay mandamiento mayor que éstos.

32 El letrado le respondió:

—Muy bien, maestro; es verdad lo que dices: *el Señor es uno solo y no hay otro fuera de él.* 33 Que amarlo con todo el corazón, con toda la inteligencia y con todas las fuerzas, y amar al prójimo como a uno mismo vale más que todos los holocaustos y sacrificios.

34 Al ver Jesús que había respondido acertadamente, le dijo:

—No estás lejos del reino de Dios.

Y nadie se atrevió a hacerle más preguntas.

12,18-27 Sobre la resurrección. Llega el turno de los saduceos, quienes intentan ridiculizar la creencia en la resurrección de los muertos. Pero, Jesús les advierte de su error al interpretar las Escrituras, pues se guían más por sus propios intereses que por los de Dios.

Jesús interpreta la resurrección, no como una continuación de la vida mortal (tesis farisea), sino como un estado de vida en plenitud con Dios.

La controversia termina con una profesión de fe sobre la vida, que evoca a Éx 3,6.15 y prefigura el triunfo de Jesús sobre la muerte. Optar por el Dios de la Vida y por la vida del pueblo es un imperativo cristiano.

12,28-34 Sobre el precepto más importante. El fundamentalismo religioso de los fariseos y los letrados había multiplicado los mandamientos en aproximadamente seiscientos treinta, una barbaridad. Uno de los letrados, sinceramente confundido, pregunta a Jesús por el mandamiento principal. Jesús, fundamentándose en las Escrituras, responde que no es uno sino dos: el amor a Dios y el amor al prójimo. A lo que el letrado a modo de comentario añade que «amar al prójimo vale más que todos los holocaustos y sacrificios». Del amor a Dios, antes que ritos y promesas, debe nacer siempre el amor y la solidaridad por los hermanos (cfr. 1 Jn 4,20).

Sobre el Mesías y David
(Mt 22,41-46; Lc 20,41-44)

35 Cuando enseñaba en el templo,
Jesús tomó la palabra y dijo:
—¿Por qué dicen los letrados que el
Mesías es Hijo de David? 36 Si el mismo
David, inspirado por el Espíritu Santo,
dijo:

Dijo el Señor a mi Señor:
Siéntate a mi derecha,
hasta que ponga a tus enemigos
debajo de tus pies.

37 David mismo lo llama Señor,
¿cómo puede ser hijo suyo?
La multitud escuchaba a Jesús con
gusto.

Invectiva contra los letrados
(Lc 20,45-47)

38 Y él, instruyéndolos, dijo:
—Cuídense de los letrados. Les gusta
pasear con largas túnicas, que los saluden por la calle, 39 buscan los primeros
asientos en las sinagogas y los mejores
puestos en los banquetes. 40 Con pretexto de largas oraciones, devoran los
bienes de las viudas. Ellos recibirán una
sentencia más severa.

La ofrenda de la viuda
(Lc 21,1-4)

41 Sentado frente a las alcancías
del templo, observaba cómo la gente
depositaba su limosna.
Muchos ricos daban en abundancia.
42 Llegó una viuda pobre y echó unas
moneditas de muy poco valor.
43 Jesús llamó a los discípulos y les
dijo:
—Les aseguro que esa pobre viuda
ha dado más que todos los demás.
44 Porque todos han dado de lo que les
sobra; pero ésta, en su indigencia, ha
dado cuanto tenía para vivir.

Sobre la destrucción del Templo
(Mt 24,1s; Lc 21,5s)

13 1 Cuando salía del templo, le dijo
uno de sus discípulos:
—Maestro, mira qué piedras y qué
construcciones.
2 Jesús le contestó:
—¿Ven esos grandes edificios? Pues
se derrumbarán sin que quede piedra
sobre piedra.

Comienzo de los dolores
(Mt 24,3-8; Lc 21,7-11)

3 Estaba sentado en el monte de los
Olivos, enfrente del templo. Pedro y
Santiago, Juan y Andrés le preguntaron
aparte:
4 —¿Cuándo sucederá todo eso?
¿Cuál es la señal de que todo está para
acabarse?
5 Jesús empezó a decirles:
—¡Cuidado, que nadie los engañe!
6 Se presentarán muchos en mi nombre
diciendo: Soy yo, y engañarán a muchos.

12,35-37 Sobre el Mesías y David. Jesús no acepta la filiación davídica por dos razones: primero, porque Él es más que David y segundo, porque rechaza la idea de un rey, que como David o cualquier otro, divide el mundo en clases sociales, impone pesados tributos, es nacionalista y excluyente, y se basa en la pedagogía de la violencia y no de la conciencia, etc. (cfr.1 Sm 8,10-18).

12,38-40 Invectiva contra los letrados. Los letrados o maestros de la ley eran apreciados y respetados por el pueblo. Sin embargo, Jesús los denuncia por hipócritas, corruptos y estafadores, que se aprovechan de la fe del pueblo para favorecer sus mezquinos intereses.

12,41-44 La ofrenda de la viuda. Mientras los letrados sólo buscan acumular, la viuda da con generosidad. Ella representa al pueblo de Israel excluido social (viuda) y económicamente (pobre). Al contrario del joven rico, la viuda no da de lo que le sobra, sino que pone en manos de Dios todo lo que tiene. Jesús cambia así el concepto de limosna parcial por el de solidaridad total.

13,1-13 Sobre la destrucción del Templo – Comienzo de los dolores. El capítulo 13 de Marcos es conocido como el «discurso escatológico». Con un lenguaje profético-apocalíptico y con la mirada puesta en el presente de la misión y en el final de la historia, el evangelista busca

7 Cuando oigan ruido de guerras y noticias de ellas, no se alarmen. Todo eso
ha de suceder, pero todavía no es el
final. 8 Porque se alzará pueblo contra
pueblo, reino contra reino. Habrá terremotos en diversos lugares, habrá carestías. Es el comienzo de los dolores
de parto.

(Mt 10,17s; Lc 21,12s)

9 Ocúpense de ustedes mismos. Los
entregarán a los tribunales, los apalea-
rán en las sinagogas, y por mi causa
comparecerán ante magistrados y reyes para dar testimonio ante ellos.

(Mt 24,14)

10 Pero antes se ha de anunciar en
todas las naciones la Buena Noticia.

(Mt 10,19s; Lc 12,11s)

11 Cuando los conduzcan para entregarlos, no se preocupen por lo que tendrán que decir; lo que Dios les inspire
en aquel momento es lo que dirán. Porque no serán ustedes los que hablen,
sino el Espíritu Santo.

(Mt 10,21s)

12 Un hermano entregará a su hermano a la muerte, un padre a su hijo;
se levantarán hijos contra padres y les
darán muerte. 13 Serán odiados por
todos a causa de mi nombre. Pero el
que aguante hasta el final se salvará.

La gran tribulación

(Mt 24,15-22; Lc 21,20-24)

14 Cuando vean el ídolo abominable
instalado donde no debe –el lector que lo
entienda–, entonces los que viven en Judea que escapen a los montes. 15 El que
esté en la azotea no baje ni entre en casa
a recoger algo; 16 el que se encuentre en
el campo no vuelva a buscar el manto.
17 ¡Ay de las embarazadas y de las que
tengan niños de pecho en aquellos
días! 18 Recen para que no suceda en
invierno. 19 Aquellos días habrá una tribulación tan grande como no la hubo
desde que Dios creó el mundo hasta
ahora, ni la habrá en el futuro. 20 Y si el
Señor no abreviara aquella etapa, no se
salvaría ni uno. Pero, acortará esos días
a causa de los que quiere salvar.

(Mt 24,23-25)

21 Entonces, si alguien les dice que
el Mesías está aquí o allí, no le crean.
22 Porque surgirán falsos mesías y
falsos profetas, que harán milagros y
prodigios, hasta el punto de engañar, si
fuera posible, a los elegidos.
23 Ustedes estén atentos, que yo los
he prevenido de todo.

alentar la fidelidad de las comunidades cristianas en un Jesús que está a punto de ser crucificado. Este discurso hay que leerlo e interpretarlo, no con los ojos del miedo ante lo que se va a destruir, sino con optimismo y esperanza por lo que se está construyendo.

Mientras los dirigentes pretenden la destrucción de Jesús, Él predice la destrucción de las instituciones judías, simbolizadas en la majestuosidad del Templo. La destrucción del Templo está en estrecha relación con la propuesta de la construcción del reino de Dios. Las preguntas sobre el cuándo y sobre las señales indicadoras de la destrucción le permiten a Jesús comenzar el discurso escatológico.

En los versículos 5-13, Jesús describe, con estilo profético, una realidad dominada por falsos mesías, por la violencia política (fraticida), económica (carestía) y ecológica, y por la persecución y la tortura de los buenos. La presencia de Dios en esta difícil realidad busca generar en la conciencia cristiana, esperanza, confianza y fidelidad en el proyecto de Jesús.

13,14-23 La gran tribulación. El ídolo abominable, en clara referencia a Antíoco IV Epífanes (Dn 9,27), continúa manifestándose en las autoridades romanas e israelitas, que amparadas en falsos mesías y profetas (Dn 13,2-4), legitiman la persecución y opresión de los pobladores urbanos y rurales, y el exterminio de las nuevas generaciones al mejor estilo del faraón en Egipto (Éx 1,16).

Las comunidades cristianas deben saber que viviendo la experiencia del reino, confiados en el poder de Dios, podrán identificar los falsos mesías y los falsos profetas que siempre surgen en momentos de tribulación; y que tales momentos sólo son transitorios; pues su destino es la salvación (Dn 12,1).

La parusía
(Mt 24,29-31; Lc 21,25-28)

24 En aquellos días, después de esa
tribulación el sol se oscurecerá, la luna
no irradiará su resplandor, 25 las estrellas
caerán del cielo y los ejércitos celestes temblarán. 26 Entonces *verán
llegar al Hijo del Hombre entre nubes*,
con gran poder y gloria. 27 Y enviará a
los ángeles para reunir a [sus] elegidos
desde los cuatros vientos, de un extremo
de la tierra a un extremo del cielo.

El ejemplo de la higuera
(Mt 24,32-35; Lc 21,29-33)

28 Aprendan del ejemplo de la higuera:
cuando las ramas se ablandan y brotan
las hojas, saben que está cerca la primavera. 29 Lo mismo ustedes, cuando
vean suceder aquello, sepan que el fin
está cerca, a las puertas. 30 Les aseguro
que no pasará esta generación antes
de que suceda todo eso. 31 El cielo y la
tierra pasarán, pero mis palabras no
pasarán.

Sobre el día y la hora
(Mt 24,36)

32 En cuanto al día y la hora, no los
conoce nadie, ni los ángeles en el cielo,
ni el hijo; sólo los conoce el Padre.

(Mt 25,13)

33 ¡Estén atentos y despiertos, porque no conocen el día ni la hora!

(cfr. Mt 25,14)

34 Será como un hombre que se va
de su casa y se la encarga a sus sirvientes, distribuye las tareas, y al portero
le encarga que vigile.

(cfr. Mt 24,42; Lc 12,36-38)

35 Así pues, estén atentos porque no
saben cuándo va a llegar el dueño de
casa, si al anochecer o a media noche
o al canto del gallo o de mañana; 36 que,
al llegar de repente, no los sorprenda
dormidos.

37 Lo que les digo a ustedes se lo
digo a todos: ¡Estén atentos!

13,24-27 La parusía. El relato de la venida del Hijo del Hombre, ubicado en el centro del discurso escatológico, le imprime un fuerte carácter cristológico.

La conmoción cósmica que precede a la parusía es algo típico de la literatura profética y apocalíptica, y sirve para introducir las grandes intervenciones de Dios, que generan radicales cambios en la historia (Is 13,10; 34,4; Dn 7,13s). La parusía se presenta como el día de la gran reunión de todo el pueblo de Dios; por esto, no puede ser un día de miedo sino de alegría.

13,28-37 El ejemplo de la higuera –Sobre el día y la hora. El discurso escatológico comenzó con la pregunta de los discípulos a Jesús sobre cuándo sucederá la destrucción del Templo. Ahora, concluye con una exhortación de Jesús a sus discípulos a ir más allá: a estar atentos, vigilantes y a la espera de la próxima venida del Hijo del hombre, su parusía.

Para ello, como de costumbre, utiliza imágenes cercanas y conocidas por los suyos: el ejemplo de la higuera y del dueño de casa que marcha de viaje, pero que sus sirvientes no saben cuándo volverá.

Con esto, Jesús afirma que lo importante no es alimentar la pasividad, el conformismo y el miedo, esperando la destrucción del mundo o el juicio final, sino aprender a discernir los signos de los tiempos, a leer la voluntad de Dios en todos los momentos de nuestra vida y a estar vigilantes para asumir responsable y creativamente la construcción del reino de Dios.

Hay que vivir en plenitud el tiempo presente y esperar la Parusía de Jesús con gozo. No debemos preocuparnos por «la fecha» de su venida, que ya vendrá, sino por encontrarlo ahora, en medio de nuestra vida cotidiana.

Jesús resucitó y vive en medio de nosotros. No estamos esperando que «vuelva», porque en realidad nunca se ha ido. Lo que esperamos es su manifestación gloriosa, cuando el reino que ha anunciado irrumpa definitivamente en la historia y en toda la creación, pero, hasta que eso suceda, sus discípulos debemos ir anunciando con nuestra propia vida lo mismo que Él anunció: la Buena Noticia del reino de Dios (13,10).

No obstante, es comprensible, que la comunidad de Marcos esperara una próxima parusía: actitud propia de la primera generación cristiana, documentada en muchos escritos del Nuevo Testamento, por ejemplo, Pablo creía que lo iba a presenciar (cfr. 1 Tes 4,13-18), lo mismo algunos miembros de la comunidad de Tesalónica, a quienes el mismo Pablo exhorta a no dejarse engañar por aquellos que dicen que es algo inminente (2 Tes 2,1-12).

Marcos intenta evitar interpretaciones precisas y confiadas al respecto. La conclusión de todo es una invitación a velar como actitud básica del cristiano.

Complot para matar a Jesús
(Mt 26,1-5; Lc 22,1s; cfr. Jn 11,45-57)

14 1 Faltaban dos días para la fiesta
de la Pascua y de los Ázimos.
Los sumos sacerdotes y los letrados
buscaban apoderarse de él mediante
un engaño para darle muerte. 2 Pero
decían que no debía ser durante las
fiestas, para que no se amotinase el
pueblo.

Unción en Betania
(Mt 26,6-13; cfr. Lc 7,36-50; Jn 12,1-8)

3 Estando él en Betania, invitado en
casa de Simón el Leproso, llegó una
mujer con un frasco de perfume de
nardo puro muy costoso. Quebró el
frasco y se lo derramó en la cabeza.
4 Algunos comentaban indignados:
—¿A qué viene este derroche de
perfume? 5 Se podía haberlo vendido
por trescientos denarios para dárselos
a los pobres.
Y la reprendían.
6 Pero Jesús dijo:
—Déjenla, ¿por qué la molestan? Ha
hecho una obra buena conmigo. 7 A los
pobres los tendrán siempre entre ustedes y podrán socorrerlos cuando quieran; pero a mí no siempre me tendrán.
8 Ha hecho lo que podía: se ha adelantado a preparar mi cuerpo para la sepultura. 9 Les aseguro que en cualquier
parte del mundo donde se proclame la
Buena Noticia, se mencionará también
lo que ella ha hecho.

Traición de Judas
(Mt 26,14-16; Lc 22,3-6)

10 Judas Iscariote, uno de los Doce,
se dirigió a los sumos sacerdotes para
entregárselo. 11 Al oírlo se alegraron y
prometieron darle dinero. Y él se puso
a buscar una oportunidad para ello.

Preparación de la cena pascual
(Mt 26,17-19; Lc 22,7-13)

12 El primer día de los Ázimos, cuando
se inmolaba la víctima pascual, le dijeron los discípulos:
—¿Dónde quieres que vayamos a
prepararte la cena de Pascua?
13 Él envió a dos discípulos encargándoles:
—Vayan a la ciudad y les saldrá al encuentro un hombre llevando un cántaro
de agua. Síganlo 14 y donde entre, digan
al dueño de casa: Dice el Maestro, que
dónde está la sala en la que va a comer
la cena de Pascua con sus discípulos.

14,1s Complot para matar a Jesús. Comienza el camino de la pasión, muerte y resurrección de Jesús. Por su extensión, muchos consideran el evangelio de Marcos como «una historia de la pasión, precedida de una extensa introducción». El relato hay que leerlo en clave cristológica.

Es miércoles y los planes para matar a Jesús se confirman, pero también, el miedo de los dirigentes a la multitud. Sin embargo, contrario a lo que se afirma, a Jesús sí lo matarán durante las fiestas, y la multitud no lo respaldará sino que terminará condenándolo.

14,3-9 Unción en Betania. En contraste con el odio de los dirigentes judíos, una mujer realiza un gesto anónimo y supremo de amor a Jesús (cfr. Cant. 1,12). El alto precio del perfume simboliza la calidad del amor. Derramarlo sobre su cabeza simboliza su donación total y la unción de Jesús como rey, pero un rey que triunfa, no desde el poder de sus ejércitos, sino desde la «debilidad» de la cruz.

Mientras la gente lo considera un desperdicio, para Jesús se trata de una obra de misericordia que compromete a toda su persona y establece un lazo de solidaridad que va hasta la misma muerte. Con el anuncio de su muerte, Jesús ratifica la dignidad de su pobreza, dando todo lo que tiene, aun su propia vida, por la salvación de la humanidad.

14,10s Traición de Judas. En oposición a la generosidad de la mujer aparece la actitud sobornable y traidora de Judas Iscariote. Se insinúa el motivo del dinero; pero lo que impresiona al narrador es que sea «uno de los Doce». La traición del amigo es particularmente dolorosa (cfr. Sal 55,13-15).

14,12-16 Preparación de la cena pascual. En la fiesta pascual, antes de la puesta del sol se sacrificaba el cordero y después de la puesta del sol se celebraba la cena, en familia. Para preparar la cena, Jesús envía a dos discípulos, dándole al hecho un sentido misionero (6,7).

15 Él les mostrará un salón en el piso
superior, preparado con divanes. Preparen allí la cena.
16 Salieron los discípulos, se dirigieron a la ciudad, encontraron lo que
les había dicho y prepararon la cena de
Pascua.

Anuncio de la traición
(Mt 26,20-25; cfr. Lc 22,21-23; Jn 13,21-30)

17 Al atardecer llegó con los Doce.
18 Se pusieron a la mesa y, mientras
comían, dijo Jesús:
—Les aseguro que uno de ustedes
me va a entregar, uno que come
conmigo.
19 Entristecidos, empezaron a preguntarle uno por uno:
—¿Soy yo?
20 Les respondió:
—Uno de los Doce, que moja el pan
conmigo en la fuente. 21 El Hijo del
Hombre se va, como está escrito de él;
pero, ¡ay de aquel por quien el Hijo del
Hombre será entregado! Más le valdría
a ese hombre no haber nacido.

Institución de la Eucaristía
(Mt 26,26-30; Lc 22,14-20;
cfr. Jn 6,51-59; 1 Cor 11,23-25)

22 Mientras cenaban, tomó pan, pronunció la bendición, lo partió y se lo dio
diciendo:
—Tomen, esto es mi cuerpo.
23 Y tomando la copa, pronunció la
acción de gracias, se la dio y bebieron
todos de ella. 24 Les dijo:
—Ésta es mi sangre, sangre de la
alianza, que se derrama por todos.
25 Les aseguro que no volveré a beber
el fruto de la vid hasta el día en que
beba el vino nuevo en el reino de Dios.
26 Después cantaron los salmos y
salieron hacia el monte de los Olivos.

Anuncia el abandono de sus discípulos
(Mt 26,31-35; Lc 22,31-34; cfr. Jn 13,36-38)

27 Jesús les dijo:
—Todos van a fallar, como está escrito:
Heriré al pastor
y se dispersarán las ovejas.
28 Pero, cuando resucite, iré delante
de ustedes a Galilea.
29 Pedro le contestó:
—Aunque todos fallen, yo no.
30 Le dijo Jesús:
—Te aseguro que tú hoy mismo,
esta noche, antes que el gallo cante
dos veces, me habrás negado tres.
31 Él insistió:
—Aunque tenga que morir contigo,
no te negaré.
Lo mismo decían los demás.

Oración en el huerto
(Mt 26,36-46; cfr. Lc 22,39-46)

32 Llegados al lugar llamado Getsemaní, dijo a sus discípulos:

14,17-26 Anuncio de la traición – Institución de la Eucaristía. Durante la cena Jesús denuncia la traición de parte de uno de los Doce, uno que hipócritamente comparte el pan, expresión máxima de comunión y fraternidad.

En este ambiente de traición donde se vende la vida de un inocente, Jesús ratifica, con la institución de la eucaristía, el ofrecimiento de su vida para el rescate de la humanidad. Jesús ofrece el pan que simboliza su cuerpo: quien coma de él lo acepta en su vida. Luego ofrece la copa, que simboliza la nueva alianza, alianza del nuevo pueblo de Dios constituido por quienes le siguen; la sangre derramada significa su muerte violenta, y beber del cáliz, implica asumir su sacrificio y comprometerse con su proyecto de vida. El canto de los himnos llamados Hallel (Sal 114-118) indican el final de la cena (26).

14,27-31 Anuncia el abandono de sus discípulos. El grupo se dirige al monte de los Olivos, donde Jesús hace un nuevo anuncio de su muerte y menciona las consecuencias entre sus discípulos: escándalo y dispersión (cfr. Zac 13,7). A la profecía de Jesús responde solamente Pedro, asegurando que, aunque todos se escandalicen, él no lo hará. Jesús desenmascara el orgullo de Pedro prediciendo su triple negación.

14,32-42 Oración en el huerto. En Getsemaní («lagar de aceite») vuelven a aparecer las tentaciones: «alejar aquella hora», temor, angustia y tristeza. Jesús acude entonces a la oración (cfr. 1,33; 6,46) y a la compañía de tres de sus discípulos más cercanos (cfr. 5,37; 9,2), para pedirles que velen y oren.

—Siéntense aquí mientras yo voy a
orar.
33 Llevó con él a Pedro, Santiago y
Juan y empezó a sentir tristeza y angustia. 34 Entonces les dijo:
—Siento una tristeza de muerte;
quédense aquí y permanezcan despiertos.
35 Se adelantó un poco, se postró en
tierra y oraba que, si era posible, se ale-
jara de él aquella hora. 36 Decía:
—*Abba*, Padre, tú lo puedes todo,
aparta de mí esta copa. Pero no se
haga mi voluntad, sino la tuya.
37 Volvió, y los encontró dormidos.
Dijo a Pedro:
—Simón, ¿duermes? ¿No has sido
capaz de estar despierto una hora?
38 Permanezcan despiertos y oren para
no caer en la tentación. El espíritu está
dispuesto, pero la carne es débil.
39 Se retiró otra vez y oró repitiendo
las mismas palabras. 40 Al volver, los
encontró otra vez dormidos, porque los
ojos se les cerraban de sueño; y no
supieron qué contestar.
41 Volvió por tercera vez y les dijo:
—¡Todavía dormidos y descansando!
Basta, ha llegado la hora en que el Hijo
del Hombre será entregado en poder
de los pecadores. 42 Vamos, levántense,
se acerca el traidor.

Arresto de Jesús

(Mt 26,47-56; Lc 22,47-53; cfr. Jn 18,1-11)

43 Todavía estaba hablando cuando
se presentó Judas, uno de los Doce, y
con él gente armada de espadas y palos, enviada por los sumos sacerdotes,
los letrados y los ancianos. 44 El traidor
les había dado una contraseña: Al que
yo bese, ése es; arréstenlo y llévenlo
con cuidado.
45 Enseguida, acercándose a Jesús,
le dijo: ¡Maestro!, y le dio un beso.
46 Los otros se le tiraron encima y lo
arrestaron.
47 Uno de los presentes desenvainó
la espada y de un tajo cortó una oreja
al sirviente del sumo sacerdote.
48 Jesús se dirigió a ellos:
—Como si se tratara de un asaltante,
han salido armados de espadas y palos
para capturarme. 49 Diariamente estaba
con ustedes enseñando en el templo y no
me arrestaron. Pero se ha de cumplir la
Escritura.
50 Y todos lo abandonaron y huyeron.

Un joven anónimo

51 Le seguía, también, un muchacho
cubierto sólo por una sábana. Lo agarraron; 52 pero él, soltando la sábana,
se les escapó desnudo.

La plegaria de Jesús está dividida en cuatro partes: invocación («Abba»), profesión de fe («lo puedes todo»), súplica («aparta de mí esta copa») y sumisión a la voluntad de Dios («no se haga mi voluntad, sino la tuya»). Mientras Judas anda despierto preparando la traición, sus discípulos se quedan dormidos. El sueño y la incapacidad de «velar una hora» indican que el discípulo no está preparado para asumir el camino de la pasión, camino que tendrá que recorrer Jesús en completa soledad.

La expresión, «Vamos, levántense», muestra un Jesús que ha pasado de la angustia y de la tristeza inicial a la serenidad y seguridad para asumir «su hora».

14,43-50 Arresto de Jesús. Judas es mencionado como «uno de los Doce» para resaltar la gravedad de su acción. A partir de 14,46 no se le menciona más.

Los que habían venido con Judas para detener a Jesús, se le «tiraron encima», esto expresa la violencia del proceso. El otro verbo (prender, arrestar) expresa la oficialidad del acto. De en medio de la oscuridad y sin nombre, aparece un hombre que saca la espada y hiere al siervo del sumo sacerdote (El evangelio de Juan, escrito a finales del s. I, no tiene problemas en mencionar el nombre de este hombre: Simón Pedro; cfr. Jn 18,10). La reacción de Jesús deja claro que para Él ninguna violencia tiene sentido, ni prospera. Tener la oreja cortada era un deshonor e impedía ejercer funciones sagradas.

14,51s Un joven anónimo. Sólo el evangelio de Marcos habla de este joven anónimo. Es un detalle bastante enigmático y ha generado variopintas explicaciones.

Para algunos biblistas se trataría de un recuerdo histórico, una referencia a Juan el apóstol o al mismo Marcos; para otros, en cambio, se trataría de una representación alegórica: la situación de todo discípulo ante el escándalo de la pasión.

Jesús ante el Consejo

(Mt 26,57s; Lc 22,54s; cfr. Jn 18,12-16)

53 Condujeron a Jesús a casa del
sumo sacerdote, y se reunieron todos
los sumos sacerdotes con los ancianos
y los letrados. 54 Pedro le fue siguiendo
a distancia hasta entrar en el palacio
del sumo sacerdote. Se quedó sentado
con los empleados, calentándose junto
al fuego.

(Mt 26,59-63a)

55 El sumo sacerdote y el Consejo
en pleno buscaban un testimonio contra
Jesús que permitiera condenarlo a
muerte, y no lo encontraban, 56 ya que
aunque muchos testimoniaban en
falso contra él, sus testimonios no
concordaban.
57 Algunos se levantaron y declararon en falso contra él:
58 —Le hemos oído decir: Yo he de
destruir este santuario, construido por
manos humanas, y en tres días construiré otro, no edificado con manos
humanas.
59 Pero tampoco en este punto concordaba el testimonio de ellos.
60 Entonces el sumo sacerdote se
puso de pie en medio y preguntó a Jesús:
—¿No respondes nada a lo que
éstos declaran contra ti?
61a Él callaba y no respondía nada.

(Mt 26,63b-66; Lc 22,66-71; cfr. Jn 18,19-21)

61b De nuevo le preguntó el sumo
sacerdote:
—¿Eres tú el Mesías, el Hijo del Bendito?
62 Jesús respondió:
—Yo soy. *Verán al Hijo del Hombre
sentado a la derecha del Todopoderoso
y llegando entre las nubes del cielo.*
63 El sumo sacerdote, rasgándose
sus vestiduras, dijo:
—¿Qué falta nos hacen los testigos?
64 Ustedes mismos han oído la blasfemia. ¿Qué les parece?
Todos sentenciaron que era reo de
muerte.

(Mt 26,67; Lc 22,63-65; cfr. Jn 18,22s)

65 Algunos se pusieron a escupirle,
a taparle los ojos y darle bofetadas
diciendo:
—¡Adivina quién fue!
También los empleados le daban
bofetadas.

Negaciones de Pedro

(Mt 26,69s; Lc 22,56s; cfr. Jn 18,17s)

66 Estaba Pedro abajo en el patio,
cuando una sirvienta del sumo sacerdote, 67 viendo que se calentaba, se
le quedó mirando y le dijo:
—También tú estabas con el Nazareno, con Jesús.

14,53-65 Jesús ante el Consejo. Lo anunciado por Jesús en 10,33s, comienza a cumplirse al pie de la letra. Pedro sigue a Jesús de «lejos» (cfr. Sal 38,12), indicando la ambigüedad de su seguimiento.

Según la legislación judía, toda acusación debe estar respaldada al menos por dos testigos. El versículo 55 permite deducir que el juicio no va a ser justo.

Propiciar la muerte de Jesús era un viejo anhelo para las autoridades judías (Mc 3,6; 11,18; 12,12; 14,1; 14,11). Sin embargo, los testimonios son tan falsos que no concuerdan entre sí. Al sumo sacerdote no le quedó otra alternativa que preguntar directamente a Jesús: «¿Eres tú el Mesías, el Hijo del Dios bendito?».

Jesús no duda en responder: Sí, yo soy, un nombre que evoca al Dios liberador del Éxodo (Éx 3,14). La respuesta de Jesús es considerada blasfemia por dos razones, una de tipo religioso al insultar a Dios llamándose Mesías (Lv 24,15s) y otra de tipo político: despreciar la ley (Nm 15,30) proponiendo cambios radicales en las instituciones religiosas de Israel.

Marcos subraya que todos estaban de acuerdo en decretar la muerte de Jesús. Los golpes, las burlas, los salivazos y las bofetadas hacen parte del programa de Jesús como el siervo sufriente de Is 50,6.

14,66-72 Negaciones de Pedro. Mientras Jesús permanece firme ante el sumo sacerdote por defender la causa del reino, Pedro se derrumba negando a Jesús por miedo a quienes lo señalan de andar con el Nazareno. La negación confirma que Pedro acepta a Jesús como el Mesías, pero rechaza el camino que hay que seguir con el Maestro, que es el camino de la cruz. El relato no termina sin que Pedro recuerde las palabras de Jesús (14,30) y llore de arrepentimiento y de vergüenza.

68 Él lo negó:
—Ni sé ni entiendo lo que dices.
Salió al vestíbulo [y un gallo cantó].

(Mt 26,71-75; Lc 22,58-62; cfr. Jn 18,25-27)

69 La sirvienta lo vio y empezó a decir
otra vez a los presentes:
—Éste es uno de ellos.
70 De nuevo lo negó.
Al poco tiempo también los presentes decían a Pedro:
—Realmente eres de ellos, porque eres galileo.
71 Entonces empezó a echar maldiciones y a jurar que no conocía al hombre
del que hablaban. 72 Al instante cantó
por segunda vez el gallo. Pedro recordó lo que le había dicho Jesús: Antes que el gallo cante dos veces me habrás negado tres. Y se puso a llorar.

Jesús ante Pilato

(Mt 27,1s; Lc 23,1; cfr. Jn 18,28-32)

15 1 Ni bien amaneció, el Consejo en pleno, sumos sacerdotes, ancianos y letrados se pusieron a deliberar. Ataron a Jesús, lo condujeron y se lo entregaron a Pilato.

(Mt 27,11-14; Lc 23,3s; cfr. Jn 18,33-38)

2 Pilato lo interrogó:
—¿Eres tú el rey de los judíos?
Contestó:
—Tú lo dices.
3 Los sumos sacerdotes lo acusaban
de muchas cosas.
4 Pilato lo interrogó de nuevo:
—¿No respondes nada? Mira de cuántas cosas te acusan.
5 Pero Jesús no le contestó, con
gran admiración de Pilato.

Condena de Jesús

(Mt 27,15-26; Lc 23,17-25; cfr. Jn 18,39–19,1.4-16)

6 Para la fiesta solía dejarles libre un
preso, el que pedían. 7 Un tal Barrabás
estaba encarcelado con otros amotinados que en una revuelta habían cometido
un homicidio. 8 La gente subió y empezó
a pedirle el indulto acostumbrado.
9 Pilato les respondió:
—¿Quieren que les suelte al rey de
los judíos? 10 Pues comprendía que los
sumos sacerdotes lo habían entregado por envidia.
11 Pero los sumos sacerdotes incitaron a la gente para que pidieran más bien la libertad de Barrabás.
12 Pilato respondió otra vez:
—¿Y qué [quieren] que haga con el [que llaman] rey de los judíos?
13 Gritaron:
—¡Crucifícalo!
14 Pilato dijo:
—Pero, ¿qué mal ha hecho?
Ellos gritaban más fuerte:
—¡Crucifícalo!
15 Pilato, decidido a dejar contenta a la gente, les soltó a Barrabás y a Jesús lo entregó para que lo azotaran y lo crucificaran.

15,1-15 Jesús ante Pilato – Condena de Jesús. Hasta ahora todo ha ocurrido en un ambiente netamente judío. En adelante, Pilato y la tropa romana compartirán con el Consejo judío la responsabilidad en la muerte de Jesús. Marcos, sin embargo, insiste en subrayar la responsabilidad de los sumos sacerdotes, quienes son presentados como envidiosos, incitadores y manipuladores de la voluntad del pueblo.

Pilato a través del interrogatorio deja claro que las acusaciones no vienen de su parte, sino de las autoridades judías. Su insistencia en señalar la inocencia de Jesús tiene una intención teológica: mostrar la figura del justo que es injustamente condenado (cfr. Hch 3,13s; 1 Pe 2,21-23).

La multitud en Marcos es un personaje compacto pero oscilante, unas veces está de parte de Jesús gritando «Hosana» y en otras, en contra, pidiendo la liberación de Barrabás y la crucifixión de Jesús. El hecho de que la multitud prefiera a Barrabas y condene a Jesús, confirma la sospecha de Pilatos de que Jesús no representa ningún peligro para el poder romano; sin embargo, cumple con el deseo de la multitud para congraciarse con ellos: es la multitud que rechaza al presunto Mesías.

A lo largo del relato Jesús guarda completo silencio, en contraste con todos los que hablan a su alrededor. Un silencio que se mantendrá hasta la cruz, donde será roto por su plegaria al Padre.

Burla de los soldados
(Mt 27,27-31; cfr. Jn 19,2s)

16 Los soldados se lo llevaron dentro del palacio, al *pretorio*, y convocaron a toda la guardia. 17 Lo vistieron de púrpura, trenzaron una corona de espinas y se la colocaron. 18 Y se pusieron a hacerle una reverencia:

—¡Salud, rey de los judíos!

19 Le golpeaban la cabeza con una caña, le escupían y doblando la rodilla le rendían homenaje. 20 Terminada la burla, le quitaron la púrpura, lo vistieron con su ropa y lo sacaron para crucificarlo.

Crucifixión y muerte de Jesús
(Mt 27,32-56; cfr. Lc 23,26-49; Jn 19,17-30)

21 Pasaba por allí de vuelta del campo un tal Simón de Cirene, padre de Alejandro y Rufo, y lo forzaron a cargar con la cruz. 22 Lo condujeron al *Gólgota*, que significa Lugar de la Calavera. 23 Le ofrecieron vino con mirra, pero él no lo tomó. 24 Lo crucificaron y se repartieron su ropa, echando a suertes lo que le tocara a cada uno.

25 Eran las nueve de la mañana cuando lo crucificaron.

26 La inscripción que indicaba la causa de la condena decía: El rey de los judíos. 27 Con él crucificaron a dos asaltantes, uno a la derecha y otro a la izquierda. 28 [[Y se cumplió la Escritura que dice: Y fue contado entre los malhechores.]]

29 Los que pasaban lo insultaban moviendo la cabeza y decían:

—El que derriba el santuario y lo reconstruye en tres días, 30 sálvate a ti mismo bajando de la cruz.

31 A su vez los sumos sacerdotes, burlándose entre sí, comentaban con los letrados:

—Ha salvado a otros pero a sí mismo no se puede salvar. 32 El Mesías, el rey de Israel, baje ahora de la cruz para que lo veamos y creamos.

Y también lo insultaban los que estaban crucificados con él.

33 Al mediodía se oscureció todo el territorio hasta media tarde. 34 A esa hora Jesús gritó con voz potente:

—*Eloi eloi lema sabaktani*, que significa: *Dios mío, Dios mío, ¿por qué me has abandonado?*

35 Algunos de los presentes, al oírlo, comentaban:

—Está llamando a Elías.

36 Uno empapó una esponja en vinagre, la sujetó a una caña y le ofreció de beber diciendo:

—¡Quietos! A ver si viene Elías a librarlo.

37 Pero Jesús, lanzando un grito, expiró.

38 El velo del santuario se rasgó en dos de arriba abajo. 39 El centurión, que estaba enfrente, al ver cómo expiró, dijo:

—Realmente este hombre era Hijo de Dios.

15,16-20 Burla de los soldados. La diferencia entre las burlas proferidas por judíos y romanos consiste en que los primeros se burlan de Jesús como profeta y los segundos, de Jesús como rey. Al final de las burlas, Jesús queda convertido en el «Siervo sufriente» que se prepara para iniciar el camino de la cruz.

15,21-41 Crucifixión y muerte de Jesús. De modo muy sencillo el evangelista nos narra la crucifixión y muerte de Jesús. No se recrea describiendo la crueldad que padece. Pues no es la cantidad de dolor lo que nos salva, sino su abandono absoluto a la voluntad de su Padre, cuya consecuencia es la muerte.

La multitud, los sumos sacerdotes y los letrados se burlan de Jesús, porque no es capaz de bajarse de la cruz. Ellos ven la crucifixión no como donación, sino como impotencia. No se les ocurre pensar que Jesús permanece en la cruz por puro amor. Y si el amor es la verdad de Dios, la cruz es el símbolo del amor más grande expresado por alguien a favor de sus hermanos.

La cruz es el escándalo que en todos los tiempos toca las puertas de hombres y mujeres que por puro amor luchan incansablemente por un mundo mejor.

Las tinieblas representan al Israel que no ha podido ver la luz del reino. El «velo rasgado en dos de arriba abajo» (38) simboliza el rompimiento de una barrera que

40 Estaban allí mirando a distancia
unas mujeres, entre ellas María Magdalena, María, madre de Santiago el Menor y de José, y Salomé, 41 quienes,
cuando estaba en Galilea, le habían
seguido y servido; y otras muchas que
habían subido con él a Jerusalén.

Sepultura de Jesús
(Mt 27,57-61; Lc 23,50-56; cfr. Jn 19,38-42)

42 Ya anochecía; y como era el día
de la preparación, víspera de sábado,
43 José de Arimatea, consejero respetado, que esperaba el reino de Dios,
tuvo la osadía de presentarse a Pilato a
pedirle el cuerpo de Jesús.
44 Pilato se extrañó que ya hubiera
muerto. Llamó al centurión y le preguntó si ya había muerto. 45 Informado
por el centurión, le concedió el cuerpo
a José.
46 Éste compró una sábana, lo bajó
de la cruz, lo envolvió en la sábana y lo
colocó en un sepulcro excavado en la
roca. Después hizo rodar una piedra a
la entrada del sepulcro.
47 María Magdalena y María de José
observaban dónde lo habían puesto.

Resurrección de Jesús
(Mt 28,1-8; Lc 24,1-12; cfr. Jn 20,1-10)

16 1 Cuando pasó el sábado, María
Magdalena, María de Santiago y
Salomé compraron perfumes para ir a
ungirlo.
2 El primer día de la semana, muy
temprano, cuando amanecía, llegaron
al sepulcro.
3 Se decían:
—¿Quién nos moverá la piedra de la
entrada del sepulcro?
4 Alzaron la vista y observaron que la
piedra estaba movida. Era muy grande.
5 Al entrar al sepulcro, vieron un joven
vestido con un hábito blanco, sentado
a la derecha; y quedaron sorprendidas.
6 Les dijo:
—No tengan miedo. Ustedes buscan a Jesús Nazareno, el crucificado.
No está aquí, ha resucitado. Miren el lugar donde lo habían puesto. 7 Vayan
ahora a decir a sus discípulos y a Pedro
que irá delante de ellos a Galilea. Allí lo
verán, como les había dicho.
8 Ellas salieron corriendo del sepulcro, asustadas y fuera de sí. Y de
puro miedo, no dijeron nada a nadie.

impide ver el verdadero rostro de Dios y también, el final de un modelo de religión que manipula a Dios, esclaviza con la Ley y conduce a la muerte. La exclamación del centurión romano sorprende, porque no es de un judío y ni siquiera de un discípulo. Eso sí, expresa el culmen de la revelación de la identidad de Jesús.

Terminada la narración, Marcos habla de un grupo de mujeres que está presente, a lo lejos. Hay que notar el valor de la presencia de estas mujeres, porque ellas constituyen el vínculo entre el acontecimiento de la cruz y el de la resurrección, entre los discípulos que han abandonado a Jesús en su pasión y crucifixión y el Jesús resucitado que quiere reunirlos de nuevo (15,1-8).

15,42-47 Sepultura de Jesús. Ante la ausencia de los discípulos, José de Arimatea se encarga de la sepultura. Debe apresurarse porque el inicio del sábado está pronto. Gracias a su gestión el cuerpo de Jesús es recuperado.

La misión de las mujeres es acompañar y fijarse donde depositan el cuerpo, pues tienen intención de volver. Su posición, aparentemente pasiva, es una respuesta de amor humano al amor de Jesús manifestado en la cruz.

16,1-8 Resurrección de Jesús. El primer día de la semana, puesto en relación con el primer día de la creación (Gn 1,5), simboliza que, con la resurrección de Jesús, comienza la creación definitiva.

Las mujeres se dirigen a la tumba con la preocupación de no encontrar quien les mueva la piedra. Aunque aman a Jesús, todavía no creen en su resurrección. Encuentran la piedra movida y dentro de la tumba un ángel que les anuncia la resurrección de Jesús y les da una instrucción para los apóstoles, que abandonen Jerusalén y los ideales del judaísmo, para comenzar la misión universal a partir de Galilea (14,28), donde Jesús comenzó la suya y los llamó al seguimiento (1,16-21a).

Con el miedo y el silencio de las mujeres, Marcos pretende no dar por terminado el evangelio para que los creyentes de todos los tiempos, conociendo el testimonio de las primeras comunidades, lo hagamos nuestro, recreándolo desde nuestra situación concreta y con la fuerza del Espíritu de Jesús resucitado. Es decir, cada uno de nosotros debe «terminar» el evangelio de Marcos.

La resurrección de Jesús no es el final de una obra, sino el comienzo de la aventura cristiana.

Se aparece a María Magdalena
(cfr. Mt 28,9s; Jn 20,11-18)

9 [[El primer día de la semana por la
mañana resucitó Jesús y se apareció
a María Magdalena, de la que había
expulsado siete demonios. 10 Ella fue a
contárselo a los suyos, que estaban
llorando y haciendo duelo. 11 Ellos, al
escuchar que estaba vivo y se le había
aparecido, no le creyeron.

Se aparece a dos discípulos
(cfr. Lc 24,13-35)

12 Después se apareció con otro
aspecto a dos de ellos que iban caminando por el campo. 13 Ellos fueron a
contárselo a los demás, pero tampoco
a ellos les creyeron.

Se aparece a los Once
(cfr. Mt 28,16s; Lc 24,36s; Jn 20,19s)

14 Por último se apareció a los Once
cuando estaban a la mesa. Les reprendió
su incredulidad y obstinación por no
haber creído a los que lo habían visto
resucitado.

Misión de los discípulos
(cfr. Mt 28,18-20; Lc 24,44-49; Jn 20,22s; Hch 1,7s)

15 Y les dijo:
—Vayan por todo el mundo proclamando la Buena Noticia a toda la
humanidad. 16 Quien crea y se bautice
se salvará; quien no crea se condenará.
17 A los creyentes acompañarán estas
señales: en mi nombre expulsarán
demonios, hablarán lenguas nuevas,
18 agarrarán serpientes; si beben algún
veneno, no les hará daño; impondrán las
manos sobre los enfermos y se sanarán.

Ascensión de Jesús
(cfr. Lc 24,50-53; Hch 1,9-11)

19 El Señor Jesús, después de hablar
con ellos, fue llevado al cielo y se sentó
a la derecha de Dios. 20 Ellos salieron a
predicar por todas partes, y el Señor los
asistía y confirmaba la palabra con las
señales que la acompañaban.]]

16,9-20 Se aparece a María Magdalena – Se aparece a dos discípulos – Se aparece a los Once – Misión de los discípulos – Ascensión de Jesús. La mayoría de biblistas piensan que estos pasajes son un añadido posterior.

Se dan varias razones para ello: el vocabulario y el estilo difieren del resto del evangelio, no tienen coherencia con el pasaje anterior (16,1-8) ya que cambian, entre otras cosas, el sujeto y el número de mujeres. El relato concentra textos tomados de los otros evangelios: la aparición a María Magdalena (Jn 20,11-18), los discípulos de Emaús (Lc 24,13-35), comida y misión (Lc 24,36-49; Jn 20,19-23; Mt 28,18-20), ascensión (Lc 24,50-53).

El hilo conductor es la incredulidad de los discípulos; sin embargo, Jesús sigue contando con ellos para la misión, y los envía a anunciar la Buena Noticia a toda la humanidad.

LUCAS

Contexto histórico. La obra de Lucas nos sitúa en la segunda generación cristiana. Los cristianos se van asentando y expandiendo cada vez más dentro del mundo romano, aunque son vistos frecuentemente con recelo y sospecha. Urge, pues, presentar el ideal cristiano como un ideal apto e inofensivo para la sociedad romana, como una práctica religiosa que puede subvertir el mundo no con la violencia de las armas ni de las guerras, sino con la fuerza del Espíritu que ya está actuando y que va convirtiendo muchos corazones al Señor Jesús. Por otro lado, en la medida que se radicaliza la ruptura entre la Iglesia cristiana y la Sinagoga judía, va surgiendo en las comunidades cristianas cierto rechazo a la historia de salvación precedente, y es necesario resaltar que une el cristianismo con el judaísmo. Este es, quizás, el contexto en que Lucas escribe su evangelio.

Destinatarios. Por los datos que nos brinda el evangelio, se trataría de una comunidad de cristianos mayoritariamente de origen pagano y geográficamente distante de Palestina. Ella estaría llamada a ser testigo del plan liberador de Dios en el mundo, plan liberador que difiere en todo al plan del imperio, pues no se basa en las armas, sino en el poder de Dios que actúa en la Iglesia. Plan que ya estaba presente en la historia a través de los profetas del Antiguo Testamento y que ahora por medio del Espíritu de Jesús se va realizando en la Iglesia, nuevo pueblo de Dios.

Autor, fecha y lugar de composición. La tradición lo ha titulado «según san Lucas», dando así su autoría al «médico querido» de Pablo (Col 4,14), que también aparece en Flm 24.

En cuanto a la fecha de su composición, el autor tiene noticia de la destrucción de Jerusalén (año 70), pero no de la persecución de Domiciano (año 90-95), y también parece vivir el rechazo oficial de la sinagoga a los cristianos (entre el año 85 y 90); por eso muchos biblistas sugieren como fecha probable la década de los 80.

En cuanto al lugar de su composición hay mucha conjetura. La tradición habla tanto de Cesarea, Alejandría como del sur de Grecia, entre otros lugares.

Un evangelio que forma parte de una gran obra singular. A pesar de su fuerte dependencia de Marcos y del hipotético documento Q, Lucas presenta un evangelio muy peculiar que le distingue notablemente de los demás.

Parte de un plan más amplio. Constituye la primera parte de una obra mayor que continúa con los Hechos de los Apóstoles, y ocupa una posición intermedia en el gran arco de la historia de la salvación, que comprende: el tiempo de las promesas del Antiguo Testamento; el tiempo de Jesús, realización de las promesas del Antiguo Testamento; y el tiempo de la Iglesia, el tiempo de la acción del Espíritu Santo. La conexión entre estos «tres tiempos» de la historia de la salvación es esencial para conocer la misión de Jesús tal como nos la presenta Lucas en su evangelio. Los personajes de la infancia, especialmente Simeón, encarnan esa tensión entre el pasado y el momento culminante que ha llegado. No menos importante es la continuación de la obra de Jesús: la expansión de la Iglesia. Como el Antiguo Testamento profetiza y prefigura a Jesús, así Jesús profetiza y prefigura la misión de los apóstoles. Los forma a su lado, los instruye, los previene, les da su Espíritu. Después, al contar sus «Hechos», Lucas se complace en establecer paralelos, en ver en esos pioneros de la primera evangelización el modelo de Jesús que sigue presente y actuando en su Iglesia y en el mundo.

Visión histórica. Lucas se presenta como un historiador al mejor estilo griego: cuidadoso en consultar sus fuentes y exponer los hechos. Sabe recoger y ordenar los datos de los acontecimientos que le interesa narrar. Sin dejar de proclamar la fe, intenta hacer una obra de historiador. Entrelaza su relato con fechas de la historiografía secular, colocando así la misión de Jesús en el amplio marco de los acontecimientos del imperio.

En su evangelio una comunidad de creyentes, autónoma y consolidada vuelve la mirada hacia sus orígenes, hacia la vida de Jesús, desde sus inicios hasta su ascensión al cielo. Y a la vez, una comunidad, sanada ya de aguardar una parusía inminente, toma conciencia de su ser y de su vocación histórica en el seno de la ordenación política y cultural de su tiempo.

Jerusalén. Es el centro geográfico y teológico de su obra. Allí comienza y concluye el itinerario de Jesús. De allí arranca la evangelización, en alas del Espíritu, hasta el confín del mundo.

Jesús, movido por el Espíritu, anuncia la liberación. Los «tres tiempos» de la historia de la salvación se mueven en Lucas a impulso del Espíritu Santo. Es Él el que inspira y guía a los profetas y las profetisas del Antiguo Testamento hasta sus dos últimos representantes, Simeón y Ana (2,25-38). Es Él el que desciende plena y definitivamente sobre Jesús de Nazaret (3,21s). Y es Él el que, siendo ya el Espíritu del resucitado, inaugura el tiempo de la Iglesia en Pentecostés, llevando la palabra de vida y liberación del Evangelio hasta los confines del mundo y hasta el final de los tiempos.

El tema dominante de su evangelio arranca de la escena programática en la que Jesús, movido por el Espíritu, da inicio a su ministerio: «El Espíritu del Señor está sobre mí, porque él me ha ungido para que dé la Buena Noticia a los pobres... la libertad a los cautivos... a los oprimidos... para proclamar el año de gracia del Señor» (4,18s). Después vendrá el viaje ascencional hacia Jerusalén (9,51), que llevará a Jesús junto a sus discípulos hacia la cruz, hacia el cielo.

Por el camino va derramando la misericordia y el perdón, acogiendo a los pecadores, buscando a los extraviados y ayudando a los pobres y necesitados. Su predicación se abre a los paganos –incluso procura dejar bien parados a varios personajes romanos–, a la vez que registra una creciente oposición de las autoridades judías.

Las mujeres, minusvaloradas y despreciadas en su cultura, desempeñan un papel sobresaliente en su ministerio. Como fruto de la liberación, va dejando tras de sí una estela de gozo y de alegría. El Espíritu comienza a actuar, preparando su acción dominante en los Hechos.

Con otra escena programática cierra Lucas su evangelio: Jesús resucitado, en viaje hacia Emaús, propone la clave pascual del cumplimiento de la profecía y la sella con una eucaristía (24,13-35).

Sinopsis. Empieza con una doble introducción, notable por su construcción en bloques paralelos: infancia de Juan y de Jesús (1s). Continúa con el bautismo y las tentaciones (3,1–4,13). El ministerio en Galilea se abre con la fuerza del Espíritu (4,14) y se cierra con el poder del nombre de Jesús actuando más allá del círculo de sus discípulos (9,49s). Sigue el gran viaje a Jerusalén como cuadro narrativo (9,51–19,28) y concluye toda la obra en esta ciudad: confrontación, pasión, muerte, resurrección y ascensión (19,29–24,53).

Prólogo
(cfr. Mc 1,1; Jn 1,1-18; Hch 1,1-5)

1 1 Ya que muchos emprendieron la
tarea de relatar los sucesos que
nos han acontecido, 2 tal como nos lo
transmitieron los primeros testigos pre-
senciales y servidores de la palabra,
3 también yo he pensado, ilustre Teófilo,
escribirte todo por orden y exactamente,
comenzando desde el principio; 4 así
comprenderás con certeza las enseñanzas que has recibido.

Anuncio del nacimiento de Juan el Bautista

5 En tiempo de Herodes, rey de
Judea, había un sacerdote llamado
Zacarías, del grupo de Abías; su mujer
era descendiente de Aarón y se llamaba
Isabel. 6 Los dos eran rectos a los ojos
de Dios y vivían irreprochablemente de
acuerdo con los mandatos y preceptos
del Señor. 7 No tenían hijos, porque
Isabel era estéril y los dos eran de edad
avanzada.

8 Una vez que, con los de su grupo,
oficiaba ante Dios, 9 según el ritual sacerdotal, le tocó entrar en el santuario
para ofrecer incienso. 10 Mientras todo
el pueblo quedaba fuera orando durante
la ofrenda del incienso, 11 se le apareció
un ángel del Señor, de pie a la derecha
del altar del incienso. 12 Al verlo, Zacarías
se asustó y quedó desconcertado.

13 El ángel le dijo:

—No temas, Zacarías, que tu petición ha sido escuchada, y tu mujer Isabel te dará un hijo, a quien llamarás
Juan. 14 Te llenará de gozo y alegría y
muchos se alegrarán de su nacimiento.
15 Será grande a los ojos del Señor; no

1,1-4 Prólogo. Lucas comienza su evangelio con un prólogo o dedicatoria que revela varias cosas: 1. Cuando él decide escribir su obra, hay ya unas tradiciones en torno a unos acontecimientos concretos: Jesús, su vida, pasión, muerte y resurrección. 2. Muchos (en realidad, algunos) habían intentado ya organizar sistemáticamente esa información. 3. Él, Lucas, también ha decidido hacer lo mismo poniendo su empeño en hacer una obra lo más completa posible de modo que ayude tanto a los ministros de la Palabra como a los cristianos, a fundamentar muy bien su fe. 4. La obra está dedicada a un tal Teófilo que podría ser un personaje real, pero también un personaje ficticio; Teófilo significa «amigo de Dios», y eso debería ser cada creyente que se acerca con fe a leer y a ilustrarse con esta obra.

EVANGELIO DE LA INFANCIA: historia de Juan el Bautista y de Jesús (1,5–2,52). Consecuente con lo que dice en 1,3, Lucas quiere «escribir todo por orden y exactamente, comenzando desde el principio». Y el principio es lógicamente el origen del protagonista de su obra, es decir, Jesús. Ahora bien, dado que Jesús va a marcar la diferencia entre el tiempo antiguo y el nuevo, entre el tiempo de las promesas y el de su cumplimiento, Lucas nos va a presentar el último eslabón entre esos dos tiempos, ése es Juan llamado el Bautista o bautizador, de quien también nos va a contar su origen.

Aparte de los personajes extraordinarios que intervienen en este primer bloque narrativo como el ángel que se aparece a Zacarías, el arcángel Gabriel que se aparece a María y los ángeles que anuncian a los pastores el nacimiento de Jesús, los demás, van a ser lo más sencillo del pueblo: una mujer estéril, Isabel; una muchacha de Nazaret, María; y unos humildes pastores de Belén. Ya desde el principio, Lucas quiere ir mostrando cómo Dios tiene su propia manera de hacer historia, no desde lo más «importante» para el mundo y la sociedad, sino desde los que no cuentan para nada ni para nadie.

1,5-25 Anuncio del nacimiento de Juan el Bautista. Es necesario tener en cuenta ciertos detalles de este relato que nos ayudarán a entender mejor el sentido que Lucas quiso darle. En primer lugar, las personas: Zacarías e Isabel, son descritos como personas piadosas, apegadas en todo a la Ley del Señor y por tanto, a juicio de Dios, rectos (6). Segundo, no tenían hijos porque Isabel era estéril (7). Con esto, Lucas quiere subrayar el origen extraordinario de Juan al estilo de otros personajes también claves en la historia de la salvación en la antigüedad: Isaac (Gn 18,1-15), Samuel (1 Sm 1), y además quiere resaltar que Dios siempre se manifiesta allí donde menos se piensa, en las personas que no cuentan para nada ni para nadie; Isabel es una mujer humillada por su infecundidad (25) y Zacarías no era menos: ya anciano, no tenía en quien prolongar su nombre. Tercero, las personas y la institución, Templo y culto, juegan un papel muy importante. Quizás Isabel y Zacarías simbolizan ese viejo orden que es el templo y el culto de donde no han salido los beneficios salvíficos para el pueblo. Desde acá, sin embargo, saldrá un último llamado, un nuevo aviso por parte de Dios para que Israel se disponga a recibir a su próximo enviado. Cuarto, Lucas deja aquí constancia del modelo

bebera vino ni licor. Estará lleno de
Espíritu Santo desde el vientre materno
16 y convertirá a muchos israelitas al
Señor su Dios. 17 Irá por delante, con el
espíritu y el poder de Elías, para reconciliar a los padres con los hijos, a los
rebeldes con la sabiduría de los honrados; así preparará para el Señor un
pueblo bien dispuesto.
18 Zacarías respondió al ángel:
—¿Qué garantía me das de eso?
Porque yo soy anciano y mi mujer de
edad avanzada.
19 Le replicó el ángel:
—Yo soy Gabriel, que sirvo a Dios en
su presencia: me ha enviado a hablar-
te, a darte esta Buena Noticia. 20 Pero
mira, quedarás mudo y sin poder
hablar hasta que eso se cumpla, por no
haber creído mis palabras que se cumplirán a su debido tiempo.
21 El pueblo aguardaba a Zacarías y
se extrañaba de que se demorase en el
santuario. 22 Cuando salió, no podía
hablar, y ellos adivinaron que había
tenido una visión en el santuario. Él les
hacía señas y seguía mudo.
23 Cuando terminó el tiempo de su
servicio, volvió a casa.
24 Algún tiempo después concibió
Isabel su mujer, y se quedó escondida
cinco meses, en ese tiempo pensaba:
25 —Así me ha tratado el Señor
cuando dispuso que terminara mi
humillación pública.

Anuncio del nacimiento de Jesús

26 El sexto mes envió Dios al ángel
Gabriel a una ciudad de Galilea llamada
Nazaret, 27 a una virgen prometida a
un hombre llamado José, de la familia
de David; la virgen se llamaba María.
28 Entró el ángel a donde estaba ella y
le dijo:
—Alégrate, llena de gracia, el Señor
está contigo.

de respuesta histórico del pueblo israelita ilustrándolo con las palabras de Zacarías y con su mudez. Quinto, la misión futura del prometido infante es descrita con características extraordinarias; Juan será el nuevo Elías que dispondrá los corazones de los padres a los hijos... (16s). Sexto, Lucas quiere subrayar, finalmente que la Palabra de Dios se cumple, que su mensaje no es demagogia ni vana palabrería. En línea con sus palabras a lo largo de todo el Antiguo Testamento, aquí la Palabra de Dios, promesa hecha por medio del ángel, se cumple, y el testimonio de ese cumplimiento es el embarazo de Isabel (24) quien «se quedó escondida cinco meses» y cuyo valor simbólico es: las cosas de Dios no se entienden de una vez, somos lentos para entender a Dios (cfr. Lucas 24,25); pero finalmente, si hay fe y sencillez de corazón, las acciones de Dios sí pueden ser comprendidas.

1,26-38 Anuncio del nacimiento de Jesús. Lucas se esfuerza por narrar un origen nada común para el gran personaje de su obra, Jesús. Pero no se queda en lo ficticio y extraordinario; todo lo contrario: en primer lugar, para él es muy importante establecer unas coordenadas histórico-temporales: ya había dicho que se trataba del tiempo del rey Herodes (1,5) y que lo que ahora viene sucedió a los seis meses de la concepción de Isabel (26); y una coordenada espacial: Nazaret, no el lugar más importante para el judaísmo centralista de Jerusalén, sino lo absolutamente contrario y distinto al centro: la periferia; ésa es la coordenada espacial que ha elegido Dios para su Encarnación y que Lucas tiene especial cuidado en advertirlo en su hilo narrativo. A diferencia de Isabel, María es una muchacha joven en edad de casarse, incluso está ya comprometida con José; se halla en un período jurídico conocido como el «desposorio»; los padres de María y de José ya han arreglado todo para que sus hijos sean marido y mujer, pero por ahora cada uno vive en su casa, guardándose, eso sí, mutua fidelidad; he ahí el por qué de la preocupación de María, «¿cómo sucederá eso si no convivo con un hombre?». Y otro elemento que Lucas subraya para decir de una vez que después de Jesús no hay que esperar a ningún otro mesías, es su conexión con la línea davídica: primero porque José, el futuro padre de Jesús, pertenece a la descendencia de David, y segundo, porque Dios le dará el trono de David y su reino no tendrá fin (32s).

En estas coordenadas temporales, espaciales, antropológicas y culturales, enmarca pues, Lucas el origen de Jesús y lo describe (su origen) desde el momento mismo en que María recibe la visita de Dios por medio de su ángel. En este relato hay dos protagonistas, María y la Palabra. «María», símbolo de una porción de humanidad que pese a las situaciones históricas de marginación, rechazo y abandono por parte de la oficialidad socio-religiosa, confía, espera y está abierta al querer divino. «La Palabra», Dios, que se pronuncia pero no en el «centro» donde todo parece que está dicho y decidido, porque viéndolo bien, Dios mismo ve que allí no hay cabida

[29] Al oírlo, ella quedó desconcertada
y se preguntaba qué clase de saludo
era aquél.

[30] El ángel le dijo:

—No temas, María, que gozas del
favor de Dios. [31] Mira, concebirás y
darás a luz un hijo, a quien llamarás
Jesús. [32] Será grande, llevará el título
de Hijo del Altísimo; el Señor Dios le
dará el trono de David, su padre, [33] para
que reine sobre la Casa de Jacob por
siempre y su reino no tenga fin.

[34] María respondió al ángel:

—¿Cómo sucederá eso si no convivo
con un hombre?

[35] El ángel le respondió:

—El Espíritu Santo vendrá sobre ti
y el poder del Altísimo te cubrirá con
su sombra; por eso, el consagrado
que nazca llevará el título de Hijo de
Dios. [36] Mira, también tu pariente Isabel ha concebido en su vejez, y la que
se consideraba estéril está ya de seis
meses. [37] Pues nada es imposible para
Dios.

[38] Respondió María:

—Yo soy la esclava del Señor: que
se cumpla en mí tu palabra.

El ángel la dejó y se fue.

María visita a Isabel

[39] Entonces María se levantó y se
dirigió apresuradamente a la serranía, a
un pueblo de Judea. [40] Entró en casa
de Zacarías y saludó a Isabel. [41] Cuando
Isabel oyó el saludo de María, la criatura dio un salto en su vientre; Isabel,
llena de Espíritu Santo, [42] exclamó con
voz fuerte:

—Bendita tú entre las mujeres y
bendito el fruto de tu vientre. [43] ¿Quién
soy yo para que me visite la madre de
mi Señor? [44] Mira, en cuanto tu saludo
llegó a mis oídos, la criatura dio un salto
de gozo en mi vientre. [45] ¡Dichosa tú
que creíste! Porque se cumplirá lo que
el Señor te anunció.

[46] María dijo:

Mi alma canta la grandeza del Señor,
[47] mi espíritu festeja a Dios mi salvador,
[48] porque se ha fijado en la humillación de su esclava
y en adelante me felicitarán todas las generaciones.
[49] Porque el Poderoso ha hecho grandes cosas por mí,
su nombre es santo.
[50] Su misericordia con sus fieles se extiende
de generación en generación.

para Él; la Palabra que crea, que transforma, que da seguridad y que sin violentar la libertad del creyente, induce a una adhesión y aceptación gozosa de la voluntad divina tal como la de María «que se cumpla en mí tu palabra» (38).

1,39-56 María visita a Isabel. Casi nunca la historia nos narra los acontecimientos simples y sencillos de los pobres. Pues aquí encontramos una excepción. A pesar de ser Lucas un historiador, no se ha dejado arrastrar por la tendencia a resaltar las obras de los grandes y poderosos de la tierra, él ha querido mostrar los detalles simples de una realidad que aparentemente no tiene ningún puesto en el desarrollo histórico de una sociedad que sólo considera importante lo que hacen los grandes, los de renombre, los que se creen a sí mismos los únicos protagonistas de la historia. Aquí el protagonismo, si se puede hablar así, es de un par de mujeres, personajes ya de por sí devaluados en una sociedad machista patriarcal, dos niños que aún sin nacer ya están llamando la atención del autor, y el Espíritu Santo, que llena de gozo a Isabel para bendecir a su parienta María y al fruto de su vientre (42) y para cantar las grandezas del Señor.

María e Isabel, personajes que no cuentan mucho en la sociedad, solamente como medio de multiplicación y prolongación del nombre del varón, se encuentran, y este encuentro, más que una simple visita de una parienta a otra, es la ocasión para que Lucas establezca mediante el recurso

51 Despliega la fuerza de su brazo,
dispersa a los soberbios en sus planes,
52 derriba del trono a los poderosos
y eleva a los humildes,
53 colma de bienes a los hambrientos
y despide vacíos a los ricos.
54 Socorre a Israel, su siervo,
recordando la lealtad,
55 prometida a nuestros antepasados,
en favor de Abrahán y su descendencia para siempre.

56 María se quedó con ella tres meses y después se volvió a casa.

Nacimiento de Juan el Bautista

57 Cuando a Isabel se le cumplió el
tiempo del parto, dio a luz un hijo.
58 Los vecinos y parientes, al enterarse
de que el Señor la había tratado con
tanta misericordia, se alegraron con
ella. 59 Al octavo día fueron a circunci-
darlo y querían llamarlo como su padre,
Zacarías.
60 Pero la madre intervino:
—No; se tiene que llamar Juan.
61 Le decían que nadie en la parentela
llevaba ese nombre. 62 Preguntaron por
señas al padre qué nombre quería darle.
63 Pidió una pizarra y escribió: Su nombre
es Juan.
Todos se asombraron. 64 En ese instante se le soltó la boca y la lengua y se
puso a hablar bendiciendo a Dios.
65 Todos los vecinos quedaron asombrados; lo sucedido se contó por toda
la serranía de Judea 66 y los que lo oían
reflexionaban diciéndose:
—¿Qué va a ser este niño?
Porque la mano del Señor lo acompañaba. 67 Su padre Zacarías, lleno de
Espíritu Santo, profetizó:

de la teología narrativa, una enseñanza sobre la manera cómo Dios actúa en la historia humana y a través de qué tipo de personas actúa; eso es, en el fondo lo que proclama Isabel en las palabras que dirige a María y es también lo que refrenda María y lo explicita mejor en su canto que la tradición consagró como el «Magnificat». En él, Lucas constata cómo mientras los grandes y poderosos se esfuerzan por conducir la historia bajo los criterios del poder, del tener y del dominio, dejando de lado una estela de empobrecidos, de marginados y excluidos, Dios va realizando su acción en el mundo, justamente a través de estas «sobras» que deja la sociedad estructuralmente injusta; por esto precisamente, el cántico de María es revolucionario, porque al reflejar las convicciones de un alma libre y liberada invita también a una auténtica liberación, liberación de unas estructuras injustas que por y en nombre de Dios mantienen al pueblo sumido en la discriminación, el hambre y el abandono.

Lucas pone en labios de María lo que todo creyente de corazón sencillo no solamente debe proclamar con sus labios, sino realizar también a través de su esfuerzo y su lucha de cada día; es una invitación a no continuar «tragándose» el cuento de que una sociedad tan injusta como la de María –y como la de nosotros– sea el reflejo de algún designio o querer de Dios; y lo que es más revolucionario todavía, el Magnificat revela una imagen de Dios completa y absolutamente diferente a la imagen de Dios que manejan los opresores.

Lástima que el Magnificat haya perdido, no se sabe desde cuándo, esa fuerza liberadora inicial convirtiéndose en un cántico a la resignación y a la espera pasiva de unos cambios y de unas intervenciones divinas a favor de los pobres, de los hambrientos y humillados que no se sabe cuándo se van a dar, pero que «hay que esperar»; mas ése no fue el sentido original. Es cierto que Dios intervendrá a favor de los humildes y marginados, pero sólo cuando nosotros con nuestro esfuerzo, con nuestra lucha, comencemos a «preparar» esa intervención.

1,57-80 Nacimiento de Juan el Bautista. Con el nacimiento de Juan, Lucas quiere demostrar el cumplimiento de las palabras del ángel a Zacarías: que Isabel, la estéril daría a luz un hijo, que se llamaría Juan, y que muchos se alegrarían con su nacimiento (1,13s); y otra promesa más: Juan sería lleno del Espíritu Santo desde el vientre de su madre (1,15c), lo cual se ha cumplido con el movimiento del niño en el vientre de Isabel cuando es visitada por María (1,41-44).

68 Bendito el Señor, Dios de Israel,
porque se ha ocupado de rescatar a su pueblo.
69 Nos ha dado un poderoso Salvador
en la Casa de David, su siervo,
70 como había prometido desde antiguo
por boca de sus santos profetas:
71 para salvarnos de nuestros enemigos,
y del poder de cuantos nos odian,
72 manifestando su bondad a nuestros padres
y recordando su alianza sagrada,
73 lo que juró a nuestro padre Abrahán,
que nos concedería,
74 ya liberados del poder enemigo,
lo sirvamos sin temor en su presencia,
75 con santidad y justicia toda la vida.
76 Y a ti, niño, te llamarán profeta del Altísimo,
porque caminarás delante del Señor,
preparándole el camino;
77 anunciando a su pueblo la salvación
por el perdón de los pecados.
78 Por la entrañable misericordia de nuestro Dios,
nos visitará desde lo alto un amanecer
79 que ilumina a los que habitan en tinieblas
y en sombras de muerte,
que endereza nuestros pasos
por un camino de paz.

80 El niño crecía, se fortalecía espiritualmente y vivió en el desierto hasta el
día en que se presentó a Israel.

Nacimiento de Jesús
(cfr. Mt 1,18–2,12)

2 1 Por entonces se promulgó un decreto del emperador Augusto que
ordenaba a todo el mundo inscribirse
en un censo. 2 Éste fue el primer censo,
realizado siendo Quirino gobernador de
Siria. 3 Acudían todos a inscribirse, cada uno en su ciudad. 4 José subió de
Nazaret, ciudad de Galilea, a la Ciudad
de David en Judea, llamada Belén
–pues pertenecía a la Casa y familia de

En este contexto tiene lugar el cántico de Zacarías, (67-79) el cual está relacionado con el nacimiento, la circuncisión, la imposición del nombre de Juan y su manifestación pública. Sin embargo, el himno no está dedicado a Juan, no podemos perder de vista que la afirmación más importante de todo el himno se centra en la proclamación del carácter mesiánico de Jesús.

2,1-20 Nacimiento de Jesús. Lucas enmarca el nacimiento de Jesús en unas coordenadas históricas concretas: en un período de dominio romano, y en una coyuntura histórica precisa: la realización de un censo con todo lo que ello implicaba. No interesa si estas coordenadas «históricas» coinciden realmente, lo importante para Lucas y su comunidad es que en un punto de la historia –del tiempo y del espacio– se verifica un nacimiento muy particular: el del Mesías. Lucas hace coincidir este nacimiento en Belén en los mismos días que José y María han realizado un viaje a la pequeña ciudad llamada precisamente «Ciudad de David». Es también muy importante para Lucas señalar las circunstancias materiales en que nace Jesús. Para el evangelista, esto no es circunstancial, se trata de un acto supremo de la voluntad divina, así ha querido Dios que se desarrolle este acontecimiento;

David–, 5 a inscribirse con María, su esposa, que estaba embarazada.
6 Estando ellos allí, le llegó la hora
del parto 7 y dio a luz a su hijo primogénito. Lo envolvió en pañales y lo
acostó en un pesebre, porque no habían
encontrado sitio en la posada.

(cfr. Mt 2,1-12)

8 Había unos pastores en la zona
que cuidaban por turnos los rebaños a
la intemperie. 9 Un ángel del Señor se
les presentó. La gloria del Señor los
cercó de resplandor y ellos sintieron un
gran temor. 10 El ángel les dijo:
—No teman. Miren, les doy una
Buena Noticia, una gran alegría para
todo el pueblo: 11 Hoy les ha nacido
en la Ciudad de David el Salvador, el
Mesías y Señor. 12 Esto les servirá de
señal: encontrarán un niño envuelto en
pañales y acostado en un pesebre.
13 Al ángel, en ese momento, se le
juntó otra gran cantidad de ángeles,
que alababan a Dios diciendo:
14 —¡Gloria a Dios en lo alto y en la
tierra paz a los hombres amados por él!
15 Cuando los ángeles se fueron al
cielo, los pastores se decían:
—Crucemos hacia Belén, a ver lo
que ha sucedido y nos ha comunicado
el Señor.
16 Fueron rápidamente y encontraron a María, a José y al niño acostado
en el pesebre. 17 Al verlo, les contaron
lo que les habían dicho del niño. 18 Y
todos los que lo oyeron se asombraban
de lo que contaban los pastores. 19 Pero
María conservaba y meditaba todo en
su corazón.
20 Los pastores se volvieron glorificando y alabando a Dios por todo lo
que habían oído y visto; tal como se lo
habían anunciado.

Circuncisión y presentación de Jesús

21 Al octavo día, al tiempo de circun-
cidarlo, le pusieron por nombre Jesús,
como lo había llamado el ángel antes
de que fuera concebido.
22 Y, cuando llegó el día de su purificación, 23 de acuerdo con la ley de Moisés, lo llevaron a Jerusalén para presen-
társelo al Señor, como manda la ley del
Señor: *Todo primogénito varón será
consagrado al Señor;* 24 además ofrecieron el sacrificio que manda la ley del
Señor: *un par de tórtolas o dos pichones.*

Bendición de Simeón

25 Había en Jerusalén un hombre
llamado Simeón, hombre honrado y
piadoso, que esperaba la liberación de
Israel y se guiaba por el Espíritu Santo.

prueba de ello es la aparición del ángel a los pastores, el anuncio exclusivo del nacimiento de alguien que ya Lucas presenta como «Salvador», «Mesías» y «Señor»; el coro celestial y la movilización de ellos hasta donde está María para adorar al niño.

Pese a la humildad del cuadro en el pesebre, hay algo que le da a todo el ambiente una luminosidad y una espectacularidad especial: la alegría de todos, lo cual motiva a la glorificación y la alabanza a Dios; y en medio de todo, Lucas resalta otro detalle: todo esto, María lo medita y lo conserva en su corazón (19).

2,21-40 Circuncisión y presentación de Jesús – Bendición de Simeón – Alabanza de Ana – De vuelta a Nazaret. Los padres de Jesús, fieles a las tradiciones de su pueblo y a lo mandado por el Señor, cumplen con tres ritos establecidos por la Ley: la circuncisión del niño a los ocho días de nacido (Lv 12,3; cfr. Gn 17,10-14), momento en el cual se le imponía el nombre a la criatura; la presentación en el Templo por tratarse del primogénito varón (Éx 13,2.12.15) y la purificación de la madre.

Mediante la circuncisión, el varón israelita queda incorporado al pueblo de la alianza; se trata por tanto de un sello, una marca en la carne como señal de pertenencia.

La presentación del primogénito varón tenía como finalidad consagrar a todos los primogénitos al Señor según el criterio de que todo primer fruto, tanto de humanos como de animales y vegetales, pertenece al Señor (Éx 13,2).

Por último la purificación establecida por el Levítico apuntaba directamente a la pureza ritual y cultual, nada tenía que ver con el aspecto moral.

Estas «diligencias» en Jerusalén sirven de marco a Lucas para llevar más lejos el efecto de la presentación del niño. No se trata simplemente de mostrar a los padres de

26 Le había comunicado el Espíritu
Santo que no moriría sin antes haber
visto al Mesías del Señor. 27 Conducido,
por el mismo Espíritu, se dirigió al templo.
Cuando los padres introducían al niño
Jesús para cumplir con él lo mandado
en la ley, 28 Simeón lo tomó en brazos y
bendijo a Dios diciendo:

29 Ahora, Señor, según tu palabra,
puedes dejar que tu sirviente muera en paz
30 porque mis ojos han visto a tu salvación,
31 que has dispuesto
ante todos los pueblos
32 como luz para iluminar a los paganos
y como gloria de tu pueblo Israel.

33 El padre y la madre estaban admirados de lo que decía acerca del niño.
34 Simeón los bendijo y dijo a María, la
madre:

—Mira, este niño está colocado de
modo que todos en Israel o caigan o se
levanten; será signo de contradicción
35 y así se manifestarán claramente los
pensamientos de todos. En cuanto a ti,
una espada te atravesará el corazón.

Alabanza de Ana

36 Estaba allí la profetisa Ana, hija de
Fanuel, de la tribu de Aser. Era de edad
avanzada, casada en su juventud había
vivido con su marido siete años, 37 desde entonces había permanecido viuda y
tenía ochenta y cuatro años. No se
apartaba del templo, sirviendo noche y
día con oraciones y ayunos. 38 Se presentó en aquel momento, dando gracias
a Dios y hablando del niño a cuantos
esperaban la liberación de Jerusalén.

De vuelta a Nazaret

39 Cumplidos todos los preceptos de
la ley del Señor, se volvieron a Galilea, a
su ciudad de Nazaret. 40 El niño crecía y
se fortalecía, llenándose de sabiduría; y
el favor de Dios lo acompañaba.

El niño Jesús en el Templo

41 Para la fiesta de Pascua iban sus
padres todos los años a Jerusalén.
42 Cuando cumplió doce años, subieron a la fiesta según costumbre. 43 Al
terminar ésta, mientras ellos se volvían,
el niño Jesús se quedó en Jerusalén, sin
que sus padres lo supieran. 44 Pensando
que iba en la caravana, hicieron un día
de camino y se pusieron a buscarlo entre
los parientes y los conocidos. 45 Al no
encontrarlo, regresaron a buscarlo a
Jerusalén. 46 Luego de tres días lo
encontraron en el templo, sentado en
medio de los doctores de la ley, escu-
chándolos y haciéndoles preguntas.

Jesús cumpliendo con las normas y preceptos del Señor o de demostrar que ya desde su infancia Jesús quedó inserto en el pueblo de la alianza y de las promesas, sino más bien de subrayar el profundo significado que tiene Jesús para el pueblo, en esta ocasión lo pone en labios de Simeón (28-35) y de Ana (36-38).

2,41-52 El niño Jesús en el Templo. La centralidad de este relato está en el doble diálogo entre Jesús y los ancianos del templo y el de Jesús con sus padres. La ocasión sirve para que Lucas defina dos cosas, una: la paternidad divina de Jesús, primeras palabras de Jesús en el evangelio de Lucas, «mi Padre»; y segunda: la declaración por parte de Jesús del destino que dará a su vida: «los asuntos de mi Padre». Aunque ésta no es precisamente la ocasión para que Jesús se lance a su ministerio público, ya Lucas anticipa desde aquí lo que moverá a su protagonista a la acción: los asuntos del Padre, su plan o proyecto: su reinado. Nadie entiende nada, nadie discute nada, ni siquiera sus propios padres; María guardaba todo esto en su corazón; algún día entenderá... por lo pronto, queda un primer pincelazo del modelo de discípulo dócil a la Palabra que Lucas quiere presentar desde la imagen de María; pero por ahora regresan a Nazaret donde Jesús seguirá creciendo «en el saber, en estatura y en gracia delante de Dios y de los hombres» (52).

47 Y todos los que lo oían estaban maravillados ante su inteligencia y sus
respuestas. 48 Al verlo, se quedaron
desconcertados, y su madre le dijo:
—Hijo, ¿por qué nos has hecho
esto? Mira que tu padre y yo te buscá-
bamos angustiados.
49 Él replicó:
—¿Por qué me buscaban? ¿No sabían que yo debo estar en los asuntos
de mi Padre?
50 Ellos no entendieron lo que les
dijo. 51 Regresó con ellos, fue a Nazaret y siguió bajo su autoridad. Su
madre guardaba todas estas cosas en
su corazón.
52 Jesús crecía en [el] saber, en estatura y en gracia delante de Dios y de los
hombres.

Juan el Bautista

3 1 El año quince del reinado del
emperador Tiberio, siendo gobernador de Judea Poncio Pilato, tetrarca
de Galilea Herodes, su hermano Felipe
tetrarca de Iturea y Traconítida, y Li-
sanio tetrarca de Abilene, 2 bajo el
sumo sacerdocio de Anás y Caifás, la
Palabra del Señor se dirigió a Juan, hijo
de Zacarías, en el desierto.

(Mt 3,1-3; Mc 1,2-4; cfr. Jn 1,19-23)

3 Juan recorrió toda [la] región del
río Jordán predicando un bautismo de
arrepentimiento para perdón de los pecados, 4 como está escrito en el libro
del profeta Isaías:
Una voz grita en el desierto:
Preparen el camino al Señor,
enderecen sus senderos.
5 *Todo barranco se rellenará,*
montes y colinas se aplanarán,
lo torcido se enderezará
y lo disparejo será nivelado
6 *y todo mortal*
verá la salvación de Dios.

(Mt 3,7-10)

7 A la multitud que había salido a
que la bautizara le decía:
—¡Raza de víboras! ¿Quién les ha
enseñado a escapar de la condena que
llega? 8 Muestren frutos de un sincero
arrepentimiento y no se conformen con
decir: Nuestro padre es Abrahán; pues
yo les digo que de estas piedras puede
sacar Dios hijos para Abrahán. 9 El
hacha ya está apoyada en la raíz del
árbol: árbol que no produzca frutos
buenos será cortado y arrojado al fuego.
10 Entonces le preguntaba la multitud:
—¿Qué debemos hacer?
11 Les respondía:
—El que tenga dos túnicas, dé una
al que no tiene; otro tanto el que tenga
comida.
12 Fueron también algunos recaudadores de impuestos a bautizarse y le
preguntaban:
—Maestro, ¿qué debemos hacer?
13 Él les contestó:
—No exijan más de lo que está ordenado.
14 También los soldados le preguntaban:
—Y nosotros, ¿qué debemos hacer?
Les contestó:
—No maltraten ni denuncien a nadie y conténtense con su sueldo.

3,1-20 Juan el Bautista – Encarcelamiento de Juan el Bautista. Para Lucas es muy importante resaltar el momento histórico, concreto, en el cual la Palabra del Señor se dirige a Juan y la obediencia y disponibilidad que el Bautista tiene a esa Palabra.

Inmediatamente comienza a recorrer la cuenca del Jordán predicando un bautismo de conversión. Así, Lucas inserta a Juan en la línea de los profetas antiguos para dejar por sentado que en Juan, el último de los profetas, Dios está ofreciendo una oportunidad más para la conversión; la era del Mesías está próxima y la misión mesiánica no podrá ser asimilada si no hay una disposición interior, un camino «allanado» para recibir al enviado definitivo de Dios.

(Mt 3,11; Mc 1,7s; cfr. Jn 1,24-28)

15 Como el pueblo estaba a la expectativa y todos se preguntaban por dentro si Juan no sería el Mesías, 16 Juan se dirigió a todos:

—Yo los bautizo con agua; pero viene uno con más autoridad que yo, y yo no soy digno para soltarle la correa de sus sandalias. Él los bautizará con Espíritu Santo y fuego.

(Mt 3,12)

17 Ya empuña la horquilla para limpiar su cosecha y reunir el trigo en el granero, y quemará la paja en un fuego que no se apaga. 18 Con otras muchas palabras anunciaba al pueblo la Buena Noticia.

Encarcelamiento de Juan el Bautista

(Mt 14,3-5; Mc 6,17-20)

19 El tetrarca Herodes, a quien Juan le había echado en cara el que conviviera con su cuñada Herodías, además, de otros crímenes cometidos, 20 llegó al colmo, metiendo a Juan en la cárcel.

Bautismo de Jesús

(Mt 3,13-17; Mc 1,9-11; cfr. Jn 1,29-34)

21 Todo el pueblo se bautizaba y también Jesús se bautizó; y mientras oraba, se abrió el cielo, 22 bajó sobre él el Espíritu Santo en forma de paloma y se escuchó una voz del cielo:

—Tú eres mi Hijo querido, mi predilecto.

Genealogía de Jesús

(cfr. Mt 1,1-17)

23 Cuando Jesús empezó su ministerio tenía treinta años y pasaba por hijo de José, que era hijo de Elí, 24 Elí hijo de Matat, Matat hijo de Leví, Leví hijo de Melquí, Melquí hijo de Janay, Janay hijo de José, 25 José hijo de Matatías, Matatías hijo de Amós, Amós hijo de Nahún, Nahún hijo de Esli, Esli hijo de Nagay, 26 Nagay hijo de Maat, Maat hijo de Matatías, Matatías hijo de Semeín, Semeín hijo de Josec, Josec hijo de Jodá, 27 Jodá hijo de Joanán, Joanán hijo de Resá, Resá hijo de Zorobabel, Zorobabel hijo de Salatiel, Salatiel hijo de Nerí, 28 Nerí hijo de Melquí, Melquí hijo de Adí, Adí hijo de Cosán, Cosán hijo de Elmadán, Elmadán hijo de Er, 29 Er hijo de Jesús, Jesús hijo de Eliezer, Eliezer hijo de Jorín, Jorín hijo de Matat, Matat hijo de Leví,

3,21s Bautismo de Jesús. Lucas omite el diálogo entre Juan y Jesús en el momento del bautismo que sí nos transmite Mateo (Mt 3,13-15), no enfatiza demasiado el hecho en sí del bautismo que por lo visto era masivo; para Lucas, Jesús está limpio de toda mancha pero a pesar de ello se bautiza, no tanto para limpiar sus pecados, sino para prepararse a lo que viene.

Lo importante para él es la teofanía, la manifestación de Dios que parece estar más bien motivada por la oración de Jesús inmediatamente después de bautizarse. Las palabras del Padre que transmite por medio del Espíritu confirman a Jesús como al predilecto y explícitamente queda investido como el enviado, el que había de venir.

La predilección del Padre no es para Lucas un mero gesto de simpatía, si se puede hablar así, se trata de la aprobación que recibe Jesús como el que estará completamente identificado con la voluntad de Dios, una voluntad que no es actual, sino que tiene sus raíces en los orígenes mismos de la Revelación. Dios se reveló desde siempre como un Ser que apuesta a la justicia, a la fraternidad, a la solidaridad, a la vida, y por ahí se definirá también la voluntad y el proyecto de vida de Jesús; así, la manifestación de Dios en este momento es ratificación y declaración de todo su apoyo y respaldo a la misión del Hijo. Jesús enfocará pues, toda su vida, su acción y sus esfuerzos a mantener viva y operante esa confirmación del Padre; pero eso también tiene que ver mucho con el discípulo y con nosotros. En el momento de nuestro bautismo hemos de asumir que también Dios se nos manifiesta y nos confirma como a sus hijos e hijas; pero, a lo largo de nuestra vida, ¿seremos capaces de mantener viva y operante esa confirmación divina?

3,23-38 Genealogía de Jesús. Mientras Mateo en su genealogía de Jesús, arranca desde Abrahán con la intención de mostrar a un Jesús «propiedad» del pueblo judío poniéndolo además en línea con David, Lucas arranca en sentido contrario: empieza por José y retrocede pasando por David y por Abrahán para llegar hasta Adán y de ahí remontarse hasta el mismo Dios. En tal sentido, Lucas no encasilla a Jesús en el pueblo hebreo, en el exclusivo pueblo de la alianza; para Lucas, Jesús es el fruto de un designio divino mucho más amplio, mucho más universal, que tiene sí una concreción en un punto determinado de la historia, del tiempo y del espacio, pero cuya misión y sus efectos van a tener resonancias cósmicas y universales.

30 Leví hijo de Simeón, Simeón hijo de
Judá, Judá hijo de José, José hijo de
Joná, Joná hijo de Eliacín, 31 Eliacín
hijo de Meleá, Meleá hijo de Mená,
Mená hijo de Matatá, Matatá hijo de
Natán, Natán hijo de David, 32 David
hijo de Jesé, Jesé hijo de Jobed, Jobed
hijo de Booz, Booz hijo de Salá, Salá
hijo de Naasón, 33 Naasón hijo de Aminadab, Aminadab hijo de Admín, Admín
hijo de Arní, Arní hijo de Esrón, Esrón
hijo de Fares, Fares hijo de Judá, 34 Judá
hijo de Jacob, Jacob hijo de Isaac,
Isaac hijo de Abrahán, Abrahán hijo de
Tara, Tara hijo de Nacor, 35 Nacor hijo
de Saruc, Saruc hijo de Ragau, Ragau
hijo de Fálec, Fálec hijo de Eber, Eber
hijo de Salá, 36 Salá hijo de Cainán, Cainán hijo de Arfaxad, Arfaxad hijo de
Sem, Sem hijo de Noé, Noé hijo de
Lamec, 37 Lamec hijo de Matusalén,
Matusalén hijo de Henoc, Henoc hijo
de Jarec, Jarec hijo de Maleel, Maleel
hijo de Cainán, 38 Cainán hijo de Enós,
Enós hijo de Set, Set hijo de Adán,
Adán hijo de Dios.

La prueba en el desierto
(Mt 4,1-11; cfr. Mc 1,12s)

4 1 Jesús, lleno de Espíritu Santo, se
alejó del Jordán y se dejó llevar por
el Espíritu al desierto, 2 donde permaneció
cuarenta días, siendo tentado por el
Diablo. En ese tiempo no comió nada,
y al final sintió hambre. 3 El Diablo le
dijo:
—Si eres Hijo de Dios, di a esta piedra que se convierta en pan.
4 Le respondió Jesús:
—Está escrito:
No sólo de pan vive el hombre.

5 Después lo llevó a un lugar muy alto y le mostró en un instante todos los
reinos del mundo. 6 El Diablo le dijo:
—Te daré todo ese poder y su gloria,
porque a mí me lo han dado y lo doy a
quien quiero. 7 Por tanto, si te postras
ante mí, todo será tuyo.
8 Le replicó Jesús:
—Está escrito:
Al Señor tu Dios adorarás,
a él solo darás culto.

9 Entonces lo condujo a Jerusalén,
lo colocó en la parte más alta del templo y le dijo:
—Si eres Hijo de Dios, tírate abajo
desde aquí, 10 porque está escrito:
Ha dado órdenes
a sus ángeles
para que te cuiden
11 *y te llevarán en sus manos,*
para que tu pie
no tropiece en la piedra.

4,1-13 La prueba en el desierto. Las tentaciones, tal como las presenta Lucas, están en relación directa con la vocación mesiánica de Jesús, vocación que no se puede desligar del ambiente histórico, socio-político, religioso y económico de la época de Jesús ni de las expectativas, los sueños y las esperanzas mesiánicas que venían madurando de tiempo atrás en Israel.

En ese ambiente Jesús debe madurar su vocación, su opción de vida, ¿cómo llevar adelante la tarea mesiánica de la liberación del pueblo?, ¿cómo revelar a la gente la verdadera imagen de un Dios que ama a todos pero que por encima de todo ama más a los desposeídos, los humildes, los sencillos y cómo hacerles ver que el actual orden de cosas no es el que Dios quiere para sus hijos e hijas? Las tentaciones de Jesús no sólo no pudieron ser tres, que se definieron, además, de una forma muy fácil y rápida, sino que fueron muchas las dudas, las alternativas facilistas que se le habría ocurrido para realizar su misión.

Sin embargo, en medio de muchas de esas alternativas facilistas, Jesús optó por el camino más difícil pero seguro: contando con y respetando la libertad y dignidad humana. La instauración del reino será para Jesús el eje fundamental de su misión, y eso no es compatible con ningún mesianismo barato; el Mesías debe respetar la libertad y dignidad humana y eso implica sufrimiento, incomprensión, dolor, entrega y servicio constante.

Con esto quedan descalificadas todas las demás manifestaciones mesianistas, que a pesar de todo siguieron surgiendo ya desde los primeros tiempos del cristianismo hasta hoy. Nada más contrario a la opción mesiánica de Jesús que esas exaltaciones, brincos, gritos y palmas con

12 Le respondió Jesús:
—Está dicho:

No pondrás a prueba
al Señor, tu Dios.

13 Concluida la tentación, el Diablo
se alejó de él hasta otra ocasión.

Comienza su proclamación
(Mt 4,12.17; Mc 1,14s)

14 Impulsado por el Espíritu, Jesús
volvió a Galilea, y su fama se extendió
por toda la región. 15 Enseñaba en sus
sinagogas, y era respetado por todos.

En la sinagoga de Nazaret
(Mt 13,53-58; Mc 6,1-6)

16 Fue a Nazaret, donde se había
criado, y según su costumbre entró un
sábado en la sinagoga y se puso en pie
para hacer la lectura. 17 Le entregaron
el libro del profeta Isaías. Lo abrió y encontró el texto que dice:

18 *El Espíritu del Señor está sobre mí,*
porque él me ha ungido
para que dé
la Buena Noticia a los pobres;
me ha enviado a anunciar
la libertad a los cautivos
y la vista a los ciegos,
para poner en libertad a los oprimidos,
19 *para proclamar*
el año de gracia del Señor.

20 Lo cerró, se lo entregó al ayu-
dante y se sentó. Toda la sinagoga tenía
los ojos fijos en él. 21 Él empezó diciéndoles:
—Hoy, en presencia de ustedes, se
ha cumplido este pasaje de la Escritura.
22 Todos lo aprobaban, y estaban
admirados por aquellas palabras de
gracia que salían de su boca. Y decían:
—Pero, ¿no es éste el hijo de José?
23 Él les contestó:
—Seguro que me dirán aquel refrán:
médico, sánate a ti mismo. Lo que hemos oído que sucedió en Cafarnaún,
hazlo aquí, en tu ciudad.
24 Y añadió:
—Les aseguro que ningún profeta
es aceptado en su patria. 25 Ciertamente,
les digo que había muchas viudas en Israel en tiempo de Elías, cuando el cielo
estuvo cerrado tres años y medio y
hubo una gran carestía en todo el país.
26 A ninguna de ellas fue enviado Elías,
sino *a una viuda de Sarepta en Sidonia*.
27 Muchos leprosos había en Israel en
tiempo del profeta Eliseo; pero ninguno
fue sanado, sino Naamán el sirio.

28 Al oírlo, todos en la sinagoga se
indignaron. 29 Levantándose, lo sacaron
fuera de la ciudad y lo llevaron a un barranco del monte sobre el que estaba
edificada la ciudad, con intención de
despeñarlo. 30 Pero él, abriéndose paso
entre ellos, se alejó.

que se pretende hacer creer que así se atraerá su poder. Si aún sentimos que nuestro compromiso cristiano nos impulsa a una actualización de la mesianidad de Jesús, es necesario volver a este relato de las tentaciones y hacer la experiencia de oración y desierto al estilo de Jesús para definir el camino por el cual nosotros llevaremos a cabo la misión que como cristianos tenemos: hacer vida el Evangelio.

4,14-30 Comienza su proclamación – En la sinagoga de Nazaret. Es importante tener en cuenta que aquí, según el relato lucano, el Espíritu Santo y la Palabra son la chispa que enciende el fuego de la misión de Jesús. Pero Lucas no se queda sólo en la importancia de la Palabra que adquiere en Jesús esas características de concreción y cumplimiento; hay otros aspectos que siempre estarán presentes en la vida de Jesús y que Lucas pone en esta primera escena del ministerio público: el rechazo a Jesús y a su palabra. Rechazo que comenzó siendo simpatía y admiración (22) pero que se torna en hostilidad suscitada por la duda sobre su persona: «¿no es éste el hijo de José?», y sobre su poder (23); sus paisanos intentan eliminarlo (28s), lo cual da pie a Jesús para dejar claro que si ellos rechazan su propuesta y su misión, de todos modos otros, que no son israelitas, estarán dispuestos a aceptarlo; para ello se vale de la evocación de Elías y de Eliseo que realizaron signos divinos entre paganos y lograron mejores frutos (24-27).

Enseña y exorciza en Cafarnaún
(Mc 1,21-28)

31 Bajó a Cafarnaún, ciudad de Galilea, y los sábados enseñaba a la gente.
32 Estaban asombrados de su enseñanza porque hablaba con autoridad.
33 Había en la sinagoga un hombre
poseído por el espíritu de un demonio
inmundo, que se puso a gritar:
34 —¿Qué tienes contra nosotros,
Jesús de Nazaret? ¿Has venido a des-
truirnos? Sé quién eres: ¡el Consagrado
de Dios!
35 Jesús le increpó diciendo:
—¡Calla y sal de él!
El demonio lo arrojó al medio y salió de él sin hacerle daño.
36 Se quedaron todos desconcertados
y comentaban entre sí:
—¿Qué significa esto? Manda con
autoridad y poder a los espíritus inmundos, y salen.
37 Su fama se difundió por toda la
región.

Sana y exorciza en torno a la casa
(Mt 8,14-16; Mc 1,29-34)

38 Salió de la sinagoga y entró en
casa de Simón. La suegra de Pedro estaba con fiebre muy alta y le suplicaban
que hiciera algo por ella. 39 Él se inclinó
sobre ella, increpó a la fiebre y se le fue.
Inmediatamente se levantó y se puso a
servirles.
40 Al ponerse el sol, todos los que
tenían enfermos con diversas dolencias
se los llevaban. Él ponía las manos sobre
cada uno y los sanaba. 41 De muchos
salían demonios gritando: ¡Tú eres el
Hijo de Dios! Él los increpaba y no los
dejaba hablar, pues sabían que era el
Mesías.

Oración y misión de Jesús
(Mc 1,35-39)

42 Por la mañana salió y se dirigió a
un lugar despoblado. La multitud lo
anduvo buscando, y cuando lo alcanzaron, lo retenían para que no se fuese.
43 Pero él les dijo:
—También a las demás ciudades
tengo que llevarles la Buena Noticia del
reino de Dios, porque para eso he sido
enviado.
44 Y predicaba en las sinagogas de
Judea.

Llama a sus primeros discípulos
(cfr. Mt 4,18-22; Mc 1,16-20; Jn 1,35-51)

5 1 La gente se agolpaba junto a él
para escuchar la Palabra de Dios,
mientras él estaba a la orilla del lago de
Genesaret.

4,31-37 Enseña y exorciza en Cafarnaún. Hay un enfrentamiento verbal entre Jesús y el espíritu inmundo, y hay que asumir que la hostilidad del espíritu inmundo se debe a las enseñanzas de Jesús, que no son otras que las que ya había anunciado en la sinagoga de Nazaret: «la Buena Noticia a los pobres, la libertad a los cautivos, la vista a los ciegos, la liberación de los oprimidos y el año de gracia del Señor» (4,18s).

Jesús se enfrenta con una entidad que sabe para donde va su enseñanza y, más aún, le reconoce la autoridad de su palabra y su consagración por parte de Dios (34); el demonio, que puede representar la actitud de cualquier creyente, también es capaz de declarar su fe, conoce a Jesús y puede definirlo como «enviado», «ungido», «Mesías» de Dios (34.41); pero, ¿eso es suficiente?, ¿no tiene que haber un cambio radical de vida desde el momento en que se conoce a Jesús y se escucha su palabra?

4,38-44 Sana y exorciza en torno a la casa – Oración y misión de Jesús. Para Jesús, la persona: hombre y mujer, en toda su integridad, son el lugar único y definitivo donde debe comenzar a tomar forma la realidad del reino. Los pobladores de Cafarnaún quieren retener a Jesús para que no se marche de allí; sin embargo, Jesús tiene que llegar hasta otros lugares porque para eso ha salido, para hacer llegar a todos los pobres la Buena Noticia del reino.

Jesús no es «propiedad» de nadie ni es exclusivo de un grupo o lugar –ésta es otra tentación–, y esa misma actitud la debe tener el discípulo, nunca puede reducir el anuncio del Evangelio a unos cuantos sólo porque ahí «le va bien».

5,1-11 Llama a sus primeros discípulos. Con el signo de la pesca abundante, Jesús plantea a Simón el desafío del llamamiento (vocación).

2 Vio dos barcas junto a la orilla, los
pescadores se habían bajado y estaban
lavando sus redes. 3 Subiendo a una de
las barcas, la de Simón, le pidió que se
apartase un poco de tierra. Se sentó y
se puso a enseñar a la multitud desde
la barca. 4 Cuando acabó de hablar,
dijo a Simón:
—Navega lago adentro y echa las
redes para pescar.
5 Le replicó Simón:
—Maestro, hemos trabajado toda la
noche y no hemos sacado nada; pero,
ya que lo dices, echaré las redes.
6 Lo hicieron y capturaron tal cantidad de peces que reventaban las redes.
7 Hicieron señas a los socios de la otra
barca para que fueran a ayudarlos.
Llegaron y llenaron las dos barcas, que
casi se hundían.
8 Al verlo, Simón Pedro cayó a los
pies de Jesús y dijo:
—¡Apártate de mí, Señor, que soy
un pecador!
9 Ya que el temor se había apode-
rado de él y de todos sus compañeros
por la cantidad de peces que habían
pescado. 10 Lo mismo sucedía a Juan y
Santiago, hijos de Zebedeo, que eran
socios de Simón. Jesús dijo a Simón:
—No temas, en adelante serás pescador de hombres.
11 Entonces, amarrando las barcas,
lo dejaron todo y le siguieron.

Sana a un leproso
(Mt 8,1-4; Mc 1,40-45)

12 Mientras Jesús se encontraba en
un pueblo se presentó un leproso; el
cual, viendo a Jesús, cayó rostro en
tierra y le suplicaba:
—Señor, si quieres, puedes sanarme.
13 Extendió la mano y le tocó, diciendo:
—Lo quiero, queda sano.
Al instante se le fue la lepra.
14 Y Jesús le ordenó:
—No se lo digas a nadie. Ve a presentarte al sacerdote y, para que le
conste, lleva la ofrenda de tu sanación
establecida por Moisés.
15 Su fama se difundía, de suerte
que una gran multitud acudía a escucharlo y a sanarse de sus enfermedades.
16 Pero él se retiraba a lugares solitarios
a orar.

Sana a un paralítico
(Mt 9,1-8; Mc 2,1-12; cfr. Jn 5,1-18)

17 Un día estaba enseñando y entre
los asistentes había unos fariseos y
doctores de la ley llegados de los pueblos de Galilea y Judea y también de
Jerusalén. Él poseía fuerza del Señor
para sanar.

Simón ha visto en este signo una intervención extraordinaria y sólo se le ocurre una confesión: «¡Apártate de mí, Señor, que soy un pecador!» (8). Dios no aparta de sí al hombre por su condición de pecador. Mientras Simón suplica al Señor que se aleje, Jesús se le acerca más y lo anima con las mismas palabras que usa la Biblia para tranquilizar al hombre cuando ha descubierto la grandeza divina: «no temas».

Simón Pedro y sus compañeros, a pesar de su condición, son invitados a confiar en la Palabra y a ser multiplicadores de esa Palabra en cuyo nombre obtendrán pescas abundantes, no ya de peces sino de hombres (10).

5,12-16 Sana a un leproso. La palabra y los gestos de Jesús rescatan al excluido, al marginado, y lo incorporan de nuevo como persona útil y necesaria en la comunidad. En la nueva comunidad no puede haber marginados ni excluidos so riesgo de contradecir la misión de Jesús, que es el rescate y la recuperación de todos y todas.

El versículo 16 nos presenta a un Jesús consecuente con su decisión de no hacer de su misión un mesianismo exaltado; pese a su fama y al gentío que lo asedia, Él se aparta a lugares solitarios a orar.

5,17-26 Sana a un paralítico. Lo primero que llama la atención en este pasaje es la clase de auditorio que escucha a Jesús: fariseos y doctores de la Ley venidos de Galilea, de Judea y de Jerusalén, prácticamente toda la nación judía está aquí representada. La ambientación es intencional porque aquí se va a definir de manera «oficial» la distancia que existe entre la actividad de Jesús y el papel de estas autoridades del judaísmo.

18 Unos hombres, que llevaban en
una camilla a un paralítico, intentaban
meterlo y colocarlo delante de Jesús.
19 Como no encontraban por donde
meterlo, a causa del gentío, subieron a
la azotea y, por el tejado, lo descolgaron
con la camilla poniéndolo en medio,
delante de Jesús.
20 Viendo su fe, le dijo:
—Hombre, tus pecados te son perdonados.
21 Los fariseos y los letrados se pusieron a discurrir:
—¿Quién es éste, que dice blasfemias? ¿Quién, fuera de Dios, puede
perdonar pecados?
22 Jesús, leyendo sus pensamientos,
les respondió:
—¿Qué están pensando? 23 ¿Qué es
más fácil? ¿Decir: se te perdonan los
pecados, o decir: levántate y camina?
24 Pero para que sepan que el Hijo del
Hombre tiene autoridad en la tierra
para perdonar pecados –dijo al paralítico–, yo te digo: levántate, carga con tu
camilla y vuelve a tu casa.
25 Al instante se levantó delante de
todos, cargó con lo que había sido su
camilla, y se fue a su casa dando gloria
a Dios. 26 El asombro se apoderó de
todos y daban gloria a Dios; sobrecogidos decían:
—Hoy hemos visto cosas increíbles.

Llama a Leví: comparte la mesa con pecadores
(Mt 9,9-13; Mc 2,13-17)

27 Al salir vio a un recaudador de impuestos, llamado Leví, sentado junto a
la mesa de recaudación de los impuestos. Le dijo:
—Sígueme.
28 Dejándolo todo, se levantó y le
siguió.
29 Leví le ofreció un gran banquete
en su casa. Había un gran número de
recaudadores de impuestos y otras personas sentados a la mesa con ellos.
30 Los fariseos y letrados murmuraban y preguntaban a los discípulos:
—¿Cómo es que comen y beben
con recaudadores de impuestos y
pecadores?
31 Jesús les replicó:
—No tienen necesidad del médico
los que tienen buena salud, sino
los enfermos. 32 No vine a llamar a
justos, sino a pecadores para que se
arrepientan.

Por una parte Jesús «poseía fuerza del Señor para sanar» (17b), y en segundo lugar, por el desarrollo de la escena, Jesús se da a conocer ante estas autoridades como el Hijo del Hombre que tiene autoridad en la tierra para perdonar pecados (24), una atribución que es exclusiva de Dios según la doctrina de los fariseos y letrados.

Éste es apenas el inicio de las confrontaciones y ataques que va a tener que enfrentar Jesús durante toda su vida pública por parte del judaísmo oficial, confrontación que terminará con la cruz. El camino de la cruz no comienza propiamente en el pretorio el día en que Jesús fue sentenciado a muerte, ese camino tiene su origen en el momento mismo en que Él comienza a poner en marcha los efectos concretos del año de gracia del Señor. Dichos efectos sólo son palpables desde el plano de la fe. Casi todos los críticos están de acuerdo en que este pasaje no es estrictamente una narración de milagro, sino más bien una enseñanza del evangelista sobre el poder y los alcances de la fe.

Para aceptar a Jesús hay que salir de la postración y abrirse a Él de tal modo que aun sin confesar nuestros pecados –el paralítico no se confiesa– nos sintamos perdonados y acogidos por Él para comenzar de nuevo.

La Ley y la sabiduría aquí se revelan como algo que no es indispensable, lo verdaderamente indispensable es la fe.

5,27-32 Llama a Leví: comparte la mesa con pecadores. Mientras Jesús va «perdiendo puntos» con el judaísmo oficial por sus palabras y acciones que realiza, va ganando en cuanto a la tarea de instauración del reinado de Dios; mientras va perdiendo su propia vida frente a los que pueden matar el cuerpo (Mt 10,28), va ganando vida cada vez que personas como estas que lo acompañan en la mesa se convierten y se abren a este acontecimiento nuevo, que es la presencia del Novio (34s), del reino, que subvierte absolutamente todo el orden establecido, mantenido por un frío legalismo de los fariseos y doctores de la ley.

Sobre el ayuno
(Mt 9,14-17; Mc 2,18-22)

33 Ellos le dijeron:
—Los discípulos de Juan ayunan
con frecuencia y hacen sus oraciones,
y lo mismo hacen los discípulos de los
fariseos; en cambio los tuyos comen y
beben.
34 Jesús les contestó:
—¿Pueden los invitados a la boda
hacer ayuno mientras el novio está
con ellos? 35 Llegará un día en que el
novio les será quitado, y aquel día
ayunarán.
36 Y les propuso una comparación:
—Nadie corta un trozo de un vestido nuevo para remendar uno viejo.
Porque sería arruinar el nuevo, y el
trozo nuevo no quedará bien con el
vestido viejo. 37 Nadie echa vino nuevo
en odres viejos; pues el vino nuevo
reventaría los odres, se derramaría y
los odres se echarían a perder. 38 El
vino nuevo se ha de echar en odres
nuevos. 39 Nadie que ha bebido el vino
viejo quiere vino nuevo; porque dice: el
añejo es mejor.

Sobre el sábado
(Mt 12,1-8; Mc 2,23-28)

6 1 Un sábado cuando atravesaba
unos campos de trigo, sus discípulos
arrancaban espigas, las frotaban con
las manos y comían el grano.
2 Unos fariseos les dijeron:
—¿Por qué hacen en sábado una
cosa prohibida?
3 Jesús les contestó:
—¿No han leído lo que hizo David
con sus compañeros cuando estaban
hambrientos? 4 Entró en la casa de Dios,
tomó los panes consagrados, que pueden comer sólo los sacerdotes, comió
y los compartió con sus compañeros.
5 Y añadió:
—El Hijo del Hombre es Señor del
sábado.

Sana en sábado
(Mt 12,9-14; Mc 3,1-6)

6 Otro sábado entró en la sinagoga a
enseñar. Había allí un hombre que tenía
la mano derecha paralizada. 7 Los letrados y los fariseos lo espiaban para ver
si sanaba en sábado, para tener algo de
qué acusarlo. 8 Él, leyendo sus pensamientos, dijo al hombre de la mano
paralizada:
—Levántate y ponte de pie en medio.
Él se puso en pie. 9 Después se dirigió a ellos:
—Yo les pregunto qué está permitido en sábado: ¿Hacer el bien o el mal?
¿Salvar una vida o destruirla?

5,33-39 Sobre el ayuno. El Mesías ya está en medio del pueblo, y sólo los que lo aceptan como tal celebran esa presencia como un banquete permanente; ésta es la clave para entender las comparaciones que propone Jesús respecto a la novedad de su persona y de su obra (36-39): una realidad tan novedosa como la misión de Jesús que empieza por acoger a los excluidos, marginados y pecadores, no encaja con unas expectativas tan rígidas y tan anquilosadas como las que mueven la religiosidad de los principales escribas y fariseos.

6,1-5 Sobre el sábado. Nada que no esté en favor de la vida, así se haga en nombre del mismo Dios, puede contradecir la opción por la vida (1-4). El versículo 5 establece el señorío de Jesús sobre el sábado. Y en efecto, el señorío de Jesús lo lleva a actuar con toda libertad tanto en el espacio: la sinagoga, como en el tiempo: el sábado. Ahora, esa libertad de Jesús no combina con la no-libertad en que viven el hombre y la mujer de su tiempo, completamente paralíticos por el rigorismo de una ley que es libertad en su esencia, pero paralizante en su interpretación y práctica.

6,6-11 Sana en sábado. Si la primera infracción está en relación con la necesidad del alimento, esta segunda está en relación con la necesidad de la movilidad de todo el cuerpo, como signo también de una libertad de movimiento físico, psíquico y espiritual. El sábado con sus 39 normas para el «correcto» cumplimiento, mas los 613 mandatos derivados de la genuina Ley mosaica, hacía de los contemporáneos de Jesús un cuerpo incapaz de moverse con libertad, y eso principalmente es lo que quiere sanar Jesús. Para quienes vieron las cosas así, Jesús es Señor de vida, pero para los rigoristas, Jesús es alguien

10 Después, dirigiendo una mirada a
todos, dijo al hombre:
—Extiende la mano.
Lo hizo y la mano quedó sana.
11 Ellos se pusieron furiosos y discutían
qué hacer con Jesús.

Los Doce
(Mt 10,1-4; Mc 3,13-19)

12 Por aquel tiempo subió a una
montaña a orar y se pasó la noche
orando a Dios. 13 Cuando se hizo de día,
llamó a los discípulos, eligió entre ellos
a doce y los llamó apóstoles: 14 Simón,
a quien llamó Pedro; Andrés, su hermano; Santiago y Juan; Felipe y Bartolomé; 15 Mateo y Tomás; Santiago hijo
de Alfeo y Simón el rebelde; 16 Judas
hijo de Santiago y Judas Iscariote, el
traidor.

Una gran multitud se le acerca
(Mc 3,7-12)

17 Bajó con ellos y se detuvo en un
llano. Había un gran número de discípulos y un gran gentío del pueblo,
venidos de toda Judea, de Jerusalén,
de la costa de Tiro y Sidón, 18 para escucharlo y sanarse de sus enfermedades.
Los atormentados por espíritus inmundos quedaban sanos, 19 y toda la
gente intentaba tocarlo, porque salía de
él una fuerza que sanaba a todos.

Sermón del llano: dichosos y desdichados
(Mt 5,1-12)

20 Dirigiendo la mirada a los discípulos, les decía:
Felices los pobres,
porque el reino de Dios les pertenece.
21 Felices los que ahora pasan hambre,
porque serán saciados.
Felices los que ahora lloran,
porque reirán.
22 Felices cuando los hombres los
odien, los excluyan, los insulten y desprecien su nombre a causa del Hijo del
Hombre. 23 Alégrense y llénense de
gozo, porque el premio en el cielo
es abundante. Del mismo modo los
padres de ellos trataron a los profetas.

que preocupa, alguien que atenta contra lo establecido y por eso «discutían qué hacer con Jesús» (11). Bien hubiera podido esperar Jesús hasta la caída del sol (cfr. 4,40) momento en que termina el sábado para restablecer la mano del hombre; sin embargo, consecuente con su opción por la vida, lo hace ya, porque el reino ya está operando y porque también el sábado como institución tiene que ser restablecido.

6,12-16 Los Doce. Jesús va a elegir a doce discípulos y antes de ello pasa toda la noche en oración, comunicándose con Dios. El número doce contiene un valor simbólico: la nación israelita se había conformado desde sus inicios por doce tribus y al parecer Jesús quiere conformar un «nuevo pueblo» capacitado para aceptar y dar testimonio del cumplimiento de las promesas de Dios. El pueblo israelita fue siempre conciente de ser el pueblo de la elección y de las promesas, pero nunca pudo ver en Jesús y su obra ese cumplimiento; sólo quienes aceptan a Jesús pueden dar ese testimonio.

Lucas omite la finalidad de esta elección, por eso tenemos que acudir a su fuente, Marcos, quien explica que Jesús escogió a doce para que convivieran con Él y para enviarlos a predicar con poder para expulsar demonios (Mc 3,13-15). Tal vez Lucas deja para el momento del envío efectivo de los discípulos la explicitación de esta finalidad. Por ahora sólo constata, como los otros dos sinópticos, que Jesús llamó «apóstoles» a estos doce.

La elección la hace Jesús en un momento clave de su ministerio: hasta ahora Lucas ha hecho varias constataciones de las enseñanzas de Jesús en diferentes lugares de Galilea, probablemente muchos ya lo siguen, pero ahora va a tener lugar el anuncio de un plan específico, concreto, para sus seguidores: el discurso del llano que, a pesar de no tener el contenido ni las dimensiones de su equivalente en Mateo (el discurso del monte, Mt 5–7), no por eso deja de ser el proyecto de vida para el discípulo, para el que se arriesgue a seguir a Jesús.

6,17-26 Una gran multitud se le acerca – Sermón del llano: dichosos y desdichados. En cuatro aspectos de la vida humana sintetiza Lucas las bienaventuranzas: la pobreza, el hambre, el llanto (tristeza) y la persecución. La pobreza designa aquí una situación anómala, contraria al querer de Dios, un estado de vida que es fruto de la injusticia; por tanto, cuando Jesús declara bienaventurados a estos pobres, no significa que ellos deben sentirse felices por su situación, sino porque esa pobreza que Dios rechaza tiene que desaparecer con el advenimiento del reino o reinado de Dios, cuya concreción específica es la justicia. No olvidemos que uno de los ejes fundamentales del proyecto de Jesús es la proclamación (realización) del año

24 Pero, ¡ay de ustedes, los ricos!,
porque ya tienen su consuelo.
25 ¡Ay de ustedes,
los que ahora están saciados!,
porque pasarán hambre.
¡Ay de los que ahora ríen!,
porque llorarán y harán duelo.
26 ¡Ay de ustedes cuando todos los
alaben! Del mismo modo los padres de
ellos trataron a los falsos profetas.

Amor a los enemigos

(Mt 5,38-48)

27 A ustedes que me escuchan yo les
digo:
—Amen a sus enemigos, traten bien
a los que los odian; 28 bendigan a los
que los maldicen, recen por los que
los injurian. 29 Al que te golpee en una
mejilla, ofrécele la otra, al que te quite
el manto no le niegues la túnica; 30 da a
todo el que te pide, al que te quite algo
no se lo reclames.

31 Traten a los demás como quieren
que ellos los traten a ustedes. 32 Si
aman a los que los aman, ¿qué mérito
tienen? También los pecadores aman a
sus amigos. 33 Si hacen el bien a los que
les hacen el bien, ¿qué mérito tienen?
También los pecadores lo hacen. 34 Si
prestan algo a los que les pueden retribuir, ¿qué mérito tienen? También los pecadores prestan para recobrar otro tanto.

de gracia del Señor cuyo sentido concreto lo tenemos que buscar en el año jubilar o jubileo. Ahora, si estas palabras de Jesús, aparte de ser consoladoras para los pobres, son también un proyecto por realizar, quiere decir que el seguidor de Jesús tiene como tarea hacer que ese reinado de Dios, traducido en categorías de justicia, sea una realidad eficaz para poder sentir el gozo de la presencia del reino.

La pobreza, o mejor el empobrecimiento, trae varias consecuencias: la primera de todas: el hambre; pues bien, también los hambrientos son dichosos porque serán saciados. Si los empobrecidos pueden soñar con un mundo mejor, más justo, por el advenimiento del reino de Dios, también el hambre tendrá que desaparecer, no de un modo mágico, sino como fruto del compromiso de todos en la realización de ese año de gracia, cuya una de sus finalidades es la nivelación social a causa de la condonación de deudas, de la recuperación de los bienes empeñados y del regreso de la propiedad al seno familiar de todos los esclavizados, y esto debe ser algo permanente (cfr. Dt 15,1-11); la otra consecuencia del empobrecimiento son las lágrimas, como símbolo del dolor, la marginación, pero también de la impotencia ante una realidad cada vez más cruel y tormentosa para el empobrecido; en este nuevo orden que tiene que instaurar la presencia del reino, las lágrimas se deben tornar en alegría y gozo.

La lucha y el esfuerzo por lograr este nuevo orden de cosas querido por Dios desde antiguo y puesto por Jesús como criterio primero y fundamental que hace posible la realidad del reino, no se dará de manera «pacífica»; no que Jesús esté pensando en acciones violentas, sino más bien quiere prevenir a sus seguidores de las situaciones violentas, la persecución y el dolor que tendrán que experimentar a manos de quienes se oponen radicalmente a compartir los bienes materiales e inmateriales, culturales y espirituales que poco a poco han arrebatado al pueblo y que obstinadamente retienen como propios y exclusivos.

Casi siempre, por no decir siempre, los acaparadores y sostenedores del orden injusto reaccionan con la fuerza, con la violencia, con la difamación, el encarcelamiento, cuando no con la eliminación física, ¡cuántos casos en nuestras comunidades! Pues bien, a esos también llama Jesús dichosos porque esa persecución y ese rechazo no es gratuito; es el precio que se paga por la lucha y la búsqueda de la justicia y la equidad; sólo quien experimenta estas contradicciones podrá comprender el gozo de estar en sintonía con la preocupación del Padre y de Jesús por la justicia.

Podríamos entender estos ayes como una lamentación de Jesús, pero una lamentación al estilo profético, es decir como una advertencia o amonestación que hace Jesús a los promotores y sostenedores de un orden social absolutamente injusto como el que vive la gente de su tiempo y en general la gente de todas las épocas cuando los bienes de la creación, los bienes de la cultura, la ciencia y de la tecnología son absorbidos por unos cuantos con las consecuencias que todos conocemos: empobrecimiento de las grandes mayorías, hambre, dolor y lágrimas.

Con estos ayes Jesús denuncia esa actitud mezquina de quienes han puesto el sentido de su vida en las posesiones, en los bienes; de quienes se hartan, consumen y consumen ignorando al indigente, de quienes gozan y la pasan bien a costa de los demás; de quienes son objeto de la fama lisonjera, ¿cuál es el sentido de una vida que transcurre de ese modo?

6,27-38 Amor a los enemigos. La propuesta de Jesús, o más que propuesta, el mandato a sus seguidores es la búsqueda de la instauración de una sociedad construida sobre las bases de unas relaciones absolutamente contrarias a las establecidas hasta el presente; una sociedad que puede perfectamente prescindir de su división por clases y a la cual se llega no por la eliminación de las clases dominantes, sino por la eliminación sistemática de las estructuras y sistemas que están a la raíz de la división

35 Por el contrario amen a sus enemigos, hagan el bien y presten sin esperar nada a cambio. Así será grande
su recompensa y serán hijos del Altísimo, que es generoso con ingratos y
malvados.
36 Sean compasivos como es compasivo el Padre de ustedes.

(Mt 7,1s)

37 No juzguen y no serán juzgados;
no condenen y no serán condenados.
Perdonen y serán perdonados. 38 Den y
se les dará: recibirán una medida generosa, apretada, sacudida y rebosante.
Porque con la medida que ustedes
midan serán medidos.

Ciego, guía de ciegos

39 Y añadió una comparación:
—¿Podrá un ciego guiar a otro ciego?
¿No caerán ambos en un hoyo?
40 El discípulo no es más que el
maestro; cuando haya sido instruido,
será como su maestro.

(Mt 7,3-5)

41 ¿Por qué te fijas en la pelusa que
está en el ojo de tu hermano y no miras
la viga que hay en el tuyo? 42 ¿Cómo
puedes decir a tu hermano: Hermano,
déjame sacarte la pelusa de tu ojo,
cuando no ves la viga del tuyo? ¡Hipócrita!, saca primero la viga de tu ojo y
entonces podrás ver claramente para
sacar la pelusa del ojo de tu hermano.

El árbol y sus frutos — Roca y arena

(Mt 7,16-27)

43 No hay árbol sano que dé fruto
podrido, ni árbol podrido que dé fruto
sano. 44 Cada árbol se reconoce por sus
frutos. No se cosechan higos de los cardos ni se vendimian uvas de los espinos.
45 El hombre bueno saca cosas buenas de su tesoro bueno del corazón; el
malo saca lo malo de la maldad. Porque de la abundancia del corazón habla
la boca.
46 ¿Por qué me llaman: ¡Señor, Señor!, si no hacen lo que les digo?
47 Les voy a explicar a quién se parece el que acude a mí, escucha mis
palabras y las pone en práctica.
48 Se parece a uno que iba a construir una casa: cavó, ahondó y colocó
un cimiento sobre la roca. Vino una
crecida, el caudal se precipitó contra la
casa, pero no pudo sacudirla porque
estaba bien construida.
49 En cambio, el que escucha y no
las pone en práctica se parece a uno
que construyó la casa sobre la arena,
sin cimiento. Se precipitó el caudal y
la casa se derrumbó. Y fue una ruina
colosal.

clasista, y las únicas armas que propone Jesús para la realización de este proyecto de sociedad nueva son el amor, la bendición, empezando por los enemigos, y la oración (27s.32s.35); el perdón activo, entendido como pasar por alto una ofensa a condición de que el agresor tome conciencia del mal que causa, y cambie (29); el compartir generoso como reacción contra la codicia (30); el rechazo decidido a la avaricia y a la usura como causas fundantes del enriquecimiento de unos y empobrecimiento de otros (34s); en una palabra, obrar con los demás como quisiéramos que los demás obraran con nosotros (31).

6,39-49 Ciego, guía de ciegos – El árbol y sus frutos – Roca y arena. En consonancia con la sección anterior, el discípulo está llamado a vivir una vida radicalmente comprometida con la propuesta de Jesús.

A través de la serie de comparaciones de la primera parte de este pasaje, Jesús hace ver que, en su seguimiento, la mediocridad y la falta de autocrítica constituyen el principal obstáculo para la instauración real y efectiva del reino.

Con mucha facilidad, desde los tiempos primitivos hasta hoy, se proclama a Jesús como «Señor, Señor», pero sin ningún compromiso, ni siquiera con el mínimo de sensibilidad por sus exigencias; esos son los que llenan salones, templos y estadios, y gritan a los cuatro vientos su fe en el «poder» de Cristo, pero cuando vienen las exigencias, las renuncias, el testimonio y los compromisos, se desmoronan como la casa que fue construida sobre la arena (49).

Fe, renuncia y compromiso, son tres actitudes que tienen que revelar la fe del discípulo.

Sana al sirviente de un centurión

(Mt 8,5-13; cfr. Jn 4,46-54)

7 1 Cuando concluyó su discurso al
pueblo, entró en Cafarnaún. 2 Un
centurión tenía un sirviente a quien
estimaba mucho, que estaba enfermo,
a punto de morir. 3 Habiendo oído hablar
de Jesús, le envió unos judíos notables
a pedirle que fuese a sanar a su sirviente.
4 Se presentaron a Jesús y le rogaban
insistentemente, alegando que se merecía ese favor:
5 —Ama a nuestra nación y él mismo nos ha construido la sinagoga.
6 Jesús fue con ellos. No estaba lejos
de la casa, cuando el centurión le envió
unos amigos a decirle:
—Señor, no te molestes; no soy digno de que entres bajo mi techo. 7 Por
eso yo tampoco me consideré digno
de acercarme a ti. Pronuncia una palabra
y mi muchacho quedará sano. 8 Porque también yo tengo un superior y
soldados a mis órdenes. Si le digo a
éste que vaya, va; al otro que venga,
viene; a mi sirviente que haga esto, y
lo hace.
9 Al oírlo, Jesús se admiró y volviéndose dijo a la gente que le seguía:
—Una fe semejante no la he encontrado ni en Israel.
10 Cuando los enviados volvieron a
casa, encontraron sano al sirviente.

Resucita al hijo de una viuda

11 A continuación se dirigió a una
ciudad llamada Naín, acompañado de
los discípulos y de un gran gentío.
12 Justo cuando se acercaba a la puerta
de la ciudad, sacaban a un muerto, hijo
único de una viuda; la acompañaba un
grupo considerable de vecinos. 13 Al
verla, el Señor sintió compasión y le
dijo:
—No llores.
14 Se acercó, tocó el féretro, y los
portadores se detuvieron.
Entonces dijo:
—Muchacho, yo te lo ordeno, levántate.
15 El muerto se incorporó y empezó a
hablar. Jesús *se lo entregó a su madre*.
16 Todos quedaron sobrecogidos y
daban gloria a Dios diciendo:
—Un gran profeta ha surgido entre
nosotros; Dios se ha ocupado de su pueblo. 17 La noticia de lo que había hecho
se divulgó por toda la región y por Judea.

Sobre Juan el Bautista

(Mt 11,2-15)

18 Los discípulos de Juan le informa-
ron de todos estos sucesos. Juan llamó
a dos de ellos 19 y los envió al Señor a
preguntarle:
—¿Eres tú el que había de venir o
tenemos que esperar a otro?

7,1-10 Sana al sirviente de un centurión. Lucas quiere enseñar que en Jesús las barreras de la religión desaparecen y que en y desde la fe es posible lograr lo que se le pide a Dios, puesto que Él es Padre de todos.

7,11-17 Resucita al hijo de una viuda. Jesús no espera que esta mujer o alguno de los que la acompañan o alguno de los que le siguen le dirija ninguna palabra de intercesión, como en el caso del centurión (4s); Jesús actúa con prontitud y naturalidad, primero consolando: «no llores» (13), luego restituyendo la vida del muchacho, y en un sentido más amplio, restituyendo a la mujer el sentido de su vida: su único hijo. La presencia de Jesús y su palabra no sólo es purificadora, consoladora, sino también que restituye la vida.

7,18-30 Sobre Juan el Bautista. «¿Eres tú el que había de venir o tenemos que esperar a otro?». Ni para Juan ni para muchos de sus seguidores las noticias sobre Jesús encajan con las expectativas mesiánicas de la época, por eso la pregunta directa de Juan desde la cárcel.

La respuesta de Jesús es positiva: los signos que realiza delante de los mensajeros son la prueba de su actividad mesiánica que ya había anunciado en la sinagoga de Nazaret: la proclamación del año de gracia del Señor (4,19), que es una buena noticia para los pobres (22) y que va llevando adelante a pesar del desconcierto y de la oposición de los expertos en religión del pueblo. Sólo quienes no se han cerrado a ver en sus obras la acción de Dios pueden comprender esto, por eso los llama felices o dichosos (23).

20 Los hombres se le presentaron y
le dijeron:
—Juan el Bautista nos ha enviado a
preguntarte si eres tú el que había de
venir o si tenemos que esperar a otro.
21 En ese momento Jesús sanó a
muchos de enfermedades, achaques y
malos espíritus; y devolvió la vista a
muchos ciegos.
22 Después les respondió:
—Vayan a informar a Juan de lo que
han visto y oído: los ciegos recobran la
vista, los cojos caminan, los leprosos
quedan limpios, los sordos oyen, los
muertos resucitan, los pobres reciben
la Buena Noticia. 23 Y dichoso el que no
tropieza por mi causa.
24 Cuando se fueron los mensajeros
de Juan, se puso a hablar de él a la
multitud:
—¿Qué salieron a contemplar en el
desierto? ¿Una caña sacudida por el
viento? 25 ¿Qué salieron a ver? ¿Un
hombre elegantemente vestido? Miren,
los que visten con elegancia y disfrutan
de comodidades habitan en palacios
reales. 26 Entonces, ¿qué salieron a ver?
¿Un profeta? Les digo que sí, y más que
profeta.
27 A éste se refiere lo que está escrito:

Mira, envío por delante
a mi mensajero
para que te prepare el camino.

28 Les digo que entre los nacidos de
mujer ninguno es mayor que Juan. Y,
sin embargo, el último en el reino de
Dios es mayor que él.
29 Todo el pueblo que escuchó y
hasta los recaudadores de impuestos,
dieron la razón a Dios aceptando el
bautismo de Juan; 30 en cambio, los
fariseos y los doctores de la ley rechazaron lo que Dios quería de ellos, al no
dejarse bautizar por él.

Niños caprichosos
(Mt 11,16-19)

31 ¿Con qué compararé a los hombres de esta generación? ¿A qué se parecen? 32 Son como niños sentados en
la plaza, que se dicen entre ellos:

Hemos tocado la flauta
y no bailaron,
hemos entonado cantos fúnebres
y no lloraron.

33 Vino Juan el Bautista, que no comía pan ni bebía vino, y dicen: está endemoniado. 34 Vino el Hijo del Hombre,
que come y bebe, y dicen: miren qué comilón y bebedor, amigo de recaudadores
de impuestos y pecadores.
35 Pero la Sabiduría ha sido reconocida por sus discípulos.

Perdona a la pecadora
(cfr. Mt 26,6-13; Mc 14,3-9; Jn 12,1-8)

36 Un fariseo lo invitó a comer. Jesús
entró en casa del fariseo y se sentó a la
mesa. 37 En esto, una mujer, pecadora
pública, enterada de que estaba a la
mesa en casa del fariseo, acudió con

7,31-35 Niños caprichosos. Cierra este pasaje una comparación que retrata la actitud de los creyentes y su proceso de fe y de aceptación a las señales que Dios envía.

Dios se revela al pueblo a través de sus enviados, el último es Juan, y a pesar de esa sed de Dios, de conocimiento de su voluntad, rechazan a Juan y lo tildan de endemoniado. Dios sigue manifestándose en Jesús, acercándose al pobre, al excluido, al marginado, con un estilo de vida nada espectacular, y también es rechazado por comilón y borracho y por ser amigo de pecadores.

Este pasaje nos invita a ver en cada circunstancia la acción de Dios, nos invita a no encerrarnos en nuestros propios criterios, a recordar siempre que los designios de Dios no coinciden casi nunca con los nuestros; muchas veces quisiéramos que Dios actuara de esta o de aquella manera, pero no es así. Apertura de fe y disponibilidad de corazón es lo que Lucas quiere enseñar a su comunidad y a nosotros con esto.

7,36-50 Perdona a la pecadora. La escena de la mujer que se acerca a Jesús mientras comparte la mesa en casa de un fariseo es el marco perfecto para que Jesús establezca la distancia tan enorme que hay entre el legalismo y la apertura a la experiencia de la novedad del reino.

un frasco de perfume de mirra, 38 se
colocó detrás, a sus pies, y llorando se
puso a bañarle los pies en lágrimas y a
secárselos con el cabello; le besaba los
pies y se los ungía con la mirra. 39 Al
verlo, el fariseo que lo había invitado,
pensó: Si éste fuera profeta, sabría
quién y qué clase de mujer lo está tocando: una pecadora.
40 Jesús tomó la palabra y le dijo:
—Simón, tengo algo que decirte.
Contestó:
—Dilo, maestro.
41 Le dijo:
—Un acreedor tenía dos deudores:
uno le debía quinientas monedas y otro
cincuenta. 42 Como no podían pagar,
les perdonó a los dos la deuda. ¿Quién
de los dos lo amará más?
43 Contestó Simón:
—Supongo que aquél a quien más
le perdonó.
Le replicó:
—Has juzgado correctamente.
44 Y volviéndose hacia la mujer, dijo
a Simón:
—¿Ves esta mujer? Cuando entré en
tu casa, no me diste agua para lavarme
los pies; ella me los ha bañado en lágrimas y los ha secado con su cabello.
45 Tú no me diste el beso de saludo;
desde que entré, ella no ha cesado de
besarme los pies. 46 Tú no me ungiste
la cabeza con perfume; ella me ha
ungido los pies con mirra. 47 Por eso te
digo que se le han perdonado numerosos pecados, por el mucho amor que
demostró. Pero al que se le perdona
poco, poco amor demuestra.
48 Y a ella le dijo:
—Tus pecados te son perdonados.
49 Los invitados empezaron a decirse entre sí:
—¿Quién es éste que hasta perdona
pecados?
50 Él dijo a la mujer:
—Tu fe te ha salvado. Vete en paz.

Mujeres que siguen a Jesús

8 1 A continuación fue recorriendo
ciudades y pueblos proclamando
la Buena Noticia del reino de Dios. Lo
acompañaban los Doce 2 y algunas mujeres que había sanado de espíritus
inmundos y de enfermedades: María
Magdalena, de la que habían salido siete
demonios; 3 Juana, mujer de Cusa, ma-
yordomo de Herodes; Susana y otras
muchas, que los atendían con sus bienes.

Parábola del sembrador

(Mt 13,1-23; Mc 4,1-20)

4 Se reunió un gran gentío y se aña-
dían los que iban acudiendo de una
ciudad tras otra. Entonces les propuso
una parábola:
5 —Salió el sembrador a sembrar la
semilla. Al sembrar, unas semillas cayeron junto al camino; las pisaron y las

Jesús enseña una lección muy importante: ni el cumplimiento más riguroso de la Ley, ni las privaciones, ni la «separación» en que viven los piadosos fariseos, ni el sentirse bueno, conmueven a Dios; sólo el amor y el reconocimiento interior de ser pecador atrae la misericordia y el perdón de Dios.

8,1-3 Mujeres que siguen a Jesús. En Jesús todos los prejuicios contra la mujer han caído, hombre y mujer tienen la misma dignidad, como al principio (Gen 1,27); a ambos Dios los bendijo y les confió la administración, el goce y la humanización de la creación. Con toda razón el reino anunciado e iniciado por Jesús se sale de todo molde, de toda expectativa.

8,4-15 Parábola del sembrador. Se podría pensar que Jesús habla aquí de un sembrador descuidado, ineficiente. Haciendo un balance, es más la semilla que se pierde que la que tiene éxito. Pues ahí está reflejado el punto central que quiere resaltar; lo que Él ha venido experimentando a lo largo de su ministerio: mucha gente, muchos aplausos, mucha admiración, mucha fama, pero, ¿qué? ¿Cuántos están comprometidos con el reino?

La cuestión no está, entonces, en la cantidad, en las manifestaciones masivas de acogida y de aprobación de su propuesta. La cuestión está en la calidad, no importa que sean pocos los que se comprometan en la tarea, lo importante es la radicalidad, la capacidad de entregarse por completo a la tarea de la instauración del reino.

aves del cielo se las comieron. 6 Otras
cayeron sobre piedras; brotaron y se
secaron por falta de humedad. 7 Otras
cayeron entre espinos, y al crecer los
espinos con ellas, las ahogaron. 8 Otras
cayeron en tierra fértil y dieron fruto al
ciento por uno.

Dicho esto, exclamó:

—El que tenga oídos que escuche.

9 Los discípulos le preguntaron el
sentido de la parábola, 10 y él les respondió:

—A ustedes se les concede conocer
los secretos del reino de Dios; pero a
los demás se les habla en parábolas:

Para que viendo, no vean,
y escuchando, no comprendan.

11 El sentido de la parábola es el
siguiente:

La semilla es la Palabra de Dios.
12 Lo que cayó junto al camino son los
que escuchan; pero enseguida viene
el Diablo y les arranca del corazón la
palabra, para que no crean y se salven.

13 Lo que cayó entre piedras son los
que al escuchar acogen con gozo la palabra, pero no echan raíces; ésos creen
por un tiempo, pero al llegar la prueba
se echan atrás.

14 Lo que cayó entre espinos son los
que escuchan, pero con las preocupaciones, la riqueza y los placeres de la
vida se van ahogando y no maduran.

15 Lo que cae en tierra fértil son los
que escuchan la palabra con un corazón bien dispuesto, la retienen y dan
fruto gracias a su perseverancia.

La luz de la lámpara

(Mc 4,21)

16 Nadie enciende una lámpara y la
cubre con una vasija o la mete debajo
de la cama, sino que la coloca en el
candelero para que los que entran vean
la luz.

(Mt 10,26; Mc 4,22)

17 No hay nada encubierto que
no se descubra algún día, ni nada
escondido que no se divulgue y se
manifieste.

(Mt 13,12; 25;29; Mc 4,25)

18 Presten atención y oigan bien:
porque al que tiene se le dará y al que
no tiene se le quitará aun lo que parece
tener.

La madre y los hermanos de Jesús

(Mt 12,46-50; Mc 3,31-35)

19 Se le presentaron su madre y sus
hermanos, pero no lograban acercarse
por el gentío. 20 Le avisaron:

—Tu madre y tus hermanos están
fuera y quieren verte.

21 Él les replicó:

—Mi madre y mis hermanos son los
que escuchan la Palabra de Dios y la
cumplen.

8,16-18 La luz de la lámpara. La luz del evangelio y de la fe es dada para comunicarla y compartirla. El que no la comparte acabará perdiéndolo todo, hasta lo que aparenta tener.

8,19-21 La madre y los hermanos de Jesús. En el paralelo de este pasaje (Mc 3,31-35) se puede ver mucho más claramente que también María tiene que hacer un discernimiento profundo y radical para seguir a Jesús.

Su primacía en el grupo de seguidores no se la asegura el mero parentesco; ella tiene que ganarse el título de seguidora también a base de fe y de renuncia y de superar el legalismo para ponerse al servicio de la Palabra, y en ese sentido participar de la fraternidad universal que inauguran Jesús y su Evangelio.

El contexto, en cambio, en el que Lucas ubica este relato, es la parábola del sembrador y la semilla. Lucas presenta como un paradigma de tierra abonada a la madre de Jesús, haciendo ver que ella también tiene que aceptar como condición ineludible una sociedad solidaria y fraterna, donde vale más la unidad que surge en torno al gran proyecto del reino que los mismos lazos de consanguinidad. Recordemos que desde los relatos de la infancia de Jesús Lucas presenta a María como el modelo de oyente de la Palabra que escucha y medita en su corazón (cfr. 1,29; 2,19.51).

Calma una tempestad
(Mt 8,23-27; Mc 4,35-41; cfr. Sal 107,21-30)

22 Uno de aquellos días subió él a
una barca con los discípulos y les dijo:
—Vamos a cruzar a la otra orilla del
lago.
Zarparon 23 y, mientras navegaban,
él se quedó dormido. Se precipitó un
temporal sobre el lago, la barca se lle-
naba de agua y peligraban. 24 Entonces
fueron a despertarlo y le dijeron:
—¡Maestro, que morimos!
Él se despertó e increpó al viento y
al oleaje; el lago se apaciguó y sobrevino la calma.
25 Les dijo:
—¿Dónde está la fe de ustedes?
Ellos llenos de temor y admiración
se decían:
—¿Quién es éste que da órdenes al
viento y al agua, y le obedecen?

Exorciza en Gerasa
(Mt 8,28-34; Mc 5,1-20)

26 Navegaron hasta el territorio de
los gerasenos, que queda enfrente de
Galilea.
27 Al desembarcar, le salió al encuentro un hombre de la ciudad, que
estaba endemoniado. Llevaba bastante
tiempo sin ponerse una túnica y no vivía en una casa, sino en los sepulcros.
28 Al ver a Jesús, dio un grito, se echó
ante él y dijo gritando:
—¿Qué tienes contra mí, Hijo del
Dios Altísimo?, te suplico que no me
atormentes.
29 Es que Jesús estaba mandando
al espíritu inmundo salir de aquel hombre; ya que muchas veces se apode-
raba de él; y aunque lo ataban con
cadenas y grillos, rompía las cadenas y
el demonio lo empujaba a lugares
despoblados.
30 Jesús le preguntó:
—¿Cómo te llamas?
Contestó:
—*Legión*, porque habían entrado en
él muchos demonios.
31 Éstos le rogaban que no los man-
dase ir al abismo. 32 Había allí una piara
numerosa de cerdos pastando en el
monte. Los demonios le suplicaron a
Jesús que les permitiese entrar en los
cerdos. Él se lo concedió; 33 y los demonios, saliendo del hombre, se metieron en los cerdos. La piara, entonces,
se abalanzó por un acantilado al lago y
se ahogó.
34 Al ver lo sucedido, los pastores escaparon y lo contaron en la ciudad y en
los campos. 35 Los vecinos salieron a
ver lo sucedido y, llegando adonde estaba Jesús, encontraron al hombre del
que habían salido los demonios, vestido y sentado, a los pies de Jesús y en
su sano juicio. Y se asustaron. 36 Los
que lo habían visto les contaron cómo
se había librado el endemoniado.
37 Entonces todos los vecinos de la
región de los gerasenos le rogaron a
Jesús que se marchase; porque estaban muy atemorizados.

8,22-25 Calma una tempestad. Con este relato, Lucas busca generar fe y confianza entre los miembros de su comunidad; muchas son las dificultades y zozobras que tiene que afrontar cada creyente, pero también la comunidad como tal. Sin embargo, no hay que temer, porque en la frágil barca que afronta las dificultades del rechazo, de la hostilidad y de las contradicciones está Jesús. Cierto que ya no está presente físicamente («duerme»), pero está su palabra, su ejemplo de vida y su invitación constante a que fortalezcamos cada día más nuestra fe.

8,26-39 Exorciza en Gerasa. Los tres sinópticos hacen mención de este exorcismo en territorio vecino a Israel, y todos guardan el mismo orden: el acontecimiento sucede después que Jesús calma la tempestad. Así, el poder de Jesús no sólo se extiende sobre las fuerzas de la naturaleza, sino también más allá de las fronteras del pueblo elegido. A diferencia de Marcos y Mateo, este pasaje lucano presenta la única vez que Jesús actúa entre los paganos. De esta manera, prefigura la misión universal de la Iglesia.

Jesús se embarcó de vuelta. 38 El
hombre del que habían salido los demonios pidió quedarse con él. Pero
Jesús lo despidió diciendo:
39 —Vuelve a tu casa y cuenta lo que
te ha hecho Dios.

Él fue por toda la ciudad proclamando lo que había hecho Jesús.

Sana a una mujer y resucita a una niña
(Mt 9,18-26; Mc 5,21-43)

40 Cuando volvió Jesús, lo recibió
la gente, porque todos lo estaban
esperando.
41 En esto se acercó un hombre,
llamado Jairo, jefe de la sinagoga;
cayendo a los pies de Jesús, le rogaba
que entrase en su casa, 42 porque su
hija única, de doce años, estaba mu-
riéndose. Mientras caminaba, la multitud lo apretujaba.
43 Una mujer que llevaba doce años
padeciendo hemorragias, [que había
gastado en médicos su entera fortuna]
y que nadie le había podido sanar, 44 se
le acercó por detrás y le tocó el borde
de su manto. Al instante se le cortó la
hemorragia.
45 Jesús preguntó:
—¿Quién me ha tocado?
Y, como todos lo negaban, Pedro dijo:
—Maestro, la multitud te cerca y te
apretuja.
46 Pero Jesús replicó:
—Alguien me ha tocado, yo he sentido que una fuerza salía de mí.
47 Viéndose descubierta, la mujer se
acercó temblando, se postró ante él y
explicó delante de todos por qué lo
había tocado y cómo se había mejo-
rado inmediatamente.
48 Jesús le dijo:
—Hija, tu fe te ha salvado. Vete en
paz.
49 Aún estaba hablando, cuando llegó
uno de la casa del jefe de la sinagoga y
le anuncia:
—Tu hija ha muerto, no molestes
más al Maestro.
50 Lo oyó Jesús y respondió:
—No temas; basta que creas y se
salvará.

51 Cuando llegó a la casa no permitió entrar con él más que a Pedro,
Juan, Santiago y los padres de la muchacha. 52 Todos lloraban haciendo
duelo por ella.

Pero él dijo:

—No lloren, que no está muerta,
sino dormida.

53 Se reían de él, porque sabían que
estaba muerta. 54 Pero él, tomándola de
la mano, le ordenó:

—Muchacha, levántate.

55 Le volvió el aliento y enseguida
se puso de pie. Jesús mandó que le
dieran de comer.

56 Sus padres quedaron sobrecogidos de admiración y él les encargó
que no contaran a nadie lo sucedido.

8,40-56 Sana a una mujer y resucita a una niña. Este relato contiene dos milagros en el mismo hilo narrativo. La sanación de una hemorroísa y la resurrección de la hija de Jairo. Llama la atención que la hemorroísa estuviera padeciendo doce años, los mismos años de la edad de la niña. Este detalle quizás esté evocando al pueblo (las doce tribus) sometido a leyes que lejos de generarle vida, le conducen a la muerte, como la exclusión de la vida social de la hemorroísa legislada en Lv 15,19-27; y la humillación de la familia de Jairo al perder a su única hija, detalle que confiere más dramatismo al relato.

En ambos casos la fe desempeña un papel importante. A diferencia de los pasajes anteriores: «Calma una tempestad», en el que los discípulos desesperan sin fe; y «Exorciza en Gerasa», donde los gerasenos lejos de acogerlo lo echan de su territorio, en estos dos milagros se revela la fe que acoge el poder de Dios manifestado en Jesús, fe que libera y restituye a la vida.

Llama también la atención que las beneficiarias sean dos mujeres; la actividad liberadora de Jesús no conoce límites: el ha venido a salvar a toda la humanidad, y se decanta especialmente por los excluidos.

Misión de los Doce
(Mc 6,7-13)

9 1 Convocó a los Doce y les dio poder y autoridad sobre todos los
demonios y para sanar enfermedades.
2 Y los envió a proclamar el reino de
Dios y a sanar [enfermos]. 3 Les dijo:
—No lleven nada para el camino: ni
bastón ni alforja, ni pan ni dinero, ni
dos túnicas. 4 En la casa en que entren
permanezcan hasta que se vayan. 5 Si
no los reciben, al salir de la ciudad
sacudan el polvo de los pies como
prueba contra ellos.
6 Cuando salieron, recorrieron los
pueblos anunciando la Buena Noticia y
sanando enfermos por todas partes.

El interés de Herodes
(Mt 14,1s; Mc 6,14-16)

7 Herodes se enteró de todo lo sucedido y estaba desconcertado; porque
unos decían que era Juan resucitado
de entre los muertos, 8 otros que era
Elías aparecido, otros que había surgido un profeta de los antiguos.
9 Herodes comentaba:
—A Juan yo lo hice decapitar.
¿Quién será éste de quien oigo tales
cosas?
Y deseaba verlo.

Da de comer a cinco mil
(Mt 14,13-22; Mc 6,30-45; cfr. Jn 6,1-15)

10 Los apóstoles volvieron y le contaron todo lo que habían hecho. Él los
tomó aparte y se retiró por su cuenta a
una ciudad llamada Betsaida.
11 Pero la multitud se enteró y le
siguió. Él los recibió y les hablaba del
reino de Dios y sanaba a los que lo
necesitaban.
12 Como caía la tarde, los Doce se
acercaron a decirle:
—Despide a la gente para que vayan
a los pueblos y campos de los alrededores y busquen hospedaje y comida;
porque aquí estamos en un lugar despoblado.
13 Les contestó:
—Denle ustedes de comer.
Ellos contestaron:
—No tenemos más que cinco panes
y dos pescados; a no ser que vayamos
nosotros a comprar comida para toda
esa gente. 14 –Los varones eran unos
cinco mil–.
Él dijo a los discípulos:
—Háganlos sentar en grupos de
cincuenta.
15 Así lo hicieron y se sentaron todos.
16 Entonces tomó los cinco panes y los
dos pescados, alzó la vista al cielo, los

9,1-6 Misión de los Doce. Los tres sinópticos concuerdan en este episodio en el que Jesús envía a los doce a predicar la cercanía del reino de Dios (cfr. Mt 10,1-15).

Lo primero que llama la atención en el relato de Lucas es la autoridad con que Jesús inviste a sus apóstoles; ellos tienen que hacer lo que han visto y anunciar lo que han oído del mismo Jesús: la proclamación del reino de Dios.

La otra característica es el despojo personal y cómo tienen que salir; incluso tienen que evangelizar con su propio estilo de vida, dependiendo humildemente de la generosidad de la gente, aceptando con agrado la acogida, pero dejando constancia de los posibles rechazos con el gesto de sacudirse el polvo de los pies de los lugares donde no fueran bien recibidos.

9,7-9 El interés de Herodes. Mientras los doce están en misión, Lucas aprovecha para narrarnos la curiosidad de Herodes acerca de Jesús. La inquietud de Herodes no se debe ni a cuestiones de fe ni de conciencia, sino más bien a los comentarios y opiniones encontradas de la gente. Hay dos cuestiones de fondo aquí: 1. A estas alturas todavía no hay una percepción clara sobre la identidad de Jesús. 2. Lucas aprovecha las mismas palabras de Herodes para transmitirnos la noticia sobre la muerte de Juan. El evangelista evita narrar el relato completo y las circunstancias de dicha muerte como lo hace Marcos (cfr. Mc 6,14-29).

9,10-17 Da de comer a cinco mil. Toda la actividad de Jesús, sus palabras y sus acciones tienen como eje central la instauración del reinado de Dios en la tierra. El sentido del envío de los doce tenía la misma finalidad.

Pero esa instauración no puede quedarse en el solo anuncio de una realidad espiritual, el reinado de Dios tiene que empezar a «verse» también de alguna manera; por eso, las acciones y los signos de Jesús hacen visible

bendijo, los partió y se los fue dando a
los discípulos para que se los sirvieran
a la gente. 17 Comieron todos y quedaron satisfechos, y recogieron los trozos sobrantes en doce canastas.

Confesión de Pedro

(Mt 16,13-20; Mc 8,27-30; cfr. Jn 6,67-71)

18 Estando él una vez orando a solas, se le acercaron los discípulos y él los interrogó:

—¿Quién dice la multitud que soy yo?

19 Contestaron:

—Unos que Juan el Bautista, otros que Elías, otros dicen que ha surgido un profeta de los antiguos.

20 Les preguntó:

—Y ustedes, ¿quién dicen que soy yo?

Respondió Pedro:

—Tú eres el Mesías de Dios.

21 Él les ordenó que no se lo dijeran a nadie.

Primer anuncio de la pasión y resurrección

(Mt 16,21-28; Mc 8,31—9,1)

22 Y añadió:

—El Hijo del Hombre tiene que padecer mucho, ser rechazado por los ancianos, sumos sacerdotes y letrados, tiene que ser condenado a muerte y resucitar al tercer día.

Condiciones para ser discípulo

(Mt 16,24-28; Mc 8,34–9,1)

23 Y a todos les decía:

—El que quiera seguirme, niéguese a sí mismo, cargue con su cruz cada
día y sígame. 24 El que quiera salvar su
vida la perderá; pero quien pierda su
vida por mí la salvará. 25 ¿De que le vale
al hombre ganar el mundo entero si se pierde o se malogra él?

26 Si uno se avergüenza de mí y de mis palabras, el Hijo del Hombre se avergonzará de él cuando venga con su gloria, la de su Padre y de los santos ángeles.

27 Les aseguro que algunos de los que están aquí presentes no sufrirán la muerte antes de ver el reino de Dios.

Transfiguración de Jesús

(Mt 17,1-9; Mc 9,2-10)

28 Ocho días después de estos discursos, tomó a Pedro, Juan y Santiago
y subió a una montaña a orar. 29 Mien-
tras oraba, su rostro cambió de aspecto
y su ropa resplandecía de blancura.
30 De pronto dos hombres hablaban

y palpable la realidad del reino. Si podemos hablar aquí de milagro, no podemos plantearlo como el milagro de la multiplicación de los panes y los peces que realizó Jesús, sino como el milagro que genera el desprendimiento y la actitud de compartir, la apertura generosa y solidaria con los demás; eso es lo que tiene que promover de manera permanente el discípulo de Jesús, y eso es lo que tiene que «sacramentalizar» en el mundo nuestro compromiso cristiano.

9,18-21 Confesión de Pedro. Ya cercano el final del ministerio de Jesús en Galilea, es obvio que su fama se haya extendido por toda la región; sin embargo, queda en Jesús una duda: ¿Habrá comprendido la gente, las multitudes que lo han visto y oído, quién es Él en definitiva? ¿Dónde están, qué se han hecho, a qué se dedican tantos que lo han escuchado? ¿En qué han influido el mensaje proclamado y los signos realizados? ¿Qué responden los doce? Pedro responde por todos; para ellos, Jesús es el Mesías de Dios, el Ungido.

La pregunta directa es también interpelación para nosotros. Veintiún siglos después sigue siendo actual para los cristianos que demos razón de nuestra fe en Él, y de su proyecto: el reinado de Dios.

Lucas conserva la prohibición de Jesús a sus discípulos de difundir la noticia sobre su identidad (cfr. Mc 8,30; Mt 16,20), pero suprime el diálogo con Pedro que termina con una dura reprensión cuando el discípulo se opone a la decisión de Jesús de llevar adelante su misión por la vía de la cruz (cfr. Mc 8,32s; Mt 16,22s).

9,22-27 Primer anuncio de la pasión y resurrección – Condiciones para ser discípulo. Jesús pasa de inmediato a exponer el destino que le espera y las implicaciones que ello tiene para la vida de sus discípulos. Quien quiera seguirlo no puede evadir el camino que Él mismo está trazando, el verdadero discípulo tiene que asumir como propio el proyecto y el camino del Maestro: se niega a sí mismo, es decir, no actúa por capricho ni acomoda la realidad a sus propios intereses.

9,28-36 Transfiguración de Jesús. La transfiguración está completamente ligada al tema anterior sobre la pasión, muerte y resurrección de Jesús, y al mismo tiempo

con él: eran Moisés y Elías, 31 que aparecieron gloriosos y comentaban la
partida de Jesús que se iba a consumar
en Jerusalén. 32 Pedro y sus compañeros tenían mucho sueño. Al despertar,
vieron su gloria y a los dos hombres
que estaban con él. 33 Cuando éstos se
retiraron, dijo Pedro a Jesús:

—Maestro, ¡qué bien se está aquí!
Vamos a armar tres chozas: una para ti,
una para Moisés y una para Elías –no
sabía lo que decía–.

34 Apenas lo dijo, vino una nube que
les hizo sombra. Al entrar en la nube, se
asustaron. 35 Y se escuchó una voz que
decía desde la nube:

—Éste es mi Hijo elegido. Escúchenlo.

36 Al escucharse la voz, se encontraba Jesús solo. Ellos guardaron silencio y por entonces no contaron a nadie
lo que habían visto.

Sana a un niño epiléptico

(Mt 17,14-18; Mc 9,14-27)

37 El día siguiente, al bajar ellos de la
montaña, les salió al encuentro un gran
gentío. 38 Un hombre del gentío gritó:

—Maestro, te ruego que te fijes en
mi hijo, que es único. 39 Un espíritu lo
agarra, de repente grita, lo retuerce, lo
hace echar espuma por la boca y a duras penas se aparta dejándolo molido.
40 He pedido a tus discípulos que lo
expulsen y no han sido capaces.

41 Jesús contestó:

—¡Qué generación incrédula y perversa! ¿Hasta cuándo tendré que estar
con ustedes y soportarlos? Trae acá a
tu hijo.

42 El muchacho se estaba acercando
cuando el demonio lo tiró al suelo y lo
retorció. Jesús increpó al espíritu inmundo, sanó al muchacho y se lo entregó a su padre.

43a Y todos se maravillaron de la
grandeza de Dios.

Segundo anuncio de la pasión y resurrección

(Mt 17,22s; Mc 9,30-32)

43b Como todos se admiraban de lo
que hacía, dijo a sus discípulos:

44 —Presten atención a estas palabras: El Hijo del Hombre va a ser entregado en manos de hombres.

45 Pero ellos no entendían este asunto; su sentido les resultaba encubierto;
pero no se atrevían a hacerle preguntas
respecto a esto.

hay una íntima relación entre la Escritura y el bautismo de Jesús. La relación con la Escritura y, en definitiva, con el plan salvífico del Padre está determinada por la presencia de Moisés (la Ley) y Elías (los Profetas) para decir que tanto la Ley como los Profetas atestiguan y aprueban la misión que Jesús está llevando a cabo. La relación con el bautismo de Jesús está dada en la voz que se escucha desde la nube; tal como sucedió en el Jordán (cfr. 3,21s), el Padre confirma, valida con su propia palabra la opción de Jesús. De manera que Jesús al elegir libremente el camino del dolor, del sufrimiento, recibe el respaldo del Padre quien ratifica no sólo a Jesús, sino a todo aquel que decida hacerse su discípulo.

9,37-43a Sana a un niño epiléptico. Lucas abrevia este relato que Marcos describe tan amplia y detalladamente (Mc 9,14-29). Se resaltan las palabras del padre del muchacho, quien ya había acudido a los discípulos de Jesús para que liberasen al niño de aquel mal, sin ningún resultado. Según las palabras de Jesús, ello se debe a la falta de fe de sus propios discípulos. Y eso que ya los discípulos habían recibido de Jesús la autoridad para expulsar demonios (9,1); aquí parece que ese poder no les funciona, ¿por qué? La clave para la respuesta la encontramos en Marcos: «esa clase sólo sale a fuerza de oración» (Mc 9,29).

9,43b-45 Segundo anuncio de la pasión y resurrección. La admiración y el asombro en que termina el pasaje anterior sirven de marco para que Jesús anuncie otra vez su próximo destino.

No hay que confundir las cosas, todos los aplausos y manifestaciones masivas de júbilo no pueden distraer el rumbo que Jesús ha dado a su vida. Los discípulos no entienden nada de lo que dice, prefieren seguir en la ignorancia por temor a preguntarle.

¿Quién es el más importante?
(Mt 18,1-5; Mc 9,33-37)

46 Surgió una discusión entre ellos
sobre quién era el más grande.
47 Jesús, sabiendo lo que pensaban,
acercó un niño, lo colocó junto a sí 48 y
les dijo:
—Quien recibe a este niño en mi
nombre, a mí me recibe; y quien me
recibe a mí recibe al que me envió. El
más pequeño de todos ustedes, ése es
el mayor.

El exorcista anónimo
(Mc 9,38-40)

49 Juan le dijo:
—Maestro, vimos a uno que expulsaba demonios en tu nombre y tratamos de impedírselo, porque no sigue
con nosotros. 50 Jesús respondió:
—No se lo impidan. Quien no está
contra ustedes está con ustedes.

Camino de Jerusalén

51 Cuando se iba cumpliendo el
tiempo de que se lo llevaran al cielo,
emprendió decidido el viaje hacia Jerusalén, 52 y envió por delante unos mensajeros. Ellos fueron y entraron en un
pueblo de samaritanos para prepararle
alojamiento. 53 Pero éstos no lo recibieron porque se dirigía a Jerusalén. 54 Al
ver esto, Juan y Santiago, sus discípulos,
dijeron:
—Señor, ¿quieres que mandemos
que caiga un rayo del cielo y acabe con
ellos?
55 Él se volvió y los reprendió.
56 Y se fueron a otro pueblo.

Exigencias del seguimiento
(Mt 8,19-22)

57 Mientras iban de camino, uno le
dijo:
—Te seguiré adonde vayas.
58 Jesús le contestó:
—Las zorras tienen madrigueras, las
aves del cielo nidos, pero el Hijo del Hombre no tiene dónde recostar la cabeza.
59 A otro le dijo:
—Sígueme.

9,46-50 ¿Quién es el más importante? – El exorcista anónimo. Encontramos dos instrucciones en este pasaje. La primera tiene que ver con la forma de entender el reino. Los discípulos no han entendido nada de lo que Jesús les ha enseñado e ilustrado con sus acciones sobre la realidad del reino de Dios y su dinámica. Ellos siguen entendiendo que se trata de una realidad en la que siguen contando los títulos, la posición social y los puestos burocráticos. La segunda instrucción está en relación con los que predicaban y realizaban signos en nombre de Jesús. El criterio de Jesús es claro y terminante: «no se lo impidan» (50); nadie que haga el bien puede ser molestado sólo porque «no pertenece a los nuestros»; Dios, su amor, su misericordia, su paternidad, son más grandes que cualquier grupo o comunidad de cualquier denominación.

9,51-56 Camino de Jerusalén. Llegados a este punto, Lucas va a dar inicio en su relato a una nueva etapa en el ministerio público de Jesús; hasta ahora, toda su actividad se ha desarrollado en Galilea, a partir de este momento se va a enmarcar en el tema del camino que físicamente lo acercará a la Ciudad Santa, y espiritualmente lo hará madurar más en su proceso de asumir con radicalidad su tarea de Mesías, de Enviado y Salvador.

Humanamente hablando, el camino que comienza aquí se podría ver como el declive paulatino de Jesús; poco a poco va quedando más solo, menos rodeado de multitudes, hasta le niegan la entrada en una aldea de samaritanos (53); Herodes lo busca para matarlo (13,31-33) y, en los momentos definitivos de su vida, hasta sus mismos discípulos, aquellos que se había elegido para sí (5,1-11), lo dejan completamente solo y hasta lo niegan (22,56-60).

Pero si así se ven las cosas desde lo humano, en el plan del Padre tienen otra perspectiva; este camino habría que leerlo de distinto modo: ya desde el momento de las «tentaciones», Jesús había decidido que su misión la realizaría no según los criterios del triunfalismo ni de la espectacularidad, sino de acuerdo con el criterio del servicio, de la entrega, de la renuncia, del anonadamiento, y esto implica la persecución y el rechazo; no es que Jesús sea un masoquista que busca el dolor y el sufrimiento por sí mismos; el dolor, el sufrimiento, la muerte violenta son el resultado de la actitud obstinada con que el pueblo de la promesa recibe el anuncio de su cumplimiento.

Así las cosas, Jesús no busca el dolor ni el sufrimiento, sencillamente no los evade, los enfrenta a pesar de que sabe que con toda probabilidad va a ser derrotado, pero también sabe que si no es así, la obstinación y las fuerzas del mal seguirán manteniendo siempre el imperio y la dominación sobre la humanidad.

9,57-62 Exigencias del seguimiento. Nos encontramos aquí con tres casos de seguimiento: el primero es un voluntario que se ofrece a seguir a Jesús (57s); la

Le contestó:
—[Señor], déjame primero ir a enterrar a mi padre.
60 Le dijo:
—Deja que los muertos entierren a
sus muertos; tú ve a anunciar el reino
de Dios.
61 Otro le dijo:
—Te seguiré, Señor, pero primero
déjame despedirme de mi familia.
62 Jesús [le] dijo:
—El que ha puesto la mano en el
arado y mira atrás no es apto para el
reino de Dios.

Misión de los setenta y dos

10 1 Después de esto designó el
Señor a otros setenta [y dos] y
los envió por delante, de dos [en dos],
a todas las ciudades y lugares adonde
pensaba ir.

(Mt 9,37s)

2 Les decía:
—La cosecha es abundante, pero
los trabajadores son pocos. Rueguen al
dueño de los campos que envíe trabajadores para su cosecha.

(Mt 10,9-16)

3 Vayan, que yo los envío como ovejas
entre lobos. 4 No lleven bolsa ni alforja
ni sandalias. Por el camino no saluden
a nadie. 5 Cuando entren en una casa,
digan primero: Paz a esta casa. 6 Si hay
allí alguno digno de paz, la paz descan-
sará sobre él. De lo contrario, la paz
regresará a ustedes. 7 Quédense en esa
casa, comiendo y bebiendo lo que haya;
porque el trabajador tiene derecho a su
salario. No vayan de casa en casa. 8 Si
entran en una ciudad y los reciben, coman de lo que les sirvan.
9 Sanen a los enfermos que haya y
digan a la gente: El reino de Dios ha llegado a ustedes.
10 Si entran en una ciudad y no los
reciben, salgan a las calles y digan:
11 Hasta el polvo de esta ciudad que se
nos ha pegado a los pies lo sacudimos
y se lo devolvemos. Con todo, sepan
que ha llegado el reino de Dios. 12 Les
digo que aquel día la suerte de Sodoma
será menos rigurosa que la de aquella
ciudad.

Recrimina a las ciudades de Galilea

(Mt 11,20-24)

13 ¡Ay de ti, Corozaín, ay de ti, Betsaida! Porque si los milagros realizados
entre ustedes se hubieran hecho en Tiro
y Sidón, hace tiempo habrían hecho
penitencia vistiéndose humildemente y

respuesta del Maestro es radical: seguirle no atrae ninguna ganancia humana, ni ninguna ventaja material ni social. En el segundo caso, es Jesús quien llama (59s), el aludido está dispuesto a seguirle, pero antepone una condición: enterrar primero al padre; no hay que entender que justo en esos momentos el padre estaba muerto; la expresión evoca una figura muy familiar también para nosotros: «ver» por los padres, hacerse cargo de ellos hasta su muerte, luego sí, en libertad seguiría a Jesús. Pues ésta no fue excusa para el discípulo que recibe una orden seca, cortante: «deja que los muertos entierren a sus muertos; tú ve a anunciar el reino de Dios» (60). Si uno de los efectos de la instauración del reinado de Dios es la justicia, la solidaridad y la fraternidad, ya habrá quién se ocupe de esos padres. En el tercer caso, también es Jesús quien llama y también hay de por medio una excusa aparentemente muy válida: despedirse de los padres. Jesús ve un riesgo, Él no es contrario a esta bella actitud filial, pero sabe que muchas veces la familia –y más en aquella época– era un gran obstáculo para el espontáneo ejercicio de la libertad de los hijos. No se sigue a Jesús para «obtener» libertad, se le sigue en libertad.

10,1-12 Misión de los setenta y dos. Ya en 9,1-6 Jesús había hecho un primer envío de los Doce, con lo cual quedaba simbolizado el pueblo de Israel compuesto por doce tribus. Ahora designa a otros setenta (o setenta y dos) para enviarles también a predicar el reinado de Dios. El número «setenta» podría tener aquí el valor simbólico de «todo el mundo», según la tradición de que todo el mundo estaba dividido en «setenta naciones» (Gn 10); sea como fuere, sí hay una alusión en la perspectiva lucana a la universalidad del mensaje y a la universalidad de la vocación y urgencia del anuncio.

10,13-16 Recrimina a las ciudades de Galilea. Todavía en relación con el tema del envío y especialmente con el tema de los posibles rechazos, Lucas pone en labios

sentándose sobre cenizas. 14 Y así, el
juicio será más llevadero para Tiro y
Sidón que para ustedes.
15 Y tú, Cafarnaún, ¿pretendes en-
cumbrarte hasta el cielo? Pues caerás
hasta el abismo.
16 Y dijo a sus discípulos:
—El que a ustedes escucha a mí me
escucha; el que a ustedes desprecia a
mí me desprecia; y quien a mí me desprecia, desprecia al que me envió.

Vuelven los setenta y dos

17 Volvieron los setenta [y dos] muy
contentos y dijeron:
—Señor, en tu nombre hasta los
demonios se nos sometían.
18 Les contestó:
—Estaba viendo a Satanás caer
como un rayo del cielo. 19 Miren, les
he dado poder para pisotear serpientes y escorpiones y para vencer toda
la fuerza del enemigo, y nada los da-
ñará. 20 Con todo, no se alegren de
que los espíritus se les sometan, sino
de que sus nombres están escritos en
el cielo.

El Padre y el Hijo

(Mt 11,25-27)

21 En aquella ocasión, con el júbilo
del Espíritu Santo, dijo:
—¡Te alabo, Padre, Señor de cielo y
tierra, porque, ocultando estas cosas a
los sabios y entendidos, se las diste a
conocer a la gente sencilla! Sí, Padre,
ésa ha sido tu elección. 22 Todo me lo
ha encomendado mi Padre: nadie conoce quién es el Hijo, sino el Padre, y
quién es el Padre, sino el Hijo y aquél a
quien el Hijo decida revelárselo.

(Mt 13,16s)

23 Volviéndose aparte a los discípulos, les dijo:
—¡Dichosos los ojos que ven lo que
ustedes ven! 24 Les digo que muchos
profetas y reyes quisieron ver lo que ustedes ven, y no lo vieron; escuchar lo que
ustedes escuchan, y no lo escucharon.

Parábola del buen samaritano

(cfr. Mt 22,34-40; Mc 12,28-34)

25 En esto un doctor de la ley se levantó y, para ponerlo a prueba, le preguntó:
—Maestro, ¿qué debo hacer para
heredar la vida eterna?
26 Jesús le contestó:
—¿Qué está escrito en la ley? ¿Qué
es lo que lees?
27 Respondió:
—*Amarás al Señor tu Dios*
con todo tu corazón,
con toda tu alma,

de Jesús esta especie de lamentación profética que también suena a amenaza. Jesús puede ver que tras su paso por estas ciudades y lugares, aunque con muchas manifestaciones de júbilo por sus palabras y signos, no quedó aparentemente nada. Propiamente, lo que Jesús lamenta es la incredulidad de estas ciudades y su poco empeño en poner en práctica sus enseñanzas.

10,17-20 Vuelven los setenta y dos. El regreso de los misioneros está enmarcado por la alegría y el gozo, primero porque han cumplido el encargo y luego por el efecto que el mensaje ha surtido entre el pueblo. Jesús está de acuerdo con ellos, pues había visto cómo Satanás caía del cielo como un rayo (18), una manera simbólica de decir que la misión realizada por Él mismo y por sus enviados va arrebatando poder a las fuerzas del mal.

10,21-24 El Padre y el Hijo. Sólo los «pequeños», los que no tienen la pretensión de condicionar a Dios ni exigirle que actúe según los intereses personales o de grupo, sólo los humildes y sencillos están capacitados para captar y entender la excepcionalidad del tiempo mesiánico y de aceptar que en Jesús, «uno del pueblo», Dios se está haciendo presente y se está acercando a cada uno; esto llena de gozo a Jesús y por eso exterioriza su alegría a través de estas palabras de alabanza al Padre.

10,25-37 Parábola del buen samaritano. «¿Quién es mi prójimo?». Para el judaísmo tradicional, el prójimo era el hermano de pueblo, el otro de origen israelita; los demás no eran prójimos. Pero aun dentro del sistema socio-religioso del judaísmo, ese próximo debía reunir unas

con todas tus fuerzas,
con toda tu mente, y
al prójimo como a ti mismo.
28 Entonces le dijo:
—Has respondido correctamente:
obra así y vivirás.
29 Él, queriendo justificarse, preguntó
a Jesús:
—¿Y quién es mi prójimo?
30 Jesús le contestó:
—Un hombre bajaba de Jerusalén a
Jericó. Tropezó con unos asaltantes
que lo desnudaron, lo hirieron y se fueron dejándolo medio muerto. 31 Coin-
cidió que bajaba por aquel camino un
sacerdote y, al verlo, pasó de largo.
32 Lo mismo un levita, llegó al lugar, lo vio
y pasó de largo. 33 Un samaritano que
iba de camino llegó adonde estaba, lo
vio y se compadeció. 34 Le echó aceite y
vino en las heridas y se las vendó. Después, montándolo en su cabalgadura, lo
condujo a una posada y lo cuidó. 35 Al
día siguiente sacó dos monedas, se las
dio al dueño de la posada y le encargó:
Cuida de él, y lo que gastes de más te
lo pagaré a la vuelta.
36 ¿Quién de los tres te parece que
se portó como prójimo del que cayó en
manos de los asaltantes?
37 Contestó:
—El que lo trató con misericordia.
Y Jesús le dijo:
—Ve y haz tú lo mismo.

Marta y María

38 Yendo de camino, entró Jesús en
un pueblo. Una mujer, llamada Marta,
lo recibió en su casa. 39 Tenía una hermana llamada María, la cual, sentada a
los pies del Señor, escuchaba sus palabras; 40 Marta ocupada en los queha-
ceres de la casa dijo a Jesús:
—Maestro, ¿no te importa que mi
hermana me deje sola en los queha-
ceres? Dile que me ayude.
41 El Señor le respondió:
—Marta, Marta, te preocupas y te in-
quietas por muchas cosas, 42 cuando
una sola es necesaria. María escogió la
mejor parte y no se la quitarán.

La oración: el Padrenuestro

(Mt 6,9-15)

11 1 Una vez estaba en un lugar
orando. Cuando terminó, uno
de los discípulos le pidió:
—Señor, enséñanos a orar como
Juan enseñó a sus discípulos.
2 Jesús les contestó:
—Cuando oren, digan:

condiciones especiales para poder acercarse a uno, no debía estar impuro legalmente para que no hiciera impuro a nadie. El samaritano que se acerca al herido –es el prototipo de la persona odiada, rechazada, que resulta incómoda porque su sola presencia ponía en riesgo la pureza legal– sirve a Jesús como modelo de lo que significa ser prójimo. El samaritano actuó contra la Ley y podría ser motivo de acusación del piadoso doctor de la Ley, pero su acción supera con mucho a la Ley misma porque ha actuado con amor, con compasión, con generosidad, con desinterés y sobre todo, con misericordia.

10,38-42 Marta y María. Un buen ejemplo para discernir qué es más importante, si lo que está establecido por la Ley y las prácticas culturales o la acogida a la novedad del reino, es este pasaje de la visita de Jesús a Marta y María. Marta cumple con lo «normal», lo que mandan las normas de la acogida y de la hospitalidad; ella es símbolo de esa porción de pueblo que cree que con «cumplir» ya está arreglado todo, y por tanto el criterio de juicio para determinar el comportamiento de los otros es si cumplen o no. María cumple también con la costumbre de acogida y de la hospitalidad, pero lo hace de un modo distinto, con una actitud novedosa que sale del corazón, es la mejor parte que nadie puede quitarle al creyente y que personas como Marta, aún siendo tan bondadosas, están llamadas también a experimentar.

11,1-13 La oración: el Padrenuestro. Lucas nos transmite una tradición sobre el Padrenuestro más breve que la de Mateo (Mt 6,9-13), quien la inserta en el Sermón del monte; Lucas la incluye en esta sección del camino de Jesús hacia Jerusalén porque, en definitiva, lo que Jesús enseña aquí sobre la forma de orar es un camino, un proyecto que empeña toda la vida del cristiano, no una fórmula propiamente dicha.

En estas breves sentencias, Jesús sintetiza su proyecto de vida y de todo aquel que quiera ser su discípulo, un

Padre,
santificado sea tu nombre,
venga tu reino;
3 el pan nuestro de cada día
danos hoy;
4 perdona nuestros pecados
como también
nosotros perdonamos
a todos los que nos ofenden;
no nos dejes caer en la tentación.

5 Y les añadió:
—Supongamos que uno tiene un
amigo que acude a él a media noche y
le pide: Amigo, préstame tres panes,
6 que ha llegado de viaje un amigo mío
y no tengo qué ofrecerle. 7 El otro desde
dentro le responde: No me vengas con
molestias; estamos acostados yo y mis
niños; no puedo levantarme a dártelo.
8 Les digo que, si no se levanta a dárselo
por amistad, se levantará a darle cuanto
necesita para que deje de molestarlo.

(Mt 7,7-11)

9 Y yo les digo: Pidan y se les dará,
busquen y encontrarán, llamen y se les
abrirá, 10 porque quien pide recibe,
quien busca encuentra, a quien llama
se le abre.
11 ¿Qué padre entre ustedes, si su
hijo le pide pan, le da una piedra? O, si
le pide pescado, ¿le dará en vez de
pescado una culebra? 12 O, si pide un
huevo, ¿le dará un escorpión? 13 Pues si
ustedes, que son malos, saben dar cosas buenas a sus hijos, ¡cuánto más el
Padre del cielo dará el Espíritu Santo a
los que se lo pidan!

Jesús y Satanás
(Mt 12,22-30; Mc 3,20-27)

14 Estaba echando un demonio [que
era] mudo. Cuando salió el demonio,
habló el mudo; y la multitud se admiró.
15 Pero algunos dijeron:
—Expulsa los demonios con el poder de Belcebú, jefe de los demonios.
16 Otros, para ponerlo a prueba, le
pedían una señal del cielo.
17 Él, leyendo sus pensamientos, les
dijo:
—Un reino dividido internamente va
a la ruina y se derrumba casa tras
casa. 18 Si Satanás está dividido internamente, ¿cómo se mantendrá su reino?
Porque ustedes dicen que yo expulso
los demonios con el poder de Belcebú.

proyecto que gira en torno a dos realidades o polos:

1. Dios, cuyo nombre hemos de santificar con nuestras obras y palabras, y su reino, cuyo advenimiento hemos de preparar también con nuestras obras, con nuestro cambio de mentalidad para poder que se vea y se sienta realmente entre nosotros.

2. El prójimo, con y por quien nos comprometemos a luchar por la justicia para que todo lo que Dios ha creado, los bienes de la creación, los bienes materiales e inmateriales, los de la cultura, la ciencia y la tecnología, sean de verdad para todos, cada día. El prójimo, con quien pueden surgir roces, diferencias, enfrentamientos y contradicciones, pero cuyas relaciones tenemos que estar dispuestos a sanear a cada momento a través del perdón, porque también cada momento necesitamos del perdón de Dios.

Finalmente, es necesario que estemos muy atentos porque en este proyecto de vida cristiana que es el Padrenuestro la inconstancia, la fatiga, el desánimo, el no ver pronto los frutos del trabajo diario, la realidad de las fuerzas del egoísmo, la codicia y el mal que con tanta facilidad destruyen los pequeños logros que se van alcanzando, son una tentación constante para abandonarlo todo. Desde ahí una y otra vez, con mucha facilidad se pasa a lo que en definitiva se pasó: convertir el proyecto de vida del Padrenuestro en una fórmula que se repite, pero que no transforma ni toca para nada ni el interior del creyente, ni la realidad que nos rodea.

La constancia, la perseverancia y sobre todo la convicción de las cosas infinitamente buenas que se lograrán con esta propuesta de Jesús quedan ilustradas con la parábola del amigo inoportuno y con la garantía de Jesús de que Dios nunca dará nada que no sea útil y saludable para quienes se empeñan en vivir este proyecto.

11,14-28 Jesús y Satanás. La lógica de Jesús no tiene réplica por parte de sus adversarios que, como ocurre en todas las controversias, son reducidos al silencio; el momento y las circunstancias son idóneas para que Jesús deje claro que ante Él, nadie puede permanecer neutral, o se le acepta y se le sigue radicalmente, o simplemente no se le acepta.

19 Si yo expulso los demonios con el
poder de Belcebú, ¿con qué poder los
expulsan los discípulos de ustedes?
Por eso ellos los juzgarán. 20 Pero si [yo]
expulso los demonios con el dedo de
Dios, es que ha llegado a ustedes el
reino de Dios.

21 Mientras un hombre fuerte y armado guarda su casa, todo lo que
posee está seguro. 22 Pero si llega
uno más fuerte y lo vence, le quita
las armas en que confiaba y reparte
sus bienes. 23 El que no está conmigo
está contra mí. El que no recoge
conmigo desparrama.

(Mt 12,43-45)

24 Cuando un espíritu inmundo sale
de un hombre, recorre lugares áridos
buscando descanso, y no lo encuentra.
[Entonces] dice: Volveré a mi casa, de
donde salí. 25 Al volver, la encuentra
barrida y arreglada. 26 Entonces va,
toma consigo otros siete espíritus peores
que él, y se meten a habitar allí. Y el
final de aquel hombre resulta peor que
el comienzo.

27 Cuando decía esto, una mujer de
la multitud alzó la voz y dijo:

—¡Dichoso el vientre que te llevó y
los pechos que te criaron!

28 Él replicó:

—¡Dichosos, más bien, los que escuchan la Palabra de Dios y la cumplen!

La señal de Jonás

(Mt 12,38-41)

29 La multitud se aglomeraba y él se
puso a decirles:

—Esta generación es malvada: reclama una señal, y no se le concederá más
señal que la de Jonás. 30 Como Jonás
fue una señal para los ninivitas, así lo
será el Hijo del Hombre para esta generación. 31 El día del juicio la reina del sur
se alzará contra esta generación y la condenará; porque ella vino del extremo de
la tierra para escuchar el saber de Salomón, y aquí hay alguien mayor que Salomón. 32 El día del juicio los ninivitas
se alzarán contra esta generación y la
condenarán; porque ellos se arrepintieron por la predicación de Jonás, y
aquí hay alguien mayor que Jonás.

Luz y tinieblas

(Mt 5,15)

33 No se enciende una lámpara para
tenerla escondida [o bajo un cajón],
sino que se pone en el candelero para
que los que entran vean la luz.

(Mt 6,22s)

34 La lámpara del cuerpo es el ojo: si
tu ojo está sano, también todo tu cuerpo está lleno de luz; pero si está enfermo, también tu cuerpo está lleno de
oscuridad. 35 Procura que la luz que hay
en ti no se oscurezca. 36 Si el cuerpo
entero está en la luz, sin nada de sombra, tendrá tanta luz, como cuando una
lámpara te ilumina con su resplandor.

11,29-32 La señal de Jonás. Aquí se amplía y se ilustra mejor la respuesta de Jesús a quienes le pedían señales milagrosas (16); éstas no suscitan la fe, alimentan la curiosidad. Los signos o milagros de Jesús suponen una actitud de fe porque es sólo desde ella como el creyente puede descubrir y entender una acción divina; por eso Jesús llama perversa a «esta generación», a sus adversarios, que jamás podrán descubrir la acción divina en Jesús, en sus palabras y signos porque estando llenos de sí mismos no han dejado el mínimo espacio para Dios.

11,33-36 Luz y tinieblas. Concluye la anterior controversia con el símil de la luz, a cuya claridad los discípulos se deben examinar.

La luz que pretenden irradiar los adversarios de Jesús es en realidad sombra y tinieblas, porque en lugar de proyectar al pueblo el consuelo, el amor y la misericordia de Dios Padre, lo que promueven es una imagen completamente distorsionada de Dios, una imagen construida por ellos mismos que, en lugar de ser liberadora, aliena cada vez más las conciencias.

Invectiva contra los fariseos y los doctores de la Ley

37 Mientras hablaba, un fariseo lo invitó a comer en su casa. Jesús entró y se sentó a la mesa. 38 El fariseo, que lo vio, se extrañó que no se lavase antes de comer. 39 Pero el Señor le dijo:

—Ustedes los fariseos limpian por fuera la copa y el plato, y por dentro están llenos de robos y malicia. 40 ¡Insensatos! El que hizo lo de fuera, ¿no hizo también lo de dentro? 41 Den, más bien, como limosna lo que tienen y todo será puro.

42 ¡Ay de ustedes, fariseos, que pagan el impuesto de la hierbabuena, de la ruda y de toda clase de verduras y descuidan la justicia y el amor de Dios! Eso es lo que hay que observar sin descuidar lo otro.

43 ¡Ay de ustedes, fariseos, que buscan los asientos de honor en las sinagogas y los saludos por la calle!

44 ¡Ay de ustedes, porque son como sepulcros sin señalar, que los hombres pisan sin darse cuenta!

45 Un doctor de la ley tomó la palabra y le contestó:

—Maestro, al decir eso, nos ofendes.

46 Jesús contestó:

—¡Ay de ustedes también, doctores de la ley, que imponen a los hombres cargas insoportables pero ustedes ni siquiera mueven un dedo para llevarlas!

47 ¡Ay de ustedes que construyen mausoleos a los profetas a quienes sus propios padres han asesinado! 48 Así se convierten en testigos y cómplices de lo que hicieron sus padres; porque ellos los mataron y ustedes construyen los mausoleos.

49 Por eso dice la Sabiduría de Dios: Les enviaré profetas y apóstoles; a algunos los matarán y perseguirán. 50 Así se pedirá cuenta a esta generación de toda la sangre de profetas derramada desde la creación del mundo: 51 desde la sangre de Abel hasta la de Zacarías, asesinado entre el altar y el santuario.

Sí, les aseguro que a esta generación, se le pedirán cuentas de todo esto.

52 ¡Ay de ustedes, doctores de la ley, que se han quedado con la llave del saber: ustedes no han entrado y se lo impiden a los que quieren entrar!

53 Cuando salió de allí, los letrados y los fariseos se pusieron a atacarlo violentamente y a hacerle preguntas malintencionadas. 54 Le acosaban para ver si lo atrapaban en alguna palabra salida de su boca.

Contra la hipocresía

(Mt 16,6; Mc 8,15)

12 1 Entre tanto, miles de personas se agolpaban pisándose unos a otros. Él se dirigió primero a los discípulos:

11,37–12,3 Invectiva contra los fariseos y los doctores de la Ley – Contra la hipocresía. Jesús critica a los fariseos en un tono de amenaza: 1. El apego a las leyes de purificación externa, que Jesús denuncia como una manera de encubrir la podredumbre interior. 2. La puntualidad en el tributo sobre cosas tan mínimas como las hierbas aromáticas frente al descuido o la indiferencia por lo más importante: la limosna, la justicia y la generosidad. 3. Estas actitudes han hecho de los fariseos unos sepulcros sin señalización; a la hora de la verdad, «contaminan» a la gente. Jesús también denuncia a los escribas: 1. Los juristas junto con los fariseos, se ufanan de ser los «guardianes de la fe», pero en realidad lo que han hecho es imponer al pueblo pesadas cargas que ellos mismos ni pueden ni quieren mover. 2. Se creen mejores que los antiguos cuando en realidad son iguales o peores. 3. Con el conocimiento que tienen de la Ley y de la Escritura y su forma de interpretarla, ellos se han alejado del Dios vivo y verdadero y además, obstaculizan al pueblo el acceso a ese Dios. Con estas denuncias de Jesús, lo más obvio es que sus adversarios se mantuvieran en constante acecho para ver cómo acabar con Él (53).

—Cuídense de la levadura –o sea,
de la hipocresía– de los fariseos.

(Mt 10,26s)

2 Nada hay encubierto que no se
descubra, nada oculto que no se divulgue. 3 Porque lo que digan de noche se
escuchará en pleno día; lo que digan al
oído en el sótano se proclamará desde
las azoteas.

Exhortación al valor

(Mt 10,28-31)

4 A ustedes mis amigos les digo que
no teman a los que matan el cuerpo y
después no pueden hacer nada más.
5 Yo les indicaré a quién deben temer:
teman al que después de matar tiene
poder para arrojar al infierno.

Sí, les repito, teman a ése. 6 ¿No se
venden cinco gorriones por dos monedas? Sin embargo, Dios no olvida a
ninguno de ellos. 7 En cuanto a ustedes
hasta los pelos de su cabeza están todos
contados. No tengan miedo, que ustedes valen más que muchos gorriones.

Opción por Jesús

(Mt 10,32s)

8 Les aseguro que a quien me reconozca abiertamente ante los hombres,
el Hijo del Hombre lo reconocerá ante
los ángeles de Dios. 9 Pero a quien me
niegue ante los hombres, lo negará
ante los ángeles de Dios. 10 Al que diga
una palabra contra el Hijo del Hombre
se le perdonará; al que blasfeme contra
el Espíritu Santo no se le perdonará.

11 Cuando los conduzcan a las sinagogas, ante los jefes o autoridades, no
se preocupen de cómo se van a defender o qué van a decir; 12 el Espíritu
Santo les enseñará en aquel momento
lo que hay que decir.

Contra la ambición

13 Uno de la gente dijo:

—Maestro, dile a mi hermano que
reparta la herencia conmigo.

14 Jesús le respondió:

—Amigo, ¿quién me ha nombrado
juez o árbitro entre ustedes?

15 Y les dijo:

—¡Estén atentos y cuídense de cualquier codicia, que, por más rico que
uno sea, la vida no depende de los
bienes!

16 Y les propuso una parábola:

—Las tierras de un hombre dieron
una gran cosecha. 17 Él se dijo: ¿qué
haré, si no tengo dónde guardar toda la
cosecha?

18 Y dijo: Haré lo siguiente: derribaré
los graneros y construiré otros mayores
en los cuales meteré mi trigo y mis
bienes. 19 Después me diré: Querido
amigo, tienes acumulados muchos
bienes para muchos años; descansa,
come, bebe y disfruta.

20 Pero Dios le dijo: ¡Necio, esta noche te reclamarán la vida! Lo que has
preparado, ¿para quién será?

21 Así le pasa al que acumula tesoros
para sí y no es rico a los ojos de Dios.

12,4-12 Exhortación al valor – Opción por Jesús. Ahora Jesús se dirige a sus discípulos y a la gente llamándolos a todos «mis amigos». Los seguidores y amigos de Jesús no deben tener miedo, la primera arma con que pueden contar es la libertad interior que Dios mismo dona a través del Espíritu.

Jesús tolera que se le rechace a Él, pero lo que no tolera y, antes bien, condena, es la hostilidad contra el Espíritu Santo: podríamos pensar en esa actitud que Jesús mismo ha venido desenmascarando en el fariseísmo legalista: hacer ver como bueno y perfecto lo que es malo o por lo menos dañino, y hacer ver como malo lo que es bueno; así es como ellos no entran ni dejan entrar.

12,13-34 Contra la ambición – Confianza en Dios – El verdadero tesoro. La clave para entender este pasaje, cargado de comparaciones y dichos sapienciales, la encontramos en el versículo 31, la búsqueda del reinado de Dios como presupuesto único y fundamental para la vivencia de unas relaciones justas y para experimentar y

Confianza en Dios
(Mt 6,25-33)

22 A [sus] discípulos les dijo:
—Por eso les digo que no anden angustiados por la comida para conservar la
vida o por la ropa para cubrir el cuerpo.
23 La vida vale más que la comida y el
cuerpo más que la ropa.
24 Miren a los cuervos: no siembran ni
cosechan, no tienen graneros ni des-
pensas, y Dios los alimenta. Cuánto más
valen ustedes que las aves. 25 ¿Quién de
ustedes puede, por mucho que se inquiete, prolongar su vida un poco? 26 Si
no tienen poder en lo más pequeño,
¿por qué se preocupan de lo demás?
27 Miren cómo crecen los lirios, sin
trabajar ni hilar. Les aseguro que ni Salomón, en el esplendor de su gloria, se vistió como uno de ellos. 28 Pues si a la hierba del campo, que hoy crece y mañana
la echan al horno, Dios la viste así, ¡cuánto más a ustedes, hombres de poca fe!
29 No anden buscando qué comer o
qué beber; no se angustien. 30 Todo eso
son cosas que busca la gente del mundo.
En cuanto a ustedes el Padre sabe que las
necesitan. 31 Basta que busquen su reino
y lo demás lo recibirán por añadidura.

El verdadero tesoro.

32 No temas, pequeño rebaño, que
el Padre de ustedes ha decidido darles
el reino.

(Mt 6,19-21)

33 Vendan sus bienes y den limosna.
Consigan bolsas que no se rompan, un
tesoro inagotable en el cielo, donde los
ladrones no llegan ni los roe la polilla.
34 Porque donde está el tesoro de
ustedes, allí también estará su corazón.

Vigilancia
(cfr. Mt 25,1-13)

35 Tengan la ropa puesta y las lámparas encendidas. 36 Sean como aquellos que esperan que el amo vuelva de
una boda, para abrirle en cuanto llegue
y llame. 37 Dichosos los sirvientes a
quienes el amo, al llegar, los encuentre
despiertos: les aseguro que él mismo
recogerá su túnica, los hará sentarse a
la mesa y les irá sirviendo. 38 Y si llega a
media noche o de madrugada y los
encuentra así, dichosos ellos.

(Mt 24,43s)

39 Entiendan bien esto, si el dueño
de casa supiera a qué hora iba a llegar
el ladrón, no le dejaría abrir un boquete
en su casa. 40 Ustedes también estén
preparados, porque cuando menos lo
piensen llegará el Hijo del Hombre.

(Mt 24,45-51; cfr. Mc 13,33-37)

41 Pedro le preguntó:
—Señor, ¿dices esta parábola por
nosotros o por todos?
42 El Señor contestó:
—¿Quién es el administrador fiel y
prudente a quien el señor pondrá al
frente de su personal, para que les reparta las raciones de comida a su
tiempo? 43 Dichoso aquel sirviente a
quien su señor, al llegar, lo encuentre
actuando así. 44 Les aseguro que le
encomendará administrar todos sus
bienes.
45 Pero si aquel sirviente, pensando
que su señor tarda en llegar, se pone a

gozar del valor principal de todos los hombres y mujeres: el don de la vida. Jesús no predica un providencialismo ingenuo; por entender así la predicación de Jesús, más de la mitad de la humanidad se tiene que conformar con ver cómo unos cuantos se apoderan de los bienes materiales e inmateriales.

12,35-48 Vigilancia. En consonancia con la sección anterior, Jesús llama a estar atentos y vigilantes. La gracia que hemos recibido como regalo de Dios no es para guardarla, sino para ponerla en ejercicio continuo, permanente. Jesús declara dichoso al que sea encontrado trabajando, poniendo todo su empeño y sus esfuerzos en

pegar a los muchachos y muchachas, a
comer y beber y emborracharse, 46 llegará el señor de aquel sirviente el día y
la hora menos esperados, lo castigará y
lo tratará como a los traidores.

47 Aquel sirviente que, conociendo la
voluntad de su señor, no prepara las
cosas ni cumple lo mandado, recibirá
un castigo severo; 48 pero aquel que sin
saberlo, cometa acciones dignas de
castigo, será castigado con menos
severidad. A quien mucho se le dio mucho se le pedirá; a quien mucho se le
confió mucho más se le exigirá.

Radicalidad del seguimiento

49 Vine a traer fuego a la tierra, y,
¡cómo desearía que ya estuviera ardiendo!

50 Tengo que pasar por un bautismo,
y, ¡qué angustia siento hasta que esto
se haya cumplido!

(cfr. Mt 10,34-36)

51 ¿Piensan que vine a traer paz a la
tierra? No he venido a traer la paz sino
la división.

52 En adelante en una familia de cinco
habrá división: tres contra dos, dos
contra tres. 53 Se opondrán padre a hijo
e hijo a padre, madre a hija e hija a madre, suegra a nuera y nuera a suegra.

Las señales del tiempo
(cfr. Mt 16,2s)

54 A la multitud le dijo:
—Cuando ven levantarse una nube
en oriente, enseguida dicen que lloverá,
y así sucede. 55 Cuando sopla el viento
sur, dicen que hará calor, y así sucede.
56 ¡Hipócritas! Saben interpretar el
aspecto de la tierra y el cielo, ¿cómo
pues no saben interpretar el momento
presente?

Llegar a acuerdos
(Mt 5,25s)

57 ¿Por qué no juzgan ustedes mismos lo que es justo? 58 Cuando acudas
con tu rival al juez, procura lograr un
arreglo con él mientras vas de camino;
no sea que te arrastre hasta el juez, el
juez te entregue al guardia y el guardia
te meta en la cárcel. 59 Te digo que no
saldrás de allí hasta haber pagado el
último centavo.

Exhortación al arrepentimiento

13 1 En aquella ocasión se presentaron algunos a informarle
acerca de unos galileos cuya sangre
había mezclado Pilato con la de sus
sacrificios.
2 Él contestó:
—¿Piensan que aquellos galileos,
sufrieron todo eso porque eran más

la construcción de esa sociedad nueva que tiene que inaugurar la presencia del reino. Si nos visitara el Señor ahora, ¿cómo nos encontraría?

12,49-59 Radicalidad del seguimiento – Las señales del tiempo – Llegar a acuerdos. En griego se designa al tiempo de dos maneras: el «kronos», o sea, el tiempo que transcurre minuto a minuto, día a día, y del cual podemos llevar un control por medio del reloj, el calendario o la agenda; es el tiempo cuantitativo, y es el que más determina nuestra vida. La otra expresión que se refiere al tiempo es «kairós», que puede entenderse como una coyuntura especial que sucede en el «kronos», pero que tiene la virtud de transformar la vida, de darle dimensiones nuevas a la experiencia de la cotidianidad; el «kairós» no tiene en cuenta el número de días o de años, sino cómo este instante, este día, este año fue vivido, aprovechado o en qué medida nos hizo crecer.

Jesús critica a su generación porque se ha dejado dominar completamente por el «kronos» y, por lo tanto, no va más allá de sus afanes para percibir la experiencia de la presencia del reino entre ellos.

13,1-9 Exhortación al arrepentimiento – La higuera sin higos. El pecado, los apetitos desenfrenados, la codicia y, en definitiva, el irrespeto a la vida, son las actitudes que nos juzgan y condenan y pueden producir un desenlace peor que si nos cayera encima una torre.

El creyente ha de vivir, según el criterio de Jesús, en actitud constante de producir buenos frutos, eso es lo que quiere indicar con la parábola de la higuera y el labrador. Dios nos ha dotado a cada uno con la capacidad

pecadores que los demás galileos?
3 Les digo que no; y si ustedes no se
arrepienten, acabarán como ellos. 4 ¿O
creen que aquellos dieciocho sobre los
cuales se derrumbó la torre de Siloé y
los mató, eran más culpables que el
resto de los habitantes de Jerusalén?
5 Les digo que no; y si ustedes no se
arrepienten acabarán como ellos.

La higuera sin higos

6 Y les propuso la siguiente parábola:
—Un hombre tenía una higuera
plantada en su viña. Fue a buscar fruto
en ella y no lo encontró.
7 Dijo al viñador:
—Hace tres años que vengo a buscar fruta en esta higuera y nunca encuentro nada. Córtala, que encima está
malgastando la tierra.
8 Él le contestó:
—Señor, déjala todavía este año;
cavaré alrededor y la abonaré, 9 a ver
si da fruto. Si no, el año que viene la
cortarás.

Sana a una mujer encorvada

10 Un sábado estaba enseñando en
una sinagoga, 11 cuando se presentó
una mujer que llevaba dieciocho años
padeciendo enfermedad por un espíritu.
Andaba encorvada, sin poder endere-
zarse completamente.
12 Jesús, al verla, la llamó y le dijo:
—Mujer, quedas libre de tu enfermedad.
13 Le impuso las manos y al punto se
enderezó y daba gloria a Dios.
14 El jefe de la sinagoga, indignado
porque Jesús había sanado en sábado,
intervino para decir a la gente:
—Hay seis días en que se debe trabajar: Vengan a hacerse sanar esos días
y no en sábado.
15 El Señor le respondió:
—¡Hipócritas! Cualquiera de ustedes, aunque sea sábado, ¿no suelta al
buey o al asno del pesebre para llevarlo a
beber? 16 Y a esta hija de Abrahán, a
quién Satanás ha tenido atada dieciocho
años, ¿no había que soltarle las ataduras
en sábado?
17 Cuando decía esto, sus adversarios
se sentían confundidos, mientras que
la gente se alegraba de las maravillas
que realizaba.

Parábola de la semilla de mostaza
(Mt 13,31s; Mc 4,30-32)

18 Les decía:
—¿A qué se parece el reino de Dios?
¿A qué lo compararé?
19 Se parece a una semilla de mostaza que un hombre toma y siembra en
su huerto; crece, se hace un arbusto y
las aves anidan en sus ramas.

de hacer el bien, de cultivar la justicia y de mantener unas relaciones sanas con los demás y con Dios mismo; pero como dueño y Señor de esas higueras que somos nosotros, puede exigirnos y pedirnos cuentas.

13,10-17 Sana a una mujer encorvada. La enseñanza de Jesús y los signos que realiza tienen la virtud de «rescatar» al ser humano y volver a situarlo como interlocutor de Dios, tal como fue en el principio.

El legalismo israelita simbolizado aquí en la sinagoga y el sábado habían producido un efecto de «encorvamiento», de postración y de inhabilidad para estar en ese nivel primigenio. La acción de Jesús no se queda sólo en la recuperación de la mujer poniéndola de nuevo en actitud de contemplar cara a cara Dios para celebrarlo; también rescata por extensión el genuino espíritu de la Ley y del sábado poniéndolos otra vez como medios de crecimiento humano, pues se habían convertido en un fin en sí mismos.

13,18-21 Parábola de la semilla de mostaza – Parábola de la levadura. Con este par de parábolas Lucas ilustra el modo que Jesús va viviendo la experiencia de Dios como Padre y la forma como esa experiencia debe ir enraizando en la conciencia de la persona y de la sociedad.

Jesús conduce la atención de sus oyentes a cosas mínimas e insignificantes como la semilla de mostaza o la porción de levadura para enseñar que, a pesar de ser cosas tan ínfimas, esconden dentro de sí otras realidades

Parábola de la levadura
(Mt 13,33)

20 Añadió:
—¿A qué compararé el reino de Dios?
21 Se parece a la levadura que una
mujer toma y mezcla con tres medidas de masa, hasta que todo fermenta.

La puerta estrecha
(Mt 7,13s)

22 Jesús iba enseñando por ciudades
y pueblos mientras se dirigía a Jerusalén.
23 Uno le preguntó:
—Señor, ¿son pocos los que se salvan?
Les contestó:
24 —Procuren entrar por la puerta
estrecha, porque les digo que muchos intentarán entrar y no podrán.

(Mt 7,22s)

25 Apenas se levante el dueño de
casa y cierre la puerta, ustedes desde afuera se pondrán a golpear diciendo: Señor, ábrenos. Él les contestará: No sé de dónde son ustedes.
26 Entonces dirán:
Hemos comido y bebido contigo, en nuestras calles enseñaste.
27 Él responderá: les digo que no sé
de dónde son ustedes. Apártense de mí, malhechores.
28 Allí será el llanto y el crujir de dien-
tes, cuando vean a Abrahán, Isaac y Jacob y a todos los profetas en el reino de Dios, mientras ustedes sean expulsados.
29 Vendrán de oriente y occidente,
del norte y el sur, y se sentarán a la mesa en el reino de Dios.
30 Porque, hay últimos que serán
primeros y primeros que serán últimos.

Lamentación por Jerusalén

31 En aquel momento se acercaron
unos fariseos a decirle:
—Sal y retírate de aquí, porque Herodes intenta matarte.
32 Jesús les contestó:
—Vayan a decir a ese zorro: mira, hoy y mañana expulso demonios y realizo sanaciones; pasado mañana terminaré.
33 Con todo, hoy y mañana y pasado
tengo que seguir mi viaje, porque no puede ser que un profeta muera fuera de Jerusalén.

(Mt 23,37-39)

34 ¡Jerusalén, Jerusalén, que matas
a los profetas y apedreas a los enviados, cuántas veces quise reunir a tus hijos como la gallina reúne a los pollitos bajo sus alas; y tú no quisiste!
35 Por
eso, la casa de ustedes quedará desierta. Les digo que no me verán hasta [el momento] en que digan:
Bendito el que viene
en nombre del Señor.

muy grandes y verdaderamente sorprendentes. La semilla de mostaza, tan pequeña e insignificante, con el tiempo se llega a convertir en un arbusto frondoso; de modo semejante sucede con la levadura, al elaborar el pan se mezcla con la harina en una gran desproporción; sin embargo, la fermenta y la transforma desde dentro.

Así se debe experimentar la presencia y la acción del reino en la conciencia y la vida de cada creyente.

13,22-30 La puerta estrecha. Hay que esforzarse por «entrar por la puerta estrecha», lo cual quiere decir que hay mucho que aportar desde nuestras capacidades y posibilidades para nuestra propia salvación, entendida como una dimensión nueva de la vida que hay que comenzar a construir aquí. En la perspectiva de Jesús, algunos están dentro como participando de un banquete y otros quieren entrar, pero no pueden porque resultan tan extraños para el amo que no se les puede abrir la puerta. Es evidente que estos excluidos del banquete son los propios paisanos de Jesús que, habiendo recibido la fe desde épocas antiguas, no han sabido ponerla en práctica, por el contrario, se han creado una falsa seguridad pensando que por derecho propio deben ser los primeros en entrar al banquete.

13,31-35 Lamentación por Jerusalén. Jesús no es un profeta temeroso; pese a que intuye un final trágico a manos de las autoridades religiosas y políticas, mantiene su decisión de continuar el camino y afrontar el destino que ya habían tenido que enfrentar los antiguos profetas: dar la vida en Jerusalén, paradójicamente la Ciudad Santa, la Ciudad de Dios.

Sana a un hidrópico

14 1 Un sábado que entró a comer
en casa de un jefe de fariseos,
ellos lo vigilaban. 2 Se le puso delante un
hidrópico. 3 Jesús tomó la palabra y preguntó a los doctores de la ley y fariseos:
—¿Está permitido sanar en sábado
o no?
4 Ellos callaron.
Jesús tomó al enfermo, lo sanó y lo
despidió. 5 Después les dijo:
—Supongamos que a uno de ustedes se le cae un hijo o un buey a un
pozo: ¿acaso no lo sacará enseguida,
por más que sea sábado?
6 Y ellos no supieron qué responderle.

Los primeros puestos

7 Observando cómo elegían los
puestos de honor, dijo a los invitados la
siguiente parábola:
8 —Cuando alguien te invite a una
boda, no ocupes el primer puesto; no
sea que haya otro invitado más importante que tú 9 y el que los invitó a los
dos vaya a decirte que le cedas el puesto
al otro. Entonces, lleno de vergüenza,
tendrás que ocupar el último puesto.
10 Cuando te inviten, ve y ocupa el
último puesto. Así, cuando llegue el
que te invitó, te dirá: Amigo, acércate
más. Y quedarás honrado en presencia
de todos los invitados.
11 Porque quien se engrandece será
humillado, y quien se humilla será engrandecido.
12 Al que lo había invitado le dijo:
—Cuando ofrezcas una comida o
una cena, no invites a tus amigos o
hermanos o parientes o a los vecinos
ricos; porque ellos a su vez te invitarán
y quedarás pagado.
13 Cuando des un banquete, invita a
pobres, mancos, cojos y ciegos. 14 Dichoso tú, porque ellos no pueden pa-
garte; pero te pagarán cuando resuciten
los justos.

El banquete de bodas
(Mt 22,1-10)

15 Uno de los invitados, al oírlo, dijo:
—¡Dichoso el que se siente al banquete del reino de Dios!
16 Jesús le contestó:
—Un hombre daba un gran banquete, al que invitó a muchos. 17 Hacia la hora del banquete envió a su sirviente a decir a los invitados: Vengan,
ya todo está preparado. 18 Pero todos,
uno tras otro se fueron disculpando.
El primero dijo: He comprado un terreno y tengo que ir a examinarlo; te
ruego me disculpes. 19 El segundo
dijo: He comprado cinco yuntas de
bueyes y voy a probarlos; te ruego
me disculpes. 20 El tercero dijo: Me
acabo de casar y no puedo ir. 21 El sirviente volvió a informar al dueño de
casa. Éste, irritado, dijo al sirviente:
Sal rápido a las plazas y calles de la
ciudad y trae aquí a pobres, mancos,
ciegos y cojos.

14,1-6 Sana a un hidrópico. Con este nuevo signo de sanación en sábado Jesús denuncia esa manera tan equivocada e interesada de entender el precepto sabático y, en general, la Ley. En otro lugar de Galilea Jesús ya había proclamado su señorío sobre el sábado; también en esta región del camino a Jerusalén queda establecido que Él es Señor de la vida y también del sábado.

14,7-14 Los primeros puestos. En el reino nadie ocupa los primeros lugares ni por derecho propio ni por cortesía; los primeros lugares los ocupan quienes hayan renunciado a la manera humana de pensar y se hayan puesto al servicio de los demás.

14,15-24 El banquete de bodas. En Jesús, Dios está proporcionando una última oportunidad de salvación para su pueblo, pero siempre hay un sector que se excusa para comenzar a instaurar ya la nueva realidad del reino. Hay otro sector, si se quiere más amplio, al que el oficialismo religioso lo ha mantenido siempre relegado, privado del conocimiento y de la experiencia de la comunión con Dios como Padre y como amigo; ésos son los

22 Regresó el sirviente y le dijo: Señor,
se ha hecho lo que ordenabas y todavía
sobra lugar.
23 El señor dijo al sirviente: Ve a los
caminos y veredas y oblígalos a entrar
hasta que se llene la casa. 24 Porque les
digo que ninguno de aquellos invitados
probará mi banquete.

Presupuestos para ser discípulo
(Mt 10,37s)

25 Le seguía una gran multitud. Él se
volvió y les dijo:
26 —Si alguien viene a mí y no me
ama más que a su padre y su madre, a
su mujer y sus hijos, a sus hermanos y
hermanas, y hasta su propia vida, no
puede ser mi discípulo. 27 Quien no
carga con su cruz y me sigue no puede
ser mi discípulo.
28 Si uno de ustedes pretende construir una torre, ¿no se sienta primero
a calcular los gastos, a ver si tiene
para terminarla? 29 No suceda que, habiendo echado los cimientos y no pudiendo completarla, todos los que miren
se pongan a burlarse de él 30 diciendo:
éste empezó a construir y no puede
concluir.
31 Si un rey va a enfrentarse en batalla
contra otro, ¿no se sienta primero a deliberar si podrá resistir con diez mil al
que viene a atacarlo con veinte mil?
32 Si no puede, cuando el otro todavía está lejos, le envía una delegación a
pedir la paz.
33 Lo mismo cualquiera de ustedes:
quien no renuncie a sus bienes no
puede ser mi discípulo.

(Mt 5,13; Mc 9,50)

34 Buena es la sal; pero si la sal pierde
su sabor, ¿con qué se la volverá a salar?
35 Ya no sirve ni para el campo ni para
abono; hay que tirarla. El que tenga
oídos para oír que escuche.

Parábola de la oveja perdida
(Mt 18,12-14)

15 1 Todos los recaudadores de impuestos y los pecadores se acercaban a escuchar.
2 Los fariseos y los doctores murmuraban:
—Éste recibe a pecadores y come
con ellos.
3 Él les contestó con la siguiente
parábola:
4 —Si uno de ustedes tiene cien ovejas y se le pierde una, ¿no deja las noventa y nueve en el campo y va a buscar la extraviada hasta encontrarla? 5 Al
encontrarla, se la echa a los hombros
contento, 6 se va a casa, llama a amigos y vecinos y les dice: Alégrense conmigo, porque encontré la oveja perdida.

lisiados, los cojos, los ciegos, las mujeres y niños y, en fin, los que no habían ni siquiera soñado con que podían «compartir» la mesa y la vida con el Padre: los paganos o extranjeros.

El plan salvífico del Padre concretado en Jesús no se paraliza ante la negativa de aceptarlo; ese proyecto tiene vida propia y avanza y se realiza aunque muchos lo rechacen y se autoexcluyan del él.

14,25-35 Presupuestos para ser discípulo. En conexión con el tema de los que se excusan para no asistir al banquete, Jesús traza unas líneas de exigencia para su seguimiento: la familia, como símbolo de seguridad hay que relativizarla cuando se trate de seguirle. La idea de Jesús es que el discípulo comience a construir un modelo de sociedad distinta: fraterna, solidaria, igualitaria, donde cualquier estructura, comenzando por la familia, esté al servicio de esta nueva sociedad y no al contrario. La otra seguridad es de tipo económico: los bienes materiales. La única forma de que el ser humano pueda atender con equilibrio el mayor número posible de necesidades (personales, corporales, materiales y espirituales) es construyendo con los demás esa nueva sociedad que exige el reino, y eso es labor de cada día.

15,1-10 Parábola de la oveja perdida – Parábola de la moneda perdida. Una vez más, Jesús es objeto de crítica por parte del legalismo personificado en los fariseos, pues acoge a recaudadores y pecadores para enseñarles. Para que el escándalo de los fariseos llegue hasta el colmo, Jesús va a plantear tres parábolas que revelan la absoluta misericordia de Dios.

7 Les digo que, de la misma manera habrá más fiesta en el cielo por un
pecador que se arrepienta que por noventa y nueve justos que no necesiten
arrepentirse.

Parábola de la moneda perdida

8 Si una mujer tiene diez monedas y
pierde una, ¿no enciende una lámpara,
barre la casa y busca con mucho cuidado hasta encontrarla? 9 Al encontrarla,
llama a las amigas y vecinas y les dice:
Alégrense conmigo, porque encontré la
moneda perdida.
10 Les digo que lo mismo se alegrarán los ángeles de Dios por un pecador que se arrepienta.

Parábola del hijo pródigo

11 Añadió:
—Un hombre tenía dos hijos. 12 El
menor dijo al padre: Padre, dame la
parte de la fortuna que me corresponde. Él les repartió los bienes.
13 A los pocos días, el hijo menor
reunió todo y emigró a un país lejano,
donde derrochó su fortuna viviendo
una vida desordenada. 14 Cuando gastó
todo, sobrevino una carestía grave en
aquel país, y empezó a pasar necesidad.
15 Fue y se puso al servicio de un hacendado del país, el cual lo envió a sus
campos a cuidar cerdos. 16 Deseaba
llenarse el estómago de las bellotas
que comían los cerdos, pero nadie se
las daba. 17 Entonces recapacitando
pensó: A cuántos jornaleros de mi padre
les sobra el pan mientras yo me muero
de hambre. 18 Me pondré en camino a
casa de mi padre y le diré: He pecado
contra Dios y te he ofendido; 19 ya no
merezco llamarme hijo tuyo. Trátame
como a uno de tus jornaleros.
20 Y se puso en camino a casa de su
padre. Estaba aún distante cuando su
padre lo divisó y se enterneció. Corriendo, se le echó al cuello y le besó.
21 El hijo le dijo:
—Padre, he pecado contra Dios y te
he ofendido, ya no merezco llamarme
hijo tuyo.
22 Pero el padre dijo a sus sirvientes:
—Enseguida, traigan el mejor vestido y vístanlo; pónganle un anillo en
el dedo y sandalias en los pies. 23 Traigan el ternero engordado y mátenlo.
Celebremos un banquete. 24 Porque
este hijo mío estaba muerto y ha revivido, se había perdido y ha sido encontrado. Y empezaron la fiesta.
25 El hijo mayor estaba en el campo.
Cuando se acercaba a casa, oyó música y danzas 26 y llamó a uno de los
sirvientes para informarse de lo que
pasaba.

En la primera parábola, la de las noventa y nueve ovejas, el escándalo para los «buenos» y «justos» es la preocupación de Dios por el pecador y la manera gozosa como es acogido.

En la segunda, la moneda de poco valor representa a toda esa gente que los «buenos» del judaísmo oficial habían ido dejando perder y que ni siquiera les preocupaba. En la dinámica del reino, esa moneda de poco valor es en realidad el «tesoro» de Dios; encontrarlo y ponerse al servicio de esos «desechos» es llevar a cabo la propuesta de Dios encarnada en el reino propuesto por Jesús.

15,11-32 Parábola del hijo pródigo. Con esta tercera parábola Jesús sigue desenmascarando los efectos negativos del legalismo cuya expresión más inmediata es la distorsión de la verdadera imagen de Dios. Jesús revela su experiencia de Dios como Padre, un padre que ama con igual medida tanto a su hijo mayor como al menor; la diferencia de este amor la imponen los dos hijos.

El mayor cree que ha hecho los méritos suficientes para ganarse todo el amor del padre porque no ha contradicho ni uno solo de sus mandatos y por tanto tiene que ser recompensado, mientras que la conducta del menor debe ser castigada. Lo escandaloso de la parábola es cómo Jesús muestra al hijo menor que acapara el amor del Padre a pesar de todo lo que ha hecho. El legalismo del hijo mayor no le permite ver la gratuidad del amor divino, amor que no se exige como «pago» a una buena conducta, sino que se recibe por gracia, y se celebra permanentemente según la propia conciencia de ese amor gratuito; y en segundo lugar, en esta relación amorosa con Dios siempre estamos ante el riesgo de

27 Le contestó:
—Es que ha regresado tu hermano
y tu padre ha matado el ternero engordado, porque lo ha recobrado sano y
salvo.
28 Irritado, se negaba a entrar.
Su padre salió a rogarle que entrara.
29 Pero él le respondió:
—Mira, tantos años llevo sirviéndote,
sin desobedecer una orden tuya, y nunca me has dado un cabrito para comér-
melo con mis amigos. 30 Pero, cuando
ha llegado ese hijo tuyo, que ha gastado tu fortuna con prostitutas, has matado para él el ternero engordado.
31 Le contestó:
—Hijo, tú estás siempre conmigo y
todo lo mío es tuyo. 32 Había que hacer
fiesta porque este hermano tuyo estaba
muerto y ha revivido, se había perdido
y ha sido encontrado.

Parábola del administrador astuto

16 1 A los discípulos les decía:
—Un hombre rico tenía un administrador. Le llegaron quejas de que
estaba derrochando sus bienes. 2 Lo
llamó y le dijo:
—¿Qué es lo que me han contado
de ti? Dame cuentas de tu administración, porque ya no podrás seguir en
tu puesto.
3 El administrador pensó: ¿Qué voy
a hacer ahora que el dueño me quita
mi puesto? Para cavar no tengo fuerzas, pedir limosna me da vergüenza.
4 Ya sé lo que voy a hacer para que,
cuando me despidan, alguno me reciba en su casa.
5 Fue llamando uno por uno a los
deudores de su señor y dijo al primero:
—¿Cuánto debes a mi señor?
6 Contestó:
—Cien barriles de aceite.
Le dijo:
—Toma el recibo, siéntate enseguida y escribe cincuenta.
7 Al segundo le dijo:
—Y tú, ¿cuánto debes?
Contestó:
—Cuarenta toneladas de trigo.
Le dice:
—Toma tu recibo y escribe treinta.
8 El dueño alabó al administrador
deshonesto por la astucia con que había actuado.
Porque los hijos de este mundo son
más astutos con sus semejantes que
los hijos de la luz.

El uso del dinero

9 Y yo les digo que con el dinero sucio se ganen amigos, de modo que,
cuando se acabe, ellos los reciban en la
morada eterna.
10 El que es fiel en lo poco, es fiel en
lo mucho; el que es deshonesto en lo
poco, es deshonesto en lo mucho.
11 Si con el dinero sucio no han
sido de confianza, ¿quién les confiará
el legítimo?

romperla por nuestras actitudes antiamorosas con los demás; pero esa misma gracia divina nos llama al arrepentimiento y a la búsqueda del perdón del Padre quien acoge de inmediato y él mismo se pone a celebrar con nosotros la fiesta del perdón.

16,1-8 Parábola del administrador astuto. Jesús no alaba tanto las artimañas del administrador cuanto su astucia y sagacidad para prever el futuro que le tocará enfrentar. La propuesta de Jesús a sus discípulos es que también ellos deben poner en juego su creatividad, ser astutos para prever el rumbo que la dinámica del reino debe tomar en medio de la sociedad; si bien el reino es de los humildes y sencillos, ello no quiere decir que se puede construir con ingenuidad.

16,9-13 El uso del dinero. Las cosas de la tierra son pasajeras, por lo que no hay que apegarse a ellas. Para Lucas, el acumular riquezas es ya un pecado, especialmente cuando se convive al lado de los pobres. El que se apega al dinero acaba excluyendo a Dios, porque no se puede servir a dos señores.

[12] Si con lo ajeno no han sido de
confianza, ¿quién les confiará lo que les
pertenece a ustedes?

(Mt 6,24)

[13] Un empleado no puede estar al
servicio de dos señores: porque odiará
a uno y amará al otro o apreciará a uno
y despreciará al otro. No pueden estar
al servicio de Dios y del dinero.

La Ley y la Buena Noticia

[14] Los fariseos, que eran muy amigos del dinero, oían todo esto y se burlaban de él.
[15] Él les dijo:
—Ustedes pasan por justos ante los
hombres, pero Dios los conoce por
dentro. Porque lo que los hombres tienen por grande Dios lo aborrece.
[16] La ley y los profetas duraron hasta
Juan. A partir de entonces se anuncia la
Buena Noticia del reino de Dios y todos
tienen que esforzarse para entrar en él.
[17] Es más fácil que el cielo y tierra
dejen de existir que deje de cumplirse
una sola letra de la ley.
[18] Quien se divorcia de su mujer y se
casa con otra comete adulterio; quien
se casa con una mujer divorciada comete adulterio.

El rico y Lázaro

[19] Había un hombre rico, que vestía
de púrpura y lino y todos los días hacía
espléndidos banquetes.
[20] Echado a la puerta del rico había
un pobre cubierto de llagas llamado
Lázaro, [21] que ansiaba saciarse con lo
que caía de la mesa del rico; y hasta los
perros iban a lamerle sus heridas.
[22] Murió el pobre y los ángeles lo llevaron junto a Abrahán. Murió también
el rico y lo sepultaron.
[23] Estando en el lugar de los muertos,
en medio de tormentos, alzó la vista y
divisó a Abrahán y a Lázaro a su lado.
[24] Lo llamó y le dijo:
—Padre Abrahán, ten piedad de mí
y envía a Lázaro, para que moje la punta
del dedo en agua y me refresque la lengua; pues me torturan estas llamas.
[25] Respondió Abrahán:
—Hijo, recuerda que en vida recibiste bienes y Lázaro por su parte desgracias. Ahora él es consolado y tú
atormentado. [26] Además, entre ustedes
y nosotros se abre un inmenso abismo;
de modo que, aunque se quiera, no se
puede atravesar desde aquí hasta ustedes ni pasar desde allí hasta nosotros.
[27] Insistió el rico:
—Entonces, por favor, envíalo a
casa de mi padre, [28] donde tengo cinco
hermanos; que les advierta no sea que
también ellos vengan a parar a este lugar de tormentos.
[29] Le dice Abrahán:
—Tienen a Moisés y los profetas:
que los escuchen.
[30] Respondió:

16,14-18 La Ley y la Buena Noticia. Jesús desenmascara la doble actitud de los fariseos que pretendían servir al dinero y a Dios, haciendo ver que, en el fondo, lo que menos interesa a estas personas es caminar de acuerdo con la voluntad divina. Dios conoce el interior de cada uno de ellos y sabe que el servicio a Dios, cuando hay un tal apego a los bienes materiales, no pasa de ser una simple fachada con consecuencias muy negativas para la conciencia y la mentalidad del pueblo, pues queda la impresión de que Dios favorece (bendice) a unos, mientras permanece indiferente ante las carencias (expoliación) de los demás.

16,19-31 El rico y Lázaro. Para redondear el tema de la incompatibilidad entre seguimiento de Jesús y servicio a la riqueza y los bienes materiales, Lucas presenta esta parábola que, como todas las demás, muestra también algún aspecto particular de lo que Jesús concibe como realidad del reino de Dios. Aquí se hace más clara la advertencia sobre la imposibilidad de servir a Dios, a su reino, y al dinero. La consecuencia más inmediata es el olvido de las más mínimas relaciones de justicia y de la finalidad de la misma vida.

El servicio a la riqueza se convierte en esclavitud a la misma a tal punto que se pierde la sensibilidad por el

—No, padre Abrahán; si un muerto
los visita, se arrepentirán.
31 Le dijo:
—Si no escuchan a Moisés ni a los
profetas, aunque un muerto resucite,
no le harán caso.

Instrucciones a los discípulos

(Mt 18,6s.21s; Mc 9,42)

17 1 A sus discípulos les dijo:
—Es inevitable que haya escándalos; pero, ¡ay del que los provoca!
2 Más le valdría que le ataran en el cuello una piedra de molino y lo arrojaran
al mar, antes que escandalizar a uno de
estos pequeños.
3 Estén en guardia: si tu hermano
peca, repréndelo; si se arrepiente, perdónalo. 4 Si siete veces al día te ofende
y siete veces vuelve a ti diciendo que se
arrepiente, perdónalo.
5 Los apóstoles dijeron al Señor:
—Auméntanos la fe.
6 El Señor dijo:
—Si tuvieran fe como una semilla
de mostaza, dirían a [esta] morera:
Arráncate de raíz y plántate en el mar, y
les obedecería.

El deber del discípulo

7 Supongamos que uno de ustedes
tiene un sirviente arando o cuidando
los animales, cuando éste vuelva del
campo, ¿le dirá que pase en seguida y
se ponga a la mesa? 8 ¿No le dirá más
bien: prepárame de comer, ponte el de-
lantal y sírveme mientras como y bebo,
después comerás y beberás tú? 9 ¿Tendrá aquel señor que agradecer al sirviente que haya hecho lo mandado?
10 Así también ustedes: cuando hayan
hecho todo lo mandado, digan: Somos
simples sirvientes, solamente hemos
cumplido nuestro deber.

Sana a diez leprosos

11 Yendo él de camino hacia Jerusalén, atravesaba Galilea y Samaría.
12 Al entrar en un pueblo, le salieron
al encuentro diez leprosos, que se pa-
raron a cierta distancia 13 y alzando la
voz, dijeron:
—Jesús, Maestro, ten piedad de
nosotros.
14 Al verlos, les dijo:
—Vayan a presentarse a los sacerdotes.
Mientras iban, quedaron sanos.
15 Uno de ellos, viéndose sano, volvió glorificando a Dios en voz alta, 16 y
cayó a los pies de Jesús, rostro en tierra, dándole gracias. Era samaritano.
17 Jesús tomó la palabra y dijo:
—¿No recobraron la salud los diez?
¿Y los otros nueve dónde están?
18 ¿Ninguno volvió a dar gloria a Dios,
sino este extranjero?

que sufre y se pierde, además, el sentido y la finalidad de la misma existencia humana.

17,1-10 Instrucciones a los discípulos – El deber del discípulo. Estas tres instrucciones tienen un denominador común: el servicio al reino que sólo es posible desde la fe. En el servicio al reino, que es la búsqueda e instauración de una sociedad justa, solidaria, fraterna e igualitaria, nadie está exento de desviarse del camino y asumir actitudes contrarias a los valores del reino. Eso ocasiona escándalo y desánimo en unos; escepticismo y rechazo a esta nueva realidad, en otros. En todo caso, siempre se ha de emplear el recurso a la corrección fraterna, al arrepentimiento y al perdón.

17,11-19 Sana a diez leprosos. Nos encontramos aquí con la manera como Lucas presenta cuál debe ser la actitud del creyente respecto al modo antiguo de entender la Ley y el modo de acoger la novedad que Jesús está anunciando e instaurando. Aparentemente, la desproporción uno contra diez es exagerada, pero refleja el comportamiento que una falsa interpretación de la Ley, y por tanto de una falsa imagen de Dios, lleva a asumir al creyente. Los diez leprosos han recibido todos un mismo beneficio, pero sólo uno, aquel de quien menos se esperaba, reacciona conforme al reconocimiento de una acción gratuita, generosa y misericordiosa de Dios: un samaritano. Los otros nueve, que representan a la mayoría del pueblo de la elección, no son capaces de percibir

19 Y le dijo:
—Ponte de pie y vete, tu fe te ha
salvado.

La llegada del reino de Dios

20 Los fariseos le preguntaron cuándo iba a llegar el reino de Dios y él les
respondió:
—La llegada del reino de Dios no está
sujeta a cálculos; 21 ni dirán: míralo aquí,
míralo allí. Pues está entre ustedes.
22 Después dijo a los discípulos:
—Llegarán días en que ustedes de-
searán ver uno de los días del Hijo del
Hombre y no lo verán. 23 Si les dicen:
Míralo aquí, míralo allá, no vayan ni les
sigan.
24 Porque así como el relámpago brilla desde un extremo al otro del cielo,
así será el Hijo del Hombre [cuando llegue su día]. 25 Pero primero tiene que
padecer mucho y ser rechazado por
esta generación.

(cfr. Mt 24,37-42)

26 Lo que sucedió en tiempo de Noé
sucederá en tiempo del Hijo del Hombre: 27 comían, bebían, se casaban,
hasta que Noé entró en el arca, vino el
diluvio y acabó con todos.
28 O como sucedió en tiempo de
Lot: comían, bebían, compraban, vendían, plantaban, edificaban. 29 Pero,
cuando Lot salió de Sodoma, llovió fuego y azufre del cielo y acabó con todos.
30 Así será el día en que se revele el
Hijo del Hombre. 31 Aquel día, si uno
está en la azotea y tiene sus cosas en
la casa, no baje a buscarlas; lo mismo,
si uno está en el campo, no vuelva
atrás. 32 Acuérdense de la mujer de Lot.
33 Quien trate de conservar la vida la
perderá, pero quien la pierda la conservará. 34 Les aseguro: esa noche estarán
dos en una cama: a uno lo arrebatarán,
al otro lo dejarán; 35 habrá dos mujeres
moliendo juntas: a una la arrebatarán,
a la otra la dejarán. 36 [[Estarán dos en
el campo: a uno lo arrebatarán, al otro
lo dejarán.]]
37 Le preguntaron:
—¿Dónde, Señor?
Jesús les contestó:
—Donde está el cadáver se reúnen
los buitres.

Parábola del juez y la viuda

18 1 Para inculcarles que hace falta
orar siempre sin cansarse, les
contó una parábola:
2 —Había en una ciudad un juez que
ni temía a Dios ni respetaba a los hombres. 3 Había en la misma ciudad una
viuda que acudía a él para decirle: Haz-
me justicia contra mi rival.

en este signo la cercanía de Dios y por tanto no hay un gesto de alabanza y gratitud para ellos, Dios sigue siendo alguien que sólo se limita a exigir el cumplimiento de la Ley.

17,20-37 La llegada del reino de Dios. Los fariseos todavía no aceptan que en Jesús ya se esté inaugurando el tiempo del reinado de Dios; ellos mantienen la expectativa de un mesías glorioso, investido con todo poder. Jesús no sólo declara que el reino ya está actuando, sino también que el Hijo del Hombre es quien ha inaugurado ya este advenimiento del reino. La plenitud de este advenimiento, sin embargo, no se dará antes de que el Hijo del Hombre padezca la persecución y el rechazo a manos de los enemigos del proyecto de Dios.

Otra idea que se subraya aquí es la advertencia contra los falsos mesianismos. Muchos podrán incitar a la gente con falsas alarmas de la llegada del Hijo; el fiel seguidor no debe ni puede alimentar esas falsas alarmas, cada uno deberá estar empeñado en experimentar y ayudar a experimentar a otros la acción del reino que ya está actuando, tal como lo hace la levadura en la masa.

18,1-8 Parábola del juez y la viuda. La viuda es el símbolo de las masas de empobrecidos que con el correr del tiempo y golpeados por una sociedad injusta se han llegado a convencer de que su causa no será atendida porque nadie se fija en ellos más que para aprovecharlos como fuerza productiva y desecharlos cuando ya no representan ninguna utilidad para la sociedad.

4 Por un tiempo se negó, pero más tarde se dijo: Aunque no temo a Dios ni respeto a los hombres, 5 como esta viuda me está fastidiando, le haré justicia, así no seguirá molestándome.

6 El Señor añadió:

—Fíjense en lo que dice el juez injusto; 7 y Dios, ¿no hará justicia a sus elegidos si claman a él día y noche? ¿Los hará esperar?

8 Les digo que inmediatamente les hará justicia.

Sólo que, cuando llegue el Hijo del Hombre, ¿encontrará esa fe en la tierra?

Parábola del fariseo y el recaudador de impuestos

9 Por algunos que se tenían por justos y despreciaban a los demás, les contó esta parábola:

10 —Dos hombres subieron al templo a orar: uno era fariseo, el otro recaudador de impuestos.

11 El fariseo, de pie, oraba así en voz baja:

—Oh Dios, te doy gracias porque no soy como el resto de los hombres, ladrones, injustos, adúlteros, o como ese recaudador de impuestos. 12 Ayuno dos veces por semana y doy la décima parte de cuanto poseo.

13 El recaudador de impuestos, de pie y a distancia, ni siquiera alzaba los ojos al cielo, sino que se golpeaba el pecho diciendo:

—Oh Dios, ten piedad de este pecador.

14 Les digo que éste volvió a casa absuelto y el otro no. Porque quien se alaba será humillado y quien se humilla será alabado.

Bendice a unos niños
(Mt 19,13-15; Mc 10,13-16)

15 Le acercaron también unos niños para que los bendijera. Los discípulos al verlo les reprendían.

16 Pero Jesús los llamó diciendo:

—Dejen que los niños se acerquen a mí y no se lo impidan, porque el reino de Dios pertenece a los que son como ellos. 17 Les aseguro que quien no reciba el reino de Dios como un niño, no entrará en él.

El joven rico
(Mt 19,16-30; Mc 10,17-31)

18 Uno de los jefes le preguntó:

—Maestro bueno, ¿qué debo hacer para heredar la vida eterna?

19 Jesús le contestó:

—¿Por qué me llamas bueno? Nadie

La propuesta de Jesús es que el empobrecido, como en el caso de la viuda, se convenza de lo contrario; es decir, que llegue a sentir y a asumir que el primer interesado en su causa es Dios mismo y que con el respaldo de ese Dios que se rebela contra la injusticia y la opresión (cfr. Éx 3,7-9), la masa de empobrecidos tiene que comenzar y perseverar en la lucha por la justicia, incluso teniendo en cuenta que hay jueces y sistemas inicuos que con toda seguridad, no sólo no defenderán su causa, sino que la tildarán de subversión, rebelión, terrorismo y peligro para la nación y para la estabilidad social.

18,9-14 Parábola del fariseo y el recaudador de impuestos. Esta nueva parábola va dirigida a «algunos que se tenían por justos y despreciaban a los demás» (9). Quienes se creían buenos y justos lo hacían a partir de una serie de normas y preceptos que cumplían a cabalidad, y desde aquí se sentían con todo el derecho de presentar en su oración una especie de «cobro» a Dios. Jesús desenmascara esta actitud y abiertamente declara justificado al hombre que delante de Dios se siente absolutamente indigente, necesitado del amor y de la compasión divinos.

El otro, el fariseo de la parábola, no logra esa justificación, no porque Dios se la niegue, sino porque cree que no la necesita y por tanto, no la pide.

18,15-17 Bendice a unos niños. La ternura, la simplicidad y la ausencia de prejuicios que caracterizan al niño inspiran a Jesús para el modelo o perfil de todo el que quiere pertenecer al reino. La nueva realidad inaugurada por el reino no excluye a nadie, antes bien, la prioridad son los excluidos y marginados de este mundo.

18,18-30 El joven rico. Las nuevas relaciones que se establecen a partir de la instauración del reino o reinado de Dios exigen una posición clara y definida respecto a

es bueno fuera de Dios. 20 Conoces los mandamientos:

no cometerás adulterio,
no matarás,
no robarás,
no darás falso testimonio,
honra a tu padre y a tu madre.

21 Le contestó:

—Todo esto lo he cumplido desde la adolescencia.

22 Al oírlo, Jesús le dijo:

—Una cosa te falta, vende cuanto tienes, repártelo a los pobres y tendrás un tesoro en [el] cielo; después sígueme.

23 Al oírlo, se puso muy triste, porque era muy rico.

24 Al verlo [ponerse muy triste,] Jesús dijo:

—Difícilmente entrarán en el reino de Dios los que tienen riquezas. 25 Es más fácil que un camello entre por el ojo de una aguja que un rico entre en el reino de Dios.

26 Los que lo oían dijeron:

—Entonces, ¿quién podrá salvarse?

27 Él contestó:

—Lo que es imposible para los hombres es posible para Dios.

28 Entonces Pedro dijo:

—Mira, nosotros hemos dejado todo lo que teníamos y te hemos seguido.

29 Les contestó:

—Les aseguro que nadie que haya dejado casa o mujer o hermanos o parientes o hijos por el reino de Dios 30 dejará de recibir mucho más en esta vida y en la edad futura la vida eterna.

Tercer anuncio
de la pasión y resurrección
(Mt 20,17-19; Mc 10,32-34)

31 Llevándose aparte a los Doce, les dijo:

—Miren, estamos subiendo a Jerusalén y se cumplirá en el Hijo del Hombre todo lo que escribieron los profetas: 32 será entregado a los paganos: se burlarán de él, lo insultarán, lo escupirán, 33 lo azotarán y lo matarán; y al tercer día resucitará.

34 Ellos no entendieron nada, el asunto les resultaba oscuro y no comprendían lo que decía.

Sana a un ciego
(Mt 20,29-34; Mc 10,46-52)

35 Cuando se acercaba a Jericó, un ciego estaba sentado junto al camino pidiendo limosna. 36 Al oír que pasaba la gente, preguntó qué sucedía. 37 Le dijeron que pasaba Jesús de Nazaret.

38 Él gritó:

—¡Jesús, Hijo de David, ten piedad de mí!

lo que cada uno considera como sus seguridades personales. Al hombre que interroga a Jesús, aunque sabe cuál es el medio para ser un hombre bueno, le falta lo más importante, poner en el primer plano de sus preocupaciones o de su proyecto personal la justicia querida por Dios. Esta justicia que Dios quiere comienza por el desprendimiento de la riqueza, así podrá ser sensible a las carencias de los demás.

18,31-34 Tercer anuncio de la pasión y resurrección. Conforme más se acerca Jesús a Jerusalén, más se ha ido acentuando el antagonismo con los representantes del poder religioso y más aumentan las probabilidades de un final violento a manos de sus adversarios en la Ciudad Santa. Los Doce no entienden nada; habrá que esperar hasta que Él mismo, ya resucitado, vuelva y les explique todo.

18,35-43 Sana a un ciego. Es sintomático y tal vez intencional de Lucas dejar constatado que los Doce no entendieron (no veían) nada de lo que Jesús les había revelado acerca de su final. Aquí registra el caso de un ciego que, a pesar del obstáculo personal (la ceguera) y de los obstáculos externos (los que impiden acercarse a Jesús) es capaz de captar quién es realmente Jesús: primero lo reconoce como Mesías (Hijo de David); luego lo llama Señor; finalmente da Gloria a Dios y le sigue.

El relato es utilizado por Lucas para enseñar que no siempre, aunque se tengan intactos los cinco sentidos, se está en grado de conocer a Jesús y de optar por Él.

39 Los que iban delante lo reprendían para que callase. Pero él gritaba
más fuerte:
—Hijo de David, ten piedad de mí.
40 Jesús se detuvo y mandó que se
lo acercasen. Cuando lo tuvo cerca, le
preguntó:
41 —¿Qué quieres que te haga?
Contestó:
—Señor, que recobre la vista.
42 Jesús le dijo:
—Recobra la vista, tu fe te ha salvado.
43 Al instante recobró la vista y le seguía glorificando a Dios; y el pueblo, al
verlo, alababa a Dios.

Jesús y Zaqueo

19 1 Entró en Jericó y atravesó la
ciudad, 2 allí vivía un hombre
llamado Zaqueo, jefe de recaudadores
de impuestos y muy rico, 3 intentaba
ver quién era Jesús; pero a causa del
gentío, no lo conseguía, porque era
bajo de estatura. 4 Se adelantó de una
carrera y se subió a un árbol para verlo,
pues iba a pasar por allí.
5 Cuando Jesús llegó al sitio, alzó la
vista y le dijo:
—Zaqueo, baja pronto, porque hoy
tengo que hospedarme en tu casa.
6 Bajó rápidamente y lo recibió muy
contento. 7 Al verlo, murmuraban todos
porque entraba a hospedarse en casa
de un pecador.
8 Pero Zaqueo se puso en pie y dijo
al Señor:
—Mira, Señor, la mitad de mis bienes
se la doy a los pobres, y a quien haya defraudado le devolveré cuatro veces más.
9 Jesús le dijo:
—Hoy ha llegado la salvación a esta
casa, ya que también él es hijo de Abrahán. 10 Porque el Hijo del Hombre vino
a buscar y salvar lo perdido.

Parábola del dinero encargado

(Mt 25,14-30)

11 Como la gente lo escuchaba, añadió una parábola; porque estaban cerca
de Jerusalén y ellos creían que el reino
de Dios se iba a revelar de un momento
a otro. 12 Él les dijo:
—Un hombre noble se fue a un país
lejano para ser nombrado rey y volver.
13 Llamó a diez sirvientes suyos, les entregó una gran cantidad de dinero y les
encargó: Háganla producir hasta que
yo vuelva.
14 Sus compatriotas, que lo odiaban,
enviaron tras él una comisión encargada
de decir: No queremos que ése sea
nuestro rey.
15 Volvió una vez nombrado rey y llamó a los sirvientes a quienes había entregado el dinero para ver cómo había
negociado cada uno.
16 Se presentó el primero y dijo: Señor, tu dinero ha producido diez veces
más. 17 Le respondió: Muy bien, sirviente
diligente; por haber sido fiel en lo poco,
administrarás diez ciudades.
18 Se presentó el segundo y dijo: Señor, tu dinero ha producido cinco veces

19,1-10 Jesús y Zaqueo. Zaqueo es el paradigma del que conociendo a Jesús, no sólo se despoja con prontitud de lo material, sino que permite que su interior también sea transformado por la gracia para comenzar el proyecto de la justicia, muy a pesar de quienes tal vez juzgaban que debía purgar de otro modo sus muchos pecados. ¡Así es la gracia divina!

19,11-28 Parábola del dinero encargado. La tarea del Mesías para muchos de los paisanos contemporáneos de Jesús, era un asunto que correspondía exclusivamente al Mesías, nadie tenía que intervenir ni para bien ni para mal, porque el Mesías se encargaría de todo, de un solo golpe su reinado quedaría instaurado (11).

Con esta parábola, a las puertas de Jerusalén, justo antes de su entrada triunfal, Lucas advierte que Jesús el Mesías no ve así las cosas.

Para Jesús en la tarea del Mesías y en la instauración del reinado de Dios están involucrados todos y cada uno de los creyentes, según sus capacidades y dones; todos debemos poner empeño en la instauración del proyecto de Dios.

más. 19 Le respondió: Pues tú administrarás cinco ciudades.
20 Se presentó el tercero y dijo: Aquí
tienes tu dinero, que he guardado en
un pañuelo. 21 Te tenía miedo porque
eres riguroso: retiras lo que no has depositado, y cosechas lo que no has
sembrado.
22 Él le respondió: Por tu boca te
condeno, sirviente indigno. Sabías que
soy riguroso, que retiro lo que no he
depositado y cosecho lo que no he
sembrado. 23 ¿Por qué no pusiste mi dinero en un banco, para que, al volver
yo, lo cobrara con los intereses?
24 Después ordenó a los presentes:
Quítenle el dinero y dénselo al que consiguió diez veces más. 25 Le respondieron: Señor, ya tiene diez veces más.
26 Yo les digo que a quien tiene se le
dará y a quien no tiene se le quitará aun
lo que tiene.
27 En cuanto a esos enemigos, que
no querían que fuera su rey, tráiganlos
aquí y mátenlos en mi presencia.
28 Dicho esto, siguió adelante, subiendo hacia Jerusalén.

Entrada triunfal en Jerusalén

(Mt 21,1-11; Mc 11,1-11; cfr. Jn 12,12-19)

29 Cuando se acercaban a Betfagé y
Betania, junto al monte de los Olivos,
envió a dos discípulos 30 diciéndoles:
—Vayan al pueblo de enfrente; al
entrar, encontrarán un burrito atado,
que nadie ha montado hasta ahora.
Desátenlo y tráiganlo. 31 Si alguien les
pregunta para qué lo desatan, díganle
que el Señor lo necesita.
32 Fueron los enviados y lo encontraron como les había dicho. 33 Mientras lo desataban, los dueños les dijeron:
—¿Por qué desatan el burrito?
34 Contestaron:
—Porque el Señor lo necesita.
35 Se lo llevaron a Jesús, echaron
sus mantos sobre el burrito y lo hicieron montar.
36 Mientras avanzaba, la gente alfombraba con sus mantos el camino.
37 Cuando se acercaban a la cuesta
del monte de los Olivos, los discípulos
en masa y llenos de alegría se pusieron
a alabar en voz alta a Dios por todos los
milagros que habían presenciado.
38 Y decían:
—*Bendito sea el rey*
que viene en nombre del Señor.
Paz en el cielo, gloria al Altísimo.
39 Algunos fariseos de entre la gente
le dijeron:
—Maestro, reprende a tus discípulos.
40 Pero él respondió:
—Yo les digo que, si éstos callan,
gritarán las piedras.

Lamentación por Jerusalén

41 Al acercarse y divisar la ciudad,
dijo llorando por ella:
42 —Ojalá tú también reconocieras
hoy lo que conduce a la paz. Pero eso
ahora está oculto a tus ojos. 43 Te llegará un día en que tus enemigos te rodearán de trincheras, te sitiarán y te

19,29-40 Entrada triunfal en Jerusalén. En contraposición a las expectativas sobre cómo habría de manifestarse el Mesías, Jesús deliberadamente se presenta a la entrada de Jerusalén montando un humilde asno; quizás Lucas tiene en mente la profecía de Zacarías, que vaticinaba la llegada de un mesías humilde y sencillo montado en este tipo cabalgadura (Zac 9,9s).

Esta aclamación de Jesús como rey, unida a todos los comentarios que las autoridades políticas y religiosas ya deben conocer, más el comportamiento de Jesús en la capital, serán el fundamento de su detención, juicio y condena a muerte.

19,41-44 Lamentación por Jerusalén. La alegría y el regocijo que se respiran en el pasaje anterior cambian de tono en estos versículos donde Jesús llora y se lamenta por Jerusalén. Él, como buen judío, seguramente ama a la Ciudad Santa, sabe que allí están todos los elementos necesarios para realizar el plan de Dios; pero la realidad es que la ciudad se convirtió en símbolo de la

cercarán por todas partes. 44 Te derri-
barán por tierra a ti y a tus hijos dentro
de ti, y no te dejarán piedra sobre piedra; porque no reconociste el momento
en que fuiste visitada por Dios.

Purifica el Templo
(Mt 21,12-17; Mc 11,15-19; cfr. Jn 2,13-16)

45 Después entró en el templo y se
puso a echar a los mercaderes 46 diciéndoles:
—Está escrito que *mi casa es casa
de oración* y ustedes la han convertido
en cueva de asaltantes.
47 A diario enseñaba en el templo.
Los sumos sacerdotes, los letrados y
los jefes del pueblo intentaban matarlo;
48 pero no encontraban cómo hacerlo,
porque todo el pueblo estaba pendiente de sus palabras.

La autoridad de Jesús
(Mt 21,23-27; Mc 11,27-33)

20 1 Un día que estaba enseñando
en el templo y anunciando la
Buena Noticia al pueblo, se presentaron los sumos sacerdotes y los letrados
con los ancianos 2 y le dijeron:
—¿Con qué autoridad haces eso?
¿Quién te ha dado esa autoridad?
3 Jesús les respondió:
—Yo a mi vez les haré una pregunta
para que me respondan. 4 El bautismo
de Juan, ¿procedía del cielo o de los
hombres?
5 Ellos discutían entre sí: Si decimos
que del cielo, nos dirá que por qué no
le creímos; 6 si decimos que de los hombres, el pueblo entero nos apedreará,
porque están convencidos de que Juan
era profeta. 7 Por eso le contestaron
que no sabían de dónde procedía.
8 Y Jesús les replicó:
—Yo tampoco les digo con qué autoridad lo hago.

Parábola de los viñadores malvados
(Mt 21,33-46; Mc 12,1-12)

9 Al pueblo le contó la siguiente parábola:
—Un hombre plantó una viña, se la
arrendó a unos viñadores y se ausentó
por bastante tiempo. 10 A su debido
tiempo envió un sirviente a los viñadores para que le entregasen la parte de
la cosecha que le correspondía. Pero
los viñadores lo apalearon y lo despidieron con las manos vacías. 11 Envió
otro sirviente. Pero ellos lo apalearon,

obstinación y el rechazo a todo lo que tuviera que ver con la voluntad divina, y esto le atraerá la perdición, de ella «no te dejarán piedra sobre piedra» (44).

19,45-48 Purifica el Templo. A Lucas le interesa subrayar con este gesto varias cosas: 1. Jesús no es contrario al Templo; en el corazón de cada judío está inscrito el Templo como el más importante emblema religioso, por eso Jesús reclama que se utilice para lo que es: «casa de oración» (Is 56,7). 2. Purificando el Templo, Jesús desenmascara el extremo al que había llegado la «casa de Dios», de emblema religioso y lugar de encuentro de la comunidad con su Dios, había pasado a ser emblema de opresión, cueva de asaltantes. 3. Se hace más clara la decisión de las autoridades de eliminar a Jesús, pero no pueden hacerlo porque «todo el pueblo estaba pendiente de sus palabras» (48).

20,1-8 La autoridad de Jesús. Durante el ejercicio de su ministerio, lejos de Jerusalén, los adversarios de Jesús siempre fueron los fariseos y los escribas o juristas. Éstos intervienen por última vez en el momento de la aclamación de Jesús como rey, muy cerca de Jerusalén, al pie del monte de los Olivos. Para Lucas está claro que el tipo de conflicto entre fariseos y Jesús tenía como base prácticamente todo lo relacionado con aspectos doctrinales, de ortodoxia, la interpretación y el cumplimiento de la Ley. Ahora los adversarios de Jesús adquieren otro rostro y otro motivo de fondo; se trata de los más altos dirigentes: sumos sacerdotes, letrados y ancianos. Ellos no tienen interés en discutir sobre aspectos doctrinales, sino sobre la autoridad y poder de Jesús. En el diálogo con Jesús, ellos salen mal librados porque Él los atrapa en sus propias redes. Sabemos que este motivo (autoridad y poder) seguirá creciendo dramáticamente y que Jesús no estará dispuesto a ceder ni autoridad ni poder, porque en su propuesta, estas dos realidades son servicio, amor y entrega; ceder en esto es «bendecir» el status quo.

20,9-19 Parábola de los viñadores malvados. Aunque Jesús deja aparentemente sin respuesta la pregunta sobre su autoridad que le han formulado los dirigentes de

lo insultaron y lo despidieron con las
manos vacías. 12 Envió un tercero, y
ellos lo dejaron malherido. 13 Entonces
dijo el dueño de la viña: ¿Qué haré? Enviaré a mi hijo querido; quizás a él lo
respeten. 14 Pero los viñadores, al verlo,
deliberaban entre ellos: Es el heredero;
vamos a matarlo para quedarnos con la
finca. 15 Lo echaron fuera de la viña y lo
mataron. Ahora bien, ¿qué hará con
ellos el dueño de la viña? 16 Irá, acabará con aquellos viñadores y entregará la
viña a otros.

Al oírlo, dijeron:

—¡Dios nos libre!

17 Él, mirándolos fijamente, les dijo:

—Entonces, qué significa eso que
está escrito:

La piedra
que desecharon los arquitectos
es ahora la piedra angular.

18 Quien tropiece con esa piedra se
estrellará, a quien le caiga encima lo
aplastará.

19 Los letrados y sumos sacerdotes intentaron detenerlo en aquel momento,
porque habían comprendido que la
parábola iba dirigida a ellos; pero
temieron al pueblo.

Sobre el tributo al césar
(Mt 22,15-22; Mc 12,13-17)

20 Así que ellos comenzaron a acecharlo y le enviaron unos espías, que
fingían ser gente de bien, para atraparlo
en sus palabras y poderlo entregar a la
autoridad y jurisdicción del gobernador.

21 Le preguntaron:

—Maestro, nos consta que hablas y
enseñas rectamente, que no eres parcial, sino que enseñas sinceramente el
camino de Dios. 22 ¿Tenemos que pagar impuestos al césar o no?

23 Adivinando su mala intención, les
dijo:

24 —Muéstrenme una moneda. ¿De
quién lleva la imagen y la inscripción?

Le contestaron:

—Del césar.

25 Y él les dijo:

—Entonces den al césar lo que es
del césar y a Dios lo que es de Dios.

26 Y no lograron atraparlo en sus palabras delante del pueblo; al contrario,
admirados de la respuesta, se callaron.

Israel, es obvio que esta parábola es la respuesta a la autoridad con que él enseña, denuncia, anuncia y realiza gestos y acciones. En pocas palabras, Jesús resume la historia de las relaciones de Dios con su pueblo, marcadas por la desobediencia, la rebeldía y el rechazo a los profetas. En cada envío, el Dueño de la viña buscaba que sus arrendatarios rectificaran su modo de proceder, pero éstos siempre hicieron lo mismo. Por último, el Amo envía a su hijo amado, pues guardaba la esperanza de que a él sí lo respetarían y que ahora sí, el proyecto original se encarrilaría de nuevo (13). Con las palabras del versículo 13, Jesús reivindica para sí su ser y su misión de Hijo de Dios y de enviado, y de una vez queda claro que la intención del Padre no es que su hijo muera, sino que los arrendatarios recapaciten, asuman que se trata de una última oportunidad para ponerse al servicio del plan de la justicia y de la vida; mas ellos se empecinan en seguir matando.

20,20-26 Sobre el tributo al césar. Arrestar a Jesús se ha convertido en una necesidad para los dirigentes político-religiosos, pero no podían por temor al pueblo. Lo más práctico era, entonces, tenderle una trampa y buscarle la caída por el lado político civil para que el representante del poder romano se encargara de Él. Y así quedar ellos como inocentes ante el pueblo al que tanto temían. La intención es hacer que Jesús tome partido respecto a un espinoso tema que tenía dividido al judaísmo desde que Roma se había erigido como dueño y amo absoluto también del Cercano Oriente: el impuesto al emperador, causa por la cual ya se habían dado refriegas y revueltas.

La respuesta de Jesús es hábil e inteligente y no da lugar para acusarle ni de colaboracionista ni de rebelde; antes bien, deja en sus interlocutores un dilema aún mayor, pero con un gran sentido: ellos mismos tienen que establecer según el criterio de la justicia qué es lo que corresponde a Dios y qué es lo que corresponde al césar.

20,27-40 Sobre la resurrección. Los saduceos, que no creían en la resurrección, intentan enredar a Jesús con una pregunta de tipo casuístico basados en la ley del levirato (Dt 25,5s). La respuesta de Jesús hace ver, primero que todo, que el matrimonio es una realidad temporal, natural y necesaria para la prolongación de la especie. En segundo lugar, en la resurrección ya no

Sobre la resurrección
(Mt 22,23-33; Mc 12,18-27)

27 Se acercaron entonces unos saduceos, los que niegan la resurrección, y le preguntaron:
28 —Maestro, Moisés nos ordenó que si *un hombre casado muere sin hijos, su hermano se case con la viuda, para dar descendencia al hermano difunto.*
29 Ahora bien, eran siete hermanos. El primero se casó y murió sin dejar hijos.
30 Lo mismo el segundo 31 y el tercero se casaron con ella; igual los siete, que murieron sin dejar hijos. 32 Después murió la mujer. 33 Cuando resuciten, ¿de quién será esposa la mujer? Porque los siete fueron maridos suyos.
34 Jesús les respondió:
—Los que viven en este mundo toman marido o mujer. 35 Pero los que sean dignos de la vida futura y de la resurrección de entre los muertos no tomarán marido ni mujer; 36 porque ya no pueden morir y son como ángeles; y, habiendo resucitado, son hijos de Dios.
37 Y que los muertos resucitan lo indica también Moisés, en lo de la zarza, cuando llama al Señor *Dios de Abrahán y Dios de Isaac y Dios de Jacob.*
38 No es Dios de muertos, sino de vivos, porque para él todos viven.
39 Intervinieron algunos letrados y le dijeron:
—Maestro, qué bien has hablado.
40 Y no se atrevieron a hacerle más preguntas.

Sobre el Mesías y David
(Mt 22,41-46; Mc 12,35-37)

41 Entonces él les dijo:
—¿Cómo dicen que el Mesías es Hijo de David? 42 Porque el mismo David dice en el libro de los Salmos:

Dijo el Señor a mi Señor:
Siéntate a mi derecha,
43 *hasta que ponga a tus enemigos*
debajo de tus pies.

44 Si David lo llama Señor, ¿cómo puede ser su hijo?

Invectiva contra los letrados
(Mc 12,38-40)

45 En presencia de todo el pueblo dijo a [sus] discípulos:
46 —Cuídense de los letrados, que gustan de pasear con largas vestiduras, aman los saludos por la calle y los primeros puestos en sinagogas y banquetes; 47 que devoran las fortunas de las viudas con pretexto de largas oraciones. Ellos serán juzgados con mayor severidad.

habrá necesidad de una serie de cosas que eran necesarias al ser humano, ya que la resurrección no es la simple prolongación de esta vida con sus necesidades y deficiencias, sino un estado de vida absolutamente pleno donde ya no habrá necesidades que satisfacer. En tercer lugar, Jesús prueba con la Escritura que Dios es un Dios de vivos y que por lo tanto la vocación de todo hombre y mujer es llegar a compartir esa vida plena con Dios.

20,41-44 Sobre el Mesías y David. Jesús parece hacer notar una contradicción: si el Mesías debía ser hijo de David, ¿cómo es que David lo llama «mi Señor»? El Mesías no es inferior a David porque sea «consanguíneo» suyo, es cierto que «desciende» de él por genealogía, pero antes que nada, es el Hijo de Dios, su enviado; así lo ha manifestado el mismo Dios en las escenas del bautismo y de la transfiguración de Jesús; también en la parábola de los viñadores homicidas queda establecido que Jesús es el hijo amado, el predilecto (20,23).

20,45-47 Invectiva contra los letrados. Jesús cierra estas controversias con una advertencia a sus discípulos, en presencia de todo el pueblo, donde quedan al descubierto las actitudes interiores de los letrados y en general de los dirigentes religiosos; la advertencia o sano consejo es no dejarse llevar por las apariencias de estas personas, porque en realidad son unos codiciosos llenos de envidia y de egoísmo que aparentan agradar a Dios, pero al mismo tiempo no tienen el menor escrúpulo para practicar las peores injusticias.

La ofrenda de la viuda
(Mc 12,41-44)

21 1 Levantando la vista observó a
unos ricos que depositaban sus
donativos en el arca del templo. 2 Observó también, a una viuda pobre que
ponía unas moneditas; 3 dijo:
—Les aseguro que esa pobre viuda
ha puesto más que todos. 4 Porque todos ésos han depositado donativos de
lo que les sobraba; pero ella en su
pobreza, ha puesto cuanto tenía para
vivir.

Sobre la destrucción del templo
(Mt 24,1-14; Mc 13,1-13)

5 A unos que elogiaban las hermosas piedras del templo y la belleza de su
ornamentación les dijo:
6 —Llegará un día en que todo lo
que ustedes contemplan será derribado sin dejar piedra sobre piedra.
7 Le preguntaron:
—Maestro, ¿cuándo sucederá eso
y cuál es la señal de que está para suceder?
8 Respondió:
—¡Cuidado, no se dejen engañar!
Porque muchos se presentarán en mi
nombre diciendo: Yo soy; ha llegado
la hora. No vayan tras ellos. 9 Cuando
oigan hablar de guerras y revoluciones,
no se asusten. Primero ha de suceder
todo eso; pero el fin no llega en seguida.
10 Entonces les dijo:
—Se alzará pueblo contra pueblo,
reino contra reino; 11 habrá grandes
terremotos, en diversas regiones habrá
hambres y pestes, y en el cielo señales
grandes y terribles.
12 Pero antes de todo eso los deten-
drán, los perseguirán, los llevarán a las
sinagogas y las cárceles, los condu-
cirán ante reyes y magistrados a causa
de mi nombre, 13 y así tendrán la oportunidad de dar testimonio de mí.
14 Háganse el propósito de no preparar
su defensa; 15 yo les daré una elocuencia y una prudencia que ningún adversario podrá resistir ni refutar.
16 Hasta sus padres y hermanos,
parientes y amigos los entregarán y
algunos de ustedes serán ajusticiados;
17 y todos los odiarán a causa de mi
nombre.
18 Sin embargo no se perderá ni un
pelo de su cabeza. 19 Gracias a la constancia salvarán sus vidas.

La gran tribulación
(Mt 24,15-21; Mc 13,14-19)

20 Cuando vean a Jerusalén rodeada
de ejércitos, sepan que está cercana su
destrucción.

21,1-4 La ofrenda de la viuda. La escena de las ofrendas que echaban los ricos, en contraste con lo que ha depositado la viuda, que era lo único que tenía, sirve también a Jesús para ilustrar otro aspecto más de las relaciones que tienen que surgir en la nueva sociedad inaugurada por el reino. Ya no es lo valioso, lo aparentemente grande ni lo poderoso la medida para juzgar a la nueva sociedad, sino el desprendimiento, la generosidad y, sobre todo, la fe y convicción de que entregándolo todo por el reino, es decir, por un modo de vida solidario, fraterno, e igualitario, nadie quedará en realidad desposeído ni desprotegido.

21,5-19 Sobre la destrucción del templo. La predicción de la ruina del Templo suscita una pregunta: «¿cuándo sucederá eso y cuál es la señal de que está para suceder?». La respuesta de Jesús es lo que constituye en Lucas el «discurso escatológico» que combina al menos tres motivos específicos: 1. La destrucción del Templo y de Jerusalén. 2. La venida del Hijo del Hombre. 3. El fin del mundo. Pero es importante aclarar que, según la orientación que le da Lucas a este discurso, la destrucción de Jerusalén no es exactamente un signo del final de los tiempos.

Lo importante es que los discípulos se preparen, primero para no dar crédito fácilmente a las falsas alarmas de charlatanes o falsos mesías, y segundo, para soportar la violencia y la persecución por parte de los enemigos del Evangelio del reino y para que hagan de estas acciones una oportunidad magnífica de dar testimonio.

21,20-24 La gran tribulación. El asedio y la destrucción de Jerusalén no se confunden con el final del mundo o de la historia. El plan de Dios sigue adelante y,

21 Entonces los que estén en Judea
escapen a los montes; los que estén
dentro de la ciudad salgan al campo;
los que estén en el campo no vuelvan a
la ciudad. 22 Porque es el día de la venganza, cuando se cumplirá todo lo que
está escrito.
23 ¡Ay de las embarazadas y de las
que tengan niños de pecho aquel día!
Sobre el país vendrá una gran desgracia y sobre este pueblo soplará la ira de
Dios. 24 Caerán a filo de espada y serán
llevados prisioneros a todos los países.
Jerusalén será pisoteada por paganos, hasta que la época de los paganos
se termine.

La parusía

(Mt 24,29-35; Mc 13,24-26)

25 Habrá señales en el sol, la luna y
las estrellas. En la tierra se angustiarán
los pueblos, desconcertados por el
estruendo del mar y del oleaje. 26 Los
hombres desfallecerán de miedo,
aguardando lo que le va a suceder al
mundo; porque hasta las fuerzas del
universo se tambalearán.
27 Entonces verán *al Hijo del Hombre que llega en una nube* con gran
poder y gloria. 28 Cuando comience a
suceder todo eso, enderécense y levanten la cabeza, porque ha llegado el día
de su liberación.
29 Y les añadió una parábola:
—Observen la higuera y los demás
árboles: 30 cuando echan brotes, se dan
cuenta de que el verano está cerca.
31 Igual ustedes, cuando vean que sucede eso, sepan que se acerca el reino
de Dios. 32 Les aseguro que no pasará
esta generación antes de que suceda
todo eso. 33 Cielo y tierra pasarán, mas
mis palabras no pasarán.

Vigilancia y oración

34 Presten atención, no se dejen
aturdir con el vicio, la embriaguez y las
preocupaciones de la vida, para que
aquel día no los sorprenda de repente,
35 porque caerá como una trampa sobre todos los habitantes de la tierra.
36 Estén despiertos y oren incesan-
temente, pidiendo poder escapar de
cuanto va a suceder, así podrán
presentarse seguros ante el Hijo del
Hombre.
37 De día enseñaba en el templo; de
noche salía y se quedaba en el monte
de los Olivos. 38 Y todo el pueblo ma-
drugaba para escucharlo en el templo.

Complot para matar a Jesús

(Mt 26,1-5; Mc 14,1s; cfr. Jn 11,47-57)

22 1 Se acercaba la fiesta de los Ázimos, llamada Pascua. 2 Los sumos sacerdotes y los letrados buscaban

precisamente, la ciudad y el Templo en ruinas será la ocasión para que las naciones extranjeras que no conocían a Dios, lo conozcan y se sometan a Él.

21,25-33 La parusía. Los eventos cósmicos con que Lucas describe este pasaje sobre la venida del Hijo del Hombre no hay que tomarlos en sentido literal, evocan una manera de pensar típica de la literatura apocalíptica (cfr. Dn 7,13s) y sirven para establecer la diferencia entre esta primera manifestación o Encarnación de Jesús, sometido a la naturaleza y limitación humana y su segunda venida en todo poder y gloria como Amo y Señor del tiempo, de la historia y del mundo. A los discípulos les toca estar muy atentos a los signos de los tiempos (29-31); lo importante es saber descubrir esos signos y pensar que la venida de Jesús tiene como finalidad específica la liberación de toda la creación. Ésta es la esencia de la esperanza escatológica de la primitiva comunidad y es también nuestra esperanza.

21,34-38 Vigilancia y oración. Era un hecho que la comunidad lucana experimentaba ya el desánimo y el descuido de las tareas de evangelización y de las prácticas evangélicas porque el tiempo pasaba y la parusía no llegaba. Esta invitación puesta en labios de Jesús previene para no caer en la apatía y en la desesperanza. La misma situación se percibe en las comunidades de los otros evangelistas (cfr. Mt 24,43-51; Mc 13,33-36).

22,1-6 Complot para matar a Jesús. Dos motivos fundamentales están a la base de la decisión de matar a Jesús: 1. Los dirigentes judíos temen una revuelta

una forma de terminar con él, pero temían al pueblo.

(Mt 26,14-16; Mc 14,10s)

3 Satanás entró en Judas, por sobrenombre Iscariote, uno de los Doce;
4 quien acudió a discutir con los sumos
sacerdotes y los guardias un modo de
entregarlo. 5 Se alegraron y se comprometieron a darle dinero. 6 Él aceptó y
andaba buscando una ocasión para entregárselo, lejos de la gente.

Pascua y Eucaristía

(Mt 26,17-19; Mc 14,12-16)

7 Llegó el día de los Ázimos, cuando
había que sacrificar la víctima pascual.
8 Jesús envió a Pedro y a Juan encargándoles:
—Vayan a preparar lo necesario para
que celebremos la cena de Pascua.
9 Le dijeron:
—¿Dónde quieres que te la preparemos?
10 Él les respondió:
—Cuando entren en la ciudad, les
saldrá al encuentro un hombre llevando un cántaro de agua. Síganlo hasta la
casa donde entre 11 y digan al dueño de
casa: el Maestro manda preguntarte,
que dónde está la sala en la que come-
rá la cena de Pascua con sus discípulos. 12 Él les mostrará un salón grande y
amueblado en el piso superior; preparen allí lo necesario.
13 Fueron, encontraron lo que les
había dicho y prepararon la cena de
Pascua.

(Mt 26,26-29; Mc 14,22-25;
cfr. Jn 6,51-59; 1 Cor 11,23-25)

14 Cuando llegó la hora, se puso a la
mesa con los apóstoles 15 y les dijo:
—Cuánto he deseado comer con
ustedes esta Pascua antes de mi pasión. 16 Les aseguro que no volveré a
comerla hasta que alcance su cumplimiento en el reino de Dios.
17 Y tomando la copa, dio gracias y
dijo:
—Tomen y compártanla entre ustedes. 18 Les digo que en adelante no
beberé del fruto de la vid hasta que no
llegue el reino de Dios.
19 Tomando pan, dio gracias, lo partió y se lo dio diciendo:
—Esto es mi cuerpo, que se entrega
por ustedes. Hagan esto en memoria mía.
20 Igualmente tomó la copa después
de cenar y dijo:
—Ésta es la copa de la nueva alianza,
sellada con mi sangre, que se derrama
por ustedes.

(Mt 26,20-25; Mc 14,17-21; cfr. Jn 13,21-30)

21 Pero, ¡cuidado!, que la mano del
que me entrega está conmigo en la
mesa. 22 El Hijo del Hombre sigue el
camino que se le ha fijado; pero, ¡ay de
aquél que lo entrega!

popular en el marco de una de las fiestas nacionales que se celebraba exclusivamente en Jerusalén: la Pascua. 2. Uno del grupo ha decidido libre y espontáneamente –aunque de hecho Lucas relata que fue movido por Satanás que entró en él (3)– convenir con las autoridades la entrega del Maestro.

22,7-23 Pascua y Eucaristía. El cuerpo y la sangre son dos elementos inseparables que en el judaísmo antiguo dan idea de totalidad; el cuerpo es la materialización de las ideas, de las esperanzas y anhelos, el proyecto de una persona; la sangre es la vida, lo que da sentido, valor y movimiento al cuerpo.

La intención de Jesús es entonces que esta cena sea el signo de lo que serán las demás celebraciones para sus discípulos: el recuerdo de que Él ha entregado su cuerpo y su sangre, es decir, la totalidad de su ser, sus anhelos, sueños y esperanzas, su lucha por la instauración del reinado de Dios; todo lo ha entregado por sus amigos y por la humanidad en general.

El nuevo pacto que instaura Jesús se debe entender como la repetición indefinida de la Cena Pascual que hay que asumir como una necesidad de actualizar en cada celebración la entrega de Jesús y la entrega que está realizando la comunidad de los discípulos: ¿Qué tanto se ha ido entregando el discípulo y la comunidad? ¿Qué

23 Ellos comenzaron a preguntarse
entre sí quién de ellos era el que iba a
entregarlo.

Contra la ambición
(Mt 20,24-28; Mc 10,41-45)

24 Luego surgió una disputa sobre
quién de ellos se consideraba el más
importante.
25 Jesús les dijo:
—Los reyes de los paganos los tienen sometidos y los que imponen su
autoridad se hacen llamar benefactores. 26 Ustedes no sean así; al contrario, el más importante entre ustedes
compórtese como si fuera el último y el
que manda como el que sirve.
27 ¿Quién es mayor? ¿El que está a
la mesa o el que sirve? ¿No lo es, acaso,
el que está a la mesa? Pero yo estoy en
medio de ustedes como quien sirve.
28 Ustedes son los que han permanecido conmigo en las pruebas, 29 por
eso les encomiendo el reino como mi
Padre me lo encomendó: 30 para que
coman y beban, a mi mesa, en mi reino,
y se sienten en doce tronos para juzgar
a las doce tribus de Israel.

Anuncia la negación de Pedro
(Mt 26,31-35; Mc 14,27-31; cfr. Jn 13,36-38)

31 —Simón, Simón, mira que Satanás ha pedido permiso para sacudirlos
como se hace con el trigo. 32 Pero yo he
rezado por ti para que no falle tu fe. Y
tú, una vez convertido, fortalece a tus
hermanos. 33 Pedro le respondió:
—Señor, yo estoy dispuesto a ir contigo a la cárcel y a la muerte.
34 Le respondió Jesús:
—Te digo, Pedro, que hoy antes de
que cante el gallo habrás negado tres
veces que me conoces.
35 Y les dijo:
—Cuando los envié sin bolsa ni alforja ni sandalias, ¿les faltó algo?
Contestaron:
—Nada.
36 Les dijo:
—Pero ahora quien tenga bolsa lleve también alforja, quien no la tiene,
venda el manto y compre una espada.
37 Les digo que se ha de cumplir en mí
lo escrito: *fue tenido por malhechor*.
Todo lo que se refiere a mí toca a su fin.
38 Le dijeron:
—Señor, aquí hay dos espadas.
Les contestó:
—Basta ya.

Oración en el huerto
(Mt 26,36-46; Mc 14,32-42)

39 Salió y se dirigió según costumbre
al monte de los Olivos y le siguieron los
discípulos. 40 Al llegar al lugar, les dijo:
—Oren para no caer en la tentación.

tanto ha avanzado el reino de Dios entre celebración y celebración? He ahí el reto para el creyente y para la comunidad.

22,24-30 Contra la ambición. Apenas formulado el anuncio de la traición, surge una disputa entre los discípulos de Jesús sobre quién era el más importante, lo cual nos puede indicar que el tema de la traición y de la entrega de Jesús no se queda sólo en cabeza de uno de ellos. Sabemos que va a ser Judas, pero aquí podemos entender que hay otras formas de traicionar al Maestro y su propuesta. Jesús tiene que volver a insistir sobre la inversión de valores que caracteriza el modelo de comunidad y de sociedad nueva que tiene que surgir con la instauración del reino.

22,31-38 Anuncia la negación de Pedro. Todavía con el tema de la traición como telón de fondo, Jesús interpela a Pedro acerca de la debilidad de su fe. La reacción de Pedro indica que el discípulo puede estar donde esté el Maestro, pero no ser ni hacer lo que es y hace el Maestro; esto último es lo que pretende Jesús inculcarle a cada uno comenzando por Pedro. Si Pedro llega a entender así las cosas, tendrá como tarea fortalecer a sus hermanos en ese mismo sentido.

22,39-46 Oración en el huerto. A lo largo del evangelio, Lucas ha subrayado la costumbre de Jesús de retirarse a orar; aquí nos lo presenta de nuevo en esa actitud humilde: «se arrodilló» (41), y al mismo tiempo confiada. Jesús tiene que sentir angustia, tristeza, dolor;

41 Se apartó de ellos como a la distancia de un tiro de piedra, se arrodilló y oraba:

42 —Padre, si quieres, aparta de mí esta copa. Pero no se haga mi voluntad, sino la tuya.

43 [[Se le apareció un ángel del cielo que le dio fuerzas. 44 Y, en medio de la angustia, oraba más intensamente. Le corría el sudor como gotas de sangre cayendo al suelo.]]

45 Se levantó de la oración, se acercó a sus discípulos y los encontró dormidos de tristeza; 46 y les dijo:

—¿Por qué están dormidos? Levántense y oren para no sucumbir en la tentación.

Arresto de Jesús

(Mt 26,47-56; Mc 14,43-50; cfr. Jn 18,1-11)

47 Todavía estaba hablando, cuando llegó un gentío. El llamado Judas, uno de los Doce, se les adelantó, se acercó a Jesús y le besó. 48 Jesús le dijo:

—Judas, ¿con un beso entregas al Hijo del Hombre?

49 Viendo lo que iba a pasar, los que estaban con él dijeron:

—Señor, ¿usamos la espada?

50 Uno de ellos dio un tajo al empleado del sumo sacerdote y le cortó la oreja derecha.

51 Jesús le dijo:

—Ya basta.

Y tocándole la oreja, lo sanó. 52 Después dijo Jesús a los sumos sacerdotes, guardias del templo y ancianos que habían venido a arrestarlo:

—¿Como si se tratara de un asaltante, han salido armados de espadas y palos? 53 Diariamente estaba con ustedes en el templo y no me detuvieron. Pero ésta es la hora de ustedes, ahora son las tinieblas las que dominan.

(Mt 26,57s; Mc 14,53s; cfr. Jn 18,12-16)

54 Lo arrestaron, lo condujeron y lo metieron en casa del sumo sacerdote. Pedro le seguía a distancia. 55 Habían encendido fuego en medio del patio y estaban sentados alrededor; Pedro se sentó entre ellos.

Negaciones de Pedro

(Mt 26,69s; Mc 14,66-68; cfr. Jn 18,17s)

56 Una sirvienta lo vio sentado junto al fuego, lo miró fijamente y dijo:

—También éste estaba con él.

57 Pedro lo negó diciendo:

—No lo conozco, mujer.

(Mt 26,71-75; Mc 14,69-72; cfr. Jn 18,25-27)

58 Poco después otro lo vio y dijo:

—También tú eres uno de ellos.

Pedro respondió:

—No lo soy, hombre.

59 Como una hora más tarde otro insistía:

—Realmente éste estaba con él, además, también es galileo.

sin embargo, nada de eso debilita la fe y la confianza absolutas en su Padre. Este momento es decisivo; Jesús mantiene firme su decisión, lo que tiene que cumplirse es la voluntad del Padre.

22,47-55 Arresto de Jesús. En el momento definitivo, la hora del dominio de las tinieblas (53), Jesús fortalecido por la oración viva y profunda y por su convicción de que todo está en manos del Padre, enfrenta la situación con majestuosa serenidad. Hace tres intervenciones breves que dejan claro la anomalía y la injusticia de la situación: 1. A Judas lo interpela porque ha hecho de un signo de saludo pacífico, como lo es el beso, un signo de traición. 2. A sus discípulos que, pese a su proceso formativo, siguen pensando que el nuevo orden hay que implantarlo a la fuerza, les ordena guardar la espada, y Él mismo repara el daño causado por la violencia (50s). 3. A sus captores les recrimina el hecho de que lo confundan con un asaltante cuando bien hubieran podido abordarlo mientras enseñaba en el Templo (52s).

22,56-62 Negaciones de Pedro. En casa del sumo sacerdote, una mujer y luego dos hombres interrogan a Pedro sobre su relación con Jesús; en este contexto, y más específicamente para Pedro, los tres interrogantes tienen connotaciones de acusación que él rechaza con vehemencia. La confirmación de las palabras de Jesús en 22,34, está en su «mirada» a Pedro (61); ella basta para

60 Pedro contestó:
—No sé lo que dices, hombre.
En ese momento, cuando aún estaba
hablando, cantó el gallo. 61 El Señor se
volvió y miró a Pedro; éste recordó lo que
le había dicho el Señor: Antes de que
cante el gallo, me habrás negado tres veces. 62 Salió afuera y lloró amargamente.

Jesús ante el Consejo
(Mt 26,67s; Mc 14,65; cfr. Jn 18,22s)

63 Quienes habían arrestado a Jesús
se burlaban de él y lo golpeaban.
64 Tapándole los ojos le decían:
—Adivina quién te ha pegado.
65 Y le decían otras muchas injurias.

(Mt 26,63b-66; Mc 14,61b-64; cfr. Jn 18,19-21)

66 Al hacerse de día se reunieron los
ancianos del pueblo, los sumos sacer-
dotes y letrados, lo condujeron ante el
Consejo 67 y le dijeron:
—Dinos si tú eres el Mesías.
Les respondió:
—Si se lo digo, no me creerán, 68 y si
pregunto, no me responderán. 69 Pero
en adelante *el Hijo del Hombre estará
sentado a la derecha de la Majestad de
Dios*.
70 Dijeron todos:
—Entonces, ¿eres tú el Hijo de Dios?
Contestó:
—Tienen razón: Yo soy.
71 Ellos dijeron:
—¿Qué falta nos hacen los testigos?
Nosotros mismos lo hemos oído de su
boca.

Jesús ante Pilato
(Mt 27,1s; Mc 15,1; cfr. Jn 18,28-32)

23 1 Después se levantó toda la
asamblea y, lo condujeron ante
Pilato. 2 Y empezaron la acusación:
—Hemos encontrado a éste inci-
tando a la rebelión a nuestra nación,
oponiéndose a que paguen tributo al
césar y declarándose Mesías rey.

(Mt 27,11-14; Mc 15,2-15; cfr. Jn 18,33-38)

3 Pilato le preguntó:
—¿Eres tú el rey de los judíos?
Jesús le respondió:
—Tú lo dices.
4 Pero Pilato dijo a los sumos sacerdotes y a la multitud:
—No encuentro culpa alguna en
este hombre.
5 Ellos insistían: Está alborotando a
todo el pueblo enseñando por toda
Judea; empezó en Galilea y ha llegado
hasta aquí.
6 Al oír esto, Pilato preguntó si aquel
hombre era galileo; 7 y, al saber que
pertenecía a la jurisdicción de Herodes,
lo remitió a Herodes, que se encontraba por entonces en Jerusalén.

que el discípulo se retire afuera a llorar amargamente. El llanto de Pedro y el recuerdo de las palabras de Jesús (22,34) son un signo del llamado, el arrepentimiento y la conversión.

22,63-71 Jesús ante el Consejo. En el momento de los ultrajes y las afrentas, Pedro no ha sido capaz de responder por el amigo Jesús; el Maestro se halla solo, expuesto al escarnio y los malos tratos. Además la pregunta de las autoridades religiosas sobre los atributos divinos de Jesús no tiene quién refrende con su testimonio.

En circunstancias más fáciles, durante el camino, Pedro había confesado por todos que Jesús era el Mesías (Cristo, Ungido) (9,20); aquí calla, no se arriesga a correr la misma suerte del Maestro. Jesús está completamente solo, es su palabra contra la de las autoridades; por no tener quién declare en su favor, las mismas palabras de Jesús son utilizadas en su contra, convirtiéndolas en ocasión para condenarlo.

23,1-7 Jesús ante Pilato. La decisión de eliminar a Jesús ya está tomada por parte de los sumos sacerdotes, los escribas y los principales del Templo. El motivo es aparentemente religioso: Jesús se ha autoproclamado Hijo de Dios, lo cual constituye una herejía; pero sabemos que en el fondo hay motivos más que religiosos para quitar a Jesús de en medio; definitivamente su presencia y sus enseñanzas resultan demasiado incómodas y peligrosas para la «estabilidad» de la nación, para la «seguridad nacional». Con todo, Pilato no encuentra motivo suficiente para la condena a muerte (4), de ahí que los acusadores tengan que convertir la acusación religiosa en otra de tipo político, de alcance nacional: «Está alborotando a todo el pueblo enseñando

Jesús ante Herodes

8 Herodes se alegró mucho de ver a
Jesús. Hacía tiempo que tenía ganas
de verlo, por lo que oía de él, y esperaba verlo hacer algún milagro. 9 Le
hizo muchas preguntas, pero él no le
respondió.

10 Los sumos sacerdotes y los letrados estaban allí, insistiendo en sus acusaciones.

11 Herodes con sus soldados lo trataron con desprecio y burlas, y echán-
dole encima un manto espléndido, lo
envió de vuelta a Pilato.

12 Aquel día Herodes y Pilato que
hasta entonces habían estado enemis-
tados, establecieron buenas relaciones.

Condena de Jesús

(Mt 27,15-26; Mc 15,6-15; cfr. Jn 18,39–19,1.4-16)

13 Pilato convocó a los sumos sacerdotes, a los jefes y al pueblo, y 14 les
dijo:

—Me han traído a éste acusándolo
de agitar al pueblo. Miren, lo interrogué
personalmente delante de ustedes y no
encuentro en este hombre ninguna
culpa de las que lo acusan. 15 Tampoco
Herodes lo encontró culpable ya que
me lo ha mandado de vuelta, como
ven no ha cometido nada que merezca
la muerte. 16 Le daré un castigo y lo
dejaré libre.

17 [[Por la fiesta tenía que soltarles a
un preso.]] 18 Pero ellos se pusieron a
gritar:

—¡Que muera este hombre! Déja-
nos libre a Barrabás.

19 —Barrabás estaba preso por un
homicidio cometido en un disturbio en
la ciudad.

20 Pilato, que quería dejar libre a
Jesús, les dirigió de nuevo la palabra;
21 pero ellos seguían gritando:

—¡Crucifícalo, crucifícalo!

22 Por tercera vez les habló:

—Pero, ¿qué delito ha cometido
este hombre? No encuentro en él nada
que merezca la muerte. Le impondré
un castigo y lo dejaré libre.

23 Pero ellos insistían a gritos pidiendo que lo crucificara; y el griterío
se hacía cada vez más violento.

24 Entonces Pilato decretó que se
hiciera lo que el pueblo pedía. 25 Dejó
libre al que pedían, que estaba preso
por motín y homicidio, y entregó a
Jesús al capricho de ellos.

Crucifixión y muerte de Jesús

(Mt 27,32-56; Mc 15,21-41; cfr. Jn 19,17-30)

26 Cuando lo conducían, agarraron a
un tal Simón de Cirene, que volvía del
campo, y le pusieron encima la cruz para que la llevara detrás de Jesús. 27 Le

---

por toda Judea; empezó en Galilea y ha llegado hasta aquí» (5), insistiendo en lo peligroso que resulta para el imperio (2).

23,8-12 Jesús ante Herodes. Lucas subraya la alegría de Herodes al ver a Jesús; hacía tiempo que quería verlo, dados los comentarios que había escuchado de Él, incluso pensaba que podría ver realizar algún milagro. Lucas quiere dejar claro que éste no es el modo de conocer a Jesús, y de ahí el silencio que guarda el Maestro delante del Tetrarca.

Herodes, que sabe de lo difícil y complicado que es ser rey bajo un dominio tan «omnipotente» como el romano, toma las supuestas pretensiones de Jesús como una broma. Él y su guardia se burlan de Jesús y como «rey de burlas» lo devuelve a Pilato (11).

23,13-25 Condena de Jesús. De nuevo ante Pilato, Jesús es hallado inocente. Pilato insiste en que no ve necesario aplicarle la pena capital; propone que una buena reprimenda será suficiente, pero los enemigos de Jesús insisten que debe morir. Pilato no tiene más remedio que ceder a la presión de los judíos.

Lucas deja claro que el juicio y la condena de Jesús son desde todo punto de vista irregulares e injustos. En el juicio, Jesús no ha tenido oportunidad de defenderse; en la sentencia, ni Pilato ni Herodes han hallado culpa. No obstante, debido a la saña de las autoridades judías, la sentencia es dada.

23,26-49 Crucifixión y muerte de Jesús. De los cuatro relatos de la pasión, el de Lucas es el más sobrio; por todos los medios evita narrar los hechos sangrientos

seguía una gran multitud del pueblo y de
mujeres llorando y lamentándose por él.
28 Jesús se volvió y les dijo:
—Mujeres de Jerusalén, no lloren
por mí; lloren más bien por ustedes y
por sus hijos. 29 Porque llegará un día
en que se dirá: ¡Dichosas las estériles,
los vientres que no concibieron, los pechos que no amamantaron!
30 Entonces se pondrán a decir a los
montes: *Caigan sobre nosotros; y a las*
colinas: Sepúltennos. 31 Porque si así
tratan al árbol verde, ¿qué no harán
con el seco?
32 Conducían con él a otros dos malhechores para ejecutarlos. 33 Cuando
llegaron al lugar llamado La Calavera,
los crucificaron a él y a los malhechores:
uno a la derecha y otro a la izquierda.
34 [[Jesús dijo:
—Padre, perdónalos, porque no
saben lo que hacen.]]
Después se repartieron su ropa sor-
teándola entre ellos. 35 El pueblo estaba
mirando y los jefes se burlaban de él
diciendo:
—Ha salvado a otros, que se salve a
sí mismo, si es el Mesías, el predilecto
de Dios.
36 También los soldados se burlaban
de él. Se acercaban a ofrecerle vinagre
37 y le decían:
—Si eres el rey de los judíos, sálvate.
38 Encima de él había una inscripción que decía: Éste es el rey de los
judíos.
39 Uno de los malhechores crucificados lo insultaba diciendo:
—¿No eres tú el Mesías? Sálvate a ti
y a nosotros.
40 Pero el otro lo reprendió diciendo:
—¿No tienes temor de Dios, tú, que
sufres la misma pena? 41 Lo nuestro es
justo, recibimos la paga de nuestros
delitos; pero él, en cambio, no ha cometido ningún crimen.
42 Y añadió:
—Jesús, cuando llegues a tu reino
acuérdate de mí.
43 Jesús le contestó:
—Te aseguro que hoy estarás conmigo en el paraíso.
44 Era mediodía; se ocultó el sol y
todo el territorio quedó en tinieblas

con que afrentaron a Jesús: las bofetadas, los azotes, la corona de espinas. Tal vez, los motivos para que Lucas presente así su relato sean básicamente dos: primero, su sensibilidad humana y, sobre todo, su profunda veneración por Jesús no le permiten presentarlo a la manera de Marcos y de Mateo. En segundo lugar, su mayor preocupación es subrayar la injusticia que se cometió con Jesús, a cuyo extremo puede llegar la intolerancia y la obstinación de una nación que no quiso aceptar que en Jesús Dios se les estaba manifestando en su totalidad; de ahí la expresión de Jesús en el momento de la cruz: «Padre, perdónalos, porque no saben lo que hacen (34)».

De otro lado, Lucas considera que es mucho más importante la manera como asume Jesús este momento definitivo: cuando podría ser objeto de lástima y de compasión, Él está dispuesto a consolar y animar a quienes lo lloran (28-31); cuando cualquiera respondería con violencia a las burlas y los insultos, Jesús responde con el perdón; tratado como malhechor y puesto entre malhechores, Jesús acoge al ladrón arrepentido y le promete su compañía en el reino. En suma, para Lucas el momento de la cruz es el momento cumbre de la vida de Jesús, aquí es donde queda a la vista de todos, demostrada y atestiguada la realeza de Jesús: rey justo que perdona, acoge y comparte su reino con quienes quieran aceptarlo.

Lucas rodea la muerte de Jesús de acontecimientos cósmicos: la oscuridad por falta del sol (44), y de un fenómeno de tipo religioso, pero también de connotaciones universales: el velo del templo que se rasga (45). Con ello quiere indicar el evangelista que el tiempo escatológico se inaugura ahora: el acceso a Dios obstaculizado por el velo del templo ha quedado roto, con lo cual ya no hay ninguna barrera para nadie; aunque injusta, la muerte de Jesús tenía que inaugurar esta nueva era. El centurión confirma la muerte de Jesús. Fiel al Padre, Jesús no desconfía de Él ni siquiera en el momento definitivo de su vida, en sus manos confía su espíritu; y, fiel al Hijo, al que había declarado predilecto en el bautismo y en la escena de la transfiguración, el Padre lo acoge.

23,50-56 Sepultura de Jesús. Lucas, igual que los demás evangelistas, conserva el nombre de quien se ocupó del cuerpo sin vida de Jesús para sepultarlo: José de Arimatea.

hasta media tarde. 45 El velo del santuario se rasgó por el medio.
46 Jesús gritó con voz fuerte:

—*Padre, en tus manos*
encomiendo mi espíritu.

Dicho esto, expiró. 47 Al ver lo que
sucedía, el centurión glorificó a Dios
diciendo:
—Realmente este hombre era inocente.
48 Toda la multitud que se había con-
gregado para el espectáculo, al ver lo
sucedido, se volvía dándose golpes de
pecho. 49 Sus conocidos se mantenían
a distancia, y las mujeres que lo habían
seguido desde Galilea lo observaban
todo.

Sepultura de Jesús

(Mt 27,57-61: Mc 15,42-47; cfr. Jn 19,38-42)

50 Había un hombre llamado José,
natural de Arimatea, ciudad de Judea.
Pertenecía al Consejo, era justo y honrado 51 y no había consentido en la decisión de los otros ni en su ejecución, y
esperaba el reino de Dios. 52 Acudió a
Pilato y le pidió el cadáver de Jesús.
53 Lo descolgó, lo envolvió en una
sábana y lo depositó en un sepulcro
cavado en la roca, en el que todavía no
habían enterrado a nadie. 54 Era el día
de la preparación y estaba por comenzar el sábado. 55 Las mujeres que
lo habían acompañado desde Galilea
fueron detrás para observar el sepulcro
y cómo habían puesto el cadáver.
56 Se volvieron, prepararon aromas
y ungüentos, pero el sábado guardaron el descanso ordenado por la ley.

Resurrección de Jesús

(Mt 28,1-10; Mc 16,1-8; cfr. Jn 20,1-10)

24 1 El primer día de la semana, de
madrugada, fueron al sepulcro
llevando los perfumes preparados.
2 Encontraron corrida la piedra del sepulcro, 3 entraron, pero no encontraron
el cadáver del Señor Jesús. 4 Estaban
desconcertadas por el hecho, cuando
se les presentaron dos hombres con
vestidos brillantes. 5 Como las mujeres,
llenas de temor, miraban al suelo, ellos
les dijeron:
—¿Por qué buscan entre los muertos al que está vivo? 6 No está aquí, ha
resucitado. Recuerden lo que les dijo

Es curioso que sea él y no ningún discípulo quien se encarga de esta tarea. También aquí Lucas quiere subrayar el distanciamiento de los discípulos con el fin de darle muchísimo más realce al re-encuentro con el Resucitado y el cambio de actitud que acaecerá en la comunidad apostólica.

24,1-12 Resurrección de Jesús. Es importante tener presente que los cuatro evangelios afirman la resurrección de Jesús, pero no la relatan; es decir, no describen ni el momento preciso ni la manera cómo Jesús resucitó; ello nos indica, entonces, que la resurrección de Jesús no es histórica en el sentido moderno del término.

La expresión «al tercer día» hay que interpretarla como un tiempo indeterminado, el suficiente para comenzar a formarse en la conciencia de los discípulos y en la comunidad la fe sobre la resurrección. Quienes están a la cabeza de este proceso de fe son precisamente las mujeres, las mismas que vinieron con Jesús desde Galilea; ellas, a fuerza de ir al sepulcro, lugar de los muertos, comienzan a captar que ese no puede ser ni el lugar ni el destino de Jesús; esta iluminación sobre el destino de Jesús la describe Lucas mediante dos imágenes: el sepulcro vacío, que produce desconcierto (nótese que en principio sólo produce desconcierto, no «produce» la fe), y los dos personajes con vestidos brillantes, una manera de decir que no son personajes humanos, sino seres enviados por Dios. Ellos anuncian a las mujeres que Jesús está vivo y que no hay que buscarlo entre los muertos; así, la fe de las mujeres comienza un giro distinto: ahora ya no se trata de seguir a Jesús y servirle materialmente (cfr. 8,1-3); sino, de una manera nueva: a través del anuncio de su resurrección; por eso ellas se ponen en camino e inmediatamente van a anunciar a los demás discípulos la Resurrección del Señor.

Pero los discípulos aún no están preparados para recibir y aceptar en su vida de fe la resurrección del Maestro. No nos quedemos en que ellos no creen porque se trataba de un testimonio femenino, «cosas de mujeres»; el hecho es que ellos siguen sin entender nada. Por curiosidad Pedro va hasta la tumba y, en efecto, la encuentra vacía, pero una vez más se constata que esto no es prueba de la resurrección; en las mujeres sólo había producido desconcierto

cuando todavía estaba en Galilea: 7 El
Hijo del Hombre tiene que ser entregado a los pecadores y será crucificado; y al tercer día resucitará.
8 Ellas entonces recordaron sus palabras, 9 se volvieron del sepulcro y
contaron todo a los Once y a todos los
demás. 10 Eran María Magdalena, Juana
y María de Santiago. Ellas y las demás
se lo contaron a los apóstoles. 11 Pero
ellos tomaron el relato de las mujeres
por una fantasía y no les creyeron.
12 Pedro, en cambio, se levantó y fue
corriendo al sepulcro. Se asomó y sólo
vio las sábanas; así que volvió a casa
extrañado por lo ocurrido.

Camino de Emaús
(cfr. Mc 16,12s)

13 Aquel mismo día, dos de ellos
iban a un pequeño pueblo llamado
Emaús, que está a unos diez kilómetros
de Jerusalén. 14 En el camino conversaban sobre todo lo sucedido.
15 Mientras conversaban y discutían,
Jesús en persona los alcanzó y se puso
a caminar con ellos. 16 Pero ellos tenían
los ojos incapacitados para reconocerlo.
17 Él les preguntó:
—¿De qué van conversando por el
camino?
Ellos se detuvieron con rostro afligido, 18 y uno de ellos, llamado Cleofás,
le dijo:
—¿Eres tú el único forastero en
Jerusalén, que desconoce lo que ha sucedido allí estos días?
19 Jesús preguntó:
—¿Qué cosa?
Le contestaron:
—Lo de Jesús de Nazaret, que era un
profeta poderoso en obras y palabras
ante Dios y ante todo el pueblo. 20 Los
sumos sacerdotes y nuestros jefes lo entregaron para que lo condenaran a
muerte, y lo crucificaron. 21 ¡Nosotros
esperábamos que él fuera el liberador de
Israel!, pero ya hace tres días que sucedió todo esto.
22 Es verdad que unas mujeres de
nuestro grupo nos han desconcertado;
ellas fueron de madrugada al sepulcro,
23 y al no encontrar el cadáver, volvieron
diciendo que se les habían aparecido
unos ángeles asegurándoles que él está
vivo.

y en Pedro, extrañeza, mas no la fe. Por tanto, Lucas insiste en que ninguna prueba material sería suficiente para demostrar la resurrección de Jesús; luego, la cuestión aquí no es «probar» la resurrección, sino abrirse a una experiencia de fe totalmente nueva y distinta.

Ya los discípulos están anunciados por las mujeres de que Jesús está vivo; nótese que a Pedro no se le presentan los mismos personajes que hablaron con las mujeres; ellas han cumplido con anunciar lo que ya están experimentando en sus vidas, el resto es cuestión de esperar hasta que el discípulo sea capaz de dar este salto cualitativo en su fe.

24,13-35 Camino de Emaús. Los discípulos han hecho un camino con Jesús; pero, mientras el camino de Jesús tiene por meta final llevar a cumplimiento el designio salvífico del Padre, el camino de los discípulos termina en decepción, tristeza y frustración, «esperábamos que él sería el liberador de Israel» (21); la vida, pasión, muerte y resurrección del Maestro todavía no son una alternativa de camino para el discípulo (19s.22-24).

Éste es el momento propicio que aprovecha el Resucitado para comenzar a rectificar el camino del discípulo, y lo hace a partir de dos elementos: el primero tiene su fundamento en la Escritura, por eso parte de ella y la explica punto por punto hasta que ellos la entienden. El segundo elemento es la parte vivencial de la Escritura que ya Jesús había puesto en práctica a lo largo de su vida y que quiso simbolizar con el gesto del compartir la mesa; aquí la comparte con dos de los discípulos, pero durante su vida la compartió con toda clase de hombres y mujeres.

Con toda seguridad, en cada ocasión tuvo que haber realizado algo, algún signo, alguna palabra que de un modo u otro le daba al compartir la mesa una dimensión nueva que iba más allá del simple gesto de consumir unos alimentos; pues bien, eso es lo que ahora «abre» los ojos de los discípulos, lo reconocen y ahora sí manifiestan lo que producía en ellos la explicación de la Escritura: el ardor, la fuerza de la gracia; necesitaban ver también el signo de la mesa/pan para ahora sí entenderlo todo y salir corriendo a contarlo a los demás.

24 También algunos de los nuestros
fueron al sepulcro y encontraron todo
como habían contado las mujeres;
pero a él no lo vieron.
25 Jesús les dijo:
—¡Qué duros de entendimiento!,
¡cómo les cuesta creer lo que dijeron
los profetas! 26 ¿No tenía que padecer
eso el Mesías para entrar en su gloria?
27 Y comenzando por Moisés y siguiendo por todos los profetas, les
explicó lo que en toda la Escritura se
refería a él.
28 Se acercaban al pueblo adonde se
dirigían, y él hizo ademán de seguir
adelante.
29 Pero ellos le insistieron:
—Quédate con nosotros, que se
hace tarde y el día se acaba.
Entró para quedarse con ellos; 30 y,
mientras estaba con ellos a la mesa,
tomó el pan, lo bendijo, lo partió y se lo
dio.
31 Entonces se les abrieron los ojos
y lo reconocieron. Pero él desapareció
de su vista.
32 Se dijeron uno al otro:
—¿No sentíamos arder nuestro corazón mientras nos hablaba por el
camino y nos explicaba la Escritura?
33 Se levantaron al instante, volvieron a Jerusalén y encontraron a los
Once con los demás compañeros,
34 que afirmaban:
—Realmente ha resucitado el Señor
y se ha aparecido a Simón.
35 Ellos por su parte contaron lo
que les había sucedido en el camino y
cómo lo habían reconocido al partir
el pan.

Se aparece a los discípulos
(cfr. Mt 28,16-20; Mc 16,14-18;
Jn 20,19-23; Hch 1,7s)

36 Estaban hablando de esto, cuando
se presentó Jesús en medio de ellos y
les dijo:
—La paz esté con ustedes.
37 Espantados y temblando de miedo,
pensaban que era un fantasma.
38 Pero él les dijo:
—¿Por qué se asustan tanto? ¿Por
qué tantas dudas? 39 Miren mis manos
y mis pies, soy yo mismo. Tóquenme y
vean, un fantasma no tiene carne y
hueso, como ven que yo tengo.
40 Dicho esto, les mostró las manos
y los pies. 41 Era tal el gozo y el asombro
que no acababan de creer.
Entonces les dijo:
—¿Tienen aquí algo de comer?
42 Le ofrecieron un trozo de pescado
asado. 43 Lo tomó y lo comió en su presencia.
44 Después les dijo:
—Esto es lo que les decía cuando
todavía estaba con ustedes: que tenía
que cumplirse en mí todo lo escrito en
la ley de Moisés, en los profetas y en los
salmos.
45 Entonces les abrió la inteligencia
para que comprendieran la Escritura.

24,36-53 Se aparece a los discípulos – Ascensión de Jesús. Poco a poco, toda la comunidad de discípulos se va «contagiando» de la fe en la resurrección. Esta nueva aparición de Jesús nos da idea de que fue un proceso que comenzó con unos cuantos –o cuantas– hasta llegar a convertirse en una vivencia de tipo comunitario.

Seguramente fue necesario experimentar las dudas, el temor, el sentimiento de frustración y de derrota; por eso, esas primeras experiencias de fe en la Resurrección y de adhesión total al Resucitado son confusas: creían estar viendo a un fantasma (39); sin embargo, el Resucitado no se «rinde», es comprensivo con sus discípulos y por eso de nuevo, como en el pasaje de Emaús, acude a la Escritura y les abre las mentes para que entiendan, y una vez más utiliza el símbolo de la comida.

Así, la comunidad de discípulos termina todo un proceso formativo, recordando las palabras y los signos del Maestro durante su vida pública. Ellos y ellas quedan ahora habilitados para ser testigos en todo el mundo, comenzando por Jerusalén.

46 Y añadió:
—Así está escrito: que el Mesías tenía
que padecer y resucitar de entre los
muertos al tercer día; 47 que en su
nombre se predicaría penitencia y perdón de pecados a todas las naciones,
empezando por Jerusalén.

(cfr. Hch 1,3-5)

48 Ustedes son testigos de todo esto.
49 Yo les enviaré lo que el Padre prometió.
Por eso quédense en la ciudad hasta
que sean revestidos con la fuerza que
viene desde el cielo.

Ascensión de Jesús
(Mc 16,19s; Hch 1,9-11)

50 Después los condujo [fuera,] hacia
Betania y, alzando las manos, los bendijo. 51 Y, mientras los bendecía, se separó de ellos y fue llevado al cielo. 52 Ellos
se postraron ante él y se volvieron a Jerusalén muy contentos. 53 Y pasaban el
tiempo en el templo bendiciendo a Dios.

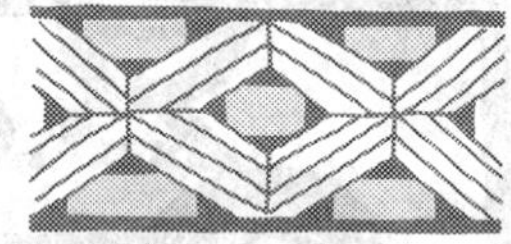

JUAN

El más puro y radical de los evangelios. También el originalísimo libro de Juan es un evangelio. Y si Evangelio es proclamar la fe en Jesús para provocar la fe del oyente, éste es el más puro y radical. Si en el Antiguo Testamento la existencia humana se decidía frente a la ley de Dios (cfr. Dt 29), en Juan ésta se decide frente a Jesús: por Él o contra Él, fe o incredulidad.

Jesús, camino que conduce al Padre. La persona de Jesús ocupa el centro del mensaje de Juan. Su estilo descriptivo es intencionadamente realista, quizás como reacción contra los que negaban la realidad humana del Hijo de Dios –docetismo–. Juan nos lleva a «ver y palpar» a su protagonista. Pero su realismo es simbólico, cargado de sentido, que la fe descubre y la contemplación asimila. El evangelista se propone desvelar el misterio de Jesús como camino para descubrir el rostro de Dios. Si en Marcos Jesús se revela como Hijo de Dios a partir del bautismo, y en Mateo y Lucas a partir de su concepción, Juan se remonta a su preexistencia en el seno de la Trinidad. Desde allí, desciende y entra en la historia humana con la misión primaria de revelar al Padre.

El camino de Jesús. Para captar el alcance de la misión histórica del Jesús que nos presenta Juan, hay que sumergirse en el mundo simbólico de las Escrituras: luz, tinieblas, agua, vino, boda, camino, paloma, palabra. O en sus personajes: Abrahán, Moisés, Jacob-Israel, la mujer infiel de Os 2, David, la esposa del Cantar de los Cantares, mencionados explícitamente o aludidos en filigrana para quien sepa adivinarlos. Pero, por encima de todo, resuena en su evangelio el «Yo soy» del Dios del Antiguo Testamento, que Jesús se apropia reiteradamente.

Juan utiliza sus materiales y sus recursos con libertad y dominio. Su patria es la Escritura, que hace presente en unas cuantas citas formales –lejos de la abundancia de Mateo–, en frases alusivas que se adaptan a otra situación, en un tejido sutil de símbolos apenas insinuados, como invitando a un juego de enigmas y desafíos. Sobre este trasfondo, Juan hace emerger con dramatismo la progresiva revelación del misterio de la persona de Jesús, luz y vida de los hombres, hasta su «hora» suprema en que se manifestará con toda su grandeza. Simultáneamente, junto a la adhesión de fe, titubeante a veces, de unos pocos seguidores, surge y crece en intensidad la incredulidad que provoca esta revelación. La luz y las tinieblas se ven así confrontadas hasta esa «hora», la muerte, en la que la aparente victoria de las tinieblas se desvanece ante la luz gloriosa de la resurrección. Entonces, Padre e Hijo, por medio del Espíritu, abren su intimidad a la contemplación del creyente.

Destinatarios. La comunidad de Juan muestra conocer familiarmente el Antiguo Testamento y el judaísmo. Pero está separada de él, no por cuestiones de observancia, sino por la fe en Jesús. Es una comunidad preparada ya para caminar en la historia entre dificultades y persecuciones esperando la definitiva venida del Señor, de la que ya participa en esperanza por la experiencia mística y por la acción del Espíritu. El evangelista deja entrever a unos cristianos y cristianas que viven la presencia de Jesús en los sacramentos: el bautismo en el diálogo con Nicodemo y los símbolos del agua (3); la eucaristía en el milagro y discurso de los panes (6,1-58) y en el lavatorio de los pies –acto humilde de solidaridad ejemplar– (13,1-17); el perdón de los pecados en el don del Espíritu, después de la resurrección (20,22s).

Pero los destinatarios de Juan son los hombres y las mujeres de todos los tiempos para quienes Jesús se hizo hombre a fin de revelarles el verdadero rostro de Dios. O como lo dice el mismo evangelista al final de su narración: estas señales «quedan escritas para que crean que Jesús es el Mesías, el Hijo de Dios, y para que creyendo tengan vida por medio de él» (20,31).

Autor, fecha y lugar de composición. Una tradición antigua ha identificado al autor con el apóstol Juan. Hoy día es muy difícil mantener esta opinión. La mayoría de los biblistas atribuye el evangelio a un discípulo suyo de la segunda generación. Por su familiaridad con el Antiguo Testamento y el sabor semítico de su prosa, debió ser judío. En cuanto a la fecha de su composición se propone la última década del s. I; y respecto al lugar, Éfeso.

Plan del evangelio: la «hora» de Jesús. Es esta «hora» la que aglutina y estructura todo el evangelio de Juan, marcando el ritmo de la vida de Jesús como un movimiento de descenso y de retorno.

El evangelista comienza con un prólogo (1,1-18) en que presenta a su protagonista, la Palabra eterna de Dios, que desciende a la historia humana haciéndose carne en Jesús de Nazaret con la misión de revelar a los hombres el misterio salvador de Dios. Esta «misión» es su «hora».

A este prólogo sigue la primera parte de la obra, el llamado «libro de los signos» (2–12), que describe el comienzo de la misión de Jesús. A través de siete milagros a los que el evangelista llama «signos» y otros relatos va apareciendo la novedad radical de su presencia en medio de los hombres: el vino de la nueva alianza (2,1-11); el nuevo templo de su cuerpo sacrificado (2,13-22); el nuevo renacer (3,1-21); el agua viva (4,1-42); el pan de vida (6,35); la luz del mundo (8,12), la resurrección y la vida (11,25).

A continuación viene la segunda parte de la obra, el llamado «libro de la pasión o de la gloria» (13–21). Ante la inminencia de su «hora», provocada por la hostilidad creciente de sus enemigos, Jesús prepara el acontecimiento con el gesto de lavar los pies a sus discípulos (13,1-11), gesto preñado de significado: purificación bautismal, eucaristía, anuncio simbólico de la humillación en la pasión. Luego realiza una gran despedida a los suyos en la última cena (13,12–17,26) en la que retoma y ahonda los principales temas de su predicación. Por fin, el cumplimiento de su «hora» y el retorno al Padre a través de la pasión, muerte y resurrección (18–21).

Prólogo
(cfr. Mc 1,1; Lc 1,1-4)

1 [1] Al principio existía la Palabra
y la Palabra estaba junto a Dios,
y la Palabra era Dios.
[2] Ella existía al principio junto a Dios.
[3] Todo existió por medio de ella,
y sin ella nada existió de cuanto existe.
[4] En ella estaba la vida,
y la vida era la luz de los hombres;
[5] la luz brilló en las tinieblas,
y las tinieblas no la comprendieron.

[6] Apareció un hombre enviado por Dios, llamado Juan, [7] que vino como testigo,
para dar testimonio de la luz, de modo que todos creyeran por medio de él.

[8] Él no era la luz, sino un testigo de la luz.
[9] La luz verdadera
que ilumina a todo hombre
estaba viniendo al mundo.
[10] En el mundo estaba,
el mundo existió por ella,
y el mundo no la reconoció.
[11] Vino a los suyos,
y los suyos no la recibieron.
[12] Pero a los que la recibieron,
a los que creen en ella,
los hizo capaces de ser hijos de Dios:

1,1-18 Prólogo. El prólogo del evangelio es semejante a la introducción de una gran ópera musical que prepara los temas que se desarrollarán en él. Cada frase suya será explicada en el resto del evangelio. El texto es demasiado joánico para poder pensar que se trate de un himno preexistente que el autor adaptó.

Comienza y concluye con la presencia de la Palabra, del Hijo único, al lado de Dios desde toda la eternidad (1s.18). La Palabra, el Verbo, se ha revelado como luz en el mundo y del mundo (1-5.15-18; cfr. 8,12). Juan Bautista fue el heraldo de la Palabra en la historia (6-8.15s), dando testimonio de la luz y llevando a los suyos a la fe en Jesús (7.35-39). La Palabra vino al mundo y a los suyos, al pueblo judío, pero no fue aceptada (9-11.14). La revelación central y clave para el lector es la filiación divina que reciben los creyentes a quienes Jesús considera verdaderamente como los suyos (13,1).

***Al principio* (1-5).** El inicio del prólogo nos sugiere que nos hallamos ante una nueva creación (Gn 1,1). La intimidad entre la Palabra y Dios dará paso en el evangelio a la intimidad entre Jesús y el Padre, y a la intimidad entre Jesús y los suyos (8,16.29.58; 14,8-11; 15,1-10; 17,5.21-26). Dios va a crear un mundo nuevo por su Palabra, que ya fue revelada en el Antiguo Testamento como la Sabiduría de Dios que habita entre los hombres y que a veces se identificaba con la Ley. El evangelista va concatenando palabras e ideas con repeticiones, para revelar cómo el amor y la providencia de Dios han discurrido a través de los siglos hasta manifestarse plenamente en Jesús. La vida era luz y Jesús será luz de vida. Esta primera sección concluye con el rechazo de la Palabra-Luz por las tinieblas.

***Las venidas de la Palabra* (6-11).** Juan Bautista fue enviado por Dios para conducir al mundo a la fe en Jesús y llevar a cabo el plan de Dios para la humanidad. Desde la creación, la luz estaba ya en el mundo, y su revelación estaba al alcance de todos, pero nadie la recibió (cfr. Rom 1,19s). Vino de un modo providencial al pueblo judío, a los suyos, pero tampoco ellos la recibieron.

***Renacidos por la fe* (12s).** La revelación más personal para el lector del evangelio es que los que reciben la Palabra poniendo su fe en ella reciben la luz de vida y llegan a ser hijos de Dios como Jesús, no por deseo humano sino por voluntad de Dios. Para este fin, la Palabra se encarnó.

13 ellos no han nacido de la sangre
ni del deseo de la carne,
ni del deseo del hombre,
sino que fueron engendrados por Dios.
14 La Palabra se hizo carne
y habitó entre nosotros.
Y nosotros hemos contemplado su gloria,
gloria que recibe del Padre como Hijo único,
lleno de gracia y verdad.

15 Juan grita dando testimonio de él: Éste es aquél del que yo decía: El que viene detrás de mí, es más importante que yo, porque existía antes que yo.

16 De su plenitud hemos recibido todos:
gracia tras gracia.
17 Porque la ley se promulgó
por medio de Moisés,
pero la gracia y la verdad
se realizaron por Jesús el Mesías.
18 Nadie ha visto jamás a Dios;
el Hijo único, Dios,
que estaba al lado del Padre.
Él nos lo dio a conocer.

Testimonio de Juan el Bautista

(cfr. Mt 3,1-12; Mc 1,1-8; Lc 3,1-18)

19 Éste es el testimonio de Juan, cuando los judíos [le] enviaron desde Jerusalén sacerdotes y levitas a preguntarle quién era. 20 Él confesó y no negó;
confesó que no era el Mesías.

***Encarnación de la Palabra* (14).** La Palabra que existía desde la eternidad se manifestó en Jesús. Puso su tienda o habitó entre nosotros, revelando la presencia y la gloria de Dios, como en el Éxodo, cuando Dios reveló su gloria y su presencia en la «tienda del encuentro» a Moisés y al pueblo (Éx 33,7-11). La tienda es una habitación pasajera en la que se vive hasta llegar a una casa bien fundamentada. Jesús habitó por un breve tiempo entre nosotros para llevarnos después a la casa del Padre (14,1-4).

***Juan el Bautista* (15).** El Bautista sigue dando testimonio de la grandeza y preexistencia de Jesús, la Palabra encarnada. Algunos leen «el que viene detrás de mí» en un sentido espacial, suponiendo que Jesús pudo ser por algún tiempo seguidor o discípulo del Bautista en el desierto.

***La plenitud en Jesús* (16-18).** La plenitud de gracia y verdad, del amor misericordioso de Dios, se desbordan en Jesús para llegar a todos los creyentes.

La Ley fue un gran don de Dios en el Antiguo Testamento, pero palidece ante la gloria de la revelación en Jesús, el Dios hecho hombre que viene a revelar su amor de manera insospechada a los creyentes.

1,19-34 Testimonio de Juan el Bautista. El evangelista comienza a contar los sucesos de la primera semana del ministerio de Jesús.

Algunos quieren ver aquí los siete días de una nueva creación, el origen de la comunidad cristiana.

Las autoridades judías envían una embajada para investigar la labor de Juan Bautista. Él confiesa sin ocultar nada que Jesús era el Mesías, lo describe como alguien que está «entre ustedes» –literalmente, en medio (26)–, alguien a quien no conocen.

El desafío para los judíos y para los cristianos de todos los tiempos es y será el reconocer al que está entre nosotros y no le conocemos...

Al segundo día, el evangelista presenta a Jesús como el «Cordero de Dios», sacrificado en la Pascua para la salvación de su pueblo.

También en el Apocalipsis, libro de la escuela joánica, Jesús será presentado como tal (Ap 5,6-14). Jesús es el Cordero de Dios que quita el pecado del mundo, el que recibe el Espíritu Santo y con el poder del Espíritu Santo bautiza, es el Hijo de Dios.

21 Le preguntaron:
—Entonces, ¿eres Elías?
Respondió:
—No lo soy.
—¿Eres el profeta?
Respondió:
—No.
22 Le dijeron:
—¿Quién eres? Tenemos que llevar
una respuesta a quienes nos enviaron;
¿qué dices de ti?
23 Respondió:
—Yo soy la *voz*
del que grita en el desierto:
Enderecen el camino del Señor,
según dice el profeta Isaías.
24 Algunos de los enviados eran fariseos 25 y volvieron a preguntarle:
—Si no eres el Mesías ni Elías ni el
profeta, ¿por qué bautizas?
26 Juan les respondió:
—Yo bautizo con agua. Entre ustedes
hay alguien a quien no conocen, 27 que
viene detrás de mí; y [yo] no soy digno
de soltarle la correa de su sandalia.
28 Esto sucedía en Betania, junto al
Jordán, donde Juan bautizaba.

(cfr. Mt 3,13-17; Mc 1,9-11; Lc 3,21s)

29 Al día siguiente Juan vio acercarse
a Jesús y dijo:
—Ahí está el Cordero de Dios, que
quita el pecado del mundo. 30 De él yo
dije: Detrás de mí viene un hombre que
es más importante que yo, porque existía antes que yo. 31 Yo no lo conocía,
pero vine a bautizar con agua para que
él fuera manifestado a Israel.
32 Juan dio este testimonio:
—Contemplé al Espíritu, que bajaba
del cielo como una paloma y se po-
saba sobre él. 33 Yo no lo conocía; pero
el que me envió a bautizar me había
dicho: Aquél sobre el que veas bajar y
posarse el Espíritu es el que ha de bautizar con Espíritu Santo. 34 Yo lo he visto
y atestiguo que él es el Hijo de Dios.

Los primeros discípulos
(cfr. Mt 4,18-22; Mc 1,16-20; Lc 5,1-11)

35 Al día siguiente estaba Juan con
dos de sus discípulos. 36 Viendo pasar
a Jesús, dijo:
—Ahí está el Cordero de Dios.
37 Los discípulos, al oírlo hablar
así siguieron a Jesús. 38 Jesús se volvió y, al ver que le seguían, les dijo:
—¿Qué buscan?
Respondieron:
—*Rabí*, que significa maestro,
¿dónde vives?
39 Les dijo:
—Vengan y vean.
Fueron, vieron dónde vivía y se quedaron con él aquel día. Eran las cuatro
de la tarde.

1,35-51 Los primeros discípulos. Al tercer día recién encontramos las primeras palabras de Jesús en este evangelio: «¿Qué buscan?» (38). Estas palabras abrían el ritual del comienzo de la vida religiosa. Serán las primeras de Jesús resucitado a María Magdalena (20,15). Ésta será la primera pregunta de Jesús al comienzo de la pasión en Getsemaní (18,4). Ésta es la pregunta básica que todo cristiano deberá hacerse antes de cualquier proyecto o acción. Los dos discípulos se quedaron con Jesús, convivieron con Él; por eso Andrés podrá decir al día siguiente que Jesús era el Mesías (41).

Pedro. Juan nos proporciona el nuevo nombre de Simón: Cefas, Pedro, la futura piedra sólida de la comunidad. Al comienzo y al final del evangelio es ya una figura especial y se subraya su misión (42; 20,1-10; 21,15-19). El cambio de nombre señala la conversión y transformación futura de Pedro; en términos bíblicos, es también señal del poder que Jesús ejerce sobre él desde el principio.

Natanael. La historia de Natanael es paralela a la de Tomás después de la resurrección. En ambas, Jesús les habla y les hace una revelación personal que les llega al corazón. Los dos discípulos responden con una profesión de fe profunda, la mejor que se podría esperar de ellos: Natanael, judío, lo reconoce como Hijo de Dios y Rey de Israel, títulos mesiánicos. Tomás, discípulo de Jesús, lo confiesa como Dios y Señor. Jesús responde a estas confesiones con un anuncio de cara al futuro: «Verán el cielo abierto» (51) y «Felices los que crean sin haber visto» (20,29). Para Juan, Jesús anuncia aquí la creación de un

40 Uno de los dos que habían oído
a Juan y habían seguido a Jesús era
Andrés, hermano de Simón Pedro.
41 Andrés encuentra primero a su hermano Simón y le dice:
—Hemos encontrado al *Mesías*,
que traducido significa *Cristo*.
42 Y lo condujo a Jesús.
Jesús lo miró y dijo:
—Tú eres Simón, hijo de Juan; te
llamarás *Cefas*, que significa *Pedro*.
43 Al día siguiente Jesús decidió
partir para Galilea, encuentra a Felipe
y le dice:
—Sígueme.
44 Felipe era de Betsaida, ciudad de
Andrés y Pedro.
45 Felipe encuentra a Natanael y le
dice:
—Hemos encontrado al que describen Moisés en la ley y los profetas:
Jesús, hijo de José, el de Nazaret.
46 Responde Natanael:
—¿Acaso puede salir algo bueno de
Nazaret?
Le dice Felipe:
—Ven y verás.
47 Viendo Jesús acercarse a Natanael, le dice:
—Ahí tienen un israelita de verdad,
sin falsedad.
48 Le pregunta Natanael:
—¿De qué me conoces?
Jesús le contestó:
—Antes de que te llamara Felipe, te
vi bajo la higuera.
49 Respondió Natanael:
—Maestro, tú eres el Hijo de Dios, el
rey de Israel.
50 Jesús le contestó:
—¿Crees porque te dije que te vi
bajo la higuera? Cosas más grandes
que éstas verás.
51 Y añadió:
—Les aseguro que verán el cielo
abierto y los ángeles de Dios subiendo
y bajando sobre el Hijo del Hombre.

La boda de Caná

2 1 Tres días después se celebraba
una boda en Caná de Galilea; allí
estaba la madre de Jesús. 2 También
Jesús y sus discípulos estaban invitados a la boda. 3 Se acabó el vino, y la
madre de Jesús le dice:
—No tienen vino.
4 Jesús le responde:
—¿Qué quieres de mí, mujer? Aún
no ha llegado mi hora.
5 La madre dice a los que servían:
—Hagan lo que él les diga.
6 Había allí seis tinajas de piedra destinadas a los ritos de purificación de los

nuevo Israel en torno a los discípulos. Natanael es un israelita de verdad y sin falsedad. Se podría decir que es un Israel (Jacob) nuevo, no como el viejo patriarca famoso por sus engaños y mentiras. El nuevo Israel, Natanael y sus compañeros, también verán los cielos abiertos como el antiguo patriarca.

2,1-12 La boda de Caná. Cada milagro del cuarto evangelio es una señal de algo más profundo que Jesús va a realizar; podrían considerarse como parábolas sobre el ministerio de Jesús.

En Caná podemos ver la llegada de reino de Dios, semejante a un banquete de bodas del hijo de un rey (Mt 22,1s). El vino nuevo que Jesús da es el vino de bendición esperado para los tiempos mesiánicos. Al convertir el agua, ya no queda lugar para ritos y purificaciones externas.

La madre de Jesús es de tal importancia que sin ella no hubiera habido milagro alguno; aquí, como en el segundo milagro de Caná: «Sana al hijo de un funcionario» (4,46-54), el milagro se realiza a través de la fe.

La hora de Jesús no había llegado; cuando llegue, en la pasión, será hora de servicio, sacrificio y gloria (12,23-28); junto a la cruz de Jesús estará una vez más su madre.

Los sirvientes, diáconos, de Caná sabían bien de dónde procedía el nuevo vino, ya que habían obedecido las órdenes de Jesús, pues el que hace lo que Jesús dice conocerá el origen de sus dones (7,17).

En Caná, Jesús manifestó su gloria y su poder salvando de una situación embarazosa a aquellos novios que se habían quedado sin vino.

Para Juan, el verdadero novio será Jesús (3,29), que inaugura el reino de Dios.

judíos, con una capacidad de setenta a
cien litros cada una.
7 Jesús les dice:
—Llenen de agua las tinajas.
Las llenaron hasta el borde.
8 Les dice:
—Ahora saquen un poco y llévenle
al encargado del banquete para que lo
pruebe.
Se lo llevaron. 9 Cuando el encargado
del banquete probó el agua convertida
en vino, sin saber de dónde procedía,
aunque los servidores que habían sacado el agua lo sabían, se dirige al novio
10 y le dice:
—Todo el mundo sirve primero el
mejor vino, y cuando los convidados
están algo bebidos, saca el peor. Tú,
en cambio has guardado hasta ahora el
vino mejor.
11 En Caná de Galilea hizo Jesús
esta primera señal, manifestó su gloria
y creyeron en él los discípulos. 12 Después, bajó a Cafarnaún con su madre,
sus hermanos y discípulos, y se detuvo
allí varios días.

Purifica el templo
(cfr. Mt 21,12-17; Mc 11,15-19; Lc 19,45-48)

13 Como se acercaba la Pascua judía,
Jesús subió a Jerusalén. 14 Encontró en
el recinto del templo a los vendedores
de bueyes, ovejas y palomas, y a los
que cambiaban dinero sentados. 15 Se
hizo un látigo de cuerdas y expulsó a
todos del templo, ovejas y bueyes;
esparció las monedas de los que cambiaban dinero y volcó las mesas; 16 a los
que vendían palomas les dijo:
—Saquen eso de aquí y no conviertan la casa de mi Padre en un mercado.
17 Los discípulos se acordaron de
aquel texto: *El celo por tu casa me
devora*.
18 Los judíos le dijeron:
—¿Qué señal nos presentas para
actuar de ese modo?
19 Jesús les contestó:
—Derriben este santuario y en tres
días lo reconstruiré.
20 Los judíos dijeron:
—Cuarenta y seis años ha llevado la
construcción de este santuario, ¿y tú lo
vas a levantar en tres días?
21 Pero él se refería al santuario de su
cuerpo. 22 Y cuando resucitó de entre
los muertos, los discípulos recordaron
que había dicho eso y creyeron en la
Escritura y en las palabras de Jesús.
23 Estando en Jerusalén por las fiestas de Pascua, muchos creyeron en él
al ver las señales que hacía. 24 Pero
Jesús no se confiaba de ellos porque
los conocía a todos; 25 no necesitaba
informes de nadie, porque él sabía lo
que hay en el interior del hombre.

Jesús y Nicodemo

3 1 Había un hombre del partido
fariseo, llamado Nicodemo, una
autoridad entre los judíos.

2,13-25 Purifica el templo. Los evangelios sinópticos ponen este incidente en la única visita que Jesús hace a Jerusalén al final de su ministerio. Juan, que lleva a Jesús repetidas veces a Jerusalén, lo pone al comienzo. Jesús viene a transformarlo todo. El Templo que se había convertido en un mercado debía ser sustituido por Jesús, el nuevo Templo de la presencia de la gloria de Dios.

3,1-21 Jesús y Nicodemo. Este capítulo está íntimamente relacionado con los temas de la Última Cena. Así, comienza con una alusión al agua y al bautismo, necesario para ver el reinado de Dios y para tener parte con Jesús (13,8). Ni Nicodemo ni Pedro entienden tal mensaje, aunque Pedro lo entenderá más tarde. A Nicodemo, maestro de Israel (10) Jesús le da lecciones. El sacrificio de Jesús será fuente de vida y salvación para los creyentes, revelará la grandeza de su amor (15,13). A Nicodemo le anuncia el amor de Dios al mundo (16), y en la cena enseñará a los suyos los canales por donde ese amor discurre para llegar al mundo: El Padre ama a Jesús; Jesús ama a sus discípulos; los discípulos deberán amar según el ejemplo de Jesús.

2 Fue a visitarlo de noche y le dijo:

—Maestro, sabemos que vienes de parte de Dios para enseñar, porque nadie puede hacer las señales que tú haces si Dios no está con él.

3 Jesús le respondió:

—Te aseguro que, si uno no nace de nuevo, no puede ver el reino de Dios.

4 Le responde Nicodemo:

—¿Cómo puede un hombre nacer siendo viejo? ¿Podrá entrar de nuevo en el vientre materno para nacer?

5 Le contestó Jesús:

—Te aseguro que, si uno no nace del agua y del Espíritu, no puede entrar en el reino de Dios. 6 De la carne nace carne, del Espíritu nace espíritu. 7 No te extrañes si te he dicho que hay que nacer de nuevo. 8 El viento sopla hacia donde quiere: oyes su rumor, pero no sabes de dónde viene ni adónde va. Así sucede con el que ha nacido del Espíritu.

9 Le respondió Nicodemo:

—¿Cómo puede suceder esto?

10 Jesús le respondió:

—Tú eres maestro de Israel, ¿y no entiendes estas cosas? 11 Te lo aseguro: nosotros hablamos de lo que sabemos, y damos testimonio de lo que hemos visto, pero ustedes no aceptan nuestro testimonio. 12 Si no creen cuando les hablo de las cosas de la tierra, ¿cómo creerán cuando les hable de las cosas del cielo? 13 Nadie ha subido al cielo si no es el que bajó del cielo: el Hijo del Hombre.

14 Como Moisés en el desierto levantó la serpiente, así ha de ser levantado el Hijo del Hombre, 15 para que quien crea en él tenga vida eterna.

16 Tanto amó Dios al mundo, que entregó a su Hijo único, para que quien crea en él no muera, sino tenga vida eterna. 17 Dios no envió a su Hijo al mundo para juzgar al mundo, sino para que el mundo se salve por medio de él.

18 El que cree en él no es juzgado; el que no cree ya está juzgado, por no creer en el Hijo único de Dios. 19 El juicio consiste en esto: que la luz vino al mundo, y los hombres prefirieron las tinieblas a la luz. Y es que sus acciones eran malas. 20 Quien obra mal detesta la luz y no se acerca a la luz, para que no delate sus acciones. 21 En cambio el que obra conforme a la verdad se acerca a la luz para que se vea claramente que todo lo hace de acuerdo con la voluntad de Dios.

Jesús y Juan el Bautista

22 Después de esto, Jesús fue con sus discípulos a Judea; allí se quedó con ellos y se puso a bautizar. 23 También Juan bautizaba, en Ainón, cerca de Salín, donde había agua abundante. La gente acudía y se bautizaba. 24 Todavía no habían metido a Juan en la cárcel. 25 Surgió una discusión de los discípulos de Juan con un judío a propósito de las purificaciones. 26 Buscaron a Juan y le dijeron:

—Maestro, el que estaba contigo en la otra orilla del Jordán, del que diste testimonio, está bautizando, y todo el mundo acude a él.

El evangelista avanza en su narración por medio de malentendidos que pone en labios de Nicodemo. Hay dos mundos, uno físico y visible y otro espiritual e invisible que solamente se reconoce por la fe, y al que se entra por el bautismo. El amor de Dios no tiene límites, pero lo trágico es que los hombres rechazan la luz de la fe para vivir en la comodidad y suciedad de las tinieblas. Cuando Jesús envíe su Espíritu, éste pondrá de manifiesto los pecados y las injusticias del mundo (16,7-11).

3,22-30 Jesús y Juan el Bautista. El bautismo que Jesús anuncia como un renacer de lo alto se contrasta con el bautismo de Juan Bautista. Juan es una lámpara, un enviado para atraer la atención sobre Jesús. Juan Bautista no buscaba nada para sí mismo; por ello no tenía celos de Jesús. La fuente de su alegría era que Jesús fuese conocido, y que todos lo recibieran.

La alegría de Juan presagia la que Jesús promete a sus discípulos (15,11; 17,13).

27 Respondió Juan:
—No puede un hombre recibir nada
si no se lo concede del cielo. 28 Ustedes
son testigos de que dije: Yo no soy el
Mesías, sino que me han enviado por
delante de él. 29 Quien se lleva a la novia es el novio. El amigo del novio que
está escuchando se alegra de oír la voz
del novio. Por eso mi gozo es perfecto.
30 Él debe crecer y yo disminuir.

Enviado de Dios

31 Quien viene de arriba está por encima de todos. Quien viene de la tierra
es terreno y habla de cosas terrenas.
Quien viene del cielo [está por encima
de todos]. 32 Él atestigua lo que ha visto
y oído, y nadie acepta su testimonio.
33 Quien acepta su testimonio certi-
fica que Dios es veraz. 34 El enviado de
Dios habla de las cosas divinas, porque
Dios le da el Espíritu sin medida. 35 El
Padre ama al Hijo y todo lo pone en sus
manos. 36 Quien cree en el Hijo tiene vida
eterna. Quien no cree al Hijo, no verá la
vida, porque lleva encima la ira de Dios.

Jesús y la samaritana

4 1 Los fariseos se enteraron de que
Jesús tenía más discípulos y bautizaba más que Juan; 2 si bien eran sus
discípulos los que bautizaban, no él
personalmente. Cuando Jesús lo supo,
3 abandonó Judea y se dirigió de nuevo
a Galilea. 4 Tenía que atravesar Samaría.
5 Llegó a un pueblo de Samaría llamado
Sicar, cerca del terreno que Jacob dio a
su hijo José. 6 Allí se encuentra el pozo
de Jacob. Jesús, cansado del camino,
se sentó tranquilamente junto al pozo.
Era mediodía. 7 Una mujer de Samaría
llegó a sacar agua.
Jesús le dice:
—Dame de beber.
8 Los discípulos habían ido al pueblo
a comprar comida.
9 Le responde la samaritana:
—¡Cómo! ¿Tú, que eres judío, me
pides de beber a mí, que soy samaritana? –Los judíos no se tratan con los
samaritanos–.
10 Jesús le contestó:
—Si conocieras el don de Dios y
quién es el que te pide de beber, tú le
pedirías a él, y él te daría agua viva.
11 Le dice [la mujer]:
—Señor, no tienes con qué sacar el
agua y el pozo es profundo, ¿dónde vas
a conseguir agua viva? 12 ¿Eres, acaso,
más poderoso que nuestro padre Jacob,
que nos dio este pozo, del que bebían
él, sus hijos y sus rebaños?

3,31-36 Enviado de Dios. Un cristiano tiene la obligación de dar testimonio de los dones recibidos de Dios. Existe una estrecha correspondencia entre el escuchar y el recibir dicho testimonio. La fe es don del Padre que viene por Jesús y se recibe con el Espíritu. Dios obra todo en todos.

4,1-45 Jesús y la samaritana. Teniendo en cuenta que en la biblia una mujer es símbolo y encarnación de su pueblo, esta narración debe enfocarse en el pueblo samaritano (39-42). Según datos del Antiguo Testamento, éste se había formado con cinco tribus que repoblaron Samaría después de ser conquistada por Asiria. Cada tribu trajo sus propios dioses, aunque después aceptaron el culto a Yahvé (2 Re 17,24-34).

La narración es una historia de la conversión de este pueblo más que de la mujer. Al comienzo, la mujer se pone al mismo nivel que Jesús: Tú judío; yo samaritana (9). Jesús le recuerda su doble ignorancia (10), sugiriéndole el don del agua viva. Dos veces la mujer llama a Jesús «Señor» (11.15), conforme aumenta su respeto hacia Él; se acaba invirtiendo los papeles cuando ella le pide de esa agua viva.

La petición de la mujer buscaba que Jesús le hiciera la vida más fácil. Cuando Jesús le habla de sus cinco maridos –los cinco dioses originales de los samaritanos–, la mujer se reconoce pecadora al reconocerle como verdadero profeta (19); sin embargo, a nivel religioso, la mujer insiste en que Yahvé es el marido de su pueblo, ya que sus antepasados, los patriarcas, le habían adorado en tierras de Samaría. Jesús anuncia a la mujer que en el futuro la adoración no estará ligada a lugares sino a una persona, a Él mismo, el nuevo Templo de Dios, y será un culto en espíritu y verdad, algo que proviene del corazón movido por Dios y que se revelará en acciones concretas de vida.

[13] Le contestó Jesús:
—El que bebe de esta agua vuelve a
tener sed; [14] quien beba del agua que
yo le daré no tendrá sed jamás, porque
el agua que le daré se convertirá dentro de él en manantial que brota dando
vida eterna.
[15] Le dice la mujer:
—Señor, dame de esa agua, para
que no tenga sed y no tenga que venir
acá a sacarla.
[16] Le dice:
—Ve, llama a tu marido y vuelve acá.
[17] Le contestó la mujer:
—No tengo marido.
Le dice Jesús:
—Tienes razón al decir que no tienes
marido; [18] porque has tenido cinco
hombres, y el que tienes ahora tampoco
es tu marido. En eso has dicho la verdad.
[19] Le dice la mujer:
—Señor, veo que eres profeta.
[20] Nuestros padres daban culto en este
monte; ustedes en cambio dicen que es
en Jerusalén donde hay que dar culto.
[21] Le dice Jesús:
—Créeme, mujer, llega la hora en
que ni en este monte ni en Jerusalén se
dará culto al Padre. [22] Ustedes dan culto a lo que no conocen, nosotros damos culto a lo que conocemos; porque
la salvación procede de los judíos.
[23] Pero llega la hora, ya ha llegado, en
que los que dan culto auténtico adorarán al Padre en espíritu y en verdad.
Porque esos son los adoradores que
busca el Padre. [24] Dios es Espíritu y los
que lo adoran deben hacerlo en espíritu y verdad.
[25] Le dice la mujer:
—Sé que vendrá el *Mesías*, es decir,
Cristo. Cuando él venga, nos lo explicará todo.
[26] Jesús le dice:
—Yo soy, el que habla contigo.
[27] En esto llegaron sus discípulos y
se maravillaron de verlo hablar con una
mujer. Pero ninguno le preguntó qué
buscaba o por qué hablaba con ella.
[28] La mujer dejó el cántaro, se fue al
pueblo y dijo a los vecinos:
[29] —Vengan a ver un hombre que
me ha contado todo lo que yo hice: ¿no
será el Mesías?
[30] Ellos salieron del pueblo y acudieron a él. [31] Entretanto los discípulos
le rogaban:
—Come Maestro.
[32] Él les dijo:
—Yo tengo un alimento que ustedes
no conocen.
[33] Los discípulos comentaban:
—¿Le habrá traído alguien de comer?
[34] Jesús les dice:
—Mi alimento es hacer la voluntad
del que me envió y concluir su obra.
[35] ¿No dicen ustedes que faltan cuatro
meses para la cosecha? Pero yo les digo:
levanten los ojos y observen los campos
que ya están madurando para la cosecha. [36] El segador ya está recibiendo su
salario y cosechando fruto para la vida
eterna; así lo celebran sembrador y segador. [37] De ese modo se cumple el refrán: uno siembra y otro cosecha. [38] Yo
los he enviado a cosechar donde no han
trabajado. Otros han trabajado y ustedes recogen el fruto de sus esfuerzos.

La samaritana sabe que Jesús es el Mesías porque Él personalmente se lo revela. Éste es el único caso en que Jesús revela directamente su identidad; lo hace a una mujer de raza despreciada y no de raza judía; lo hace a una mujer y no a un hombre; escoge a una pecadora y no a una santa, porque Dios suele escoger a los últimos. Al enterarse de que Jesús era el Mesías, la mujer se convierte en apóstol y mensajera de la Buena Noticia para su gente. Cuando los samaritanos conviven dos días con Jesús, llegan a reconocer que Jesús no es un simple Mesías salvador de los judíos; Jesús es un «supermesías», salvador de todo el mundo (42). La mujer tendrá que acabar convirtiéndose en condiscípula de los que ella providencialmente había llevado a la fe en Jesús.

39 En aquel pueblo muchos creyeron
en él por las palabras de la mujer que
atestiguaba: Me ha dicho todo lo que
hice. 40 Los samaritanos acudieron a
él y le rogaban que se quedara con
ellos. Se quedó allí dos días, 41 y muchos más creyeron en él, a causa de su
palabra; 42 y le decían a la mujer:
—Ya no creemos por lo que nos has
contado, porque nosotros mismos lo
hemos escuchado y sabemos que éste
es realmente el salvador del mundo.
43 Pasados los dos días se trasladó
de allí a Galilea. 44 Jesús mismo había
declarado que un profeta no recibe honores en su patria. 45 Cuando llegó a
Galilea, los galileos lo recibieron bien
porque habían visto todo lo que hizo en
Jerusalén durante las fiestas; ya que
también ellos habían estado allá.

Sana al hijo de un funcionario

(cfr. Mt 8,5-13; Lc 7,1-10)

46 Fue de nuevo a Caná de Galilea,
donde había convertido el agua en vino.
Había allí un funcionario real cuyo hijo
estaba enfermo en Cafarnaún. 47 Al oír
que Jesús había llegado de Judea a
Galilea, fue a visitarlo y le suplicaba
que bajase a sanar a su hijo moribundo.
48 Jesús le dijo:
—Si no ven signos y prodigios, ustedes no creen.
49 Le dice el funcionario real:
—Señor, baja antes de que muera
mi muchacho.
50 Jesús le dice:
—Regresa tranquilo, que tu hijo
sigue vivo.
El hombre creyó lo que le decía
Jesús y se puso en camino. 51 Iba ya
bajando, cuando sus sirvientes le salieron al encuentro para anunciarle que
su muchacho estaba sano. 52 Les preguntó a qué hora se había puesto bien,
y le dijeron que el día anterior a la una
se le había pasado la fiebre. 53 Com-
probó el padre que era la hora en que
Jesús le había dicho que su hijo seguía
vivo. Y creyó en él con toda su familia.
54 Ésta fue la segunda señal que hizo
Jesús cuando se trasladó de Judea a
Galilea.

Sana a un enfermo en la piscina de Betesda

(cfr. Mt 9,1-8; Mc 2,1-12; Lc 5,17-26)

5 1 Pasado algún tiempo, celebraban
los judíos una fiesta, y Jesús subió
a Jerusalén. 2 Hay en Jerusalén, junto a
la puerta de los Rebaños, una piscina
llamada en hebreo *Betesda*, que tiene
cinco pórticos. 3 Yacía en ellos una multitud de enfermos, ciegos, cojos y lisiados, que aguardaban a que se remo-
viese el agua.
4 [[De vez en cuando bajaba el ángel
del Señor a la piscina y agitaba el agua,
y el primero que se metía apenas agitada
el agua, se sanaba de cualquier enfermedad que padeciese.]]
5 Había allí un hombre que llevaba
treinta y ocho años enfermo. 6 Jesús lo

4,46-54 Sana al hijo de un funcionario. La narración comienza y concluye con referencias al primer milagro de Caná. En este segundo milagro también se va a dar una conversión maravillosa. Juan sugiere este cambio y conversión al cambiar los títulos con los que designa al padre del niño: El funcionario real, que obra como los que no creen (48), pasa a ser un hombre que cree provisionalmente (50), y al constatar la hora de la sanación de su hijo acaba siendo un padre que lleva a toda su familia a la fe (53). Jesús obra el milagro también en Caná, aunque la sanación tiene lugar en Cafarnaún. Para el evangelista, la verdadera sanación no fue física sino espiritual; fue la del funcionario-hombre-padre a través de su fe. Probablemente tenemos aquí la versión joánica del milagro del centurión de los evangelios sinópticos, donde también se trata de un militar, modelo de fe, que obtiene una sanación a distancia.

5,1-18 Sana a un enfermo en la piscina de Betesda. Aquí comienza una serie de narraciones asociadas con fiestas de los judíos que son sustituidas por la persona de Jesús: el sábado (5,1-47); la Pascua (6,1-71); la fiesta de las Chozas (7,1-10,21); la fiesta de la Dedicación (10,22-42).

vio acostado y, sabiendo que llevaba así
mucho tiempo, le dice:
—¿Quieres sanarte?
7 Le contestó el enfermo:
—Señor, no tengo a nadie que me
meta en la piscina cuando se agita
el agua. Cuando yo voy, otro se ha
metido antes.
8 Le dice Jesús:
—Levántate, toma tu camilla y
camina.
9 Al instante aquel hombre quedó
sano, tomó su camilla y empezó a caminar. Pero aquel día era sábado; 10 por
lo cual los judíos dijeron al que se
había sanado:
—Hoy es sábado, no puedes transportar tu camilla.
11 Les contestó:
—El que me sanó me dijo que to-
mara mi camilla y caminara.
12 Le preguntaron:
—¿Quién te dijo que la tomaras y
caminaras?
13 Pero el hombre sanado lo ignoraba,
porque Jesús se había retirado de aquel
lugar tan concurrido.
14 Más tarde lo encuentra Jesús en el
templo y le dice:
—Mira que has sanado. No vuelvas
a pecar, no te vaya a suceder algo peor.
15 El hombre fue y dijo a los judíos
que era Jesús quien lo había sanado.
16 Por ese motivo perseguían los judíos
a Jesús, por hacer tales cosas en sábado.
17 Pero [Jesús] les dijo:
—Mi Padre trabaja siempre y yo
también trabajo.
18 Por eso los judíos tenían aún más
deseos de matarlo, porque no sólo vio-
laba el sábado, sino que además llamaba
Padre suyo a Dios, igualándose a Él.

Autoridad de Jesús

19 Jesús tomó la palabra y les dijo:
—Les aseguro:
El Hijo no hace nada por su cuenta
si no se lo ve hacer al Padre.
Lo que aquél hace lo hace igualmente el Hijo.
20 Porque el Padre ama al Hijo
y le muestra todo lo que hace;
y le mostrará obras más grandes aún
para que ustedes queden maravillados.

En cada fiesta se ofrece una nueva revelación sobre Jesús y su misión. El tema principal de este capítulo es Jesús: fuente de vida. Juan señala que la enfermedad duraba treinta y ocho años, igual al número de años que los israelitas anduvieron errantes por el desierto esperando la muerte, sin poder entrar en la tierra prometida por haber pecado contra Dios. Fueron treinta y ocho años sin esperanza y sin futuro (Dt 2,14s). Así se encontraba el enfermo de la piscina, a quien Jesús le ofrece salvación y lo sana. Pero después no hace lo que Jesús le ordena, sino que va a los judíos a reportarle (15).

Jesús lo encuentra en el Templo, centro del judaísmo, y le conmina a no pecar más para que no le suceda algo peor. A su acción de dar vida, los judíos responden con intenciones de muerte (18). La discusión de Jesús con los judíos refleja en sí las disputas de los cristianos con los judíos cuando se escribía el evangelio. El descanso sabático fue pronto un tema de discrepancia. Las repetidas referencias a la conducta de Jesús en todos los evangelios sirven para justificar la práctica de los cristianos.

5,19-30 Autoridad de Jesús. Todo lo que Jesús dice y hace proviene de su comunión con el Padre (26s). La autoridad de Jesús se revela sobre todo en su poder de dar vida (21.24s.28). Encontramos tres formulaciones de esta misma idea: en el versículo 24 encontramos una escatología presente o realizada; la fe produce la resurrección en el creyente. En 1 Jn 3,14 es el amor lo que produce la resurrección en el cristiano, pues ha pasado de la muerte a la vida. En el versículo 28 tenemos una referencia a una escatología futura, más de acuerdo con el pensamiento de los sinópticos.

21 Como el Padre resucita a los muertos y les da la vida,
del mismo modo el Hijo da vida a los que él quiere.
22 El Padre no juzga a nadie
sino que encomienda al Hijo la tarea de juzgar,
23 para que todos honren al Hijo
como honran al Padre.
Quien no honra al Hijo
no honra al Padre que lo envió.
24 Les aseguro que quien oye mi palabra
y cree en aquel que me ha enviado
tiene vida eterna y no es sometido a juicio,
sino que ha pasado de la muerte a la vida.
25 Les aseguro que se acerca la hora, ya ha llegado,
en que los muertos oirán la voz del Hijo de Dios,
y los que la oigan vivirán.
26 Así como el Padre posee vida en sí,
del mismo modo hace que el Hijo posea vida en sí;
27 y, puesto que es el Hijo del Hombre,
le ha confiado el poder de juzgar.
28 No se extrañen de esto: llega la hora
en que todos los que están en el sepulcro oirán su voz:
29 los que hicieron el bien resucitarán para vivir,
los que hicieron el mal resucitarán para ser juzgados.
30 Yo no puedo hacer nada por mi cuenta;
juzgo por lo que oigo, y mi sentencia es justa,
porque no pretendo hacer mi voluntad,
sino la voluntad del que me envió.

El testimonio de Jesús

31 Si yo diera testimonio de mí mismo,
mi testimonio no sería válido.
32 Otro atestigua a mi favor,
y yo sé que su testimonio a mi favor es verdadero.
33 Ustedes enviaron una delegación a Juan
y él dio testimonio de la verdad.
34 Y, aunque yo no me apoyo en testimonio humano,
digo esto para la salvación de ustedes.
35 Él era una lámpara que ardía y alumbraba,
y ustedes quisieron disfrutar un rato de su luz.
36 Yo tengo un testimonio más valioso que el de Juan:
las obras que mi Padre me encargó hacer y que yo hago
atestiguan de mí que el Padre me ha enviado.

5,31-47 El testimonio de Jesús. Jesús es fuente de vida y Señor del sábado porque es respaldado por testimonios fehacientes: su palabra, Juan Bautista, sus obras que son obras del Padre, las Escrituras que anuncian el don de vida, y hasta el mismo Moisés. El gran obstáculo para aceptar esto es que sus oyentes no poseían el amor de Dios. Se amaban a sí mismos y buscaban su propio honor y gloria (44).

37 También el Padre que me envió da testimonio de mí.
Ustedes nunca han escuchado su voz, ni han visto su rostro,
38 y su palabra no permanece en ustedes,
porque al que él envió no le creen.
39 Estudian la Escritura pensando que encierra vida eterna,
porque ella da testimonio de mí;
40 pero ustedes no quieren venir a mí para tener vida.
41 Yo no recibo honores de los hombres;
42 además yo sé que ustedes no poseen el amor de Dios.
43 Yo he venido en nombre de mi Padre, y no me reciben;
si otro viniera en nombre propio, lo recibirían.
44 ¿Cómo pueden creer,
si viven pendientes del honor que se dan unos a otros,
en lugar de buscar el honor que sólo viene de Dios?
45 No piensen que seré yo el que los acuse ante el Padre;
los acusará Moisés, en quien confían.
46 Porque si creyeran a Moisés, también creerían en mí,
ya que él escribió acerca de mí.
47 Y si no creen lo que él escribió,
¿cómo creerán en mis palabras?

Da de comer a cinco mil
(cfr. Mt 14,13-22; Mc 6,30-45; Lc 9,10-17)

6 1 Después de esto pasó Jesús a la
otra orilla del lago de Galilea –el
Tiberíades–. 2 Le seguía un gran gentío,
porque veían las señales que hacía con
los enfermos.
3 Jesús se retiró a un monte y allí se
sentó con sus discípulos. 4 Se acercaba
la Pascua, la fiesta de los judíos. 5 Levantando la vista y viendo el gentío que
acudía a él, Jesús dice a Felipe:
—¿Dónde compraremos pan para
darles de comer? 6 –Lo decía para ponerlo a prueba, porque sabía bien lo
que iba a hacer–.
7 Felipe le contestó:
—Doscientas monedas de pan no
bastarían para que a cada uno le tocase un pedazo.
8 Uno de los discípulos, Andrés, hermano de Simón Pedro, le dice:
9 —Aquí hay un muchacho que tiene
cinco panes de cebada y dos pescados;
pero, ¿qué es eso para tantos?
10 Jesús dijo:
—Hagan que la gente se siente.
Había hierba abundante en el lugar.
Se sentaron. Los hombres eran cinco
mil. 11 Entonces Jesús tomó los panes,
dio gracias y los repartió a los que estaban sentados. Lo mismo hizo con los

6,1-15 Da de comer a cinco mil. La multiplicación de los panes se cuenta en todos los evangelios, mirando al milagro del maná en el Éxodo y a la celebración de la eucaristía en la comunidad cristiana. Como en la sección anterior, Jesús es fuente de vida, el pan de vida, que alimentó a cinco mil y que seguirá alimentando a millones de creyentes. Andrés y Felipe, como en otros lugares de este evangelio, hacen el oficio de intermediarios (1,41.45; 6,7s; 12,20-22). Jesús manda recoger las sobras para que no se pierda nada. Desde el principio, los Padres de la Iglesia vieron en las sobras un símbolo de los fieles cristianos que se recogen en la Iglesia, y que no se deben perder.

Como en la primera multiplicación de los panes de Marcos, sobran doce canastas (Mc 6,43), lo suficiente para alimentar a un nuevo Israel. La respuesta entusiasta de la gente de proclamar rey a Jesús lleva a éste a alejarse de ellos.

pescados: dándoles todo lo que quisieron. 12 Cuando quedaron satisfechos, dice Jesús a los discípulos:

—Recojan las sobras para que no se desaproveche nada.

13 Las recogieron y, con los trozos de los cinco panes de cebada que habían sobrado a los comensales, llenaron doce canastas.

14 Cuando la gente vio la señal que había hecho, dijeron:

—Éste es el profeta que había de venir al mundo.

15 Jesús, conociendo que pensaban venir para llevárselo y proclamarlo rey, se retiró de nuevo al monte, él solo.

Camina sobre el agua
(cfr. Mt 14,23-33; Mc 6,46-52)

16 Al atardecer los discípulos bajaron hasta el lago. 17 Subieron a la barca y atravesaron el lago hacia Cafarnaún. Había oscurecido y Jesús no los había alcanzado aún. 18 Soplaba un fuerte viento y el lago se encrespaba. 19 Cuando habían remado unos cinco o seis kilómetros, ven a Jesús que se acercaba al barco caminando sobre el agua, y se asustaron.

20 Él les dice:

—Yo soy, no teman.

21 Quisieron subirlo a bordo, y enseguida la barca tocó tierra, en el lugar al que se dirigían.

El pan de vida

22 A la mañana siguiente la gente que se había quedado en la otra orilla vio que allí no había más que un bote, siendo así que los discípulos se habían ido solos y Jesús no se había ido con ellos. 23 Desde Tiberíades llegaron otras barcas y atracaron cerca del lugar donde el Señor dio gracias y ellos comieron el pan. 24 Cuando la gente vio que ni Jesús ni sus discípulos estaban allí, se embarcaron en los botes y se dirigieron a Cafarnaún en busca de Jesús. 25 Lo encontraron a la otra orilla del lago y le preguntaron:

—Maestro, ¿cuándo llegaste aquí?

26 Jesús les respondió:

—Les aseguro que no me buscan por las señales que han visto, sino porque se han hartado de pan. 27 Trabajen no por un alimento que perece, sino por un alimento que dura y da vida eterna; el que les dará el Hijo del Hombre. En él Dios Padre ha puesto su sello.

28 Le preguntaron:

—¿Qué tenemos que hacer para trabajar en las obras de Dios?

29 Jesús les contestó:

—La obra de Dios consiste en que ustedes crean en aquél que Él envió.

30 Le dijeron:

—¿Qué señal haces para que veamos y creamos? ¿En qué trabajas?

6,16-21 Camina sobre el agua. Este milagro, como el anterior, se encuentra en la tradición sinóptica. Juan no lo dramatiza. Lo importante parece ser que Jesús se revela a los discípulos empleando el nombre de Dios en el Antiguo Testamento: «Yo soy».

Si hubieran entendido y recordado que Jesús se revelaba y hablaba como Dios, no se hubieran escandalizado del discurso que sigue, sino que todo tendría sentido.

6,22-40 El pan de vida. La narración está muy estilizada. La multitud busca a Jesús, se embarca (haría falta toda una flotilla) y lo encuentra en Cafarnaún. Lo buscan por motivos humanos, por las ventajas que Jesús les puede ofrecer.

Todo el sermón y el diálogo que siguen están centrados en los versículos 41-43 que tiene sus elementos ordenados concéntricamente:

A. *Los judíos murmuraban...*
B. *Era el pan bajado del cielo...*
C. *¿No es éste Jesús?...*
B1. *Dice que ha bajado del cielo...*
A1. *No murmuren entre ustedes.*

La pregunta fundamental a la que se responde en este discurso, como en casi todo el evangelio, es sobre la identidad de Jesús. El discurso tiene dos partes: Jesús es el pan de vida (6,31-40) y el alimento sacramental que se comparte en la eucaristía (6,41-59). La palabra de Jesús es pan de vida que se recibe por la fe (35.40).

31 Nuestros padres comieron el maná
en el desierto, como está escrito:
Les dio a comer pan del cielo.
32 Les respondió Jesús:
—Les aseguro, no fue Moisés quien
les dio pan del cielo; es mi Padre quien
les da el verdadero pan del cielo. 33 El
pan de Dios es el que baja del cielo y da
vida al mundo.
34 Le dijeron:
—Señor, danos siempre de ese pan.
35 Jesús les contestó:
—Yo soy el pan de la vida: el que viene a mí no pasará hambre, el que cree
en mí no pasará nunca sed. 36 Pero ya
les he dicho: ustedes [me] han visto y
sin embargo no creen.
37 Los que el Padre me ha confiado
vendrán a mí, y al que venga a mí no lo
echaré afuera; 38 porque no bajé del
cielo para hacer mi voluntad, sino la
voluntad del que me envió. 39 Y ésta es
la voluntad del que me envió, que no
pierda a ninguno de los que me confió,
sino que los resucite [en] el último día.
40 Porque ésta es la voluntad de mi
Padre, que todo el que contempla al
Hijo y cree en él tenga vida eterna, y yo
lo resucitaré [en] el último día.

El que está junto al Padre

41 Los judíos murmuraban porque
había dicho que era el pan bajado del
cielo; 42 y decían:
—¿No es éste Jesús, el hijo de José?
Nosotros conocemos a su padre y a su
madre. ¿Cómo dice que ha bajado del
cielo?
43 Jesús les dijo:
—No murmuren entre ustedes.
44 Nadie puede venir a mí si no lo atrae
el Padre que me envió; y yo lo resucitaré el último día. 45 Los profetas han
escrito que *todos serán discípulos de
Dios*. Quien escucha al Padre y aprende
vendrá a mí.
46 No es que alguien haya visto al
Padre, sino el que está junto al Padre;
ése ha visto al Padre. 47 Les aseguro
que quien cree tiene vida eterna. 48 Yo
soy el pan de la vida. 49 Sus padres comieron el maná en el desierto y murieron. 50 Éste es el pan que baja del
cielo, para que quien coma de él no
muera.

(cfr. Mt 26,26-29; Mc 14,22-25;
Lc 22,14-20; 1 Cor 11,23-25)

51 Yo soy el pan vivo bajado del cielo.
Quien coma de este pan vivirá siempre.
El pan que yo doy para la vida del mundo es mi carne.
52 Los judíos se pusieron a discutir:
—¿Cómo puede éste darnos de comer [su] carne?
53 Les contestó Jesús:
—Les aseguro que si no comen la
carne y beben la sangre del Hijo del
Hombre, no tendrán vida en ustedes.
54 Quien come mi carne y bebe mi sangre tiene vida eterna y yo lo resucitaré
el último día. 55 Mi carne es verdadera
comida y mi sangre es verdadera bebida.
56 Quien come mi carne y bebe mi
sangre habita en mí y yo en él. 57 Como el
Padre que me envió vive y yo vivo por el
Padre, así quien me come vivirá por mí.
58 Éste es el pan bajado del cielo y
no es como el que comieron sus padres,
y murieron. Quien come este pan vivirá
siempre.
59 Esto dijo enseñando en la sinagoga de Cafarnaún.

6,41-59 El que está junto al Padre. Jesús es el Dios que alimenta a su pueblo como lo hizo en el pasado por medio de Moisés. El primer pan fue temporal y perecedero. El pan de Jesús produce vida eterna. Este alimento está ligado al sacrificio de Jesús que derrama su sangre por los suyos.

Quejas de los discípulos

60 Muchos de los discípulos que lo oyeron comentaban:

—Este discurso es bien duro: ¿quién podrá escucharlo?

61 Jesús, conociendo por dentro que los discípulos murmuraban, les dijo:

—¿Esto los escandaliza? 62 ¿Qué será cuando vean al Hijo del Hombre subir a donde estaba antes? 63 El Espíritu es el que da vida, la carne no vale nada. Las palabras que les he dicho son espíritu y vida. 64 Pero hay algunos de ustedes que no creen.

Desde el comienzo sabía Jesús quiénes no creían y quién lo iba a traicionar.

65 Y añadió:

—Por eso les he dicho que nadie puede venir a mí si el Padre no se lo concede.

66 Desde entonces muchos de sus discípulos lo abandonaron y ya no andaban con él.

Palabras de vida

(cfr. Mt 16,13-20; Mc 8,27-30; Lc 9,18-21)

67 Así que Jesús dijo a los Doce:

—¿También ustedes quieren abandonarme?

68 Simón Pedro le contestó:

—Señor, ¿a quién iremos? Tú tienes palabras de vida eterna. 69 Nosotros hemos creído y reconocemos que tú eres el Consagrado de Dios.

70 Jesús les respondió:

—¿No soy yo, acaso, el que los eligió a ustedes, los Doce? Sin embargo uno de ustedes es un diablo.

71 Lo decía por Judas Iscariote, uno de los Doce, que lo iba a entregar.

En la fiesta de las Chozas

7 1 Algún tiempo después recorría Jesús la Galilea, y no quería recorrer la Judea porque los judíos intentaban darle muerte.

2 Se acercaba la fiesta judía de las Chozas, 3 y sus hermanos le dijeron:

—Trasládate de aquí a Judea para que también tus discípulos vean las obras que realizas. 4 Porque cuando uno quiere hacerse conocer no actúa a escondidas. Ya que haces tales cosas, date a conocer al mundo.

5 Efectivamente ni sus propios parientes creían en él.

6 Jesús les dice:

—Aún no ha llegado mi hora, mientras que para ustedes cualquier tiempo es bueno. 7 El mundo no tiene por qué odiarlos a ustedes; a mí me odia porque le echo en cara que sus acciones son malas. 8 Suban ustedes a la fiesta, que yo no subo a esta fiesta, porque mi tiempo aún no se ha cumplido.

9 Después de decir esto, se quedó en Galilea.

10 Cuando ya habían subido sus parientes a la fiesta, subió también él, no en público, sino a escondidas.

6,60-71 Quejas de los discípulos – Palabras de vida. La respuesta de muchos discípulos al discurso del pan de vida, como la de los judíos del desierto, fue la murmuración y la protesta. La respuesta del discípulo ideal está puesta aquí en labios de Pedro, que ve en Jesús el pan y la palabra de vida eterna.

Juan enmarca la respuesta de fe de Pedro con dos alusiones a Judas, el traidor (64.71). De algún modo, la traición de Judas se prepara desde este punto, cuando se niega a creer en Jesús y a aceptar la eucaristía.

7,1-31 En la fiesta de las Chozas. Juan continúa presentando la revelación de Jesús asociada con otra fiesta judía: la fiesta de las Chozas o de los Tabernáculos, que era la más popular de las tres fiestas para la gente que peregrinaba a Jerusalén. Era una fiesta otoñal de acción de gracias por los frutos de la tierra. Con el tiempo se la asoció al éxodo de Egipto, recordando el don del agua de la roca y la luz de la columna de fuego que guió al pueblo en su peregrinación por el desierto (Éx 14,19s; 17,1-7).

11 Durante la fiesta lo buscaban los
judíos y preguntaban:
—¿Dónde está ése?
12 Entre la multitud se murmuraba
mucho de él. Unos decían que era
bueno; otros que no, que engañaba a
la gente. 13 Pero nadie hablaba en público de él por miedo a los judíos.
14 A mediados de la semana de la
fiesta subió Jesús al templo a enseñar.
15 Los judíos comentaban sorprendidos:
—¿Cómo tiene ése tal cultura si no
tiene instrucción?
16 Jesús les contestó:
—Mi enseñanza no es mía, sino del
que me envió. 17 Si uno está dispuesto
a cumplir la voluntad de aquél, podrá
distinguir si mi enseñanza procede de
Dios o me la invento yo.
18 El que habla por cuenta propia
busca su gloria; pero el que busca la
gloria del que lo envió, ése dice la verdad y no procede con injusticia. 19 ¿No
fue Moisés quien les dio la ley? Pero
ninguno de ustedes la cumple. ¿Por
qué entonces intentan matarme?
20 Respondió la gente:
—Estás endemoniado, ¿quién intenta
matarte?
21 Jesús les contestó:
—Por una obra que realicé todos están maravillados. 22 Como Moisés les
mandó practicar el rito de la circuncisión –no es que proceda de Moisés,
sino de los patriarcas–, ustedes circun-
cidan al hombre aunque sea en sábado.
23 Ahora bien, si se circuncida a un
hombre en sábado para no quebrantar
la ley de Moisés, ¿por qué ustedes se
enojan conmigo porque he sanado por
completo a un hombre en sábado?
24 No juzguen según las apariencias, sino conforme a la justicia.
25 Algunos de Jerusalén comentaban:
—¿No es éste el que intentaban matar? 26 Resulta que habla públicamente
y no le dicen nada. ¿Habrán reconocido
realmente las autoridades que éste es
el Mesías? 27 Sólo que de éste sabemos
de dónde viene; cuando venga el Mesías
nadie sabrá de dónde viene.
28 Entonces Jesús, que enseñaba en
el templo, exclamó:
—A mí me conocen y saben de dónde vengo. Yo no vengo por mi cuenta,
sino que me envió el que dice la verdad.
Ustedes no lo conocen; 29 yo lo conozco
porque vengo de él y él me envió.
30 Intentaron detenerlo, pero nadie
puso las manos sobre él, porque no
había llegado su hora. 31 Muchos de la
gente creyeron en él, y decían:
—Cuando venga el Mesías, ¿hará
más señales que éste?

Cada día se celebraba una procesión para llevar agua desde la piscina de Siloé al Templo. El atrio de las mujeres era iluminado brillantemente con grandes candelabros. En esta fiesta, Jesús se va a revelar como el agua viva y la luz del mundo que muchos judíos esperaban para los tiempos del Mesías.

Al igual que en la sección anterior, Juan continúa describiendo las respuestas al mensaje de Jesús. Como muchos de los judíos, los parientes de Jesús tampoco creían en Él; suponían que buscaba una gloria mundana, por eso pretendían que se aprovechara de la oportunidad («kairós») para ganar fama. Jesús tiene una «hora» decretada por el Padre para su glorificación.

Los judíos se admiraban de su sabiduría que provenía de arriba, del Padre. Juan distingue entre las opiniones de los judíos y las de la gente; los judíos eran los que se negaban a creer y buscaban el tropiezo de Jesús; la gente, en cambio, trataba de entenderle para poner su fe en Él.

La parte central de este capítulo y el siguiente es la revelación de Jesús como luz del mundo (8,12). Sus temas alrededor de esta revelación son paralelos. Los dos tratan de la identidad de Jesús (7,14s.25s; 8,14-20), de su origen (7,27-29; 8,23), y de su misión (7,35s; 8,21s).

El evangelista piensa en las disputas que los cristianos de su comunidad, expulsados ya de la sinagoga, sostenían con los judíos.

A partir de su revelación como luz del mundo en 8,12, la identidad divina de Jesús será revelada con tres afirmaciones solemnes de «Yo soy» (8,24.28.58).

Los que se niegan a aceptar a Jesús no tienen relación con Dios ni son hijos de Abrahán; acabarán siendo instrumentos e hijos del Diablo.

Ordenan detenerlo

32 Se enteraron los fariseos de los
comentarios de la gente. Entonces los
sumos sacerdotes y los fariseos enviaron
guardias para detenerlo.

33 Pero Jesús dijo:

—Poco tiempo estaré aún con ustedes; después volveré al que me envió.
34 Me buscarán y no me encontrarán,
porque donde yo voy, ustedes no
podrán ir.

35 Los judíos comentaban entre sí:

—¿Dónde piensa ir éste para que no
lo encontremos? ¿Pensará ir a reunirse
con los judíos dispersos entre los paganos, para ir a enseñarles? 36 ¿Qué significa esa frase: Me buscarán y no [me]
encontrarán, porque donde yo voy,
ustedes no podrán ir?

Quien tenga sed, venga a mí

37 El último día, el más solemne de
la fiesta, Jesús se puso de pie y exclamó:

—Quien tenga sed venga a mí; y
beba 38 quien crea en mí. Así dice la
Escritura: De sus entrañas brotarán
ríos de agua viva.

39 Se refería al Espíritu que debían
recibir los que creyeran en él. El Espíritu todavía no había sido dado, porque
Jesús aún no había sido glorificado.

40 Algunos de la gente, al oír estas
palabras, decían:

—Éste es realmente el profeta.

41 Otros decían:

—Éste es el Mesías.

Otros preguntaban:

—¿Acaso el Mesías vendrá de Gali-
lea? 42 ¿No dice la Escritura que el
Mesías vendrá de la descendencia de
David y de Belén, el pueblo de David?

43 La gente estaba dividida a causa
de él. 44 Algunos intentaban arrestarlo,
pero nadie se atrevió a hacerlo.

45 Cuando los guardias volvieron,
los sumos sacerdotes y los fariseos
les preguntaron:

—¿Por qué no lo han traído?

46 Ellos contestaron:

—Jamás hombre alguno habló como
habla este hombre.

47 Replicaron los fariseos:

—¿También ustedes se han dejado
engañar? 48 ¿Quién de los jefes o de los
fariseos ha creído en él? 49 Sólo esa
maldita gente, que no conoce la ley.

50 Nicodemo, uno de ellos, que había acudido a Jesús en otra ocasión, les
dijo:

51 —¿Acaso nuestra ley condena a
alguien sin haberlo escuchado antes
para saber lo que hizo?

52 Le contestaron:

—¿También tú eres galileo? Estudia
y verás que de Galilea no salen profetas.

53 [[Y cada uno se marchó por su lado.

7,32-36 Ordenan detenerlo. Para Juan, los fariseos encarnan la oposición de los judíos contra Jesús (1,24; 7,47; 9,13; 18,3s). La pregunta que se hacían sobre los planes del Maestro tenía una respuesta clara y afirmativa para sus lectores, que vivían en medio del mundo pagano y sentían que Jesús estaba con ellos; Jesús se iba a sacrificar libremente, iba a ir a la casa del Padre, y su mensaje llegaría a todos, judíos y paganos.

7,37-53 Quien tenga sed, venga a mí. El último día de la fiesta de las Chozas, de modo más solemne, se repetía la procesión diaria para traer agua al Templo desde la piscina de Siloé. Jesús es la esperada fuente de agua viva, que calma la sed de todo aquel que busca a Dios. En la teología de Juan, en la que el creyente se identifica con Jesús, el agua viva que brota del Maestro (38) también brotará a su vez del creyente produciendo vida eterna (4,14). Esa agua viva, relacionada con la sed de Jesús y la sed del creyente será su Espíritu que va a ser entregado al morir en la cruz (19,34).

La multitud estaba perpleja; las opiniones contrariadas de los judíos los tenían confundidos (25-27.40-42). Los judíos discuten sobre el origen terreno de Jesús; Juan sabe que sus lectores conocen su origen divino. Los guardias enviados a arrestar a Jesús han quedado fascinados por sus palabras. Los fariseos tratan a los guardias con arrogancia; pero Nicodemo, un fariseo honrado, invita a sus compañeros a escuchar y reflexionar.

Perdona a la adúltera

8 1 Jesús se dirigió al monte de los
Olivos. 2 Por la mañana volvió al
templo. Todo el mundo acudía a él y,
sentado, los instruía. 3 Los letrados y
fariseos le presentaron una mujer sor-
prendida en adulterio, la colocaron en
el centro, 4 y le dijeron:
—Maestro, esta mujer ha sido sor-
prendida en adulterio. 5 La ley de Moisés
ordena que mujeres como ésta sean
apedreadas; tú, ¿qué dices?
6 Decían esto para ponerlo a prueba,
para tener de qué acusarlo. Jesús se
agachó y con el dedo se puso a escribir
en el suelo.
7 Como insistían en sus preguntas,
se incorporó y les dijo:
—El que no tenga pecado, tire la
primera piedra.
8 De nuevo se agachó y seguía escribiendo en el suelo. 9 Los oyentes se
fueron retirando uno a uno, empezando
por los más ancianos hasta el último.
Jesús quedó solo con la mujer, que
permanecía allí en el centro.
10 Jesús se incorporó y le dijo:
—Mujer, ¿dónde están? ¿Nadie te ha
condenado?
11 Ella contestó:
—Nadie, señor.
Jesús le dijo:
—Tampoco yo te condeno. Ve y en
adelante no peques más.]]

Jesús, luz del mundo

12 De nuevo les habló Jesús:
—Yo soy la luz del mundo, quien me
siga no caminará en tinieblas, sino que
tendrá la luz de la vida.
13 Le dijeron los fariseos:
—Tú das testimonio a tu favor: tu
testimonio no es válido.
14 Jesús les contestó:
—Aunque doy testimonio a mi favor,
mi testimonio es válido, porque sé de
dónde vengo y adónde voy; en cambio
ustedes no saben de dónde vengo ni a
dónde voy.
15 Ustedes juzgan según criterios
humanos, yo no juzgo a nadie. 16 Y si
juzgase, mi juicio sería válido, porque
no juzgo yo solo, sino con el Padre que
me envió.
17 Y en la ley de ustedes está escrito
que el testimonio de dos personas es
válido. 18 Yo soy testigo en mi causa y es
testigo también el Padre que me envió.
19 Le preguntaron:
—¿Dónde está tu padre?
Jesús contestó:
—Ustedes no me conocen ni a mí ni
a mi Padre. Si me conocieran a mí,
conocerían a mi Padre.
20 Estas palabras las pronunció junto
al lugar del tesoro, cuando enseñaba
en el templo.
Nadie lo detuvo, porque no había
llegado su hora.

8,1-11 Perdona a la adúltera. Esta narración se ubicaría muy bien después de Lc 21,37s. En su actual contexto literario rompe el discurso que el evangelista está realizando. El tema y el vocabulario son muchos más cercanos a Lucas que a Juan. No se encuentra en los manuscritos más antiguos, y en los que se encuentra, a veces está desplazada al final o marcada con asteriscos marginales.

La Iglesia católica enseña que es una historia inspirada y que tiene el mismo valor que los demás textos del evangelio. La narración nos recuerda que todos tenemos el techo de cristal, por lo que no debemos tirar piedras al del vecino. Jesús llama a la compasión y al perdón de los pecados.

8,12-20 Jesús, luz del mundo. Ésta es la revelación central del evangelio. En la primera carta de Juan se anuncia solemnemente que Dios es luz (1 Jn 1,5). Como lo explicará en el capítulo siguiente, Jesús (Dios) es luz y salvación para los que le siguen. Es «luz del mundo», y no sólo de los judíos (1,4s.9).

En muchas religiones orientales, la divinidad estaba asociada con el sol y con la luz. En la Biblia, la luz es aquello que ayuda a encontrar el camino a seguir, a apreciar la voluntad de Dios y a evitar los peligros.

El que camina en la oscuridad tropieza. El que tiene la luz de Jesús puede apreciar el valor del sacrificio, la humildad y la caridad; también puede ver peligros en la ambición, las riquezas, los placeres y los honores del mundo.

Yo me voy

21 En otra ocasión les dijo:

—Yo me voy, ustedes me buscarán y morirán en su pecado. A donde yo voy ustedes no pueden venir.

22 Comentaron los judíos:

—¿Será que se piensa matar y por eso dice que no podemos ir a donde él va?

23 Les dijo:

—Ustedes son de aquí abajo, yo soy de lo alto; ustedes son de este mundo, yo no soy de este mundo. 24 Yo les dije que moriríían por sus pecados. Si no creen que Yo soy, morirán por sus pecados.

25 Le preguntaron:

—¿Tú quién eres?

Jesús les contestó:

—Esto es lo que les estoy diciendo desde el principio. 26 Tengo mucho que decir y juzgar de ustedes. Pero el que me envió dice la verdad, y lo que escuché de él es lo que digo al mundo.

27 No comprendieron que se refería al Padre. 28 Jesús añadió:

—Cuando hayan levantado al Hijo del Hombre, comprenderán que Yo soy y que no hago nada por mi cuenta, sino que hablo como mi Padre me enseñó. 29 El que me envió está conmigo y no me deja solo, porque yo hago siempre lo que le agrada.

30 Por estas palabras muchos creyeron en él.

La verdad libera

31 A los judíos que habían creído en él Jesús les dijo:

—Si se mantienen fieles a mi palabra, serán realmente discípulos míos, 32 conocerán la verdad y la verdad los hará libres.

33 Le contestaron:

—Somos descendientes de Abrahán y nunca hemos sido esclavos de nadie. ¿Por qué dices que seremos libres?

34 Jesús les contestó:

—Les aseguro que quien peca es esclavo; 35 y el esclavo no permanece siempre en la casa, mientras que el hijo permanece siempre. 36 Por tanto, si el Hijo les da la libertad, serán realmente libres. 37 Yo se que ustedes son descendientes de Abrahán; pero tratan de matarme porque no aceptan mi palabra. 38 Yo digo lo que he visto junto a mi Padre; ustedes hacen lo que han oído a su padre.

El padre de ustedes

39 Le contestaron:

—Nuestro padre es Abrahán.

Replicó Jesús:

—Si fueran hijos de Abrahán, harían las obras de Abrahán. 40 Pero ahora

8,21-30 Yo me voy. Los judíos siguen sin entender a Jesús. Sus comentarios se acercan a la verdad, pero no logran descubrirla. Jesús no se va a matar, pero se va a dejar matar; Jesús va a morir, entregando su vida por todos. El cristiano no sacrifica a los demás, sino que se sacrifica por los demás; no sabe matar, pero sabe morir cuando es preciso. Solamente cuando Jesús inocente vaya a la pasión aceptando su suerte en silencio, muchos se darán cuenta de que se ha puesto en todo momento en manos del Padre.

8,31-38 La verdad libera. Esta discusión también es un eco de las disputas de los cristianos con los judíos de la sinagoga cuando Juan escribía su evangelio.

Los cristianos se consideraban verdaderos hijos de Abrahán, hijos de la promesa, como lo había sido Isaac. Para Juan, los judíos se comportaban como Ismael, el esclavo que había perseguido a Isaac. El esclavo fue echado fuera de casa junto con su madre.

Los judíos, al no aceptar a Jesús, se estaban excluyendo a sí mismos del reino de Dios; se creían libres y no se daban cuenta de que eran esclavos de sus tradiciones, prejuicios y pecados. Sólo el que acepta la plenitud del mensaje de Jesús y lo vive en acciones concretas tendrá la verdadera libertad y la paz interior que Él trae a los suyos.

8,39-47 El padre de ustedes. Juan y los cristianos se reconocen como verdaderos hijos de Abrahán, de acuerdo a los planes y promesas de Dios cumplidas en Jesús. El que quiera ser hijo de Abrahán tendrá que obrar como él; tendrá que creer como él y estar dispuesto a aceptar el

intentan matarme a mí, al hombre que
les dice la verdad que ha oído de Dios.
Eso no lo hacía Abrahán. 41 Pero ustedes
obran como su padre.
[Entonces] le responden:
—Nosotros no somos hijos bastardos;
tenemos un solo padre, que es Dios.
42 Jesús les replicó:
—Si Dios fuera su padre, ustedes
me amarían, porque yo vine de parte
de Dios y aquí estoy. No vine por mi
cuenta, sino que él me envió. 43 ¿Por qué
no entienden mi lenguaje? Porque no
son capaces de escuchar mi palabra.
44 El padre de ustedes es el Diablo y
ustedes quieren cumplir los deseos de
su padre. Él era homicida desde el principio; no se mantuvo en la verdad, porque no hay verdad en él. Cuando dice
mentiras, habla su lenguaje, porque es
mentiroso y padre de la mentira.
45 Pero a mí no me creen, porque les
digo la verdad. 46 ¿Quién de ustedes
probará que tengo pecado? Si les digo
la verdad, ¿por qué no me creen?
47 El que viene de Dios escucha las
palabras de Dios. Por eso ustedes no
escuchan, porque no son de Dios.

Antes que Abrahán

48 Le contestaron los judíos:
—¿No tenemos razón al decir que
eres samaritano y estás endemoniado?
49 Jesús contestó:
—No estoy endemoniado, sino que
honro a mi Padre y ustedes me des-
honran a mí. 50 Yo no busco mi gloria;
hay quien la busca y juzga. 51 Les aseguro que quien cumpla mi palabra no
sufrirá jamás la muerte.
52 [Entonces] le dijeron los judíos:
—Ahora sí estamos seguros de que
estás endemoniado. Abrahán murió, lo
mismo los profetas, y tú dices que
quien cumpla tu palabra no sufrirá jamás
la muerte. 53 ¿Por quién te tienes?
54 Contestó Jesús:
—Si yo me glorificara a mí mismo,
mi gloria no valdría nada; es mi Padre
quien me glorifica, el mismo que ustedes llaman nuestro Dios, 55 aunque
no lo conocen.
Yo en cambio lo conozco. Si dijera
que no lo conozco, sería mentiroso
como ustedes. Pero lo conozco y cum-
plo su palabra. 56 Abrahán, el padre de
ustedes disfrutaba esperando ver mi
día: lo vio y se llenó de alegría.
57 Le replicaron los judíos:
—No has cumplido cincuenta años,
¿y has conocido a Abrahán?
58 Jesús les dijo:
—Les aseguro, antes de que existiera
Abrahán, existo yo.
59 Recogieron piedras para apedrearlo; pero Jesús se escondió y salió
del templo.

Sana a un ciego

9 1 Al pasar vio un hombre ciego de
nacimiento. 2 Los discípulos le
preguntaron:
—Maestro, ¿quién pecó para que naciera ciego? ¿Él o sus padres?

sacrificio que Dios le pida. El que no es hijo de Abrahán no será hijo de Dios, acabará siendo hijo del Diablo, el padre de la mentira.

8,48-59 Antes que Abrahán. Los cristianos son hijos de Abrahán porque saben que Jesús es hijo de Dios. Los judíos recurren a los insultos al no tener respuesta a los argumentos del Maestro. Él les habla a un nivel espiritual, y ellos siguen aferrados a sus intereses terrenales. Jesús habla teológicamente: no dice que vio a Abrahán, sino que Abrahán lo vio a Él. Jesús es la Palabra que existía desde el principio (1,1). Los judíos son incapaces de entenderle y recurren a las piedras y a la violencia.

9,1-41 Sana a un ciego. Esta narración trae a la memoria el salmo 27. Como el salmista, el ciego podrá decir: «El Señor es mi luz y mi salvación: ¿a quién temeré...? Mis enemigos y adversarios tropiezan y caen... Si mi padre y mi madre me abandonan, el Señor me acogerá» (Sal 27,1s.10).

3 Jesús contestó:
—Ni él pecó ni sus padres; ha sucedido así para que se muestre en él la
obra de Dios. 4 Mientras es de día, tienen que trabajar en las obras del que
me envió. Llegará la noche, cuando nadie puede trabajar. 5 Mientras estoy en
el mundo, soy la luz del mundo.
6 Dicho esto, escupió en el suelo, hizo
barro con la saliva, se lo puso en los
ojos 7 y le dijo:
—Ve a lavarte a la piscina de *Siloé*,
que significa enviado.
Fue, se lavó y al regresar ya veía.
8 Los vecinos y los que antes lo habían
visto pidiendo limosna comentaban:
—¿No es éste el que se sentaba a
pedir limosna?
9 Unos decían:
—Es él.
Otros decían:
—No es, sino que se le parece.
Él respondía:
—Soy yo.
10 Así que le preguntaron:
—¿Cómo [pues] se te abrieron los ojos?
11 Contestó:
—Ese hombre que se llama Jesús
hizo barro, lo puso sobre mis ojos y me
dijo que fuera a lavarme a la fuente de
Siloé. Fui, me lavé y recobré la vista.
12 Le preguntaron:
—¿Dónde está él?
Responde:
—No sé.
13 Llevaron ante los fariseos al que
había sido ciego. 14 Era sábado el día
que Jesús hizo barro y le abrió los ojos.
15 Los fariseos le preguntaron otra vez
cómo había recobrado la vista.
Les respondió:
—Me aplicó barro a los ojos, me
lavé, y ahora veo.
16 Algunos fariseos le dijeron:
—Ese hombre no viene de parte de
Dios, porque no observa el sábado.
Otros decían:
—¿Cómo puede un pecador hacer
tales milagros?
Y estaban divididos. 17 Preguntaron
de nuevo al ciego:
—Y tú, ¿qué dices del que te abrió
los ojos?
Contestó:
—Que es profeta.
18 Los judíos no terminaban de creer
que había sido ciego y había recobrado
la vista; así que llamaron a los padres
del que había recobrado la vista 19 y les
preguntaron:
—¿Es éste su hijo, el que ustedes
dicen que nació ciego? ¿Cómo es que
ahora ve?

Juan ofrece una catequesis bautismal para su comunidad. El milagro es una iluminación y una nueva creación; comienza con el barro y el lavatorio ordenado por Jesús. La ceguera no era un castigo por pecado alguno; va a servir de ocasión para revelar la obra y la gloria de Dios.

Jesús respalda sus palabras con sus acciones: es pan, luz y vida que alimenta, ilumina y resucita. El ciego se lava según el mandato de Jesús y queda transformado, de modo que sus vecinos que lo conocían bien tienen dificultad en reconocerlo. Cuando el ciego habla, lo hace como Jesús, diciendo «Soy yo» (9). Al lavarse, había quedado transformado en Jesús, y ya no vive o habla él, sino que Jesús vive y habla por él.

El ciego va descubriendo quién es Jesús a lo largo del diálogo: en un principio no sabe quién es Jesús ni dónde está (11s). Luego, reconoce que viene de parte de Dios, aunque los fariseos lo nieguen (16); es un profeta; al final, cuando lo reconoce como Mesías es expulsado de la sinagoga (22.34; cfr. 12,42). El ciego es ya una nueva persona que ha nacido de Dios (1,13), por eso sus padres, según la carne, lo abandonan.

Los judíos, especialmente los fariseos, pretenden saberlo todo; el ciego se aferra a su experiencia: antes era ciego y ahora ve. Es expulsado de la sinagoga, como todos los judíos que se convertían al cristianismo cuando se escribió este evangelio; pero Jesús viene a su encuentro y se le revela como el Hijo del Hombre, y el ciego lo adora.

El Hijo del Hombre es la figura divina que viene para juzgar, de manera que los que creen ver se queden ciegos. El que acepta a Jesús, tarde o temprano, será rechazado por el mundo de las tinieblas; y si no es rechazado tendrá que salirse de allí, porque pertenece al nuevo mundo de la comunidad cristiana que no se apega a las cosas, sino que se centra y reúne en torno a Jesús.

20 Contestaron sus padres:
—Sabemos que éste es nuestro hijo
y que nació ciego; 21 pero cómo es que
ahora ve, no lo sabemos; quién le abrió
los ojos, no lo sabemos. Pregúntenle a
él, que es mayor de edad y puede dar
razón de sí.
22 Sus padres dijeron esto por temor
a los judíos; porque los judíos ya habían
decidido que quien lo confesara como
Mesías sería expulsado de la sinagoga.
23 Por eso dijeron los padres que tenía
edad y que le preguntaran a él.
24 Llamaron por segunda vez al
hombre que había sido ciego y le dijeron:
—Da gloria a Dios. A nosotros nos
consta que aquél es un pecador.
25 Les contestó:
—Si es pecador, no lo sé; de una
cosa estoy seguro, que yo era ciego y
ahora veo.
26 Le preguntaron de nuevo:
—¿Cómo te abrió los ojos?
27 Les contestó:
—Ya se lo dije y no me creyeron;
¿para qué quieren oírlo de nuevo? ¿No
será que también ustedes quieren hacerse discípulos suyos?
28 Lo insultaron diciendo:
—¡Tú serás discípulo de ese hombre
nosotros somos discípulos de Moisés!
29 Sabemos que Dios le habló a Moisés;
en cuanto a ése, no sabemos de dónde
viene.
30 Les respondió:
—Eso es lo extraño, que ustedes no
saben de dónde viene y a mí me abrió
los ojos. 31 Sabemos que Dios no escucha a los pecadores, sino que escucha
al que es piadoso y cumple su voluntad.
32 Jamás se oyó contar que alguien
haya abierto los ojos a un ciego de nacimiento. 33 Si ese hombre no viniera
de parte de Dios, no podría hacer nada.
34 Le contestaron:
—Tú naciste lleno de pecado, ¿y
quieres darnos lecciones?
Y lo expulsaron.
35 Oyó Jesús que lo habían expulsado
y, cuando lo encontró, le dijo:
—¿Crees en el Hijo del Hombre?
36 Contestó:
—¿Quién es, Señor, para que crea
en él?
37 Jesús le dijo:
—Lo has visto: es el que está hablando contigo.
38 Respondió:
—Creo, Señor.
Y se postró ante él.
39 Jesús dijo:
—He venido a este mundo para un
juicio, para que los ciegos vean y los
que vean queden ciegos.
40 Algunos fariseos que se encontraban con él preguntaron:
—Y nosotros, ¿estamos ciegos?
41 Les respondió Jesús:
—Si estuvieran ciegos, no tendrían
pecado; pero, como dicen que ven, su
pecado permanece.

El buen pastor

10 1 Les aseguro:
—El que no entra por la puerta
al corral de las ovejas, sino saltando
por otra parte, es un ladrón y asaltante.
2 El que entra por la puerta es el pastor
del rebaño. 3 El cuidador le abre, las
ovejas oyen su voz, él llama a las suyas
por su nombre y las saca. 4 Cuando
ha sacado a todas las suyas, camina

10,1-21 El buen pastor. Lo que Yahvé era para su pueblo en el Antiguo Testamento (Sal 23), Jesús lo es para los suyos. Como Jesús, sus seguidores también están llamados a ser pastores. Juan hace un contraste primero entre el pastor y los ladrones y asalariados, para pasar a hablar directamente del buen pastor y su relación con las ovejas. Jesús sigue hablando en presencia de los fariseos de 9,40s. Los fariseos ciegos son los ladrones y bandidos que

delante de ellas y ellas le siguen; porque reconocen su voz. 5 A un extraño
no le siguen, sino que escapan de él,
porque no reconocen la voz de los
extraños.
6 Ésta es la parábola que Jesús les
propuso, pero ellos no entendieron a
qué se refería.
7 Entonces, les habló otra vez:
—Les aseguro que yo soy la puerta
del rebaño. 8 Todos los que vinieron
[antes de mí] eran ladrones y asaltantes;
pero las ovejas no los escucharon.
9 Yo soy la puerta: quien entra por mí
se salvará; podrá entrar y salir y encontrar pastos. 10 El ladrón no viene más
que a robar, matar y destrozar. Yo vine
para que tengan vida, y la tengan en
abundancia.
11 Yo soy el buen pastor. El buen
pastor da su vida por las ovejas. 12 El
asalariado, que no es pastor ni dueño
de las ovejas, cuando ve venir al lobo,
escapa abandonando las ovejas, y el
lobo las arrebata y dispersa. 13 Como es
asalariado no le importan las ovejas.
14 Yo soy el buen pastor: conozco
a mis ovejas y ellas me conocen a mí,
15 como el Padre me conoce y yo conozco al Padre; y doy la vida por las
ovejas.
16 Tengo otras ovejas que no pertenecen a este corral; a ésas tengo que
guiarlas para que escuchen mi voz y se
forme un solo rebaño con un solo pastor.
17 Por eso me ama el Padre, porque doy
la vida, para después recobrarla. 18 Nadie me la quita, yo la doy voluntariamente. Tengo poder para darla y para
después recobrarla. Éste es el encargo
que he recibido del Padre.
19 Estas palabras provocaron una
nueva división entre los judíos.
20 Muchos decían:
—Está endemoniado y loco, ¿por
qué lo escuchan?
21 Otros decían:
—Esas palabras no son de un endemoniado. ¿Puede un endemoniado
abrir los ojos a los ciegos?

En la fiesta de la Dedicación

22 Se celebraba en Jerusalén la
fiesta de la Dedicación y era invierno.
23 Jesús paseaba en el templo, en el
pórtico de Salomón.
24 Lo rodearon los judíos y le preguntaron:
—¿Hasta cuándo nos tendrás en
suspenso? Si eres el Mesías, dilo
claramente.
25 Jesús les contestó:
—Ya se lo dije y no creen. Las obras
que yo hago en nombre de mi Padre
dan testimonio de mí. 26 Pero ustedes
no creen porque no son de mis ovejas.
27 Mis ovejas escuchan mi voz, yo las
conozco y ellas me siguen; 28 yo les doy
vida eterna y jamás perecerán, y nadie
las arrancará de mi mano.
29 Mi Padre que me las ha dado es
más que todos y nadie puede arrancar

pueden llevar las ovejas a la ruina (6). Jesús es a la vez la puerta y el pastor de las ovejas. Solamente en Jesús y con Jesús se encuentra la verdadera vida.

El buen pastor está dispuesto al sacrificio, conoce íntimamente a sus ovejas y se sacrifica por ellas (11.15.17s); así les revela su amor. Hay otras ovejas que no pertenecen al rebaño de Israel; Jesús las va a recoger en el rebaño de su Iglesia. El sacrificio de Jesús será el punto de atracción y de reunión de su rebaño (12,32). Los judíos seguían divididos. No eran capaces de aceptar a Jesús y de convertirse en ovejas suyas.

10,22-42 En la fiesta de la Dedicación. Esta fiesta recordaba la purificación del Templo de Jerusalén por Judas Macabeo, después de la derrota de los enemigos de Israel (1 Mac 4,36-59). El evangelista continúa con el tema del pastor a quien hay que escuchar y creer para tener vida eterna. Éste es el plan de Dios, y no hay otra vía de salvación. El Padre y Jesús son uno porque su unión es total.

Jesús es el consagrado por el Padre (36), mucho más que lo que había sido el Templo en su consagración y dedicación recordada en esta fiesta. Jesús hace visible todo lo que creemos del Dios invisible. También el cristiano

nada de las manos de mi Padre. 30 El
Padre y yo somos uno.
31 Los judíos tomaron piedras para
apedrearlo.
32 Jesús les dijo:
—Por encargo del Padre les hice ver
muchas obras buenas: ¿por cuál de
ellas me apedrean?
33 Le contestaron los judíos:
—Por ninguna obra buena te ape-
dreamos, sino por la blasfemia, porque
siendo hombre te haces Dios.
34 Jesús les contestó:
—¿No está escrito en la ley de ustedes: *Yo les digo: son dioses*? 35 Si la
ley llama dioses a aquéllos a quienes se
dirigió la Palabra de Dios, y la Escritura
no puede fallar, 36 ¿cómo dicen: Tú
blasfemas al que el Padre consagró y
envió al mundo, porque dijo que es
Hijo de Dios?
37 Si no hago las obras de mi Padre,
no me crean. 38 Pero si las hago, crean
en las obras aunque no me crean a mí,
así reconocerán y sabrán que el Padre
está en mí y yo en el Padre.
39 [Entonces] intentaron arrestarlo
de nuevo, pero él se les escapó de las
manos.
40 Pasó de nuevo a la otra orilla del
Jordán, donde Juan bautizaba en otro
tiempo, y se quedó allí.
41 Acudieron muchos a él y decían:
—Aunque Juan no hizo señal alguna,
todo lo que dijo de éste era verdad.
42 Y allí, muchos creyeron en él.

Resucita a Lázaro

11 1 Había un enfermo llamado
Lázaro, de Betania, el pueblo de
María y su hermana Marta. 2 María era
la que había ungido al Señor con perfumes y le había secado los pies con
sus cabellos. Su hermano Lázaro estaba
enfermo. 3 Las hermanas le enviaron
un mensaje:
—Señor, tu amigo está enfermo.
4 Al oírlo, Jesús comentó:
—Esta enfermedad no ha de terminar
en la muerte; es para gloria de Dios,
para que el Hijo de Dios sea glorificado
por ella.
5 Jesús era amigo de Marta, de su
hermana y de Lázaro. 6 Sin embargo
cuando oyó que estaba enfermo, prolongó su estadía dos días en el lugar.
7 Después dice a los discípulos:
—Vamos a volver a Judea.

deberá hacer visible todo lo que dice y cree que Jesús es. Los judíos no escuchaban ni a la razón ni a la revelación. Su ira los cegaba. Repetidamente querían recurrir a la violencia (31.39).

Jesús se retira al otro lado del río Jordán, al lugar donde había muchos discípulos de Juan Bautista, que estaban bien dispuestos hacia Él. Allí encuentra seguridad y paz y se prepara para su pasión.

11,1-57 Resucita a Lázaro. Ante el retraso de la parusía y la segunda venida de Jesús, la pregunta que muchos creyentes se hacían era ésta: ¿Qué sucederá a los que mueren antes de tales acontecimientos? Juan responde que para el que es amigo de Jesús, la muerte no presenta problema alguno. La historia de Lázaro es prueba de ello. La enfermedad de Lázaro, como la ceguera del ciego, mira al futuro; es para revelar la gloria de Dios.

Jesús retrasa su ida dos días para demostrar claramente que es fuente de vida; los judíos pensaban que al cuarto día de la muerte de una persona no había esperanza de resurrección (39). Para el cristiano, la muerte física es como un sueño del cual Jesús lo va a despertar un día. Tomás anima a los demás discípulos para que estén dispuestos a morir –y a resucitar– con Jesús. Las dos hermanas, Marta y María, al encontrarse con el Maestro, dicen: «Si hubieras estado aquí...» (21.32). Jesús se pone al nivel de cada hermana y las acompaña en sus sentimientos. Marta hace una profesión de fe en Jesús que en los sinópticos está reservada a Pedro (27).

Jesús llora y se estremece, sintiendo una agonía ante la muerte del amigo y el dolor de los suyos. Marta expresa sus dudas hasta el último momento, pero Jesús le anuncia que la fe tiene como premio el ver la gloria de Dios, el experimentar personalmente cómo Dios ayuda y salva. Jesús ora públicamente para dar ejemplo a sus seguidores de cómo deberán obrar. Lázaro resucita; los judíos responden con planes de muerte para el que da vida. Caifás, el sumo sacerdote de aquel año tan importante, profetiza que la muerte de Jesús será la salvación del pueblo judío y de todos los hijos de Dios.

8 Le dicen los discípulos:
—Maestro, hace poco intentaban
apedrearte los judíos, ¿y quieres volver
allá?
9 Jesús les contestó:
—¿No tiene el día doce horas? Quien
camina de día no tropieza, porque ve la
luz de este mundo; 10 quien camina de
noche tropieza, porque no tiene luz.
11 Dicho esto, añadió:
—Nuestro amigo Lázaro está dormido; voy a despertarlo.
12 Contestaron los discípulos:
—Señor, si está dormido, sanará.
13 Pero Jesús se refería a su muerte,
mientras que ellos creyeron que se
refería al sueño. 14 Entonces Jesús les
dijo abiertamente:
—Lázaro ha muerto. 15 Y me alegro
por ustedes de no haber estado allí,
para que crean. Vayamos a verlo.
16 *Tomás*, que significa mellizo, dijo
a los demás discípulos:
—Vamos también nosotros a morir
con él.
17 Cuando Jesús llegó, encontró que
llevaba cuatro días en el sepulcro.
18 Betania queda cerca de Jerusalén, a
unos tres kilómetros. 19 Muchos judíos
habían ido a visitar a Marta y María para
darles el pésame por la muerte de su
hermano. 20 Cuando Marta oyó que
Jesús llegaba, salió a su encuentro,
mientras María se quedaba en casa.
21 Marta dijo a Jesús:
—Si hubieras estado aquí, Señor, mi
hermano no habría muerto. 22 Pero yo sé
que lo que pidas, Dios te lo concederá.
23 Le dice Jesús:
—Tu hermano resucitará.
24 Le dice Marta:
—Sé que resucitará en la resurrección del último día.
25 Jesús le contestó:
—Yo soy la resurrección y la vida.
Quien cree en mí, aunque muera, vivirá;
26 y quien vive y cree en mí no morirá
para siempre. ¿Lo crees?
27 Le contestó:
—Sí, Señor, yo creo que tú eres el
Mesías, el Hijo de Dios, el que había de
venir al mundo.
28 Dicho esto, se fue, llamó en privado
a su hermana María y le dijo:
—El Maestro está aquí y te llama.
29 Al oírlo, se levantó rápidamente y
se dirigió hacia él. 30 Jesús no había llegado aún al pueblo, sino que estaba en
el lugar donde lo encontró Marta. 31 Los
judíos que estaban con ella en la casa
consolándola, al ver que María se levan-
taba de repente y salía, fueron detrás de
ella, pensando que iba al sepulcro a
llorar allí. 32 Cuando María llegó a donde
estaba Jesús, al verlo, cayó a sus pies y
le dijo:
—Si hubieras estado aquí, Señor, mi
hermano no habría muerto.
33 Jesús al ver llorar a María y también a los judíos que la acompañaban,
se estremeció por dentro 34 y dijo muy
conmovido:
—¿Dónde lo han puesto?
Le dicen:
—Ven, Señor, y lo verás.
35 Jesús lloró.
36 Los judíos comentaban:
—¡Cómo lo quería!
37 Pero algunos decían:
—El que abrió los ojos al ciego, ¿no
pudo impedir que éste muriera?
38 Jesús, estremeciéndose de nuevo,
se dirigió al sepulcro. Era una caverna
con una piedra adelante.
39 Jesús dice:
—Retiren la piedra.
Le dice Marta, la hermana del difunto:
—Señor, huele mal, ya lleva cuatro
días muerto.
40 Le contesta Jesús:
—¿No te dije que si crees, verás la
gloria de Dios?

41 Retiraron la piedra. Jesús alzó la
vista al cielo y dijo:
—Te doy gracias, Padre, porque me
has escuchado. 42 Yo sé que siempre
me escuchas, pero lo he dicho por la
gente que me rodea, para que crean
que tú me enviaste.
43 Dicho esto, gritó con fuerte voz:
—Lázaro, sal afuera.
44 Salió el muerto con los pies y las
manos sujetos con vendas y el rostro
envuelto en un sudario.
Jesús les dijo:
—Desátenlo para que pueda caminar.
45 Muchos judíos que habían ido a
visitar a María y vieron lo que hizo creyeron en él. 46 Pero algunos fueron y
contaron a los fariseos lo que había
hecho Jesús.

(cfr. Mt 26,1-5; Mc 14,1s; Lc 22,1s)

47 Los sumos sacerdotes y los fariseos reunieron entonces el Consejo y
dijeron:
—¿Qué hacemos? Este hombre está
haciendo muchos milagros. 48 Si lo dejamos seguir así, todos creerán en él,
entonces vendrán los romanos y nos
destruirán el santuario y la nación.
49 Uno de ellos, llamado Caifás, que
era sumo sacerdote aquel año, les dijo:
—No entienden nada. 50 ¿No ven que
es mejor que muera uno solo por el
pueblo y no que muera toda la nación?
51 No lo dijo por cuenta propia, sino
que, siendo sumo sacerdote aquel año,
profetizó que Jesús moriría por la nación. 52 Y no sólo por la nación, sino
para reunir en la unidad a los hijos de
Dios que estaban dispersos. 53 Así, a
partir de aquel día, resolvieron darle
muerte. 54 Por eso Jesús ya no andaba
públicamente entre los judíos, sino que
se marchó a una región próxima al
desierto, a un pueblo llamado Efraín, y
se quedó allí con los discípulos.
55 Se acercaba la Pascua judía y muchos subían del campo a Jerusalén para
purificarse antes de la fiesta. 56 Buscaban a Jesús y, de pie en el templo,
comentaban entre sí:
—¿Qué les parece? ¿Vendrá a la
fiesta o no?
57 Los sumos sacerdotes y los fariseos habían dado órdenes para que
quien conociese su paradero lo denun-
ciara, de modo que pudieran arrestarlo.

Unción en Betania

(cfr. Mt 26,6-13; Mc 14,3-9; Lc 7,36-50)

12 1 Seis días antes de la Pascua
Jesús fue a Betania, donde estaba Lázaro, al que había resucitado
de entre los muertos. 2 Le ofrecieron
un banquete. Marta servía y Lázaro
era uno de los comensales. 3 María
tomó una libra de perfume de nardo
puro, muy costoso, ungió con él los
pies a Jesús y se los enjugó con los
cabellos. La casa se llenó del olor del
perfume.
4 Judas Iscariote, uno de los discípulos, el que lo iba a entregar, dijo:
5 —¿Por qué no han vendido ese
perfume en trescientas monedas para
repartirlas a los pobres?

12,1-11 Unción en Betania. María, la hermana de Lázaro, llena de amor y agradecimiento a Jesús, derrocha el perfume para honrarle. Judas, en quien el amor ya no tenía cabida, tiene buen olfato para los negocios, y al oler el perfume adivina su precio. Judas habla de los pobres sin realmente preocuparse por ellos. Preocuparse de los pobres es amar y compartir. A menudo hablamos como Judas de dar a los pobres, pero antes de dar el Señor nos pide amar. Amar al pobre es anunciarle el llamado que Dios le hace y ayudarle a crecer como persona, superando debilidades y divisiones; es enseñarle a cumplir la misión que Dios le confió. La compasión de Jesús con los pobres la encontramos en los otros evangelios, especialmente en Lucas. Los judíos al ver que Jesús es fuente de vida y aviva las multitudes, sólo piensan en darle muerte, y con Él a su amigo Lázaro.

[6] Lo decía no porque le importaran
los pobres, sino porque era ladrón; y,
como llevaba la bolsa, robaba de lo que
ponían en ella.
[7] Jesús contestó:
—Déjala que lo guarde para el día
de mi sepultura. [8] A los pobres los tendrán siempre entre ustedes, pero a mí
no siempre me tendrán.
[9] Un gran gentío de judíos supo que
estaba allí y acudieron, no sólo por
Jesús, sino también para ver a Lázaro,
al que había resucitado de entre los
muertos. [10] Los sumos sacerdotes habían decidido dar muerte también a
Lázaro, [11] porque por su causa muchos
judíos iban y creían en Jesús.

Entrada triunfal en Jerusalén

(cfr. Mt 21,1-11; Mc 11,1-11; Lc 19,29-40)

[12] Al día siguiente, un gran gentío
que había llegado para la fiesta, al saber que Jesús se dirigía a Jerusalén,
[13] tomaron ramas de palma y salieron a
su encuentro gritando:

—¡Hosana,
bendito el que viene
en nombre del Señor,
el rey de Israel!

[14] Jesús encontró un burrito y montó
en él. Como está escrito:

[15] *No temas, joven Sión:*
mira que llega tu rey cabalgando
una cría de asno.

[16] Esto no lo entendieron los discípulos
en aquel momento. Pero, cuando Jesús
fue glorificado, se acordaron de que
todo lo que le había sucedido era lo
que estaba escrito acerca de él.
[17] La gente que había asistido cuando
llamó a Lázaro y lo resucitó de entre los
muertos contaba el hecho. [18] Por eso la
gente salió a su encuentro, porque se
enteraron de la señal que había realizado. [19] En cambio, los fariseos comentaban entre sí:
—Ya ven que así no vamos a conseguir nada; todo el mundo se va con él.

Los griegos y Jesús

[20] Había unos griegos que habían
subido para los cultos de la fiesta. [21] Se
acercaron a Felipe, el de Betsaida de
Galilea, y le pidieron:
—Señor, queremos ver a Jesús.
[22] Felipe va y se lo dice a Andrés;
Felipe y Andrés van y se lo dicen a
Jesús.
[23] Jesús les contesta:
—Ha llegado la hora de que el Hijo
del Hombre sea glorificado. [24] Les aseguro que, si el grano de trigo caído en
tierra no muere, queda solo; pero si
muere, da mucho fruto. [25] El que se aferra a la vida la pierde, el que desprecia
la vida en este mundo la conserva para
una vida eterna. [26] El que quiera servir-
me, que me siga, y donde yo estoy estará mi servidor; si uno me sirve, lo
honrará el Padre. [27] Ahora mi espíritu
está agitado, y, ¿qué voy a decir? ¿Que
mi Padre me libre de este trance? No;
que para eso he llegado a este trance.
[28] Padre, da gloria a tu Nombre.

12,12-19 Entrada triunfal en Jerusalén. La gente se agolpa en torno a Jesús. La resurrección de Lázaro atrae a todos hacia Él, que es fuente de vida. Los fariseos, en su impotencia, confiesan que todo el mundo –judíos y griegos– se van con Él.

12,20-50 Los griegos y Jesús. Estos paganos piadosos que buscan a Jesús son prueba de que «todo el mundo se va con él» (12,19). El servicio («diakoneo» – tres veces mencionado) es lo que define la hora de Jesús y la del cristiano. Donde hay amor, el servicio es glorioso. Donde no lo hay, es puro sufrimiento servil. El servicio está enmarcado por dos referencias a la pasión y agonía de Jesús, y es la revelación de la hora de Jesús. A una persona le llega su hora cuando es llamada a servir. La pasión de Jesús será su mayor servicio a la humanidad. Ahora va a tener lugar el juicio del mundo. Satanás va a perder la guerra; Jesús va a

Vino una voz del cielo:
—Lo he glorificado y de nuevo lo
glorificaré.
29 La gente que estaba escuchando
decía:
—Ha sido un trueno.
Otros decían:
—Le ha hablado un ángel.
30 Jesús respondió:
—Esa voz no ha sonado por mí, sino
por ustedes. 31 Ahora comienza el juicio
de este mundo y el príncipe de este
mundo será expulsado. 32 Cuando yo
sea elevado de la tierra, atraeré a todos
hacia mí.
33 Lo decía indicando de qué muerte
iba a morir.
34 La gente le contestó:
—Hemos oído en la ley que el Mesías permanecerá para siempre; ¿cómo
dices tú que el Hijo del Hombre tiene
que ser levantado? ¿Quién es este Hijo
del Hombre?
35 Jesús les dijo:
—La luz está todavía entre ustedes,
pero por poco tiempo. Caminen mientras tengan luz, para que no los sor-
prendan las tinieblas. Quien camina a
oscuras no sabe adónde va. 36 Mientras
tengan luz, crean en la luz y serán hijos
de la luz.
Así habló Jesús; después se apartó
de ellos y se escondió.
37 A pesar de las muchas señales
que había realizado en su presencia no
creían en él. 38 Así se cumplió lo que
dijo el profeta Isaías:

Señor, ¿quién creyó nuestro anuncio?
¿A quién se reveló
el poder del Señor?

39 Así que no podían creer, como
dice también Isaías:

40 *Él ha cegado sus ojos,*
y ha endurecido su mente:
para que sus ojos no vean
y su mente no entienda,
para que no se conviertan,
de modo que yo los sane.

41 Eso dijo Isaías porque vio su gloria
y habló de él.
42 Con todo, muchos creyeron en él,
aún entre los jefes; pero por miedo a los
fariseos no lo decían, para que no los ex-
pulsaran de la sinagoga. 43 Prefirieron la
gloria de los hombres a la gloria de Dios.
44 Jesús exclamó:
—El que cree en mí, en realidad no
cree en mí, sino en aquel que me envió;
45 y el que me ve, ve al que me envió.
46 Yo soy la luz y he venido al mundo,
para que quien crea en mí no se quede
a oscuras. 47 Al que escucha mis palabras y no las cumple yo no lo juzgo;
porque no he venido a juzgar al mundo,
sino a salvarlo. 48 Quien me desprecia y
no acepta mis palabras tiene quien lo
juzgue: la palabra que yo he dicho lo
juzgará el último día. 49 Porque yo no
hablé por mi cuenta; el Padre que me
envió me encarga lo que debo decir y
hablar. 50 Y sé que su encargo es vida
eterna. Lo que digo lo digo como me lo
ha dicho el Padre.

triunfar y se va a convertir en foco de atracción al que todos deberán mirar (19,37). El Apocalipsis presenta el triunfo de Jesús en la batalla entre el dragón y los ángeles (Ap 12,7-9). Los que lo aceptan se salvan; los que no lo reciben, se condenan a sí mismos. La primera venida de Jesús es para salvar a quien cree en Él; la segunda venida será para juzgar a los incrédulos. Los judíos siguen sin entenderlo porque creen de antemano que conocen las respuestas (34). Jesús hace un llamado a caminar en la luz; es la última oportunidad para salir de las tinieblas. Jesús se escondió (36); solamente lo encontrarán en la confrontación final de la pasión.

El evangelista hace un resumen del libro de las señales. Éstas no bastan para llevar a la fe. Una disposición interna positiva es necesaria. El rechazo por los judíos, previsto por los profetas, fue providencial. Jesús es la palabra y la luz venida al mundo. El que no la recibe permanece en la oscuridad. El que la recibe conoce por experiencia que proviene de Dios, del Padre.

Lava los pies a los discípulos

13 1 Antes de la fiesta de Pascua,
sabiendo Jesús que llegaba la
hora de pasar de este mundo al Padre,
después de haber amado a los suyos
que estaban en el mundo, los amó hasta
el extremo.
2 Durante la cena, cuando el Diablo
había sugerido a Judas Iscariote que lo
entregara, 3 sabiendo que todo lo había
puesto el Padre en sus manos, que había
salido de Dios y volvía a Dios, 4 se levantó de la mesa, se quitó el manto, y tomando una toalla, se la ató a la cintura.
5 Después echó agua en un recipiente
y se puso a lavarles los pies a los discípulos y a secárselos con la toalla que
llevaba en la cintura. 6 Llegó a Simón
Pedro, el cual le dijo:
—Señor, ¿tú me vas a lavar los pies?
7 Jesús respondió:
—Lo que yo hago no lo entiendes
ahora, más tarde lo entenderás.
8 Replicó Pedro:
—No me lavarás los pies jamás.
Le respondió Jesús:
—Si no te lavo, no tienes nada que
ver conmigo.
9 Le dijo Simón Pedro:
—Señor, si es así, no sólo los pies,
sino las manos y la cabeza.
10 Le respondió Jesús:
—El que se ha bañado no necesita
lavarse más que los pies, porque está
completamente limpio. Y ustedes están
limpios, aunque no todos.
11 Conocía al que lo iba a entregar
y por eso dijo que no todos estaban
limpios.
12 Después de haberles lavado los
pies, se puso el manto, volvió a la
mesa y les dijo:
—¿Comprenden lo que acabo de
hacer? 13 Ustedes me llaman maestro y
señor, y dicen bien. 14 Pero si yo, que
soy maestro y señor, les he lavado los
pies, también ustedes deben lavarse los
pies unos a otros. 15 Les he dado ejemplo para que hagan lo mismo que yo
hice con ustedes.
16 Les aseguro que el sirviente no
es más que su señor, ni el enviado
más que el que lo envía. 17 Serán felices
si, sabiendo estas cosas las cumplen.
18 No hablo de todos ustedes, porque
sé a quiénes he elegido. Pero se ha de
cumplir aquello de la Escritura:

El que compartía mi pan
se levantó contra mí.

19 Se lo digo ahora, antes de que suceda, para que, cuando suceda, crean
que Yo soy. 20 Les aseguro: quien reciba
al que yo envíe me recibe a mí, y quien
me recibe a mí recibe al que me envió.

Anuncio de la traición
(cfr. Mt 26,20-25; Mc 14,17-21; Lc 22,21-23)

21 Dicho esto, Jesús se estremeció
por dentro y declaró:

13,1-20 Lava los pies a los discípulos. La segunda parte del evangelio se centra en la hora de Jesús que discurre a lo largo de la «última cena» con el discurso de despedida, el proceso de la pasión, y la resurrección de Jesús. Mientras que el Jesús de la cena a veces aparece glorioso (17,1-13), el Jesús resucitado se presenta con sus llagas y su humanidad, en camino hacia el Padre (20,16s).

El diálogo de Jesús con los discípulos progresa por medio de preguntas y malentendidos. El Libro de la Hora de Jesús es introducido con una doble mención de su conocimiento. Sabe que ha llegado su hora, que el Padre lo ha puesto todo en sus manos, y que vuelve a Dios; los discípulos comparten ahora el conocimiento de Jesús.

La hora es algo deseado y positivo, una ida de este mundo al Padre. Es hora de humildad y de servicio a los suyos. Pedro, que no había entendido la necesidad de la pasión, no entiende ahora el servicio y sacrificio de Jesús; pero está dispuesto a aceptar todo con tal de no separarse de Él. Este lavado de los pies tiene una dimensión simbólica y sacramental. El Señor y Maestro les ha dado una lección de cómo actuar en la comunidad cristiana.

El que busque servir como Jesús será feliz.

13,21-30 Anuncio de la traición. Los discípulos no se conocían bien unos a otros; cualquiera podía tener un fallo humano y convertirse en traidor. Judas, el único traidor,

—Les aseguro que uno de ustedes
me entregará.
22 Los discípulos se miraban unos a
otros sin saber por quién lo decía.
23 Uno de los discípulos, el más amigo de Jesús, estaba reclinado a su derecha. 24 Simón Pedro le hace un gesto
y le dice:
—Averigua a quién se refiere.
25 Él se inclinó hacia el costado de
Jesús y le dijo:
—Señor, ¿quién es?
26 Le responde Jesús:
—Aquél a quien le dé un trozo de
pan remojado.
Remojó el pan, lo tomó y se lo dio a
Judas el de Simón Iscariote. 27 Detrás
del bocado Satanás entró en él.
Jesús le dice:
—Lo que tienes que hacer hazlo
pronto.
28 Ninguno de los comensales comprendió por qué lo decía. 29 Algunos pensaron que, como Judas tenía la bolsa,
Jesús le había encargado comprar lo
necesario para la fiesta o dar algo a los
pobres.
30 Y enseguida, después de recibir el
bocado, Judas salió. Era de noche.

La gloria de Jesús

31 Cuando salió, dijo Jesús:
—Ahora ha sido glorificado el Hijo
del Hombre y Dios ha sido glorificado
por él. 32 [Si Dios ha sido glorificado
por él,] también Dios lo glorificará por
sí, y lo hará pronto. 33 Hijitos, todavía
estaré un poco con ustedes; me buscarán y, como dije a los judíos también
lo digo ahora, a donde yo voy ustedes
no pueden venir. 34 Les doy un mandamiento nuevo, que se amen unos a
otros como yo los he amado: ámense
así unos a otros. 35 En eso conocerán
todos que son mis discípulos, en el
amor que se tengan unos a otros.

(cfr. Mt 26,30-35; Mc 14,26-31; Lc 22,31-34)

36 [Le] dice Simón Pedro:
—Señor, ¿adónde vas?
Le responde Jesús:
—A donde yo voy no puedes seguirme por ahora, me seguirás más tarde.
37 Le dice Pedro:
—Señor, ¿por qué no puedo seguirte
ahora? Daré mi vida por ti.
38 Le contesta Jesús:
—¿Que darás la vida por mí? Te aseguro que antes de que cante el gallo,
me negarás tres veces.

Jesús, camino hacia el Padre

14 1 No se inquieten. Crean en Dios
y crean en mí. 2 En la casa de mi
Padre hay muchas habitaciones; si no
fuera así, se lo habría dicho, porque voy
a prepararles un lugar.
3 Cuando haya ido y les tenga preparado un lugar, volveré para llevarlos
conmigo, para que donde yo esté,

se convierte aquí en un endemoniado; detrás del bocado entró en él Satanás. En la pasión, Judas va a encarnar el poder de las tinieblas que va a ser vencido por Jesús (18,1-13). Por eso, Juan añade que era de noche; se va a las tinieblas a las que pertenece.

13,31-38 La gloria de Jesús. La gloria de Jesús se hace real cuando Judas sale a poner en marcha el proceso de la pasión. Esta hora la hacen brillar los discípulos por medio del amor, en imitación del amor servicial de Jesús. Pedro aún no entiende lo que Jesús le pide. No se trata de seguirle ahora y de dar su vida por Jesús; habrá que seguir a Jesús por el amor, dando la vida por los hermanos.

14,1-14 Jesús, camino hacia el Padre. Los discípulos llegarán un día al mismo destino que Jesús, a la casa del Padre. Mientras tanto, aquí en la tierra, tendrán que seguir el camino marcado por Él; conocen la dirección general, pero el paso a paso tendrá que ser una decisión personal de cada momento.

Jesús es la presencia del Padre como el cristiano, a su vez, debe ser presencia de Jesús, el Maestro, Camino, Verdad y Vida.

El que cree en Jesús y sigue sus pasos, dejándose guiar por su amor, hará obras mayores que Él (12), siendo capaz de sacrificarse por los hermanos y de ser fiel toda su vida.

estén también ustedes. 4 Ya conocen el
camino para ir a donde [yo] voy.
5 Le dice Tomás:
—Señor, no sabemos adónde vas,
¿cómo podemos conocer el camino?
6 Le dice Jesús:
—Yo soy el camino, la verdad y la
vida: nadie va al Padre si no es por mí.
7 Si me conocieran a mí, conocerían
también al Padre. En realidad, ya lo
conocen y lo han visto.
8 Le dice Felipe:
—Señor, enséñanos al Padre y nos
basta.
9 Le responde Jesús:
—Felipe, hace tanto tiempo que estoy
con ustedes ¿y todavía no me conocen?
Quien me ha visto a mí ha visto al Padre:
¿cómo pides que te enseñe al Padre?
10 ¿No crees que yo estoy en el Padre
y el Padre en mí? Las palabras que yo
les digo no las digo por mi cuenta; el
Padre que está en mí es el que hace
las obras. 11 Créanme que yo estoy en
el Padre y el Padre está en mí; si no,
créanlo por las mismas obras.
12 Les aseguro: quien cree en mí hará
las obras que yo hago, e incluso otras
mayores, porque yo voy al Padre; 13 y yo
haré todo lo que pidan en mi nombre,
para que por el Hijo se manifieste la
gloria del Padre. 14 Si ustedes piden algo
en mi nombre, yo lo haré.

Promesa del Espíritu

15 Si me aman, cumplirán mis mandamientos; 16 y yo pediré al Padre que
les envíe otro Defensor que esté siempre
con ustedes: 17 el Espíritu de la verdad,
que el mundo no puede recibir, porque
no lo ve ni lo conoce.
Ustedes lo conocen, porque él permanece con ustedes y estará en ustedes.
18 No los dejo huérfanos, volveré a visitarlos. 19 Dentro de poco el mundo ya
no me verá; ustedes, en cambio, me
verán, porque yo vivo y ustedes vivirán.
20 Aquel día comprenderán que yo estoy en el Padre y ustedes en mí y yo en
ustedes. 21 Quien recibe y cumple mis
mandamientos, ése sí que me ama. Y el
que me ama será amado por mi Padre, y
yo lo amaré y me manifestaré a él.
22 Le dice Judas –no el Iscariote–:
—Señor, ¿por qué te vas a manifestar
a nosotros y no al mundo?
23 Jesús le contestó:
—Si alguien me ama cumplirá mi
palabra, mi Padre lo amará, vendremos
a él y habitaremos en él. 24 Quien no
me ama no cumple mis palabras, y la
palabra que ustedes oyeron no es mía,
sino del Padre que me envió. 25 Les he
dicho esto mientras estoy con ustedes.
26 El Defensor, el Espíritu Santo que
enviará el Padre en mi nombre, les
enseñará todo y les recordará todo lo
que [yo] les he dicho. 27 La paz les dejo,
les doy mi paz, y no como la da el mundo. No se inquieten ni se acobarden.
28 Oyeron que les dije que me voy y
volveré a visitarlos. Si me amaran, se
alegrarían de que vaya al Padre, porque
el Padre es más que yo. 29 Les he dicho
esto ahora, antes de que suceda, para
que cuando suceda, crean.
30 Ya no hablaré mucho con ustedes,
porque está llegando el príncipe del
mundo. No tiene poder sobre mí, 31 pero
el mundo tiene que saber que yo amo
al Padre y hago lo que el Padre me encargó. ¡Levántense! Vámonos de aquí.

14,15-31 Promesa del Espíritu. Esta primera promesa del Espíritu revela el nuevo modo de la presencia de Jesús con los suyos. No los va a dejar huérfanos. El Espíritu viene para unir y fortalecer la comunidad.

Éste es un primer paso para prepararla para su lucha contra el mundo y lo mundano, en la que el Espíritu jugará un papel clave.

La vid verdadera

15 1 Yo soy la vid verdadera y mi Padre es el viñador. 2 Él corta los
sarmientos que en mí no dan fruto; los
que dan fruto los poda, para que den
aún más.
3 Ustedes ya están limpios por la
palabra que les he anunciado.
4 Permanezcan en mí como yo permanezco en ustedes. Así como el sarmiento no puede dar fruto por sí solo,
si no permanece en la vid, tampoco
ustedes, si no permanecen en mí.
5 Yo soy la vid, ustedes los sarmientos: quien permanece en mí y yo en él
dará mucho fruto; porque separados
de mí no pueden hacer nada.
6 Si uno no permanece en mí, lo
tirarán afuera como el sarmiento y se
secará: los toman, los echan al fuego y
se queman.
7 Si permanecen en mí y mis palabras permanecen en ustedes, pedirán
lo que quieran y lo obtendrán.
8 Mi Padre será glorificado si dan
fruto abundante y son mis discípulos.
9 Como el Padre me amó así yo los
he amado: permanezcan en mi amor.
10 Si cumplen mis mandamientos,
permanecerán en mi amor; lo mismo
que yo he cumplido los mandamientos
de mi Padre y permanezco en su amor.
11 Les he dicho esto para que participen de mi alegría y sean plenamente
felices.
12 Éste es mi mandamiento: que se
amen unos a otros como yo los he
amado. 13 Nadie tiene amor más grande
que el que da la vida por los amigos.
14 Ustedes son mis amigos, si hacen
lo que yo les mando. 15 Ya no los llamo
sirvientes, porque el sirviente no sabe lo
que hace su señor. A ustedes los he
llamado amigos porque les he dado a
conocer todo lo que escuché a mi Padre.
16 No me eligieron ustedes a mí; yo
los elegí a ustedes y los destiné para
que vayan y den fruto, un fruto que permanezca; así, lo que pidan al Padre en
mi nombre él se lo concederá.
17 Esto es lo que les mando, que se
amen unos a otros.

El odio del mundo

18 Si el mundo los odia, sepan que
primero me odió a mí.
19 Si ustedes fueran del mundo, el
mundo los amaría como cosa suya.
Pero, como no son del mundo, sino
que yo los elegí sacándolos del mundo,
por eso el mundo los odia.
20 Recuerden lo que les dije: Un sirviente no es más que su señor. Si a mí
me han perseguido, también a ustedes
los perseguirán; si cumplieron mi palabra, también cumplirán la de ustedes.
21 Los tratarán así a causa de mi
nombre, porque no conocen al que me
envió.

15,1-17 La vid verdadera. La unión y comunión del creyente con Jesús es indispensable para poder dar fruto. Esta unión o permanencia con Él tiene lugar a través de su amor y es fuente de la plenitud de su alegría. Jesús quiere seguidores alegres que vivan el amor y lo gocen.

Juan presenta ese amor-modelo de Jesús en medio de dos versículos que repiten el mismo mensaje: mi mandamiento es «que se amen unos a otros como yo los he amado» (12.17). Entre estos dos versículos, el evangelista presenta las cualidades del amor cristiano ejemplificadas por Jesús: se mide en términos de sacrificio (13s); de obediencia (14); de auto-revelación y manifestación, de compromiso y fidelidad (16s). Cuando uno ama de verdad está dispuesto a los mayores sacrificios, a escuchar y obedecer, a revelar sus secretos e intenciones, y a ser fiel a ese amor aunque se presenten fallos humanos.

15,18-25 El odio del mundo. Paralelo al amor cristiano existe el odio del mundo hacia los que no son suyos y hacia aquellos cuya conducta es un reproche a lo mundano. Los cristianos van a correr la misma suerte que Jesús, rechazo y persecución; sus tristezas y dificultades serán pasajeras; la tribulación desembocará en un mar de alegría.

22 Si no hubiera venido y no les hubiera hablado, no tendrían pecado; pero
ahora no tienen excusa de su pecado.
23 Quien me odia a mí odia al Padre.
24 Si no hubiera hecho ante ellos
obras que ningún otro hizo, no tendrían
pecado. Pero ahora, aunque las han
visto, nos odian a mí y a mi Padre.
25 Así se cumple lo escrito en la ley
acerca de ellos: *me odiaron sin causa*.

Me odiarán sin razón

26 Cuando venga el Defensor que yo
les enviaré de parte del Padre, él dará
testimonio de mí; 27 y ustedes también
darán testimonio, porque han estado
conmigo desde el principio.

16 1 Les he dicho todo esto para que
no fallen. 2 Los expulsarán de la
sinagoga. Incluso más, llegará un tiempo en que el que los mate pensará que
está dando culto a Dios. 3 Y eso lo harán
porque no conocen al Padre ni a mí.
4 Esto se lo digo para que, cuando
llegue su momento, se acuerden que
ya se lo había dicho.
No les dije estas cosas desde el principio porque yo estaba con ustedes.
5 Ahora me vuelvo al que me envió y
nadie me pregunta adónde voy.

La obra del Espíritu

6 Lo que les he dicho los ha llenado
de tristeza; 7 pero les digo la verdad: les
conviene que yo me vaya. Si no me
voy, no vendrá a ustedes el Defensor,
pero si me voy, lo enviaré a ustedes.
8 Cuando él venga, convencerá al mundo
de un pecado, de una justicia, y de una
sentencia:
9 El pecado, que no han creído en mí.
10 La justicia, que yo voy al Padre y
no me verán más.
11 La sentencia, que el príncipe de
este mundo ya ha sido condenado.
12 Muchas cosas me quedan por
decirles, pero ahora no pueden com-
prenderlas. 13 Cuando venga él, el Espíritu de la verdad, los guiará hasta la
verdad plena. Porque no hablará por su
cuenta, sino que dirá lo que ha oído y
les anunciará el futuro.
14 Él me dará gloria porque recibirá
de lo mío y se lo explicará a ustedes.
15 Todo lo que tiene el Padre es mío,
por eso les dije que recibirá de lo mío y
se lo explicará a ustedes.

Alegría tras la pena

16 Dentro de poco ya no me verán, y
poco después me volverán a ver.
17 Los discípulos comentaban entre sí:
—¿Qué es lo que dice? Dentro de
poco ya no me verán, y poco después
me volverán a ver; y qué significa eso
de: Voy al Padre.
18 Decían:
—¿A qué poco se refiere? No enten-
demos lo que dice.
19 Jesús comprendió que querían
preguntarle y les dijo:

15,26–16,5 Me odiarán sin razón. El Espíritu de Jesús vendrá a defender y proteger al cristiano del odio del mundo. Éste llegará a tal punto, que hasta gente que se cree religiosa y piadosa perseguirá a los discípulos de Jesús, creyendo actuar para gloria de Dios. Esto sigue siendo una triste realidad en la historia.

16,6-15 La obra del Espíritu. Esta segunda promesa del Espíritu está asociada al odio del mundo, y a las persecuciones que van a sufrir los cristianos en su misión al mundo. El Espíritu viene para revelar los pecados y las injusticias del mundo que a veces podrán ir enmascaradas como actos de virtud. El Espíritu que mantiene unida a la comunidad (14,15-29) le da fuerza y sabiduría para encarar las injusticias del mundo.

16,16-33 Alegría tras la pena. Los discípulos siguen sin entender plenamente el mensaje de Jesús. Se sienten intrigados. Jesús les anuncia que están llamados a dar a luz un mundo nuevo, basado en el amor y guiado por el Espíritu. El dar a luz produce un sufrimiento pasajero que acaba en una alegría inmensa.

—Ustedes discuten entre sí qué
significan mis palabras: dentro de
poco ya no me verán y poco después
me volverán a ver.
20 Les aseguro que ustedes llorarán
y se lamentarán mientras el mundo se
divierte; estarán tristes, pero esa tristeza se convertirá en gozo.
21 Cuando una mujer va a dar a luz,
está triste, porque le llega su hora. Pero,
cuando ha dado a luz a la criatura, no
se acuerda de la angustia, por la alegría que siente de haber traído un
hombre al mundo.
22 Así ustedes ahora están tristes;
pero los volveré a visitar y se llenarán
de alegría, y nadie les quitará su alegría. 23 Aquel día no me preguntarán
nada.
Les aseguro que todo lo que pidan a
mi Padre, él se lo concederá en mi
nombre.
24 Hasta ahora no han pedido nada
en mi nombre; pidan y recibirán, para
que su alegría sea completa.
25 Les he dicho esto en parábolas;
pero llega la hora en que ya no les hablaré en parábolas, sino que les hablaré claramente de mi Padre.
26 Aquel día pedirán en mi nombre, y
no será necesario que yo pida al Padre
por ustedes, 27 ya que el Padre mismo
los ama, porque ustedes me han amado
y han creído que yo vine de parte de
Dios. 28 Salí del Padre y he venido al
mundo; ahora dejo el mundo y vuelvo
al Padre.
29 Le dicen los discípulos:
—Ahora sí que hablas claramente,
sin usar parábolas. 30 Ahora sabemos
que lo sabes todo y que no hace falta
que nadie te pregunte; por eso creemos que vienes de Dios.
31 Jesús les contestó:
—¿Ahora creen? 32 Miren, llega la
hora, ya ha llegado, en que ustedes se
dispersarán cada uno por su lado y me
dejarán solo. Pero yo no estoy solo,
porque el Padre está conmigo.
33 Les he dicho esto para que gracias a mí tengan paz.
En el mundo tendrán que sufrir; pero
tengan valor: yo he vencido al mundo.

Oración sacerdotal de Jesús

17 1 Así habló Jesús. Después, levantando la vista al cielo, dijo:
—Padre, ha llegado la hora: da
gloria a tu Hijo para que tu Hijo te dé
gloria; 2 ya que le has dado autoridad
sobre todos los hombres para que dé
vida eterna a cuantos le has confiado.
3 En esto consiste la vida eterna: en
conocerte a ti, el único Dios verdadero,
y a tu enviado, Jesús el Mesías.
4 Yo te he dado gloria en la tierra
cumpliendo la tarea que me encargaste
hacer. 5 Ahora tú, Padre, dame gloria
junto a ti, la gloria que tenía junto a ti,
antes de que hubiera mundo.
6 He manifestado tu nombre a los
hombres que separaste del mundo
para confiármelos: eran tuyos y me los
confiaste y han cumplido tus palabras.
7 Ahora comprenden que todo lo que
me confiaste procede de ti. 8 Las palabras que tú me comunicaste yo se las
comuniqué; ellos las recibieron y comprendieron realmente que vine de tu
parte, y han creído que tú me enviaste.

Este momento de alegría y gozo está cercano, casi a la mano. El amor de Jesús y del Padre que se les va a revelar cambiará la perspectiva de los discípulos. Van a tener fe, valor y paz para enfrentarse a todas las dificultades que se presenten, porque sabrán que Jesús está con ellos como el Padre ha estado siempre con Jesús.

17,1-26 Oración sacerdotal de Jesús. Algunos han visto esta oración como el testamento de Jesús para los suyos. Su objetivo es la unión y comunión de los discípulos con Jesús y con el Padre (26). Comienza con el reconocimiento de que nos hallamos ante la hora de gloria. Jesús puede dar gracias al Padre porque ha llevado

[9]Yo ruego por ellos; no ruego por el mundo, sino por los que me has confiado, pues son tuyos. [10]Todo lo mío es tuyo y lo tuyo es mío: en ellos se revela mi gloria.

[11]Ya no estoy en el mundo, mientras que ellos están en el mundo; yo voy hacia ti, Padre Santo, cuida en tu nombre, a los que me diste, para que sean uno como nosotros.

[12]Mientras estaba con ellos, yo guardaba en tu nombre a los que me diste; los custodié, y no se perdió ninguno de ellos; excepto el destinado a la perdición, para cumplimiento de la Escritura.

[13]Ahora voy hacia ti; y les digo esto mientras estoy en el mundo para que mi gozo sea el de ellos y su gozo sea perfecto.

[14]Yo les comuniqué tu palabra, y el mundo los odió, porque no son del mundo, igual que yo no soy del mundo.

[15]No pido que los saques del mundo, sino que los libres del Maligno. [16]No son del mundo, igual que yo no soy del mundo.

[17]Conságralos con la verdad: tu palabra es verdad. [18]Como tú me enviaste al mundo, yo los envié al mundo. [19]Por ellos me consagro, para que queden consagrados con la verdad.

[20]No sólo ruego por ellos, sino también por los que han de creer en mí por medio de sus palabras.

[21]Que todos sean uno, como tú, Padre, estás en mí y yo en ti; que también ellos sean uno en nosotros, para que el mundo crea que tú me enviaste.

[22]Yo les di la gloria que tú me diste para que sean uno como lo somos nosotros. [23]Yo en ellos y tú en mí, para que sean plenamente uno; para que el mundo conozca que tú me enviaste y los amaste como me amaste a mí.

[24]Padre, quiero que los que me confiaste estén conmigo, donde yo estoy; para que contemplen mi gloria; la que me diste, porque me amaste antes de la creación del mundo.

[25]Padre justo, el mundo no te ha conocido; yo te he conocido y éstos han conocido que tú me enviaste. [26]Les di a conocer tu nombre y se lo daré a conocer, para que el amor con que tú me amaste esté en ellos, y yo en ellos.

Arresto de Jesús

(cfr. Mt 26,47-56; Mc 14,43-52; Lc 22,47-53)

18 [1]Dicho esto, salió Jesús con los discípulos al otro lado del torrente Cedrón, donde había un huerto; allá entró él con sus discípulos.

[2]Judas, el traidor, conocía el lugar, porque Jesús muchas veces se había reunido allí con sus discípulos. [3]Entonces Judas tomó un destacamento y algunos empleados de los sumos sacerdotes y los fariseos, y se dirigió allá con antorchas, linternas y armas.

a cabo su misión y porque sus discípulos han creído. Da también gracias por ellos que están en el mundo, aunque no son del mundo ni se guían por los criterios del mundo. Esos mismos son los discípulos que dentro de unas horas lo abandonarán cobardemente, no por malicia sino por debilidad humana.

En el centro de la oración, Jesús desea que el gozo y la alegría sean una característica permanente de los suyos (13). Concluye con una súplica por los cristianos del futuro, para que se mantengan fieles a su mensaje. Cuando se terminaba de escribir este evangelio, la incipiente desunión entre los cristianos y la aparición de las primeras sectas eran ya un problema serio; por esto el evangelista insiste en que la unidad es un deber y una necesidad para los cristianos (10,16; 11,52; 17,11.21.23). En la primera carta de Juan, los que han salido de la comunidad son llamados «anticristos» porque van contra el deseo de unidad que Jesús deseó (1 Jn 2,18s).

18,1-14 Arresto de Jesús. Esta escena introduce el drama de la pasión: es una lucha entre Jesús y Satanás encarnado en Judas, entre la luz y las tinieblas, que va

4 Jesús, sabiendo todo lo que le iba
a pasar, se adelantó y les dice:
—¿A quién buscan?
5 Le respondieron:
—A Jesús, el Nazareno.
Les dice:
—Yo soy.
También Judas, el traidor, estaba
con ellos. 6 Cuando les dijo: Yo soy,
retrocedieron y cayeron al suelo.
7 Les preguntó de nuevo:
—¿A quién buscan?
Le respondieron:
—A Jesús, el Nazareno.
8 Contestó Jesús:
—Ya les dije que yo soy, pero, si me
buscan a mí, dejen ir a éstos.
9 Así se cumplió lo que había dicho:
No he perdido ninguno de los que me
has confiado.
10 Simón Pedro, que iba armado de
espada, la desenvainó, dio un tajo al
sirviente del sumo sacerdote y le cortó
la oreja derecha. El sirviente se llamaba
Malco.
11 Jesús dijo a Pedro:
—Envaina la espada: ¿Acaso no
beberé la copa que me ha ofrecido mi
Padre?

(cfr. Mt 26,57; Mc 14,53; Lc 22,54)

12 El destacamento, el comandante
y los agentes de los judíos arrestaron a
Jesús, lo ataron 13 y se lo llevaron primero a Anás que era suegro de Caifás,
el sumo sacerdote de aquel año.
14 Caifás era el mismo que había dicho
a los judíos, que era mejor para ellos que
un solo hombre muriera por el pueblo.

Jesús ante Anás – Negaciones de Pedro

(cfr. Mt 26,58; Mc 14,54; Lc 22,55)

15 Seguían a Jesús Simón Pedro y
otro discípulo. Como ese discípulo era
conocido del sumo sacerdote, entró
con Jesús en el palacio del sumo sacerdote, 16 mientras Pedro se quedaba
afuera, en la puerta.
Salió el otro discípulo, el conocido
del sumo sacerdote, habló a la portera
y ésta dejó entrar a Pedro.

(cfr. Mt 26,69s; Mc 14,66-68; Lc 22,56s)

17 La sirvienta de la portería dice a
Pedro:
—¿No eres tú también discípulo de
ese hombre?
Contesta él:
—No lo soy.
18 Como hacía frío, los sirvientes y
los guardias habían encendido fuego y
se calentaban. Pedro estaba con ellos
protegiéndose del frío.

(cfr. Mt 26,63b-66; Mc 14,61b-64; Lc 22,66-71)

19 El sumo sacerdote interrogó a
Jesús sobre sus discípulos y su enseñanza.
20 Jesús le contestó:
—Yo he hablado públicamente al
mundo; siempre enseñé en sinagogas
o en el templo, donde se reúnen todos
los judíos, y no he dicho nada en secreto. 21 ¿Por qué me interrogas? Interroga a los que me han oído hablar, que
ellos saben lo que les dije.

(cfr. Mt 26,67; Mc 14,65; Lc 22,63-65)

22 Apenas Jesús dijo aquello, uno de
los guardias presentes le dio una bofetada y le dijo:

a acabar con la victoria de Jesús que echa abajo el poder del demonio y que va a ser la salvación para los suyos (6.8). La escena sucede en un huerto, así como en un huerto tuvo lugar la primera caída de la humanidad.

El único punto de contacto con los evangelios sinópticos, el beber la copa (11), es presentado como algo positivo que proviene del Padre. La pasión es el triunfo y la gloria de Jesús.

18,15-27 Jesús ante Anás – Negaciones de Pedro. Juan coloca las negaciones de Pedro antes y después del interrogatorio del sumo sacerdote Caifás. Así contrasta fuertemente la respuesta de Jesús con la conducta del discípulo. Jesús responde que no ha dicho nada en secreto; que hay gente que sabe muy bien todo lo que ha dicho. Nadie lo sabe mejor que Pedro y los discípulos. A ellos les toca en adelante hablar de Jesús.

—¿Así respondes al sumo sacerdote?
23 Jesús contestó:
—Si he hablado mal, demuéstrame la maldad; pero si he hablado bien, ¿por qué me golpeas?
24 Anás lo envió atado al sumo sacerdote Caifás.

(cfr. Mt 26,71-75; Mc 14,69-72; Lc 22,58-62)

25 Simón Pedro seguía junto al fuego. Le preguntan:
—¿No eres tú también discípulo suyo?
Él lo negó:
—No lo soy.
26 Uno de los sirvientes del sumo sacerdote, pariente de aquél a quien Pedro había cortado la oreja, insistió:
—¿Acaso no te vi yo con él en el huerto?
27 Pedro volvió a negarlo y en ese momento cantó el gallo.

Jesús ante Pilato

(cfr. Mt 27,1s.11-14; Mc 15,1-5; Lc 23,1-5)

28 Desde la casa de Caifás llevaron a Jesús al pretorio. Era temprano.
Ellos no entraron en el pretorio para evitar contaminarse y poder comer la Pascua.
29 Pilato salió afuera, a donde estaban, y les preguntó:
—¿De qué acusan a este hombre?
30 Le contestaron:
—Si éste no fuera malhechor, no te lo habríamos entregado.
31 Les replicó Pilato:
—Entonces, tómenlo y júzguenlo según la legislación de ustedes.
Los judíos le dijeron:
—No nos está permitido dar muerte a nadie.
32 Así se cumplió lo que Jesús había dicho sobre la manera en que tendría que morir.
33 Entró de nuevo Pilato en el pretorio, llamó a Jesús y le preguntó:
—¿Eres tú el rey de los judíos?
34 Jesús respondió:
—¿Eso lo preguntas por tu cuenta o porque te lo han dicho otros de mí?
35 Pilato respondió:
—¡Ni que yo fuera judío! Tu nación y los sumos sacerdotes te han entregado a mí. ¿Qué has hecho?
36 Contestó Jesús:
—Mi reino no es de este mundo; si mi reino fuera de este mundo, mis soldados habrían peleado para que no me entregaran a los judíos. Pero mi reino no es de aquí.
37 Le dijo Pilato:
—Entonces, ¿tú eres rey?
Jesús contestó:
—Tú lo dices. Yo soy rey: para eso he nacido, para eso he venido al mundo, para dar testimonio de la verdad. Quien está de parte de la verdad escucha mi voz.
38 Le dice Pilato:
—¿Qué es la verdad?

La tragedia, entonces y ahora, es que el discípulo no habla como Jesús, respondiendo «Yo soy». El hablar como Jesús era peligroso y podía llevarlo a la prisión. Cuando Pedro niega a Jesús por tercera vez, el gallo canta.

Algunos consideraban a los gallos como animales impuros porque estaban asociados con la magia y el demonio, así que este canto del gallo no es otra cosa que el canto del demonio, que con la negación de Pedro ha obtenido una importante victoria.

18,28–19,16 Jesús ante Pilato – Condena de Jesús. Juan presenta el juicio de Jesús ante Pilato en una serie de siete pequeñas escenas, fuera y dentro del palacio.

La primera escena ante la gente (18,29-32) anuncia que se trata de una cuestión de vida o muerte a manos de los romanos, según lo anunciado por Jesús.

En la segunda escena (18,33-37), dentro del palacio, Jesús se proclama rey; su reinado y poder no es como el del mundo. Jesús es un rey-maestro que no tiene súbditos sino discípulos, los que escuchan su voz.

En la tercera escena (18,38-40), de nuevo ante la gente, Pilato proclama la inocencia de Jesús; los judíos rechazan el reino de verdad que ofrece Jesús y piden a cambio la liberación de Barrabás, un «asaltante» para los romanos, uno de los que luchaban violentamente por la independencia y la libertad política de Judea (40).

Condena de Jesús
(cfr. Mt 27,15-31; Mc 15,6-20; Lc 23,13-25)

Dicho esto, salió de nuevo a donde
estaban los judíos y les dijo:
—No encuentro en él culpa alguna.
39 Y ya que ustedes tienen la costumbre
de que ponga en libertad a un preso
durante la fiesta de la Pascua. ¿Quieren
que suelte al rey de los judíos?
40 Volvieron a gritar:
—A ése no, suelta a Barrabás.
Barrabás era un asaltante.

19 1 Entonces Pilato se hizo cargo
de Jesús y lo mandó azotar.
2 Los soldados entrelazaron una corona
de espinas y se la pusieron en la cabeza;
lo revistieron con un manto rojo, 3 y
acercándose a él le decían:
—¡Salud, rey de los judíos!
Y le pegaban en la cara. 4 Salió otra
vez Pilato afuera y les dijo:
—Miren, lo saco afuera para que
sepan que no encuentro en él culpa
alguna.
5 Salió Jesús afuera, con la corona
de espinas y el manto rojo.
Pilato les dice:
—Aquí tienen al hombre.
6 Cuando los sumos sacerdotes y los
policías del templo lo vieron, gritaron:
—¡Crucifícalo, crucifícalo!
Les dice Pilato:
—Tómenlo ustedes y crucifíquenlo,
que yo no encuentro en él ningún
motivo de condena.
7 Le replicaron los judíos:
—Nosotros tenemos una ley, y según esa ley debe morir, porque se ha
hecho pasar por hijo de Dios.
8 Cuando Pilato oyó aquellas palabras, se asustó mucho. 9 Entró en el
pretorio y dice de nuevo a Jesús:
—¿De dónde eres?
Jesús no le dio respuesta.
10 Le dice Pilato:
—¿No quieres hablarme? ¿No sabes
que tengo poder para soltarte y poder
para crucificarte?
11 [Le] contestó Jesús:
—No tendrías poder contra mí si no
te lo hubiera dado el cielo. Por eso el
que me entrega es más culpable.
12 A partir de entonces, Pilato procuraba soltarlo, mientras los judíos
gritaban:
—Si sueltas a ése, no eres amigo del
César. El que se hace rey va contra el
César.
13 Al oír aquello, Pilato sacó afuera a
Jesús y se sentó en el tribunal, en el
lugar llamado Enlosado, en hebreo
Gábbata. 14 Era la víspera de Pascua, al
mediodía. Dice a los judíos:
—Ahí tienen a su rey.
15 Ellos gritaron:
—¡Afuera, afuera, crucifícalo!

La escena central (19,1-3), en la que Jesús es insultado y rechazado como rey, aunque sucede dentro del palacio, porque Pilato sale afuera después de ella, da la impresión de que la coronación de Jesús sucede a vista de todo el mundo. Solamente menciona la corona y el manto que eran símbolos comunes de la realeza.

En la quinta escena (19,4-7), Pilato vuelve a salir y proclama nuevamente la inocencia de Jesús, que es realmente el Hijo del Hombre y el Hijo de Dios, aunque los judíos se nieguen a aceptarlo.

En la sexta escena (19,8-12) Pilato está asustado porque, como muchos de su tiempo, creía en la encarnación de los dioses y en el peligro que corría de ofender a un dios si es que Jesús era realmente lo que decían de Él. Jesús le dice que la providencia ha puesto en sus manos el tomar una decisión de la cual no puede escapar.

En la última escena (19,13-16), Pilato, que temía al césar mucho más que a Dios, con su autoridad oficial, y sin saberlo él, hace una declaración suprema sobre Jesús: Es el rey que inaugura el reinado de Dios. Como cuando se trata de algo muy importante, el evangelista nos da los datos exactos de la proclamación: El lugar (Enlosado o «Litróstotos»), el día (la víspera de Pascua), y la hora (al mediodía).

La gente reniega de Dios, que era el único rey de Israel, y prefiere acatar al odiado césar antes que aceptar el reino de Jesús. Pilato entrega a Jesús a su suerte en la cruz.

Les dice Pilato:
—¿Voy a crucificar a su rey?
Los sumos sacerdotes contestaron:
—No tenemos más rey que el César.
16 Entonces se lo entregó para que
fuera crucificado.

Crucifixión y muerte de Jesús
(cfr. Mt 27,32-56; Mc 15,21-41; Lc 23,26-49)

Se lo llevaron; 17 y Jesús salió cargando él mismo con la cruz, hacia un lugar llamado La Calavera, en hebreo
Gólgota. 18 Allí lo crucificaron con otros
dos: uno a cada lado y en medio Jesús.
19 Pilato había hecho escribir un letrero y clavarlo en la cruz. El escrito decía: Jesús el Nazareno, rey de los Judíos.
20 Muchos judíos leyeron el letrero, porque el lugar donde Jesús fue crucificado quedaba cerca de la ciudad. Además, el letrero estaba escrito en
hebreo, latín y griego. 21 Los sumos
sacerdotes dijeron a Pilato:
—No escribas: Rey de los judíos, sino: Éste ha dicho: Soy rey de los judíos.
22 Pilato contestó:
—Lo escrito, escrito está.
23 Después que los soldados crucificaron a Jesús, tomaron su ropa y la dividieron en cuatro partes, una para cada soldado; tomaron también la túnica. Era una túnica sin costuras, tejida de arriba abajo, de una pieza.
24 Así que se dijeron:
—No la rasguemos; vamos a sortearla, para ver a quien le toca.
Así se cumplió lo escrito:
Se repartieron mi ropa
y se sortearon mi túnica.
Es lo que hicieron los soldados.
25 Junto a la cruz de Jesús estaban su madre, la hermana de su madre, María de Cleofás y María Magdalena.
26 Jesús, viendo a su madre y al lado al discípulo amado, dice a su madre:
—Mujer, ahí tienes a tu hijo.
27 Después dice al discípulo:
—Ahí tienes a tu madre.
Y desde aquel momento el discípulo se la llevó a su casa.
28 Después, sabiendo que todo había terminado, para que se cumpliese la Escritura, Jesús dijo:
—Tengo sed.
29 Había allí un jarro lleno de vinagre. Empaparon una esponja en vinagre, la sujetaron a una caña y se la acercaron a la boca.
30 Jesús tomó el vinagre y dijo:
—Todo se ha cumplido.
Dobló la cabeza y entregó el espíritu.

19,17-37 Crucifixión y Muerte de Jesús

***Crucifixión* (17-27).** Juan presenta el Calvario como una especie de escenario que tiene por centro la cruz de Jesús. Cinco grupos de personas van pasando por ese escenario ejecutando cada cual su función. Cada cual revela una cualidad del reinado de Jesús que se ejerce desde la cruz. Dios reina desde un madero. Juan presenta a Jesús animoso y triunfador llevando su propia cruz; no hay lugar para la debilidad ni para un Cireneo que le ayude.

Jesús es crucificado «en medio», donde va a estar a partir de esta hora (18; 20,19.26). Aunque sucedió en el palacio de Pilato, la primera acción presenta a Jesús como rey que debe ser reconocido por todo el mundo, por todas las lenguas (20). El reino de Jesús goza de universalidad.

La segunda acción es protagonizada por los soldados que no quieren rasgar la túnica de Jesús. Un trozo de ropa o de tela, como una bandera, puede representar a una comunidad (1 Re 11,29-31). Juan emplea aquí la misma palabra que en 7,43, donde la gente de Jerusalén estaba dividida en sus opiniones sobre Jesús. Los que pertenecen a Jesús, los miembros de su reino, deben mantenerse unidos y sin rasgarse. El reino de Jesús exige unidad; el que se separa de la unidad deja de pertenecer al reino.

En la sección central de los acontecimientos (25-27), Jesús anuncia el nacimiento de la nueva familia escatológica; su reino es una unión familiar; sus discípulos van a tener el mismo Padre y la misma madre que Él, siendo plenamente hermanos y hermanas entre sí. El discípulo acogió a María en su casa. Todo cristiano está llamado a acoger a María como madre en su corazón.

***Muerte de Jesús* (28-37).** Jesús sabe que ha terminado su misión al revelar la familia escatológica. Para llevar la Escritura a su cumplimiento, Jesús muere entregando su espíritu.

La sed de Jesús está asociada con el Espíritu que va a dar a los creyentes. Jesús desea donar el Espíritu. Juan emplea el mismo verbo que usa para la traición de Judas, por largo tiempo planeada y pensada.

31 Era la víspera del sábado, el más
solemne de todos; los judíos pidieron a
Pilato que hiciera quebrar las piernas
de los crucificados y mandara retirar
sus cuerpos para que no quedaran en
la cruz durante el sábado.
32 Fueron los soldados y quebraron
las piernas a los dos crucificados con
él. 33 Al llegar a Jesús, viendo que estaba muerto, no le quebraron las piernas;
34 sino que un soldado le abrió el costado con una lanza. En seguida brotó
sangre y agua.
35 El que lo vio lo atestigua y su testimonio es verdadero; él sabe que dice
la verdad, para que también ustedes
crean.
36 Esto sucedió de modo que se
cumpliera la Escritura que dice: *No le
quebrarán ni un hueso*; 37 y otro pasaje
de la Escritura dice: *Mirarán al que
ellos mismos atravesaron*.

Sepultura de Jesús
(cfr. Mt 27,57-61; Mc 15,42-47; Lc 23,50-56)

38 Después de esto, José de Arimatea, que en secreto era discípulo de
Jesús, por miedo a los judíos, pidió permiso a Pilato para llevarse el cadáver
de Jesús. Pilato se lo concedió. Él fue
y se llevó el cadáver.
39 Fue también Nicodemo, el que lo
había visitado en una ocasión de noche,
llevando cien libras de una mezcla de
mirra y áloe.
40 Tomaron el cadáver de Jesús y lo
envolvieron en lienzos con los perfumes,
según la costumbre de sepultar que
tienen los judíos.
41 En el lugar donde había sido crucificado había un huerto y en él un sepulcro nuevo, en el que nadie había
sido sepultado. 42 Como era la víspera
de la fiesta judía y como el sepulcro estaba cerca, colocaron allí a Jesús.

Resurrección de Jesús
(cfr. Mt 28,1-10; Mc 16,1-8; Lc 24,1-12)

20 1 El primer día de la semana,
muy temprano, cuando todavía
estaba oscuro, María Magdalena va al
sepulcro y observa que la piedra está
retirada del sepulcro.
2 Llega corriendo a donde estaban
Simón Pedro y el otro discípulo, el que
era muy amigo de Jesús, y les dice:
—Se han llevado del sepulcro al Señor y no sabemos dónde lo han puesto.
3 Salió Pedro con el otro discípulo y se
dirigieron al sepulcro. 4 Corrían los dos
juntos; pero el otro discípulo corría más
que Pedro y llegó primero al sepulcro.

Jesús, al irse, entrega su Espíritu a los que creen en Él (7,39), a María y al discípulo que están al pie de la cruz. En Lucas, el Espíritu vendrá sobre María y los discípulos en Pentecostés. Para Juan, el Espíritu es el puente que salva las distancia entre el Jesús muerto y resucitado.

La primera acción pascual de Jesús será entregar de nuevo su Espíritu a los suyos (20,22s). La comunidad y el reino de Jesús, más que por reglas y leyes, va a ser guiada por el Espíritu de Jesús, el Espíritu de la verdad.

La última acción que tiene lugar en el Calvario es la apertura del costado de Jesús, de donde manan sangre y agua. El evangelista insiste en que él mismo lo vio, y no miente, ni se engaña, porque para él se trata de una verdad de fe (35). La sangre y el agua significan los sacramentos: eucaristía y bautismo, que derivan su eficacia de la pasión de Jesús.

En resumen, para Juan, el reinado de Jesús está integrado por personas que lo reconocen como su Rey, permanecen en la unidad, forman una familia con Jesús, son guiados por su Espíritu, y celebran su presencia y memoria a través de ciertos sacramentos.

19,38-42 Sepultura de Jesús. Jesús es enterrado como Rey, con gran abundancia de perfumes, en un sepulcro nuevo. Es enterrado en un huerto, como al comienzo de la pasión. La caída de Adán ha sido reparada por Jesús. Una nueva comunidad, un nuevo Israel, acaba de nacer al morir Él. El reino de Dios ha sido inaugurado con la revelación del Rey.

20,1-10 Resurrección de Jesús. Parece que Juan quiere explicar, como en cámara lenta, lo que sucedió en el Calvario en el momento de la muerte de Jesús.

En la liturgia, en las fiestas del año, la Iglesia celebra el Misterio Pascual siguiendo durante cincuenta días, cronológicamente, el orden de Lucas: Muerte, Resurrección,

5 Inclinándose vio las sábanas en el
suelo, pero no entró.
6 Después llegó Simón Pedro, que le
seguía y entró en el sepulcro. Observó
los lienzos en el suelo 7 y el sudario que
le había envuelto la cabeza no en el
suelo con los lienzos, sino enrollado en
lugar aparte.
8 Entonces entró el otro discípulo, el
que había llegado primero al sepulcro;
vio y creyó. 9 Todavía no habían entendido que, según la Escritura, él debía
resucitar de entre los muertos. 10 Los
discípulos se volvieron a casa.

Se aparece a María Magdalena
(cfr. Mc 16,9-11)

11 María estaba afuera, llorando junto
al sepulcro. Mientras lloraba se inclinó
hacia el sepulcro 12 y ve dos ángeles
vestidos de blanco, sentados: uno a
la cabecera y otro a los pies del lugar
donde había estado el cadáver de
Jesús.
13 Le dicen:
—Mujer, ¿por qué lloras?
María responde:
—Porque se han llevado a mi señor
y no sé dónde lo han puesto.
14 Al decir esto, se dio media vuelta y
ve a Jesús de pie; pero no lo reconoció.
15 Jesús le dice:
—Mujer, ¿por qué lloras? ¿A quién
buscas?
Ella, creyendo que era el jardinero,
le dice:
—Señor, si tú te lo has llevado, dime
dónde lo has puesto y yo iré a buscarlo.
16 Jesús le dice:
—¡María!
Ella se vuelve y le dice en hebreo:
—*Rabbuni*, que significa maestro.
17 Le dice Jesús:
—Déjame, que todavía no he subido
al Padre. Ve a decir a mis hermanos:
Subo a mi Padre, el Padre de ustedes,
a mi Dios, el Dios de ustedes.
18 María Magdalena fue a anunciar a
los discípulos:
—He visto al Señor y me ha dicho
esto.

Se aparece a los discípulos
(cfr. Mt 28,16-20; Mc 16,14-18)

19 Al atardecer de aquel día, el primero de la semana, estaban los discípulos con las puertas bien cerradas,
por miedo a los judíos.
Llegó Jesús, se colocó en medio y
les dice:
—La paz esté con ustedes.
20 Después de decir esto, les mostró
las manos y el costado. Los discípulos
se alegraron al ver al Señor.
21 Jesús repitió:
—La paz esté con ustedes. Como
el Padre me envió, así yo los envío a
ustedes.

Ascensión y Pentecostés. En la misma liturgia la Iglesia celebra diariamente el mismo misterio, en línea con la teología de Juan, en la consagración de la misa: en ese momento se recuerda la pasión, muerte, resurrección y ascensión de Jesús (plegaria Eucarística) y el don del Espíritu.

El sepulcro vacío proclama que al Jesús vivo no hay que buscarlo entre los muertos. El «discípulo muy amigo de Jesús», «vio y creyó» (8) porque entendió que a partir de la resurrección a Jesús se le va a encontrar en el corazón de los creyentes.

20,11-18 Se aparece a María Magdalena. La Magdalena buscaba un cadáver. Jesús se le aparece y le hace la pregunta clave: «¿A quién buscas?».

Jesús se le aparece transformado, con figura distinta, porque el Jesús resucitado va a adoptar la figura de cada creyente. Hay que ver a Jesús en los creyentes. El Jesús que le habla está aún en la tierra, pero ya va en camino al Padre. Por primera vez en Juan se nos revela que el Padre de Jesús es nuestro Padre, porque desde la hora y la pasión de Jesús sus discípulos nos identificamos con Él; Jesús está en nosotros y nosotros estamos en Él.

20,19-31 Se aparece a los discípulos. En esta escena central de las apariciones, Jesús se revela a los discípulos como el mismo que sufrió y murió, mostrándoles las llagas de su pasión. Los discípulos se alegran al verle. Pero cuando Jesús habla se presenta como un ser divino que

22 Al decirles esto, sopló sobre ellos
y añadió:
—Reciban el Espíritu Santo. 23 A
quienes les perdonen los pecados les
quedarán perdonados; a quienes se los
retengan les quedarán retenidos.
24 Tomás, llamado Mellizo, uno de
los Doce, no estaba con ellos cuando
vino Jesús.
25 Los otros discípulos le decían:
—Hemos visto al Señor.
Él replicó:
—Si no veo en sus manos la marca
de los clavos, si no meto el dedo en el
lugar de los clavos, y la mano por su
costado, no creeré.
26 A los ocho días estaban de nuevo
los discípulos reunidos en la casa y
Tomás con ellos.
Se presentó Jesús a pesar de estar
las puertas cerradas, se colocó en medio
y les dijo:
—La paz esté con ustedes.
27 Después dice a Tomás:
—Mira mis manos y toca mis heridas;
extiende tu mano y palpa mi costado,
en adelante no seas incrédulo, sino
hombre de fe.
28 Le contestó Tomás:
—Señor mío y Dios mío.
29 Le dice Jesús:
—Porque me has visto, has creído;
felices los que crean sin haber visto.
30 Otras muchas señales hizo Jesús
en presencia de sus discípulos, que no
están relatadas en este libro.
31 Éstas quedan escritas para que
crean que Jesús es el Mesías, el Hijo de
Dios, y para que creyendo tengan vida
por medio de él.

Se aparece junto al lago

21 1 Después Jesús se apareció de
nuevo a los discípulos junto al
lago de Tiberíades. Se apareció así:
2 Estaban juntos Simón Pedro, Tomás,
llamado el Mellizo, Natanael de Caná
de Galilea, los Zebedeos y otros dos
discípulos. 3 Les dice Simón Pedro:
—Voy a pescar.
Le responden:
—Nosotros también vamos.
Salieron, y subieron a la barca; pero
aquella noche no pescaron nada. 4 Al
amanecer Jesús estaba en la playa;
pero los discípulos no reconocieron
que era Jesús. 5 Les dice Jesús:
—Muchachos, ¿tienen algo de comer?
Ellos contestaron:
—No.

los bautiza con el Espíritu Santo haciéndolos una nueva creación, y confiándoles su misión. Jesús les había dicho en la «última cena» que cuando Él fuera al Padre les enviaría el Espíritu (16,7). Ahora esto es una realidad. Tomás, como antes María Magdalena, buscaba equivocadamente al mismo Jesús de antes, viendo y tocando sus llagas. Podían haberle dicho que Jesús parecía un peregrino, o un jardinero, o un fantasma. Como Natanael al comienzo del evangelio, Tomás se niega a creer en el testimonio de sus amigos. Al reprocharle Jesús su incredulidad, Tomás responde con la mayor confesión de fe de un discípulo, reconociendo a Jesús como Señor y Dios.

Juan anuncia para el futuro que la presencia de Jesús se encontrará a través del testimonio de los creyentes y del evangelio escrito, que es la Palabra de Dios.

21,1-25 Se aparece junto al lago. Este capítulo es un epílogo del evangelio. La comunidad de Juan había sufrido la inesperada muerte del «discípulo amado», hecho que desafiaba algunas opiniones que habían sido corrientes sobre él. La aparición de Jesús junto al lago, paralela a la de Lucas al comienzo de su ministerio (Lc 5,1-11), sirve para narrar la vocación de Pedro y de los discípulos que van a continuar la misión de Jesús.

El «discípulo amado», a partir de la resurrección tiene una visión de fe mucho más clara que la de Pedro (20,8; 21,7). Los 153 peces pueden ser una referencia a las 153 naciones que se creía que existían en el mundo; quizás, mejor, ese número es la suma de los primeros 17 números (1+2+3+... 17), apuntando a la universalidad y al éxito de la misión de los apóstoles.

Pedro, que había negado tres veces a Jesús, es llamado a profesar su amor tres veces. Donde hay amor hay futuro y existe la cualidad fundamental para el liderazgo cristiano. Jesús le predice a Pedro cómo va a seguir los pasos de su maestro hasta la cruz.

El evangelio fue terminado después de la muerte de los apóstoles y del «discípulo amado».

6 Les dijo:
—Tiren la red a la derecha de la barca y encontrarán.

Tiraron la red y era tanta la abundancia de peces que no podían arrastrarla. 7 El discípulo amado de Jesús dice a Pedro:
—Es el Señor.

Al oír Pedro que era el Señor, se ciñó la túnica, que era lo único que llevaba
puesto, y se tiró al agua. 8 Los demás discípulos se acercaron en el bote, arrastrando la red con los peces, porque no estaban lejos de la orilla, apenas unos
cien metros. 9 Cuando saltaron a tierra, ven unas brasas preparadas y encima pescado y pan.

10 Les dice Jesús:
—Traigan algo de lo que acaban de pescar.

11 Pedro subió a la barca y arrastró hasta la playa la red repleta de peces grandes: ciento cincuenta y tres. Y, aunque eran tantos, la red no se rompió.

12 Les dice Jesús:
—Vengan a comer.

Ninguno de los discípulos se atrevía a preguntarle quién era, porque sabían
que era el Señor. 13 Jesús se acercó, to-
mó pan y se lo repartió e hizo lo mismo
con el pescado. 14 Ésta fue la tercera aparición de Jesús, ya resucitado, a sus discípulos.

15 Cuando terminaron de comer, dice Jesús a Simón Pedro:
—Simón, hijo de Juan, ¿me quieres más que éstos?
Él le responde:
—Sí, Señor, tú sabes que te quiero.
Jesús le dice:
—Apacienta mis corderos.
16 Le pregunta por segunda vez:
—Simón, hijo de Juan, ¿me quieres?
Él le responde:
—Sí, Señor, tú sabes que te quiero.
Jesús le dice:
—Apacienta mis ovejas.
17 Por tercera vez le pregunta:
—Simón hijo de Juan, ¿me quieres?
Pedro se entristeció de que le preguntara por tercera vez si lo quería y le dijo:
—Señor, tú lo sabes todo, tú sabes que te quiero.
Jesús le dice:
—Apacienta mis ovejas. 18 Te lo ase-
guro, cuando eras joven, tú mismo te vestías e ibas a donde querías; cuando seas viejo, extenderás las manos, otro te atará y te llevará a donde no quieras.
19 Lo decía indicando con qué muerte había de glorificar a Dios.
Después de hablar así, añadió:
—Sígueme.
20 Pedro se volvió y vio que le seguía el discípulo amado de Jesús, el que se había apoyado sobre su costado durante la cena y le había preguntado quién era el traidor.
21 Viéndolo, Pedro pregunta a Jesús:
—Señor, y de éste, ¿qué?
22 Le responde Jesús:
—Si quiero que se quede hasta que yo vuelva, ¿a ti qué? Tú sígueme.
23 Así se corrió el rumor entre los discípulos de que aquel discípulo no moriría. Pero no le dijo Jesús que no moriría, sino: Si quiero que se quede hasta que yo vuelva [a ti qué].
24 Éste es el discípulo que da testimonio de estas cosas y lo ha escrito; y nos consta que su testimonio es verdadero.

25 Quedan otras muchas cosas que hizo Jesús. Si quisiéramos escribirlas una por una, pienso que los libros escritos no cabrían en el mundo.

HECHOS DE LOS APÓSTOLES

HECHOS
DE LOS APÓSTOLES

Autor, destinatarios y fecha de composición. El libro de los Hechos ha sido considerado siempre como la segunda parte y complemento del tercer evangelio, y así se comprende todo su sentido y finalidad. Ambas partes de la obra han salido de la pluma del mismo autor, a quien la tradición antigua identifica como Lucas. Fue escrito probablemente después del año 70, y sus destinatarios inmediatos parecen ser paganos convertidos, simbolizados en el «querido Teófilo» (amigo de Dios) –el mismo del tercer evangelio– a quien el autor dedica su escrito.

El título no refleja exactamente el contenido del libro, pues en realidad éste se centra, casi con exclusividad, en los «Hechos» de dos apóstoles, pioneros de la primera evangelización de la Iglesia: Pedro y Pablo. Alrededor de ellos, toda una galería de personajes y acontecimientos, con los que el autor teje su narración, recorre las páginas de este bello documento del Nuevo Testamento.

Carácter del Libro. Si hubiera que encerrar en una frase el carácter principal del libro de los Hechos, se podría decir que es fundamentalmente una narrativa de misión, la primera de la Iglesia, prolongación de la misma misión de Jesús. Sólo así se comprende que el verdadero protagonista de la obra sea el Espíritu Santo prometido y enviado por Cristo a sus seguidores, que es el alma de la misión, el que impulsa la Palabra o el Mensaje evangélico a través del protagonismo secundario de Pedro, Pablo y del gran número de hombres y mujeres cuyos nombres y gestas, gracias a Lucas, forman ya parte de la memoria misionera colectiva de la comunidad cristiana de todos los tiempos. No en vano se ha llamado a los Hechos el «evangelio del Espíritu Santo».

Este carácter misionero hace que sea de un género literario único. Aunque narra acontecimientos reales de la Iglesia naciente, no es propiamente un libro de historia de la Iglesia. Más bien sería una relectura, en clave espiritual, de una historia que era ya bien conocida por las comunidades cristianas a las que se dirige Lucas 30 ó 40 años después de que ocurrieran los hechos que narra. Su intención, pues, no es la de informar, sino la de hacer que el lector descubra el hilo conductor de aquella aventura misionera que comenzó en Jerusalén y que llegó hasta el centro neurálgico del mundo de entonces, Roma.

Aunque gran parte del libro está dedicado a las actividades apostólicas de Pedro y Pablo, tampoco hay que considerar Hechos como un escrito biográfico o hagiográfico de dichos apóstoles. Lo que el autor pretende es interpretar sus respectivos itinerarios misioneros, sus sufrimientos por el Evangelio y el martirio de ambos –aunque no haga mención explícitamente de ello por ser de sobra conocido– como un camino de fidelidad, de servicio y de identificación con la Palabra de Dios, siguiendo las huellas del Señor.

Relatos, sumarios y discursos. Para componer su historia, Lucas usa con libertad todos los recursos literarios de la cultura de su tiempo, como los «relatos» en los que, a veces, mezcla el realismo de las reacciones humanas con el halo maravilloso de apariciones y prodigios; los «sumarios», que son como paradas narrativas para mirar hacia atrás y hacia delante, con el fin de resumir y dejar caer claves de interpretación; y sobre todo los «discursos» que el autor pone en boca de los principales personajes: Pedro, Esteban, Pablo, etc. Los catorce discursos, cuidadosamente elaborados por Lucas, ocupan casi una tercera parte de la obra y cumplen en el libro de los Hechos la misma función que las palabras de Jesús en los evangelios: la Buena Noticia proclamada por los primeros misioneros que ilumina este primer capítulo de la historia de la Iglesia, presentada en episodios llenos de vida y dramatismo.

Nacimiento y primeros pasos de la Iglesia. El libro de los Hechos nos trae a la memoria el nacimiento, la consolidación y expansión de la Iglesia, continuadora de Cristo y su misión, en muchas Iglesias o comunidades locales de culturas y lenguas diferentes que forman, entre todas, la gran unidad del Pueblo de Dios. Primero es la Iglesia rectora de Jerusalén de donde todo arranca; después toma el relevo Antioquía, y así sucesivamente. La expansión no es sólo geográfica; es principalmente un ir penetrando y ganando para el Evangelio hombres y mujeres de toda lengua y nación. Ésta es la constante del libro que culmina en la última página, en Roma.

La organización de las Iglesias que nos presenta Lucas es fluida, con un cuerpo rector local de «ancianos» (en griego presbíteros). Los apóstoles tienen la responsabilidad superior. Hay constancia de una vida sacramental y litúrgica: bautismo, imposición de manos o ministerio ordenado, celebraciones y catequesis.

El libro de los Hechos y el cristiano de hoy. Como Palabra de Dios, el libro de los Hechos sigue tan vivo y actual, hoy, como hace dos mil años. El mismo Espíritu que animó y sostuvo a aquellas primeras comunidades cristianas, sigue presente y operante en la Iglesia de hoy, impulsando, animando y confortando a los testigos del Evangelio de nuestros días. Hoy como entonces, Lucas nos interpela con la misma llamada a la conversión y al seguimiento de Jesús en una fraternidad que no conoce fronteras donde se vive ya, en fe y en esperanza, la salvación que Jesús nos trajo con su muerte y resurrección. Finalmente, es un libro que nos da la seguridad de que la Palabra de Salvación, impulsada por el Espíritu, no será nunca encadenada ni amordazada porque lleva en sí el aliento del poder y del amor salvador de Dios.

Prólogo
(cfr. Lc 1,1-4)

1 1 En mi primer libro, querido
Teófilo, conté todo lo que Jesús
hizo y enseñó desde el principio 2 hasta
el día que fue llevado al cielo, después
de haber dado instrucciones, por medio
del Espíritu Santo, a los apóstoles que
había elegido.

Promesa del Espíritu Santo

3 Después de su pasión, se les había
presentado vivo durante cuarenta días,
dándoles muchas pruebas, mostrándose
y hablando del reino de Dios. 4 Mientras
comía con ellos, les encargó que no se
alejaran de Jerusalén, sino que esperaran lo prometido por el Padre: la promesa que yo les he anunciado –les
dijo–: 5 que Juan bautizó con agua,
pero ustedes serán bautizados dentro
de poco con Espíritu Santo.

Ascensión de Jesús
(cfr. Lc 24,50-52)

6 Estando ya reunidos le preguntaban:
—Señor, ¿es ahora cuando vas a
restaurar la soberanía de Israel?
7 Él les contestó:
—No les toca a ustedes saber los
tiempos y circunstancias que el Padre
ha fijado con su propia autoridad.
8 Pero recibirán la fuerza del Espíritu
Santo que vendrá sobre ustedes, y
serán testigos míos en Jerusalén,
Judea y Samaría y hasta el confín del
mundo.
9 Dicho esto, los apóstoles lo vieron
elevarse, y una nube lo ocultó de la
vista. 10 Seguían con los ojos fijos en el
cielo mientras él se marchaba, cuando
dos personas vestidas de blanco se les
presentaron 11 y les dijeron:
—Hombres de Galilea, ¿qué hacen
ahí mirando al cielo? Este Jesús, que

1,1s Prólogo. Con este breve prólogo, Lucas enlaza el presente libro al tercer evangelio, como si se tratara de la segunda parte de una gran obra. Así, la historia de la naciente Iglesia –los Hechos– queda firmemente enraizada en el ministerio de Jesús –el evangelio–. El libro lo dedica a Teófilo, el mismo «querido Teófilo» a quien está dedicado el evangelio (Lc 1,3). «Teófilo» significa en lengua griega «amigo de Dios». Todos somos, pues, «teófilos», y para todos nosotros escribió Lucas su relato.

1,3-5 Promesa del Espíritu Santo. Antes de comenzar a relatar la historia de la Iglesia, Lucas nos presenta dos etapas intermedias de preparación de los discípulos: una de 40 días en la que Jesús resucitado actúa en la comunidad; y otra, previa a la venida del Espíritu Santo, que los discípulos dedican a la oración. Entre ambas etapas relata la Ascensión de Jesús al cielo.

El tiempo de la primera etapa lo cifra en 40 días, pero más que el tiempo trascurrido, le interesa resaltar el simbolismo del número 40, de uso tan frecuente en la Biblia: los 40 días de Moisés en la montaña (cfr. Éx 24,18; 34,28), los 40 días de Elías peregrinando al monte de Dios (cfr. 1 Re 19,8) y los 40 días de las tentaciones de Jesús en el desierto (cfr. Lc 4,2). Tiempo, pues, de prueba, de duda, de discernimiento y de fe. Por esa situación pasaron también los discípulos, todavia desconcertados por el acontecimiento de la resurrección. A Lucas le interesa resaltar que Jesús es una persona viva, el mismo a quien acompañaron por los caminos de Palestina, y que fue ejecutado en una cruz; está ahora con ellos, resucitado. Jesús les deja un encargo y una promesa: el encargo de que no se alejen de Jerusalén y la promesa de que dentro de poco serán bautizados con el Espíritu Santo.

1,6-11 Ascensión de Jesús. Lucas es el único autor del Nuevo Testamento que escenifica la exaltación de Jesús con una imagen visual de subida al cielo (cfr. también Lc 24,51). ¿Qué nos quiere decir con esto? Durante los 40 días antes mencionados, quedó claro que Jesús estaba vivo y que era el mismo que ellos habían conocido y con quien habían compartido la experiencia inenarrable de su vida. Pero ésta era sólo una cara de la resurrección.

La otra cara la explica Lucas con la ascensión: la presencia de Jesús entre nosotros sigue siendo «real», pero distinta. La nube que lo «oculta» mientras subía al cielo no nos está indicando su «ausencia», sino una forma distinta de su presencia. De aquí en adelante, Jesús estará presente entre nosotros a través de su Espíritu, cuya misión en la comunidad es ser memoria permanente y dinámica para que no olvidemos lo que dijo y lo que hizo Jesús. Los discípulos no comprenden y especulan sobre la restauración inmediata de la soberanía de Israel.

Lucas termina su relato presentándonos a los discípulos, como pasmados, mirando al cielo y a unos personajes vestidos de blanco que les reprochan: «¿Qué hacen ahí mirando al cielo?» (11). Los discípulos, luego, regresan a Jerusalén. Allí les espera el duro trabajo de la evangelización inicial.

les ha sido quitado y elevado al cielo, vendrá de la misma manera que lo han visto partir.

Primer informe sobre la comunidad de Jerusalén

[12] Entonces se volvieron a Jerusalén desde el monte de los Olivos, que dista de Jerusalén tan sólo lo que la ley permite caminar en día sábado. [13] Cuando llegaron, subieron al piso superior donde se alojaban. Estaban Pedro y Juan, Santiago y Andrés, Felipe y Tomás, Bartolomé y Mateo, Santiago de Alfeo, Simón el Zelota y Judas de Santiago.

[14] Todos ellos, con algunas mujeres, la madre de Jesús y sus parientes, permanecían íntimamente unidos en la oración.

Elección de Matías y primer discurso de los Hechos

[15] Un día de aquellos Pedro se puso de pie en medio de los hermanos, ciento veinte personas reunidas, y dijo:

[16] —Queridos hermanos, tenía que cumplirse lo que el Espíritu Santo profetizó por medio de David acerca de Judas, el que guió a los que arrestaron a Jesús, [17] que era uno de los nuestros y compartía nuestro ministerio. [18] Con el dinero que le pagaron por su maldad compró un terreno, cayó de cabeza, su cuerpo se abrió y se le salieron las entrañas. [19] Todos los vecinos de Jerusalén se enteraron, de modo que el terreno se llama en su lengua *Haquéldama*, es decir Campo de Sangre. [20] Porque está escrito en el libro de los Salmos:

Quede su morada despoblada
sin que nadie la habite,
y *que su puesto lo ocupe otro.*

[21] Ahora bien, es necesario que uno de los que nos acompañaron mientras el Señor Jesús estaba entre nosotros, [22] desde el bautismo de Juan hasta que nos fue quitado, sea constituido junto con nosotros testigo de su resurrección.

1,12-14 Primer informe sobre la comunidad de Jerusalén. Éste es el primero de los sumarios o resúmenes que Lucas presenta en los Hechos. Son como paradas narrativas entre los diversos episodios de su libro. Conectan con lo anteriormente narrado y nos dan las claves de interpretación de lo que a continuación va a contar.

Lucas nos presenta aquí el núcleo original de la Iglesia constituida por tres grupos: los once, las mujeres y la familia de Jesús. Lo mismo que al inicio de su evangelio, sitúa en un lugar destacado a María. Dice escuetamente que estaba allí. Es fácil imaginarse, sin embargo, lo que debió suponer su presencia en medio de aquellos discípulos que todavía dudaban ante la misión encomendada por Jesús.

Al finalizar el Concilio Vaticano II en 1965, el papa Pablo VI proclamó a María como «Madre de la Iglesia». Es así como nos la presenta Lucas. Ella no podía estar ausente cuando la Iglesia estaba a punto de nacer. En este núcleo original de la Iglesia estaban también las mujeres que siguieron a Jesús desde el principio de su vida pública. El libro de los Hechos nos va a demostrar que no había, en el primer grupo de discípulos, absolutamente ninguna discriminación entre hombres y mujeres ante las responsabilidades de llevar adelante la misión de Jesús. La discriminación, contra la que seguimos luchando en nuestros días, vino después y no tuvo nada que ver con el Evangelio.

Con este primer informe comienza la segunda etapa de preparación para la venida del Espíritu y va a estar dedicada a la oración. Durará nueve días. El lugar de reunión de aquel pequeño grupo era el piso superior de la casa donde estaban alojados. Allí perseveraban «íntimamente unidos» en la oración. La expresión «íntimamente unidos» es preferida por Lucas para destacar la unidad de la comunidad en la oración, en su manera de pensar y en su forma de actuar (cfr. 2,46; 4,24; 5,12; 8,6). Ya, desde aquí, nos señala algunas de las características fundamentales a las que toda comunidad cristiana debe aspirar.

1,15-26 Elección de Matías y primer discurso de los Hechos. He aquí el primer discurso de los muchos que contiene el libro de los Hechos.

Pedro dirige la elección del sustituto de Judas, pero es la comunidad la que debe hacer la presentación del candidato. Era necesario que en el momento de la constitución de la Iglesia el número de los Doce –apóstoles–, símbolo de la universalidad de la nueva comunidad de los discípulos de Jesús, fuera completado después de la traición y muerte de Judas. Los símbolos jugaban un papel muy importante en la cultura religiosa de aquel tiempo.

La comunidad es consultada y los candidatos presentados de acuerdo a las condiciones que señala Pedro: que hubiera acompañado a Jesús durante su vida pública y

23 Designaron a dos: José, llamado
Barsabás, apodado Justo, y Matías.
24 Después rezaron así:
—Tú, Señor, que conoces los corazones de todos, indícanos a cuál de los
dos eliges 25 para ocupar el puesto de
este ministerio apostólico, que Judas
abandonó para marchar al lugar que le
correspondía.
26 La suerte tocó a Matías y fue
incorporado a los once apóstoles.

Pentecostés
(cfr. Jn 20,22)

2 1 Cuando llegó el día de Pentecostés, estaban todos reunidos.
2 De repente vino del cielo un ruido,
como de viento huracanado, que llenó
toda la casa donde se alojaban. 3 Aparecieron lenguas como de fuego, que
descendieron por separado sobre cada
uno de ellos. 4 Se llenaron todos de
Espíritu Santo y empezaron a hablar en
lenguas extranjeras, según el Espíritu
les permitía expresarse.

5 Residían entonces en Jerusalén
judíos piadosos, venidos de todos los
países del mundo. 6 Al oírse el ruido,
se reunió una multitud, y estaban
asombrados porque cada uno oía a
los apóstoles hablando en su propio
idioma. 7 Fuera de sí por el asombro,
comentaban:

que hubiera sido testigo de su resurrección. Todo se hace en un ambiente de oración.

2,1-13 Pentecostés. En estos versículos, Lucas relata el acontecimiento más importante de los Hechos: Pentecostés o el nacimiento de la Iglesia. El lector de hoy que lee y medita este episodio puede preguntarse si efectivamente así sucedió todo… O quizás fue de otra manera.

Para dar respuesta a esta interrogante, debemos tener en cuenta lo siguiente: Lucas quiere contarnos un hecho evidente en las comunidades cristianas de su tiempo: el Espíritu Santo, prometido por Jesús, estaba actuando en y por ellas. La gente que oía su testimonio se convertía. Las persecuciones confirmaban su fe y su decisión de seguir anunciando el Evangelio. Estaba surgiendo, pues, una nueva comunidad de hombres y mujeres que vivían como hermanos y hermanas, unánimes en la oración, solidarios en el día a día, pues lo compartían todo, y alegres por el Evangelio. Estaban convencidos de estar inaugurando los tiempos nuevos prometidos por Jesús.

¿Cómo describir esta venida transformadora del Espíritu Santo que dio origen a la Iglesia y seguía animando a las comunidades de aquel entonces?

Los demás autores del Nuevo Testamento hablan de esta realidad, pero ninguno de ellos se atrevió a describirla. Lucas lo intenta; pero, ¿cómo lo hace? A Lucas no le interesa el cómo y el cuándo. Su narración va más allá de las circunstancias concretas en que aquellos hombres y mujeres se sintieron llenos del Espíritu. A Lucas le interesa transmitirnos el sentido, el alcance y las consecuencias de la venida para aquella comunidad de creyentes y para el mundo entero. Para eso construye este relato que conserva su frescura y actualidad dos mil años después de haber sido escrito. No sólo narra un hecho del pasado, es decir, la primera venida del Espíritu, sino que podría servir de modelo para contar e interpretar lo que el Espíritu sigue haciendo en las personas y en nuestras comunidades cristianas de hoy.

En primer lugar, Lucas propone para esta primera venida del Espíritu una fecha muy significativa para los judíos: el día en que terminaban las siete semanas de celebraciones después de la Pascua, es decir el día cincuenta, que en lengua griega se dice «pentecostés», un día asociado al recuerdo de la Alianza de Dios con el pueblo judío en el monte Sinaí. Éste es el primer mensaje de Lucas: la venida del Espíritu inaugura una nueva alianza de Dios con todos los hombres y mujeres de la tierra.

A continuación nos presenta el primer escenario de su narración: la casa donde la comunidad estaba reunida en oración desde hacía nueve días con María, la madre de Jesús. El Espíritu viene y se apodera de todos ellos.

¿Cómo contar un acontecimiento tan extraordinario? Lucas recurre a las imágenes clásicas usadas en el Antiguo Testamento para describir las intervenciones de Dios. Habla de un ruido, como de viento huracanado, que invadió toda la casa. La lengua griega usa el mismo término para designar «viento» y «Espíritu». Después aparecen como lenguas de fuego que se reparten y se posan sobre cada uno de los presentes quienes, llenos ya del Espíritu, comienzan a hablar en lenguas extranjeras.

Hoy diríamos, en términos modernos, que Lucas nos presenta una composición audiovisual para comunicarnos cómo el Espíritu de Dios tomó posesión de aquellos hombres y mujeres.

Seguidamente cambia de escenario. Los discípulos parecen no estar en una casa, sino ante una multitud congregada, venida de muchas naciones que, asombrada, escucha a los apóstoles hablando en su propio idioma.

La pluralidad de la multitud, que Lucas presenta con insistencia, nos revela la apertura del Evangelio a todas las naciones, a todas las culturas. Hoy hablamos de inculturación del Evangelio o evangelización de las culturas como de algo impuesto por los signos de los tiempos.

¿Es posible que hayamos tardado tanto tiempo en comprender lo que nos dice Lucas sobre la pluralidad de la Iglesia en el primer día de su nacimiento?

—¿Acaso los que hablan no son
todos galileos? 8 ¿Cómo es que cada uno
los oímos en nuestra lengua nativa?
9 Partos, medos y elamitas, habitantes
de Mesopotamia, Judea y Capadocia,
Ponto y Asia, 10 Frigia y Panfilia, Egipto
y los distritos de Libia junto a Cirene,
romanos residentes, 11 judíos y prosélitos, cretenses y árabes: todos los oímos
contar, en nuestras lenguas, las maravillas de Dios.
12 Fuera de sí y perplejos, comentaban:
—¿Qué significa esto?
13 Otros se burlaban diciendo:
—Han tomado demasiado vino.

Pedro, testigo de la resurrección

14 Pedro se puso de pie con los
Once y levantando la voz les dirigió la
palabra:
—Judíos y todos los que habitan
en Jerusalén, sépanlo bien y presten
atención a lo que voy a decir.
15 Éstos hombres no están ebrios,
como ustedes sospechan, ya que no
son más que las nueve de la mañana.
16 Sino que está cumpliéndose lo que
anunció el profeta Joel:

17 En los últimos tiempos –dice Dios–
derramaré mi espíritu sobre todos:
sus hijos e hijas profetizarán,
sus jóvenes verán visiones
y sus ancianos tendrán sueños;
18 *también sobre mis servidores*
y mis servidoras
derramaré mi espíritu aquel día
y profetizarán.
19 *Haré prodigios arriba en el cielo*
y abajo en la tierra:
sangre, fuego, humareda;
20 *el sol aparecerá oscuro,*
la luna ensangrentada,
antes de llegar el día del Señor,
grande y glorioso.
21 *Todos los que invoquen*
el nombre del Señor se salvarán.

22 Israelitas, escuchen mis palabras:

Lucas prosigue su narración con una nota de ironía. Algunos de los presentes afirmaban que aquellos hombres que les hablaban estaban borrachos.

2,14-41 Pedro, testigo de la resurrección. Entonces Pedro y los once se pusieron de pie. Hemos llegado a la parte más importante de la narración de Lucas, que interpreta a través de las palabras de Pedro todo lo que está sucediendo.

¿Se trata del mismo Pedro que conocimos en el evangelio? No. Audacia y atrevimiento serían las palabras para describir al nuevo Pedro que surge de la experiencia de Pentecostés. Habla con autoridad. Como los antiguos profetas, asume el papel de jefe del nuevo pueblo de Dios que acaba de nacer y sus palabras abren el tiempo del testimonio que ha de recorrer el mundo.

Su mensaje es de denuncia y esperanza. Les dice que se está cumpliendo lo que los profetas anunciaron para el final de los tiempos: «derramaré mi Espíritu sobre todos: sus hijos e hijas profetizarán, sus jóvenes verán visiones y sus ancianos soñarán sueños» (17) y «todos los que invoquen el nombre del Señor se salvarán» (21).

A continuación presenta al que ha abierto las puertas a la presencia y poder del Espíritu: Jesús de Nazaret a quien «ustedes lo crucificaron y le dieron muerte… pero Dios lo resucitó» (23s), y «exaltado a la diestra de Dios, ha recibido del Padre el Espíritu Santo prometido y lo ha comunicado como ustedes están viendo y oyendo» (33). «Dios lo ha nombrado Señor y Mesías» (36). He aquí, en boca de Pedro, la confesión esencial de la fe cristiana que no dejará ya de anunciarse hasta el final de los tiempos.

El efecto del testimonio de Pedro fue inmediato. «¿Qué debemos hacer, hermanos?» (37), exclamaron muchos de los allí presentes.

Ésta es la pregunta que debemos hacernos todos los oyentes del Evangelio. A este interrogante universal responden las palabras de Pedro que recogen las exigencias del Evangelio válidas para todos los tiempos:

«Arrepiéntanse y háganse bautizar invocando el nombre de Jesucristo, para que se les perdonen los pecados, y así recibirán el don del Espíritu Santo», es decir, una nueva vida, la de hijos e hijas de Dios.

Termina Lucas su relato diciendo que aquel día se convirtieron unas tres mil personas. Más que el número, Lucas quiere resaltar la fuerza irresistible del Evangelio y la presencia operante del Espíritu.

La Iglesia, como nuevo pueblo de Dios, había comenzado aquel día de Pentecostés su andadura histórica.

Los protagonistas del libro de los Hechos han sido presentados:

El Espíritu Santo, la Palabra de Dios llevada por los testigos misioneros a todos los pueblos y la comunidad que nace de la Palabra y del Espíritu como el nuevo Pueblo de Dios.

—Jesús de Nazaret fue un hombre
acreditado por Dios ante ustedes con los
milagros, prodigios y señales que Dios
realizó por su medio, como bien saben.
23 A éste hombre, entregado conforme a
los planes y propósitos que Dios tenía
hechos de antemano, ustedes lo crucificaron y le dieron muerte por medio de
gente sin ley. 24 Pero Dios, liberándolo de
los rigores de la muerte, lo resucitó, porque la muerte no podía retenerlo.
25 David dice refiriéndose a él:

Pongo siempre delante al Señor:
con él a la derecha no vacilaré.
26 *Por eso se me alegra el corazón,*
mi lengua canta llena de gozo
y mi carne descansa esperanzada:
27 *porque no me dejarás en la muerte*
ni permitirás que tu devoto
conozca la corrupción.
28 *Me enseñaste el camino de la vida,*
me llenarás de gozo en tu presencia.

29 Hermanos, permítanme que les
diga con toda franqueza: el patriarca
David murió y fue sepultado, y su sepulcro se conserva hasta hoy entre nosotros. 30 Pero como era profeta y sabía
que Dios le había prometido con juramento *que un descendiente carnal suyo*
se sentaría en su trono, 31 previó y predijo la resurrección del Mesías, diciendo
que *no quedaría abandonado en la*
muerte ni su carne experimentaría la
corrupción. 32 A este Jesús lo resucitó
Dios y todos nosotros somos testigos
de ello. 33 Exaltado a la diestra de Dios,
ha recibido del Padre el Espíritu Santo
prometido y lo ha comunicado como
ustedes están viendo y oyendo.
34 Porque David no subió al cielo,
sino que dice:

Dijo el Señor a mi Señor:
Siéntate a mi derecha,
35 *hasta que ponga tus enemigos*
debajo de tus pies.

36 Por tanto, que todo el pueblo de
Israel reconozca que a este Jesús
crucificado por ustedes, Dios lo ha
nombrado Señor y Mesías.
37 Lo que oyeron les llegó al corazón
y dijeron a Pedro y a los otros apóstoles:
—¿Qué debemos hacer, hermanos?
38 Pedro les contestó:
—Arrepiéntanse y háganse bautizar
invocando el nombre de Jesucristo,
para que se les perdonen los pecados,
y así recibirán el don del Espíritu Santo.
39 Porque la promesa ha sido hecha
para ustedes y para sus hijos y para
todos aquellos que están lejos a quienes
llamará el Señor nuestro Dios.
40 Y con otras muchas razones les
hablaba y los exhortaba diciendo:
—Pónganse a salvo, apártense de
esta generación malvada.
41 Los que aceptaron sus palabras se
bautizaron y aquel día se incorporaron
unas tres mil personas.

Segundo informe:
la primera comunidad cristiana

42 Se reunían frecuentemente para
escuchar la enseñanza de los apóstoles,
y participar en la vida común, en la
fracción del pan y en las oraciones.
43 Ante los prodigios y señales que
hacían los apóstoles, un sentido de
reverencia se apoderó de todos.

2,42-47 Segundo informe: la primera comunidad cristiana. Lucas cierra este episodio de Pentecostés con su segundo sumario en que nos cuenta brevemente la vida interna de la primera comunidad de Jerusalén como efecto inmediato del don del Espíritu. Describe las actitudes y prácticas que expresan y mantienen esa vida: la escucha de las enseñanzas de los apóstoles, la oración continua y la «fracción del pan», término con que la Iglesia primitiva designaba a la eucaristía, que es el sacramento de la comunión con Cristo, palabra y pan de vida (Jn 6,34.51). Añade algo más: esta unión se manifiesta en la comunión de bienes. Los ricos vendían sus propiedades y las repartían entre los pobres.

[44] Los creyentes estaban todos unidos y poseían todo en común.
[45] Vendían bienes y posesiones y las
repartían según la necesidad de cada
uno.
[46] A diario acudían fielmente e íntimamente unidos al templo; en sus
casas partían el pan, compartían la
comida con alegría y sencillez sincera.
[47] Alababan a Dios y todo el mundo los
estimaba.
El Señor iba incorporando a la comunidad a cuantos se iban salvando.

Sanación de un paralítico
(cfr. Lc 5,17-26)

3 [1] Pedro y Juan subían al templo
para la oración de media tarde.
[2] Un hombre paralítico de nacimiento
solía ser transportado diariamente y
colocado a la puerta del templo llamada
la *Hermosa*, para pedir limosna a los
que entraban en el templo. [3] Al ver
entrar en el templo a Pedro y a Juan,
les pidió limosna. [4] Pedro, acompañado
de Juan, lo miró fijamente y le dijo:
—Míranos.
[5] Él los observaba esperando recibir
algo de ellos. [6] Pero Pedro le dijo:
—No tengo plata ni oro pero lo que
tengo te lo doy: en nombre de Jesucristo, el Nazareno, levántate y camina.
[7] Y tomándolo de la mano derecha
lo levantó. De inmediato se le robuste-
cieron los pies y los tobillos, [8] se levantó
de un salto, comenzó a caminar y entró
con ellos en el templo, paseando, saltando y alabando a Dios.
[9] Toda la gente lo vio caminar y alabar
a Dios; [10] y, al reconocer que era el que
pedía limosna sentado a la puerta
Hermosa del templo, se llenaron de
asombro y estupor ante lo sucedido.
[11] Como seguía sujetado a Pedro y a
Juan, toda la gente corrió asombrada
hacia ellos, al pórtico de Salomón.

Discurso de Pedro en el pórtico

[12] Pedro, al verlos, les dirigió la palabra:
—Israelitas, ¿por qué se asombran y
se quedan así, mirándonos como si
hubiéramos hecho caminar a éste con
nuestro propio poder o santidad? [13] *El
Dios de Abrahán, de Isaac y de Jacob,
el Dios de nuestros padres, ha glorificado a su siervo Jesús,* al que entregaron y rechazaron ante Pilato, que había
sentenciado ponerlo en libertad.

Se ha dicho que el evangelio de Lucas es el evangelio de los pobres. Esa preocupación por los desposeídos aparecerá de nuevo a lo largo de todo el libro de los Hechos. De momento, en una frase escueta nos indica que la comunidad practicaba algo tan revolucionario y tan nuevo entonces como ahora, es decir, que los ricos repartieran sus bienes entre los pobres. Finaliza esta sección describiendo el crecimiento rápido de la comunidad cristiana como signo de la presencia del Espíritu y también como fruto de su fidelidad a Jesús. El testimonio de vida de los cristianos ayer y hoy es el impacto mayor que acompaña todo proceso de evangelización.

3,1-11 Sanación de un paralítico. Esta sanación se realiza dentro de la vida cotidiana judía, donde el culto público –uno por la mañana y otro por la tarde– tiene una significación especial.

Pedro y Juan acuden al templo a orar, pero la presencia abatida del paralítico a la entrada les hace cambiar radicalmente. El paralítico representa al pobre y al pueblo marginado por la Ley y el templo.

El paralítico pide una limosna a Pedro. Éste no tiene oro ni plata pero posee un don de un valor incalculable: el poder de invocar el nombre de Jesús Nazareno.

A la invocación acompaña el gesto humano, el tacto comunicativo. El efecto es inmediato. La sanación del paralítico simboliza el poder vivificador de Jesús.

Otro efecto es el asombro de la gente, es decir, una extrañeza o perplejidad que desea y busca comprender. Esta actitud lleva a Pedro a dar testimonio y anunciar, de nuevo, la muerte y resurrección de Jesús.

3,12-26 Discurso de Pedro en el pórtico. He aquí el segundo discurso misionero de Pedro, que interpreta el milagro anterior en todo su sentido y significación. No lo hace con teorías ni sermones abstractos. Ante los ojos de todos estaba el mendigo lisiado, ya sanado y lleno de alegría. Un poder nuevo, que no es el del dinero, se ha manifestado en medio de todos. Pedro dice que ese poder no es suyo, sino del «nombre» de Jesús. En la cultura bíblica, hablar y actuar en «nombre» de alguien significaba hacerlo con la autoridad y el poder de dicha persona.

14 Ustedes rechazaron al santo e inocente, y pidieron como una gracia la
libertad de un homicida 15 mientras dieron muerte al Señor de la vida. Dios lo
ha resucitado de la muerte y nosotros
somos testigos de ello.
16 Porque ha creído en su Nombre,
éste que ustedes conocen y están
viendo ha recibido de ese Nombre
vigor, y la fe que proviene de él le ha
dado salud completa en presencia de
todos ustedes.
17 Ahora bien, hermanos, sé que
tanto ustedes como sus jefes lo hicieron por ignorancia. 18 Sólo que
Dios ha cumplido así lo anunciado
por todos los profetas, que su Mesías
iba a padecer.
19 Ahora, arrepiéntanse y conviér-
tanse para que todos sus pecados sean
perdonados, 20 y así el Señor hará venir
tiempos de consuelo y enviará a Jesús,
el Mesías destinado desde el principio
para ustedes.
21 Él tiene que permanecer en el
cielo hasta el tiempo de la restauración
universal que anunció Dios desde antiguo por medio de sus santos profetas.
22 Moisés dijo:
El Señor Dios les hará surgir
de entre sus hermanos
un profeta como yo,
escuchen lo que diga.
23 *El que no escuche a aquel profeta*
será excluido de su pueblo.
24 Todos los profetas, desde Samuel
y por turno, hablaron y anunciaron
estos tiempos. 25 Ustedes son herederos de los profetas y de la alianza que
Dios otorgó a nuestros padres, cuando
dijo a Abrahán: En tu descendencia
serán benditas todas las familias del
mundo.
26 Dios resucitó a su siervo y lo
envió, primero a ustedes, para bende-
cirlos haciendo que cada uno se convierta de sus maldades.

Pedro y Juan ante el Consejo

4 1 Mientras hablaban al pueblo, se
les presentaron los sacerdotes, el
comisario del templo y los saduceos,
2 irritados porque instruían al pueblo
anunciando la resurrección de la muerte por medio de Jesús. 3 Los detuvieron
y, como ya era tarde, los metieron en

A lo largo de su discurso Pedro nos dice lo que significa el «nombre» de Jesús: es el Servidor, es el Príncipe de la Vida, es el Mesías Salvador, es el Santo e Inocente. Dios lo ha resucitado y enviado para bendecir y convertir a cada uno de sus maldades.

Pedro destaca la importancia de la fe en Jesús, tanto de los que invocan su nombre –Juan y él– como del paralítico que pide la sanación.

En este episodio Lucas nos presenta de un modo narrativo en qué debe consistir el testimonio de la Iglesia de todos los tiempos: liberación; anuncio del poder de Jesús resucitado y vivo en medio de su pueblo; denuncia; invitación a la conversión y a un cambio radical de vida; y creación de una nueva comunidad.

4,1-22 Pedro y Juan ante el Consejo. Aparece un elemento nuevo en la vida de la comunidad: la persecución, que ya no abandonará a los testigos/misioneros del Evangelio a lo largo de todo el libro de los Hechos. Se realiza lo que había anunciado Jesús: sus discípulos serán perseguidos, pero el Espíritu Santo hablará por ellos ante sus perseguidores (cfr. Lc 12,4-12; 21,12-19).

La predicción de Jesús la escenifica magistralmente Lucas en este episodio. El escenario es impresionante: por una parte, la sala del Gran Consejo con todo el poder policial, político, económico y religioso de Israel; y por otra, los acusados Pedro y Juan, hombres sencillos y sin cultura. La acusación no podía ser más grave a los ojos de aquellos poderosos señores de Israel: anunciar el nombre de Jesús al pueblo en el templo, «su» templo.

Normalmente, las personas humildes agachan la cabeza, piden perdón y esperan el castigo. Aquí ocurre lo inaudito; los acusados se convierten en acusadores. Pedro no pierde ocasión de dar testimonio de Jesús y esta ocasión es única. Como en sus anteriores discursos, anuncia de nuevo el mensaje de la muerte y resurrección de Jesús. Pero esta vez dice más: afirma enfáticamente que «no se ha dado a los hombres sobre la tierra a otro Nombre por el cual podamos ser salvados» (12).

El paralítico sanado estaba presente como prueba. Los acusadores se sienten desarmados y vencidos. Por otra parte, puntualiza Lucas, el pueblo estaba con los acusados y daba gloria a Dios. Al final, para no sentirse del todo desautorizados, los poderosos les prohibieron hablar en

prisión hasta el día siguiente. 4 Muchos de los que oyeron el discurso abrazaron la fe, y así la comunidad llegó a unos cinco mil.

5 Al día siguiente se reunieron en Jerusalén los jefes, los ancianos y los letrados, 6 también Anás el sumo sacerdote y Caifás, Juan y Alejandro y todos los familiares de sumos sacerdotes. 7 Hicieron comparecer a los apóstoles y los interrogaban:

—¿Con qué poder o en nombre de quién han hecho eso?

8 Entonces Pedro, lleno de Espíritu Santo, respondió:

—Jefes del pueblo y ancianos: 9 por haber hecho un bien a un enfermo, hoy nos interrogan para saber de qué manera ha sido sanado este hombre.

10 Conste a todos ustedes y a todo el pueblo de Israel que este hombre ha sido sanado en nombre de Jesucristo el Nazareno, a quien ustedes crucificaron y Dios resucitó de la muerte.

Gracias a él, este hombre está sano en presencia de ustedes. 11 *Él es la piedra desechada por ustedes, los arquitectos, que se ha convertido en piedra angular.* 12 En ningún otro se encuentra la salvación; ya que no se ha dado a los hombres sobre la tierra otro Nombre por el cual podamos ser salvados.

13 Al ver la seguridad de Pedro y Juan y notando que eran hombres simples y sin instrucción, se admiraban; también sabían que habían sido compañeros de Jesús 14 pero, viendo junto a ellos al hombre que había sido sanado, se quedaron sin réplica.

15 Ordenaron entonces que salieran del tribunal y se pusieron a deliberar:

16 —¿Qué hacemos con estos hombres? Han hecho un milagro evidente, todos los vecinos de Jerusalén lo saben y no podemos negarlo. 17 Pero, para que no se siga divulgando entre el pueblo, los amenazaremos para que no vuelvan a mencionar ese nombre a nadie.

18 Los llamaron y les prohibieron terminantemente hablar y enseñar en nombre de Jesús.

19 Pedro y Juan les replicaron:

—¿Juzguen ustedes si es correcto a los ojos de Dios que les obedezcamos a ustedes antes que a él? Júzguenlo. 20 Nosotros, no podemos callar lo que hemos visto y oído.

21 Repitiendo sus amenazas los dejaron en libertad, ya que no encontraban la manera de castigarlos, por temor al pueblo, que daba gloria a Dios por lo sucedido.

22 El hombre beneficiado con la señal de la sanación tenía más de cuarenta años.

Oración de la comunidad

23 Al verse libres, se reunieron con sus compañeros y les contaron lo que les habían dicho los sumos sacerdotes y los letrados. 24 Al oírlos, íntimamente unidos a una voz oraron a Dios diciendo:

—Señor, que hiciste el cielo, la tierra, el mar y cuanto contienen; 25 que por boca de tu siervo David, inspirado por el Espíritu Santo, dijiste:

¿Por qué se agitan las naciones
y los pueblos planean en vano?

nombre de Jesús, pero Pedro tiene la última palabra que repetirán ya en adelante todos los hombres y mujeres que, haciendo suyas las causas de los empobrecidos, se han de enfrentar a los poderes constituidos: «no podemos callar lo que hemos visto y oído» (20). La persecución en la comunidad cristiana será de ahora en adelante un signo de fidelidad al mensaje de Jesús.

4,23-31 Oración de la comunidad. El episodio del Gran Consejo lo cierra Lucas con la oración de la comunidad. Pedro y Juan vuelven a ella. Allí comparten, interpretan lo sucedido y rezan. Es una oración para tiempos de persecución. No se elaboran proyectos para escapar del peligro ni se piden castigos para los perseguidores, sino que piden, en primer lugar, la libertad de seguir

26 *Se levantaron los reyes de la tierra*
y los gobernantes se aliaron
contra el Señor y contra su Ungido.
27 De hecho, en esta ciudad, se aliaron contra tu santo siervo Jesús, tu
Ungido, Herodes y Poncio Pilato con
paganos y gente de Israel, 28 para ejecutar cuanto había determinado tu
mano y tu designio. 29 Ahora, Señor,
fíjate en sus amenazas y concede a tus
siervos anunciar tu mensaje con toda
franqueza. 30 Extiende tu mano para que
sucedan sanaciones, señales y prodigios por el nombre de tu santo siervo
Jesús.
31 Al terminar la súplica, tembló el
lugar donde estaban reunidos, se llenaron de Espíritu Santo y anunciaban el
mensaje de Dios con franqueza.

Comunidad de bienes

32 La multitud de los creyentes tenía
una sola alma y un solo corazón. Nadie
consideraba sus bienes como propios,
sino que todo lo tenían en común.
33 Con gran energía daban testimonio de la resurrección del Señor Jesús
y eran muy estimados. 34 No había
entre ellos ningún necesitado, porque
los que poseían campos o casas los
vendían, 35 y entregaban el dinero a los
apóstoles, quienes repartían a cada
uno según su necesidad.
36 Un tal José, a quien los apóstoles
llamaban Bernabé, que significa
Consolado, levita y chipriota de nacimiento, 37 poseía un campo: lo vendió,
y puso el dinero a disposición de los
apóstoles.

Ananías y Safira

5 1 Un tal Ananías, de acuerdo con
su mujer Safira, vendió una posesión, 2 se quedó con parte del dinero,
llevó lo restante y lo puso a disposición
de los apóstoles. 3 Pedro le dijo:
—Ananías, ¿Por qué dejaste que
Satanás se adueñara de ti y mentiste al
Espíritu Santo quedándote con parte
del precio del campo? 4 ¿No podías
conservarlo? O, si lo vendías, ¿no podías quedarte con el precio? ¿Qué te
movió a proceder así? No has mentido
a los hombres, sino a Dios.

anunciado el mensaje de Jesús, y en segundo lugar, que la liberación, por la fuerza de su Nombre, continúe en sanaciones, señales y prodigios.

4,32-37 Comunidad de bienes. Este nuevo sumario amplía la información sobre la comunidad, esta vez centrado en la comunicación de bienes. Las tres afirmaciones con que nos describe Lucas la comunidad de Jerusalén nos dejan sin saber qué pensar: «tenía una sola alma y un solo corazón. Nadie consideraba sus bienes como propios» (32) y «no había entre ellos ningún necesitado» (34). ¿Se puede ser más utópico e idealista?

Sin embargo, Lucas era un hombre realista y con los pies en la tierra. Él mismo recoge en su evangelio las palabras de Jesús de que los pobres estarán siempre con nosotros. Cometeríamos, sin embargo, un gran error si no tomáramos en serio su testimonio sobre aquellos primeros cristianos. Lucas no pretende ofrecernos un sistema evangélico de reforma social; presenta una exigencia radical del mismo Evangelio que comenzó a hacerse ya realidad entre los primeros creyentes aunque fuera de un modo limitado, tímido, que no funcionaría por mucho tiempo y quizás no muy de acuerdo con las leyes de la economía.

En la comunidad había un problema serio de pobreza y la comunidad respondió a las necesidades de los pobres de un modo heroico. Su ejemplo está ahí cuestionando y apelando a los creyentes de hoy para que construyamos otro tipo de sociedad más justa y equitativa.

Es la fuerza de la utopía iluminando y empujando cada momento histórico. Hay que tomar las palabras de Lucas como lo que son: ejemplo, llamamiento, denuncia, aguijón y condena evangélica.

5,1-11 Ananías y Safira. Este episodio puede resultar sorprendente porque no corresponde a las sensibilidades de hoy. ¿No hay una desproporción entre la falta y el castigo? Lucas narra el acontecimiento muchos años después de que ocurriera y es probable que, para entonces, la imaginación popular hubiera agrandado y dramatizado los hechos. De todas formas, así los cuenta Lucas.

A veces merece la pena contar una historia terrible para amonestar y poner en guardia a la comunidad. Es interesante observar el por qué de un castigo tan excepcional; fue un problema de dinero, mentira y corrupción. Verdaderamente, aquellos discípulos de Jesús se tomaban en serio su compromiso cristiano.

5 Al oír estas palabras, Ananías cayó muerto y los que lo oyeron se atemorizaron. 6 Fueron unos muchachos, lo cubrieron y lo llevaron a enterrar.

7 Unas tres horas más tarde llegó su esposa sin saber lo sucedido.

8 Pedro le dirigió la palabra:

—Dime, ¿vendieron el campo a este precio?

—Sí –contestó–.

9 Pedro replicó:

—¿Por qué se pusieron de acuerdo para poner a prueba al Espíritu del Señor? Mira, los que han enterrado a tu marido están ya pisando el umbral de la puerta para llevarte también a ti.

10 Al instante cayó muerta a sus pies. Entraron los muchachos y la encontraron muerta; la sacaron y la enterraron junto a su marido.

11 Toda la Iglesia y cuantos se enteraron quedaron llenos de temor.

Tercer informe: milagros

(Lc 4,38-41; 5,12-26)

12 Los apóstoles realizaban muchas señales y milagros entre el pueblo. Todos íntimamente unidos acudían al pórtico de Salomón; 13 pero de los extraños nadie se atrevía a juntarse con ellos aunque el pueblo los estimaba mucho. 14 Se les iba agregando un número creciente de creyentes en el Señor, hombres y mujeres; 15 y hasta sacaban los enfermos a la calle y los colocaban en catres y camillas, para que al pasar Pedro, al menos su sombra los cubriera.

16 También los vecinos de los alrededores de Jerusalén llevaban enfermos y poseídos de espíritus inmundos, y todos se sanaban.

Persecución

17 Entonces el sumo sacerdote y los suyos, es decir, el partido saduceo, llenos de celos, 18 hicieron arrestar a los apóstoles y los metieron en la cárcel pública.

19 Pero de noche el ángel del Señor les abrió las puertas, los sacó de la prisión y les encargó:

20 —Vayan al templo y anuncien al pueblo este nuevo modo de vida.

21 Los apóstoles obedecieron y por la mañana muy temprano entraron al templo y se pusieron a enseñar.

5,12-16 Tercer informe: milagros. Antes de narrar las nuevas persecuciones, Lucas intenta resaltar el éxito del Evangelio que comienza a abrirse camino a través de signos y de toda clase de sanaciones. El poder de sanación de Pedro recuerda el de Jesús. La comunidad es objeto de la admiración y del reconocimiento del pueblo.

5,17-42 Persecución. Este nuevo acto de persecución por parte del Gran Consejo se parece mucho al precedente (4,1-22): arresto, interrogatorio, respuesta del acusado, deliberación privada y prohibición. Las autoridades les habían impuesto una prohibición formal que ellos habían quebrantado. Son reos reincidentes y deben dar cuenta de su desprecio al tribunal.

Esta vez sin embargo, hay un elemento nuevo: el Gran Consejo está dividido. En el partido de los fariseos había simpatizantes de los apóstoles, entre otras razones porque también creían en la resurrección.

Lucas ve siempre en la creencia de la resurrección un punto de unión entre judíos y cristianos. Esta vez, es el partido de los saduceos, que negaba la resurrección, el promotor del arresto de los apóstoles.

Dice Lucas que aquellos señores estaban llenos de celos. Los apóstoles son encarcelados. El narrador echa mano de una intervención celestial al estilo tradicional: un ángel los libera y les dice que vuelvan al templo a enseñar. Mensaje de Lucas: cuando Dios quiere que algo vaya adelante, toda oposición humana parece ridícula. Efectivamente, en toda la escena posterior así aparece.

El Gran Consejo reunido espera la comparecencia de los reos. ¿Dónde están?, justamente en el dominio de los saduceos, en el templo enseñando al pueblo. De nuevo fueron apresados por la policía, esta vez sin violencia, precisa Lucas, y fueron llevados al Gran Consejo.

El jefe de los saduceos les acusa de haber llenado Jerusalén de la doctrina de ese «nombre», que no quiere pronunciar y que toda la ciudad lo estaba pronunciando. La respuesta de Pedro es siempre la misma: denuncia la muerte de Jesús, anuncia su resurrección e invita al arrepentimiento. La reacción es violenta. Los quieren condenar a muerte. Entonces, se levanta el fariseo Gamaliel, toma la palabra y da un vuelco dramático a la situación. A Lucas le interesa mucho el testimonio de este hombre ponderado y respetado por todos. No es

Entre tanto, se presentó el sumo
sacerdote con los suyos, convocaron el
Consejo y a todo el senado del pueblo
de Israel, y enviaron gente a la cárcel
para traerlos.
22 Cuando los guardias llegaron a la
prisión no los encontraron y volvieron
23 con este informe:
—Encontramos la cárcel asegurada
con cerrojos, los guardias de pie junto
a la puerta; abrimos y no encontramos
a nadie dentro.
24 Al oír el informe, el comisario del
templo y los sumos sacerdotes quedaron
desconcertados, sin entender lo que
había sucedido.
25 En ese momento se presentó uno
y anunció:
—Los hombres que ustedes encar-
celaron están en el templo instruyendo
al pueblo.
26 Entonces el comisario del templo
salió con sus ayudantes y trajeron a los
apóstoles, pero sin violencia, porque
temían que el pueblo los apedrease.
27 Los condujeron y los presentaron al
Consejo.
El sumo sacerdote los interrogó:
28 —Les habíamos ordenado no
enseñar mencionando ese nombre, y
han llenado Jerusalén con su doctrina y
quieren hacernos responsables de la
muerte de ese hombre.
29 Pedro y los apóstoles replicaron:
—Hay que obedecer a Dios antes
que a los hombres.
30 El Dios de nuestros padres ha
resucitado a Jesús, a quien ustedes
ejecutaron colgándolo de un madero.
31 A él, Dios lo ha sentado a su derecha,
nombrándolo jefe y salvador, para
ofrecer a Israel el arrepentimiento y el
perdón de los pecados. 32 De estos
hechos, nosotros somos testigos con el
Espíritu Santo que Dios concede a los
que creen en él.
33 Al oír estas cosas se indignaron y,
deliberaban condenarlos a muerte.
34 Entonces un fariseo llamado Gamaliel,
doctor de la ley, muy estimado de todo
el pueblo se levantó y ordenó que hicieran salir a los acusados. 35 Luego se
dirigió a la asamblea diciendo:
—Israelitas, fíjense bien en lo que van
a hacer con estos hombres. 36 Porque
no hace mucho surgió Teudas que se
hacía pasar por un gran personaje, y le
siguieron unos cuatrocientos hombres.
Lo mataron y todos sus seguidores se
dispersaron y acabaron en nada. 37 Más
tarde, durante el censo, surgió Judas
el Galileo y arrastró mucha gente del
pueblo. También él pereció y todos sus
partidarios se desparramaron.
38 Por eso, ahora les aconsejo que
no se metan con esos hombres, sino
que los dejen en paz, porque si esta
idea o esta obra que ellos intentan
hacer fuera cosa de hombres, fracasará;
39 pero si es cosa de Dios, no podrán
destruirlos y estarán luchando contra
Dios.
Le hicieron caso, 40 llamaron a los
apóstoles, los azotaron, les prohibieron hablar en nombre de Jesús y los
despidieron.

cristiano y, por tanto, puede representar un modo de relaciones pacíficas entre judaísmo y cristianismo. Gamaliel presenta dos hechos históricos de falsos mesías que terminaron en fracaso, y saca la conclusión: Si todo esto «fuera cosa de hombres, fracasará» (38); «si es cosa de Dios, no podrán destruirlos y estarán luchando contra Dios» (39). Nótese el exquisito uso que hace Lucas de los verbos: «fuera» –hipotético–, «es» –real–.

Lucas termina el episodio con una experiencia nueva de los apóstoles. Se marchan contentos, no por haber sido liberados, sino por haber podido sufrir como Jesús. De ahora en adelante, la pasión de Jesús se irá repitiendo en la pasión de los protagonistas de los Hechos y de todos los que han sufrido y siguen sufriendo por la causa de Jesús a través de los tiempos. La pasión de Jesús continúa viva hoy en su pueblo.

41 Ellos se marcharon del tribunal contentos de haber sido considerados dignos de sufrir desprecios por el nombre de Jesús. 42 Y no cesaban todo el día, en el templo o en casa, de enseñar y anunciar la Buena Noticia del Mesías Jesús.

La institución de los Siete

6 1 Por entonces, al aumentar el número de los discípulos, empezaron los de lengua griega a murmurar contra los de lengua hebrea, porque sus viudas quedaban desatendidas en la distribución diaria de los alimentos.

2 Los Doce convocaron a todos los discípulos y les dijeron:

—No es justo que nosotros descuidemos la Palabra de Dios para servir a la mesa; 3 por tanto, hermanos, elijan entre ustedes a siete hombres de buena fama, dotados de Espíritu y de prudencia, y los encargaremos de esa tarea. 4 Nosotros nos dedicaremos a la oración y al ministerio de la palabra.

5 Todos aprobaron la propuesta y eligieron a Esteban, hombre lleno de fe y Espíritu Santo, a Felipe, Prócoro, Nicanor, Timón, Parmenas y Nicolás, prosélito de Antioquía.

6 Los presentaron a los apóstoles, y éstos después de orar les impusieron las manos.

7 El mensaje de Dios se difundía, en Jerusalén crecía mucho el número de los discípulos, y muchos sacerdotes abrazaban la fe.

6,1-7 La institución de los Siete. Con este capítulo comienza otra parte del libro de los Hechos en la que aparece un nuevo grupo en la Iglesia de Jerusalén: «los helenistas». La comunidad ha sido quizás idealizada por Lucas en los capítulos precedentes. En realidad, tenía problemas y no pequeños. No podía ser menos, porque se trataba de una comunidad muy compleja. La formaban dos grupos de diversa lengua, mentalidad, cultura y posición social. La división no podía tardar en llegar. Y llegó. Al narrar el episodio, Lucas, hombre conciliador, no hace más que insinuar el conflicto. Era demasiado conocido por todos y no merecía la pena insistir. El interés de Lucas está en presentar la solución pacífica a que se llegó sin que se rompiera la unidad de la comunidad y los frutos tan importantes que un grave conflicto eclesial bien resuelto puede producir. ¡Todo un ejemplo para nuestra Iglesia de hoy!

Ésta era la situación de aquella Iglesia de Jerusalén: por una parte, está el grupo cristiano de lengua aramea y cultura hebrea, grupo de la mayoría, del que forman parte los apóstoles. Sus costumbres y sus prácticas, algunas de ellas discriminatorias, son puramente judías. Un bagaje del que aún no habían sabido desprenderse, aun después de abrazar la fe, porque lo consideraban parte integrante del mensaje cristiano. En términos de hoy diríamos que formaban el ala tradicional y conservadora de aquella Iglesia. Por otra parte, está el grupo cristiano «helenista». El término «helenista», en general, designa a los judíos que habían nacido y vivido fuera de Palestina, en la «diáspora», en contacto sobre todo con la cultura griega, cuya lengua habían adoptado. Un buen número de ellos residía en Jerusalén donde tenían sus propias sinagogas, como grupo aparte. De talante más universal, formaban el ala avanzada, abierta y crítica del judaísmo. Un cierto número de estos judíos helenistas se hizo cristiano y, al convertirse, se afirmó más en ellos su crítica del judaísmo tradicional, sus costumbres, prácticas discriminatorias y prejuicios de los que aún no se había liberado el grupo conservador cristiano.

Son los recién convertidos «helenistas» los que provocan el conflicto dentro y fuera de la comunidad cristiana de Jerusalén. Hacia adentro, el problema aparentemente parece trivial y sin mayor importancia. Se quejan de la discriminación que sufren las viudas de su grupo a la hora del reparto de la comida. En realidad, el problema era mucho más de fondo como se verá después. Esta queja provoca una reunión general. Los doce apóstoles proponen una solución que es aceptada por todos: la elección de siete servidores, varones helenistas –todos tienen nombres griegos– para que atendieran a las necesidades materiales de las viudas, porque los apóstoles tenían un ministerio más importante que hacer, como predicar la Palabra de Dios.

Uno de los siete, de nombre Nicolás, era de origen pagano aunque simpatizante –prosélito– judío, natural de Antioquía. La situación de estos «simpatizantes» era muy incómoda. Querían ser judíos de pleno derecho pero no podían. Cuestión racial. Ahí estaba la Ley para impedírselo. Eran tolerados por una parte y discriminados por otra. No podían acudir al templo; no podían sentarse a comer con los judíos de raza, etc. Eran impuros, o sea, ciudadanos de segunda categoría. Cuando estos «simpatizantes» se hacían cristianos, la discriminación continuaba en el seno de la misma comunidad cristiana. ¿Se sentaban a la mesa, como iguales, junto a los cristianos de origen judío para celebrar la eucaristía?

Lucas habla como si la solución hubiera sido inmediata y fácil. Podemos imaginarnos lo que se calla, es decir, la discusión quizás acalorada, el diálogo, el discernimiento, el ceder de unos y de otros y, sobre todo, el clima de

Esteban detenido

8 Esteban, lleno de gracia y poder,
hacía grandes milagros y señales entre
el pueblo.
9 Algunos miembros de la sinagoga
de los Emancipados, gente de Cirene y
Alejandría, de Cilicia y Asia, se pusieron
a discutir con Esteban; 10 pero no con-
seguían contrarrestar la sabiduría y
espíritu con que hablaba.
11 Entonces sobornaron a algunos
para que declararan haberlo oído blasfemar contra Moisés y contra Dios.
12 Amotinaron al pueblo, incluidos
ancianos y letrados, y llegando sorpre-
sivamente lo arrestaron y lo condujeron
al Consejo.
13 Allí presentaron testigos falsos
que declararon:
—Este hombre no para de hablar
contra nuestro lugar santo y contra la
ley; 14 lo hemos oído afirmar que Jesús
el Nazareno destruirá este lugar y cambiará las costumbres que nos dio
Moisés.
15 En ese momento todos los que
estaban sentados en el Consejo fijaron
la vista en él y vieron que su rostro
parecía el de un ángel.

Discurso de Esteban

7 1 El sumo sacerdote lo interrogó:
—¿Es eso verdad?
2 Él contestó:
—Hermanos y padres, escuchen.
Cuando nuestro padre Abrahán residía
en Mesopotamia, antes de trasladarse a
Jarán, se le apareció el Dios de la gloria
3 y le dijo:

Sal de tu tierra y de tu parentela
y ve a la tierra que te indicaré.

4 Así que salió de Caldea y se estableció en Jarán. Al morir su padre, lo
trasladó de allí a esta tierra, donde

oración en que la polémica se resolvió. Con la imposición de las manos, los apóstoles transmiten a los siete elegidos el encargo y la gracia de Dios para cumplirlo.

La imposición de las manos en la cultura bíblica venía a significar la comunicación del espíritu del que impone las manos sobre quien le son impuestas. Así se le confiere una misión y un ministerio. Había nacido lo que hoy llamaríamos una «Iglesia local» con su lengua, su cultura y sus líderes nativos.

Lucas nos transmite dos mensajes. Primero: que la unidad de la Iglesia que estaba naciendo no se rompió ante un grave conflicto, sino que como fruto de la unidad surgió la diversidad. Segundo: que el Espíritu Santo no es monopolio de ningún grupo cristiano ni de la jerarquía eclesiástica sin más, sino que actúa donde quiere. De hecho, comenzó a actuar de un modo sorprendente y maravilloso en aquella comunidad local de helenistas cristianos, empujando la Palabra más allá de las fronteras de la cultura y del pueblo judío. Esto se produjo por el problema «hacia fuera» que provocaron los jóvenes helenistas capitaneados por Esteban y del que se va a ocupar a continuación el narrador. De momento, el incidente queda resuelto y Lucas apostilla que la Palabra o el Mensaje (personificado) se difundía y que crecía mucho el número de los discípulos.

6,8-15 Esteban detenido. Hasta aquí, los apóstoles han acaparado la atención de Lucas como si sólo ellos actuaran en nombre de Jesús. Ahora, su interés se dirige hacia los siete diáconos, especialmente hacia Esteban.

El retrato que hace Lucas de este joven cristiano, el primer mártir de la Iglesia, no puede ser más atractivo: está poseído por el Espíritu, es entusiasta y valiente, muy activo en el anuncio del Evangelio, incisivo en la denuncia, grande en los milagros, la dialéctica, los discursos, las visiones. Todo un profeta. Lo que sus rivales, las autoridades judías, no consiguen razonando y discutiendo, lo intentan con una campaña de difamación para desacreditarlo ante el pueblo que se vuelve en su contra.

Este dato nuevo cambia la situación. Lo acusan de blasfemia por hablar contra la Ley y el templo, símbolos de la identidad judía. Si ya los helenistas judíos relativizaban la Ley y el templo, este helenista cristiano lleva hasta sus consecuencias más radicales su fe en Jesús de Nazaret. En concreto, viene a decir que la Ley y el templo no han sido abolidos, sino substituidos por la persona de Jesús, cuya venida da cumplimiento justamente a la Ley y al templo. ¿Consecuencias? No más discriminación, sino invitación universal a todos los hombres y mujeres de cualquier raza o cultura a creer en Jesús y a formar parte de la nueva comunidad de sus seguidores.

7,1-53 Discurso de Esteban. Esteban es llevado al Gran Consejo. La acusación es gravísima: «Lo hemos oído afirmar que Jesús el Nazareno destruirá este lugar –el templo– y cambiará las costumbres que nos dio Moisés» (6,14). La respuesta de Esteban es de momento un rostro angélico y radiante, como el de Moisés después de hablar con Dios (cfr. Éx 34,29-35). Cuando el Sumo sacerdote lo interpela, Esteban responde con un discurso.

ustedes habitan ahora. 5 Pero no le dio
una propiedad donde afincarse, sino
que le prometió *darle en posesión este*
país a él y a su descendencia. Cuando
aún no tenía hijos, 6 Dios le habló así:
Tus descendientes serán emigrantes en
tierra extranjera; los esclavizarán y mal-
tratarán cuatrocientos años. 7 *Al pueblo*
que lo esclavice yo lo juzgaré –dijo
Dios–. *Después saldrán y me darán*
culto en este lugar. 8 Como señal de la
alianza le dio *la circuncisión.* Y así al
nacer su hijo Isaac *lo circuncidó al oc-*
tavo día. Isaac engendró a Jacob y
Jacob a los doce patriarcas. 9 Los patriarcas, *envidiosos de José, lo vendie-*
ron para que lo llevaran a Egipto; pero
Dios estaba con él 10 y lo libró de todas
sus desgracias. *Hizo que se ganase el*
favor del faraón, rey de Egipto, por su
prudencia, *el cual lo nombró gober-*
nador de Egipto y de su entera corte.
11 *Sobrevino una carestía en Egipto y*
Canaán, una época de gran escasez,
de suerte que nuestros antepasados no
encontraban provisiones. 12 *Al enterarse*
Jacob de que había trigo en Egipto
envió en una primera expedición a
nuestros antepasados. 13 En una segunda expedición, *José se dio a cono-*
cer a sus hermanos y el faraón se enteró del origen de José. 14 José mandó
llamar a Jacob su padre y a toda la
familia, unas *setenta y cinco personas.*
15 Jacob bajó a Egipto, donde murió, lo
mismo que nuestros antepasados.
16 Sus restos fueron trasladados a Siquén y depositados en el sepulcro que
Abrahán había comprado por dinero a
los jamoritas de Siquén. 17 Cuando se
acercaba la hora de cumplirse la promesa que Dios había hecho a Abrahán,
el pueblo había *crecido* y se había *mul-*
tiplicado en Egipto. 18 *Subió al trono*
de Egipto un rey que no sabía nada de
José, 19 ese rey *maltrató con astucia* a
nuestros padres, y los obligó a abandonar a los recién nacidos *para que no*
sobrevivieran.

La figura de Moisés

20 Era la época en que nació Moisés, el
cual *agradaba a Dios.* Durante tres meses
lo criaron en la casa paterna; 21 después
lo abandonaron, y *la hija del faraón*
lo adoptó y educó *como hijo suyo.*

Se trata del discurso más extenso y elaborado que encontramos en el libro de los Hechos. Esteban no responde directamente a los cargos en su contra, sino que se lanza a una interpretación crítica de la «Historia Sagrada de Israel». Comenzando por la Alianza de Dios con Abrahán, cuyo signo es la circuncisión, recorre la historia de los Patriarcas hasta llegar a la figura central de su exposición, Moisés, escogido y enviado por Dios como «liberador». Moisés da a los Israelitas leyes, «palabras de vida» que ellos no cumplen. Les anuncia también profetas, sucesores suyos, que ellos mataron. Moisés también les enseña el culto auténtico, ellos se fabrican un ídolo y lo adoran. Les da una tienda copiada del modelo divino, ellos la llenaron de divinidades extranjeras. Cielo y tierra son el trono de Dios, ellos se empeñan en confinarlo en un templo.

Recorriendo, pues, una historia de persecuciones contra los enviados de Dios, Esteban llega al punto culminante, al Justo anunciado, «al que ahora han entregado y asesinado» (52). El orador se vuelve contra sus acusadores y sus palabras proféticas son durísimas. Les llama tercos, incircuncisos de corazón, resistentes al Espíritu, iguales que sus padres. No menciona de momento la resurrección y exaltación del Justo. Lo difiere para un final de gran efecto: la exaltación de Jesús no será la última pieza de un relato, sino algo que Esteban contempla y atestigua: «Estoy viendo el cielo abierto y al Hijo del Hombre en pie a la derecha de Dios» (56).

¿Cómo tenemos que leer los cristianos de hoy este discurso durísimo de Esteban? ¿Tenemos entre las manos el primer discurso antijudío en boca de este primer cristiano masacrado por motivos religiosos? Nada más lejos de la realidad y de lo que Lucas quiere trasmitirnos.

Al narrar la persecución y el consiguiente discurso de Esteban, Lucas tiene presente, con toda probabilidad, lo que estaba ocurriendo en su tiempo, es decir, 45 ó 50 años después del martirio de Esteban. Los judíos perseguían a los cristianos de ciudad en ciudad. Habían reprobado oficialmente al cristianismo. Rechazaban la predicación del Evangelio que les ofrecía Pablo. Los cristianos eran, pues, víctimas de la intransigencia y fanatismo judío. Pero ésta es sólo una parte de la historia. Nosotros podríamos añadir que la persecución religiosa no ha sido unilateral. Los perseguidos cristianos se convirtieron, con el correr de nuestra conflictiva historia, en perseguidores de los judíos. Discriminaron, expulsaron y persiguieron a

22 Moisés se formó en toda la cultura
egipcia: era eficaz de palabra y de obra.
23 Al cumplir cuarenta años se le
ocurrió ir a visitar a sus *hermanos isra-*
elitas. 24 Viendo que uno era maltratado,
salió en su defensa y vengó a la víctima
matando al egipcio.

25 Pensaba que sus hermanos com-
prenderían que Dios iba a salvarlos por su
mano; pero ellos no lo comprendieron.

26 Al día siguiente se presentó a
unos que peleaban e intentó reconci-
liarlos diciendo: ustedes son hermanos,
¿por qué se maltratan? 27 Pero el que
estaba golpeando al otro lo rechazó diciendo: *¿Quién te ha nombrado jefe y*
juez nuestro? 28 *¿Pretendes matarme*
como mataste ayer al egipcio?

29 Al oírlo, Moisés se escapó y se
estableció en Madián, donde engendró
dos hijos.

30 Pasados cuarenta años, *se le apa-*
reció un ángel en el desierto del monte
Sinaí, en la llama de una zarza que ardía. 31 Moisés quedó maravillado ante el
espectáculo, y, *cuando se acercaba*
para reconocerlo, se oyó la voz del
Señor: 32 *Yo soy el Dios de tus padres,*
el Dios de Abrahán, de Isaac y de
Jacob. Moisés, temblando, *no se atre-*
vía a mirar. 33 El Señor le dijo: *Quítate*
las sandalias de los pies, que estás en
lugar sagrado. 34 *He visto cómo sufre*
mi pueblo en Egipto, he escuchado su
queja y he bajado a liberarlos. Y ahora
yo te envío a Egipto. 35 A este Moisés,
a quien habían rechazado diciendo:
¿Quién te ha nombrado jefe y juez?,
Dios lo envió como liberador por medio
del ángel que se le apareció en el zarzal.
36 Él los sacó realizando *milagros y*
señales en Egipto, en el Mar Rojo y
cuarenta años en el desierto. 37 Éste es
el Moisés que dijo a los israelitas: *Dios*
suscitará de entre ustedes un profeta
como yo. 38 Éste es el que en la *asam-*
blea, en el desierto, trataba con el
ángel que le había hablado en el monte
Sinaí a él y a nuestros padres; el que
recibió palabras de vida que luego nos
comunicó. 39 Nuestros padres no quisieron obedecerle, al contrario lo rechazaron *y desearon volver a Egipto.*
40 *Y pidieron a Aarón: Fabrícanos un*
dios que vaya delante de nosotros,
porque no sabemos qué ha sido de ese
Moisés, que nos sacó de Egipto. 41 *En-*
tonces hicieron el becerro, ofrecieron
sacrificios al ídolo y celebraron fiesta
en honor de la obra de sus manos.
42 Así que Dios decidió entregarlos al
culto de los astros del cielo, como está
escrito en los libros proféticos: *Casa de*
Israel ¿acaso ustedes me ofrecieron
víctimas y sacrificios estos cuarenta
años en el desierto? 43 *Transportaron la*
tienda de Moloc y la estrella del dios
Refán y las imágenes que fabricaron
para adorarlas. Por eso yo los depor-
taré más allá de Babilonia.

los judíos a lo largo de casi dos mil años, hasta culminar en la gran persecución del Holocausto, en la Segunda Guerra Mundial, donde fueron masacrados casi seis millones de judíos inocentes a manos de los nazis, la mayoría de ellos cristianos.

Éste es el contexto en el que debemos leer, hoy, el discurso que Lucas pone en boca de Esteban y que responde tanto a la persecución perpetrada por los judíos de su tiempo contra los cristianos como la perpetrada, después, por los cristianos contra los judíos. La respuesta evangélica que nos da Lucas por boca de Esteban es válida, por tanto, para unos y para otros: los judíos perseguidores y los miembros del tribunal que le estaban juzgando, no son «verdaderos judíos». Son infieles a la verdadera tradición de Israel. Son los sucesores de los que ya persiguieron a los Patriarcas y Profetas. Indirectamente, las palabras de Esteban son también palabras de condena para los perseguidores cristianos: los que mataron, persiguieron y discriminaron, los que callaron y no denunciaron son desenmascarados por Esteban como lo que fueron y son: cristianos infieles al Evangelio, traidores a la causa de Jesús.

Lucas quiere enseñarnos a través del discurso de Esteban que «del verdadero Israel y del verdadero cristianismo» no pueden salir perseguidores, discriminadores y asesinos.

El Templo

44 Nuestros padres en el desierto
tenían la tienda del Testimonio, como
había ordenado Dios cuando dijo a
Moisés que la *fabricara, conforme al*
modelo que le había mostrado.
45 Nuestros padres recibieron esta tienda
como herencia y, bajo el mando de
Josué, la introdujeron en el país con-
quistado a los paganos, a los que Dios
iba expulsando a su paso; y duró hasta
el tiempo de David.
46 David obtuvo el favor de Dios y
solicitó permiso para *construir una*
morada al Dios de Jacob. 47 Pero tocó
a Salomón construirle el templo; 48 si
bien el Altísimo no habita en construcciones humanas, como dice el profeta:

49 *El cielo es mi trono*
y la tierra la tarima de mis pies:
¿qué casa me van a construir?
–dice el Señor–,
¿qué lugar para mi descanso?
50 *¿No ha hecho mi mano todo esto?*

Invectiva final

51 ¡Ustedes, duros de cabeza, infieles
de corazón, cerrados a la verdad, siempre
resisten al Espíritu Santo; y son iguales
a sus padres! 52 ¿Hubo algún profeta
que sus padres no persiguieran?
Mataron a los que profetizaban la venida
del Justo, el mismo al que ahora han
entregado y asesinado 53 ustedes que
recibieron la ley por intermedio de
ángeles y no la cumplieron.

Muerte de Esteban

54 Cuando oyeron estas cosas se
enfurecieron y rechinaban los dientes
contra él.
55 Esteban, lleno del Espíritu Santo,
fijando la vista en el cielo, vio la gloria
de Dios y a Jesús a la derecha de Dios,
56 y dijo:
—Estoy viendo el cielo abierto y al
Hijo del Hombre de pie a la derecha de
Dios.
57 Ellos comenzaron a gritar, se taparon los oídos y todos se arrojaron
contra él, 58 lo arrastraron fuera de la
ciudad y se pusieron a apedrearlo.
Los testigos habían dejado los mantos a los pies de un muchacho llamado
Saulo. 59 Mientras lo apedreaban, Esteban invocó:
—Señor Jesús, recibe mi espíritu.
60 Y arrodillado, gritó con voz potente:
—Señor, no les tengas en cuenta
este pecado.
Y dicho esto, murió.

8 1 Saulo estaba allí y aprobó la
muerte de Esteban.

Persecución y predicación en Samaría
(cfr. Lc 21,7-19)

Aquel día se desató una violenta persecución contra la Iglesia de Jerusalén,

7,54–8,1 Muerte de Esteban. La reacción de los oyentes muestra que han ido entendiendo la intención del discurso y que de acusadores se han convertido en acusados. La reacción es visceral. Llega el momento culminante cuando Esteban, en un rapto de inspiración, exclama que ve la Gloria de Dios y a Jesús a la derecha de Dios. Esto fue insoportable para los oídos de los acusadores.

A partir de aquí los hechos se desencadenan con rapidez: lo sacaron fuera y arrebatados de odio lo apedrearon. En sus últimas palabras Esteban imita a su Maestro, muere perdonando (cfr. Lc 23,34): «Señor, no les tengas en cuenta este pecado» (60). Con dos rasgos, como de pasada, Lucas hace entrar en escena a un personaje secundario, que pronto será el gran protagonista del libro: por ahora se llama Saulo.

8,1-25 Persecución y predicación en Samaría. A raíz de la denuncia profética de Esteban estalló la persecución. Lucas deja entender que fue una persecución «selectiva». El ala conservadora del grupo cristiano, con los apóstoles a la cabeza, no fue molestada. Sólo los helenistas cristianos tuvieron que escapar a toda prisa de Jerusalén. Los demás se quedaron. Lucas no insiste en este detalle. Nosotros podemos preguntarnos: ¿Por qué no presentaron «todos» un frente común a la hora de la persecución? ¿Faltó la solidaridad?

de modo que todos, excepto los apóstoles, se dispersaron por el territorio de
Judea y Samaría. 2 Hombres piadosos
sepultaron a Esteban y le ofrecieron un
solemne funeral.
3 Saulo, por su parte, perseguía a la
Iglesia, se metía en las casas, tomaba a
hombres y mujeres y los metía en la
cárcel.
4 Los dispersos recorrían el país
anunciando la Buena Noticia.

Felipe

5 Felipe bajó a una ciudad de Samaría y allí proclamaba al Mesías.
6 La multitud escuchaba con atención e íntimamente unida lo que Felipe
decía, porque oían y veían las señales que
realizaba. 7 Espíritus inmundos salían
de los poseídos dando grandes voces;
muchos paralíticos y lisiados se sanaban, 8 y la ciudad rebosaba de alegría.
9 Desde hacía tiempo había en la
ciudad un hombre llamado Simón que
practicaba la magia, tenía impresionada
a la gente de Samaría y se hacía pasar
por un gran personaje.
10 Todos, del mayor al menor, le
escuchaban y comentaban:
—Éste es la Fuerza de Dios, ésa que
es llamada Grande.
11 Le escuchaban porque durante
bastante tiempo los había tenido encantados con su magia. 12 Pero, cuando
creyeron a Felipe, que les anunciaba la
Buena Noticia del reino de Dios y el
nombre de Jesús Mesías, todos, hombres y mujeres, se bautizaron.
13 También Simón creyó y se bautizó,
y seguía constantemente a Felipe,
asombrado al ver los grandes milagros
y señales que hacía.

Pedro y Juan

14 En Jerusalén los apóstoles se enteraron que Samaría había aceptado la
Palabra de Dios, y les enviaron a Pedro
y Juan. 15 Éstos bajaron y rezaron para

De todas formas, persecuciones «selectivas» han abundado en todas nuestras comunidades cristianas a lo largo de la historia, especialmente de América Latina. Los tiranos saben que cuentan siempre con el silencio de una parte de la Iglesia a la hora de señalar a sus víctimas. Lucas no dice nada de esto, porque la verdadera historia que a él le interesa contar no es ésa, sino la del Espíritu que se sirvió de aquellos perseguidos para llevar la Palabra más allá de las fronteras de Jerusalén.

Lo que es huida y dispersión a los ojos humanos, es difusión del Evangelio a los ojos iluminados del narrador.

Así pues, mientras Saulo se convertía en un activista en la persecución contra los cristianos, según nos cuenta Lucas quizás cargando un poco las tintas para preparar por contraste su posterior y espectacular conversión, uno de los «siete», Felipe, es el escogido por el Espíritu para llevar el Evangelio a Samaría, considerada como semipagana, medio apóstata, infestada de sincretismo (cfr. Jn 4). Éste fue el primer campo de operaciones de aquellos evangelistas itinerantes. La primera frontera se había roto.

En esta campaña misionera de Felipe, Lucas tiene cosas importantes que decirnos. Primero, prepara el ambiente afirmando que la misión de Felipe fue todo un éxito y lo describe con el esquema básico de toda evangelización: anuncio de la Buena Noticia, liberación y transformación, expresada en la alegría de todos. A continuación, introduce un personaje singular, un tal Simón, charlatán y embaucador de las masas que tenía a todos encantados con su magia. Este individuo vio una fuente de ingresos en la recepción del Espíritu Santo y propuso el posible negocio a los apóstoles. Y aquí interviene Lucas para mostrarnos, por medio de Simón, en qué puede llegar a convertirse la religión, cualquier religión, cuando ha sido contaminada por el dinero: «en hiel amarga» y «atada en lazos de maldad» (23).

Todo lo que es cristiano funciona sin dinero. En este mundo en que todo se compra y se vende y en el que el dinero es el poder más absoluto, la Palabra de Dios y el Espíritu Santo ni se compran ni se venden. Los apóstoles no tienen dinero y los dones de Dios no se valoran en dinero. El desinterés total de estos primeros misioneros cristianos es lo que nos presenta Lucas como novedad y ejemplo para todos.

El segundo mensaje obedece a su preocupación constante por mostrarnos la «unidad de la Iglesia». A Felipe y a sus compañeros no se les subió el éxito a la cabeza. Comunicaron inmediatamente a la Iglesia de Jerusalén lo que estaba ocurriendo, y los apóstoles se personaron en Samaría.

La presencia de los apóstoles confirmando e imponiendo las manos a los nuevos convertidos en su fe, da origen a este «Pentecostés Samaritano» –más tarde se nos narrará el «Pentecostés Pagano»– en el que el Espíritu Santo se derramó sobre ellos como principio de unidad, de alegría y de vida cristiana.

que recibieran el Espíritu Santo 16 porque todavía no había bajado sobre ninguno de ellos y sólo estaban bautizados
en el nombre del Señor Jesús.
17 Entonces les impusieron las manos y recibieron el Espíritu Santo.

Simonía

18 Viendo Simón que, mediante la
imposición de las manos de los apóstoles, se concedía el Espíritu, les ofreció
dinero 19 diciendo:
—Denme también a mí ese poder
de conferir el Espíritu Santo al que le
imponga las manos.
20 Pedro le replicó:
—¡Maldito seas tú con tu dinero, si
crees que el don de Dios se compra
con dinero! 21 Este poder no es para ti
ni te corresponde, porque Dios no
aprueba tu actitud. 22 Arrepiéntete de tu
maldad y pide que se te perdone tu
error. 23 Te veo convertido en hiel amarga
y atado en lazos de maldad.
24 Respondió Simón:
—Rueguen ustedes al Señor por mí,
para que no me suceda nada de lo que
acabas de decir.
25 Ellos, después de dar testimonio
exponiendo el mensaje del Señor, se
volvieron a Jerusalén, anunciando por
el camino la Buena Noticia en muchos
pueblos de Samaría.

Felipe y el eunuco
(cfr. Is 56,3-8)

26 El ángel del Señor dijo a Felipe:
—¡Levántate! Dirígete al sur, al
camino que conduce de Jerusalén a
Gaza –un camino desierto–.
27 Él se puso en camino.
Sucedió que un eunuco etíope, ministro de la reina Candaces y administrador de sus bienes, 28 volvía de una
peregrinación a Jerusalén, sentado en
su carroza y leyendo la profecía de
Isaías.
29 El Espíritu dijo a Felipe:
—Acércate y camina junto a la carroza.
30 Felipe la alcanzó de una carrera y
oyó que estaba leyendo la profecía de
Isaías, y le preguntó:
—¿Entiendes lo que estás leyendo?
Contestó:
31 —¿Y cómo voy a entenderlo si
nadie me lo explica?
Y lo invitó a subir y sentarse junto a él.
32 El texto de la Escritura que estaba
leyendo era el siguiente:

8,26-40 Felipe y el eunuco. Cambio de escena en la campaña misionera de Felipe. La iniciativa del Espíritu, que es lo que continuamente está resaltando Lucas, aparece aquí más clara todavía. Felipe recibe una orden que lo lleva, no a la ciudad sino al desierto; no a evangelizar multitudes, sino a una sola persona, a un eunuco. El escenario parece irreal. De hecho, ninguna de las rutas que unía Gaza con Jerusalén atravesaba el desierto. Sin embargo, por allí transitaba aquel personaje etíope, eunuco y pagano, aunque «simpatizante», no circuncidado y como tal, excluido.

La evangelización de este hombre representa otra apertura trascendental de la Iglesia, en la cual se cumple una profecía: : «No diga el extranjero que se ha unido al Señor: el Señor me excluirá de su pueblo. No diga el eunuco: Yo soy un árbol seco» (Is 56,3).

Lucas está exponiendo cómo se comprende y se explica la Escritura en la nueva comunidad. El etíope va leyendo en voz alta uno de los pasajes bíblicos más difíciles de comprender.

Hacía siglos que los judíos se preguntaban por la persona que cumpliese exactamente todo lo que contiene la profecía y que realizara en favor del pueblo lo que dice el profeta. Felipe, como Jesús camino de Emaús (cfr. Lc 24,45s), ofrece al extranjero la respuesta: es la persona de Jesús, muerto y resucitado, de quien está hablando el profeta (cfr. Is 52,13–53,12).

El eunuco pide el bautismo. ¿Qué le impide recibirlo, ser eunuco, ser extranjero? En la pregunta resuenan las dudas e incertidumbres de las primeras comunidades. Lucas responde que el gesto de Felipe bautizando al etíope es obra de Dios, de su Espíritu.

Un símbolo unitario de fecundidad gobierna este bello relato de Lucas: del terreno desierto brota una fuente de agua vivificante; del libro incomprensible brota un sentido que ilumina y transforma; y el estéril recobra nueva vida.

De nuevo, Lucas menciona la alegría: el eunuco siguió su camino muy contento. No conocemos su nombre para venerarlo en la Iglesia; quizás su nombre sea multitud.

Como cordero llevado al matadero,
como oveja ante el esquilador, muda,
así él no abrió la boca.
33 *Lo humillaron*
negándole la justicia;
¿quién podrá hablar
de su descendencia
ya que su vida
es arrancada de la tierra?

34 El eunuco preguntó a Felipe:
—Dime, por favor, ¿por quién lo
dice el profeta? ¿Por sí o por otro?
35 Felipe tomó la palabra y, comenzando por aquel texto, le explicó la
Buena Noticia de Jesús.
36 Siguiendo camino adelante llegaron a un lugar donde había agua, y el
eunuco le dijo:
—Ahí hay agua, ¿qué me impide ser
bautizado?
37 Contestó Felipe:
—¿Crees de todo corazón?
Respondió el eunuco:
—Creo que Jesucristo es el Hijo de
Dios.
38 Mandó parar la carroza, bajaron
los dos hasta el agua, Felipe y el eunuco,
y lo bautizó. 39 Cuando salieron del agua,
el Espíritu del Señor arrebató a Felipe,
de modo que el eunuco no lo vio más;
y continuó su viaje muy contento.
40 Felipe apareció por Azoto, y recorriendo la región iba anunciando la
Buena Noticia a todas las poblaciones
hasta que llegó a Cesarea.

Conversión de Pablo

9 1 Saulo, respirando amenazas
contra los discípulos del Señor, se
presentó al sumo sacerdote 2 y le pidió
cartas para las sinagogas de Damasco
autorizándolo para llevar presos a
Jerusalén a los seguidores del Camino
del Señor que encontrara, hombres y
mujeres.
3 Iba de camino, ya cerca de
Damasco, cuando de repente lo deslumbró una luz que venía del cielo. 4 Cayó
en tierra y oyó una voz que le decía:
—Saulo, Saulo, ¿por qué me persigues?
5 Contestó:
—¿Quién eres, Señor?
Le dijo:
—Yo soy Jesús, a quien tú persigues. 6 Ahora levántate, entra en la ciudad y allí te dirán lo que debes hacer.
7 Los acompañantes se detuvieron
mudos, porque oían la voz pero no
veían a nadie. 8 Saulo se levantó del
suelo y, al abrir los ojos, no veía. Lo
tomaron de la mano y lo hicieron entrar
en Damasco, 9 donde estuvo tres días,
ciego, sin comer ni beber.
10 Había en Damasco un discípulo
llamado Ananías. En una visión le dijo
el Señor:
—¡Ananías!
Respondió:
—Aquí me tienes, Señor.

9,1-25 Conversión de Pablo. La frase «camino de Damasco» ha sido aceptada ya en todas nuestras lenguas modernas para designar un cambio espectacular ocurrido en la vida de cualquier persona.

La conversión de Pablo es de las más significativas de toda la historia de la Iglesia, tanto por la transformación radical de este hombre como por las consecuencias que desencadenó. Lucas menciona tres veces la conversión de Pablo en el presente libro (9,1-22; 22,3-16; 26,9-18). El mismo Pablo nunca describe el acontecimiento, simplemente lo afirma (cfr. 1 Cor 9,1; 15,8; Gál 1,1.11s). Con toda seguridad, su conversión era contada y recontada en todas las comunidades cristianas del tiempo de Lucas, quien describe el acontecimiento muchos años después de la muerte de Pablo en Roma. Como siempre, el narrador recoge recuerdos, datos y detalles, y después compone y embellece su historia procurando el máximo efecto para transmitir su enseñanza.

El primer escenario de su narración ocurre en el «camino». El perseguidor se encuentra cara a cara con Jesús. Para describir esta escena, Lucas utiliza las imágenes bíblicas, tan frecuentes en el Antiguo Testamento, de las intervenciones espectaculares de Dios: se abre el cielo, brilla una gran luz, se oye una voz potente, los presentes caen derribados por tierra (cfr. Dn 10,5-19). Sigue un diálogo fascinante: «¿Quién eres, Señor?». La voz se identifica:

11 Y el Señor le dijo:
—Encamínate a la Calle Mayor y
pregunta en casa de Judas por un tal
Saulo de Tarso: lo encontrarás orando.
12 En una visión Saulo contemplaba
a un tal Ananías que entraba y le imponía las manos y en ese momento recobraba la vista. 13 Ananías respondió:
—Señor, he oído a muchos hablar
de ese hombre y contar todo el daño
que ha hecho a los consagrados de
Jerusalén. 14 Ahora está autorizado por
los sumos sacerdotes para arrestar a
los que invocan tu nombre.
15 Le contestó el Señor:
—Ve, que ése es mi instrumento elegido para difundir mi nombre entre
paganos, reyes e israelitas. 16 Yo le
mostraré lo que tiene que sufrir por mi
nombre.
17 Salió Ananías, entró en la casa y le
impuso las manos diciendo:
—Saulo, hermano, me envía el
Señor Jesús, el que se te apareció
cuando venías por el camino, para que
recobres la vista y te llenes de Espíritu
Santo.
18 Al instante se le cayeron de los
ojos como unas escamas, recobró la
vista, se levantó, se bautizó, 19 comió y
recobró las fuerzas. Y se quedó unos
días con los discípulos de Damasco.
20 Muy pronto se puso a proclamar
en las sinagogas que Jesús era el Hijo
de Dios. 21 Todos los oyentes comentaban asombrados:
—¿No es éste el que perseguía en
Jerusalén a los que invocan dicho
nombre y ha venido acá para llevárse-
los presos ante los sumos sacerdotes?
22 Pero Saulo iba ganando fuerza y
confundía a los judíos que vivían en Damasco, afirmando que Jesús era el
Mesías. 23 Pasados bastantes días los
judíos decidieron eliminarlo; 24 pero
Pablo se enteró de su plan. Y, como
los judíos custodiaban las puertas de
la ciudad día y noche para eliminarlo,
25 una noche los discípulos lo descolgaron por el muro, escondido en una
canasta.

Pablo en Jerusalén

26 Al llegar a Jerusalén, intentaba
unirse a los discípulos; pero ellos le
tenían miedo, porque no creían que
fuera discípulo. 27 Bernabé, haciéndose
cargo de él, se lo presentó a los apóstoles

«Yo soy Jesús, a quien tú persigues» (5). Confusión y aturdimiento de Saulo de Tarso, quien ciego, vencido y derrotado, es conducido de la mano a Damasco.

Cambio de escena: mientras tanto, en la ciudad, Jesús pone en movimiento a la comunidad cristiana que esperaba atemorizada la llegada del perseguidor. Los acontecimientos se suceden aumentando su intensidad dramática: encuentro de Saulo con la comunidad en la persona de Ananías, quien le comunica la misión a la que está destinado. Saulo acepta la misión, recobra la vista, es bautizado y recupera las fuerzas. De nuevo, un cambio de escena: Saulo es presentado ahora en las sinagogas de Damasco afirmando que Jesús es el Mesías. Sigue un complot para matarlo. Pablo –ya no es más Saulo, sino Pablo– se entera y huye de Damasco, de noche, descolgado muro abajo.

He aquí la narración de Lucas. ¿Se pueden decir tantas cosas, tan bellamente y con tanta economía de palabras? En el centro de la narración sucede el encuentro de Pablo con Jesús vivo y resucitado que lo interpela, lo llama y espera una respuesta.

Pablo la da en el seno de la comunidad de hermanos y hermanas. A la respuesta sigue la transformación. Pablo se sentirá ya hasta su muerte fascinado por Jesús, por Él vivirá y sufrirá siendo su testigo en medio de hombres y mujeres de razas, religiones y culturas diferentes.

Esta vida y pasión de Pablo, siguiendo las huellas de su Señor, ocupará de aquí en adelante la mayor parte del libro de los Hechos.

9,26-31 Pablo en Jerusalén. Los estudiosos de la Biblia no se ponen de acuerdo sobre este viaje relámpago de Pablo a Jerusalén. Parece que no concuerda con el mismo viaje que narra Pablo en Gál 1,18 y que sucedió bastante tiempo después.

¿Se trató de un solo viaje o de dos? A Lucas estos detalles no parecen preocuparle. Su intención de presentarnos «tan pronto» a Pablo en Jerusalén obedece a su preocupación fundamental que ya hemos visto en otros episodios: afirmar la unidad y comunión de «toda» la comunidad cristiana que comenzaba a ser ya universal.

y él les contó cómo había visto al
Señor en el camino, cómo le había
hablado y con qué franqueza había
anunciado en Damasco el nombre de
Jesús.
28 Saulo se quedó en Jerusalén,
moviéndose libremente; anunciaba
valientemente el nombre de Jesús,
29 conversaba y discutía con los judíos
de lengua griega, pero estos tramaban
su muerte. 30 Sus hermanos, al enterarse lo acompañaron hasta Cesarea y
lo enviaron a Tarso.
31 La Iglesia entera de Judea, Galilea y Samaría gozaba de paz, se iba
construyendo, vivía en el temor del
Señor y crecía animada por el Espíritu
Santo.

Sanación de Enéas
(cfr. Lc 5,17-26)

32 En uno de sus viajes bajó Pedro a
visitar a los consagrados que habitaban
en Lida. 33 Encontró a un tal Eneas, que
llevaba ocho años en cama paralítico.
34 Pedro le dijo:
—Eneas, Jesucristo te sana. Levántate y arregla la cama.
Al instante se levantó. 35 Todos los
vecinos de Lida y Sarón lo vieron y se
convirtieron al Señor.

Resurrección de Tabita
(cfr. Lc 8,49-56)

36 En Jafa vivía una discípula llamada
Tabita –que significa gacela–: repartía
muchas limosnas y hacía obras de caridad. 37 Sucedió por entonces que cayó
enferma y murió. La lavaron y la colocaron en el piso superior. 38 Como Lida
está cerca de Jafa, los discípulos, oyendo que Pedro se encontraba allí, enviaron dos hombres a buscarlo:
—Ven por acá sin tardanza.
39 Pedro se fue con ellos. Al llegar, lo
llevaron al piso de arriba. Las viudas lo
rodearon y llorando le mostraban las
túnicas y mantos que hacía Gacela
mientras vivía con ellas.
40 Pedro hizo salir a todos, se arrodilló y rezó; después, vuelto hacia el cadáver, ordenó:
—Gacela, levántate.
Ella abrió los ojos y, al ver a Pedro,
se incorporó. 41 Él le dio la mano y la
hizo levantar. Después llamó a los consagrados y a las viudas y se la presentó
viva.
42 El hecho se supo en toda Jafa, y
muchos creyeron en el Señor. 43 Pedro
se quedó algún tiempo en Jafa, en casa
de Simón el curtidor.

Era, pues, necesario mostrar cuanto antes a Pablo en contacto y comunión con la Iglesia madre de Jerusalén, pues son ellos, los apóstoles y columnas de la Iglesia, los que debían autorizar y confirmar la misión del nuevo convertido.

9,32-43 Sanación de Eneas – Resurrección de Tabita. Lucas deja a Pablo, por ahora, y retoma el hilo de su historia: el crecimiento y desarrollo del Evangelio. Comienza con otro pequeño sumario en que nos dice que la Iglesia entera «se iba construyendo... crecía animada por el Espíritu Santo» (31). Los dos verbos empleados nos ofrecen los dos aspectos de la Iglesia que deben siempre coexistir en tensión: estabilidad y dinamismo.

Esta vez, el progreso del Evangelio nos es presentado a raíz de las rutas misioneras de Pedro quien aparece como predicador itinerante, haciendo paradas para visitar a los pequeños grupos de cristianos. El escenario es la región costera que va de Jafa hasta Cesarea.

Hablar del progreso del Evangelio para Lucas es hablar de los efectos de liberación que produce. Aquí se constata con dos milagros de Pedro. Están como calcados en los milagros de Jesús. El primero recuerda al narrado por Marcos (cfr. Mc 2,1-12). El segundo sigue de cerca el relato de la resurrección de la hija de Jairo (cfr. Mc 5,36-43), hasta en los detalles más conmovedores. Jesús ordena: «talitha qum», «¡corderita, levántate!»; Pedro, a su vez, dice: «tabitha anasthehi», «¡gacela, levántate!» (40). La muerta devuelta a la vida se llamaba Tabita, que quiere decir gacela. Lucas, que no pierde ocasión para resaltar lo que le interesa, dice que Gacela repartía muchas limosnas y hacía obras de caridad.

Pedro y Cornelio

10 [1] Vivía en Cesarea un tal Cornelio, capitán de la cohorte itálica;
[2] hombre piadoso, que veneraba a Dios
con toda su familia. Hacía muchas
limosnas al pueblo y oraba constantemente a Dios.
[3] A eso de las tres de la tarde, vio
claramente en una visión a un ángel de
Dios que entraba en su habitación y le
decía:
—Cornelio.
[4] Él lo miró asustado y dijo:
—¿Qué quieres, Señor?
Le contestó:
—Tus oraciones y limosnas han
subido a la presencia de Dios y son
tenidas en cuenta. [5] Ahora envía gente
a Jafa, a buscar a un tal Simón, por
sobrenombre Pedro. [6] Se aloja en casa
de Simón el curtidor, al lado del mar.
[7] Cuando se marchó el ángel que le
hablaba, llamó a dos criados y a un soldado piadoso y de confianza, [8] les explicó el asunto y los envió a Jafa.
[9] Al día siguiente, mientras ellos iban
de camino y se acercaban a la ciudad,
Pedro subió a la azotea para orar. Como
era cerca del mediodía, [10] sintió apetito
y quiso comer algo. Mientras se lo pre-
paraban, cayó en éxtasis. [11] Vio el cielo
abierto y un objeto como un mantel
enorme, descolgado por las cuatro
puntas hasta el suelo: [12] contenía toda
clase de cuadrúpedos, reptiles y aves.
[13] Y oyó una voz:
—¡Vamos, Pedro, mata y come!
[14] Pedro respondió:
—De ningún modo, Señor; nunca
he probado un alimento profano o
impuro.
[15] Por segunda vez sonó la voz:
—Lo que Dios declara puro tú no lo
tengas por impuro.
[16] Esto se repitió tres veces y enseguida el objeto fue elevado al cielo.
[17] Mientras Pedro, desconcertado, se
interrogaba sobre el significado de la
visión, los enviados de Cornelio que
habían preguntado por la casa de Simón,
se presentaron a la puerta, [18] y preguntaron si se alojaba allí Simón, de sobrenombre Pedro. [19] Pedro seguía dándole
vueltas a la visión, cuando el Espíritu le
dijo:
—Mira, tres hombres preguntan por ti.

10,1-33 Pedro y Cornelio. Si hemos de juzgar por el espacio empleado, este relato que solemos llamar la conversión del Cornelio es uno de los más importantes del libro. ¿Conversión de Cornelio? Mejor sería llamarlo conversión de Pedro. Cornelio está abierto al Evangelio y no se resiste. El Evangelio está llegando a los paganos y Pedro duda y se resiste a abrirles la puerta. La intervención de Dios va a dar un vuelco dramático a la situación y ambos, Cornelio y Pedro, van a ser los protagonistas de un cambio radical en la Iglesia naciente.

Lucas presenta a los dos protagonistas de la narración mientras oraban: por una parte, el pagano Cornelio, ciudadano romano, capitán del batallón destacado en Cesarea, hombre de oración y muy caritativo con los pobres –de nuevo el detalle–. Por otra parte, Pedro orando en casa de un tal Simón el curtidor, y cavilando –podemos añadir nosotros– sobre el problema candente que tenía en aquellos momentos la Iglesia entre sus manos: ¿qué hacer con los paganos que pidan el bautismo? Para hacerse cristianos, ¿tenían los paganos que incorporarse primero plenamente al judaísmo, o parcialmente, o de ningún modo? Por lo visto, la conversión y el bautismo del eunuco etíope no había hecho mucho efecto en las «columnas» de la Iglesia.

A continuación, el narrador nos presenta a Jesús moviendo los hilos de la historia. A la misma hora, las dos de la tarde, estando Pedro y Cornelio en oración, dos intervenciones simultáneas y decisivas de Dios acercan el uno al otro. La visión libera a Pedro de prejuicios, tabúes y discriminaciones. Más grave que la distinción de alimentos en comestibles e impuros es la distinción de las personas entre judíos y paganos. El apóstol ya no puede llamar «impura» a ninguna persona. Ahora empieza realmente su conversión. Cornelio, por su parte, ve que las barreras caen y es animado a encontrarse con Pedro.

Lucas nos presenta el encuentro entre ambos con un lujo de detalles a cual más evocador. Dice, por ejemplo, que Pedro acudió a la cita con Cornelio acompañado de algunos hermanos de Jafa, aludiendo a la dimensión comunitaria de lo que iba a ocurrir. Después del saludo un poco aparatoso de Cornelio, Pedro responde simplemente: «Levántate, que yo no soy más que un hombre» (26). No existen más las distinciones: yo judío, tú pagano.

20 Levántate, baja y sin dudarlo vete con
ellos, porque yo los he enviado.

21 Pedro bajó a donde estaban y les
dijo:

—Soy yo el que buscan, ¿para qué
vinieron?

22 Contestaron:

—El capitán Cornelio, hombre honrado que venera a Dios, apreciado por
todo el pueblo judío, ha recibido de un
ángel santo el encargo de llamarte y
escuchar tus palabras.

23 Pedro los hizo entrar y les dio alojamiento. 24 Al día siguiente se puso en
camino con ellos, acompañado de algunos hermanos de Jafa. Al otro día
llegaron a Cesarea. Cornelio los estaba
esperando y había reunido a sus parientes y amigos íntimos. 25 Cuando
Pedro entró, Cornelio le salió al encuentro, y se arrodilló a sus pies en
señal de veneración.

26 Pedro lo levantó y le dijo:

—Levántate, que yo no soy más que
un hombre.

27 Conversando con él, entró y encontró a muchos reunidos, 28 entonces
se dirigió a ellos diciendo:

—Ustedes saben que a cualquier
judío le está prohibido juntarse o visitar a
personas de otra raza. Pero Dios acaba
de enseñarme que no se debe considerar profano o impuro a ningún hombre.
29 Por eso, cuando me llamaron, vine
sin dudarlo. Ahora deseo saber para
qué me han llamado.

30 Cornelio contestó:

—Hace tres días, a esta hora, estaba
yo recitando la oración de la tarde en
mi casa, cuando un hombre con un
traje resplandeciente se presentó ante
mí 31 y me dijo: Cornelio, tu oración y
tus limosnas han sido escuchadas por
Dios y son tenidas en cuenta. 32 Envía
gente a Jafa y llama a Simón, por sobrenombre Pedro, que se aloja en casa
de Simón el curtidor, junto al mar.
33 Enseguida te hice llamar y tú has
tenido la bondad de venir. Estamos
todos en presencia de Dios dispuestos a escuchar lo que el Señor te ha
mandado decirnos.

En casa de Cornelio

34 Pedro tomó la palabra:

—Verdaderamente reconozco que
Dios no hace diferencia entre las personas sino que, 35 acepta a quien lo respeta y practica la justicia, de cualquier
nación que sea.

36 Él comunicó su palabra a los
israelitas y anuncia la Buena Noticia de
la paz por medio de Jesús, el Mesías,
que es Señor de todos.

37 Ustedes ya conocen lo sucedido
por toda la Judea, empezando por
Galilea, a partir del bautismo que predicaba Juan.

10,34-48 En casa de Cornelio. Pedro comienza diciendo que Dios no hace distinciones entre personas, que acepta a cualquiera que sea bueno y honrado sin mirar la raza o nación de la que procede. Nosotros, hoy, podríamos añadir: ni tampoco la religión que profesa.

Por fin parece que Pedro ha comprendido. Sus palabras repiten el testimonio que ya venía dando entre los judíos sobre la persona de Jesús, su muerte y resurrección. Sólo que esta vez el auditorio es distinto, pues los oyentes son paganos. Pedro les pone al corriente de todo lo sucedido acerca de Jesús hasta llegar a la resurrección, a los testigos de ella y al mensaje universal que implica: el perdón para todos los que crean.

«Pedro no había acabado de hablar» (44), dice el narrador, cuando el Espíritu Santo se derrama sobre los oyentes ante la sorpresa mayúscula de Pedro y su comitiva. Para Lucas, las palabras del apóstol son como «inspiradas» y portadoras del Espíritu.

El cuadro no puede ser más sugerente: los creyentes-judíos junto a los paganos compartiendo ahora un solo y único Espíritu. Pedro saca las consecuencias y a través del bautismo que les administra en el acto, Cornelio, sus parientes y amigos son incorporados a la comunidad cristiana.

Un paso fundamental fue dado en la historia naciente de la Iglesia.

38 Cómo Dios ungió a Jesús de
Nazaret con Espíritu Santo y poder: él
pasó haciendo el bien y sanando a los
poseídos del Diablo, porque Dios estaba
con él. 39 Nosotros somos testigos de
todo lo que hizo en Judea y Jerusalén.
Ellos le dieron muerte colgándolo
de un madero. 40 Pero Dios lo resucitó
al tercer día e hizo que se apareciese,
41 no a todo el pueblo, sino a los testigos designados de antemano por Dios:
a nosotros, que comimos y bebimos
con él después de su resurrección.
42 Nos encargó predicar al pueblo y
atestiguar que Dios lo ha nombrado
juez de vivos y muertos. 43 Todos los profetas dan testimonio de él, declarando
que los que creen en él, en su nombre
reciben el perdón de los pecados.
44 Pedro no había acabado de hablar, cuando el Espíritu Santo bajó
sobre todos los oyentes.
45 Los creyentes convertidos del
judaísmo se asombraban al ver que el
don del Espíritu Santo también se concedía a los paganos; 46 ya que los oían
hablar en diversas lenguas y proclamar
la grandeza de Dios.
Entonces intervino Pedro:
47 —¿Puede alguien impedir que se
bauticen con agua los que han recibido
el Espíritu Santo igual que nosotros?
48 Y ordenó que los bautizaran invocando el nombre de Jesucristo. Ellos le
rogaron que se quedaran unos días.

Informe de Pedro en Jerusalén

11 1 Los apóstoles y los hermanos
que estaban en Judea oyeron
que también los paganos habían aceptado la Palabra de Dios.
2 Cuando Pedro subió a Jerusalén,
los judíos convertidos discutían con él
3 diciendo que había entrado en casa de
incircuncisos y había comido con ellos.
4 Pedro les contó detalladamente lo
sucedido:
5 —Estaba yo orando en Jafa, cuando
tuve una visión en éxtasis: un objeto,
como un mantel enorme, se descolgaba
por las cuatro puntas desde el cielo y
llegaba hasta mí. 6 Me fijé atentamente
y vi cuadrúpedos, fieras, reptiles y aves.
7 Oí una voz que me decía: ¡Pedro,
levántate, mata y come! 8 Contesté: De
ningún modo, Señor, yo nunca he
comido nada profano o impuro. 9 Por
segunda vez me habló la voz desde el
cielo: Lo que Dios declara puro tú no lo
declares impuro.
10 Esto sucedió tres veces y después
todo fue llevado otra vez hacia el cielo.
11 En aquel momento tres hombres
enviados desde Cesarea llegaron a la
casa donde me encontraba. 12 El
Espíritu me ordenó ir con ellos sin
dudarlo. Me acompañaron estos seis
hermanos y entramos en casa de aquel
hombre.
13 Él nos explicó que había visto
en casa un ángel de pie que le decía:

11,1-18 Informe de Pedro en Jerusalén. La iniciativa de Pedro de bautizar al pagano Cornelio alarma a un grupo influyente de la comunidad de Jerusalén. Cuando éste regresó, le exigieron una explicación de lo que había hecho. Pedro había comprometido su autoridad en una iniciativa peligrosa de posible largo alcance. Estos cristianos, fieles a la circuncisión y a las leyes de separación, viven encerrados en mezquinas cuestiones de convivencia.

Pedro, que se mueve ya en otro horizonte, responde, no apelando a su autoridad, sino a la de Dios. Su detallado informe termina con la pregunta: «Si Dios les concedió el mismo don que a nosotros, por haber creído en el Señor, Jesucristo, ¿quién era yo para estorbar a Dios?» (17). Aquí terminó todo, de momento. Dice Lucas que se calmaron los ánimos de los conservadores y que dieron gloria a Dios. Probablemente, la sesión fue mucho más agitada de lo que nos cuenta.

Hay que recordar, sin embargo, que la intención de Lucas no es relatarnos las diversas etapas del conflicto, sino las soluciones progresivas a que llegaron aquellos cristianos y cristianas sin que se rompiera la unidad. El problema, no obstante, no quedó resuelto del todo, como se verá en el Concilio de Jerusalén. Allí, el Espíritu tendrá que emplearse a fondo.

Envía gente a Jafa y haz venir a Simón,
por sobrenombre Pedro, [14] el cual te
dirá palabras que serán la salvación
tuya y de tu familia.
[15] Apenas empecé a hablar, cuando
bajó sobre ellos el Espíritu Santo, como
al principio sobre nosotros. [16] Yo me
acordé de lo que había dicho el Señor:
Juan bautizó con agua, ustedes serán
bautizados con Espíritu Santo.
[17] Ahora bien, si Dios les concedió el
mismo don que a nosotros, por haber
creído en el Señor, Jesucristo, ¿quién
era yo para estorbar a Dios?
[18] Al oír el relato se calmaron y dieron gloria a Dios diciendo:

—Dios también ha concedido a los paganos el arrepentimiento que conduce a la vida.

La Iglesia de Antioquía

[19] Los que se habían dispersado
durante la persecución ocasionada por
Esteban llegaron hasta Fenicia, Chipre
y Antioquía, anunciando el mensaje
solamente a los judíos. [20] Entre ellos
había algunos chipriotas y cireneos
que, al llegar a Antioquía, se pusieron a
hablar a los griegos anunciándoles la
Buena Noticia del Señor Jesús.
[21] La mano del Señor los apoyaba,
de modo que un gran número creyó y
se convirtió al Señor. [22] La noticia llegó
a oídos de la Iglesia de Jerusalén, que
envió a Bernabé a Antioquía.
[23] Al llegar y comprobar la gracia de
Dios, se alegró [24] y, como era hombre
bueno, lleno de fe y de Espíritu Santo,
exhortó a todos a ser fieles al Señor de
todo corazón. Un buen número de personas se incorporó al Señor.
[25] Bernabé marchó a Tarso en busca
de Saulo, [26] y cuando lo encontró, lo
condujo a Antioquía. Un año entero actuaron en aquella Iglesia instruyendo a una comunidad numerosa.

En Antioquía los discípulos fueron llamados por primera vez cristianos.
[27] Por aquel tiempo bajaron unos
profetas de Jerusalén a Antioquía.
[28] Uno de ellos, llamado Ágabo, se alzó
inspirado y predijo una gran carestía

11,19-30 La Iglesia de Antioquía. La conversión del eunuco y de Cornelio son hechos individuales, aunque significativos. Sin embargo, la fundación y consolidación de la Iglesia de Antioquía significa una apertura e irradiación institucional de enorme importancia.

Lástima que Lucas sea tan avaro en su información. Antioquía, la tercera ciudad más importante del imperio Romano después de Roma y Alejandría, era con más de medio millón de habitantes una encrucijada de razas y culturas diferentes. Aquí llegaron los helenistas huidos y comenzaron a dar testimonio de Jesús.

Lucas presenta dos fases de la predicación: la primera, a los judíos residentes en la ciudad, sin éxito aparente. La segunda, más audaz, se dirige a los paganos –griegos–, con gran número de conversiones. Como siempre, el narrador anota que el éxito se debe al poder de Dios.

En Antioquía comienza, pues, a surgir una numerosa comunidad cristiana sin vínculos precedentes con el judaísmo.

Aquí introduce el narrador dos personajes ya conocidos: Bernabé y Pablo. Bernabé es un helenista originario de Chipre, aunque no pertenece al grupo de Esteban y que ya colaboró con los apóstoles. Recuérdese que fue uno de los protagonistas de la experiencia de la comunidad de bienes (4,36s).

Cuando la Iglesia de Jerusalén, que conserva la alta dirección y la responsabilidad última, se entera de la nueva situación en Antioquía, se informa y actúa enviando a Bernabé como representante y enlace. Éste piensa inmediatamente en rodearse de colaboradores y se fija en Pablo cuyas dotes parece conocer o intuir. Pablo permanecerá un año entero instruyendo a la numerosa comunidad de nuevos convertidos.

La plataforma de lanzamiento hacia el gran mundo pagano del Imperio está ya constituida. Lucas no lo dice, pero podemos imaginarnos la delicada tarea de planificación y diálogo entre aquellos misioneros de opiniones y tendencias tan diferentes ante la común empresa de la evangelización. Los ojos iluminados del narrador verán siempre al Espíritu Santo como al verdadero protagonista del avance del Evangelio, garantizando la unidad de los misioneros en medio de la diversidad.

Como signo de solidaridad y vínculo de unión, Lucas menciona una colecta promovida por Bernabé para ayudar a los pobres de Judea. En Antioquía, el grupo de creyentes recibe, por primera vez, un nombre que es todo un símbolo: «cristianos». Merece la pena explicar el contenido de este nombre: la palabra hebrea «Mesías», ungido, se traduce en griego por «Christos» y la lengua latina la pone en forma de adjetivo «christianos» –cristianos–.

universal –que sobrevino en tiempo de
Claudio–.
29 Entonces los discípulos decidieron enviar, cada cual según sus posibilidades, una ayuda a los hermanos que
habitaban en Judea. 30 Y así lo hicieron
enviando las limosnas a los ancianos
por medio de Bernabé y Saulo.

Martirio de Santiago — Pedro encarcelado

12 1 Por aquel tiempo el rey Herodes emprendió una persecución
contra algunos miembros de la Iglesia.
2 Hizo degollar a Santiago, el hermano
de Juan. 3 Y, viendo que esto agradaba
a los judíos, hizo arrestar a Pedro durante las fiestas de los Ázimos.
4 Lo detuvo y lo metió en la cárcel,
encomendando su custodia a cuatro
piquetes de cuatro soldados cada uno.
Su intención era exponerlo al pueblo
pasada la Pascua.
5 Mientras Pedro estaba custodiado
en la cárcel, la Iglesia rezaba ferviente-
mente a Dios por él.
6 La noche anterior al día en que
Herodes pensaba presentarlo al pueblo, Pedro dormía entre dos soldados,
sujeto con dos cadenas, mientras los
centinelas hacían guardia ante la
puerta de la cárcel.
7 De repente se presentó un ángel
del Señor y una luz resplandeció en el
calabozo. El ángel tocó a Pedro en el
costado, lo despertó y le dijo:
—Levántate rápido.
Se le cayeron las cadenas de las
manos 8 y el ángel le dijo:
—Ponte el cinturón y cálzate las
sandalias.
Así lo hizo.
Luego añadió:
—Cúbrete con el manto y sígueme.
9 Salió Pedro detrás de él, sin saber
si lo del ángel era real, porque le parecía que aquello era una visión.
10 Pasaron la primera guardia y la segunda, llegaron a la puerta de hierro
que daba a la calle, que se abrió por sí

12,1-19 Martirio de Santiago – Pedro encarcelado. El martirio de Santiago queda reducido a una breve noticia. Se diría que el hecho merece mayor atención. Es el primer mártir de los apóstoles, personaje de relieve en los relatos evangélicos.

Según lo anunciado por Jesús, Santiago sufrió una muerte violenta siguiendo la huellas de su Señor: «la copa que yo voy a beber también la beberán ustedes, el bautismo que yo voy a recibir también lo recibirán ustedes» (Mc 10,39).

La narración, sin embargo, se centra en la prisión y liberación de Pedro y será el último episodio del Libro de los Hechos que tiene a Pedro como protagonista.

Lucas despide a Pedro con un relato de singular viveza (compárese con 5,19-22) suspendido entre el realismo de las acciones humanas y el halo maravilloso de apariciones y prodigios.

El prisionero está custodiado con medidas de máxima seguridad: cadenas, puertas, guardias.

En rápido cambio de escenario, Lucas nos presenta a la comunidad rezando por su jefe prisionero: la distancia y las rejas no rompen la unidad espiritual de los creyentes. Rezar es lo único que pueden y pueden mucho.

El tiempo pasa, la ejecución está fijada para la mañana, es de noche. El prisionero duerme con un sueño tranquilo. En ese momento, irrumpe el mundo sobrenatural y la verosimilitud queda suspendida. Lucas echa mano de signos conocidos: la luz resplandeciente, la aparición del Ángel del Señor. El ritmo de la narración se hace lento para que observemos los detalles: ceñidor, sandalias, una guardia, otra guardia, el portón exterior, la calle. Sólo al final de una calle, Pedro parece despertar y comprende lo sucedido. Curiosamente no se dirige a la «comunidad de cristianos judíos», sino a la de «cristianos helenistas»; en concreto, a casa de María, madre de un tal Juan Marcos.

¿Qué nos quiere decir Lucas? ¿Había hecho ya Pedro una opción a raíz del episodio de Cornelio, dando su apoyo a la apertura misionera de los helenistas? ¿Dirige una mujer, María, la comunidad de los helenistas? Son interrogantes que deja suspendidos el narrador.

De la casa de María mandaron aviso a Santiago y a los demás hermanos. Todo esto sucedió durante la Pascua judía y Lucas evoca en los detalles de la liberación de Pedro la resurrección de Jesús (cfr. Lc 24,9-11); por ejemplo, en el aturdimiento de la portera que oye la voz del apóstol y llena de alegría no le abre la puerta, sino que corre a comunicar la noticia y no le creen; cuando por fin le abren, todos quedan atónitos al verle y el apóstol no se detiene entre los hermanos, sino que pide que vayan a anunciar el acontecimiento.

Lucas termina el relato diciendo que Pedro se fue a otro lugar. ¿A dónde? ¿Está insinuando el narrador lo que era de todos conocido, es decir, el martirio de Pedro en Roma y su reunión definitiva con su Señor?

sola. Salieron y, cuando llegaron al extremo de una calle, el ángel se alejó de él.
11 Entonces Pedro, volviendo en sí,
comentó:

—Ahora entiendo de veras que el Señor envió a su ángel para librarme del poder de Herodes y de todo lo que esperaba el pueblo judío.

12 Ya recobrado, se dirigió a casa
de la madre de Juan, de sobrenombre
Marcos, donde unos cuantos se habían
reunido para orar. 13 Golpeó la puerta,
y una criada llamada Rosa salió a abrir.
14 Al reconocer la voz de Pedro, de
pura alegría, no le abrió, sino que corrió a anunciar que Pedro estaba ante
el portal.
15 Le dijeron:

—¡Estás loca!

Pero ella insistía en que era cierto.

Replicaron:

—Será su ángel.

16 Pedro seguía llamando. Le abrieron y cuando lo vieron no salían de su
asombro.

17 Él hizo un gesto con la mano para
que se callaran y les contó cómo el
Señor lo había sacado de la cárcel.

Y añadió:

—Hagan saber esto a Santiago y a los hermanos.

Después salió y se dirigió a otro lugar.
18 Cuando se hizo de día los soldados estaban muy confundidos por lo
que había pasado con Pedro. 19 Herodes
lo buscó y, al no encontrarlo, interrogó
a los guardias y los hizo ejecutar.
Después, bajó de Judea y se quedó en
Cesarea.

Muerte de Herodes
(cfr. 2 Mac 9)

20 Herodes estaba enemistado con
los habitantes de Tiro y Sidón. Ellos, de
común acuerdo, se presentaron al rey,
se ganaron a Blasto, camarero real, y
pidieron la paz; ya que su país recibía
las provisiones del territorio del rey. 21 El
día convenido, Herodes, vestido con
traje real se sentó en su trono y les dirigió la palabra, 22 el pueblo aclamaba:

—¡Ésta es voz de dios, no de hombre!

23 De improviso lo hirió el ángel del
Señor, por no haber reconocido la
gloria de Dios, y murió comido de
gusanos.

24 La Palabra de Dios crecía y se difundía. 25 Bernabé y Saulo, acabada su
misión, se volvieron a Jerusalén, llevando consigo a Juan, de sobrenombre
Marcos.

Misión de Pablo y Bernabé

13 1 En la Iglesia de Antioquía había
algunos profetas y doctores:
Bernabé, Simeón el Negro, Lucio el
Cireneo, Manajén, que se había criado
con el tetrarca Herodes, y Saulo. 2 Un
día, mientras celebraban el culto del
Señor y ayunaban, el Espíritu Santo
dijo:

12,20-25 Muerte de Herodes. El relato narra el alboroto causado por la liberación del apóstol. El tirano, defraudado en su proyecto de ejecutarlo, hace pagar con la muerte a los guardias. Aunque fuera distante en el tiempo, el narrador quiere presentar aquí el fin teatral de Herodes Agripa como epílogo de la liberación de Pedro. El contraste es buscado: Pedro, encarcelado, Herodes, aclamado como un dios. El ángel del Señor libera a uno y hiere de muerte al otro. Su final está claramente presentado como castigo divino.

13,1-12 Misión de Pablo y Bernabé. Estamos entrando en la tercera, última y más larga etapa del libro de los Hechos. En ella, el testimonio cristiano llegará hasta los confines del mundo conocido por los protagonistas misioneros.

El punto de partida es la Iglesia de Antioquía que está presidida por los cinco líderes que enumera Lucas, encabezados por Bernabé; entre ellos está Pablo, de momento el último de los cinco. Así, al grupo de los apóstoles, dirigentes de la comunidad judeocristiana de Jerusalén,

—Sepárenme a Bernabé y a Saulo para la tarea a la que los tengo destinados.

3 Ayunaron, oraron, e imponiéndoles las manos, los despidieron.

4 Así, enviados por el Espíritu Santo, bajaron a Seleucia, de allí navegaron a
Chipre y, 5 llegados a Salamina, anunciaban la Palabra de Dios en las sinagogas judías. Llevaban a Juan como colaborador.

6 Atravesando la isla, llegaron a Pafos, donde encontraron a un mago y falso profeta judío que se llamaba
Barjesús. 7 Estaba en el séquito del gobernador Sergio Pablo, hombre inteligente, que había llamado a Bernabé y Saulo porque deseaba escuchar la Palabra de Dios.

8 Pero se les opuso el mago Elimas, que así se traduce su nombre, que procuraba apartar al gobernador de la fe.
9 Saulo, o sea Pablo, lleno de Espíritu
Santo, lo miró fijamente 10 y le dijo:

—¡Gran embustero y embaucador, hijo del Diablo y enemigo de toda justicia! ¿Cuándo acabarás de retorcer los
caminos rectos de Dios? 11 Mira, te herirá la mano de Dios y quedarás una temporada ciego sin ver el sol.

Al instante lo invadió una niebla oscura y andaba a tientas buscando a
alguien que le diera la mano. 12 Al ver lo sucedido, el gobernador profundamente impresionado ante la enseñanza del Señor, abrazó la fe.

En Antioquía de Pisidia

13 Navegando desde Pafos, Pablo y sus compañeros llegaron a Perge de Panfilia. Juan se separó de ellos y se
volvió a Jerusalén. 14 Ellos continuaron desde Perge hasta Antioquía de Pisidia, y entrando un sábado en la sinagoga,
tomaron asiento. 15 Terminada la lectura de la ley y los profetas, los jefes de la sinagoga les mandaron a decir:

—Hermanos, si tienen alguna palabra de aliento para el pueblo, pueden decirla.

16 Pablo se levantó y, pidiendo silencio con la mano, dijo:

---

y al de los siete helenistas, el narrador nos presenta ahora otro grupo: los cinco «profetas y maestros de Antioquía».

Lucas nos deja ver cómo el movimiento del Espíritu va estructurando a las diferentes Iglesias, haciendo surgir líderes, animadores y responsables con funciones y nombres diversos según las necesidades de cada una de las comunidades, y con mucha participación de todos a la hora de tomar decisiones. Por ejemplo, en la comunidad de Jerusalén, además de los apóstoles, han surgido otros líderes subordinados a los apóstoles llamados «ancianos» o «presbíteros». Los dirigentes de Antioquía son llamados por Lucas «profetas y maestros».

El narrador no nos dice cómo planificaron los cinco de Antioquía la primera salida misionera, pero sí afirma que la iniciativa, como siempre, fue del Espíritu Santo y que la preparación para que el Espíritu hablara fue, como siempre también, la oración y el ayuno.

El Espíritu Santo –y la comunidad– decidieron separar a dos del grupo, Bernabé y Pablo, para una misión especial que recibieron por medio del gesto acostumbrado de la imposición de manos. Llevaron consigo también a un tal Juan, de sobrenombre Marcos. Viajaron primero a la isla de Chipre y de allí zarparon hacia lo que hoy es el sur de Turquía.

La misión no iba dirigida expresamente todavía a los paganos, sino a los judíos de aquellas regiones. Era, sin embargo, el primer paso hacia el objetivo al que les llevaba el Espíritu. En una de estas correrías, en la ciudad de Pafos, comienza Pablo a destacarse confrontando públicamente al mago y falso profeta Barjesús o Elimas.

13,13-52 En Antioquia de Pisidia. El equipo misionero llega a Antioquía de Pisidia y al sábado siguiente van directamente a la sinagoga. Allí, como era costumbre, invitaron a los forasteros a que tomaran la palabra y comentaran las dos lecturas que se habían proclamado, una tomada de la Ley y otra de los Profetas. Esta visita es muy semejante, en su forma y contenido, a la que hizo Jesús a la sinagoga de Nazaret, que también nos cuenta Lucas en su evangelio (cfr. Lc 4,16-30).

La diferencia está en que Jesús fracasó en Nazaret y Pablo y Bernabé triunfaron rotundamente en Antioquía de Pisidia. Tanto es así, que los oyentes –entre los que se encontraban paganos simpatizantes con el judaísmo a quienes se les permitía acudir a las sinagogas– les invitaron a que hablaran el sábado siguiente. Por lo visto, no esperaron al sábado, sino que estuvieron toda la semana pendiente de los labios de Pablo y Bernabé.

—Israelitas y todos los que temen a
Dios, escúchenme: 17 El Dios de este
pueblo, el Dios de Israel eligió a nuestros padres y engrandeció al pueblo
mientras residía en Egipto. Más tarde,
con brazo poderoso los sacó de allí 18 y
durante cuarenta años los condujo por
el desierto.

19 Aniquiló a siete pueblos paganos
de Canaán y entregó su territorio en
heredad a Israel, 20 por cuatrocientos
cincuenta años; les dio jueces hasta el
profeta Samuel. 21 Entonces pidieron
un rey y Dios les dio a Saúl, hijo de
Quis, de la tribu de Benjamín, que
reinó cuarenta años.

22 Lo depuso y nombró rey a David,
de quien dio testimonio: *Encontré a*
David, el de Jesé, *un hombre a mi*
gusto, que cumplirá todos mis deseos.

23 De la descendencia de David,
según la promesa, sacó Dios a Jesús
como salvador de Israel. 24 Antes de su
llegada Juan predicó un bautismo de
penitencia a todo el pueblo de Israel.

25 Hacia el fin de su carrera mortal
Juan dijo: Yo no soy el que ustedes
creen; detrás de mí viene uno al que no
tengo derecho a quitarle las sandalias
de los pies.

26 Hermanos, descendientes de
Abrahán, y todos los que temen a Dios:
A ustedes se les envía este mensaje de
salvación. 27 Los vecinos de Jerusalén y
sus jefes no acogieron a Jesús ni
entendieron las palabras de los profetas
que se leen cada sábado. Pero, al juzgarlo, las cumplieron. 28 Pidieron a
Pilato que lo condenara, aunque no encontraron causa para una sentencia de
muerte.

29 Cuando se cumplió todo lo escrito
de él lo descolgaron del madero y le
dieron sepultura. 30 Pero Dios lo resucitó
de la muerte 31 y se apareció durante
muchos días a los que habían subido
con él de Galilea a Jerusalén. Ellos son
hoy sus testigos ante el pueblo.

32 Y nosotros, les anunciamos a ustedes esta Buena Noticia: la promesa
que Dios hizo a nuestros padres 33 fue
cumplida por él a sus descendientes,
que somos nosotros, resucitando a
Jesús, como está escrito en el salmo
segundo: *Tú eres mi hijo, yo te he*
engendrado hoy.

Como era de esperar, al sábado siguiente había una gran multitud esperando oírles de nuevo. Lucas dice que toda la población estaba allí. Esto fue demasiado para los dirigentes judíos que, llenos de envidia, comenzaron a insultar y a contradecir a los dos misioneros. Es más, se aliaron con señoras de la «alta sociedad», precisa el narrador, quienes probablemente hicieron intervenir a las autoridades, y Pablo y Bernabé fueron expulsados de la ciudad. Éstos son los hechos.

¿Qué dijo Pablo en la sinagoga?

El tema del discurso de Pablo, el primero que recoge el libro de los Hechos, era de candente actualidad para los judíos que le escuchaban, como fueron ya antes los discursos de Pedro y Esteban. El pueblo judío tenía –y tiene– grabada en la memoria colectiva las grandes promesas hechas por Dios a lo largo de su historia a través de sus grandes personajes: los Patriarcas y los Profetas. Es un pueblo volcado hacia el futuro, que escudriña los signos de los tiempos para ver cuándo esas promesas se van a cumplir. Todas las promesas apuntan a un Salvador que tenía que venir. Pablo les dice que ese Salvador ya ha venido y es Jesús, muerto y resucitado.

Para ello, al igual que Pedro y Esteban, Pablo repasa la historia de Israel con los ojos iluminados por la fe, y hace converger todas las promesas en el hecho de que Dios resucitó a Jesús de entre los muertos y que, en Él, el perdón y la salvación es ofrecida a todos sin distinción de raza o de nación.

¿Lo entendieron los judíos que le escuchaban?

Lo extraordinario del caso de Antioquía de Pisidia fue que muchos paganos sí lo entendieron. Los judíos, sin embargo, en su gran mayoría, rechazaron el mensaje.

Ante tal actitud, Pablo y Bernabé toman posición y la declaran abiertamente: desde ahora en adelante, la predicación del Evangelio a los paganos se convertirá en prioridad. Pablo ve en la conversión de los no judíos otra profecía que se cumple: «Te hago luz de las naciones para que mi salvación alcance hasta el confín de la tierra» (Is 49,6). Lucas no quiere terminar el relato con el cuadro sombrío de la expulsión, por eso matiza que aunque fueron puestos en la frontera por las autoridades, en la ciudad quedaban los discípulos, llenos de alegría y del Espíritu Santo. La alegría fruto del Espíritu es uno de los temas favoritos de Lucas.

34 Y que lo ha resucitado para que
nunca se someta a la corrupción está
anunciado así: *Cumpliré las santas
promesas hechas a David, aquellas
que no pueden fallar.*
35 Y en otro lugar dice: *No permitirás
que tu fiel sufra la corrupción.*
36 Ahora bien, David, después de haber cumplido la voluntad de Dios durante su propia generación, murió, fue
sepultado y sufrió la corrupción. 37 En
cambio, el que Dios resucitó no sufrió
la corrupción.
38 Sépanlo, hermanos, se les anuncia el perdón de los pecados por medio
de él, 39 y todo el que crea será perdonado de todo lo que no pudo perdonar
la ley de Moisés.
40 ¡Tengan cuidado! Que no les suceda lo anunciado por los profetas:

41 *Ustedes, los que desprecian,*
llénense de estupor y ocúltense:
Porque en estos días
voy a realizar algo
que si alguien lo contara
no lo podrían creer.

42 Cuando salieron, les rogaban que
siguieran exponiendo el tema el sábado
siguiente. 43 Al disolverse la asamblea,
muchos judíos y prosélitos devotos
acompañaron a Pablo y Bernabé, quienes les hablaban e invitaban a mantenerse en el favor de Dios.
44 El sábado siguiente casi toda la
población se congregó para escuchar
la Palabra de Dios.
45 Pero los judíos, al ver la multitud,
se llenaron de envidia y contradecían
con insultos las palabras de Pablo.
46 Entonces Pablo y Bernabé hablaron
con toda franqueza:
—A ustedes debíamos anunciar en
primer lugar la Palabra de Dios. Pero,
ya que la rechazan y no se consideran
dignos de la vida eterna, nos dirigire-
mos a los paganos. 47 Así nos lo ha
ordenado el Señor:

Te hago luz de las naciones,
para que mi salvación alcance
hasta el confín de la tierra.

48 Los paganos al oírlo se alegraron,
glorificaron la Palabra de Dios y los que
estaban destinados a la vida eterna,
abrazaron la fe. 49 Y así la Palabra de
Dios se difundió por toda la región.
50 Pero los judíos incitaron a mujeres
piadosas de clase alta y a los notables
de la ciudad, provocaron una persecución contra Pablo y Bernabé y los expulsaron de sus fronteras. 51 Ellos, sa-
cudieron el polvo de sus pies en señal
de protesta contra aquella gente y se
marcharon a Iconio. 52 Los discípulos,
por su parte, quedaron llenos de alegría
y de Espíritu Santo.

En Iconio

14 1 En Iconio, Pablo y Bernabé,
entraron juntos en la sinagoga
judía y hablaron de tal manera que
muchos judíos y griegos abrazaron la
fe. 2 Los judíos no convertidos incitaron
a los paganos y los pusieron en contra
de los hermanos. 3 Durante una temporada se quedaron allí, y predicaban sin
miedo confiados en el Señor que confirmaba su mensaje de gracia con milagros y señales que realizaba por medio
de ellos.
4 La población se dividió: unos a
favor de los judíos, otros a favor de los
apóstoles.

14,1-7 En Iconio. Aquí se repiten casi los mismos acontecimientos que en Antioquía de Pisidia. De nuevo, comienzan la predicación en la sinagoga con reacciones semejantes, aunque esta vez no serán expulsados de la ciudad, sino que se escaparon ellos ante la agresividad de los contrarios. Lucas menciona la valentía de estos misioneros y los prodigios y milagros que el Señor hacía por su medio.

5 Un grupo de paganos y judíos, con
el apoyo de los jefes, se prepararon
para maltratarlos y apedrearlos.
6 Al enterarse, los apóstoles escaparon a las ciudades de Licaonia, Listra,
Derbe y sus alrededores. 7 Allí estuvieron anunciando la Buena Noticia.

En Listra

8 Había en Listra un hombre que
tenía los pies paralizados, inválido de
nacimiento, que nunca había camina-
do. 9 Escuchaba sentado lo que Pablo
decía. Éste fijó en él la mirada y, viendo
que tenía fe para salvarse, 10 le dijo en
voz alta:
—Ponte derecho sobre los pies.
Él dio un salto y se puso a caminar.
11 Al ver lo que había hecho Pablo,
la gente empezó a gritar en lengua
licaonia:
—¡Dioses en figura de hombres han
bajado hasta nosotros!
12 A Bernabé lo llamaban Zeus y a
Pablo Hermes, porque era el portavoz.
13 El sacerdote del templo de Zeus, que
estaba a la entrada de la ciudad, trajo
toros y guirnaldas a las puertas de la
ciudad e intentaba ofrecer un sacrificio
con la multitud.
14 Al oírlo, los apóstoles Bernabé y
Pablo se rasgaron los vestidos y se lanzaron hacia la multitud gritando:
15 —¡Amigos! ¿Qué están haciendo?
Nosotros también somos hombres
igual que ustedes y les predicamos que
deben abandonar los ídolos para convertirse al Dios vivo, que hizo el cielo,
la tierra, el mar y cuanto contienen.
16 Aunque en otros tiempos, Él permitió a los paganos seguir sus caminos;
17 nunca dejó de manifestarse como
bienhechor, enviándoles lluvias desde
el cielo, buenas cosechas, alimentán-
dolos y teniéndolos contentos.
18 Con estas palabras apenas lograron impedir que la multitud les ofre-
ciera sacrificios.
19 Pero unos judíos, venidos de Antioquía e Iconio, convencieron a la gente
para que apedrease a Pablo. Luego
dándolo por muerto, lo arrastraron
fuera de la ciudad. 20 Los discípulos lo
rodearon, él se levantó y entró en la
ciudad.

De vuelta en Antioquía

21 Al día siguiente salió con Bernabé
hacia Derbe. Después de anunciar la
Buena Noticia en aquella ciudad y de

14,8-20 En Listra. El incidente pintoresco de Listra, a propósito de una sanación realizada por Pablo, ilustra los primeros encuentros de los predicadores cristianos con la cultura pagana politeísta. Es un caso particular de religiosidad ingenua y crédula que cree en las historias o leyendas poéticas de dioses que se presentan a los hombres en figura humana. Con sentido del humor anota Lucas que Bernabé, más distante y solemne, fue confundido con Zeus, el jefe de los dioses, y Pablo, que es quien llevaba la voz cantante, con Hermes, el portavoz de los dioses. La cosa se complica cuando quieren ofrecerle hasta un sacrificio. La reacción estupefacta de los misioneros no se hizo esperar.

Pablo aprovecha el incidente para aclarar la situación y hablarles del Dios único, creador de todo, paciente y comprensivo con las manifestaciones religiosas de los pueblos. Anota, sin embargo, que ha llegado el tiempo de convertirse al Dios vivo. En su pequeño discurso, Pablo no menciona a Jesús, de modo que sus palabras hay que considerarlas como ejemplo de pre-evangelización, como diríamos hoy. A continuación, el narrador nos cuenta otra persecución sufrida por Pablo –no se menciona a Bernabé–. Parece que no viene a cuento con el incidente narrado anteriormente. Lucas no entra en detalles y quizás su intención sea hacer caer en la cuenta de que los enemigos de Pablo lo persiguen dondequiera que vaya.

14,21-28 De vuelta en Antioquía. La primera campaña misionera que abrió las puertas del Evangelio a los gentiles llega a su fin. Los misioneros desandan el camino para visitar a las pequeñas comunidades cristianas que se habían ido formando. Las animan a permanecer en la fe, que es lo mismo que permanecer en el Señor, y esto les llevará a tener que sufrir por su causa. Estas visitas sirven también para organizar a las comunidades eligiendo líderes locales, que son llamados «ancianos». Como siempre, Lucas no se olvida de apuntar que este importante paso se hace en un ambiente de oración y ayuno.

ganar bastantes discípulos, se volvieron
a Listra, Iconio y Antioquía, 22 donde
animaron a los discípulos y los ex-
hortaron a perseverar en la fe, recordándoles que tenían que atravesar
muchas tribulaciones para entrar en el
reino de Dios.
23 En cada comunidad nombraban
ancianos y con oraciones y ayunos
los encomendaban al Señor en quien
habían creído.
24 Después atravesaron Pisidia, llegaron a Panfilia, 25 predicaron el mensaje en Perge, bajaron a Atalía 26 y desde
allí navegaron a Antioquía, desde
donde habían partido encomendados a
la gracia de Dios para realizar la obra
que ahora habían acabado.
27 Al llegar, reunieron a la comunidad y les contaron lo que Dios había
hecho por su medio y cómo había
abierto a los paganos la puerta de la fe.
28 Y se quedaron una larga temporada
con los discípulos.

El Concilio de Jerusalén

15 1 Algunos venidos de Judea enseñaban a los hermanos que, si
no se circuncidaban según el rito de
Moisés, no podían salvarse. 2 Pablo y
Bernabé tuvieron una fuerte discusión
con ellos; de modo que se decidió que
Pablo y Bernabé con algunos más acu-
dieran a Jerusalén, para tratar este
asunto con los apóstoles y los ancianos.
3 Los enviados por la comunidad
atravesaron Fenicia y Samaría, contando a los hermanos la conversión de los
paganos y llenándolos de alegría.
4 Llegados a Jerusalén fueron recibidos por la comunidad, los apóstoles y
los ancianos, y les contaron lo que Dios

A su regreso a Antioquía, la comunidad se reúne para oír a los misioneros. Del informe dado por Pablo y Bernabé, a Lucas sólo le interesa resaltar la conclusión a que todos llegaron: la predicación del Evangelio a los paganos ha sido pura iniciativa de Dios.

15,1-35 El Concilio de Jerusalén. Exactamente en la mitad del libro de los Hechos sitúa Lucas lo que se suele llamar Concilio de Jerusalén. No es exagerado decir que este relato es el verdadero quicio de toda la obra de Lucas.

El narrador nos ha ido preparando en los relatos precedentes para esta asamblea de capital importancia, no sólo para aquellas primeras comunidades sino para toda la historia de la Iglesia. Nos ha invitado a reconocer la primacía de Jerusalén y el dinamismo de Antioquía. Nos ha inducido a simpatizar con el movimiento de apertura iniciado por los cristianos helenistas, a nosotros que somos los descendientes de aquel primer impulso.

Simplificando un poco podríamos decir que las dos Iglesias siguen caminos divergentes. La Iglesia de Jerusalén estaba dominada por judeocristianos, conservadores en ciertos aspectos. Se consideran una especie de «resto» o gueto en el cual está cristalizándose y creciendo el nuevo Israel, definitivo y total. Sin embargo, no acababan de entender en todo su alcance la novedad absoluta de la persona de Jesús, su muerte y resurrección, que sin romper las raíces espirituales que le unían al pueblo elegido de Israel eliminó todas las fronteras impuestas por la raza, las leyes discriminatorias y las tradiciones excluyentes, como la circuncisión y un largo etcétera. Sin embargo, desde su reducto, esta comunidad fue capaz de aceptar, en la persona de Pedro, la apertura del Evangelio a los paganos iniciada por los helenistas. Esto fue posible gracias a la iniciativa del Espíritu Santo, como afirma e insiste Lucas. Es posible, sin embargo, que el bautismo del pagano Cornelio y su familia a manos de Pedro, sin la condición previa de la circuncisión y la imposición de otras leyes y costumbres judías, no fuera bien asimilado por toda la comunidad de Jerusalén.

La comunidad de Antioquía, por otra parte, era heterogénea en su composición y dinámica en su constante irradiación. Su característica era, hacia adentro, la capacidad para convivir en el pluralismo; y hacia afuera, la aceptación de otras gentes y la asimilación de culturas diferentes. Judeocristianos convivían en Antioquía con helenistas y paganos convertidos.

Esta situación de hecho, que duraba ya varios años, no podía prolongarse por más tiempo, como así fue. La chispa que provocó el enfrentamiento entre ambas Iglesias surgió de un grupo de extremistas de Judea. Pablo los llama «falsos hermanos», que viajaron a Antioquía y comenzaron a enseñar que sin la circuncisión no era posible salvarse. Pablo, Bernabé y su grupo de Antioquía reaccionaron con la máxima energía. Se hizo necesaria una reunión de los representantes de ambas Iglesias para zanjar la cuestión de una vez por todas.

Lucas narra el desarrollo de la reunión 35 ó 40 años después de que ocurrieran los hechos. Todos los protagonistas, Pedro, Santiago, Pablo, Bernabé, etc., habían muerto. El problema ya no existía; es más, los paganos convertidos habían pasado a ser, de minoría cuestionada y marginada, a mayoría absoluta dentro de la Iglesia. Lucas se siente, pues, libre de ordenar y seleccionar los

había hecho por su medio. 5 Pero algunos de la secta farisea que habían abra-
zado la fe se levantaron y dijeron que
era necesario circuncidar a los paganos
convertidos y obligarlos a observar la
ley de Moisés.
6 Los apóstoles y los ancianos se
reunieron para examinar el asunto.
7 Luego de una agitada discusión, se
levantó Pedro y les dijo:
—Hermanos, ustedes saben que
desde el principio me eligió Dios entre
ustedes, para que por mi medio los
paganos escucharan la Buena Noticia y
creyeran. 8 Dios, que conoce los corazones, mostró que los aceptaba dándoles el Espíritu Santo lo mismo que a
nosotros, 9 Él no hizo ninguna distinción entre unos y otros y los purificó
por medio de la fe. 10 ¿Por qué ahora,
ustedes tientan a Dios imponiendo al
cuello de los discípulos un yugo que ni
nuestros padres ni nosotros hemos
sido capaces de soportar? 11 Al contrario,
nosotros creemos que tanto ellos
como nosotros hemos sido salvados
por la gracia del Señor Jesús.
12 Toda la asamblea en silencio se
dispuso a escuchar a Bernabé y Pablo,
que les contaron los milagros y señales
que Dios había obrado por su medio
entre los paganos. 13 Cuando se callaron,
les contestó Santiago:
—Hermanos, les ruego que me
escuchen. 14 Simón ha contado cómo
Dios desde el principio dispuso elegir
entre los pueblos paganos un pueblo
consagrado a su nombre. 15 Eso concuerda con lo que anunciaron los profetas, como está escrito:

recuerdos y tradiciones de lo ocurrido; pasa por alto lo más áspero de la polémica y construye con rasgos esenciales un relato perfectamente equilibrado para transmitirnos su mensaje constante: el Espíritu Santo fue el verdadero protagonista de la solución del conflicto. La unidad de la Iglesia no se rompió. Las barreras discriminatorias se rompieron y los paganos fueron admitidos en la Iglesia en pie de igualdad.

El Concilio tuvo dos momentos: una sección plenaria en la que ambas partes contendientes exponen con acaloramiento sus respectivas posiciones y una sección restringida donde los dirigentes de Jerusalén, con Pedro y Santiago a la cabeza, y los dos delegados de Antioquía, Pablo y Bernabé, se reúnen a deliberar. También aquí, dice Lucas, se encendió la discusión, hasta que Pedro se levantó y dictó sentencia.

El discurso de Pedro parte de su experiencia personal en el caso del pagano Cornelio y su familia, y dice que Dios les dio el Espíritu Santo lo mismo que a «nosotros». Es, por tanto, el Espíritu el que abate fronteras y crea la nueva unidad. Así pues, oponerse a la integración plena y sin condiciones de los paganos a la Iglesia es oponerse a Dios. Las palabras de Pedro son acogidas con un silencio de aceptación.

A continuación, hablan los delegados de Antioquía que confirman lo dicho por Pedro narrando las maravillas que Dios había hecho entre los paganos por medio de ellos.

Finalmente, Santiago, el jefe de la oposición moderada, toma a su vez la palabra y acepta claramente la decisión de Pedro. Dice que imponer la circuncisión y la ley judía a los paganos sería poner obstáculos a su conversión, descalificando así a los extremistas. No obstante, Santiago propone algunas cláusulas de comportamiento para los paganos convertidos con el fin de asegurar la convivencia con los judeocristianos en las comunidades mixtas. Éstas fueron aceptadas.

Así terminó aquella memorable reunión, considerada como el primer Concilio de la Iglesia. Sin embargo, los cristianos de hoy caeríamos en un error si consideráramos el Concilio de Jerusalén como un hecho del pasado, cerrado y superado ya.

En realidad, el Concilio de Jerusalén continúa abierto, porque el problema de fondo que allí se planteó ha sido y sigue siendo el problema de fondo de toda la historia de la Iglesia, también de la de nuestros días.

Fue «la memoria» de Jesús la que estuvo en peligro de perderse en Jerusalén, es decir, su opción por los marginados, las masas abandonadas, los discriminados, los excluidos. En el Concilio de Jerusalén los marginados fueron los helenistas cristianos y los paganos convertidos, en una Iglesia dominada por los judeocristianos.

Hoy son las mujeres en un mundo dominado por los hombres; los niños en un mundo de adultos; los enfermos en un mundo obsesionado por la salud y el hedonismo; el tercer mundo dominado por el primero; son los pobres, los emigrantes, los indígenas, los trabajadores y, en general, los marginados de nuestra sociedad.

Las palabras de Pedro en Jerusalén siguen resonando proféticamente en nuestros días: Si Dios los ha elegido, ¿quiénes somos nosotros para marginarlos? Con esta intervención, Lucas despide a Pedro definitivamente del libro de los Hechos. Ya no lo menciona más.

El narrador no intenta ofrecernos una biografía de sus personajes, sino que los sigue hasta que se han identificado totalmente con el Espíritu Santo que es el protagonista absoluto del libro de los Hechos.

16 *De nuevo reconstruiré*
la choza caída de David,
la reconstruiré levantando sus ruinas,
17 *para que el resto de los hombres*
busque al Señor,
lo mismo que todas las naciones
que llevan mi nombre –dice el Señor–,
18 *que da a conocer todo esto*
desde antiguo.

19 Por tanto pienso que no hay que
poner obstáculos a los paganos que se
conviertan a Dios. 20 Basta encargarles
que se abstengan de contaminarse con
los ídolos, de las uniones ilegales y de
comer carne de animales estrangulados o sangre. 21 Ya que Moisés tiene
desde antiguo en cada población predicadores que lo leen los sábados en las
sinagogas.

22 Entonces los apóstoles, los
ancianos y la comunidad entera decidieron escoger algunos dirigentes de
los hermanos, para enviarlos con
Pablo, Bernabé, Judas, por sobrenombre Barsabás, y Silas a Antioquía.
23 Les dieron una carta autógrafa
que decía:

—Los hermanos apóstoles y ancianos saludan a los hermanos convertidos del paganismo de Antioquía, Siria y
Cilicia: 24 Nos hemos enterado de que
algunos de los nuestros, sin nuestra
autorización, han sembrado entre ustedes la inquietud y provocado el desconcierto. 25 Por eso hemos decidido
de común acuerdo elegir unos delegados y enviárselos con nuestros queridos Bernabé y Pablo, 26 hombres que
han entregado su vida a la causa de
nuestro Señor Jesucristo. 27 Por eso les
enviamos a Judas y Silas, que les ex-
plicarán esto de palabra.

28 Es decisión del Espíritu Santo y
nuestra no imponerles ninguna carga
más que estas cosas indispensables:
29 absténganse de alimentos ofrecidos
a los ídolos, de sangre, de animales
estrangulados y de relaciones sexuales
prohibidas. Harán bien si se privan de
estas cosas. Adiós.

30 Ellos se despidieron, bajaron a
Antioquía, reunieron a la comunidad y
les entregaron la carta. 31 Cuando la leyeron, se alegraron por los ánimos que
les daba. 32 Judas y Silas, que también
eran profetas, animaron y confirmaron
a los hermanos.

33 Pasada una temporada, se despidieron de los hermanos con la paz y se
volvieron a los que los habían enviado.
34 [[Pero a Silas le pareció bien quedarse allí.]]

35 Pablo y Bernabé se quedaron en
Antioquía, donde con otros muchos,
enseñaban y anunciaban la Palabra de
Dios.

Pablo y Bernabé se separan

36 Pasados unos días Pablo dijo a
Bernabé:

—Volvamos a visitar a los hermanos
de cada población donde hemos anunciado la Palabra del Señor, a ver cómo
se encuentran.

37 Bernabé quería llevar consigo a
Juan, de sobrenombre Marcos. 38 Pablo
juzgaba que no debían llevar consigo a
uno que los había abandonado en

15,36-41 Pablo y Bernabé se separan. ¿Se trata de un incidente menor o de algo más serio? Lucas no entra en detalles, sólo dice que después de una violenta discusión el equipo misionero de Antioquía se disolvió, y Bernabé y Juan se fueron por un lado y Pablo, por otro. ¿Cuestión de incompatibilidad de caracteres? Probablemente se separaron por opciones de principio. Hoy diríamos que Pablo quiso ser fiel al espíritu del Concilio llevando sus decisiones hasta sus consecuencias más radicales. No así Bernabé y Juan.

¿No estamos viviendo nosotros la misma situación después del Concilio Vaticano II? Por un lado, están los que acusan a ciertos sectores de la Iglesia, calificados de radicales, de ir más lejos de lo que el Concilio Vaticano II dijo o quiso decir.

Panfilia y no los había acompañado en
la tarea. 39 La discusión resultó tan violenta que se separaron, y Bernabé, tomando a Marcos, se embarcó para
Chipre. 40 Pablo eligió a Silas y partió,
encomendado al favor del Señor por
los hermanos. 41 Atravesó Siria y Cilicia
confirmando a las Iglesias.

Timoteo acompaña a Pablo y Silas

16 1 Así llegó a Derbe y Listra. Había
allí un discípulo llamado Timoteo,
hijo de madre judía convertida y de
padre griego, 2 muy estimado por los
hermanos de Listra e Iconio. 3 Pablo
quería llevarlo consigo; así que lo circuncidó, en consideración a los judíos
que habitaban por allí, porque todos
sabían que su padre era griego.
4 Al atravesar las poblaciones, les
encargaban que observaran las normas
establecidas por los apóstoles y los
ancianos de Jerusalén. 5 Las Iglesias se
robustecían en la fe y crecían en número
cada día.
6 Como el Espíritu Santo no les permitía predicar el mensaje en Asia, atravesaron Frigia y Galacia. 7 Llegados a
Misia, intentaron pasar a Bitinia, pero el
Espíritu de Jesús se lo impidió. 8 Así
que dejaron Misia y bajaron hasta
Tróade.

Visión de Pablo

9 Una noche Pablo tuvo una visión:
un macedonio estaba de pie y le suplicaba: Ven a Macedonia a ayudarnos.
10 Apenas tuvo esa visión, intentamos ir a Macedonia, convencidos de
que Dios nos llamaba a anunciarles la
Buena Noticia. 11 Nos embarcamos en
Tróade llegamos rápidamente a Samo-
tracia, y al día siguiente a Neápolis;
12 de allí a Filipos, la primera ciudad de

Por otro lado, están los que en su radicalismo evangélico quieren ser fieles al espíritu del Concilio hasta sus últimas consecuencias. Volviendo al relato, Lucas nos va a demostrar en los restantes capítulos del libro de los Hechos que el Espíritu Santo fue el que inspiró el radicalismo evangélico de Pablo. No todos los conflictos que se tienen en la Iglesia son negativos. Tratados adecuadamente, desde el diálogo, el respeto a las diferencias y la fraternidad, pueden ser oportunidades para abrirnos a las iniciativas del Espíritu Santo que puede y suele hablar por medio de los que se arriesgan, los contestatarios y los que van contra corriente. Así se manifestó el Espíritu en Antioquía y Lucas recoge y nos transmite la lección.

Pablo, libre ya del impedimento que significaban Bernabé y Juan, se lanzó a la gran misión entre los paganos que le llevaría hasta la misma capital del imperio, Roma, acompañado de otro voluntario, Silas.

16,1-8 Timoteo acompaña a Pablo y Silas. Entra en escena Timoteo, que llegará a ser uno de los colaboradores favoritos del Apóstol. Lucas dice que Pablo hizo circuncidar a Timoteo, con el consentimiento de éste, por supuesto. ¿Incoherencia de Pablo que tanto luchó por la abolición de la circuncisión como requisito para ser cristiano? Más que incoherencia, lo que probablemente quiere indicarnos Lucas es la absoluta libertad del Apóstol para hacer lo que más convenía a la propagación del Evangelio. Si la circuncisión era tomada como requisito necesario para ser cristiano, Pablo la rechaza absolutamente, como hace en la carta a los Gálatas. Si sólo se trata de un rito externo que puede traer ventajas legales o sociales, la acepta sin más problemas, como en el caso de Timoteo.

El nuevo equipo misionero se adentra en Asía Menor camino, probablemente, de las grandes ciudades grecoromanas de la provincia asiática, como Pérgamo y Éfeso. Por el camino recorren en visita pastoral las comunidades ya establecidas. El proyectado viaje, sin embargo, se ve truncado por la intervención del Espíritu Santo –Lucas lo llama aquí «Espíritu de Jesús»– (7), quien cambia radicalmente los planes de los evangelizadores. Su destino será un nuevo continente: Europa.

16,9-15 Visión de Pablo. El uso de los sueños para comunicar mensajes divinos es más frecuente en el evangelio de Mateo. Lucas, de ordinario, hace intervenir a ángeles. Esta vez, un macedonio anónimo, huésped de un sueño, es la voz de Europa pidiendo auxilio. Detrás de este recurso literario de Lucas para insistir, como siempre, en el protagonismo del Espíritu Santo, podemos percibir lo atentos que estaban aquellos misioneros a lo que hoy llamaríamos «los signos de los tiempos». Sus ojos iluminados por la fe veían en personas, circunstancias y acontecimientos al Espíritu de Jesús que dirigía sus pasos abriendo nuevos caminos de misión.

El Espíritu, pues, les encaminó a Filipos, la primera ciudad europea que iban a visitar, conquistada el 355 a.C. por Filipos, padre de Alejandro Magno. Allí se dirigen a un lugar de oración donde había también mujeres, lo que nos induce a pensar que no se trataba de una sinagoga judía.

la provincia de Macedonia, colonia
romana. Nos quedamos unos días en
aquella ciudad.
13 Un sábado salimos por la puerta
de la ciudad a la ribera de un río, donde
pensábamos que habría un lugar para
orar. Nos sentamos y nos pusimos a
conversar con unas mujeres. 14 Nos
escuchaba una mujer llamada Lidia,
comerciante en púrpura en Tiatira y
persona devota.
El Señor le abrió el corazón para que
prestara atención al discurso de Pablo.
15 Se bautizó con toda su familia y nos
rogaba:
—Si me tienen por creyente en el
Señor, vengan a hospedarse a mi casa.
Y les insistía.

Presos y liberados

16 Una vez que nos dirigíamos a la
oración nos salió al encuentro una muchacha que tenía poderes de adivina y
daba muchas ganancias a sus patrones
adivinando la suerte. 17 Caminando
detrás de Pablo y de nosotros gritaba:
—Estos hombres son siervos del
Dios Altísimo y nos predican el camino
de la salvación.
18 Esto lo hizo muchos días, hasta
que Pablo, cansado, se volvió y dijo al
espíritu:
—En nombre de Jesucristo te ordeno
que salgas de ella.
Inmediatamente salió de ella.
19 Viendo sus dueños que se les había
escapado la esperanza de negocio, tomaron a Pablo y Silas, los arrastraron hasta
la plaza, ante las autoridades, 20 y, pre-
sentándolos a los magistrados, dijeron:
—Estos hombres están perturbando
nuestra ciudad; son judíos 21 y predican
unas costumbres que nosotros, romanos, no podemos aceptar ni practicar.
22 La gente se reunió contra ellos y
los magistrados ordenaron que los des-
nudaran y los azotaran. 23 Después de
una buena paliza, los metieron en la
cárcel y ordenaron al carcelero que los
vigilara con mucho cuidado. 24 Recibido el encargo, los metió en el último
calabozo y les sujetó los pies al cepo.
25 A media noche Pablo y Silas reci-
taban un himno a Dios, mientras los
demás presos escuchaban. 26 De
repente sobrevino un terremoto que
sacudió los cimientos de la prisión. En
ese instante se abrieron todas las puertas

El relato de Lucas se centra en una mujer, Lidia, la primera creyente de Europa. No podía ser de otra manera en un narrador que tanto promocionó a la mujer en su evangelio. Los misioneros rompen la costumbre de hospedarse en casas judías y, ante la insistencia de Lidia, lo hacen en su casa que se convirtió en «Iglesia doméstica», célula original de una de las comunidades más fervorosas de Pablo. Lucas no se olvida de apuntar que la conversión de Lidia fue obra de Dios.

16,16-40 Presos y liberados. Lo que motivó la prisión de Pablo y sus compañeros fue el encuentro de éstos con una esclava que proporcionaba abundantes ganancias a sus amos ejerciendo el arte adivinatorio y otras magias. Importunaba a los misioneros con supuestos elogios. ¿Es alabanza y recomendación, burla y parodia o desafío a los presuntos salvadores? Sea lo que sea, la explotación de la esclava por el dinero que proporcionaba a sus amos es suficiente para que Pablo vea en esa manifestación pseudo-religiosa un negocio instigado por un mal espíritu. Lucas no dice si era el mal espíritu quien producía el negocio o era el negocio quien inventaba el espíritu. En cualquier caso, Pablo invocó el nombre de Jesús y la esclava quedó libre.

La reacción de los amos, violenta e ilegal, no se hizo esperar. Hoy diríamos que la acusación está basada en anti-semitismo y xenofobia: opone romanos a judíos, costumbres extranjeras a las propias. Intervinieron las autoridades y, después de una buena paliza, los metieron en la cárcel. Y aquí Lucas echa mano de su arte de narrador y compone un relato novelado de liberación en el que Pablo sigue las huellas de Pedro (12,1-19).

El realismo con que describe los acontecimientos de aquella noche de cárcel hace resaltar más las incongruencias que la verosimilitud de los hechos. ¿Qué terremoto es ése que abre puertas y suelta cadenas sin producir daños a los presos? Hay que entrar en el espacio fantástico del relato para escuchar lo que verdaderamente nos quiere decir Lucas. Ante todo, la serenidad de los dos cautivos que transforma la cárcel en casa de oración. El terremoto es manifestación de Dios en acción. Se abren las puertas, como promete el profeta (cfr. Is 45,1) y

y se les soltaron las cadenas a los prisioneros. 27 El carcelero se despertó, y
al ver las puertas abiertas, empuñó la
espada para matarse, creyendo que se
habían escapado los presos.
28 Pero Pablo le gritó muy fuerte:
—¡No te hagas daño, que estamos
todos aquí!
29 El carcelero pidió una antorcha,
temblando corrió adentro y se echó a
los pies de Pablo y Silas.
30 Los sacó afuera y les dijo:
—Señores, ¿qué tengo que hacer
para salvarme?
31 Ellos le contestaron:
—Cree en el Señor Jesús y te salvarás, tú con tu familia.
32 Enseguida le anunciaron a él y a
toda la familia el mensaje del Señor.
33 Todavía de noche se los llevó, les
lavó las heridas y se bautizó con toda
su familia. 34 Después los llevó a su
casa, les ofreció una comida y festejó
con toda la casa el haber creído en
Dios.
35 Cuando se hizo de día, los magistrados enviaron a los inspectores para
que soltaran a aquellos hombres. 36 El
carcelero informó del asunto a Pablo:
—Los magistrados han mandado
que los deje en libertad; por tanto,
váyanse en paz.
37 Pablo replicó:
—De modo que a nosotros, ciudadanos romanos, nos han azotado en
público y sin juicio, nos han metido en
la cárcel, ¿y ahora nos echan a ocultas?
De ningún modo. Que vengan ellos y
nos hagan salir.
38 Los inspectores lo comunicaron
a los magistrados, los cuales se asustaron al oír que eran ciudadanos romanos. 39 Acudieron, se excusaron, los
hicieron salir y les rogaron que se
marcharan de la ciudad.
40 Al salir de la cárcel se dirigieron a
casa de Lidia, saludaron, animaron a
los hermanos y se marcharon.

En Tesalónica

17 1 Atravesando Anfípolis y Apolo-
nia llegaron a Tesalónica, donde
había una sinagoga judía. 2 Según costumbre, Pablo se dirigió a ella y, durante
tres sábados, discutió con ellos, citando
la Escritura, 3 explicándola y mostrando
que el Mesías tenía que padecer y resucitar al tercer día, y que ese Jesús que
les anunciaba era el Mesías.
4 Algunos de ellos se convencieron
y se unieron a Pablo y Silas; también
lo hicieron gran número de gente de
nacionalidad griega que habían aceptado la fe de los judíos y no pocas
mujeres influyentes.

salen libres (cfr. Sal 124,7). El efecto más maravilloso es la conversión del carcelero, que se bautiza con toda su familia. Al día siguiente, las autoridades quieren dar el asunto por terminado y les dicen que se vayan. Pablo, sin embargo, pide justicia y les acusa del tratamiento injusto e ilegal infligido a ciudadanos romanos. Exige y obtiene una discreta reparación.

17,1-9 En Tesalónica. Dejando ciudades secundarias, los misioneros se encaminan a la capital de Macedonia, Tesalónica –hoy Salónica–, una ciudad portuaria, rica y abierta, en la que no faltaba la sinagoga judía. Siguiendo su estrategia misionera, Pablo se dirige primero a los judíos a quienes explica y muestra que el Mesías tenía que sufrir y resucitar, y que este Mesías era Jesús.

El éxito de la predicación de Pablo en Tesalónica es muy superior al de Filipos. Entre los que se asociaron a Pablo y Silas había judíos, griegos y no pocas mujeres influyentes. De nuevo, Lucas hace notar la presencia de las mujeres. Probablemente no lo hace sólo para promocionarlas, sino para dar testimonio de su protagonismo en aquellas comunidades cristianas.

Como en otras ocasiones, el éxito provoca la envidia y la acusación de los judíos, muy semejante a la que lanzaron contra Jesús (cfr. Lc 23,2; Jn 19,12): intentar suplantar al emperador romano con otro rey. Esta vez, al no encontrar a Pablo y Silas, los amotinados se volvieron contra el anfitrión de los misioneros, Jasón. Menos mal que las autoridades se dieron cuenta de lo absurdo de la acusación y se contentaron con amonestar a Jasón.

5 Llenos de envidia, los judíos reclu-
taron algunos maleantes del arroyo,
promovieron un alboroto y perturbaron
el orden de la ciudad. Luego se presentaron en casa de Jasón con la intención
de hacer comparecer a Pablo y Silas
ante la asamblea del pueblo.

6 Al no encontrarlos, arrastraron a
Jasón y a algunos hermanos a la presencia de los magistrados.

Y gritaron:

—Éstos, que han revolucionado el
mundo, se han presentado también
aquí y 7 Jasón los ha recibido en su
casa. Todos éstos actúan contra los
edictos del emperador y afirman que
hay otro rey, llamado Jesús.

8 Al oírlo, la multitud y los magistrados se asustaron, 9 exigieron una fianza
a Jasón y los soltaron.

En Berea

10 Enseguida, de noche, los hermanos enviaron a Pablo y Silas a Berea.
Cuando llegaron, se dirigieron a la sinagoga de los judíos. 11 Éstos eran
más tolerantes que los de Tesalónica;
recibieron con interés el mensaje y
todos los días analizaban la Escritura
para ver si era cierto.

12 Muchos de ellos abrazaron la fe,
lo mismo que algunas mujeres nobles
y no pocos hombres griegos.

13 Cuando los judíos de Tesalónica se
enteraron de que Pablo había anunciado
el mensaje de Dios en Berea, fueron
allá para incitar y amotinar a la multitud.

14 Sin tardanza, los hermanos
hicieron bajar a Pablo hasta la costa,
mientras Silas y Timoteo se quedaban
atrás. 15 Los que escoltaban a Pablo lo
condujeron hasta Atenas; después
volvieron con instrucciones para que
Silas y Timoteo se reunieran con él
cuanto antes.

En Atenas

16 Mientras los esperaba en Atenas,
Pablo se indignaba al observar la idolatría de la ciudad. 17 En la sinagoga discutía con judíos y con los que temen a
Dios; en la plaza pública hablaba a los
que pasaban por allí.

18 Algunos de las escuelas filosófi-
cas de epicúreos y estoicos entabla-
ban conversación con él; otros
comentaban:

—¿Qué querrá decir este charlatán?

Otros decían:

—Parece un propagandista de divinidades extranjeras.

Porque anunciaba a Jesús y la resurrección. 19 Lo llevaron al Areópago y le
preguntaron:

—¿Podemos saber en qué consiste
esa nueva doctrina que expones? 20 Dices cosas que nos suenan extrañas y

17,10-15 En Berea. Se repiten los mismos sucesos que en Tesalónica. La misión de Pablo y Silas termina, como siempre, en persecución. Esta vez son los judíos venidos de Tesalónica los que se dirigen a Berea –unos 80 Km. de distancia– para impedir la misión de Pablo. Sin embargo, los convertidos siguen aumentando; entre ellos, vuelve a repetir Lucas, había mujeres importantes. En Berea se separan los compañeros por un tiempo, de modo que Pablo va a afrontar en solitario el desafío de Atenas.

17,16-21 En Atenas. El relato de Atenas está entre los más importantes del libro de los Hechos. A través de los episodios anteriores Lucas ha ido preparando el terreno para este encuentro importantísimo de Pablo con las religiones paganas. Hasta ahora los predicadores cristianos se han enfrentado con el judaísmo y la ley, la magia (16,16-18; 19,12-16), con el politeísmo ingenuo (14,6-18). Ahora le toca a Pablo enfrentarse con una religiosidad marcada por la filosofía.

A pesar de su decadencia económica y política, Atenas conservaba intacta su aureola cultural, aunque evocaba mucho más de lo que era.

Los filósofos habían reinterpretado la mitología para transformarla en religión purificada. En aquel momento actuaban en Atenas «la Academia» de Platón; «los peripatéticos» de Aristóteles; «los epicúreos»; «los estoicos» y quizás también «los cínicos».

queremos saber lo que significan.
21 Porque todos los atenienses y los
extranjeros que residen allí no tienen
mejor pasatiempo que contar y escuchar novedades.

En el Areópago

22 Pablo se puso en pie en medio del
Areópago y habló así:
—Atenienses, veo que son hombres
sumamente religiosos. 23 Cuando estaba
paseando y observando sus lugares de
culto, encontré un altar con esta inscripción: AL DIOS DESCONOCIDO.
Ahora bien, yo vengo a anunciarles al
que adoran sin conocer.
24 Es el Dios que hizo cielo y tierra y
todo lo que hay en él. El que es Señor
de cielo y tierra no habita en templos
construidos por hombres 25 ni pide que
le sirvan manos humanas, como si
necesitase algo. Porque él da vida y
aliento y todo a todos.
26 De uno solo formó toda la raza
humana, para que poblase la superficie
entera de la tierra.
Él definió las etapas de la historia y
las fronteras de los países.
27 Hizo que buscaran a Dios y que lo
encontraran aun a tientas. Porque no
está lejos de ninguno de nosotros, ya
que 28 en él vivimos, y nos movemos y
existimos, como dijeron algunos de los
poetas de ustedes: porque somos también de su raza.
29 Por tanto, si somos de raza divina,
no debemos pensar que Dios es semejante a la plata o el oro o la piedra mo-
delados por la creatividad y la artesanía
del hombre.
30 Ahora bien, Dios, pasando por
alto la época de la ignorancia, manda
ahora a todos los hombres en todas
partes a que se arrepientan; 31 porque
ha señalado una fecha para juzgar con
justicia al mundo por medio de un

17,22-34 En el Areópago. En sus tres grandes viajes misioneros, Pablo pronunció tres discursos programáticos: a los judíos en Antioquía de Pisidia, a los líderes cristianos en Éfeso y a los filósofos paganos en Atenas.

El discurso de Atenas es de suma importancia para Lucas, hombre abierto a la cultura griega, dialogante y conciliador, de origen pagano él mismo. El discurso está colocado justo al comienzo de la gran misión de Pablo que le llevaría a predicar el Evangelio en el mundo grecorromano, donde, desde el punto de vista religioso, la pluralidad era la nota dominante.

Para nosotros, cristianos del s. XXI, lo fascinante de este relato es que justamente haya sucedido; que uno de los representantes más cualificados de la Iglesia de entonces, apóstol de Jesús, viaje a Atenas; escuche con respeto a los filósofos; comparta con los epicúreos el rechazo de los ídolos; apruebe la creencia de los estoicos en el parentesco entre Dios y la humanidad: «en él vivimos, nos movemos y existimos» (28) llega a decir Pablo citando a un poeta griego; haga suyas las convicciones del mundo cultural griego de tolerancia hacia las religiones extranjeras; dialogue y anuncie el mensaje de Jesús.

Hoy llamaríamos a la actuación misionera de Pablo en Atenas: diálogo interreligioso, la última y desafiante frontera de la misión universal de la Iglesia que estamos viviendo con tanta pasión en nuestros días. Esta escena de Pablo dialogando con las religiones no cristianas, representadas por los filósofos de Atenas, no se volverá a repetir en la historia de la Iglesia «a tan alto nivel», hasta la mitad del s. XX, en el Concilio Vaticano II, que abrió las puertas al diálogo atento y respetuoso con los creyentes de otras religiones, sin descalificaciones, prejuicios y condenas.

Pablo, respetuoso en la escucha, es también valiente en el anuncio. Después de captarse la benevolencia de los atenienses, dice sin rodeos que toda la historia pasada de búsqueda de Dios, del «dios desconocido», ha sido, en realidad, una época de ignorancia. Ha llegado el momento de salir de ella y pasar al arrepentimiento. Todas las personas han sido llamadas a romper con el pasado. Hay un día fijado, aunque no revelado, para el juicio de Dios (cfr. Sal 75,3; 96,13). Y un «varón» encargado de ejecutarlo (cfr. 10,42; Mt 25,31s). La resurrección de Jesús llega casi sin hacer ruido: en atención a los paganos, para agudizar su curiosidad, o en atención a sus lectores que ya han oído hablar de ella en el libro.

Los resultados del diálogo y anuncio, hoy como en Atenas, están en manos de Dios. La mayoría de los oyentes de Pablo deciden que no merece la pena seguir escuchando. La predicación del Apóstol, sin embargo, no fue totalmente ineficaz. Lucas menciona por sus nombres a dos convertidos: Dionisio, funcionario de la ciudad para la educación y la cultura y Dámaris, ¡otra mujer!

¿Triunfó Pablo en Atenas? ¿Fracasó? Para el cristiano de hoy Lucas tiene un mensaje importantísimo que comunicar: Pablo, frente a las religiones no cristianas, respetó, escuchó, dialogó y anunció el mensaje de Cristo.

hombre que él designó para esto. Y a este hombre lo ha acreditado ante todos resucitándolo de la muerte.

32 Al oír lo de la resurrección de
los muertos, unos se burlaban, otros decían:

—En otra ocasión te escucharemos sobre este asunto.

33 Y así Pablo abandonó la asamblea.

34 Algunos se juntaron a él y abra-
zaron la fe; entre ellos Dionisio el areopagita, una mujer llamada Dámaris y algunos más.

En Corinto

18 1 Pablo salió de Atenas y se dirigió a Corinto. 2 Allí encontró a
un judío llamado Áquila, natural del
Ponto, y a su mujer Priscila, que habían
llegado hacía poco de Italia, porque
Claudio había expulsado de Roma a
todos los judíos. Pablo fue a verlos y,
3 como eran del mismo oficio, se alojó
en su casa para trabajar: eran fabricantes de tiendas de campaña.

4 Todos los sábados Pablo discutía
en la sinagoga, intentando convencer a
judíos y paganos. 5 Cuando Silas y
Timoteo bajaron de Macedonia, Pablo
se dedicó a predicar, afirmando ante
los judíos que Jesús era el Mesías. 6 Pero,
como se oponían y lo injuriaban, se
sacudió el polvo de la ropa y dijo:

—Ustedes son responsables de su sangre, yo soy inocente: en adelante me dirigiré a los paganos.

7 Saliendo de allí se dirigió a casa de
un hombre religioso, llamado Ticio
Justo, que vivía junto a la sinagoga.
8 Crispo, jefe de la sinagoga, con toda
su familia, creyó en el Señor y también
muchos corintios que lo habían escuchado creyeron y se bautizaron.

9 En una visión nocturna el Señor
dijo a Pablo:

—No temas, sigue hablando y no te
calles, 10 que yo estoy contigo y nadie
podrá hacerte daño, porque en esta
ciudad tengo yo un pueblo numeroso.

11 Pablo se quedó allí un año y medio enseñándoles el mensaje de Dios.

Éste fue su triunfo indiscutible y la lección que nos transmite. En esto consiste la misión evangelizadora de la Iglesia.

18,1-23 En Corinto – Hacia Antioquía. Para el mundo de entonces, Corinto, capital de la provincia de Acaya, era la ciudad de las dos culturas, griega antes y romana después. Asentada en el istmo que une la Grecia continental con la isla del Peloponeso era un importante nudo de comunicaciones con dos puertos, Licaon al oeste y Cencreas al este. Rica y cosmopolita, una ciudad de población tan variada había acogido a las más diversas religiones del imperio. Con más de medio millón de habitantes, era famosa por su inmoralidad y por la gran diferencia entre ricos y pobres.

Para Pablo fue la ciudad del amor y del dolor, a la que dedica año y medio de evangelización, muchos afanes y varias cartas. Para Lucas, era la ciudad donde el Evangelio se abrió definitivamente a los paganos y al imperio romano, después del rechazo por parte de los judíos. Para los cristianos de hoy, Corinto es la ciudad donde surgió una de las comunidades de creyentes más conocidas e importantes de la Iglesia primitiva, cuya vida y dinamismo siguen inspirando a los que leemos las dos cartas que Pablo les escribió.

Corinto ocupa el lugar más importante del segundo viaje apostólico de Pablo. Las fechas de la estancia de Pablo en la ciudad son las más seguras de toda la cronología del Nuevo Testamento: desde Diciembre del año 50 hasta Junio del 52, más o menos. Lucas sitúa históricamente la actividad de Pablo en Corinto con la alusión a la expulsión de los judíos de Roma por el emperador Claudio y la mención del nombre del Gobernador de Acaya, Galión (18,12). La expulsión de los judíos de Roma, ocasionará la llegada providencial a Corinto de un matrimonio judeo-cristiano, Priscila y Áquila.

Priscila, la mujer, será la animadora de la Iglesia doméstica que va a surgir en la ciudad. En la casa de estos fabricantes de tiendas y toldos, Pablo se hospedará y trabajará en dicho oficio para ganarse su sustento.

Con la mención de este matrimonio cristiano de refugiados, Lucas comienza una rápida narración de acontecimientos que culminarán ante el tribunal del gobernador romano Galión: llegada de los colaboradores Silas y Timoteo; predicación de Pablo acerca de Jesús, el Mesías, en la sinagoga; conversión, nada menos, que del jefe de la misma, Crispo; oleada de conversiones de corintios; rechazo por la mayoría de los judíos; ruptura de Pablo con los judíos y propósito de dirigirse en adelante a los paganos; acusación judía ante la autoridad romana y

12 Siendo Galión gobernador de
Acaya, los judíos de común acuerdo
se enfrentaron con Pablo y lo condujeron al tribunal, 13 acusándolo de
inducir a la gente a ofrecer a Dios un
culto contrario a la ley.

14 Pablo estaba por hablar, cuando
Galión se dirigió a los judíos:

—Si se tratara de algún delito o de
una acción criminal, yo los atendería
como es debido. 15 Pero como se trata
de discusiones sobre palabras y nombres y sobre la ley judía, arréglense
ustedes. No quiero ser juez de esos
asuntos.

16 Y los despidió del tribunal.

17 Entonces [los griegos] tomaron a
Sóstenes, jefe de la sinagoga, y le dieron una paliza delante del tribunal,
mientras Galión se desentendía de
todo. 18 Pablo se quedó allí bastante
tiempo. Después se despidió de los
hermanos y se embarcó para Siria en
compañía de Priscila y Áquila. En
Cencreas se afeitó la cabeza en cumplimiento de un voto.

Hacia Antioquía

19 Llegaron a Éfeso, donde Pablo
se separó de sus compañeros y se
dirigió a la sinagoga para discutir con
los judíos. 20 Aunque le rogaban que se
quedara más tiempo, no accedió, 21 sino
que se despidió diciendo:

—Si Dios quiere, volveré a visitarlos.

Zarpó de Éfeso 22 y bajó a Cesarea;
allí desembarcó para saludar a la comunidad, y prosiguió el viaje hasta Antioquía. 23 Pasada una temporada partió y fue atravesando Galacia y Frigia,
confirmando a todos los discípulos.

Apolo en Éfeso

24 Llegó a Éfeso un judío llamado
Apolo, natural de Alejandría, hombre
elocuente y versado en la Escritura.
25 Lo habían instruido en el camino del
Señor, y lleno de fervor hablaba y explicaba exactamente lo concerniente a
Jesús, aunque conocía sólo el bautismo de Juan. 26 Empezó a actuar abiertamente en la sinagoga.

Lo escucharon Priscila y Áquila; se
lo llevaron aparte y le explicaron con
mayor exactitud el camino de Dios. 27 Y
como se disponía a marchar a Acaya,
los hermanos lo animaron y escribieron
a los discípulos para que lo recibieran
de la mejor manera posible.

Al llegar prestó un gran servicio a los
que habían recibido la gracia de la fe,
28 porque refutaba vigorosamente y en
público a los judíos, demostrando con
la Escritura que Jesús era el Mesías.

respuesta absolutoria de Galión para Pablo y sus compañeros creyentes.

Lucas está verdaderamente interesado en presentar el anuncio del Evangelio de Jesús como no contrario a las leyes del imperio. En realidad, Galión viene a decir con ironía que un magistrado romano de su categoría no se va a rebajar a dilucidar sobre cuestiones de sectas religiosas. Así pues, al imperio romano no le afecta la predicación de Pablo. Otra cosa, sin embargo, es lo que Lucas quiere comunicarnos. Lo hace a través del recurso de una visión nocturna que tiene el Apóstol (10s) en la que Jesús le anima a seguir hablando y no callarse, porque «en esta ciudad tengo yo un pueblo numeroso» (10). El imperio romano ya no será lo mismo desde que Pablo comenzó a anunciar el mensaje de Jesús en Corinto.

Lucas termina con un sumario de carácter geográfico en el que destaca la atención concedida por el narrador a Éfeso, campo importante de la actividad futura de Pablo. Va a comenzar su tercer y último viaje apostólico. Le acompañan Priscila y Áquila.

18,24-28 Apolo en Éfeso. La figura de Apolo, abanderado de una facción de la comunidad de Corinto, (cfr. 1 Cor 1,12; 3,4-6.22; 4,6; 16,12) resulta aquí ambigua. Lucas no entra en detalles acerca del personaje. Lo que sí podemos afirmar es que la situación de las primeras comunidades era mucho más compleja de lo que nos dice el libro de los Hechos. Es probable que Apolo fuera uno de tantos como había en aquellos años, con un pie en el judaísmo y otro en el cristianismo.

¿Era, acaso, discípulo de Juan Bautista y como tal había recibido solamente el bautismo de Juan? Sea lo que fuese, a Lucas le interesa resaltar que Apolo necesitaba una catequesis en «el camino de Dios», y que fueron

Pablo en Éfeso

19 1 Mientras Apolo estaba en Corinto, Pablo viajaba por el interior
hasta llegar a Éfeso. Allí encontró unos
discípulos 2 y les preguntó si habían
recibido el Espíritu Santo después de
abrazar la fe. Le respondieron:
—Ni sabíamos que había Espíritu
Santo.
3 Les preguntó:
—Entonces, ¿qué bautismo han
recibido?
Contestaron:
—El bautismo de Juan.
4 Pablo replicó:
—Juan predicó un bautismo de
arrepentimiento, encargando al pueblo
que creyera en el que venía detrás de
él, o sea, en Jesús.
5 Al oírlo, se bautizaron invocando el
nombre del Señor Jesús. 6 Pablo les impuso las manos y vino sobre ellos el
Espíritu Santo, y se pusieron a hablar
en distintas lenguas y a profetizar.
7 Eran doce varones.
8 Después entró en la sinagoga, y
durante tres meses habló abiertamente,
discutiendo de modo convincente
sobre el reino de Dios.
9 Pero, como algunos se endurecían
y se negaban a creer y difamaban el
Camino ante la gente, Pablo se apartó
de ellos, llevó consigo a los discípulos y
siguió discutiendo diariamente en la
escuela de un tal Tirano.
10 Esto duró dos años, de modo que
todos los habitantes de Asia, judíos y
griegos, escucharon la Palabra del
Señor.

Los exorcistas

11 Dios hacía milagros extraordinarios por medio de Pablo; 12 hasta el
punto de que aplicaban a los enfermos

Priscila y Áquila los que se lo llevaron aparte y lo catequizaron. Una vez informado, Apolo pone todo su entusiasmo y conocimientos bíblicos –provenía de la escuela de Alejandría– al servicio de la predicación en Corinto a invitación, probablemente, de los hermanos y hermanas de aquella ciudad.

19,1-10 Pablo en Éfeso. Después de pasar rápidamente por Éfeso, a donde promete volver (18,22), Lucas dice que Pablo se dirigió a Cesarea, que era el puerto principal de Palestina, con la intención, naturalmente, de visitar la Iglesia madre de Jerusalén. Lucas no es muy claro acerca de este posible viaje a la Ciudad Santa, pero en este sentido habría que entender el voto que hace en Cencreas (18,18) y que sólo podía completarse con una ofrenda en el templo de Jerusalén. De todas formas, entra dentro de la constante preocupación de Lucas el afirmar la unidad de la Iglesia.

Más adelante, Pablo pasará también por Jerusalén antes de su importante viaje a Roma (21). La misión a los paganos, exigida por el Evangelio, no debe poner en peligro la comunión eclesial.

Pablo regresa a Éfeso y en esta ciudad pasará uno de los períodos más llenos de acontecimientos de su vida misionera. Aquí escribirá las dos cartas a los Corintios, la carta a los Gálatas y a los Filipenses. En Éfeso, probablemente, lo hicieron preso, experimentando uno de los momentos más angustiosos de su vida. ¿Estuvieron a punto de matarlo? (cfr. 2 Cor 1,8). Pablo permaneció en dicha ciudad un tiempo verdaderamente largo de su vida apostólica, dos años y tres meses. Durante tres meses predicó en la sinagoga, ganándose el rechazo de los judíos. No considerando, pues, adecuada la sinagoga para enseñar «el camino», Pablo lo hace en la escuela de Tirano.

Lucas afirma que «todos los habitantes de Asia, judíos y griegos, escucharon la Palabra del Señor» (10). Por si no fuera poco el trabajo de la evangelización de los paganos y la tensión provocada por el rechazo de los judíos influyentes de la ciudad, Pablo tiene que intervenir en el movimiento espiritual de los seguidores de Juan Bautista. ¿Era éste un movimiento rival de la naciente Iglesia? ¿Eran cristianos simpatizantes? En todo caso, Pablo completa la formación de los doce líderes del movimiento, los bautiza y reciben el Espíritu Santo. Esto es lo que Lucas quiere resaltar: el triunfo del Espíritu en todos los frentes de la evangelización de Pablo.

19,11-20 Los exorcistas. Éfeso era conocida como una especie de capital internacional de la magia. No es extraño, pues, que Pablo tuviera que enfrentarse con el problema que afectaba también a los nuevos convertidos.

La escena descrita recuerda los episodios de Simón y de Elimas (cfr. 13,4-12). Pablo aparece como taumaturgo extraordinario (como Pedro en 5,12-16 y como Jesús en Mc 5,27-29). Lucas contrasta el poder liberador del Evangelio frente a la falsa seguridad de las artes mágicas de los charlatanes. El ambiente de la gran ciudad portuaria favorecía la confusión y el sincretismo religioso. El triunfo del Espíritu fue completo. Judíos y griegos se llenaron de

paños o pañuelos que él había tocado,
y les desaparecía la enfermedad y
también salían de ellos los espíritus
malignos.
13 Unos exorcistas ambulantes judíos
intentaron invocar sobre los poseídos
de espíritus malignos el nombre de
Jesús con la fórmula: Yo los conjuro
por el Jesús que Pablo predica. 14 Un
sumo sacerdote judío, llamado Escevas,
tenía siete hijos que hacían eso.
15 Pero el espíritu maligno les dijo:
—A Jesús lo conozco, Pablo sé
quién es; pero ustedes, ¿quiénes son?
16 El hombre poseído por el espíritu
maligno se abalanzó sobre ellos y los
dominó por la fuerza, así que tuvieron
que escapar desnudos y malheridos de
aquella casa.
17 Lo supieron los vecinos de Éfeso,
judíos y griegos, y todos se llenaron de
temor. El nombre del Señor Jesús
ganaba prestigio. 18 Muchos que abrazaban la fe venían a confesar públicamente sus prácticas. 19 No pocos, que
habían practicado la magia, traían sus
libros y los quemaban en presencia de
todos. Calculando el precio de aquellos
libros, resultó ser de cincuenta mil
monedas de plata.
20 Así, por el poder del Señor, el
mensaje crecía y se fortalecía.

Motín de los plateros

21 Terminada toda esa tarea, Pablo
se propuso ir a Jerusalén pasando por
Macedonia y Acaya; él decía que, después de estar allí, tenía que visitar Roma.
22 Envió a Macedonia a dos de sus asistentes, Timoteo y Erasto, y él se quedó
una temporada en Asia.
23 Por entonces sobrevino una gran
crisis a causa del Camino del Señor.
24 Un tal Demetrio, platero, fabricaba
en plata reproducciones del templo de
Artemisa y proporcionaba buenas ganancias a los artesanos. 25 Los reunió
con todos los del gremio y les dirigió la
palabra:
—Compañeros, ustedes saben que
nuestra prosperidad depende de esta
actividad. 26 Pero ahora ustedes ven y

temor reverencial. La narración termina con la mención de una hoguera purificadora donde se quemaron libros de magia por un valor enorme: 50.000 monedas de plata, lo que equivalía en aquella época al salario de una jornada de trabajo de 50 mil hombres. Así, por el poder del Señor, el mensaje crecía.

A dos mil años de distancia, la narración de Lucas no ha perdido actualidad. Los horóscopos, cartas astrales, artes adivinatorias y demás parafernalia de adivinos y charlatanes siguen cosechando inmensas fortunas entre los hombres y mujeres de hoy, también entre los cristianos. La liberación que trae el Evangelio de Jesús sigue siendo tan necesaria ahora como entonces.

19,21-40 Motín de los plateros. Si colocáramos los versículos 21s al final del capítulo, estarían mejor situados para servir de prólogo al último y definitivo viaje de Pablo, Roma. Antes, sin embargo, Lucas tiene que contarnos otro episodio que marcó la complicada misión de Pablo en Éfeso: una revuelta.

En los versículos 23-40 Lucas compone una página magistral de sociología de masas, de religiosidad popular embebida de nacionalismo e intereses económicos. Parece que estamos leyendo una crónica de cualquiera de los periódicos de nuestros días sobre modernas manifestaciones o asambleas. La crisis surgió a causa del «Camino» o seguimiento de Jesús. Éfeso era famosa por su inmenso templo (120 metros de largo por 70 de ancho, rodeado de 128 columnas de 19 metros de altura), una de las maravillas del mundo de entonces, dedicado a la diosa de la fecundidad Artemis, adorada en toda la provincia de Asia.

Religión, nacionalismo y fuertes intereses económicos estaban estrechamente ligados. El jefe del sindicato de los plateros, un tal Demetrio, ve en la predicación de Pablo contra la idolatría un posible peligro para el negocio de producción de estatuillas y demás objetos religiosos de la diosa y provoca una manifestación multitudinaria, violenta, confusa e ilegal.

Quieren linchar a Pablo y a sus compañeros. Los judíos, que también se sienten amenazados por ser críticos de los ídolos, entran en escena. La masa se precipita al teatro de la ciudad que tenía capacidad para 24 mil personas. Todos gritaban.

Lucas anota que muchos de los presentes no sabían para qué estaban allí. Tras numerosas tentativas de mediación, las autoridades locales logran apaciguar a la masa y hacerla entrar en razón.

Si Demetrio tiene una querella contra Pablo, ahí están los tribunales de justicia. Si la causa es grave, que lo decida una asamblea legal. Una revuelta ilegal

oyen que ese Pablo, no sólo en Éfeso, sino en Asia entera, está ganando con su propaganda mucha gente, diciendo que los dioses que se fabrican con manos humanas, no son dioses. [27] Con lo cual no sólo está en peligro de descrédito nuestra profesión, sino que el templo de la gran diosa Artemisa, venerada en toda Asia y en el mundo entero, va a perder toda su grandeza.

[28] Al oírlo se enfurecieron y se pusieron a gritar:

—¡Viva la gran Artemisa de Éfeso!

[29] Se produjo un gran tumulto en la ciudad y todos se precipitaron hacia el teatro, arrastrando consigo a Gayo y a Aristarco, macedonios compañeros de Pablo.

[30] Pablo intentaba acudir a la asamblea, pero los discípulos no se lo permitieron. [31] Algunas autoridades de Asia, amigos suyos, le enviaron un mensaje aconsejándole que no acudiera al teatro.

[32] Entretanto, cada uno gritaba una cosa, había una gran confusión en la asamblea y muchos de la concurrencia ni siquiera sabían la causa. [33] Algunos de la multitud explicaron el asunto a Alejandro, a quien los judíos habían empujado al frente de todos. Éste, haciendo un gesto con la mano, intentaba dar una explicación a la asamblea.

[34] Pero, al reconocer que era judío, todos se pusieron a gritar durante dos horas:

—¡Viva la gran Artemisa de Éfeso!

[35] El secretario logró calmar a la multitud y les habló:

—Efesios, ¿hay alguien que no sepa que Éfeso custodia el templo de la gran Artemisa y su imagen caída del cielo? [36] Como eso es indiscutible, lo importante es que conserven la calma y no obren con precipitación. [37] Han traído a esos hombres, que ni son sacrílegos ni han insultado a nuestra diosa. [38] Si Demetrio y sus artesanos tienen alguna queja contra alguien, ahí están los jueces y prefectos: que allí resuelvan su pleito. [39] Si se trata de un asunto más grave, podrá resolverlo la asamblea legal. [40] De hecho, corremos peligro de ser acusados de agitadores por el tumulto de hoy ya que no tenemos motivo que justifique tal alboroto.

Con estas palabras disolvió la asamblea.

Viajes, visitas y despedidas

20 [1] Cuando se calmó el tumulto, Pablo mandó llamar a los discípulos, los animó, se despidió y emprendió el viaje hacia Macedonia.

[2] Atravesó aquella región animando a los hermanos con muchos discursos, hasta que llegó a Grecia. [3] Allí se detuvo

sólo podrá traer las más graves consecuencias para la ciudad. Ahí quedo todo y el tumulto se disolvió.

Quizás la razón de Lucas en contarnos este episodio está en el interés constante del narrador por situar la misión de Pablo dentro de la legalidad romana. Más adelante serán oficiales del ejército romano los que salven la vida de Pablo en dos ocasiones (21,27-40; 23,12-24). El mismo Apóstol apelará al tribunal del César para salvar su vida (25,1-12).

20,1-16 Viajes, visitas y despedidas. En este viaje europeo, Pablo se dedica a visitar comunidades ya fundadas. Sale de Éfeso después del tumulto. Cuando planea volver en barco se entera de que los judíos preparan un atentado contra él y decide viajar por tierra. En el viaje de regreso lo acompañan algunos colaboradores, quizás portadores de la colecta para Jerusalén. Por las cartas de Pablo sabemos que éste recorre Macedonia a fin de recoger fondos para la Iglesia pobre de la Ciudad Santa. Lucas ignora este motivo y da al viaje un carácter de despedida y testamento. Las fiestas de la Pascua las pasa en la comunidad de Filipos. A la celebración judía va a seguir en el relato una celebración cristiana.

En efecto, es el primer día de la semana –domingo– y se celebra la eucaristía en el salón de una casa privada. Es la primera mención en el Nuevo Testamento de semejante celebración en domingo, que corresponde al día de la resurrección (cfr. Lc 24,1-36; Jn 20,19-26).

tres meses y, cuando se disponía a
embarcarse para Siria, se enteró que
los judíos habían hecho planes contra él,
de modo que decidió volver por tierra
atravesando Macedonia. 4 Lo acompañaron [hasta Asia] Sópatro, hijo de
Pirro, de Berea; Aristarco y Segundo de
Tesalónica; Gayo de Derbe y Timoteo;
Tíquico y Trófimo de Asia.
5 Éstos se adelantaron y nos esperaban en Tróade.
6 Pasada la semana de los Ázimos
zarpamos nosotros de Filipos y a los
cinco días los alcanzamos en Tróade,
donde nos quedamos siete días.
7 Un domingo que nos reunimos
para la fracción del pan, Pablo, que
debía partir al día siguiente, se puso a
hablar y prolongó el discurso hasta
media noche. 8 Había bastantes lámparas en el piso superior donde estábamos reunidos.
9 Un muchacho, llamado Eutico,
estaba sentado en el borde de la ventana. Mientras Pablo hablaba y hablaba,
a Eutico lo fue venciendo el sueño,
hasta que, vencido por completo, se
cayó del tercer piso al suelo, donde lo
recogieron muerto.
10 Pablo bajó, se echó sobre él, lo
abrazó y dijo:
—No se asusten, que aún está vivo.
11 Después subió, partió el pan y
comió. Estuvo conversando, hasta la
aurora y entonces se marchó. 12 En
cuanto al muchacho lo llevaron vivo y
todos se sintieron muy consolados.
13 Nosotros nos dirigimos al barco y
zarpamos para Aso, donde debíamos
recoger a Pablo. Eso era lo convenido,
ya que él hacía el viaje a pie. 14 Cuando
nos alcanzó en Aso, se embarcó con
nosotros y nos dirigimos a Mitilene.
15 Zarpamos de allí y al día siguiente
llegamos frente a Quíos, al otro día
pasamos Samos y al siguiente llegamos a Mileto.
16 Pablo tenía decidido pasar de
largo por Éfeso, para no retrasarse
tanto en Asia. Porque, si era posible,
quería estar en Jerusalén el día de
Pentecostés.

Despedida de los efesios

17 Desde Mileto envió un mensaje a
Éfeso convocando a los ancianos de la
comunidad.
18 Cuando llegaron les dijo:
—Ya saben cómo me he comportado
siempre con ustedes desde el primer
día que pisé Asia. 19 He servido al Señor
con toda humildad, con lágrimas y en
todas las pruebas que me han causado
las intrigas de los judíos. 20 No he dejado

La eucaristía se denomina con la expresión tradicional de «partir el pan» y seguía a la cena ordinaria. El salón, ubicado en el tercer piso de la casa, está tan repleto de gente que un muchacho no encuentra más asiento que el marco de una ventana. Como el discurso es de despedida, Pablo no sabe terminar y el muchacho no puede vencer el sueño. Cae al patio y muere a consecuencia del golpe. La ceremonia queda trágicamente interrumpida, pero Pablo domina la situación.

La celebración de la vida del resucitado no puede terminar con la muerte de uno de los participantes. Pablo imitando los gestos de Elías y Eliseo (cfr. 1 Re 17,21; 2 Re 4,34) realiza el milagro. Después, con toda serenidad, sube y termina la celebración.

Lucas termina el itinerario de viaje de Pablo y sus colaboradores con una nota: el Apóstol tenía prisa por llegar a Jerusalén en Pentecostés.

20,17-38 Despedida de los efesios. Al llegar a Mileto, lugar muy cercano a Éfeso, Pablo convoca a los presbíteros –responsables– de las comunidades cristianas de Éfeso y zonas limítrofes. Una vez reunidos les dirige un discurso. Se trata del único discurso de todo el libro de los Hechos dirigido exclusivamente a cristianos y en concreto a los líderes de las comunidades. Todos los demás, van dirigidos a personas o grupos fuera de la comunidad cristiana.

Aunque Pablo no está en trance de muerte, se despide definitivamente de una comunidad querida a la que ha dedicado más de dos años de su actividad. Por eso su discurso es «testamentario» y sigue las líneas de este «género literario», tan común en la Biblia, como el testamento de Moisés (cfr. Dt 33,3s), o el de Jesús (cfr. Lc 22,25-30; Jn 13-16). Ordinariamente estos testamentos eran redactados por los discípulos, quienes aprovechaban

de hacer todo lo que pudiera ser útil:
les prediqué y les enseñé tanto en
público como en sus casas. 21 A judíos
y griegos les he inculcado el arrepentimiento frente a Dios y la fe en nuestro
Señor Jesús.

22 Ahora, encadenado por el Espíritu,
me dirijo a Jerusalén sin saber lo que
allí me sucederá. 23 Sólo sé que en
cada ciudad el Espíritu Santo me asegura que me esperan cadenas y persecuciones. 24 Pero poco me importa
la vida, con tal de completar mi carrera
y el ministerio que recibí del Señor
Jesús: anunciar la Buena Noticia de la
gracia de Dios.

25 Ahora sé que ustedes, cuyo territorio he atravesado proclamando el
reino, no volverán a verme. 26 Por eso
hoy declaro que no soy responsable de
la muerte de ninguno, 27 porque nunca
dejé de anunciar plenamente el designio de Dios.

28 Cuídense ustedes y cuiden a todo
el rebaño que el Espíritu Santo les encomendó como a pastores de la Iglesia
de Dios, que Él adquirió pagando con
su sangre.

29 Sé que después de mi partida se
meterán entre ustedes lobos rapaces
que no respetarán el rebaño. 30 Incluso
de entre ustedes saldrán algunos que
dirán cosas equivocadas para arrastrar
tras de sí a los discípulos.

31 Por tanto, estén atentos y recuerden que durante tres años no he cesado de aconsejarlos con lágrimas ni de
día ni de noche. 32 Ahora los encomiendo al Señor y al mensaje de su
gracia, que tiene poder para hacerlos
crecer y otorgar la herencia a todos
los consagrados.

la ocasión de la despedida del maestro, para hacer una síntesis de su vida y su trabajo con la mirada puesta en el futuro.

Así pues, sobre la base histórica de las palabras de despedida de Pablo, Lucas construye este discurso en que nos da la interpretación de la persona y misión del Apóstol, tal y como se mantenían vivas en las comunidades cristianas fundadas por él. Resume su trayectoria misionera y mira hacia el futuro. Este «futuro» –Lucas narra el emotivo adiós de Pablo muchos años después de su muerte– era ya una realidad en las numerosas comunidades cristianas extendidas por todo el imperio romano. Es, pues, a los dirigentes de estas comunidades a los que el narrador se dirige a través de las palabras de Pablo.

En la primera parte del discurso (18-21), el Apóstol hace una evaluación de su misión en Asia. Es una misión recibida de Jesús, el Señor, y guiada por el Espíritu que consiste en servir, anunciar, enseñar, testimoniar en medio de pruebas y tribulaciones a judíos y griegos, tanto en público como en casas particulares.

En la segunda parte (22-24), Lucas pone en boca de Pablo la realidad fundamental que recorre todo el libro de los Hechos: el Espíritu Santo es el verdadero protagonista de la misión. El Apóstol, a la hora del adiós, se ve a sí mismo como prisionero del Espíritu, quien le llevará de ciudad en ciudad, a través de cadenas y persecuciones, hacia Jerusalén para completar la tarea encomendada dando su vida por el Evangelio, como Jesús el Señor.

Para el narrador, la palabra «Jerusalén» esta llena de simbolismo. Más que la destinación del viaje físico que Pablo está a punto de emprender, significa, más bien, el destino de otro viaje de sufrimiento y muerte que llevará al Apóstol a identificarse total y definitivamente con su Señor. Aunque Pablo no murió en la Ciudad Santa sino en Roma –Lucas no lo menciona–, será la capital del imperio la «simbólica Jerusalén» de Pablo. (cfr. Lc 9,51).

En la tercera parte (25-31), el Apóstol se dirige a los dirigentes de las comunidades. Traspasa a ellos la responsabilidad de predicar el Evangelio y de cuidar del rebaño que el Espíritu les encomendó, tal y como él mismo, Pablo, lo ha venido haciendo por tres años, amonestándoles con lágrimas día y noche. Una vez hecho el «traspaso de la responsabilidad apostólica», les previene de los peligros que acechan a la comunidad con la metáfora de lobos rapaces que no respetarán al rebaño.

En la cuarta parte (32-35), Pablo encomienda los responsables de las comunidades a la «Palabra de Dios». La Palabra aparece aquí personificada, como la única fuerza y dinamismo que puede construir la Iglesia de Dios. Concluye con una advertencia a los responsables contra la ambición del dinero y olvido de los pobres. El desinterés fue siempre la señal por excelencia de la autenticidad de todo ministerio apostólico (cfr. Gál 4,17; 2 Cor 11,8s; 2 Tim 3,2.6-8; 2 Pe 2,3). Pablo se pone como ejemplo al haber trabajado con sus manos para su sustento y para socorrer a los pobres.

Al final, la emoción embarga a todos. Entre rezos, lágrimas y abrazos Pablo fue acompañado al barco. Ya no volverían a verle más. Su discurso de despedida, sin embargo, conserva la actualidad y frescura de un testamento que sigue cuestionando a nuestros líderes y comunidades cristianas de hoy.

[33] No he codiciado la plata ni el oro
ni los vestidos de nadie. [34] Ustedes
saben que con mis manos he atendido
a las necesidades mías y de mis compañeros. [35] Les he enseñado siempre
que, trabajando así, hay que ayudar a
los débiles, recordando el dicho del
Señor Jesús: más vale dar que recibir.

[36] Dicho esto, se arrodilló con todos
y oró. [37] Todos se pusieron a llorar; lo
abrazaban y lo besaban afectuosamente,
[38] entristecidos sobre todo por lo que
había dicho, que no volverían a verlo.

Después lo acompañaron hasta el
barco.

Viaje a Jerusalén

21 [1] Nos separamos de ellos, zarpamos y navegamos directamente
a Cos, al día siguiente hasta Rodas y
desde allí hasta Pátara. [2] Encontrando
un barco que cruzaba hacia Fenicia,
nos embarcamos y zarpamos. [3] Avis-
tando Chipre y dejándola a nuestra
izquierda, navegamos hacia Siria y llegamos a Tiro, donde la nave tenía que
descargar.

[4] Encontramos a los discípulos y nos
detuvimos allí siete días.
Algunos, movidos por el Espíritu,
aconsejaban a Pablo que no subiera a
Jerusalén. [5] Cuando se cumplió nuestro plazo, salimos para continuar el viaje.
Todos, con sus mujeres e hijos, nos
acompañaron hasta fuera de la ciudad.
Nos arrodillamos en la playa y oramos.
[6] Después nos despedimos mutuamente, embarcamos y ellos se volvieron a casa. [7] Desde Tiro atravesamos
hasta llegar a Tolemaida. Saludamos a
los hermanos y nos quedamos con
ellos un día.

[8] Al día siguiente salimos y llegamos
a Cesarea; entramos en casa de Felipe,
uno de los siete evangelistas, y nos hos-
pedamos con él. [9] Tenía éste cuatro hijas
solteras profetisas. [10] Tras varios días de
estadía, bajó de Judea un profeta llamado Ágabo. [11] Se acercó a nosotros,
tomó el cinturón de Pablo y se ató con
él de manos y pies, y dijo:

—Esto dice el Espíritu Santo: Al
dueño de este cinturón los judíos lo
atarán en Jerusalén y lo entregarán a
los paganos.

[12] Al oírlo, nosotros y los vecinos del
lugar le suplicábamos a Pablo que no
subiera a Jerusalén.

21,1-16 Viaje a Jerusalén. Va a comenzar el tercer y último viaje de Pablo que terminará en Roma. Hasta ahora, a lo largo de ocho capítulos de su libro (13-20), Lucas ha presentado a un Pablo activo, misionero luchador e infatigable, triunfador y taumaturgo.

¿Cae el narrador en la tentación fácil de darnos una imagen triunfalista del Apóstol? En absoluto. Los restantes ocho capítulos (21-28) nos van a presentar la otra imagen del misionero, quizás la más auténtica y fascinante: el Pablo pasivo, prisionero del Espíritu. Así pues, ocho capítulos dedica Lucas a los 12 años de «actividad» de Pablo y ocho capítulos dedica también a los tres años de su «pasividad».

El paralelismo entre ambas etapas podrá aparecer desproporcionado. ¿No será que Lucas considera los tres años de pasividad de Pablo tan importantes como los doce de actividad o quizás más importantes?

El Apóstol va a cumplir en esta última etapa el programa que Jesús le preparó al comienzo de su misión: «es mi instrumento elegido para difundir mi nombre... yo le mostraré lo que tiene que sufrir por mi nombre» (9,15s).

Así pues, una vez que Lucas nos ha contado todo lo que le interesaba decir acerca de la actividad misionera de Pablo, su celo, sus iniciativas, sus triunfos, sus milagros, al narrador le queda por expresar lo más importante: la entrada del Apóstol en el misterio de la muerte y resurrección del Señor, a través de su propio sufrimiento y muerte, expresión máxima del poder del Espíritu y de la Palabra en el fiel imitador de Cristo.

Las notas del viaje hacia la Ciudad Santa nos permiten asomarnos y descubrir que las costas del mar Egeo, hacia el año 54, estaban sembradas de comunidades cristianas y que Pablo era un gran personaje bien recibido en cualquier Iglesia local. Cuando Jesús se dispone a subir a Jerusalén para padecer (cfr. Lc 9,51), es plenamente consciente de su destino y se lo puede anunciar una y otra vez a sus discípulos. Pablo se dispone a seguir a Jesús (cfr. Lc 9,52-62) sin conocer su destino. Amigos y colaboradores, sospechando el posible peligro que le esperaba en Jerusalén, sobre todo después del profético anuncio de Ágabo (21,10s) tratan de impedir su viaje; pero ante la firme decisión del Apóstol se resignan con un «que se cumpla la voluntad del Señor».

13 Pero Pablo respondió:
—¿Qué hacen llorando y ablandán-
dome el corazón? Por el nombre del
Señor Jesús yo estoy dispuesto a ser
encadenado y a morir en Jerusalén.
14 Como no podíamos convencerlo,
nos tranquilizamos diciendo: Que se
cumpla la voluntad del Señor. 15 Pasados aquellos días hicimos los prepara-
tivos y emprendimos la subida hacia
Jerusalén. 16 Algunos discípulos de Cesarea nos acompañaron hasta la casa
de un viejo discípulo, Nasón de Chipre,
que nos dio alojamiento.

En Jerusalén

17 Al llegar a Jerusalén, los hermanos nos recibieron contentos.
18 Al día siguiente fuimos con Pablo
a visitar a Santiago; se presentaron los
ancianos en pleno.
19 Después de saludarlos, les expuso detalladamente todo lo que Dios
había realizado por su medio entre los
paganos.
20 Al oírlo, dieron gloria a Dios y
dijeron a Pablo:
—Ya ves, hermano, cuántas decenas
de miles de judíos se han convertido a
la fe, y todos son observantes de la ley.
21 Corre el rumor de que a los judíos
que viven entre paganos les enseñas a
abandonar la ley de Moisés y les dices
que no circunciden a sus hijos ni sigan
nuestras costumbres. 22 ¿Qué hacer?
Seguro que se enterarán de que has llegado; 23 sigue nuestro consejo: hay
entre nosotros cuatro hombres que
han hecho un voto. 24 Acude a purifi-
carte con ellos y paga los gastos para
que se afeiten la cabeza; así sabrán
todos que los rumores que corren acerca de ti no tienen fundamento y que
eres un judío observante de la ley. 25 A
los paganos convertidos a la fe les
hemos comunicado nuestros decretos:
que se abstengan de la carne inmolada
a los ídolos, de la sangre, de los animales estrangulados y de las relaciones
sexuales prohibidas.

21,17-26 En Jerusalén. Tal y como nos lo narra Lucas, el encuentro entre Pablo y la Iglesia de Jerusalén nos deja un poco perplejos. No sabemos lo que en realidad ocurrió, aunque sí debió ser un encuentro desagradable y dramático para el Apóstol.

Más que encuentro habría que hablar de desencuentro. En otras palabras, su viaje históricamente fue un fracaso. Con la subida, pues, a Jerusalén comienza la pasión de Pablo. A Lucas, sin embargo, no le interesa darnos los detalles históricos. Cuando narra los hechos, la Iglesia de Jerusalén había ya desaparecido completamente o contaba muy poco, ¿para qué recordar, pues, viejas querellas y antagonismos? En la mente y en el corazón del narrador está siempre la preocupación por resaltar la unidad de «toda» la Iglesia por encima de facciones y antagonismos, por eso su narración es calculada en lo que dice y en lo que no dice.

No dice, por ejemplo, el motivo principal que tuvo Pablo para ir a Jerusalén, es decir, la entrega de la importante colecta que con tanto esfuerzo había llevado a cabo junto con sus colaboradores, y que representaba un signo de comunión y solidaridad entre la Iglesia madre y las nuevas Iglesias. Es probable que la colecta fuera rechazada por una serie de motivos complejos. No hay que descartar entre otros, el clima pre-revolucionario que existía en la ciudad a mediados de los años 50 y que terminará en la insurrección armada del año 66, que llevó a los judíos a un verdadero suicidio colectivo con la destrucción de la ciudad en el año 70 a manos de los ejércitos de Roma. Los judíos vivían ya una histeria de pureza racial y cualquier contacto con paganos era sospechoso de traición. En estas circunstancias recibir dinero de extranjeros era altamente peligroso, aun para la comunidad judeo-cristiana de la ciudad que estaba preocupada por su supervivencia.

Lucas dice que el primer recibimiento de Pablo y su comitiva fue cordial. Sin embargo, cuando Pablo se sentó a hablar con Santiago y los líderes de la comunidad, no puede disimular la tensión existente.

Pablo les comunica la gran cantidad de paganos que habían recibido la fe, aunque calla que también lo hicieron muchos judíos. Ellos, a su vez, comunican a Pablo que millares de judíos se habían convertido en Jerusalén y que, sin embargo, habían permanecido fieles a las leyes judías. Acto seguido, acusan a Pablo de enseñar a los judíos convertidos que viven entre paganos a abandonar la ley de Moisés. La acusación era injusta.

El Apóstol, sin embargo, no se defiende y sigue el consejo de Santiago de realizar un acto público en el templo, corriendo con los gastos, para aclarar los posibles malentendidos de su presencia en la ciudad. De paso, le recuerdan a Pablo las cláusulas del Concilio de Jerusalén, como mínimo exigido a los paganos convertidos, miembros de comunidades mixtas.

[26] Al día siguiente Pablo tomó consigo a aquellos hombres, se purificó con ellos y fue al templo para avisar de la fecha en que terminaría la purificación y se llevaría la ofrenda por cada uno de ellos.

Arrestado en el templo

[27] Cuando se iban a cumplir los siete días, los judíos de Asia, viéndolo en el templo, alborotaron a la gente y se apoderaron de él [28] gritando:

—¡Auxilio, israelitas! Éste es el hombre que enseña a todo el mundo y en todas partes una doctrina contraria al pueblo, a la ley y al lugar sagrado. Ahora acaba de introducir a unos griegos en el templo profanando este santo lugar.

[29] Decían esto porque poco antes lo habían visto con Trófimo el efesio y pensaban que Pablo lo había introducido en el templo. [30] La ciudad entera se conmovió y todo el pueblo acudió corriendo. Tomaron a Pablo, lo arrastraron fuera del templo y cerraron las puertas.

[31] Cuando intentaban darle muerte, llegó al comandante de la cohorte la noticia de que toda Jerusalén estaba amotinada. [32] Reunió soldados y centuriones y acudió a toda prisa.

Ellos, al ver al comandante con los soldados, dejaron de golpear a Pablo.

[33] Entonces el comandante detuvo a Pablo, lo mandó atar con dos cadenas y luego preguntó quién era y qué había hecho.

[34] Todos gritaban al mismo tiempo. No pudiendo averiguar la verdad, a causa del tumulto, el comandante mandó que lo condujeran a la fortaleza.

[35] Cuando llegaron a la escalinata, los soldados tuvieron que alzarlo para evitar la violencia de la multitud. [36] Porque el pueblo en masa los seguía gritando:

—¡Muera!

[37] Cuando lo iban a introducir en la fortaleza, Pablo dice al comandante:

—¿Puedo decirte una palabra?

Le contestó:

—¿Cómo? ¿sabes hablar griego?
[38] ¿No eres tú el egipcio que hace unos días provocó un motín y llevó al desierto a cuatro mil terroristas?

[39] Respondió Pablo:

—Yo soy judío de Tarso, ciudadano de una ciudad nada despreciable. Te pido permiso para dirigir la palabra al pueblo.

[40] Se lo concedió, y Pablo, de pie sobre la escalinata, hizo un gesto con la mano hacia el pueblo.

Se hizo un silencio profundo y Pablo les habló en hebreo:

21,27-40 Arrestado en el templo. El plan juicioso de Santiago fracasa justo cuando iba a ponerse en práctica. Al relato anterior, comedido y conciliador, sigue la detallada narración del arresto de Pablo, a través de la cual Lucas nos da su interpretación sistemática de los hechos: el poder romano interviene para defender a Pablo contra las agresiones de los judíos.

Todo comienza con un pretexto malicioso. Estaba prohibido a los paganos, bajo pena de muerte, traspasar la barrera del atrio exterior del templo porque su presencia podía contaminar el lugar sagrado.

Corrió la voz de que Pablo había introducido allí a unos griegos. Suena la alarma, cierran las puertas del templo para que Pablo no pueda acogerse al derecho de asilo y lo sacan fuera para no matarlo en terreno sagrado. Se disponen a lincharlo cuando interviene la autoridad militar romana y Pablo es salvado en el último momento.

A través de esta escena dramática Lucas quiere dirigir la atención del lector a otro drama de mayor alcance: Jerusalén rechaza la última oferta del Evangelio. Pablo, como Jesús, le traía la paz (cfr. Lc 19,42) y le responden con la guerra (cfr. Sal 120,7).

Cuando se lleven a Pablo, Jerusalén quedará atrás y ya no volverá a aparecer en el resto del libro de los Hechos. El comandante romano salvará a Pablo de la muerte encadenándolo y así, hasta el final del libro, Pablo será un prisionero traído y llevado de un lugar a otro, hasta llegar a Roma.

Discurso de Pablo

22 1—Hermanos y padres, escuchen mi defensa.
2 Al oír que les hablaba en hebreo,
se estuvieron más quietos.
Él dijo:
3—Soy judío, natural de Tarso de
Cilicia, aunque educado en esta ciudad, instruido con toda exactitud en la
ley de nuestros antepasados, a los pies
de Gamaliel, entusiasta de Dios como
lo son todos ustedes actualmente.
4 Yo perseguí a muerte a quienes
seguían ese Camino, arrestando y
metiendo en la cárcel a hombres y
mujeres, 5 como pueden atestiguarlo el
sumo sacerdote y el senado en pleno.
De ellos recibí carta para los hermanos
y me puse en camino hacia Damasco
para arrestar a los de allí y conducirlos
a Jerusalén para que fuesen castigados.
6 Yendo de camino, cerca ya de Damasco, hacia el mediodía, de repente
una luz celeste, intensa, resplandeció
en torno a mí. 7 Caí en tierra y escuché
una voz que me decía: Saulo, Saulo,
¿por qué me persigues? 8 Contesté:
¿Quién eres, Señor? Contestó la voz:
Yo soy Jesús Nazareno, a quien tú persigues. 9 Los acompañantes veían la
luz, pero no oían la voz del que hablaba
conmigo. 10 Yo le dije: ¿Qué debo
hacer, Señor? Contestó el Señor: Levántate y ve a Damasco; allí te dirán lo
que debes hacer. 11 Como no veía, des-
lumbrado por el brillo de aquella luz,
los acompañantes me llevaron de la
mano y así llegué a Damasco.
12 Un tal Ananías, hombre piadoso y
observante de la ley, de buena reputación entre todos los judíos de la ciudad,
13 vino a visitarme, se presentó y me
dijo: Hermano Saulo, recobra la vista.
En aquel momento pude verlo a él.
14 Me dijo: El Dios de nuestros padres
te ha destinado a conocer su designio,
a ver al Justo y a escuchar directamente su voz; 15 porque serás su testigo
ante todo el mundo de lo que has visto
y oído. 16 Por tanto no tardes: bautízate
y lávate de los pecados invocando su
nombre.
17 Cuando volví a Jerusalén, estando
en oración en el templo, caí en éxtasis
18 y vi al Señor que me decía: Sal pronto
de Jerusalén, porque no van a aceptar
tu testimonio acerca de mí. 19 Repliqué:

22,1-30 Discurso de Pablo. En medio de la agitación que sigue a su arresto, Pablo logra hablar con el oficial romano y deshacer el malentendido. Él no es un cabecilla de revoltosos anti-romanos sino un respetable ciudadano de la ciudad de Tarso. Acto seguido y contra toda verosimilitud histórica, Lucas nos presenta a Pablo pronunciando un discurso al pueblo. Es difícil imaginar al oficial romano concediendo la palabra a un preso en aquellas circunstancias, y más difícil aún que la masa alborotada guardara silencio. Por otra parte, el discurso no alude a las circunstancias del tumulto popular.

En realidad, por boca de Pablo, el discurso lo dirige el narrador a los lectores de su libro.

Más que una defensa personal del Apóstol, se trata de una apología de su misión a las naciones. Comienza aludiendo a sus intachables credenciales de judío hasta el punto de convertirse en perseguidor del «Camino». En oposición a las «leyes de los antepasados», llama, de nuevo, «Camino» al cristianismo. Después, presenta su conversión en la ruta hacia Damasco y el nuevo rumbo que tomó su vida tras encontrarse cara a cara con Jesús resucitado, quien le escogió para ser su testigo ante todo el mundo. Pablo ve en este acontecimiento el designio del Dios de nuestros padres (14). Menciona el nuevo rito del perdón (16), el bautismo, que substituye a la ley y todos sus mecanismos. Pablo reserva para el final el recuerdo de la visión que tuvo en el templo, años atrás, en la que Jesús le apremia a salir de Jerusalén ante el fracaso de su testimonio en la ciudad y le envía a «pueblos lejanos» (21).

Esta declaración constituía una provocación inaceptable para oídos judíos. Equivalía a decir que fue en el mismo templo de Jerusalén donde Jesús rechaza al templo como lugar del anuncio de la Palabra de Dios y que esta misma Palabra se construirá un nuevo templo (un pueblo nuevo) entre los paganos (20,32).

La reacción no se hizo esperar. Con gritos y gestos piden la muerte de Pablo y que los romanos sean los ejecutores. El comandante se entera de que el preso es ciudadano romano, dato confirmado por el mismo Pablo, y la situación cambia de rumbo y de escena. Pablo es llevado ante el Consejo de los líderes de Israel.

Señor, ellos saben que yo arrestaba a
los que creían en ti y los azotaba en las
sinagogas. 20 También que, cuando se
derramaba la sangre de tu testigo
Esteban, yo estaba allí, aprobando y
guardando la ropa de los que lo mata-
ban. 21 Él me dijo: Ve, que yo te envío a
pueblos lejanos.
22 Hasta ese punto habían estado
escuchando, después alzaron la voz
diciendo:
—Elimina a ese hombre; no puede
seguir viviendo.
23 Como seguían gritando y rasgándose los vestidos y echando polvo al
aire, 24 el comandante mandó que lo
introdujeran en la fortaleza y lo interro-
gasen a latigazos para averiguar por
qué motivo clamaban contra él.
25 Cuando lo sujetaban con las correas,
Pablo dijo al centurión allí presente:
—¿Les está permitido azotar sin
proceso a un ciudadano romano?
26 Al oírlo, el centurión fue a avisar al
comandante:
—¿Qué vas a hacer? Ese hombre es
romano.
27 El comandante se acercó y le preguntó:
—Dime, ¿eres romano?
Contestó:
—Sí.
28 Repuso el comandante:
—Yo he comprado la ciudadanía por
una buena suma.
Pablo dijo:
—Yo la poseo de nacimiento.
29 Inmediatamente se apartaron de
él los que lo iban a interrogar. El comandante se asustó al saber que lo tenía
arrestado siendo romano. 30 Al día siguiente, queriendo saber con certeza las
acusaciones que le hacían los judíos, lo
soltó y mandó reunirse a los sumos sacerdotes y el Consejo en pleno. Después
hizo bajar a Pablo y se lo presentó.

Ante el Consejo

23 1 Pablo fijó la vista en el Consejo
y dijo:
—Hermanos, yo he procedido ante
Dios con conciencia limpia e íntegra.
2 El sumo sacerdote Ananías mandó
a sus asistentes que lo golpearan en la
boca. 3 Pablo entonces le dijo:
—Dios te va a golpear a ti, pared
blanqueada. Tú estás sentado para
juzgarme según la ley y me mandas
golpear violando la ley.
4 Los soldados le dijeron:
—¿Al sumo sacerdote de Dios insul-
tas?
5 Pablo contestó:
—No sabía, hermanos, que fuera el
sumo sacerdote; porque está escrito:
no hablarás mal del jefe del pueblo.
6 Advirtiendo Pablo que una parte
eran saduceos y otra parte fariseos,
exclamó en el Consejo:
—Hermanos, hasta hoy soy fariseo

23,1-11 Ante el Consejo. Estamos ante uno de los relatos más reelaborados por Lucas. Históricamente parece inverosímil que un oficial romano provocara la reunión del Consejo, como si éste estuviera a sus órdenes, que presentara al presunto reo y asistiera vigilando al proceso. Por otra parte, la escena de un Consejo dividido por disensiones doctrinales graves acerca de la resurrección, hábilmente provocadas por Pablo, y otra serie de incongruencias, como el hecho de que el Apóstol no conozca al Sumo Sacerdote, hacen pensar que a Lucas no le interesa darnos un relato puramente histórico de lo acontecido. Como ya nos tiene acostumbrado, el narrador deja aquí los hechos históricos a un lado para darnos su interpretación de los mismos. No usa, para ello, afirmaciones o proposiciones abstractas, sino que compone un cuadro escénico vivo, una especie de drama que, por cierto, termina en comedia.

Para Lucas, Pablo ante el Consejo no está en calidad de acusado sino de acusador. En realidad, el Consejo no consigue juzgarle, sino que termina desmoralizado. Es más, el partido de los fariseos lo declara inocente contra las protestas de sus adversarios saduceos. Fue el testimonio de Pablo sobre la resurrección –los presentes sabían muy bien que el reo se refería a la resurrección de

e hijo de fariseos, y se me está juzgando por la esperanza en la resurrección
de los muertos.
7 Apenas lo dijo, cuando surgió una
discusión entre fariseos y saduceos, y
la asamblea se dividió. 8 Porque los saduceos niegan la resurrección y los
ángeles y el espíritu, mientras que los
fariseos lo afirman todo.
9 Se armó un griterío, y algunos
letrados del partido fariseo se alzaron y
afirmaron polémicamente:
—No encontramos culpa alguna en
este hombre; tal vez le ha hablado un
espíritu o un ángel.
10 Como arreciaba el conflicto,
temiendo el comandante que fueran a
despedazar a Pablo, mandó bajar a la
tropa, sacarlo de en medio y llevarlo a
la fortaleza. 11 La noche siguiente el
Señor se le presentó y le dijo:
—¡Ánimo! Lo mismo que has dado
testimonio de mí en Jerusalén, tienes
que darlo en Roma.

Complot contra Pablo

12 Por la mañana se reunieron los
judíos y se comprometieron bajo juramento a no comer ni beber hasta haber
dado muerte a Pablo. 13 Los conspira-
dores eran más de cuarenta. 14 Se presentaron a los sumos sacerdotes y
ancianos y les dijeron:
—Hemos jurado no probar bocado
hasta no haber dado muerte a Pablo.
15 Ahora les toca a ustedes proponer
al comandante y al Consejo que se lo
traigan, con pretexto de investigar
más atentamente su caso. Antes de
que se acerque, estamos preparados
para eliminarlo.
16 El hijo de la hermana de Pablo se
enteró de lo que tramaban, fue a la fortaleza, entró y se lo contó a Pablo.
17 Éste llamó a uno de los centuriones y
le dijo:
—Conduce a este muchacho al comandante, porque tiene que darle una
información.
18 Se hizo cargo de él, lo condujo al
comandante y dijo:
—El prisionero Pablo me ha llamado
y me ha pedido que te traiga a este
muchacho, que tiene algo que decirte.
19 El comandante lo tomó de la
mano, se lo llevó aparte y le preguntó:
—¿Qué es lo que me tienes que
contar?
20 Respondió:
—Los judíos han acordado pedirte
que mañana hagas bajar a Pablo al
Consejo, con pretexto de examinar más
atentamente su caso. 21 No les hagas
caso; porque un grupo de más de cuarenta han tramado una emboscada
contra él.

Jesús–, el último puente tendido al pueblo judío en las personas de sus representantes. Lucas narra la escena muchos años después de los acontecimientos. Para esas fechas, el partido de los saduceos, contrarios a la resurrección de los muertos, había ya desaparecido.

Eran, pues, los fariseos los que estaban reorganizando la nueva comunidad judía después de la destrucción de Jerusalén el año 70. Éstos, sí, creían en la resurrección de los muertos, pero no en la de Jesús. Por boca de Pablo, Lucas les reprocha su increencia y al mismo tiempo les tiende la mano. Entre judaísmo y cristianismo no hay ruptura, sino continuidad y el lazo de unión es la resurrección de Jesús. La narración termina con la intervención –otra vez– del comandante romano que libera al Apóstol de un linchamiento seguro. A la noche siguiente la Palabra del Señor da certeza y fuerza a Pablo. Su testimonio también será necesario en Roma.

23,12-22 Complot contra Pablo. Se trama una conjura para eliminar a Pablo. Los cuarenta conjurados se comprometen a un ayuno, pues calculan despachar el asunto rápidamente. Lo importante es sacar a Pablo de la custodia de los romanos y para esto se confabulan con los miembros sacerdotes y civiles del Consejo. Del resto se ocuparán ellos sin comprometer públicamente a los líderes. Un sobrino del Apóstol se entera, avisa al comandante y éste salva de nuevo al preso, llevándolo bajo fuerte custodia militar a Cesarea. Este viaje significa para Pablo su salida definitiva de Jerusalén, que ya no volverá a ser mencionada en el libro de los Hechos.

Han jurado no comer ni beber hasta
haberlo eliminado. Ahora están preparados, esperando tu consentimiento.
22 El comandante despidió al muchacho, encargándole que no dijera a
nadie que le había informado de ello.

Remitido a Félix

23 Llamó a dos centuriones y les dijo:
—Pasadas las nueve de la noche
tengan preparados para viajar a
Cesarea doscientos soldados de infan-
tería, setenta de caballería y doscientos
lanceros. 24 Preparen también caballos
para Pablo y llévenlo sano y salvo al
gobernador Félix.
25 Y le escribió una carta en los
siguientes términos:
26 Claudio Lisias saluda al ilustrísimo
gobernador Félix. 27 A este hombre lo
habían secuestrado los judíos para
matarlo. Cuando supe que era romano,
intervine con la tropa y lo libré.
28 Queriendo averiguar los cargos
que tenían contra él, lo conduje a su
Consejo. 29 Pero resultó que los cargos
versan sobre controversias de su ley, y
no había ningún cargo digno de muerte
o de prisión. 30 Al enterarme de un
atentado tramado contra este hombre,
te lo envío y aviso a los acusadores que
te presenten a ti sus cargos.
31 Los soldados, cumpliendo las
órdenes, tomaron a Pablo y lo condujeron de noche hasta Antípatris.
32 Al día siguiente dejaron a la caballería seguir con él y ellos se volvieron a
la fortaleza. 33 Los otros llegaron a
Cesarea, entregaron la carta al gobernador y le presentaron a Pablo.
34 Leyó la carta y preguntó de qué
jurisdicción era. Enterado de que era
de Cilicia, 35 le dijo:
—Oiré tu causa cuando se presenten tus acusadores.
Y mandó custodiarlo en el pretorio
de Herodes.

Proceso ante Félix

24 1 Cinco días más tarde bajó el
sumo sacerdote con algunos
ancianos y el abogado Tértulo, para
presentar sus cargos contra Pablo.
2 Lo hicieron comparecer, y Tértulo
comenzó su acusación:
3 —Ilustrísimo Félix: Gracias a ti
gozamos de paz estable y gracias a tu
sabio gobierno esta nación consigue
mejoras; todo esto lo recibimos siempre y en todas partes con profundo

23,23-35 Remitido a Félix. La escena es sobria y sugerente. De noche, escoltado por un nutrido destacamento romano, cabalgando, Pablo se aleja de la ciudad. Quizás sin saberlo está cumpliendo la orden de Jesús: «sal pronto de Jerusalén… yo te envío a pueblos lejanos» (22,18.21). La operación equivale a trasladar el preso a un tribunal superior, el supremo de aquella provincia.

En su carta de presentación, el comandante militar de Jerusalén se presenta como el liberador de un ciudadano romano injustamente acusado y amenazado de muerte por sus correligionarios. El comandante queda muy bien ante sus superiores y al mismo tiempo se libera del enojoso asunto. Pablo tendrá la ocasión de seguir dando testimonio de Jesús, cada vez más arriba en la jerarquía del imperio (cfr. Lc 21,13). Ésta es la verdadera intención de Lucas al describirnos el relato.

24,1-27 Proceso ante Félix. La situación ha cambiado. Ahora los judíos tienen que desplazarse a la capital del poder romano local, Cesarea, a 100 Km. de Jerusalén, someterse a un tribunal extranjero y emplear a un abogado experto en derecho romano. Todas estas diligencias son ejecutadas con rapidez. En sólo cinco días están preparados para la acusación, tal era la prisa que tenían en deshacerse de Pablo.

Como buen abogado, Tértulo comienza con las fórmulas protocolarias de alabanzas al juez Félix por esto y por aquello. Era una zalamería descarada. En realidad los judíos odiaban a Félix por su mano dura en la represión de las revueltas y por los onerosos impuestos. El astuto Tértulo pone inmediatamente el dedo en la llaga: alude a la paz romana de la que gozan gracias a Félix y que ahora podía estar en peligro. La paz romana era el centro de la ideología del imperio, su razón de ser.

Una vez captada la benevolencia del juez, el abogado judío presenta tres acusaciones: 1. Provocar por todas partes agitaciones y sediciones entre los judíos; 2. Ser jefe de la secta de los «nazarenos» (2,22; 6,15); 3. Haber intentado profanar el templo que los romanos se han comprometido a defender.

agradecimiento. 4 Para no cansarte,
solicito de tu clemencia que escuches
mi exposición resumida. 5 Hemos descubierto que este hombre es una peste,
que promueve discordias entre los judíos del mundo entero y que es un dirigente de la secta de los nazarenos.
6 Cuando intentaba profanar el templo, lo arrestamos y quisimos juzgarlo
por nuestra ley, 7 pero el tribuno Lisias,
con gran violencia, lo arrancó de nuestras manos, mandando que sus acusadores viniesen a ti. 8 Tú mismo, exami-
nándolo, podrás comprobar la verdad
de nuestras acusaciones.
9 Los judíos lo apoyaron afirmando
que era cierto. 10 El gobernador hizo un
gesto a Pablo y éste tomó la palabra:
—Como sé que desde hace años
administras justicia a esta nación, pronuncio confiado mi defensa. 11 Tú mismo puedes comprobar que no han
pasado más de doce días desde que
subí en peregrinación a Jerusalén.
12 Ni en el templo ni en las sinagogas ni por la ciudad me han encontrado discutiendo con nadie ni amotinando a la gente. 13 No pueden probar
ninguno de sus cargos contra mí.
14 Eso sí: te confieso que venero a Dios
siguiendo ese Camino que ellos llaman
secta; creo todo lo escrito en la ley y los
profetas, 15 y confiado en Dios, espero
como ellos que habrá resurrección de
justos e injustos. 16 Y así, también yo
procuro mantener en todo una conciencia irreprochable ante Dios y ante
los hombres. 17 Tras una ausencia de
años, fui en peregrinación al templo llevando limosnas para mis compatriotas
y a presentar ofrendas. 18 Allí me
encontraron, en un rito de purificación,
no con una multitud ni en un tumulto.
19 Pero algunos judíos de Asia estaban
allí, y ésos sí tendrían que comparecer
y acusarme de lo que tengan contra mí.
20 O si no, que los aquí presentes digan
qué delito encontraron cuando compa-
recí ante el Consejo, 21 si no es el haber
declarado en voz alta ante ellos: Si hoy
me juzgan ante ustedes es por la resurrección de los muertos.
22 Félix, que estaba bien informado
sobre el Camino, postergó la causa
diciéndoles:
—Cuando venga el comandante
Lisias, resolveré este pleito.
23 Después dio orden al centurión de
tener a Pablo detenido, con cierta libertad, y de no impedir a los suyos que lo

Las tres acusaciones están ágilmente manipuladas como delitos contra la paz romana. La primera es clara: agitación y sedición. La segunda es más sutil. Aunque a los romanos no les importaban en absoluto las sectas judías, el nombre del «nazareno» –Jesús– sí que podía levantar sospechas en el juez. Si Jesús fue condenado por los romanos como sedicioso, sus seguidores podían ser también considerados como tales. La tercera sigue el mismo camino: si los romanos se han comprometido a defender el templo, los que conspiran contra el templo conspiran contra los romanos.

Al retirarse el abogado judío, Félix da la palabra a Pablo. Éste comienza su defensa, pero no sólo es Pablo el que habla. A través de sus palabras, Lucas está respondiendo a las mismas acusaciones y sospechas de que eran objeto las comunidades cristianas extendidas ya por todo el imperio, incluso en Roma, varias decenas de años después de que ocurrieran los hechos. En aquella sala del juicio estaban en confrontación: Roma, el judaísmo y Pablo –o sea, el cristianismo–. Pablo, y Lucas por boca de Pablo, responde y aclara. Respecto al imperio romano, éste no debe tener ningún motivo de queja contra los cristianos, pues éstos, ni provocan desorden ni perturban la vida ciudadana, al contrario, son ciudadanos ejemplares. Las acusaciones, pues, son falsas. Respecto al judaísmo, Pablo –el cristianismo– no pertenece a ninguna secta rebelde. El «Camino» es continuación y culminación del judaísmo. El Dios que adora Pablo es el de sus antepasados. Admite y venera las Escrituras, la Ley y los Profetas, y cree, como sus enemigos, en la resurrección. La alusión es clara: la resurrección de Jesús. En cuanto a profanar el templo, se trata de una invención de unos advenedizos de Asia.

Lo lógico habría sido dejar completamente libre al encausado. Félix, juez corrupto que espera dinero de Pablo, prefiere dar largas al asunto y deja al reo en prisión menor para complacer a los judíos. En la perspectiva de Lucas, Félix está colaborando al designio de Dios que quiere llevar a Pablo hacia Roma.

atendieran. 24 Pasados unos días Félix mandó llamar a Pablo. Con su mujer Drusila, que era judía, lo oyó disertar sobre la fe en Jesús el Mesías. 25 Pero, cuando Pablo empezó a hablar de honradez, de la castidad y del juicio venidero, Félix se asustó y dijo:

—De momento puedes retirarte; te llamaré en otra ocasión.

26 Félix esperaba al mismo tiempo recibir dinero de Pablo y por eso lo llamaba con frecuencia para conversar con él. 27 Pasados dos años, Porcio Festo sucedió a Félix, y como Félix quería congraciarse con los judíos, retuvo a Pablo preso.

Apela al césar

25 1 Tres días después de tomar posesión del cargo, Festo subió de Cesarea a Jerusalén. 2 Los sumos sacerdotes y los jefes judíos le presentaron sus cargos contra Pablo 3 y le pidieron por favor que se lo remitiese a Jerusalén –porque intentaban matarlo en una emboscada por el camino–. 4 Festo respondió que Pablo seguía custodiado en Cesarea, ya que él mismo volvería pronto allá.

5 Y añadió:

—Sus responsables que bajen conmigo y, si ese hombre es culpable de algo, que presenten allí su acusación.

6 Festo se detuvo en Jerusalén no más de ocho o diez días; después bajó a Cesarea y al día siguiente hizo traer a Pablo.

7 Cuando se presentó, lo rodearon los que habían bajado de Jerusalén y lo acusaban de muchos y graves cargos, que no lograban probar; 8 mientras Pablo se defendía afirmando que no había cometido delito alguno contra la ley o el templo o el emperador.

9 Festo, queriendo ganarse a los judíos, intervino y preguntó a Pablo:

—¿Quieres subir a Jerusalén para someterte allí a mi juicio?

10 Pablo replicó:

—Estoy ante el tribunal imperial, donde debo ser juzgado. Sabes muy bien que no he perjudicado a los judíos. 11 Si he cometido un delito capital no me niego a morir; pero si no hay nada de lo que éstos me acusan, nadie puede entregarme en su poder. Apelo al emperador.

12 Entonces Festo, después de consultarlo con sus consejeros, dijo:

—Has apelado al emperador, irás al emperador.

Ante Agripa

13 Algunos días más tarde, el rey Agripa, acompañado de Berenice, se presentó en Cesarea para saludar a Festo. 14 Y, como se detuvo allí bastantes días, Festo le expuso el caso de Pablo:

—Hay aquí un prisionero que dejó Félix; 15 durante mi estadía en Jerusalén, los sumos sacerdotes y ancianos judíos lo acusaron pidiendo su condena. 16 Les respondí que no es costumbre romana entregar a un hombre antes de que

25,1-12 Apela al césar. Han pasado dos años. Pablo sigue preso, metido aún en la batalla legal que decidirá su suerte. Tres días después de tomar posesión del cargo, el nuevo gobernador Festo tiene ya que ocuparse del asunto Pablo a instancias de los judíos. La insistencia de Lucas en mostrar la inocencia del Apóstol nos deja un poco sorprendidos. Es el tema más explicado y repetido hasta el cansancio en el libro de los Hechos.

¿Existían todavía entre los lectores de Lucas grupos que aun dudaban de la inocencia del Apóstol? ¿Tuvieron parte los judíos en la muerte de Pablo en Roma, quizás con las mismas acusaciones? No sabemos.

El hecho es que Lucas nos presenta en este relato a la tercera autoridad romana que encuentra a Pablo inocente. Festo, queriendo quedar bien con los judíos, pregunta al Apóstol si quiere volver a Jerusalén para ser juzgado. Quizás cansado de tantas complicaciones, Pablo apela a su derecho como ciudadano romano de ser juzgado ante el tribunal del césar en Roma. ¿En demanda de justicia?, ¿o para cumplir el designio de Dios?

pueda enfrentarse con sus acusadores
y tenga ocasión de defenderse de los
cargos. 17 Cuando ellos se presentaron
aquí, yo sin demora, al día siguiente,
me senté en el tribunal y mandé traer a
aquel hombre. 18 Se presentaron los
acusadores, pero no adujeron ningún
delito de los que yo sospechaba; 19 solamente traían contra él discusiones
sobre su religión y sobre un tal Jesús,
muerto, del que Pablo dice que vive. 20 Y,
como estaba desconcertado acerca de
la causa, le pregunté si quería ir a
Jerusalén para ser juzgado allí. 21 Pablo
apeló y pidió que su caso sea reservado
a la jurisdicción del Augusto. Entonces
yo mandé custodiarlo hasta que pueda
enviarlo al emperador.

22 Agripa contestó:

—A mí también me gustaría escuchar a ese hombre.

Le respondió:

—Mañana lo escucharás.

23 Al día siguiente se presentó Agripa
con Berenice, con toda pompa, y entró
en la audiencia acompañado de
comandantes y gente principal de la
ciudad.

Festo hizo traer a Pablo 24 y habló
así:

—Rey Agripa y todos los presentes,
aquí tienen al hombre por el que todos
los judíos, tanto en Jerusalén como
aquí, han acudido a mí clamando que
no debe quedar con vida. 25 Yo pude
comprobar que no había cometido
nada digno de muerte. Así que, cuando
él apeló al Augusto, yo decidí enviarlo.
26 Pero no tengo nada por escrito sobre
el asunto. Por eso se lo he presentado
a ustedes y especialmente a ti, rey
Agripa, para que después de este interrogatorio yo pueda escribir un informe. 27 Porque no me parece razonable
enviar un preso sin explicar los cargos
contra él.

Discurso de Pablo

26 1 Agripa dijo a Pablo:
—Puedes hablar en defensa
propia.

Pablo, haciendo un gesto con la
mano, pronunció su defensa:

2 —De todo lo que me acusan los
judíos tengo hoy la satisfacción de
defenderme ante ti, rey Agripa; 3 especialmente porque eres experto en costumbres y controversias judías. Por
lo cual te pido que me escuches con
paciencia.

4 Mi vida entera desde mi adolescencia, pasada desde el principio en el
seno de mi pueblo, la conocen todos
los judíos de Jerusalén. 5 Y, como me
conocen desde hace tanto tiempo,
pueden dar testimonio de que yo pertenecía a la secta más estricta de nuestra
religión: era fariseo.

25,13-27 Ante Agripa. Lucas vuelve a la carga sobre la inocencia de Pablo, narrando esta vez la escena de la comparecencia del Apóstol ante el rey Agripa, amigo del gobernador Festo. El gobernador repite los cargos de los judíos contra el acusado y la inocencia del mismo, aclarando, esta vez, la verdadera razón de la persecución judía contra el Apóstol: «un tal Jesús, muerto, del que Pablo dice que vive» (19). El relato dará ocasión a Pablo de renovar su testimonio ante «gobernadores y reyes» (cfr. Lc 21,12s).

26,1-32 Discurso de Pablo. Se trata del último discurso del libro de los Hechos, en el que Pablo narra por tercera vez su conversión y vocación. El punto de arranque es su vida pasada como miembro del pueblo judío y del rígido partido fariseo. ¿Ha roto ahora con sus raíces judías? De ninguna manera. Va a mostrar que su vida presente es la consecuencia última de su identidad judía.

Todo se remonta, según Pablo, a la esperanza de la promesa que Dios hizo «a nuestros padres» (6) y que han mantenido viva las doce tribus de Israel. De esta esperanza le acusan a él. ¿De qué esperanza se trata? Aunque Pablo no lo dice explícitamente, su intención es clara: el radical deseo humano de vivir es esperanza de resurrección.

Pues bien, esto es lo que Dios tenía prometido y lo ha cumplido ahora resucitando al Mesías Jesús. Son sus acusadores los que habiendo aceptado la promesa, no aceptan ahora su cumplimiento en la resurrección de Jesús.

6 Ahora me están juzgando porque
espero en la promesa que Dios hizo a
nuestros padres. 7 Y nuestras doce tribus, en su culto noche y día, aguardan
impacientes que se cumpla esa promesa.
Majestad, de esa esperanza me acusan
los judíos. 8 ¿Por qué les parece increíble
que Dios resucite a los muertos?
9 En un tiempo yo pensaba que mi
deber era combatir con todos los
medios el nombre de Jesús Nazareno.
10 Es lo que hice en Jerusalén, con autoridad recibida de los sumos sacerdotes, metiendo en la cárcel a muchos
consagrados. Y cuando los condenaban
a muerte, yo añadía mi voto. 11 Muchas
veces en las sinagogas yo los maltrataba
para hacerlos blasfemar; y mi furia cre-
ció hasta el punto de perseguirlos en
ciudades extranjeras.
12 Viajando en este empeño hacia
Damasco, con autoridad y encargo de
los sumos sacerdotes, 13 un mediodía
nos envolvió a mí y a mis acompañantes una luz celeste más brillante
que el sol.
14 Caímos todos a tierra y yo escuché una voz que me decía en hebreo:
Saulo, Saulo, ¿por qué me persigues?
De que te sirve tirar coces contra el
aguijón. 15 Pregunté: ¿Quién eres,
Señor? Y el Señor respondió: Soy Jesús, a quien tú persigues. 16 Ponte en
pie; que para esto me he aparecido a ti,
para nombrarte servidor y testigo de
que me has visto y de lo que te haré
ver. 17 Te defenderé de tu pueblo y de
los paganos a los que te envío. 18 Les
abrirás los ojos para que se conviertan
de las tinieblas a la luz, del dominio de
Satanás a Dios, y para que reciban,
por la fe en mí, el perdón de los pecados y su parte en la herencia de los
consagrados.
19 No desobedecí, rey Agripa, a la
visión celeste, sino que me puse a predicar: 20 primero a los de Damasco,
después a los de Jerusalén, en toda la
Judea y a los paganos, que se arrepintieran y se convirtieran a Dios, con
prácticas válidas de penitencia. 21 Por
este motivo se apoderaron de mí los
judíos e intentaron acabar conmigo.
22 Pero, protegido por Dios hasta
hoy, he podido seguir dando testimonio
ante pequeños y grandes, sin enseñar
otra cosa que lo que predijeron los profetas y Moisés, a saber, 23 que el Mesías
había de padecer, resucitar el primero
de la muerte y anunciar la luz a su pueblo y a los paganos.
24 Cuando Pablo terminó su defensa,
Festo dijo con voz firme:
—Estás loco, Pablo. Tanto estudiar
te ha vuelto loco.
25 Replicó Pablo:
—No estoy loco, ilustre Festo, más
bien pronuncio palabras verdaderas y

A continuación narra su vida de cruel perseguidor de los cristianos. En ningún otro texto describe el Apóstol su ensañamiento fanático. Sigue su testimonio sobre el cambio radical sufrido en el camino de Damasco. Es la tercera vez que habla del acontecimiento, pero en esta ocasión difiere llamativamente de las anteriores.

No menciona la ceguera ni la sanación ni la intervención de Ananías ni la fuga de Damasco. La conversión se transforma en vocación, al estilo de las vocaciones proféticas (cfr. Is 42,7; 61,1). Su testimonio, sin embargo, siempre es el mismo: Jesús, el primer resucitado de entre los muertos, es ahora luz universal sin distinción para judíos y paganos. Así termina el bellísimo discurso de Pablo.

Para el gobernador romano, encerrado en su mentalidad, el testimonio de Pablo no es delito, sino demencia. El estudio ha trastornado al acusado, comenta.

Ante el escepticismo del romano, Pablo apela a los conocimientos del judío Agripa. El rey se evade con una salida cortés.

Vibrando de pasión misionera, Pablo se dirige ahora a todos los presentes. A todos los querría cristianos y sin cadenas, libres de verdad. El veredicto final no se pronuncia en el tribunal, sino en privado. El narrador se encarga de que el lector lo escuche antes de que Pablo se embarque. Agripa no entiende que, en el designio de Dios, el viaje a Roma se paga con la prisión.

sensatas. 26 El rey entiende de todo esto y a él me dirijo con franqueza; porque no creo que ignore nada de esto, ya que son cosas que no sucedieron en lugares ocultos. 27 ¿Crees a los profetas, rey Agripa? Sé que les crees.

28 Agripa respondió a Pablo:

—Por poco no me convences de hacerme cristiano.

29 Respondió Pablo:

—¡Quiera Dios que por poco o por mucho, no sólo tú, sino todos los oyentes fueran hoy lo que yo soy, pero sin estas cadenas!

30 Se levantaron el rey, el gobernador, Berenice y los asistentes, 31 y al retirarse comentaban:

—Ese hombre no ha hecho nada que merezca la muerte o la cárcel.

32 Agripa dijo a Festo:

—Podría haberse marchado libre si no hubiera apelado al emperador.

Navegando hacia Roma

27 1 Cuando se decidió que navegáramos hacia Italia, encomendaron a Pablo y a otros presos a un centurión llamado Julio, de la cohorte Augusta. 2 Nos embarcamos en una nave de Adrumeto, que iba a partir hacia los puertos de Asia y zarpamos. Nos acompañaba Aristarco, un macedonio de Tesalónica. 3 Al día siguiente arribamos a Sidón, y Julio, por consideración a Pablo, le permitió ir a ver a sus amigos para que cuidaran de él. 4 Zarpando de Sidón, costeamos Chipre, porque el viento era contrario. 5 Después, atravesando mar abierto a lo largo de Cilicia y Panfilia, desembarcamos en Mira de Licia. 6 Allí encontró el centurión una nave de Alejandría que navegaba a Italia y nos embarcó en ella. 7 Por varios días avanzamos poco y nos costó llegar a Cnido; como el viento no era favorable, costeamos Creta a lo largo de Salmona, 8 y pegados a la costa alcanzamos con dificultad un lugar llamado Puerto Bueno, próximo a la ciudad de Lasaya. 9 Habíamos perdido mucho tiempo y la navegación se volvía peligrosa, porque había pasado la época del ayuno, Pablo aconsejó:

10 —Observo, señores, que la navegación va a acarrear peligros y pérdidas, no sólo a la carga y a la embarcación, sino a nuestras vidas.

11 Pero el centurión confiaba más en el capitán y en el patrón del barco que en Pablo. 12 Como el puerto no era apto para invernar, la mayoría prefería hacerse a la mar, con la esperanza de alcanzar e invernar en Fénix, un puerto de Creta orientado a noroeste y suroeste.

Tempestad

13 Se levantó un viento sur, y pensando que el plan era realizable, levaron anclas y costearon de cerca Creta. 14 Muy pronto, del lado de la isla, se desató un viento huracanado, que llaman *Euroaquilón*. 15 El barco fue arrastrado, y como no podíamos navegar

27,1-12 Navegando hacia Roma. La travesía marítima, con la tempestad y el naufragio, son una pieza de lucimiento del narrador. Es un relato rico de datos precisos, dignos de un buen conocedor de la navegación de entonces.

En un contexto realista, de dimensiones humanas, empequeñecidas por el vasto mar, Pablo es una figura sobrehumana: sabe y aconseja, prevé y predice, no desfallece y anima, es el director de la navegación. Al gran viajero, al náufrago salvado (cfr. 1 Cor 11,25), Lucas dedica este homenaje marítimo.

27,13-44 Tempestad. Se echaba encima el otoño, cuando los vientos occidentales hacían difícil y peligrosa la navegación por el Mediterráneo. Por el ayuno judío que menciona Lucas –el que precede a la fiesta de la Expiación– podemos calcular que eran los últimos días de septiembre.

La descripción que hace el narrador de la tempestad es magnífica. Dicen los entendidos que utiliza diez palabras técnicas del arte de navegar. No era marinero, pero sí que debió buscar información antes de escribir.

contra el viento, nos dejamos llevar a la
deriva. 16 Mientras pasábamos al reparo
de un islote llamado Clauda, logramos
con mucho esfuerzo controlar el bote
salvavidas. 17 Lo izaron a bordo y aseguraron la embarcación con sogas de
refuerzo. 18 Por temor a encallar en las
Sirtes, soltamos los flotadores y navegamos a la deriva. Al día siguiente,
como la tormenta arreciaba, empezaron a tirar parte del cargamento; 19 al
tercer día, con sus propias manos, se
deshicieron del aparejo del barco.
20 Durante varios días no se vió el sol ni
las estrellas, y como la tormenta no
amainaba, se acababa toda esperanza
de salvación.

21 Llevábamos días sin comer cuando Pablo se puso de pié en medio y dijo:
—Amigos, debían haberme hecho
caso y no salir de Creta, nos hubiéramos ahorrado estos peligros y pérdidas.
22 De todas maneras, les ruego que
tengan ánimo, que no se perderá ninguna vida; sólo la embarcación.
23 Anoche se me apareció un ángel
del Dios a quien pertenezco y venero
24 y me dijo: No temas, Pablo; tienes
que comparecer ante el emperador;
Dios te concede la vida de los que viajan
contigo. 25 Por tanto, iánimo, amigos!
Confío en Dios que sucederá lo que me
han dicho. 26 Encallaremos en una isla.

27 Era ya la decimocuarta noche y
seguíamos a la deriva por el Adriático.
A media noche los marineros presintie-
ron que nos acercábamos a tierra.
28 Descolgaron la sonda y midieron
treinta y seis metros; al poco rato la soltaron de nuevo y midieron unos veinti-
siete metros. 29 Temiendo estrellarse
contra los arrecifes, soltaron cuatro
anclas a popa y rezaban para que se
hiciese de día. 30 Los marineros intentaban abandonar el barco. Ya descolgaban el bote con el pretexto de soltar anclas a proa, 31 cuando Pablo dijo
al centurión y a los soldados:
—Si ésos no se quedan en el barco,
ustedes no se salvarán.

32 Así que los soldados cortaron las
cuerdas del bote y lo dejaron caer al mar.

33 Cuando amanecía, Pablo invitó a
todos a comer algo:
—Llevan catorce días a la expectativa y sin comer nada; 34 les aconsejo
que coman algo, que les ayudará a
salvarse. Nadie perderá ni un pelo de la
cabeza.

35 Dicho esto, tomó pan, dio gracias
a Dios en presencia de todos, lo partió
y se puso a comer. 36 Se animaron todos

En este contexto realista, Lucas no resiste a la tentación de resaltar la personalidad de Pablo salpicando el relato con intervenciones del Apóstol. Parece increíble que un prisionero haya desempeñado durante el viaje el protagonismo que el narrador atribuye a su héroe.

La primera intervención, sin éxito (10), parece casi un discurso. Cuando el peligro es serio y cunde el pánico, Pablo interviene por segunda vez (21-25), como un profeta que recibe mensajes celestes. A beneficio de los paganos presentes, habla de la aparición en un sueño del ángel del Dios a quien pertenece. Ese Dios le salvará la vida y, en atención a él, la de sus compañeros de navegación. Puede recordarse el razonamiento de Abrahán (cfr. Gn 18,23-33). Después de una noche de angustia, con peligro de que la nave se estrellase contra los arrecifes, Pablo interviene de nuevo (35). Esta vez invita a todos a comer algo y vuelve a asegurarles que nada les ocurrirá. Sus palabras parecen sacadas de la liturgia eucarística: «tomó pan, dio gracias, lo partió...» (cfr. Lc 22,19). El peligro mayor para los prisioneros surgió cuando los soldados, presos del pánico, decidieron matarlos para que nadie escapara. De nuevo un oficial romano –esta vez el centurión– salva a Pablo de la muerte.

¿Cómo ven los ojos iluminados del narrador este viaje accidentado de Pablo en medio de un mar enfurecido que hace naufragar la nave? En el Antiguo Testamento el naufragio es una experiencia tan terrible que equivale a la muerte (cfr. Sal 42,8; 66,12; 69,2s; Is 43,2).

En el Nuevo Testamento la aventura marítima de Jonás es una imagen de la muerte de Jesús (cfr. Mt 12,40; Jn 2,1). ¿No nos querrá decir Lucas que Pablo pasó también por las tinieblas y las grandes aguas –símbolo bíblico del paso por la muerte– y que como Jesús no fue retenido por la muerte, sino que también él escapará del mar para resucitar «simbólicamente» en Roma, no él sino la Palabra de la que era portador?

y comieron. 37 Éramos en la nave doscientas setenta y seis personas. 38 Comieron hasta saciarse y después vacia-
ron el barco arrojando el grano al mar.
39 Se hizo de día. Los marineros no
reconocían la tierra, pero distinguieron
una ensenada con una playa, y decidieron, como pudieran, varar la nave
allá. 40 Soltaron las anclas y las dejaron
caer al mar, a la vez que aflojaban las
correas del timón; izaron la vela de
popa a favor del viento y enfilaron
hacia la playa.
41 Pero, al pasar entre dos corrientes, la nave se encalló, la proa se hincó
y quedó inmóvil y la popa se deshizo
por la violencia del oleaje.
42 Los soldados decidieron matar a
los presos para que ninguno escapase
a nado; 43 pero el capitán, queriendo
salvar la vida a Pablo, se lo impidió y ordenó que los que sabían nadar saltaran
los primeros y ganaran tierra. 44 Los
demás seguirían en tablones o en otras
piezas de la nave. De ese modo todos
llegaron con vida a tierra.

Malta y Roma

28 1 Ya a salvo, pudimos identificar
la isla de Malta. 2 Los nativos
nos trataron con desacostumbrada
amabilidad. Como llovía y hacía frío,
encendieron una hoguera y nos
acogieron.
3 Mientras Pablo recogía un haz de
leña y la arrimaba al fuego, una víbora,
ahuyentada por el calor, se sujetó a la
mano de Pablo. 4 Cuando los nativos
vieron el animal colgado de su mano,
comentaban:
—Mal asesino tiene que ser este
hombre, que se ha salvado del mar y la
justicia divina no lo deja vivir.
5 Pero él sacudió el animal en el
fuego y no sufrió daño alguno.
6 Ellos esperaban que se hinchase o
cayese muerto de repente. Tras mucho
esperar, y viendo que no le sucedía
nada de particular, cambiaron de opinión y decían que era un dios.
7 En aquella región tenía una finca el
gobernador de la isla, llamado Publio.
Nos hospedó amablemente tres días.
8 El padre de Publio estaba en cama
con fiebre y disentería.
Pablo se acercó a él, oró, le impuso
las manos y lo sanó.
9 Como consecuencia del suceso,
los demás enfermos de la isla acudían
y se sanaban. 10 Nos colmaron de
honores y, cuando partimos, nos pro-
veyeron de lo necesario.

28,1-31 Malta y Roma. Este último capítulo del libro está escrito en clave de resurrección. Su tema es la Palabra de Dios, tantas veces personalizada a lo largo de su narración. Es esta Palabra, en realidad, la que cierra el libro, resonando en Roma como resucitada, libre y sin estorbo, proclamando el nombre de Jesús.

Después del naufragio, los pasajeros se dan cuenta de que están en la isla de Malta. En la narración detallada de los acontecimientos, Pablo encarna el poder de la Palabra que siempre va acompañada de signos y milagros, como en la predicación de Jesús. El caso de la víbora es uno de esos milagros que recuerdan el episodio del desierto (Nm 21,4-9) o la promesa escatológica del profeta (Is 11,8) o la de Jesús (Lc 10,18; Mc 16,18).

La sanación del padre de Publio, gobernador de la isla, está casi calcada en la primera sanación de Jesús, la de la suegra de Pedro (Lc 4,38s). Lo mismo que a Jesús, los enfermos acudían a Pablo y quedaban sanos (Lc 4,40).

Los viajeros se hacen de nuevo a la mar y Pablo llega a su destino, no como un prisionero sino recibido por el calor de la comunidad. Al encontrarse con los hermanos y hermanas y ver lo que todo eso significaba, el Apóstol da gracias a Dios. Por fin, Roma.

La última página del libro (17-31) recoge y resume ideas ya propuestas y cierra coherentemente todo el arco narrativo que arranca desde 1,8: «serán testigos míos en Jerusalén, Judea y Samaría y hasta el confín del mundo». El viaje de Pablo, de Jerusalén a Roma, materializa el movimiento espiritual de la Iglesia que se desprende definitivamente del judaísmo y se abre a los paganos. Roma será el nuevo centro de irradiación universal de la Palabra que está llamada a llegar hasta los últimos rincones del mundo.

Llegados al final del libro, los lectores de hoy nos quedamos con las ganas de conocer por boca de Lucas el destino final de Pablo. Sabemos por otras fuentes que el

11 Al cabo de tres meses zarpamos
en una nave alejandrina que había
invernado en la isla y estaba dedicada a
los Dióscuros. 12 Arribamos a Siracusa,
donde nos detuvimos tres días.
13 Desde allí, dando una vuelta,
alcanzamos Regio.
Al cabo de un día se levantó un viento
sur, y en dos días llegamos a Pozzuoli.
14 Encontramos unos hermanos que
nos invitaron a quedarnos con ellos
una semana. Así llegamos a Roma.
15 Los hermanos de allí, al oír noticias nuestras, salieron a recibirnos al
Foro Apio y Tres Tabernas. Pablo al verlos dio gracias a Dios y cobró ánimo.
16 Llegados a Roma permitieron a
Pablo alojarse por su cuenta con el soldado de guardia.
17 Pasados tres días convocó a los
judíos principales y, cuando se reunieron, les habló:
—Hermanos, aunque no hice nada
contra el pueblo o las costumbres pa-
ternas, los de Jerusalén me entregaron
preso a los romanos. 18 Éstos me exa-
minaron y, al no hallar en mí ningún
delito capital, decidieron dejarme libre.
19 Se opusieron los judíos y yo me vi
obligado a apelar al emperador, sin
intención de acusar a mi nación. 20 Por
este motivo los he llamado para verlos
y hablarles. Porque por la esperanza de
Israel me encuentro encadenado.
21 Le respondieron:
—Nosotros no hemos recibido de
Judea cartas acerca de ti ni ha llegado
ningún hermano con noticias o hablando
mal de ti. 22 Con todo, nos gustaría
escuchar lo que piensas, porque estamos
informados de que por todas partes se
habla de esa secta.
23 Señalaron una fecha y acudieron
muchos a su alojamiento.
Desde la mañana hasta el atardecer
estuvo explicándoles sobre el reino de
Dios, esforzándose por ganarlos para
Jesús, apelando a la ley de Moisés y a
los profetas. 24 Unos se dejaban convencer, otros se resistían a creer.
25 Cuando se despedían sin ponerse
de acuerdo, Pablo pronunció su última
palabra:
—¡Con razón dijo el Espíritu Santo a
sus padres por medio del profeta Isaías!:
26 *Ve a decir a ese pueblo:*
Por más que oigan, no comprenderán;
por más que vean, no conocerán.
27 *Porque el corazón de este pueblo*
se ha endurecido,
se taparon los oídos y cerraron los ojos,
por temor de que sus ojos vean,
que sus oídos oigan,
que su corazón comprenda,
que se conviertan y que yo los sane.
28 Sepan entonces que esta salvación de Dios va a ser anunciada a los paganos y ellos la escucharán. 29 [[Y después de haber dicho esto, los judíos se
fueron discutiendo fuertemente entre sí.]]
30 Pablo vivió dos años enteros por
sus propios medios. Recibía a todos los
que acudían a él 31 proclamando el
reino de Dios y enseñaba con toda libertad y sin estorbo lo concerniente al
Señor Jesucristo.

Apóstol fue martirizado en Roma hacia el año 66 durante la persecución de Nerón, y que allí está enterrado.

¿Qué ocurrió durante sus dos años de cautividad? ¿Fue puesto en libertad y pudo realizar su ansiado viaje a España (Rom 15,24-28)? ¿Sufrió una segunda cautividad romana que terminó en martirio? Lucas no satisface nuestra curiosidad. En realidad, el libro de los Hechos no es la biografía de Pedro ni de Pablo, sino la historia de la Palabra de Jesús que, impulsada por el Espíritu Santo, resuena triunfante, libre y sin cadenas tanto en la Roma de los tiempos del narrador, como en todos los confines de nuestro mundo de hoy.

Pedro y Pablo fueron los testigos de esta Palabra en la Iglesia que nacía hace dos mil años; hoy debemos serlo todos los hombres y mujeres que hemos recibido la fe en Jesús de Nazaret, Hijo de Dios y Salvador del mundo.

CARTAS

CARTA A LOS ROMANOS

La comunidad cristiana de Roma. ¿Quién fue el misionero anónimo que llevó la semilla cristiana a Roma? ¿Algún judío convertido de los muchos que emigraban a la capital del imperio o que regresaba después de peregrinar a Jerusalén para las grandes solemnidades de la Pascua? Es ésta una pregunta que probablemente quedará sin respuesta. Lucas, en su afán universalista, dice que entre los oyentes de Pentecostés había peregrinos romanos (Hch 2,10). El mismo Lucas menciona a un matrimonio judío, Áquila y Priscila (Hch 18,2), que tuvo que huir de Roma a Corinto a raíz del edicto de expulsión de los judíos hecho por Claudio (año 49). Lo cierto es que en tiempos de Pablo existía ya una importante comunidad cristiana en la ciudad, cuya mayoría era de origen pagano y en parte de origen judío. Para el judío «apóstol de los paganos», este dato era muy importante.

Motivación de la carta. ¿Qué motivos tenía Pablo para escribir una carta a una Iglesia que no había fundado ni conocía personalmente? Y no una carta cualquiera, de cortesía o de circunstancias, sino una carta doctrinal de envergadura, quizás la más importante del Apóstol. He aquí otra pregunta a la que no es fácil dar una respuesta satisfactoria y a gusto de todos los biblistas.

Una opinión minoritaria afirma que en su origen era una carta circular y que el destino a Roma se le añadió después y prevaleció en la tradición. Quizás la propuesta mejor sea la más obvia y sencilla, la sugerida por la misma carta. Pablo es apóstol de los paganos y Roma es cabeza del mundo pagano. A la capital del imperio, pues, dedicará su carta capital. Además, ve en Roma, como antes en Antioquía y en Éfeso, una gran plataforma para la difusión del Evangelio.

Lugar y fecha de composición de la carta. La carta fue escrita probablemente en Corinto, al final de su tercer viaje, hacia el año 57-58. Pablo tiene pendiente un viaje a Palestina con el fin de llevar el dinero de la colecta para la comunidad necesitada de Jerusalén. Considera acabada su tarea misionera en Asia y Europa oriental y proyecta una nueva expansión hacia occidente con una escala en Roma, corazón del imperio, y un viaje a España, el último confín hacia el oeste del mundo conocido de aquel entonces.

Carácter y finalidad de la carta. Al dirigirse a los romanos, Pablo tiene ya en su haber una larga experiencia misionera que le había llevado a enfrentarse, de palabra y por cartas, con las principales dificultades y problemas por los que atravesaban las comunidades cristianas, ya sean las fundadas por él mismo o las otras de las que tenía noticia por la constante comunicación que existía entre las diversas Iglesias esparcidas por el imperio. Antes de emprender una nueva aventura misionera hacia occidente, parece como si el Apóstol sintiera la necesidad de recapitular y poner por escrito una síntesis más elaborada y sistemática de los temas claves de su predicación (su «Buena Noticia», como él lo llama en Rom 2,16; 16,25), sobre todo en vistas al viaje previo que va a hacer a la Iglesia madre de Jerusalén donde sospechaba –como así ocurrió– que encontraría serias resistencias a su labor de apertura evangelizadora hacia los no judíos. El tema central de la carta es, sin lugar a dudas, la salvación por la fe en Jesucristo, muerto y resucitado, ofrecida a todos los hombres y mujeres sin discriminación.

Ocasión de la carta. La situación que vivían las Iglesias en los años 57-58 necesitaba de una palabra autorizada y definitiva que pusiera fin a las tensiones que ocasionaba la entrada imparable de los paganos en el seno de la comunidad cristiana, y que estaba poniendo en peligro la unidad de la Iglesia. El «nuevo pueblo de Dios» surgido del anuncio evangélico, ¿debía ser una continuación del pueblo judío a cuya Ley tenían que someterse los paganos convertidos? O, por el contrario, ¿se trataba de una Nueva Alianza que, sin perder sus raíces históricas judías, estaba abierta a todos por igual, judíos y paganos, con la sola condición de la fe en Cristo?

Frente a esta oferta de salvación universal, ¿qué sentido tenía ya la Ley, la circuncisión y demás prescripciones que habían mantenido al pueblo judío en un gueto cerrado de elegidos y privilegiados? Es comprensible que la Iglesia madre de Jerusalén se resistiera a romper con gran parte de ese bagaje religioso y a perder su protagonismo a favor de una Iglesia que comenzaba a ser ya ecuménica, desplazándose definitivamente más allá de las fronteras geográficas, raciales y culturales del mundo judío. Por otra parte, y dentro de este designio de salvación universal de Dios en Jesucristo, ¿cuál era la función del pueblo judío? Y, sobre todo, ¿qué iba a suceder con la mayoría de ellos que no habían aceptado el Evangelio?

Pablo responde a todos estos interrogantes haciendo una relectura, con los ojos iluminados por la fe, de la historia religiosa de su pueblo, descubriendo en ella el hilo conductor de la promesa que apuntaba a Jesús como Mesías y Salvador, quien, cumpliendo con exceso lo anunciado y prometido, pone fin a lo caduco e inaugura la nueva era definitiva, donde todas las barreras que dividen a la familia humana quedan abolidas.

Actualidad de la carta. Quizás no exista otro libro del Nuevo Testamento que haya suscitado tanta polémica de interpretación. Es irónico que la carta que nos ofrece la más universal y ecuménica visión de la salvación se haya convertido en la carta del «desencuentro» dentro de la familia cristiana, entre católicos y protestantes. Pero esto es ya historia pasada. Hoy día se puede afirmar justamente lo contrario: no sólo es la carta del «reencuentro» que está uniendo de nuevo a una familia dividida, sino que es también una plataforma doctrinal sin par para lanzar a la Iglesia hacia el diálogo con las otras religiones de la tierra, haciéndonos descubrir su función histórica dentro del plan de salvación universal de Dios.

Pablo nos trasmite a todos un mensaje de esperanza y gozo: el amor infinito e incondicional de Dios en Jesucristo abarca a toda la familia humana en un abrazo salvador que nos trae la liberación presente como promesa y arras de gloria eterna. Sólo pide de nosotros una respuesta de fe, amor y de esperanza.

Saludo

1 1 Pablo, servidor de Cristo Jesús, llamado a ser apóstol, elegido para anunciar la Buena Noticia de Dios, 2 quién ya había prometido por medio de sus profetas en las sagradas Escrituras, 3 acerca de su Hijo, nacido por línea carnal del linaje de David, 4 y constituido por el Espíritu Santo Hijo de Dios con poder a partir de la resurrección: Jesucristo, nuestro Señor. 5 Por medio de él recibimos la gracia del apostolado, para que todos los pueblos respondan con la obediencia de la fe para gloria de su nombre; 6 entre ellos se encuentran también ustedes, llamados por Jesucristo.

7 A todos los que Dios amó y llamó a ser consagrados, que se encuentran en Roma: Gracia y paz a ustedes de parte de Dios nuestro Padre y del Señor Jesucristo.

Deseos de visitar la comunidad de Roma

8 Ante todo, por medio de Jesucristo, doy gracias a mi Dios por todos ustedes, porque su fe es alabada en el mundo entero. 9 Tomo por testigo a Dios, a quien doy culto espiritual anunciando la Buena Noticia de su Hijo, de que yo los recuerdo 10 siempre en mis oraciones; pidiendo que de una vez, si Dios quiere, pueda realizar mi viaje para visitarlos.

11 Porque tengo muchos deseos de verlos a fin de comunicarles algún don espiritual que los fortalezca 12 o más bien para compartir con ustedes el mutuo consuelo de nuestra fe común.

13 Quiero que sepan, hermanos, que muchas veces me propuse ir a visitarlos para cosechar entre ustedes algún fruto, como entre los demás pueblos; pero hasta ahora me he visto impedido. 14 Yo me debo tanto a los griegos como a los que no lo son, a los sabios como a los ignorantes; 15 de ahí mi propósito de anunciarles la Buena Noticia también a ustedes los que habitan en Roma.

Perdón y castigo: programa

16 Yo no me avergüenzo de la Buena Noticia, que es una fuerza divina de salvación para todo el que cree –primero para el judío, después para el griego–.

1,1-7 Saludo. El saludo, con sus componentes básicos –remitente, destinatarios y deseos– más que un saludo parece un discurso de inauguración. Pablo está escribiendo a una Iglesia que él no fundó y sobre la que no se atribuye derecho de paternidad, de ahí lo formal y solemne de su introducción. Se presenta con tres títulos: «servidor de Cristo Jesús», «llamado a ser apóstol» y «elegido para anunciar la Buena Noticia».

Ésta es la nueva identidad que le dio el Señor en el camino de Damasco y que le definirá para siempre.

Pablo se considera embajador de Cristo y, junto a los títulos de quien lo envía, menciona la finalidad de su misión: anunciar la «Buena Noticia» de parte de Dios. Para eso (3s) usa una fórmula primitiva de confesión de fe a la que añade un toque personal. Quien lo envía es el Hijo de Dios, el mismo que en la resurrección ha recibido plenos poderes para ejercer su señorío sobre el mundo. La misión de Pablo participa de los poderes del resucitado y se extiende a todos los pueblos paganos entre los que se encuentra Roma, capital del imperio romano. Su misión tiene como objetivo provocar una respuesta de fe al mensaje del Evangelio.

Como la comunidad de Roma ya ha respondido, sus miembros reciben el título honorífico de amados de Dios y consagrados (7).

1,8-15 Deseos de visitar la comunidad de Roma. La acción de gracias a Dios, habitual al comienzo de todas las cartas, le sirve a Pablo para declarar su relación personal, no oficial, con la Iglesia de Roma. Y así, menciona sus deseos de visitarla. Aunque no conoce personalmente a los romanos, tiene noticias de su fe.

De ahí que los tenga presentes en sus oraciones y desee encontrarse con ellos cara a cara.

¿Por qué Pablo deseaba visitar la comunidad cristiana de Roma? ¿Acaso no habían recibido ya la fe que él mismo acaba de elogiar? Las razones las va desgranando poco a poco: él quiere comunicar a los romanos su carisma personal para robustecerlos, o más bien –se apresura a decir para no parecer presuntuoso– desea compartir el mutuo consuelo de la fe común y cosechar entre ellos algún fruto. Esto se fundamenta en la vocación que recibió y lo hizo deudor, no tanto de Dios sino de los hombres y mujeres sin distinción.

17 Esta Buena Noticia nos manifiesta la
justicia de Dios que libera exclusivamente por la fe. Según aquel texto *el*
justo vivirá por la fe.

18 Desde el cielo se revela la ira de
Dios contra toda clase de hombres impíos e injustos que por su injusticia
esconden la verdad.

La humanidad culpable

19 Porque lo que se puede conocer
de Dios lo tienen a la vista, ya que él
mismo se lo ha dado a conocer. 20 Lo
invisible de Dios, su poder eterno y su
divinidad, se hacen reconocibles a la
razón, desde la creación del mundo por
medio de sus obras.
Por tanto no tienen excusa; 21 ya
que, aunque conocieron a Dios, no le
dieron gloria ni gracias, sino que se
extraviaron con sus razonamientos, y
su mente ignorante quedó a oscuras.
22 Alardeaban de sabios, resultaron
necios, 23 cambiaron la gloria del Dios
incorruptible por imágenes de hombres
corruptibles, de aves, cuadrúpedos y
reptiles.

24 Por eso Dios dejó que fueran
dominados por sus malos deseos, que
degradaban sus propios cuerpos.

25 Como cambiaron la verdad de
Dios por la mentira, veneraron y adoraron la criatura en vez del Creador –bendito por siempre, amén–, 26 por eso los

1,16-18 Perdón y castigo: programa. Pablo parece como impaciente de presentar su evangelio a los romanos, incluso antes de llegar a Roma. Dice que no se avergüenza, ni se siente impotente o acomplejado de la Buena Noticia que anuncia, aludiendo a que el mensaje de la cruz es una locura (1 Cor 1,18) de la que aun los mismos cristianos se acobardan.

¿Se sentían acomplejados algunos romanos ante esta novedad y sus consecuencias? Y proponiendo ya el tema de la carta, dice que esta utópica locura es «una fuerza divina de salvación para todo el que cree» (16). Judío hasta sus raíces, el Apóstol añade: «primero para el judío» (16). La no aceptación del Evangelio por parte de su gente, será su gran frustración y tragedia (cfr. 2 Cor 12,7-9). El Apóstol se refiere a esta fuerza divina con una palabra llena de resonancias bíblicas: «justicia de Dios», una justicia que rompe todos los esquemas de la justicia humana (cfr. Is 42,21; 46,13; Sal 36,7.11) y que es la que salva y libera. El Evangelio revela, manifiesta, aplica y hace efectiva esta iniciativa de salvación de Dios.

La única condición para recibirla es la fe, es fiarse de Dios y dar su adhesión a Jesús como Mesías. Así, el Evangelio ofrece salvación y vida.

1,19-32 La humanidad culpable. Pablo comienza presentando la otra «cara» del Evangelio. El «anuncio» es también «denuncia». El Evangelio que revela la justicia salvadora de Dios también manifiesta su actitud irreconciliable contra todo lo que vaya en oposición de su proyecto de salvación, revela la «ira de Dios».

El Apóstol echa mano de una de las imágenes más fuertes del Antiguo Testamento (cfr. Sof 1,15; Jr 50,11-17; Ez 5,13; 36,5-13) que presenta a un Dios colérico y airado, «contra toda clase de hombres –y mujeres– impíos e injustos que por su injusticia esconden la verdad» (18). Sus ojos iluminados por la fe parecen abarcar a toda la humanidad que se resiste a la verdad.

Se refiere primero al mundo pagano que lo rodea y al que fue enviado a evangelizar; después lo hará con su pueblo, los judíos, a quienes les ha anunciado el Evangelio con insistencia y cuya mayoría se opone y resiste.

Como en una visión apocalíptica Pablo contempla en primer lugar la situación aterradora a la que pueden llegar los hombres y mujeres del mundo pagano cuando han alejado de sus vidas la presencia vivificante y salvadora de Dios. No en vano el Apóstol está escribiendo desde Corinto, una de las ciudades más corrompidas del imperio por aquel entonces. Con el tono de un profeta del Antiguo Testamento, Pablo se lanza a describir el Evangelio de la ira de Dios en acción con una implacable constatación: «dejó que fueran dominados por sus malos deseos» (24), «los entregó... a pasiones vergonzosas» (26), «los entregó a una mente depravada» (28).

¿Está presentando el Apóstol a un Dios vengativo y castigador? No, éste no es el Dios de su evangelio. Pablo está describiendo el castigo al que se someten aquellos hombres y mujeres que se convierten en los peores enemigos de sí mismos cuando sustituyen la «verdad de Dios por la mentira» (25). La «mentira» es el pecado radical del ser humano, conduce a la idolatría: «adoraron la criatura en vez del Creador» (25). Desterrar a Dios de nuestras vidas es el peor castigo que podemos darnos a nosotros mismos. Es a este destierro de Dios a lo que el Apóstol llama atrevidamente la ira de Dios.

Ahora bien, ¿puede estar Dios ausente de su mundo, indiferente ante la suerte de sus hijos e hijas por más pecadores y depravados que sean? Pablo viene a decir que no, que su «presencia amorosa» se convierte en «presencia airada», que es «ausencia» para el pecador. ¿Estrategia del amor infinito de Dios? ¿Qué decir de esta visión trágica de un mundo en bancarrota y a la deriva, dominado por todas las pasiones, corrupciones, e injusticias? ¿Está Pablo condenando de un plumazo a las religiones, a las culturas, a la moral del mundo pagano de su tiempo?

entregó Dios a pasiones vergonzosas.
Sus mujeres sustituyeron las relaciones
naturales con otras antinaturales. 27 Lo
mismo los hombres: dejando la relación natural con la mujer, se encendieron
en deseo mutuo, cometiendo infamias
hombres con hombres y recibiendo en
su persona la paga merecida por su
extravío.

28 Y como no se preocuparon por
reconocer a Dios, él los entregó a una
mente depravada, para que hicieran lo
que no es debido. 29 Están repletos de
injusticia, maldad, codicia, malignidad;
están llenos de envidia, homicidios, discordias, fraudes, perversión; son difamadores, 30 calumniadores, enemigos
de Dios, soberbios, arrogantes, fanfa-
rrones, ingeniosos para el mal, rebeldes
con sus padres, 31 sin juicio, desleales,
crueles, despiadados. 32 Y, aunque conocen el veredicto de Dios, que declara
dignos de muerte a los que hacen estas
cosas, no sólo las practican, sino que
aprueban a los que las hacen.

El juicio de Dios

2 1 Por tanto no tienes excusa, tú
que juzgas, seas quien seas; pues
al juzgar al otro, tú te condenas; ya que
tú haces lo mismo que condenas.

2 Sabemos que la sentencia de Dios
contra los que obran así es justa. 3 Y tú,
que juzgas a los que obran así y haces
lo mismo, ¿piensas librarte del juicio de
Dios? 4 ¿O desprecias su tesoro de bondad, su paciencia y aguante, olvidando
que su bondad quiere conducirte al
arrepentimiento? 5 Con tu cerrazón de
mente y tu corazón impenitente estás
juntando castigo para el día del castigo,
cuando se pronuncie la justa sentencia
de Dios, 6 que pagará a cada uno según
sus obras:

Ciertamente no. Escribiría lo mismo si contemplara nuestra sociedad de hoy, incluso la denominada «cristiana».

¿Es el Apóstol un pesimista sin remedio? Todo lo contrario. No olvidemos que comienza su carta presentándose como embajador plenipotenciario de Jesús, quien en su resurrección ha recibido plenos poderes para ejercer su señorío salvador sobre el mundo (5). Pablo no mira al mundo como moralista fustigador de vicios y excesos como cualquier predicador ambulante. Sus ojos iluminados por la fe ven más allá, contemplan aterrados la «raíz» de toda maldad e injusticia humanas que pueden emponzoñar los comportamientos personales y colectivos, las sociedades, las culturas y aun las religiones de todos los tiempos: la «ausencia de Dios», producida por el pecado. O lo que es lo mismo, escudriña y desenmascara lo más profundo de la condición humana; la ve como «pecado», bajo la ira de Dios.

Esta visión le espanta, de ahí que su carácter apasionado nos haya dejado este catálogo de horrores.

Sin embargo, no olvidemos que estamos en la introducción al «Evangelio de la salvación» –el tema de la Carta– y que esta presentación del Evangelio de la ira no puede entenderse separadamente del desconcertante anuncio de salvación del que Pablo es mensajero y embajador. No perdamos de vista que para el Apóstol la ira de Dios está siempre al servicio de su amor.

2,1-16 El juicio de Dios. Pablo se vuelve ahora hacia su pueblo. Antes, se ha dirigido a los paganos en tercera persona; a continuación lo hace en segunda, en forma de controversia o estilo de diatriba, es decir, imaginando un rival judío cuyas objeciones se citan para refutarlas. Parece como si este judío hubiera estado escuchando, con aire de autosuficiencia y aprobación, las condenas anteriores de Pablo contra el paganismo. Sustituyamos nosotros al «judío imaginario» del Apóstol por el «cristiano autosuficiente» que juzga a los paganos y seguidores de otras religiones y tendremos el cuadro completo.

Pablo discute con este «sujeto orgulloso», y le anuncia también a él el Evangelio de la ira de Dios. Para empezar, le recuerda la imagen bíblica del «juez juzgado» (cfr. Natán y David en 2 Sm 12; la canción de la viña de Is 5,1-7; o los jueces de la adúltera en Jn 8,7) y lo invita a que se aplique las consecuencias. Le viene a decir que también él participa de la condición humana y que es tan pecador como los demás. Toda actitud religiosa, de la tradición que sea, si no nos lleva al reconocimiento de nuestro pecado, al arrepentimiento y a la conversión, es falsa e hipócrita. Pablo lo va a resumir lapidariamente al final de su alegato: «no hay uno honrado, ni uno sensato» (3,10s).

El Apóstol quiere desmantelar esa falsa seguridad de la que alardea su imaginario interlocutor quien se ve a sí mismo «justificado» –salvado– ante Dios, gracias al cumplimiento de la Ley (cfr. Lc 18,11).

¿Está apuntando Pablo a una de las características del judaísmo de su tiempo? Lo que intenta es llevar a este sujeto a reconocer que no goza de privilegio ni de ventaja alguna a la hora del juicio de Dios, pues cada uno, pagano o judío, será juzgado según sus obras. Al fin de cuentas, la ley de la que alardean los judíos la lleva

7 Él dará vida eterna a los que perse-
verando en las buenas obras buscan la
gloria, el honor y la inmortalidad. 8 En
cambio castigará con la ira y la violencia
a los que por egoísmo desobedecen a la
verdad y obedecen a la injusticia.
9 Habrá angustia y tribulación para
todo el que obre mal –primero para el
judío, después para el griego–. 10 Habrá
gloria y honor para todo el que obre
bien –primero para el judío, después
para el griego–. 11 Porque Dios no hace
diferencia entre unos y otros.
12 Los que pecaron sin tener la ley,
sin la ley perecerán; los que pecaron
bajo la ley, según la ley serán juzgados.
13 Porque Dios no perdona a los que
escuchan la ley, sino a los que la cumplen.
14 Cuando los paganos, que no tienen la ley, cumplen espontáneamente
lo que exige la ley, no teniendo ley, ellos
son su ley, 15 y así demuestran que
llevan la exigencia de la ley grabada en
el corazón. Lo demuestra también el
testimonio de su propia conciencia que
unas veces los acusa y otras los disculpa
16 hasta el día en que, de acuerdo con
mi Buena Noticia y por medio de Cristo
Jesús, Dios juzgará lo oculto del hombre.

Los judíos y la Ley

17 Pero tú, que te llamas judío, tú,
que te apoyas en la ley, y te glorías de
Dios, 18 tú que dices conocer su voluntad, e instruido por la ley pretendes discernir lo que es mejor, 19 estás convencido de ser guía de ciegos, luz de los
que están a oscuras, 20 maestro de necios, instructor de ignorantes, porque
tienes en la ley la suma del conocimiento de la verdad.
21 Tú, que enseñas a otros, ¿por qué
no te enseñas a ti? Tú, que predicas
que no se robe, ¿por qué robas? 22 Tú,
que prohíbes el adulterio, ¿por qué lo
cometes? Tú, que aborreces los ídolos,

grabada toda persona en su corazón, sea de la religión que sea. La conciencia humana es la que funciona como ley (cfr. Prov 6,23).

La intención final del Apóstol es poner en pie de igualdad a ambos, al pagano y al judío, ante el juicio de Dios que se lleva a cabo por medio de Jesucristo; un juicio que ya está en marcha porque llega con el Evangelio. Es el juicio de la ira, etapa que nos dispone para aceptar el «juicio de salvación».

Sólo desde el convencimiento de nuestra realidad de pecadores es posible abrirse a la iniciativa de salvación de Dios por Jesucristo. Este reconocimiento de nuestro pecado no sólo atañe al individuo, sino también a la colectividad, a la «institución». La Iglesia no está solamente formada por «pecadores individuales», sino que ha pecado y sigue pecando como colectividad, como institución. ¿Cuántos siglos ha tardado nuestra «institución eclesial» en reconocer pública y oficialmente su pecado colectivo contra otras razas, religiones y pueblos?

2,17-29 Los judíos y la Ley. Pablo continúa su discusión imaginaria con el judío, pasando ahora, en concreto, a sus pretensiones y supuestos privilegios religiosos.

El estilo se vuelve polémico, incluso agresivo. Sin embargo, es posible imaginar el desgarro interior que sentiría el Apóstol, judío también él, al tener que escribir estas líneas a los hombres y mujeres de su pueblo a quienes tanto ama y por quienes militaba en el pasado como fanático perseguidor de Cristo en cuyo nombre les habla ahora.

Pablo va a mencionar los tres privilegios fundamentales que, como muros de protección contra los demás pueblos, convertían a los judíos en gente especial, escogida, exclusiva, intachable... según ellos, por supuesto. El primero, el privilegio de sangre y de raza: «tú, que te llamas judío» (17); el segundo, la Ley, o «la suma del conocimiento de la verdad» (20); el tercero, la marca de exclusividad: «la circuncisión» (25). A continuación, procede a desmantelar cada uno de estos bastiones de autosegregación y privilegio. Lo hace confrontando a su interlocutor imaginario con su pasado histórico de transgresiones y pecados, a pesar de la Ley, de la circuncisión y de todo el montaje religioso-ideológico de que se han rodeado. El resultado no puede ser más patético. Al fin y al cabo, Pablo viene a decirles que son tan ignorantes, tan ladrones, tan adúlteros y tan saqueadores de templos como los incircuncisos y los paganos. Es más, añade que hay paganos decentes y honestos que podrían muy bien actuar como sus jueces (27).

¿Se ha convertido Pablo de fanático judío en fanático anti-judío? No es ésta, ni mucho menos, su intención. Sustituyamos a los «judíos» por todos aquellos que hacen de su religión, del color de su piel, de su raza o nacionalidad, de su dinero, de su posición social, de su cargo eclesiástico o civil un instrumento de privilegio, discriminación u opresión y habremos entendido la intención del Apóstol. A todos ellos, simbolizados en su imaginario interlocutor judío, les está predicando el Evangelio de la ira de Dios.

¿por qué saqueas sus templos? 23 Si
pones tu orgullo en la ley, ¿por qué des-
honras a Dios quebrantando la ley?
24 Pues está escrito: *Por culpa de ustedes el nombre de Dios es blasfemado
entre las naciones.*
25 La circuncisión es útil si cumples
la ley; si la quebrantas, tu circuncisión
te deja incircunciso. 26 En cambio, el
que no está circuncidado pero guarda
los preceptos de la ley, será tenido por
un verdadero circunciso. 27 Uno físicamente incircunciso que cumpla la ley te
juzgará a ti que, con tu código y tu circuncisión, quebrantas la ley.
28 Ser judío no consiste en tener
señales visibles; la circuncisión no consiste en una señal en la carne. 29 El
verdadero judío lo es interiormente: la
verdadera circuncisión es del corazón,
según el Espíritu y no según la ley escrita. A ése le corresponde la alabanza,
no de los hombres, sino de Dios.

Dios es fiel

3 1 Entonces, ¿qué ventaja tiene el
judío o para qué sirve la circuncisión? 2 Las ventajas son muchas y en
todos los aspectos. Primero, Dios confió su palabra a los judíos.
3 Entonces, ¿qué pasa si algunos
fueron infieles? ¿Anula su infidelidad la
fidelidad de Dios? 4 ¡De ningún modo!
Dios se mostrará fiel aunque todos los
hombres sean falsos. Como está escrito:
*En la sentencia tendrás razón, del juicio
saldrás inocente.*
5 Pero si nuestra culpa hace resaltar
la justicia de Dios, ¿qué diremos? ¿Que
Dios es injusto al aplicar el castigo?
–hablando humanamente–. 6 ¡De ningún modo! De lo contrario, ¿cómo
podrá Dios juzgar al mundo? 7 Pero si
mi falsedad hace resaltar la fidelidad de
Dios, siendo así mayor su gloria, ¿por
qué encima me condena como pecador? 8 O debemos hacer el mal para
que resulte el bien –es lo que algunos
calumniadores me atribuyen; ellos sí
merecen ser condenados–.

Todos son pecadores

9 En conclusión, ¿llevamos ventaja
los judíos? No en todo. Acabamos de
demostrar que todos, judíos y griegos,
están sometidos al pecado.

3,1-8 Dios es fiel. La reacción es inmediata. Si todo esto es verdad, parece reprocharle su interlocutor, ¿a qué se reduce la fidelidad de Dios a su pueblo si ha permitido que éste caiga tan bajo? ¿Para qué sirve ser judío? ¿Fue todo una burla de Dios? Y lo que es más serio, casi maquiavélico: si nuestros pecados, al fin y al cabo, sirven para que Dios muestre su bondad, ¿no le hacemos un favor a Dios pecando?, ¿no es injusto que Dios permita nuestros pecados y luego se sirva de ellos aunque sea para fines salvíficos?

Toda esta posible argumentación la reduce Pablo al absurdo. No tiene necesidad de refutarla directamente pues no está hablando a ateos o agnósticos sino a su pueblo para quien el mensaje de Dios en las Escrituras es siempre la última palabra de todo argumento. En realidad, estos interrogantes existenciales que se plantea el ser humano sobre su libertad frente a la libertad de Dios, sobre el pecado y el castigo, sobre el bien y el mal, ya habían encontrado respuesta en la Biblia, una respuesta a la medida de la capacidad humana y que solamente puede ser aprehendida en la oscuridad de la fe (cfr. Job 40,7-14; Sab 12,13; Éx 9,16).

3,9-20 Todos son pecadores. Pablo apela justamente a las Escrituras para sacar su conclusión final: «no hay uno honrado» (10), «ni uno sensato» (11). Judíos y paganos, cada uno a su modo, con ley o sin ley, todos están bajo el imperio del pecado. El Apóstol deja a un lado a los judíos y sus pecados, y enfrentándose ahora con la humanidad entera, la contempla bajo el dominio del Pecado –en singular y con mayúscula– como queriendo personificar a esa potencia maléfica que alcanza al hombre y a la mujer hasta en las raíces más profundas de su ser y que envenena y corrompe toda la historia humana.

El número y variedad de citas de las Escrituras que añade a continuación, no las considera el Apóstol como pruebas adicionales de la conclusión a que ha llegado acerca de la condición pecadora de la humanidad, sino como «palabra de Dios en acción», dictando una sentencia de ira sobre la humanidad.

Dicho de otra manera, Pablo es consciente de estar anunciando el Evangelio de la ira de Dios, ahora, mientras escribe esta carta a los Romanos. El diagnóstico que hace del ser humano, a base de metáforas bíblicas, no tiene desperdicio.

10 Como está escrito:

No hay uno honrado
11 *ni uno sensato que busque a Dios,*
no hay uno que busque el bien.
12 *Todos se han extraviado y pervertido,*
no hay quien haga el bien, ni uno solo.
13 *Su garganta es una tumba abierta:*
mienten con sus lenguas,
sus labios esconden veneno de víboras,
14 *su boca está llena de maldiciones hirientes.*
15 *Sus pies corren para derramar sangre,*
16 *sus caminos están sembrados de ruina y destrucción.*
17 *No conocen la ruta de la paz*
18 *ni tienen el temor de Dios.*

19 Ahora bien, las exigencias de la ley
se dirigen a los súbditos de la ley; y así
a todos se les tapa la boca y el mundo
entero queda sometido al juicio de
Dios. 20 Por eso nadie será justificado
ante Dios por haber cumplido la ley, ya
que la ley se limita a hacernos conocer
el pecado.

Ahora se revela la justicia de Dios

21 Pero ahora, independiente de la
ley, aunque atestiguada por la ley y los
profetas, se da a conocer la justicia de
Dios que salva 22 por la fe en Jesucristo;
válida sin distinción para cuantos
creen.

23 Todos han pecado y están priva-
dos de la presencia de Dios. 24 Pero son
perdonados sin merecerlo, generosamente, porque Cristo Jesús los ha rescatado. 25 Dios lo destinó a ser con su
sangre instrumento de expiación para
los que creen.

Dios mostraba así su justicia cuando pacientemente pasaba por alto los pecados cometidos en el pasado.

Parece un médico examinando minuciosamente a un enfermo en fase terminal, que va comprobando cómo la enfermedad ha hecho estragos, afectando a todo su organismo, destruyendo todos los miembros del cuerpo uno a uno. Es en este panorama desolador, donde va a irrumpir con todo su poder el Evangelio de salvación.

3,21-31 Ahora se revela la justicia de Dios. Texto capital y denso que anuncia la justicia –salvación– de Dios revelada en la muerte y resurrección de Jesucristo, tema que constituye el mensaje principal de toda la predicación de Pablo. Comienza, pues, su Evangelio de salvación afirmando que «ahora» (21) esta voluntad salvífica de Dios se revela y se realiza «por la fe en Jesucristo» (22).

Ahora se está ofreciendo a todos y a todas sin distinción, bajo la sola condición de que crean. Ahora, la ira de Dios –su ausencia– se está transformando en presencia de amor salvador para los que aceptan a Jesús por la fe. Nadie puede atribuirse méritos ni exigir derechos, pues se trata de un don de Dios, absolutamente gratuito.

Toda la carta a los romanos, más aún, todos los escritos de Pablo, apuntan con insistente urgencia a este «momento presente» como «oportunidad» ofrecida de salvación.

El triunfo futuro del reinado de Dios ha comenzado «ya», «ahora». El Apóstol lo afirma con tanta rotundidad como lo hizo el mismo Jesús en la Sinagoga de Nazaret: «hoy, en presencia de ustedes, se ha cumplido este pasaje de la Escritura» (Lc 4,21).

Aunque este anuncio es para toda la humanidad, Pablo lo va proclamar como si tuviera delante solamente a los judíos. ¿Por qué? En primer lugar, porque la conversión de su pueblo es para él como una asignatura pendiente, y lleva esta oposición de los suyos al Evangelio como una espina clavada en el corazón. En segundo lugar, porque la resistencia de los judíos a su mensaje podía ser tomada como ejemplo de toda actitud religiosa exclusivista y autosuficiente que exhibe como intocables sus derechos y privilegios. Se podría decir que el Apóstol intenta matar varios pájaros de un tiro. Veamos.

Se dirige a los judíos de su tiempo, sí, pero su mirada va más allá. Tiene, quizás, los ojos puestos en la comunidad de Roma a la que escribe esta carta, y cuyos cristianos –que vienen del judaísmo– no terminan de desembarazarse del fardo de la ley de Moisés –para ellos fuente de privilegios y derechos–, y discriminan así a los cristianos procedentes del paganismo, poniendo en peligro

26 Demuestra su justicia en el presente siendo justo y haciendo justos a
los que creen en Jesús.
27 Y ahora, ¿dónde queda el orgullo?
Queda excluido. ¿En virtud de qué ley?
¿Por la ley de las obras? Nada de eso,
por la ley de la fe. 28 Porque nosotros
afirmamos que el hombre es justificado
por la fe, independientemente de las
obras de la ley.
29 ¿Acaso Dios es sólo de los judíos?
¿No lo es también de los paganos? Ciertamente, también de los paganos; 30 porque no hay más que un solo Dios que
justifica por medio de la fe a los judíos
circuncisos y a los paganos incircuncisos.
31 ¿Significa eso que con la fe invali-
damos la ley? ¡De ningún modo! Antes
bien la confirmamos.

El ejemplo de Abrahán

4 1 ¿Y qué diremos de Abrahán,
nuestro padre según la carne? 2 Si
Abrahán fue justificado por las obras,
podía estar orgulloso; pero no delante
de Dios. 3 ¿Qué dice la Escritura? *Creyó
Abrahán a Dios y esto le fue tenido en
cuenta para su justificación.* 4 Al que trabaja le dan el salario como paga, no
como regalo. 5 Al que no hace nada,
sino que se fía en el que hace justo al
malvado, se le tiene en cuenta la fe
para su justificación.
6 Por eso David proclama la bienaventuranza del hombre a quien Dios tiene
como justo sin tomarle en cuenta las
obras: 7 *Dichoso aquél a quien le han
perdonado el delito y le han sepultado
sus pecados;* 8 *dichoso aquél a quien
el Señor no le tiene en cuenta su pecado.*
9 Pero, esa bienaventuranza, ¿vale
sólo para el circunciso o también para
el incircunciso? Hemos afirmado que a
Abrahán *la fe le fue tenida en cuenta
para su justificación.* 10 ¿En qué situación? ¿Antes o después de circuncidado?
Evidentemente antes y no después. 11 Y
como señal de la justicia que, sin estar

la unidad y comunión de toda la Iglesia de Roma. Pero también se dirige a nosotros, cristianos de hoy, ya que si somos valientes y sinceros, también descubriremos en la arrogancia y autosuficiencia del «judaísmo de su tiempo», nuestra propia autosuficiencia y arrogancia religiosa, lastre del que tanto nos cuesta desembarazarnos como comunidad eclesial.

El Apóstol quiere dejar claro que la «ley judía» ha sido sustituida por la «ley de la fe», con la que descubrimos el verdadero rostro de Dios, el rostro de un Padre que es amor infinito y que ama a todos por igual, judíos y no judíos. Las barreras que dividen y discriminan a las personas han sido derribadas. La fe nos abre al Evangelio de salvación universal revelado en Jesús, el Mesías.

Pablo utiliza el vocabulario teológico-jurídico judío –no olvidemos que está dirigiéndose a su pueblo–, pero dándole un nuevo significado para presentarnos el protagonismo de Jesús, muerto y resucitado, en esta iniciativa de salvación de Dios. Y así, sobre el trasfondo de los sacrificios rituales del templo de Jerusalén, dice que Jesús nos ha rescatado (24) de nuestros pecados y que su sangre es expiación (25) para los que creen en Él.

Ambos términos, rescate y expiación, pueden parecernos un poco extraños para nuestra mentalidad de hoy, por eso preferimos articular el misterio con otras categorías y conceptos. Sin embargo, el mensaje es el mismo: Jesús murió para salvarnos a todos. Ante esta locura del amor de Dios, ¿se puede seguir pensando con orgullo que nos salva el cumplimiento de las obras mandadas por la Ley? Pablo responde con una frase atrevida: Ley, sí, pero con tal que sea la «ley de la fe» (27).

4,1-12 El ejemplo de Abrahán. En este diálogo imaginario con el «judaísmo de su tiempo», queda pendiente una pregunta: ¿para qué sirvieron, entonces, la circuncisión y la ley de Moisés? ¿Ha sido todo en vano?

De ninguna manera, parece responder Pablo. Es precisamente la «ley de la fe» revelada ahora en la persona de Jesús, muerto y resucitado, la clave que interpreta y da validez a la «ley de Moisés» y a la circuncisión.

El Apóstol, Escritura en mano, pasa a probarlo remontándose hasta Abrahán, la figura central del pueblo judío. Pone su mirada en el momento más crucial y significativo de la vida del Patriarca: Dios le promete, en su vejez, una descendencia tan numerosa como las estrellas del cielo. Sin embargo, contra toda esperanza humana (18) el Patriarca se fió de Dios: «creyó al Señor y el Señor se lo tuvo en cuenta para su justificación» (Gn 15,6), es decir: recibió la fe de forma gratuita, fue justificado, recibió la salvación.

La circuncisión del Patriarca (Gn 17,20) vino después, «como señal de la justicia... que había recibido por creer» (11). Siglos después llegó la Ley de Moisés. Así, la circuncisión y la Ley tenían un valor de referencia. Eran «memoria activa» del momento fundacional del pueblo judío que tuvo su origen en el acto de fe de

circuncidado, había recibido por creer, recibió la circuncisión. De ese modo quedó constituido padre de ambos: de los incircuncisos que tienen la fe que les es tenida en cuenta para su justificación [12] y de los circuncisos que, no contentos con serlo, siguen las huellas de nuestro padre Abrahán, que creyó sin estar circuncidado.

La promesa de descendencia

[13] No por la ley le prometieron a Abrahán o a su descendencia que heredarían el mundo, sino por el mérito de la fe. [14] Porque, si los herederos lo son en virtud de la ley, la fe no tiene objeto y la promesa es nula. [15] Porque la ley provoca la condena: donde no hay ley, no hay trasgresión. [16] Por eso la promesa ha de basarse en la fe, como don; y de este modo la promesa será válida para todos los descendientes de Abrahán, tanto para sus hijos reconocidos por la ley como para sus hijos por la fe.

Porque Abrahán es el padre de todos nosotros [17] como está escrito: *Te haré padre de muchas naciones*; es padre de todos nosotros a los ojos de Dios, en quien creyó, Aquel que da vida a los muertos y llama a la existencia a las cosas que no existen.

[18] Por la fe, Abrahán siguió esperando cuando ya no había ninguna esperanza y así se convirtió en *padre de muchos pueblos*, según el dicho: *así será tu descendencia*. [19] No vaciló su fe, aun considerando su cuerpo ya sin vigor –era un centenario– y el seno estéril de Sara. [20] No dudó con desconfianza de la promesa de Dios, sino que robustecido por la fe, glorificó a Dios, [21] convencido de que podía cumplir lo prometido. [22] Por eso la fe *le fue tenida en cuenta para su justificación*.

[23] Y cuando dice la Escritura que Dios tuvo en cuenta su fe, no se escribió sólo por él, [24] sino también por nosotros, que tenemos fe en el que resucitó de la muerte a Jesús, Señor nuestro, [25] que se entregó por nuestros pecados y resucitó para hacernos justos.

Consecuencias de la nueva justicia

5 [1] Pues bien, ahora que hemos sido justificados por la fe, estamos en paz con Dios, por medio de Jesucristo Señor nuestro. [2] También por él –por la fe– hemos alcanzado la gracia en la

Abrahán por el que se convirtió en «Patriarca» –en lugar de «ancestro»– de Israel gracias al cumplimiento de la promesa que le hizo Dios.

4,13-25 La promesa de descendencia. Pablo quiere rescatar la «paternidad» de Abrahán de los estrechos límites nacionalistas a que había sido reducida por el pueblo judío en razón de la Ley y la circuncisión –los judíos le daban a Abrahán el título de «nuestro padre»–. Pablo le otorga una dimensión universal, de «patriarca de Israel» pasa a ser «padre de todos los que creen».

El don de la fe y la respuesta creyente, que definieron las relaciones entre Dios y Abrahán, serán también los elementos que marcarán el rumbo de las relaciones entre Dios y la prometida descendencia del Patriarca.

El Apóstol desvela toda la riqueza que lleva consigo el acto de fe de Abrahán. Fiándose de Dios, el Patriarca creyó que Dios, otorgando su perdón, puede transformar a una persona culpable en «justa» –salvada–, que puede convertir a dos ancianos estériles en portadores de vida. Todo lo que creyó el Patriarca se cumplió en su persona, es decir «le fue tenido en cuenta para su justificación» (4,3). Pablo señala que esto fue escrito para que nosotros creamos que Dios resucitó a Jesucristo.

El tema de la resurrección de Jesús, anunciado en 1,4, se afirma con fuerza al final de esta sección de la carta. En realidad, ha estado latente en todo el recorrido de Pablo por las Escrituras como una luz que ha iluminado el verdadero sentido de la historia del pueblo judío narrada en la «Ley y en los Profetas».

Al final (24s), lo resume así: a nosotros nos acreditará el creer «en el que resucitó de la muerte a Jesús, Señor nuestro, que se entregó por nuestros pecados y resucitó para hacernos justos» –para otorgarnos la salvación–.

5,1-11 Consecuencias de la nueva justicia. Comienza otra sección de la carta. El lenguaje jurídico pasa a segundo plano y cede su lugar a otro más ético.

A la preponderancia de la justicia divina, le sucede el predominio del amor. Ya no hay distinción entre judíos y paganos. Pablo deja al pueblo judío como su interlocutor imaginario y se dirige ahora a la comunidad cristiana

que nos encontramos, y podemos
estar orgullosos esperando la gloria de
Dios. 3 No sólo eso, sino que además
nos gloriamos de nuestras tribulaciones; porque sabemos que la tribulación
produce la paciencia, 4 de la paciencia
sale la fe firme y de la fe firme brota la
esperanza. 5 Y la esperanza no quedará
defraudada, porque el amor de Dios ha
sido derramado en nuestro corazón por
el don del Espíritu Santo.
6 Cuando todavía éramos débiles, en
el tiempo señalado, Cristo murió por
los pecadores. 7 Por un inocente quizás
muriera alguien; por una persona buena
quizás alguien se arriesgara a morir.
8 Ahora bien, Dios nos demostró su amor
en que, siendo aún pecadores, Cristo
murió por nosotros.
9 Con mayor razón, ahora que su
sangre nos ha hecho justos, nos libra-
remos por él de la condena. 10 Porque
si siendo enemigos fuimos reconciliados
con Dios por la muerte de su Hijo, con
mayor razón, ahora ya reconciliados,
seremos salvados por su vida.
11 Y esto no es todo: por medio de
Jesucristo, que nos ha traído la reconciliación, ponemos nuestro orgullo en Dios.

Comparación entre Adán y Cristo

(Gn 3)

12 Así como por un hombre penetró
el pecado en el mundo y por el pecado
la muerte, así también la muerte se
extendió a toda la humanidad, ya que
todos pecaron. 13 Antes de llegar la ley,
el pecado ya estaba en el mundo; pero,

que es tal por haber recibido la justificación –salvación– por la fe. Va a explicar en qué consiste esta «justificación» que poseemos como don gratuito de Dios por Jesucristo. ¿Qué significa, pues, para el Apóstol, vivir como «justos» o, para usar nuestro lenguaje corriente, como «cristianos»? Pablo comienza su exposición con un «ahora», como situando todo lo que va a decir en el presente de nuestra vida diaria.

Primero: es la «paz», pero en el sentido que la entiende el Apóstol tanto desde su cultura bíblica como desde su fe en Jesús resucitado. «Estar en paz con Dios», en la Biblia, es el «bienestar» del que goza el que es amigo de Dios. No se trata, sin más, de un bienestar psicológico o simplemente humano. Va más allá. Es la posesión y el goce de la persona misma del amigo como riqueza propia. Es vivir la vida del amigo: «contigo, ¿qué me importa ya la tierra?» (Sal 73,25). Ahora bien, la resurrección de Jesús ha hecho posible y real esta condición de «paz» en que nos encontramos. De la vida del resucitado estamos participando ya, «ahora», como don de paz (cfr. Jn 10,10; 20,20). «Paz» es sinónimo de «vida» para Pablo.

Segundo: es la «esperanza», hermana y compañera de la paz. Es la promesa, prenda y garantía de un futuro de gloria y de resurrección igual al de Jesucristo que Dios nos tiene preparado. Y así, el estado de «paz» de que gozamos ahora se desdobla en «esperanza». El «futuro» de gloria del que cree y del que espera, no es quimera ni utopía sino que se da la mano con el «presente» en la única realidad que cuenta para Pablo y que domina todo el horizonte de la historia –presente, pasado y futuro–, Jesucristo muerto y resucitado por nosotros.

Con la paz y la esperanza el cristiano no esquiva ni evade las adversidades y sufrimientos de la vida presente, ya sean los propios de la condición humana o los acarreados por el seguimiento de Cristo, sino que los asume con responsabilidad, paciencia y aguante sabiendo que, al final, el poder de la vida triunfará sobre los poderes de la muerte. Lo que parece increíble para nuestra capacidad humana, no lo es para el amor incondicional e infinito de Dios revelado en la muerte y resurrección de Jesús.

Un amor que no tiene su origen en nuestra inocencia o buena conducta sino justamente en nuestra condición de pecadores. Como música de fondo de este increíble «Evangelio de salvación» predicado por Pablo, parece resonar la declaración de amor de Dios a su pueblo que nos narra el profeta: «mi siervo inocente rehabilitará a todos porque cargó con sus crímenes» (Is 53,11; cfr. 1 Jn 4,10).

5,12-21 Comparación entre Adán y Cristo. Pablo expone ahora la liberación del pecado y de la muerte en esta grandiosa antítesis comparativa entre Adán y Cristo. Es éste un texto apretado y difícil, como si el Apóstol estuviera luchando por comprender y formular un misterio; por eso este pasaje de la carta sigue suscitando tantos esfuerzos de interpretación.

Pablo echa mano, una vez más, de su método de exposición favorito: la antítesis y el contraste.

En los primeros capítulos de la carta, el Apóstol ha contemplado a toda la humanidad unida en una especie de maligna y negativa solidaridad bajo el imperio del Pecado. Ahora da un nombre propio al origen de esa humanidad pecadora: Adán. Y sobre él carga la responsabilidad de introducir en el mundo el pecado y la muerte, dejando esa trágica herencia a todos sus descendientes. Para Pablo no se trata de una «herencia» que nos haya caído encima como una maldición impuesta y sin sentido que no deja opción alguna a nuestra libertad –algo así como el «destino» de una tragedia griega–, sino como un «patrimonio» ratificado y confirmado por nuestros pecados personales.

como no había ley, el pecado no se
tenía en cuenta. 14 Con todo, la muerte
reinó desde Adán hasta Moisés, también sobre los que no habían pecado
imitando la desobediencia de Adán
–que es figura del que había de venir–.
15 Pero el don no es como el delito.
Porque si por el delito de uno murieron
todos, mucho más abundantes se ofre-
cerán a todos el favor y el don de Dios,
por el favor de un solo hombre, Jesucristo. 16 El don no es equivalente al
pecado de uno. Ya que por un solo
pecado vino la condena, pero por el
don de Dios los hombres son declara-
dos libres de sus muchos pecados.
17 En efecto, si por el delito de uno
solo reinó la muerte, con mayor razón,
por medio de uno, Jesucristo, reinarán
y vivirán los que reciben abundantemente la gracia y el don de la justicia.
18 Así pues, como por el delito de
uno se extiende la condena a toda la
humanidad, así por el acto de justicia
de uno solo se extiende a todos los
hombres la sentencia que concede la
vida. 19 Como por la desobediencia de
uno todos resultaron pecadores, así
por la obediencia de uno todos resulta-
rán justos. 20 La ley entró para que se
multiplicara el delito; pero donde abundó
el pecado, sobreabundó la gracia.

Ya ha dejado claro anteriormente que tanto judíos como paganos son todos pecadores.

El Apóstol da un paso más, y lo hace resaltando el principio de solidaridad que aúna a toda la familia humana en un destino común y, por consiguiente, la relación corporativa que existe entre Adán, primer pecador y heraldo de la muerte, y su descendencia.

Aquí radica la fuerza y la novedad de su argumentación. No está hablando ya de nuestros pecados personales sino de nuestra misteriosa participación en el pecado original del primer hombre, independientemente de las conductas individuales: «por un hombre penetró el pecado en el mundo» (12). Dicho de otra manera, el pecado de Adán lo heredamos todos y, como consecuencia, la muerte «ya que todos pecaron» (12) asociados corporativamente al pecado de nuestro primer ancestro. También la muerte afecta a todos, aun a los que no habían pecado –personalmente– imitando la desobediencia de Adán (14). El Apóstol no llama al primer hombre «padre», pues la paternidad es transmisora de vida y no de muerte.

¿Qué alcance tienen estas afirmaciones? Pablo no es un historiador del drama del «paraíso terrenal» ni es su intención desvelar el misterio del «pecado original», o explicar su mecanismo de transmisión, cuestiones ambas que tantos quebraderos de cabeza han dado a los teólogos durante toda la historia de la Iglesia. Hay que situar al Apóstol en la línea de los grandes narradores bíblicos quienes, utilizando mitos y relatos de orígenes, nos trasmiten un mensaje religioso como Palabra de Dios. Y éste es su mensaje simple y escueto: todos participamos de la culpa de Adán y hemos nacido con ese «pecado original».

Esta realidad del «pecado original», sin embargo, sólo puede ser percibida en tensión relacional con la otra realidad de la solidaridad corporativa que asocia la humanidad al acto redentor de Cristo, de la misma manera que el anuncio de la ira de Dios no puede entenderse separadamente del anuncio del «evangelio de la salvación».

Pablo presenta ahora al otro protagonista de la historia humana, el que verdaderamente le interesa: Cristo.

Los dos personajes, sin embargo, no están en el mismo plano de igualdad. En realidad, no hay comparación entre el uno y el otro, pues el protagonismo del primero en el delito y la muerte queda anulado por la superabundancia del don y del «favor de un solo hombre, Jesucristo» (15). Si el Apóstol los compara proponiendo a Adán como «figura» de Cristo, es precisamente para resaltar la antítesis y el contraste entre ambos.

Pablo intuye que solamente dejándose impactar por la violencia misteriosa del mal, representada en el ancestro de la humanidad, Adán, podemos revelar un poco el misterio del amor infinito de Dios mostrado en la muerte y resurrección de otro hombre, su hijo Jesús.

Pero Pablo no ve ya a Adán sino a aquel a quien Adán apunta y señala, y de quien es «figura» por contraste: Cristo. Ya no contempla a la humanidad sometida al pecado y a la muerte, bajo la ira de Dios, sino bajo la vida y la salvación reveladas en Cristo muerto y resucitado. A la condena del pecado original opone el Apóstol la sentencia de la salvación original que se extiende a todos los hombres –y mujeres– y que concede la vida (18).

La acción creadora de Dios de la que surge el universo, la humanidad y todo cuanto existe, es ya para Pablo un acto de salvación, un don de amor en Cristo. Desde el principio «Dios estaba reconciliando al mundo consigo, por medio de Cristo, sin tener en cuenta los pecados de los hombres» (2 Cor 5,19). Por eso Cristo «es la imagen del Dios invisible, el primogénito de toda la creación» (Col 1,15), y por medio de Él, la Palabra, «todo existió y sin ella nada existió de cuanto existe» (Jn 1,3).

No es ya el pecado y la muerte los que marcan los orígenes y el rumbo de la familia humana y de la entera creación, sino la reconciliación, la salvación y la vida y todo gracias al favor copioso (17), a la acción recta (18), a la obediencia (19) de uno, Jesucristo, quien hizo que el delito fuera desbordado por la gracia (20) que reinará

21 Así como el pecado reinó produciendo la muerte, así la gracia reinará por
medio de la justicia para la vida eterna
por medio de Jesucristo Señor nuestro.

Muertos al pecado, vivos con Cristo

6 1 ¿Qué diremos entonces? ¿Que
debemos seguir pecando para que
abunde la gracia? 2 ¡Ni pensarlo! Los que
hemos muerto al pecado, ¿cómo vamos
a seguir viviendo en él?
3 ¿No saben que cuantos fuimos bautizados en Cristo Jesús, fuimos bautizados en su muerte? 4 Por el bautismo
fuimos sepultados con él en la muerte,
para que así como Cristo resucitó de la
muerte por la acción gloriosa del Padre,
también nosotros llevemos una vida
nueva. 5 Porque, si nos hemos identificado con él por una muerte como la
suya, también nos identificaremos con
él en la resurrección.
6 Sabemos que nuestra vieja condición humana ha sido crucificada con él,
para que se anule la condición pecadora
y no sigamos siendo esclavos del pecado. 7 Porque el que ha muerto ya no es
deudor del pecado. 8 Si hemos muerto
con Cristo, creemos que también viviremos con él.
9 Sabemos que Cristo, resucitado de
la muerte, ya no vuelve a morir, la muerte no tiene poder sobre él. 10 Muriendo
murió al pecado definitivamente; viviendo vive para Dios. 11 Lo mismo ustedes,
considérense muertos al pecado y vivos
para Dios en Cristo Jesús.

Liberados del pecado, siervos de Dios

12 No permitan que el pecado reine en
sus cuerpos mortales obedeciendo a sus
bajos deseos. 13 No entreguen sus
miembros a disposición del pecado
como instrumentos de injusticia, sino
pónganse a disposición de Dios, como
resucitados de la muerte, y hagan de sus
miembros instrumentos de justicia al
servicio de Dios. 14 El pecado no tendrá
dominio sobre ustedes, ya que no viven
sometidos a la ley, sino bajo la gracia.

por la justicia para una vida eterna (21). San Agustín ha expresado mejor que nadie este desconcertante anuncio de Pablo con una no menos desconcertante afirmación: ¡Oh, feliz culpa! –Bendito Pecado– que nos ha traído semejante Salvador.

6,1-11 Muertos al pecado, vivos con Cristo. Una posible objeción, ya planteada y resuelta en 3,5-8, le sirve a Pablo de pretexto y de enlace para exponer en qué consiste la vida nueva del cristiano. ¿Está respondiendo a las acusaciones de sus enemigos de no tomarse en serio el pecado al acentuar tanto la salvación traída por Jesucristo? ¿Es la gracia algo así como una licencia para pecar? Porque si cuanto más pecado haya mayor será el perdón, y si perdonar es la «gloria» de Dios, ¿no le estamos haciendo un favor a Dios pecando? «¡Ni pensarlo!» (2), responde el Apóstol a esta absurda objeción.

En el ámbito de Dios en que se mueve el cristiano, ya no hay lugar para el pecado. Y así, le recuerda a la comunidad de Roma lo que ya conoce bien: que por el bautismo el cristiano se une a Cristo en su muerte y resurrección, que es un morir para vivir.

Pablo es realista y sabe que el pecado no ha sido aún completamente desterrado del mundo; por eso describe la incorporación a Cristo por el bautismo como un proceso que ya ha comenzado. Con un despliegue de metáforas audaces en las que vierte toda su pasión de apóstol, Pablo contempla a los bautizados en el mismo acto redentor de Cristo como: consagrados al Mesías y sepultados en su muerte (4), injertados en su resurrección (5), crucificada su vieja condición humana y anulada su condición de esclavos (6), para terminar con la exhortación final: «considérense muertos al pecado y vivos para Dios en Cristo Jesús» (11).

6,12-23 Liberados del pecado, siervos de Dios. Por vivir en un cuerpo mortal, el cristiano sigue expuesto al pecado, solicitado por el deseo (cfr. Sant 1,14). Debe dominarlo y someterlo, como dice Dios a Caín (Gn 4,7).

Frente a ideologías griegas que consideraban como malo el cuerpo y el mundo material, Pablo afirma la unidad de la persona humana y, por tanto, el cuerpo puede y debe estar a disposición de Dios como instrumento del bien (13). He aquí una concepción realista de la unidad del hombre y de su responsabilidad.

Volviendo a la objeción anterior, nuevamente demuestra que es absurda: «¿Vamos a pecar porque estamos bajo la gracia? ¡De ningún modo!» (15). La gracia no da licencia al pecado; todo lo contrario, capacita para someterlo.

La vida del cristiano es de una tensión existencial entre el pecado y Dios. Y no hay términos medios ni hay cabida para la neutralidad o, como dice el proverbio: «no se puede encender una vela a Dios y otra al Diablo». «Quien no está conmigo está contra mí» (Mt 12,30).

15 Entonces, ¿qué? ¿Vamos a pecar
porque no estamos sometidos a la ley,
sino bajo la gracia? ¡De ningún modo!
16 ¿No saben que si se ponen a obedecer
como esclavos, son esclavos de aquél a
quien obedecen? Sea del pecado, que
conduce a la muerte, sea de la obediencia, que conduce a la justicia.
17 Ustedes eran esclavos del pecado;
pero gracias a Dios se han sometido de
corazón a la doctrina de la fe que han
recibido; 18 y libres del pecado, se hicieron esclavos de la justicia. 19 Les hablo
de una manera humana, teniendo en
cuenta la debilidad natural de ustedes.
Si antes entregaron sus miembros,
haciéndolos esclavos de la impureza y
el libertinaje, para hacer el mal, del
mismo modo ofrezcan ahora sus
miembros al servicio de la justicia para
que sean consagrados. 20 Mientras eran
esclavos del pecado, ustedes estaban
libres de la justicia. 21 ¿Y qué sacaban en
limpio? Resultados que ahora los avergüenzan, porque acaban en la muerte.
22 Pero ahora, libres del pecado y
esclavos de Dios, su fruto es una consagración que desemboca en vida eterna.
23 Porque el salario del pecado es la
muerte; mientras el don de Dios, por
Cristo Jesús Señor nuestro, es la vida
eterna.

Comparación del matrimonio

7 1 Les hablo, hermanos, como a
gente entendida en leyes: ¿Acaso
ustedes ignoran que la ley obliga al
hombre sólo mientras vive? 2 La mujer
casada está legalmente ligada al marido
mientras éste vive. Si muere el marido,
queda libre de la ley que lo unía a él. 3 Si
se junta con otro mientras vive el marido,
se la considera adúltera. Cuando muere
el marido, queda libre del vínculo legal
y no es adúltera si se une con otro.
4 Del mismo modo, hermanos, por
la unión con el cuerpo de Cristo ustedes
han muerto a la ley y pueden pertenecer
a otro: al que resucitó de la muerte a fin
de que diéramos frutos para Dios.
5 Mientras vivíamos bajo el instinto,
las pasiones pecaminosas, estimuladas
por la ley, actuaban en nuestros miembros y dábamos fruto para la muerte.
6 Pero ahora, libres de la ley, muertos a
todo aquello que nos tenía esclavizados,

Pablo expresa esta tensión con la imagen más fuerte que tiene a mano y que sabe que va a impactar a sus lectores: la imagen de la esclavitud –es probable que muchos cristianos de Roma fueran realmente esclavos–. Dos esclavitudes se presentan al cristiano como opción de vida: la esclavitud al pecado o la esclavitud a Cristo. El pecado conduce a sus esclavos a la muerte. Por el contrario, la «obediencia» a Cristo –ya no habla de esclavitud– conduce a la salvación y por ella a la vida.

El Apóstol les recuerda a los romanos que ellos ya han elegido libremente: antes eran esclavos del pecado, ahora, por la gracia de Dios, se han sometido de corazón y, liberados del pecado, se hicieron esclavos de la justicia (19).

Pablo, sigue explotando la imagen, consciente de sus límites, invitándoles a comparar su situación previa al bautismo con su situación presente con el fin de darles ánimos y para que, vigilantes, permanezcan firmes en la lucha, porque de una batalla se trata. Y así, el Apóstol utiliza el lenguaje militar para afirmar que el que «milita» como esclavo a las órdenes del pecado recibirá, como salario, la muerte. Dios, en cambio, no paga salario, sino que lo regala, como se hace entre personas libres; ese regalo es la vida eterna (cfr. Jn 8,32).

7,1-6 Comparación del matrimonio. En los capítulos precedentes ya han asomado varias alusiones a la Ley de Moisés (3,20.21.28; 5,20; 6,14). Es éste un tema que aparece en todas las grandes cartas de Pablo (cfr. Gál 3,10-13), porque era justamente la «ley» el gran obstáculo que impedía al judaísmo de su tiempo la aceptación del Evangelio.

Dirigiéndose, pues, a los judeo-cristianos e, implícitamente, a los judíos, les dice sin ambages que también de la Ley de Moisés nos ha liberado Cristo. No pasa a probar la afirmación pues ya lo ha hecho anteriormente, sino que la ilustra con una comparación del derecho matrimonial romano que Pablo aplica, de manera muy curiosa, a la condición cristiana.

Se mire por donde se mire, viene a decir el Apóstol, el matrimonio que unía a los judeo-cristianos a la ley ha quedado disuelto por doble defunción.

servimos a Dios con un espíritu nuevo,
y no según una letra envejecida.

La condición pecadora

7 ¿Qué concluimos? ¿Que la ley es
pecado? ¡De ningún modo! Yo no
hubiera conocido el pecado si no fuera
por la ley. No sabría de codicia si la ley
no dijera: *No codiciarás*.

8 Entonces el pecado, aprovechándose del precepto, provocó en mí toda
clase de codicias. Porque donde no hay
ley, el pecado está muerto.

9 En un tiempo yo vivía sin ley; llegó el
precepto, revivió el pecado 10 y yo morí;
y así el precepto destinado a darme vida
me llevó a la muerte. 11 Porque el pecado,
aprovechándose de la oportunidad que
le daba el precepto, me sedujo y por
medio del precepto me dio muerte. 12 O
sea que la ley es santa, el precepto es
santo y justo y bueno.

13 Entonces lo bueno, ¿fue para mí
mortal? ¡De ningún modo! Antes bien,
el pecado, para delatar su naturaleza,
usando el bien me provocó la muerte:
así el pecado por medio del precepto
llegó a la plenitud de su malicia.

Dominados por el pecado

14 Nos consta que la ley es espiritual,
pero yo soy carnal y estoy vendido al
pecado. 15 Lo que realizo no lo entiendo,
porque no hago lo que quiero, sino que
hago lo que detesto. 16 Pero si hago lo
que no quiero, con eso reconozco que
la ley es excelente.

Si se mira al esposo –la ley– éste ha muerto por la acción de Cristo y por consiguiente, la esposa –el judío– queda libre para casarse con otro.

Si se mira a la «esposa» –el judío, ahora cristiano–, pues bien, ésta también ha muerto por el bautismo, y en su nueva vida ya no está ligada a su antiguo esposo –la ley–.

A lo que apunta Pablo es a la nueva realidad en que vive el cristiano y que compara con un matrimonio en el que Cristo resucitado es «el esposo», el cristiano es «la esposa», y cuya unión es fecunda en frutos para Dios (cfr. Jn 15,8). Justo lo contrario de la fecundidad fatal de las pasiones «estimuladas por la ley» (5) que dan frutos destinados a morir (cfr. Sant 1,15).

7,7-13 La condición pecadora. Estamos en la parte más dramática de la carta. Pablo interioriza esta lucha contra el pecado y la ve como un desdoblamiento y desgarramiento de su conciencia que acaba en un grito de auxilio. Por lo que tiene de introspección lúcida y apasionada, esta página es magistral. Es como si el pecado fuese una «fiera» que está al acecho en la puerta de la conciencia (cfr. 1 Pe 5,8) y a la que el hombre tiene que someter (véase la historia de Caín, Gn 4,1-8).

¿Está hablando Pablo en primera persona? Seguramente que sí; pero viviendo en su propia carne este drama común, se hace al mismo tiempo el portavoz de todos nosotros: «¿Alguien enferma sin que yo enferme? ¿Alguien cae sin que a mí me dé fiebre?» (2 Cor 11,29). Es, pues, a la humanidad entera en su lucha contra el pecado a la que el Apóstol quiere abarcar en este grito de angustia. En cuanto a la ley que menciona, ¿de qué ley habla? ¿Sólo de la judía? Éste es el contexto inmediato; sin embargo, por todo lo que dirá a continuación, la visión del Apóstol abarca a toda ley –la judía, la cristiana, la de cualquier religión–, vista desde la condición pecadora del ser humano.

¿Es la Ley pecado? (7), se pregunta el Apóstol retóricamente, para responder que pensar así sería un absurdo. La ley no manda pecar pues «el precepto es santo... justo y bueno» (12). La fuerza, pues, de su argumento no está en la bondad o maldad intrínseca de la ley sino en la astucia, en la insidia de nuestra condición pecadora personificada en este protagonista siniestro, el pecado, capaz de convertir hasta el mismísimo «Decálogo» en instrumento de prevaricación, pues «aprovechándose del precepto provocó en mí toda clase de codicias» (8)... «me sedujo y por medio del precepto me dio muerte» (11).

Es fascinante la descripción psicológica que hace Pablo de esta faceta de la ley como tentadora cuando el pecado trata de manipularla. La ley prohíbe, da nombre, llama la atención sobre el objeto prohibido, lo valora, lo exhibe como un desafío y un trofeo. El precepto, vienen a decir el Apóstol, ceba y engorda al pecado, delata su naturaleza... lo convierte en superpecado (13).

7,14-25 Dominados por el pecado. Pablo contempla la situación del «yo» bajo el pecado con una frase casi desesperada: «estoy vendido al pecado» (14). Una encrucijada de fuerzas contradictorias parecen anidarse en el ser humano, las cuales van anulando una a una, toda su capacidad ética y afectiva de hacer el bien: «no hago el bien que quiero, sino que practico el mal que no quiero» (19) y así en aumento, hasta señalar al enemigo que lleva dentro: «el pecado que habita en mí» (20), «y me hace prisionero de la ley del pecado que habita en mis miembros» (23).

Sin embargo, a la desesperación de la derrota: «¡Desgraciado de mí!» (24), responde el grito agradecido de la victoria: la liberación ya está aquí «gracias a Dios por Jesucristo Señor nuestro» (25). Es como si al borde del abismo le salieran alas.

17 Ahora bien, no soy yo quien hace eso, sino el pecado que habita en mí. 18 Sé que nada bueno hay en mí, es decir, en mis bajos instintos. El deseo de hacer el bien está a mi alcance, pero no el realizarlo. 19 No hago el bien que quiero, sino que practico el mal que no quiero. 20 Pero si hago lo que no quiero, ya no soy yo quien lo ejecuta, sino el pecado que habita en mí.

21 Y me encuentro con esta fatalidad: que deseando hacer el bien, se me pone al alcance el mal. 22 En mi interior me agrada la ley de Dios, 23 en mis miembros descubro otra ley que lucha con la ley de la razón y me hace prisionero de la ley del pecado que habita en mis miembros. 24 ¡Desgraciado de mí! ¿Quién me librará de esta condición mortal? 25 ¡Gracias a Dios por Jesucristo Señor nuestro! En resumen, con la razón yo sirvo a la ley de Dios, con mis bajos instintos a la ley del pecado.

Vida por el Espíritu

8 1 En conclusión, no hay condena para los que pertenecen a Cristo Jesús. 2 Porque la ley del Espíritu que da la vida, por medio de Cristo Jesús, me ha librado de la ley del pecado y de la muerte. 3 Lo que no podía hacer la ley, por la debilidad de la condición carnal, lo ha hecho Dios enviando a su Hijo, en condición semejante a la del hombre pecador para entendérselas con el pecado; en su carne ha condenado al pecado, 4 para que la justa exigencia de la ley la cumpliéramos los que no procedemos movidos por bajos instintos, sino por el Espíritu.

5 En efecto, los que se dejan guiar por los bajos instintos tienden a lo bajo; los que se dejan guiar por el Espíritu tienden a lo espiritual. 6 Los bajos instintos tienden a la muerte, el Espíritu tiende a la vida y la paz. 7 Porque la tendencia de los bajos instintos se opone

Así termina Pablo su dramático recorrido por el «Evangelio de la ira» (1,18) que nos ha llevado desde la visión de la corrupción del mundo pagano y judío de su tiempo hasta el origen del pecado en Adán, para adentrarse después en las leyes humanas manipuladas por el pecado y hasta en la misma estructura de la persona donde también se anida el pecado.

El Apóstol ha llegado hasta la misma raíz que une a todos los hombres y mujeres del mundo en una solidaridad en la culpa, anterior y por encima de las religiones, razas y culturas: la condición pecadora de la familia humana.

Sin embargo, este «Evangelio de la ira» de Dios, no es sino la otra cara del misterio: el «Evangelio de la salvación universal» ofrecido en y por Jesucristo.

8,1-17 Vida por el Espíritu. «¿Quién me librará de esta condición mortal?» (7,24), se preguntaba Pablo. Y ahora responde: Cristo, regalándome su Espíritu.

Este nuevo poder lo describe en oposición a la ley del pecado y de la muerte. El ser humano, abandonado a sus propias fuerzas, no puede medirse con un enemigo tan poderoso como la «ley del pecado». La derrota significa la muerte total, la ausencia de Dios. Pero ahora contamos con un aliado formidable: el Espíritu Santo que nos está poniendo la victoria al alcance de la mano. La batalla continúa, las fuerzas del pecado siguen amenazando con su capacidad destructiva, pero la situación ha cambiado.

Todos los temas fundamentales de la predicación de Pablo se dan cita en este capítulo para presentarnos una grandiosa visión de la fe cristiana como camino de vida y esperanza, contemplada bajo la revelación del misterio de amor de Dios en sus tres protagonistas: el Padre, el Hijo y el Espíritu Santo. El ser humano ya no está solo en la lucha. Dios Padre se ha comprometido a fondo en ella, enviando a su Hijo al mundo «en condición semejante a la del hombre pecador» (3), afirma Pablo con el más atrevido realismo que le permite la lengua griega en un intento de expresar lo inefable, es decir, que es Cristo, «verdadero hombre», el que se enfrenta con el pecado en el propio terreno de éste, la pecadora condición humana, para derrotarlo sin contaminarse.

La muerte y resurrección de Jesús abren las puertas del mundo al Espíritu. Así entra en la escena de nuestra lucha contra el «instinto» que nos arrastra al pecado y a la muerte, el tercer protagonista del «misterio de salvación», el Espíritu Santo, a quien Pablo nombrará 29 veces en este capítulo, y lo presenta con un dinamismo de arrolladora actividad: inspira (5), tiende a la vida y a la paz (6), habita en los cristianos (9), dará vida a nuestros cuerpos mortales (11), ayuda a mortificar las acciones del cuerpo (13), hasta culminar en la gran revelación del supremo don que resume e incluye a todos los demás: nos hace hijos de Dios, nos permite clamar Abba, Padre (15), atestigua a nuestro espíritu que somos hijos de Dios (16), herederos de Dios, coherederos con Cristo (17). Termina el Apóstol diciendo que, ahora, esta «filiación y herencia» (cfr. Mc 14,36; Gál 4,6), es compartir su pasión, a través de la cual compartiremos también su gloria (cfr. Flp 3,10s).

a Dios; ya que no se someten a la ley
de Dios ni pueden hacerlo; 8 y los que
se dejan arrastrar por ellos no pueden
agradar a Dios. 9 Pero ustedes no están
animados por los bajos instintos, sino
por el Espíritu, ya que el Espíritu de Dios
habita en ustedes. Y si alguno no tiene el
Espíritu de Cristo, no le pertenece.
10 Pero si Cristo está en ustedes, aunque el cuerpo muera por el pecado, el
espíritu vivirá por la justicia. 11 Y si el
Espíritu del que resucitó a Jesús de la
muerte habita en ustedes, el que resucitó a Cristo de la muerte dará vida a
sus cuerpos mortales, por el Espíritu
suyo que habita en ustedes.
12 Hermanos, no somos deudores de
los bajos instintos para vivir a su manera.
13 Porque, si viven de ese modo, morirán;
pero, si con el Espíritu dan muerte a las
bajas acciones, entonces vivirán.
14 Todos los que se dejan llevar por el
Espíritu de Dios son hijos de Dios. 15 Y
ustedes no han recibido un espíritu de
esclavos, para recaer en el temor, sino
un espíritu de hijos adoptivos que nos
permite llamar a Dios Abba, Padre.
16 El Espíritu atestigua a nuestro
espíritu que somos hijos de Dios. 17 Si
somos hijos, también somos herederos:
herederos de Dios, coherederos con
Cristo; si compartimos su pasión, compartiremos su gloria.

Esperanza de gloria

18 Estimo que los sufrimientos del
tiempo presente no se pueden comparar
con la gloria que se ha de revelar en
nosotros.
19 La humanidad aguarda ansiosamente que se revelen los hijos de Dios.
20 Ella fue sometida al fracaso, no
voluntariamente, sino por imposición
de otro; pero esta humanidad, tiene la
esperanza 21 de que será liberada de la
esclavitud de la corrupción para obtener
la gloriosa libertad de los hijos de Dios.
22 Sabemos que hasta ahora la
humanidad entera está gimiendo con
dolores de parto. 23 Y no sólo ella; también nosotros, que poseemos las primicias del Espíritu, gemimos por dentro
esperando la condición de hijos adoptivos, el rescate de nuestro cuerpo.

8,18-27 Esperanza de gloria. Pablo comienza hablando de la gloria de los que sufren con Cristo y que se manifestará en nosotros (18). A continuación, coloca en este «horizonte de la esperanza» a toda «la humanidad», a toda «la creación», pues ambas traducciones del término griego usado son posibles e incluso complementarias. Esta grandiosa visión del Apóstol encontrará, seguramente, en nuestra generación más empatía que en generaciones anteriores.

Para el hombre y la mujer de hoy, el destino de la humanidad y el de la creación se han hecho inseparables. Justicia, paz e integridad de la creación se ha convertido en el «credo» no sólo de ecologistas, sino de todos los hombres y mujeres de buena voluntad, creyentes o no creyentes.

Pablo, por supuesto, no habla como ecologista ni solamente como hombre de buena voluntad. Su visión es más profunda. Su cultura bíblica no le permite separar al «Dios creador» del «Dios salvador», ni a la «creación del hombre y de la mujer» de la «creación de la tierra y del cosmos».

Si la caída de la humanidad ha arrastrado en ella a toda la creación, «maldito el suelo por tu culpa: con fatiga sacarás de él tu alimento mientras vivas» (Gn 3,17; cfr. Sal 102,27), la salvación del hombre y de la mujer afectará también a toda la creación, «voy a crear un cielo nuevo y una tierra nueva» (Is 65,17; cfr. 2 Pe 3,13).

El Apóstol contempla a la humanidad y a la creación en el camino de la salvación –ya realizada en Cristo, pero aún no concluida– con la mirada expectante y tendida hacia ese futuro de liberación que se hace ya presente en la esperanza: «la humanidad entera está gimiendo con dolores de parto» (22).

Dentro de esta humanidad expectante, Pablo se dirige a los cristianos, «también nosotros, que poseemos las primicias del Espíritu, gemimos por dentro esperando la condición de hijos adoptivos, el rescate de nuestro cuerpo» (23), en clara alusión a la función fundamental de la comunidad creyente: anunciar el Evangelio de salvación universal, en solidaridad de sufrimientos y de expectación con la comunidad humana, dando testimonio de nuestra esperanza (cfr. 1 Pe 3,15).

El Espíritu Santo, que es dinamismo de acción como también dinamismo de oración, es el mediador eficaz de este anuncio y testimonio cristiano, convirtiendo los dolores de parto de la creación entera, en gemidos inefables de plegaria: Aunque no sabemos pedir como es debido, el Espíritu mismo intercede por nosotros (26s).

24 Con esa esperanza nos han salvado. Una esperanza que ya se ve, no es esperanza; porque, lo que uno ve no necesita esperarlo. 25 Pero, si esperamos lo que no vemos, aguardamos con paciencia. 26 De ese modo el Espíritu nos viene a socorrer en nuestra debilidad. Aunque no sabemos pedir como es debido, el Espíritu mismo intercede por nosotros con gemidos que no se pueden expresar. 27 Y el que sondea los corazones sabe lo que pretende el Espíritu cuando suplica por los consagrados de acuerdo con la voluntad de Dios.

El amor de Dios

28 Sabemos que Dios dispone todas las cosas para el bien de los que le aman, de los llamados según su designio. 29 A los que escogió de antemano los destinó a reproducir la imagen de su Hijo, de modo que fuera él el primogénito de muchos hermanos. 30 A los que había destinado los llamó, a los que llamó los hizo justos, a los que hizo justos los glorificó. 31 Teniendo en cuenta todo esto, ¿qué podemos decir? Si Dios está de nuestra parte, ¿quién estará en contra? 32 El que no reservó a su propio Hijo, sino que lo entregó por todos nosotros, ¿cómo no nos va a regalar todo lo demás con él? 33 ¿Quién acusará a los que Dios eligió? Si Dios absuelve, 34 ¿quién condenará? ¿Será acaso Cristo Jesús, el que murió y después resucitó y está a la diestra de Dios y suplica por nosotros?

35 ¿Quién nos apartará del amor de Cristo? ¿Tribulación, angustia, persecución, hambre, desnudez, peligro, espada? 36 Como dice el texto: *Por tu causa somos entregados continuamente a la muerte, nos tratan como a ovejas destinadas al matadero.* 37 En todas esas circunstancias salimos más que vencedores gracias al que nos amó.

38 Estoy seguro que ni muerte ni vida, ni ángeles ni potestades, ni presente ni futuro, ni poderes 39 ni altura ni hondura, ni criatura alguna nos podrá separar del amor de Dios manifestado en Cristo Jesús Señor nuestro.

La situación de Israel

9 1 Les voy a hablar sinceramente, como cristiano, sin mentir; y el Espíritu Santo confirma el testimonio de mi conciencia. 2 Siento una pena muy grande, un dolor incesante en el alma: 3 hasta desearía ser aborrecido de Dios y separado de Cristo si así pudiera

8,28-39 El amor de Dios. Pablo cierra el capítulo con esta especie de canto triunfal al amor que Dios y Cristo nos tienen. Gracias a él saldremos triunfadores de todas las tribulaciones que la vida nos depare. Aunque el párrafo comienza con el amor del hombre a Dios, no es de aquel la iniciativa, pues fue Dios quien comenzó escogiendo, destinando, llamando, haciendo justos, glorificando (29s).

El Apóstol no habla de «predestinados» como si se refiriera a «nosotros» frente a «los demás», sino todo lo contrario. El acento está en la iniciativa divina de salvación que es universal, por eso Jesucristo es el «primogénito de muchos» (29) sin excepción. Este proceso de salvación consiste en reproducir en cada uno de nosotros la imagen de su Hijo. La imagen de Dios (cfr. Gn 1,27) deformada por el pecado, se renueva así como imagen y semejanza de nuestro hermano mayor.

Si la comunidad cristiana, a la que se dirige el Apóstol con el repetido «nosotros», vive ya en la fe y en la esperanza esta realidad de salvación, lo debe hacer «en referencia» a toda la humanidad, como símbolo y anuncio de lo que el Espíritu está realizando misteriosamente en todos los hombres y mujeres de todas las religiones. Esto es lo que queremos decir cuando llamamos a la Iglesia «sacramento de salvación». A esto se refiere Pablo cuando exclama en un grito de victoria: «Si Dios está de nuestra parte, ¿quién estará en contra?» (31).

No es éste un «grito de cruzada» contra nadie, como tantas veces ha sido deformado a lo largo de la historia cristiana. Dios ha tomado partido por el hombre y la mujer de toda nación, raza o religión, en un acto de amor del que nada ni nadie podrán ya separarnos, y que va más allá de la muerte, pues es prenda de resurrección.

9,1-5 La situación de Israel. El hilo del discurso parece interrumpirse, y Pablo dedica tres capítulos al destino de Israel. ¿Sería universal una salvación por Jesucristo que excluyera a los judíos?, parece ser la pregunta obsesiva del Apóstol. Para él es un enigma que su pueblo, tras siglos esperando al Mesías, no lo haya acogido mayoritariamente a su venida.

favorecer a mis hermanos, los de mi
linaje. 4 Ellos son israelitas, adoptados
como hijos de Dios, tienen su presencia,
las alianzas, la ley, el culto, las promesas,
5 los patriarcas; de su linaje carnal desciende Cristo, Dios bendito por siempre,
que está sobre todo. Amén.

La elección de Israel

6 No es que haya fallado la promesa
de Dios. Porque no todos los que des-
cienden de Israel son israelitas; 7 ni
todos los descendientes de Abrahán
son verdaderamente sus hijos; sino que
Dios había dicho: *De Isaac nacerá tu*
descendencia. 8 Es decir, que los hijos
de Dios no son los hijos carnales, sino
la verdadera descendencia son los hijos
de la promesa. 9 La promesa dice así:
Para esta misma fecha volveré y Sara
tendrá un hijo. 10 Más aún, también
Rebeca concibió dos hijos de un solo
hombre, de Isaac nuestro patriarca.
11 Antes de que nacieran, antes que
hicieran nada bueno o malo –para que
el designio elegido por Dios se cumpliera, 12 no por las obras, sino por la
elección–, recibió Rebeca un oráculo:
el mayor servirá al menor. 13 Y así está
escrito: *Amé a Jacob, rechacé a Esaú.*
14 ¿Qué diremos? ¿Que Dios es
injusto? ¡De ningún modo! 15 A Moisés
le dice: *Yo me apiado de quien quiero,*
me compadezco de quien quiero. 16 O
sea, que no depende del querer o del
esfuerzo del hombre, sino de la misericordia de Dios. 17 El texto de la Escritura le dice al Faraón: *Para esto te he*
exaltado, para mostrar en ti mi poder
y para que se difunda mi fama por
toda la tierra. 18 O sea que Dios se
apiada del que quiere, y endurece al
que él quiere.
19 Objetarás: ¿Por qué, entonces se
queja Dios, si nadie puede oponerse a
su decisión? 20 Y tú, hombre, ¿quién

Seguramente los cristianos de Roma, procedentes del judaísmo, participaban de la misma ansiedad que Pablo, o quizás algunos sentían la autosuficiencia y el orgullo de sentirse «ellos» los convertidos, los escogidos frente a «los otros». A ellos dirige Pablo estos capítulos. También se dirige a la comunidad cristiana de nuestros días, enfrentada con el mismo enigma evangélico del Apóstol, en lo que hoy llamamos la última frontera de la misión de la Iglesia: el diálogo con las otras religiones.

La fórmula solemne de juramento con que comienza el Apóstol su «diálogo» con la historia religiosa judía, podría servir de modelo cristiano para todo inicio de diálogo interreligioso. Jura hablar sinceramente, «como cristiano, sin mentir» (1), pero también en total sintonía con su pueblo y su raza. Si es apóstol de los paganos, es también hermano de los judíos, y en sus palabras vibra un intenso afecto de familia y el arrebato de una solidaridad que le lleva a exclamar atrevidamente que estaría dispuesto, como Cristo, a convertirse en «maldición» (cfr. 1 Cor 12,3; Gál 3,13; Éx 32,32) para poder salvar a su pueblo (3). ¡Cuántos cristianos de Asia y de África se sentirán identificados con Pablo al leer estos capítulos de su carta!

9,6-33 La elección de Israel. Pablo se enfrenta con el enigma del rechazo del Evangelio por parte de la mayoría de su pueblo. El Apóstol ha jurado que va a ser sincero y lo es, aunque lo que va a decir duela y aparezca escandaloso a los ojos de la razón y de la justicia humana. Él no habla como filósofo racionalista, sino como cristiano. Comienza afirmando que Dios no ha abandonado a su pueblo. Los israelitas, adoptados como hijos de Dios, gozan de su presencia, de su fidelidad a las promesas hechas, y debieran sentirse orgullosos ya que de su descendencia ha nacido el Mesías.

Ahora bien, ¿quiénes constituyen y han constituido desde siempre el verdadero pueblo de Dios? ¿Quiénes son los verdaderos «israelitas»?

El uso del término «israelitas», tiene su intención. No hace ya referencia a la raza ni a la etnia como el término «judío» empleado en otros pasajes de la carta (cfr. Rom 1,16; 9,24), sino al pueblo nacido de la soberana y misteriosa libertad de elección del Dios de la historia, «pues yo me apiado de quien quiero, me compadezco de quien quiero» (15), como dijo a Moisés, Éx 33,19.

Pablo se lanza a demostrarlo a través de un detallado recorrido por los personajes principales, hombres y mujeres que han jalonado la historia de Israel como sus verdaderos protagonistas.

El hilo conductor es el mismo: todos fueron libremente elegidos, gratuitamente llamados por Dios, en contra, a veces, de las leyes tribales de sucesión; sin méritos de su parte; algunos de ellos milagrosamente nacidos de madres estériles como Sara y Rebeca; otros, escogidos «antes de que nacieran, antes de que hicieran nada bueno o malo» (11), como en el caso dramático de Jacob, elegido ya desde el vientre de su madre: «amé a Jacob, rechacé a Esaú» (13).

eres para replicar a Dios? ¿Puede la obra reclamar al artesano por qué la hace así? [21] ¿No tiene el alfarero libertad para hacer de la misma arcilla un objeto precioso y otro sin valor?

[22] Si Dios quería dar un ejemplo de castigo y manifestar su poder aguantando con mucha paciencia a aquellos que merecían el castigo y estaban destinados a la destrucción; [23] y si al mismo tiempo quiso manifestar también la riqueza de su gloria en los que recibieron su misericordia, en los que él predestinó para la gloria, [24] en nosotros, a quienes llamó, no sólo entre los judíos, sino también entre los paganos. ¿Qué podemos reprocharle? [25] Como dice Oseas: *Al que no era mi pueblo, lo llamaré Pueblo-mío, y a la que no era mi amada, Amada mía;* [26] *y donde antes les decía: No son mi pueblo, allí mismo serán llamados hijos del Dios vivo.* [27] Acerca de Israel, Isaías proclama: *Aunque los israelitas fueran numerosos como la arena del mar, sólo un resto se salvará.* [28] *El Señor va a ejecutar en el país la destrucción decretada.* [29] El mismo Isaías predice: *Si el Señor Todopoderoso no nos hubiera dejado un resto, seríamos como Sodoma, semejantes a Gomorra.*

[30] Entonces, ¿qué diremos? Que los paganos, que no buscaban la justicia, la alcanzaron; se entiende, la justicia por la fe. [31] En cambio Israel, que buscaba una ley de justicia, no la alcanzó. [32] ¿Por qué? Porque la buscaban por las obras y no por la fe; y así tropezaron en la piedra de tropiezo, [33] según lo escrito: *Pondré en Sión una piedra de tropiezo, una roca que hace caer;* y también: *Quien se apoye en ella no fracasará.*

En resumidas cuentas, el «pueblo elegido», es decir, «el verdadero Israel», es mucho más reducido que el «pueblo judío»; no son términos equivalentes. Es solamente un «resto», en término bíblico.

A continuación, Pablo recoge la reacción del filósofo racionalista de turno: «¿Por qué, entonces se queja Dios, si nadie puede oponerse a su decisión?» (19). El Apóstol no responde directamente a la pregunta, sino que a través de la imagen bíblica de la arcilla y del alfarero (cfr. Is 29,16; Jr 18,6), quiere dejar en evidencia que el ser humano y Dios no están en el mismo plano de igualdad, y que es absurdo que la arcilla pida cuentas y trate de comprender los planes y designios del alfarero creador.

Si hasta aquí ha dejado claro que el pueblo elegido, «Israel», es mucho más reducido que el «pueblo judío», ahora afirma audazmente que también puede ser y, de hecho es, «más numeroso» que la «etnia y raza judía»: pues esos somos nosotros, «a quienes llamó no sólo de entre los judíos sino también entre los paganos» (24). Ilustra la afirmación con las palabras del profeta Oseas en que se narra el final feliz del gran poema de la reconciliación de Israel, temporalmente rechazado y de nuevo acogido: «Al que no era mi pueblo, lo llamaré Pueblo-mío... y donde antes les decía: no son mi pueblo, allí mismo serán llamados hijos del Dios vivo» (25s). Pablo hace extensiva la aplicación a un pueblo que antes no era pueblo de Dios y que ahora, por su gracia, lo es: el pueblo pagano.

El Apóstol termina este difícil capítulo de su carta, señalando de nuevo que el único criterio de pertenencia al verdadero pueblo de Dios es la fe (30-33).

La mayoría de los judíos quisieron conseguir la salvación con su esfuerzo, y fallaron; no quisieron recibirla como regalo, y se quedaron sin él, «tropezaron en la piedra de tropiezo» (32): Jesús, el Mesías. Los paganos ofrecieron nada más que su fe para aceptar el don, y no fracasaron, «porque quien se apoye en ella no fracasará» (33).

¿Qué decir de estas reflexiones de Pablo? ¿Resuelve el enigma del rechazo al Evangelio de la mayoría de su pueblo o lo complica todavía más? En resumidas cuentas, ¿ha rechazado Dios a su pueblo? No, dice el Apóstol, pues ha quedado un «resto», la comunidad cristiana, que incluye también a los cristianos procedentes del paganismo.

¿Cuál será, entonces, la suerte de los demás judíos, de las piezas de arcilla aparentemente rechazadas por el Alfarero? El Apóstol parece responder con unas palabras de esperanza que después desarrollará en el capítulo siguiente: «si Dios quería dar un ejemplo de castigo mostrar y manifestar su poder aguantando con mucha paciencia a aquellos que merecían el castigo... ¿Qué podemos reprocharle?» (22).

Un comentador bíblico de nuestros días haya, quizás, interpretado certeramente el pensamiento de Pablo: Dios quiere mostrar su cólera y su poder, pero lo que al final resulta es su paciencia y su misericordia.

Todos los enigmas, todas las tensiones entre la libertad de Dios y la libertad del hombre, entre el don gratuito y la negación del mismo por el pecado, entre un Dios airado y un Dios salvador, los contempla el Apóstol en el horizonte de la salvación, el horizonte que da sentido y unidad a toda la carta. La misericordia de Dios es el gran arco que abarca la historia humana.

Salvación universal

10 1 Hermanos, lo que deseo de corazón, lo que pido a Dios por ellos es que se salven. 2 Doy testimonio a su favor de que sienten fervor por Dios, aunque mal entendido. 3 Porque no reconociendo la justicia de Dios y queriendo afirmar la propia, no se sometieron a la justicia de Dios. 4 Ya que el fin de la ley es Cristo, para la justificación de todos los que creen.

5 Refiriéndose a la justicia de la ley, Moisés escribe: *El que la cumpla vivirá por ella.* 6 En cambio, la justicia que nace de la fe habla así: *No digas en tu corazón: ¿Quién subirá al cielo?*, es decir, con la idea de hacer bajar a Cristo; 7 o: *¿Quién bajará al abismo?*, es decir, con la idea de hacer subir a Cristo de entre los muertos.

8 Pero, ¿qué es lo que dice la justicia? *La palabra está cerca de ti, en tu boca y tú corazón.* Se refiere a la palabra de la fe que proclamamos: 9 si confiesas con la boca que Jesús es Señor, si crees de corazón que Dios lo resucitó de la muerte, te salvarás. 10 Con el corazón creemos para ser justos, con la boca confesamos para obtener la salvación. 11 Así lo afirma la Escritura: *Quien cree en él no quedará confundido.*

12 Ya no hay diferencia entre judíos y griegos; porque es el mismo, el Señor de todos, generoso con todos los que lo invocan. 13 *Todo el que invoque el nombre del Señor se salvará.*

14 Pero, ¿cómo lo invocarán si no han creído en él? ¿Cómo creerán si no han oído hablar de él? ¿Cómo oirán si nadie les anuncia? 15 ¿Cómo anunciarán si no los envían? Como está escrito: *¡Qué hermosos son los pasos de los mensajeros de buenas noticias!* 16 Sólo que no todos responden a la Buena Noticia. Isaías dice: *Señor, ¿quién creyó nuestro anuncio?*

17 La fe nace de la predicación, y lo que se proclama es el mensaje de Cristo. 18 Pero pregunto: ¿Acaso no oyeron? Desde luego que sí: *Por toda la tierra se extiende su voz, y sus palabras llegan hasta los confines del mundo.* 19 Insisto: ¿y no lo entendió Israel? Ya lo dijo Moisés: *Les daré celos con un pueblo ilusorio, los provocaré con una nación insensata.* 20 E Isaías se atreve a decir: *Me encontraron los que no me buscaban, me presenté a los que no preguntaban por mí.* 21 De Israel, en cambio dice: *Todo el día tenía las manos extendidas hacia un pueblo rebelde y desafiante.*

10,1-21 Salvación universal. Pablo aclara que el rechazo al Evangelio de la mayoría de su pueblo es sólo temporal. Por eso comienza una nueva serie de argumentos deseando y orando por su conversión. La argumentación se desarrolla en el mismo tono de polémica y debate, a golpe de citas bíblicas aplicadas según el estilo de los rabinos de su tiempo, pero interpretadas ya con los ojos de la fe. El celo religioso de los judíos por Dios y por la observancia de la ley era loable, solo que desmedido y desorientado. La observancia de la ley tenía algo de esfuerzo sobrehumano con el fin de atraer al Mesías. Pablo mismo conocía bien este «celo» cuando todavía se llamaba Saulo (Gál 1,13). Esta especie de fanatismo dio más tarde nombre a un movimiento y partido político-religioso de integristas y fundamentalistas, los «zelotas». Pero ése no era el camino.

El camino lo señala el Apóstol con una expresión que ha quedado ya como la del anuncio fundamental de la predicación y de la profesión de fe cristianas: «si confiesas con la boca que Jesús es Señor, si crees de corazón que Dios lo resucitó de la muerte, te salvarás» (9), en alusión y contraposición a lo que decía el profeta: «este pueblo se me acerca con la boca y me glorifica con los labios, mientras su corazón está lejos de mí, y su culto a mí es precepto humano y rutina» (Is 29,13).

Esta invitación la extiende Pablo a todos los pueblos sin diferencia entre judíos y paganos, citando de nuevo la Escritura y haciendo universal el llamamiento que el profeta Joel refería al «resto» de Israel: «todo el que invoque el nombre del Señor se salvará» (Jl 3,5). Para esto se necesitan misioneros y anunciadores de la Palabra de Dios que pongan en marcha el dinamismo del Evangelio que Pablo presenta en un bello resumen (14s): invocar el nombre de Jesús por el conocimiento y escucha de su Palabra, anunciada por sus enviados. «¡Qué hermosos son los pasos de los mensajeros de buenas noticias!» (15), concluye el Apóstol recordando al profeta Isaías (cfr. Is 52,7).

El resto de Israel

11 1 Pregunto: ¿ha rechazado Dios
a su pueblo? ¡De ningún modo!
Yo también soy israelita, descendiente
de Abrahán, de la tribu de Benjamín.
2 Dios no ha rechazado al pueblo que
había elegido. Ustedes conocen lo que
cuenta la Escritura de Elías, cómo suplicó a Dios contra Israel: 3 Señor, *han
matado a tus profetas, han demolido
tus altares; quedo yo solo, y me buscan
para matarme.* 4 ¿Qué le responde el
oráculo? *Me he reservado siete mil
hombres que no han doblado la rodilla
a Baal.* 5 Del mismo modo, hoy queda
un resto, por elección gratuita. 6 Ahora
bien, si es gratuita, no se debe a las
obras, porque entonces no sería gratuita.
7 ¿Qué conclusión sacaremos de
esto? Lo que Israel buscaba no lo alcanzó, aunque los elegidos lo alcanzaron.
Los demás se endurecieron, 8 como
está escrito: *Dios les dio un espíritu
insensible, ojos que no ven, oídos que
no oyen, hasta el día de hoy.* 9 Y David
añade: *Que su mesa se vuelva una
trampa,* una red, *un tropiezo, un castigo;*
10 *que sus ojos se nublen y no vean,
que su espalda siempre se encorve.*
11 Pregunto: ¿tropezaron hasta
sucumbir? ¡De ningún modo! Sólo que
su tropiezo ha provocado la salvación
de los paganos, despertando a su vez
los celos de Israel. 12 Ahora bien, si su
tropiezo representa una riqueza para el
mundo, si su ruina representa la riqueza
de los paganos, cuánto más lo será su
conversión en masa.

Salvación de los paganos

13 Ahora me dirijo a ustedes, los paganos: Dado que soy apóstol de los paganos, hago honor a mi ministerio, 14 para
dar celos a mis hermanos de raza y salvar así a algunos. 15 Porque, si su
rechazo ha significado la reconciliación

Con otro racimo apretado de citas bíblicas Pablo vuelve sobre el drama del rechazo del Evangelio por parte de la mayoría de su pueblo, a pesar de que el anuncio resuena ya por todo el mundo (18) y de que Dios los sigue interpelando y haciéndose el encontradizo por medio de sus enviados (20). Y termina su alegato con la imagen irresistible de un Dios todo ternura y amor por su pueblo, tomada de Isaías 65,2: «Todo el día tenía mis manos extendidas hacia un pueblo rebelde y desafiante» (21).

11,1-12 El resto de Israel. Es probable que entre los cristianos procedentes del paganismo circulara la opinión de que Dios había rechazado a los judíos. Pablo recoge el rumor en forma de pregunta, y responde con un rotundo «¡De ningún modo!» (1). Pasa a probarlo como siempre, indagando la Palabra de Dios en las Escrituras.

El dominio que tenía el Apóstol de la Biblia es impresionante. Pero lo es aún más, el que comprenda todos los acontecimientos, grandes o pequeños, individuales o colectivos, personales o ajenos, bajo el prisma de la Palabra de Dios que, desde su conversión en el camino de Damasco, proyectaba ya «un solo color»: el color luminoso de la salvación extendida a judíos y paganos por igual.

La prueba de que Dios no ha rechazado a los judíos –parece decir Pablo– es él mismo, judío como el que más, «descendiente de Abrahán, de la tribu de Benjamín» (1). Al decir esto, su pensamiento se dirige a Moisés cuando habla dramáticamente con Dios a favor de Israel: «Desiste del incendio de tu ira, arrepiéntete de la amenaza contra tu pueblo» (Éx 32,12). De Moisés pasa a Elías (1 Re 19), llorando ante Dios: «quedo yo solo, y me buscan para matarme» (3). En la respuesta que Dios le da: «me he reservado siete mil hombres» (4), ve de nuevo su tema favorito: la iniciativa de salvación de Dios, que es un don gratuito, pero prodigado abundantemente. El número siete en la Biblia es símbolo de multitud, de universalidad.

En cuanto a los demás, los que se endurecieron... «hasta el día de hoy» (8), se pregunta: «¿Tropezaron hasta sucumbir?» (11). La respuesta es sorprendente y atrevida. Sólo a Pablo se le podría ocurrir, dejando a un lado toda lógica humana, «que su tropiezo ha provocado la salvación de los paganos» (11).

Más atrevida aún es la conclusión que saca: «si su tropiezo representa la riqueza de los paganos, cuanto más lo será su conversión en masa» (12). Al final, el Apóstol parece estar contemplando cómo todas las piezas del Alfarero Creador encuentran su lugar y se ajustan unas a otras para formar su gran designio de salvación universal.

11,13-24 Salvación de los paganos. Pablo se dirige ahora a los cristianos procedentes del paganismo que pueden estar poniendo en peligro sus relaciones con el judaísmo a causa de un posible «complejo cristiano» de superioridad exclusivista. Repitiendo, de nuevo, lo que supondrá para el reinado de Dios la aceptación masiva del Evangelio por parte de su pueblo, viene a decir que

del mundo, ¿qué será su aceptación,
sino una especie de resurrección? 16 Si
la primicia está consagrada, también lo
está toda la masa; si la raíz es santa,
también lo son las ramas. 17 Si algunas
ramas han sido cortadas, y tú, que eres
un olivo silvestre, fuiste injertado en su
lugar y has participado de la raíz y la
savia del olivo, 18 no te consideres
superior a las otras ramas. Si lo haces,
recuerda que no eres tú quien mantiene
a la raíz, sino la raíz a ti.
19 Me dirás: cortaron unas ramas para
injertarme a mí. 20 De acuerdo: a ellos los
cortaron por no creer; tú, en cambio,
estás firme gracias a la fe. Pero, en vez de
llenarte de orgullo, teme. 21 Porque si
Dios no perdonó a las ramas naturales,
tampoco te perdonará a ti. 22 Mira más
bien la bondad y la severidad de Dios:
con los que cayeron, Dios es severo;
contigo, es bueno, siempre que te man-
tengas en el ámbito de la bondad; porque también a ti te pueden cortar. 23 Y si
ellos no persisten en la incredulidad,
serán injertados. Porque Dios tiene poder
para volver a injertarlos. 24 Si tú, siendo
olivo silvestre por naturaleza, fuiste cortado y, contra tu naturaleza, fuiste injertado en el olivo, cuánto más ellos que
son las ramas naturales serán injertadas
en su propio olivo.

La conversión de Israel

25 Quiero, hermanos, que no ignoren
este secreto, para que no se tengan por
sabios: el endurecimiento de una parte
de Israel durará hasta que la totalidad
de los paganos se incorpore. 26 Entonces
todo Israel se salvará, según lo escrito:
De Sión saldrá el liberador para alejar
los crímenes de Jacob. 27 Y *ésta será*

los frutos serán espectaculares, como «una especie de resurrección» (15). Les recuerda que la elección de Israel sigue en pie y que su pueblo sigue desempeñando una parte fundamental en los planes de salvación de Dios para el mundo.

Para probarlo usa dos comparaciones. Una, tomada de la liturgia del rito de consagración de las primicias de la cosecha (cfr. Dt 26; Neh 10,36). Consagrar las primicias significaba consagrar la totalidad, reconocer la fecundidad de la tierra como don de Dios. Si Dios escogió a Abrahán –las primicias del pueblo judío– su entera descendencia está incluida en la bendición.

La otra comparación es más elaborada y se refiere a la estrecha relación que existe entre cristianismo y judaísmo. Está tomada de la jardinería, y quizás sea en su «aparente incoherencia» donde haya que buscar la moraleja de Pablo. ¿A qué jardinero horticultor se le ocurriría injertar una rama «silvestre» en un tronco «fértil», y no al revés? ¡Pues, a Dios!, parece responder el Apóstol. Así ve él la acción libre y paradójica de Dios. La rama silvestre –los cristianos que proceden del paganismo– es injertada en el árbol fecundo del judaísmo. El Antiguo o Primer Testamento sostiene al Nuevo. No es raro en la Biblia comparar al pueblo escogido con un árbol: un álamo (Os 14,6), una higuera (Jr 8,13), un roble (Is 61,3). Siempre, sin embargo, es Dios quien planta y suministra la savia (cfr. Is 60,21; Sal 80.9).

Dicho de otra manera: ¿puede vivir el cristianismo sin identidad y sin memoria histórica, sin un pasado donde enraizar el don gratuito de la fe? ¿No necesitará injertarlo en el tronco fecundado ya por la savia de la presencia misteriosa de Dios, que produjo una historia de salvación donde resonaron sus promesas y donde nació el Mesías? Para el Apóstol, el pueblo judío y el pueblo cristiano no pueden existir el uno sin el otro. Su destino común es caminar juntos hasta el «día del Señor».

Ensanchando el horizonte de la visión de Pablo más allá del pueblo judío, hacia los «otros pueblos y las otras religiones», ¿no podríamos seguir afirmado que el «Divino jardinero horticultor» ha plantado también otros árboles fecundos –las otras religiones del mundo– donde ha corrido y corre la savia de su presencia produciendo «historias de salvación», y donde va injertando la rama «silvestre» del cristianismo? ¿Podría la Iglesia universal, repartida por el mundo en Iglesias locales, prescindir y hacer «tabula rasa» de esos «árboles milenarios» plantados por Dios, sin perder sus raíces y su memoria histórica?

Un pensador cristiano contemporáneo lo ha planteado de la siguiente manera: «Ya no podemos responder a la pregunta: ¿quién es mi Dios?, sin al mismo tiempo preguntar al otro: ¿quién es tu Dios?». ¿No daría hoy Pablo la bienvenida a las «otras religiones» y las invitaría a caminar junto al cristianismo y judaísmo, en mutuo diálogo y respeto a la pluralidad, hacia el «día del Señor» que es cuando se manifestará definitivamente y en su totalidad el único designio de salvación desvelado ya en Jesucristo?

11,25-36 La conversión de Israel. El Apóstol parece rendirse ante el «enigma» del rechazo mayoritario de su pueblo al Evangelio. Simplemente no lo puede descifrar. Se trata de un misterio, de un secreto que sólo Dios puede revelar, y del que él, Pablo, se siente ahora el depositario

mi alianza con ellos cuando perdone
sus pecados. 28 En cuanto a la Buena
Noticia ellos son enemigos de Dios, y
esto ocurre para bien de ustedes; pero
desde el punto de vista de la elección
son amados, en atención a los patriarcas. 29 Porque los dones y la llamada de
Dios son irrevocables.

30 En efecto, ustedes antes eran enemigos de Dios, y ahora, por la desobediencia de ellos, han alcanzado misericordia, 31 de la misma manera ahora
que ustedes han alcanzado misericordia
ellos desobedecen, pero un día también
ellos alcanzarán misericordia. 32 Porque
Dios ha encerrado a todos en la desobediencia para apiadarse de todos.

33 ¡Qué profunda es la riqueza, la
sabiduría y prudencia de Dios! ¡Qué
insondables sus decisiones, qué incom-
prensibles sus caminos!

34 *¿Quién conoce la mente de Dios?*
¿Quién fue su consejero? 35 *¿Quién le*
dio primero para recibir en cambio?
36 De él, por él, para él existe todo. A
él la gloria por los siglos. Amén.

Normas de vida cristiana

12 1 Ahora, hermanos, por la misericordia de Dios, los invito a ofrecerse como sacrificio vivo, santo, aceptable a Dios: éste es el verdadero culto.
2 No se acomoden a este mundo,
por el contrario transfórmense interiormente con una mentalidad nueva, para
discernir la voluntad de Dios, lo que es
bueno y aceptable y perfecto.

3 En virtud del don que he recibido,
me dirijo a cada uno de ustedes: no
tengan pretensiones desmedidas, más
bien, sean moderados en su propia
estima, cada uno según el grado de fe
que Dios le haya asignado.

4 Es como en un cuerpo: tenemos
muchos miembros, no todos con la
misma función; 5 así, aunque somos

aunque sólo alcance a barruntarlo. Todas las elucubraciones y argumentos ya no tienen sentido. El secreto, que invita a la humildad y a la esperanza, es la futura conversión de los judíos, vinculada a la incorporación de los paganos (25). Cuándo y cómo no lo dice, pero Pablo la espera en un futuro inminente, ya que para él la segunda venida del Señor era cuestión de pocos años, incluso no descartaba la posibilidad de salir él mismo, aún con vida, al encuentro del Señor (cfr. 1 Cor 15,51).

Pablo descubre este secreto –no podía ser de otra manera– en las Escrituras, y así cita Is 59,20, añadiendo una variante de Jr 31,30: «¿Quién conoce la mente de Dios?... ¿Quién le dio primero para recibir en cambio?» (34s). Este secreto, a su vez, lo contempla en otro aun mas desconcertante: «Dios ha encerrado a todos en la desobediencia para apiadarse de todos» (32). Ante este misterio de salvación, la única respuesta humana es la admiración, el reconocimiento y la alabanza: «De él, por él, para él existe todo. A él la gloria por los siglos. Amén» (36). Así termina el Apóstol la parte doctrinal de su carta.

12,1-21 Normas de vida cristiana. Comienza una larga exhortación sobre lo que debe ser la conducta del cristiano, no considerado como persona aislada, sino como miembro vivo de una comunidad de fe.

El tema de la unidad y armonía era la obsesión de Pablo. Era también el desafío constante de aquellas jóvenes Iglesias formadas por cristianos de tan diferentes procedencias y costumbres tan opuestas. No olvidemos que el Apóstol escribe desde Corinto, donde las divisiones internas estuvieron a punto de fragmentar irremediablemente a una comunidad que él mismo había fundado y cuidado con tanto cariño.

¿Le habrían llegado rumores de que, al igual que en Corinto, algo no funcionaba bien en Roma? Lo cierto es que trata el tema con la seriedad y solemnidad de quien está «anunciando el Evangelio», y no como consejos y amonestaciones comunes propias de cualquier final de carta.

Si comenzó afirmando que el Evangelio es fuerza de salvación para todo el que cree, ahora quiere ver ese Evangelio encarnado en las relaciones personales de los unos para con los otros, como si entre todos estuvieran ofreciendo un sacrificio vivo, santo, aceptable a Dios, pues éste es el verdadero «culto espiritual» (1), que Dios quiere. El Espíritu que habita en nosotros es el que nos posibilita a entregarnos a Dios y a los hermanos en un mismo ofrecimiento de amor.

En el clamor ¡Abba!, Padre (8,15), resuena el clamor ¡Hermano, Hermana! Con su imagen favorita del «Cuerpo de Cristo», ya desarrollada ampliamente en 1 Cor 1,12s, el Apóstol sitúa la unidad y armonía de la comunidad en su nivel más profundo. De aquí parte la larga lista de recomendaciones, amonestaciones y consejos que tejen la conducta ideal del cristiano como miembro de la comunidad de fe. Se trata de un programa tan actual para la comunidad de Roma como para nuestra Iglesia de hoy.

muchos, formamos con Cristo un solo
cuerpo, y estamos unidos unos a otros
como partes de un mismo cuerpo.
6 Tenemos dones diversos según la
gracia que Dios ha concedido a cada
uno: por ejemplo, si hemos recibido el
don de la profecía debemos ejercerlo
según la medida de la fe, 7 el que tenga
el don del servicio, sirviendo; el de
enseñar, enseñando. 8 El que exhorta,
exhortando; el que reparte, hágalo con
generosidad; el que preside, con diligencia; el que alivia los sufrimientos, de
buen humor.
9 Amen con sinceridad: aborrezcan
el mal y tengan pasión por el bien. 10 En
el amor entre hermanos demuéstrense
cariño, estimando a los otros como
más dignos. 11 Con celo incansable y
fervor de espíritu sirvan al Señor.
12 Alégrense en la esperanza, sean
pacientes en el sufrimiento, perseve-
rantes en la oración; 13 solidarios con
los consagrados en sus necesidades,
practiquen la hospitalidad. 14 Bendigan
a los que los persiguen, bendigan y no
maldigan nunca. 15 Alégrense con los que
están alegres y lloren con los que lloran.
16 Vivan en armonía unos con otros.
No busquen grandezas, pónganse a la
altura de los más humildes. No se tengan por sabios. 17 A nadie devuelvan
mal por mal, procuren hacer el bien
delante de todos los hombres. 18 En
cuanto dependa de ustedes, tengan
paz con todos.
19 No hagan justicia por ustedes
mismos, queridos hermanos, dejen
que Dios sea el que castigue; porque
está escrito: *Mía es la venganza, yo
retribuiré, dice el Señor.* 20 Pero, *si tu
enemigo tiene hambre, dale de comer,
si tiene sed, dale de beber, así le
sacarás los colores a la cara.*
21 No te dejes vencer por el mal, por el
contrario vence al mal haciendo el bien.

Obediencia a las autoridades

13 1 Que cada uno se someta a las
autoridades establecidas, porque
toda autoridad procede de Dios; y las
que existen han sido establecidas por él.
2 Por eso quien resiste a la autoridad
resiste al orden establecido por Dios. Y
quienes se resisten cargarán con su
castigo.
3 Los gobernantes no están para
causar miedo a los que obran bien, sino
a los malhechores. ¿Quieres no temer
a la autoridad? Obra bien y tendrás su
aprobación, 4 ya que la autoridad es un
instrumento de Dios para tu bien. Pero
si obras mal, teme, que no en vano
tiene poder. La autoridad está al servicio de Dios para aplicar el castigo al
malhechor. 5 Por tanto, hay que someterse, y no sólo por miedo al castigo,
sino por deber de conciencia.
6 Por la misma razón pagan los
impuestos: las autoridades son funcionarios al servicio de Dios, encargados de
cumplir este oficio.

13,1-10 Obediencia a las autoridades. En el año en que se escribe la carta (57 ó 58) ya reinaba el emperador Nerón (54-68), pero todavía no había estallado la persecución violenta contra los cristianos en la que, con toda probabilidad, los apóstoles Pedro y Pablo fueron martirizados. El autor supone que las autoridades son legítimas y honestas y que, por tanto, un cristiano debe ser ante todo un buen ciudadano.

La amonestación no es tan inocente como parece. El Apóstol está advirtiéndoles, entre líneas, a no mezclar indiscriminadamente política y religión. Un cristiano puede vivir como tal bajo cualquier autoridad, sea cristiana o no cristiana, a condición de que sea legítima y justa. Y al revés, una autoridad cristiana no puede discriminar a sus ciudadanos no cristianos.

Pablo ve en los deberes concretos de ciudadano –pago de impuestos, contribuciones, honor, respeto a todos– una manera de amar a los hermanos y hermanas. No quiere que los cristianos tengan deuda alguna con nadie, excepto una, el amor mutuo (10) que nunca terminaremos de pagar. El que ama al prójimo será siempre un óptimo ciudadano.

7 Den a cada uno lo debido: al que se
debe impuestos, impuestos; al que se
debe contribución, contribución; al que
respeto, respeto; al que honor, honor.
8 Que la única deuda que tengan
con los demás sea la del amor mutuo.
Porque el que ama al prójimo ya cumplió
toda la ley.
9 De hecho, los mandamientos: *no
cometerás adulterio, no matarás, no robarás, no codiciarás*, y cualquier otro
precepto, se resumen en éste: *Amarás al
prójimo como a ti mismo*. 10 Quien ama
no hace mal al prójimo, por eso el amor
es el cumplimiento pleno de la ley.

La venida de Cristo

11 Reconozcan el momento en que
viven, que ya es hora de despertar del
sueño: ahora la salvación está más cerca
que cuando abrazamos la fe.
12 La noche está avanzada, el día
se acerca: abandonemos las acciones
tenebrosas y vistámonos con la armadura de la luz.
13 Actuemos con decencia, como de
día: basta de banquetes y borracheras,
basta de lujuria y libertinaje, no más
envidias y peleas. 14 Revístanse del
Señor Jesucristo y no se dejen conducir por los deseos del instinto.

Libertad y caridad

14 1 Comprendan al que es débil en
la fe sin discutir sus razonamientos. 2 Uno tiene fe, y come de todo;
otro es débil, y come verduras. 3 Quien
come no desprecie al que no come,
quien no come no critique al que
come, porque Dios también lo ha recibido a éste. 4 Y tú, ¿quién eres para criticar a un empleado ajeno? Que esté en
pie o caído es asunto de su amo. Pero
no se caerá, porque el Señor tiene
poder para mantenerlo en pie. 5 Éste da
más importancia a un día que a otro,
mientras que aquél los considera a
todos iguales: cada cual que siga su
convicción.
6 El que distingue un día del otro lo
hace por el Señor, el que come también
lo hace por el Señor, ya que da gracias a
Dios. Y el que no come también lo hace
por el Señor y le da gracias.

13,11-14 La venida de Cristo. Pablo termina su exhortación sobre la conducta del cristiano revistiéndola de toda la urgencia de quien está viviendo los últimos días de la historia. No es el tiempo como medida de los días y de los años a lo que se refiere, sino al «ahora» de la salvación que es oportunidad y urgencia.

La conducta del cristiano es un dinamismo que empuja hacia la victoria futura y definitiva que vendrá con la «parusía» o «día del Señor». Pues bien, dice Pablo «que la noche está avanzada, el día se acerca» (12); por tanto, es hora de despertar, de despojarse de corrupciones nocturnas, de vestirse para el día y para la luz, y de prepararse para la batalla. Aquí la imagen se quiebra apuntando a lo inexpresable: el atuendo de combate y la armadura del cristiano será el mismo que venció a la muerte: «revístanse del Señor Jesucristo» (14).

14,1-6 Libertad y caridad. Pablo se detiene ahora a comentar con detalle un problema concreto que causaba tensiones en las comunidades compuestas por cristianos procedentes del judaísmo y del paganismo, como la comunidad de Roma. Se trataba de la observancia de las leyes judías, como ayunos y prohibiciones culinarias, o de creencias paganas referentes a días de buen o mal augurio. Algunos cristianos, los «débiles», no acababan de desprenderse de tales prácticas, ya fuese por escrúpulos, miedos supersticiosos o por falta de formación. Otros, en cambio, «los fuertes», se sentían liberados de todo eso y miraban con desprecio a los «débiles». Pablo ya había tratado el tema en 1 Cor 8 y 10,14-33 y dado una solución de principio, a saber: la fe en Cristo libera al creyente de semejantes miedos y observancias.

¿Cuál era entonces el problema? El problema era los prejuicios, descalificaciones y condenas mutuas, sobre todo por parte de los «fuertes», que ponían en peligro la unidad y convivencia de la comunidad.

Pablo trata el asunto con la máxima seriedad y sale en defensa decidida de los «débiles». No es que todas las opiniones tengan para él el mismo valor o que la actitud de los «débiles» sea correcta. Son las personas y sus conciencias delante de Dios las que tienen el mismo valor. Por eso pide mutuo respeto y tolerancia, que no es lo mismo que indiferencia.

En definitiva está pidiendo a la comunidad de Roma que practique el «diálogo presidido por la caridad», para que «los fuertes» sepan que la libertad del cristiano tiene que estar siempre al servicio del amor, y para que los que flaquean descubran que deben cambiar sus conductas.

Somos del Señor

7 Ninguno vive para sí,
ninguno muere para sí.
8 Si vivimos, vivimos para el Señor;
si morimos, morimos para el Señor;
en la vida y en la muerte
somos del Señor.
9 Para eso murió Cristo y resucitó:
para ser Señor de muertos y vivos.
10 Tú, ¿por qué juzgas a tu hermano?
Tú, ¿por qué desprecias a tu hermano?
Todos hemos de comparecer ante el
tribunal de Dios, 11 como está escrito:
*Juro –dice el Señor–, ante mí se
doblará toda rodilla, toda boca confesará a Dios.* 12 Por tanto, cada uno de
nosotros tendrá que rendir cuenta de sí
mismo ante Dios.

No escandalizar

13 Dejemos de juzgarnos mutuamente. Procuren más bien no provocar
el tropiezo o la caída del hermano.
14 Por la enseñanza del Señor Jesús
lo sé y estoy convencido de ello: nada
es impuro en sí, solamente lo es para
quien lo considera impuro. 15 Pero si lo
que tú comes hace sufrir a tu hermano,
ya no obras de acuerdo con el amor.
No destruyas por lo que comes a
uno por quién Cristo murió. 16 No den
lugar a que se hable mal de la libertad
que ustedes tienen. 17 El reino de Dios
no consiste en comidas ni bebidas, sino
en la justicia, la paz y el gozo del Espíritu
Santo. 18 Quien sirve así a Cristo agrada
a Dios y es estimado de los hombres.
19 Por tanto, busquemos lo que fomenta
la paz mutua y es constructivo.
20 Por un alimento no destruyas la
obra de Dios. Todo es puro, pero es malo
comer algo que provoque la caída de
otro. 21 Lo mejor es abstenerse de carne,
de vino o de cualquier cosa que provoque la caída del hermano. 22 Guarda
para ti, delante de Dios, tu propia convicción. Feliz quien elige sin sentirse
culpable; 23 pero quien come dudando
es culpable, porque no obra de acuerdo
con lo que cree. Y todo lo que no hacemos de acuerdo con lo que creemos,
es pecado.

Contentar a los demás

15
1 Nosotros, los fuertes, tenemos
que cargar con las flaquezas de
los débiles y no buscar nuestra satisfacción. 2 Que cada uno trate de agradar al

14,7-12 Somos del Señor. La exhortación de Pablo se convierte ahora en oración. Es como si invitara a todos a recitar el himno litúrgico de confesión de fe en uso de las comunidades de entonces (7-9), para expresar que lo único importante en la vida del cristiano es el Señor: «si vivimos es para Él, si morimos es para Él... en la vida y en la muerte somos del Señor» (8). El tema del señorío de Cristo es constante en el pensamiento y en la enseñanza del Apóstol. Si Él es el Señor, a Él corresponde el último juicio. Parafraseando a Is 45,23: «ante mí se doblará toda rodilla, toda boca confesará a Dios» (11), el Apóstol contempla a la comunidad cristiana en la única actitud donde todas las diferencias y todos los prejuicios quedan superados: de rodillas ante el Señor confesando su nombre. ¿Quién se atreverá, de rodillas, en constituirse en juez de sus hermanos y hermanas?

14,13-23 No escandalizar. Pablo vuelve de nuevo en defensa del «débil». Lo ha defendido en Corinto, desde donde escribe, en la persona del «pobre» discriminado en las celebraciones de la eucaristía (1 Cor 11,21) y del «explotado» en los pleitos entre hermanos (1 Cor 6,8). Ahora defiende al débil «escandalizado» por la provocación del fuerte. Si el reinado de Dios no consiste en comidas ni bebidas, sino en la justicia, en la paz y en el gozo del Espíritu Santo (17), esto se lleva a cabo compartiendo la fe y el amor entre hermanos y hermanas. Y compartir la fe es respetar la conciencia del otro que le lleva a actuar de la manera que lo hace.

Viene a decirle al fuerte: si tu fe –tus convicciones, tu conciencia– te permite comer vino y carne, en buena hora. Pero si está en juego el amor al hermano a causa del escándalo que le das, deja el vino y la carne para otra ocasión. Si no lo haces, ya no estás compartiendo la fe de tu hermano, porque tu hermano actúa también por fe al comer sólo aquello que su conciencia le permite comer.

15,1-6 Contentar a los demás. Pablo da un paso hacia adelante al afirmar que compartir la fe es, en definitiva, «cargar con las flaquezas de los débiles» (1). Es la única manera de edificar una comunidad cristiana y la única ley de su crecimiento.

prójimo para el bien y la edificación
común. 3 Porque tampoco Cristo buscó
su propia satisfacción, sino que, como
está escrito: *cayeron sobre mí los*
ultrajes de los que te agravian. 4 Lo que
entonces se escribió fue para nuestra
instrucción, para que por la paciencia y
el consuelo de la Escritura tengamos
esperanza.

5 El Dios de la paciencia y el consuelo les conceda tener los unos para
con los otros los sentimientos de Cristo
Jesús, 6 de modo que, con un solo corazón y una sola voz, glorifiquen a Dios,
Padre de nuestro Señor Jesucristo.

La Buena Noticia para judíos y paganos

7 Por tanto, acójanse unos a otros,
como Cristo los acogió para gloria de
Dios. 8 Quiero decir que Cristo se hizo
servidor de los circuncisos para confirmar la fidelidad de Dios, cumpliendo
las promesas de los patriarcas; 9 mientras que los paganos glorifican a Dios
por su misericordia, como está escrito:
Te confesaré ante los paganos y can-
taré en tu honor. 10 Y en otro lugar:
Pueblos extranjeros, alégrense junto
con su pueblo. 11 Y de nuevo: *Alaben al*
Señor todas las gentes, que todos los
pueblos lo glorifiquen. 12 Isaías, por su
parte, dice: *Aparecerá el brote de Jesé,*
se levantará a gobernar las naciones:
y todos los pueblos pondrán en él su
esperanza. 13 El Dios de la paz los llene
de gozo y paz en la fe, para que, por la
fuerza del Espíritu Santo, desborden de
esperanza.

Aunque el Apóstol pone el acento sobre la obligación de los «fuertes», a lo que en realidad está apuntando es a la regla de oro de toda comunidad cristiana: la «activa aceptación» como cosa propia, de «todo» lo que hace al «otro» diferente «de uno mismo». Si son sus pecados, esta aceptación significará ayudar a compartir la carga como si fuera nuestra propia carga; si son sus dones, como dones propios; si son sus diferentes opiniones, como riqueza complementaria a nuestras opiniones; si son sus sufrimientos, como sufrimientos propios. Y así, hasta destruir la última barrera que nos separa y que se anida en lo más profundo del corazón humano: el miedo, la sospecha y el rechazo a todo lo que percibimos en «el otro» como diferente, como desafío y amenaza a nuestra propia seguridad.

Jesucristo es para el Apóstol el ejemplo y modelo para la convivencia en comunidad. Aceptó nuestra condición humana como propia, en todo, en la alegría y en el dolor (3). Así, en un intercambio de dones, nos abrió a todos la posibilidad de ser como Él: hijos e hijas de Dios.

¿Qué fuerza hará posible una convivencia fraterna como tarea diaria de cargar con las flaquezas de nuestros hermanos y hermanas (cfr. Gál 6,2)? ¡La Palabra de Dios!, dice Pablo, pues es el único «poder» que convoca, une en mutuo acuerdo, consuela a la comunidad cristiana y la inspira a glorificar a Dios con un solo corazón y una sola lengua.

15,7-13 La Buena Noticia para judíos y paganos. La última exhortación de la carta va dirigida a toda la comunidad cristiana de Roma, tanto a los que provienen del judaísmo como a los que provienen del paganismo: «acójanse unos a otros, como Cristo los acogió para gloria de Dios» (7). No se trata simplemente de un consejo moral de convivencia. El Apóstol va mas allá, está viendo el «Evangelio de la salvación universal», revelado por Cristo, hecho ya «realidad y anuncio» en esa acogida mutua de amor fraterno de la comunidad de Roma. Y así, sus cristianos procedentes del judaísmo anuncian que Jesús, el Mesías, es la manifestación de la fidelidad de Dios, «cumpliendo las promesas de los patriarcas» (8); y a su vez, sus cristianos procedentes del paganismo anuncian al mismo Mesías como la manifestación de la «misericordia de Dios» que se extiende a todos los pueblos: «aparecerá el brote de Jesé, se levantará a gobernar las naciones: y todos los pueblos pondrán en él su esperanza» (12).

Fidelidad y misericordia. ¿Estará recordando el Apóstol la presentación que hace Dios de sí mismo a toda la humanidad cuando Moisés invocó su nombre en el monte Sinaí y Dios pasó delante de su siervo clamando: «El Señor, el Señor, el Dios compasivo y clemente, misericordioso, paciente, rico en bondad y lealtad» (Éx 34,6)?

La fe en Jesucristo, muerto y resucitado, es la llave que abre a Pablo todos los secretos de las Escrituras, o el único secreto: la iniciativa de salvación universal de Dios, encaminada a reunir a todos los pueblos en un único y definitivo pueblo de Dios.

La historia de la humanidad es para el Apóstol «una historia de salvación» que se bifurca en diversos caminos históricos concretos –el judaísmo, las otras religiones de la tierra– para volver a reunirse todos, un día, en la realidad de la Iglesia, «sacramento de salvación».

Ésta es la visión de Pablo al final de su carta. La conclusión es una plegaria donde el Apóstol pide la abundancia de los frutos de salvación ya presentes en la comunidad de Roma: «El Dios de la paz los llene de gozo y paz en la fe, para que, por la fuerza del Espíritu Santo, desborden de esperanza» (13).

Misión de Pablo para los paganos

14 Acerca de ustedes, queridos hermanos, estoy convencido de que están
llenos de bondad y colmados de todo
conocimiento y que también pueden
aconsejarse mutuamente. 15 Con todo,
por la gracia recibida de Dios 16 de ser
ministro de Cristo Jesús para los paganos y sacerdote de la Buena Noticia de
Dios, he tenido la audacia de escribirles
y de refrescarles su memoria, para que
la ofrenda de los paganos sea aceptable y consagrada por el Espíritu Santo.
17 Por Cristo Jesús puedo sentirme
orgulloso ante Dios. 18 Pero no hablaré
si no es de lo que Cristo ha realizado por
intermedio mío para la conversión de
los paganos: de palabra y de obra, 19 con
señales y prodigios, con la fuerza del
Espíritu de Dios. Partiendo de Jerusalén
y su región hasta Iliria he completado el
anuncio de la Buena Noticia de Cristo.
20 Me honra haber anunciado la
Buena Noticia donde todavía no se había
nombrado a Cristo, para no construir
sobre cimiento ajeno; 21 sino como está
escrito: *Lo verán los que no tenían
noticia de él, y comprenderán los que
no habían oído hablar de él.* 22 Ese
motivo me ha impedido repetidas veces
ir a visitarlos.
23 Ahora que ya no me queda tarea
por estas regiones, y con las ganas que
tengo desde hace tiempo de visitarlos,
24 espero verlos de paso en mi viaje
hacia España y confío que me ayudarán
a proseguir mi viaje, después de gozar
un poco de su compañía.
25 En este momento me dirijo a Jerusalén para llevar una ayuda a esa
comunidad. 26 Porque los de Macedonia y Acaya han decidido solidarizarse
con los cristianos pobres de Jerusalén.
27 Lo han decidido como era su obligación: ya que si los paganos se benefi-
ciaron de sus bienes espirituales, es
justo que ellos los socorran con bienes
materiales. 28 Cuando haya concluido
este asunto, garantizando la entrega
de la colecta, me dirigiré a España
pasando por la tierra de ustedes. 29 Y sé
que, cuando llegue a visitarlos, lo haré
con todas las bendiciones de Cristo.
30 Por nuestro Señor Jesucristo y
por el amor que infunde el Espíritu, les
recomiendo que luchen a mi lado
rezando por mí a Dios 31 para que me
libre en Judea de los que no creen y
para que mi misión entre los consagrados sea bien recibida. 32 Así, Dios
mediante, podré visitarlos con alegría,
para tomarme un descanso junto a

15,14-33 Misión de Pablo para los paganos. Estas líneas suenan como si Pablo quisiera excusar su intromisión en una Iglesia que él no fundó, y justificar así su proyectada visita. El lenguaje es cortés y comedido.

La presente carta, parece decir el Apóstol, no pretende evangelizar a los buenos cristianos de Roma, sino sólo refrescar cosas sabidas. La proyectada visita es solo una etapa más de un viaje más largo hacia una región todavía no evangelizada, España. Su paso por Roma será como una especie de vacaciones espirituales: «gozar un poco de su compañía» (24)... «tomarme un descanso junto a ustedes» (32). Notemos que ninguno de estos proyectos de Pablo se realizó tal y como él pensaba. El viaje a España probablemente no se llevó a cabo; el viaje a Roma tendrá otro carácter e itinerario; el gozo de la compañía estará limitado por la prisión. Sólo la carta llegará a Roma, a España y a todos los países del mundo.

De todas formas, dejando formalidades y escrúpulos aparte, Pablo no se excusa ni de la carta que les escribe ni de la visita que les anuncia. Es probable que los cristianos y cristianas de Roma vieran ambas iniciativas del Apóstol como la cosa más natural. ¿Lo sería hoy si un obispo escribiera una carta como ésta a los cristianos de otra diócesis? La corresponsabilidad y colegialidad entre las Iglesias de los primeros siglos era el ambiente natural donde se movían los responsables de las diferentes comunidades cristianas. Pablo evoca esa colegialidad cuando menciona el itinerario de su ministerio apostólico: «partiendo de Jerusalén y su región hasta Iliria» (19). «Jerusalén» no solo como «lugar geográfico», sino sobre todo como lugar de «colegialidad y corresponsabilidad» con la Iglesia Madre, representada por Pedro y los demás apóstoles. Este ministerio itinerante de Pablo se ha centrado en «el anuncio de la Buena Noticia de Cristo» (19), frase que ha sido de las más utilizadas por

ustedes. 33 El Dios de la paz esté con
todos ustedes. Amén.

Saludos finales

16 1 Les recomiendo a nuestra hermana Febe, diaconisa de la Iglesia
de Cencreas, 2 para que la reciban, en
atención al Señor, como merece una
persona consagrada, ayudándola en
todo lo que necesite de ustedes. Ella ha
protegido a muchos, empezando por mí.
3 Saludos a Prisca y Áquila, mis colaboradores en la obra de Cristo Jesús,
4 que por salvarme la vida se jugaron la
suya; no sólo yo les estoy agradecido, sino
toda la Iglesia de los paganos. 5 Saludos
a la comunidad que se reúne en su casa.
Saludos a mi querido Epéneto, el primero de Asia que se convirtió a Cristo.
6 Saludos a María, que tanto ha trabajado por ustedes.
7 Saludos a Andrónico y Junia, mis
parientes y compañeros de prisión, que
descuellan entre los apóstoles y que llegaron a Cristo antes que yo.
8 Saludos a Ampliato, mi amigo en
el Señor.
9 Saludos a Urbano, mi colaborador
en la obra de Cristo, y a mi querido
Eustaquio.
10 Saludos a Apeles, que ha dado
pruebas de fidelidad a Cristo.
Saludos a la familia de Aristóbulo.
11 Saludos a mi pariente Herodión.
Saludos a los de la familia de Narciso,
quienes son del Señor.
12 Saludos a Trifena y Trifosa, que
han trabajado por el Señor.
Saludos a la querida Pérside, que ha
trabajado mucho en el Señor.
13 Saludos a Rufo, elegido del Señor,
y a su madre que es también mía.
14 Saludos a Asíncrito, Flegonte,
Hermes, Patrobas, Hermas y a los de
su comunidad.
15 Saludos a Filólogo y a Julia, a
Nereo y su hermana Olimpas y a todos
los consagrados de su comunidad.
16 Salúdense con el beso santo. Todas
las Iglesias cristianas les mandan saludos.
17 Hermanos, les recomiendo que
vigilen a los que siembran discordias y
tropiezos contra la doctrina que ustedes
han aprendido; aléjense de ellos.

el Concilio Vaticano II para devolver al «ministerio ordenado» –obispos, presbíteros y diáconos– su principal función: ser ministros y servidores de la Palabra de Dios.

16,1-27 Saludos finales. La lista de hombres y mujeres es larga y detallada. Cada nombre va seguido de unas palabras de reconocimiento y gratitud a la labor que realiza a favor de la comunidad, y a los lazos de amistad que le unen al Apóstol. Pablo se nos muestra como una persona agradecida, un auténtico caballero, amigo de sus amigos.

Este elenco es, por otra parte, una fuente de noticias sobre las comunidades cristianas de entonces. Sorprende, por ejemplo, el elevado número de mujeres con cargos de responsabilidad en la Iglesia. Justamente comienza saludando a Febe, «diaconisa». ¿Era una mujer que ha recibido las «órdenes sagradas» o que simplemente desempeña funciones asistenciales? No lo sabemos, pero ciertamente gozaría de gran autoridad en la comunidad. Otro nombre mencionado, «Junia» (7), ha intrigado siempre a los estudiosos. ¿Se trata de «Junia» (nombre masculino) como los presentan los manuscritos más recientes o de «Julia» (nombre femenino) como lo transcriben los manuscritos más antiguos? Es probable que efectivamente se trate de «Julia», esposa de Andrónico. Pablo dice que ambos «descuellan entre los apóstoles» (7).

¿Una mujer con categoría de apóstol? ¡Imposible!, debió pensar, años después, el amanuense que «masculinizó» el nombre de Julia cambiando solo una letra. Para entonces, la mujer había sido reducida al silencio en muchas comunidades cristianas.

Otros nombres entrañables son Prisca y Áquila, el matrimonio amigo de Pablo. El nombre de Prisca es mencionado primero, como hace Lucas en los Hechos de los Apóstoles 18,2s, y no por cortesía, sino porque Prisca debía ser la verdadera responsable de la comunidad cristiana que se reunía en su casa. Así va Pablo desgranando nombres de colaboradores, amigos y líderes cristianos que mantenían la vitalidad y el entusiasmo de la Iglesia, no solo de la de Roma.

Las palabras finales de la carta no podían ser otras que un himno de alabanza a «Dios, el único sabio» por haber revelado en Jesucristo su secreto callado durante siglos y ahora «manifestado a todos los paganos... para que abracen la fe» (26).

[18] Esas personas no sirven a Cristo
Señor nuestro, sino a su vientre, y con
discursos suaves y atractivos seducen a
la gente sin malicia.
[19] La fama de la fe de ustedes se
difunde por todas partes, y esto me
llena de alegría, porque los quiero
sabios para el bien y sin contagio del
mal. [20] Muy pronto el Dios de la paz
aplastará a Satanás bajo los pies de
ustedes. La gracia de nuestro Señor
Jesús esté con ustedes.
[21] Les manda saludos Timoteo, mi
colaborador, y también Lucio, Jasón y
Sosípatro, mis parientes. [22] Y yo, Tercio,
amanuense de esta carta, los saludo en
nombre del Señor.
[23] También los saludan Gayo, que
me hospeda, con toda su comunidad;
Erasto, tesorero de la ciudad, y el hermano Cuarto.
[[[24] La gracia de nuestro Señor
Jesucristo esté con todos ustedes.
Amén.]] [25] Al que tiene el poder de con-
firmarlos según la Buena Noticia que
yo anuncio proclamando a Jesucristo,
según el secreto callado durante siglos
[26] y revelado hoy y, por disposición del
Dios eterno, manifestado a todos los
paganos por medio de escritos proféticos para que abracen la fe, [27] a Dios, el
único sabio, por medio de Jesucristo,
sea dada la gloria por los siglos de los
siglos. Amén.

PRIMERA CARTA A LOS CORINTIOS

Corinto. Capital de la provincia romana de Acaya desde el año 27 a.C. Era por su posición geográfica estratégica, sus dos puertos de mar y sus edificios suntuosos una ciudad cosmopolita, la tercera más grande del imperio con una población de casi medio millón de habitantes, entre los que se encontraban gran número de esclavos y una importante minoría de judíos. A la prosperidad económica se unía la vida licenciosa: su templo principal estaba dedicado a Afrodita, la diosa del amor, y en él se practicaba la prostitución sagrada (a ello alude 6,15-20), haciendo de Corinto la ciudad del placer. Era también confluencia de religiones y cultos dispares acarreados por pobladores heterogéneos y por predicadores itinerantes. En la ciudad se celebraban periódicamente importantes acontecimientos deportivos llamados «Juegos Ístmicos».

La comunidad cristiana de Corinto. A Corinto llegó Pablo, después de su aparente fracaso en Atenas (Hch 17s), para entrar inerme, solo con su evangelio, en aquel hervidero humano de culturas. Un predicador más de otro culto oriental aún más extraño. Lo acogieron Áquila y Priscila, un matrimonio de judíos convertidos al cristianismo, desterrados de Roma por el edicto del emperador Claudio (año 49). Allí se quedó el Apóstol año y medio. Rechazado por los judíos, reclutó conversos sobre todo entre los plebeyos y esclavos de la ciudad y los cuidó para formar con ellos una comunidad cristiana. El mensaje de Pablo era para ellos la «Buena Noticia» que les devolvía dignidad humana y les infundía esperanza.

A juzgar por los documentos, a ninguna comunidad dedicó Pablo tanta atención y tantos desvelos. En cierto sentido, Corinto fue la comunidad paulina por excelencia. Evangelizar en Corinto era anunciar la «Buena Nueva» a todas las naciones, congregadas y revueltas; era experimentar el encuentro o choque entre cristianismo y paganismo; era seguir de cerca, con ansiedad y celo apostólico, el rápido y azaroso crecimiento de una comunidad de neófitos, plantas tiernas expuestas al paganismo envolvente con sus doctrinas y costumbres decadentes y que, aunque bautizados, aún no se habían desprendido del lastre de un pasado pagano reciente.

Ocasión, lugar y fecha de composición de la carta. La ocasión de la carta la conocemos por la carta misma. Pablo se encontraba en Éfeso (año 54-57) evangelizando la gran capital marina de Asia, cuando le llegaron malas noticias de Corinto. Les escribió una primera carta, hoy perdida (5,9); se sumaron otras noticias alarmantes de divisiones internas y de escándalos en la comunidad. A las noticias acompañaban consultas sobre puntos de doctrina y comportamientos a seguir. Pablo contestó a todas estas inquietudes de la comunidad con la que hoy llamamos Primera Carta a los Corintios.

Carácter y contenido de la carta. Aunque la carta pretende ser una respuesta a la variedad de problemas y cuestiones planteadas, Pablo, atacando abusos y respondiendo a dudas, nos va dejando las líneas maestras del Evangelio que predica, rescatando la auténtica y completa «memoria de Jesús» para una comunidad que estaba olvidando una parte esencial de la misma, quizás a consecuencia de la euforia propia de recién convertidos: la cruz de Cristo, que es la otra cara inseparable de su resurrección gloriosa. Y así, con la fuerza y sabiduría de Dios manifestada en un Mesías crucificado, el apóstol amonesta, corrige y anima a su comunidad favorita a dar un testimonio diario de unión, de solidaridad con los más pobres y necesitados, con los débiles y menos favorecidos, y el ejemplo de una vida moral intachable en medio de aquella sociedad corrompida.

Esta vida de compromiso cristiano sólo es posible desde la abnegación y el sacrificio gozosos, propios del creyente que sabe y acepta su condición de peregrino que debe cargar con la cruz de Cristo mientras se encamina a participar de su resurrección. Si hay que buscarle un tema unificador a la carta, la cruz de Cristo sería este tema.

Sin pretender, sin alardear, Pablo compone un texto de calidad literaria excepcional que nos desvela la extraordinaria riqueza humana de un hombre que se sabe mostrar sereno y conciliador, pero también mordaz, irónico, escandalizado, herido, para terminar siendo afectuoso y tierno con la comunidad que más quería.

Actualidad de la carta. Pocas comunidades cristianas del tiempo de Pablo las conocemos tan bien como la comunidad de Corinto: sus problemas de convivencia entre ricos y pobres, los fallos graves y públicos de algunos de sus miembros, la tentación constante de dejarse arrastrar por las costumbres de una sociedad decadente y bastante corrompida, es decir, toda aquella fragilidad humana en la que podemos ver reflejada nuestra fragilidad. Pero ésta era solo una cara de la realidad, la otra muestra a una comunidad entusiasta y comprometida en la que tanto los hombres como las mujeres son conscientes de los carismas y dones recibidos que ponen al servicio de los demás, aunque a veces de manera tumultuosa y desordenada. Conocemos sus asambleas eucarísticas y la preocupación de los dirigentes (de ahí el informe que le llega a Pablo) cuando la celebración del la «Cena del Señor» se divorcia del compromiso de servicio y solidaridad con los más pobres. Es decir, una comunidad viva que sirve de ejemplo y cuestiona la pasividad y apatía de muchos de nuestros cristianos y cristianas de hoy.

El contexto social en que viven los corintios es casi el reflejo exacto del contexto de gran parte de nuestras comunidades: los suburbios pobres de las grandes ciudades, el desarraigo de emigrantes en busca de trabajo, la convivencia con personas de culturas y creencias diferentes, la seducción casi irresistible que ejerce un medio ambiente con valores anticristianos como el poder, la indiferencia y el sexo, lo duro que es luchar contra corriente. Por eso, los consejos, amonestaciones y la palabra evangélica de Pablo resuenan hoy en nuestros oídos con la misma actualidad, urgencia y, sobre todo, con el mismo poder transformador del Espíritu que hace dos mil años.

Saludo y acción de gracias

1 1 Pablo, llamado por voluntad de
Dios a ser apóstol de Cristo Jesús,
y el hermano Sóstenes, 2 a la Iglesia de
Dios de Corinto, a los consagrados a
Cristo Jesús con una vocación santa, y
a todos los que en cualquier lugar invocan el nombre de Jesucristo, Señor
de ellos y nuestro: 3 Gracia y paz a ustedes de parte de Dios nuestro Padre y
del Señor Jesucristo.
4 Siempre doy gracias a mi Dios por
ustedes, por la gracia que Dios les ha
dado en Cristo Jesús. 5 En efecto, por
él han recibido todas las riquezas, las
de la palabra y las del conocimiento.
6 El testimonio sobre Cristo se ha confirmado en ustedes, 7 por eso mientras
aguardan la manifestación de nuestro
Señor Jesu[cristo], no les falta ningún
don espiritual. 8 Él los mantendrá
firmes hasta el final para que en el día
de nuestro Señor Jesucristo sean irreprochables. 9 Porque Dios es fiel y Él
los llamó a la comunión con su Hijo,
Jesucristo Señor nuestro.

Discordias en Corinto

10 Hermanos, en nombre de nuestro
Señor Jesucristo les ruego que se pongan de acuerdo y que no haya divisiones entre ustedes, sino que vivan en
perfecta armonía de pensamiento y
opinión. 11 Porque me he enterado, hermanos míos, por la familia de Cloe, que
existen discordias entre ustedes. 12 Me
refiero a lo que anda diciendo cada uno:
yo soy de Pablo, yo de Apolo, yo de Cefas,
yo de Cristo. 13 ¿Está dividido Cristo?
¿Ha sido crucificado Pablo por ustedes
o han sido bautizados invocando el
nombre de Pablo?

1,1-9 Saludo y acción de gracias. La introducción a la carta consta, como de costumbre, de saludo y de acción de gracias. Lo primero que llama la atención en esta breve introducción es la mención del nombre de Jesucristo, nueve veces en nueve versos. Es, pues, esta referencia constante a Jesús la que califica al que escribe la carta, a los destinatarios, y al contenido de la misma.

Pablo necesita, ya de entrada, presentar sus credenciales como «llamado por voluntad de Dios a ser apóstol de Cristo Jesús» (1). Su autoridad había sido cuestionada entre los corintios y el Apóstol tendrá que acreditarla.

El Apóstol se dirige después a los destinatarios como a la «Iglesia de Dios de Corinto» (2). La intención es clara: los corintios no están solos, son miembros de la gran asamblea convocada por Dios a la que pertenecen todos los hombres y mujeres de cualquier raza o nación que han sido «consagrados a Cristo Jesús con una vocación santa» (2) y que, por tanto, invocan el nombre de Jesús sea donde sea.

Es interesante resaltar el altísimo concepto que Pablo tiene de los cristianos. Naturalmente, el Apóstol no los canoniza, como después se verá cuando ponga el dedo en la llaga y denuncie los problemas concretos de aquella comunidad de Corinto. Pablo se refiere a la acción salvadora de Dios por medio de Jesús que se derramó gratuitamente sobre aquellos hombres y mujeres, como también sobre nosotros, elevándolos a la dignidad de hijos e hijas de Dios. Este don gratuito de Dios, sin embargo, no es estático, sino dinámico. Pablo lo llama «vocación santa» (2). En nuestro lenguaje de hoy diríamos que se trata de la «misión» de todo cristiano y cristiana, recibida en el bautismo, de transformar el mundo en que vivimos haciéndolo más justo y equitativo, menos pobre y corrupto, más ecológico y pacífico. Es decir, la misión de construir, ya ahora, el reino de Dios. Ser hijos e hijas de Dios es lo mismo que ser misioneros y misioneras de su reino. Para realizar esta labor no estamos con las manos vacías. Dios nos regala dones, aptitudes y carismas. Pablo reconoce esta realidad en la comunidad de Corinto. Se congratula por ello y les anima a seguir fieles dando testimonio y confiando en la fidelidad de Dios que completará lo comenzado.

Entre los dones que la comunidad ha recibido, Pablo menciona la elocuencia y la sabiduría, cualidades muy estimadas en el mundo griego; al valorarlas positivamente, el Apóstol se gana la benevolencia de sus lectores. Estos carismas tienen una función en el presente, pero están orientados a la manifestación última de Jesucristo, cuando llegue «su día». Al escribir la carta, Pablo estaba convencido de que la segunda y definitiva venida del Señor era inminente.

1,10-17 Discordias en Corinto. Después de esta introducción densa y programática, Pablo va enseguida al grano, es decir, al problema fundamental de la comunidad de Corinto: las divisiones y las rivalidades, pecados constantes de la Iglesia de Dios de todos los tiempos.

La exhortación a la unidad es solemne y enérgica, hecha en nombre de Jesús y apelando a sus títulos de

14 Gracias a Dios no bauticé más
que a Crispo y Cayo; 15 así que nadie
diga que fue bautizado invocando mi
nombre. 16 Bueno, bauticé también a
la familia de Esteban; pero, que yo
sepa, no bauticé a nadie más. 17 Porque
Cristo no me envió a bautizar, sino a
anunciar la Buena Noticia, sin elocuencia alguna, para que no pierda su
eficacia la cruz de Cristo.

El mensaje de la cruz

18 Porque el mensaje de la cruz es locura para los que se pierden; pero para
los que nos salvaremos es fuerza de
Dios. 19 Como está escrito:

Acabaré
con la sabiduría de los sabios
y confundiré
la inteligencia de los inteligentes.

20 ¿Dónde hay un sabio, dónde un
letrado, dónde un investigador de este
mundo? ¿Acaso no ha demostrado Dios
que la sabiduría del mundo es una
locura? 21 Como el mundo con su sabiduría no reconoció a Dios en las obras
que manifiestan su sabiduría, dispuso
Dios salvar a los creyentes por la locura
de la cruz. 22 Porque los judíos piden
milagros, los griegos buscan sabiduría,
23 mientras que nosotros anunciamos
un Cristo crucificado, escándalo para

Cristo y Señor. Pablo no entra ahora en detalles sobre las divisiones y rivalidades pero, por el tenor de toda la carta, la alusión es clara: la discriminación y las diferencias entre cristianos ricos –algunos– y pobres –la mayoría–; esclavos y libres; mujeres y hombres; cultos –algunos– y sin estudios –la mayoría–; carismáticos y conservadores; judíos y griegos; pecadores públicos y personas honestas.

De todo esto había en aquella comunidad cristiana tan compleja, conflictiva, cosmopolita y pluralista de Corinto, reflejo casi exacto de muchas de nuestras comunidades de hoy. Es posible que cada grupo se identificara con un personaje de la Iglesia como Pablo, Cefas o Apolo sin que estos personajes fueran en realidad los jefes de fila de los diversos bandos.

Ante situación tan compleja, el Apóstol lanza, de momento, una poderosa llamada de atención a la conciencia de todos en favor de la concordia, que termina con preguntas tan incisivas como éstas: «¿Está dividido Cristo? ¿Ha sido crucificado Pablo por ustedes?» (13). Cristo y la Iglesia se identifican de tal modo (cfr. 12,27) que las divisiones en la Iglesia son tan absurdas como si Cristo estuviese dividido.

1,18-31 El mensaje de la cruz. Entramos en la sección más importante de la carta donde Pablo, quien antes nos ha dicho que su misión principal es evangelizar, nos va a comunicar en qué consiste su evangelio, el mensaje que anuncia como embajador de Cristo. No es exagerado afirmar que estamos ante uno de los textos claves de todo el Nuevo Testamento, que ya en adelante va a legitimar o desacreditar todo lo que pensemos, escribamos, hablemos o practiquemos en nombre de Dios a lo largo de la historia. Su mensaje es la cruz de Jesús.

A través de una serie de contrastes audaces y contundentes, Pablo nos acerca al misterio de Cristo crucificado: es un «escándalo», dice, para los judíos que esperan a un Cristo triunfador. Es una «locura», añade, para los griegos que buscan y se apoyan en la razón y la sabiduría. El misterio de la cruz sólo puede expresarse ante los ojos de la sabiduría y razón humanas como «locura y debilidad de Dios», y precisamente por eso, es «fuerza y sabiduría de Dios» (24) para los creyentes.

Pablo ciertamente no es un fanático anti-intelectual que desprecia la razón, la ciencia o el progreso. A lo que el Apóstol se opone decididamente es a todo proyecto humano de la índole que sea –incluso religiosa– que, dejando de lado al Dios que se revela en la cruz de Jesús, termina siempre por construir una sociedad basada en la injusticia, la discriminación, la opresión y la violencia.

Esta paradoja, la fuerza de la debilidad de Dios, se prolonga y manifiesta en la comunidad de Corinto, compuesta de gente socialmente sin importancia (cfr. Sant 2,5; Mt 11,25). No abundan los intelectuales, los ricos, los poderosos, la nobleza. Como en otro tiempo a unos esclavos en Egipto (cfr. Dt 7,7s; Is 49,7), así ahora elige a gente sin estudios, sin influjos y sin títulos.

Es interesante resaltar la insistencia de Pablo en poner de relieve en estos versículos (26-29), por una parte, la iniciativa de la elección de Dios, repitiendo cuatro veces el termino «elegir» o «llamar», y por otra, la condición social de los destinatarios de su elección: los locos del mundo, los débiles, los plebeyos, los despreciados, los que nada son. Ellos serán, sigue afirmando Pablo, los que humillarán –lo dice dos veces– a los sabios y poderosos y anularán a los que se creen que son algo.

Esta iniciativa de salvación de Dios, absolutamente sorprendente, se hace realidad en Jesús que comunica a los suyos, los débiles de este mundo, la sabiduría, la justicia, la consagración y el rescate. Estas expresiones densas de teología paulina, podrían resumirse en una palabra: «liberación», comenzando ya aquí y ahora.

En definitiva, Pablo no hace sino presentar a los corintios –y a nosotros– el proyecto que Jesús anunció en la sinagoga de Nazaret (cfr. Lc 4,14-21).

los judíos, locura para los paganos;
24 pero para los llamados, tanto judíos
como griegos, un Cristo que es fuerza y
sabiduría de Dios. 25 Porque la locura de
Dios es más sabia que la sabiduría de
los hombres y la debilidad de Dios más
fuerte que la fortaleza de los hombres.

26 Miren, hermanos, quiénes han sido
llamados: entre ustedes no hay muchos
sabios humanamente hablando, ni
muchos poderosos, ni muchos nobles;
27 por el contrario, Dios ha elegido los
locos del mundo para humillar a los
sabios, Dios ha elegido a los débiles del
mundo para humillar a los fuertes,
28 Dios ha elegido a gente sin importancia, a los despreciados del mundo y
a los que no valen nada, para anular a
los que valen algo. 29 Y así nadie podrá
gloriarse frente a Dios.

30 Gracias a Él ustedes son de Cristo
Jesús, que se ha convertido para ustedes en sabiduría de Dios y justicia, en
consagración y redención.

31 Así se cumple lo escrito:

El que se gloría
que se gloríe en el Señor.

Sabiduría superior

2 1 Cuando llegué a ustedes, hermanos, para anunciarles el misterio de
Dios no me presenté con gran elocuencia
y sabiduría; 2 al contrario decidí no
saber de otra cosa que de Jesucristo, y
éste crucificado. 3 Débil y temblando de
miedo me presenté ante ustedes; 4 mi
mensaje y mi proclamación no se apo-
yaban en [palabras] sabias y persuasi-
vas, sino en la demostración del poder
del Espíritu, 5 para que la fe de ustedes
no se fundase en la sabiduría humana,
sino en el poder divino.

6 A los maduros en la fe les proponemos una sabiduría: no sabiduría de
este mundo o de los jefes de este mundo,
que van siendo derribados. 7 Proponemos
la sabiduría de Dios, misteriosa y secreta,
la que Él preparó desde antiguo para
nuestra gloria. 8 Ningún príncipe de este
mundo la conoció: porque de haberla
conocido, no habrían crucificado al
Señor de la gloria. 9 Pero, como está
escrito: *Ningún ojo vio, ni oído oyó, ni
mente humana concibió,* lo que Dios
preparó para quienes lo aman.

Revelada por el Espíritu

10 A nosotros nos lo ha revelado
Dios por medio del Espíritu; porque el
Espíritu lo escudriña todo, incluso las
profundidades de Dios.

11 ¿Quién puede conocer lo más íntimo del hombre sino el espíritu humano
dentro de él? Del mismo modo nadie

Pablo escribe con la pasión y la lúcida percepción de quien ha comprendido la esencia del Evangelio, es decir, la «memoria» de Jesús, que el Apóstol quiere dejar clara para la Iglesia de Corinto y para quienes leemos hoy su carta.

2,1-9 Sabiduría superior. Pablo tiene una idea casi obsesiva: la elección gratuita de los corintios por parte de Dios. Vuelve pues, a la carga, insistiendo en cómo se presentó ante ellos sin prestigio ni sabiduría humana convincente y persuasiva, sino débil y temblando de miedo. Su saber y sus credenciales eran solamente Jesús, y éste crucificado. Pablo, por tanto, no fue el trasmisor de ningún conocimiento humano superior. Su fuerza persuasiva procede del Espíritu y es el Espíritu el que dio a los corintios la sabiduría misteriosa de Dios. Para acercarse a este misterio, el Apóstol recurre a Is 64,3: «ningún ojo vio, ni oído oyó, ni mente humana concibió…» completando las palabras del profeta con este final suyo: «lo que Dios preparó para quienes lo aman» (9).

¿Hay mejor manera de describir la experiencia de Dios que sigue fascinando a los hombres y mujeres de hoy, a quienes el Espíritu del Crucificado ha salido al encuentro?

2,10-16 Revelada por el Espíritu. Pablo continúa ahondando en el tema con una comparación. Viene a decir lo siguiente: nadie conoce en profundidad a otra persona si ésta no revela su propia intimidad. La intimidad secreta de una persona la conoce únicamente la persona misma (cfr. Prov 14,10; 20,27) y sólo ésta puede comunicarla. Para que se realice esta comunicación debe existir sintonía entre la persona que abre las puertas de su intimidad y la persona que es invitada a entrar en este misterio

conoce lo propio de Dios si no es el Espíritu de Dios. 12 Ahora bien, nosotros hemos recibido no el espíritu del mundo, sino el Espíritu de Dios, que nos hace comprender los dones que Dios nos ha dado.

13 Exponemos esto no con palabras enseñadas por la sabiduría humana, sino enseñadas por el Espíritu, explicando las cosas espirituales en términos espirituales. 14 El hombre puramente natural no acepta lo que procede del Espíritu de Dios, porque le parece una locura; y tampoco puede entenderlo, porque para eso se necesita un criterio espiritual. 15 En cambio el hombre espiritual puede juzgarlo todo y a él nadie lo puede juzgar. 16 Porque, *¿quién conoce la mente del Señor para darle lecciones?* Pero nosotros poseemos el pensamiento de Cristo.

Inmadurez de los corintios

3 1 Yo, hermanos, no pude hablarles como a hombres espirituales, sino como a hombres simples, como a niños en la vida cristiana. 2 Les di de beber leche y no alimento sólido, porque aún no podían tolerarlo; como tampoco ahora, 3 dado que aún los guía el instinto. Si entre ustedes hay envidias y discordias, ¿no indican que todavía se dejan guiar por el instinto y por criterios humanos en su conducta? 4 Cuando uno dice: yo soy de Pablo, y otro: yo soy de Apolo, ¿acaso no se comportan como cualquier hombre? 5 ¿Quién es Apolo?, ¿quién es Pablo? Ministros de la fe, cada uno según el don de Dios.

6 Yo planté, Apolo regó, pero era Dios quien hacía crecer. 7 De manera que ni el que planta ni el que riega son nada, sino Dios que hace crecer. 8 El que planta y el que riega trabajan en lo mismo; cada uno recibirá su salario según su trabajo. 9 Nosotros somos colaboradores de Dios, y ustedes son el campo de Dios, el edificio de Dios.

10 Según el don que Dios me ha dado, como arquitecto experto puse el cimiento; otro sigue construyendo. Que cada uno se fije en cómo construye. 11 Nadie puede poner otro cimiento que el ya puesto, que es Jesucristo. 12 Sobre ese cimiento uno coloca oro, otro plata, piedras preciosas, madera, hierba, paja. 13 La obra de cada uno se verá claramente en el día del juicio porque ese día vendrá con fuego, y el fuego probará la calidad de la obra de cada uno.

humano ofrecido. De modo semejante, dice Pablo, sólo el Espíritu conoce la intimidad de Dios y a Él toca revelarlo y hacerlo comprender.

A Pablo, como intermediario, le toca comunicar oportunamente a otros lo que él ha recibido por revelación. Por su parte, los corintios tienen que sintonizar con el Espíritu para que la comunicación se realice. Esta sintonía, para el Apóstol, es poseer «el pensamiento de Cristo» (16). Sin esta sintonía y horizonte cristiano, todo lo que provenga del Espíritu aparecerá como una incomprensible locura.

¿No es locura toda la vida de Jesús, su opción por los pobres y marginados, el perdón ofrecido a sus enemigos, su misma muerte en la cruz? ¿No han sido tachados de locos, utópicos e idealistas todos los hombres y mujeres que han intentado e intentan seguir a Jesús hasta sus más radicales consecuencias? Pablo insiste una y otra vez en el protagonismo del Espíritu de Cristo como revelador del misterio de Dios.

3,1-23 Inmadurez de los corintios. Después de dejar sentados los grandes principios cristianos sobre los que se debe construir toda comunidad de creyentes, Pablo ataca los problemas concretos de sus queridos corintios, motivo por el cual les dirigió esta carta desde Éfeso, a donde le habían llegado malas noticias de ellos. Dejando los demás asuntos para después, el Apóstol comienza por el problema principal: las envidias y las discordias que tenían dividida a aquella comunidad en bandos (4).

En primer lugar, el Apóstol trata de comprenderlos y en cierta manera de excusarlos. Dice que al principio sólo pudo hablarles como a niños en la vida cristiana y por tanto darles sólo leche y no el alimento sólido que no hubieran podido digerir.

Esta inmadurez, sin embargo, ¿no duraba ya demasiado? A continuación Pablo se lanza a desmantelar los bandos basados en el culto a la personalidad: «¿Quién es Apolo?, ¿quién es Pablo?» (5). Para ello utiliza dos bellísimas imágenes sobre la comunidad cristiana, símbolo de toda

14 Si la obra que construyó resiste,
recibirá su salario. 15 Si la obra se quema,
será castigado, aunque se salvará
como quien escapa del fuego.
16 ¿No saben que son santuario de
Dios y que el Espíritu de Dios habita en
ustedes? 17 Si alguien destruye el santuario de Dios, Dios lo destruirá a él,
porque el santuario de Dios, que son
ustedes, es sagrado.
18 Que nadie se engañe: si uno se
considera sabio en las cosas de este
mundo, vuélvase loco para llegar a
sabio; 19 porque la sabiduría de este
mundo es locura para Dios, como está
escrito: *Él sorprende a los sabios con
su misma astucia,* 20 y también: *El
Señor conoce los razonamientos de
los sabios y sabe que son vanos.*

21 En consecuencia que nadie se
gloríe de los hombres. Todo es de ustedes: 22 Pablo, Apolo, Cefas, el mundo,
la vida y la muerte, el presente y el
futuro. Todo es de ustedes, 23 ustedes
son de Cristo, Cristo es de Dios.

Ministros de Cristo

4 1 Que la gente nos considere como
servidores de Cristo y administradores de los secretos de Dios.
2 Ahora bien, a un administrador se
le exige que sea fiel. 3 A mí poco me
importa ser juzgado por ustedes o por
un tribunal humano; ni yo mismo me
juzgo. 4 Mi conciencia nada me reprocha, pero no por ello me siento sin culpa; quien me juzga es el Señor. 5 Por
tanto, no juzguen antes de tiempo;

la comunidad humana, sacadas de la tradición bíblica. La primera: «Ustedes son el campo de Dios, el edificio de Dios» (9). Los ministros y servidores de la fe no son dueños de la comunidad. Ellos plantan, riegan, construyen, edifican, es decir, «somos colaboradores de Dios» (9), pero sólo Dios hace crecer, y «nadie puede poner otro cimiento que el ya puesto, que es Jesucristo» (11), cfr. Ef 2,20-22. La segunda: «¿No saben que son santuario de Dios y que el Espíritu de Dios habita en ustedes?» (16). En el santuario de Jerusalén residía la Gloria de Dios. Era una institución venerada y respetada (cfr. Jr 7 y 26; Mt 21,12-16). El nuevo santuario de Dios no es un recinto, viene a decir Pablo. No está hecho de piedra sino de vida, y son todos los hombres y mujeres de este mundo, sin distinción de religión, raza o nación. Este santuario es sagrado. En él habita Dios. Nadie ha dicho algo tan sublime sobre la dignidad de la persona humana. Y nadie ha sido tan radical y contundente en condenar a todos aquellos o aquellas que destruyan, abusen, discriminen, menosprecien o se olviden de este santuario de Dios: «Dios los destruirá porque el santuario de Dios que son ustedes, es sagrado» (17).

Estas palabras revolucionarias de Pablo deben seguir inquietando y cuestionando a nuestras comunidades cristianas de hoy. El lugar «privilegiado» para dar culto a Dios no son ya iglesias, santuarios, centros de peregrinaciones o el lugar favorito de las devociones de cada uno, sino «las personas», especialmente aquellas que son los santuarios profanados de Dios: los pobres, los marginados, los hambrientos, los emigrantes, los niños de la calle y ese largo etcétera de la miseria humana. Si no descubrimos y damos culto al Dios que habita en ellos, no lo encontraremos en las iglesias o santuarios, pues los habremos llenado de ídolos y dioses falsos.

Éste es el horizonte espiritual, «la mentalidad de Cristo» que abre Pablo tanto a los corintios como a nosotros y nosotras. Todo lo que se desvía de este horizonte cristiano es «sabiduría de este mundo», «locura para Dios».

Los ojos iluminados de Pablo nos ofrecen un grandioso final: «Todo es de ustedes, ustedes son de Cristo, Cristo es de Dios» (22s).

El Apóstol remata esta parte de la carta volviendo al tema del principio: no pertenecen a Pablo o a Apolo o a Cefas, viene a decir. Al contrario, ellos les pertenecen a ustedes como ministros y colaboradores de Dios al servicio de la comunidad. O lo que es lo mismo, no son los cristianos los que están al servicio de la institución o de la jerarquía de la Iglesia por más alta que ésta sea o de cualquier movimiento eclesial de turno. Al revés. No podemos enajenar nuestra libertad de pensar y de actuar ni nuestra conciencia en una obediencia servil a nuestros líderes, ni éstos pueden imponernos el silencio, siempre que nos movamos dentro de la tradición apostólica.

Pero, ¡atención!, añade Pablo, tampoco ustedes son el centro. Es decir, la comunidad cristiana no es una democracia independiente, libre y soberana, dueña de su propio destino. El centro de la comunidad es Cristo, de la misma manera que Cristo hizo del reino de Dios el centro de su vida y su misión.

4,1-21 Ministros de Cristo. Pablo entra ahora en el terreno personal. Responde a las críticas de los corintios con toda la riqueza de su carácter fuerte y pasional. He aquí a un Pablo duro y a la vez afectivo, irónico y mordaz, herido pero sin rencor y, sobre todo, sincero.

¿Era considerado por la pequeña élite de los corintios como un judeo-cristiano muy por debajo del prestigio intelectual de Apolo? ¿Existían otros rumores o críticas?

esperen la llegada del Señor, él iluminará lo que está oculto en las tinieblas
y pondrá al descubierto las intenciones
del corazón. Entonces cada uno recibirá su calificación de Dios.
6 Hermanos, les puse mi ejemplo y
el de Apolo, para que aprendan de nosotros aquel dicho: no salirse de lo
escrito, y así nadie tome partido orgullosamente a favor de uno y en contra de otro.
7 ¿Quién te declara superior? ¿Qué
tienes que no hayas recibido? Y si lo
has recibido, ¿por qué te glorías como
si no lo hubieras recibido?
8 ¡Ahora están satisfechos!, ¡ya se
han enriquecido! ¡Sin nosotros son
reyes! Ojalá ya reinaran, para reinar
nosotros con ustedes. 9 Pero pienso
que a nosotros los apóstoles Dios nos
ha puesto en el último lugar, como
condenados a muerte, y hemos llegado
a ser un espectáculo para el mundo,
para los ángeles y los hombres.
10 Nosotros por Cristo somos locos,
ustedes por Cristo prudentes; nosotros
débiles, ustedes fuertes; ustedes estimados, nosotros despreciados. 11 Hasta
el momento presente pasamos hambre
y sed, vamos medio desnudos, nos tratan a golpes, no tenemos domicilio fijo,
12 nos fatigamos trabajando con nuestras manos. Somos insultados y bendecimos, somos perseguidos y resistimos,
13 somos calumniados y consolamos a
los demás. Somos la basura del mundo, el desecho de todos hasta ahora.
14 No les escribo esto para avergon-
zarlos, sino quiero corregirlos como a
hijos queridos. 15 Porque aunque como
cristianos tengan diez mil instructores,
no tienen muchos padres. Yo los engendré para Cristo cuando les anuncié la
Buena Noticia. 16 Por lo tanto les ruego
que sigan mi ejemplo.
17 Por esta razón les envié a Timoteo,
hijo mío querido y fiel al Señor; para
que les recuerde mis principios cristianos, tal como los enseño por toda la
Iglesia. 18 Algunos, pensando que no
iría a verlos, se han hinchado de orgullo; 19 pero los visitaré pronto, si Dios
quiere, y entonces mediré, no las palabras de los orgullosos, sino sus acciones. 20 Porque el reino de Dios no es de
palabras, sino de obras. 21 ¿Qué eligen?, ¿que vaya con la vara o con amor
y mansedumbre?

El Apóstol, se defiende, por supuesto. Conoce la mediocridad y la falta de inteligencia de sus adversarios, pero acepta que se burlen de él.

Comienza diciendo que lo importante es que la gente lo considere a él y a sus compañeros como «servidores de Cristo y administradores de los secretos de Dios» (1), y que lo principal para un administrador es que sea fiel (2). Ni más ni menos.

Añade a continuación que le importan muy poco las críticas y que ni él se juzga a sí mismo. El juicio lo deja para Dios. Por otra parte, nada le reprocha la conciencia, aunque está dispuesto a admitir sus fallos.

Se lanza después a una larga y apasionada confesión de lo que ha significado y significa ser servidores de Dios y fieles a la misión encomendada: ser exhibidos como los últimos, como condenados a muerte, como espectáculo de burla, como locos; padecer hambre y sed; ir medio desnudos; ser despreciados; vagar a la aventura; recibir golpes; fatigas; trabajo físico; calumnias; insultos; persecuciones.

El final es conmovedor: «somos la basura del mundo, el desecho de todos hasta ahora» (13). A todo esto, los misioneros del Evangelio responden con la actitud de Cristo: «bendecimos... resistimos... consolamos» (12s).

El contrapunto de esta letanía de sufrimientos lo pone la actitud autosuficiente de los corintios a la que alude Pablo con mordacidad e ironía: se creen prudentes, fuertes, estimados.

Ya antes les había reprochado su complejo de superioridad, estar saciados de vanagloria como si fuera suyo lo recibido gratuitamente de Dios, como si estuvieran ya reinando y no caminando todavía bajo el signo de la cruz de Cristo.

Al final reaparece el Pablo afectuoso, el padre que amonesta a sus hijos queridos a los que ha engendrado para Cristo.

Les promete una visita y esta vez se presentará a ellos, no temblando y lleno de miedo como en la primera vez, sino con el ejemplo de su vida que procede de la fuerza del Evangelio.

El incestuoso
(Dt 27,20; Lv 18,8; 20,11)

5 1 Hemos oído decir que entre
ustedes hay un caso de inmoralidad que no se da ni entre los paganos:
uno convive con la mujer de su padre.
2 Y mientras tanto ustedes se sienten
orgullosos, en vez de estar de duelo,
para que el que cometió esa acción sea
expulsado de la comunidad.
3 Yo, por mi parte, aunque estoy
ausente corporalmente, pero presente
en espíritu, ya tengo sentenciado,
como si estuviera presente, al que
comete tal delito: 4 reunidos en nombre
de nuestro Señor Jesús ustedes con mi
espíritu, con el poder de nuestro Señor
Jesús, 5 entreguen a ese individuo a
Satanás para mortificar su sensualidad,
de modo que el espíritu se salve el día
del Señor Jesús.
6 El orgullo de ustedes no es razonable. ¿No saben que con un poco de
levadura fermenta toda la masa? 7 Despójense de la levadura vieja para ser una
masa nueva, porque ustedes mismos
son los panes sin levadura, ya que
nuestra víctima pascual, Cristo, ha sido
inmolado. 8 Por consiguiente, celebremos la Pascua no con vieja levadura,
levadura de maldad y perversidad, sino
con los panes sin levadura de la sinceridad y la verdad.
9 Ya les escribí en mi otra carta que
no se juntaran con gente inmoral.
10 No me refería en general a gente
inmoral de este mundo, a los avaros,
explotadores e idólatras. De ser así,
ustedes tendrían que haber salido del
mundo.
11 Concretamente les escribí que no
se juntaran con aquellos que haciéndose
llamar hermanos son inmorales, avaros,
explotadores, idólatras, difamadores o
borrachos. Con ellos, ¡ni coman!
12 Acaso, ¿me toca a mí juzgar a los
de fuera? Juzguen ustedes a los que
están dentro. 13 A los de fuera los juzgará Dios. *Expulsen al malvado de
entre ustedes.*

5,1-13 El incestuoso. En clara oposición a la conducta autosuficiente de los corintios, Pablo va a denunciar un caso de incesto, una vergüenza que precipita la fermentación del mal en la comunidad entera como la levadura en la masa. El Apóstol propone una reunión de la comunidad en el nombre del Señor Jesús, para decidir qué hacer con el incestuoso. Aunque ausente corporalmente, el Apóstol declara ya su voto: que «entreguen ese individuo a Satanás» (5).

La expresión nos puede parecer excesivamente dura. Probablemente se trata de un modo de hablar de excomunión. De todas formas, el castigo es medicinal y caritativo: para que «se salve el día del Señor Jesús» (5). Otro caso de excomunión se encuentra en la correspondencia de Pablo con la misma comunidad de Corinto (cfr. 2 Cor 2,5-11). El castigo surte efecto y Pablo mismo recomienda que el hermano sea readmitido en la comunidad.

El Apóstol aprovecha el caso para recordarles lo que ya les había escrito en una carta anterior que no se ha conservado, donde puntualiza las normas de comportamiento y trato con los gentiles.

El contexto socio-cultural de Corinto, una de las ciudades más corrompidas del imperio romano, planteaba a aquellos cristianos un serio problema de convivencia con los de fuera de la comunidad. Pablo hace una distinción. Con los inmorales, explotadores, avaros e idólatras «no cristianos», les dice que se comporten con normal convivencia. El cristianismo no es una secta. Sin embargo, con los corrompidos, explotadores y avaros «de dentro» –Pablo viene a decir que sólo son cristianos de nombre–, el Apóstol es taxativo y duro: «Con ellos, ¡ni coman!» (11).

¿Medida extrema de protección para una comunidad que vivía continuamente expuesta a la decadencia y corrupción ambiental?

Aunque expresado en forma negativa, Pablo está refiriéndose al sentido de identidad que debe tener una comunidad de creyentes, a los lazos de unión, de corrección fraterna, de mutua solidaridad y de radicalidad en el seguimiento de Jesús que, al mismo tiempo que protege a sus miembros, les capacita para ofrecer a los de afuera su testimonio cristiano.

Un cristiano o cristiana sin un sentido fuerte de pertenencia a la comunidad es casi imposible que se mantenga como tal en el tipo de sociedad en que vivimos. Esto es lo que viene a decir Pablo a los creyentes de hoy. La descristianización reciente de muchas zonas del mapa tradicional cristiano ha comenzado justamente con la pérdida de identidad comunitaria.

Pleitos entre cristianos

6 1 Cuando uno de ustedes tiene un
pleito con otro, ¿cómo se atreve a
pedir justicia ante los tribunales paganos en lugar de someterse al juicio de
los consagrados? 2 ¿No saben que los
consagrados juzgarán al mundo? Y si
ustedes van a juzgar al mundo, ¿no les
parece que son competentes en asuntos de poca importancia? 3 ¿No saben
que juzgaremos a los ángeles? Cuánto
más, entonces podemos juzgar asuntos de la vida ordinaria.
4 Si tienen litigios ordinarios, ¿cómo
nombran jueces gente que nada significa para la Iglesia? 5 Lo digo para que
se avergüencen. ¿O sea que entre ustedes no hay ningún experto que pueda
hacer de árbitro entre hermanos?
6 Al contrario, un hermano pleitea
con otro y lo hace en tribunales de no
creyentes. 7 Ya es bastante desgracia
que tengan pleitos entre ustedes.
¿Acaso no sería mejor sufrir la injusticia? ¿O dejarse robar? 8 Pero no, ustedes mismos son los que perjudican y
roban a sus hermanos.
9 ¿No saben que los injustos no
heredarán el reino de Dios? No sigan
engañándose: ni inmorales ni idólatras
ni adúlteros ni afeminados ni homosexuales 10 ni ladrones ni avaros ni
borrachos ni calumniadores ni explotadores heredarán el reino de Dios.
11 Algunos de ustedes fueron de
ésos; pero han sido purificados y consagrados y absueltos por la invocación
del Señor Jesucristo y por el Espíritu de
nuestro Dios.

Libertad cristiana y fornicación

12 —Todo me está permitido, dicen.
Pero no todo conviene. Todo me está
permitido, pero no me dejaré someter
por nada. 13 Los alimentos para el vientre y el vientre para los alimentos,

6,1-11 Pleitos entre cristianos. Es justamente la baja calidad de la vida comunitaria de los corintios lo que ataca Pablo en este caso. No existe el diálogo ni la caridad. A los «bandos» de que ha hablado antes se añade ahora la desgracia de los pleitos, con el agravante de que los asuntos de familia se exponen y someten ahora a los de fuera.

El Apóstol propone un mandato y un consejo. El mandato es resolver los pleitos dentro de la comunidad, sometiéndolos a árbitros cualificados, capaces de juzgar con sentido y justicia cristiana. Hay que lavar los trapos sucios dentro de casa, viene a decir. El consejo parece más fuerte aún que el mandato. Pablo pide a los demandantes cristianos ante los tribunales civiles ceder los propios derechos por el bien de la paz, que es el triunfo de la caridad sobre la legalidad. Este consejo actualiza el de Jesús en el sermón del monte (cfr. Mt 5,38-40). Es más, Pablo cuestiona el derecho que tienen a sentirse ofendidos por algún robo o delito contra la propiedad, que es lo que parece que estaba en litigio. Los demandantes son probablemente los ricos de la comunidad, los únicos con la capacidad económica y legal de pleitear ante los tribunales del Imperio. Al fin y al cabo, viene a decirles Pablo, ¿no son sus riquezas fruto del despojo a hermanos suyos? Termina este asunto de los pleitos con una llamada de atención a los ricos y poderosos para que se rijan por la justicia del Evangelio: «¿no saben que los injustos no heredarán el reino de Dios?» (9).

A continuación, Pablo completa la serie de conductas negativas que ya había iniciado en 5,11, aludiendo a los fornicadores, idólatras, adúlteros, etc. Ellos tampoco heredarán el reino de Dios. El motivo lo deja para el final, donde con tres términos de gran contenido teológico describe el milagro acontecido en los creyentes de Corinto. Si antes incurrieron en esos vicios, ahora, por el bautismo en el nombre de Jesús han sido purificados, consagrados y absueltos por la invocación del Señor Jesucristo y por el Espíritu de nuestro Dios» (11). Estos tres términos aluden a la trasformación existencial ocurrida en el bautismo que debe dar a luz a una persona nueva y santa.

6,12-20 Libertad cristiana y fornicación. El tema que toca Pablo en este apartado de su carta es de candente actualidad. Lo era entonces y lo sigue siendo hoy: la libertad sexual. En estilo de diatriba, el Apóstol repite y refuta los argumentos de los corintios.

El primer argumento es una burda interpretación de la libertad evangélica a la que Pablo alude con frases como «todo me está permitido» (12). Es probable que algunos de la comunidad se dejaran influir por corrientes del pensamiento gnóstico griego, muy en boga en aquellos días, según las cuales lo material (el cuerpo y sus funciones) está separado de lo espiritual y por consiguiente no afecta al espíritu. Así las cosas, lo sexual no estaría condicionado por la nueva realidad cristiana adquirida en el bautismo.

dicen, y Dios acabará con ambos. Pero
el cuerpo no es para la fornicación, sino
para el Señor, y el Señor para el cuerpo.
14 Y Dios, que resucitó al Señor, los resucitará también a ustedes con su poder.
15 ¿No saben que sus cuerpos son
miembros de Cristo? Y, ¿voy a tomar los
miembros de Cristo para hacerlos miembros de una prostituta? ¡De ningún
modo! 16 O ¿no saben que quien se une
a una prostituta se hace un cuerpo con
ella? Porque dice la Escritura *que forma-*
rán los dos una sola carne. 17 Pero el
que se une al Señor, se hace un solo
espíritu con él. 18 Apártense de la fornicación. Cualquier pecado que el hombre
comete queda fuera del cuerpo, pero el
que fornica peca contra su cuerpo.
19 ¿No saben que su cuerpo es santuario del Espíritu Santo, que han recibido de Dios y habita en ustedes? De
modo que no se pertenecen a sí mismos, 20 sino que han sido comprados a
un gran precio, por tanto glorifiquen a
Dios con sus cuerpos.

Matrimonio y celibato

7 1 En cuanto a las preguntas que
me hicieron en su carta contesto:
es mejor que el hombre no tenga relaciones con la mujer, 2 sin embargo,
para evitar la inmoralidad, cada hombre
tenga su mujer y cada mujer su marido.
3 Cumpla el marido su deber con la
mujer y lo mismo la mujer con el marido.
4 La mujer no es dueña de su cuerpo,
sino el marido; lo mismo el marido no
es dueño de su cuerpo, sino la mujer.
5 No se nieguen el uno al otro, si no
es de común acuerdo y por un tiempo,
para dedicarse a la oración. Después
únanse de nuevo no sea que Satanás
los tiente aprovechándose de que no
pueden contenerse.
6 Esto lo digo como una concesión,
no como obligación, 7 porque desearía
que todos fueran como yo; sólo que
cada uno recibe de Dios un don particular, a unos éste, a otros aquél.
8 A los solteros y a las viudas les digo
que es mejor que se queden como yo;

El segundo argumento en apariencia más convincente: la satisfacción o gratificación sexual es tan necesaria y éticamente neutra como el comer. Hoy día lo formularíamos así: el sexo es simplemente una función natural y si se practica entre adultos, sin coacción, libremente, con el mutuo consentimiento de los interesados y sin daño a terceras personas, pertenece al ámbito de lo privado donde nadie tiene el derecho a meterse y menos a moralizar.

Pablo refuta estos argumentos desde la visión de una verdadera antropología cristiana. Se opone frontalmente a una dicotomía de la persona humana entre cuerpo y espíritu y por consiguiente a todo falso espiritualismo que rebaje, desdeñe o menosprecie el cuerpo y por tanto a la sexualidad. La persona humana no «tiene» cuerpo sino que «es» cuerpo.

Ahora bien, el hombre y la mujer enteros, con sus cuerpos, pertenecen al ámbito de la salvación. Por ellos y ellas murió Jesús corporalmente y los cuerpos han de compartir también la gloria del resucitado.

La sexualidad, como parte importante del cuerpo, asciende también al ámbito de la salvación. Somos miembros de Cristo, repite Pablo.

El cuerpo del cristiano -no sólo la comunidad- es signo visible y templo del Espíritu. Nuestra vida moral se juega también en el uso de nuestro cuerpo.

7,1-16 Matrimonio y celibato. Aquí comienza Pablo a responder a las consultas de los corintios. Primero se refiere a los casados (2-7). En el extremo opuesto de los que declaran el «amor libre» se encuentran los que excluyen el matrimonio o las relaciones sexuales dentro de él, de acuerdo con filosofías sectarias de corte ascético. Había de todo en aquella comunidad tan pluralista.

Pablo respalda la pareja. Reconoce, ante todo, la normal inclinación sexual de todo ser humano, también de los creyentes de Corinto, y considera el matrimonio como el cauce concreto de vivir dicha inclinación. Posee como trasfondo el mandato bíblico de dejar la propia familia, vivir con la esposa o el esposo y multiplicarse en los hijos (cfr. Gn 1,28; 2,24). Es claro el reconocimiento por parte de Pablo de la igualdad de los cónyuges en cuanto a sus derechos sobre el otro. La mujer no es mera posesión del marido.

En cuanto a la sexualidad compartida, es taxativo: «no se nieguen el uno del otro si no es de común acuerdo y por un tiempo, para dedicarse a la oración» (5). El Apóstol conoce bien la tradición bíblica que ha cantado y ensalzado con tanto realismo y poesía el goce de la entrega sexual mutua. Pablo acepta, no obstante, ciertos períodos de continencia sexual temporal para dedicarlos a la oración, pero a continuación viene a decir a los casados que no exageren, no sea que el remedio sea peor que la enfermedad.

9 pero si no pueden contenerse, que se
casen: más vale casarse que vivir consumido en malos deseos.
10 A los casados les ordeno, no yo,
sino el Señor, que la mujer no se separe
del marido; 11 pero si se separa, que no
se case con otro o se reconcilie con el
marido, y que el marido no se divorcie
de su mujer.
12 A los demás les digo yo, no el
Señor: si un hermano tiene una mujer
no cristiana y ella consiente en vivir con
él, no debe divorciarse de ella; 13 si una
mujer tiene un marido no cristiano y
éste consiente en vivir con ella, no debe
divorciarse de él. 14 Pues el marido no
cristiano queda consagrado por la
mujer y la mujer no cristiana queda
consagrada por el marido; de lo contrario los hijos de ustedes serían impuros
mientras que ahora están consagrados.
15 Ahora bien, si el esposo o la
esposa no cristianos quieren separarse,
que se separen: en tal caso, ni el hermano ni la hermana permanecen vin-
culados. El Señor nos ha llamado
para vivir en paz. 16 Tú, mujer, quizás
salves a tu marido; tú, hombre, quizás
salves a tu mujer.

No cambiar de condición

17 En cualquier caso, cada uno siga
viviendo en la situación que le asignó
el Señor, tal como vivía cuando lo llamó Dios. Ésta es mi norma en todas
las Iglesias.
18 ¿Te llamaron estando circuncidado? No lo disimules. ¿Te llamaron
estando sin circuncidar? No te circun-
cides. 19 Ser circunciso o incircunciso
no cuenta; lo que cuenta es cumplir los
mandamientos de Dios.

En resumidas cuentas, el matrimonio para Pablo es un don –carisma– de Dios que lleva consigo una misión fundamental dentro de la sociedad.

Al final de estas consideraciones dirigidas a los casados, el Apóstol deja caer una frase que ha sido manipulada y mal interpretada por muchos: «porque desearía que todos fueran como yo» (7), es decir: célibe, soltero y sin compromiso.

¿Qué intentaba decir Pablo a los corintios? ¿Está proponiendo el celibato como ideal supremo del los que siguen a Jesús? Ciertamente no. Pablo no concibe el celibato como proeza del esfuerzo y control humano sino que, al igual que el matrimonio, se trata de un carisma –su palabra favorita–, un don gratuito de Dios. Entre los diversos dones y carismas que Dios nos da, no hay categorías de inferior y superior. Dicho de otro modo, el religioso o la religiosa que vive su voto de castidad por el reino de Dios no ha sido llamado o llamada a ningún «estado de perfección» (expresión técnica que ha sido ya borrada de la teología de la Vida Consagrada) superior al «estado de casado».

Pablo, pues, se dirige a los solteros y las viudas de la comunidad y viene a decirles que permanezcan como están, es decir célibes, si ése es su carisma. Si no, «más vale casarse que vivir consumidos en malos deseos» (9). Volverá de nuevo sobre el tema del celibato y matrimonio.

Ahora, el Apóstol se dirige otra vez a los casados recordándoles como ley del Señor Jesús (cfr. Mc 10,1-12) la indisolubilidad del matrimonio, al menos como ideal a conseguir. Esta ley del Señor no es absoluta sin más. De hecho, establece a continuación una excepción a la regla en el caso concreto de los matrimonios mixtos tan comunes, al parecer, en la comunidad de Corinto.

Detalla los casos posibles con minuciosidad, refiriéndose al poder de santificación de que son portadores tanto el marido como la esposa cristiana capaz de trasformar al cónyuge no cristiano y a los hijos e hijas de ambos, realizando así un matrimonio indisoluble y feliz. Pero si la convivencia es imposible y el cónyuge no cristiano se separa, la parte cristiana queda libre y puede volver a casarse. Aquí radica el llamado «privilegio paulino», reconocido siempre en la Iglesia como caso particular en que puede disolverse el matrimonio.

Sea lo que sea, Pablo concluye que el «Señor nos ha llamado para vivir en paz» (15). He aquí el criterio último del Apóstol para decidir sobre situaciones matrimoniales insostenibles, caigan o no bajo el «privilegio paulino».

En definitiva, la ley de la indisolubilidad matrimonial tendrá que someterse siempre a la ley de la caridad.

7,17-24 No cambiar de condición. Estos versículos parecen ser una especie de resumen: como regla general, que los casados permanezcan como tales, las viudas como viudas y los solteros en su estado de soltería. Pero Pablo aplica ahora esta regla general a otras situaciones socio-religiosas: el estar circuncidado o no, el ser esclavo o libre.

La llamada de Cristo, viene a decir, no está vinculada a ninguna clase o condición social. Las asume todas y al mismo tiempo las relativiza todas. En un plano superior, la distinción entre esclavo y libre queda invertida con ganancia para ambos; ser cristiano es una «emancipación» para el esclavo (cfr. Gál 5,1). Ser siervo de Cristo es un honor para el libre. Lo importante es pertenecer a Cristo que nos compró a un gran precio, el de su sangre. No obstante, dice Pablo, los esclavos que puedan obtener la libertad, que lo hagan.

20 Cada uno permanezca en el estado
en que fue llamado. 21 ¿Te llamaron
siendo esclavo? No te importe, aunque
si puedes conseguir la libertad, no dejes pasar la oportunidad.
22 El que fue llamado siendo esclavo
es hombre libre en el Señor; el que fue
llamado por el Señor siendo libre es
esclavo de Cristo. 23 Ustedes han sido
comprados por Dios a un precio: no
sean esclavos de los hombres. 24 Cada
uno, hermanos, permanezca ante Dios
en el estado en que fue llamado.

Matrimonio y virginidad

25 Respecto a los que no piensan
casarse no tengo órdenes del Señor,
pero les doy mi opinión como persona
de fiar por la misericordia del Señor.
26 Pienso que, teniendo presente los
tiempos difíciles en que vivimos, lo mejor
es eso, que el hombre se quede como
está. 27 ¿Estás unido a una mujer? No
busques separarte. ¿No tienes mujer?
No la busques. 28 No obstante, si te
casas no pecas, y la soltera, si se casa,
no peca; pero tendrán problemas en la
vida presente, y yo quiero evitárselos.
29 En una palabra, hermanos, queda
poco tiempo: en adelante los que tengan mujer vivan como si no la tuvieran,
30 los que lloran como si no lloraran, los
que se alegran como si no se alegraran,
los que compran como si no poseyeran,
31 los que usan del mundo como si no
disfrutaran. Porque la apariencia de
este mundo se está acabando.
32 Quiero que estén libres de preocupaciones; mientras el soltero se preocupa
de los asuntos del Señor y procura agradar al Señor, 33 el casado se preocupa de
los asuntos del mundo y procura agradar
a su mujer, 34 y está dividido.
La mujer soltera y la virgen se preocupan de los asuntos del Señor para
estar consagradas en cuerpo y espíritu.
La casada se preocupa de los asuntos
del mundo y procura agradar al marido.

¿Se muestra aquí el Apóstol indiferente ante la esclavitud o, en general, ante la situación social de los corintios? Sería injusto achacar esto a Pablo. El horizonte desde el que habla es el de los acontecimientos finales de la historia que ya están llamando a las puertas.

Desde esta perspectiva, lo absolutamente necesario, que es pertenecer a Cristo, relativiza todo lo demás.

7,25-40 Matrimonio y virginidad. Estamos ante un pasaje que ha generado gran diversidad de interpretaciones. Además, algunas palabras de Pablo pueden ser traducidas de diferente manera. La pregunta a la que el Apóstol intenta dar una respuesta sería esta: ¿matrimonio o celibato, qué es lo mejor? La pregunta no se referiría al matrimonio en general, pues ya fue contestada anteriormente. Parece ser que los que proponían esta cuestión eran jóvenes solteros de ambos sexos –no muchos, seguramente– quienes ante el ejemplo del celibato de Pablo estaban ponderando adoptar esa posible opción de vida. ¿Se trataba de jóvenes que se habían comprometido más a fondo con la tarea de evangelización en Corinto y a los que Pablo consideraba como colaboradores suyos más directos? Es lo más probable.

El Apóstol parece sentirse como perplejo ante la respuesta que dar. Por eso comienza diciendo que no tiene mandato del Señor sobre el tema. Sólo puede ofrecer un consejo. Eso sí, basado en la experiencia de su misión apostólica y como hombre de fiar que es, por la misericordia de Dios. Más adelante dirá que también él tiene el Espíritu del Señor. Se trata pues de un consejo apostólico orientado a la misión. Supuesta la posible existencia de ese carisma del celibato misionero (7,7) en los jóvenes en cuestión, Pablo les dice que entre dos bienes a elegir, matrimonio y celibato, para ellos es mejor el celibato. Apoya este consejo, en primer lugar, en las tribulaciones que le estaba acarreando su dedicación total al Evangelio y que antes mencionó (4,11-13). ¿Sería compatible esto con la necesarias preocupaciones que exige la vida matrimonial?

Pablo no está negando en absoluto ni relativizando la vocación de los casados a trabajar por el evangelio. Nada más lejos de su intención. El Apóstol se refiere a un carisma nuevo que estaba surgiendo en las comunidades cristianas y, en concreto, también en la de Corinto: la opción por una vida célibe para preocuparse «de los asuntos del Señor para estar consagradas en cuerpo y espíritu» (34). A ese carisma del celibato por el reino de Dios, a imitación de Jesús y de él mismo, quiere darle el Apóstol carta de legitimidad en la Iglesia (cfr. Mt 19,21). Es más, lo cree necesario dentro de la comunidad cristiana, sin comparaciones de superioridad o inferioridad con respecto al matrimonio. El carisma o don vocacional que Dios da a cada persona es el mejor para él o para ella y cada cual tiene derecho a referir las ventajas del camino elegido. Esto es lo que hace el Apóstol aquí, ni más ni menos.

35 Les he dicho estas cosas para el
bien de ustedes, no para ponerles un
tropiezo, sino para que su dedicación
al Señor sea digna y constante, sin
distracciones.
36 Si uno siente que se porta inco-
rrectamente con su compañera virgen,
que está en edad de casarse, de modo
que hay que hacer algo, haga lo que
crea conveniente y cásense, que no
pecan. 37 En cambio, el que decide no
casarse con ella, porque se siente interiormente seguro y puede contenerse
con pleno dominio de su voluntad,
también obra correctamente.
38 En conclusión, quien se casa con
su compañera virgen hace bien, quien
no se casa hace mejor.
39 Una mujer está ligada a su marido
mientras éste vive; si muere el marido,
queda libre para casarse con quien
quiera, siempre que aquél sea cristiano.
40 Pero a mi parecer, será más feliz si no
se casa. Y pienso que también yo
poseo el Espíritu de Dios.

Víctimas sacrificadas a los ídolos
(Rom 14)

8 1 En cuanto a la carne inmolada a
los ídolos, todos tenemos el conocimiento debido, ya lo sabemos, pero
el conocimiento llena de orgullo mientras que el amor edifica. 2 Si alguien
cree conocer algo, aún no lo conoce
como se debe conocer. 3 En cambio, si
uno ama a Dios, es conocido por Dios.
4 En cuanto a comer carne sacrificada
a los ídolos, sabemos que no existen
los ídolos del mundo, y que no hay más
que un solo Dios. 5 Aunque existiesen
en el cielo o en la tierra los llamados
dioses, y hay muchos dioses y señores
de ésos, 6 para nosotros existe un solo
Dios, el Padre, que es principio de todo
y fin nuestro, y existe un solo Señor,
Jesucristo, por quien todo existe y
también nosotros.
7 Pero no todos poseen este conocimiento. Algunos, acostumbrados a la
idolatría, comen la carne como realmente sacrificada a los ídolos, y su

De todas formas, el horizonte en que se mueve el Apóstol es el futuro reino de Dios que ya ha irrumpido en nuestro presente cotidiano, relativizando y orientando toda situación humana hacia ese «después» que será el destino de todos y de todas. Es desde esta perspectiva desde la que juzga la conducta existencial cristiana en este teatro del mundo: «los que tengan mujer vivan como si no la tuvieran, los que lloran como si no lloraran», etc. (29-31). Nada de desprecio del mundo, sus afanes y sus conquistas, sino orientación de todo a lo único absolutamente necesario: la salvación definitiva. Es justamente ésta la función del carisma del celibato por el reino de Dios: ser parábola y símbolo ya ahora, para la Iglesia y para el mundo, de las realidades futuras.

8,1-13 Víctimas sacrificadas a los ídolos. Pablo se refiere a un caso muy concreto de aquella comunidad que vivía en ambiente pagano: comer o no comer carne que había sido sacrificadas a los ídolos. Este problema nos hará sonreír seguramente a los cristianos de hoy. Sin embargo, como nos tiene ya acostumbrados, Pablo se eleva por encima de lo circunstancial del caso concreto y ofrece a los corintios –y a los lectores y lectoras de hoy– una formidable lección de la dimensión de solidaridad que tiene que tener la libertad cristiana.

Se trataba de la carne que sobraba de banquetes cúlticos y que luego se vendía en el mercado. Naturalmente, el cristiano o la cristiana no participaban en el culto a los ídolos. ¿Podía, sin embargo, comprar la carne en el mercado y comerla? He aquí la cuestión.

Había en la comunidad cristianas y cristianos escrupulosos –el Apóstol los llama de «conciencia débil» (7), probablemente recién convertidos del paganismo, que consideraban dicha carne como contaminada ya de idolatría y, por tanto, no la comían escandalizándose de que otros lo hicieran. Es a los otros, a los «liberados», a los que se dirige Pablo. Lo hace en dos planos. El del «conocimiento» o conciencia ilustrada y el de la «caridad».

Dice el conocimiento: sólo existe un solo Dios, por tanto las carnes sacrificadas a los ídolos son como otra carne cualquiera y nada hay de malo en comerla. Dice la caridad: no se puede escandalizar al hermano o a la hermana que tiene la conciencia menos formada o escrupulosa. Provocar la caída del hermano es hacer grave ofensa a Cristo (cfr. Rom 14,15-20). No pretende el Apóstol que dejemos al de conciencia débil en su ignorancia. Todo lo contrario. Sin embargo, es el respeto al débil y al ignorante lo que da a nuestra libertad su calidad de libertad cristiana, es decir, una libertad presidida y regulada por la caridad. En definitiva ésta es la verdadera libertad que nos ha traído Jesús.

conciencia débil se contamina. 8 No es
la comida lo que nos acerca a Dios:
nada perdemos si no comemos, nada
ganamos si comemos. 9 Pero, tengan
cuidado no sea que esa libertad se
convierta en tropiezo para los débiles.
10 Porque si alguien te ve a ti, que sabes
cómo se debe obrar, sentado a la mesa
en un templo pagano, ¿no se animará
su conciencia débil a comer carne
sacrificada a los ídolos? 11 Y así por tu
conocimiento se pierde el débil, un hermano por quien Cristo murió. 12 De ese
modo, pecando contra los hermanos e
hiriendo su conciencia débil, pecan
contra Cristo.

13 En conclusión, si un alimento
escandaliza a mi hermano, no comeré
jamás carne, para no escandalizar al
hermano.

El ejemplo de Pablo

9 1 Pero, ¿no soy libre?, ¿no soy
apóstol?, ¿no he visto a Jesús
Señor nuestro?, ¿no son ustedes mi
obra de apóstol al servicio del Señor?
2 Si para otros no soy apóstol, para ustedes lo soy. El sello de mi apostolado
para el Señor son ustedes.

3 Mi defensa ante los que me juzgan
es ésta: 4 ¿No tenemos derecho a comer
y beber?, 5 ¿no tenemos derecho a
hacernos acompañar de una esposa
cristiana como los demás apóstoles, los
hermanos del Señor y Cefas?, 6 ¿o somos
Bernabé y yo los únicos que no tenemos
derecho a dejar de lado otros trabajos?
7 ¿Quién ha servido como soldado pagando sus propios gastos?, ¿quién
planta una viña y no come sus frutos?,
¿quién cuida de un rebaño y no se alimenta de su leche? 8 Mi argumento no
es puramente humano, también la ley lo
dice; 9 en la ley de Moisés está escrito:

No pondrás bozal al buey que trilla.

¿Acaso se ocupa Dios de los bueyes?, 10 ¿no lo dice más bien para nosotros? Así es, por nosotros está escrito,
porque el que ara tiene que arar con
esperanza y el trillador, debe hacerlo
con la esperanza de cosechar. 11 Si nosotros sembramos en ustedes lo espiritual, ¿será excesivo que cosechemos
algo material? 12 Si otros disfrutan de
ese derecho sobre ustedes, ¿por qué
no lo vamos a tener nosotros?

Sin embargo, no hicimos uso de tal
derecho, antes bien aguantamos todo
para no poner obstáculos a la Buena
Noticia de Cristo. 13 ¿No saben que los
ministros del culto comen de los dones
del templo y los que atienden al altar
participan de los dones del altar?

9,1-27 El ejemplo de Pablo. Es justamente la defensa de esta libertad que él ejerce lo que hace a Pablo lanzarse a este discurso polémico, apasionado y vehemente. En él se recogen algunas de las expresiones más memorables que hayan salido de la literatura paulina.

Comienza diciendo que es libre y Apóstol como el que más, pues, «¿no he visto a Jesús Señor nuestro?» (1). Prueba de ello: «el sello de mi apostolado para el Señor son ustedes» (2). Enumera después los derechos de los que podría estar disfrutando en su calidad de apóstol y a los que ha renunciado libremente por el bien de la comunidad como comer y beber (4) a expensas de la misma comunidad o ser acompañado en sus correrías apostólicas por «una esposa cristiana como los demás apóstoles» (5), etc.

A Pablo le indigna, sobre todo, que le critiquen el derecho y la libertad de trabajar con sus manos para su propio sustento y no ser gravoso a nadie. Esto del trabajo manual de Pablo, humilde tejedor de tiendas y toldos, no iba muy de acuerdo con la cultura greco-romana que consideraba todo trabajo manual como quehacer de esclavos y por tanto, en este caso, indigno de un Apóstol y fundador de comunidades cristianas.

Pablo es reiterativo, repite una y otra vez con toda una serie de comparaciones y referencias bíblicas que el Apóstol como el soldado, el labrador o el pastor tiene derecho a gozar de los frutos de su trabajo, para terminar enfáticamente: «Pero yo no he usado ninguno de esos derechos» (15). ¿Está pidiendo Pablo el reconocimiento o la admiración de los Corintios? «¡Más me valdría morir!» (15), exclama con orgullo.

A partir de aquí, el Apóstol se remonta a describir el sentido de su misión de anunciar la Buena Noticia con una de las expresiones más fascinantes que han salido de

14 Del mismo modo el Señor dispuso
que los que anuncian la Buena Noticia
vivan de su predicación. 15 Pero yo no
he usado ninguno de esos derechos, y
no lo escribo ahora para que me los
reconozcan –¡más me valdría morir!–:
nadie me quitará esta gloria.

16 Anunciar la Buena Noticia no es
para mí motivo de orgullo, sino una
obligación a la que no puedo renunciar.
¡Ay de mí si no anuncio la Buena Noticia!
17 Si lo hiciera por propia iniciativa, reci-
biría mi salario; pero si no lo hago por
propia voluntad, es que me han confiado
una administración. 18 ¿Cuál será, entonces, mi salario? Anunciar gratuitamente
la Buena Noticia sin hacer uso del
derecho que su anuncio me confiere.

19 Siendo del todo libre, me hice
esclavo de todos para ganar al mayor
número posible. 20 Con los judíos me
hice judío para ganar a los judíos; me
sometí a la ley con los que están sometidos a ella, como si yo lo estuviera,
aunque no lo estoy, para ganar a los
sometidos a la ley. 21 Con los que no
tienen ley, yo, que no rechazo la ley de
Dios, porque estoy sometido a la ley de
Cristo, me hice como uno de ellos para
ganar a los que no tienen ley. 22 Me hice
débil con los débiles para ganar a los
débiles. Me hice todo a todos para salvar por lo menos a algunos. 23 Y todo lo
hago por la Buena Noticia, para participar de ella.

24 ¿No saben que en el estadio todos
corren, pero uno solo recibe el premio?
Corran entonces para conseguirlo.
25 Los que compiten se controlan en
todo; y ellos lo hacen para ganar una
corona corruptible, nosotros una incorruptible. 26 Por mi parte, yo corro, pero
no sin conocer el rumbo; lucho, pero
no dando golpes al aire. 27 Sino que
entreno mi cuerpo y lo someto, no sea
que, después de predicar a los otros,
quede yo descalificado.

Peligro de idolatría

10 1 No quiero que ignoren, hermanos, que todos nuestros padres
estuvieron bajo la nube y atravesaron el
mar; 2 todos se bautizaron en la nube y
el mar uniéndose a Moisés; 3 todos
comieron el mismo alimento espiritual
4 y todos bebieron la misma bebida

su boca: «¡Ay de mí si no anuncio la Buena Noticia!» (16). Se siente como un profeta, forzado a predicar. Nos recuerda el ejemplo de Jeremías (Jr 15,17); arrollado por el fuego interior del mensaje, «hacía esfuerzos por contenerla y no podía» (Jr 20,9).

Sólo fuertes contrastes de palabras como éstos pueden expresar la nueva realidad existencial con que fue agraciado Pablo en su encuentro con el resucitado en el camino de Damasco, que hizo de él un hombre libre y gozosamente encadenado por Jesús (cfr. Hch 9). Esa fuerza que le encadena desde dentro es el amor, expresión suprema de la libertad.

La «memoria» de este Jesús, grabada en lo más profundo de su ser, le llevará a elegir e identificarse con los débiles y marginados en una vida de continuo riesgo evangélico. En Antioquía (cfr. Gál 2,11-15) se puso de parte de los pagano-cristianos, cuya causa vio amenazada. Ahora en Corinto sale en defensa de los «débiles» judeocristianos. Se siente judío con los judíos, sin ley con los sin ley, débil con los débiles. En una palabra: «Me hice todo a todos para salvar por lo menos a algunos» (22). ¿Qué paga espera Pablo? No otra que participar en la misma Buena Noticia que anuncia.

Termina con una imagen deportiva de carrera y pugilato, sugerida por los «juegos ítsmicos» que se celebraban en Corinto, para ilustrar el modo de ser libre que él ha escogido: entrenamiento, disciplina y renuncia para conseguir el premio. Si en el estadio uno solo consigue la medalla deportiva, en el terreno cristiano todos y todas conseguirán el premio con tal de que corran y se esfuercen con perseverancia y tesón.

10,1-13 Peligro de idolatría. Pablo ilustra la necesidad de perseverar hasta el final, haciendo desfilar ante los ojos de los corintios varios episodios escalonados de los israelitas en el desierto, comentándolos no como un predicador fundamentalista, sino con la libertad de interpretación de la tradición rabínica, para aplicarlos al momento presente de la comunidad.

El tema del Éxodo era uno de los más explotados por dicha tradición en la que se había educado el judío Pablo. Los episodios ejemplares recogidos son: el paso del mar (cfr. Éx 14), el maná (cfr. Éx 16), el agua de la roca (cfr. Nm 20), la cobardía ante el peligro (cfr. Nm 14), el ternero de oro (cfr. Éx 32), la prostitución sagrada (cfr. Nm 25), las serpientes (cfr. Nm 21), la protesta (cfr. Nm 17).

espiritual; porque bebían de la roca
espiritual que les seguía, roca que es
Cristo. 5 Pero la mayoría no agradó a
Dios y quedaron tendidos en el desierto.
6 Esos sucesos nos sirven de ejemplo
para que no nos abandonemos a
malos deseos como ellos lo hicieron.
7 No sean idólatras como algunos de
ellos, de quienes está escrito:

Se sentó el pueblo
a comer y beber
y se levantó a danzar.

8 No nos abandonemos a la inmoralidad sexual como hicieron algunos de
ellos, y en un solo día cayeron veinti-
trés mil. 9 No pongamos a prueba al
Señor como hicieron algunos de ellos y
perecieron mordidos por serpientes.
10 No se rebelen como algunos se rebelaron y perecieron a manos del ángel
destructor. 11 Todo esto les sucedía a
ellos como figura, y se escribió para
advertirnos a los que hemos alcanzado
la etapa final.
12 Por consiguiente, quien crea
estar firme, tenga cuidado y no caiga.
13 Ustedes no han tenido hasta ahora
ninguna prueba que supere sus fuerzas
humanas. Dios es fiel y no permitirá
que sean probados por encima de sus
fuerzas, al contrario, con la prueba les
abrirá una salida para que puedan
soportarla.

Comidas idolátricas y libertad cristiana

14 Por esto, queridos míos, huyan de
la idolatría. 15 Hablo a gente entendida,
juzguen por ustedes mismos. 16 La copa de bendición que bendecimos, ¿no
es comunión con la sangre de Cristo?
El pan que partimos, ¿no es comunión
con el cuerpo de Cristo? 17 Uno es el
pan y uno es el cuerpo que todos formamos porque todos compartimos el
único pan. 18 Miren a los israelitas de
raza: los que comen las víctimas sacrificadas, ¿no están en comunión con el
altar? 19 ¿Qué intento decir? ¿Que la

Los israelitas fueron un pueblo favorecido y mimado por Dios, sin embargo muchos de ellos prevaricaron, se prostituyeron, se hicieron idólatras, fornicaron, protestaron, se rebelaron a la hora de la tentación en el desierto. El desierto es la etapa tradicional de «la prueba» (cfr. Éx 16,4; 20,20; Dt 8,2.16) que es parte integrante de la existencia humana y cristiana. En el Padrenuestro pedimos superarla, no eliminarla.

Pablo, simple y llanamente, hace un llamamiento a eliminar de nuestras vidas toda presunción y autosuficiencia. Humilde y a la vez preparado como un atleta, es como el Apóstol quiere ver al cristiano ante la tentación que continuamente ronda nuestras vidas. No estamos, sin embargo, solos o solas ante el peligro: «Dios es fiel y no permitirá que sean probados por encima de sus fuerzas» (13).

10,14–11,1 Comidas idolátricas y libertad cristiana. Las tentaciones concretas y algunas de las caídas de los corintios ya han aparecido en la carta. Pablo va a juzgar ahora un caso particular: la participación en los banquetes cúlticos paganos. Ante la posible objeción de que los ídolos son nada y que por tanto esos banquetes son neutros (8,4), Pablo responde con dureza: «no quiero que entren en comunión con los demonios» (20). Esos «demonios», viene a decirles, son hoy los «rivales» de nuestro único Dios, que es un «Dios celoso» (cfr. Éx 20,5; 34,14; Dt 4,24; 5,9; 6,15).

Cometeríamos un error si atribuyéramos a las palabras de Pablo un sentido de condenación o menosprecio de las religiones paganas sin más. Lógicamente, el Apóstol no llama divinidades y demonios a aquellos ídolos de madera o mármol de las ceremonias cúlticas. No era tonto. Pero sabía muy bien que aquellos banquetes no eran inocentes reuniones cívicas o folclóricas a las que un cristiano convencido y «liberado» podía atender sin peligro de su fe. Los «verdaderos demonios» a los que allí se daba culto, simbolizados en las imágenes e ídolos que presidían los banquetes, eran la hegemonía y el poder de la clase dominante que estaban a la base de la ideología política del imperio con sus secuelas de discriminación y explotación.

Los demonios de la injusticia y de la explotación del pobre no conocen fronteras. Se anidan y camuflan en sistemas políticos o económicos, en consejos de administración, incluso en prácticas e ideologías religiosas. Estos «demonios» son los que hacen la competencia y desencadenan los celos de Dios. En resumidas cuentas, Pablo está diciendo a la élite rica y «liberada» de los cristianos de la comunidad que se abstengan de esos banquetes aun a riesgo de perder conexiones, amistades y oportunidades económicas. La razón profunda de este comportamiento cristiano nos la ofrece Pablo presentando la eucaristía, centro y eje de la comunidad de creyentes, como la expresión y afianzamiento de una especie de

carne sacrificada a los ídolos tiene
algún valor o que los ídolos son algo?
20 No, en absoluto. Pero, como los sacrificios de los paganos se ofrecen a
demonios y no a Dios, no quiero que
entren en comunión con los demonios.
21 No pueden beber la copa del Señor y
la copa de los demonios; no pueden
compartir la mesa del Señor y la mesa
de los demonios. 22 ¿Acaso queremos
provocar celos al Señor?, ¿somos acaso,
más fuertes que él?

23 Todo está permitido, dicen; pero
no todo conviene. Todo está permitido.
Pero no todo edifica. 24 Nadie busque
su interés, sino el del prójimo. 25 Coman todo lo que se vende en la carni-
cería sin hacer problema de conciencia,
26 porque *del Señor es la tierra y cuanto
contiene.* 27 Si un pagano los invita a
comer y ustedes aceptan, coman de
todo lo que les sirva sin hacer problema
de conciencia. 28 Pero si alguien les avisa:
es carne sacrificada, no coman: en atención al que les avisó y a su conciencia.
29 No me refiero a la propia conciencia,
sino a la del otro. ¿Cómo?, ¿va a ser
juzgada mi libertad por la conciencia
ajena? 30 Si yo doy gracias a Dios por lo
que como, ¿por qué me van a criticar
por comerlo? 31 Entonces, ya coman o
beban o hagan lo que sea, háganlo
todo para gloria de Dios. 32 No sean
motivo de escándalo ni a judíos ni a
griegos ni a la Iglesia de Dios. 33 Como
yo, que intento agradar a todos, no
buscando mi ventaja, sino la de todos,
para que se salven.

11 1 Sigan mi ejemplo como yo sigo
el de Cristo.

El velo de las mujeres

2 Los alabo porque siempre se
acuerdan de mí y mantienen mis enseñanzas tal como yo se las transmití.
3 Pero quiero que comprendan que
Cristo es cabeza de todo varón, el
varón es cabeza de la mujer y Dios es
cabeza de Cristo.

parentesco «carnal», de misteriosa «consanguinidad» con el Señor. Ahí se efectúa la comunión con Dios y con los hermanos y hermanas. El pan único que comemos lo simboliza y la comida en común lo realiza. «No pueden beber la copa del Señor y la copa de los demonios; no pueden compartir la mesa del Señor y la mesa de los demonios» (21), concluye Pablo. Sobre este tema volverá después.

Finalmente, retomando el asunto de la libertad (6,12), el Apóstol repite otra vez que la caridad impone un limite a la libertad y que el uso de ésta ha de ser «constructivo». Sólo lo será si damos preferencia al prójimo, especialmente al prójimo necesitado.

11,2-16 El velo de las mujeres. He aquí un problema que nos resulta culturalmente lejano. En la antigüedad, tanto entre los judíos como en el mundo griego, la mujer llevaba pañuelo en la cabeza como signo de pudor. Según Nm 5,18, se priva de dicho pañuelo a la mujer sospechosa de adulterio.

¿Por qué algunas mujeres cristianas de Corinto tomaron la iniciativa de quitarse el velo en las reuniones y asambleas religiosas? Con toda probabilidad fue la nueva libertad de que estaban gozando en las comunidades cristianas de entonces y que el mismo Pablo favorecía y animaba lo que llevó a aquellas mujeres a efectuar este gesto de desafío a las costumbres establecidas. De hecho, las mujeres de las comunidades de Pablo tenían mucha más libertad y protagonismo que nuestras mujeres en las asambleas cristianas de hoy. Dirigían la oración, predicaban, profetizaban y enseñaban. Eran líderes reconocidas y respetadas. Algo totalmente nuevo e inaudito para las costumbres de entonces, incluso para nuestros días. Las cartas del Apóstol están salpicadas de nombres de mujeres líderes y colaboradoras de primera línea en su apostolado.

¿Quisieron expresar, quitándose el velo, su igualdad con los hombres que dirigían la oración y profetizaban a cabeza descubierta? ¿Fueron, quizás, demasiado lejos provocando así la reacción de los elementos conservadores de la comunidad? Así pensaba Pablo y por tanto critica el gesto. Otra cosa son los argumentos de antropología (14) y de Escritura que invoca el Apóstol para reforzar su rechazo, apuntando a la dependencia de la mujer con respecto al hombre y por tanto a cierta inferioridad del sexo femenino.

Aquí Pablo se muestra como lo que era: un hombre de su tiempo, influido por corrientes machistas de interpretación bíblica, muy en boga en ámbitos judíos de entonces y que hoy ciertamente están fuera de lugar. Lo curioso es que «el Pablo cristiano» no parece estar muy convencido de sus propios argumentos, por eso echa marcha

4 El varón que reza o profetiza con
la cabeza cubierta deshonra su cabeza;
5 en cambio, la mujer que reza o profetiza con la cabeza descubierta deshonra
su cabeza: es lo mismo que si la llevara
rapada. 6 Así que, si una mujer no se
cubre, que se rape la cabeza; y si es
vergonzoso cortarse el pelo al rape,
pues que se cubra.

7 El varón no tiene que cubrirse la
cabeza, siendo imagen de la gloria de
Dios; mientras que la mujer es gloria
del varón. 8 Pues no procede el varón
de la mujer, sino la mujer del varón. 9 Y
no fue creado el varón para la mujer,
sino la mujer para el varón. 10 Por eso
debe la mujer llevar en la cabeza la
señal de la autoridad, en atención a los
ángeles. 11 Si bien, para el Señor, no
hay mujer sin varón ni varón sin mujer.
12 Pues si la mujer procede del varón,
también el varón nace de la mujer y
ambos proceden de Dios.

13 Juzguen ustedes mismos: ¿es apropiado que una mujer rece a Dios con la
cabeza descubierta? 14 ¿No les enseña la
naturaleza que es una deshonra para el
hombre llevar melena, 15 mientras que es
honra de la mujer llevarla? Pues la melena se le da a la mujer a manera de velo.

16 Y si alguien quiere discutir, nosotros
no tenemos esa costumbre ni tampoco
las Iglesias de Dios.

Ágape y Eucaristía

17 Siguiendo con mis advertencias,
hay algo que no alabo: que sus reuniones traen más perjuicio que beneficio.

18 En primer lugar, he oído que
cuando se reúnen en asamblea, hay
divisiones entre ustedes, y en parte lo
creo; 19 porque es inevitable que haya
divisiones entre ustedes, para que se
muestre quiénes son los auténticos.
20 Y así resulta que, cuando se reúnen,
no comen la cena del Señor. 21 Porque

atrás en mitad de su reflexión: «Si bien, para el Señor, no hay mujer sin varón ni varón sin mujer» (11) y que, al fin y al cabo, «si la mujer procede del varón, también el varón nace de la mujer y ambos proceden de Dios» (12). Queden, pues, estas opiniones del Apóstol con respecto a la mujer como testimonio de la tensión entre la cultura tradicional y la novedad evangélica en que se debatía la Iglesia primitiva, sin excluir al mismo Apóstol. Una tensión que sigue hoy día y que seguirá hasta que la completa igualdad de derechos y oportunidades del hombre y la mujer sea una realidad no sólo en la sociedad, sino también en la Iglesia.

11,17-34 Ágape y Eucaristía. Pablo se enfrenta ahora con un problema mucho más serio, el escándalo de las celebraciones eucarísticas de los corintios.

La «cena del Señor» o eucaristía solía celebrarse al atardecer en las casas privadas –no había iglesias aún– de los más ricos de la comunidad, las únicas que tenían capacidad para acoger a 50 ó 60 personas. Antes de comenzar la «cena del Señor» propiamente dicha, se tenía una comida de hermandad a la cual los pudientes traían sus provisiones que supuestamente tenían que ser compartidas entre todos. Sin esperar a que llegaran los más necesitados y rezagados que solían ser los trabajadores y esclavos a causa de su larga jornada de trabajo, los ricos comían y bebían a sus anchas, de modo que cuando llegaban los pobres, a éstos les tocaba las sobras, si es que algo sobraba. Inmediatamente después, ricos y pobres, los unos satisfechos y hasta borrachos y los otros medio hambrientos, procedían a celebrar la eucaristía.

Al saberlo, Pablo estalla lleno de indignación. ¿Hasta ese extremo llegan las divisiones entre los ricos y pobres de la comunidad? ¿Qué clase de eucaristía celebran ustedes?, viene a decir el Apóstol a aquellos ricos. Para comer y emborracharse, coman y emborráchense en sus casas. Hacerlo donde lo hacen menosprecian la Asamblea de Dios y avergüenzan a los que nada poseen (22) y que son supuestamente hermanos y hermanas suyos.

Ante esta situación, Pablo expone a los corintios el relato de la Institución Eucarística, su sentido y consecuencias, en una bella catequesis que al mismo tiempo que enseña, denuncia y amonesta.

Se trata del documento más antiguo del Nuevo Testamento sobre la Institución de la Eucaristía, dado que esta carta fue escrita hacia el año 55 ó 56, bastante tiempo antes que los evangelios.

El Apóstol dice que les trasmite una tradición que él mismo ha recibido, probablemente en Antioquía, y que se remonta hasta el Señor.

En tiempos de Pablo dicha tradición se había ya concretado en una celebración litúrgica donde se realizaban las dos acciones eucarísticas (23-25), una a continuación de la otra (exactamente como en nuestras eucaristías de hoy, donde a la bendición del pan sigue la bendición del cáliz), y no espaciadas de acuerdo con el ritmo de la cena judía de la Pascua, tal como ocurrió en la «última cena del Señor».

cada uno se adelanta a consumir su
propia cena, y mientras uno pasa hambre, otro se emborracha. 22 ¿No tienen
sus casas para comer y beber? ¿O es
que desprecian la asamblea de Dios y
quieren avergonzar a los que nada
poseen? ¿Qué puedo decirles?, ¿voy a
alabarlos? En esto no puedo alabarlos.

23 Porque yo recibí del Señor lo que
les transmití: que el Señor, la noche
que era entregado, tomó pan, 24 dando
gracias lo partió y dijo: Esto es mi cuerpo
que se entrega por ustedes. Hagan
esto en memoria mía. 25 De la misma
manera, después de cenar, tomó la copa
y dijo: Esta copa es la nueva alianza
sellada con mi sangre. Cada vez que la
beban háganlo en memoria mía.

26 Y así, siempre que coman este
pan y beban esta copa, proclamarán la
muerte del Señor, hasta que vuelva.

27 Por tanto, quien coma el pan y
beba la copa del Señor indignamente,
comete pecado contra el cuerpo y la
sangre del Señor. 28 En consecuencia,
que cada uno se examine antes de
comer el pan y beber la copa. 29 Quien
come y bebe sin reconocer el cuerpo del
Señor, come y bebe su propia condena.

30 Ésta es la causa de que haya entre
ustedes muchos enfermos y débiles y
que mueran tantos. 31 Si nos examina-
mos nosotros mismos, no seremos juzgados. 32 Y si nos juzga el Señor, es
para corregirnos, a fin de que no seamos condenados con el mundo.

33 Así, hermanos míos, cuando se
reúnan para comer, espérense unos a
otros. 34 Si uno tiene hambre, coma en
su casa; así no se reunirán para ser
condenados. Los asuntos restantes los
resolveré cuando vaya.

Dones espirituales

12 1 Hermanos, acerca de los
dones espirituales no quiero que
sigan en la ignorancia. 2 Ustedes saben
que, cuando todavía eran paganos, se
dejaban arrastrar ciegamente hacia
ídolos mudos. 3 Por eso les hago notar

La comida de hermandad se tenía antes y estaba íntimamente ligada al sentido mismo de la eucaristía, es decir la unión y solidaridad.

Pablo sitúa la celebración eucarística entre dos horizontes, ambos referidos a Jesús. Uno histórico: «la noche que era entregado» (23). Otro, futuro: «hasta que vuelva» (26). Entre ambos horizontes trascurre el «aquí y ahora» de la vida y misión de la comunidad cristiana que tiene su corazón y su centro en la Eucaristía. El pan y el vino consagrados recuerdan, actualizan, hacen presente en el seno de la comunidad «la memoria de Jesús», es decir, toda su vida entregada a los pobres, los marginados y pecadores que culmina con la muerte en la cruz y la resurrección. Ahora bien, esta «memoria de Jesús», a través de la invocación y presencia del Espíritu Santo, libera, transforma y salva, pues «siempre que coman este pan y beban esta copa, proclamarán la muerte del Señor hasta que vuelva» (26). Así, el «cuerpo eucarístico» de Jesús no es ya solamente su cuerpo muerto y resucitado, presente en el pan y en el vino, sino que abarca a toda la comunidad de creyentes que queda transformada en el «cuerpo de Cristo» según la metáfora favorita de Pablo para referirse a la comunidad cristiana.

El Apóstol saca las consecuencias. ¿Se puede participar en la eucaristía, oír la palabra de Dios, comulgar el cuerpo y la sangre del Señor y después ignorar al pobre y al oprimido? El Apóstol es durísimo: quien coma el pan y beba la copa del Señor indignamente comete pecado contra el cuerpo y la sangre del Señor, se come y bebe su propia condena porque desprecia el «cuerpo» de Cristo en sus miembros más débiles, oprimidos y marginados.

El compromiso por la justicia y la liberación no es ya mera exigencia ética para Pablo, sino que surge de la misma entraña del ser cristiano, es decir, de pertenecer al «cuerpo» de Aquel que dio su vida por la liberación de todos en una clara opción por los más desprotegidos y marginados de la sociedad. Ésta es la misión de la Iglesia, cuerpo de Cristo, «hasta que Él venga» y haga definitiva y universal la salvación ya comenzada.

12,1-31 Dones espirituales. La imagen del «cuerpo de Cristo», la usa ahora Pablo para enfrentarse a otro problema que tenía la comunidad de Corinto: las rivalidades, celos y rencillas a causa de los diversos dones espirituales –carismas– que los cristianos habían recibido y que ejercitaban tanto en el seno de la comunidad como hacia afuera. Este problema de celos, competencias y discriminación no oculta sino que, al contrario, resalta lo verdaderamente positivo de aquella comunidad. Eran cristianos entusiastas, llenos del Espíritu, conscientes de su protagonismo y de la función mayor o menor que cada uno y cada una podía aportar dentro del grupo. Por eso,

que nadie, movido por el Espíritu de
Dios puede decir: ¡maldito sea Jesús! Y
nadie puede decir: ¡Señor Jesús! si no
es movido por el Espíritu Santo.
4 Existen diversos dones espirituales,
pero un mismo Espíritu; 5 existen
ministerios diversos, pero un mismo
Señor; 6 existen actividades diversas,
pero un mismo Dios que ejecuta todo
en todos. 7 A cada uno se le da una
manifestación del Espíritu para el bien
común. 8 Uno por el Espíritu tiene el don
de hablar con sabiduría, otro según el
mismo Espíritu el de enseñar cosas
profundas, 9 a otro por el mismo Espíritu
se le da la fe, a éste por el único Espíritu
se le da el don de sanaciones, 10 a aquél
realizar milagros, a uno el don de profecía, a otro el don de distinguir entre los
espíritus falsos y el Espíritu verdadero,
a éste hablar lenguas diversas, a aquél
el don de interpretarlas. 11 Pero todo lo
realiza el mismo y único Espíritu repar-
tiendo a cada uno como quiere. 12 Como
el cuerpo, que siendo uno, tiene muchos
miembros, y los miembros, siendo
muchos, forman un solo cuerpo, así
también Cristo.
13 Todos nosotros, judíos o griegos,
esclavos o libres, nos hemos bautizado
en un solo Espíritu para formar un solo
cuerpo, y hemos bebido un solo Espíritu.
14 El cuerpo no está compuesto de
un miembro, sino de muchos. 15 Si el
pie dijera: Como no soy mano, no pertenezco al cuerpo, no por ello dejaría
de pertenecer al cuerpo. 16 Si el oído
dijera: Como no soy ojo, no pertenezco

a pesar de todas sus debilidades humanas y abusos, la comunidad de Corinto sigue siendo un ejemplo para los creyentes de todos los tiempos. ¿Qué diría el Apóstol de muchas de nuestras comunidades cristinas de hoy, cuyo verdadero problema es la pasividad y el desinterés de sus miembros?

Pablo enumera una lista de estos dones o carismas tanto al principio (8-11) como al final de esta sección de su carta (27s). No se trata de listas exhaustivas sino ilustrativas de la variedad y pluralidad que caracterizaba a la comunidad donde había de todo: gente con el don de sabiduría, de discernimiento, de curación, de consejo, de predicación, de expresar experiencias espirituales y de interpretarlas –el Apóstol llama a estos dones el hablar en lenguas e interpretarlas–, de liderazgo –apóstoles, profetas, maestros–, de asistencia a los necesitados, etc. Es decir, una comunidad verdaderamente plural, viva y comprometida.

¿Cuál era, pues, el problema? El de siempre, es decir: las personas que ejercían funciones más humildes eran minusvaloradas, despreciadas y subordinadas. En cambio, algunos dirigentes y líderes se destacaban del grupo y terminaban dominando y reduciendo al silencio a los otros, seguramente los más pobres y menos influyentes. Pablo, pues, quiere frenar este abuso de discriminación y arrogancia por parte de algunos privilegiados, afirmando que los ministerios, carismas y actividades tienen como origen común al Señor, a su Espíritu y a Dios. Sin usar una terminología trinitaria evolucionada, es patente el pensamiento trinitario del Apóstol: Espíritu –Santo–, Señor –Jesús–, Dios –Padre–.

Los dones y carismas, pues, no son cualidades naturales ni fruto del esfuerzo humano ni méritos o privilegios, sino pura gracia y regalo de las tres personas divinas. Además, estos dones no son para uso y usufructo exclusivo de los que los han recibido, sino para el bien de toda la comunidad. A continuación, el Apóstol vuelve a tomar la imagen de la comunidad como «cuerpo de Cristo» y la relación que debe existir entre sus miembros.

Viene a decir, en primer lugar, que las categorías discriminatorias de esclavo o libre, judío o griego, hombre o mujer, ricos o pobres, ya no existen, pues han sido abolidas por el Señor. En segundo lugar, que todos y todas sin excepción son protagonistas en la construcción del reino de Dios, tarea de toda comunidad cristiana.

La imagen de la sociedad como «cuerpo organizado» era bastante común en el pensamiento ético de la cultura griega. Se usaba, sin embargo, para reforzar el «status quo», es decir, la superioridad y el dominio de unos sobre otros. Al aplicar esa imagen a la comunidad cristiana, Pablo intenta justamente lo contrario: desmantelar cualquier estructura de dominio que margine a los miembros más débiles y vulnerables, o que les quite el protagonismo y los reduzca a «oír y callar» como ha sucedido durante tantos siglos con los sufridos «laicos», cuyo término ha llegado a ser sinónimo de «ignorante».

El Concilio Vaticano II ha dado finalmente un vuelco a la situación al afirmando que la «Iglesia docente, santificante y dirigente» no es ya exclusivamente la jerarquía eclesiástica, ni los «ministerios» son exclusivos de los obispos y sacerdotes, sino que los cristianos que constituyen la «masa silenciosa» del laicado, en virtud del bautismo recibido, tienen también el carisma del Espíritu de «enseñar, santificar y liderar» dentro de las relaciones de armonía con la jerarquía que constituyen este «misterio de comunión» que es la Iglesia.

El sueño de Pablo de una Iglesia toda carismática y toda ministerial se va haciendo poco a poco realidad.

al cuerpo, no por ello dejaría de pertenecer al cuerpo. 17 Si todo el cuerpo fuera ojo, ¿cómo oiría?; si todo fuera oído, ¿cómo olería? 18 Dios ha dispuesto los miembros en el cuerpo, cada uno como ha querido. 19 Si todo fuera un solo miembro, ¿dónde estaría el cuerpo?

20 Ahora bien, los miembros son muchos, el cuerpo es uno. 21 No puede el ojo decir a la mano: No te necesito; ni la cabeza a los pies: No los necesito. 22 Más aún, los miembros del cuerpo que se consideran más débiles son indispensables, 23 y a los que consideramos menos nobles los rodeamos de más honor. Las partes menos presentables las tratamos con más decencia; 24 ya que las otras no lo necesitan. Dios organizó el cuerpo dando más honor al que menos valía, 25 de modo que no hubiera división en el cuerpo y todos los miembros se interesaran por igual unos por otros. 26 Si un miembro sufre, sufren con él todos los miembros; si un miembro es honrado, se alegran con él todos los miembros.

27 Ustedes son el cuerpo de Cristo, y cada uno en particular, miembros de ese cuerpo. 28 Dios ha querido que en la Iglesia haya en primer lugar apóstoles, en segundo lugar profetas, en tercer lugar maestros, luego vienen los que han recibido el don de hacer milagros, después el don de sanaciones, el don de socorrer a los necesitados, el de gobierno, y el don de lenguas diversas.

29 ¿Son todos apóstoles?, ¿son todos profetas?, ¿son todos maestros?, ¿todos hacen milagros?, 30 ¿tienen todos el don de sanar?, ¿hablan todos lenguas desconocidas?, ¿son todos intérpretes? 31 Ustedes, por su parte, aspiren a los dones más valiosos. Y ahora les indicaré un camino mucho mejor.

Himno al amor cristiano

13 1 Aunque yo hablara todas las lenguas de los hombres y de los ángeles, si no tengo amor, soy como una campana que resuena o un platillo estruendoso.

2 Aunque tuviera el don de profecía y conociera todos los misterios y toda la ciencia, aunque tuviera una fe como para mover montañas, si no tengo amor, no soy nada.

13,1-13 Himno al amor cristiano. Lo que en el cuerpo realiza y anima la funcionalidad orgánica, en la Iglesia lo realiza el super-carisma que es el amor. Al llegar aquí, la retórica de Pablo se vuelve lírica para cantar al amor.

Puede compararse con la enseñanza del sermón de la cena –especialmente Jn 15,12-17– y la primera carta de Juan. A los términos griegos corrientes de «eros» o «philia» ha preferido Pablo uno menos frecuente, «ágape», pues canta al amor que el Espíritu de Dios, de Cristo, infunde en el cristiano y la cristiana (cfr. Rom 5,5).

Aunque en alguna de sus manifestaciones coincida con las de otros amores humanos, el origen y finalidad del «ágape» trasciende y supera a todos.

El termino griego «ágape» se ha venido traduciendo por «caridad». Esta palabra hoy día está desprestigiada, ha perdido en nuestras lenguas actuales toda la fuerza que tenía en la experiencia en la vida de Pablo.

Hoy «caridad» o «hacer caridad» para mucha gente significa dar una limosna o ayuda esporádica al necesitado sin que necesariamente comprometa a la persona en lo más profundo de su ser. Para el Apóstol, por el contrario, la «caridad» lo es todo y sin «caridad» toda la vida cristiana se reduce a hipocresía.

¿Cómo explicar este amor? Dejando aparte toda definición, Pablo se lanza a una apasionada descalificación y relativización de todo don o cualidad humana, esfuerzo, renuncia y sacrificio que no esté inspirado por el amor-caridad (1-3). Después, baja al detalle y nos dice cómo se comporta una persona que ama (4-7), para terminar afirmando que, al final, cuando nos encontremos con Dios cara a cara, la fe y la esperanza habrán cumplido su cometido y ya solo el amor permanecerá para siempre. No debemos olvidar el contexto polémico de la carta donde Pablo inserta este magnífico canto al amor, es decir, el contexto del «cuerpo de Cristo», formado por todos los creyentes de la comunidad de Corinto donde se había insinuado la división y la discriminación. Sólo el amor a Cristo y a su cuerpo, inseparables ya, es capaz de crear la comunidad. Como decía san Juan de la Cruz: «en el último día seremos examinados de amor».

3 Aunque repartiera todos mis bienes
y entregara mi cuerpo a las llamas, si
no tengo amor, de nada me sirve.

4 El amor es paciente, es servicial, [el
amor] no es envidioso ni busca apa-
rentar, no es orgulloso ni actúa con
bajeza, 5 no busca su interés, no se irrita,
sino que deja atrás las ofensas y las
perdona, 6 nunca se alegra de la injusticia, y siempre se alegra de la verdad.
7 Todo lo aguanta, todo lo cree, todo lo
espera, todo lo soporta.

8 El amor nunca terminará. Las profecías serán eliminadas, el don de lenguas terminará, el conocimiento será
eliminado. 9 Porque nuestra ciencia es
imperfecta y nuestras profecías limi-
tadas. 10 Cuando llegue lo perfecto, lo
imperfecto será eliminado.

11 Cuando era niño, hablaba como
niño, pensaba como niño, razonaba
como niño; al hacerme adulto, aban-
doné las cosas de niño.

12 Ahora vemos como en un mal
espejo, confusamente, después veremos
cara a cara.

Ahora conozco a medias, después
conoceré tan bien como Dios me
conoce a mí.

13 Ahora nos quedan tres cosas: la
fe, la esperanza, el amor. Pero la más
grande de todas es el amor.

Profecía y lenguas arcanas

14 1 Busquen el amor; y aspiren
también a los dones espirituales,
sobre todo al de la profecía. 2 Quien
habla una lengua desconocida no habla
a hombres, sino a Dios: nadie lo entiende,
porque movido por el espíritu habla de
misterios. 3 En cambio, quien profetiza
habla a hombres edificando, exhortando
y animando. 4 Quien habla una lengua
desconocida se edifica él mismo; quien
profetiza edifica a la Iglesia.

5 Me gustaría que todos tuvieran el
don de lenguas, pero prefiero que pro-
feticen. Quien profetiza es superior al
que habla una lengua desconocida, a
menos que la interprete para edificación
de la Iglesia. 6 Supongan, hermanos,
que me presento ante ustedes hablando
lenguas desconocidas: si no transmito
alguna revelación o conocimiento o profecía o enseñanza, ¿de qué les serviría?

7 Ocurre igual que con los instrumentos musicales, por ejemplo la flauta
o la cítara: si las notas que se dan no
guardan los intervalos, ¿cómo se reconoce lo que toca la flauta o la cítara?
8 Si la trompeta no da un toque definido,
¿quién se preparará para el combate?
9 Lo mismo les pasa a ustedes con lo
que hablan: si no pronuncian palabras
inteligibles, ¿cómo se entenderá lo que
dicen? Estarían hablando al viento.

14,1-40 Profecía y lenguas arcanas. A juzgar por la extensión del capítulo, o Pablo pretendía dejar bien claras las cosas o los corintios eran duros de cabeza y reacios a entender. La conclusión (37) delata un tono ligeramente irritado. En aquellas asambleas comunitarias no sólo había marginación y división, sino también confusión y desorden, quizás lo uno provocado por lo otro. Por lo visto, un grupo de fervorosos carismáticos, tal vez un poco exaltados, traía de cabeza a todos con sus largas intervenciones de sonidos inarticulados e ininteligibles a las que Pablo se refiere como «lenguas arcanas».

Es sorprendente el espacio y la minuciosidad con que el Apóstol trata el tema. Se ve que no era un episodio marginal y esporádico. Es probable que este grupo tratara de monopolizar el desarrollo de las asambleas con su excesivo protagonismo por considerar ese don como superior a los otros. Pablo hace una llamada a la madurez y sentido común que debe reinar en las reuniones. No condena de entrada este «don de lenguas», sino que lo pone en su justa perspectiva. El objetivo de todo carisma o don del Espíritu es la «edificación de la Iglesia» (12). Éste es el criterio que debe presidir el orden de las asambleas y el protagonismo de los dones y carismas al servicio de la comunidad. Cada cosa a su tiempo. Como ejemplo, aduce que aunque él mismo posee ese don de hablar en lenguas arcanas, incluso «más que todos ustedes» (18), pero «para instruir a los demás, prefiero decir cinco palabras inteligibles a pronunciar diez mil desconocidas» (19). Además, hay que mirar el bien de los que no

10 Con tantas lenguas como existen
en el mundo, ninguna carece de significado. 11 Si no entiendo el significado de
una lengua, soy un extranjero para el
que me habla y él lo es para mí. 12 Igual
ustedes: ya que aspiran a dones espirituales, procuren tener en abundancia
aquellos que ayudan a la edificación de
la Iglesia.

13 Por tanto, quien habla una lengua
desconocida pida el don de interpretarla. 14 Porque si rezo en lengua
desconocida, mi espíritu reza, pero mi
mente no saca ningún provecho.
15 ¿Qué puedo hacer? Rezaré con mi
espíritu y con mi mente, cantaré himnos con mi espíritu y con mi mente.
16 Si bendices a Dios solamente con tu
espíritu, ¿cómo responderá amén a tu
acción de gracias la persona sencilla y
no preparada, si no sabe lo que dices?
17 Tú das gracias bellamente, pero el
otro no sacó provecho. 18 Yo, gracias a
Dios, hablo lenguas desconocidas más
que todos ustedes; 19 pero en una
asamblea, para instruir a los demás,
prefiero decir cinco palabras inteligibles
a pronunciar diez mil desconocidas.

20 Hermanos, no sean niños en su
modo de pensar; sean niños en la malicia pero adultos en el modo de pensar.
21 En la ley está escrito:

Yo hablaré a este pueblo
en lenguas extrañas,
y ni aún así me obedecerá,
dice el Señor.

22 De suerte que las lenguas desconocidas son señal para los no creyentes, no para los creyentes; mientras
que la profecía es señal para los creyentes y no para los que no creen.
23 Supongamos que se reúne la Iglesia
entera y todos se ponen a hablar lenguas desconocidas: si entran algunos
no creyentes o gente no preparada,
¿no dirán que están todos locos? 24 En
cambio, si todos profetizan, cuando
entre un no creyente o una persona
no preparada, se sentirá interpelado
por todos, juzgado por todos; 25 se revelarán los secretos de su corazón,
caerá de rodillas adorando a Dios y
declarará: Realmente Dios está con
ustedes.

26 ¿Qué conclusión sacamos, hermanos? Cuando se reúnen, que uno
aporte un himno, otro una enseñanza,
otro una revelación, otro un mensaje
en lengua desconocida, otro su interpretación: todo para la edificación
común.

27 Si se habla en lenguas desconocidas, hablen dos, a lo más tres, por turno,

comparten aún nuestra fe. Si entra un no cristiano en la asamblea y se encuentra con que todos y todas están emitiendo al mismo tiempo sonidos inarticulados, «¿no dirá que están todos locos?» (23). Por el contrario, «si todos profetizan» (24), se sentirá interpelado y juzgado y terminará cayendo de rodillas y reconociendo que «realmente Dios está con ustedes» (25). Pero aun este carisma de la profecía o enseñanza hay que ejercerlo con orden y concierto.

De pronto, como un exabrupto, Pablo parece ordenar a las mujeres que se callen en las asambleas (34), en aparente contradicción con lo dicho anteriormente (11,5), donde reconoce el derecho de la mujer a profetizar y dirigir la oración en público. Estas palabras del Apóstol han levantado considerable polémica, hasta tal punto que muchos expertos piensan que han sido introducidas en el texto después de su muerte, cuando el anti-feminismo cobraba fuerza en las comunidades cristianas post-apostólicas (cfr. 1 Tim 2,12). Si son palabras del mismo Pablo, el contexto está pidiendo otra interpretación más matizada, es decir, el Apóstol no estaría dando una norma general sino corrigiendo el abuso concreto de ciertas mujeres que interrumpían continuamente con sus preguntas con el afán de aprender, poniendo a prueba la paciencia del grupo y contribuyendo al desorden de la asamblea. Ésta es la interpretación más lógica que pide el texto y el contexto.

Hayan salido o no dichas palabras de Pablo, el hecho es que están ahí como reflejo de los prejuicios anti-feministas de entonces. ¿Qué decir, pues? Sencillamente, que esas palabras no son palabras que tocan a la fe cristiana, sino a la organización de la Iglesia, respecto a la cual ni Pablo ni nadie puede fijar normas irrevocables, menos aún basadas en prejuicios machistas.

y que otro lo interprete. 28 Si no hay
intérprete, mejor es no hablar en la
asamblea y que cada uno hable consigo
mismo y con Dios. 29 Tratándose de
profetas, hablen dos o tres, y los demás
deben juzgar. 30 Si uno de los asistentes
recibe una revelación, el que está
hablando debe callarse. 31 Todos pueden
profetizar por turno, para que todos
aprendan y se animen. 32 Pero la inspiración profética está vinculada a los
profetas; 33 porque Dios no quiere el
desorden, sino la paz.

Como en todas las Iglesias de los
consagrados, 34 las mujeres deben
callar en la asamblea, porque no se les
permite hablar, sino que han de someterse, como manda la ley: 35 Si quieren
aprender algo, pregúntenlo a sus
maridos en casa. No está bien que una
mujer hable en la asamblea.

36 ¿Acaso salió de ustedes la Palabra
de Dios?, ¿acaso les llegó sólo a ustedes? 37 Si alguien se considera profeta
o inspirado, reconozca que lo que
escribo es mandato del Señor. 38 Y
quien no lo reconozca no será reconocido. 39 En conclusión, hermanos,
aspiren al don de la profecía y no
impidan hablar en lenguas desconocidas. 40 Y que todo se haga con
orden y decentemente.

Resurrección de los muertos

15 1 Ahora, hermanos, quiero recordarles la Buena Noticia que les
anuncié: la que ustedes recibieron y en
la que perseveran fielmente, 2 por ella
son salvados, siempre que conserven el
mensaje tal como yo se lo prediqué; de
lo contrario habrían aceptado la fe en
vano. 3 Ante todo, les he transmitido lo
que yo mismo había recibido: que Cristo
murió por nuestros pecados según las
Escrituras, 4 que fue sepultado y resucitó
al tercer día según las Escrituras, 5 que
se apareció a Cefas y después a los
Doce; 6 luego se apareció a más de

15,1-11 Resurrección de los muertos. Concluido el tema de los carismas y su uso, Pablo afronta un nuevo problema sobre el que le han llegado rumores: «¿Cómo algunos de ustedes dicen que no hay resurrección de muertos?» (12). Es posible que estos individuos estuvieran influidos por el pensamiento filosófico griego que separaba el alma y el cuerpo y que valoraba sólo aquella, reduciendo el cuerpo a materia despreciable y perecedera. Si en la muerte el «alma» se libera del «cuerpo», ¿qué sentido tiene recuperarlo, encerrarse o enterrarse de nuevo en él a través de una posible y futura resurrección corporal? Sería como si el alma regresara de nuevo a la tumba del cuerpo, haciendo juego con las palabras griegas: «soma», cuerpo; y «sema», tumba.

Aceptaban, eso sí, que Jesús resucitó y que esa resurrección ya la estaban gozando plenamente. ¿Prueba de ello? La euforia espiritual de esa supuesta libertad y conocimiento superior que les proporcionaban ciertos carismas malentendidos (cfr. 14,12-19).

Las consecuencias no eran tan inocentes. Por ejemplo, la indiferencia moral hacia todo lo relativo al cuerpo, sexualidad incluida (cfr. 6,12s), o la falta de sensibilidad sobre la situación de los más pobres y marginados de la comunidad (cfr. 8,1-12; 10,23).

Pablo, pues, aborda el tema de la resurrección de Jesús ligándolo indisolublemente a la nuestra. Lo hace de manera sistemática y ordenada.

«Quiero recordarles la Buena Noticia que les anuncié» (1). La introducción es solemne porque da paso a lo fundamental del Evangelio que él predica y que los corintios acogieron con la fe «siempre que conserven el mensaje tal como yo se lo prediqué» (2). Esta Buena Noticia había quedado ya establecida en tiempos de Pablo en una especie de «confesión de fe» aceptada por todas las comunidades cristianas y articuladas con expresiones precisas y claras que se refieren a dos hechos correlativos: muerte-resurrección de Jesús. Una muerte que perdona los pecados porque desemboca en la resurrección. La mención a la sepultura rubrica la muerte. Las apariciones atestiguan la vida.

El motivo de Pablo en recordarles esta tradicional «confesión de fe» quizás sea que algunos de los corintios cuestionaban su autoridad como Apóstol. Una vez dejada clara la «confesión de fe», Pablo enumera a los «testigos» de la resurrección de Jesús comenzando por los más calificados, Pedro y los Doce, siguiendo por los otros «apóstoles» y un grupo impresionante de 500 hermanos y hermanas. Pablo se pone en pie de igualdad con los demás testigos, aunque se asigna el último puesto en la fila (cfr. Ef 3,8). El testimonio apostólico de estos hombres y mujeres que vieron, hablaron y comieron con Jesús resucitado es fundamental para nuestra fe. A ello nos referimos cuando, recitando el «credo» en la celebración eucarística, confesamos creer en una Iglesia santa,

quinientos hermanos de una sola vez:
la mayoría viven todavía, algunos
murieron ya; 7 después se apareció a
Santiago y de nuevo a todos los apóstoles. 8 Por último se me apareció a mí,
que soy como un aborto. 9 Porque yo
soy el último entre los apóstoles y no
merezco el título de apóstol, porque
perseguí a la Iglesia de Dios.
10 Gracias a Dios soy lo que soy, y su
gracia en mí no ha resultado estéril, ya
que he trabajado más que todos ellos;
no yo, sino la gracia de Dios conmigo.
11 Con todo, tanto yo como ellos, proclamamos lo mismo y esto es lo que
ustedes han creído.

También nosotros resucitamos

12 Ahora bien, si se proclama que
Cristo resucitó de la muerte, ¿cómo
algunos de ustedes dicen que no hay
resurrección de muertos? 13 Si no hay
resurrección de muertos, tampoco
Cristo ha resucitado; 14 y si Cristo no ha
resucitado, es vana nuestra proclamación, es vana nuestra fe. 15 Y nosotros
resultamos ser testigos falsos de Dios,
porque testimoniamos contra Dios
diciendo que resucitó a Cristo siendo
así que no lo resucitó, ya que los muertos
no resucitan. 16 Porque si los muertos
no resucitan, tampoco Cristo ha resucitado. 17 Y si Cristo no ha resucitado, la
fe de ustedes es ilusoria, y sus pecados
no han sido perdonados, 18 y los que
murieron como cristianos perecieron
para siempre. 19 Si hemos puesto nuestra esperanza en Cristo sólo para esta
vida, somos los hombres más dignos
de compasión.
20 Ahora bien, Cristo ha resucitado
de entre los muertos, y resucitó como

católica y «apostólica». Creemos no solamente lo que los apóstoles «vieron» con sus propios ojos, es decir, que Jesús estaba vivo, sino lo que ellos «creyeron»: que esta vida del resucitado nos es dada a todos y a todas como perdón de nuestros pecados y primicia y promesa de nuestra propia resurrección futura. La resurrección de Jesús, por tanto, es más que un «hecho real», es también una «realidad de fe». Por eso la Iglesia desde sus comienzos no fue un movimiento de contornos indefinidos, sino una comunidad convocada y reunida en torno a esta «realidad de fe» fundada en los «testigos de la resurrección», los apóstoles.

Así sigue siendo hoy día y seguirá hasta el final de los tiempos. La Iglesia toda y cada uno y cada una de sus miembros, según su ministerio: papa, obispos, sacerdotes, laicos y laicas, tenemos el deber primordial de mantener intacto y vivo el testimonio de los apóstoles.

15,12-34 También nosotros resucitamos. La resurrección de Jesús se ordena a la nuestra; si no se da la nuestra no se dio la de Jesús. Pablo argumenta reduciendo al absurdo la posición de los que niegan la resurrección. Si Jesús no resucitó, nuestra fe carece de objeto y fundamento, nuestra esperanza es ilusoria y trágica.

El Apóstol llega a decir que los cristianos seríamos las personas «más dignas de compasión» al haber puesto nuestra esperanza en Cristo «sólo para esta vida» (19). Un desastre para los ya muertos y un gran vacío para los aún vivos. Una vaga inmortalidad del «alma» sin el cuerpo, como proponía la filosofía griega, repugna tanto al Pablo de tradición judía como al Pablo cristiano.

Estos versículos constituyen la gran afirmación de la esperanza cristiana. Pablo contempla a la humanidad como un gran acontecimiento solidario, tanto para la desgracia como para la salvación. La contraposición Adán-Cristo tiene para él simultáneamente un valor histórico, antropológico y salvífico. La humanidad bajo el pecado y la muerte –simbolizada en Adán– es substituida por la humanidad bajo la gracia y la vida que nos da Cristo. La primera fue causada por la desobediencia de uno, la segunda por la obediencia del otro (cfr. Rom 5,19). El dolor y la muerte son lo opuesto al plan de Dios; por medio de Cristo dicho plan, que es plan de vida, queda restablecido.

En este camino hacia la vida, Pablo establece las siguientes etapas: primera, la resurrección de Cristo que ya es una realidad. Segunda, la resurrección universal «cuando él vuelva» (23). Tercera, el sometimiento de todos los poderes hostiles a Dios, hasta terminar con el último de estos, la muerte. Véase Is 25,8: «aniquilará la muerte para siempre», o Ap 20,14: «Muerte y Hades fueron arrojados al foso del fuego». Ese día se implantará definitivamente el «reino de Dios» que Jesús empezó a proclamar en Galilea (Mt 1,15).

El Apóstol utiliza otros argumentos para dejar bien claro su mensaje. Uno, tomado de la práctica de algunos corintios que por lo visto recibían un segundo bautismo para aplicarlo a parientes y amigos no cristianos ya muertos. Aunque no está claro qué tipo de práctica era ésta –el Apóstol ni la autoriza ni la desautoriza–, sería más o menos semejante a los sufragios y oraciones que ofrecemos hoy por los difuntos y que están suponiendo la creencia

primer fruto ofrecido a Dios, el primero de los que han muerto. 21 Porque, si por un hombre vino la muerte, por un hombre viene la resurrección de los muertos. 22 Como todos mueren por Adán, todos recobrarán la vida por Cristo. 23 Cada uno en su turno: el primero es Cristo, después, cuando él vuelva, los cristianos; 24 luego vendrá el fin, cuando entregue el reino a Dios Padre y termine con todo principiado, autoridad y poder. 25 Porque él tiene que reinar hasta poner a todos sus enemigos bajo sus pies; 26 el último enemigo que será destruido es la muerte, 27 según dice la Escritura: *Todo lo ha sometido bajo sus pies*. Pero al decir que todo le está sometido, es evidente que se excluye a aquel que le somete todas las cosas. 28 Cuando el universo le quede sometido, también el Hijo se someterá al que le sometió todo, y así Dios será todo para todos.

29 Si no fuera así, ¿qué hacen los que se bautizan por los muertos? Si los muertos no resucitan, ¿por qué se bautizan por ellos? 30 ¿Por qué nosotros nos exponemos en todo instante al peligro? 31 Cada día estoy en peligro de muerte. Lo juro, [hermanos,] por el orgullo que siento de ustedes ante Cristo Jesús Señor nuestro. 32 Si por motivos humanos luché con las fieras en Éfeso, ¿de qué me sirvió? *Si los muertos no resucitan, comamos y bebamos, que mañana moriremos*. 33 No se dejen engañar: las malas compañías corrompen las buenas costumbres. 34 Vuelvan a comportarse como es debido y dejen de pecar, porque algunos de ustedes todavía no saben nada de Dios –para vergüenza de ustedes lo digo–.

¿Cómo resucitan los muertos?

35 Pero preguntará alguno: ¿Cómo resucitan los muertos?, ¿con qué cuerpo salen? 36 ¡Necio! Lo que tú siembras no llega a tener vida si antes no muere. 37 Lo que siembras no es la planta tal como va a brotar, sino un grano desnudo, de trigo o de lo que sea; 38 y Dios le da el cuerpo que quiere, a cada simiente su cuerpo.

39 No todos los cuerpos son iguales. Una es la carne del hombre, otra la de las reses, otra la de las aves, otra la de

en una vida futura. Por último y refiriéndose a sí mismo, Pablo les dice que estaría sufriendo por ellos en vano si no creyera en la resurrección. Si no hay resurrección, tendrían razón los que rigen su vida por el refrán popular que cita el Apóstol: «si los muertos no resucitan, comamos y bebamos, que mañana moriremos» (32).

15,35-58 ¿Cómo resucitan los muertos? Pablo comienza llamando «necios» a los que se imaginaban a los cadáveres saliendo de las tumbas con sus carnes recompuestas. Es probable que se tratara de una imagen burlona de los que negaban la resurrección. ¿Cuál será, pues, la realidad de los cuerpos resucitados? El Apóstol, a través de comparaciones, nos lleva a la única respuesta posible: al ilimitado poder divino. Éste se manifiesta tanto en el mundo vegetal como en el animal.

Quizás nosotros, conocedores hoy de los códigos genéticos de plantas y animales, hayamos perdido la capacidad de asombro ante la trasformación que experimenta el más humilde «grano desnudo, de trigo o de lo que sea» (37) que muere para cobrar nueva vida. No era así para la cultura bíblica en la que se mueve Pablo.

Las comparaciones vegetales son corrientes en el Antiguo Testamento y sirven de ordinario para exaltar la vitalidad permanente, creciente y renovada (cfr. Sal 1; 92; Job 14,7-9). Los paisanos de Jesús no tenían ideas claras sobre la vida vegetal y atribuían el cambio prodigioso de semilla escueta y madura a tallo robusto y espiga granada a la acción directa de Dios. Solicitado por el contexto, Pablo llama «a cada simiente su cuerpo» (38), a la planta madura que, en el cambio total de su forma material, está resaltando el principio vital que lo ha hecho posible y que no es otro que el poder de Dios.

Del asombro ante el cambio radical que se produce en las plantas, Pablo pasa ahora al asombro ante la variedad individual que se observa tanto en el mundo animal como en el de los «cuerpos celestes», de los que el Apóstol resalta su «esplendor», «doxa» en griego, como queriendo rastrear en ellos un reflejo de la «gloria», también «doxa», de Dios.

El Apóstol saca la conclusión. La metáfora «se siembra» recoge la comparación vegetal y mira de reojo al acto de enterrar al muerto como a una especie de siembra (cfr. Jn 12,24). Se siembra «corruptible, miserable, débil,

los peces. 40 Hay cuerpos celestes y
cuerpos terrestres. Uno es el resplandor de los celestes y otro el de los
terrestres. 41 Uno es el resplandor del
sol, otro el de la luna, otro el de los
astros; un astro se distingue de otro en
resplandor. 42 Así pasa con la resurrección de los muertos: 43 se siembra
corruptible, resucita incorruptible; se
siembra miserable, resucita glorioso; se
siembra débil, resucita poderoso; 44 se
siembra un cuerpo natural, resucita un
cuerpo espiritual.

Si existe un cuerpo natural, existe
también un cuerpo espiritual.

45 Así está escrito: *el primer hombre,
Adán, se convirtió en un ser vivo;* el
último Adán se hizo un espíritu que da
vida.

46 No fue primero el espiritual, sino
el natural, y después el espiritual. 47 El
primer hombre procede de la tierra y
es terreno, el segundo hombre procede
del cielo. 48 El hombre terrenal es
modelo de los hombres terrenales;
como es el celeste modelo de los
hombres celestes.

49 Así como hemos llevado la imagen del hombre terrestre, llevaremos
también la imagen del celeste.

50 Hermanos, les digo que la carne y
la sangre no pueden heredar el reino de
Dios, ni la corrupción heredará lo que
es incorruptible. 51 Les voy a comunicar
un secreto: no todos moriremos, pero
todos seremos transformados. 52 En un
instante, en un abrir y cerrar de ojos,
al último toque de trompeta que tocará,
los muertos resucitarán incorruptibles
y nosotros seremos transformados.

53 Esto corruptible tiene que revestirse de incorruptibilidad y lo mortal
tiene que revestirse de inmortalidad.
54 Cuando lo corruptible se revista de
incorruptibilidad y lo mortal de inmortalidad, se cumplirá lo escrito:

La muerte
ha sido vencida definitivamente.
55 *¿Dónde está, oh muerte, tu victoria?*
¿Dónde está, oh muerte, tu aguijón?

56 El aguijón de la muerte es el pecado, el poder del pecado es la ley.

57 Gracias sean dadas a Dios, que
nos da la victoria por medio de nuestro
Señor Jesucristo.

58 En conclusión, queridos hermanos,
permanezcan firmes, inconmovibles,
progresando siempre en la obra del
Señor, convencidos de que sus esfuerzos
por el Señor no serán inútiles.

como cuerpo natural, resucita incorruptible, glorioso, poderoso, como cuerpo espiritual» (43s). La resurrección, pues, no es el resultado de un proceso o evolución natural, sino obra del poder de Dios, un avance hacia a delante, un salto cualitativo hacia la esfera de lo divino que lleva consigo lo «corporal y lo terreno», tal como sucedió con el cuerpo resucitado de Jesús.

Es algo tan indescriptible que Pablo lo designa con una paradoja: «se siembra un cuerpo natural, resucita un cuerpo espiritual» (44). Sigue desarrollando su mensaje con la comparación Adán-Cristo. No es un recurso mítico sino histórico.

Adán simboliza al ser vivo, animal, procedente de la tierra. El segundo Adán –Cristo resucitado– es Espíritu de vida, procedente del cielo. El primero es la imagen de nuestra condición terrestre, la imagen que el padre trasmite al hijo (cfr. Gn 5,3); el segundo es la imagen de nuestra condición celeste. Ahora bien, «la carne y la sangre», el cuerpo humano corruptible, es incapaz de recibir la herencia del «reino» de la gloria y la inmortalidad, no tiene más derecho a él. Tiene que transformarse primero mediante el poder de Dios. Pablo se refiere a esta necesaria transformación con la mirada puesta en los acontecimientos de los últimos días (cfr. 1 Tes 4,15-17).

Ya sea que la segunda venida del Señor nos encuentre vivos o muertos, la trasformación será necesaria tanto para unos como para otros. Entonces será inaugurada la etapa definitiva de la humanidad.

El Apóstol, que pensaba que la Parusía o la segunda venida del Señor era inminente, esperaba encontrarse entre los vivos cuando llegara aquel día. Este misterio de la resurrección ya en marcha, concluye Pablo, no debe llevarnos a una esperanza pasiva, sino todo lo contrario, es una invitación al progreso en la tarea asignada. La exhortación final a permanecer en la tarea y el esfuerzo, empalma con 15,30-32. La esperanza en la resurrección gloriosa final da sentido a la lucha y sufrimientos cotidianos.

Colecta para los fieles de Jerusalén y saludos finales

16 1 En cuanto a la colecta en favor
de los consagrados sigan las
mismas instrucciones que di a las Iglesias de Galacia.
2 Todos los domingos cada uno de
ustedes aparte y deposite lo que haya
logrado ahorrar; así, cuando yo llegue,
no hará falta hacer la colecta. 3 Cuando
llegue, enviaré con cartas a los que
ustedes hayan elegido para que lleven
su donativo a Jerusalén. 4 Si conviene
que yo también vaya, ellos me acompañarán. 5 Los visitaré cuando atraviese
Macedonia, ya que tengo que pasar
por allí. 6 Es posible que permanezca
algún tiempo o incluso pase el invierno
con ustedes, para que me ayuden a
continuar mi camino. 7 En esa ocasión
no quiero verlos de pasada, sino que
espero estar una temporada con ustedes, si el Señor lo permite. 8 Estaré en
Éfeso hasta Pentecostés, 9 ya que se
me ha abierto una puerta grande y
favorable, aunque los adversarios son
muchos.
10 Cuando llegue Timoteo, procuren
que no se sienta incómodo entre ustedes, ya que como yo trabaja en la
obra del Señor. 11 Nadie lo desprecie.
Ofrézcanle los medios necesarios para
proseguir su camino y así pueda juntarse
conmigo, porque lo estamos esperando
con los hermanos.
12 Al hermano Apolo le he insistido
que vaya a visitarlos con los hermanos;
pero él se niega rotundamente a ir
ahora; ya irá cuando sea oportuno.
13 Estén despiertos, permanezcan
firmes en la fe, sean valientes y animosos. 14 Todo lo que hagan, háganlo con
amor. 15 Tengo que hacerles una recomendación: conocen a la familia de
Esteban: son los primeros que abrazaron
la fe en Acaya y se dedicaron a servir a
los consagrados. 16 Les pido que también ustedes se pongan a disposición
de gente como ellos y de cuantos colaboran en sus trabajos y esfuerzos.

16,1-24 Colecta para los fieles de Jerusalén y saludos finales. La colecta en favor de la Iglesia Madre de Jerusalén, ampliamente comentada en 2 Cor 8s y mencionada también en Rom 15,25-31 expresa la solidaridad de los cristianos procedentes del paganismo con los judeo-cristianos residentes en Palestina, zona periódicamente azotada por la carestía y el hambre. Pablo la entiende, sobre todo, como signo de comunión eclesial. La colecta se hacía en la reunión litúrgica dominical.

El compartir los bienes en la celebración eucarística subrayaba el compromiso fraterno que debe acompañar el culto a Dios. Es un signo de delicadeza por parte del Apóstol el aconsejar que las colectas no se hagan en su presencia. Por el momento no ve la necesidad de ir él en persona a entregar los donativos a la Iglesia Madre. Cuando las relaciones con Jerusalén empeoren lo verá imprescindible (cfr. Rom 15,25.31); pero no irá solo, sino acompañado de representantes de la comunidad (cfr. Hch 20,4).

Al final de la carta, el Apóstol vuelve al estilo familiar con el anuncio de una futura visita, saludos, recomendaciones y avisos. Es de notar su aprecio a Timoteo (cfr. Flp 2,19-22; 1 Tes 3,2), su colaborador más fiel, y la interesante recomendación que hace de él a los Corintios: «procuren que no se sienta incómodo entre ustedes» (10).

La mención de «las Iglesias» (en plural) de Asia, cuyos saludos les transmite, es reflejo de la organización de los cristianos de Pablo reunidos en pequeñas comunidades domésticas. Una de estas tiene su sede en la casa de Prisca y Áquila, el conocido matrimonio judeo-cristiano que se desplazó con Pablo de Corinto a Éfeso (cfr. Hch 18,2.18.26).

Aunque las cartas se dictaban a un escriba, el remitente firmaba de su puño y letra (cfr. Col 4,18; 2 Tes 3,17). Las últimas palabras de Pablo, la invitación a darse la paz y el saludo «Ven, Señor» o «Maranatha» parecen aludir a un contexto litúrgico de celebración eucarística, donde probablemente se leían las cartas del Apóstol que poco a poco se iban situando al nivel de las sagradas Escrituras de Israel (cfr. 2 Pe 3,16). La maldición o anatema suena como aviso a permanecer fiel al amor de Dios.

El saludo «Maranatha» refleja el sentido de tensión escatológica que tenía la eucaristía en aquellas comunidades, donde, al mismo tiempo que se experimentaba al Señor ya presente, se anunciaba y se pedía apasionadamente su venida gloriosa y definitiva. De hecho, el saludo «Maranatha» se convirtió en una de las maneras de saludarse entre cristianos (cfr. Ap 22,20) completando así al saludo tradicional judío de «shalom» (paz). La carta termina con lo más importante que Pablo quiere decirles: «los amo a todos en Cristo Jesús» (24).

17 Estoy muy contento con la llegada de Esteban, Fortunato y Acaico: ellos han llenado el vacío que ustedes habían dejado 18 y han serenado mi espíritu y el de ustedes.

19 Los saludan las Iglesias de Asia. También les envían muchos saludos en el Señor Áquila, Prisca y toda la comunidad que se reúne en su casa.

20 Los saludan todos los hermanos. Salúdense mutuamente con el beso santo.

21 El saludo es de mi puño y letra: Pablo.

22 Quien no ame al Señor sea maldito. ¡Ven, Señor! 23 La gracia del Señor Jesús esté con ustedes. 24 Los amo a todos en Cristo Jesús.

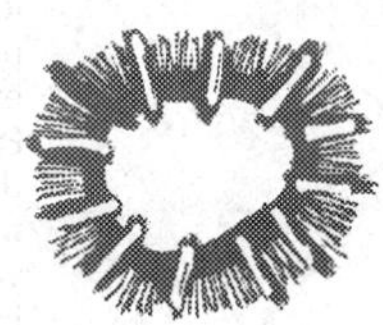

SEGUNDA CARTA A LOS CORINTIOS

Ocasión y fecha de composición de la carta. Sobre las circunstancias que provocaron esta «segunda» carta tenemos más dudas que certezas. El libro de los Hechos de los Apóstoles, la única fuente de información que existe acerca de las actividades de Pablo –aparte de la correspondencia del mismo Apóstol– no menciona ninguna crisis en Corinto que motivara otra respuesta por escrito. Hay, pues, que reconstruir los acontecimientos con los datos que nos ofrece la misma carta, datos no muy claros, ya que se dan por sabidas cosas que nosotros desconocemos.

He aquí una aproximación a lo que debió ocurrir. La primera carta a los corintios no obtuvo, por lo visto, el efecto deseado. La visita de seguimiento de Timoteo a la comunidad, anunciada en 1 Cor 16,10s, se realizó sin resultados positivos y el colaborador y hombre de confianza de Pablo regresó con malas noticias. El Apóstol, que estaba en Éfeso, se ve en la necesidad de desplazarse brevemente a Corinto. Su presencia en la ciudad, lejos de solucionar el problema, lo empeoró. Es más, Pablo fue insultado grave y públicamente en una asamblea eucarística, como él mismo menciona en 2,5 y 7,12. Debió regresar a Éfeso abatido, y desde allí les escribe «con gran angustia y ansiedad, derramando lágrimas» (2,4). Esta vez es su discípulo Tito el portador de este dramático mensaje. La comunidad reacciona, se arrepiente y se dispone a castigar al ofensor. Tito sale en busca de Pablo con la buena noticia y lo encuentra, por fin, en Filipos a donde, mientras tanto, había tenido que huir desde Éfeso por un motín desencadenado contra él por el sindicato de los plateros, como nos cuenta Lucas en los Hechos (cfr. Hch 19,23-40). Ya tranquilo y en tono conciliador, el Apóstol se dirige de nuevo a la comunidad con la que hoy figura como la «Segunda Carta a los Corintios», escrita hacia finales del 57, año y medio después de la primera.

En cuanto a esa enigmática «carta de lágrimas», no ha llegado hasta nosotros en su integridad, sino sólo en los fragmentos que probablemente un recopilador posterior insertó, sin más, en la «Segunda» que conocemos, y que forman los capítulos 10–13 de la misma. El brusco cambio de tema y de tono y otra serie de detalles avalan esta hipótesis. Es también probable que la «Segunda a los Corintios» contenga además otros fragmentos de otras cartas enviadas en el decurso de la crisis. En resumidas cuentas, estaríamos ante un escrito que podría recopilar hasta cuatro posibles cartas del Apóstol.

Tema y contenido de la carta. A pesar de las complicadas circunstancias que la motivaron y de los avatares que sufrió el texto mismo de la carta hasta llegar a la forma en que lo conocemos, gracias al talento y talante de Pablo ha brotado un escrito muy personal e intenso. Casi tanto como el valor de la doctrina pesa la comunicación de la persona, o mejor dicho, su testimonio personal se convierte en doctrina, en tratado vital de la misión apostólica, pues ésta era, en definitiva, la razón de la crisis: el cuestionamiento de su apostolado por parte de algunos miembros influyentes de la comunidad de Corinto.

Si había algo que Pablo no toleraba en absoluto era que se pusiera en duda el mandato misionero recibido del mismo Jesús resucitado. Y no por vanidad o prestigio personal, sino porque estaba en juego la «memoria de Jesús», la verdad del Evangelio que predicaba. Siempre que se siente atacado en este punto, Pablo no rehúsa la polémica, sino que se defiende con acaloramiento, sin ahorrar contra sus adversarios epítetos e invectivas mordaces que delatan su carácter pasional. Era un hombre que no tenía pelos en la lengua.

Retrato de un misionero del Evangelio. Recogiendo todos los datos que nos ofrece esta especie de carta-confesión, surge el retrato fascinante de este servidor de la Palabra de Dios que era Pablo, modelo ya para siempre de todo cristiano comprometido con el Evangelio.

Pablo fue una persona controvertida, siempre en el punto de mira de la polémica y que no dejaba indiferente a nadie. Fue amado incondicionalmente al igual que encarnizadamente perseguido, porque el «anuncio» de la Buena Noticia de que era portador se convertía en denuncia implacable contra toda injusticia, discriminación, comportamiento ético o enseñanza falsa que pisoteara o domesticara la «memoria de Jesús». Fue su fe en Jesús muerto y resucitado la que le impulsaba a predicar: «creí y por eso hablé» (4,13).

Era un hombre, como él mismo dice, que no traficaba con la Palabra de Dios (2,17). Esto le acarreó quebrantos y sufrimientos de toda clase que él consideraba como parte integrante de su misión, como la prueba máxima de la veracidad del Evangelio que predicaba y que, como tal, no se recataba en recordárselos a sus oyentes, de palabra y por escrito, cuando era necesario. El relato que hace de ellos en esta carta (4,7-15) es una pequeña obra maestra de dramatismo y expresividad.

Fue la misma Palabra de Dios la que alejó a Pablo de todo fanatismo y arrogancia, haciéndole descubrir su propia fragilidad humana, como la «vasija de barro» que contenía el tesoro, hasta el punto de no dudar en exhibir sus limitaciones y defectos para que se viera que la fuerza superior de la que estaba poseído «procede de Dios y no de nosotros» (4,7).

Es este Pablo en toda su apasionante humanidad, frágil y a la vez fuerte, cargando humildemente con su tribulación por el Evangelio que predica, pero consciente de la carga incalculable de gloria perpetua que produce (4,17s) el que se nos presenta en este escrito/confesión a los Corintios. Él mismo es la enseñanza y el contenido de la carta.

Saludo

1 1 Pablo, apóstol de Cristo Jesús
por voluntad de Dios, y el hermano Timoteo, a la Iglesia de Dios de Corinto y a todos los consagrados de la
provincia entera de Acaya: 2 Gracia y
paz a ustedes de parte de Dios nuestro
Padre y del Señor Jesucristo.

Consuelo en la tribulación

3 Bendito sea Dios, Padre de nuestro
Señor Jesucristo, Padre compasivo y
Dios de todo consuelo, 4 que nos consuela en cualquier tribulación, para que
nosotros, podamos consolar a los que
pasan cualquier tribulación con el mismo consuelo que recibimos de Dios.
5 Porque así como son abundantes
nuestros sufrimientos por Cristo, así
también por Cristo abunda nuestro
consuelo. 6 Si sufrimos tribulaciones, es
para consuelo y salvación de ustedes; si
recibimos consuelos, es también para
consuelo de ustedes, y esto les da fuerzas para soportar con fortaleza los mismos sufrimientos que nosotros sopor-
tamos. 7 Nuestra esperanza respecto a
ustedes es firme, porque sabemos que
si comparten nuestros sufrimientos,
también compartirán nuestro consuelo.
8 No quiero, hermanos, que desco-
nozcan lo que tuvimos que aguantar
en la provincia de Asia: algo que nos
abrumó tan por encima de nuestras
fuerzas, que no esperábamos salir con
vida. 9 Nos sentíamos como condenados
a muerte; así aprendimos a no confiar
en nosotros, sino en Dios que resucita
a los muertos. 10 Él nos libró de tan
grave peligro de muerte y nos seguirá

1,1s Saludo. Comienza la carta con la introducción acostumbrada que incluye: los remitentes con nombre y título, los destinatarios y el saludo. Como es habitual, Pablo se presenta con el título de «apóstol». En esta ocasión, sin embargo, no se trata de una presentación convencional sino de la reivindicación de un título que le corresponde por voluntad de Dios y llamada de Cristo Jesús. Toda la carta tratará de su apostolado y de la defensa de su misión apostólica, atacada y puesta en duda por aquellos a los que él llama «falsos apóstoles» y que pululaban, por lo visto, en la Iglesia de Corinto.

Como es frecuente en sus cartas, Pablo presenta a sus colaboradores, en este caso a Timoteo, uno de sus más fieles compañeros. Los destinatarios no son solamente los corintios sino también algunas comunidades dispersas por la provincia de Acaya entre las que seguramente su apostolado estaba también cuestionado. A todos los llama «consagrados» a Dios (1), participantes de su santidad como pueblo escogido (cfr. Éx 19,6). «Gracia», saludo griego, y «paz», saludo hebreo, se trasladan unidos al contexto cristiano (cfr. Rom 1,7), como dones definitivos que da Dios, nuestro Padre y el Señor Jesucristo.

1,3-11 Consuelo en la tribulación. Terminados los saludos, no se encuentra la habitual «acción de gracias» que encontramos en otras cartas (cfr. 1 Tes 1,2s; 1 Cor 1,4; Rom 1,8) y que sirve tanto para marcar el objetivo de las mismas, como para alabar algún aspecto positivo de las comunidades cristianas y así captarse su benevolencia. Aquí aparece, en cambio, un himno de alabanza u oración de bendición solemne, casi litúrgica, que nos introduce de lleno en el contexto de la misma carta: el sufrimiento apostólico de Pablo y la consolación que proviene del «Padre compasivo y Dios de todo consuelo» (3). Los términos «tribulación», «sufrimiento» y «consuelo» son constantes.

¿A qué tribulación y sufrimiento está aludiendo Pablo? Sin duda, al producido por sus relaciones tormentosas con la misma comunidad de Corinto que tanto afectaron al Apóstol, y quizás, más en concreto, a una situación desesperada, un trance de vida o muerte por el que atravesó en la ciudad de Éfeso y del que se libró en el último momento. ¿Se trató de una gravísima enfermedad? No lo sabemos, pero debió ser una experiencia traumática de la «que no esperábamos salir con vida» (8).

De todo ello ofrece su testimonio personal a los corintios, un testimonio que el Apóstol transforma en mensaje evangélico. Los sufrimientos de Cristo son la clave de interpretación de todo sufrimiento humano, el de Pablo, el de los corintios, los nuestros. Compartir solidariamente la cruz de Cristo nos llevará también a compartir su resurrección, una victoria que ya experimentamos aquí y ahora en ese consuelo que va más allá del sentimiento y que es la fuerza que hace enderezar al que está a punto de doblarse. Además del vínculo del sufrimiento, el Apóstol menciona otro vínculo que le une a los corintios: la oración por el que sufre o está en peligro, y la acción de gracias por su liberación. Los sufrimientos de Pablo, tanto los personales como los ocasionados por la comunidad de Corinto, parecen haber pasado por ahora. Es el momento de la acción de gracias.

librando. Estoy seguro de que nos
librará de nuevo 11 si ustedes colaboran
rezando por nosotros. Y de esta
manera, siendo muchos los que oren
por nosotros, serán muchos los que
agradezcan los beneficios recibidos.

Cambio de planes

12 Nuestro orgullo se apoya en el
testimonio de nuestra conciencia: ella
me asegura que por la gracia de Dios y
no por prudencia humana, me he comportado con todo el mundo, y en particular con ustedes, con la sencillez y
sinceridad que Dios pide. 13 En nuestras cartas no había segundas intenciones, no hay en ellas más de lo que
ustedes han leído y entendido. 14 Y espero que comprendan plenamente lo
que ya han comprendido en parte: que
en el día de [nuestro] Señor Jesús podrán sentirse orgullosos de nosotros,
como nosotros de ustedes. 15 Con esa
confianza me propuse visitarlos primero
a ustedes, para darles una nueva alegría, 16 seguir después a Macedonia y
desde allí regresar nuevamente a ustedes, para que prepararan mi viaje a
Judea. 17 Al proponerme esto, ¿actué
precipitadamente? ¿Lo decidí por motivos humanos, en vaivén entre el sí y el
no? 18 Dios me es testigo de que, cuando
me dirijo a ustedes, no confundo el sí y
el no; 19 porque el Hijo de Dios, Jesucristo, el que nosotros con Silvano y
Timoteo les predicamos, no fue un sí y
un no, ya que en él se cumplió el sí;
20 en efecto, en él todas las promesas
de Dios cumplieron el sí, y así nosotros
por él respondemos amén, a gloria de
Dios. 21 Y es Dios quien nos mantiene,
a nosotros y a ustedes, fieles a Cristo;
quien nos ha ungido, 22 nos ha sellado
y quien ha puesto el Espíritu como
garantía en nuestro corazón.

Motivos del cambio de planes

23 Juro por mi vida y pongo a Dios
por testigo que, si no fui a Corinto, fue
por consideración a ustedes. 24 Porque
no somos dueños de su fe –ya que en
la fe se mantienen firmes– sino colaboradores que queremos aumentarles la
alegría.

2 1 Decidí por mi cuenta no volver a
visitarlos, para no afligirlos. 2 Porque si yo los aflijo, ¿cómo puedo esperar

1,12-22 Cambio de planes. Pablo pasa a deshacer un malentendido o a anular un reproche que, al parecer, le han hecho. En efecto, el itinerario proyectado incluía una segunda y una tercera visita a Corinto. La segunda, quizás para resolver personalmente los problemas locales (cfr. 13,1s). En vez de visitarles, les escribió una carta, y los corintios están quejosos de ese cambio de planes: Pablo promete y no cumple, parecen decir. En definitiva, están poniendo en duda su credibilidad apostólica.

Pablo se defiende de la manera como únicamente él sabe hacerlo, apelando al testimonio de Cristo Jesús que es quien dirige todos sus pasos e ilumina sus decisiones: «Ya no vivo yo sino es Cristo que vive en mí», afirmará en Gál 2,20. Es decir, no fue la prudencia humana la norma de su conducta con la comunidad sino la «sencillez y sinceridad que Dios pide» (12) y que son las características fundamentales de su ministerio apostólico. Acepta el hecho de que, por ahora, los corintios comprendan sólo en parte su actitud, por eso apela «al día del Señor», cuando la comprensión mutua entre él y su comunidad será total y «podrán sentirse orgullosos de nosotros, como nosotros de ustedes» (14). El «día del Señor» o el horizonte futuro de la victoria total de Jesucristo está siempre presente, actuando y dando sentido a la vida y el ministerio del Apóstol hasta en sus más mínimos detalles.

Pablo les dice que él no juega con la comunidad diciendo ahora sí y después no. El ejemplo de su conducta es Cristo Jesús, «el que nosotros con Silvano y Timoteo les predicamos» (19). En Cristo cumple Dios todas sus promesas, por lo cual Él es el «sí» puro y total; y Pablo lo reconoce con su «amén» que es la expresión del regalo de la fe (cfr. Ap 3,14). Termina diciendo que el Espíritu, puesto por Dios en nuestros corazones, es el «sello», la «garantía» (cfr. Ef,1,13; Jr 32,10s) del don futuro y definitivo.

1,23–2,4 Motivos del cambio de planes. Pablo justifica el cambio de planes y la cancelación de la visita. Dada la situación en Corinto, habría tenido que presentarse y actuar con gran severidad, causando profunda

que me dé alegría aquel a quien yo he
afligido? 3 Por eso les escribí, como lo
hice, para que al llegar no me afligieran
los que tenían que alegrarme, convencido como estaba de que mi alegría era
también la de ustedes. 4 Les escribí con
gran angustia y ansiedad, derramando
lágrimas, no para entristecerlos, sino
para que conocieran el gran amor que
les tengo.

Perdón para el ofensor

5 Si alguno me ha causado pena, no
ha sido solamente a mí, sino en parte
–por no exagerar–, a todos ustedes. 6 Y
a ése es suficiente el castigo que le ha
impuesto la mayoría. 7 Ahora en cambio hay que perdonarlo y animarlo, no
sea que la pena excesiva acabe con él.
8 Por eso les ruego reafirmen su amor
para con él. 9 Al escribirles quería po-
nerlos a prueba, a ver si eran capaces
de obedecer en todo. 10 A quien ustedes perdonen yo también le perdono;
porque mi perdón, si algo tuve que perdonar, ha sido en atención a ustedes y
en presencia de Cristo, 11 para no dar
ventaja a Satanás, ya que conocemos
bien sus intenciones.

12 Cuando llegué a Tróade para
anunciar la Buena Noticia de Cristo,
porque el Señor me abría las puertas,
13 estuve muy preocupado porque allí
no encontré a Tito mi hermano; así
que me despedí de ellos y partí para
Macedonia.

tristeza y provocando, quizás, un clima de tensión excesiva, cuando lo que hacía falta era gozo compartido. Por eso ha preferido afligir por carta, sanar a distancia. Al Apóstol le costó mucho escribir esa carta severa, de gran dureza –angustias, ansiedad, lágrimas– porque ama a los corintios. Se trata con toda probabilidad de la que se conserva fragmentariamente en los capítulos 10–13. No olvidemos que el Apóstol escribió varias cartas a la comunidad, de las que sólo sabemos por los fragmentos que el recopilador intercaló en la presente «segunda carta a los Corintios». La próxima visita será serena y gozosa, dice Pablo. El gozo tiene que ser sentimiento compartido. El Apóstol refleja esta situación en su forma de expresarse: la palabra «afligir», «aflicción» se repite ocho veces, en contraste siempre con el «consuelo».

Estos problemas concretos con los corintios le ofrecen a Pablo la oportunidad de ir señalando las características de todo ministerio apostólico o liderazgo cristiano, tan válidos para entonces como para ahora. Ha hablado antes de la sencillez y la sinceridad que hacen del líder cristiano una persona honesta y transparente. Ha hecho hincapié en la alegría que lleva consigo el anuncio del Evangelio y que es consecuencia de la fe. Sin alegría y gozo no hay Evangelio (cfr. Rom 14,17; Flp 4,4). Ha hablado del amor, de la comprensión y del perdón, que no están reñidos con la denuncia valiente y genuina. Finalmente, dice que no quiere ser el dueño de la fe de los corintios, sino un pastor atento. «Ser dueño» viene de la raíz de «señor». Y como el único Señor es Jesucristo, nadie puede ni debe sentirse dueño de los otros cristianos (cfr. 1 Pe 5,3).

2,5-13 Perdón para el ofensor. Aunque parezca uno solo el ofendido, ofensa, castigo saludable y perdón tienen alcance comunitario. «Alguien» influyente en Corinto había agitado a otros contra Pablo, y todos deberían haberse dados por ofendidos. En asamblea comunitaria y movidos por la carta severa del Apóstol, la «mayoría» ha impuesto un castigo al culpable, quizás la exclusión temporal de la comunidad. La persona en cuestión se ha arrepentido y sufre profundamente; es hora de levantar el castigo para que no acabe con él; es hora de reconciliarlo con cariño.

Pablo, que con su carta quiso poner a prueba a los corintios, ahora parece satisfecho; es más, se siente como si no le hubieran ofendido (cfr. Col 3,13). Pide, pues, que se reúna de nuevo la asamblea para formalizar el perdón, contando con su voto positivo que va con la carta, y que Cristo inspire la decisión. De lo contrario, Satanás se aprovechará para atizar las discordias y socavar a la comunidad.

El portador de dicha carta fue Tito. Dado su amor por los corintios, es normal que Pablo no se diese descanso hasta ver de regreso a su querido compañero y conocer así la reacción de la comunidad. Más adelante, en 7,6, nos contará su encuentro con Tito y la inmensa alegría que le proporcionaron las buenas noticias de Corinto que le traía su compañero y colaborador. Mientras Tito estaba de viaje, Pablo tuvo también que salir de Éfeso –¿expulsado?–. Aunque aquí no se mencione, parece que en esos días tuvo lugar la fundación de una comunidad cristiana en Tróade. En Hch 20,6-12 se narra una eucaristía de despedida de Pablo en esta ciudad de la costa asiática del Egeo.

A continuación, el relato del viaje del Apóstol, apenas iniciado –continuará en 7,5–, se interrumpe para dar paso a una sección de la carta dedicada a ministerio apostólico.

Prisionero del triunfo de Cristo

[14] Doy gracias a Dios que siempre
nos hace participar de la victoria de
Cristo y por nuestro medio difunde en
todas partes el aroma de su conocimiento. [15] Porque nosotros somos el
aroma de Cristo ofrecido a Dios, para
los que se salvan y para los que se pierden. [16] Para éstos olor de muerte que
conduce a la muerte, para aquellos fra-
gancia de vida que lleva a la vida. Pero,
¿quién está capacitado para una misión
así? [17] Porque nosotros no andamos,
como muchos, traficando con la
Palabra de Dios, sino que hablamos
con sinceridad, como enviados de
Dios, en presencia de Dios, y como
miembros de Cristo.

**Los corintios,
carta de recomendación de Pablo**

3 [1] ¿Empezamos otra vez a recomendarnos? ¿Acaso necesitamos
cartas de recomendación de ustedes o
para ustedes? [2] Ustedes son nuestra
carta, escrita en nuestro corazón, reconocida y leída por todo el mundo. [3] Nadie
puede negar que ustedes son una carta
de Cristo, que él redactó por intermedio
nuestro, escrita no con tinta, sino con
el Espíritu del Dios vivo, no en tablas de
piedra, sino en corazones de carne.

El ministerio de la nueva alianza
(Éx 33,7-11; 34,29-35)

[4] Esta confianza en Dios la tenemos
gracias a Cristo. [5] No es que seamos
capaces de atribuirnos algo como

2,14-17 Prisionero del triunfo de Cristo. Se da inicio a una sesión de teología/apología de su ministerio apostólico. Pablo comienza con una acción de gracias a Dios por haber sido asociado al cortejo triunfal de Cristo. La imagen está tomada de las marchas triunfales de los generales del imperio que entraban en Roma, entre nubes de incienso y aroma, exhibiendo en su séquito las riquezas arrebatadas al enemigo y los prisioneros hechos. Aquí el vencedor es Dios. Pablo, vencido y prisionero, marcha en el cortejo triunfal. Se alegra de desfilar como prisionero en el triunfo de Cristo, difundiendo su aroma que es la predicación evangélica.

La imagen tiene un sentido polémico contra «los muchos», no nombrados, que han tratado de embaucar a los corintios con espectáculos triunfalistas de milagros, éxtasis y visiones. Es de notar que, en la imagen del cortejo, Pablo no está como triunfador, sino como prisionero, humillado y fracasado, tal y como corresponde a un verdadero apóstol que antes de participar en el definitivo triunfo de Cristo tiene que llevar la cruz que su Señor llevó. El Evangelio proclamado desde esta experiencia de pobreza y contradicción, se convierte en aroma de Cristo. Es más, la misma persona del apóstol es ese aroma.

Es normal que el Evangelio proclamado desde la pobreza y la contradicción sea difícil de ser aceptado. Así ha sido siempre. Pablo expresa esta realidad forzando la metáfora del «perfume» al decir que para unos se convierte en olor de vida y para otros en olor de muerte (16).

La consecuencia no se deja esperar. Si el anuncio del Evangelio es cuestión de vida o muerte, ¿qué tipo de credenciales acreditarán la autenticidad del apóstol? ¿Quién es digno de ello? (16). Sólo los que, como él, «hablamos con sinceridad, como enviados de Dios, en presencia de Dios, y como miembros de Cristo» (17).

3,1-3 Los corintios, carta de recomendación de Pablo. Toda la siguiente reflexión tiene un sabor polémico. Al parecer, algunos predicadores se presentaban en Corinto con cartas de recomendación –quizás de las autoridades de Jerusalén o de Antioquía–, cosa corriente tanto en la vida ciudadana como en la cristiana (cfr. Hch 18,27; Rom 16,1s; 1 Cor 4,10). Es probable que los opositores del Apóstol exhibieran estos documentos como garantía de legitimidad y tapadera de sus charlatanerías.

Pablo pregunta retóricamente a los corintios si él tiene necesidad de recomendaciones. Responde con una imagen bellísima y audaz: ellos mismos, los corintios, son su carta de recomendación de Cristo. Combinando y oponiendo dos citas del Antiguo Testamento, el «decálogo» grabado en losas de piedra (cfr. Éx 24,12) y la ley impresa en el corazón (cfr. Jr 31,33; Ez 11,19), afirma que Cristo mismo es el autor de esa carta viva, «escrita no con tinta, sino con el Espíritu del Dios vivo, no en tablas de piedra, sino en corazones de carne» (3), y que él, Pablo, es el amanuense. Esta carta, escrita en el Espíritu, es la Nueva Alianza de la que el Apóstol afirma que es ministro, no por méritos propios, sino por el poder que Cristo le confirió.

3,4-18 El ministerio de la nueva alianza. Basándose en esta imagen tan sugerente, Pablo propone una reflexión sobre su ministerio apostólico comparado con el de Moisés. Toma las tradiciones –o leyendas– de Éx 33,7-11 y 34,29-35 y, jugando con los símbolos allí narrados –letra, tinta, ley escrita, piedras, mediación de Moisés, gloria, velo–, teje la contraposición entre ambos ministerios en términos audaces y extremos. Pablo no hace una interpretación literal del Antiguo Testamento, sino que se lanza a una reflexión original y libre que en la tradición judía era conocida como estilo «midrásico».

nuestro, ya que toda nuestra capacidad viene de Dios. 6 Él nos capacitó para administrar una alianza nueva: que no se apoya en la letra, sino en el Espíritu; porque la letra mata, pero el Espíritu da vida.

7 Pero si el ministerio que lleva a la muerte, con sus letras grabadas en piedra, se realizó con gloria, hasta el punto de que los israelitas no podían fijar la mirada en el rostro de Moisés, por el resplandor transitorio de su rostro, 8 ¿cómo no va a ser más glorioso el ministerio del Espíritu?

9 Porque si el ministerio de la condena era glorioso, ¿cuánto más lo será el ministerio que conduce a la justicia? 10 Más aún, lo que entonces resplandecía, ya no resplandece, opacado por un esplendor incomparable. 11 Si lo transitorio fue glorioso, ¿cuánto más glorioso será lo permanente?

12 Animados con esa esperanza nos comportamos con toda franqueza. 13 No como Moisés, que se cubría el rostro con un velo, para que los israelitas no vieran el fin de un esplendor pasajero. 14 Con todo, se les oscureció su inteligencia y hasta hoy, cuando leen el Antiguo Testamento, aquel velo permanece, y no se descubre, porque sólo con Cristo desaparece. 15 Hasta el día de hoy, cuando leen a Moisés, un velo les cubre la mente. 16 Pero: al que se convierte al Señor, se le cae el velo. 17 Porque el Señor es el Espíritu, y donde está el Espíritu del Señor allí está la libertad. 18 Y nosotros todos, con el rostro descubierto, reflejamos, como en un espejo, la gloria del Señor, y nos vamos transformando en su imagen con esplendor creciente, bajo la acción del Espíritu del Señor.

Predicación sincera

4 1 Por eso, habiendo recibido este ministerio por pura misericordia, no nos acobardamos; 2 antes bien renunciamos a callar por vergüenza. No procedemos con astucia, falsificando la Palabra de Dios, sino que, declarando la verdad, nos encomendamos delante de Dios a la conciencia de quien sea. 3 Y si nuestra Buena Noticia está oculta,

El contexto de estas reflexiones sigue siendo polémico. Aparentemente Pablo dirige toda su virulencia no contra la Ley de Moisés en cuanto tal, sino contra la predicación de aquellos falsos apóstoles, algunos de ellos probablemente judeo-cristianos, que no se habían desprendido aún de la mentalidad de la «ley antigua» –en realidad manipulaban a Moisés– y del prestigio y la «gloria» con que revestían su actividad misionera. En otras palabras, no habían comprendido la «novedad del Evangelio», y por tanto negociaban con la Palabra, la distorsionaban y callaban su mensaje.

El ministerio del Apóstol es tan absolutamente nuevo y todo lo demás tan relativo, que no duda en llamar a todo lo anterior –el ministerio de Moisés y, sobre todo, el de los supuestos misioneros que pretenden imitar a Moisés– «ministerio que lleva a la muerte» (7). El contraste tiene su fuerza al resaltar con la comparación «vida-muerte» la irrupción de la «vida» del Espíritu en el corazón de los corintios que está creando una nueva comunidad a la que el Apóstol no duda en llamar «alianza nueva» (cfr. Jr 31,31-34; Lc 22,20). A lo largo de todo su alegato, el Apóstol describe esta Nueva Alianza en oposición absoluta con la anterior. Es una Alianza de Espíritu, no de pura letra; da vida, mientras que la letra mata. Su ministerio es de absolución, no de condena; permanente, no transitorio; de resplandor incomparable frente a lo ya opaco; de transparencia y franqueza frente al ocultamiento.

Pablo vuelve de nuevo a la polémica hablando del «velo», pero no ya del de Moisés, sino del que se ponen sus adversarios ante los ojos y que les impide comprender lo que leen –véase el final de Hch 28,27–, es decir, que todas las Escrituras están llenas de la presencia del Señor que ahora se ha manifestado. Pablo no pierde, sin embargo, la esperanza. Cuando se conviertan, «vuelvan» al Señor, se removerá el velo, comprenderán las Escrituras y alcanzarán la libertad (Rom 9–11), pues «donde está el Espíritu del Señor allí está la libertad» (17). El Apóstol alude al final a la gran transformación que la resurrección de Jesús, a través de su Espíritu, va operando en la comunidad de creyentes, que no es otra que la progresiva semejanza a Cristo mismo.

4,1-6 Predicación sincera. Pablo reivindica su ministerio respondiendo a las acusaciones de sus enemigos. Dice que el ministerio es puro don y por ello impone

la está solamente para los que se pierden: [4] a quienes por su incredulidad el dios de este mundo les ha cegado la mente para que no les amanezca la claridad de la gloriosa Buena Noticia de Cristo, que es imagen de Dios. [5] No nos anunciamos a nosotros, sino a Jesucristo como Señor, y nosotros no somos más que servidores de ustedes por amor de Jesús.

[6] El mismo Dios que mandó a la luz brillar en las tinieblas, es el que hizo brillar su luz en nuestros corazones para que en nosotros se irradie la gloria de Dios, como brilla en el rostro de Cristo.

Confianza en Dios

[7] Ese tesoro lo llevamos en vasijas de barro, para que se vea bien que ese poder extraordinario procede de Dios y no de nosotros. [8] Por todas partes nos aprietan, pero no nos aplastan; andamos con graves preocupaciones, pero no desesperados; [9] somos perseguidos, pero no desamparados; derribados, pero no aniquilados; [10] siempre y a todas partes, llevamos en nuestro cuerpo los sufrimientos de la muerte de Jesús, para que también en nuestro cuerpo se manifieste la vida de Jesús. [11] Continuamente nosotros, los que vivimos, estamos expuestos a la muerte por causa de Jesús, de modo que también la vida de Jesús se manifieste en nuestra carne mortal. [12] Así la muerte hace su obra en nosotros, y en ustedes, la vida. [13] Pero como poseemos el mismo espíritu de fe conforme a lo que está escrito: *creí y por eso hablé*, también nosotros creemos y por eso hablamos, [14] convencidos de que quien resucitó al Señor Jesús, nos resucitará a nosotros

responsabilidad (cfr. 1 Tim 2,5). A la franqueza y sinceridad responsable que antes mencionó se oponen dos tácticas: ocultar con vergüenza y deformar por astucia.

Pablo, que apelaba antes al juicio de su propia conciencia, se somete ahora al juicio de la conciencia de los otros (1,12), pero «en la presencia de Dios», es decir, pidiendo honestidad en los razonamientos. Ni la codicia, la adulación, la hipocresía o la adulteración de la Palabra –de todo esto le acusaban– forman parte de su proceder como apóstol. Se le podría objetar: si el mensaje es tan valioso y el que lo transmite tan sincero, ¿cómo se explica que tantos lo rechacen, no sólo judíos sino también paganos? Responde: no está encubierto el mensaje, sino que muchos se niegan a creer voluntariamente (cfr. Is 6,9; 56,10); son aquellos a quienes «por su incredulidad el dios de este mundo les ha cegado la mente para que no les amanezca la claridad de la gloriosa Buena Noticia de Cristo» (4).

Pablo sigue su defensa afirmando que él no se anuncia a sí mismo sino a Cristo y su ministerio es de servicio, llevado a cabo en la humildad, en la pobreza y en el sufrimiento. Es un ministerio sin brillo ni prestigio humanos. Sin embargo, es precisamente en esta oscuridad donde aparece y se experimenta la gloria de Dios que resplandece en el rostro de Jesús (cfr. Is 9,1).

¿Está recordando el Apóstol su camino de Damasco, cuando la luz de Cristo brilló en las tinieblas de su ceguera? ¿Está defendiendo su compromiso evangelizador llevado a cabo en la oscuridad de la humildad y la pobreza donde brilla la luz de Cristo? Éste es el ministerio que Pablo defiende contra sus detractores.

4,7-15 Confianza en Dios. Estamos llegando a la parte central de la carta. Hasta aquí, Pablo se ha defendido de los predicadores adversarios. Ahora va a exponer su «ideal» de la misión de un apóstol de Cristo. Habla con el corazón en la mano, curtido por largos años de experiencia misionera. Comienza con la imagen bíblica de las «vasijas de barro» que recuerdan la creación del hombre y de la mujer del barro de la tierra (cfr. Gn 2,7; Sal 103,14); también puede aludir a Jeremías en el taller del alfarero (cfr. Jr 18,1-17). La «fuerza de Dios» rebasa la capacidad de la vasija y rebosa demostrando su acción. Lo importante es lo que el envase «contiene», no el recipiente en sí. El contenido es el tesoro. Pablo es esa vasija de barro: pura fragilidad humana, agudizada por los avatares de su apostolado.

El Apóstol nunca ha ocultado en sus cartas sus sufrimientos y penalidades (cfr. 11,23b-29; 12,10; Rom 8,35). Aquí, sin embargo une sufrimientos a triunfos en una lista de antítesis que va a vincular a la paradoja entre la muerte y vida de Jesús. No cede al temor de verse aplastado (cfr. Ez 2,6) ni pide el milagro de verse libre de dificultades (cfr. Jr 45): sería negar una parte esencial del misterio pascual de Jesús, su cruz.

Pablo está convencido de que «un crucificado» es el mensajero más apto del Crucificado. Pero así como la muerte de Cristo acabó en vida para él y para todos, así los sufrimientos del Apóstol son fuente de vida para la comunidad: muerte en nosotros y en ustedes la vida (12). Con esa esperanza, el Apóstol sobrelleva gozosa y confiadamente sus desgracias, haciendo suyo un verso del Salmo 116,10: «creí y por eso hablé» (13),

con Jesús y nos llevará con ustedes a su presencia. 15 Todo esto es por ustedes, para que, al multiplicarse la gracia entre muchos, sean también numerosos los que den gracias para gloria de Dios.

Esperanza de la gloria

16 Por tanto no nos acobardamos: si nuestro exterior se va deshaciendo, nuestro interior se va renovando día a día. 17 A nosotros la angustia presente, que es liviana y pasajera, nos prepara una gloria perpetua que supera toda medida, ya que tenemos la mirada puesta en lo invisible, no en lo visible, 18 porque lo visible es pasajero, pero lo que no se ve es para siempre.

5 1 Sabemos que, si esta tienda de campaña, nuestra morada terrenal, es destruida, tenemos una vivienda eterna en el cielo, no construida por manos humanas, sino por Dios. 2 Entre tanto suspiramos con el deseo de revestirnos de aquella morada celestial; 3 porque una vez revestidos de ella, ya no estaremos desnudos. 4 Mientras vivimos en esta tienda de campaña suspiramos afligidos, porque no querríamos desvestirnos, sino revestirnos, de modo que lo mortal fuera absorbido por la vida. 5 Y quien nos preparó precisamente para ello es Dios, que nos dio como garantía el Espíritu.

6 Por eso tenemos siempre confianza y sabemos que mientras el cuerpo sea nuestra patria, estaremos en el destierro, lejos del Señor. 7 Porque ahora no podemos verlo, sino que vivimos sostenidos por la fe. 8 Pero tenemos confianza, y preferiríamos salir de este cuerpo para residir junto al Señor. 9 En cualquier caso, en la patria o desterrados, nuestro único deseo es serle agradables. 10 Todos hemos de comparecer ante el tribunal de Cristo, para recibir el pago de lo que hicimos, el bien o el mal mientras estábamos en el cuerpo.

para terminar afirmando que «quien resucitó al Señor Jesús, nos resucitará a nosotros con Jesús y nos llevará con ustedes a su presencia» (14).

4,16–5,10 Esperanza de la gloria. Pablo se siente sometido a un movimiento doble y opuesto: de decadencia física y aun mental, por una parte, y de crecimiento diario espiritual, por otra. Es como si actuaran en él dos fuerzas contrarias, una de «corrupción» y otra de «renovación». La una afectando al hombre exterior y visible, la otra al interior o invisible.

El Apóstol no se acobarda ni se desanima, sino todo lo contrario, pues no existe proporción entre la corrupción y la renovación, ya que la tribulación presente nos produce una carga incalculable de gloria perpetua (4,17s). Esta desproporción entre sufrimiento y gloria esperada la aplica Pablo a todo cristiano en Rom 8,18.

Continúa en el capítulo 5 con la comparación entre los bienes futuros y los presentes. Recordando la vida en «tiendas de campaña» de los israelitas durante su travesía del desierto, aplica la imagen a nuestro cuerpo mortal que es como una «tienda» que se monta y se desmonta (cfr. Is 38,12; Job 4,19-21), en contraste con las casas «permanentes» que se encuentran en la tierra prometida (cfr. Dt 6,11; Jos 24,13), construidas por Dios, en alusión a la resurrección. La vida del cristiano en este mundo transcurre en esta tensión escatológica entre lo provisional que experimentamos y lo permanente que nos espera. Esta situación produce en el Apóstol un anhelo apasionado por estar y vivir con Cristo definitivamente. A la imagen de la morada definitiva con la que ha venido jugando, el Apóstol superpone otra imagen bíblica, la de vestirse y re-vestirse, para darnos una frase densa, preñada de contenido simbólico: «suspiramos con el deseo de revestirnos aquella morada celestial» (2).

Los judíos consideraban afrentosa la desnudez, recuerdo permanente del pecado (cfr. Gn 9,18-24). La persona justa, por el contrario, está vestida de ropas de salvación y del manto de la justicia (cfr. Is 61,10). Tomando la imagen y refiriéndose al cristiano, Pablo dirá que tiene que estar vestido con la armadura luminosa (Rom 13,12), con la coraza de la fe y del amor (1 Tes 5,8) y de la justicia (Ef 6,14). O sea, revestidos de Cristo.

Vivir en «tiendas» es para el Apóstol un «sinvivir», un destierro que atravesamos agarrados a la fe, pero animosos y esperanzados como desea y espera el orante iluminado (cfr. Sal 65,5; 84,2s).

Al final, sin embargo, el Apóstol aterriza de nuevo en la realidad cotidiana de su ministerio. Lo importante, ya sea viviendo en «tiendas» o en la «habitación definitiva», es agradar al Señor, hacer su voluntad tal y como él, Pablo, lo intenta hacer en su vida misionera de la que deberá rendir cuentas al final de la jornada.

El criterio de la fe

11 Por eso, conscientes del respeto que le debemos al Señor, procuramos convencer a los hombres. Dios ya nos conoce plenamente y espero que también ustedes nos conozcan de la misma manera. 12 Y no intentamos otra vez recomendarnos ante ustedes; deseamos más bien darles ocasión de estar orgullosos de nosotros frente a los que presumen de apariencias y no de lo que hay en el interior. 13 Si perdemos la cordura, es por Dios, si nos controlamos, es por ustedes. 14 Porque el amor de Cristo nos apremia al pensar que, si uno murió por todos, todos murieron. 15 Y murió por todos para que los que viven no vivan para sí, sino para quien por ellos murió y resucitó. 16 De modo que nosotros de ahora en adelante no consideramos a nadie con criterios humanos; y si un tiempo consideramos a Cristo con criterios humanos, ahora ya no lo hacemos.

El mensaje de la reconciliación

17 Si uno es cristiano, es una criatura nueva. Lo antiguo pasó, ha llegado lo nuevo. 18 Y todo es obra de Dios, que nos reconcilió con él por medio de Cristo y nos encomendó el ministerio de la reconciliación. 19 Es decir, Dios estaba, por medio de Cristo, reconciliando el mundo consigo, sin tener en cuenta los pecados de los hombres, y confiándonos el mensaje de la reconciliación. 20 Somos embajadores de Cristo y es como si Dios hablase por nosotros. Por Cristo les suplicamos: Déjense reconciliar con Dios. 21 A aquel que no conoció el pecado, Dios lo trató por nosotros como un pecador, para que nosotros, por su medio, fuéramos inocentes ante Dios.

5,11-16 El criterio de la fe. Pablo sigue defendiendo su ministerio frente a ataques y reticencias. Se puede leer entre líneas lo que sus enemigos le achacaban, ser un visionario y un exaltado. ¿Pretendían socavar por ahí su autoridad como apóstol? La línea de defensa de Pablo es el respeto debido al Señor (11), que le hace estar siempre como al desnudo ante su presencia. De ahí la sinceridad y la franqueza con que siempre ha procedido en su ministerio. Espera que los corintios reconozcan también esta transparencia de su actuar. Es más, por lo que vale y porque lo manifiesta con sinceridad y modestia, los corintios pueden estar orgullosos de su apóstol y enfrentarse con los que aparentan sin tener sustancia.

Hay que entender esta frase en su contexto polémico. Había gente en Corinto que negaba los méritos de Pablo para afirmar su propia valía y autoridad. A la luz de 11,19-22 podría decirse que se trata de líderes cristianos judaizantes que se jactaban de algo externo como la circuncisión. Frente a ellos, ¿qué deben hacer los corintios? Cerrar filas y afirmar el valor y la autoridad de su apóstol.

Por lo demás, Pablo en todo procede con respeto a Dios y amor a Cristo; un amor que corresponde al amor sacrificado del Señor. Vivir para Cristo es vivir sin egoísmo el amor a los hermanos y hermanas (cfr. Gál 5,13-15; Rom 14,15). Para el Apóstol esto es amar y comprender a Cristo superando criterios puramente humanos.

En su primera época, Saulo juzgaba a Jesús con criterios inadecuados y lo perseguía. Hasta que se le reveló en el camino de Damasco. Desde aquel momento, Pablo empezó a comprender de otra manera. Esta nueva manera de juzgar es la que él quiere que usen los corintios, no solamente con él mismo sino con todos sin excepción.

5,17-21 El mensaje de la reconciliación. Llegamos a la parte exhortativa de esta sección de la carta. Pablo ha defendido la autenticidad de su misión entre los corintios contra los oportunistas y falsos apóstoles que la estaban socavando con críticas y difamaciones. El Apóstol desea la reconciliación, y no solamente a título privado, sino como mediador de la fe de su querida comunidad. Es decir, lo que está verdaderamente en juego no son sus relaciones estrictamente personales con los corintios, sino la comprensión y aceptación por parte de éstos del Evangelio que les ha anunciado.

El asunto es grave, afecta nada menos que a la salvación de la comunidad. ¿Cómo podrán reconciliarse con Dios sin que esta reconciliación pase por la reconciliación con el enviado y embajador de Cristo, cuyo servicio es justamente el «ministerio de reconciliación»? La lógica de Pablo es aplastante. El Apóstol comienza señalando la consecuencia fundamental para el cristiano de la muerte y resurrección de Cristo: la creación de una nueva humanidad integrada por criaturas nuevas (cfr. Sal 51,12). Este paso de lo «antiguo» a lo «nuevo» es concebido por Pablo como una «reconciliación radical con Dios» que afecta no solamente a las conductas individuales «antiguas», sino que está inaugurando la fase definitiva de la historia de la salvación. Es la vuelta del destierro (cfr. Is 43,18) a un cielo nuevo y a una tierra nueva (cfr. Is 65,17).

El ministerio apostólico

6 1 Como colaboradores de Dios los
exhortamos a no recibir en vano la
gracia de Dios. 2 Porque él nos dice en
la Escritura:

En el tiempo favorable te escuché,
en el día de la salvación te auxilié.

Miren, éste es el tiempo favorable,
éste el día de salvación.

3 Procuramos no dar a nadie ocasión alguna para desacreditar nuestro
ministerio. 4 En todo momento demos-
tramos ser verdaderos ministros de
Dios: con mucha paciencia soporta-
mos tribulaciones, penurias, angustias,
5 azotes, cárceles, motines, fatigas, noches sin dormir y ayunos. 6 Nosotros
obramos con integridad, inteligencia,
paciencia y bondad; con docilidad al
Espíritu Santo, con amor no fingido,
7 en nosotros está la verdad y la fuerza
de Dios. Usamos las armas de la justicia
a diestra y siniestra. 8 En la honra y en
la deshonra, sea que gocemos de buena
o de mala fama. 9 Nos tratan como a
mentirosos a pesar de que decimos la
verdad, como a desconocidos cuando
somos bien conocidos, como mori-
bundos cuando estamos llenos de vida,
como castigados pero no ejecutados,
10 como tristes aunque estamos siempre alegres, como pobres aunque
hemos enriquecido a muchos, como
necesitados aunque lo poseemos todo.

11 Para ustedes, corintios, mi boca
se abre con franqueza, mi corazón está
dilatado. 12 Dentro de mí están todos
ustedes, aunque en su corazón, no hay
lugar para nosotros. 13 Como a hijos les
pido el pago correspondiente: también
ustedes abran su corazón.

El ser humano, por sí mismo, es incapaz de reconciliarse con Dios. Es Dios, en su gran amor, quien decide hacerlo, y lo hace por medio de Cristo que carga con las culpas ajenas (cfr. Is 53,12). El ser humano simplemente se deja reconciliar, responde a la oferta removiendo obstáculos y aceptando.

Para explicar cómo se realiza esta reconciliación, el Apóstol usa una de esas frases en que apura la expresión hasta los límites del lenguaje. Dice literalmente en griego: «A aquel que no conoció el pecado, Dios lo trató por nosotros como un pecador, para que... fuéramos inocentes ante Dios» (21). Sopesa, mide y calcula cada palabra (cfr. Rom 8,3).

En realidad, con esta frase Pablo no explica nada, ni lo pretende, ni quiere hacer teología alguna sobre la redención. ¿Cómo se puede explicar lo inexplicable?

El Apóstol sólo intenta verter en estas expresiones torturadas –en Gál 3,13 dirá que Cristo se hizo por nosotros «maldición»– su asombro ante la locura del amor infinito y sin condiciones de Dios por todos nosotros, manifestado en la muerte en la cruz de su hijo Jesús. Pablo lo experimentó en Damasco y quiere transmitir su experiencia a los corintios.

6,1-13 El ministerio apostólico. Pablo vuelve a interpelar a su querida comunidad a que se convierta, y lo hace como colaborador de Dios en este ministerio de reconciliación. No habla en abstracto, el contexto de su nueva exhortación es siempre el mismo: si los corintios le rechazan como apóstol, están rechazando no sólo su persona sino también el Evangelio que él anuncia. De ahí la insistencia machacona del Apóstol en defender su conducta misionera.

Es impresionante la importancia que da Pablo a que el «mensajero» se identifique con el «mensaje». No hace sino imitar a su Señor, «el testigo fiel» (Ap 1,5), cuya persona misma era «el Evangelio». Así pues, más que autodefensa de su ministerio, Pablo nos va a dar en estos versículos el retrato de lo que debe ser un servidor del Evangelio, o mejor aún, nos va a mostrar el Evangelio en acción. Tan importante es esta llamada del Apóstol a la conversión y reconciliación de los corintios que no duda en aprovechar el texto bíblico de Is 49,8 para decirles que el tiempo favorable de salvación anunciado por el profeta ha llegado para ellos justamente ahora, al tener esta carta en sus manos.

Si el evangelio de Pablo es Cristo y Cristo crucificado, el mensajero y ministro del Evangelio no puede ser sino un «crucificado» también. Así es como Dios capacita y acredita a su ministro. Esto es lo que los corintios no acababan de comprender, y esto es lo que quiere hacerles entender con la larga alusión a sus tribulaciones, tristezas, penurias, cárceles, pobreza, etc. Paradójicamente, este camino de cruz es la marcha triunfal de una persona que también está participando ya del poder de la resurrección. Por eso está viva y alegre, enriquece a todos con su pobreza, lo posee todo en su necesidad, tiene un corazón ancho y dilatado donde caben todos y todas.

Pablo termina dirigiéndose a sus queridos corintios con una conmovedora petición: que hagan un hueco en su corazón para él, Pablo, y para el Evangelio que les anuncia.

Templo de Dios

14 No se unan ustedes en un mismo
yugo con los que no creen. ¿Qué tienen en común justicia e injusticia?,
¿puede la luz convivir con las tinieblas?,
15 ¿o haber armonía entre Cristo y
Beliar?, ¿qué hay en común entre el
creyente y el infiel? 16 ¿Es compatible el
santuario de Dios con los ídolos? Porque nosotros somos santuario del Dios
vivo. Como dijo Dios:
Habitaré entre ellos
y me trasladaré con ellos.
Seré su Dios y ellos serán mi pueblo.
17 Por tanto, *salgan de en medio*
y apártense de ellos –dice el Señor–.
No toquen lo impuro, y yo los recibiré.
18 *Seré para ustedes un Padre*
y ustedes serán mis hijos e hijas
–dice el Señor Todopoderoso–.

7
1 Ya que tenemos estas promesas,
queridos míos, purifiquémonos de
toda impureza de cuerpo y espíritu, haciendo realidad la obra de nuestra santificación y respetando a Dios.

Reacción de los corintios y de Pablo

2 Háganme un lugar en su corazón: a
nadie hemos perjudicado, a nadie arrui-
nado, a nadie explotado. 3 No lo digo
como reproche, ya les he dicho que los
llevo en el corazón, unidos en la vida y
en la muerte. 4 Puedo hablarles con
plena franqueza y sentir plena satisfacción por ustedes. Estoy lleno de consuelo, y desbordo de gozo en medio de
todas las pruebas. 5 Ni siquiera al llegar
a Macedonia encontré alivio corporal,
sino toda clase de adversidades: por
fuera ataques, por dentro temores. 6 Pero Dios, que conforta a los abatidos,
nos confortó con la llegada de Tito.
7 No sólo con su llegada, sino también
con el consuelo que había recibido de
ustedes: él me contó el afecto, el dolor,
y la preocupación que ustedes tienen
por nosotros; y eso me alegró aún más.

8 Si les causé tristeza con mi carta,
no lo lamento; sí lo lamenté al comprobar que aquella carta de momento los
había entristecido, 9 ahora me alegro:

6,14–7,1 Templo de Dios. Aquí Pablo interrumpe bruscamente el hilo de su discurso. Si esta segunda carta a los corintios es la recopilación posterior de varias cartas hoy perdidas, este pasaje parece corresponder a la llamada «carta previa» (cfr. 1 Cor 5,9), en la que Pablo, al poco tiempo de haber fundado la comunidad de Corinto, es bastante rigorista en sus consejos. Si los cristianos recién convertidos permanecen en estrecho contacto con los paganos corren el peligro de recaer ellos mismos en el paganismo.

Pablo, pues, les exhorta, breve pero vehementemente, a distanciarse, separarse y diferenciarse del mundo pagano en que viven, como los hebreos en Egipto o en Babilonia. La situación de los cristianos nuevos en Corinto explica esta preocupación y el tono categórico, extremado, de las recomendaciones. La incompatibilidad entre Cristo y los ídolos aparece con la misma energía que en 1 Cor 10,20s. De todo el flujo de preguntas retóricas surge la gran afirmación de la comunidad como templo de Dios (cfr. 1 Cor 3,16; 6,19).

7,2-16 Reacción de los corintios y de Pablo. Los versículos 2-4 retoman el hilo de 6,13 y parecen ser como el final de su defensa. Pablo, en una última exhortación llena de ternura y emoción, manifiesta a los corintios el lugar que ellos ocupan en su corazón y pide que le den cabida a él también en el de ellos. ¿Cómo pueden, pues, prestarse a las acusaciones que lo pintan perjudicando y arruinando a la comunidad? Por si acaso su defensa ha sido demasiado fuerte e incisiva, el Apóstol les asegura que su intención no es acusar o condenar. Tiene la confianza de que su defensa surtirá efecto y así lo expresa anticipando la alegría y el gozo de una reconciliación que desea y está seguro que se producirá.

Los versículos 5-16 parecen empalmar directamente con el hilo interrumpido en 2,13 en que iba contando familiarmente a los corintios sus tribulaciones; una de ellas es el sufrimiento por Tito, pues lo envió a Corinto para una misión difícil y tarda en regresar. De ahí que el versículo 5 comience por los «temores» que le producían tal situación. El ansiado encuentro tuvo lugar, por fin, en Macedonia, probablemente en Filipos. Fue un momento gozoso para el Apóstol no sólo por volver a ver a Tito sino, sobre todo, por las buenas noticias que éste le traía. Con su buena mano, ha hecho entrar en razón a los corintios y los ha recuperado para Pablo. El «afecto» por el Apóstol es la nueva actitud de la comunidad. El «dolor» es por las desavenencias pasadas. Pablo no se avergüenza de poner su corazón al descubierto y manifestar cuánto necesitaba en medio de sus tribulaciones

no de su tristeza, sino del arrepentimiento que provocó en ustedes. Su
tristeza provenía de Dios, de manera
que nosotros no les hemos hecho ningún daño. 10 La tristeza por voluntad de
Dios produce un arrepentimiento saludable e irreversible; la tristeza por razones de este mundo produce la muerte.
11 Fíjense bien cuántas cosas ha suscitado en ustedes la tristeza que proviene
de Dios: cuánta solicitud, cuántas
excusas, cuánta indignación, cuántos
respetos, cuánta añoranza, cuánto afán,
cuánto escarmiento. Han demostrado
plenamente que en este asunto no son
culpables. 12 Así que, si les escribí, no
fue por el ofensor ni por el ofendido,
sino para que descubrieran por ustedes
mismos y delante de Dios la preocupación que ustedes tienen por nosotros. Lo
cual me llenó de consuelo. 13 A nuestro
consuelo se añadió la alegría inmensa
por el gozo de Tito, que había quedado
satisfecho de ustedes. 14 Y si había pre-
sumido de ustedes ante él, no quedé
mal; todo lo contrario, de la misma
manera que siempre les he dicho la
verdad, así nuestro orgullo por ustedes
ante Tito resultó justificado. 15 Y su cariño por ustedes crece cuando recuerda
la obediencia y la meticulosa atención
con que lo recibieron. 16 ¡Cuánto me
alegro de poder confiar plenamente en
ustedes!

La colecta para Jerusalén

8 1 Quiero informarles, hermanos,
de la gracia que Dios concedió a
las Iglesias de Macedonia. 2 En medio
de una prueba grave desbordaban de
alegría; en su extrema pobreza derro-
charon generosidad. 3 Hicieron todo lo
que podían, lo atestiguo, incluso más
de lo que podían. 4 Espontáneamente y
con insistencia nos pedían el favor de
participar en este servicio a los consagrados. 5 Superando mis esperanzas,
ofrecieron sus personas primero a Dios
y después a nosotros, según la voluntad de Dios. 6 Así que hemos pedido
a Tito que, ya que comenzó, termine
entre ustedes esta generosa tarea.
7 Y como tienen abundancia de todo,
de fe, elocuencia, conocimiento, fervor
para todo, afecto a nosotros, tengan
también abundancia de esta generosidad. 8 No lo digo como una orden,
sino que, viendo el entusiasmo de
otros, quiero comprobar si el amor de
ustedes es genuino.

del afecto recuperado de su comunidad. Sus palabras finales aluden a la alegría por la confianza mutua reestablecida.

8,1-8 La colecta para Jerusalén. «Colecta», en nuestro lenguaje de hoy, no va más allá de una limosna puntual y esporádica que no implica necesariamente la solidaridad radical con los pobres, tan estrechamente ligada al Evangelio de Cristo. Por eso, la palabra «colecta» no traduce en toda su dimensión este servicio a los pobres del que va a hablar Pablo, y que forma parte del mensaje de la carta. El Apóstol comienza llamando «gracia» a este servicio a los pobres. Poder dar y dar generosamente es «gracia de Dios». Dios es el gran «dador», que da a los hombres y mujeres el ejemplo de dar y de qué dar (cfr. Sal 136,25; 145,16).

Macedonia fue la primera zona europea misionada por Pablo; allí se encontraban los primeros enclaves cristianos a los que Pablo presenta como ejemplo. Aunque algunas ciudades de Macedonia eran ricas, no así los cristianos y cristianas. Eran pobres de medios, pero ricos en generosidad (cfr. Lc 21,1-4). Es además una generosidad que toma la iniciativa, pide, insiste, considera un favor poder contribuir (cfr. Hch 11,29). También con sus personas, que es el tipo más valioso de prestación. El servicio al pobre necesitado coincide con el servicio a Dios. Después de esta especie de introducción sobre la solidaridad, Pablo entra en el asunto de la colecta de los corintios, que seguramente fue interrumpida por las desavenencias entre la comunidad y el Apóstol.

¿Quién mejor, pues, que Tito, para hacer nuevamente de intermediario? Con tacto y diplomacia, el Apóstol presenta su mandato como la oferta de un beneficio. A las cualidades ya reconocidas y demostradas de la comunidad –fe, elocuencia, conocimiento, fervor–, ¿por qué no hacer patente y efectiva la cualidad más importante, que seguramente también tienen: la abundancia de su generosidad?

El ejemplo de Cristo pobre

9 Ya conocen la generosidad de
nuestro Señor Jesucristo, que siendo
rico, se hizo pobre por nosotros para
enriquecernos con su pobreza.
10 Les doy mi opinión en este asunto:
ya que el año pasado tomaron la iniciativa del proyecto y de su ejecución,
11 ahora les conviene llevarlo a término.
Así al entusiasmo por proyectarlo responderá el realizarlo, según sus posibilidades. 12 Porque donde hay entusiasmo,
se acepta lo que sea, no se pide impo-
sibles. 13 No se trata de que ustedes
sufran necesidad para que otros vivan en
la abundancia sino de lograr la igualdad.
14 Que la abundancia de ustedes remedie por ahora la escasez de ellos, de
modo que un día la abundancia de
ellos remedie la escasez de ustedes. Así
habrá igualdad. 15 Como está escrito:

A quien recogía mucho no le sobraba,
a quien recogía poco no le faltaba.

16 Doy gracias a Dios, que inspiró a
Tito la misma solicitud que yo tengo
por ustedes. 17 Él, no solamente respondió a mi ruego, sino que de buena
gana y con toda diligencia se puso en
camino hacia ustedes.
18 Enviamos con él al hermano que se
ha hecho famoso en todas las Iglesias
como predicador de la Buena Noticia.
19 Más aún, ha sido designado por las
Iglesias como nuestro compañero de
viaje en esta colecta que administra-
mos a gloria del Señor y con nuestro
mejor deseo. 20 Queremos evitar cualquier crítica a nuestra gestión de la
abundante colecta que tenemos a
nuestro cuidado. 21 Por eso procuramos
agradar no sólo a Dios, sino también a
los hombres.
22 Enviamos con ellos otro hermano
cuya diligencia hemos comprobado en
muchas ocasiones, y mucho más
ahora, por su confianza en ustedes.
23 Ya se trate de Tito, compañero y
colaborador nuestro al servicio de ustedes, ya de nuestros hermanos, delegados de las Iglesias y gloria de Cristo,
24 denles pruebas de su amor y de-
muestren ante ellos y ante las Iglesias el
orgullo que siento por ustedes.

Insistencia en la colecta

9 1 Acerca de este servicio a favor
de los consagrados no necesito
escribirles más 2 porque conozco la
buena disposición de ustedes y presumo
de ella ante los macedonios, diciéndoles que Acaya está preparada desde
el año pasado y que el entusiasmo de
ustedes ha servido de estímulo a

8,9-24 El ejemplo de Cristo pobre. Pablo continúa con una serie de argumentos que estarían a la base de todo servicio de la comunidad cristiana a los pobres, o de la «opción por los pobres», como diríamos hoy.

El primero es el ejemplo de Cristo, su generosidad que funda y da sentido a la caridad y solidaridad cristianas: «siendo rico, se hizo pobre por nosotros para enriquecernos con su pobreza» (9). No sería hacer justicia al argumento de Pablo si nos fijáramos «solamente» en el «empobrecimiento existencial» de Cristo, que siendo Dios asumió la «pobre» condición humana.

Con toda probabilidad, el Apóstol está insistiendo aquí en que esa pobreza «existencial» de Cristo se manifestó también en la pobreza «económica y social» con que Jesús de Nazaret se identificó y solidarizó con los marginados y económicamente pobres (cfr. Flp 2,5-11). De ahí que la «riqueza» que nos trajo la «pobreza» asumida y voluntaria del Señor, argumenta Pablo, deba ser no sólo «riqueza espiritual» sino también eliminación de la pobreza económica a través de la solidaria redistribución de bienes. Más adelante, y desde otro ángulo, el Apóstol insiste en lo mismo: en el logro de la igualdad, la eliminación de la pobreza. En los Hechos de los Apóstoles se dice que no había indigentes entre ellos (Hch 4,34). ¿Está Pablo proponiendo la misma «utopía»? Sin duda alguna. Es una utopía cristiana que se va realizando a través de hechos concretos, como éste de la contribución económica de los corintios.

9,1-15 Insistencia en la colecta. Lo que sigue, si no es el fragmento de otra carta sobre el mismo asunto, recogida aquí por tratar del mismo tema, equivale a una insistencia templada por la discreción. Pablo quiere impulsar sin forzar; acumula argumentos y los repite. Aunque

muchos más. 3 Les envío a los hermanos para que nuestro orgullo por ustedes
no resulte infundado en este asunto.
Así que, como les decía, estén preparados. 4 Porque si llegan conmigo los
macedonios y los encuentran mal preparados, nosotros, por no decir ustedes,
quedaremos defraudados en nuestras
esperanzas. 5 Por eso juzgué necesario
rogar a los hermanos que se adelanten
y vayan preparando su donativo prometido: así preparado parecerá acto de
generosidad y no de extorsión. 6 Según
aquello: A siembra mezquina cosecha
mezquina, a siembra generosa cosecha
generosa.

7 Cada uno aporte lo que en conciencia se ha propuesto, no de mala
gana ni a la fuerza, porque Dios ama al
que da con alegría. 8 Y Dios puede col-
marlos de dones, de modo que,
teniendo siempre lo necesario, les
sobre para hacer toda clase de obras
buenas. 9 Como está escrito:

reparte limosna a los pobres,
su limosna es constante, sin falta.

10 Dios que provee la semilla al sembrador y el pan para comer, proveerá
y multiplicará la semilla de ustedes y les
hará crecer la cosecha de su limosna.
11 Así enriquecidos, la generosidad de
ustedes se transformará por nuestro
medio en acción de gracias a Dios.

12 Porque este acto de servicio no
sólo remedia las necesidades de los
consagrados, sino que moverá a muchos
a dar gracias a Dios.

13 Apreciando este servicio, ellos
darán gloria a Dios por la obediencia
con que ustedes confiesan la Buena
Noticia de Cristo y por la solidaridad
generosa para con ellos y con todos.
14 Y rezarán por ustedes con todo su
afecto, al ver la gracia extraordinaria
que Dios les ha concedido.

15 Demos gracias a Dios por su don
inefable.

Defensa polémica de Pablo

10 1 Por la bondad y mansedumbre
de Cristo les ruego yo, Pablo, el
tímido cuando estoy cerca y el audaz
cuando estoy lejos de ustedes. 2 Les
pido que cuando llegue no me vea obligado a actuar con severidad, porque
me siento seguro para hacerlo, con
aquellos que me acusan de proceder
con criterios humanos. 3 Aunque pro-
cedo como hombre que soy, no estoy

la mayoría de los corintios, provenientes del paganismo, no captaran las alusiones bíblicas, lo cierto es que las resonancias de la Biblia estructuran todas las reflexiones del Apóstol. Aquí tenemos un buen ejemplo de ello.

A través de citas del Antiguo Testamento nos expone algo así como la gran «lección del dar». Dios es el «dador» por excelencia; da el buen deseo (cfr. Éx 35,29; 36,3-7) y los medios con qué dar. La tierra es el don primario de Dios. El que posee, da al necesitado (cfr. Dt 15,1-11; Sal 112; Eclo 14,3-6). Unos y otros dan gracias a Dios.

Aunque aparentemente es un asunto económico, el compartir los bienes tiene para el Apóstol una dimensión religiosa fundamental; por eso utiliza los vocablos favoritos que suele usar para describir la auténtica comunidad cristiana. Habla de servicio, «diakonía»; de solidaridad/comunión, «koinonía»; de gracia o don, «jaris».

En el pensamiento de Pablo, esta «comunión» se va a realizar de un modo concreto entre sus Iglesias de la diáspora –entre ellas la de Corinto– las que prestarán este servicio de solidaridad y la Iglesia Madre de Jerusalén que dará gloria a Dios por los servicios recibidos. Ambas actitudes, don y gloria a Dios constituyen, para el Apóstol, confesión humilde del Evangelio (13). Así se construye la comunidad cristiana.

10,1-11 Defensa polémica de Pablo. El cambio brusco de tema y de tono respecto a los capítulos precedentes hace pensar a no pocos expertos, que se trata del fragmento de otra carta, quizás escrita antes de 7,5-16 y antes de los capítulos 8s.

Si no fuera así, ¿cómo explicar lógicamente que en los capítulos 8s espere Pablo la contribución económica de la comunidad en un contexto de reconciliación y armonía y a renglón seguido (10–13) se lance a la defensa de su apostolado descargando contra sus enemigos invectivas tan vehementes? Quede la cuestión para los estudiosos.

bajo las órdenes del instinto; 4 porque
las armas de mi combate no son humanas, sino son el poder de Dios para
demoler fortalezas, destruir teorías 5 y
todo tipo de soberbia que se levante
contra el reconocimiento de Dios. Hacemos prisionero a todo razonamiento,
sometiéndolo a Cristo, 6 y estamos dispuestos a castigar cualquier rebeldía,
una vez que ustedes lleguen a obedecer perfectamente.

7 Ustedes se fijan solamente en las
apariencias. Quien esté convencido de
ser cristiano debe caer en la cuenta de
que cristianos también lo somos nosotros. 8 Y aunque me gloriara más de la
cuenta de la autoridad que me confirió
el Señor sobre ustedes, para construir y
no para destruir, no sentiría vergüenza.

9 No quiero dar la impresión de que
pretendo atemorizarlos con mis cartas.
10 Algunos dicen: las cartas sí, son graves y enérgicas, pero cuando está es un
hombre de presencia insignificante y su
palabra es despreciable. 11 Sepa quien
tal cosa dice que lo que soy a distancia
y de palabra, lo seré de cerca y de obra.

El poder del apóstol

12 No nos atrevemos a igualarnos ni
a compararnos con algunos que se elo-
gian a sí mismos. Ellos en cambio, al
tomarse como medida de sí mismos,
demuestran que proceden neciamente.

13 Nosotros no alardeamos más allá
de lo debido, sino que aceptando la
medida del sector que Dios nos ha
asignado, llegamos hasta ustedes.

14 No nos extralimitamos como si
nuestra competencia no alcanzara
hasta ustedes, ya que fuimos nosotros
los primeros en llegar para anunciarles
la Buena Noticia de Cristo.

15 No nos excedemos alardeando de
trabajos ajenos pero esperamos que, al
aumentar entre ustedes los creyentes,
podamos ampliar mucho nuestro campo
de acción 16 y aun predicar la Buena
Noticia más allá, aunque sin alardear
de campos ajenos ya cultivados.

17 *Quien se gloría que se glorie del
Señor,* 18 ya que no queda aprobado el
que se recomienda a sí mismo, sino
aquel a quien recomienda el Señor.

Sea lo que sea, estos capítulos finales de la carta nos regalan la rica y apasionada humanidad de un Pablo que sabe ser agresivo y desafiante, irónico y sincero como el que más. La cuestión era de vital importancia porque estaba en juego la legitimidad de su misión, o lo que es lo mismo, la legitimidad del Evangelio que había anunciado a los corintios y que estaba en peligro ante los ataques de algunos advenedizos.

Es un texto apasionado que fluye sin aparente arquitectura. La cólera del Apóstol se derrama en frases irónicas, incluso sarcásticas. Lanza ataques frontales, finge hacer teatro para hablar de sí más libremente. Como siempre, entremezcla principios doctrinales. Al trasluz de su apología podemos vislumbrar las actitudes y los ataques de sus rivales a los que el Apóstol no duda en llamar «superapóstoles», «falsos apóstoles», «ministros de Satanás», «locos» y otros calificativos por el estilo.

Las acusaciones se centraban en su persona y en el proceder de su ministerio. ¿Qué clase de apóstol podría ser un pobre hombre sin recomendaciones ni prestigio que ni siquiera había conocido personalmente al Señor, desmedrado físicamente, sin elocuencia ni sabiduría, que se empeñaba en trabajar con sus manos para su sustento sin aceptar la ayuda de la comunidad, «fuerte» con los corintios «de lejos y por carta», pero débil, cobarde y falto de energía cara a cara? Dicho de otra manera: ¿Qué se podía esperar de un pobre loco con tales credenciales?

Pablo se defiende presentando «la bondad y mansedumbre de Cristo» (1) como su inspiración, su modelo (cfr. Flp 2,6-8) y sus armas de combate. Ya antes se ha referido a la misión del apóstol como a la lucha de un soldado de Cristo (6,7) cuyas armas, dice ahora, tienen un poder que viene de Dios y está destinado a destruir baluartes y torreones que se subleven contra el reconocimiento de Dios. El Apóstol alude claramente a la Palabra de Dios que él anuncia en la humildad y la pobreza, frente a los sofismas, la prepotencia y los falsos razonamientos con que los falsos apóstoles pretenden desviar a los corintios del Evangelio que ellos aceptaron. La paz de la comunidad será reestablecida. Toda sabiduría humana que se oponga a Cristo será sometida a la obediencia de la fe (Rom 1,5).

10,12-18 El poder del apóstol. Parece ser que sus enemigos llegados a Corinto achacaban a Pablo el no ser un apóstol en sentido completo y, por consiguiente, que carecía de la auténtica autoridad apostólica frente a la comunidad. Ellos en cambio, sí que se consideraban

Finge ser necio polemizando

11 1 Ojalá aguantaran ustedes un
poco de locura de mi parte. Sé
que me aguantarán. 2 Tengo celos de
ustedes, celos de Dios: porque los he
prometido a un solo marido, Cristo, para
presentarlos a él como virgen intacta.
3 Me temo que, así como la serpiente
sedujo a Eva con astucia, también
ustedes se dejen corromper abandonando la sinceridad y fidelidad a Cristo.
4 Porque si se presentara alguien anunciando un Jesús que yo no anuncié, o
recibieran un espíritu diverso del que
han recibido, o una Buena Noticia
diversa de la que han aceptado, ciertamente lo tolerarían.
5 Pienso no ser inferior en nada a
esos superapóstoles. 6 Aunque no
tengo preparación para hablar, no me
falta el conocimiento, y esto lo he demostrado siempre y en todo.
7 ¿Hice mal en humillarme para ele-
varlos a ustedes, predicando gratuitamente la Buena Noticia de Dios? 8 He
despojado otras Iglesias aceptando su
ayuda para servirlos a ustedes.
9 Mientras viví con ustedes, aunque
pasé apuros, no fui carga para nadie ya
que los hermanos venidos de Macedonia
me socorrieron en mis necesidades.
Siempre me mantuve y me mantendré
sin ser una carga para nadie. 10 Por
Cristo les aseguro que nadie en Acaya

apóstoles y alardeaban de «ser de Cristo», implicando quizás con esta frase casi técnica ya sea el haber conocido a Jesús personalmente ya sean las conexiones que tenían con los apóstoles de la Iglesia de Jerusalén. Es decir, consideraban el apostolado como un club exclusivo al que Pablo no podía pertenecer.

Pablo pasa al ataque. Venciendo el pudor y el malestar que le causa alardear y hablar de sí mismo, las circunstancias le obligan a hacerlo. Y lo hace recordándoles que él fundó la Iglesia de Corinto y que esa comunidad viva es el testimonio de la presencia y del poder de Dios en su apostolado. Es un poder constructivo y no de destrucción, como lo estarían haciendo esos «superapóstoles». Y que, por lo tanto, por carta o cara a cara, él ejercita el mismo poder de Dios, como lo podrán comprobar cuando les visite.

Refiriéndose a su labor misionera por la que fundó la comunidad de Corinto, el Apóstol no se gloría, lo considera sencillamente un acto de obediencia a lo que el Señor le ha encomendado: llevar el Evangelio a las naciones (cfr. Hch 9,15; Rom 15,15-20). Ha cumplido su misión en Corinto y piensa seguir cumpliéndola más allá de Corinto y de Grecia (cfr. Rom 15,24-28).

La política de Pablo es clara: no meterse en terreno ya evangelizado por otros. Pide asimismo que los otros no invadan el campo que el Señor le ha asignado.

¿Tenía celos el Apóstol celo de estos misioneros itinerantes –«los superapóstoles»– que habían fascinado con su elocuencia, credenciales y prepotencia a sus queridos corintios, desacreditándole a él, el fundador de la comunidad? No hay que descartar esta posibilidad en una persona tan apasionada y afectuosa. Sin embargo, los verdaderos celos de Pablo son por el Evangelio que les ha anunciado y que, con el instinto de un padre, ve que es eso lo que está en peligro (cfr. 1 Cor 4,15). Esta paternidad es su «gloria» y está dispuesto a defenderla a toda costa porque sabe muy bien que toda «gloria» proviene del Señor y a Él le pertenece (cfr. 1 Cor 4,7; Flp 3,3; Gál 6,14). Gloriarse del Señor es gloriarse de tener por Dios al Señor y de haber recibido todo de Él. Es un orgullo paradójico.

11,1-15 Finge ser necio polemizando. Lo que va a decir a continuación puede sonar a desatino propio de un necio. Al asumirlo y declararlo necedad, Pablo lo exorciza, lo purifica y lo convierte en un arma polémica contra sus contrincantes. No en vano se ha llamado a esta parte de la carta: «discurso de locura».

A todo está dispuesto el Apóstol para defender el Evangelio que predica, incluso a hacerse pasar por un «necio» gloriándose a sí mismo.

Tenemos aquí a un Pablo consumido por los celos. Los compara con los «celos» de Dios (cfr. Éx 20,5; 34,14) de los que se hicieron portavoces los profetas de la Biblia para defender la alianza de bodas entre Dios y su pueblo (cfr. Is 54,5; Ez 16). Dios quiere ser el amor único de sus elegidos (cfr. Zac 1,14; 8,2) y no tolera amoríos con otros dioses.

Se compara después con un padre que da su hija a un novio y se compromete a que permanezca virgen hasta el día de la boda. Encargado de protegerla, vive solícito y vigilante y carga, por así decirlo, con los celos del futuro marido (cfr. Ef 5,26). La desposada es la Iglesia de Corinto. Cristo es el esposo. Pablo el guardián.

El peligro de seducción existe, por eso al Apóstol le viene a la mente la imagen del paraíso (cfr. Gn 3,4; Ap 14,4). La serpiente quiere que Eva, la esposa, sea infiel. Los corintios están en peligro se ser seducidos por agentes de la serpiente que presentan un Jesús, un Espíritu y un Evangelio extraños, que no son los que el Apóstol les anunció.

Se vuelve después –¿todavía en clave de necio?– a retorcer argumentos y pretensiones de los rivales que predican «un evangelio distinto», alegando ser superiores

me privará de este honor. 11 ¿Será acaso porque no los amo? Dios sabe cuánto. 12 Y lo que hago lo seguiré haciendo para quitar de raíz todo apoyo a los que buscan un pretexto para presumir de ser como yo. 13 Esos tales son falsos apóstoles, obreros fingidos, disfrazados de apóstoles de Cristo. 14 Su táctica no debe sorprendernos: si el mismo Satanás se disfraza de ángel de la luz, 15 no es de extrañar que sus ministros se disfracen de agentes de la justicia. Pero su final responderá a sus obras.

Alardes de un necio fingido
(Hch 13–28)

16 Lo repito: que nadie me tome por insensato; y si me toman por tal, sopórtenme para que también yo pueda gloriarme un poco. 17 Lo que voy a decir, no me lo dicta el Señor, sino la necedad. 18 Ya que muchos se glorían de méritos humanos, yo también me gloriaré. 19 Porque ustedes, tan sensatos, soportan de buena gana a los insensatos. 20 Soportan que uno los esclavice, los explote, les robe, los desprecie, los abofetee.

21 Confieso avergonzado que fui blando con ustedes. Pues bien, de lo mismo que otros se glorían –lo digo como necio– yo también me gloriaré.

22 ¿Que son hebreos? Yo también. ¿Que son israelitas? Yo también. ¿Que son descendientes de Abrahán? Yo también. 23 ¿Que son ministros de Cristo? –hablo como demente–, yo lo soy más que ellos.

Les gano en fatigas, les gano en prisiones, aún más en golpes, con frecuencia estuve al borde de la muerte. 24 Cinco veces fui azotado por los judíos con los treinta y nueve golpes, 25 tres

a Pablo. Los marca primero con una expresión irónica: «esos superapóstoles» (5); los desenmascara con frases durísimas: «obreros fingidos, disfrazados de apóstoles» (13), para amenazarles con que «su final responderá a sus obras» (15).

Un apóstol que se estime –parecen decir sus rivales– se hace pagar dignamente sus servicios, como hacían los sacerdotes y algunos profetas del Antiguo Testamento (cfr. 1 Sm 9,7s). Pablo, en cambio, es un pobretón que no estima a sus oyentes ni a su ministerio.

El Apóstol se gloría precisamente de lo contrario, de su desinterés, de su predicación gratuita que no es desprecio sino amor, el cual a la larga acreditará la autenticidad de su misión.

11,16-33 Alardes de un necio fingido. Retoma el papel de necio para recitar gozos y penas, méritos y flaquezas de su ministerio. En realidad, enumera más flaquezas que méritos. Esta fingida necedad nos permite asistir a la semblanza impresionante de un modelo perpetuo de apóstoles y líderes cristianos. Pero si cuanto dice se lo dicta la necedad –recurso literario–, la fingida necedad se la inspira Dios.

Comienza reprochándoles a los corintios –tan sensatos ellos, ironiza Pablo– que se dejen devorar, despojar y despreciar por los «superapóstoles». Con esta dureza interpreta el Apóstol la predicación de un falso evangelio. Deberían haber mostrado más sentido común frente a tales predicaciones, y retóricamente dice a sus lectores que se arrepiente de haber sido blando con ellos.

Pues bien, si sus adversarios se atreven a alardear y jactarse de los propios méritos, Pablo los va a superar a todos. De nuevo insiste en que lo que va a decir lo dice como necio. Comienza recordándoles que él es tan hebreo, tan israelita y tan del linaje de Abrahán como lo puedan ser sus contrincantes. En ese terreno, no lo superan en nada. Sin embargo, si de lo que verdaderamente se enorgullecen sus rivales es de sus méritos apostólicos, Pablo los supera cómodamente. Y a continuación, enumera una paradójica lista, no precisamente de éxitos, no de comunidades fundadas o viajes realizados, conversiones, bautismos, etc., de los que podría presumir, sino de su largo camino misionero recorrido a la sombra de la cruz de Cristo: sufrimientos, privaciones, fatigas, persecuciones, castigos, peligros de muerte, etc.

Sólo la «cruz de Cristo» que lleva a cuestas un apóstol confirma su legitimidad y el poder de su apostolado. Ésta es la lección fundamental que nos da aquí Pablo. El Apóstol nos tiene acostumbrados en sus cartas a listas de sufrimientos semejantes (cfr. Rom 8,35; 1 Cor 4,9-13), pero ésta es la más larga y detallada. Las circunstancias la hacen necesaria.

Alude, por fin, al sufrimiento quizás más intenso y evangélico que el Apóstol está viviendo justamente mientras escribe: su preocupación por las Iglesias que ha fundado y que le hace estar en ascuas, enfermo de ansiedad como lo está ahora, a causa de los corintios.

Termina poniendo a Dios por testigo de que todo lo dicho es verdad y que si de algo tiene que presumir, es de su debilidad.

veces me azotaron con varas, una vez
me apedrearon; tres veces naufragué y
pasé un día y una noche en alta mar.
26 Cuántos viajes, con peligros de
ríos, peligros de asaltantes, peligros de
parte de mis compatriotas, peligros de
parte de los extranjeros, peligros en
ciudades, peligros en descampado, peligros en el mar, peligros por falsos hermanos. 27 Con fatiga y angustia, sin
dormir muchas noches, con hambre y
con sed, en frecuentes ayunos, con frío
y sin ropa.
28 Y además de éstas y otras cosas,
pesa sobre mí la carga cotidiana, la
preocupación por todas las Iglesias.
29 ¿Alguien enferma sin que yo
enferme? ¿Alguien cae sin que a mí me
dé fiebre? 30 Si hay que gloriarse, me
gloriaré de mi debilidad.
31 El Dios Padre del Señor Jesús
–sea bendito por siempre– sabe que no
miento.
32 En Damasco el gobernador del
rey Aretas custodiaba la ciudad para
prenderme. 33 Por una ventana y en una
canasta me descolgaron muralla abajo y
así escapé de sus manos.

Revelaciones y flaquezas

12 1 ¿Hay que seguir alabándose?,
aunque de poco sirva, paso a las
visiones y revelaciones del Señor.
2 Sé de un cristiano que hace catorce
años –no sé si con el cuerpo o sin el
cuerpo, Dios lo sabe– fue arrebatado
hasta el tercer cielo; 3 y sé que ese individuo –con el cuerpo o sin el cuerpo,
Dios lo sabe– 4 fue arrebatado al paraíso
y escuchó palabras inefables, que ningún hombre puede pronunciar. 5 De
eso podría gloriarme, pero en cuanto a
mí, sólo me gloriaré de mis debilidades.
6 Aunque, si quisiera gloriarme, no sería
necio, diría la verdad. Pero me abstengo
para que, en vista de tan extraordinarias
revelaciones, no vaya alguien a formarse
de mí una idea superior a lo que ve en
mí o escucha de mí.
7 Ahora bien, para que no me enva-
nezca, me han clavado en las carnes
una espina, verdadero delegado de
Satanás que me abofetea. 8 A causa de
ello rogué tres veces al Señor que lo
apartara de mí. 9 Y me contestó: ¡te
basta mi gracia!; la fuerza se realiza en
la debilidad. Así que muy a gusto me

12,1-10 Revelaciones y flaquezas. Es probable que los adversarios de Pablo, y quizás también a imitación de ellos algunos corintios, se jactaran de experimentar fenómenos extáticos y revelaciones extrañas.

Una vez más el Apóstol, de mala gana, tiene que hablar sobre sus experiencias espirituales a las que no concede demasiado valor; ya en 1 Corintios relativizó su don de lenguas. Pablo se muestra aquí pudoroso de su intimidad espiritual, en fuerte contraste con las declaraciones sobre su actividad apostólica.

La «autobiografía espiritual íntima» es un género que ni el Apóstol ni otros autores del Nuevo Testamento cultivaron. Para ellos «vivir es Cristo». El acontecimiento a que se refiere no nos es conocido por ningún otro testimonio. Ciertamente no es el del camino de Damasco, pues la cronología –«hace catorce años»– lo sitúa en otro momento. De esta manera da a entender que ha sucedido mucho antes de su llegada a Corinto y que, por lo tanto, no hace falta estar en ese ambiente religioso y cultural para llegar a tener una experiencia de lo divino. Y como es un don de Dios, el beneficiario no puede vanagloriarse, ni mucho menos exhibirlo como credencial de su apostolado.

Para remachar la afirmación hace una confesión dramática a los corintios. Dice tener como clavado en la carne un aguijón, un emisario de Satanás que le abofetea. ¿Sería una enfermedad? ¿Sería el rechazo del Evangelio por parte de sus hermanos de raza, los judíos, cuyo fracaso se atribuye Pablo personalmente (cfr. Rom 9–11)? ¿La permanente intromisión de los judaizantes en sus comunidades (cfr. Gál 1,7; Flp 3,2)? No lo sabemos.

De todas formas, el Apóstol nos da en los versículos 8-10 un bello ejemplo de petición no escuchada. «No sabemos pedir como es debido», dirá en Rom 8,26. Es que Dios escucha a su manera, no reduciendo la carga sino duplicando las fuerzas. Véase la súplica de Jeremías y la respuesta de Dios (cfr. Jr 15,20s). Así se remonta Pablo a un principio de gran trascendencia: Dios demuestra su poder usando instrumentos débiles. La debilidad es el terreno en que se manifiesta y actúa la fuerza de Dios.

gloriaré de mis debilidades, para que
se aloje en mí el poder de Cristo. 10 Por
eso estoy contento con las debilidades, insolencias, necesidades, persecuciones y angustias por Cristo. Porque cuando soy débil, entonces soy
fuerte.

El ministerio en Corinto

11 Me he portado como necio: ustedes me han obligado. A ustedes tocaba
valorarme. Porque aunque soy nada, en
nada soy inferior a los superapóstoles.
12 La marca del verdadero apóstol se
vio en mi trabajo entre ustedes: paciencia a toda prueba, signos, prodigios y
milagros.
13 ¿En qué fueron menos que otras
Iglesias salvo en que yo no me convertí
en una carga para ustedes? Perdónenme
esa ofensa.
14 Miren, por tercera vez pienso ir a
visitarlos; y no seré una carga, ya que
no busco sus bienes, sino a ustedes.

No les toca a los hijos ahorrar para
los padres, sino a los padres para los
hijos. 15 Con sumo gusto gastaré y me
gastaré por ustedes.

Y si yo los quiero tanto, ¿no seré
querido en la misma medida?
16 —Concedido, dirán que yo no he
sido una carga para nadie, pero como
soy astuto, los he cazado en una trampa.
17 ¿Acaso los he explotado por
medio de alguno de mis enviados? 18 A
Tito le rogué que fuera, y con él envié al
hermano: ¿los explotó Tito? ¿No nos
guía el mismo Espíritu? ¿No pisamos
las mismas huellas?
19 ¿Piensan que vuelvo a justificarme
ante ustedes? Hablamos en presencia
de Dios y como cristianos: todo, queridos míos, lo hice para construir su
comunidad. 20 Pero temo que al llegar
no los encuentre como deseo ni ustedes a mí como quisieran.

Temo encontrar rivalidades, envidias, pasiones, ambiciones, calumnias,
murmuraciones, soberbia, desórdenes.
21 Temo que al llegar me vuelva a
humillar Dios ante ustedes y tenga que
guardar luto por tantos que persisten
en sus pecados, sin arrepentirse de la
impureza, fornicación y desenfreno en
que viven.

12,11-21 El ministerio en Corinto. A modo de recapitulación, Pablo concluye que no es en nada inferior a los predicadores rivales. Lamenta tener que defenderse cuando deberían haber sido los mismos corintios sus defensores. Todavía agrega otra prueba más: los prodigios, milagros y señales que acompañaron su ministerio en Corinto y que acreditan el Evangelio según la promesa de Jesús (cfr. Mc 16,17). La presencia de la cruz en el Apóstol lleva consigo también la fuerza de la resurrección.

Les anuncia a continuación una tercera visita. La primera fue la visita fundacional, y la segunda, aquella en la que alguien le insultó y amotinó a la comunidad contra él (cfr. 7,7-13), de lo que más tarde todos se arrepintieron. Les advierte de antemano que en esta nueva visita no les ocasionará gastos, porque lo que busca no es su dinero sino a ellos mismos. El empeño de Pablo en trabajar con sus propias manos para su sustento debió ser algo insólito que la minoría acomodada de la comunidad no acababa de digerir.

Algún malicioso podría pensar: ¿no será una estratagema para sacar una tajada mayor con la colecta? ¿Querrá, tal vez, aprovecharse por medio de otros, como Tito o el hermano enviado por las Iglesias para supervisar la operación?

La respuesta de Pablo, en forma de preguntas retóricas, expresa indignación ante semejantes insinuaciones. Ya les ha dicho que se ha comportado siempre como un padre (6,13; 11,2) y que lo propio de un padre es ayudar a los hijos y no aprovecharse de ellos.

Como preparación, pues, para la visita anunciada, Pablo les confiesa sus temores de encontrarse con lo que no desearía. Expresar la sospecha es una manera sutil de denunciar una situación presente y, al mismo tiempo, una exhortación a poner remedio cuanto antes. Sólo pensar que se va a encontrar con una comunidad dividida por rivalidades, envidias, etc., lo llena de profunda tristeza; sería como sufrir una humillación personal, como estar de «luto» por unos muertos de los que se ha sentido siempre tan orgulloso.

Últimas exhortaciones

13 1 Es la tercera vez que voy a visitarlos, *y toda causa debe
decidirse por el testimonio de dos o
tres testigos.* 2 A cuantos siguen en sus
pecados y a todos los demás se lo dije
ya en mi segunda visita y se lo aviso
ahora aún ausente: que cuando vuelva no
tendré consideraciones; 3 ésta será la
prueba de que por mí habla Cristo, que
para ustedes no es débil, sino poderoso.
4 Porque, aunque por su debilidad fue
crucificado, por el poder de Dios está
vivo. Lo mismo nosotros, si compartimos su debilidad, compartiremos frente
a ustedes su vida por el poder de Dios.
5 Examínense para comprobar si se
mantienen en la fe. ¿No logran descubrir a Jesucristo en ustedes? Señal de
que no han superado la prueba. 6 Pero
espero que reconozcan que yo sí la he
superado.
7 Pido a Dios que no hagan nada
malo: no para quedar bien nosotros,
sino para que ustedes obren el bien,
aunque yo quede descalificado.
8 Nada podemos contra la verdad,
sí a favor de la verdad.
9 Nos alegramos de ser débiles,
con tal de que ustedes sean fuertes.
Es lo que pedimos, que lleguen a ser
perfectos. 10 Con este fin les escribo en
mi ausencia, para que, cuando esté
presente, no tenga que usar con severidad el poder que el Señor me ha concedido para edificar y no para destruir.

Saludos finales

11 Por lo demás, hermanos, estén
alegres, alcancen la perfección, anímense, vivan en armonía y en paz; y el
Dios del amor y la paz estará con ustedes. 12 Salúdense mutuamente con
el beso santo. Los saludan todos los
consagrados. 13 La gracia del Señor
Jesucristo, el amor de Dios y la
comunión del Espíritu Santo esté con
todos ustedes.

13,1-10 Últimas exhortaciones. Los corintios reconocen el poder de Cristo, probablemente en los signos y prodigios realizados en su nombre. En Pablo sólo ven la debilidad: o porque desean un jefe dominador o porque se burlan de su ineficacia.

El Apóstol se verá forzado a hacer una demostración del poder de gobierno recibido que actúa en y por su aparente debilidad. Irá dispuesto a entablar un juicio. Antes, sin embargo, les ofrece la posibilidad de evitarlo haciendo un examen de conciencia y manifestando su conversión. De ese modo serán ellos mismos sus propios jueces. El criterio de este auto-examen deberá ser la presencia activa, experimentada, de Cristo en sus vidas (cfr. Rom 2,15-16).

Pablo aprovecha la ocasión para retomar una constante de su teología y espiritualidad: el misterio pascual de muerte y resurrección, consumado por Cristo y participado por el Apóstol.

Cristo pudo sufrir en cuanto «hombre débil» (cfr. Flp, 2,5-8), pero resucitó por el poder de Dios (cfr. Rom 1,4; 1 Cor 6,14). Si en la segunda visita el Apóstol apareció como «débil», ahora está decidido a mostrarse como «fuerte», si fuera necesario. Quiere evitarlo invitando a los corintios a examinarse sinceramente para comprobar si Jesucristo vive en ellos. Si experimentan en ellos el poder y señorío de Cristo, tendrán que reconocer su palabra eficaz en la de Pablo.

Concluye reafirmando el cometido que se le ha asignado: edificar y no destruir (cfr. 10,8).

13,11-13 Saludos finales. La despedida es excepcionalmente breve, impersonal, sin mencionar a nadie.

La «alegría» para Pablo tiene siempre un sentido cristiano, ligado a la vida en Cristo que se manifiesta después en la unión, paz y armonía comunitarias.

Las circunstancias por la que atravesaban los corintios hacen de este saludo algo más que una formula común de despedida.

Las últimas palabras del Apóstol contienen una de las formulas trinitarias más claras de todo el Nuevo Testamento, que ha entrado como saludo en la liturgia eucarística: «la gracia del Señor Jesucristo, el amor de Dios y la comunión del Espíritu Santo esté con todos ustedes» (13).

CARTA A LOS GÁLATAS

Pablo en Galacia. Según los Hechos de los Apóstoles Pablo estuvo o atravesó «la región gálata» (más o menos lo que hoy abarca la moderna Turquía) en tres ocasiones: 13,13–14,27; 16,1-5; y 18,23. En la parte meridional parece que fundó algunas Iglesias en las que predominaban los paganos convertidos, pues los judíos de la zona rechazaron su predicación.

Ocasión de la carta. En las comunidades de Galacia se presentaron unos judaizantes predicando que los cristianos, para salvarse, tenían que circuncidarse y observar ciertas prescripciones de la Ley de Moisés. Correlativamente intentaban desacreditar a Pablo, cuestionaban su condición de apóstol y su doctrina. Semejantes enseñanzas provocaron una grave crisis en aquellas Iglesias jóvenes en las que no pocos se dejaban convencer por las razones de los advenedizos. Es posible que entre los convertidos hubiese algunos judíos y prosélitos del judaísmo. Las discordias en el seno de la comunidad no tardaron en llegar.

Al recibir las noticias en Éfeso, Pablo se alarma y se indigna, porque aquello va frontalmente contra la esencia de su mensaje y su misión. Los judaizantes no sólo pretendían que los judeo-cristianos siguieran observando la Ley, sino que también los paganos convertidos la adaptasen como requisito de salvación. En otras palabras, los cristianos tenían que pasar por el judaísmo para incorporarse al cristianismo.

Sin tardanza, el Apóstol les escribe una carta enérgica (hacia el año 57), con la dureza y ternura de quien ama y sufre: «¡insensatos!» (3,1); «¡hijos míos!» (4,19); «¡hermanos!» (1,11; 3,15; 4,12.28.31; 5,11.13; 6,1.18).

Todos iguales ante Dios. La carta es un alegato vibrante en pro de la libertad cristiana. En las cartas a los Tesalonicenses, el problema era la «parusía» o la venida definitiva del Señor. En la Primera a los Corintios (¿anterior a Gálatas?), los problemas eran de conducta ética y de unidad. Ahora, Pablo se enfrenta por primera vez con el dilema: Ley o fe, Ley o Espíritu. A la Ley no se opone el libertinaje, sino el Espíritu; al instinto de la carne no lo vence la Ley, sino el Espíritu; la Ley esclaviza, la fe emancipa y hace libres. Para obtener al principio el don de la justicia –salvación– no valen las obras –cumplimiento de la Ley–, sólo vale la fe en Jesucristo. Pero una vez obtenida la justicia y con ella la condición de hijos e hijas de Dios, el cristiano debe ordenar su conducta para alcanzar la salvación plena. Las buenas obras no son requisitos para entrar en el camino de la salvación, sino efecto del dinamismo del Espíritu.

La carta es al mismo tiempo una defensa apasionada de la misión que Pablo recibió del mismo Jesucristo y no de hombre alguno. No estaba en juego su prestigio personal, sino la veracidad del Evangelio de libertad en Cristo que él anunciaba. El Apóstol se defiende y defiende a la vez su Evangelio, recurriendo a datos y anécdotas autobiográficos: formación, conversión-vocación, visita a los jefes de Jerusalén, enfrentamiento hasta con el mismo Pedro, ofreciendo una síntesis de su pensamiento sobre la salvación del hombre por la fe y no por las obras. Empeñarse en conseguir la salvación por méritos propios es hacer inútil e inválida la muerte de Cristo.

Actualidad de la carta. La sensibilidad y el rechazo generalizado contra toda discriminación, ya sea por motivos raciales, políticos, económicos o religiosos, quizás sea uno de los logros de la sociedad de nuestros días. En esta lucha por la igualdad, las palabras de Pablo, «ya no se distinguen judío y griego, esclavo y libre, hombre y mujer, porque todos ustedes son uno con Cristo Jesús» (3,28), deben resonar en nuestros oídos con la misma apasionada urgencia con la que el Apóstol las dirigió a los cristianos de Galacia. Sus palabras y la convicción de fe de la que brotaron, la muerte y resurrección de Cristo, ha puesto a todos los hombres y mujeres en pie de igualdad. Iguales en el pecado que esclaviza, pero iguales también ante el ofrecimiento gratuito de la salvación que nos trae la libertad.

Saludo

1 1 Pablo, apóstol, no enviado por
hombres ni nombrado por un
hombre, sino por Jesucristo y por Dios
Padre, que lo resucitó de la muerte, 2 y
de los hermanos que están conmigo, a
las Iglesias de Galacia: 3 Gracia y paz a
ustedes de parte de Dios nuestro Padre
y del Señor Jesucristo, 4 que se entregó
por nuestros pecados, para sacarnos
de la perversa situación presente,
según el deseo de Dios nuestro Padre;
5 a quien sea la gloria por los siglos de
los siglos. Amén.

No hay más que una Buena Noticia

6 Me maravilla que tan pronto hayan
dejado al que los llamó por la gracia de
Cristo, para pasarse a una Buena
Noticia diversa. 7 No es que haya otra,
sino que algunos los están turbando
para reformar la Buena Noticia de
Cristo. 8 Pero si nosotros o un ángel del
cielo [les] anunciara una Buena Noticia
diversa de la que les hemos anunciado,
sea maldito. 9 Como ya se lo he dicho y
ahora se lo repito, si alguien les anuncia una Buena Noticia diversa de la que
recibieron, sea maldito.

1,1-5 Saludo. Ésta es la carta más dura y seria de Pablo. Escribe a las Iglesias de la región de Galacia que están cuestionando la legitimidad de su apostolado y convirtiéndose a un evangelio distinto del que él les ha predicado. El problema es muy grave.

El Apóstol sabía que sus cartas se leían solemnemente ante toda la comunidad reunida en la asamblea litúrgica de la celebración eucarística, de ahí que el tono del saludo sea solemne y enfático. Parece que ha medido y calculado cada palabra para hacer notar a la comunidad, ya desde el principio, toda la autoridad e indignación con que les escribe. Se dirige a ellos con un frío «a las Iglesias de Galacia» (2) sin las acostumbradas expresiones de «Iglesia de Dios» (cfr. 2 Cor 1,1) o «amados de Dios» (cfr. Rom 1,7).

Escribe en nombre, también, «de los hermanos que están conmigo» (2), señalando así que las comunidades que han permanecido fieles al Evangelio confirman lo que les va a decir y están tan indignadas como él frente a la actitud de los gálatas.

Se presenta con su título oficial de «apóstol» y añade con rotundidad que su apostolado se lo debe a Jesucristo y a Dios Padre y no a ningún hombre, aludiendo ya al problema que ha motivado la presente carta.

Agrega, además, que el que le envía, Jesucristo, ha muerto y resucitado para nuestra liberación, tema central de lo que va a hablar. El saludo cristiano de «gracia y paz» debió resonar en la asamblea reunida como una seria llamada al arrepentimiento y a la unidad de la fe.

1,6-10 No hay más que una Buena Noticia. Hacía algo más de un año que Pablo había predicado el Evangelio a los gálatas, así que no sale de su asombro al comprobar que en tan poco tiempo se han dejado embaucar por unos advenedizos.

Sin dilaciones, omitiendo la acostumbrada acción de gracias, va derecho al asunto que considera capital: el Evangelio que les predicó no tiene alternativa y quien intente suplantarlo merece la condena sacra del anatema. El asunto es tan grave, que el Apóstol llega a decir: «si nosotros o un ángel del cielo... anunciara una Buena Noticia diversa de la que les hemos anunciado, sea maldito» (8).

Aludiendo a los rumores esparcidos por los advenedizos de que él, Pablo, predicaba a las Iglesias de Galacia un evangelio poco exigente –que ya no les obligaba a la circuncisión y demás prácticas judías– con la intención de ganarse a la gente, se dirige a los gálatas preguntándoles retóricamente, si está tratando, ahora también, de captar su benevolencia con esta carta tan dura y tan directa.

Mantener intacta la «memoria de Jesús» o la «tradición apostólica», transmitida por los testigos de la resurrección fue ya desde el principio el gran reto de la comunidad cristiana. Lo fue entonces y lo sigue siendo hoy.

En tiempos de Pablo eran los judaizantes o cristianos ultra-conservadores, procedentes del judaísmo, los que ponían en peligro la «memoria de Jesús» al pretender imponer la circuncisión y las prácticas de la ley judía a los paganos, como condición necesaria para ser cristianos y así alcanzar la salvación. Esto era lo que estaba ocurriendo entre los gálatas. No era una simple cuestión de ritos religiosos. Estaba en juego el significado mismo de la vida, muerte y resurrección de Jesús, es decir, su oferta gratuita de salvación y liberación que abolía toda clase de división y de discriminación impuestas por cualquier ley humana.

En realidad, Pablo era tolerante con los judeo-cristianos moderados que continuaban con muchas de las prácticas judías, ya fuera por viejos escrúpulos o por falta de formación. Incluso los defendió cuando eran criticados y juzgados por los que se habían liberado ya de esas prácticas (cfr. Rom 14,1-6). Es más, hizo circuncidar a su discípulo Timoteo por conveniencias del apostolado (cfr. Hch 16,3). Pero cuando la circuncisión y las prácticas de la ley ponían en peligro la fe y la libertad del cristiano, el Apóstol reacciona con la máxima energía.

La «memoria de Jesús» no era para el Apóstol una doctrina abstracta, sino la praxis liberadora del oprimido y del débil que exige la verdadera fe en Jesucristo. Cuando hoy recitamos en el Credo: «creo en la Iglesia,

10 ¿Busco acaso la aprobación de
los hombres? ¿O la de Dios? ¿Intento
agradar a hombres? Si todavía quisiera
agradar a los hombres, no sería servidor de Cristo.

La vocación de Pablo

11 Les hago saber, hermanos, que la
Buena Noticia que les anuncié no es de
origen humano; 12 yo no la recibí ni
aprendí de un hombre, sino que me la
reveló Jesucristo. 13 Sin duda han oído
hablar de mi anterior conducta en el
judaísmo: Violentamente perseguía a la
Iglesia de Dios intentando destruirla;
14 en el judaísmo superaba a todos los
compatriotas de mi generación en mi
celo ferviente por las tradiciones de mis
antepasados. 15 Pero cuando [Dios,]
quien me apartó desde el vientre
materno y me llamó por su mucho
amor, quiso 16 revelarme a su Hijo para
que yo lo anunciara a los paganos,
inmediatamente, en vez de consultar a
hombre alguno 17 o de subir a Jerusalén
a visitar a los apóstoles más antiguos
que yo, me alejé a Arabia y después
volví a Damasco. 18 Pasados tres años,
subí a Jerusalén para conocer a Pedro
y me quedé quince días con él. 19 De
los otros apóstoles no vi más que a
Santiago, el pariente del Señor. 20 En
esto que les escribo Dios es testigo que
no miento. 21 Más tarde me dirigí a la
región de Siria y de Cilicia. 22 Las Iglesias cristianas de Judea no me conocían personalmente; 23 sólo habían
oído contar: el que antes nos perseguía
ahora anuncia la Buena Noticia de la fe
que en otro tiempo intentaba destruir;
24 y por mi causa daban gloria a Dios.

Pablo y los otros apóstoles

2 1 Pasados catorce años subí de
nuevo a Jerusalén con Bernabé
y llevando conmigo a Tito. 2 Subí

una, santa, católica y apostólica», es esta «memoria de Jesús» la que confesamos creer y defender. Hoy, los enemigos de la «memoria» no son ya los judeo-cristianos extremistas, sino todos aquellos que con sus leyes, doctrinas o comportamientos olvidan, oprimen y marginan al pobre. Éste es el «anti-evangelio» contra el que se indigna el Apóstol en esta carta a los gálatas.

1,11-24 La vocación de Pablo. Pablo es apóstol sola y únicamente por elección de Dios y de su hijo Jesucristo. Por tanto, «la Buena Noticia que les anuncié... me la reveló Jesucristo» (11s), afirma aludiendo a su conversión en el camino de Damasco. No describe el acontecimiento, ni aquí ni en ninguna otra carta. Es probable que las comunidades evangelizadas por él conocieran ya todos los detalles que nos da Lucas en Hch 9. Si menciona, pues, su propia historia de «conversión» es para resaltar la «llamada» a ser apóstol que supuso ese encuentro con Jesús a las puertas de Damasco. Y así, habla de ella (15) con términos tomados de la vocación de Jeremías (cfr. Jr 1,5) y del siervo sufriente (cfr. Is 50,4), que son justamente los únicos profetas de Israel que fueron a predicar a los paganos.

En Pablo, conversión personal y vocación misionera son inseparables: «quiso revelarme a su Hijo para que yo lo anunciara a los paganos» (15s).

En cuanto a su autoridad apostólica, Pablo quiere dejar claro que actúa en pie de igualdad con los apóstoles de primera hora y que por eso no corrió inmediatamente a Jerusalén, la «Iglesia madre», en busca de una autoridad para predicar el Evangelio que ya se la había dado Jesús resucitado en persona. Así pues, en vez de dirigirse a la Ciudad Santa, se marchó a Arabia donde permaneció tres años. Sin embargo, el Apóstol no es un francotirador del Evangelio. Sabe muy bien que su conversión-vocación tuvo lugar en el seno de una «comunidad» donde recobró la vista y se llenó del Espíritu (cfr. Hch 9,17-19). Y así, a su debido tiempo –tres años después– viajó a Jerusalén.

Que no se inquieten, pues, los gálatas, parece insinuar Pablo, pues él es portavoz de la misma «tradición apostólica» que Cefas y Santiago.

A propósito de su viaje a Jerusalén, a Lucas le parece, por lo visto, que tres años son demasiados para ver reunidos a Pablo con los demás apóstoles en una misma comunión eclesial, y así nos narra un viaje relámpago del Apóstol a la Ciudad Santa después de su conversión (cfr. Hch 9,26-30). Posiblemente, más que un «viaje físico», el evangelista de la unidad de la Iglesia esté creando literariamente un «viaje espiritual» de comunión en la misma fe y en el mismo testimonio. La fe va a ser el concepto central de la carta.

2,1-10 Pablo y los otros apóstoles. El problema que está afectando ahora tan gravemente a los gálatas, viene a decirles Pablo, ya fue zanjado y resuelto al más alto nivel de la Iglesia, tanto en la Asamblea de Jerusalén, como en el incidente posterior de Antioquía. Los hechos a los que se refiere tuvieron lugar catorce

siguiendo una revelación. En privado
expuse a los más respetables la Buena
Noticia que predicaba a los paganos,
no sea que estuviera trabajando o
hubiese trabajado inútilmente. 3 Pero ni
siquiera a mi compañero Tito, que era
griego, le obligaron a circuncidarse, 4 a
pesar de los falsos hermanos, que se
infiltraron para coartar la libertad que
tenemos gracias a Cristo Jesús, y redu-
cirnos a la esclavitud.

5 Yo no cedí un momento ni me
sometí, porque tenía que mantener para
ustedes la verdad de la Buena Noticia.
6 En cuanto a los respetables –hasta qué
punto lo eran no me importa, porque
Dios no hace diferencia entre las personas–, ellos no me impusieron nada. 7 Al
contrario, reconocieron que se me había
confiado anunciar la Buena Noticia a
los paganos, así como a Pedro fue confiado el anuncio a los judíos; 8 porque el
mismo Dios que asistía a Pedro en su
apostolado con los judíos, me asistía a
mí en el mío con los paganos.
9 Entonces Santiago, Cefas y Juan,
considerados los pilares, reconociendo
el don que se me había hecho, nos estrecharon la mano a mí y a Bernabé en
señal de comunión; para que nosotros
nos ocupáramos de los paganos y ellos
de los judíos. 10 Sólo pidieron que nos
acordáramos de los pobres, cosa que
siempre he tratado de cumplir.

Pablo se enfrenta con Pedro

11 Cuando Cefas llegó a Antioquía
me enfrenté con él abiertamente, porque su conducta era censurable. 12 Ya
que antes de la llegada de algunos
enviados de Santiago, solía comer con
los paganos; en cuanto llegaron, dejó
de hacerlo y se apartó por miedo a los
judíos. 13 Los otros judíos cristianos se

años después de su primer viaje a Jerusalén, en un segundo viaje que hizo acompañado por Bernabé y Tito, quien provenía del paganismo y no había sido circuncidado. Para entonces, Pablo llevaba ya muchos años de experiencia misionera entre los paganos y no exigía la circuncisión ni las prácticas de la Ley a los que se convertían. Sin embargo, en sus comunidades se infiltraron judeo-cristianos fanáticos que condenaban el proceder del Apóstol creando tensión y divisiones. Pablo no los menciona por sus nombres, pero no ahorra epítetos para descalificarlos: falsos hermanos, espías que odian la libertad, imponen yugos y esclavizan.

El problema se exacerbó tanto que se hizo necesaria una reunión a alto nivel en Jerusalén. El Apóstol aclara que no fue para rendir cuentas o buscar aprobación, sino «siguiendo una revelación» (2), aludiendo al Espíritu Santo, a quien consideraba siempre el verdadero protagonista de todas sus decisiones apostólicas. Y el Espíritu va a ser el protagonista de este primer Concilio de la Iglesia.

Ya en la ciudad y reunidos en Asamblea, Pablo, de igual a igual, expone su Evangelio con firmeza y decisión a los dirigentes de la Iglesia Madre, los cuales no sólo aprobaron su proceder sino que confirmaron su autoridad como apóstol de los paganos al igual que la autoridad de Pedro entre los judíos. Todo terminó amigablemente, y Santiago, Cefas y Juan –a quienes llama «los pilares»– reconocieron «el don que se me había hecho, nos estrecharon la mano a mí y a Bernabé en señal de comunión» (9). Quedó así sancionada la validez de su apostolado entre los paganos y se afirmó la vocación universal cristiana. Más que la reinvindicación de la autoridad del Apóstol, lo verdaderamente importante en aquel encuentro fue la solidaridad, la comunión y la corresponsabilidad que se expresó en el gesto de estrechar la mano.

Lucas, al narrar los acontecimientos en Hch 15, quiere resaltar justamente eso, la comunión en medio de la pluralidad. Esto se demostró en la colecta a favor de los hermanos pobres de Jerusalén, decidida por unanimidad. Todos pensaron que el sano pluralismo pedía, de momento, dos comunidades distintas con sus propios dirigentes.

2,11-14 Pablo se enfrenta con Pedro. El llamado «incidente de Antioquía» demuestra la insuficiencia de lo acordado en Jerusalén, donde se tomaron decisiones que afectaban a las comunidades judeo-cristianas y a las pagano-cristianas, respectivamente, pero al parecer no se pensó en las comunidades mixtas. En efecto, algunos judeo-cristianos más progresistas frecuentaban las comunidades pagano-cristianas y «comían» con ellos, es decir, celebraban juntos la eucaristía. El mismo apóstol Pedro cuando llegó a Antioquía parece simpatizar con los aperturistas y celebra la eucaristía tanto con cristianos procedentes del judaísmo como con los procedentes del paganismo, en un gesto de libertad evangélica.

Todo iba bien, hasta que llegaron a la ciudad unos visitantes fanáticos de Jerusalén y reprocharon a Pedro su comportamiento por poner en peligro, según ellos, la fidelidad a la Ley de Moisés de los judeo-cristianos si seguían alternando con los pagano-cristianos.

pusieron a disimular como él, hasta el punto que incluso Bernabé se dejó arrastrar a la simulación.
14 Cuando vi que no procedían rectamente según la verdad de la Buena Noticia, dije a Pedro en presencia de todos: Si tú, que eres judío, vives al modo pagano y no al judío, ¿cómo obligas a los paganos a vivir como judíos?

Judíos y paganos se salvan por la fe

15 Nosotros, judíos de nacimiento, no pecadores venidos del paganismo,
16 sabemos que el hombre no es justificado por observar la ley, sino por creer en Jesucristo; nosotros hemos creído en Cristo Jesús para ser justificados por la fe en Cristo y no por cumplir la ley, porque por cumplir la ley nadie será justificado.
17 Ahora bien, si los que buscamos en Cristo nuestra justificación resulta que también somos pecadores, ¿será entonces Cristo un agente del pecado? De ningún modo.
18 Porque si me pongo a reconstruir lo que había destruido, muestro que soy transgresor.
19 Por medio de la ley he muerto a la ley para

El hecho fue que Pedro, ya sea en bien de la paz o por presión de los fanáticos, dejó de frecuentar las comunidades pagano-cristianas. Viniendo de una autoridad como Pedro, el gesto no pasó desapercibido y con el gesto se creó la confusión, con el resultado de que se rompió la comunión entre las dos comunidades. Pablo se da cuenta del peligro, reacciona y se enfrenta abierta y públicamente con Pedro. Estaba en juego nada menos que la verdad del Evangelio, es decir, que la salvación no está vinculada a la Ley judía o a ninguna otra ley, sino que nos llega por la fe y no por las obras.

2,15-21 Judíos y paganos se salvan por la fe. Para el lector de hoy, comprender y digerir estos siete versículos de síntesis concisa y apretada en los que Pablo expone su evangelio a los gálatas y anuncia el tema central de la carta, se hace difícil por el estilo de argumentación que usa, a partir de objeciones que formula y que él mismo responde, términos jurídicos, oposiciones, etc. Es como si, mientras escribe, el Apóstol tuviera en mente a Pedro, a quien responde y amonesta, a los judeo-cristianos radicales con los que polemiza, y sobre todo a los gálatas a quienes trata de re-evangelizar.

En primer lugar, Pablo expresa reiteradamente y hablando en plural la más profunda experiencia de fe del cristiano –la suya, la de Pedro, la de la comunidad– con un enfático «nosotros... sabemos... hemos creído» (15s). Su saber y su creer es Cristo, cuyo nombre menciona ocho veces en los siete versículos, y que ocupa el centro del Evangelio de salvación que él anuncia. Frente a este evangelio está el evangelio falso que predican los falsos hermanos: el de la observancia de la Ley –mencionada seis veces– que pretendidamente justifica, y que ahora está poniendo en peligro la fe de los gálatas. Para referirse a «salvación», «salvados», el Apóstol emplea los términos jurídicos de uso en su tiempo: «justicia», «justificación», «justos».

He aquí confrontados, en este drama de la salvación de la humanidad, a Cristo y la Ley; a la fe en Cristo y a la observancia de la Ley; a la vida en Cristo y a la muerte por la Ley.

El horizonte de la visión del Apóstol va más allá de la ley judía. Abarca a toda ley, toda ideología socio-política, todo proyecto humano que presente al hombre como centro de su propio destino, como salvador de sí mismo. Pues bien, Pablo recuerda a los gálatas, por activa y por pasiva, dos veces en dos versículos (15 y 16), que sólo la fe en Cristo salva, no la Ley, pues «por cumplir la ley nadie será justificado» (16).

Maravillado y asombrado, el Apóstol no puede disimular lo paradójico de esta realidad gratuita de salvación que está viviendo, pues los que «sabemos» y los que «hemos creído», viene a decir con ironía, somos precisamente «nosotros, judíos de nacimiento, no pecadores venidos del paganismo» (15). Seguramente, esta ironía no pasó desapercibida entre los gálatas, haciéndoles ver lo absurdo de su situación. Si él, Pablo, antes cumplidor y fanático de la Ley como el que más, descubrió por la fe en Cristo la invalidez de la Ley al verse tan pecador como el pagano, ¿qué sentido tiene, entonces, que los gálatas, convertidos del paganismo, quieran ahora someterse a la Ley como condición para salvarse?

Pablo adelanta la posible objeción de los judeo-cristianos y, en definitiva, la de todo aquel que se enfrenta con la sola razón humana al misterio de salvación de Dios revelado en Jesucristo: si la muerte de Cristo desenmascaró la condición pecadora de la humanidad hasta sus últimas consecuencias (cfr. Rom 3,10-20), y su resurrección significó la oferta incondicional y gratuita de la salvación de Dios a esa misma humanidad pecadora, ¿no estaría Dios exigiendo el pecado con el fin de ofrecer la salvación? «¿Será entonces Cristo un agente del pecado? De ningún modo» (17), responde Pablo sin más explicaciones.

En realidad, todo el evangelio del Apóstol es la respuesta. Ya lo hizo en la Carta a los Romanos (cfr. Rom 3) y lo está haciendo ahora a los gálatas: sólo la fe en Cristo es la que nos hace saber y experimentar, por una parte, nuestra condición de pecadores, y por otra, el perdón y la oferta gratuita del amor salvador de Dios. «Soy trasgresor», dice Pablo como personificando a judeo-cristianos fanáticos y a gálatas, «si me pongo a reconstruir lo que había destruido» (18).

vivir para Dios. He quedado crucificado
con Cristo, 20 y ya no vivo yo, sino que
Cristo vive en mí. Y mientras vivo en
carne mortal, vivo de la fe en el Hijo de
Dios, que me amó y se entregó por mí.
21 No anulo la gracia de Dios: porque si
la justicia se alcanzara por la ley, Cristo
habría muerto inútilmente.

La Ley y la fe

3 1 ¡Gálatas insensatos! ¿Quién los
ha seducido a ustedes, ante quienes fue presentada la imagen de Jesucristo crucificado? 2 Una cosa quiero
que me expliquen: ¿Han recibido el Espíritu por cumplir la ley o por haber
escuchado con fe? 3 ¿Tan insensatos
son que habiendo empezado con el
Espíritu han acabado en el instinto?
4 ¿Han experimentado en vano cosas
tan importantes?
Imposible que haya sido en vano.
5 Aquel que les da el Espíritu y hace
milagros por medio de ustedes ¿lo
hace porque cumplen la ley o porque
creen en la predicación? 6 Por ejemplo,
Abrahán *creyó en Dios y esto le fue*
tenido en cuenta para su justificación.
7 Comprendan entonces que los verdaderos hijos de Abrahán son los que tienen fe. 8 La Escritura preveía que los
paganos alcanzarían la justificación por
la fe, y así Dios anticipa a Abrahán la
Buena Noticia:

Por ti todas las naciones serán benditas.

9 Así los creyentes son benditos
con el creyente Abrahán. 10 Los que
dependen del cumplimiento de la ley
caen bajo una maldición. Porque está
escrito:

Maldito quien no cumple fielmente
todo lo escrito en el código de la ley.

11 Y que nadie es justificado ante
Dios por cumplir la ley se prueba porque *el justo vivirá por la fe.* 12 En cambio la ley no depende de la fe, antes
bien: *quien la cumpla vivirá por ella.*

Finalmente, olvidándose ya de debates y argumentos, Pablo deja que hable la nueva vida que lleva dentro, con una de las expresiones más sublimes y atrevidas que han salido de su escritura: «crucificado con Cristo... ya no vivo yo sino que Cristo vive en mí» (19s).

3,1-14 La Ley y la fe. En contraste con esta experiencia de vida en Cristo, la actitud de los gálatas no tiene explicación para Pablo. Por dos veces los llama insensatos. ¿No habrán sido víctimas de las artes de brujería –es el término que usa– de los «falsos hermanos»? A través de una serie de preguntas apela a su experiencia cristiana y a que comparen su vida anterior con la de ahora. ¿Hay algo más convincente que la experiencia? Con un incisivo y retórico «quiero que me expliquen» (2) los desafía a confesar si fue la observancia de la Ley, que por cierto ellos todavía no conocían, o por el contrario, la fe en el evangelio que él les predicó, lo que produjo la efusión de los dones del Espíritu. La respuesta es obvia.

La poderosa obra del Espíritu en las comunidades que el Apóstol fundó es el fruto constante de su evangelización (cfr. 1 Tes 1,5; 2 Cor 12,12). Eso está a la vista de los gálatas, quienes han experimentado este poder en los grandes acontecimientos y milagros de los que han sido testigos. Con la lógica implacable del rabino que lleva dentro, Pablo quiere hacerles ver lo bajo que han caído o están a punto de caer si aceptan ahora la Ley como condición de salvación: del dominio del Espíritu, han caído en el dominio de la carne (3), en alusión desdeñosa a la marca de la circuncisión, símbolo del sometimiento a la Ley. Como de costumbre, el Apóstol usa un fuerte contraste de palabras para causar más impacto.

¿Habrá sido todo en vano? Pablo no acaba de creérselo, por eso dice que es «imposible que haya sido en vano» (4), como esperando que el Espíritu, que sigue presente en las comunidades, los haga reaccionar.

De la experiencia, pasa ahora el Apóstol al argumento de las Escrituras, colocando los textos que cita en el horizonte de la fe y dándoles así un nuevo significado.

El Apóstol no está forzando los textos para beneficio de sus argumentos, sino que contempla su profunda significación, solo ahora desvelada en la muerte y resurrección de Jesús.

Es desde esta perspectiva desde la que ve a Abrahán convertido en amigo y servidor de Dios gracias al acto de fe por el cual se fió y puso su destino en las manos de su creador: «creyó en Dios y esto le fue tenido en cuenta para su justificación» (6). Es como si el Patriarca hubiera dado una respuesta anticipada al anuncio del Evangelio. Este acto pionero de fe, prosigue Pablo, es el que constituyó a Abrahán en padre de todos los creyentes. Quien repita esta actitud del Patriarca entronca con él, es descendiente suyo, aunque sea de otra raza y de otro pueblo, pues en él «todas las naciones serán benditas» (8), judíos y paganos.

13 Cristo, nos rescató de la maldición
de la ley sometiéndose él mismo a la
maldición por nosotros; como está
escrito:

Maldito el que cuelga de un leño.

14 Así la bendición de Abrahán, por
medio de Cristo Jesús se extiende a los
paganos, para que nosotros podamos
recibir por la fe el Espíritu prometido.

La Ley y la promesa

15 Hermanos, emplearé un ejemplo
de la vida cotidiana: cuando un hombre
hace un testamento en forma debida,
nadie puede anularlo ni añadirle nada.
16 Ahora bien, las promesas fueron hechas a Abrahán y a su descendencia:
no dice descendientes en plural, sino
en singular *y a tu descendiente*, que es
Cristo. 17 Ahora bien les digo esto: un
testamento ya otorgado por Dios no
puede anularlo una ley que llega cuatrocientos treinta años más tarde, inva-
lidando la promesa. 18 Porque, si la
herencia se recibe en virtud de la ley, ya
no lo es en virtud de la promesa; y a
Abrahán se la regaló Dios en virtud de
la promesa.

19 Entonces, ¿para qué sirve la ley?

Se añadió para poner de manifiesto la desobediencia, hasta que llegara el descendiente beneficiario de la promesa; y fue promulgada por ángeles, a través de un mediador.

La circuncisión y la Ley vinieron después (cfr. Rom 4,11) y estaban orientadas, como sello y confirmación, a esta respuesta de fe de Abrahán y sus descendientes.

Dicho esto, el Apóstol se enfrenta ahora con la Ley (10-13). A causa del pecado del pueblo judío, esta Ley quedó pervertida cuando, en vez de llevarles a depender de Dios para su salvación, les hizo creer que se salvaban por sus propios méritos adquiridos por la observancia de la Ley y garantizados por la circuncisión. Así cayeron en la «maldición», en oposición a la «bendición» prometida en Abrahán.

En la mente de Pablo parecen resonar las palabras de Habacuc, su texto favorito. El profeta maldice al hombre hinchado por la arrogancia y la fanfarronería que le producen sus propios éxitos, en cambio «el inocente, por fiarse, vivirá» (Hab 2,4).

Pablo llega a decir que la dinámica de esta maldición de la Ley es lo que llevó a Jesucristo a la muerte y «nos rescató de la maldición de la Ley sometiéndose él mismo a la maldición por nosotros» (13). Y fue en esta muerte donde se reveló el misterio de salvación.

Cristo, cargando con esta maldición, nos libera de ella y aplica y extiende a todos la «bendición» prometida a Abrahán, la cual se hace ahora en el don del Espíritu. Como siempre, Pablo tiene en la mente «no sólo» a la Ley judía, sino a todo producto del orgullo humano que lleve al hombre a constituirse en señor de sí mismo y artífice de su propio destino frente a su Creador. Este «orgullo» que tantas violencias e injusticias ha causado en la torturada historia humana es a lo que el Apóstol llama la «maldición de la Ley».

3,15-22 La Ley y la promesa. La venida de Cristo es también la clave que ilumina el sentido y alcance de la «promesa» y de la «Ley», ideas básicas del judaísmo de su tiempo. El Apóstol argumenta que la promesa hecha por Dios a Abrahán no puede ser anulada por una legislación que llegó siglos después y que surgió del pacto o la alianza entre Dios y su pueblo en el Sinaí (cfr. Éx 19s). Ambas, Promesa y Ley, son ciertamente iniciativas de Dios. El problema, sin embargo, está en que los judíos de su tiempo no han comprendido la relación entre la promesa hecha a Abrahán y la Ley dada a Moisés. No han reconocido que la Ley estaba al servicio de la promesa, hasta que ésta se cumpliera. Habían hecho de la Ley un absoluto, casi divinizándola, convirtiéndola en fin de sí misma, olvidándose por completo de la promesa que daba sentido y legitimidad a la Ley.

Ahora, Cristo, el «heredero» de la promesa hecha a Abrahán está presente. Con su venida, la Ley ya ha cumplido su función. Leyendo el término «descendiente» en singular (cfr. Gn 12,7), Pablo afirma que el heredero de la promesa patriarcal es una persona, Cristo.

«Entonces, ¿para qué sirve la Ley?» (19). El Apóstol ve venir la objeción y responde: sin duda alguna la Ley tenía su valor, fue promulgada nada menos que por ángeles y por un mediador de la categoría de Moisés.

Sin embargo, su función –viene a decir Pablo con la sutileza del rabino iluminada por la fe del creyente– no estaba en que salvaba, sino justamente en lo contrario, en convencer a los que están bajo su régimen de que la Ley no salvaba; por eso, «la Escritura incluye a todos bajo el pecado» (22), haciéndoles así experimentar, por una parte, la necesidad de una salvación radical y definitiva y, por otra, lanzarlos a la espera de dicha salvación, la que justamente estaba contenida en la promesa que se ha hecho ahora realidad en la persona de Jesucristo.

Así es cómo explica Pablo la doble funcionalidad de la Ley en tensión con la promesa. Primero, desenmascara la condición pecadora del hombre y su imposibilidad de salvarse a sí mismo; segundo, como Ley basada en la promesa de salvación por la fe, lanza al pueblo a un futuro de esperanza.

20 Ahora bien, no hace falta mediador cuando hay una sola parte; y Dios
es único.
21 Entonces, ¿va la ley contra las
promesas [de Dios]? De ningún modo.
Si hubiéramos recibido una ley capaz
de dar la vida, ciertamente por la ley se
alcanzaría la justicia. 22 Pero la Escritura
incluye a todos bajo el pecado, de modo
que lo prometido se entregue a los
creyentes por la fe en Jesucristo.

Esclavos e hijos

23 Antes de que llegara la fe, éramos
prisioneros custodiados por la ley hasta
que se revelase la fe futura. 24 De modo
que la ley era nuestro guía hasta que
viniera Cristo y fuéramos justificados
por la fe; 25 pero al llegar la fe, ya no
dependemos del guía.
26 Por la fe en Cristo Jesús todos
ustedes son hijos de Dios. 27 Los que se
han bautizado consagrándose a Cristo
se han revestido de Cristo. 28 Ya no se
distinguen judío y griego, esclavo y
libre, hombre y mujer, porque todos
ustedes son uno con Cristo Jesús. 29 Y
si ustedes pertenecen a Cristo, son descendencia de Abrahán, herederos de la
promesa.

4 1 Digo lo siguiente: mientras el
heredero es menor de edad, aunque sea dueño de todo, no se distingue
del esclavo; 2 sino que está sometido a
tutores y administradores hasta la
fecha fijada por su padre. 3 Lo mismo
nosotros, mientras éramos menores de
edad, éramos esclavos de los poderes
que dominan este mundo. 4 Pero cuando se cumplió el plazo, Dios envió a su
Hijo, nacido de mujer, nacido bajo la
ley, 5 para que rescatase a los que estaban sometidos a la ley y nosotros
recibiéramos la condición de hijos.
6 Y como son hijos, Dios infundió en
sus corazones el Espíritu de su Hijo,
que clama a Dios llamándolo: Abba, es
decir, Padre. 7 De modo que no eres
esclavo, sino hijo; y si eres hijo, eres
heredero por voluntad de Dios.
8 Antes, cuando no conocían a Dios,
veneraban a los que realmente no son
dioses. 9 Ahora que reconocen a Dios,
mejor, que Él los reconoce, ¿por qué se
vuelven de nuevo a esos débiles e indigentes poderes?, ¿por qué quieren otra
vez volver a venerarlos? 10 ¡Respetar
ciertos días, meses, estaciones y años!
11 Francamente me temo haber trabajado inútilmente por ustedes.

3,23–4,11 Esclavos e hijos. Siguiendo con su argumentación, Pablo explica esta función pedagógica de la Ley con una comparación tomada de la relación existente en el mundo griego entre preceptor o pedagogo y el menor de edad o pupilo. En la familia griega, el niño pequeño era confiado a esclavos, que podían ser cultos y amables pero también incultos y crueles, convirtiendo así la tutoría de sus pupilos en una cárcel. Cuando llegaba la fecha de la mayoría de edad, decidida por el padre, el hijo se emancipaba y adquiría todos los derechos como hijo y como heredero.

La Ley ejerció de «tutor» durante la minoría de edad del pueblo. Dios señala una fecha en la historia y envía a su Hijo, el Heredero. Y nosotros, unidos a él –el singular se hace colectivo–, nos hemos convertido también en hijos y herederos (cfr. Jn 1,12; Rom 8,17) «por voluntad de Dios» (4,7). La minoría de edad fue una esclavitud «a los poderes que dominan este mundo» (4,3), dice Pablo. ¿Se refiere al culto idolátrico a criaturas tenidas por divinas, devoción que practicaban los gálatas antes de su conversión (cfr. Col 2,20)? ¿Les está insinuando a los judíos que también la práctica de la Ley de Moisés puede llegar a convertirse en idolatría? ¿Está cuestionando también nuestras idolatrías esclavizadoras de hoy: el culto al dinero, al consumismo, etc., que tantas injusticias están causando en nuestra sociedad?

De todo ello, afirma el Apóstol, hemos sido liberados pues «Dios infundió en sus corazones el Espíritu de su Hijo, que clama a Dios llamándolo: Abba, es decir, Padre» (4,6). Esta primera invocación filial lo contiene todo en germen: madurez tras la infancia, conocimiento tras la ignorancia, libertad tras la esclavitud, esperanza de una herencia trascendente.

Todos sin excepción han sido llamados a compartir esta herencia, pues el Espíritu no distingue sexos, ni edades, ni condición social. En virtud de la fe, judíos y griegos (paganos) comparten una misma mesa (cfr. Hch 10); esclavos y amos son hermanos (carta a Filemón);

Pablo y los gálatas

12 Por favor, hermanos, pónganse en
mi lugar como yo me pongo en el de
ustedes: en nada me han ofendido.
13 Ya saben que fue en ocasión de una
enfermedad corporal cuando les anuncié
por primera vez la Buena Noticia; 14 y
ustedes vencieron la tentación de des-
preciarme o evitar mi contagio, al contrario, me recibieron como a un mensajero de Dios, como a Cristo Jesús.
15 ¿Dónde ha quedado la alegría de
entonces? Estoy seguro de que, si fuera
posible, se habrían sacado los ojos
para dármelos. 16 Y ahora, ¿acaso me
he convertido en enemigo de ustedes
por decirles la verdad? 17 Algunos tienen mucho interés en ustedes, pero no
son buenas sus intenciones; lo que
quieren es apartarlos de mí para que se
interesen por ellos. 18 Es grato recibir
atenciones sinceras pero no sólo cuando
estoy con ustedes, sino siempre.
19 Hijitos míos, por quienes estoy
sufriendo nuevamente los dolores del
parto, hasta que Cristo sea formado
en ustedes 20 quisiera estar allí, ahora
mismo para cambiar el tono de voz,
porque ya no sé qué hacer con ustedes.

Agar y Sara

21 Díganme, ustedes los que quieren
someterse a la ley, ¿no entienden lo
que dice la ley? 22 Está escrito que
Abrahán tuvo dos hijos: uno de su esclava y otro de su mujer, que era libre.
23 El hijo de la esclava nació naturalmente; el de la mujer libre, nació en virtud de una promesa. 24 Se trata de un
simbolismo: estas dos mujeres representan las dos alianzas. La primera
alianza procede del monte Sinaí y
engendra esclavos: es Agar. 25 Sinaí es
una montaña de Arabia que corresponde
a la Jerusalén actual, que vive con sus
hijos en esclavitud. 26 En cambio, la
Jerusalén de arriba es libre y es nuestra
madre. 27 Está escrito:

Alégrate, la estéril,
que no dabas a luz,
rompe a cantar de júbilo
la que no tenías dolores,
porque la abandonada
tendrá más hijos que la casada.

hombres y mujeres hablan y profetizan (cfr. 1 Cor 11,11s; Flp 4,2s). He aquí la liberación de todo orden que nos trae el Espíritu cuando se nos da en el bautismo, una liberación que debe ser proclamada y testimoniada por la Iglesia como su única razón de ser y de estar en el mundo.

4,12-20 Pablo y los gálatas. De repente, Pablo cambia de tono y se vuelve tierno, evocando los días felices del primer encuentro de amor con la comunidad. Les recuerda cómo le acogieron, como a Cristo mismo (cfr. Mt 10,40) cuando enfermo, «les anuncié por primera vez la Buena Noticia» (13). Si ahora les dice verdades amargas es justamente por el cariño que les tiene, como pagando con amor una deuda de amor. Por el contrario, los malintencionados que se han infiltrado en la comunidad quieren comprar a los gálatas, arrebatándoselos al Apóstol. Él, en cambio, no los quiere para sí, sino para Cristo. Lamenta que, influidos por los intrusos, puedan volverse contra él los que le acogieron como a un ángel de Dios; pero tiene esperanzas de que esto no suceda.

Con una imagen fascinante, el Apóstol se ve a sí mismo como una madre que engendra: «Hijitos míos, por quienes estoy sufriendo nuevamente los dolores del parto» (19), que se comporta con ellos «como una madre que acaricia a sus criaturas» (1 Tes 2,7) y que atiende a su crecimiento y formación «hasta que Cristo sea formado en ustedes» (19).

Este comportamiento maternal de Pablo con sus comunidades debería dar que pensar a tantos pastores y líderes de nuestra Iglesia de hoy, que siguen aferrados a la imagen del padre severo, adusto, distante e inquisidor.

4,21–5,1 Agar y Sara. Parece que Pablo no quiere dejar tecla sin tocar para convencer a los gálatas de que es Cristo quien nos trae la libertad. Ahora recurre a la interpretación alegórica de la historia de Abrahán (cfr. Gn 16,15; 21,2), apurando oposiciones y relaciones.

A nosotros, los cristianos de hoy, nos puede dejar fríos semejante argumentación, pero no así a los primeros destinatarios de su carta quienes se tomaban muy en serio el mensaje alegórico de las Escrituras.

Pablo contrapone dos madres: una esclava, Agar; y otra libre, Sara; dos nacimientos: uno según las fuerzas humanas, Ismael; y otro según la promesa y el poder de Dios, Isaac; y dos descendencias: una de esclavos y otra de libres. Todo ello lo ve simbolizado en dos Alianzas: la

28 Ustedes, hermanos, lo mismo que
Isaac, son hijos de la promesa.
29 Y así como entonces el hijo nacido
naturalmente perseguía al hijo de la
promesa, así sucede hoy. 30 Pero, ¿qué
dice la Escritura?

Expulsa a esa criada y a su hijo;
el hijo de esa esclava
no compartirá la herencia
con el hijo de la mujer libre.

31 Así que, hermanos, no somos
hijos de una esclava, sino de la mujer
libre.

5 1 Cristo nos ha liberado para ser
libres: manténganse firmes y no
se dejen atrapar de nuevo en el yugo de
la esclavitud.

Libertad cristiana

2 Miren, yo mismo, Pablo, les
digo que si ustedes se hacen circuncidar, Cristo les servirá de nada. 3 Les
aseguro de nuevo que todo el que
se circuncide está obligado a cumplir
íntegramente la ley. 4 Los que buscan la
justicia por la ley han roto con Cristo y
han caído en desgracia. 5 En cuanto a
nosotros, por el Espíritu y la fe esperamos la justicia anhelada. 6 Siendo de
Cristo Jesús, no importa estar o no circuncidados; lo que cuenta es la fe que
obra por medio del amor.
7 Ustedes iban tan bien: ¿quién les
cortó el paso para que no siguieran la
verdad? 8 El que los persuadió no procede del que los llamó. 9 Una pizca de
levadura hace fermentar toda la
masa. 10 Yo confío en el Señor que
ustedes no cambiarán de actitud.
Pero el que los está confundiendo,
sea quien sea, recibirá su castigo. 11 En
cuanto a mí, hermanos, si todavía
predicara la circuncisión, no me per-
seguirían, ¡pero entonces habría acabado el escándalo de la cruz! 12 En
cuanto a esos que los perturban, ojalá
que se mutilen del todo.

de Abrahán y la del Sinaí, una para la libertad, la otra para la esclavitud. La Jerusalén «terrena» sería la ciudad de los esclavos. La Jerusalén «celeste», en cambio, es la de los libres, a la que Pablo llama «nuestra madre» (4,26). Los primeros lectores de Pablo no necesitaban, ciertamente, muchas explicaciones para captar el mensaje. Por eso, el Apóstol, sin añadir más, termina su alegoría cantando con las Escrituras las maravillas que Dios ha hecho con la estéril y abandonada que «tendrá mas hijos que la casada» (4,27).

Como conclusión a lo dicho e introducción a lo que a continuación les va a decir, el Apóstol nos regala en una frase lapidaria uno de los grandes mensajes del evangelio (cfr. Jn 8,32.36): «Cristo nos ha liberado para ser libres» (5,1).

5,2-12 Libertad cristiana. El Apóstol comienza con un enfático «miren, yo mismo, Pablo, les digo» (2), que solamente usa en ocasiones excepcionales (cfr. 2 Cor 10,1). Los gálatas deben elegir: o bien la vuelta a la circuncisión y a todo el peso del cumplimiento de la Ley o bien la fe en Cristo y el don del Espíritu. Probablemente los judeo-cristianos radicales que se habían infiltrado entre los gálatas no proponían a éstos una vuelta al sistema de la Ley puro y duro, sino un compromiso entre judaísmo y cristianismo, quizás buscando un «modus vivendi» para una comunidad mixta. Pero Pablo es radical, no admite componendas ni medias tintas. Son como dos sistemas irreconciliables. Y así les aplica el refrán que ya usó en 1 Cor 5,6: «una pizca de levadura hace fermentar toda la masa» (9); si dan entrada a una pizca, pueden corromperse del todo. Con la verdad del evangelio no se juega.

El Apóstol no está hablando de doctrinas o ideologías abstractas. Por el contrario, está preocupado justamente de la praxis de vida concreta que genera un sistema u otro. Dicho de otra manera: lo que está en juego es la «memoria de Jesús»: su oferta de salvación universal, su opción por los marginados, la abolición de toda discriminación, el amor mutuo como norma de conducta.

Esta «memoria de Jesús» como praxis del creyente sólo puede ser inspirada por el Espíritu, no por el cumplimiento de la Ley. Ésta discrimina y divide, que es lo que estaba ocurriendo.

La fe, para Pablo, es un dinamismo que pone en marcha el amor. La vida cristiana no excluye las obras sino que las concentra en el amor fraterno y las mira como frutos que brotan de la fe, no como méritos en virtud de los cuales el hombre se salva por sus propias fuerzas. La fe activa la caridad y es activa por la caridad.

Finalmente, el Apóstol menciona la burda insinuación de sus adversarios de que él seguía exigiendo la circuncisión (11). ¿Se referían al caso de Timoteo? (cfr. Hch 16,3). La persecución de que es objeto muestra a las claras que los privilegios y la seguridad social que le daban la circuncisión los ha cambiado por lo único que considera importante, predicar la cruz de Cristo con todo el

Guiados por el Espíritu

13 Ustedes, hermanos, han sido llamados para vivir en libertad; pero no
esta libertad para dar rienda suelta a
sus bajos instintos; más bien, háganse
servidores los unos de los otros por
medio del amor. 14 Porque toda la ley
se cumple con un precepto: *Amarás a*
tu prójimo como a ti mismo. 15 Pero
atención, que si viven mordiéndose y
devorándose unos a otros, acabarán
destruyéndose todos.
16 Les pido que se dejen conducir
por el Espíritu de Dios y así no serán
arrastrados por los bajos deseos. 17 Porque los bajos instintos van en contra
del Espíritu y el Espíritu va en contra de
los bajos instintos; y son tan opuestos,
que ustedes no pueden hacer todo el
bien que quisieran. 18 Pero si los guía el
Espíritu, no están sometidos a la ley.
19 Las acciones que proceden de
los bajos instintos son manifiestas:
fornicación, indecencia, libertinaje,
20 idolatría, superstición, enemistades,
peleas, envidia, cólera, ambición, discordias, sectarismos, 21 celos, borracheras,
comilonas y cosas semejantes. Les
prevengo, como ya los previne, que
quienes hacen esas cosas no heredarán
el reino de Dios.
22 Por el contrario, el fruto del Espíritu es amor, alegría, paz, paciencia,
amabilidad, bondad, fidelidad, 23 modestia, dominio propio. Frente a estas
cosas no hay ley que valga, 24 porque
los que son de Cristo [Jesús] han crucificado el instinto con sus pasiones y
deseos. 25 Si vivimos por el Espíritu,
sigamos al Espíritu; 26 no seamos vani-
dosos, provocadores, envidiosos.

Ayuda mutua

6 1 Hermanos, si alguien es sor-
prendido en alguna falta, ustedes,
que están animados por el Espíritu,

escándalo que lleva consigo (cfr. 1 Cor 1,23). En cuanto a sus acusadores, «que se mutilen del todo» (12), dice con sarcasmo, como queriendo equipararlos a los que se hacían castrar en el templo pagano de la diosa Cibeles, el más importante de Galacia.

5,13-26 Guiados por el Espíritu. Pablo comienza las exhortaciones finales de su carta con un nuevo llamamiento a la libertad: «ustedes, hermanos, han sido llamados para vivir en libertad» (13). El encuentro con el Señor a las puertas de Damasco hizo del Apóstol un hombre libre y, desde entonces, la liberación será el tema constante de su predicación: liberación del pecado (cfr. Rom 7,14s); de la muerte, el último enemigo (cfr. Col 2,12-14; 1 Cor 15,26); del instinto (cfr. Rom 8,13); del régimen de la Ley (cfr. Rom 6). Evangelio y libertad se identifican. ¿De qué liberación o libertad está ahora hablando a los gálatas? De la misma que ya les habló a los corintios: «el Señor es el Espíritu, y donde está el Espíritu del Señor allí está la libertad» (2 Cor 3,17). Por eso, el Espíritu –lo nombra ocho veces– domina toda esta página de recomendaciones y amonestaciones.

Pablo considera a la persona humana como un campo de batalla donde dos fuerzas opuestas libran un combate: las fuerzas del instinto –literalmente la «carne»– y la fuerza del Espíritu. El instinto mata la libertad y conduce a la esclavitud, dramatizada en la larga lista de vicios donde descuellan, por un lado, los pecados que pisotean y destruyen la libertad del otro, haciendo imposible la convivencia humana: violencia, envidias, bandos, ambición, etc.; y por otro, las pasiones que encadenan a la persona a la tiranía del sexo: fornicación, indecencia, desenfreno. El Espíritu, por el contrario, produce «el fruto» –en singular– del amor, que encabeza la lista (22). Lo demás será el despliegue y consecuencia del amor, comenzando por la «alegría», otra de las experiencias más profundas de Pablo, y que hacen de él un hombre dominado por el gozo. La esperanza le produce alegría (cfr. Rom 12,12); los discípulos son su alegría (cfr. Flp 4,1; 1 Tes 2,20); hasta las tribulaciones son causa de alegría (cfr. 2 Cor 7,4). Los frutos del Espíritu que enumera el Apóstol son las realidades que hacen del cristiano un miembro libre y solidario de una comunidad libre y solidaria.

La llamada a la libertad con que comenzó (13) es como un camino que el cristiano tiene que recorrer (cfr. Sal 1,1), posibilitado, sí, por el Espíritu que se le dio en el bautismo (cfr. 1 Cor 6,11) y que puede ser «guía» (18) del caminante, pero con la condición de que éste se comprometa a dejarse guiar. Esto no tiene nada de pasividad. Pablo expresa el compromiso activo y militante del cristiano uniendo un verbo en indicativo: «si vivimos por el Espíritu», con otro en imperativo, «sigamos al Espíritu» (25). El nuevo ser del cristiano exige manifestarse en una praxis cristiana liberadora. Lo contrario sería una incoherencia o una ilusión.

6,1-10 Ayuda mutua. Un caso concreto de seguir al Espíritu: la corrección fraterna. Se trata de un acto de amor si es humilde y va acompañada del propio examen

corríjanlo con modestia. Piensa que también tú puedes ser tentado. 2 Ayúdense
mutuamente a llevar las cargas y así
cumplirán la ley de Cristo. 3 Porque
quien piensa ser algo, no siendo nada,
él mismo se engaña. 4 Cada cual examine su conducta, y entonces encontrará en sí mismo motivo de satisfacción, sin depender de otros. 5 Porque
cada cual debe llevar su propia carga.
6 El que recibe la enseñanza de la palabra debe compartir sus bienes con su
catequista.
7 No se hagan ilusiones: de Dios nadie se burla. Lo que uno siembra eso
cosechará. 8 Quien siembra para los
bajos instintos, de ellos cosechará
corrupción; quien siembra para el
Espíritu, del Espíritu cosechará vida
eterna. 9 No nos cansemos de hacer el
bien, que a su debido tiempo cosecha-
remos sin fatiga. 10 Por tanto, mientras
tengamos ocasión, hagamos el bien a
todos, especialmente a la familia de los
creyentes.

Conclusión y despedida

11 Miren qué letras tan grandes, escritas con mi propia mano.
12 Los que quieren quedar bien en lo
exterior son los que los obligan a circuncidarse; lo hacen sólo para no ser
perseguidos a causa de la cruz de Cristo.
13 Porque ni los mismos circuncidados
observan la ley; pero quieren circunci-
darlos a ustedes para gloriarse de
haberlos sometido al rito corporal. 14 Lo
que es a mí, Dios me libre de gloriarme,
si no es de la cruz de nuestro Señor
Jesucristo, por el cual el mundo está
crucificado para mí y yo para el mundo.
15 Estar o no estar circuncidado, no tiene
ninguna importancia; lo que importa es
ser una nueva criatura. 16 Paz y misericordia para todos los que siguen esta
norma, y para el Israel de Dios. 17 En
adelante no quiero que nadie me cause
más dificultades, ya llevo en mi cuerpo
las marcas de Jesús. 18 Hermanos, la
gracia de nuestro Señor Jesucristo permanezca con ustedes. Amén.

de conciencia para evitar el orgullo por los dones recibidos (cfr. Sant 5,19s). La exhortación a la corrección fraterna aparece ya en 1 Tes 5,14. La humildad es la gran ayuda para la fraternidad (cfr. Flp 2,3).

Pablo es siempre práctico y sabe moverse de las alturas desde donde brota la nueva vida del cristiano a los casos concretos en que ésta debe manifestarse en el día a día de las comunidades. Así lo hace ahora en este final de carta con consejos y recomendaciones útiles donde va explicitando las exigencias de la ley de Cristo, ley del amor y de la libertad.

Con refranes del mundo agrícola (cfr. Prov 22,8; Os 8,7) emplaza la vida diaria del cristiano para el «Día del Señor», el tiempo de la «siega y de la cosecha». Compara el caminar de acuerdo con el Espíritu con la tierra que se elige para sembrar la semilla. Es tierra del Espíritu, y éste hará fructificar la semilla en cosecha de vida eterna. La tierra del instinto, por el contrario, dará como fruto la corrupción.

6,11-18 Conclusión y despedida. Concluye resumiendo las ideas principales y despidiéndose. Escribe las últimas líneas de su puño y letra que eran como la firma de autenticidad de las cartas antiguas. Añade curiosamente que lo hace con letras grandes, como para subrayar que en estas frases está el resumen de toda la carta.

Pues bien, con «letras grandes» vuelve a la polémica con la que comenzó, como para desenmascarar definitivamente ante los gálatas a los intrusos que les engañan con un evangelio diferente al auténtico que él les predicó.

Primero, son unos cobardes que huyen de la persecución que sufrirían si anunciaran el Evangelio de la cruz de Cristo con todas sus consecuencias, sin componendas de circuncisión y leyes. Les caería encima la ira de los judíos. Segundo, son unos egoístas, pues lo único que pretenden es apuntarse triunfos en su proselitismo a costa de la libertad ajena (cfr. Mt 23,15), mostrando como trofeo la circuncisión impuesta a los gálatas.

En cambio, todo el orgullo de Pablo está en la cruz de Cristo, en su muerte y sacrificio por amor, en participar en ella y predicarla como único medio de salvación. A la circuncisión carnal, que ya no cuenta, el Apóstol antepone las marcas de sus sufrimientos por el apostolado (cfr. 1 Cor 1,31) que le dan toda la autoridad apostólica como para dar el problema por resuelto con un ¡basta ya!: «que nadie me cause más dificultades» (17).

Es la única vez que Pablo, en el saludo final, intercala el vocativo «hermanos», signo de la esperanza de lograr o haber logrado su reconciliación con los gálatas, con el gran deseo de que éstos renovarán su fidelidad al Evangelio que les predicó. La gracia que les desea es la fuerza salvífica de Dios en Jesucristo.

CARTA A LOS EFESIOS

Éfeso y Pablo. Desde tiempos antiguos, Éfeso fue una ciudad importante por su situación geográfica. En tiempos de Pablo era la capital de la provincia romana de Asia. Entre sus muchos edificios suntuosos descollaba el templo de Artemisa, diosa asiática de la fecundidad (cfr. Hch 19). Como ciudad romana del Mediterráneo oriental, formaba terna con Antioquía y Alejandría.

Cuando Pablo visitó Éfeso (Hch 19,1) encontró allí algunos cristianos no muy bien formados. Les instruyó y constituyó con ellos una floreciente comunidad de paganos convertidos, base de operaciones para la expansión misionera. El Apóstol residió allí tres años entre éxitos y dificultades.

¿Carta de Pablo a los efesios? Los «tres» datos son discutidos por una crítica competente. En primer lugar, se duda de que se trate efectivamente de una carta. Suena más bien a tratado o a exposición homilética vertida en el molde epistolar como recurso literario. Habría que catalogarla en el género de celebración o panegírico. Faltan en el texto, por ejemplo, el tono personal y las referencias a una situación concreta propias de una carta.

En segundo lugar, se duda de que la carta haya salido de la pluma de Pablo. El autor parece no conocer personalmente a los destinatarios (1,15; 3,2), situación extraña si se tiene en cuenta que el Apóstol vivió tres años en dicha comunidad. El estilo, por otra parte, es notablemente inferior al de las cartas auténticamente paulinas.

También es diversa o más evolucionada su doctrina; por ejemplo, a muchas Iglesias locales sucede una Iglesia única y universal, tras la superación de la controversia entre judíos y paganos.

Finalmente, está también en discusión que los destinatarios sean los efesios. El nombre de la ciudad falta en algunos códices importantes. ¿Fue borrada del texto original para dejar un espacio en blanco disponible para otras localidades? Dado el carácter del escrito y teniendo en cuenta la noticia de Col 4,16, algunos biblistas piensan que la carta estaba dirigida en un principio a Laodicea. Otros, por el contrario, que era un texto circular dirigido a una amplia audiencia de Iglesias de Asia.

Autor, destinatarios y fecha de composición de la carta. Todo lo dicho anteriormente hace pensar que el autor es un discípulo de Pablo que escribe después de la muerte del Apóstol a paganos convertidos de la segunda generación, entre los años 70-90. Si atribuye su escrito a Pablo es para dar autoridad a sus reflexiones y, apoyado en las enseñanzas de su maestro que va desarrollando, iluminar la vida de las Iglesias en las nuevas circunstancias por las que atravesaban, veinte o treinta años después de que fueran fundadas por el Apóstol.

Contenido de la carta. El contexto en que viven las comunidades de esta segunda generación ha cambiado notablemente. Después de la destrucción de Jerusalén (año 70), las tensiones entre los cristianos procedentes del judaísmo y los convertidos del paganismo han ido paulatinamente desapareciendo. Ahora, los judeo-cristianos son una pequeña minoría dentro de una comunidad de creyentes que se ha desplazado y esparcido definitivamente más allá de las fronteras de Palestina. Esta situación hacía urgente una reflexión sobre el misterio de una Iglesia que, consciente ya de su universalidad, necesitaba ahondar en el vínculo de comunión que la mantenía unida y plural al mismo tiempo. Pero, sobre todo, profundizar en el alcance de su misión universal.

La Carta a los Efesios comienza donde termina la Carta a los Colosenses. Ambas se complementan. Si aquella habla de Cristo, ésta habla de la Iglesia. Dios tenía un plan escondido por siglos, revelado y ejecutado en y por Jesucristo. Ahora, este plan se despliega en y por la Iglesia. Si Colosenses resalta la dimensión cósmica de la mediación salvadora de Cristo, Efesios coloca la misión de la Iglesia en el centro mismo del universo, como sacramento de salvación de ese cosmos que Cristo llena con su poder vivificador.

Es así como el autor nos presenta a la Iglesia: universal; pueblo de Dios y esposa del Mesías; nueva creación de una humanidad unificada; edificio compacto y cuerpo en crecimiento que se llena de la plenitud de aquel que llena completamente todas las cosas (1,22s), Cristo, su cabeza. Más que por la suma de Iglesias locales, o por la coexistencia de judíos penitentes y paganos convertidos, la unidad se realiza derribando muros, aboliendo divisiones, infundiendo un Espíritu único. No en vano la Carta a los Efesios ha sido llamada la «carta magna de la unidad».

Saludo

1 1 Pablo, apóstol de Cristo Jesús por voluntad de Dios, a los consagrados
[de Éfeso], fieles a Cristo Jesús: 2 Gracia y paz a ustedes de parte de Dios
nuestro Padre y del Señor Jesucristo.

Bendiciones

3 ¡Bendito sea Dios, Padre de nuestro Señor Jesucristo!,
quien por medio de Cristo
nos bendijo con toda clase de bendiciones espirituales del cielo.
4 Por él, antes de la creación del mundo,
nos eligió para que por el amor
fuéramos consagrados e irreprochables en su presencia.
5 Él nos predestinó a ser sus hijos adoptivos
por medio de Jesucristo conforme al beneplácito de su voluntad
6 para alabanza de la gloriosa gracia que nos otorgó
por medio de su Hijo muy querido.
7 Por él, por medio de su sangre,
obtenemos el rescate, el perdón de los pecados.
Según la riqueza de su gracia
8 derrochó en nosotros toda clase de sabiduría y prudencia,
9 dándonos a conocer el misterio de su voluntad,
establecido de antemano por decisión suya,
10 que se realizaría en Cristo en la plenitud de los tiempos:

1,1s Saludo. Al faltar en ciertos manuscritos la determinación «de Éfeso», algunos biblistas han pensado que ésta era una carta circular dirigida a varias comunidades, entre las que se encontraba probablemente Éfeso. Ciertos códices antiguos en vez de: «de Éfeso», dejan un espacio en blanco. La carta va dirigida a los «consagrados» o santos, título que se refiere a los creyentes que han sido convocados a formar parte del pueblo santo de Dios.

El saludo es como de costumbre: «Gracia y paz», con todo el nuevo contenido que el cristiano había dado ya a la palabra paz: la salvación que viene gratuitamente de Dios nuestro Padre y del Señor Jesucristo.

1,3-14 Bendiciones. El párrafo que sigue es probablemente el más difícil de todo el Nuevo Testamento, pues parece romper todas las reglas gramaticales.

Es como si el autor tomase aliento profundo en este grandioso pórtico de la carta, para pronunciar su bendición de una sola alentada, en una única frase, bajo la fuerza de un entusiasmo incontenible. Más que para ser leída, esta bendición es para ser escuchada en el ambiente de oración de la asamblea litúrgica.

Si se trata, como dicen algunos biblistas, de una bendición pre-bautismal adoptada por Pablo, aquí estarían expresados por un lado, el gozo profundo y la acción de gracias de los catecúmenos, compartida por toda la asamblea, ante el momento decisivo del bautismo; y por otro, las consecuencias de la nueva vida en Cristo, cuyas puertas les abría el gran sacramento de iniciación cristiana: filiación divina, perdón de los pecados, incorporación a Cristo y sello del Espíritu Santo.

De hecho, éste será el tema de toda la carta. La bendición nos abre a la maravilla del plan de salvación de Dios, y viene presentada como un «diálogo de amor» entre las tres divinas personas que, surgiendo del horizonte insondable de la eternidad, se desborda en la creación del mundo y del hombre, y se revela en la historia, «en la plenitud de los tiempos» (10), en la persona de Cristo. Paradójicamente, quizás sea esta atropellada yuxtaposición de verbos, adjetivos, frases circunstanciales colgadas de preposiciones, etc., la que mejor exprese el balbuceo en que termina todo intento humano de expresar el misterio inefable del amor de Dios por nosotros.

Comienza con la acción de Dios Padre que: «nos bendijo» (3), «nos eligió» (4), «nos predestinó» (5), «nos otorgó» (6), «derrochó» (8), «dándonos a conocer» (9), «nos había predestinado» (11). Este despliegue del amor infinito del Padre se va cumpliendo paso a paso en el Hijo como respuesta de amor al amoroso plan de su Padre: «por medio de Cristo» (3), «por él» (4), «por Jesucristo» (5), «por medio de su Hijo muy querido» (6), «por él, por medio de su sangre» (7), «en Cristo» (10), «por medio

que el universo, lo celeste y lo terrestre,
alcanzaran su unidad en Cristo.
11 Por medio de él y tal como lo había establecido
el que ejecuta todo según su libre decisión,
nos había predestinado a ser herederos
12 de modo que nosotros, los que ya esperábamos en Cristo,
fuéramos la alabanza de su gloria.
13 Por él, también ustedes, al escuchar el mensaje de la verdad,
la Buena Noticia de la salvación,
creyeron en él y fueron marcados con el sello del Espíritu Santo prometido,
14 quien es garantía de nuestra herencia,
y prepara la redención del pueblo que Dios adoptó:
para alabanza de su gloria.

Súplica

15 Por eso, también yo, al enterarme de la fe que ustedes tienen en el Señor
Jesús y el amor que demuestran a todos los consagrados, 16 no ceso de dar
gracias por ustedes, y recordándolos en mis oraciones, pido:

17 Que el Dios de nuestro Señor Jesucristo, Padre de la gloria,
les conceda un Espíritu de sabiduría y revelación
que les permita conocerlo verdaderamente.
18 Que él ilumine sus corazones para que ustedes puedan valorar
la esperanza a la que han sido llamados,
la espléndida riqueza de la herencia que promete a los consagrados
19 y la grandeza extraordinaria de su poder a favor de nosotros los creyentes,
según la eficacia de su fuerza poderosa;
20 poder que ejercitó en Cristo resucitándolo de la muerte
y sentándolo a su derecha en el cielo

de él» (11), «por él» (13). Es, por fin, el Espíritu Santo, la expresión viva del amor entre el Padre y el Hijo, el que pone el sello de confirmación a toda la obra: «fueron marcados con el sello del Espíritu Santo prometido» (13). Y así, las manos amorosas de las tres divinas personas moldearon su obra maestra, al hombre y a la mujer «con toda clase de bendiciones» (3), «para que por el amor fuéramos consagrados e irreprochables» (4), para ser sus hijos e hijas adoptivos (5), para obtenernos el perdón de los pecados (7), con toda clase de sabiduría y prudencia (8), «a ser herederos» (11). Éste es el proyecto de Dios, antes escondido y ahora revelado en la muerte y resurrección de Cristo, que introduce y da a la totalidad de la carta el tono de oración, de adoración y de celebración que resumen todos sus capítulos.

1,15-23 Súplica. Este plan de Dios es ya una realidad en la vida cristiana de sus lectores, que Pablo resume en la fe en el Señor Jesús y en el amor al prójimo. Por tanto, da gracias a Dios y pide por ellos. La oración de petición de Pablo por los efesios –y por todos los que leemos en estas líneas la Palabra de Dios– no podía ser otra que el conocimiento del Misterio de salvación que ya expuso en el pórtico de la carta, el conocimiento de Dios mismo revelado en Jesucristo.

Este conocimiento está muy por encima de nuestra capacidad humana, por eso implora un «superconocimiento» –«epignosis», en griego–, que sólo lo puede dar el «Espíritu de sabiduría y revelación» (17), el mismo que el profeta Isaías contemplaba sobre el Mesías prometido: «espíritu de sensatez e inteligencia, espíritu de valor y prudencia, espíritu de conocimiento y respeto del Señor» (Is 11,2); el mismo Espíritu de quien el Apóstol dice en su primera carta a los Corintios que «lo escudriña todo, incluso las profundidades de Dios» (1 Cor 2,10). Este carisma de sabiduría es el don de la «fe» que ilumina los corazones (18). Con esta bella expresión de su cultura semita, el Apóstol se refiere a ese centro unitario desde

21 por encima de toda autoridad y potestad y poder y soberanía,
y de cualquier otra dignidad que pueda mencionarse
tanto en este mundo como en el venidero.
22 Todo lo ha sometido bajo sus pies,
y lo ha nombrado, por encima de todo, cabeza de la Iglesia,
23 que es su cuerpo y plenitud de aquel que llena completamente todas las cosas.

De la muerte a la vida

2 1 También ustedes estaban muertos
por sus pecados y trasgresiones.
2 Seguían la conducta de este mundo
y los dictados del jefe que manda
en el aire, el espíritu que actúa en los
rebeldes...
3 Lo mismo que ellos, también nosotros seguíamos los impulsos de los
bajos deseos, obedecíamos los capri-
chos y pensamientos de nuestras
malas inclinaciones, y naturalmente,
estábamos destinados al castigo como
los demás. 4 Pero Dios, rico en misericordia, por el gran amor que nos tuvo,
5 estando nosotros muertos por nuestros pecados, nos hizo revivir con Cristo
–¡ustedes han sido salvados gratuitamente!–; 6 con Cristo Jesús nos resucitó y nos sentó en el cielo, 7 para que
se revele a los siglos venideros la extraordinaria riqueza de su gracia y la
bondad con que nos trató por medio
de Cristo Jesús.

donde parte todo el dinamismo de la persona, donde el hombre y la mujer conocen, piensan, sienten, aman y actúan. Todo eso es «conocer» para el Apóstol.

Así ve la fe, como la luz-fuerza que guía e impulsa «los ojos del corazón» al conocimiento, al amor y al seguimiento de Jesús, Mesías prometido e Hijo de Dios; (cfr. Flp 3,10; Lc 10,21-22); y también al conocimiento de nuestro último destino, al que hemos sido llamados: «la espléndida riqueza de la herencia» (18; cfr. Rom 8,17; Heb 9,15). Esta primera petición de Pablo para los efesios, la fe, abre las puertas a una nueva petición: la esperanza (18), que es como la otra cara de la fe.

Conocer la «futura herencia» por la fe es ya poseerla anticipadamente, ahora, por la esperanza. Aunque no la vemos con los ojos de la carne, una luz celeste nos permite contemplarla en lontananza (cfr. Heb 11,9-13).

Todo esto lo hará posible Dios con el despliegue de «la grandeza extraordinaria de su poder... según la eficacia de su fuerza poderosa» (19), con el que realiza en Cristo su proyecto admirable: la resurrección como victoria definitiva sobre la muerte (cfr. 1 Cor 15,25s), la exaltación a su diestra (cfr. Sal 110,1) como instauración del reino de Dios.

Pablo afirma que esta soberanía de Cristo es absoluta y que está por encima de las cuatro categorías de potestades y poderes sobrehumanos (21). El Apóstol ni afirma ni niega la existencia de estos posibles «seres benignos o malignos»; no es esto lo que le interesa. Lo que pretende es enviar un claro mensaje a los efesios y a todos los que creen y temen la influencia de fuerzas misteriosas y ocultas: Dios «todo lo ha sometido bajo sus pies» (22). Éste es Jesucristo, dice Pablo, que ha sido dado a «su Iglesia», afirmando así el carácter comunitario de la salvación. No ha sido dado a cada uno «en particular», sino a cada uno «en comunidad», para formar entre todos el Pueblo de Dios, como un cuerpo del que Él es la cabeza.

Esta imagen de la Iglesia, cuerpo de Cristo, ya la desarrolló en las cartas a Corintios y Romanos (cfr. 1 Cor 12; Rom 12,5). Ahora la califica aun más con una frase densa y atrevida, casi intraducible: «que es su cuerpo y plenitud de aquel que llena completamente todas las cosas» (23). ¿Está sugiriendo Pablo que la Iglesia es más que una realidad terrestre, estando ya unida a Cristo en su triunfo y en su gloria, habitada ya de la plenitud de la divinidad? ¿Está señalando, por otra parte, la misión de la Iglesia en este mundo como tarea que continúa y completa lo que Cristo, la cabeza, comenzó y realizó con su vida, muerte y resurrección? Ambas realidades estén quizás en la mente del Apóstol, unidas y en tensión: la «memoria de Jesús» como realidad adquirida, y a la vez como tarea de liberación que irá desarrollándose en este mundo, guiados por el Espíritu del resucitado, en el amor mutuo y sin fronteras, que rompe definitivamente las barreras que separaban a los pueblos.

2,1-10 De la muerte a la vida. A continuación, Pablo explica a los efesios que su pertenencia a la Iglesia en calidad de miembros del cuerpo de Cristo ha supuesto pasar de una «realidad de muerte» a una «realidad de vida», como si de una nueva creación se tratara.

El Apóstol describe la realidad de muerte de la que han sido rescatados –el paganismo– con expresiones de un extremo pesimismo, utilizando para ello categorías cosmológicas de la tradición judía y llenándolas de contenido teológico: un mundo desvinculado de Dios, bajo el poder del Maligno, «jefe que manda en el aire... que actúa en los rebeldes» (2). En la misma situación que

8 Porque ustedes han sido salvados
por la fe, no por mérito propio, sino por
la gracia de Dios; 9 y no por las obras,
para que nadie se gloríe. 10 Somos obra
suya, creados por medio de Cristo Jesús
para realizar las buenas acciones que
Dios nos había asignado como tarea.

Unidad por Cristo

11 Por tanto, ustedes los que en un
tiempo eran paganos de cuerpo, llamados incircuncisos por los que se llamaban circuncisos de cuerpo, recuerden
12 que entonces vivían lejos de Cristo,
excluidos de la ciudadanía de Israel,
ajenos a la alianza y sus promesas, sin
esperanza y sin Dios en el mundo.
13 Pero, gracias a Cristo Jesús los que
un tiempo estaban lejos, ahora están
cerca, por la sangre de Cristo. 14 Porque Cristo es nuestra paz, el que de dos
pueblos hizo uno solo, derribando con su
cuerpo el muro divisorio, la hostilidad;
15 anulando la ley con sus preceptos y
cláusulas, reunió los dos pueblos en su
persona, creando de los dos una nueva
humanidad; restableciendo la paz. 16 Y
los reconcilió con Dios en un solo cuerpo
por medio de la cruz, dando muerte en
su persona a la hostilidad. 17 Vino y
anunció la paz a ustedes, los que estaban
lejos y la paz a aquellos que estaban
cerca. 18 Porque por medio de Cristo,
todos tenemos acceso al Padre por un

los paganos estaban los judíos: «lo mismo que ellos, también nosotros seguíamos los impulsos de los bajos deseos» (3), a pesar de la Ley y de la circuncisión (cfr. Tit 3,3). Ambos, judíos y paganos, «estábamos destinados al castigo» (3).

Fuera del contexto en que fueron escritas estas líneas, su lectura puede inquietar e incomodar al lector de hoy. ¿Está aislando Pablo a los creyentes de los no creyentes en un gueto privilegiado de «salvados» frente a una humanidad de paganos y judíos a la deriva? No es ésta su intención.

Lo que Pablo busca es el impacto del contraste entre un antes y un después. Antes: la culpabilidad corporativa, especie de solidaridad en el mal que pone a todos en pie de igualdad, judíos y paganos, tanto en el pecado como en la responsabilidad ante las consecuencias del pecado que afectan no sólo a los individuos, sino también a la entera sociedad humana. Después: la oferta gratuita de Dios que reúne a los creyentes en una comunidad solidaria en la salvación: «pero Dios... por el gran amor que nos tuvo... estando nosotros muertos, nos hizo revivir con Cristo» (4s). Y esta salvación ha sido «por la fe, no por mérito propio... no por las obras, para que nadie se gloríe» (8s). El contraste es de muerte y vida.

El género literario llamado apocalíptico que adopta aquí Pablo, pone a su disposición todo el artificio de un leguaje hiperbólico y catastrofista, de denuncias y condenas sin paliativos ni medias tintas, para describir tanto la realidad del mundo pagano, el «antes» desde donde han sido llamados los efesios; como la del judaísmo, el «antes» desde donde han sido llamados los judeo-cristianos. Hay que considerar el contexto desde el que el Apóstol está hablando, es decir, el fuerte sentido de identidad militante de las pequeñas comunidades que proponían una vida alternativa frente a la corrupción generalizada en que había caído el imperio romano y una fe alternativa frente a la Ley judía. Tenían, pues, que defenderse ante la sociedad pagana y ante la sociedad judía; ambas estaban poniendo en peligro su identidad cristiana.

El Apóstol termina afirmando que somos una nueva creación de Dios por medio de Cristo, con una tarea-misión que realizar, que no es condición sino consecuencia de la salvación. Es justamente esta «tarea-misión» de los creyentes «para realizar las buenas acciones que Dios nos había asignado» (10) la que lejos de aislarnos en un gueto de «privilegiados y salvados» con respecto al mundo, nos pone al servicio del mundo como comunidad que anuncia la salvación gratuita para todos sin excepción. Pablo lo expresa con una frase maravillosa: «para que se revele a los siglos venideros la extraordinaria riqueza de su gracia y la bondad con que nos trató por medio de Cristo Jesús» (7).

2,11-22 Unidad por Cristo. Todo lo anterior ha sido como un largo preámbulo. Ahora, Pablo saca la conclusión que constituye el mensaje fundamental de este texto: la carta magna de la unidad y de la reconciliación, un asunto de máxima urgencia y actualidad para el cristiano de hoy también. Si antes nadie tenía el monopolio del pecado, viene a decir Pablo, pues todos estábamos metidos en el mismo fango, nadie tiene ahora el monopolio de la salvación, porque ésta no depende ni de ritos, ni de leyes, ni de privilegios de sangre o raza, ni de méritos propios, sino que es un don gratuito de Dios.

Pablo se mueve en un mundo dividido y separado por una barrera infranqueable de prejuicios. Los judíos, por una parte, se tenían a sí mismos como los escogidos, los privilegiados, los de casa, los herederos de las promesas, los puros. Consideraban a los paganos como los alejados, los que no tenían ni carta de ciudadanía, ni esperanza, ni un Dios que les amparara en el mundo. Eran «prejuicios» apuntalados por un legalismo religioso feroz. Un documento antiguo del judaísmo llamado «Carta de Aristéas»

mismo Espíritu. 19 De modo que ya no
son extranjeros ni huéspedes, sino conciudadanos de los consagrados y de la
familia de Dios; 20 edificados sobre el
cimiento de los apóstoles, con Cristo
Jesús como piedra angular.

21 Por él todo el edificio bien trabado
crece hasta ser santuario consagrado
al Señor, 22 por él ustedes entran con
los demás en la construcción para ser
morada de Dios en el Espíritu.

Misión de Pablo

3 1 Por esta razón yo, Pablo, estoy
preso por Cristo [Jesús], a causa
de ustedes, los paganos. 2 Supongo
que están informados de la gracia de
Dios que me ha sido dispensada para
provecho de ustedes. 3 Fue por medio
de una revelación como se me dio a
conocer el misterio, tal como acabo de
explicárselo brevemente. 4 Lean mi
carta y comprenderán cómo entiendo
el misterio de Cristo: 5 este misterio no
se dio a conocer a los hombres en las
generaciones pasadas; sin embargo
ahora se ha revelado a sus santos
apóstoles y profetas inspirados. 6 Y
consiste en esto: que por medio de la
Buena Noticia los paganos comparten
la herencia y las promesas de Cristo
Jesús, y son miembros del mismo
cuerpo. 7 De esta Buena Noticia yo soy
ministro por don de la gracia de Dios,
otorgada según la eficacia de su poder.
8 A mí, el último de los consagrados,
me han concedido esta gracia: anunciar a los paganos la Buena Noticia, la
riqueza inimaginable de Cristo 9 y hacer
luz sobre el secreto que Dios, creador
del universo, se guardaba desde antiguo, 10 para que las fuerzas y los poderes
celestiales conocieran por medio de la
Iglesia la sabiduría de Dios en todas sus
formas.

11 Éste es el designio que Dios concibió desde toda la eternidad en Cristo
Jesús, Señor nuestro.

dice entre otras cosas: «Nuestro sabio legislador, guiado por Dios, nos cercó con férreas barreras para que no nos mezcláramos en nada con ningún otro pueblo, para que permaneciéramos incontaminados de alma y de cuerpo».

A su vez, los prejuicios de los paganos contra los judíos no se quedaban atrás: animales insociables, enemigos del género humano y otras lindezas por el estilo.

¿Qué decir de la historia de «prejuicios», algunos todavía recientes, de nosotros, los cristianos, tanto contra judíos como contra paganos o creyentes de otras religiones? He aquí algunos, para completar la escena que nos pinta Pablo. Contra los judíos: deicidas, pérfida raza judía. Contra los paganos: los que habitan en tinieblas y en sombras de muerte. Algunos de estos prejuicios cristianos habían llegado a expresarse nada menos que en el antiguo lenguaje litúrgico de la Iglesia.

Pues bien, dice Pablo, todas las barreras que antes dividían a judíos de paganos, y que siguen dividiendo ahora a nuestro mundo, ya sean religiosas, económicas, raciales, nacionales, etc., las ha derribado Cristo con su cuerpo sacrificado.

De miembros dispersos ha hecho un «cuerpo»; de «extranjeros» y «nativos» ha hecho una ciudad y una familia; de piedras heterogéneas ha hecho un «edificio». Ha realizado la gran pacificación: de los hombres con Dios, abriéndoles «acceso al Padre» y de los hombres entre sí, «creando una nueva humanidad».

Pablo ve esta nueva humanidad en la Iglesia, pero no como coto cerrado de salvación, sino como la comunidad de los que conocen, creen, viven y anuncian a las naciones la Buena Noticia de que el mundo ha sido y está siendo salvado por la muerte y resurrección de Jesucristo. Un mundo convertido en «reino de Dios», del que la Iglesia está al servicio como sacramento universal de salvación.

3,1-13 Misión de Pablo. A todo lo anterior se refiere Pablo cuando, al declararse apóstol de los paganos, no piensa en un reparto territorial, sino que implica un descubrimiento: que el Mesías esperado por los judíos vino también para los paganos. Éste es un gran secreto que Dios tuvo guardado durante muchos siglos, dice el Apóstol refiriéndose a la historia de Israel. En efecto, si algunos textos del Antiguo Testamento se abrían a los paganos, siempre había cláusulas y límites que hacían de los no judíos ciudadanos de segunda categoría. Los paganos, en suma, no iban a repartirse la herencia con Israel (cfr. Gn 21,10), ni a formar un solo cuerpo con él.

Pues bien, la riqueza de Cristo se desborda ahora y se reparte a todos. Ésta es la gran revelación de la que Pablo está orgulloso y que lo espolea en su ministerio. No reivindica para sí solo la revelación del misterio, sino que se considera parte de la tradición apostólica (cfr. Hch 13,1; 1 Cor 12,28) formada por «apóstoles y profetas inspirados» (5). Es más, dice con humildad que se siente

12 Por él y con la confianza que da la
fe en él, tenemos libre acceso a Dios.
13 Por lo tanto les pido que no se desanimen a causa de los sufrimientos que
padezco por ustedes, más bien han de
sentirse orgullosos de ellos.

El amor de Cristo

14 Por eso doblo las rodillas ante el
Padre, 15 de quien procede toda paternidad en el cielo y en la tierra. 16 Que él
se digne según la riqueza de su gloria
fortalecerlos internamente con el Espíritu, 17 que Cristo habite en sus corazones por la fe, que estén arraigados y
cimentados en el amor, 18 de modo que
logren comprender, junto con todos los
consagrados, la anchura y la longitud,
la altura y la profundidad, 19 en una palabra, que conozcan el amor de Cristo,
que supera todo conocimiento. Así serán colmados de la plenitud de Dios.
20 Aquel que, actuando eficazmente
en nosotros, puede realizar muchísimo
más de lo que pedimos o pensamos
21 reciba de la Iglesia y de Cristo Jesús
la gloria en todas las generaciones por
los siglos de los siglos. Amén.

Unidad del cuerpo

4 1 Yo, el prisionero por el Señor, los
exhorto a vivir de acuerdo con la
vocación que han recibido. 2 Sean
humildes y amables, tengan paciencia

como el «último de los consagrados» (8). ¿Por haber sido perseguidor? ¿Por haber llegado más tarde (cfr. 1 Cor 15,9s)? Precisamente esta supuesta indignidad de Pablo resalta más la condición de absoluta gratuidad que tiene el don de la revelación del misterio, que no depende de ningún mérito ni preparación humana y que ha hecho de él apóstol de los paganos.

La continua insistencia de Pablo en su misión no solamente refleja su vocación particular, sino una de las preocupaciones misioneras más importantes de la Iglesia primitiva de la que él se hace el portavoz: la ruptura de las barreras que existían entre judíos y paganos y el destino de ambos pueblos a formar un solo cuerpo en Cristo.

Al cabo de veintiún siglos, esta vocación misionera de la Iglesia sigue siendo tan urgente y necesaria como entonces. El horizonte misionero, sin embargo, se ha alargado para abarcar el diálogo y la armonía con las grandes religiones y culturas del mundo con todas las consecuencias sociales, económicas y políticas, que seguramente el Apóstol no podía imaginar: la promoción de la igualdad y de la justicia entre los pueblos, la lucha por la concordia y la solidaridad, denunciando todo lo que divide, fragmenta y oprime a la familia humana.

3,14-21 El amor de Cristo. Pablo escribe esta súplica de rodillas, en actitud de profunda adoración. Su plegaria es rica y densa de significado y, quizás por eso, difícil de traducir. Pablo pide por los efesios, pero parece como si tuviera delante a toda la familia humana, en su múltiple pluralidad de comunidades, de religiones, de culturas, de naciones; es decir, todas las colectividades que cohesionan, expresan y dan sentido de pertenencia a hombres y mujeres. Con un sugerente juego de palabras, el Apóstol dice que la identidad de Dios como Padre –«pater» en griego–, es la raíz última que fundamenta y sostiene y «de quien procede toda paternidad» –«patriá» en griego–, «en el cielo y en la tierra» (15).

Pablo invoca en su plegaria a las tres personas divinas. Al Padre, que ha convocado a los efesios a formar una «patria» cristiana o Iglesia doméstica. Al Espíritu, que la robustece y fortalece internamente (16), en referencia a esa dimensión interior de nosotros mismos que se va renovando día a día (cfr. 2 Cor 4,16) y logra que por la fe y el amor que Cristo «habite en sus corazones» (17; cfr. Jn 14,23). Esta colaboración entre las tres personas divinas y la respuesta de la fe y el amor vivida en comunión cristiana nos llevarán a «comprender, junto con todos los consagrados» (18) aquello que el Apóstol expresa con una fórmula tan evocativa como enigmática para los lectores de hoy, pero quizás familiar y conocida para los efesios: anchura y longitud, altura y profundidad (18). ¿Es el plan universal de salvación de Dios? ¿Es la cruz de Cristo, vértice del universo simbolizado en sus cuatro dimensiones?

Sólo la experiencia del amor que Cristo nos tiene puede llenar al hombre, porque su amor revela el amor de Dios (cfr. 1 Jn 4,10). Gran paradoja: llenarse del que llena, abarca y desborda todo. Esta primera parte de la carta concluye con una expresión de alabanza a Dios, tributada por la Iglesia y encabezada por Cristo.

4,1-16 Unidad del cuerpo. Pablo comienza la parte exhortativa de la carta hablando con la autoridad que le dan sus sufrimientos y su prisión por Cristo. Si Dios ha reunido a todos los hombres y mujeres en un único plan de salvación, en lo más íntimo de la vocación cristiana está el compromiso por la unidad. Ésta se expresa en comportamientos concretos y prácticos de humildad, modestia, paciencia, aguante mutuo, es decir, virtudes que favorecen el amor.

Pablo explica esta unidad con una bella fórmula (4-6) que tiene sabor litúrgico y que hay que compararla con la confesión cotidiana de Israel: «El Señor, nuestro Dios, es solamente uno» (Dt 6,4). En ella estarían expresadas

y sopórtense unos a otros con amor,
[3] esfuércense por mantener la unidad
del espíritu con el vínculo de la paz.
[4] Uno es el cuerpo, uno el Espíritu, como una es la esperanza a que han sido
llamados, [5] un sólo Señor, una sola fe,
un sólo bautismo, [6] uno es Dios, Padre
de todos, que está sobre todos, entre
todos, en todos.

[7] Cada uno de nosotros recibió su
propio don, en la medida que Cristo los
ha distribuido. [8] Por eso se dice: *Subiendo a lo alto llevaba cautivos y repartió dones a los hombres.* [9] –Lo de
subió, ¿qué significa sino que antes había bajado a lo profundo de la tierra?–.
[10] El que bajó es el que subió por encima de los cielos para llenar el universo.
[11] Él nombró a unos apóstoles, a
otros profetas, evangelistas, pastores y
maestros. [12] Así preparó a los suyos
para los trabajos del ministerio, para
construir el cuerpo de Cristo; [13] hasta
que todos alcancemos la unidad de la
fe y del conocimiento del Hijo de Dios,
al estado de hombre perfecto y a la
madurez de la plenitud de Cristo. [14] Así
no seremos niños, juguete de las olas,
arrastrados por el viento de cualquier
doctrina, por el engaño de la astucia
humana y por los trucos del error.
[15] Por el contrario, viviendo en la verdad
y el amor, crezcamos hasta alcanzar
del todo al que es la cabeza, a Cristo.
[16] Gracias a él, el cuerpo entero,
recibe unidad y cohesión gracias a los
ligamentos que lo vivifican y por la acción propia de cada miembro; así el
cuerpo va creciendo y construyéndose
en el amor.

Conducta cristiana

[17] En nombre del Señor les digo y
recomiendo que no procedan como los
paganos: con sus inútiles pensamientos,
[18] con la razón oscurecida, alejados
de la vida de Dios, por su ignorancia y
dureza de corazón. [19] Porque, endu-
recidos, se han entregado al desenfreno y practican sin medida toda clase

las siete –número que indica plenitud– «caras» de la unidad de la comunidad cristiana: un cuerpo, unidad visible; un Espíritu, la unidad en su fuente íntima; una esperanza, la unidad como destino futuro de todos; un solo Señor, la unidad de obediencia al único dueño de la comunidad; una sola fe, unidad en el seguimiento de la única tradición apostólica, portadora de la «memoria de Jesús»; un solo bautismo, la unidad en cuanto incorporación a un único Cristo. Y en el vértice, un Dios Padre que nos une a todos en una familia de hijos e hijas suyos.

De la unidad brota la pluralidad y ésta se organiza en una armonía de crecimiento orgánico. Brota de Cristo glorificado que reparte sus dones como hace un vencedor espléndido.

Pablo ha hablado ya ampliamente de «dones», especialmente en su primera carta a los Corintios (cfr. 1 Cor 12,1-31; Rom 12,3-8) para expresar la pluralidad carismática de sus comunidades de las que todos y cada uno de los cristianos eran miembros vivos y activos.

Eran dones de lenguas, de milagros, de sanaciones, de sabiduría, etc. Ahora, sin embargo, el Apóstol habla de «ciertos dones» a los que se refiere mencionando no los dones en sí, sino a los agraciados por los mismos: «apóstoles... profetas, evangelistas, pastores y maestros» (11), como si las personas mismas fueran esos dones permanentes dados a la comunidad «para construir el cuerpo de Cristo» (12). Estas personas son los «líderes» de la comunidad. A diferencia de los dones «temporales» de que trata en la carta a los Corintios, ahora habla de dones «permanentes» y «esenciales». Una comunidad cristiana, por ejemplo, puede sobrevivir sin el «don de lenguas», pero no puede existir sin el sacramento del ministerio ordenado, es decir: obispos, presbíteros y diáconos que desempeñan hoy las funciones de apóstoles y profetas del tiempo del Apóstol.

Pablo quiere decirnos cosas importantes. Primera: que la comunidad no se da a sí misma sus propios líderes o que estos se auto-eligen, sino que se los da el Señor. Segunda: que ser obispos y presbíteros no son cargos de privilegio que les separan del resto de los cristianos, sino ministerios de servicio permanente a la comunidad. No son los dueños de la comunidad, sino servidores de la unidad del cuerpo de Cristo, y por eso deben actuar siempre en referencia permanente a la Cabeza, como sus representantes, como sacramento de la presencia del único Señor de la Iglesia, Cristo.

4,17–5,5 Conducta cristiana. Lo primero que Pablo pide de sus comunidades es un corte radical con su pasado pagano. Los calificativos son duros y tajantes: oscuridad, ignorancia, dureza, impureza, engaño. De nuevo hay que decir que el Apóstol no condena el paganismo

de indecencias. 20 Pero no es eso lo que
ustedes han aprendido de Cristo; 21 si
es que de veras oyeron hablar de él y de
él aprendieron en qué consiste la verdad.
22 Despójense de la conducta pasada,
del hombre viejo que se corrompe con
sus malos deseos; 23 renuévense en su
espíritu y en su mente; 24 y revístanse
del hombre nuevo, creado a imagen de
Dios con justicia y santidad auténticas.
25 Por lo tanto, eliminen la mentira, y
díganse la verdad unos a otros, ya que
todos somos miembros del mismo
cuerpo.
26 *Si se enojan, no pequen.* Que la
puesta del sol no los sorprenda en su
enojo, 27 dando así ocasión al demonio.
28 El que robaba no robe más, y
póngase a trabajar honestamente con
sus [propias] manos para ganar algo y
poder socorrer al que tiene necesidad.
29 No salga de sus bocas ninguna
palabra ofensiva, sino solo palabras
buenas que ayuden a crecer a quien lo
necesite y agraden a quien las escucha.
30 No entristezcan al Espíritu de Dios,
que los marcó con un sello para el día
del rescate.
31 Eviten toda amargura, pasión,
enojo, gritos, insultos y cualquier tipo
de maldad.
32 Sean amables y compasivos unos
con otros. Perdónense unos a otros,
como Dios los ha perdonado en Cristo.

5 1 Como hijos queridos de Dios,
traten de imitarlo. 2 Sigan el camino del amor, a ejemplo de Cristo
que los amó hasta entregarse por ustedes a Dios como ofrenda y sacrificio
de aroma agradable.
3 En cuanto a la inmoralidad sexual
y a cualquier clase de impureza o de
codicia, ni se nombre entre ustedes,
como corresponde a consagrados; 4 lo
mismo digo respecto de las obscenidades, de las estupideces, y de las
groserías, porque todas estas cosas
están fuera de lugar; lo que deben hacer
es alabar a Dios. 5 Pues han de saber
que ni el que comete inmoralidades
sexuales, ni el impuro o el avaro –que
es una forma de idolatría– recibirá una
herencia en el reino de Cristo y de
Dios.

El reino de la luz

6 Nadie los engañe con argumentos
falsos: estas cosas son, precisamente,
las que atraen la ira de Dios sobre los
rebeldes. 7 No se hagan cómplices de
los que obran así. 8 Porque si en un

en general. Está hablando a pequeñas comunidades cristianas esparcidas en las grandes ciudades del imperio y expuestas, por tanto, a la enorme presión de la influencia ambiental. Para sobrevivir en medio de tal ambiente tenían que expresar en términos radicales tanto el estilo de vida alternativa de seguimiento de Cristo que habían escogido, como la denuncia de la sociedad pagana en que vivían. El Apóstol usaría hoy el mismo lenguaje de denuncia, no necesariamente contra el paganismo, sino contra la corrupción de muchos de nuestros países tradicionalmente cristianos.

La vida alternativa del creyente, como una «nueva» humanidad frente a la «vieja», la expresa Pablo con la imagen de desnudarse y revestirse (cfr. Gál 3,27).

La humanidad vieja se deja llevar por la concupiscencia y acaba en la corrupción. La nueva es creación «a imagen de Dios» (cfr. Gn 1,27; Eclo 17,3; Sab 2,23). Es una vida de imitación de Dios y de Cristo: Sean santos «porque yo soy Santo» (Lv 11,44s). Jesús propone como ejemplo al Padre: «Amen a sus enemigos... así serán hijos de su Padre del cielo» (Mt 5,44s). Para el apóstol Pedro, los cristianos han sido «elegidos... y consagrados por el Espíritu, para obedecer a Jesucristo» (1 Pe 1,2).

Esta nueva vida del cristiano la ve expresada el Apóstol en comportamientos concretos (25-32) de honestidad, dedicación al trabajo, veracidad, amabilidad y respeto al prójimo, compasión y perdón. Éste es el retrato del cristiano: una persona que vive y se desvive por los demás, creador de la comunidad alternativa que Cristo nos trajo con su muerte y resurrección.

5,6-21 El reino de la luz. Luz y tinieblas: he aquí otra imagen de resonancias bíblicas que usa Pablo para exhortar a los efesios a proceder en su conducta como «hijos de la luz», recordándoles que «en un tiempo eran tinieblas» (8).

tiempo eran tinieblas, ahora son luz por
el Señor: vivan como hijos de la luz
9 –toda bondad, justicia y verdad es fruto
de la luz–. 10 Sepan discernir lo que
agrada al Señor.

11 No participen en las obras estériles
de las tinieblas, al contrario denún-
cienlas. 12 Lo que ellos hacen a ocultas
da vergüenza decirlo, 13 pero todo esto
ha de ser denunciado por la luz hasta
que se vuelva claridad 14 y todo lo que
está al descubierto recibe el influjo de
la luz.

Por eso dice: ¡Despierta, tú que duermes, levántate de la muerte, y te
iluminará Cristo! 15 Por lo tanto cuiden
mucho su comportamiento, no obren como necios, sino como personas sensatas,
16 que saben aprovechar bien el momento presente porque corren
tiempos malos. 17 Por eso no sean imprudentes, antes bien, procuren entender cuál es la voluntad del Señor.
18 No se embriaguen con vino, que engendra lujuria, más bien llénense de Espíritu.

19 Entre ustedes entonen salmos, himnos y cantos inspirados, cantando y celebrando al Señor de todo corazón,
20 dando gracias siempre y por cualquier motivo a Dios Padre, en nombre de nuestro Señor Jesucristo.

21 Sométanse los unos a los otros en atención a Cristo.

Marido y mujer

22 Las mujeres deben respetar a los maridos como al Señor;
23 porque el marido es cabeza de la mujer como Cristo es cabeza y salvador de la Iglesia, que es su cuerpo.

La mayoría de las comunidades cristianas de Pablo vivía en las grandes ciudades del imperio, donde la decadencia moral generalizada de la época era más patente y notoria. Las perversiones y los vicios más vergonzosos habían tomado carta de ciudadanía en aquella sociedad. Se habían convertido en comportamientos normales, aceptados, bien vistos, incluso cantados en las gestas y proezas míticas de los dioses. Éstas son las «tinieblas» contra las que el Apóstol lanza su grito de alarma a los efesios: «Nadie los engañe con argumentos falsos» (6).

Las tinieblas crean la confusión; sus obras son estériles y vergonzosas. El mundo de la luz se opone al mundo de las tinieblas. La luz delata el delito: «pusiste nuestras culpas... a la luz de tu mirada» (Sal 90,8), discierne y desenmascara el mal donde se encuentre e invita a luchar contra él.

Ésta es la vida alternativa a la que anima el Apóstol utilizando un himno cristiano, probablemente cantado en la liturgia del bautismo: «Despierta, tú que duermes, levántate de la muerte, y te iluminará Cristo» (14).

Pablo, al final, parece invitar a la comunidad cristiana a permanecer en vela, como las vírgenes prudentes del evangelio, esperando al esposo con las lámparas encendidas de himnos y cantos inspirados en la «noche» de los malos tiempos que corren (Mt 25,1-13).

5,22-33 Marido y mujer. Pablo ha estado exhortando a la unidad y armonía que debe existir en la comunidad cristiana en general. Ahora concentra su atención en el núcleo familiar, la Iglesia doméstica, formada por el matrimonio, los hijos y, en aquellos tiempos, también los esclavos. Se dirige primero a los esposos y en concreto a la esposa, con una exhortación: las mujeres deben respetar a sus maridos... (22) y después añade: en todo (24). Con respecto al marido, repite tres veces que debe amar a su mujer (25), amarla como a su mismo cuerpo (28) y quien ama a su mujer debe cuidarla y alimentarla (29).

Estas expresiones del Apóstol quizás puedan causar perplejidad e irritación en el lector –y especialmente en la lectora de hoy– que solamente se contente con una lectura superficial del texto. Parece como si las exhortaciones no pusieran a ambos esposos en pie de igualdad. Al hombre se le pide «amor» y a la mujer «sometimiento», palabra que repugna a nuestra sensibilidad y, si se trata del sometimiento de la mujer, todavía más.

¿Qué decir de todo esto?

En primer lugar, Pablo no está convirtiendo en «palabra de Dios» los condicionamientos culturales de su tiempo, que eran también suyos. Nada más lejos de lo que aquí intenta decir a los efesios. Es más, si el Apóstol hubiera vivido hoy seguramente hubiera sido un entusiasta defensor de los derechos de la mujer y ciertamente no hubiera usado el término «someterse».

En segundo lugar, y esto es lo importante, el Apóstol no está dando «consejos de convivencia matrimonial». El Apóstol ha estado hablando a lo largo de toda la carta del misterio de la salvación y lo ha expresado con una de sus imágenes favoritas: Cristo y los creyentes unidos en un solo cuerpo que es la Iglesia, de la que Cristo mismo es la cabeza. Pues bien, este «misterio de amor» entre Cristo y la Iglesia lo ve el Apóstol simbolizado en la unión matrimonial del esposo y de la esposa. Pero atención: el amor entre Cristo y la Iglesia no están reflejando la experiencia de amor conyugal, sino al revés, es ésta la que es símbolo y presencia sacramental del amor entre Cristo y su Iglesia.

24 Así, como la Iglesia se somete a
Cristo, de la misma manera las mujeres
deben respetar en todo a los maridos.
25 Maridos, amen a sus esposas como
Cristo amó a la Iglesia y se entregó por
ella, 26 para limpiarla con el baño del
agua y la palabra, y consagrarla, 27 para
presentar una Iglesia gloriosa, sin
mancha ni arruga ni cosa semejante,
sino santa e irreprochable.
28 Así tienen los maridos que amar
a sus mujeres, como a su cuerpo.
Quien ama a su mujer se ama a sí
mismo; 29 nadie aborrece a su propio
cuerpo, más bien lo alimenta y cuida;
así hace Cristo por la Iglesia, 30 por
nosotros, que somos los miembros de
su cuerpo. 31 Por eso *abandonará el
hombre a su padre y su madre, se unirá
a su mujer, y serán los dos una sola
carne.* 32 Ese símbolo es magnífico, y
yo lo aplico a Cristo y la Iglesia.
33 Del mismo modo ustedes: ame
cada uno a su mujer como a sí mismo
y la mujer respete a su marido.

Hijos y esclavos

6 1 Hijos, obedezcan a sus padres
[en atención al Señor], porque esto
es lo justo. 2 El primer mandamiento que
contiene una promesa es éste: *Honra a
tu padre y a tu madre* 3 *para que te vaya
bien y vivas mucho tiempo en la tierra.*
4 Padres, no irriten a sus hijos; edú-
quenlos, más bien, en la disciplina e
instrúyanlos en el amor de Dios.
5 Esclavos, obedezcan a sus amos
corporales, escrupulosa y sinceramente,
como si sirvieran a Cristo; 6 no por ser-
vilismo o para halagarlos, sino como
siervos de Cristo que cumplen con toda
el alma la voluntad de Dios. 7 Sirvan a
sus dueños de buena gana como si
se tratara del Señor, y no de hombres;
8 conscientes de que el Señor le pagará
a cada uno lo bueno que haga, sea
esclavo o libre.
9 Amos, compórtense con sus siervos del mismo modo, y dejen de lado
las amenazas, conscientes de que tanto
ellos como ustedes tienen el mismo

Contemplando al marido y la mujer unidos en una sola carne (31), Pablo exclama con entusiasmo que ese símbolo es magnífico, y con su autoridad de Apóstol afirma: «y yo lo aplico a Cristo y la Iglesia» (32).

Ésta es la «Palabra de Dios» que nos trasmite Pablo. Una palabra revolucionaria que desmonta, supera y condena todo modelo cultural humano de matrimonio que establezca o sancione la desigualdad entre los cónyuges, comenzando por el modelo cultural del mismo Pablo.

La Palabra de Dios –de la que el Apóstol es portador– va más allá de lo que él mismo podía imaginar.

La tradición bíblica del Antiguo Testamento ya había preparado generosamente este símbolo con la imagen de Dios como esposo y la comunidad como esposa, con expresiones tan audaces como la de Isaías 62,5: «la alegría que encuentra el esposo con su esposa la encontrará tu Dios contigo». Los últimos capítulos del Apocalipsis utilizan este mismo símbolo para clausurar el texto de la Biblia, que termina con la llamada apremiante de la esposa al esposo: «Ven, Señor Jesús» (Ap 22,20). Esta imagen bíblica despliega toda su fuerza expresiva en la relación de amor indisoluble de Cristo hacia la Iglesia, cuyo símbolo y presencia es el sacramento cristiano del matrimonio.

6,1-9 Hijos y esclavos. Pablo recuerda a los efesios que la Ley del decálogo sigue en pie, y que el cuarto mandamiento ocupa el primer lugar en referencia al prójimo (cfr. Col 3,20s). De entre todas las personas a las que hay que amar, los padres son los primeros (cfr. Eclo 3).

Los padres tienen deberes correlativos para con los hijos, aunque no los mencione el decálogo. La educación de los hijos es un tema frecuente en el mundo sapiencial bíblico y en la cultura griega. Era, también es cierto, una educación marcada por el rigor y la dureza. Esto explica que Pablo recomiende a los padres que «no irriten a sus hijos» (4). Hay que darles la corrección que les daría Dios mismo.

También los esclavos pertenecen al ámbito de la familia. Pablo no propone un cambio de orden social. No puede ni tiene a mano una alternativa social o política al sistema de esclavitud de su tiempo. Sin embargo, resalta la reciprocidad de deberes y trato entre amos y esclavos, y sobre todo, la igualdad radical bajo el «amo único» que es Dios (Col 3,22–4,1).

Es esta posición revolucionaria de su mensaje evangélico la que terminó acabando con la institución de la esclavitud antigua, y nos anima hoy a seguir luchando contra las esclavitudes de nuestro tiempo.

Señor que está en el cielo y que no hace
distinción de personas.

Lucha contra el mal

10 Por lo demás, fortalézcanse con
el Señor y con su fuerza poderosa.
11 Vístanse la armadura de Dios para
poder resistir los engaños del Diablo.
12 Porque no estamos luchando contra
seres de carne y hueso, sino contra las
autoridades, contra las potestades,
contra los soberanos de estas tinieblas,
contra las fuerzas espirituales del mal.
13 Por tanto, tomen las armas de Dios
para poder resistir el día funesto y permanecer firmes a pesar de todo.
14 Cíñanse con el cinturón de la
verdad, vistan la coraza de la justicia,
15 calcen las sandalias del celo para
propagar la Buena Noticia de la paz.
16 Tengan siempre en la mano el escudo de la fe, en el que se apagarán
los dardos incendiarios del maligno.
17 Pónganse el casco de la salvación, y
empuñen la espada del Espíritu, que es
la Palabra de Dios.
18 Vivan orando y suplicando, oren
en toda ocasión animados por el
Espíritu; permanezcan despiertos y
oren con perseverancia por todos los
consagrados; 19 también por mí, para
que cuando yo abra la boca, se me
conceda el don de la palabra y pueda
exponer libremente el misterio de la
Buena Noticia, 20 del cual soy mensajero en prisión: que pueda anunciarlo
libremente, como es debido.

Saludo final

21 Tíquico, el hermano querido y ministro fiel del Señor les informará para
que sepan cómo me va y lo que hago.
22 Para eso se lo envío, para que tengan
noticias mías y para que los consuele.
23 A los hermanos paz, amor y fe de
parte de Dios Padre y del Señor Jesucristo. 24 La gracia esté con todos los
que aman a nuestro Señor Jesucristo
con amor incorruptible.

6,10-20 Lucha contra el mal. Pablo ha exhortado a los efesios a aprovechar la oportunidad de salvación y a estar vigilantes. De ahí que, para él, la vida cristiana sea una milicia. El Evangelio tiene enemigos aguerridos y peligrosos contra los que hay que luchar y por tanto debemos estar pertrechados con las armas de Dios.

La metáfora de las armas de Dios tiene una honda resonancia bíblica. Sab 5,16-22 habla de escudo, armadura y espada; Is 59,17, de coraza, casco y manto. Pablo recoge la imagen y la carga de contenido cristiano, y así contempla al creyente armado y pertrechado con la verdad, la justicia, el evangelio de la paz, la fe y la salvación.

En esta batalla declarada, Pablo no sólo contempla al creyente individual luchando contra sus propios pecados, sino a la entera comunidad cristiana, la Iglesia, enfrentada a fuerzas malignas de dimensiones cósmicas, contra las que el individuo aislado aparece impotente.

Usando los conceptos del género literario apocalíptico, habla, personificándolos, de «soberanos de estas tinieblas... las fuerzas espirituales del mal» (12), viéndolos como causantes de la atmósfera contaminante de pecado que convierte a la historia humana en «malos tiempos».

Hoy, esos poderes malignos tienen otros nombres: es la violencia globalizada producida por estructuras económicas supranacionales que oprimen y esclavizan al pobre; es la contaminación y la destrucción de los recursos naturales del planeta a causa de un desenfrenado consumismo; es la fuerza global de la imagen y de la propaganda al servicio de valores que deshumanizan y acaban destruyendo a hombres y mujeres. Contra estas modernas «fuerzas del mal», la comunidad humana parece impotente y desarmada.

El Apóstol no es un pesimista, al contrario. De todos esos poderes Jesucristo ha salido triunfante y sus armas victoriosas están a nuestra disposición.

Su exhortación, pues, es una llamada al compromiso de la comunidad entera, con una serie de verbos que expresan el apremio y la urgencia: «tomen las armas... cíñanse... vistan... calcen... Tengan siempre en la mano... pónganse» (13-17). Nuestro «aliado» en la lucha es el Señor, y su presencia victoriosa entre nosotros se consigue con la oración (cfr. Sal 35,1-4), que es el consejo final con que termina Pablo su carta, animando a los efesios a ser constantes en rezar y suplicar... con perseverancia... por todos... también por él (18s).

Oración y compromiso, o como diría la sabiduría popular: «A Dios rogando y con el mazo dando».

6,21-24 Saludo final. A diferencia de otras cartas, Pablo sólo menciona en su saludo final a Tíquico (cfr. Col 4,7), portador de la carta y enviado a animar y confortar a los efesios. A éstos les desea la gracia del Señor.

CARTA A LOS FILIPENSES

Filipos. La ciudad que lleva el nombre de Filipos, en honor al padre de Alejandro Magno, era desde el año 31 a.C. colonia de Roma con derecho a ciudadanía. Por ella pasaba la vía Ignacia, que unía Italia con Asia. La población era en parte romana como indican las monedas con inscripciones latinas.

Según Hch 16, Filipos fue la primera ciudad «europea» visitada y evangelizada por Pablo y Silas, hacia el año 49. Una mujer de buena posición fue la primera convertida «europea» al Evangelio por la palabra del Apóstol. Allí se formó una comunidad cordial y generosa, a la que Pablo se sintió estrechamente vinculado (1,8; 4,1). Sólo de ellos aceptó ayuda económica (4,14s).

Lugar y fecha de composición de la carta. Pablo escribió la carta desde la cárcel (1,7.13.17). ¿Dónde? Algunos biblistas piensan, siguiendo la tradición, que se encontraba ya en Roma (después del año 60); citan en su apoyo las expresiones «todos en el pretorio» (1,13) y «los servidores del emperador» (4,22); asimismo su perplejidad ante una muerte próxima. Pero estas expresiones se pueden aplicar también a Éfeso, y Pablo sabía mucho de cárceles y de peligros de muerte. Por eso, la mayoría de biblistas se inclina por una prisión en Éfeso, no mencionada por Lucas en los Hechos. Esta hipótesis explica mejor el viaje de Epafrodito, el intercambio de noticias, su intención de hacerles una visita pronto (2,24). Sobre el peligro de muerte tenemos la referencia en 2 Cor 1,8s. En este supuesto, la carta habría sido escrita hacia el año 54.

Ocasión y contenido de la carta. Sobre la ocasión nos informa la misma carta. Un asunto al parecer trivial, el viaje y la enfermedad de Epafrodito; un motivo simple y grave, la necesidad de desahogar su agradecimiento sin renunciar a su oficio de exhortar y animar.

Se trata de una carta que discurre sin un plan determinado, con cambios de tema, de tono, de situación. Por eso algunos biblistas han pensado que se trata de dos o tres cartas, todas de Pablo, artificialmente reunidas bajo un epígrafe por un recopilador posterior. Sin embargo, en una típica carta personal, los saltos, cambios y prolongaciones no deben extrañar.

Lo que es indiscutible es el atractivo particular de esta carta como expresión de los sentimientos del Apóstol. Su joya teológica es el himno cristológico (2,6-11), síntesis audaz y madura, que algunos consideran un himno cristiano incorporado a ella. En términos de apostolado es importante el valor del «testimonio» (1,12-14) y la prioridad de que Cristo sea predicado, donde y como sea (1,15-18), así como la participación del Apóstol en la muerte y resurrección de Cristo (3,10s.20s). También afloran algunos asuntos particulares de la comunidad: el peligro de los judaizantes (3,1-7) y la necesidad de la concordia (3,2).

Saludo

1 1 Pablo y Timoteo, siervos de
Cristo Jesús, a todos los consagrados a Cristo Jesús que residen en
Filipos, incluidos sus obispos y diáconos: 2 Gracia y paz de parte de Dios
nuestro Padre y del Señor Jesucristo.

Acción de gracias

3 Cada vez que me acuerdo de ustedes, doy gracias a mi Dios; 4 y siempre
que pido cualquier cosa por todos
ustedes, lo hago con alegría, 5 pensando
en la colaboración que prestaron a la
difusión de la Buena Noticia, desde el
primer día hasta hoy. 6 Estoy seguro de
que quien comenzó en ustedes la obra
buena, la llevará a término hasta el día
de Cristo Jesús.

7 Es justo que sienta esto de todos
ustedes, porque los llevo en el corazón
y porque participan conmigo de las
mismas bendiciones, ya sea cuando
estoy en la prisión o cuando trabajo en
la defensa y confirmación de la Buena
Noticia. 8 Dios es testigo de que los
amo tiernamente en el corazón de
Cristo Jesús. 9 Esto es lo que pido: que
el amor de ustedes crezca más y más
en conocimiento y en buen juicio para
todo, 10 a fin de que sepan elegir siempre lo mejor. Así llegarán limpios y sin

1,1s Saludo. El remitente de la carta es «Pablo», a secas, sin el título de «apóstol», señal de que los filipenses aceptaban su apostolado sin problemas. El escrito va dirigido también en nombre de Timoteo, uno de sus mejores colaboradores, quizás también presente en la evangelización de Filipos (cfr. Hch 16,12-40). Pablo se presenta junto con su compañero como «siervos de Cristo Jesús» (1), título que los identifica como misioneros del Evangelio. Llama «santos» o «consagrados», como de costumbre, a sus destinatarios, en alusión a su pertenencia a Cristo Jesús.

Entre estos destinatarios se encuentran los líderes a cuyo cargo está la comunidad. Llama la atención que Pablo los designe como «obispos y diáconos», es decir, supervisores y auxiliares. En otras cartas se refiere a ellos como «los que les enseñan, amonestan y gobiernan» (cfr. 1 Tes 5,12; Rom 12,8), o «apóstoles, profetas, evangelistas, pastores y maestros» (cfr. Ef 4,11). En tiempos del Apóstol, el nombre que se da a los encargados de las comunidades cristianas, ya sean fundadas por él o no, es muy fluido y variado.

Los títulos de «obispos» y «diáconos», que fueron adoptados por los cristianos para sus propios líderes, eran los nombres con que la sociedad civil griega designaba a los cargos dirigentes. No tenían todavía el significado y alcance que tienen en la Iglesia de hoy, pues las primeras comunidades cristianas no estaban aún estructuradas jerárquicamente en torno a un obispo de carácter monárquico. Con el correr del tiempo, toda la función de gobierno y liderazgo se concentró en el ministerio de los «obispos, presbíteros y diáconos», desapareciendo los demás nombres y títulos.

Curiosamente, ningún líder cristiano de las primeras generaciones era llamado «sacerdote» para no confundirlo con el sacerdocio judío. Posteriormente, cuando el «sacerdocio judío» desapareció junto con el templo de Jerusalén y no existía ya el peligro de confusión, los «presbíteros cristianos» también comenzaron a ser llamados «sacerdotes». Y con el correr del tiempo, solamente, sacerdotes. No fue una simple cuestión semántica, pues dicho cambio se debió entre otros factores, a la peligrosa reducción de sus funciones, a la celebración de la eucaristía y al perdón de los pecados casi exclusivamente.

El Concilio Vaticano II ha vuelto a dar preferencia al título de «presbítero» sobre el de «sacerdote» para reafirmar una de sus misiones más importantes: edificar la comunidad cristiana sobre la Palabra de Dios o ser «siervos del Evangelio», como se han presentado Pablo y Timoteo.

1,3-11 Acción de gracias. La acción de gracias acostumbrada se entremezcla con la súplica, en un tono afectuoso y cordial. Los sentimientos de gozo, cariño, confianza y añoranza dominan las relaciones de Pablo con los filipenses. La carta es, desde el principio, muy personal y nos ilustra un aspecto humano importante del apostolado de Pablo: la amistad que le unía a sus evangelizados, siguiendo el ejemplo de Jesús: «a ustedes los he llamado amigos» (Jn 15,15).

Les dice que siempre que se acuerda de ellos da gracias y los encomienda a Dios con «alegría» (4). Esta palabra volverá a aparecer muchas veces (1,18.25; 2,2.17s; 3,1; 4,1.10). En realidad, toda la carta es un canto a la alegría. El motivo de su gozo es que los filipenses no sólo han aceptado el Evangelio, sino que han colaborado con Pablo en su propagación «desde el primer día hasta hoy» (5). Por eso reza y confía que Dios culminará la obra tan buena que ha comenzado en ellos, cuando llegue «el día de Cristo Jesús» (6), la «parusía» o su venida gloriosa al final de los tiempos. El Apóstol tiene siempre ante sus ojos «el día del Señor», como la fuerza que guía todos los pasos de su vida apostólica (cfr. 2,16).

tropiezo al día de Cristo, 11 cargados
con el fruto de la honradez que viene
por Jesucristo, para gloria y alabanza
de Dios.

Prisionero por Cristo

12 Quiero que sepan, hermanos, que
lo que me ha sucedido ha favorecido
la difusión de la Buena Noticia. 13 En
efecto, todos en el palacio, tanto los
soldados como los demás saben que
estoy preso por Cristo, 14 y la mayoría
de los hermanos que confían en el
Señor, con mi prisión se han animado a
anunciar el mensaje sin temor. 15 Unos
proclaman a Cristo por envidia y por
polémica, otros lo hacen con buena
voluntad. 16 Éstos obran por amor,
sabiendo que me encuentro así para
defender la Buena Noticia; 17 aquéllos
en cambio anuncian a Cristo por ambición y mala intención, pensando añadir
penas a mi prisión. 18 ¡Qué importa!
En cualquier caso, sea como pretexto
o sinceramente, Cristo es anunciado,
y de ello me alegro y me alegraré;
19 porque sé que esto servirá para mi
salvación, gracias a las oraciones de
ustedes y por el auxilio del Espíritu de
Jesucristo.

20 Espero y aguardo no desanimarme
por nada; al contrario, estoy completamente seguro que ahora como siempre,
viva o muera, Cristo será engrandecido
en mi persona. 21 Porque para mí la
vida es Cristo y morir una ganancia.
22 Pero si mi vida corporal va a producir
fruto, no sé qué escoger. 23 Las dos
cosas tiran de mí: mi deseo es morir
para estar con Cristo, y eso es mucho
mejor; 24 pero para ustedes es más
necesario que siga viviendo.

25 Ahora bien, estoy convencido de
que me quedaré y seguiré con ustedes

Con otra expresión de afecto, afirma desde la prisión: «los llevo en el corazón» (7), pues no sólo han participado en su misión apostólica, sino también en los sufrimientos por el Evangelio. En la soledad hostil de la cárcel brota con fuerza la «añoranza» del Apóstol, sentimiento humano transformado por la unión con Cristo.

La súplica incluye la caridad, el ideal de toda comunidad cristiana, y sus manifestaciones concretas adecuadas a cada situación. Por eso pide para ellos un permanente discernimiento guiado por el amor (cfr. Rom 12,9). Finalmente, aparece de nuevo la «parusía» en la oración de Pablo por sus queridos filipenses a quienes desea que ese «día de Cristo» (10) les encuentre cargados «con el fruto de la honradez» (11).

1,12-30 Prisionero por Cristo. A pesar de su situación de prisionero, el Apóstol rebosa de gozo. ¡Paradojas de la prisión! (cfr. Ef 3,1). Sus cadenas son otra predicación. Encarcelado en una institución romana, le han brindado una plataforma inesperada de apostolado, ya sea en sus conversaciones particulares con los demás prisioneros, ya sea en las declaraciones oficiales ante los jueces. Los Hechos de los Apóstoles documentan esta táctica paulina de aprovechar cualquier ocasión ante cualquier auditorio (cfr. 2 Tim 4,2).

La valentía del prisionero en predicar el Evangelio, incluso en el mismo palacio del gobernador, ha producido la correspondiente valentía en la comunidad cristiana de Filipos para testimoniar su propia fe. Y así, lejos de acobardarse por miedo de terminar también ellos en la cárcel, crecieron en su entusiasmo por el anuncio, lo que provoca la gran alegría de Pablo.

De repente, una sombra oscurece sus pensamientos. Algunos de la comunidad se aprovechan de la prisión del Apóstol con intenciones no muy claras, aunque no fuera para predicar otro evangelio distinto o contrario; quizás la codicia o la envidia les hacen querer ocupar el puesto del ausente. Si bien denuncia el hecho con brevedad vigorosa, Pablo reacciona con grandeza: lo que importa no es su persona, sino que Cristo sea anunciado «y de ello me alegro y me alegraré» (18).

Pero su alegría tiene también otro motivo: Pablo, firme en su fe, está convencido de que toda esta situación que está viviendo le servirá para su salvación, gracias a las oraciones que los filipenses hacen por él y gracias a la asistencia del Espíritu de Jesús. Al parecer, espera el fallo inminente en forma de absolución o de condena a muerte, y contempla ambas posibilidades con paz y optimismo. Si bien morir y unirse definitivamente a Cristo sería lo mejor para él, «para mí la vida es Cristo y morir una ganancia» (21), sin embargo, como apóstol y pensando en que sus comunidades quedarían desatendidas, prefiere salir absuelto; prefiere la «pérdida» a la «ganancia», anteponiendo los intereses de los filipenses a los suyos propios, pues «para ustedes es más necesario que siga viviendo» (24). Él sale perdiendo por ahora para salir ganando al final.

Pase lo que pase, lo importante es que los filipenses sigan en la brecha, «unidos en espíritu y corazón, luchando juntos por la fe en la Buena Noticia» y «sin dejarse

para que progresen y se alegren en la
fe; [26]y así, mi vuelta y mi presencia
entre ustedes les será un nuevo motivo
de satisfacción en Cristo Jesús. [27]Una
cosa importa, que su conducta sea
digna de la Buena Noticia de Cristo; de
modo que, sea que vaya a verlos o que
siga ausente, sepa que se mantienen
unidos en espíritu y corazón, luchando
juntos por la fe en la Buena Noticia;
[28]sin dejarse asustar en nada por sus
adversarios. Lo cual, por designio de
Dios, será para ellos señal de perdición, y para ustedes de salvación.
[29]Porque a ustedes se les ha concedido la gracia, no sólo de creer en
Cristo, sino de padecer por él, [30]so-
portando la misma pelea en la que
antes me vieron y ahora oyen que sigo
sosteniendo.

Amor cristiano y humildad de Cristo

2 [1]Si algo puede una exhortación
en nombre de Cristo, si algo vale
el consuelo afectuoso, o la comunión
en el espíritu, o la ternura del cariño,
[2]les pido que hagan perfecta mi alegría
permaneciendo bien unidos. Tengan
un mismo amor, un mismo espíritu, un
único sentir.

[3]No hagan nada por ambición o vanagloria, antes con humildad estimen a
los otros como superiores a ustedes
mismos. [4]Nadie busque su interés,
sino el de los demás. [5]Tengan los
mismos sentimientos de Cristo Jesús,

[6]quien, a pesar de su condición divina,
no hizo alarde de ser igual a Dios;
[7]sino que se vació de sí
y tomó la condición de esclavo,
haciéndose semejante a los hombres.
Y mostrándose en figura humana [8]se humilló,
se hizo obediente hasta la muerte, y una muerte en cruz.
[9]Por eso Dios lo exaltó
y le concedió un nombre superior a todo nombre,
[10]para que, ante el nombre de Jesús, toda rodilla se doble,
en el cielo, la tierra y el abismo;
[11]y toda lengua confiese:
¡Jesucristo es Señor!, para gloria de Dios Padre.

asustar en nada por sus adversarios» (27s). Es ésta una vida que supone lucha. El temple y la entereza de los combatientes será como el anticipo del juicio final que será un juicio de salvación para los filipenses, ya que están padeciendo por Jesús, lo mismo que vieron y ahora oyen de él, Pablo (cfr. Hch 16,22; Col 2,1).

2,1-18 Amor cristiano y humildad de Cristo. Pablo introduce su exhortación a la caridad y humildad con un gran despliegue de motivaciones. Ambos temas son de sobra conocidos, pero el acierto y la importancia de estos versos están en la conexión: la humildad, resultado y condición de una caridad auténtica y duradera. Si el egoísmo es lo contrario al amor (cfr. 1 Cor 10,24), el orgullo es su enemigo capital.

Uno de los motivos de gran fuerza sicológica que invoca Pablo para exhortar a la fraternidad es el cariño y la comunión que les une a él y a los filipenses. No parece que en la actualidad esa unión esté deteriorándose, pero siempre es oportuno tender a que crezca. La unión que el Apóstol les recomienda sólo la tendrán si cada uno sabe valorar a los demás más que a sí mismo y se interesa por ellos. Es el ejemplo que Cristo nos ha dado.

Para presentarles el ejemplo del Señor, Pablo recoge y quizás retoca un himno cristiano –arameo o griego– con el que las comunidades expresaban su culto de adoración a Jesucristo. Su contenido y forma externa está regido por el esquema «humillación/exaltación», de tantas resonancias bíblicas: «delante de la gloria va la humildad» (Prov 15,33; cfr. Sal 113,7), y que en el Antiguo

12 Por tanto, queridos míos, sean
obedientes como siempre: no sólo en
presencia mía, sino más aún en mi
ausencia, trabajando con temor y temblor en su salvación. 13 Porque es Dios
quien, según su designio, produce en
ustedes los buenos deseos y quién les
ayuda a llevarlos a cabo. 14 Hagan todo
sin protestar ni discutir: 15 así serán
íntegros e intachables, hijos de Dios sin
mancha en medio de una generación
perversa y depravada, ante la cual brillan
como estrellas en el mundo, 16 mostrando el mensaje de la vida. Ésa será
mi gloria el día de Cristo: la prueba
de que no he corrido ni me he fatigado
en vano. 17 Y si ahora debo derramar
mi sangre como libación sobre el sacrificio y la ofrenda sagrada, que es la fe
de ustedes, me alegro y comparto su
alegría; 18 también ustedes, alégrense y
celébrenlo conmigo.

Timoteo y Epafrodito

19 Confiando en el Señor Jesús, espero enviarles pronto a Timoteo, para
alegrarme al recibir noticias de ustedes.
20 A nadie tengo que se le iguale en
su profunda preocupación por ustedes;
21 porque todos buscan su propio interés y no el de Jesucristo. 22 Conocen
sus méritos. En el anuncio de la Buena
Noticia estuvo a mi servicio como un
hijo para su padre. 23 Por eso espero
enviárselo en cuanto vea cómo van mis
asuntos. 24 Y confío en el Señor que
también yo iré allá pronto.

25 He creído necesario enviarles de
nuevo a Epafrodito, hermano, colaborador y camarada mío, al que ustedes

Testamento encuentra su máxima expresión en el canto del Siervo del Señor (cfr. Is 53). El Apóstol expresa esta humillación/exaltación de Jesús a través de un proceso de descenso/ascenso, que lo llevó desde una preexistencia en estado de igualdad con el Padre a encarnarse y tomar la condición humana sin diferenciarse de ningún otro hombre. La expresión utilizada es audaz y vigorosa: «se vació de sí» mismo (7). Este paso de la preexistencia a la historia lo describe el Apóstol lacónicamente en 2 Cor 8,9: «siendo rico, se hizo pobre».

De esa vida encarnada en nuestra pobre condición humana destaca la obediencia de un Jesús cumpliendo siempre la voluntad del Padre: «porque no bajé del cielo para hacer mi voluntad, sino la voluntad del que me envió» (Jn 6,38). La obediencia al Padre define toda su existencia hasta el extremo de la cruz. A esta humillación total sucede su exaltación por la acción soberana de Dios, descrita enfáticamente con un verbo en superlativo: «sobreelevar», que es otro modo de expresar la resurrección-glorificación de Cristo. Y ésta queda todavía más acentuada por el nombre o título que el Padre otorga a Jesús: «Señor» –en griego «Kyrios»–, palabra que traduce el nombre de Yahvé, Dios, en la versión griega del Antiguo Testamento; «para que... toda rodilla se doble... y toda lengua confiese: ¡Jesucristo es Señor!» (10s; cfr. Is 45,23). Pero si el Padre glorifica a su Hijo, también el Hijo, muriendo y resucitando por nosotros, da gloria a su Padre (cfr. Jn 13,31; 17,1). Y esta gloria de Dios Padre no es otra cosa que la salvación del mundo. Así culmina Pablo su himno de adoración a Jesucristo, el Señor, que resume todo el misterio de la redención.

• Tras la cita del himno, el Apóstol saca las consecuencias. La inmediata es la obediencia de los filipenses a él, Pablo, aunque esté ausente, es decir, al Evangelio que les ha predicado. La otra, que sigan expresando esta Buena Noticia en su vida y testimonio ante las gentes, pues aunque la salvación de Dios ha sido ya iniciada, todavía no está consumada. Los filipenses, por tanto, deben trabajar «con temor y temblor» (12) para su salvación en medio de «una generación perversa y depravada» (15) ante la cual deben testimoniar el mensaje de vida «como estrellas en el mundo» (15s).

Este testimonio vivo de la comunidad será el orgullo y la gloria de Pablo en el «día del Señor». Desde la prisión, y a la espera de una posible condena a muerte, el Apóstol ve este día ya cercano iluminando y dando sentido a su ministerio apostólico entre los filipenses: «no he corrido ni me he fatigado en vano» (16). Si Dios le pide ahora el último sacrificio por ellos, es decir, derramar su vida «como libación sobre el sacrificio y la ofrenda sagrada, que es la fe de ustedes» (17), la alegría mutua será completa. Con esta bellísima imagen de la fe, que hace de la entera vida del cristiano un sacrificio litúrgico de obediencia y amor a Dios y a los hermanos (cfr. Rom 15,16), termina el Apóstol su exhortación a una vida de humildad y caridad.

2,19-30 Timoteo y Epafrodito. Estas líneas muestran las relaciones afectivas y efectivas entre la comunidad de Filipos y Pablo encarcelado. Timoteo no fue un colaborador más, sino el principal y el más fiel de todos. Frecuentemente, el Apóstol le envía a visitar y robustecer comunidades (cfr. 1 Cor 4,17; 16,10). Tenemos la impresión de que otros colaboradores de Pablo le duran solamente un viaje, de ahí que elogie la fidelidad de Timoteo frente a los que «buscan su propio interés y no el de

mismos enviaron para que atendiese a mis necesidades. 26 Él tiene muchos deseos de verlos a todos y está intranquilo porque ustedes se enteraron que estaba enfermo. 27 Es verdad que lo estuvo y a punto de morir; pero Dios se apiadó de él; y no sólo de él, sino también de mí, para que no tuviera yo más tristezas de las que ya tengo.

28 Por eso se lo enviaré rápidamente, para que ustedes se alegren de verlo y yo me vea libre de esta pena. 29 En nombre del Señor recíbanlo con toda alegría, y estimen mucho a gente como él 30 ya que estuvo a punto de morir por servir a Cristo y expuso la vida para prestarme los servicios que ustedes no me podían prestar personalmente.

Los méritos del cristiano

3 1 Por lo demás, hermanos míos, alégrense en el Señor. A mí no me cansa escribirles las mismas cosas y para ustedes es una seguridad.

2 ¡Cuidado con los perros, cuidado con los malos obreros, cuidado con los mutilados! 3 Nosotros somos los verdaderos circuncidados, los que servimos a Dios en espíritu, ponemos en Cristo nuestra gloria y no nos apoyamos en méritos corporales.

4 Si bien yo podría apoyarme en tales cosas. Nadie tendría más razones que yo para confiar en ellas, 5 circuncidado el octavo día, israelita de raza, de la tribu de Benjamín, hebreo hijo de hebreos; respecto a la ley, fariseo, 6 celoso perseguidor de la Iglesia; en cuanto al cumplimiento de la ley, irreprochable.

7 [Pero] lo que para mí era ganancia lo consideré, por Cristo, pérdida. 8 Más aún, todo lo considero pérdida comparado con el bien supremo de conocer a Cristo Jesús mi Señor; por él doy todo por perdido y lo considero basura con tal de ganarme a Cristo 9 y estar unido a él, no con mi propia justicia basada en la ley, sino con aquella que nace de

Jesucristo» (21). Quizás el Apóstol descalifica con demasiada dureza lo que pudo ser la simple dificultad humana de trabajar con él o a su ritmo.

El segundo colaborador altamente elogiado es Epafrodito, quizás un líder de la comunidad de Filipos. En 4,18 se habla de su llegada al lugar donde Pablo estaba prisionero, trayéndole dinero y víveres de parte de la comunidad. Parece que se quedó al servicio del Apóstol preso, pero, tras grave enfermedad, Pablo prefiere prescindir de él para que la comunidad se alegre al verlo sano y salvo. Epafrodito ha sido para el Apóstol mucho más que un sirviente; le llama colaborador, compañero de luchas y hace de él un solemne elogio. Este misionero comprometido pudiera ser el portador de la presente carta.

3,1-16 Los méritos del cristiano. En el mismo tono de alegría con que inicia la carta, Pablo comienza a dictar los saludos finales: «Por lo demás, hermanos míos, alégrense en el Señor» (1). Pero, de repente, los interrumpe y da un viraje violento a sus palabras: «¡Cuidado con los perros... con los malos obreros... con los mutilados» (2), como si reaccionara ante una grave noticia que acababa de recibir y que ponía en peligro a la comunidad de Filipos. ¿Qué decir de este cambio brusco de tono? Si, como es probable, la presente carta a los filipenses es la fusión de varias dirigidas a la misma comunidad, seguramente un recopilador posterior introduciría aquí el tema de otra carta hoy perdida, sin preámbulo ni explicaciones.

Con la expresión «perros», Pablo parece referirse a los predicadores judaizantes que intentan imponer la circuncisión a los filipenses convertidos del paganismo. No es fácil saber si los judaizantes operaban ya en Filipos o si el Apóstol quiere lanzar un grito de alarma contra la difusión de sus doctrinas. Lo cierto es que los calificativos empleados son duros e injuriosos (cfr. Ap 22,15) y se hacen eco de los insultos de los paganos contra los judíos, quienes llamaban «mutilación» a la circuncisión. No es contra el rito externo de la circuncisión por lo que reacciona Pablo con tan extrema dureza, sino contra la ideología que lleva consigo: la vuelta a la observancia de los dictámenes de la Ley para adquirir méritos y conseguir así la salvación por las propias fuerzas.

Contra semejante pretensión, el Apóstol propone una «circuncisión espiritual», que es el verdadero culto que Dios quiere (cfr. Jn 4,23s), y un gloriarse sólo en Cristo y no en los méritos propios (cfr. 2 Cor 11,18). Ya en el Antiguo Testamento se usaba la palabra circuncisión en el sentido espiritual, la «circuncisión del corazón» que «hace justicia al huérfano y a la viuda y ama al emigrante dándole pan y vestido» (Dt 10,16; Jr 4,4; cfr. Rom 2,29). Para el Apóstol, el nuevo pueblo de Dios no adquiere categoría de tal mediante una señal ritual física. A partir de la fe en Cristo hay un nuevo modo de servir

la fe en Cristo, la justicia que Dios concede al que cree. 10 Lo que quiero es
conocer a Cristo, y sentir en mí el poder
de su resurrección, tomar parte en sus
sufrimientos; configurarme con su
muerte 11 con la esperanza de alcanzar
la resurrección de la muerte.
12 No es que haya alcanzado la meta
ni logrado la perfección; yo sigo adelante con la esperanza de alcanzarlo,
como Cristo [Jesús] me alcanzó.
13 Hermanos, yo no pienso haberlo
alcanzado. Digo solamente esto: olvi-
dándome de lo que queda atrás, me
esfuerzo por lo que hay por delante 14 y
corro hacia la meta, hacia el premio al
cual me llamó Dios desde arriba por
medio de Cristo Jesús. 15 Por tanto, los
que somos maduros, debemos pensar
así; y si alguno piensa de otro modo,
Dios se lo revelará. 16 Ahora bien, el
punto al que hemos llegado nos mar-
cará la dirección.

El ejemplo de Pablo

17 Hermanos, sigan mi ejemplo y
pongan la mirada en los que siguen el
ejemplo que yo les he dado. 18 Muchos
–se lo decía frecuentemente y ahora se
lo digo llorando– viven como enemigos
de la cruz de Cristo: 19 su destino es la
perdición, su dios es el vientre, su honor
lo que es vergonzoso, su mentalidad es
terrena. 20 Nosotros, en cambio, somos
ciudadanos del cielo, de donde esperamos recibir al Señor Jesucristo; 21 él
transformará nuestro cuerpo mortal,
haciéndolo semejante a su cuerpo glorioso, con el poder que tiene para
dominar todas las cosas.

a Dios, y la gloria no hay que ponerla en uno mismo, sino en el regalo que Dios nos ha hecho en Cristo.

Si de raza y méritos se tratara, el Apóstol podría competir con ventaja con cualquiera de los judaizantes. Y así enumera los siete títulos que le acreditarían como judío celoso y observante como el que más (5s).

Es irónico aducir como mérito el haber sido «celoso perseguidor de la Iglesia» (6). Pues bien, los supuestos méritos mencionados y otros que podía mencionar, son «pérdida» comparados con la «ganancia» de Cristo (cfr. Mt 13,44-46; 16,26). La manera como lo expresa no puede ser más radical: «por él doy todo por perdido y lo considero basura con tal de ganarme a Cristo y estar unido a él» (8s). Esta unión con Cristo la expresa con una exclamación iluminadora, de esas que salen como soplos de inspiración del Espíritu Santo: «conocer a Cristo... tomar parte en sus sufrimientos; configurarme con su muerte con la esperanza de alcanzar la resurrección» (10s). A esto ha dedicado y dedica todas sus fuerzas, como un atleta que corre hasta alcanzar la meta y conseguir el premio (cfr. 1 Tim 6,12). Cristo alcanzó al Apóstol en el camino de Damasco, ahora le toca a él correr para alcanzar a Cristo (cfr. 1 Cor 9,24).

3,17–4,1 El ejemplo de Pablo. Con palabras apremiantes y llenas de afecto, Pablo propone a los filipenses su vida como ejemplo, en contraste radical con el comportamiento de los «enemigos de la cruz de Cristo» (18) que buscan su seguridad en ritos y prestaciones puramente humanas (1 Cor 1,22s), que dan una importancia desmesurada a observancias sobre alimentos (cfr. Rom 16,18), para quienes su mayor orgullo es la circuncisión (19).

De nuevo hay que decir que la lucha sin cuartel del Apóstol no es contra ritos más o menos inocentes, sino contra la idolatría latente en esas prácticas religiosas, es decir: todo aquello que, siendo perecedero y transitorio, ocupa, sin embargo, un lugar de importancia desproporcionada en nuestras vidas, reduciendo el horizonte de nuestra existencia y cerrándolo a aspiraciones más altas.

Los ritos y prácticas de los enemigos de la cruz de Cristo del tiempo de Pablo tienen hoy otros nombres: son los nuevos dioses de la riqueza explotadora del pobre, del poder opresivo y discriminatorio, de todos los egoísmos individuales y colectivos que nos marcan como ciudadanos de un mundo corrompido.

Por el contrario, el horizonte que propone el Apóstol es el horizonte sin límites de Dios: «somos ciudadanos del cielo» (20), de una ciudad donde gobierna Dios mismo (cfr. Heb 12,22). Y este reino de Dios de hermandad, de justicia y de paz no es sólo una promesa vaga de futuro, sino que se está haciendo presente aquí y ahora, por la muerte y resurrección de Cristo, en la sociedad alternativa formada por los «consagrados a Cristo Jesús que residen en Filipos» (1,1) y por los descendientes de aquellos primeros cristianos que somos nosotros.

La esperanza de la victoria final de Jesucristo la ve Pablo simbolizada en la resurrección futura «que transformará nuestro cuerpo mortal, haciéndolo semejante a su cuerpo glorioso» (21).

Es la fidelidad a esta vida cristiana la que el Apóstol recomienda a los filipenses con las expresiones más tiernas y apremiantes que hayan podido salir de su corazón: «hermanos queridos y añorados... amados míos que son mi alegría y mi premio» (4,1).

4 1 Por eso, hermanos queridos y
añorados, ustedes, amados míos
que son mi alegría y mi premio, sigan
así fieles al Señor.

Recomendaciones

2 Ruego a Evodia, y también a Síntique, que se pongan de acuerdo en el
Señor. 3 A ti, mi fiel compañero, te pido
que las ayudes, no olvides que ellas
lucharon conmigo al servicio de la Buena
Noticia, con Clemente y mis demás colaboradores; sus nombres están escritos
en el libro de la vida.
4 Tengan siempre la alegría del
Señor; lo repito, estén alegres. 5 Que la
bondad de ustedes sea reconocida por
todos. El Señor está cerca. 6 No se afli-
jan por nada, más bien preséntenselo
todo a Dios en oración, pídanle y también denle gracias. 7 Y la paz de Dios,
que supera todo lo que podemos pensar,
cuidará sus corazones y sus pensamientos por medio de Cristo Jesús.
8 Por último, hermanos, ocúpense
de cuanto es verdadero y noble, justo y
puro, amable y loable, de toda virtud y
todo valor. 9 Lo que aprendieron y
recibieron, escucharon y vieron en mí
pónganlo en práctica. Y el Dios de la
paz estará con ustedes.

Agradecimientos y saludos finales

10 El Señor me llenó de alegría porque otra vez floreció su preocupación
por mí; siempre la tenían, pero les
faltaba ocasión de demostrarla. 11 No
lo digo por estar necesitado, porque he
aprendido a bastarme con lo que
tengo. 12 Sé lo que es vivir en la pobreza
y también en la abundancia. Estoy plenamente acostumbrado a todo, a la
saciedad y el ayuno, a la abundancia y la
escasez. 13 Todo lo puedo en aquel que

4,2-9 Recomendaciones. Se reanuda la despedida iniciada en 3,1, después del paréntesis precedente tomado de otra carta. Poco sabemos de las personas mencionadas aquí. Pablo siempre cuenta con un grupo de colaboradores, entre ellos las muchas mujeres que le han ayudado en la evangelización y en la catequesis (Rom 16 proporciona una amplia lista). Nada sabemos de las diferencias entre Evodia y Síntique, pero parece tratarse de algo serio, pues al tener un ministerio en la comunidad pueden crear divisiones. Pablo pide la ayuda de un colaborador que pueda mediar entre ellas. La tradición lo ha relacionado con Clemente, el cuarto papa, autor de una famosísima carta a los Corintios. Pablo elogia a todo el equipo con la afirmación bíblica: «sus nombres están escritos en el libro de la vida» (3; cfr. Ap 3,5; 20,15; 21,27).

La mención de la alegría conecta con el inicio de despedida interrumpido en 3,1a y confirma el tono gozoso de toda la carta contenida en los dos primeros capítulos. Pablo quiere que sea una alegría no intimista, sino difusiva, haciendo felices a los demás con la propia bondad. Es con este gozo con el que también anuncia la venida del Señor (cfr. Lc 21,28).

El deseo de la «paz de Dios» es una característica del Apóstol que encontramos en todas sus cartas como saludo inicial y como despedida. Será esta paz profunda la que libre a los filipenses de toda ansiedad. Pablo quiere cristianos expectantes y tranquilos, pero no instalados (cfr. 1 Tes 4,11s).

4,10-23 Agradecimientos y saludos finales. Antes de terminar la carta, Pablo agradece a los filipenses el envío de ayuda material y la venida de un miembro de la comunidad para que le asista mientras está en prisión.

La Iglesia de Filipos es la más vinculada a su Apóstol fundador y la más comprometida en su trabajo evangelizador desde el primer día (1,5). Por el Apóstol mismo sabemos que no sólo le enviaron recursos económicos a Tesalónica (4,16), y ahora probablemente a Éfeso, sino también a Corinto (cfr. Hch 18,5; 2 Cor 11,9).

Pablo agradece, pero al mismo tiempo aprovecha la ocasión para darles su testimonio de desprendimiento y libertad frente a los bienes materiales: «Estoy plenamente acostumbrado a todo, a la saciedad y el ayuno, a la abundancia y la escasez» (12), gracias a que «todo lo puedo en aquel que me da fuerzas» (13). De lo que se alegra en ese gesto de solidaridad de sus filipenses es de los intereses que ellos recibirán, pues todo compartir solidario es el culto que Dios quiere de nosotros, la verdadera ofrenda, «de grato aroma, un sacrificio aceptable y agradable a Dios» (18).

El saludo final (23) podría ser una expresión tomada de la liturgia de la comunidad; algo normal si se tiene en cuenta que las cartas del Apóstol estaban destinadas a leerse ante la comunidad reunida, quizás en la primera parte de la celebración eucarística (cfr. Flm 25; Gál 6,18).

me da fuerzas. 14 Con todo, hicieron
bien en mostrarse solidarios de mis
sufrimientos.

15 Ustedes, filipenses, saben bien
que, al principio de mi predicación,
cuando salí de Macedonia, ninguna
Iglesia, fuera de ustedes, se asoció a
mis cuentas de gastos y entradas.
16 Estando yo en Tesalónica, varias veces me enviaron medios para ayudar-
me en mis necesidades. 17 No es que
busque recibir; busco más bien los
intereses que aumentan su cuenta
delante de Dios. 18 Por el momento
tengo todo lo que necesito, y más aún,
tengo de sobra con lo que Epafrodito
me entregó de parte de ustedes: fue
como una ofrenda de grato aroma, un
sacrificio aceptable y agradable a Dios.
19 Mi Dios, colmará todas sus necesidades según su riqueza y generosidad
por medio de Cristo Jesús.

20 Al Dios y Padre nuestro sea la gloria
por los siglos de los siglos. Amén.

21 Saluden en nombre de Cristo
Jesús a todos los consagrados.

Los saludan los hermanos que están
conmigo. 22 Los saludan todos los consagrados, en especial los servidores del
emperador.

23 La gracia del Señor Jesucristo
esté con ustedes.

CARTA A LOS COLOSENSES

Colosas. Era una pequeña ciudad de Frigia, en la provincia romana de Asia, situada a unos 200 km. al este de Éfeso y habitada por pobladores autóctonos, colonos griegos y judíos de la diáspora. Por lo que dice la carta, Colosas no fue evangelizada por Pablo, sino por Epafras, un discípulo suyo (1,7; 4,12s).

Autor, lugar y fecha de composición de la carta. La carta plantea dos problemas serios y bastante discutidos: ¿Quién la escribió? Y, ¿quiénes son los maestros de errores que se menciona en ella?

Sobre la primera pregunta, los biblistas no se ponen de acuerdo pues todos tienen buenas razones para afirmar o negar la autoría de Pablo. Sobre la segunda, se puede afirmar que son maestros de corte gnóstico, devotos de misterios y sincretistas.

A favor de la autoría de Pablo figurarían, entre otras razones, la coincidencia de nombres y situación en que fue escrita la carta a Filemón y la coherencia con muchas enseñanzas auténticas del Apóstol. En contra, la abundancia de un vocabulario peculiar; el estilo torpe; la falta de conceptos paulinos fundamentales, como fe, ley, justicia, salvación, revelación; y sobre todo, una cristología más avanzada, de signo cósmico, y una eclesiología institucionalizada afín a las cartas pastorales.

Si el autor es Pablo, la carta habría sido escrita en Éfeso, a finales de los años 50 o principios de los 60. Si el que la escribe es un discípulo de la siguiente generación que imita hábilmente la impostación epistolar para abordar con autoridad prestada un problema nuevo, la fecha de composición sería más tardía, hacia el año 80.

Los maestros de errores. Es difícil trazar el perfil de éstos porque reúnen rasgos heterogéneos. La carta alude a ellos y a sus doctrinas en negativo, es decir, refutándolos. De todas formas, y de modo general, habría que hablar de un movimiento sincretista influido por especulaciones religiosas venidas del Cercano Oriente, que se infiltró tanto en el paganismo griego como en el judaísmo.

En las religiones paganas sustituyó las creencias ya desacreditadas sobre los dioses por elementos y potencias cósmicas, convertidas, a su vez, en dioses a los que se tributaba culto en fiestas, rituales y celebraciones. En el judaísmo, muchos adoptaron y acomodaron esta corriente religioso-filosófica a las fiestas y celebraciones judías, dando como resultado un protagonismo excesivo a ángeles y potestades que personificaban tales potencias y elementos cósmicos, y que influían decisivamente sobre el destino de los hombres.

En resumidas cuentas, ese universo gnóstico, esotérico y seudo religioso –algo así como la «Nueva Era» que tanto fascina a nuestro mundo de hoy– estaba también amenazando a las comunidades cristianas expuestas al ambiente que las envolvía, como era el caso de la Iglesia de Colosas. El autor de la carta da tres avisos: que nadie los engañe, que nadie los juzgue, que nadie los condene (2,4.8.16.18).

Contenido de la carta. Frente a todas esas influencias, el autor afirma y desarrolla la centralidad de Jesucristo, no en categorías jurídicas de justicia y liberación, ley y fe, sino en la visión de un Señor de todo lo creado, que incorpora a hombres y mujeres de toda raza o nación a su muerte y resurrección, y que es cabeza de la Iglesia, su cuerpo y sacramento de esta salvación universal. Él es el vencedor de todos los poderes cósmicos o históricos que pretenden señorear el mundo. Él no es «uno de tantos» mediadores a través de los cuales Dios dispensa su poder salvífico, sino el único y definitivo Salvador.

No estaban en juego cuestiones doctrinales abstractas, desligadas de la praxis de cada día, sino todo lo contrario. La carta es, en primer lugar, un alegato a favor de la salvación que Cristo nos ha traído y que nos libera de los temores y las angustias de un universo falsamente sacralizado y misterioso que escapa a nuestra comprensión; y al mismo tiempo, una palabra de aliento y de esperanza para no dejarse embaucar y poder así hacer frente, con nuestro testimonio cristiano, a todas las hegemonías políticas, económicas o religiosas que tratan de imponer su señorío sobre el mundo con falsos mesianismos.

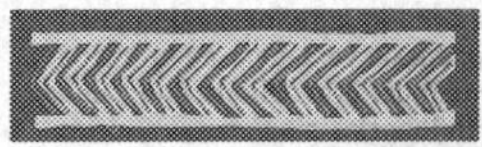

Saludo y acción de gracias

1 1 Pablo, apóstol de Cristo Jesús
por voluntad de Dios, y el hermano
Timoteo 2 a los consagrados de Colosas,
hermanos fieles en Cristo: Gracia y paz
a ustedes de parte de Dios nuestro Padre.

3 Siempre que rezamos por ustedes
damos gracias a Dios, el Padre de
nuestro Señor Jesucristo, 4 porque
estamos enterados de su fe en Cristo
Jesús y del amor que tienen a todos los
consagrados, 5 a causa de la esperanza
que les está reservada en el cielo.

Ustedes alcanzaron esta esperanza
cuando les llegó el mensaje verdadero
de la Buena Noticia, 6 el cual está
dando fruto y creciendo en todo el
mundo, lo mismo que entre ustedes,
desde el día que oyeron hablar y conocieron de verdad la gracia de Dios.

7 Así lo aprendieron de Epafras, mi
querido compañero, fiel ministro de
Cristo al servicio de ustedes. 8 Él me ha
informado del amor que les inspira el
Espíritu.

Oración por los colosenses

9 Por eso nosotros, desde que nos
enteramos, no hemos dejado de orar
por ustedes, pidiendo: que Dios les
haga conocer plenamente su voluntad
y les dé con abundancia sabiduría y el
sentido de las cosas espirituales; 10 que
lleven una vida digna del Señor, agradándole en todo, dando fruto de buenas
obras y creciendo en el conocimiento
de Dios; 11 que él, con la fuerza de su
gloria, los haga fuertes de modo que
puedan soportarlo todo con mucha
fortaleza y paciencia; 12 que con alegría den gracias al Padre que los ha

1,1-8 Saludo y acción de gracias. El comienzo de la carta es ya conocido: saludo, acción de gracias y petición. El remitente se presenta con toda la autoridad apostólica que le ha conferido Dios Padre, con la que quiere confirmar a sus destinatarios, a quienes no conoce personalmente, en su fidelidad al Evangelio que han recibido por medio de «Epafras, mi querido compañero, fiel ministro de Cristo» (7). El mismo Dios Padre es el que por medio de su apóstol saluda a los cristianos de Colosas con el don de la gracia y de la paz (2).

La acción de gracias expresa la satisfacción personal del Apóstol por el dinamismo cristiano que vive la comunidad y que se manifiesta en la fe que tienen en Cristo y en el amor mutuo que se profesan los unos a los otros. La esperanza de la vida «que les está reservada en el cielo» (5) es la que sostiene esa fe y la que da frutos de amor. Es un futuro que ya se está haciendo realidad en el presente de la vida concreta y diaria de la comunidad.

Todo el mensaje evangélico de Pablo apunta a ese futuro de gloria que nos espera, pero nunca como una huida del compromiso de transformar la sociedad en que vivimos, sino todo lo contrario: como fuerza liberadora que se concreta en la sociedad alternativa que debe establecer ya, aquí y ahora, la comunidad de los que creen en Jesús.

Finalmente, apuntando al tema que va a tratar en la carta, el Apóstol dice que todo lo anterior ha sido posible porque recibieron el «mensaje verdadero de la Buena Noticia» (5). Y es esta verdad del Evangelio la que Pablo va a defender contra las influencias sincretistas y otras doctrinas erróneas, que se estaban infiltrando en la comunidad y ponían en peligro la fidelidad a la Palabra de Dios que habían recibido.

1,9-14 Oración por los colosenses. Es la práctica cristiana clara y consecuente, el objeto de la oración incesante de Pablo por sus cristianos de Colosas. Para ellos implora la sabiduría y el sentido de las cosas espirituales (9), dones del Espíritu que llevará a la comunidad a conocer a Dios personalmente y a discernir su voluntad, «agradándole en todo, dando frutos de buenas obras» (10). La tarea no es fácil, por eso continúa pidiendo a Dios que les conceda la resistencia activa y el aguante que les capacite para la lucha diaria de extender el reino de Dios (11). Por último, les invita a dar gracias al Padre que «los hizo entrar al reino de su Hijo querido» (13), que es «reino de la luz» (12), después de haber sido arrancados «del poder de las tinieblas» (13), es decir, de la vida de pecado que llevaban antes (cfr. Ef 1,7).

Tinieblas, para la mentalidad hebrea, no es simple ignorancia u oscuridad mental, sino que significa la muerte. Su opuesto, la luz, es la vida (cfr. Jn 8,12; 11,9). Y no se trata solamente de muerte y vida futuras, sino también de realidades presentes que luchan y se oponen en el mundo que vivimos. El hambre, la violencia, la injusticia, la opresión de los débiles, la destrucción del planeta son realidades de muerte. La solidaridad, la justicia, la equitativa distribución de los bienes de la tierra son las realidades de vida que el reino de Dios ya va haciendo presente entre nosotros.

preparado para compartir la suerte de
los consagrados en el reino de la luz;
13 porque él los arrancó del poder de las
tinieblas y los hizo entrar al reino de su
Hijo querido, 14 por quien obtenemos el
rescate, el perdón de los pecados.

Cristo, salvador y primogénito de toda la creación

15 Él es imagen del Dios invisible,
primogénito de toda la creación,
16 porque por él fue creado todo,
en el cielo y en la tierra:
lo visible y lo invisible,
majestades, señoríos, autoridades y potestades.
17 Todo fue creado por él y para él,
él es anterior a todo y todo se mantiene en él.
18 Él es la cabeza del cuerpo, es decir, de la Iglesia.
Él es el principio, el primogénito de los muertos,
para ser en todo el primero.
19 En él decidió Dios que residiera la plenitud;
20 por medio de él quiso reconciliar consigo todo lo que existe,
restableciendo la paz por la sangre de la cruz
tanto entre las criaturas de la tierra como en las del cielo.

21 Antes, a causa de sus pensamientos y sus malas obras, ustedes eran extraños y enemigos de Dios; 22 ahora, en
cambio, por medio del cuerpo carnal
de Cristo, entregado a la muerte, han
sido reconciliados y presentados ante
él: santos, intachables, irreprochables.
23 Esto requiere de ustedes que se
mantengan firmes y bien fundamenta-
dos en la fe, sin abandonar la esperanza
que conocieron por la Buena Noticia,
proclamada a todas las criaturas que
están bajo el cielo y de la cual, yo, Pablo,
fui constituido ministro.

1,15-23 Cristo, salvador y primogénito de toda la creación. Para dejar clara la verdad del Evangelio, Pablo recoge y adapta un himno litúrgico de las comunidades cristianas de entonces, y presenta en toda su grandiosidad a la persona de Cristo, Creador y Salvador, centro y clave del universo y de la historia humana. Aunque el punto de partida de toda la predicación del Apóstol es el «acontecimiento histórico salvador» de Cristo –su muerte y resurrección–, este acontecimiento no ha sido una decisión sobre la marcha, como si a Dios se le estuviera escapando el mundo de las manos a causa del pecado y hubiera tenido que recurrir al envío de su Hijo para arreglar las cosas, como un recurso improvisado de última hora.

Para el Apóstol, como para todo el pensamiento religioso bíblico, creación y salvación son inseparables. Y así, Pablo contempla a Cristo, muerto y resucitado, al principio de todo, como el verdadero protagonista del acto creador de Dios: «todo fue creado por él y para él» (17), como la verdadera «imagen del Dios invisible, primogénito de toda la creación» (15). Si todos los hombres y mujeres hemos sido creados a imagen del «Dios vivo» (cfr. Gn 1,27), es la imagen de su Hijo, el vencedor de la muerte, la que preside y abarca en su abrazo a toda la humanidad y a toda la creación salidas de las manos amorosas del Creador.

Hasta qué punto se comprometió el Hijo de Dios con sus criaturas lo expresa con el máximo realismo posible: «la sangre de la cruz» (20), resumen de toda la vida de Jesús, entregada para el perdón de nuestros pecados y que culminó en su muerte y resurrección. Y así, su acción de creador es también acción de salvador, para «reconciliar consigo todo lo que existe, restableciendo la paz... entre las criaturas de la tierra como en las del cielo» (20).

Este señorío absoluto de Cristo lo centra ahora en la comunidad cristiana, de la que dice que «Él es la cabeza del cuerpo... de la Iglesia» (18), pues a través de ella, prolongación de su cuerpo ofrecido, anuncia y proclama al universo entero la salvación y la reconciliación.

Es aquí donde radica la vocación misionera de todos los bautizados, que hace de la Iglesia el sacramento de la salvación universal. Pablo termina afirmando que todo este despliegue del poder creador, salvador, reconciliador

Ministerio de Pablo

24 Ahora me alegro de sufrir por
ustedes, porque de esta manera voy
completando en mi propio cuerpo, lo
que falta a los sufrimientos de Cristo
para bien de su cuerpo que es la Iglesia.
25 Por disposición de Dios he sido
nombrado ministro de ella al servicio
de ustedes, para dar cumplimiento al
proyecto de Dios: 26 al misterio escondido por siglos y generaciones y ahora
revelado a sus consagrados.
27 A ellos quiso Dios dar a conocer la
espléndida riqueza que significa ese secreto para los paganos: Cristo para ustedes, esperanza de gloria. 28 Nosotros le
anunciamos, aconsejando y enseñando
a cada uno la verdadera sabiduría, a fin
de que todos alcancen su madurez en
Cristo. 29 Por esta razón trabajo y peleo,
con la energía suya que actúa eficazmente en mí.

2 1 Quiero que sepan lo que tuve
que luchar por ustedes, por los de
Laodicea y por tantos que no me conocen personalmente, 2 para que se sientan
animados y unidos en el amor; para
que se colmen de toda clase de riquezas
de conocimiento y así comprendan el
secreto de Dios, que es Cristo. 3 En él
se encierran todos los tesoros del saber
y el conocimiento. 4 Lo digo para que
nadie los engañe con argumentos
seductores. 5 Porque, si con el cuerpo
estoy ausente, en espíritu estoy con
ustedes, contento de verlos formados y
firmes en su fe en Cristo.

y pacificador de Cristo ha sido posible porque «en él decidió Dios que residiera la plenitud» (19); dicho de otra manera: porque Cristo es Dios. Lo volverá a repetir más adelante: «en él reside corporalmente la plenitud de la divinidad» (2,9).

A continuación, dirigiéndose a los cristianos de Colosas, Pablo comienza a sacar las consecuencias de lo expuesto. Les ha dicho ya claramente que, aparte de Cristo, no existe otro mediador de la salvación universal, rechazando así, aunque no las mencione, algunas de las doctrinas falsas que se habían infiltrado en la comunidad y que atribuían un protagonismo salvador a otras «potestades, señoríos o espíritus» a los que antes se refirió como simples criaturas salidas del poder creador de Dios (16).

Este rechazo del Apóstol va dirigido también contra los que hoy día, en un intento de «diálogo» con las otras religiones de la tierra, atribuyen a sus «fundadores» o a sus «doctrinas» una mediación salvadora paralela a la única mediación de Cristo. Es pues, por medio de su cuerpo carnal entregado a la muerte (22) por la que los colosenses han sido reconciliados con Dios y llamados a una vida intachable. Ahora les toca mantenerse en ella porque ha comenzado la era de la «esperanza», fundada en la promesa del Evangelio. Es la paradoja de estar «cimentados y asentados» en un movimiento hacia el futuro que hace de la Iglesia un «pueblo de peregrinos», la expresión que mejor define su identidad.

1,24–2,5 Ministerio de Pablo. Esta salvación ofrecida a todos y que ya experimentan los colosenses, antes paganos y ahora reconciliados por la sangre de Cristo, es el gran «misterio escondido por siglos y generaciones y ahora revelado a sus consagrados» (1,26). Dios había prometido formalmente un Mesías para los judíos y ellos lo esperaban para sí. Pero, en el proyecto de Dios, el Mesías estaba destinado también para los paganos, es decir, para todos los hombres y las mujeres del mundo, sin distinción de religión, raza o nación. Ahora, Pablo ha sido el confidente a quien se ha comunicado el secreto, y a él le toca anunciarlo y proclamarlo, que no es otro sino «la espléndida riqueza... Cristo... esperanza de gloria» (1,27). En esto consiste su ministerio y el servicio de su misión apostólica. Y para que este proyecto de Dios se vaya cumpliendo, el Apóstol enseña, amonesta, trabaja y lucha con la energía y la eficacia que le da el poder de la Palabra de Dios que anuncia. La revelación de la que es portador no es simple información, sino la riqueza, que se regala y reparte, de la participación en la gloria de Dios.

Este trabajo misionero está marcado, sobre todo, por el sufrimiento, como corresponde a un apóstol que sigue las huellas del Crucificado. A este padecer por el Evangelio se refiere Pablo con una de esas frases geniales y paradójicas, en la que expresa su alegría al poder completar «lo que falta a los sufrimientos de Cristo para bien de su cuerpo que es la Iglesia» (1,24). No nos quiere decir que la acción salvadora de Cristo, su muerte y resurrección, haya sido insuficiente, necesitando así del aporte de nuestro sufrimiento, sino que, contemplando la íntima comunión que existe entre Cristo y el cristiano, ve en su propio padecer la continuación del padecimiento salvador de su Señor.

Pablo considera siempre sus penalidades misioneras como la máxima garantía de la veracidad del Evangelio que anuncia (cfr. 2 Cor 1,5; 4,8-15; 11,23-29) y como motivo de consuelo y ánimo para sus evangelizados.

Con esta intención les recuerda, ahora, lo que tuvo que luchar por ellos (2,1) y por todas sus comunidades

Vida cristiana

6 Así, ya que han aceptado a Cristo
Jesús como Señor, vivan unidos con él,
7 enraizados y cimentados en él, apoyados en la fe que les enseñaron, y dando
siempre gracias a Dios.

8 ¡Tengan cuidado! No se dejen arrastrar por quienes los quieren engañar
con teorías y argumentos falsos, ellos
se apoyan en tradiciones humanas y en
los poderes que dominan este mundo, y
no en Cristo. 9 En él reside corporalmente la plenitud de la divinidad, 10 y
de él reciben ustedes su plenitud. Él es
la cabeza de todo mando y potestad.
11 Por él han sido circuncidados: no
con la circuncisión que practican los
hombres, descubriendo la carne del
cuerpo, sino con la circuncisión de
Cristo, 12 que consiste en ser sepultados con él en el bautismo y en resucitar
con él por la fe en el poder de Dios,
que lo resucitó a él de la muerte.

13 Ustedes estaban muertos por sus
pecados y la incircuncisión carnal; pero
Cristo los hizo revivir con él, perdo-
nándoles todos los pecados. 14 Canceló
el documento de nuestra deuda con
sus cláusulas adversas a nosotros, y lo
quitó de en medio clavándolo consigo
en la cruz. 15 Despojó a los principados y
potestades y los humilló, haciéndolos
desfilar públicamente como prisioneros
en su marcha triunfal.

16 Por tanto, que nadie los juzgue
por asuntos de comida o bebida, o por
no respetar fiestas, lunas nuevas o el
día sábado. 17 Todo eso es sombra de
lo venidero; la realidad es la persona de
Cristo.

18 No dejen que los condenen esos
que se hacen pasar por muy humildes
y que dan culto a los ángeles, que pretenden tener visiones, y que se hinchan
de orgullo a causa de sus pensamientos
humanos; 19 en vez de unirse a la cabeza,
de la cual todo el cuerpo, a través de
articulaciones y ligamentos, recibe sustento y cohesión y crece conforme al
plan de Dios.

cristianas, aunque no conozca a todas personalmente, para transmitirles el «secreto de Dios, que es Cristo» (2,2) y que encierra «todos los tesoros del saber y el conocimiento» (2,3).

2,6-19 Vida cristiana. Es justamente este conocimiento de Cristo, a quien habían recibido ya «como Señor» (6), el que está ahora amenazado por las ideologías sincretistas que se habían introducido en la comunidad.

Pablo se enfrenta con el problema exhortándoles en primer lugar a que lleven una vida de acuerdo con las enseñanzas de la fe que han recibido. Después, con un vigoroso toque de atención, les pone en guardia contra las falsas especulaciones y engaños de tradiciones humanas (8). No conocemos el contenido de las especulaciones y prácticas aludidas, pues lo que expone no coincide con la doctrina de los judaizantes ni con alguna escuela filosófica conocida. Es probable que se tratase de creencias en fuerzas cósmicas o angélicas, influencias de los astros o en poderes secretos de la mente humana que ofrecían caminos alternativos de liberación y salvación.

Un contexto sincretista parecido al que vivían los colosenses lo estamos experimentando en nuestra sociedad con la progresiva difusión de la llamada «New Age» –Nueva Era–. Hoy, como entonces, se han puesto de moda creencias esotéricas como la reencarnación, la meditación trascendental, las cartas astrales, las prácticas adivinatorias y un sin número de productos de mercadería seudo-religiosa que ofrecen salvaciones a gusto del consumidor.

El rechazo del Apóstol es total; vuelve a repetir lo que ya afirmó al comienzo de la carta: Cristo está por encima de todo, «es la cabeza de todo mando y potestad» (10). Él es la divinidad encarnada y «de él reciben ustedes su plenitud» (10). Seguidamente, les expone con una serie de imágenes hasta qué punto los creyentes encuentran en Cristo la plenitud y el sentido presente y futuro de su vidas: circuncidados en Cristo (11; cfr. Rom 2,29); sepultados por el bautismo en su muerte y resurrección (12; cfr. Rom 6,1-11); muertos por el pecado pero vivificados por el perdón (13); cancelado el documento de nuestra deuda clavado ya en la cruz (14).

En cuanto a las «fuerzas del mal» que ejercen su poder a través del pecado de los hombres y las mujeres, Pablo las contempla en la grandiosa visión de la marcha triunfal de Cristo, el vencedor –al estilo del triunfo de los emperadores romanos–, con su séquito de prisioneros subyugados (15; cfr. 2 Cor 2,14; 1 Pe 3,22).

Finalmente, arremete con energía contra los que practican mortificaciones y rituales esotéricos que satisfacen engañosamente la mente, y que la hinchan sin llenar. Esta hinchazón mental y vana se opone al crecimiento del

Nueva vida con Cristo

20 Si con Cristo han muerto a los poderes del mundo, ¿por qué se someten
a los dictados de los que viven en el
mundo? 21 No toques eso, no pruebes
aquello, no lo tomes con tus manos
22 –cosas destinadas a gastarse con el
uso–, no son más que preceptos y enseñanzas humanas. 23 Estas doctrinas
tienen apariencia de sabiduría, por su
religiosidad afectada, su mortificación y
su desprecio del cuerpo; pero no sirven
sino para satisfacer la sensualidad.

3 1 Por tanto, si han resucitado con
Cristo, busquen los bienes del cielo,
donde Cristo está sentado a la derecha
de Dios, 2 piensen en las cosas del cielo,
no en las de la tierra. 3 Porque ustedes
están muertos y su vida está escondida
con Cristo en Dios. 4 Cuando se manifieste Cristo, que es vida de ustedes,
entonces también ustedes aparecerán
con él, llenos de gloria.

La praxis cristiana

5 Por tanto hagan morir en ustedes
todo lo terrenal: la inmoralidad sexual,
la impureza, la pasión desordenada, los
malos deseos y la avaricia, que es una
especie de idolatría. 6 Por todo eso sobrevino la ira de Dios [a los rebeldes].
7 Así se comportaban también ustedes
en otro tiempo, viviendo desordenada-
mente. 8 Pero ahora dejen todo eso: el
enojo, la pasión, la maldad, los insultos
y las palabras indecentes. 9 No se mien-
tan unos a otros, porque ustedes se
despojaron del hombre viejo y de sus
obras 10 para revestirse del hombre

cuerpo –la comunidad cristiana–, a través de cuya cabeza, que es Cristo (cfr. Ef 4,15s), «recibe sustento y cohesión» (19).

2,20–3,4 Nueva vida con Cristo. Estamos ante una de las más bellas descripciones de la vida cristiana que encontramos en la literatura paulina, en la que nos va a decir en qué consiste «el sustento y la cohesión» que vienen de Cristo, cabeza de la Iglesia. Primero, sin embargo, vuelve de nuevo sobre el tema que tenía fascinados a los creyentes de Colosas, es decir, a la amalgama de ridículas prácticas ascéticas, prohibiciones culinarias, ritos y creencias esotéricas a las que llama «preceptos y enseñanzas humanas» (2,22) y que se presentaban como salvaciones paralelas. La amonestación no puede ser más realista: nada de «no toques eso, no pruebes aquello, no lo toques con tus manos» (2,21), pues de todo ello ha sido ya liberado el creyente al recibir el bautismo, que ha significado una ruptura total, una muerte «a los poderes del mundo» (2,20), frase con la que el Apóstol resume semejante insensatez.

A continuación, viene a decirnos que si por el bautismo el cristiano ha muerto con Cristo, ha sido para resucitar con Él a una nueva realidad que hay que comenzar a vivirla ya, aquí y ahora, en nuestro diario caminar hacia la meta de su manifestación plena, cuando «ustedes aparecerán con él, llenos de gloria» (3,4). El haber ya muerto y resucitado con Cristo debe convertir al creyente en una persona con los pies bien plantados en la sociedad para transformarla con su compromiso y testimonio. Dicho de otra manera: es la tarea de hacer «presente» en este mundo el «futuro de la nueva humanidad» a la que Dios nos ha destinado en Cristo.

Esto es posible porque el Señor, muerto y resucitado, ha roto ya las limitaciones del espacio y del tiempo, y es el mismo que nos espera glorioso, «allá arriba», «sentado a la derecha de Dios» (3,1), de igual manera que es el mismo que nos acompaña «aquí abajo», oculto y siendo «vida de nuestra vida», mientras caminamos a su encuentro en nuestra terrena peregrinación: «su vida está escondida con Cristo en Dios» (3,3). Por eso, Pablo invita a los colosenses a que «busquen los bienes del cielo» (3,1)... «piensen en las cosas del cielo» (3,2), pero no para escaparse de las tareas de «aquí abajo», sino para que lo que aspiran y buscan se vaya haciendo realidad en un comportamiento verdaderamente cristiano.

3,5-17 La praxis cristiana. Un comportamiento verdaderamente cristiano es el resultado de una transformación radical (cfr. Ef 4,24) que afecta al creyente en su dimensión individual y social; equivale a despojarse de lo caduco y revestirse de una nueva manera de ser y de estar en el mundo. Este constante despojarse exige seriedad y compromiso, actitud a la que Pablo alude con la expresión «hagan morir en ustedes todo lo terrenal» (5), como si fueran esas partes corrompidas de nosotros mismos de las que hay que desprenderse, y que son, en primer lugar, la lujuria y la avaricia.

La idolatría del sexo y la idolatría del dinero, «los dioses» principales de la sociedad corrupta de entonces –y de la de hoy–, van siempre juntas en la lista de vicios que fustiga el Apóstol.

A continuación, arremete contra los pecados que destruyen la armonía de las relaciones mutuas: «el enojo, la pasión, la maldad... la mentira» (8s). Todo eso pertenece a la vieja condición, al hombre viejo (cfr. Rom 6,6).

nuevo, que por el conocimiento se va
renovando a imagen de su Creador.
11 Por eso ya no tiene importancia ser
griego o judío, circunciso o incircunciso,
bárbaro o escita, esclavo o libre, sino
que Cristo lo es todo para todos.
12 Por tanto, como elegidos de Dios,
consagrados y amados, revístanse de
sentimientos de profunda compasión,
de amabilidad, de humildad, de mansedumbre, de paciencia; 13 sopórtense
mutuamente; perdónense si alguien
tiene queja de otro; el Señor los ha perdonado, hagan ustedes lo mismo. 14 Y
por encima de todo el amor, que es el
broche de la perfección. 15 Y que la paz
de Cristo dirija sus corazones, esa paz a
la que han sido llamados para formar un
cuerpo. Finalmente sean agradecidos.
16 La Palabra de Cristo habite en
ustedes con toda su riqueza; instrú-
yanse y anímense unos a otros con
toda sabiduría.
Con corazón agradecido canten a Dios
salmos, himnos y cantos inspirados.
17 Todo lo que hagan o digan, háganlo invocando al Señor Jesús, dando
gracias a Dios Padre por medio de él.

Deberes familiares y sociales

18 Esposas, hagan caso a sus maridos, como pide el Señor. 19 Maridos,
amen a sus esposas y no las traten con
aspereza. 20 Hijos, obedezcan a sus padres en todo, como le agrada al Señor.
21 Padres, no hagan enojar a sus hijos,
para que no se desanimen. 22 Esclavos,
obedezcan en todo a sus amos de la
tierra, no con obediencia fingida o tratando de agradar, sino con sencillez de
corazón y por respeto al Señor. 23 Lo que
tengan que hacer háganlo de corazón,
como sirviendo al Señor y no a hombres; 24 convencidos de que el Señor
los recompensará dándoles la herencia
prometida. Es a Cristo a quien sirven.

Por el contrario, revestirse de la nueva condición, que es lo mismo que revestirse de Cristo (cfr. Rom 13,12.14; Gál 3,27), significa, en primer lugar, entrar en el dinamismo de una nueva creación en la que hombres y mujeres se van renovando «a imagen de su Creador» (10). Pablo se hace eco aquí de la tradición bíblica que veía en los nuevos tiempos –los tiempos escatológicos– un retorno a la paz y armonía del paraíso (cfr. Is 11,6-9). Y si ser «imagen de Dios» es lo que confiere la verdadera dignidad a todos y cada uno de los seres humanos, consecuentemente todas las barreras que dividen y discriminan deben desaparecer: ya «no tiene importancia ser griego o judío, circunciso o incircunciso, bárbaro o escita, esclavo o libre, sino que Cristo lo es todo para todos» (11).

Esta «verdadera revolución del mensaje evangélico» no es para el Apóstol un mero sueño utópico, sino que ya se está llevando a cabo gracias a una fuerza infinitamente más poderosa que todo el poder desencadenado por todas las revoluciones políticas, sociales o ideológicas que han agitado nuestro mundo dejándolo, la mayoría de las veces, peor de lo que estaba. Esta fuerza es el amor: «por encima de todo el amor, que es el broche de la perfección» (14), que penetra en el corazón del creyente por medio de la «Palabra de Cristo... con toda su riqueza» (16), a la que se refiere Juan en su evangelio con expresiones como: «en ella estaba la vida, y la vida era la luz de los hombres... luz verdadera que ilumina a todo hombre» (Jn 1,4.9). Es la vida que ve Pablo en «la compasión entrañable... la mansedumbre... la paciencia» (12s) y en toda esa serie de comportamientos cristianos que recomienda a los colosenses y que dan como resultado una comunidad unida en la acción de gracias de la oración litúrgica, en la responsabilidad, el perdón y la ayuda mutua.

3,18–4,1 Deberes familiares y sociales. Estas recomendaciones familiares aparecen en muchos escritos epistolares del Nuevo Testamento, como si constituyeran un «género literario» de rigor con que cerrar las cartas (cfr. Ef 5,22–6,9; 1 Pe 2,13–3,12; 1 Tim 2,8-15; 5,3-8; Tit 2,1-10). Puede que su finalidad sea apologética, es decir, tranquilizar a los paganos que sospechaban que el cristianismo había venido a desestabilizar la armonía de las relaciones entre esposas y maridos, hijos y padres, amos y esclavos, quienes componían la «casa doméstica» o célula familiar de entonces. Son evidentemente relaciones marcadas por el «sometimiento» de las mujeres a los maridos, de los esclavos a los amos, etc., y que hoy están totalmente fuera de lugar.

Los consejos de Pablo son ambivalentes. Por una parte, es hijo de la cultura y de los prejuicios patriarcales y machistas de su tiempo, lo mismo que de la institución de la esclavitud, pero por otra, señala claramente el criterio que debe presidir todo tipo de relación doméstica: «como le agrada al Señor» (3,20), «como sirviendo al Señor» (3,23), «es a Cristo a quien sirven» (3,24), «también ustedes tienen un Señor en el cielo» (4,1). Éste es el verdadero mensaje del Apóstol que irá poco a poco

25 Quien cometa injusticia lo pagará,
porque Dios no hace diferencia entre
las personas.

4 1 Amos, traten a sus esclavos con
justicia y equidad, sabiendo que
también ustedes tienen un Señor en el
cielo.

Epílogo y recopilación

2 Perseveren en la oración, velando
en ella y dando gracias. 3 Recen también por mí, para que Dios abra la
puerta a la Buena Noticia y me permita
exponer el misterio de Cristo, por el
que estoy encarcelado. 4 Recen para
que logre explicarlo como es debido.
5 Traten a los de fuera con sensatez,
aprovechando la ocasión. 6 Que sus
conversaciones sean siempre agradables y de buen gusto, sabiendo responder a cada uno como conviene.

Saludos finales

7 Tíquico, nuestro querido hermano,
fiel ministro y compañero de servicio
del Señor, les informará de todo lo mío;
8 para eso se lo envío, para que tengan
noticias mías y para que les dé ánimos.
9 Lo acompaña Onésimo, nuestro fiel y
querido hermano que es uno de ustedes.
Ellos les contarán todo lo que pasa por
aquí.
10 Los saluda Aristarco, compañero
mío de prisión, y Marcos, primo de
Bernabé –acerca de él ya recibieron
instrucciones: recíbanlo si va por allá–;
11 también los saluda Jesús al que llaman el Justo. De los judíos conversos
solamente ellos han trabajado conmigo
por el reino de Dios y me han servido
de alivio. 12 Los saluda Epafras, también de esa comunidad, siervo de Cristo
[Jesús], que en sus oraciones ruega
siempre por ustedes para que sean
decididos y perfectos en cumplir la voluntad de Dios. 13 Yo soy testigo de lo
mucho que se preocupa por ustedes y
por los de Laodicea y Hierápolis.
14 Los saludan Lucas, el médico
querido, y Dimas. 15 Saluden a los
hermanos de Laodicea, a Ninfa y a la
comunidad que se reúne en su casa.
16 Una vez que hayan leído esta carta,
hagan que la lean en la comunidad de
Laodicea, y ustedes, a su vez lean la
carta que ellos recibieron. 17 A Arquipo
díganle que procure cumplir con el ministerio que recibió del Señor.
18 La firma es de mi puño y letra:
Pablo. Acuérdense de que estoy preso.
La gracia esté con ustedes.

destruyendo toda desigualdad y sometimiento, tanto doméstico como social, más allá de lo que él imaginaba o nosotros mismos podemos imaginar.

4,2-6 Epílogo y recopilación. Pablo, en su última exhortación práctica, señala dos temas que han venido apareciendo a lo largo de la carta y que considera los más importantes. Primero, «la perseverancia y la vigilancia», actitudes fundamentales del cristiano que sólo se consiguen con la oración constante (cfr. Rom 13,12; 1 Tes 5,6; 1 Cor 16,13; Mt 24,42; Mc 13,33-37; Lc 21,36). Y segundo, la predicación y el anuncio del «misterio de Cristo» (3) que debe ser el compromiso misionero de todos los creyentes. El Apóstol, encarcelado ahora a causa precisamente de este anuncio, pide oraciones para que logre explicarlo como es debido (3). En cuanto a los colosenses, les anima a no desaprovechar ninguna ocasión para transmitir el mensaje, pero con sensatez y «con buen gusto» (6), para que se adapte, penetre y haga vibrar «a cada uno como conviene» (6). He aquí la bella lección de inculturación del Evangelio con que cierra el Apóstol su carta. Un anuncio abstracto y aburrido no conmueve a nadie.

4,7-18 Saludos finales. La lista de colaboradores y compañeros, hombres y mujeres, es larga y detallada. Para todos tiene Pablo un recuerdo y una palabra de cariño, de alabanza y de aliento. Hay algo entrañable que los une a todos y los fundamenta en una amistad indestructible: la misión compartida de anunciar el Misterio de Cristo que llevó a cada uno, por diversos caminos, a dar testimonio del Señor, muchos de ellos con su sangre. Y por último, de nuevo la comunión en una misma Palabra de Dios: «Una vez que hayan leído esta carta, hagan que la lean en la comunidad de Laodicea, y ustedes, a su vez lean la carta que ellos recibieron» (16).

PRIMERA CARTA A LOS TESALONICENSES

Tesalónica. Tesalónica, la actual Salónica –Grecia– era la capital de la provincia romana de Macedonia desde el año 146 a.C., y en la ordenación jurídica del imperio, ciudad libre desde el 44 a.C. Ciudad portuaria, comercial, reina del Egeo, próxima a la vía Ignacia que unía el sur de Italia con Asia. Ciudad cosmopolita, próspera y, como tantas ciudades importantes, ofrecida al sincretismo religioso: cultos orientales, egipcios, griegos y también el culto imperial.

Circunstancias de las cartas. Sus circunstancias se pueden reconstruir combinando la relación, bastante esquematizada de Hch 17s con datos directos o implicados de las mismas cartas. Expulsado de Filipos, Pablo se dirigió a Tesalónica donde fundó una comunidad. Huido pronto de allí, pasó a Berea hasta donde lo persiguieron, y marchó a Atenas. Fracasado en la Capital cultural, se asentó con relativa estabilidad en Corinto. Le asaltó el recuerdo de los tesalonicenses y la preocupación por aquella comunidad joven y amenazada. Les envió a su fiel colaborador Timoteo para que los alentara y volviera con noticias. Timoteo trajo muy buenas noticias y también un problema teológico.

El problema teológico. Este versa sobre la parusía o venida/retorno del Señor. El término griego «parousia» designaba la visita que el emperador o legado hacía a una provincia o ciudad de su reino.

Llegaba acompañado de su séquito, desplegando su magnificencia, y era recibido por las autoridades y el pueblo con festejos y solemnidades.

Esta actividad imperial, muy conocida en la antigüedad, sirve para traducir a la lengua y cultura griegas el tema bíblico de la «venida del Señor» para juzgar o gobernar el mundo (cfr. Sal 96 y 98; Is 62,10s y otros muchos textos). Donde el Antiguo Testamento dice Dios = Yahvé, Pablo pone *Kyrios* (Señor Jesús): el que vino por medio de la encarnación, volverá en la parusía. Su séquito serán ángeles y santos; su magnificencia, la gloria del Padre; su función, juzgar y regir. Al encuentro le saldrán los suyos, para quienes su retorno será un día de gozo y de triunfo.

¿Cuándo sucederá eso? ¿Cuándo llegará ese día feliz? Aquí entra otro tema teológico importante del Antiguo Testamento: «el día del Señor». Puede ser cualquier día a lo largo de la historia humana en que Dios interviene de modo especial, juzgando o liberando. Será por antonomasia «aquel día» en que el Señor establezca definitivamente su reinado sobre el mundo. También se usan fórmulas como «vendrán días» o «al final de los días».

Pero, ¿cuándo? ¿En qué fecha se cumplirá? Imposible saberlo. Está próximo y será repentino, dice la Primera Carta a los Tesalonicenses (4,16; 5,1-6). Se difiere y se anunciará con signos previos, dice la Segunda Carta. ¿Qué ha provocado el cambio? Algunos piensan que ha evolucionado el pensamiento de Pablo; otros sostienen que son dos aspectos complementarios de una misma realidad. La primera visión transforma la esperanza en expectación, manteniendo tensa la vida cristiana; la segunda, traduce la expectación en esperanza serena y perseverancia. Nunca da cabida el Nuevo Testamento a una especulación sobre fechas precisas.

¿Quiénes saldrán a recibir al Señor? Queda pendiente el problema si miramos a los que saldrán a recibir al Señor: ¿Sólo aquellos a los que la «venida» los encuentre aún vivos?, ¿no participarán los muertos en el acontecimiento? La preocupación delata la solidaridad con los hermanos difuntos y una concepción bastante burda. Pablo responde que para ellos habrá resurrección y serán arrebatados al encuentro del Señor (4,16s).

Primera carta. Se trata del primer escrito del Nuevo Testamento, compuesto en el año 51, en Corinto. Nos deja entrever lo que era una Iglesia joven y ferviente, firme en medio de los sufrimientos. Nos informa sobre las creencias de los cristianos, unos 20 años después de la Ascensión, entre ellas: la Trinidad; Dios como Padre; la misión de Jesús, Mesías; su muerte y resurrección y su futuro retorno; las tres virtudes, fe, esperanza y caridad.

Segunda carta. Sucedió que algunos fieles sacaron consecuencias abusivas de la recomendada expectación: no valía la pena trabajar ni ocuparse de los asuntos de la vida terrena. Estemos quietos y a la espera. Pablo escribe una segunda Carta poco tiempo después y también desde Corinto, puntualizando su doctrina sobre la parusía y haciendo una lectura teológica de la historia. Llegará por etapas: ahora ya está actuando el rival, Satanás, provocando persecuciones y difundiendo impiedad; llegarán después el Anticristo y una apostasía; finalmente, sucederá la venida triunfal de Jesucristo. Por tanto, el cristiano debe trabajar y esperar.

Saludo

1 [1] Pablo, Silvano y Timoteo a la
Iglesia de Tesalónica, en Dios
Padre y en el Señor Jesucristo: Gracia
y paz a ustedes.

Acción de gracias

[2] Siempre damos gracias a Dios por
todos ustedes, teniéndolos presentes
en nuestras oraciones, [3] recordando su
fe activa, su amor entrañable y su esperanza perseverante en nuestro Señor
Jesucristo ante Dios nuestro Padre.

[4] Nos consta, hermanos queridos de
Dios, que ustedes han sido elegidos;
[5] porque, cuando les anunciamos la
Buena Noticia, no fue sólo con palabras, sino con la eficacia del Espíritu
Santo y con fruto abundante. Ya saben
cómo procedimos cuando estuvimos
allí al servicio de ustedes. [6] Y ustedes,
por su parte, siguieron nuestro ejemplo
y el del Señor, recibiendo el mensaje
con el gozo del Espíritu Santo en medio
de graves dificultades; [7] hasta el punto
de convertirse en modelo de todos los
creyentes de Macedonia y Acaya.

[8] A partir de ustedes la Palabra del
Señor, no sólo se difundió en Macedonia y Acaya, sino que a todas partes
llegó la fama de su fe en Dios, de
manera que no es necesario hablar
de esto. [9] Ellos mismos, cuentan cómo
ustedes me han recibido y cómo,
dejando los ídolos, se convirtieron a
Dios para servir al Dios vivo y verdadero, [10] y esperar la venida desde el
cielo de su Hijo, al que resucitó de la
muerte: Jesús, que nos libra de la condena futura.

1,1 Saludo. Siendo ésta la primera carta salida de la pluma de Pablo y probablemente el documento cristiano más antiguo, escrito hacia el año 51, merece la pena detenerse en el saludo. El Apóstol, siguiendo las reglas de cortesía del género epistolar de su tiempo, inicia la introducción de su carta con la mención del remitente y de los destinatarios, terminando con una expresión de buenos augurios. Pablo dará siempre un contenido cristiano a este esquema tradicional.

Aunque figuran tres remitentes: Pablo, Silvano y Timoteo, uno solo es el autor, Pablo, quien se presenta sin mencionar su título de apóstol, mención que se hará necesaria en casi todas sus cartas posteriores. Los destinatarios son «la Iglesia de Tesalónica» (1). La palabra «Iglesia» no es tan inocente como parece. Para la mayoría de los cristianos de hoy quizás ha perdido toda la fuerza innovadora y subversiva que contiene. No era así para las primeras comunidades de creyentes. En el contexto civil de la época, «Iglesia» –«ekklesía», en griego– designaba a la «asamblea de dirigentes» que encarnaba el ideal democrático de participación ciudadana que había dado origen a la ciudad griega –«polis»–. En tiempos del Apóstol, sin embargo, estas «asambleas ciudadanas» estaban sometidas a la autoridad suprema del emperador y, como tales, controladas y manipuladas para perpetuar los planes de dominio político, económico y social del imperio romano.

Pablo llama «Iglesia» a la comunidad cristiana de Tesalónica, pero con un cambio total de sentido, en contraste y oposición con la sociedad o «ekklesía» civil de su tiempo, detentora, la mayoría de las veces, de un poder opresor. La comunidad cristiana o Iglesia apunta a una sociedad alternativa, radicalmente distinta. La clave está en la «autoridad» de quienes la convocan y sostienen, que le dan nueva identidad y a las que debe obediencia: Dios Padre y el Señor Jesucristo. En la mente de Pablo, la «Iglesia» es también la heredera de la «Asamblea de Dios» («qahal», en hebreo), título con que se designaba al pueblo de Israel, elegido y convocado por Dios.

Ambas resonancias, griega y hebrea, siguen en los buenos deseos iniciales de la carta. «Gracia» es saludo griego, en clave cristiana es el favor de Dios otorgado ahora por medio de su Hijo. «Paz» es saludo hebreo. El contexto cristiano enriquece el contenido de la palabra, dándole también un sentido de «paz alternativa» a la «paz romana», que era la ideología política de la época: «les doy mi paz, y no la doy como la da el mundo» (Jn 14,27).

1,2-10 Acción de gracias. El recuerdo de sus comunidades va siempre unido en Pablo a la oración y a la acción de gracias por ellas. El Apóstol expresa esta «acción de gracias» (2) con el mismo término con que se designa a la celebración donde la presencia del Señor resucitado convoca y transforma a los creyentes en una comunidad de hermanos y hermanas: eucaristía. De ahí que la fe, la esperanza y la caridad de los tesalonicenses que recuerda y menciona el Apóstol tengan esta dimensión fraterna: una fe activa que se traduce en obras (cfr. Gál 5,6); un amor solidario que implica esfuerzo; una esperanza que es paciente y firme. Encontramos, pues, reunidas por primera vez las tres virtudes teologales «fe, esperanza y amor», y volverán a mostrarse unidas en 1 Cor 13,13; Rom 5,2-5;

Ministerio de Pablo en Tesalónica

2 [1] Ustedes saben, hermanos, que
nuestra visita no fue inútil. [2] Después de sufrir malos tratos en Filipos,
como ya saben, nuestro Dios nos dio
valentía para anunciarles la Buena Noticia de Dios en medio de una fuerte
oposición. [3] Es que nuestra predicación no se inspira en el engaño, ni en
motivos sucios, ni usa el fraude; [4] sino
que, Dios nos encontró dignos de con-
fiarnos la Buena Noticia y nosotros la
predicamos, buscando agradar no a
hombres, sino a Dios, que examina
nuestros corazones.

[5] Ustedes saben, y Dios es testigo de
ello, que nunca los halagamos con
palabras bonitas, ni usamos pretextos
para ganar dinero; [6] tampoco hemos
pretendido honores humanos, ni de
ustedes ni de otros, [7] aunque podíamos, como apóstoles de Cristo, hacer
sentir nuestro peso. Al contrario, nos
portamos con ustedes con toda bondad, como una madre que acaricia a
sus criaturas. [8] Sentíamos tanto afecto
por ustedes, que estábamos dispuestos
a entregarles no sólo la Buena Noticia
de Dios, sino también nuestra propia
vida: tanto los queríamos. [9] Recuerden,
hermanos, nuestro esfuerzo y fatiga:
noche y día trabajamos para no serles
una carga mientras les proclamábamos
la Buena Noticia de Dios.

[10] Ustedes son testigos y también
Dios del trato santo, justo e irreprochable
que mantuvimos con ustedes, los creyentes; [11] saben que tratamos a cada
uno como un padre a su hijo, [12] exhor-
tándolos, animándolos, exigiéndoles a
llevar una vida digna de Dios, que los
llamó a su reino y gloria. [13] Por eso también nosotros damos siempre gracias a
Dios, porque, cuando escucharon la
Palabra de Dios que les predicamos, la
recibieron, no como palabra humana,
sino como realmente es, Palabra de Dios,
que actúa en ustedes, los creyentes.

[14] Ustedes, hermanos, siguieron el
ejemplo de las Iglesias de Dios fieles a
Cristo Jesús que están en Judea; porque
sufrieron de parte de sus compatriotas

Gál 5,5s; Col 1,4s; Heb 6,10-12; 1 Pe 1,21s. Para Pablo no pueden separarse y funcionar aisladamente, puesto que la una implica a las otras y las tres juntas definen la vivencia total del compromiso cristiano. Esta nueva vida de la Iglesia de los tesalonicenses ha sido posible porque el Evangelio que Pablo les predicó no fue simple palabra humana, sino que iba cargada con la energía y eficacia del Espíritu Santo, y por tanto, fue fecunda y produjo fruto (cfr. Is 55,10s; 1 Cor 2,4).

El «fruto evangélico» que les recuerda el Apóstol es la acogida gozosa de su predicación y de su testimonio «en medio de graves dificultades» (6), de manera que al imitar a Pablo en este sufrir con gozo por el Evangelio (cfr. 1 Cor 4,16), los tesalonicenses se convirtieron en imitadores de Jesucristo y «en modelo de todos los creyentes de Macedonia y Acaya» (7). La paradoja del gozo en el sufrimiento está apuntada ya en el Antiguo Testamento (cfr. Sal 4,8) y es tema central del mensaje evangélico (cfr. Lc 6,22s; Hch 5,41). Es un gozo infundido por el Espíritu.

Pablo presenta a continuación, en síntesis apretada, en qué consistió esta primera predicación que fructificó en la conversión de los tesalonicenses, por la que está dando gracias a Dios, a saber: el abandono de los ídolos para adherirse al Dios vivo y entrar así en la esperanza de la venida de su Hijo, Jesús, «que nos libra de la condena futura» (10). Esta esperanza de la venida de Cristo al final de los tiempos será uno de los temas principales de la carta.

2,1-20 Ministerio de Pablo en Tesalónica. Recordando emocionado su actividad misionera entre los tesalonicenses, las palabras de Pablo tienen algo de autodefensa y apología de su ministerio y mucho de manifestación de afecto. Reitera expresiones como «saben, conocen, son testigos», en una especie de amable complicidad: aunque ya lo saben... yo les digo. El conjunto es una especie de autobiografía apostólica, escrita por Pablo en un momento de cierta ansiedad o aprehensión con respecto a la comunidad. En realidad, tuvo que marchar muy pronto de Tesalónica (cfr. Hch 17,1-8), sin haber podido regresar a visitar a sus fieles, y teme que algunos le hayan podido confundir por un charlatán de tantos que abundaban en aquella época. Esta autodefensa, como veremos, resultó innecesaria.

Pablo habla de su vocación de apóstol, confirmada por sus sufrimientos en Filipos (cfr. Hch 16,16-40); describe sus sanas intenciones en la predicación, sobre todo su desinterés –los charlatanes itinerantes de la época lo

el mismo trato que ellas de parte de los
judíos; 15 los cuales dieron muerte al
Señor Jesús, nos persiguieron a nosotros, no agradan a Dios y son enemigos de todo el mundo; 16 nos impiden
hablar a los paganos para que se salven;
y así están colmando la medida de sus
pecados. Pero finalmente el castigo de
Dios ha venido sobre ellos.

17 Nosotros, hermanos, separados
temporalmente de ustedes, en el cuerpo
pero no en el corazón, sentimos un ardiente deseo de volver a verlos.

18 Yo, Pablo, varias veces quise ir a
visitarlos, pero me lo impidió Satanás.
19 Porque, cuando venga el Señor
nuestro, Jesús, ¿quién sino ustedes será
nuestra esperanza y gozo y la corona
de la que estemos orgullosos ante él?
20 Ustedes son mi gloria y mi gozo.

Preocupaciones apostólicas de Pablo

3 1 Por eso, no pudiendo aguantar
más, decidimos quedarnos solos
en Atenas 2 y enviarles a Timoteo, hermano nuestro y ministro de Dios para
la Buena Noticia de Cristo, para que los
afirmara en su fe, 3 y los animara a no
flaquear en estas tribulaciones; porque
ustedes mismos saben que tenemos
que sufrir estas cosas.

4 Así, cuando estábamos entre ustedes, les advertimos que sufriríamos persecuciones; y así ha sucedido, como
ustedes pudieron comprobarlo. 5 Por
eso, no pudiendo aguantar más, envié
a pedir informes de la fe de ustedes,
temiendo que el tentador los hubiera
tentado y mi trabajo hubiera resultado
estéril.

hacían por dinero–, y también la buena acogida que los tesalonicenses le dispensaron y el éxito de su trabajo misionero entre ellos. Su actitud ha sido de entrega, como de una nodriza, como de un padre, como de alguien dispuesto a dar la vida. En cuanto a su método de predicación, lo suyo ha sido «proponer» más que «imponer». Y algo muy importante, Pablo sabe que el anuncio evangélico tiene que ir respaldado por una vida intachable, y así menciona su trabajo manual para no ser gravoso a sus evangelizados que frecuentemente eran pobres. Quizás se refiera a su oficio de tejedor de tiendas de campaña, tal como nos narra Hch 18,3. En el ambiente griego, el trabajo manual era considerado humillante, cosa de esclavos (cfr. 2 Cor 11,7), pero Pablo está dispuesto a todo por el bien del Evangelio.

Retoma la acción de gracias (1,5s) para exponer en concreto la tribulación sufrida. Pero antes completa y enriquece la doctrina sobre la palabra del Evangelio a que se ha referido antes (1,5). La palabra del predicador del Evangelio es palabra humana, pronunciada por Pablo; pero es también «Palabra de Dios» y, como tal, activa por sí, independiente de cualquier resorte humano de persuasión.

En cuanto a las penalidades sufridas, éstas vinieron de los paganos que ponían trabas e incluso perseguían a sus paisanos conversos. Pero a Pablo parece dolerle más la hostilidad de los judíos (cfr. Sal 55,14s). Las duras expresiones que usa se han de entender a la luz de los acontecimientos narrados en Hch 17 que ocasionaron su huida precipitada de Tesalónica. Se refiere a aquellos judíos que se resisten a aceptar el Evangelio y luchan contra su difusión. Ellos, a quienes equipara a Satanás, le están impidiendo regresar a la ciudad. Pero aunque esté separado físicamente de los tesalonicenses, los lleva en el corazón y esta comunión mutua se manifestará como su gloria y su corona el día de la venida del Señor.

3,1-5 Preocupaciones apostólicas de Pablo. La ansiedad y preocupación del Apóstol por los tesalonicenses son evidentes en toda la carta. La situación no era para menos, pues desde que puso su pie en Grecia fue constantemente perseguido, lo cual le mantuvo apartado de ellos. En Filipos, las autoridades le invitaron a abandonar la ciudad (cfr. Hch 16,39); tuvo que escaparse de Tesalónica con la ayuda de los hermanos (cfr. Hch 17,10); tuvo que huir también de Berea (cfr. Hch 17,14s) hacia Atenas, donde su predicación no dio los resultados que él probablemente esperaba (cfr. Hch 17,32). Mientras tanto, la pequeña comunidad cristiana de Tesalónica estaba en peligro a causa de la presión y agresividad de sus mismos conciudadanos paganos.

¿Se mantendrían firmes en la fe? ¿Había fracasado toda su misión en Europa?

Solo e impotente en Atenas, Pablo decide enviar a Timoteo a Tesalónica, quizás portando una carta de ánimo. Su fiel colaborador no es conocido en la ciudad, pues no participó en la evangelización de los tesalonicenses, habiéndose quedado en Filipos (cfr. Hch 17,14). Esto hará que pueda pasar desapercibido y no despertar sospechas. Y como los tesalonicenses no conocen a Timoteo, Pablo lo presenta y lo recomienda: es un «hermano nuestro, ministro de Dios para la Buena Noticia de Cristo» (2), capaz de exhortar, animar y consolidar a los hermanos. El Apóstol está aludiendo a la tribulación que le afecta tanto a él como a su comunidad, afirmando que «tienen que sufrir

Buenas noticias de Tesalónica

6 Ahora Timoteo acaba de volver de
allí y nos trae buenas noticias de la fe y
el amor de ustedes, del buen recuerdo
que guardan siempre de nosotros, y de
las ganas que tienen de vernos, tanto
como nosotros a ustedes.
7 Y así, hermanos, en medio de necesidades y tribulaciones nos consuela
la fe de ustedes, 8 y nos sentimos revivir
por su fidelidad al Señor. 9 ¿Cómo podremos dar gracias a Dios por ustedes,
por el gozo que nos hacen sentir ante
nuestro Dios? 10 Día y noche pedimos
insistentemente estar allí presentes para
completar lo que todavía falte en su fe.
11 Que Dios, Padre nuestro, y el Señor
nuestro Jesús nos ayuden para que podamos ir a visitarlos; 12 y a ustedes, el
Señor les conceda crecer cada vez más
en el amor mutuo y universal, como el
que nosotros tenemos por ustedes; 13 y
fortalezca sus corazones para que puedan presentarse santos e inmaculados
ante Dios nuestro Padre, cuando venga
nuestro Señor Jesús con todos sus
santos. [Amén.]

Vida cristiana

4 1 Por lo demás, hermanos, les pedimos y rogamos en el nombre
del Señor Jesús que vivan conforme a
lo que han aprendido de nosotros sobre
la manera de comportarse para agradar a Dios. Ustedes ya viven así, sigan
haciendo progresos. 2 Ya conocen las
instrucciones que les dimos en nombre
del Señor Jesús. 3 Ésta es la voluntad
de Dios: que sean santos. Que se abstengan de las inmoralidades sexuales;

estas cosas» (3), como si les dijera que sólo cargando la cruz pueden ser seguidores del Señor crucificado.

En su iniciación cristiana, los tesalonicenses ya han sido preparados para las tribulaciones, de ahí que la situación presente puede describirse con un lacónico: «y así ha sucedido, como ustedes pudieron comprobarlo» (4b).

3,6-13 Buenas noticias de Tesalónica. El regreso de Timoteo con las buenas noticias que le trae de Tesalónica hace irrumpir a Pablo en una emocionada acción de gracias. Su aprehensión y ansiedad acerca de la fuerza de la fe de los tesalonicenses y de la dudosa opinión que podrían tener de él, su evangelizador, carecían de fundamento. De evangelizador, Pablo pasa a sentirse evangelizado: «nos sentimos revivir por su fidelidad al Señor» (8) y «por el gozo que nos hacen sentir ante nuestro Dios» (9).

Su comunidad, de la que el Apóstol dudaba, es la que da consuelo, nueva vida y gozo a un apóstol que atravesaba un período de soledad y desaliento. El amor que le une a los tesalonicenses es al mismo tiempo capaz de comunicarse a todos. Semejante amor, no por interés egoísta, es don de Dios. A este amor universal les exhorta el Apóstol, que no es sino la respuesta cristiana y misionera a aquellos que les causan dolor y tribulación.

Pablo termina esta primera parte de la carta como ha terminado los capítulos precedentes (1,10; 2,19), es decir, abriendo a la comunidad el horizonte último de la historia «cuando venga nuestro Señor Jesús con todos sus santos» (13), cuya esperanza los mantendrá firmes en la tribulación presente.

4,1-12 Vida cristiana. La relación de fraternidad que existe entre los tesalonicenses hace que las exhortaciones con que Pablo se dirige a ellos sean, ante todo, un ruego. Pero este ruego incluye mandatos e instrucciones que, aunque son del Apóstol, «como les recomendamos» (11), no son propias de él, sino dadas «en nombre del Señor Jesús» (2). El fundamento de las instrucciones morales que les va a dar es la voluntad de Dios de que «sean santos» (3), lo cual implica un progreso de trasformación personal y comunitaria, siguiendo el camino de conducta cristiana que «ya conocen» (2).

El Apóstol llama la atención de los tesalonicenses sobre dos conductas viciosas que se deben evitar: el desenfreno sexual –en griego «porneia», de donde viene «pornografía»– y la codicia, vicios que va a fustigar de nuevo en Rom 1,29-31 y en 1 Cor 6,9s. No es que Pablo reduzca toda la moralidad cristiana a la moral sexual, pero sí es cierto que en la sociedad decadente de su tiempo, sobre todo en las ciudades, el desenfreno y la promiscuidad sexual eran la señal más evidente y notoria de una corrupción generalizada. De ahí que la práctica cristiana de una conducta sexual exigente e intachable fuera tan importante como signo de la sociedad alternativa y contracorriente que el Evangelio había inaugurado.

Para Pablo, la vivencia cristiana de la sexualidad tiene un marco, el matrimonio, y un fundamento: el conocimiento de Dios que se traduce en el amor fraterno que confiere una dignidad sagrada a ambos esposos. Y como el cónyuge más necesitado de respeto y dignidad es la mujer, el Apóstol exhorta al esposo a «usar de su cuerpo (esposa) con respeto sagrado» (4). Quizás la frase «usar de su cuerpo» –literalmente, de su «vaso», término eufemístico

4 que cada uno sepa usar de su cuerpo
con respeto sagrado, 5 sin dejarse
arrastrar por los malos deseos, como
hacen los paganos que no conocen a
Dios. 6 Que en este asunto nadie ofenda
o perjudique a su hermano, porque el
Señor castiga tales ofensas, como se lo
hemos dicho e inculcado. 7 Dios no los
ha llamado a la impureza, sino a la santidad. 8 Por tanto, quien desprecia estas
enseñanzas, no desprecia a un hombre, sino a Dios, que además les dio su
Espíritu Santo.

9 Acerca del amor fraterno no hace
falta escribirles porque ustedes han
aprendido de Dios a amarse mutuamente, 10 y lo practican con todos los
hermanos de Macedonia entera. Con
todo, les rogamos que sigan progresando. 11 Pongan todo su empeño en
mantener la calma, en atender sus
asuntos y trabajar con sus [propias]
manos, como les recomendamos.
12 Así llevarán una vida digna ante los
extraños y no les faltará nada.

La venida del Señor

(1 Cor 15)

13 No quiero que sigan en la ignorancia acerca de los difuntos, para que
no estén tristes como los demás que
no tienen esperanza. 14 Porque, si creemos que Jesús murió y resucitó, de la
misma manera Dios, llevará con Jesús,
a los que murieron con él. 15 Esto se lo
decimos apoyados en la Palabra del Señor: los que quedemos vivos hasta la
venida del Señor no nos adelantaremos
a los ya muertos; 16 porque el Señor
mismo, al sonar una orden, a la voz del
arcángel y al toque de la trompeta divina, bajará del cielo; entonces resucitarán primero los que murieron en Cristo;
17 después nosotros, los que quedemos
vivos, seremos llevados juntamente

judío para expresar «cuerpo» o «esposa»– no sea tan afortunada para nuestra sensibilidad de hoy. El Apóstol se expresa según la cultura de su tiempo, lo cual no afecta para nada a su defensa continua de la dignidad de la mujer, que es consecuencia del Evangelio que él anunciaba.

Otro vicio que se debe evitar es la «codicia», que el Apóstol expresa en el versículo 6 con la palabra griega «pragma» y que puede significar, o bien «asunto» –referencia eufemística a «adulterio»–, o «negocio sucio» –explotación económica del prójimo–. Sea cual fuere su significado, tanto la injusticia como el adulterio son una agresión contra la dignidad del hermano o de la hermana, e irán siempre unidas en la condena de Pablo (cfr. 1 Cor 6,9s).

El Apóstol hace todavía dos recomendaciones más, una respecto al amor mutuo y otra a una vida laboriosa y ordenada. Como indica la carta segunda a los tesalonicenses, parece que la expectación de la «venida del Señor» inducía a algunos a despreocuparse de los asuntos de cada día, incluso del trabajo, lo cual desacreditaba al pequeño grupo cristiano ante los paganos y los hacía padecer necesidad sin razón.

4,13-18 La venida del Señor. Este pequeño pasaje de la carta sobre el tema de la venida del Señor quizás sea la parte más importante. Lo ha venido anunciando en los capítulos anteriores y ahora quiere precisar y responder a una duda concreta de los tesalonicenses. Todo el Evangelio que Pablo anuncia está transido de la urgencia inminente de la venida del Señor. Más que inminencia temporal de días o de años, el Apóstol se ha referido siempre al dinamismo trasformador de la «esperanza cristiana» que se traduce en actitud de expectación, firmeza y vigilancia, como si el Señor estuviera ya llegando de un momento a otro.

Parece que el entusiasmo de Pablo daba alas a su esperanza y se veía a sí mismo vivo aún, participando en el triunfo definitivo de Cristo (cfr. 1 Cor 15,51; Flp 3,21; Rom 13,11). También sus comunidades, por lo visto, se habían contagiado del entusiasmo del Apóstol. A los veinte años aproximadamente de la muerte de Jesús, los cristianos vivían expectantes, aguardando el «día del Señor» de un momento a otro. Pero, ¿qué será de los cristianos que han muerto en esos dos decenios?, se preguntan ahora los tesalonicenses, quizás lamentando anticipadamente la ausencia de sus hermanos y hermanas difuntos en ese «día» de la gran fiesta.

Pablo comienza por rechazar la tristeza como incompatible con la esperanza cristiana, y a continuación explica el motivo: también los que han muerto irán al encuentro glorioso con el Señor. El Padre que resucitó a Cristo –la gran confesión de fe cristiana– hará otro tanto con los que han muerto en Él. Así, los vivos en compañía de los resucitados «seremos llevados juntamente con ellos al cielo sobre las nubes, al encuentro del Señor» (17).

Los datos descriptivos están tomados del repertorio imaginativo de la literatura apocalíptica: ángel y trompeta (cfr. Mt 24,31; Is 27,13), bajada del cielo y arrebato

con ellos al cielo sobre las nubes, al encuentro del Señor; y así estaremos
siempre con el Señor. 18 Consuélense
mutuamente con estas palabras.

Cristianos a la espera

5 1 Acerca de fechas y momentos no
hace falta que les escriba; 2 porque
ustedes saben exactamente que el día
del Señor llegará como ladrón noc-
turno, 3 cuando estén diciendo: qué
paz, qué tranquilidad; entonces, de
repente, como los dolores del parto le
vienen a la mujer embarazada, se les
vendrá encima la destrucción, y no
podrán escapar.
4 A ustedes, hermanos, como no viven en tinieblas, no los sorprenderá ese
día como un ladrón. 5 Todos ustedes
son ciudadanos de la luz y del día; no
pertenecemos a la noche ni a las tinieblas. 6 Por tanto, no durmamos como
los demás, sino vigilemos y seamos
sobrios. Los que duermen lo hacen de
noche; 7 y los que se emborrachan
también.
8 Nosotros, en cambio, que somos
del día, permanezcamos sobrios, revestidos con la coraza de la fe y el amor,
y con el casco de la esperanza de salvación. 9 A nosotros Dios no nos ha
destinado al castigo, sino a poseer la
salvación por medio de nuestro Señor
Jesucristo, 10 el cual murió por nosotros, de modo que, despiertos o dormidos, vivamos siempre con él. 11 Por
tanto, anímense y fortalézcanse mutuamente, como ya lo están haciendo.

en nubes (cfr. Dn 7,13). Este párrafo se puede comparar con un texto posterior de la primera carta a los Corintios (1 Cor 15).

El objeto de la esperanza es vivir para siempre con Dios, quien «llevará con Jesús a los que murieron con él» (14). Más adelante lo repite: «y así estaremos siempre con el Señor» (17). Esta esperanza ya se apuntaba en el Antiguo Testamento: «me colmarás de gozo en tu presencia, de delicias perpetuas a tu derecha» (Sal 16,11); ahora se revela en Jesucristo y sostiene a la comunidad cristiana en su peregrinación terrena.

5,1-11 Cristianos a la espera. Pablo sigue hablando del «día del Señor», pero ahora, más que en la «inminencia» de su venida, insiste en la «sorpresa» mediante imágenes tomadas de la tradición evangélica, como la del ladrón que llega en la noche (cfr. Mt 24,43s; Lc 12,29s; Ap 3,3), o como los dolores de parto que acaecen de repente, sin avisar (cfr. Jn 16,21). La sorpresa de su venida afectará de manera radicalmente diversa a las personas, según estén preparadas o no.

Este estado de preparación lo ilustra el Apóstol con la combinación de nuevas imágenes opuestas y en contraste: luz-tinieblas, día-noche, vigilia-sueño, en las que coloca, por una parte, a «ustedes y nosotros», y por otra, a «ellos», «los otros», «los demás». «Ellos» –sin definirson los que no están preparados para el «día del Señor», los alejados de Dios, los que confían en su seguridad, los que dicen con autocomplacencia «qué paz, qué tranquilidad» (3), sin sospechar lo que se les viene encima. Son los que pertenecen a la noche y a las tinieblas (5), los que están dormidos (6), los que al amparo de la noche se dedican a la borrachera y el desenfreno. A todos ellos, en el día del Señor, «se les vendrá encima la destrucción y no podrán escapar» (3), para ellos será el castigo (9). A «ustedes y nosotros» –los cristianos–, en cambio, no nos sorprenderá ese día el ladrón, pues no vivimos a oscuras; somos todos «ciudadanos de la luz y del día» (5); nos ha destinado «a la salvación por medio de nuestro Señor Jesucristo» (9).

Con la visión del «día del Señor», presentada con ese despliegue fascinante de imágenes tomadas de la literatura apocalíptica, el Apóstol no pretende hacer discriminación entre buenos y malos, ni mucho menos afirmar la predestinación de «nosotros» –los cristianos– a la salvación, y la de «ellos» –los no cristianos–, al castigo. Todo su discurso es una exhortación a permanecer alertas y vigilantes. La salvación en Jesucristo a la que Dios ha destinado a todos sin excepción –cristianos y no cristianos– es un don y, como tal, tiene que ser aceptado libremente, lo cual implica una colaboración activa que debe traducirse en una permanente actitud de vigilancia y compromiso. Pablo asemeja este estado de «vigilia» o de «ser ciudadanos de la luz» a un combate que hay que librar «revestidos con la coraza de la fe y el amor, y con el casco de la esperanza de salvación» (8).

Pablo concluye con una palabra de aliento: lo importante no es estar vivos o muertos cuando el Señor venga, lo importante es que «vivamos siempre con él» (10). Y esto quiere decir «ahora», en esperanza alerta y vigilante, y cuando llegue «el día», en un encuentro que no tendrá fin. La esperanza de la resurrección –o el cielo que esperamos– no debe sustraer al cristiano del compromiso y de la lucha por establecer en nuestro mundo una sociedad alternativa, más justa y equitativa, al servicio del amor sin fronteras y de la fraternidad. A ella se refirió al inicio de la carta: «En Dios Padre y en el Señor Jesucristo» (1,1).

Consejos y saludos finales

[12] Les pedimos, hermanos, que tengan respeto a los que trabajan entre ustedes, los gobiernan y aconsejan en nombre del Señor; [13] muéstrenles cariño y afecto por su trabajo. Vivan en paz unos con otros.

[14] Esto les recomendamos, hermanos: reprendan a los que no quieren trabajar, a los desanimados, anímenlos, a los débiles socórranlos y con todos sean pacientes.

[15] Cuidado, que nadie devuelva mal por mal; busquen siempre el bien entre ustedes y con todo el mundo.

[16] Estén siempre alegres, [17] oren sin cesar, [18] den gracias por todo. Eso es lo que quiere Dios de ustedes como cristianos.

[19] No apaguen el fuego del espíritu, [20] no desprecien la profecía, [21] examínenlo todo y quédense con lo bueno, [22] eviten toda forma de mal.

[23] El Dios de la paz los santifique completamente; los conserve íntegros en espíritu, alma y cuerpo, e irreprochables para cuando venga nuestro Señor Jesucristo. [24] El que los llamó es fiel y lo cumplirá. [25] Rueguen [también] por nosotros, hermanos.

[26] Saluden a todos los hermanos con el beso santo. [27] Por el Señor les recomiendo que lean esta carta a todos los hermanos. [28] La gracia de nuestro Señor Jesucristo esté con ustedes.

5,12-28 Consejos y saludos finales. Es típico de Pablo dar algunos consejos antes de terminar sus cartas (cfr. Flp 4,8s) y, como siempre, su consejo favorito es sobre la armonía interna de las comunidades. Lo interesante de este final epistolar es que esta armonía y paz comunitaria están bajo la responsabilidad «de los que trabajan entre ustedes, los gobiernan y aconsejan en nombre del Señor» (12).

En la dirección de la Iglesia de Tesalónica, Pablo no está solo gobernando a distancia. La pequeña comunidad tiene ya sus líderes locales a quienes el Apóstol exige que se comporten como buenos pastores: que amonesten a los insumisos, que animen a los débiles y oprimidos, que socorran a los más necesitados. Por otra parte, pide a todos respeto para los líderes (12) y cariño y afecto por su trabajo (13).

No podía terminar sin recordarles de nuevo el don del Espíritu que está presente en toda la carta: la alegría, que debe caracterizar su vida de cristianos. Les recomienda mantener el ritmo de su oración y de sus asambleas de acción de gracias, refiriéndose probablemente a las celebraciones eucarísticas de la comunidad.

Es interesante su exhortación final: «No apaguen el fuego del Espíritu, no desprecien la profecía» (19s), como animando a los tesalonicenses a poner al servicio de todos la diversidad de carismas y dones que habían recibido: «busquen siempre el bien entre ustedes y con todo el mundo» (15).

En sus palabras finales, pide al Dios de la paz que los santifique totalmente: espíritu, alma y cuerpo. Es la única vez que aparece en las cartas de Pablo tal descripción del ser humano completo.

La mención del cuerpo quizás sea intencionada, como insistiendo en que el cuerpo debe ser también santificado y no considerado como algo despreciable y secundario como lo consideraba la filosofía griega. La referencia al «beso santo» puede indicar que la carta estaba destinada a leerse ante la comunidad reunida.

SEGUNDA CARTA A LOS TESALONICENSES

Saludo y acción de gracias

1 [1]Pablo, Silvano y Timoteo a la Iglesia de Tesalónica, en Dios nuestro Padre y en el Señor Jesucristo: [2]Gracia y paz a ustedes de parte de Dios [nuestro] Padre y del Señor Jesucristo.

[3]Siempre tenemos que dar gracias a Dios por ustedes, hermanos, y es justo que lo hagamos, porque la fe de ustedes va creciendo y el amor que cada uno tiene por los otros es cada vez mayor. [4]Hasta el punto de que estamos orgullosos de ustedes frente a las Iglesias de Dios, por la constancia y la fe con que soportan las persecuciones y aflicciones.

Sentido cristiano de la persecución

[5]En esto se manifiesta el justo juicio de Dios para que ustedes sean

1,1-4 Saludo y acción de gracias. El saludo es semejante al de la carta precedente, dirigida a la misma comunidad por el mismo equipo misionero (cfr. 1 Tes 1). La acción de gracias, sin embargo, tiene un tono más solemne: «tenemos que dar gracias por ustedes... es justo que lo hagamos» (3), como si los tesalonicenses se hubieran ganado a pulso el reconocimiento de Pablo y el de sus compañeros por su crecimiento en el amor mutuo y, sobre todo, por la fe con que soportan con entereza la persecución, motivo de orgullo para el Apóstol ante las demás Iglesias. ¿Se está refiriendo a la persecución desencadenada por Nerón a principios de los años 60 o a la de la época del emperador Domiciano que tuvo lugar a finales del s. I? No lo sabemos. Según se trate de una u otra, el autor de la carta sería, o bien el mismo Pablo o bien un discípulo posterior que habría tomado como

encontrados dignos del reino de Dios,
por el que tienen que sufrir. 6 Es justo
que Dios pague con sufrimientos a los
que los hacen sufrir 7 y a ustedes, los
que sufren, les dé descanso, como a
nosotros, cuando se revele desde el
cielo el Señor Jesús con los ángeles de
su dominio 8 y con fuego ardiente, para
castigar a los que no reconocen a Dios
ni obedecen a la Buena Noticia de
nuestro Señor Jesús. 9 Ésos sufrirán
una condena perpetua, lejos de la presencia del Señor y de su majestad
poderosa 10 cuando venga aquel día a
revelar su gloria a los consagrados y
sus maravillas a los creyentes. Y ustedes
han creído por nuestro testimonio.
11 Por eso rezamos continuamente por
ustedes, para que nuestro Dios los
haga dignos de su llamado y les permita cumplir eficazmente todo buen
propósito y toda acción de la fe. 12 Así
el nombre de nuestro Señor Jesús será
glorificado por ustedes y ustedes por él,
por la gracia del Dios nuestro y del
Señor Jesucristo.

La parusía o segunda venida del Señor

(Mt 24; Mc 13; Lc 21)

2 1 Hermanos, en cuanto a la venida
de nuestro Señor Jesucristo y a
nuestra reunión con él, les pedimos

modelo la primera carta a los Tesalonicenses y que asume el nombre de Pablo para dar autoridad a sus palabras, como sucede con otros escritos del Nuevo Testamento. Sea quien fuese el la que escribe, se está dirigiendo a una comunidad que atraviesa momentos de especial dramatismo.

1,5-12 Sentido cristiano de la persecución. Una vez terminada la presentación tradicional, el autor comienza a desarrollar el tema que le interesa y que, como de costumbre, ha sido ya insinuado en la acción de gracias: ¿Cómo interpretar cristianamente la persecución?

La clave de interpretación es el juicio escatológico, es decir, la diferente retribución final que recibirán perseguidores y perseguidos cuando comparezcan ante el tribunal de Dios.

Seguramente, el lector de hoy que no está familiarizado con el género literario llamado «apocalíptico», de uso tan frecuente en el Antiguo Testamento y que inspira muchos textos del Nuevo, leerá estas líneas con estupor y perplejidad. Primero, y refiriéndose a los perseguidos, el sufrimiento de los inocentes aparece como «justo juicio de Dios» (5), como si Dios mismo enviara los padecimientos a los que permanecen fieles a Él, como prueba y purificación. Y segundo, el castigo a los perseguidores suena a venganza, a justicia retributiva de acuerdo con la «la ley del Talión», ignorando aparentemente la misericordia y el perdón: «es justo que Dios pague con sufrimientos a los que los hacen sufrir a ustedes» (6), en contraste con el consejo a los cristianos de 1 Tes 5,15: «Cuidado, que nadie devuelva mal por mal». Así pues, en ese día de la cuenta final, cuando Cristo «venga aquel día a revelar su gloria... a los creyentes» (10), habrá una doble retribución: de salvación a los perseguidos y de castigo «a los que no reconocen a Dios ni obedecen a la Buena Noticia de nuestro Señor Jesús» (8), como señalando en el grupo de perseguidores no sólo a paganos, sino también a judíos.

¿Qué decir de todo esto? En primer lugar, que el lenguaje apocalíptico es hiperbólico y lleno de símbolos e imágenes atrevidas de destrucciones cósmicas; contrasta la condenación final, dura y sin paliativos de los malvados y el rescate definitivo de los que han permanecido fieles a Dios. Este lenguaje no pretende ser tomado «al pie de la letra», pero sí comunicar un mensaje de suprema importancia a los perseguidos, a los pisoteados por la injusticia y la opresión, con el fin de animarlos en el compromiso y confortarlos en la tribulación: «Dios es justo». Su aparente silencio ante instituciones e individuos que siembran en el mundo realidades de muerte como el hambre, la violencia o la desigualdad no es indiferencia ni pasividad, sino rechazo e indignación presentes, que un día se revelarán con toda la fuerza de la majestad de su justicia.

Es esta manifestación del justo juicio de Dios (5) la que anuncia Pablo a los tesalonicenses, y que, si bien se manifestará plenamente el «día final», ya «está actuando ahora». Por una parte, trasforma –que no causa– los sufrimientos de la comunidad perseguida en frutos de salvación y en sufrimientos por el Evangelio, «para que ustedes sean encontrados dignos del reino de Dios» (5); por otra, anuncia el Evangelio de la ira que se revela «contra toda clase de hombres impíos e injustos que por su injusticia esconden la verdad» (Rom 1,18). El anuncio del Evangelio es también denuncia y condenación.

¿Cuál será la manifestación final de esta justicia de Dios ya en acción? ¿Sufrirán los malos «una condena perpetua, lejos de la presencia del Señor...» (9)? Éste sigue siendo un gran secreto. Pero sólo Dios es a la vez justo y misericordioso, y su infinita misericordia, manifestada en Jesucristo, abarca en su abrazo salvador a toda la humanidad.

2,1-12 La parusía o segunda venida del Señor. Entramos en la parte central de esta breve carta: la venida definitiva del Señor de la que ha venido hablando hasta

2 que no pierdan fácilmente la cabeza
ni se asusten por profecías o discursos
o cartas falsamente atribuidas a nosotros, como si el día del Señor fuera inminente. 3 Que nadie los engañe de
ningún modo: primero tiene que suceder la apostasía y se tiene que manifestar el Hombre sin ley, el destinado a la
perdición, 4 el Rival que se levanta contra todo lo que lleva el nombre de Dios
o es objeto de culto, hasta llegar a
instalarse en el santuario de Dios,
proclamándose Dios.

5 ¿No recuerdan que ya se lo decía yo
cuando aún estaba con ustedes? 6 Ya
saben qué es lo que ahora lo retiene
para que no se manifieste antes de
tiempo. 7 La fuerza oculta de la iniquidad ya está actuando; sólo falta que
el que la retiene se quite de en medio.
8 Entonces se revelará el Impío, al que
destruirá el Señor [Jesús] con el aliento
de su boca y anulará con la manifestación de su venida. 9 El Impío se presentará, por acción de Satanás, con toda
clase de milagros, señales y falsos prodigios; 10 con toda clase de engaños
perversos para los que se pierden porque no aceptaron para salvarse el amor
a la verdad. 11 Por eso les enviará Dios
un poder seductor que los haga creer
la mentira; 12 así serán juzgados los
que, en vez de creer la verdad, prefirieron la injusticia.

ahora. ¿Cuándo se realizará? Es éste un problema que parece no preocupar demasiado a la mayoría de los cristianos de hoy, pero que era de candente actualidad en las primeras comunidades de creyentes como la de Tesalónica, dando lugar a un clima de ansiedad y a veces de histeria colectiva, debido a rumores de los profetas de turno o a la difusión de «cartas falsamente atribuidas a nosotros» (2) con fechas precisas de la inminencia del gran acontecimiento.

Es comprensible que una comunidad pequeña que vivía bajo la extrema presión de poderes opresivos no viera otra salida a su situación sino en una huida hacia adelante, en la esperanza de la venida final de un poder superior que desenmascarara y derrotara definitivamente a las fuerzas del mal del orden establecido. Esta histeria religiosa de «final del mundo» se ha venido repitiendo a lo largo de la historia cristiana en períodos de máxima tensión producidos por guerras o catástrofes naturales.

Quizás hoy tampoco falten quienes vean en los males que afectan globalmente a nuestro mundo y que escapan a nuestra capacidad de comprensión, como el hambre, la violencia generalizada o las fuerzas desencadenadas de la naturaleza, signos premonitorios de un final inminente y que busquen en la Biblia fechas precisas y concretas.

El asunto se complicaba en la comunidad de los tesalonicenses con la difusión de falsas doctrinas que aseguraban que el Señor había venido ya definitivamente y que la supuesta resurrección final no era otra cosa sino la nueva realidad espiritual que estaban viviendo (cfr. 1 Cor 15,15). En este contexto de confusión e histeria, Pablo afirma que la parusía ciertamente vendrá y que la futura resurrección será una realidad, pero niega que esta segunda venida del Señor esté llamando a las puertas. Simplemente, ni el Apóstol ni nadie sabe el día ni la hora (cfr. Mt 24,43s; 1 Tes 5,2). Por eso les pide que «no pierdan fácilmente la cabeza ni se asusten... como si el día del Señor fuera inminente» (2).

A continuación, en un mensaje enigmático (3-12) y difícil de comprender para el lector de hoy a causa del lenguaje apocalíptico en que viene expresado, Pablo hace una lectura cristiana, a la luz de la prometida venida del Señor, de las circunstancias traumáticas que vivía la comunidad: persecución, apostasía de algunos, diseminación de falsas doctrinas, división interna.

Seguramente los tesalonicenses sabían identificar quiénes eran esos personajes de dentro o de fuera del grupo cristiano, ese sistema político o ese emperador «que lleva el nombre de Dios o es objeto de culto» (4), o esas doctrinas que estaban causando tanta maldad, a lo que el Apóstol se refiere misteriosamente con títulos tales como «el Hombre sin ley, el destinado a la perdición» (3), «el Rival» (4), «el Impío» (9), títulos todos sacados del vocabulario apocalíptico.

¿Cuál es, realmente, su verdadero protagonismo en el mundo?

Aunque parezca que acampan a sus anchas, «por acción de Satanás», con todo el despliegue de su poder seductor, «con toda clase de milagros, señales y falsos prodigios» (9), «con toda clase de engaños perversos» (10) que hacen que se pierdan «los que no aceptaron para salvarse el amor a la verdad» (10), todos serán destruidos y anulados por «el Señor Jesús, con el aliento de su boca... en la manifestación de su venida» (8).

He aquí el mensaje de esperanza de Pablo a los tesalonicenses, que es también una invitación a los creyentes de hoy a hacer nuestra lectura cristiana de las realidades de muerte que afectan a la sociedad global en que vivimos, no para dejar, como si fuéramos impotentes, la solución de nuestros problemas para la futura venida del Señor, sino para hacer que esa victoria futura y total se vaya haciendo ya realidad en nuestro comportamiento de cada día.

El cristiano lucha y se compromete con la ventaja de saber que, al final, la victoria será completa.

Oraciones mutuas

13 Siempre tenemos que dar gracias
a Dios por ustedes, hermanos amados
del Señor, porque Dios los tomó para
que fueran los primeros en alcanzar la
salvación, por la consagración del Espíritu y la fe verdadera; 14 y por medio de
nuestra predicación de la Buena Noticia,
los llamó a poseer la gloria de nuestro
Señor Jesucristo. 15 Así que, hermanos,
sigan firmes, y conserven fielmente las
tradiciones que aprendieron de mí, sea
de palabra o por carta.
16 Que nuestro Señor Jesucristo y
Dios nuestro Padre, que los amó y los
favoreció con un consuelo eterno y una
esperanza magnífica, 17 anime sus
corazones y los fortalezca para que
todo lo que digan y hagan sea bueno.

3 1 Por último, hermanos, oren por
nosotros, para que la Palabra del
Señor se difunda y sea recibida con
honor, como sucedió entre ustedes; 2 y
para que nos veamos libres de gente
malvada y perversa ya que no todos
tienen fe.
3 El Señor, que es fiel, los fortalecerá
y protegerá del Maligno. 4 Por lo demás,
tenemos en el Señor absoluta confianza
que ustedes seguirán haciendo lo que
les mandamos como ya lo hacen. 5 El
Señor los encamine hacia el amor de
Dios y les dé la paciencia de Cristo.

Contra la ociosidad

6 Hermanos, en nombre de nuestro
Señor Jesucristo les recomendamos
que se aparten de cualquier hermano
de conducta desordenada y en desa-
cuerdo con las instrucciones recibidas
de nosotros.
7 Ustedes saben cómo deben vivir
para imitarnos: no hemos vivido entre
ustedes sin trabajar; 8 no pedimos a
nadie un pan sin haberlo ganado, sino

2,13-3,5 Oraciones mutuas. El Apóstol, dirigiéndose ahora a la comunidad fiel, comienza a sacar las consecuencias prácticas de todo lo anterior, en un clima de oración agradecida. Da gracias a Dios por los tesalonicenses, a quienes llama «los primeros en alcanzar la salvación» (2,13) por haber permanecido firmes en el Evangelio «que los llamó a poseer la gloria de nuestro Señor Jesucristo» (2,14). Y esta «esperanza magnífica» (2,16) debe darles ánimos y fortaleza, tanto para anunciar ellos mismos la Palabra de salvación que han recibido, como para testimoniarla con sus vidas, es decir, con toda clase de palabras y buenas obras (2,17).

Pablo pide también oraciones para el grupo apostólico, para que la Palabra del Señor se difunda y corra como un ser vivo: «envía su mensaje a la tierra y su palabra corre velozmente» (Sal 147,15). Y así, rogando a Dios los unos por los otros –evangelizadores y evangelizados–, sabrán resistir las acometidas de los malvados y esperar con paciencia y aguante la venida de Cristo (cfr. Rom 8,25; 15,4).

3,6-18 Contra la ociosidad. La exhortación se abre con gran solemnidad, como asunto grave, apelando a instrucciones precedentes.

Si antes les habló de las fuerzas del mal que han inducido a algunos a la apostasía y sembrado la confusión, el punto de mira del autor de la carta se centra ahora en el desorden que causan ciertos individuos en la comunidad con su conducta irresponsable. Una consecuencia absurda y peligrosa de pensar que la parusía era inminente –ya apuntada en 1 Tes 4,11– consistía en la ociosidad, en el cruzarse de brazos esperando «el santo advenimiento», como se dice en nuestro lenguaje popular. Su amonestación es dura y realista: «el que no quiera trabajar, que no coma» (10), o lo que es lo mismo, si creen que la inminente venida del Señor les exime de trabajar, también les debe eximir del comer.

Pablo les pone por delante su testimonio personal, el de un trabajador que se gana la vida con el sudor de su frente. Es probable que para las fechas en que se escribió la carta el ejemplo de laboriosidad del Apóstol, humilde tejedor de toldos y tiendas de campaña (cfr. Hch 18,3), fuera ya legendario entre los cristianos de una sociedad como la griega que despreciaba el trabajo manual como cosa de esclavos y que, por tanto, producía gran cantidad de parásitos sociales. Es, pues, a los «parásitos cristianos» a los que pide «que trabajen tranquilamente y se ganen el pan que comen» (12) y que se dejen de dar vueltas «muy atareados en no hacer nada» (11), a no llevar rumores de un sitio a otro. Es más, aconseja a la comunidad que los amonesten como a hermanos, pero que si no cambian de conducta, que no se junten con ellos.

El saludo final pone una nota de paz en una carta necesariamente dura: el deseo de que la gracia del Señor les acompañe.

que trabajamos y nos fatigamos día y
noche para no ser una carga para ninguno de ustedes. 9 Y no es que no tuvié-
ramos derecho; pero quisimos darles
un ejemplo para imitar. 10 Cuando estábamos con ustedes, les dimos esta regla:
el que no quiera trabajar que no coma.

11 Ahora nos hemos enterado de
que algunos de ustedes viven sin trabajar, muy atareados en no hacer
nada. 12 A ésos les recomendamos y
aconsejamos, por el Señor Jesucristo,
que trabajen tranquilamente y se ganen
el pan que comen.

13 Ustedes, hermanos, no se cansen
de hacer el bien. 14 Si alguien no obedece las instrucciones de mi carta,
señálenlo y no se junten con él, para
que recapacite. 15 Pero no lo traten
como enemigo, sino aconséjenlo como
a hermano.

16 Que el Señor de la paz les dé
siempre y en todo la paz. El Señor esté
con todos ustedes.

17 El saludo es de mi puño y letra y
es la contraseña en todas mis cartas:
Pablo. 18 La gracia de nuestro Señor
Jesucristo esté con todos ustedes.

CARTAS PASTORALES

Cartas pastorales. Desde hace tiempo se viene llamando a estas tres cartas «cartas pastorales», tomando la metáfora del cuidado pastoril de los rebaños y aplicándola al pastoreo de la comunidad cristiana. Es un nombre que recoge una de las imágenes más conocidas de Jesús en el Evangelio, la del «buen pastor». Las tres cartas forman un bloque homogéneo y se presentan como instrucciones escritas de Pablo a dos íntimos colaboradores suyos, Timoteo y Tito, que se encuentran al frente de las Iglesias de Éfeso y Creta, respectivamente.

Timoteo estuvo estrechamente ligado al Apóstol, fue su compañero de viaje y misión (Hch 17,14s; 18,5; 19,22; 20,4) y hombre de confianza para realizar encargos especiales en Tesalónica (1 Tes 3,2.6), Macedonia (Hch 19,22) y Corinto (1 Cor 4,17; 16,10; 2 Cor 1,19). Pablo lo llama con mucho afecto paternal: «Hijo mío querido y fiel al Señor» (1 Cor 4,17).

Tito, al igual que Timoteo, fue amigo y compañero de viaje de Pablo. Estuvo presente en el Concilio de Jerusalén (Gál 2,1-3) y fue el embajador del Apóstol para solucionar la crisis que tenía éste con la comunidad de Corinto (2 Cor 2,13; 7,6; 8,6.16.23; 12,18). Pablo lo llama fraternalmente: «mi hermano» (2 Cor 2,13), «compañero y colaborador» (2 Cor 8,23).

No es inverosímil que estos dos ilustres personajes tuvieran el honor de recibir cartas personales de su maestro; lógicamente las conservarían y trasmitirían a la posteridad.

Autor, destinatarios y fecha de composición de las cartas. A partir del s. XIX se empezó a cuestionar la autenticidad paulina de estas cartas. Desde entonces se ha ido acrecentado la duda, de tal modo que en la actualidad son muy escasos los biblistas que atribuyen su autoría a Pablo. Se piensa, más bien, que son obra de un discípulo suyo de la siguiente generación, que las escribe alrededor del año 100.

Recurriendo al procedimiento de pseudonimia, muy en boga en aquella época, este discípulo anónimo personifica a Pablo, dando forma de carta a sus instrucciones y escogiendo como destinatarios dos personajes insignes del círculo paulino. Probablemente se sentía heredero legítimo de Pablo; o quizás los rivales citaban a Pablo deformando su enseñanza.

Nada de lo dicho pone en duda el valor canónico de estas cartas. Son parte integrante del Nuevo Testamento y así son reconocidas por todas las confesiones cristianas.

Contenido de las cartas. Las cartas pastorales nos sitúan en la segunda o tercera generación cristiana. El ímpetu por evangelizar de las primeras décadas da paso a la necesidad por consolidar y mantener las Iglesias locales en la tradición y enseñanzas recibidas de los apóstoles o el depósito de la fe. Para ello hay que nombrar líderes responsables, competentes y de confianza, que sepan mantener el orden y la concordia, y regular el culto. Son Iglesias que en su incipiente institucionalización se sienten amenazadas por desviaciones doctrinales que ponen en peligro la «memoria de Jesús» y, por consiguiente, la praxis cristiana.

Las cartas reiteran el adjetivo «sano/a» para referirse a la ortodoxia; hablan de la «verdad»; repiten que «algunos se han apartado de…». Es difícil identificar esas herejías o doctrinas peligrosas. Entre ellas se encontraban, probablemente, las de los «judaizantes», una fuerza menor, todavía activa, con sus prohibiciones alimenticias (1 Tim 4,3), su insistencia en la circuncisión (Tit 1,10), sus «fábulas judías» (Tit 1,14) o sus «controversias sobre la ley» (Tit 3,9). Más peligroso era el impacto del «gnosticismo» que se había infiltrado en las comunidades, cuyas doctrinas esotéricas provenientes de la cultura griega estaban falseando el mensaje cristiano con ideas tales como: la maldad del mundo material y por tanto la condenación en bloque de toda actividad sexual; la negación de la humanidad de Cristo; la afirmación de dos dioses, uno creador y otro salvador, y cosas por el estilo, que podemos adivinar leyendo las refutaciones del autor, aunque no las menciona por su nombre.

Mensaje de las cartas. Desde el punto de vista histórico, las cartas pastorales nos suministran datos preciosos para conocer la vida y los problemas de las Iglesias post-apostólicas formadas por la tercera generación cristiana. Son comunidades que viven la presencia de Jesús en los sacramentos y en la liturgia; muy exigentes con sus líderes y responsables, a los que comienzan, ya, a llamar «obispos y diáconos», y que reciben la autoridad apostólica por la imposición de las manos.

La lista de cualidades y requisitos para acceder al cargo de «pastores» debería ser hoy, como lo fue entonces, el criterio fundamental de su elección: vida intachable, modestos, corteses, hospitalarios, amables, desinteresados (1 Tim 3,2-13), es decir, cercanos al pueblo, como conviene a una «familia» –imagen de la Iglesia, preferida en las cartas–, de la que ellos son, sobre todo, padres y no príncipes o jerarcas.

Pero la gran preocupación y empeño de las pastorales es mantener vivo e intacto el «depósito de la fe» o lo que es lo mismo, la enseñanza que nos trasmite la tradición recibida de los apóstoles. Y esto no es un elenco muerto de dogmas y doctrinas, sino la «memoria viva de Jesús», en la que sobresale su opción por los pobres, los marginados, los pecadores, los últimos y más débiles. Y esto debe ser también el gran empeño de la Iglesia de hoy y de todos los tiempos.

SINOPSIS

Primera carta a Timoteo. La sinopsis nos hace ver el propósito del autor: proporcionar normas y consejos para el recto caminar de la comunidad. La precaución frente a los falsos maestros, difundida por la carta, se concentra al principio y hacia la mitad; en ambas ocasiones contrasta al destinatario con el Apóstol.

Segunda carta a Timoteo. En esta segunda carta la exhortación se hace más personal y animada. Pablo ofrece su ejemplo, recuerda su ministerio, se prepara a morir. Frente a los falsos maestros, que cobran número y fuerza en los últimos días, el líder responsable ha de ser como un soldado, un obrero, un empleado fiel, pieza del ajuar doméstico, y valiente testigo.

Carta a Tito. Lo más sustancioso de esta carta es la doctrina cristológica de 2,11-15 y 3,4-7. Los demás temas y preocupaciones son los mismos de las cartas precedentes, dirigidas ahora a Tito como responsable de la Iglesia de Creta.

PRIMERA CARTA A
TIMOTEO

Saludo

1 [1]Pablo, apóstol de Cristo Jesús por mandato de Dios salvador nuestro y de Cristo Jesús nuestra esperanza, [2]a Timoteo, hijo suyo engendrado por la fe: Gracia, misericordia y paz de parte de Dios Padre y de Cristo Jesús Señor nuestro.

Falsos maestros

[3]Como te encargué cuando salía para Macedonia, quédate en Éfeso para avisar a algunos que no enseñen doctrinas extrañas, [4]ni se dediquen a fábulas y genealogías interminables, que favorecen las controversias y no el plan de Dios, basado en la fe. [5]El propósito de esta exhortación es suscitar el amor que brota de un corazón limpio, de una buena conciencia y una fe sincera. [6]Por haberse apartado de esto, algunos se han perdido en discursos vacíos, [7]pretendiendo ser doctores de la ley, sin saber lo que dicen ni entender

1,1s Saludo. El saludo es el habitual de la correspondencia paulina, en el que a Pablo se presenta como apóstol por disposición de Dios y no por mera delegación de la comunidad. Esta afirmación tendrá un relieve especial en las llamadas «cartas pastorales» donde el tema principal será el de la verdadera tradición apostólica frente a otras doctrinas que la estaban poniendo en peligro. Aunque, como es probable, el autor del presente escrito no sea el mismo Pablo, sino un discípulo suyo de la siguiente generación, la autoridad apostólica que representa es indiscutible. Por eso, y para darle aún más relieve, asume el nombre de Pablo, en un claro ejemplo de pseudonimia, tan frecuente en el ambiente literario de entonces.

El destinatario es Timoteo, el íntimo colaborador del Apóstol, a quien el autor se refiere como a «hijo suyo engendrado por la fe» (2). Más que apelativo cariñoso, es título de la autoridad legítima y auténtica que tiene como líder de la comunidad cristiana. A la combinación acostumbrada de «gracia» del saludo griego y «paz» del saludo hebreo, añade la «misericordia», de gran raigambre bíblica.

1,3-11 Falsos maestros. Saltándose la acostumbrada «acción de gracias», Pablo entra de lleno en la polémica. La primera tarea de Timoteo será la de enfrentarse con los falsos maestros que difunden doctrinas heréticas opuestas a la sana tradición, y que no son sino fábulas, mitos, «genealogías interminables» (4), productos todos de la fantasía de los charlatanes de turno. No sabemos en concreto a qué desviaciones doctrinales se refiere. Reuniendo datos de las tres cartas pastorales que forman un conjunto epistolar, es probable que se trate del gnosticismo –la «gnosis» se podría traducir como «sabiduría arcana», la «Nueva Era» de aquel entonces– con su mezcla vaga y heterogénea de prácticas ascéticas no convencionales y de conocimientos esotéricos que fascinaban a los iniciados con el señuelo de una salvación al alcance de la mano, como si el mensaje salvador de Jesucristo no fuera claro o suficiente. Todo esto, viene a decir el autor, lo único que hace es perturbar la armonía de la comunidad con controversias interminables.

Así pues, el primer gran encargo que encomienda a Timoteo es el de exhortar a los creyentes a ser fieles al «plan de Dios, basado en la fe» (4), es decir, a vivir una praxis de concordia y amor mutuo que solo puede brotar de esa fe sincera que limpia el corazón y produce una buena conciencia.

Entre las falsas doctrinas, están las propuestas por los que pretenden pasarse como doctores de la ley. No sabemos en concreto si lo que enseñaban estos individuos era una versión «gnóstica» de la Ley mosaica o alguna interpretación heterodoxa de la misma, lo cierto es que ni ellos sabían «lo que enseñan con tanta seguridad» (7). En la polémica que entabla con esos falsos doctores (9s), el autor hace eco de la enseñanza de Pablo sobre la bondad de la Ley, su verdadera función, para quiénes fue promulgada y la cesación de la misma ante la «ley de la fe» (cfr. Rom 7,12-16; 3,27).

Ésta fue y es la sana doctrina, la que se ajusta a la tradición evangélica que Pablo enseñó con su autoridad apostólica y que, con la misma autoridad, debe exponerla ahora Timoteo como líder de la comunidad.

La «sana doctrina» es uno de los temas fundamentales de las cartas pastorales (cfr. 2 Tim 4,3; Tit 1,9; 2,1). Si los líderes de la primera generación de la Iglesia –los apóstoles, los profetas, los predicadores itinerantes–, dedicaron todas sus preocupaciones a la difusión del mensaje evangélico más allá de toda frontera, los responsables de las siguientes generaciones comienzan progresivamente a

lo que enseñan con tanta seguridad.
8 Sabemos que la ley es buena, siempre
que se la use debidamente: 9 reconociendo que la ley no se dicta para los
honrados, sino para castigar a rebeldes
y desobedientes, a impíos y pecadores,
a los que no respetan a Dios ni a la
religión, a los que matan a su padre o
a su madre, a los asesinos, 10 a los que
cometen inmoralidades sexuales y a los
homosexuales, a los traficantes de
seres humanos, a los estafadores, y
perjuros. En una palabra, la ley está
contra todo lo que se opone a una
sana enseñanza, 11 y esta sana enseñanza es la que se encuentra en la
Buena Noticia que me han encomendado, y que nos revela la gloria del
bienaventurado Dios.

Pablo y Timoteo

12 Doy gracias a Cristo Jesús Señor
nuestro, quien me fortaleció, se fió de
mí y me tomó a su servicio a pesar de
mis blasfemias, persecuciones e insolencias anteriores; 13 Él tuvo compasión
de mí porque yo lo hacía por ignorancia y falta de fe. 14 Y así nuestro Señor
derramó abundantemente su gracia
sobre mí y me dio la fe y el amor de
Cristo Jesús.

15 Este mensaje es de fiar y digno de
ser aceptado sin reservas: que Cristo
Jesús vino al mundo para salvar a los
pecadores, de los cuales yo soy el primero. 16 Pero Cristo Jesús me tuvo
compasión, para demostrar conmigo
toda su paciencia, dando un ejemplo a
los que habrían de creer y conseguir la
vida eterna. 17 Al Rey de los siglos, al
Dios único, inmortal e invisible, honor y
gloria por los siglos de los siglos. Amén.

18 Te doy esta instrucción, Timoteo,
hijo mío, de acuerdo con lo que predijeron de ti algunas profecías, para
que, apoyado en ellas, pelees valientemente, 19 con fe y buena conciencia.
Al abandonarlas, algunos naufraga-
ron en la fe. 20 Entre ellos se cuenta
Himeneo y Alejandro: los he entregado
a Satanás para que aprendan a no
blasfemar.

dar más prioridad a la vida interna de la comunidad de creyentes. De la figura del «evangelizador» se va pasando poco a poco a la del «pastor», bajo cuya responsabilidad está, sobre todo, la fidelidad a la «tradición apostólica» –la «memoria de Jesús»– que hay que mantener como un sagrado depósito (cfr. 1 Tim 1,11; 2 Tim 1,10-14; Tit 1,3) contra toda desviación del tipo que sea. Y así, los ministerios «itinerantes» de la Iglesia primitiva van desapareciendo para dejar paso a ministerios «sedentarios» que comienzan a institucionalizarse alrededor de la figura del obispo (cfr. 1 Tim 3,1-13; 5,17; Tit 1,5-9) y que miran más al gobierno y a la buena marcha interna de las Iglesias locales.

Así mismo, la comunidad cristiana no es ya solamente la que nace del anuncio del mensaje evangélico sino, sobre todo, la que posee y vive la verdad del mismo, o sea la «sana doctrina».

1,12-20 Pablo y Timoteo. La acostumbrada acción de gracias que solía encabezar e introducir el asunto de las cartas, la coloca el autor cuando ya ha comenzado a desarrollar el tema, con el fin de dar más fuerza a sus instrucciones de «pastor» de la comunidad. ¿Cuáles son sus intenciones al presentarnos este autorretrato del antes blasfemo, perseguidor e insolente (12) y que, ahora, da gracias a Dios por su conversión?

Primera, afirmar la sana doctrina, digna de ser aceptada sin reservas, a saber: «Cristo Jesús vino al mundo para salvar a los pecadores» (15). Esta salvación la dramatiza en el gran cambio que se produjo en Pablo, gracias a la paciencia, compasión, misericordia y favor de Dios: de perseguidor se convirtió en servidor, de pecador en hombre de confianza, «se fió de mí y me tomó a su servicio» (12).

Y segunda, el gran convertido trasmite la tarea del servicio apostólico a su hijo Timoteo en una especie de sucesión legítima.

La enseñanza es clara: ningún líder puede aducir derechos y méritos propios para asumir la autoridad dentro de la comunidad ni ésta posee la autoridad apostólica para delegarla a quien desee. La autoridad viene de Dios y Dios elige a quien quiere, por más pecador que haya sido –el caso del mismo Pablo–.

Esta convicción es la que inmunizó a la Iglesia primitiva contra el culto a la personalidad de sus apóstoles y pastores. Buena lección para nuestra Iglesia de hoy. Con estas credenciales el autor invita a Timoteo a ejercer su tarea de pastor.

Sobre la oración

2 1 Ante todo recomiendo que se ofrezcan súplicas, peticiones, intercesiones y acciones de gracias por todas las personas, 2 especialmente por los soberanos y autoridades, para que podamos vivir tranquilos y serenos con toda piedad y dignidad. 3 Eso es bueno y aceptable para Dios nuestro salvador, 4 que quiere que todos los hombres se salven y lleguen a conocer la verdad. 5 No hay más que un solo Dios, no hay más que un mediador, Cristo Jesús, hombre, él también 6 que se entregó en rescate por todos conforme al testimonio que se dio en el momento oportuno; 7 y yo he sido nombrado su heraldo y apóstol –digo la verdad sin engaño–, maestro de los paganos en la fe y la verdad.

Sobre el comportamiento de los hombres y las mujeres

8 Quiero que los hombres oren en cualquier lugar, elevando sus manos a Dios con pureza de corazón, libres de enojos y discusiones. 9 Asimismo que las mujeres se arreglen decentemente, se adornen con modestia y sobriedad: no con peinados rebuscados, con oro y perlas, con vestidos lujosos, sino con buenas obras, 10 como corresponde a mujeres que se profesan religiosas. 11 La mujer debe escuchar la instrucción en silencio con toda sumisión. 12 No acepto que la mujer dé lecciones ni órdenes al varón. Quiero que permanezca callada, 13 porque Adán fue creado primero y Eva después. 14 Adán no fue engañado, la mujer fue seducida y cometió la trasgresión. 15 Pero se salvará

2,1-7 Sobre la oración. La segunda preocupación de las cartas pastorales es dictar normas concretas para la ordenación y buen funcionamiento de las comunidades locales. Y entre los deberes de la comunidad, la oración ocupa el primer puesto. Es interesante conocer, a través de los consejos del autor de la carta, cuánto, cómo y por quién rezaban aquellos cristianos. Lo primero que aparece es la espontaneidad e intensidad carismática de su oración: «súplicas, peticiones, intercesiones, acciones de gracias» (1). Lo segundo, su carácter misionero y universal: «por todas las personas» (1), para «que todos los hombres se salven y lleguen a conocer la verdad» (4), pues esta voluntad salvadora de Dios, abraza a todos, paganos y cristianos, en el único mediador de la salvación, «Cristo Jesús, hombre él también» (5).

Se mencionan especialmente «soberanos y autoridades» (2; cfr. Rom 13,1-8). No se pide para ellos el castigo, sino la conversión, y un primer paso es que sean agentes de paz. Los cristianos de entonces, aunque constituidos ya en comunidades sólidas a través del imperio, seguían siendo una minoría de clase humilde entre la mayoría pagana. Habían superado ya algunas persecuciones, pero vivían pendientes de la honradez y buena voluntad de sus señores civiles, pues no parece que tuvieran acceso a cargos de gobierno. Por otra parte, la oración pública por las autoridades era un testimonio de buen comportamiento ciudadano contra la acusación y sospecha que provocaba la vida alternativa de los cristianos: la de ser elementos antisociales.

2,8-15 Sobre el comportamiento de los hombres y las mujeres. Lo que el autor de la carta dice ahora a propósito de las mujeres, se limita en primer lugar a las asambleas de oración; después se extiende a consideraciones más generales. El grado notable de igualdad entre hombres y mujeres que se dio en las asambleas litúrgicas de las Iglesias fundadas por Pablo, no duró mucho, por desgracia. Años más tarde, nos encontramos con la penosa realidad que nos describen las cartas pastorales: la mujer fue reducida al silencio. Un silencio que iba a durar por siglos, casi hasta nuestros días. En las Iglesias paulinas había mujeres que dirigían las asambleas de oración, mujeres profetas (cfr. 1 Cor 11,3-5), diaconisas (cfr. Rom 16,1), líderes femeninos capaces de explicar «con mayor exactitud el camino de Dios» (Hch 18,26), como hizo Prisca con un predicador de la talla de Apolo (cfr. 1 Cor 18,24-28). La doctrina y la praxis del mensaje evangélico de igualdad entre «griego y judío... hombre y mujer» (Gál 3,28), comenzaron a ir juntas.

En las generaciones posteriores a Pablo se produjo el cambio. Aunque el principio evangélico de igualdad seguía siendo afirmado, sin embargo la cultura patriarcal del tiempo y los prejuicios ancestrales contra las mujeres volvieron a hacerse patentes en la praxis diaria de las comunidades cristianas, como lo muestra la advertencia tan tajante e inadmisible de: «no acepto que la mujer dé lecciones y órdenes al varón. Quiero que permanezca callada» (12). Más inaceptable aún es que quiera reforzar su afirmación con un argumento de las Escrituras: «Adán no fue engañado, la mujer fue seducida y cometió la trasgresión» (14).

¿Qué decir de todo esto? Simplemente que el autor, en este caso, nos está transmitiendo sus prejuicios culturales y no la Palabra de Dios, gracias a la cual gran parte de ese bagaje cultural ha sido ya superado, aunque todavía quede mucho camino por recorrer para que la praxis de

por la maternidad, si mantiene con modestia la fe, el amor y la santidad.

Categorías diversas

3 1 Es muy cierta esta afirmación: Si
uno aspira al episcopado, desea
una tarea importante. 2 Por eso el obispo
ha de ser intachable, fiel a su mujer, sobrio, modesto, cortés, hospitalario, buen
maestro, 3 no bebedor ni pendenciero,
sino amable, pacífico, desinteresado;
4 ha de regir su familia con acierto,
manteniendo sumisos a los hijos, con
toda dignidad; 5 porque si uno no sabe
regir la propia familia, ¿cómo se ocupará de la Iglesia de Dios? 6 No debe
ser un hombre recién convertido, no
sea que se llene de orgullo y caiga bajo
la misma condenación en la que cayó
el Diablo. 7 Es conveniente tener buena
fama entre los no creyentes, para que
no se desacredite y no lo enrede el
Diablo.
8 Asimismo los diáconos sean hombres respetables, de una sola palabra,
no dados a la bebida ni a ganancias
deshonestas; 9 han de conservar con
conciencia limpia el misterio de la fe.
10 También ellos han de ser probados
primero, y si resultan irreprochables,
ejercerán su ministerio. 11 Asimismo
las mujeres sean dignas, no murmura-
doras, sobrias, de fiar en todo. 12 Los
diáconos sean fieles a sus mujeres,
buenos jefes de sus hijos y de su casa.
13 Porque los que ejercen bien el dia-
conado alcanzan un rango elevado y
autoridad en cuestiones de fe cristiana.

igualdad entre el hombre y la mujer en la Iglesia, se corresponda con la enseñanza y la praxis de Jesús de Nazaret.

De todas formas, la intención primera del autor no es definir el lugar que debían ocupar las mujeres en la comunidad, asunto, al parecer, ya zanjado y aceptado por todos, sino corregir posibles brotes de inestabilidad o llamar la atención sobre peligros que amenazaban la unidad y armonía del pequeño grupo cristiano. Es probable que las falsas doctrinas ya mencionadas, influyeran más fácilmente a las mujeres que a los hombres, quizás por la misma situación de vulnerabsilidad a que estaban reducidas en aquellas sociedades de corte patriarcal.

3,1-13 Categorías diversas. En su preocupación por la armonía y buen orden de la comunidad, el autor concentra ahora su atención en dos clases de cargos de responsabilidad, el obispo y los diáconos. Ambos títulos procedentes del mundo civil y religioso griego, fueron también aceptados por los cristianos para designar a algunos de sus líderes específicos. Originariamente el primero significaba «supervisor» y el segundo «servidor», o sea un responsable y unos asistentes. Comparando con lo que sabemos de Pablo en otros documentos, la presente carta indica un grado más desarrollado de organización interna de la Iglesia. Allí donde se formaban Iglesias locales, la misión principal de sus responsables era cuidar la comunidad como un pastor cuida su rebaño (cfr. Hch 20,28). Y los títulos que expresaban mejor esta función de «pastores estables», eran justamente los títulos de «obispo» y «diácono». Otros líderes con diferentes funciones menos localizadas y más itinerantes eran designados con distintos nombres, como apóstoles, profetas, evangelistas, maestros, etc. Aunque los términos de «obispo» y «diácono» son los mismos que utilizamos hoy, no es legítimo deducir que las funciones sean idénticas.

La proliferación de nombres y funciones del liderazgo cristiano era una característica de las primeras generaciones de la Iglesia. Con el tiempo, toda la responsabilidad del servicio de la autoridad eclesial se fue concentrando en el ministerio de los obispos, presbíteros y diáconos, nombres con los que hoy día designamos a los ministros ordenados.

La carta suministra orientaciones concretas sobre la actitud de los candidatos para cargos estables de responsabilidad. Llama la atención el hecho de que el cargo de obispo no fuera muy apetecible, o por el testimonio de vida intachable que exigía o bien por el peligro personal que suponía liderar la comunidad en aquellos tiempos de frecuentes persecuciones. Por eso el autor anima a los que se sienten llamados a prestar ese servicio, a no esquivar la responsabilidad. Quizás a algunos llame también la atención el que la mayoría fueran casados. El celibato no es un mandato del Señor para sus ministros, sino una ley eclesiástica que tardó siglos en imponerse y generalizarse y, que como tal, puede ser aplicada o no por la autoridad de la Iglesia de acuerdo con las necesidades de las comunidades cristianas.

En resumidas cuentas, las cualidades del obispo y de los diáconos que exige el autor de la carta no son para nada extraordinarias, o quizás sí, porque el ser «sobrio, modesto, cortés, hospitalario, amable... pacífico, desinteresado» (2s), no son, por desgracia, las cualidades que fácilmente asociamos a las personas que ejercen la autoridad, ya sea dentro o fuera de la Iglesia. Así debía ser entonces y así sigue siendo ahora; de ahí que la amonestación del autor siga tan actual hoy como hace dos mil años. Por otra parte, estas exhortaciones están indicando el ideal de la comunidad cristiana que el autor tenía en su mente: la «casa de Dios», donde debe reinar el espíritu y las virtudes propias de una verdadera familia.

Misterio cristiano y falsos maestros

14 Aunque espero visitarte pronto, te
escribo estas cosas 15 por si me retraso,
para que sepas cómo comportarte en
la casa de Dios, que es la Iglesia del
Dios vivo, columna y base de la verdad.
16 Grande es, sin duda, el misterio de
nuestra religión:

Cristo se manifestó corporalmente,
su causa triunfó gracias al Espíritu,
se apareció a los ángeles,
fue proclamado a los paganos,
fue creído en el mundo
y exaltado en la gloria.

Los deberes de Timoteo como pastor de la comunidad

4 1 El Espíritu dice expresamente que
en el futuro algunos renegarán de
la fe y se entregarán a espíritus engañosos y doctrinas demoníacas, 2 seducidos por la hipocresía de impostores que tienen la conciencia
marcada a fuego. 3 Éstos prohibirán
el matrimonio y el consumo de ciertos alimentos; cosas que Dios creó
para que los creyentes y conocedores
de la verdad las tomen agradecidos.
4 Porque todas las criaturas de Dios
son buenas y nada es despreciable si
se lo recibe con acción de gracias,
5 pues la Palabra de Dios y la oración
lo santifican.

6 Si enseñas esto a los hermanos,
serás buen ministro de Cristo Jesús,
alimentado con el mensaje de la fe y la
buena doctrina que has seguido.

3,14-16 Misterio cristiano y falsos maestros. Al final del primer encargo importante dado a Timoteo, y a modo de conclusión, aparece claramente el objetivo de la carta: el traspaso de la autoridad apostólica. En la hipótesis de que la carta sea auténtica, es decir del mismo Pablo, hay que tomar estas palabras (14s) a la letra: Timoteo queda como delegado interino del Apóstol, el cual espera volver pronto o con un pequeño retraso. Si, como es más probable, la carta es posterior, con nombres simplemente representativos, las palabras sugieren el traspaso de la autoridad única de un apóstol a la generación siguiente de líderes responsables. En este caso, la mención de la ausencia ya definitiva de Pablo, que se consumó con su martirio en Roma, sería como un llamamiento conmovedor a la aceptación y a la fidelidad de la comunidad a los sucesores del ausente, encargados ahora de cuidar «la casa de Dios, que es la Iglesia del Dios vivo, columna y base de la verdad» (15).

Esta bella descripción de la comunidad cristiana apunta al misterio mismo de la salvación, que el autor expresa por medio de un himno litúrgico conocido probablemente por los destinatarios de la carta. El himno, síntesis de nuestra fe, proclama que este misterio no es una verdad abstracta, sino una persona, Jesucristo. El hombre que fue conocido como Jesús de Nazaret y que sufrió la muerte en la cruz y resucitó glorioso, es el mismo que ahora es proclamado a los paganos y creído en el mundo (16). Dado el contexto de la carta, el himno tiene la clara intención pastoral de reafirmar el contenido fundamental de la fe cristiana que ya se va extendiendo por todo el mundo.

4,1-6 Los deberes de Timoteo como pastor de la comunidad. Estos deberes pastorales de Timoteo son presentados en contraste radical con las actividades de los falsos doctores, designados con calificativos tales como: «engañosos... de doctrinas demoníacas... impostores que tienen la conciencia marcada a fuego» (1s), como delincuentes o esclavos fugitivos. La viva conciencia que tenían las primeras comunidades de estar viviendo el final de los tiempos, hace que el autor vea en estos individuos a los promotores de la apostasía que tenía que surgir antes de la venida definitiva del Señor (cfr. 2 Tes 2,3) y que el mismo Jesús había ya profetizado: «surgirán muchos falsos doctores que engañarán a muchos» (Mt 24,11; cfr. Mc 13,22).

Entre las doctrinas perniciosas, el autor cita la prohibición del matrimonio (3) y las prohibiciones alimenticias, aludiendo, quizás, al dualismo entre cuerpo y espíritu y al desprecio por la materia, típicos del gnosticismo, sistema filosófico-religioso sincretista de entonces, que llegaba a aberraciones tales como considerar –y prohibir a sus iniciados– la unión sexual por ser intrínsecamente mala. Esta filosofía en toda la variedad de manifestaciones, y que se infiltró insidiosamente en el pensamiento y en la praxis cristiana, fue la «bestia negra» de los primeros siglos de la Iglesia. Contra semejantes barbaridades, el autor apela al «sentido común» de la persona que se ha nutrido de la Palabra de Dios que nos transmite la Biblia: «todas las criaturas de Dios son buenas» (4; cfr. Gn 1,31; Eclo 39,16), con tal de que sea la Palabra de Dios y la oración las que nos indique el camino para relacionarnos con ellas. Y dirigiéndose a Timoteo, concluye afirmando que un «buen ministro de Cristo Jesús es el que se nutre con el mensaje de la fe y la buena doctrina» (6), y así la enseña y testimonia con su vida. La mejor expresión que hoy define el ministerio de los obispos, presbíteros y diáconos es precisamente ésta: la de ser «servidores de la Palabra de Dios».

Conducta personal de un ministro de Dios

7 Rechaza las supersticiones y los
cuentos de viejas; ejercítate en la piedad.
8 Si el ejercicio corporal trae provecho
limitado, la piedad aprovecha para todo,
porque encierra una promesa de vida
para el presente y para el futuro.
9 Ésta es doctrina cierta y absolutamente digna de fe. 10 Con ese fin
nos fatigamos y luchamos, puesta la
esperanza en el Dios vivo, salvador de
todos los hombres y en especial de los
creyentes.
11 Recomienda y enseña esto: 12 Que
nadie te desprecie por ser joven; procura ser modelo de los creyentes en la
palabra, la conducta, el amor, la fe, la
pureza. 13 Hasta que yo llegue, dedícate
a leer, exhortar y enseñar. 14 No des-
cuides el don espiritual que posees,
que te fue concedido por indicación
profética al imponerte las manos los
ancianos. 15 Cuida de eso, ocúpate de
eso, de modo que todos puedan ver tus
progresos, 16 vigila tu persona y tu enseñanza y sé constante. Haciéndolo se
salvarán tanto tú como tus oyentes.

Sobre las viudas

5 1 A un anciano no lo trates con
dureza, más bien aconséjalo como
a un padre; a los jóvenes como a hermanos, 2 a las ancianas como a madres,
a las jóvenes como a hermanas, con
toda delicadeza. 3 Socorre a las viudas
que están necesitadas. 4 Pero si una
viuda tiene hijos o nietos, éstos han de
aprender primero a practicar la piedad
familiar y a pagar a sus padres lo que
les deben. Eso es lo que agrada a Dios.
5 En cambio, la viuda de verdad, que
vive sola, tiene su esperanza en Dios y
persevera rezando y suplicando día y
noche. 6 Pero la viuda que lleva una vida
disipada está muerta en vida.

4,7-16 Conducta personal de un ministro de Dios. Como en las exhortaciones anteriores, el autor continua dirigiéndose personalmente a Timoteo, pero con la intención de esbozar la figura ideal del responsable de las Iglesias locales, aplicable a todo aquel que ejerce el ministerio de la autoridad, y que como tal debe ser: «modelo de los creyentes en la palabra, la conducta, el amor, la fe, la pureza» (12). En esto consiste y debe consistir «el don espiritual que posees», reconocido por todos, y hecho público y oficial «al imponerte las manos los ancianos» (14), que era el símbolo ritual con que se solemnizaba la transmisión del ministerio apostólico.

Las comunidades cristianas a las que van dirigidas las «cartas pastorales» conocían muy bien la diversidad de carismas y dones con que el Espíritu Santo agraciaba a los cristianos sin distinción de sexo o condición social (cfr. 1 Cor 12). Eran dones temporales que surgían y desaparecían. Pero también sabían que entre los carismas había algunos especiales, de carácter permanente, que afectaban a la existencia misma de la Iglesia: eran los carismas de la autoridad como servicio a la comunidad (cfr. Ef 4,11s).

Al igual que hace Pablo en su carta a los Efesios (cfr. Ef 4,11), el autor dirigiéndose a Timoteo, más que referirse al carisma que éste posee, le exhorta a que toda su persona se convierta en ese don vivo para sus hermanos y hermanas en la fe. Tan seria es esta exhortación que la salvación del responsable va vinculada a la de los subordinados: cumpliendo todo esto «se salvarán tanto tú como tus oyentes» (16).

5,1-16 Sobre las viudas. Entre las personas más desamparadas de las sociedades patriarcales, se encontraban las viudas sin hijos, quienes por carecer de la protección del varón estaban a la merced de la generosidad y compasión ajenas. Las viudas junto con los huérfanos reciben mucha atención en el Antiguo Testamento, tanto en la legislación (cfr. Lv 19,32), como en las denuncias de los profetas cuando eran descuidados (cfr. Is 1,16s). La preocupación por la situación de las viudas continuó siendo un tema importante en las primeras comunidades cristianas (cfr. Hch 6,1).

El autor de la carta distingue varios grupos de viudas. Las jóvenes que, libres del vínculo conyugal (cfr. Rom 7,2), viven licenciosamente. A éstas les recomienda que vuelvan a casarse. Otras viven con familiares que cuidan de ellas o viven acogidas a la caridad de alguna familia cristiana. Por último, las desamparadas que serán socorridas de un fondo común, producto de limosnas y donaciones. Entre éstas, algunas más ancianas –sesenta años en aquellos tiempos era una edad muy avanzada– desempeñarán algunas funciones en la comunidad. Desde luego rezar –como Ana, cfr. Lc 2,36s– y probablemente otras tareas compatibles con su edad. Lo que llama la atención de estas exhortaciones es el carácter familiar que tenían

7 Recomienda esto para que sean
irreprochables. 8 Si uno no cuida de los
suyos, especialmente de los que viven
en su casa, ha renegado de la fe y es
peor que un incrédulo.
9 En la lista de las viudas debe estar
únicamente la que haya cumplido
sesenta años, que haya sido fiel a su
marido, 10 que sea conocida por sus
buenas obras: por haber criado a sus
hijos, por haber sido hospitalaria, lavado
los pies a los consagrados, socorrido a
los necesitados, por haber practicado
toda clase de obras buenas.
11 Excluye a las viudas jóvenes, porque, cuando la sensualidad las aparta de
Cristo, quieren casarse otra vez 12 y se
hacen culpables de haber faltado a su
compromiso. 13 Más aún, como están
ociosas, se acostumbran a ir de casa en
casa; y no sólo están ociosas, sino que
murmuran, se entrometen, hablan sin ton
ni son. 14 Las viudas jóvenes quiero que se
casen, tengan hijos y administren la casa,
así no darán al enemigo ocasión de escándalo. 15 Porque ya hay algunas que
se han extraviado siguiendo a Satanás.
16 Si una cristiana tiene en su casa
viudas, que se ocupe de ellas, así no
son una carga para la Iglesia, que debe
sustentar a las viudas de verdad.

Ancianos o presbíteros

17 Los ancianos que presiden con
acierto merecen doble honorario, sobre
todo si trabajan en predicar y enseñar.
18 Dice la Escritura: *No pondrás bozal a
buey que trilla*; el obrero tiene derecho
a su salario. 19 Contra un anciano no
aceptes acusación, si no se presentan
por lo menos dos o tres testigos. 20 A
los pecadores repréndelos en público,
para que los demás escarmienten.
21 Te encargo delante de Dios y
Cristo Jesús y los ángeles elegidos, que
observes estas normas sin hacer distinciones ni partidismos. 22 A nadie im-
pongas las manos apresuradamente,
no te hagas cómplice de culpas ajenas.
Consérvate puro. 23 Deja de beber agua
sola; toma algo de vino para la digestión y por tus frecuentes dolencias.
24 Los pecados de algunos son patentes aun antes de ser juzgados, los de
otros tardan en manifestarse. 25 De
modo semejante, las buenas obras
están a la vista, y las que no lo son ya
se pondrán de manifiesto.

las comunidades cristianas, que hoy sigue manteniéndose especialmente en las comunidades eclesiales de base.

5,17-25 Ancianos o presbíteros. Los «ancianos», no necesariamente personas de edad avanzada, tenían una función de responsabilidad en la comunidad, como sucedía en el Antiguo Testamento y en otras culturas donde formaban el Consejo en los pueblos y el Senado en la nación –«senatus» viene de «senex» que quiere decir «anciano»–. Forman grupo y su responsabilidad es colegial. Aparecen en Éfeso como encargados de la comunidad cristiana local bajo la autoridad de Pablo (cfr. Hch 20,17). Da la impresión de que también Timoteo estaba por encima del colegio de ancianos –como el obispo de hoy sobre sus presbíteros–. De ahí las recomendaciones que le dirige el autor de la carta.

Los ancianos en funciones reciben salario. Su responsabilidad era la de predicar, enseñar y, sobre todo, la de ser consejeros del responsable principal de la comunidad, en este caso Timoteo. A éste le corresponde, pues, presidir el grupo de «ancianos», transmitirles el don de su ministerio después de haber hecho una cuidadosa selección de los candidatos, corregirlos cuando sea necesario y protegerlos contra acusaciones infundadas. De este grupo de ancianos de la Iglesia primitiva –«presbíteros» en latín–, han tomado nombre y función de consejeros los presbíteros o sacerdotes de la Iglesia de hoy.

En otras palabras, el obispo no puede gobernar su diócesis como monarca absoluto, sino que lo debe hacer siempre, por obligación, contando con el consejo y la opinión de sus sacerdotes.

Es curioso que, entre esta serie de graves exhortaciones a Timoteo, se le escape al autor el consejo «casero»: «toma algo de vino para la digestión y por tus frecuentes dolencias» (23). Quede ahí como anécdota familiar, aunque quizás también tenga otra intención, a saber, que el vino tomado con moderación es una de esas buenas criaturas de Dios, y no un mal contra el que probablemente tronaban los falsos doctores.

Sobre los esclavos

6 1 Los que están bajo el yugo de la
esclavitud han de considerar a sus
amos dignos de todo respeto, para que
no se hable mal del nombre de Dios ni
de nuestra enseñanza. 2 Los que tienen
amos creyentes, no por ser hermanos
en la fe deben despreciarlos; antes bien
deben servirles mejor, porque los que
gozan de sus servicios son creyentes y
hermanos amados. Eso es lo que debes
de enseñar y recomendar.

Sigue la polémica contra los falsos doctores

3 Quien enseña otra cosa y no se
atiene a las palabras saludables de
nuestro Señor Jesucristo y a una enseñanza religiosa, 4 es un vanidoso
que no entiende nada, un enfermo de
disputas y controversias de palabras.
De ahí brotan envidias, discordias, insultos, sospechas malignas, 5 discusiones interminables propias de personas
corrompidas mentalmente, ajenas a la
verdad, que piensan que la religión es
una fuente de riqueza. 6 Y claro está
que la religión es una fuente de riqueza
para quien sabe contentarse, 7 ya que
nada trajimos al mundo y nada podremos llevarnos. 8 Contentémonos con
tener vestido y alimento.

9 Los que se afanan por enriquecerse
caen en tentaciones y trampas y múltiples deseos insensatos y profanos, que
precipitan a los hombres en la ruina y la
perdición. 10 La raíz de todos los males
es la codicia: por entregarse a ella,
algunos se alejaron de la fe y se ator-
mentaron con muchos sufrimientos.

6,1s Sobre los esclavos. Estas recomendaciones del autor hay que leerlas en el contexto social en que fueron escritas.

La esclavitud era un hecho contra el que nada podían hacer, ni social ni políticamente los cristianos de entonces, lo mismo que la Iglesia de hoy se muestra social y políticamente impotente antes las esclavitudes de nuestros días, tanto o más perniciosas. La igualdad, «en Cristo no hay amo ni esclavo» (Gál 3,28) la vivían ya aquellos creyentes como la gran revolución evangélica que estaba cambiando sus vidas. Justamente por eso, es probable que algunos «esclavos cristianos» comenzaran a cuestionar la obediencia a sus amos.

Por el bien, pues, de la comunidad, para evitar desórdenes internos y seguras represalias por parte de las autoridades civiles, el autor recomienda a los esclavos el respeto a sus amos.

La obligación correlativa del amo hacia el esclavo es un tema que aparece en muchas de las cartas de Pablo (cfr. 1 Cor 7,21-24; Ef 6,5-9; Col 3,22-25). Ésta sería la motivación negativa. Más importante es la positiva, la que constituye el verdadero mensaje que ellos creían, practicaban y que con el tiempo acabaría con la esclavitud antigua y lo hará con las modernas: el amor fraterno que debe presidir todas las relaciones humanas.

Más que condenas y desobediencia civil contra el orden establecido de entonces, era este testimonio de amor mutuo –incluso el de los esclavos para sus amos, también dignos de amor (2)– la vida alternativa y contra-cultural que ofrecían las comunidades cristianas de los primeros siglos.

6,3-10 Sigue la polémica contra los falsos doctores. Esta polémica, que ha aparecido a lo largo de toda la carta, se centra ahora en la raíz última de la que brota todo el comportamiento de esas «personas corrompidas mentalmente, ajenas a la verdad» (5) y que tantos problemas estaban causando en la comunidad, a saber: esos tales «piensan que la religión es una fuente de riqueza» (5). Y lo vuelve a repetir más adelante citando un proverbio de entonces y de siempre: «la raíz de todos los males es la codicia» (10). Se trata de una generalización convencional, pues otros dirán que la raíz de todos los males es la soberbia. Con todo, el análisis es certero: el afán de lucro vicia la credibilidad del mensaje evangélico. Por algo Pablo quiso siempre demostrar explícitamente su desinterés por los bienes materiales (cfr. Fil 4,12) y su empeño en ganarse el pan con el sudor de su frente sin ser gravoso a nadie ni usar privilegios para su trabajo apostólico (cfr. 1 Cor 9,1-17). Este testimonio de desprendimiento sólo es posible vivirlo por amor y por la fuerza de Jesucristo: «todo lo puedo en aquel que me da fuerzas» (Flp 4,13).

Dando probablemente por conocidos el ejemplo y las motivaciones del desprendimiento de Pablo, el autor de la carta quiere reforzar sus exhortaciones a Timoteo recordándole la tradición de realismo y sentido común que ofrece la sabiduría bíblica sobre la pobreza y la riqueza. Y así, hace eco del dicho de Job: «nada trajimos al mundo y nada podremos llevarnos» (7; cfr. Job 1,21); por tanto, contentémonos «con tener vestido y alimentos» (8), dice parafraseando el dicho de los Proverbios: «no me des riqueza ni pobreza, concédeme mi ración de pan» (Prov 30,8; cfr. Mt 6,31-33).

Encargos a Timoteo

11 Tú en cambio, hombre de Dios,
huye de todo eso; busca la justicia, la
devoción a Dios, la fe, el amor, la paciencia, la bondad. 12 Pelea el noble
combate de la fe. Aférrate a la vida
eterna, a la cual te llamaron cuando hiciste tu noble confesión ante muchos
testigos. 13 En presencia de Dios, que
da vida a todo, y de Cristo Jesús, que
dio testimonio ante Poncio Pilato con
su noble confesión, 14 te encargo que
conserves el mandato sin mancha ni
tacha, hasta que aparezca nuestro
Señor Jesucristo, 15 quien será mostrado
a su tiempo por el bienaventurado y
único Soberano, el Rey de reyes y
Señor de señores, 16 el único que posee
la inmortalidad, el que habita en la luz
inaccesible, que ningún hombre ha visto
ni puede ver. A él el honor y el poder
por siempre. Amén.

Posdata

17 A los ricos de este mundo reco-
miéndales que no sean orgullosos, que
pongan su esperanza no en riquezas
inciertas, sino en Dios, que nos permite
disfrutar abundantemente de todo.
18 Que sean ricos de buenas obras,
generosos y solidarios. 19 Así acumularán
un buen capital para el futuro y alcanzarán
la vida auténtica. 20 Querido Timoteo,
conserva el depósito de la fe, evita la
charlatanería profana y las objeciones de
una mal llamada ciencia. 21 Algunos
por profesarla se apartaron de la fe. La
gracia de Dios esté con ustedes.

6,11-16 Encargos a Timoteo. En contraposición a los «falsos doctores», todo líder cristiano debe ser «un hombre de Dios» para su comunidad, como lo fueron los grandes líderes y profetas del Antiguo Testamento, Moisés, Samuel, Elías, Eliseo, etc. Y como lo fue también el mismo Pablo en cuyo nombre, y recordando su ejemplo, el autor invita a Timoteo a pelear «el noble combate de la fe» (12; cfr. 1 Cor 9,25s; 2 Tim 4,7).

Aunque todos los creyentes deben ser hombres y mujeres de Dios por el testimonio de vida intachable a que se comprometieron públicamente en el bautismo, el líder de la comunidad lo debe ser por doble razón, por ser él mismo un cristiano y por haber aceptado servir como pastor de la comunidad cuando, públicamente, frente a todos sus encomendados, recibió su misión y confesó su intención de servir. Así de solemne presenta el autor de la carta el ministerio pastoral encomendado a Timoteo.

Entre las cualidades personales de un hombre de Dios, además de las que ya mencionó en 4,12, añade aquellas que principalmente se atribuyen al mismo Dios en el Antiguo Testamento... «la paciencia, la bondad» (11). Pero como responsable de la comunidad, su obligación principal es la de custodiar y mantener intacta la sana doctrina: «te encargo que conserves el mandato sin mancha ni tacha» (14). Esta sana doctrina que Pablo anunció, por la que dio toda su vida y de la que hace eco el autor a través de toda la carta, no son simplemente verdades abstractas, sino la memoria de Jesús. Los cristianos no creen en doctrinas sino en una Persona, Jesús de Nazaret, que sigue vivo y presente en la comunidad, convocándola y cuidándola a través de sus representantes. Y así será hasta el día final, «hasta que aparezca nuestro Señor Jesucristo» (14). Con un solemne «Amén» (16), –¡Así sea!– termina la carta.

6,17-21 Posdata. Como si al dictar o revisar el escrito se le hubiera olvidado algo, el autor añade dos exhortaciones más. Una dirigida a los ricos de la comunidad, a quienes viene a decir que la riqueza es buena sólo y cuando es solidaria y usada al servicio de los necesitados. Es la única manera de que los bienes produzcan «un buen capital para el futuro», que es «la vida auténtica» (19).

Por último, y con la urgencia que tienen las últimas recomendaciones, vuelve de nuevo sobre el tema constante de la carta: «conserva el depósito de la fe» (20), de la sana doctrina. Aunque el escrito va dirigido a Timoteo, en él va incluida toda la comunidad: «la gracia de Dios esté con ustedes» (21).

SEGUNDA CARTA A
TIMOTEO

Saludo y acción de gracias

1 1 Pablo, apóstol de Cristo Jesús,
por voluntad de Dios, según la
promesa de vida cumplida en Cristo
Jesús, 2 al querido hijo Timoteo: Gracia,
misericordia y paz de parte de Dios
Padre y de Cristo Jesús Señor nuestro.
3 Doy gracias al Dios de mis antepasados, a quien sirvo con conciencia
limpia, siempre que te menciono en
mis oraciones, noche y día. 4 Me acuerdo
siempre de las lágrimas que derramaste,
y quisiera verte para llenarme de alegría. 5 Recuerdo tu fe sincera, la que tuvo
primero tu abuela Loide, después tu
madre Eunice y ahora estoy seguro que
también la tienes tú.

Fiel a la Buena Noticia

6 Por eso te recuerdo que avives el
don de Dios que recibiste por la imposición de mis manos. 7 Porque el Espíritu que Dios nos ha dado no es un
espíritu de cobardía, sino de fortaleza,
amor y templanza. 8 No te avergüences
de dar testimonio de Dios, ni de mí, su
prisionero; al contrario con la fuerza
que Dios te da comparte conmigo los
sufrimientos que es necesario padecer
por la Buena Noticia. 9 Él nos salvó y
llamó, destinándonos a ser santos, no
por mérito de nuestras obras, sino por
su propia iniciativa y gracia, que se nos
concede desde la eternidad en nombre
de Cristo Jesús 10 y que se manifiesta
ahora por la aparición de nuestro salvador Cristo Jesús; quien ha destruido la
muerte e iluminado la vida inmortal
por medio de la Buena Noticia. 11 De
ella me han nombrado predicador,
apóstol y maestro. 12 Por esa causa padezco estas cosas, pero no me siento
fracasado, porque sé en quién he puesto mi confianza y estoy convencido de
que puede custodiar el bien que me ha
encomendado hasta el último día.
13 Consérvate fiel a las enseñanzas que
me escuchaste, con la fe y el amor de

1,1-5 Saludo y acción de gracias. Pablo, o el autor que personifica al Apóstol, se presenta como siempre señalando ya desde el principio su condición de apóstol «por voluntad de Dios» (1) y no por mera decisión humana. Si este dato ha sido importante en las cartas salidas de la pluma del mismo Pablo, lo es aún más en las «cartas pastorales» donde estaba en juego el traspaso de la autoridad apostólica a la nueva generación de responsables cristianos quienes, no teniendo quizás el prestigio y el carisma personal del Apóstol, necesitaban más del reconocimiento de su liderazgo por parte de la comunidad.

Al pasar de la Primera a la Segunda carta a Timoteo escuchamos un tono diverso, más personal en los recuerdos, más cordial en los consejos y avisos. Pablo espera su destino final en una cárcel de Roma y parece que quiere dar a su escrito un carácter de testamento. Contemplando, pues, su desenlace próximo y el futuro de su discípulo y sucesor, Timoteo, recuerda emocionado las lágrimas de éste al decirle adiós y la «fe sincera» (5) que profesa y que recibió en el seno familiar. Sabemos que Timoteo nació de padre pagano y de madre judía convertida (cfr. Hch 16,1) y que fueron su abuela y su madre las que le dieron una educación cristiana. Son recuerdos que llevan al Apóstol, día y noche, a orar por su querido hijo en la fe (1 Tim 1,2).

1,6-18 Fiel a la Buena Noticia. Las palabras de Pablo están impregnadas de la urgencia y la emoción de las últimas recomendaciones. Comienza recordando a su discípulo y sucesor el momento solemne de la imposición de manos (cfr. 1 Tim 4,14; Hch 6,6), en alusión al rito en que le fue trasmitida la autoridad apostólica, es decir el carisma o don del Espíritu para dirigir a la comunidad con valentía y dar testimonio acerca de la buena noticia de «la aparición de nuestro Salvador Cristo Jesús» (10;

Cristo Jesús. 14 Y guarda el precioso
depósito con la ayuda del Espíritu
Santo que habita en nosotros.
15 Estás enterado de que me han
abandonado todos los de Asia, incluidos Figelo y Hermógenes. 16 El Señor
tenga piedad de la familia de Onesíforo, el cual muchas veces me alivió y
no se avergonzó de visitar a un preso.
17 Estando en Roma me buscó hasta
encontrarme. 18 El Señor le conceda alcanzar su misericordia en el día aquel.
Tú conoces mejor que nadie los servicios que me prestó en Éfeso.

Soldado de Cristo

2 1 Tú, hijo mío, saca fuerzas de los
dones que has recibido de Cristo
Jesús. 2 Lo que me escuchaste en presencia de muchos testigos transmítelo
a personas de fiar, que sean capaces de
enseñárselo a otros. 3 Comparte las
penas como buen soldado de Cristo
Jesús. 4 Un soldado en servicio activo
no se enreda en asuntos civiles, si quiere
satisfacer al que lo reclutó. 5 Lo mismo
un atleta: no gana el premio si no com-
pite según el reglamento. 6 El labrador
que trabaja es el primero en recibir los
frutos. 7 Reflexiona sobre lo que te digo,
que el Señor te hará entenderlo todo.
8 Acuérdate de Jesucristo, resucitado de la muerte, y descendiente de
David. Ésta es la Buena Noticia que yo
predico 9 por la que sufro y estoy encadenado como malhechor, pero la Palabra de Dios no está encadenada. 10 Yo
todo lo sufro por los elegidos de Dios,
para que, por medio de Cristo Jesús,
también ellos alcancen la salvación y
la gloria eterna.
11 Esta doctrina es digna de fe:

Si morimos con él, viviremos con él;
12 si perseveramos, reinaremos con él;
si renegamos de él, renegará de nosotros;
13 si le somos infieles, él se mantiene fiel,
porque no puede negarse a sí mismo.

14 Recuérdales esto, y encárgales
delante de Dios que dejen de discutir
por cuestiones de palabras; esas discusiones no sirven para nada, sólo perjudican a los que las escuchan. 15 Esfuér-
zate por merecer la aprobación de
Dios, como obrero intachable que enseña debidamente el mensaje de la
verdad. 16 Evita conversaciones inútiles
y extrañas a la fe, que fomentan más y
más la impiedad; 17 son discursos que
se propagan como gangrena. Tal es el
caso de Himeneo y Fileto: 18 cuando
afirman que nuestra resurrección ya ha
sucedido, se apartan de la verdad y so-
cavan la fe de algunos. 19 Pero el firme

cfr. Tit 2,11), de la que él mismo, Pablo, se considera «predicador, apóstol y maestro» (11) y por la que ha luchado, sufrido y por la que ahora está en la cárcel.

Esta situación de penalidades y de privación de libertad no la considera en manera alguna como fracaso de su apostolado o del Evangelio del que es heraldo, pues el Apóstol se siente tan identificado personalmente con la Buena Noticia que predica, que tanto su vida y su destino, como el mismo mensaje evangélico, los contempla como un depósito que está seguro en las manos de aquel que puede custodiarlo hasta el último día (12). Este depósito de la fe debe ser también la norma de vida de su discípulo Timoteo, gracias a la presencia del Espíritu.

2,1-19 Soldado de Cristo. Pablo entra en el tema central de esta carta-testamento con tres recomendaciones a su discípulo. La primera: que escoja personas de fiar a quienes pueda trasmitir el legado de la Palabra de Dios que él mismo, Timoteo, recibió públicamente «en presencia de muchos testigos» (2).

cimiento de Dios resiste, y lleva la siguiente inscripción: El Señor conoce a
los suyos, y: quien invoque el nombre
del Señor apártese de la injusticia.

La Iglesia, la casa grande

20 En una casa grande no hay sólo
recipientes de oro y plata, sino también
de madera y loza, unos para usos nobles, otros para usos humildes. 21 Quien
se mantenga limpio de todo lo dicho
será recipiente noble, consagrado, útil
para el dueño, disponible para cualquier tarea buena. 22 Huye de las pasiones juveniles, procura la justicia, la fe,
el amor, la paz con todos los que invocan sinceramente al Señor. 23 Evita las
discusiones necias y carentes de sentido,
teniendo en cuenta que generan peleas.
24 Y un siervo del Señor no ha de pelear;
antes bien, debe mostrarse a todos
modesto, buen maestro, tolerante, 25 capaz de amonestar con suavidad a los
adversarios, para que Dios les conceda
el arrepentimiento y el conocimiento de
la verdad. 26 Así podrán recobrar el
juicio y librarse de la red del Diablo,
que los tiene prisioneros para hacer de
ellos lo que quiera.

Los últimos tiempos

3 1 Has de saber que en los últimos
tiempos se presentarán situaciones difíciles. 2 Los hombres serán
egoístas y amigos del dinero, fanfarro-
nes, arrogantes, injuriosos, desobedientes a los padres, ingratos, no respetarán la religión, 3 incapaces de
amar, implacables, calumniadores, in-
controlados, inhumanos, hostiles a lo
bueno, 4 traidores y atrevidos, vanido-
sos, más amigos del placer que de
Dios; 5 aunque aparentarán ser muy religiosos, pero rechazarán sus exigencias. ¡Apártate de esa gente! 6 A este
grupo pertenecen esos que se meten

No sólo es su deber guardar fielmente la «memoria de Jesús» que recibió de su maestro Pablo, sino asegurar que esa memoria se mantenga intacta de una generación a otra.

La segunda: siendo esta «memoria de Jesús» la memoria de un «crucificado», el sufrimiento que acompañará a sus seguidores tiene un valor evangélico. Así ha entendido Pablo siempre sus sufrimientos de apóstol y así interpreta ahora su prisión: «todo lo sufro por los elegidos de Dios, para que... alcancen la salvación y la gloria eterna» (10). El Apóstol exhorta a su discípulo a tener esta «memoria» siempre delante de sus ojos: «acuérdate de Jesucristo, resucitado de la muerte» (8), terminando con la cita de un bello poema en la que ve al creyente entrando en plena comunión con el misterio redentor de Cristo, tanto en su pasión como en su gloria.

La tercera exhortación se refiere al tema constante de las «cartas pastorales»: los falsos doctores, y la actitud que deberán tener los responsables de la comunidad frente a ellos. Contrapone a la palabrería profana y peligrosa de esos tales, la palabra de la verdad que es el Evangelio. Cita un ejemplo de estas doctrinas peligrosas: la de aquellos que decían que la resurrección había tenido ya lugar en el bautismo y que no había que esperar otra, o sea, la resurrección después de la muerte (Jn 5,28s). Para asegurar que las falsas doctrinas no prevalecerán, el autor emplea una bella metáfora: la piedra fundacional de la Iglesia lleva dos inscripciones grabadas, una se refiere a la presencia protectora del Señor que «conoce a los suyos» (19a). La otra advierte a los que invocan su nombre a alejarse de toda esa falsedad a la que llama «injusticia» (19b).

2,20-26 La Iglesia, la casa grande. Con la imagen de la Iglesia como la «casa grande», imagen favorita de las cartas pastorales, el autor concluye estas primeras exhortaciones a Timoteo. Esta casa cuyo único dueño es el Señor, tiene su ajuar humano para las diversas tareas más o menos honoríficas: «recipientes de oro y plata... de madera y de loza» (20). Y todos están llamados, especialmente los responsables de la comunidad, a convertirse en «recipiente noble... útil para el dueño» (21), no a través de discusiones inútiles y peleas dialécticas, sino a través del testimonio de una vida que practica «la justicia, la fe, el amor, la paz» (22). Sólo así será posible atraer a los descarriados al arrepentimiento y a la verdad.

3,1-13 Los últimos tiempos. Comienza aquí una exhortación para los tiempos finales que se avecinan. Dado el carácter de testamento de esta carta, Pablo prevé su final próximo –el autor que personifica al Apóstol conoce su martirio–, de modo que no podrá prestar su ayuda en los tiempos difíciles que se avecinan. Antes de partir –víctima de la persecución– da consejos a su sucesor y le previene de lo que va a suceder. Es lo que hacía Jesús en los discursos escatológicos (Mt 24; Mc 13), y lo decía expresamente: «se lo digo ahora, antes de que suceda,

en las casas y engañan a débiles mujeres cargadas de pecados, arrastradas por diversas pasiones, 7 siempre experimentando, pero incapaces de comprender la verdad. 8 Lo mismo que Janes y Jambres se enfrentaron con Moisés, así éstos se enfrentan con la verdad; son gente de mentalidad corrompida, reprobados en la fe. 9 Pero no seguirán adelante: como en el caso de los rivales de Moisés, su necedad quedará desenmascarada ante todo el mundo.

10 Tú, en cambio, has seguido mi enseñanza, mi modo de proceder, mis proyectos, mi fe, paciencia, amor y perseverancia; 11 mis persecuciones y sufrimientos, como los que pasé en Antioquía, Iconio y Listra; y las persecuciones que hube de soportar; pero de todas me libró el Señor. 12 Es cierto que todos los que quieran vivir religiosamente, como cristianos, sufrirán persecuciones, 13 en cambio los malhechores e impostores irán de mal en peor, engañando y siendo engañados.

Servidor de la Palabra de Dios

14 Tú permanece fiel a lo que aprendiste y aceptaste con fe: sabes de quién lo aprendiste. 15 Recuerda que desde niño conoces la Sagrada Escritura, que puede darte sabiduría para salvarte por la fe en Cristo Jesús. 16 Toda Escritura es inspirada y útil para enseñar, argumentar, encaminar e instruir en la justicia. 17 Con lo cual el hombre de Dios estará formado y capacitado para toda clase de obras buenas.

4 1 Delante de Dios y de Cristo Jesús, que ha de juzgar a vivos y muertos, te ruego por su manifestación como rey: 2 proclama la palabra, insiste a tiempo y destiempo, convence,

para que, cuando suceda, crean que Yo soy» (Jn 13,19). El discípulo y sucesor de Pablo tendrá que valerse de las enseñanzas y ejemplos del maestro y de lo que aprendió por la Escritura.

La maldad de los tiempos se presenta con una enumeración retórica de tipos malvados, inspirada en las listas de vicios que denunciaban tanto la moral judía como la griega. Todo apunta al clima de corrupción de la sociedad en que vivían las comunidades cristianas, corrupción que también se «mete en las casas» (6) de los creyentes por medio de esos individuos corruptos que presentan sus elucubraciones con ropaje de religiosidad pero que rechazan sus exigencias. Timoteo como responsable de la comunidad debe estar en guardia y evitarlos. Pero no prevalecerán, como no prevalecieron aquellos rivales de Moisés que se opusieron a su misión.

Timoteo, por el contrario, se ha mantenido fiel a la enseñanza recibida de su maestro y su fidelidad a la memoria de Jesús se manifiesta en el testimonio de una vida de «fe, paciencia, amor y perseverancia» (10) y, sobre todo y al igual que Pablo, en la marca de autenticidad de la misión apostólica: «mis persecuciones y sufrimientos» (11). La persecución forma parte de la vida de un apóstol, como anunció Jesús: un discípulo no es más que su maestro (Mt 10,24; cfr. Hch 9,16). No sólo de los apóstoles sino de todo cristiano y cristiana auténticos.

3,14–4,5 Servidor de la Palabra de Dios. La última recomendación a Timoteo que pone el autor de la carta en boca de Pablo se centra en la Sagrada Escritura, «que desde niño conoces» (15), y que, siendo inspirada por Dios le dará la sabiduría para guiar a la comunidad en el ministerio de «enseñar, argumentar, encaminar e instruir en la justicia» (16). Es éste uno de los textos en que la Escritura atestigua sobre sí misma, –el otro es 2 Pe 1,19-21– que es «inspirada por Dios», soplada por el aliento divino. El autor hace así eco de la tradición bíblica del Antiguo Testamento que decía por boca de David: «el espíritu del Señor habla por mí, su palabra está en mi lengua» (2 Sm 23,2).

La tradición cristiana la recogió y extendió la inspiración a los libros del Nuevo Testamento. Es esta Palabra la que convierte al cristiano en «hombre y mujer de Dios» en sentido bíblico, es decir, en «profetas», en personas que escuchan, practican y proclaman la Palabra de Dios.

El carácter de «testamento» que tiene la carta, alcanza aquí su máxima intensidad. Tomando a Dios y a Jesucristo por testigos y teniendo como horizonte el final de la historia, el Apóstol conjura solemnemente a Timoteo que «ahora» es el tiempo de anunciar la Palabra de Dios. Una cascada de imperativos expresa la urgencia y la necesidad del anuncio: proclama, convence, reprende, exhorta (2), vigila, aguanta las pruebas, realiza la tarea, cumple tu ministerio (5).

Nunca ha sido mejor expresada la vocación y la misión fundamental del ministerio ordenado –obispos, sacerdotes, diáconos– dentro de la Iglesia: ser servidores de la Palabra de Dios. Y en comunión con los responsables de la Iglesia, la misión y la vocación de todos los creyentes.

reprende, exhorta con toda paciencia y
pedagogía. 3 Porque llegará un tiempo
en que los hombres no soportarán la
sana doctrina, sino que, siguiendo sus
pasiones, se rodearán de maestros que
les halaguen los oídos. 4 Darán la espalda a la verdad, y se volverán para escuchar cosas fantasiosas. 5 Tú vigila
continuamente, aguanta las pruebas,
realiza la tarea de anunciar la Buena
Noticia, cumple tu ministerio.

Recomendaciones y saludos finales

6 En cuanto a mí, ha llegado la hora
del sacrificio y el momento de mi partida es inminente. 7 He peleado el buen
combate, he terminado la carrera, he
mantenido la fe. 8 Sólo me espera la
corona de la justicia, que el Señor como
justo juez me entregará aquel día. Y no
sólo a mí, sino a cuantos desean su
manifestación.

9 Procura venir a verme cuanto antes; 10 porque Dimas, enamorado de
este mundo, me ha abandonado y se
ha ido a Tesalónica, Crescente se ha
ido a Galacia, Tito a Dalmacia. 11 Sólo
Lucas se ha quedado conmigo. Recoge
a Marcos y tráelo contigo, ya que lo
encuentro muy útil en el ministerio. 12 A
Tíquico lo envié a Éfeso. 13 Cuando
vengas, tráeme la capa que dejé en
Tróade en casa de Carpo, también los
libros y, especialmente, todos los pergaminos. 14 Alejandro el herrero me ha
tratado muy mal: el Señor le pagará como se merece. 15 Tú también guárdate
de él, que se ha opuesto tenazmente a
mis discursos. 16 En mi primera defensa nadie me asistió, todos me abandonaron; espero que Dios no se lo tome
en cuenta. 17 El Señor, sí, me asistió y
me dio fuerzas para que por mi medio
se llevase a cabo la proclamación, de
modo que la oyera todo el mundo; así,
el Señor me arrancó de la boca del león.
18 Él me librará de toda mala partida y
me salvará en su reino celeste. A él la
gloria por los siglos de los siglos.
Amén.

19 Saluda a Prisca y Áquila y a la familia de Onesíforo. 20 Erasto se quedó
en Corinto. A Trófimo lo dejé enfermo
en Mileto. 21 Procura venir antes del invierno. Te saludan Eúbulo, Pudente,
Lino, Claudia y todos los hermanos.
22 El Señor esté con tu espíritu. Gracia
a todos ustedes.

4,6-22 Recomendaciones y saludos finales. Al concluir su testamento, Pablo se ve a sí mismo justamente como un servidor de la Palabra que se enfrenta con la inminencia de la partida definitiva. La muerte próxima y violenta del Apóstol, al igual que toda su vida apostólica al servicio del Evangelio, tiene un carácter de sacrificio litúrgico, una libación (6). La partida será un levar anclas. Es un atleta que ha competido hasta el final y ahora se dispone a recibir la corona del premio (1 Cor 9,25). Sólo que en esta competición no es coronado uno solo, sino cuantos corren con esperanza invencible. El «justo juez» es el árbitro de la competición y él «me salvará en su reino celeste» (18). El prisionero siente la soledad por el abandono o desvío de algunos colaboradores y la hostilidad de un conocido. En esa mezcla de nombres, algunos conocidos –cuatro figuran en la carta a los Colosenses– y en los datos sobre el proceso no sabemos cuánto es reflejo de hechos que conocía el autor de la carta y cuánto es aportación suya. Con un «gracia a todos ustedes» (22) termina Pablo su testamento.

CARTA A TITO

Saludo

1 1 Pablo, siervo de Dios y apóstol
de Jesucristo para conducir a los
elegidos de Dios a la fe y al conocimiento de la verdad religiosa, 2 con la
esperanza de una vida eterna, que prometió desde antiguo el Dios infalible 3 y
manifiesta ahora de palabra con la proclamación que me han encomendado, por
disposición de nuestro Dios y Salvador,

1,1-4 Saludo. En contraste con la brevedad del escrito, el saludo de introducción es solemne y largo, apuntando ya al contexto en que se va a mover toda la carta. Pablo, personificado por el autor anónimo de la misma, se presenta con todas sus credenciales de apóstol para impregnar de autoridad a las exhortaciones que va a dar su discípulo Tito. Su responsabilidad apostólica que contempla prologándose en la de «mi hijo legítimo en la fe común» (4), es de servicio a «los elegidos de Dios» que forman la «casa grande» (2 Tim 2,20), la Iglesia, y que está cimentada «en el conocimiento de la verdad» (1) cuya manifestación y anuncio «me han encomendado, por disposición de nuestro Dios y salvador» (3).

4 a Tito, mi hijo legítimo en la fe común:
Gracia y paz de parte de Dios Padre y
de Cristo Jesús nuestro Salvador.

Misión en Creta

5 Si te dejé en Creta fue para que
resolvieras los asuntos pendientes y
para que nombraras ancianos en cada
ciudad, según mis instrucciones.
6 Que sean irreprochables, fieles a
su mujer, con hijos creyentes, no indis-
ciplinados ni de mala fama. 7 Porque el
que preside la comunidad, como administrador de Dios, ha de ser irreprochable: no egoísta ni colérico ni bebedor,
no pendenciero ni metido en negocios
sucios; 8 antes bien, hospitalario, amante
del bien, moderado, justo, devoto, con-
trolado; 9 que se atenga a la doctrina
auténtica, de modo que pueda exhortar
con una doctrina sana y refutar a los
que le contradicen.
10 Hay muchos insumisos, charlatanes y embaucadores, sobre todo entre
los judíos convertidos. 11 A ésos hay
que taparles la boca porque destruyen
familias enteras, enseñando lo que no
deben por una vil ganancia.
12 Uno de sus profetas dijo de ellos:
Cretenses, siempre embusteros, malas
bestias, glotones ociosos. 13 Semejante
descripción es correcta. Por eso, repréndelos severamente, a ver si recobran la
salud de la fe 14 y se dejan de fábulas
judías y de preceptos de hombres
apartados de la verdad.
15 Para los puros todo es puro; para
los incrédulos contaminados nada es
puro, porque tienen contaminada la
mente y la conciencia. 16 Afirman conocer a Dios y lo niegan con las acciones;
son odiosos y rebeldes, incapaces de
cualquier obra buena.

Praxis cristiana de la comunidad

2 1 Tú, en cambio, explica lo que corresponde a la sana doctrina:
2 que los ancianos sean sobrios, dignos,

La preocupación constante de las cartas pastorales se centra en la Iglesia entendida como la casa-familia de Dios que debe ser bien administrada y protegida contra las falsas doctrinas que perturban y ponen en peligro la memoria de Jesús, transmitida por el testimonio de los apóstoles –el de Pablo en este caso– y donde la figura del obispo responsable y de sus asesores, los presbíteros, es de capital importancia. Al ímpetu por evangelizar de la primera generación cristiana, sucede el esfuerzo por mantener viva y limpia la tradición recibida. Estamos en los comienzos de una necesaria institucionalización de la comunidad creyente.

1,5-16 Misión en Creta. La primera tarea de Tito en Creta será nombrar responsables para organizar la comunidad, la gran preocupación de la segunda y tercera generación cristiana. Se trata de una especie de senado o consejo de «ancianos» –presbíteros–, que ya conocemos por Hch 14,23 y 1 Tim 5,17. El encargado o responsable supremo es el obispo, título específico que se daba a los líderes de las comunidades locales, a diferencia de los ministerios de otros líderes más itinerantes, llamados apóstoles, profetas y maestros.

Aunque los títulos de obispo y presbíteros resulten familiares a los lectores de hoy, no hay que deducir, sin embargo, que se trate ya de la misma organización eclesial que existe actualmente en la Iglesia.

La fluidez de títulos y funciones de los responsables de las comunidades cristianas es una constante de los primeros siglos. De todas formas nunca ha existido ni existirá la Iglesia sin el carisma de la autoridad como servicio a la comunidad.

Es interesante el retrato ideal de un responsable de la Iglesia local que hace el autor de la carta. Como si de un padre de familia se tratara, debe tener una vida privada intachable, pues será el testimonio de su integridad personal el que le dé la autoridad moral para dirigir a la comunidad. Pero sobre todo, debe ser un hombre «que se atenga a la doctrina auténtica» (9), la gran preocupación de las cartas pastorales. Por los epítetos que usa a continuación contra los falsos maestros, el peligro debía haber sido grave.

La descripción que hace del grupo de aquellos «insumisos, charlatanes, embaucadores» (10), está agravada por la cita mordaz de un poeta pagano –quizás Epiménides, s. VI a.C.–. En cuanto al contenido de esas doctrinas falsas, el autor de la carta no se molesta en entrar en detalles, aludiendo a ellas con un despectivo: «fábulas judías y... preceptos de hombres apartados de la verdad» (14).

Lo que verdaderamente estaba en juego era la praxis cristiana de la comunidad. Si a Pablo le preocupaba, ante todo, la salvación por la fe, independientemente de las obras de la ley, a la nueva generación cristiana le preocupan las obras que brotan de la fe (cfr. Sant 2,14-26).

moderados, sanos en la fe, el amor y la
paciencia.
3 Asimismo las ancianas tengan una
compostura digna de la religiosidad; no
sean esclavas de la murmuración ni de
la bebida; sean buenas maestras, 4 capaces de enseñar a las jóvenes a amar
a los maridos y los hijos, 5 a ser juiciosas,
castas, hacendosas, bondadosas, sumi-
sas al marido; de modo que la Palabra
de Dios no se desprestigie.
6 Anima también a los jóvenes a ser
moderados. 7 En todo preséntate como
modelo de buena conducta: íntegro y
serio en la enseñanza, 8 proponiendo
un mensaje sano e intachable, de modo
que el adversario quede confundido al
no encontrar nada de qué acusarnos.
9 Los esclavos sean sumisos a sus
amos en todo, amables, no respondo-
nes, 10 no ladrones, sino dignos de toda confianza; para que cobre prestigio
ante todos la enseñanza de nuestro
Dios y Salvador.

La gracia de la salvación

11 Porque la gracia de Dios que salva
a todos los hombres se ha manifestado,
12 enseñándonos a renunciar a la impiedad y los deseos mundanos y a vivir
en esta vida con templanza, justicia y
piedad, 13 esperando la promesa dichosa
y la manifestación de la gloria de nuestro
gran Dios y de nuestro Salvador Jesucristo. 14 Él se entregó por nosotros, para
rescatarnos de toda iniquidad, para
adquirir un pueblo purificado, dedicado
a las buenas obras. 15 Habla de esto,
exhorta, y reprende con plena autoridad. Que nadie te desprecie.

Conducta ciudadana ejemplar

3 1 Encárgales a todos que se sometan y obedezcan a gobernantes y
autoridades, estando dispuestos a cualquier tarea honrada.
2 Que no hablen mal de nadie ni sean
pendencieros, antes bien amables, y que
se muestren bondadosos con todos.

En cambio, esos tales «afirman conocer a Dios y lo niegan con las acciones» (16), pues una mente y conciencia contaminadas no pueden producir el comportamiento auténtico de un seguidor de Jesús.

2,1-10 Praxis cristiana de la comunidad. La sana doctrina es inseparable de una sana praxis cristiana. Un responsable eclesial «modelo de buena conducta» (7), deberá exigir de su comunidad el mismo comportamiento. Esto es lo que recomienda el autor de la carta a Timoteo por boca de Pablo. Son virtudes sencillas, domésticas, que hacen posible y armoniosa la convivencia de la comunidad como familia de Dios. Hay consejos específicos para todos y para todas, según su edad y condición. Es curioso que el responsable trate con los jóvenes y con las jóvenes sólo a través de las ancianas, que tienen que ser «buenas maestras» (3). ¿Ejercían algunas de ellas la función de catequistas? (cfr. Tim 5,9). Una virtud, sin embargo, se exige a todos los grupos: la moderación –incluso a las ancianas–, lo que nos lleva a pensar que la bebida era un peligro para todos.

El cristianismo, en definitiva, no ofrece una moral nueva, pero sí la revelación del poder que hace posible y del horizonte final que da sentido a «vivir en esta vida, con templanza, justicia y piedad» (12). Esto lo hace el autor, ofreciéndonos, por boca de Pablo, la primera síntesis doctrinal de la carta, como fundamento de todas sus exhortaciones.

2,11-15 La gracia de la salvación. Este poder es la gracia o favor de Dios que se ha manifestado en la encarnación de su Hijo Jesús para la salvación de todos (cfr. 1 Tim 2,4) y en su muerte para «rescatarnos de toda iniquidad» (14; cfr. Sal 130,8; 1 Pe 1,18s). Y el horizonte final es la «manifestación de la gloria de nuestro gran Dios y de nuestro Salvador Jesucristo» (13).

Estas dos epifanías o manifestaciones de Dios delimitan el arco entero de salvación, que la comunidad cristiana vive en la fe y en esperanza como pueblo escogido por Dios. Sin embargo, esta manifestación de la gracia de Dios no es para poseerla en exclusividad, sino para proclamarla y testimoniarla a todos, siendo éste el deber y la razón de ser de la Iglesia y de la autoridad de sus líderes responsables: «habla de esto, exhorta, y reprende con plena autoridad» (15). Sólo así, la Iglesia será servidora de la Palabra de Dios y sacramento de la salvación universal.

3,1s Conducta ciudadana ejemplar. La conducta virtuosa que ha recomendado anteriormente (2,1-10) la proyecta ahora el autor a la sociedad civil de la que forma parte la Iglesia.

Un buen cristiano debe ser un buen ciudadano. El primer consejo, pues, dirigido a los levantiscos cretenses es la sumisión a la autoridad civil (cfr. Rom 13,1-10) y a que colaboren al bien común con tal de que la tarea sea honrada. Las primeras generaciones cristianas que vivían

Bondad y ternura de Dios

3 También nosotros éramos antes
necios, desobedientes, extraviados,
esclavos de pasiones y placeres diversos,
maliciosos, envidiosos, odiosos y odián-
donos mutuamente. 4 Pero cuando se
manifestó la bondad de nuestro Dios y
Salvador y su amor al hombre, 5 no por
méritos que hubiéramos adquirido, sino
por su sola misericordia, nos salvó con
el baño del nuevo nacimiento y la renovación por el Espíritu Santo, 6 que nos
infundió con abundancia por medio de
Jesucristo nuestro Salvador; 7 de modo
que, absueltos por su favor, fuéramos
en esperanza herederos de la vida eterna.

8 Ésta es una doctrina digna de fe,
en la cual quiero que insistas, de modo
que los que han creído en Dios se dediquen a cultivar una buena conducta.

9 Evita, en cambio, discusiones necias, genealogías, contiendas, controversias sobre la ley: son inútiles y vanas.

10 Al sectario, después de dos avisos,
evítalo; 11 sabes que semejante individuo está pervertido y sigue pecando y él
mismo se condena.

Saludos finales

12 Cuando te mande a Artemas o a
Tíquico, haz lo posible por ir a Nicópolis,
donde he decidido pasar el invierno.
13 A Zenas el abogado y a Apolo en-
víalos de viaje y que no les falte nada.
14 Nuestra gente debe aprender a dedicarse a las buenas obras, según las necesidades, para no quedar estériles.
15 Te saludan todos los que están
conmigo. Saluda a nuestros amigos en
la fe. La gracia esté con ustedes.

a menudo en un ambiente hostil, eran especialmente sensibles a proyectar la imagen de buenos y honestos ciudadanos, sobre todo testimoniando el comportamiento cívico fundamental que hace posible la convivencia humana: la bondad y la amabilidad para con todos.

3,3-11 Bondad y ternura de Dios. En su segunda síntesis doctrinal, el autor de la carta nos habla de la fuente de la que procede este amor universal que debe caracterizar a todo creyente: la aparición de la «bondad de nuestro Dios y Salvador y su amor al hombre» (4).

Toda la tradición bíblica habla de la bondad de Dios: a Moisés (cfr. Éx 33,19); a un pueblo entre muchos (cfr. Dt 7,7s); a todas las criaturas (cfr. Sab 11,24). De la bondad de Dios hablan los salmos (cfr. 25,7; 27,13; 31,20; 145,7). Ahora Cristo ha revelado el amor universal, definitivo, gratuito y sin condiciones de Dios. Sin méritos nuestros, según la doctrina básica de Pablo.

Es esta bondad y misericordia de Dios la que ha transformado a los creyentes de la vida –muerte– que llevaban antes, a merced de las pasiones y dominada por la envidia y por el odio a «un nuevo nacimiento y... renovación por el Espíritu Santo» (5). El autor condensa en dos palabras las dos virtualidades del bautismo: baño de purificación (cfr. Ef 5,26) que nos perdona el pecado, y el nuevo nacimiento (cfr. Jn 3,5; 1 Pe 1,3) del que es equivalente la renovación por el Espíritu. Así el creyente se convierte en heredero por la esperanza (cfr. Mt 19,29) de la vida eterna. Esta gracia transformadora del bautismo hay que vivirla y testimoniarla con una buena conducta. Y así, exhorta a Tito a que insista y enseñe esta «doctrina digna de fe» (8).

En cuanto a aquellos que rechacen esta enseñanza y que rompan la unidad de la comunidad con sus charlatanerías y sectarismo, Pablo da tres consejos a Tito: evita entrar en discusión con ellos, amonéstalos y si persisten en su actitud, expúlsalos de la comunidad.

3,12-15 Saludos finales. Como en otras cartas se dan instrucciones y saludos nombrando personas conocidas por el destinatario (cfr. Rom 16; 2 Tim 4,19-21). Al final, de nuevo aparece la preocupación fundamental del autor: las buenas obras. Los cristianos no pueden eludir el compromiso con las tareas de este mundo. Al contrario, deben destacarse en la sociedad y de esta manera dar testimonio con su estilo de vida de la salvación recibida.

El plural del saludo final («la gracia esté con ustedes») demuestra que la carta va dirigida a toda la comunidad y no solamente a Tito (cfr. 1 Tim 6,21; 2 Tim 4,22).

CARTA A FILEMÓN

Autor, fecha de composición y destinatario de la carta. Por el tema, tono y estilo, esta breve carta es aclamada como una pequeña joya de Pablo. Se supone que fue escrita desde la prisión de Roma, entre los años 61-63.

Filemón era un cristiano de buena posición, quizás convertido por Pablo. Su esclavo Onésimo se había escapado, por alguna culpa, y había ido a parar a Roma, donde Pablo le ofreció refugio y lo convirtió. La fuga de Onésimo era delito por el que incurría en penas graves, y Pablo podía resultar cómplice.

Pablo no intenta resolver la cuestión por vía legal, aunque sugiere que está dispuesto a compensar a Filemón. Tampoco intenta cambiar la estructura jurídica de aquella época y cultura, pero traslada el problema y su resolución al gran principio cristiano del amor y la fraternidad, más fuerte que la relación jurídica de amo y esclavo. Si Filemón ha perdido un esclavo, puede ganar un hermano, y Pablo será el agente delicado del cambio.

Saludo

1 Pablo, prisionero por Cristo Jesús,
y Timoteo a nuestro querido colaborador Filemón, 2 y a la Iglesia que se reúne
en su casa, así como también a la hermana Apia y a nuestro compañero de
lucha Arquipo: 3 Gracia y paz a ustedes
de parte de Dios nuestro Padre y del
Señor Jesucristo.

Acción de gracias

4 Siempre que te recuerdo en mis
oraciones, doy gracias a Dios 5 porque
oigo hablar de tu fe y amor al Señor
Jesús y a todos los consagrados. 6 Ojalá
tu fe sea tan activa que te ilumine plenamente para reconocer todo el bien
que está en tu poder hacer por Cristo.
7 Tu caridad me proporcionó gran alegría y consuelo, porque gracias a ti los
consagrados han sido aliviados.

Autoridad de Pablo

8 Por eso, aunque tengo plena libertad cristiana para ordenarte lo que
es debido, 9 prefiero suplicarte en nombre del amor. Yo, este anciano Pablo, y
ahora prisionero por Cristo Jesús, 10 te
suplico en favor de un hijo mío, que engendré en la prisión: Onésimo, 11 antes,
él no te prestó ninguna utilidad, pero
ahora será de gran provecho para ti y
para mí. 12 Ahora te lo envío y con él mi
corazón. 13 Habría querido retenerlo
junto a mí, para que, en tu lugar, me sir-
viese en esta prisión que sufro por la
Buena Noticia. 14 Pero sin tu consentimiento no quise hacer nada, para que
tu buena acción no sea forzada, sino
voluntaria. 15 Quizás se alejó de ti por
breve tiempo para que puedas reco-
brarlo definitivamente; 16 y no ya como
esclavo, sino como algo mucho mejor

1-3 Saludo. La carta a Filemón, la más breve de las cartas de Pablo, es una pequeña joya de tacto y discreción que nos desvela toda la calidad y ternura humana del corazón del Apóstol. Incluso desde el punto de vista literario es de las mejores que han salido de su pluma.

Aparentemente se trata de una carta privada que concierne solamente a Filemón, a Onésimo y al mismo Pablo, pero por el número de personas que aparecen, siete en total, ya sea como remitentes o como los que envían saludos en la despedida final, parece como si el autor quisiera tratar el asunto a la luz pública cristiana, como caso ejemplar y normativo.

Ya de entrada, el Apóstol alude, quizás intencionadamente a su presente situación de «prisionero por Cristo Jesús» (1), poniendo así por delante su ejemplo personal de sacrificio por el Evangelio y sentando el tono de generosidad cristiana desde la que va a interceder por Onésimo ante su amigo Filemón.

4-7 Acción de gracias. La acostumbrada acción de gracias prepara decididamente el asunto al concentrarse en la fe, en el amor y la solidaridad, porque el asunto se va a tratar a la luz de la fe –no por intereses humanos–, y la norma suprema será el amor a Dios y a los hermanos. Así es como Filemón deberá decidir. Pablo está seguro de la buena disposición de su interlocutor, pues no en vano conoce el amor de su amigo «al Señor Jesús y a todos los consagrados» (5), del cual hace eco, se alegra y da gracias a Dios.

8-21 La autoridad de Pablo. Pablo es consciente de su autoridad apostólica para imponer una acción concreta, especialmente a un convertido suyo y que por tanto está en deuda con él: «me debes tu persona» (19). Pero Pablo sabe renunciar a sus derechos en favor de otros (cfr. 1 Cor 9), y ahora considera más eficaz el camino del amor que el de la obediencia.

El esclavo fugitivo acogido por Pablo es hijo suyo por la conversión, pues lo «engendré en la prisión» (10), y en cuanto hijo hubiera querido retenerle junto a él por derecho de paternidad espiritual, pero el Apóstol renuncia a este derecho y devuelve al fugitivo a su dueño legal. Con él, dice enternecido, va también «mi corazón».

Onésimo, sin embargo, ya no es el mismo de antes. Aludiendo al significado de su nombre en griego, –como típico nombre de esclavo, Onésimo significa «útil, provechoso»–, Pablo dice que si el fugitivo «antes... no te prestó ninguna utilidad... ahora será de gran provecho para ti y para mí» (11), pues si antes era un esclavo, ahora se lo devuelve como hermano en Cristo, que es lo que da al hombre y a la mujer toda su dignidad y su valor como persona humana y la convierte en un don para los demás.

Como en otros pasajes similares del Nuevo Testamento, Pablo no intenta la abolición de la esclavitud desde una perspectiva social o política, pero introduce un nuevo sistema de relación cristiana capaz de cambiar toda relación humana. Al vínculo de posesión, se

que esclavo: como hermano muy querido para mí y más aún para ti, como
hombre y como cristiano. [17] Si te consi-
deras compañero mío, recíbelo como a
mí; [18] si te ofendió o te debe algo, apún-
talo a mi cuenta. [19] Lo firmo de mi puño y letra: yo Pablo, te pagaré, aunque
podría recordarte que me debes tu persona. [20] Sí, hermano, te lo suplico por el
Señor: consuela mi corazón como hermano en Cristo. [21] Te escribo porque
estoy seguro de tu obediencia: sé que
harás más de lo que pido.

Saludos finales

[22] Otra cosa: prepárame hospedaje,
porque, gracias a sus oraciones, espero
poder visitarlos. [23] Te saludan Epafras,
compañero de prisión por Cristo Jesús,
[24] Marcos, Aristarco, Dimas y Lucas.
[25] La gracia del Señor Jesucristo esté
con el espíritu de ustedes. Amén.

sobrepone el vínculo de hermandad, que es el definitivo. Éste es el vínculo del amor que convierte a Onésimo en «hermano muy querido para mí y más aún para ti, como hombre y como cristiano» (16). Ésta fue la verdadera revolución que trajo el mensaje de Cristo, la única capaz de liberarnos de todas las esclavitudes, antiguas y modernas. Véase también los comentarios a Gál 3,23–4,11; Ef 6,1-9 y Col 3,18–4,1.

Usando de veras o fingiendo el lenguaje comercial, Pablo está dispuesto a pagar los perjuicios causados por el esclavo fugitivo, ya que ha disfrutado en la cárcel de sus servicios. Aunque en rigor Filemón, como convertido del Apóstol, es más deudor y ahora se le brinda la ocasión de saldar la deuda.

22-25 Saludos finales. Pablo insinúa delicadamente a Filemón que seguirá personalmente el asunto, pues espera volverle a ver pronto. Podríamos decir que las cinco personas que envían saludos, están ahí, al final de la carta, como testigos del interés de toda la comunidad cristiana por la suerte del esclavo fugitivo y ahora hermano en Cristo.

CARTA A LOS HEBREOS

Carta. Más que una carta, este escrito parece una homilía pronunciada ante unos oyentes o un tratado doctrinal que interpela a sus lectores. No cuenta con la clásica introducción epistolar compuesta por el saludo, la acción de gracias y la súplica; su conclusión es escueta y muy formal. Su autor ha empleado recursos de una elegante oratoria, como las llamadas de atención y el cuidadoso movimiento entre el sujeto plural y el singular en la exhortación, características propias de un discurso entonado.

De Pablo. Ya en la antigüedad se dudó sobre su autenticidad paulina y tardó en imponerse como carta salida de la pluma del Apóstol. Las dudas persistieron, no obstante, hasta convertirse hoy en la casi certeza de que el autor no es Pablo, sino un discípulo anónimo suyo. Las razones son muchas: faltan, por ejemplo, las referencias personales; el griego que utiliza es más puro y elegante, como si fuera la lengua nativa del autor; el estilo es sosegado, expositivo, y carece de la pasión, movimiento y espontaneidad propios del Apóstol.

A los hebreos. La tradición ha afirmado que los destinatarios eran los «hebreos», o sea, los judíos convertidos al cristianismo. Y ésa sigue siendo la opinión más aceptada hoy en día. La carta cita y comenta continuamente el Antiguo Testamento; a veces alude a textos que supone conocidos. En ella se puede apreciar a una comunidad que atraviesa un momento de desaliento ante el ambiente hostil de persecución que la rodea. El entusiasmo primero se ha enfriado y, con ello, la práctica cristiana. La nostalgia del esplendor de la liturgia del Templo de Jerusalén, que se desarrolla alrededor del sacerdocio judío, está poniendo en peligro una vuelta al judaísmo, a sus instituciones y a su culto.

Fecha y lugar de composición de la carta. La fecha de composición es discutida. Algunos piensan que la carta es anterior a la destrucción de Jerusalén (año 70), pues el autor parece insinuar que el culto judío todavía se desarrolla en el Templo (10,1-3). Otros apuntan a una fecha posterior, cuyo tope sería el año 95, año en que la carta es citada por Clemente. En cuanto al lugar, la incertidumbre es completa.

Contenido de la carta. Esta carta-tratado alterna la exposición con la exhortación. Desde su sublime altura doctrinal, el autor contempla admirables y grandiosas correspondencias. La primera, entre las instituciones del Antiguo Testamento y la nueva realidad cristiana. La segunda media entre la realidad terrestre y la celeste, unidas y armonizadas por la resurrección y glorificación de Cristo. Su tema principal, provocado por la situación de los destinatarios, es el sacerdocio de Cristo y el consiguiente culto cristiano.

El sacerdocio de Cristo. A la nostalgia de una compleja institución y práctica judías opone el autor, no otra institución ni otra práctica, sino una persona: Jesucristo, Hijo de Dios, hermano de los hombres. Él es el gran mediador, superior a Moisés; es el «sumo sacerdote», que ya barruntaba la figura excepcional y misteriosa de Melquisedec.

El autor lo explica comentando el Sal 110 y su trasfondo de Gn 14. Jesús no era de la tribu levítica, ni ejerció de sacerdote de la institución judía, era un laico. Su muerte no tuvo nada de litúrgico, fue simplemente un crimen cometido contra un inocente. Si el autor llama «sacerdote» a Cristo –el único lugar del Nuevo Testamento donde esto ocurre– lo hace rompiendo todos los moldes y esquemas, dando un sentido radicalmente nuevo, profundo y alto a su sacerdocio, y por consiguiente al sacerdocio de la Iglesia.

Jesucristo es el mediador de una alianza nueva y mejor, anunciada ya por Jeremías (cfr. Jr 31). Su sacrificio, insinuado en el Sal 40, es diverso, único y definitivo; inaugura, ya para siempre, la perfecta mediación de quien es, por una parte, verdadero Hijo de Dios y, por otra, verdadero hombre que conoce y asume la fragilidad humana en su condición mortal.

Su sacerdocio consiste en su misma vida ofrecida como don de amor a Dios su Padre, a favor y en nombre de sus hermanos y hermanas. Una vida marcada por la obediencia y solidaridad hasta el último sacrificio. Dios transformó esa muerte en resurrección, colocando esa vida ofrecida y esa sangre derramada por nosotros en un «ahora» eterno que abarca la totalidad de la historia humana con la mediación de su poder salvador.

El sacerdocio de los cristianos. Los cristianos participan en este sacerdocio de Cristo. Es la misma vida del creyente la que, por el bautismo y su incorporación a la muerte y resurrección del Señor, se convierte en culto agradable a Dios, o lo que es lo mismo, en un cotidiano vivir en solidaridad y amor, capaces de trasformar el mundo. En esta peregrinación de fe y de esperanza del nuevo pueblo sacerdotal de Dios hacia el reposo prometido, Cristo nos acompaña como mediador, guía e intercesor.

Actualidad de la carta. Ha sido el Concilio Vaticano II el que ha puesto la Carta a los Hebreos como punto obligado de referencia para comprender el significado del sacerdocio dentro de la Iglesia, tanto el de los ministros ordenados, como el sacerdocio de los fieles. Toda la Iglesia, continuadora de la obra de Cristo, es sacerdotal. Todos y cada uno de los bautizados, hombres y mujeres, participan del único sacerdocio de Cristo, con todas las consecuencias de dignidad y protagonismo en la misión común. El sacramento del ministerio ordenado –obispos, presbíteros y diáconos–, ha sido instituido por el Señor en función y al servicio del sacerdocio de los fieles. Estamos sólo en los comienzos del gran cambio que revolucionará a la Iglesia y cuyos fundamentos puso ya el autor de esta carta.

El Hijo

1 1 En el pasado muchas veces y de
muchas formas habló Dios a nuestros padres por medio de los profetas.
2 En esta etapa final nos ha hablado
por medio de su Hijo, a quien nombró
heredero de todo, y por quien creó el
universo. 3 Él es reflejo de su gloria, la
imagen misma de lo que Dios es, y
mantiene el universo con su Palabra
poderosa. Él es el que purificó al mundo
de sus pecados, y tomó asiento en el
cielo a la derecha del trono de Dios.
4 Así llegó a ser tan superior a los ángeles, cuanto incomparablemente mayor
es el Nombre que ha heredado. 5 ¿Acaso
dijo Dios alguna vez a un ángel: *Tú eres
mi hijo, yo te he engendrado hoy*? Y
en otro lugar: *Yo seré para él un padre,
él será para mí un hijo.* 6 Asimismo,
cuando introduce en el mundo al primogénito, dice: *Que todos los ángeles
de Dios lo adoren.* 7 Hablando de los
ángeles dice: *Hace de los vientos sus
ángeles, de las llamas de fuego sus
ministros.*
8 Al Hijo, en cambio, le dice: *Tu trono,
oh Dios, permanece para siempre, cetro
de rectitud es tu cetro real.* 9 *Amaste
la justicia, odiaste la iniquidad; por
eso te ha ungido Dios, tu Dios, con
perfume de fiesta, prefiriéndote a tus
compañeros.* 10 Y también dice: *Tú al
principio, Señor, cimentaste la tierra,
y los cielos son obras de tus manos;*
11 *ellos perecerán, tú permaneces; todos
se gastarán como la ropa,* 12 *los enro-
llarás como un manto, se mudarán
como ropa. Tú, en cambio, eres el
mismo, y tus años no acaban.*
13 ¿A cuál de los ángeles dijo jamás:
*Siéntate a mi derecha hasta que ponga
a tus enemigos debajo de tus pies*?
14 ¿Acaso no son todos ellos espíritus al
servicio de Dios, enviados en ayuda de
los que han de heredar la salvación?

1,1-14 El Hijo. La carta a los Hebreos no es en realidad una carta, sino una homilía dirigida a los cristianos de la segunda generación que vivían momentos difíciles de desaliento y confusión. Por eso no comienza con los preámbulos propios de una carta, como la alusión al remitente, destinatarios, saludos, sino con una introducción que adelanta el tema de la homilía que va a comenzar.

De manera breve y solemne, con el estilo distinguido que le da el dominio de la lengua griega, el predicador nos presenta la figura del Hijo de Dios ocupando el centro de la historia de las relaciones entre Dios y la humanidad. Dios ha estado siempre hablando de muchas formas y maneras a los hombres y mujeres de todo el mundo. A los judíos, en concreto, les habló, sobre todo, a través de los profetas de Israel. Siguiendo el pensamiento del autor de la carta, podemos decir que Dios también ha hablado a otros pueblos por medio de hombres y mujeres sabios, los profetas de las otras religiones de la tierra. En esta etapa final de la historia, Dios ha pronunciado su palabra definitiva, pero no ya por medio de cualquier hombre, sino por medio de uno que es su Hijo.

El predicador presenta ahora la identidad de este Hijo, que es quien encarna y garantiza la Palabra de la revelación plena de Dios, en contraste con las revelaciones parciales y fragmentarias que han aparecido a lo largo de la historia humana. Y así, recorriendo las Sagradas Escrituras nos ofrece un retrato majestuoso de la identidad del Hijo de Dios antes de que apareciera en la historia como Jesús de Nazaret. Dice que ya era el Mediador en la creación, la Palabra en que todo fue creado (cfr. Gn 1; Sal 33,6 y Jn 1,3); la Sabiduría del proyecto creador-salvador de Dios (cfr. Sab 7,22-30); el Heredero universal de las naciones y de los confines de mundo (cfr. Sal 2,8).

En cuanto al misterio de su origen y naturaleza, el predicador emplea una imagen tomada del mundo de la luz para afirmar su igualdad con Dios: «él es reflejo de su gloria» (3). Y en relación con la creación nos dice que el Hijo lo sustenta todo (cfr. Col 1,17), como si la acción creadora estuviera saliendo continuamente de sus manos.

De la función creadora del Hijo pasa a su función salvadora, y lo presenta en su estado de exaltación gloriosa (cfr. Flp 2,9-11), sentado a la derecha de Dios (cfr. Sal 110,1), después de la purificación de nuestros pecados por su muerte, según la profecía de Ezequiel (cfr. Ez 36,25-29).

¿Hay alguien comparable con este Hijo de Dios? Nadie, ni siquiera los ángeles, y lo prueba con varias citas de las Escrituras para concluir que los ángeles son solamente «espíritus... enviados en ayuda de los que han de heredar la salvación» (14).

Cristo, Hijo de Dios y hombre glorificado

2 1 Por tanto, para no ir a la deriva,
debemos prestar más atención a
lo que hemos oído. 2 Porque si la ley
promulgada por medio de los ángeles
tuvo vigencia, de modo que cualquier
transgresión o desobediencia recibió el
castigo merecido, 3 ¿cómo nos librare-
mos nosotros si rechazamos semejante
salvación? Fue anunciada primero por
el Señor, nos lo confirmaron los que la
habían escuchado 4 y Dios añadió su
testimonio con señales y portentos,
con toda clase de milagros y dones del
Espíritu repartidos según su voluntad.
5 Porque Dios no sometió a los ángeles el mundo futuro del que hablamos,
6 como atestigua alguien cuando dice:
*¿Qué es el hombre para que te acuerdes
de él o el ser humano para que te ocupes
de él?* 7 *Lo hiciste poco menos que los
ángeles, lo coronaste de gloria y honor,*
8 *todo lo sometiste bajo sus pies.* Al so-
meterle todo, no deja nada sin someter.
De hecho, ahora no vemos aún que todo
le esté sometido. 9 Vemos, en cambio,
a Jesús, que por la pasión y muerte fue
algo inferior a los ángeles, coronado de
gloria y honor. Así, por la gracia de
Dios, padeció la muerte por todos.

Pionero de la salvación y Sumo Sacerdote

10 En efecto, convenía que Dios, por
quien y para quien todo existe, queriendo
conducir a la gloria a muchos hijos, llevara a la perfección por el sufrimiento
al jefe y salvador de todos ellos.
11 El que consagra y los consagrados tienen todos un mismo origen por
lo cual no se avergüenza de llamarlos
hermanos, 12 cuando dice: *Anunciaré
tu nombre a mis hermanos, en medio
de la asamblea te alabaré,* 13 y también: *He puesto en él mi confianza, yo
y los hijos que Dios me dio.*
14 Así como los hijos de una familia
tienen una misma carne y sangre, también Jesús participó de esa condición,
para anular con su muerte al que con-
trolaba la muerte, es decir, al Diablo,

2,1-9 Cristo, Hijo de Dios y hombre glorificado. El discurso se interrumpe con una breve exhortación, donde se anima a la comunidad a conocer y a cumplir la palabra salvadora expresada en el Hijo. Esta palabra, la Buena Noticia, es mucho más importante que la Ley «promulgada por medio de los ángeles...» (2), en referencia a la tradición rabínica que decía que Moisés había recibido la Ley por medio de ángeles, como mediadores entre Dios y su pueblo (cfr. Gál 3,19). A esa Ley contrapone la salvación que hemos recibido nosotros. Es el «Señor» el que comienza a anunciarla (cfr. Mc 1,15; Mt 4,17); los que primero la «oyeron» y se convirtieron en sus testigos son los apóstoles y discípulos; Dios confirma el mensaje con milagros (cfr. Mc 16,20; Hch 14,3; Rom 15,19) y con los dones del Espíritu.

Todo esto ha sido posible porque el «Señor» es «Jesús», afirma el predicador, mencionando así su nombre por primera vez para referirse a su condición humana. Es el «Señor Jesús» quien, estando al mismo nivel que Dios, se ha rebajado a nuestro nivel y se ha hecho hombre como nosotros. Y así, durante el período de su vida en la tierra, sobre todo durante su pasión y muerte, fue inferior a los ángeles. Pero sólo temporalmente, pues por su resurrección y glorificación «lo coronaste de gloria y honor, todo lo sometiste bajo sus pies» (7s) –incluso a los ángeles–, aplicando a Cristo las palabras de Sal 8,5-7. En Jesús todo ha sido ya sometido (cfr. Ef 1,20-22), pero antes «por la gracia de Dios, padeció la muerte por todos» (9).

2,10-18 Pionero de la salvación y Sumo Sacerdote. La solidaridad es la característica fundamental de este pionero de la salvación: «tenía que ser en todo semejante a sus hermanos» (17) para hacernos semejantes a Él. Esta solidaridad le llevó a la muerte y, al aceptar la muerte controlada por el Diablo, venció al Diablo (cfr. Jn 12,31) y a la muerte (cfr. 1 Cor 15,55) «para liberar a los que, por miedo a la muerte, pasan la vida como esclavos» (15). Así queda Cristo constituido en Sumo Sacerdote, «mediador» entre Dios y la humanidad.

El predicador deduce este nuevo título de Cristo de todo lo anterior. Su vinculación de igualdad con Dios, de la que ha hablado en la introducción, sólo era una de las dimensiones de la función sacerdotal de mediador; le faltaba la otra, su vinculación de igualdad con los seres humanos en todo, hasta en la muerte. «Sumo Sacerdote» es el título favorito que aplica el predicador a Jesucristo, y será de aquí en adelante el tema central de esta gran homilía a los Hebreos. De todo el Nuevo Testamento, sólo se llama «Sacerdote» a Jesús en esta carta, de ahí

15 y para liberar a los que, por miedo a
la muerte, pasan la vida como esclavos.
16 Está claro que no vino en auxilio de
los ángeles, sino de los descendientes
de Abrahán. 17 Por eso tenía que ser en
todo semejante a sus hermanos: para
poder ser un sumo sacerdote compasivo
y fiel en el servicio de Dios para expiar
los pecados del pueblo. 18 Como él
mismo sufrió la prueba, puede ayudar a
los que son probados.

Jesús y Moisés

3 1 Por tanto, hermanos, ustedes
que han sido consagrados y participan de una misma vocación celestial,
piensen en Jesús el apóstol y sumo
sacerdote de nuestra confesión.
2 Él es fiel ante Dios que lo nombró
para este servicio, como lo fue Moisés
entre [todos] los de su casa. 3 Más digno
de gloria que Moisés, como es más estimado el constructor que la casa.
4 Toda casa es construida por alguien,
pero el constructor de todo es Dios.
5 Entre todos los de su casa, Moisés era
un servidor fiel, para garantizar lo que
Dios iba a decir. 6 Cristo, en cambio,
como Hijo, está a cargo de la casa; y
esa casa somos nosotros si mantenemos la confianza y nos gloriamos de la
esperanza.

El hoy de Dios
(Sal 95,7-11)

7 En consecuencia, como dice el Espíritu Santo: *Si hoy escuchan su voz,*
8 *no endurezcan el corazón como cuando lo irritaron, el día de la prueba en el
desierto,* 9 *cuando sus padres me pusieron a prueba y me tentaron, aunque
habían visto mis acciones* 10 *durante
cuarenta años. Por eso me indigné contra aquella generación y dije: Su mente
siempre se extravía y no reconoce mis
caminos.* 11 *Por eso, airado, juré: No entrarán en mi descanso.* 12 Cuidado, hermanos: que ninguno de ustedes tenga
un corazón perverso e incrédulo, que lo
haga desertar del Dios vivo. 13 Antes
bien, anímense unos a otros cada día,
mientras dura este hoy, para que nadie
se endurezca seducido por el pecado.
14 Porque, si mantenemos firme hasta
el fin nuestra posición del principio,
seremos compañeros de Cristo.

la gran importancia que tienen estas reflexiones de nuestro predicador. Por ahora, nos dice que este Sumo Sacerdote es compasivo (17), como queriendo concentrar en esta palabra toda la «memoria de Jesús»: su inmensa ternura y amor por los pecadores, por los pobres y marginados (cfr. Mt 9,36). Y es justamente esta compasión la que le hace ser un sacerdote «fiel en el servicio de Dios» (17), pues ese amor compasivo de Jesús sólo podía venir del mismo Dios.

3,1-6 Jesús y Moisés. El predicador dirige ahora su mirada a los cristianos y las cristianas a quienes llama «consagrados», es decir, los que han experimentado la salvación por medio de la muerte de Cristo y que probablemente expresaban ya en la liturgia de sus asambleas la fe en el «Sacerdote Mediador» de esta salvación.

Los invita a comparar la autoridad de la Palabra de salvación traída por este Apóstol (cfr. Sal 22,23; Mal 2,7) y Sumo Sacerdote con la del mediador más importante del pueblo de Israel, Moisés. Ambos, Moisés y Cristo son fieles y gozan de la comunicación íntima con Dios. Pero una es la intimidad del siervo y otra la del Hijo. Moisés presta sus servicios como «siervo» y administrador en la casa de Dios que él no fundó. Jesús, en cambio, es «Hijo», fundador con Dios de la «nueva casa» y directo administrador de ella. Y esa casa, que se sostiene en la confianza en Dios y en la esperaza del premio, «somos nosotros» (6).

3,7-19 El hoy de Dios. Toda la carta a los Hebreos es una exhortación a la comunidad cristiana a mantener su fidelidad a Cristo. Parece que el entusiasmo y la vitalidad cristiana de las primeras generaciones había decaído, dando paso al desaliento, al cansancio y quizás a la duda. ¿Pensaban algunos de los Hebreos volver a la ley judía que habían abandonado, añorando quizás el culto, los sacrificios y el sacerdocio del Templo de Jerusalén? Posiblemente por ello, el tono de la homilía se vuelve duro y premonitorio.

En lugar de exhortar con sus propias palabras hace que les hable directamente el Espíritu Santo a través del Sal 95,7-11: si «hoy escuchan su voz» (7); el mismo

[15] Cuando dice: *Si hoy escuchan su voz, no endurezcan el corazón, como cuando lo irritaron.*

[16] ¿Quiénes, aunque oyeron, lo irritaron? Ciertamente, todos los que salieron de Egipto guiados por Moisés.

[17] ¿Con quiénes se indignó durante cuarenta años? Ciertamente, con los pecadores, cuyos cadáveres cayeron en el desierto.

[18] ¿A quiénes juró que no entrarían en su descanso? Ciertamente a los rebeldes; [19] y así vemos que por su incredulidad no pudieron entrar.

El descanso

4 [1] Mientras se mantiene en pie la promesa de entrar en el descanso de Dios, debemos tener cuidado, para que ninguno de ustedes quede excluido; [2] porque también a nosotros, como a ellos, nos anunciaron la Buena Noticia. Pero el mensaje que ellos oyeron no les valió porque no se unieron por la fe con aquellos que la aceptaron. [3] Nosotros, en cambio, los que hemos creído, entraremos en ese descanso, como queda dicho: *Juré airado que no entrarán en mi descanso.*

Las obras de Dios, por cierto, concluyeron con la creación del mundo, [4] como se dice en un texto sobre el séptimo día: *El séptimo día descansó Dios de todas sus tareas,* [5] y en este otro: *no entrarán en mi descanso.*

[6] Ahora bien, como quedan algunos por entrar en ese lugar de descanso, y los que recibieron primero la Buena Noticia, por su rebeldía no entraron, [7] Dios señala otro día, un *hoy,* pronunciando mucho después por medio de David, el texto antes citado: *Si hoy escuchan su voz, no endurezcan el corazón.* [8] Si Josué les hubiera dado el descanso, no se hablaría después de otro día.

[9] Luego queda un descanso sabático para el pueblo de Dios. [10] Uno que entró en su descanso descansa de sus tareas, lo mismo que Dios de las suyas. [11] Por tanto, esforcémonos por entrar en aquel descanso, para que ninguno caiga imitando aquel ejemplo de rebeldía.

[12] Porque la Palabra de Dios es viva y eficaz y más cortante que espada de dos filos; penetra hasta la separación de alma y espíritu, articulaciones y médula, y discierne sentimientos y pensamientos del corazón.

Espíritu es el que les dice lo que sucedió en el desierto a los israelitas que fueron infieles. Invitados por Dios para entrar en posesión de la tierra prometida, muchos de ellos se acobardaron, desconfiaron y se rebelaron, por lo cual fueron castigados a vagar por el desierto hasta morir, sin alcanzar el descanso de la promesa.

El tema del Éxodo era frecuente en la catequesis de la Iglesia primitiva (cfr. 1 Cor 10,1-7). La comunidad cristiana era considerada como el nuevo pueblo de Dios, caminando como en un nuevo éxodo hacia el descanso definitivo en el reino de Dios. El predicador ve este éxodo de la comunidad cristiana en el «hoy de Dios», con todo lo que tiene de oportunidad y de urgencia para perseverar en el camino hasta el final, con el mismo entusiasmo y la misma firmeza con que comenzó la marcha. Solo así «seremos compañeros del Mesías» (14). Los que murieron por el desierto, continúa el predicador, también fueron guiados por Moisés, también oyeron su voz, pero «por su incredulidad no pudieron entrar» (19) en el descanso de Dios.

4,1-13 El descanso. La exhortación no podía quedarse en los peligros del camino. La marcha, aunque difícil, está iluminada por la meta: la promesa del descanso. El predicador, siguiendo con Sal 95,7-11 afirma que esa promesa hecha al pueblo judío sigue en pie, y no es otra sino la participación en el descanso sabático de Dios, en alusión al séptimo día de la creación en el que el Creador descansó (cfr. Gn 2,2). «Reposo» en hebreo es «sabbat» –sábado–, y la tradición judía veía en ese día sagrado la imagen de la plenitud del mundo venidero.

Ésta fue, en realidad, la promesa hecha al pueblo judío, aunque en un principio pensaron que se trataba de la promesa terrena de la conquista y ocupación de Palestina. Pero, cuando ya eran dueños de la tierra, la Palabra de Dios les siguió exhortando a la fidelidad y a no endurecer el corazón para poder entrar un día en el descanso sabático de Dios. El libro del Apocalipsis coloca el reposo de las tareas después de la muerte: «felices los que en adelante mueran fieles al Señor... descansarán de su fatigas porque sus obras les acompañan» (cfr. Ap 14,13).

13 No hay criatura oculta a su vista,
todo está desnudo y expuesto a sus
ojos. A ella rendiremos cuentas.

Jesús, Sumo Sacerdote

14 Ya que tenemos en Jesús, el Hijo
de Dios, un sumo sacerdote excelente
que penetró en el cielo, mantengámo-
nos firmes en nuestra confesión de fe.
15 El sumo sacerdote que tenemos
no es insensible a nuestra debilidad, ya
que, como nosotros, ha sido probado
en todo excepto el pecado. 16 Por tanto,
acerquémonos confiados al trono de
nuestro Dios, para obtener misericordia y alcanzar la gracia de un auxilio
oportuno.

Jesús, Sacerdote sufriente

5 1 Todo sumo sacerdote es elegido
entre los hombres y nombrado su
representante ante Dios, para ofrecer
dones y sacrificios por los pecados.
2 Puede ser indulgente con ignorantes y
extraviados, porque también él está
sujeto a la debilidad humana, 3 y a causa
de ella tiene que ofrecer sacrificios por
sus propios pecados, lo mismo que por
los del pueblo. 4 Y nadie puede tomar
tal dignidad para sí mismo si no es llamado por Dios, como Aarón.
5 Del mismo modo Cristo no se atribuyó el honor de ser sumo sacerdote,
sino que lo recibió del que le dijo: *Tú
eres mi hijo, yo te he engendrado hoy*;
6 y en otro pasaje: *tú eres sacerdote
para siempre, según el orden de
Melquisedec.*
7 Durante su vida mortal dirigió peticiones y súplicas, con clamores y lágrimas, al
que podía librarlo de la muerte, y por
esa cautela fue escuchado. 8 Y aunque
era Hijo de Dios, aprendió sufriendo lo
que es obedecer, 9 así alcanzó la perfección y llegó a ser para cuantos le
obedecen causa de salvación eterna,
10 y Dios lo proclamó sumo sacerdote
según el orden de Melquisedec.

Esta Buena Noticia, ya anunciada al pueblo judío, es la que se nos anuncia ahora en este «hoy de Dios», con la misma y urgente invitación a recibirla y a que nos comprometamos con ella por la fe: «si hoy escuchan su voz, no endurezcan el corazón» (7), pues sólo «los que hemos creído, entraremos en ese descanso» (3). Con esta Palabra de Dios no se juega, nos dice. No es como la palabra humana. Es una palabra viva y eficaz que, como una espada (cfr. Is 49,2), corta, juzga, discierne, pide cuentas, desafía, y sobre todo, salva al que la recibe por la fe.

4,14-16 Jesús, Sumo Sacerdote. A la seriedad y dureza de la exhortación siguen estas palabras de ánimo jubiloso. Las puertas del descanso sabático de Dios ya están abiertas y allá «tenemos en Jesús, el Hijo de Dios, un sumo sacerdote excelente que penetró en el cielo» (14) y que es la garantía, el apoyo y el sostén de nuestra fidelidad. Si antes presentó a este Sumo Sacerdote, Jesús, como «fiel» (3,1-4), ahora lo presenta con uno de sus títulos más atrayentes: «compasivo». Es éste uno de los atributos clásicos de Dios en el Antiguo Testamento que aparece tanto en la Ley: «El Señor, el Dios compasivo y clemente» (Éx 34,6); como en los Salmos: «él rescata tu vida… y te corona con su bondad y compasión» (Sal 103,4); y en los Profetas: «¡Si es mi hijo querido Efraín, mi niño, mi encanto!... se me conmueven las entrañas y cedo a la compasión» (Jr 31,20).

En Jesús, la compasión de Dios alcanza su máxima expresión. Él es la compasión divina hecha hombre. Ha experimentado nuestra condición humana porque, al igual que nosotros, «ha sido probado en todo, excepto el pecado» (15). Las tentaciones no fueron un hecho aislado en la vida de Jesús, sino que vivió toda su vida bajo la tentación y las pruebas en que vivimos los seres humanos. Por eso simpatiza, comprende nuestra debilidad, conoce el barro del que estamos hechos. Ahora que está sentado, glorioso, en el tribunal de la gracia, no podíamos tener un mediador más excelente y compasivo. El predicador nos invita a acudir a Él confiados para obtener siempre su misericordia y su auxilio.

5,1-10 Jesús, Sacerdote sufriente. Ahora nos va a decir en qué consiste esta mediación sacerdotal de Cristo, y lo hace comparando su sacerdocio con el oficio de sumo sacerdote de Israel, poniendo de relieve sus dos requisitos fundamentales: la vocación-elección y la función de «ofrecer… sacrificios por los pecados» (1), en los que se expresan los dos polos de la mediación: intimidad con Dios y solidaridad con los pecadores. La solidaridad con los pecadores del sumo sacerdote de Israel viene de sus propios pecados, que lo hacen participar de la condición pecadora del pueblo, de tal manera que también él tiene que ofrecer sacrificios por sus transgresiones (cfr. Lv 4,3-12).

Una llamada a la madurez y a la perseverancia

[11] Sobre este tema tenemos mucho
que decir, y es difícil explicarlo porque
ustedes son lentos para entender.
[12] Después de tanto tiempo ustedes deberían ser maestros, en cambio hace
falta que se les enseñe nuevamente las
primeras nociones del mensaje de
Dios; están necesitados de leche y no de
alimento sólido. [13] Quien vive de leche
es una criatura y es incapaz de juzgar
rectamente. [14] El alimento sólido es
para los maduros, que con la práctica y
el entrenamiento de los sentidos, saben
distinguir el bien del mal.

6 [1] Por eso dejaremos lo elemental
de la doctrina cristiana y nos ocu-
paremos de lo maduro. No vamos a
echar otra vez los cimientos, o sea: el
arrepentimiento de las obras que llevan

La experiencia del propio pecado debe hacerle comprensivo e «indulgente con ignorantes y extraviados» (2). En cuanto a la intimidad con Dios que hace del sumo sacerdote su representante ante el pueblo, tiene que venir por elección especial del mismo Dios, que había recaído en Aarón, hermano de Moisés, y en su descendencia (cfr. Éx 28,1), de donde nació la clase sacerdotal.

Sobre este trasfondo del sacerdocio judío, el autor de la carta nos presenta ahora el sacerdocio de Cristo, no como continuidad, sino como ruptura, como algo radicalmente distinto que redefine y da un nuevo contenido tanto a la palabra «sacerdote» como a la función sacerdotal. Nos está diciendo entre líneas que, en definitiva, el sacerdocio del Templo no funcionó porque fracasó en lo más importante: la solidaridad y la compasión hacia los «ignorantes y extraviados». Fue precisamente la clase sacerdotal la que persiguió a Jesús porque ofrecía la misericordia de Dios a las prostitutas, a los cobradores de impuestos, a los leprosos, a los enfermos, y en general, a todos los considerados impuros por la Ley.

¿Cómo se puede ofrecer a Dios sacrificios por los pecados cuando se lleva en el corazón el desprecio por los pecadores?

La primera diferencia radical de Jesús como sacerdote fue no tener pecado; la segunda, ser elegido y nombrado sumo sacerdote sin provenir de una familia sacerdotal, ya que Jesús era de la tribu de Judá, no de Leví.

Así introduce el autor la cita del Sal 110,4, que le va a servir para desarrollar después el tema de su intimidad con Dios.

Insiste en mostrar toda la vida de Jesús como una ofrenda sacerdotal vivida en solidaridad con el sufrimiento y la debilidad humana, como anunció Isaías: «un hombre hecho a sufrir, curtido en el dolor... soportó nuestros sufrimientos y cargó con nuestros dolores... con sus cicatrices nos hemos sanado» (Is 53,3-5).

En su pasión se dirigió con «clamores y lágrimas, al que podía librarlo de la muerte» (7); su oración fue escuchada (cfr. Sal 22,25), aunque no le libró del sacrificio último, sino que hizo que su muerte terminara en resurrección.

La oración y el sufrimiento solidario hicieron de su vida un camino de obediencia a Dios, haciendo así posible el encuentro obediente de los seres humanos con Dios.

5,11–6,20 Una llamada a la madurez y a la perseverancia. El predicador interrumpe su discurso con una llamada de atención a la madurez de sus oyentes, en un tono más severo que conciliador. Les advierte de que la doctrina que les va a exponer sobre el sacerdocio de Jesús es para cristianos maduros, formados y comprometidos, no para perezosos; esta advertencia implica quizás que su vida cristiana deja mucho que desear en cuanto a la fuerza de su testimonio y compromiso, como si estuvieran todavía nutriéndose de leche y no de alimento sólido como les correspondería, pues ya no eran niños.

Esta madurez deberían haberla ya alcanzado a través de todo el proceso de iniciación cristiana que les llevó desde el arrepentimiento de los pecados al bautismo, al don del Espíritu por la imposición de las manos, a la fe en la resurrección de los muertos. Es decir, han recibido la iluminación bautismal, han gustado la presencia del Espíritu, han saboreado por experiencia personal la Palabra de Dios y su dinamismo.

Después de todo esto, ¿es posible aún la apostasía? No sabemos si ésta es la situación de los destinatarios de la carta, si algunos ya habían apostatado o si existía el riesgo de que lo hicieran. El predicador es muy duro con los posibles apóstatas. Es un pecado que no tiene perdón porque implica un rechazo al Señor; es como si lo estuvieran crucificando de nuevo, llega a decir el predicador como exhortación extrema ante un peligro extremo. Acentúa la seriedad de la advertencia con la comparación de una tierra que sólo da cardos y espinas y «es inútil y poco menos que maldita, y terminará quemada» (6,8).

Él no espera eso de sus «queridos» Hebreos (6,9), a los que anima a perseverar hasta el final. Al contrario, confía en ellos. Les recuerda su compromiso cristiano de antes, sus buenas obras que Dios ciertamente no olvidará.

Todo eso, sin embargo, no justifica la pereza y la pasividad presente, pues están pendientes las obras futuras y una herencia final que no está automáticamente asegurada, sino «para alcanzar lo que esperan» (11).

El apoyo fundamental de la esperanza cristiana es la promesa de Dios. Por eso les anima a seguir el ejemplo de perseverancia de Abrahán, a quien Dios hizo una promesa y un juramento, precursores ambos de la promesa y del juramento definitivos revelados en Jesucristo, a saber: la promesa de la herencia eterna, y para conseguir

a la muerte, la fe en Dios, 2 las enseñanzas sobre el bautismo y la imposición de manos, la resurrección de muertos y el juicio definitivo. 3 Eso lo haremos, si Dios nos lo permite.

4 Porque los que una vez han sido iluminados y han gustado el don celestial, los que han participado del Espíritu Santo, 5 los que han saboreado la Palabra buena de Dios y las maravillas del mundo venidero; 6 si después apostatan, ya no se les puede hacer volver a Dios, porque ellos mismos están crucificando de nuevo y exponiendo a la burla de todos al Hijo de Dios. 7 Una tierra que bebe la lluvia frecuente y produce plantas útiles para los que la cultivan recibe una bendición de Dios; 8 pero si da cardos y espinas, es inútil y poco menos que maldita, y terminará quemada.

9 Queridos hermanos, aunque hayamos hablado así creemos que ustedes se encuentran en una situación mejor, la que conduce a la salvación; 10 ya que Dios es justo y no olvida sus obras ni el amor que mostraron en su Nombre sirviendo antes y ahora a los consagrados. 11 Pero deseamos que cada uno de ustedes muestre hasta el final el mismo entusiasmo, para alcanzar lo que esperan. 12 No queremos que se vuelvan perezosos, sino imitadores de los que, por la fe y la paciencia, heredan las promesas.

13 Cuando Dios hizo la promesa a Abrahán, como no tenía nadie más grande que él por quien jurar, juró por sí mismo 14 diciendo: *Te he de bendecir, he de multiplicar tu descendencia.*

15 Abrahán tuvo paciencia y alcanzó lo prometido. 16 Los hombres juran por alguien más grande, y el juramento confirma y deja de lado cualquier discusión. 17 Así Dios, queriendo probar abundantemente a los herederos de la promesa que su decisión era definitiva, interpuso un juramento.

18 Así, tenemos dos realidades seguras, promesa y juramento, en las que Dios no puede mentir. En ellas, los que hemos buscado refugio agarrándonos a la esperanza que se nos ofrece, tenemos un consuelo válido. 19 Esta esperanza es como un ancla firme y segura del alma, que penetra más allá de la cortina del Templo, 20 allí donde Jesús entró por nosotros, como precursor, nombrado sumo sacerdote perpetuo según el orden de Melquisedec.

Melquisedec y Jesucristo

(Gn 14; Sal 110,4)

7 1 Este *Melquisedec que era rey de Salem, sacerdote del Dios Altísimo, salió al encuentro de Abrahán, cuando volvía de derrotar a los reyes, y lo bendijo;* 2 *y Abrahán le dio un décimo de todo el botín.* El nombre de Melquisedec quiere decir en primer lugar

ésta, la esperanza de la mediación del sacerdocio de Cristo, garantizado por el juramento de Dios (cfr. Sal 110,4). El predicador termina su exhortación con una bella comparación marinera. Antiguamente había anclas que no se descolgaban para fondear, sino que se agarraban con ganchos a alguna cavidad de la costa: «penetraban» en tierra, unían la nave a la tierra firme. Así es nuestra esperanza que «penetra» en la morada de Dios y tiene allí su agarradero en la mediación de Cristo «nombrado sumo sacerdote perpetuo según el orden de Melquisedec» (6,20).

7,1-28 Melquisedec y Jesucristo. Es probable que este personaje del tiempo de Abrahán que aparece en Gn 14,18 y después en Sal 110,4 no nos diga nada a los lectores de hoy, y que la expresión «Jesucristo sacerdote según la línea de Melquisedec» nos parezca extraña e incomprensible. No olvidemos, sin embargo, que los destinatarios de la carta son judeocristianos y que, por tanto, estaban familiarizados y fascinados, como todos los judíos, por el misterio que envolvía a esta lejana personalidad sacerdotal del Antiguo Testamento. El predicador lo toma como imagen y figura del sacerdocio de Cristo

Rey de Justicia, después, Rey de Salem, que significa Rey de Paz. 3 Figura
sin padre ni madre, sin genealogía, sin
principio ni fin de su vida, y así, a semejanza del Hijo de Dios, sigue siendo
sacerdote por siempre. 4 Fíjense ahora
lo importante que sería, que el patriarca
Abrahán le dio un décimo del botín.

5 Los descendientes de Leví que reciben el sacerdocio tienen orden de
cobrar legalmente diezmos al pueblo,
es decir, a sus hermanos, que descien-
den también de Abrahán. 6 En cambio,
Melquisedec que no era descendiente
de Leví cobra diezmos a Abrahán y
bendice al titular de la promesa. 7 Nadie
duda que el menor es bendecido por el
mayor. 8 Además los hijos de Leví que
reciben diezmos, son hombres que han
de morir, en cambio en el caso de
Melquisedec es uno de quien se declara
que vive. 9 Por decirlo así: el mismo
Leví, el que cobra diezmos, pagó los
suyos a Melquisedec en la persona de
Abrahán 10 porque, en cierto sentido,
ya estaba en las entrañas de su antepasado Abrahán cuando le salió al encuentro Melquisedec.

11 Ahora bien, si por el sacerdocio levítico se podía alcanzar la perfección
–ya que por su mediación el pueblo recibía la ley–, ¿qué falta hacía nombrar
otro sacerdote en la línea de Melquisedec y no en la línea de Aarón? 12 Porque un cambio de sacerdocio significa
necesariamente un cambio de ley.

13 Jesús, de quien se habla aquí,
pertenece a otra tribu, de la cual nadie
ha oficiado en el altar. 14 Es sabido que
nuestro Señor procede de Judá, una
tribu que no menciona Moisés cuando
habla de sacerdotes.

15 Y resulta aún más claro, ya que
este nuevo sacerdote es nombrado a
semejanza de Melquisedec, 16 y recibe
el título, no en virtud de una ley de sucesión carnal, sino por la fuerza de una
vida indestructible.

17 De él han declarado: *Tú eres sacerdote para siempre según el orden
de Melquisedec.* 18 De este modo queda
cancelado el mandato anterior por inútil
e ineficaz, 19 porque la ley no llevó a la
perfección; en cambio ahora se introduce
una esperanza más valiosa, por la cual
nos acercamos a Dios.

para afirmar la superioridad y novedad absoluta de éste, en contraste y ruptura con el sacerdocio tradicional del Templo de Jerusalén.

Y así, va aplicando a Cristo todo lo que el texto de Gn 14 dice de Melquisedec «sacerdote del Dios Altísimo» (1). Primero se fija en sus títulos: «Rey de Justicia... Rey de Paz» (2). Aparece en escena misteriosamente «sin padre ni madre, sin genealogía, sin principio ni fin de su vida» (3). Así es el sacerdocio de Cristo, cuyos orígenes se pierden en el misterio de Dios. Pondera después la grandeza del sacerdote Melquisedec –es decir, de Cristo–, a quien el mismo Abrahán acata y reconoce al ofrecerle tributo y recibir su bendición, pues «nadie duda que el menor es bendecido por el mayor» (7). El Patriarca actuaba no solamente a título propio, sino como figura corporativa, es decir, representando a toda su descendencia, entre la que se encuentra la tribu de Leví, de la que provenía la clase sacerdotal del pueblo judío.

Compara ahora el sacerdocio levítico con el sacerdocio de Cristo y nuestro predicador afirma la superioridad absoluta de éste.

Se fija especialmente en dos características: la eficacia y la duración.

El sacerdocio levítico, con todas sus leyes de culto, no ha logrado relacionar plenamente a las personas con Dios, quedando así derogado «por inútil e ineficaz» (18). Así lo confirman las Escrituras al anunciar y prometer con juramento un sacerdote de otro orden, «una esperanza más valiosa, por la cual nos acercamos a Dios» (19).

En cuanto al número y la duración, los sacerdotes levíticos eran muchos, se repartían el trabajo en turnos, morían y otros les sucedían. Nuestro sumo sacerdote es único y vive perpetuamente, como garantiza el juramento: «tú eres sacerdote para siempre» (21). Finalmente, los sacerdotes levíticos eran pecadores, debían ofrecer «cada día sacrificios, primero, por sus pecados» (27), mientras que el sumo sacerdote Jesús es «santo, inocente, sin mancha» (26), ofreciéndose a sí mismo en sacrificio, como víctima inmaculada «de una vez para siempre» (27). Así termina el predicador la presentación del Sumo Sacerdote Jesús, a quien ve ya anunciado en el misterioso y profético personaje Melquisedec.

[20] Además esto ha sido confirmado con un juramento, mientras los descendientes de Leví recibían el sacerdocio sin juramento, [21] Jesús lo recibe con el juramento del que le dijo: *Lo ha jurado el Señor y no se vuelve atrás: tú eres sacerdote para siempre.* [22] Por lo tanto es más valiosa la alianza que Jesús garantiza.
[23] Aquellos sacerdotes eran numerosos porque la muerte les impedía continuar.
[24] Éste, en cambio, como permanece siempre, tiene un sacerdocio que no pasa. [25] Así puede salvar plenamente a los que por su medio acuden a Dios, ya que vive siempre para interceder por ellos.

[26] Él es el sumo sacerdote que necesitábamos: santo, inocente sin mancha, apartado de los pecadores, ensalzado sobre el cielo. [27] Él no necesita, como los otros sumos sacerdotes, ofrecer cada día sacrificios, primero por sus pecados y después por los del pueblo; esto lo hizo de una vez para siempre, ofreciéndose a sí mismo.

[28] La ley nombra sumos sacerdotes a hombres débiles; pero el juramento de Dios, que fue hecho después de la ley, nombra a un Hijo que llegó a ser perfecto para siempre.

La nueva Alianza
(Jr 31,31-34)

8 [1] Llego al punto central de mi exposición. Tenemos un sumo sacerdote que tomó asiento en el cielo a la derecha del trono de Dios. [2] Él es el ministro del santuario y de la verdadera morada, construida por el Señor y no por hombres.

[3] Todo sumo sacerdote es nombrado para ofrecer dones y sacrificios; luego también éste necesitaba algo que ofrecer.
[4] Si Jesús estuviera en la tierra, no sería sacerdote, ya que hay otros que ofrecen legalmente dones. [5] Pero el culto que ellos ofician es una figura y sombra de las realidades celestiales, como dice el oráculo que recibió Moisés para fabricar la tienda: *Atención, haz todo según el modelo que te mostraron en el monte.*

[6] Ahora bien, él ha recibido un ministerio superior, ya que es mediador de una alianza mejor, fundada sobre promesas mejores. [7] Porque si la primera Alianza hubiera sido irreprochable, no habría lugar para la segunda.

[8] Pero él pronuncia un reproche: *Miren que llegan días –oráculo del Señor– en que haré una alianza nueva con la Casa de Israel y con la Casa de Judá;* [9] *no será como la alianza que hice con sus padres, cuando los tomé de la mano para sacarlos de Egipto; ya que ellos no permanecieron fieles a mi alianza y yo me desentendí de ellos –dice el Señor–.* [10] *Así será la alianza que haré con la Casa de Israel en el futuro –oráculo del Señor–: Pondré mi ley en su conciencia, la escribiré en su corazón; yo seré su Dios y ellos serán mi pueblo.* [11] *No tendrá que instruir uno a su prójimo, otro a su hermano, diciendo: tienes que conocer al Señor; porque todos, grandes y pequeños me conocerán.* [12] *Porque yo perdonaré sus culpas y olvidaré sus pecados.* [13] Al decir *nueva,* declara vieja la primera. Y lo que

8,1-13 La nueva Alianza. El predicador quiere destacar lo dicho hasta ahora en una especie de resumen al que, por su importancia, no duda en llamarlo «el punto central de mi exposición» (1).

Y lo hace comenzando con una nueva referencia a Sal 110, en la que contempla al Hijo de Dios –el «Mi Señor» con que se inicia el salmo– sentado «en el cielo a la derecha del trono de Dios» (1), ejerciendo su función de sacerdote mediador «de una alianza mejor, fundada sobre promesas mejores» (6).

El predicador va a explicar cómo ejerce Jesús su sacerdocio y fija su atención en sus cuatro aspectos fundamentales: 1. El lugar donde actúa como sacerdote; 2. El santuario donde se ofrece el sacrificio; 3. El sacrificio que se ofrece, y 4. La nueva alianza que inaugura el sacrificio.

envejece y queda anticuado está a punto
de desaparecer.

El sacrificio de Cristo

9 1 La primera alianza contenía disposiciones sobre el culto y el santuario
terrestre. 2 En él se instaló un primer recinto, llamado El Santo, en el que estaban
el candelabro y la mesa de los panes
presentados. 3 Detrás de la segunda
cortina había otro recinto llamado El
Santísimo, 4 allí estaban el altar de oro y
el arca de la alianza, revestida toda de
oro, que encerraba una jarra de oro con
maná, la vara florecida de Aarón y las
tablas de la alianza. 5 Encima de ella estaban los querubines de la Gloria dando
sombra a la placa expiatoria. No hace
falta explicarlo ahora en detalle.

6 Una vez instalado todo, los sacerdotes entran continuamente en el primer
recinto para oficiar allí. 7 En el segundo
entra sólo el sumo sacerdote, una vez al
año, llevando la sangre que ofrece por sus
faltas y por las inadvertencias del pueblo.
8 Con lo cual el Espíritu Santo nos da a
entender que, mientras esté en pie el
primer recinto, no está abierto el acceso
al santuario. 9 Éstos son símbolos del
tiempo presente: los dones y sacrificios
que allí se ofrecen a Dios no pueden
llevar a la perfección a quienes los ofrecen; 10 se trata solamente de comidas,
bebidas y ciertas ceremonias de purificación que son disposiciones humanas
válidas hasta el momento en que Dios
cambie las cosas.

11 En cambio, Cristo, ha venido como
sumo sacerdote de los bienes futuros.
Él a través de una morada mejor y más
perfecta, no hecha a mano, es decir, no
de este mundo creado, 12 llevando no
sangre de cabras y becerros, sino su
propia sangre, entró de una vez para
siempre en el santuario y logró el rescate definitivo. 13 Porque si la sangre de
cabras y toros y la ceniza de becerra rociada sobre los profanos los santifica
con una pureza corporal, 14 cuánto más
la sangre de Cristo, que por el Espíritu
eterno se ofreció sin mancha a Dios,
purificará nuestras conciencias de las

Su argumentación, como ya nos tiene acostumbrados, se basa en la interpretación de las Escrituras, vistas con los ojos iluminados por la fe. Y así comienza diciendo que Jesús no podía ejercer su sacerdocio en la tierra por dos razones. La primera, porque Él no era legalmente sacerdote, ya que no pertenecía a la tribu sacerdotal de Leví. Desde el punto de vista de la legalidad, tan importante para los judíos, Jesús fue simplemente un laico. La segunda y fundamental, porque Jesús es sacerdote de una nueva alianza y todo lo anterior, incluyendo el sacerdocio de la antigua alianza del pueblo judío, «queda anticuado... está a punto de desaparecer» (13). Sus sacerdotes «ofician en una figura y sombra de las realidades celestiales» (5). La sombra puede reproducir el perfil, pero carece de substancia. Citando Éx 25,40, el predicador les recuerda que Moisés construyó la tienda del santuario «según el modelo que te mostraron en el monte» (5), es decir, como la copia pasajera, como sombra del verdadero santuario que Dios tenía preparado para un futuro que ya se está haciendo presente en la muerte y resurrección de Cristo.

Este futuro que ya experimentamos es la nueva alianza que anunció el profeta Jeremías: «así será la alianza... en aquel tiempo futuro... meteré mi ley en su pecho, la escribiré en su corazón, yo seré su Dios y ellos serán mi pueblo» (Jer 31,33). La nueva alianza se basa en la promesa gratuita de Dios de que el perdón de los pecados será completo; la ley estará interiorizada y el conocimiento de Dios estará asegurado para todos. El predicador afirma que estas promesas de futuro expresadas por el profeta se están cumpliendo ahora en la persona de Jesús, quien las inauguró y las ratificó, no con sangre extraña de sacrificios, sino con su propia sangre.

9,1-22 El sacrificio de Cristo. Para explicar la nueva alianza, el predicador continúa la comparación con la antigua, que giraba en torno al santuario y a los sacrificios que allí se realizaban. La minuciosa descripción sigue Éx 25-26; habla de dos tiendas de campaña o recintos adyacentes con sus respectivas cortinas de separación y todos los utensilios sagrados del culto que se encontraban dentro. Afirma que «no hace falta explicarlo ahora en detalle» (5), pues todo ello era de sobras conocido por los destinatarios de la carta. El primer recinto sólo era accesible a los sacerdotes, quienes ofrecían allí los sacrificios ordinarios. En el segundo recinto o «lugar santísimo» de la presencia de Dios sólo podía entrar el sumo sacerdote una vez al año para ofrecer el sacrificio de expiación por los pecados del pueblo y por los suyos.

obras que conducen a la muerte, para
que demos culto al Dios vivo. 15 Por eso
es mediador de una nueva alianza, a
fin de que, habiendo muerto para
redención de los pecados cometidos
durante la primera alianza, puedan
los llamados recibir la herencia eterna
prometida.

16 Para que se cumpla un testamento
tiene que comprobarse primero la
muerte del testador, 17 ya que el testamento entra en vigor con la muerte y
no rige mientras vive el testador. 18 Por
eso tampoco la primera alianza se
instituyó sin sangre. 19 Cuando Moisés
terminó de recitar al pueblo todos los
mandamientos de la ley, tomó lana
roja y una rama de hisopo las mojó en
la sangre de los becerros [y cabras],
mezclada con agua y roció el libro de la
ley y a todo el pueblo, 20 diciendo: *Ésta
es la sangre de la alianza que Dios establece con ustedes.* 21 Igualmente con
sangre roció la morada con todo el
ajuar del culto. 22 Según la ley, casi todo
se purifica con sangre, y sin derramar
sangre no hay perdón.

El santuario

23 De manera que, si era necesario
purificar las cosas que no son más que
símbolos de las realidades divinas, estas
mismas realidades divinas necesitan
sacrificios superiores. 24 Ahora bien,
Cristo entró, no en un santuario hecho
por los hombres, copia del auténtico,
sino en el cielo mismo; y ahora se presenta ante Dios a favor nuestro.

Al predicador le interesa resaltar dos aspectos. En primer lugar, que la misma estructura y disposición física del santuario con sus dos recintos, además del estatuto que regulaba su acceso –especialmente al lugar santísimo–, no eran una forma de que el pueblo accediera libremente a la presencia de Dios, sino una barrera y un impedimento casi infranqueables. En segundo lugar, que en la necesaria repetición de los sacrificios que se ofrecían en el santuario estaba la prueba de su ineficacia y carácter provisorio. En resumen: el Templo, el sacerdocio, los sacrificios, las prescripciones del culto, todo era temporal, tenía un valor relativo como «disposiciones humanas válidas hasta el momento en que Dios cambie las cosas» (10), es decir, la nueva alianza inaugurada por Jesús.

El predicador llega ahora al punto culminante de su exposición, presentando a Jesús como «sumo sacerdote de los bienes futuros» (11), en contraste con todo lo anterior. Y así, la tienda o el Templo, el lugar de la presencia y del encuentro definitivo con Dios, es el propio cuerpo de Jesús muerto y resucitado (cfr. Jn 2,19-21), no hecho «a mano, es decir, no de este mundo creado» (11). El nuevo santuario es el cielo «a donde entró de una vez para siempre» llevando «su propia sangre» y logrando así nuestro «rescate definitivo» (12). Con estas expresiones densas y dramáticas, el predicador presenta la muerte y resurrección de Jesús como el único y definitivo sacerdocio que inaugura, consuma y establece la nueva alianza de la humanidad con Dios.

Es probable que los destinatarios de la carta, acostumbrados a la terminología que usa el predicador, comprendieran todo el alcance de palabras claves como «sangre», «rescate» o «santuario celeste». Los lectores de hoy necesitamos más explicaciones. En la sangre se concentra toda la vida de Jesús de Nazaret como don del amor y de la compasión de Dios por todos nosotros, que culminó en su muerte en la cruz. Con la bella imagen bíblica del santuario celeste, del que hablará de nuevo más adelante, el predicador se refiere a la resurrección, inseparable de su muerte. Una muerte-resurrección que nos hace participar a nosotros de la misma vida de Dios. Y este misterio de amor que nos libra de la muerte y del pecado viene expresado en la palabra «rescate». Esta nueva alianza que establece Jesucristo con su muerte y resurrección es también un testamento o herencia a favor de la humanidad, afirma el predicador aludiendo al otro significado de la palabra alianza.

9,23-28 El santuario. El predicador retoma la imagen del sumo sacerdote judío que entra cada año en lo más sagrado del santuario el día de la fiesta de la Expiación («Yom Kippur») para ofrecer un sacrificio «con sangre ajena» (25) por sus pecados, y otro por los pecados del pueblo. Como contraste, afirma que el sumo sacerdote Jesucristo entró de una vez para siempre «no en un santuario hecho por los hombres,... sino en el cielo mismo» (24), y lo hizo «ahora... al final de los tiempos... para destruir de una sola vez con su sacrificio los pecados» (26).

Con esta sugerente y bella imagen del santuario del cielo, el predicador nos quiere decir que si bien el sacrificio liberador de la muerte de Jesús en la cruz acaeció hace dos mil años en la historia humana, la resurrección ubicó este mismo y único sacrificio en el hoy de Dios, en el santuario del cielo, que no se mide por años humanos, sino que es un ahora permanente y eterno que abarca toda la historia y toda la creación. Es en este ahora donde el predicador contempla al Sumo Sacerdote de la nueva alianza intercediendo a favor nuestro. Por eso, cada vez que se celebra la eucaristía, es el mismo y único sacrificio

25 No es que tenga que ofrecerse repetidas veces, como el sumo sacerdote, que entra todos los años en el santuario con sangre ajena; 26 en tal caso tendría que haber padecido muchas veces desde la creación del mundo.

Ahora en cambio, al final de los tiempos, ha aparecido para destruir de una sola vez con su sacrificio los pecados. 27 Y así como el destino de los hombres es morir una vez y después ser juzgados, 28 así también Cristo se ofreció una vez para quitar los pecados de todos y aparecerá por segunda vez, ya no en relación con el pecado, sino para salvar a los que lo esperan.

Eficacia del sacrificio de Cristo y el sacerdocio de los creyentes

10 1 La ley es sombra de los bienes futuros, no su presencia verdadera. Con los mismos sacrificios ofrecidos periódicamente cada año, la ley nunca puede hacer perfectos a los que se acercan. 2 Porque si los hubiera purificado definitivamente, al no tener conciencia de pecado, los que rinden culto habrían dejado de ofrecerlos.

3 Por el contrario, estos sacrificios sirven para hacerles recordar sus pecados cada año, 4 ya que la sangre de toros y cabras no puede perdonar pecados. 5 Por eso, al entrar en el mundo dijo: *No quisiste sacrificios ni ofrendas, pero me formaste un cuerpo.* 6 *No te agradaron holocaustos ni sacrificios expiatorios.* 7 *Entonces dije: Aquí estoy, he venido para cumplir, oh Dios, tu voluntad –como está escrito de mí en el libro de la ley–.* 8 Primero dice que no ha querido ni le han agradado ofrendas, sacrificios, holocaustos ni sacrificios expiatorios que se ofrecen legalmente; 9 después añade: *Aquí estoy para cumplir tu voluntad.* Así declara abolido el primer régimen para establecer el segundo. 10 Y en virtud de esa voluntad, quedamos consagrados por la ofrenda del cuerpo de Jesucristo, hecha de una vez para siempre.

11 Todo sacerdote se presenta a oficiar cada día y ofrece muchas veces los mismos sacrificios, que nunca pueden quitar pecados. 12 Cristo, en cambio, después de ofrecer un único sacrificio por los pecados, se sentó para siempre a la derecha de Dios 13 y se queda allí esperando a que pongan a sus enemigos como estrado de sus pies.

14 Porque con un solo sacrificio llevó a perfección definitiva a los consagrados. 15 También el Espíritu Santo nos lo atestigua, al decir: 16 *Ésta es la alianza que haré con ellos en el futuro –oráculo del Señor–: pondré mis leyes en su corazón y las escribiré en su conciencia.* 17 *Me olvidaré de sus pecados y delitos.*

---

de Cristo el que se hace presente sacramentalmente en medio de la comunidad cristiana, realizando nuestra reconciliación con Dios y anunciando su segunda y definitiva venida «para salvar a los que lo esperan» (28). Por eso la eucaristía es también la celebración de la memoria de un acontecimiento pasado, sí, la muerte de Jesús en la cruz, pero que al ser una muerte que fue asumida en la resurrección, entró en el «ahora» de Dios, convirtiéndose en memoria del acontecimiento eternamente presente del misterio del amor divino.

10,1-18 Eficacia del sacrificio de Cristo y el sacerdocio de los creyentes. El predicador da un paso más al afirmar que en el mismo sacrificio que consagra a Cristo como sacerdote (cfr. 5,9), nosotros también «quedamos consagrados por la ofrenda del cuerpo de Jesucristo, hecha de una vez para siempre» (10). O lo que es lo mismo, el sacerdocio de Cristo nos hace a todos los creyentes sacerdotes como Él, al darnos la posibilidad de ofrecer nuestras vidas de amor y de servicio a Dios y a nuestros hermanos como verdadero sacrificio agradable a Dios. Así quedamos incorporados al sacrificio de Cristo. Esto es lo que queremos decir cuando afirmamos que somos miembros del Cuerpo de Cristo.

Los sacrificios de la antigua alianza, repetidos periódicamente, no podían realizar esta maravillosa transformación, «nunca puede hacer perfectos a los que se acercan» (1) a Dios. El predicador da la razón:

18 Ahora bien, si son perdonados, ya
no hace falta ofrenda por el pecado.

Exhortación

19 Por la sangre de Jesús, hermanos,
tenemos libre acceso al santuario; 20 por
el camino nuevo y vivo que inauguró
para nosotros a través del velo del templo, a saber, de su cuerpo. 21 Tenemos
un sacerdote ilustre a cargo de la casa de
Dios. 22 Por tanto, acerquémonos con
corazón sincero, llenos de fe, purificados por dentro de la mala conciencia
y lavados por fuera con agua pura.
23 Mantengamos sin desviaciones la confesión de nuestra esperanza, porque
aquel que ha hecho la promesa es fiel.

24 Ayudémonos los unos a los otros
para incitarnos al amor y a las buenas
obras. 25 No faltemos a las reuniones,
como hacen algunos, antes bien ani-
mémonos mutuamente tanto más
cuanto que vemos acercarse el día del
Señor. 26 Porque si, después de recibir
el conocimiento de la verdad, pecamos
deliberadamente, ya no queda otro sacrificio por el pecado, 27 sino la espera
angustiosa de un juicio y el fuego voraz
que consumirá a los rebeldes.

28 Quien quebrantaba la ley de
Moisés, era ejecutado sin compasión
por el testimonio de dos o tres testigos.
29 Cuánto más será castigado, entonces,
quien pisotee al Hijo de Dios, profane

eran víctimas animales, externas a los hombres y las mujeres por quienes se ofrecían, no implicaban existencialmente a las personas mismas en su relación con Dios. De hecho, Dios había mostrado a lo largo de la historia del pueblo judío su indignación ante semejantes ofrendas: «estoy harto de holocaustos de carneros... la sangre de novillos, corderos... no me agrada» (Is 1,11), «porque quiero lealtad, no sacrificios» (Os 6,6). Dios no se fija en los sacrificios, sino en la actitud profunda de la persona que los ofrece, quien con su vida misma trata de obedecerle y serle fiel. Así es como el predicador se refiere a la vida del cristiano entendida como sacerdocio: una vida entregada al cumplimiento de la voluntad de Dios.

Ésta fue la actitud de Cristo «al entrar en el mundo» (5), continúa el predicador, poniendo en boca del mismo Cristo las palabras de Sal 40,7s: «No quisiste sacrificios... pero me formaste un cuerpo... Aquí estoy, he venido para cumplir, oh Dios, tu voluntad» (5-7). Una vez consumada la voluntad de Dios a lo largo de toda una vida entregada hasta la muerte en amor solidario con los pecadores y marginados, Cristo «se sentó para siempre», por su resurrección, «a la derecha de Dios» (12).

El verbo «sentarse» que usa el predicador no tiene nada de pasivo, sino todo lo contrario, pues Cristo sigue actuando por medio del Espíritu Santo: «Ésta es la alianza que haré con ellos... pondré mis leyes en su corazón y las escribiré en su conciencia» (16), y «me olvidaré de sus pecados y delitos» (17).

Es decir, nos hará capaces de ofrecer nuestras vidas a Dios como sacrificio existencial de obediencia a su voluntad, como sacerdotes que participan de su mismo sacerdocio. Es así como el apóstol Pablo ve la entera vida del cristiano: como «sacrificio vivo, santo, aceptable a Dios: éste es el verdadero culto» (Rom 12,1); el apóstol Pedro llamará a la comunidad cristiana «sacerdocio real, nación santa y pueblo adquirido» (1 Pe 2,9).

Este «sacerdocio de los fieles», con todas sus consecuencias, ha sido redescubierto por el Concilio Vaticano II. Todos los creyentes, sin distinción y en virtud del bautismo recibido, somos sacerdotes; nuestra función sacerdotal es ofrecer nuestras vidas al servicio de Dios y de nuestros hermanos. Es este sacerdocio común de todos el que da sentido al ministerio ordenado –obispos, presbíteros y diáconos–, instituido por Jesucristo para estar al servicio de la comunidad sacerdotal formada por todos los cristianos. El alcance de este redescubrimiento está revolucionando poco a poco la vida de la Iglesia, convirtiendo a la hasta ahora masa silenciosa y pasiva del laicado en protagonistas, por derecho propio, en todo lo que concierne a la misión de la Iglesia en el mundo, en comunión de corresponsabilidad, no de obediencia ciega, con la jerarquía eclesial.

10,19-39 Exhortación. Esta exhortación debe unirse a las dos anteriores (3,7-4,14 y 5,11-6,20). Del ámbito doctrinal, el predicador pasa a la tercera gran exhortación de su carta-homilía, poniendo de manifiesto las consecuencias para la vida del cristiano de todo lo que ha expuesto hasta ahora. El tono de la misma combina el entusiasmo y el optimismo con la amonestación y la advertencia. Ve a la comunidad cristiana como la casa de Dios, presidida «por un sacerdote ilustre» (21) que ha abierto las puertas del santuario y se ofrece a sí mismo como camino vivo de acceso al mismo.

Les anima a acercarse a Él «con corazón sincero, llenos de fe», como corresponde a los que por el bautismo han sido «purificados... con agua pura» (22). Les pide que den testimonio de la esperanza con sus vidas, preocupándose los unos por los otros «para incitarnos al amor y a las buenas obras» (24). Les amonesta con severidad a participar en las asambleas –la celebración eucarística, sobre todo–, dando a entender la manifiesta,

la sangre de la alianza que lo consagró
y afrente al Espíritu de la gracia.
30 Conocemos al que dijo: *Mía es la*
venganza, a mí me toca retribuir, y
también: El Señor juzgará a su pueblo.
31 Qué terrible es caer en manos del
Dios vivo.
32 Recuerden los primeros días,
cuando, recién iluminados, sostuvieron
el duro combate de los padecimientos:
33 unos expuestos públicamente a injurias y malos tratos, otros solidarios de
los que así eran tratados. 34 Compar-
tieron las penas de los encarcelados,
aceptaron gozosos que los privaran de
sus bienes, sabiendo que poseían
bienes mayores y permanentes. 35 Por
tanto, no pierdan la confianza, que ella
les traerá una gran recompensa. 36 A
ustedes les hace falta paciencia para
cumplir la voluntad de Dios y obtener lo
prometido. 37 *Todavía un poco, muy*
poco, y el que ha de venir vendrá sin
tardanza. 38 *Mi justo vivirá por la fe;*
pero si se echa atrás, no me agradará.
39 Nosotros no pereceremos por echar-
nos atrás, sino que salvaremos nuestra
vida por la fe.

La fe – esperanza

11 1 La fe es la garantía de lo que se
espera, la prueba de lo que no
se ve. 2 Por ella nuestros antepasados
fueron considerados dignos de aprobación. 3 Por la fe comprendemos que el
mundo fue formado por la Palabra de
Dios, lo visible a partir de lo invisible.
4 Por la fe Abel ofreció a Dios un
sacrificio mejor que el de Caín, por ella
lo declararon justo y Dios aprobó sus
dones; por ella, aunque muerto, sigue
hablando.

repetida y culpable ausencia de algunos de ellos de la vida de la comunidad, por razones que, aunque no nos las dice, las insinúa más adelante: miedo a la persecución, tensiones dentro de la comunidad misma o simplemente desaliento y desánimo de los que se habían cansado de esperar la venida del Señor porque les parecía que tardaba demasiado. Por eso insiste en que cobremos tanto más ánimo cuanto más cercano vemos ese día (25). De lo contrario, en vez de la espera del Señor, lo único que les quedará será «la espera angustiosa de un juicio y el fuego voraz que consumirá a los rebeldes» (27).

Ese castigo, prosigue con extrema dureza, estará en proporción con la falta que cometa quien pisotee al Hijo de Dios, profane su sangre y afrente al Espíritu (29).

Después de esta terrible advertencia, el predicador recuerda a la comunidad el tiempo de su primera fidelidad, aquellos días en que «sostuvieron el duro combate de los padecimientos» (32).

Fueron días de penas y cárceles, de solidaridad con los perseguidos, de privación de bienes, pero también días de gozo porque experimentaron la posesión de «bienes mayores y permanentes» (34).

Esta fidelidad pasada debe llenarles de confianza para enfrentarse con los tiempos difíciles por los que atraviesa la comunidad, tiempos de persecución, seguramente con el consiguiente riesgo de apostasía.

El predicador termina esta exhortación con una llamada a la paciencia perseverante y activa porque falta «todavía un poco, muy poco, y el que ha de venir vendrá sin tardanza» (37).

11,1-40 La fe – esperanza. La fe nos mantiene firmes en la espera de lo que todavía «no se ve» (1), aludiendo a esa segunda y definitiva venida del Señor. Son los ojos de la fe los que perciben en lontananza al que ha de venir, es más: la fe posee ya, por anticipado, esa realidad del encuentro definitivo con el Señor que se perfila como el horizonte último de la historia y que da sentido al tiempo presente.

Dios ha hecho una promesa y el creyente se fía de ella, por eso espera. Esta fe transida de esperanza es la clave de interpretación de la verdadera historia del pueblo de Israel, que el predicador nos va a mostrar como una historia de fe a través de las gestas de sus protagonistas a quienes presenta justamente como campeones y testigos de la fe.

El recorrido histórico es largo y detallado. Menciona a quince personajes por sus nombres y a otros muchos anónimos que superaron toda clase de pruebas y soportaron indecibles sufrimientos y tribulaciones, que fueron marginados, excluidos, perseguidos, encarcelados, despreciados, torturados, asesinados. El predicador termina su recorrido con una exclamación: «el mundo no era digno de ellos» (38), como queriendo resaltar la superior calidad humana y estatura moral de esas personas a quienes, de ordinario, la sociedad en que viven no tiene la capacidad de reconocer ni de apreciar.

¿Cómo pudieron aquellos hombres y aquellas mujeres hacer lo que hicieron, mantenerse firmes, luchar contra corriente y sin tregua en el mundo hostil en que les tocó vivir? «Por la fe», afirma el predicador, repitiendo la expresión detrás de cada nombre (22 veces) como la

5 Por la fe Enoc fue trasladado sin pasar por la muerte, *y no lo encontraron porque Dios se lo había llevado*; y recibió testimonio que antes de su traslado *había agradado a Dios*. 6 Sin fe es imposible agradarle. Quien se acerca a Dios ha de creer que existe y que recompensa a los que lo buscan.

7 Por la fe recibió Noé aviso de lo que aún no se veía, y cauteloso construyó un arca para que se salvase su familia. La fe de Noé condenó al mundo y él alcanzó la justicia que da la fe.

8 Por fe obedeció Abrahán a la llamada de salir hacia el país que habría de recibir en herencia; y salió sin saber adónde iba. 9 Por fe se trasladó como forastero al país que le habían prometido y habitó en tiendas de campaña con Isaac y Jacob, herederos de la misma promesa. 10 Porque esperaba la ciudad construida sobre cimientos cuyo arquitecto y constructor es Dios.

11 Por fe también Sara, aun pasada la edad, recibió vigor para concebir, porque pensó que era fiel el que lo prometía. 12 Así, de uno solo, y ya cercano a la muerte, nació una multitud como las estrellas del cielo y como la arena incontable de las playas.

13 Con esa fe murieron todos ésos sin haber recibido lo prometido, aunque viéndolo y saludándolo de lejos y confesándose peregrinos y forasteros en la tierra.

14 Quienes así razonan demuestran que están buscando una patria. 15 Pero si hubieran sentido nostalgia de la que abandonaron, podrían haber vuelto allá. 16 Por el contrario, aspiraban a una mejor, es decir, a la patria celestial. Por eso Dios no tiene reparo en llamarse su Dios, porque les había preparado una ciudad.

17 Por fe, Abrahán, cuando Dios lo puso a prueba, tomó a Isaac, para ofrecerlo en sacrificio. Ofreció a su hijo único, el que era la garantía de la promesa, 18 eso que le habían dicho: *Isaac continuará tu descendencia*; 19 pero pensó que Dios tiene poder para resucitar de la muerte. Y así lo recobró como un símbolo.

20 Por fe, bendijo Isaac el futuro de Jacob y Esaú.

21 Por fe, Jacob moribundo bendijo a los dos hijos de José *y se postró apoyándose en el extremo del bastón*.

22 Por fe, José, al final de la vida, hizo alusión al éxodo de los israelitas y dio instrucciones acerca de sus restos.

23 Por fe, cuando nació Moisés, sus padres, viendo que era un niño hermoso, y sin temer el decreto real, lo ocultaron tres meses.

24 Por fe, Moisés, ya crecido, renunció al título de hijo de la hija del Faraón, 25 y antes que el disfrute pasajero del pecado, prefirió ser maltratado con el pueblo de Dios; 26 pensando que la humillación de Cristo valía más que los tesoros de Egipto, ya que tenía puestos los ojos en la recompensa que Dios le habría de dar.

27 Por fe, abandonó Egipto sin temer la cólera del rey, porque se aferraba a lo invisible como si fuera visible.

28 Por fe, celebró la Pascua y roció con sangre, para que el destructor no tocase a sus primogénitos.

melodía de fondo que dio sentido a sus vidas. La fe los convirtió en «peregrinos y forasteros en la tierra» (13), buscadores de una patria mejor (16). Por la fe en lo prometido, Jesús el Mesías, murieron «viéndolo y saludándolo de lejos» (13), aunque no llegaron a conocerlo. Por la fe ofrecieron sus vidas «prefiriendo una resurrección de más valor» (35).

Al final de su recorrido histórico por los personajes de la historia de Israel, el predicador afirma que aquellos no cumplieron su destino sin nosotros (40). Por una parte, abarca en un abrazo solidario a todos los testigos de la fe que peregrinaron por la tierra buscando, creyendo y esperando en Dios, aunque no llegaron a conocer a Aquel en quien la fe tiene sentido y cumplimiento: Jesús de

29 Por fe, los israelitas atravesaron el
Mar Rojo como por tierra firme, mientras que los egipcios al intentarlo se
ahogaron.
30 Por fe, la muralla de Jericó, tras ser
rodeada durante siete días, se derrumbó.
31 Por fe, la prostituta Rajab acogió
amistosamente a los espías y no pereció con los rebeldes.
32 ¿A qué seguir? Me falta tiempo
para contar la historia de Gedeón, Barac,
Sansón, Jefté, David y Samuel y los
profetas; 33 los cuales por fe conquis-
taron reinos, administraron justicia,
vieron cumplidas las promesas, cerraron la boca a leones, 34 extinguieron el
ardor del fuego, evitaron el filo de la
espada, se restablecieron de la enfermedad, fueron valerosos en la guerra,
rechazaron ejércitos extranjeros.
35 Algunas mujeres recobraron resucitados a sus maridos.
Otros, torturados, rehusaron librarse,
prefiriendo una resurrección de más
valor.
36 Otros sufrieron la prueba de burlas
y azotes, de cadenas y cárcel. 37 Fueron
apedreados, destrozados, pasados a
cuchillo; vagaban cubiertos con pieles
de cabras y ovejas, necesitados, atribu-
lados, maltratados. 38 El mundo no era
digno de ellos. Vagaban por desiertos,
montañas, grutas y cavernas.
39 Ninguno de ellos, aunque fueron
aprobados por la fe que tenían, alcanzó
lo prometido, 40 porque Dios nos reser-
vaba un plan mejor: que aquellos no
cumplieran su destino sin nosotros.

Jesús, el testigo supremo de la fe

12 1 Por lo tanto, nosotros, rodea-
dos de una nube tan densa de
testigos, desprendámonos de cualquier
carga y del pecado que nos acorrala;
corramos con constancia la carrera
que nos espera, 2 fijos los ojos en el que
inició y consumó la fe, en Jesús. El
cual, por la dicha que le esperaba, sufrió la cruz, despreció la humillación y
se ha sentado a la derecha del trono de
Dios.
3 Piensen en aquel que soportó tal
oposición por parte de los pecadores, y
no se desalentarán. 4 Todavía no han
tenido que resistir hasta derramar la
sangre en su lucha contra el pecado.

Nazaret. Por otra, nos abarca a nosotros, los cristianos que sabemos y conocemos y por eso completamos el destino de todos ellos al anunciar y proclamar el nombre santo del Salvador universal. Ésta es la misión de la Iglesia: ser el signo, el sacramento de la salvación que Dios ofrece en la muerte y resurrección de Jesucristo a todos los hombres y todas las mujeres de toda raza y nación.

12,1-4 Jesús, el testigo supremo de la fe. De la «nube tan densa de testigos» (1) que acaba de mencionar, el predicador pasa ahora al testigo por excelencia, el pionero «que inició y consumó la fe» (2) superando todas las pruebas: Jesús.

Y así les exhorta a la fe y a la esperanza usando una expresión realista y densa de significado: «mirar fijamente», como cuando uno pone su confianza en otra persona, cuando se espera la respuesta de alguien porque uno sabe que el otro comprende toda la angustia y todo el sufrimiento que expresa la mirada. De esta manera, el predicador anima a sus oyentes perseguidos y desalentados a mirar fijamente al Crucificado para recibir de Él una respuesta y así «no se desalentarán» (3), pues todavía queda mucho camino por andar y mucho sufrimiento que padecer, y sin constancia no se puede llegar al final de la carrera.

12,5-13 Dios, educador paternal. El predicador ha comparado las dificultades del camino con la disciplina del esfuerzo deportivo para alcanzar la meta, a imitación de Jesús que inició su carrera y la concluyó, que sufrió y triunfó.

Ahora presenta otra comparación, la de la educación paterna que es al mismo tiempo severa y afectuosa. Se inspira en el modelo sapiencial del Antiguo Testamento: «porque al que ama lo reprende el Señor, como un padre al hijo querido» (Prov 3,12); el «hijo sensato acepta la corrección paterna» (Prov 13,1). Dios como Padre educa austeramente: «¿Hay algún hijo a quien su padre no castigue?» (7). Así lo hizo en el desierto, sometiendo a su pueblo a toda clase de pruebas «para que reconozcas que el Señor, tu Dios, te ha educado como un padre educa a su hijo; para que guardes los preceptos del Señor, tu Dios, sigas sus caminos y lo respetes» (Dt 8,5s).

Dios, educador paternal

5 ¿Han olvidado ya la exhortación
que Dios les dirige como a hijos? *Hijo
mío, no desprecies la corrección del
Señor ni te desanimes si te reprende;*
6 *porque el Señor corrige a quien ama y
azota a los hijos que reconoce.* 7 Aguan-
ten, es por su educación, que Dios los
trata como a hijos.

¿Hay algún hijo a quien su padre no
castigue? 8 Si no los castigan como a
los demás, es que son bastardos y no
hijos. 9 Más aún: a nuestros padres corporales que nos castigaban los respetá-
bamos; ¿no habrá más razones para
someternos al Padre de nuestras almas
y así tener vida?

10 Aquéllos nos educaban por breve
tiempo, como juzgaban conveniente;
éste para nuestro bien, para que partici-
pemos de su santidad. 11 Ninguna corrección, cuando es aplicada, resulta
agradable, más bien duele; pero más
tarde produce en los que fueron corre-
gidos frutos de paz y de justicia. 12 Por
tanto, fortalezcan los brazos débiles, robustezcan las rodillas vacilantes, 13 enderecen las sendas para sus pies, de
modo que el rengo no caiga, sino que
se sane.

La gracia de Dios

14 Busquen la paz con todos y la
santificación, sin la cual nadie puede
ver a Dios. 15 Estén atentos para que
nadie sea privado de la gracia de Dios;
para que ninguna raíz amarga crezca y
dañe y contagie a los demás. 16 No
haya impúdicos ni profanadores como
Esaú, que por una comida vendió sus
derechos de primogénito. 17 Saben que
más tarde, cuando intentó recobrar la
bendición testamentaria, fue descalificado y, aunque lo pidió con lágrimas,
no consiguió cambiar la decisión.

18 Ustedes no se han acercado a algo tangible: fuego ardiente, oscuridad,
tiniebla, tempestad, 19 ni oyeron el toque de trompetas ni una voz hablando
que, al oírla, pedían que no continuase,
20 porque no podían soportar aquella
orden: *el que toque el monte, aunque
sea un animal, será apedreado.* 21 Ese
espectáculo era tan terrible que Moisés
comentó: *estoy temblando de miedo.*

22 Ustedes en cambio se han acercado a Sión, monte y ciudad del Dios
vivo, a la Jerusalén celeste con sus millares de ángeles, a la congregación 23 y
asamblea de los primogénitos inscritos
en el cielo, a Dios, juez de todos, a los

¿Qué decir de esta pedagogía del castigo o de la imagen de un Dios Padre a quien se le atribuyen las pruebas y sufrimientos humanos como método para educar a sus hijos? Primero, el predicador habla desde la cultura de su tiempo, cuyos métodos educativos no son ni deben ser necesariamente los nuestros. Segundo, y más importante, Dios no envía tribulaciones y sufrimientos a sus hijos ni es esto lo que quiere decir el predicador. Está simplemente contemplando el sufrimiento de la comunidad cristiana, que no es querido por Dios, desde la perspectiva de su amor, capaz de transformar el dolor y la tribulación de sus hijos en «frutos de paz y de justicia» (11). Así es como Dios se enfrenta y destruye el sufrimiento humano (cfr. Rom 8,18). A esta victoria se refiere cuando cita al profeta (Is 35,3) cantando el regreso a Jerusalén de los desterrados de Babilonia en una especie de peregrinación festiva y gozosa, gracias a la intervención salvadora de Dios: «fortalezcan los brazos débiles, robustezcan las rodillas vacilantes, enderecen las sendas para sus pies» (12s).

12,14-29 La gracia de Dios. El predicador sigue exhortando a sus oyentes a permanecer unidos buscando la paz y la gracia de Dios. Les pone por delante, como escarmiento, lo que le ocurrió a Esaú, quien vendió su primogenitura por un plato de lentejas para no volverla a recuperar ya más.

La visión de la nueva alianza que describe a continuación tiene toda la fuerza y la poesía de las visiones proféticas. Como contraste, presenta primero al pueblo de Israel sobrecogido de temor al pie de la montaña del Sinaí, ante la majestad de la Palabra de Dios, en medio del «fuego ardiente, oscuridad, tiniebla, tempestad... toque de trompetas» (18s). Un terrible espectáculo ante el que el mismo Moisés confesó: «estoy temblando de miedo» (21). Por el contrario, el peregrinar de la comunidad cristiana que se inició con el bautismo es hacia el monte donde se asienta la ciudad de Dios (cfr. Sal 48,1-3). Esta ciudad santa tiene ya sus ciudadanos residentes: los ángeles innumerables que forman la corte de Dios y los

espíritus de los justos consumados, 24 a
Jesús, mediador de la nueva alianza, a
una sangre rociada que grita más fuerte
que la de Abel.
25 Atención, no rechacen al que habla. Porque si aquéllos, por rechazar al
que pronunciaba oráculos en la tierra,
no escaparon, ¿cómo podremos escapar
nosotros, si nos apartamos del que habla desde el cielo? 26 Si su voz entonces
hizo temblar la tierra, ahora proclama
lo siguiente: *Otra vez haré temblar la*
tierra y también el cielo. 27 Al decir otra
vez, muestra que serán quitadas las
cosas creadas, lo que puede ser movido, para que permanezca lo que es
inconmovible. 28 Así, al recibir un reino
inconmovible, seamos agradecidos,
sirviendo a Dios como a él le agrada,
con respeto y reverencia. 29 Porque
nuestro Dios es un fuego devorador.

Exhortaciones finales:
el sacerdocio de los cristianos

13 1 Que el amor fraterno sea duradero. 2 No olviden la hospitalidad, por la cual algunos, sin saberlo,
hospedaron a ángeles. 3 Acuérdense de
los presos como si ustedes estuvieran
presos con ellos; y de los maltratados,
como si ustedes estuvieran en sus cuerpos. 4 Que el matrimonio sea respetado
por todos y el lecho matrimonial esté
sin mancha; porque Dios juzgará a lujuriosos y adúlteros. 5 Sean desinteresados en su conducta y conténtense
con lo que tienen; porque él dijo: *no te*
dejaré ni te abandonaré. 6 Por lo cual
podemos decir confiados: *El Señor me*
auxilia y no temo: ¿qué podrá hacer-
me un hombre?
7 Acuérdense de quienes los dirigían,
ellos les transmitieron la Palabra de
Dios; miren cómo acabaron sus vidas e
imiten su fe. 8 Jesucristo es el mismo
ayer, hoy y por los siglos.
9 No se dejen llevar por doctrinas
diversas y extrañas. Conviene fortalecer
el corazón con la gracia, no con reglas
sobre alimentos que no aprovecharon
a los que las observaban. 10 Tenemos
un altar del que no están autorizados a
comer los ministros de la antigua alianza.
11 Porque el sumo sacerdote introduce

justos ya consumados (23), es decir, los campeones de la fe del Antiguo Testamento que ya mencionó en el capítulo 11 y todos los hombres y mujeres de buena voluntad de toda raza y nación. Pero también los que peregrinan hacia el monte de Dios tienen ya su nombre inscrito en el registro del cielo, pues gracias a Cristo han sido hechos hijos e hijas de Dios.

La gran esperanza de alcanzar la meta es que allí se encuentra el Sacerdote Mediador, cuya sangre «grita más fuerte que la de Abel» (24) pidiendo justicia. La de Jesús pide perdón y se hace escuchar por el Juez Universal. Ésta es la grandiosa visión con la que el predicador anima, amonesta y pone en guardia a sus oyentes, entre los que nos encontramos los que hoy leemos esta carta de Dios, para que tomemos en serio nuestro compromiso cristiano y perseveremos en nuestra peregrinación «sirviendo (rindiendo culto) a Dios como a él le agrada» (28).

13,1-25 Exhortaciones finales: El sacerdocio de los cristianos. En estas últimas exhortaciones de su carta, el predicador baja al detalle de lo que debe ser la vida de los cristianos entendida como culto auténtico a Dios. No se trata solamente de consejos morales que encajarían bien al final de cualquier tipo de sermón. El predicador ha estado hablando a lo largo de toda su homilía del sacerdocio único y definitivo de Cristo como entrega obediente de toda su persona a Dios hasta la muerte, en solidaridad con el pecado y sufrimiento humano, especialmente el de los más pobres y marginados.

Ahora exhorta a sus oyentes nada menos que a ser sacerdotes como Jesús, es decir, a participar en su sacerdocio de entrega incondicional a Dios y a los hermanos con nuestra propia entrega personal. El culto verdadero que Dios quiere es este tipo de sacrificio: el don de la propia vida. De ahí que la espiritualidad cristiana que propone la carta sea «un amor fraterno... duradero» (1) que considere a los perseguidos y a los «presos como si ustedes estuvieran presos con ellos» (3), a los maltratados como si nos estuvieran maltratando a nosotros mismos, «como si ustedes estuvieran en sus cuerpos» (3); una hospitalidad hacia los más pobres como si estuviéramos hospedando a ángeles, «sin saberlo, hospedaron a ángeles» (2); una entrega fiel y generosa de amor en el matrimonio sin atrapar sexo para sí, es decir, «el lecho matrimonial... sin mancha» (4); una conducta honesta que nos aleje de la corrupción y del robo para medrar en la vida, pues «yo no te dejaré ni te abandonaré» (5).

la sangre de los animales sacrificados
en el santuario como ofrenda para expiar los pecados y los cuerpos se queman fuera del campamento. 12 Por eso
Jesús, para consagrar con su sangre al
pueblo, padeció fuera de las puertas.
13 Salgamos, también nosotros fuera
del campamento, para ir hacia él, cargando con sus afrentas; 14 porque no
tenemos aquí ciudad permanente, sino
que buscamos la futura.

15 Por medio de él, ofrezcamos continuamente a Dios un sacrificio de alabanza, es decir, el fruto de unos labios
que confiesan su nombre.

16 No se olviden de hacer el bien y de
ser solidarios: ésos son los sacrificios
que agradan a Dios.

17 Obedezcan y sométanse a sus
guías, porque ellos cuidan constantemente de ustedes como quien tiene
que dar cuenta; así lo harán contentos
y sin lamentarse, porque lamentarse no
les traería ningún provecho.

18 Recen por nosotros. Creemos tener la conciencia limpia y deseos de
proceder en todo honradamente.

19 Pero insisto en rogarles que recen,
para que me devuelvan a ustedes cuanto antes. 20 El Dios de la paz, que sacó
de la muerte al gran pastor del rebaño,
a Jesús nuestro Señor, por la sangre de
una alianza eterna, 21 los haga a ustedes
buenos en todo para que cumplan su
voluntad. Que él haga en nosotros lo
que le agrada, por medio de Jesucristo.

A él la gloria por los siglos de los
siglos. Amén.

22 Les encargo, hermanos, que reciban con paciencia estas palabras de
aliento. 23 Sepan que nuestro hermano
Timoteo ha sido puesto en libertad. Si
llega pronto, me acompañará cuando
los visite.

24 Saluden a todos sus dirigentes y
a todos los consagrados. Los hermanos de Italia les envían saludos. 25 La
gracia los acompañe a todos.

Por tanto, los deberes de este sacerdocio de los fieles miran a la vida más que al culto. Más adelante lo dirá con una bella frase: «no se olviden de hacer el bien y de ser solidarios: ésos son los sacrificios que agradan a Dios» (16).

Existe un pueblo permanentemente crucificado por las circunstancias que le toca vivir, excluido por razones económicas, políticas, sociales o religiosas. Son los destinados a morir antes de tiempo y que suelen estar en un permanente éxodo social, político, económico y religioso. Todos ellos se dan cita en «las afueras» de la gran ciudad. Es en medio de este pueblo donde Jesús ejerció su sacerdocio de entrega hasta la muerte.

El predicador lo explica hablando simbólicamente de tres éxodos: el éxodo de las víctimas animales que el pueblo judío sacrificaba fuera del campamento «para expiar los pecados» (11); el éxodo de Jesús que fue crucificado «fuera de las puertas» de la ciudad «para consagrar con su sangre al pueblo» (12); y el éxodo de los cristianos que, siguiendo a Jesús, debemos ir a las afueras «cargando con sus afrentas» (13), que son los oprobios de todos los crucificados de la tierra. Es, pues, un sacerdocio que se ejerce en la periferia de la marginación, del sufrimiento y de la muerte, que rompe todos los esquemas por su novedad y por su radicalidad.

El predicador viene a decir a continuación que este sacerdocio de los cristianos debe ejercerse en obediencia y sometimiento a nuestros guías (17), en alusión a los líderes de la comunidad. Éstos son ya los de la segunda generación, los que han heredado la responsabilidad de los apóstoles que «les transmitieron la Palabra de Dios» (7) y dieron ejemplo con su fe hasta su muerte. ¿Estaban entrando en la comunidad falsas doctrinas que ponían en peligro la memoria de Jesús transmitida por la tradición apostólica?

El predicador ve la obediencia a los líderes de la comunidad como fidelidad a Jesús quien, «aunque era Hijo, aprendió sufriendo lo que es obedecer» (5,8). El criterio para el ejercicio de la autoridad de los líderes y para la obediencia a éstos es la memoria de Jesús que «es el mismo ayer, hoy y por los siglos» (8). Así lo percibe el predicador cuando se refiere al «Dios de la paz, que sacó de la muerte al gran pastor del rebaño, a Jesús nuestro Señor, por la sangre de una alianza eterna» (20).

La despedida (22-25) es una especie de posdata que define a la carta como un discurso de exhortación, «palabras de aliento», aunque esté llena de reflexiones doctrinales. Sobre la prisión de Timoteo, ésta es la única noticia que tenemos.

CARTA DE SANTIAGO

Autor, fecha de composición y destinatarios de la carta. El remitente de esta carta o escrito se identifica como Santiago. El nombre puede corresponder a tres personajes conocidos del Nuevo Testamento: los dos apóstoles, el mayor y el menor, y el «hermano del Señor». De los dos primeros, es del todo improbable que alguno sea el autor. Al último, se le podría atribuir muy bien la autoría de la carta; sin embargo, una serie de razones, como el lenguaje y el estilo marcadamente helenístico y el uso normal de la versión griega de la Biblia hebrea (los LXX) descartan la posibilidad de que lo sea. En la actualidad, muchos biblistas piensan que se trata de una obra pseudónima, escrita hacia finales del s. I.

En cuanto a los destinatarios, el título «las doce tribus dispersas» remite a primera vista a la diáspora judía del Antiguo Testamento; pero la referencia natural al Señor Jesucristo obliga a identificarlas con las Iglesias difundidas por Asia y Europa. El número «doce» indica totalidad; la palabra «tribus», la sucesión del nuevo Israel; y «dispersas», la expansión creciente del cristianismo. El título pasa, pues, a designar ahora a la comunidad cristiana plural y extendida por el mundo.

Género de la carta. Solemos llamarla carta, aunque de carta tiene muy poco, apenas un escueto saludo convencional. Tampoco es una homilía o un tratado. A lo que más se parece es a un escrito sapiencial del Antiguo Testamento, con mayor semejanza a las breves instrucciones temáticas del Eclesiástico que a la cadena de refranes y aforismos del libro de los Proverbios.

Contenido de la carta. Por su carácter sapiencial, su contenido es más una lista de temas o serie de instrucciones para la vida cristiana que el desarrollo minucioso de algún tema doctrinal.

Se ha objetado su talante cristiano, y hasta existe una hipótesis que la señala como una composición judía superficialmente adaptada. Sin embargo, a pesar que sólo se menciona a Jesucristo tres veces (1,1; 2,1 y 5,7), contiene asuntos específicamente cristianos, como la debatida cuestión de fe y obras (2,14-26; cfr. Gál 3 y Rom 4), la regeneración por la palabra/mensaje (1,18) y la ley de la libertad (1,25; 2,12). Además, su relación con la primera carta de Pedro es patente: la dispersión (1,1 y 1 Pe 1,1); las pruebas de la fe (1,2s y 1 Pe 1,6); la guerra de las pasiones (4,1 y 1 Pe 2,11); la invitación a resistir (4,7 y 1 Pe 5,9).

Es probable que el autor se inspirara ampliamente en el substrato tradicional de la ética judía, pero dándole contenido cristiano y aplicándolo a situaciones y necesidades concretas de las comunidades a las que se dirige. Una de estas necesidades, y por la que se ha hecho famosa como punto de referencia neo-testamentario, es el tema de la obras sin las cuales la fe carece de sentido, «está muerta del todo» (2,17). El autor conoce probablemente la enseñanza de Pablo sobre la fe y las obras, y parece reaccionar contra las consecuencias abusivas de dicha doctrina. Santiago, por supuesto, piensa en las obras que debe realizar un cristiano que vive ya en el contexto de la fe que salva, recibida gratuitamente y no por mérito de las obras –de la Ley– como afirma Pablo.

De todas formas, si la carta aborda una variedad de temas, una sola es la intención del autor: exhortar a los cristianos a ser consecuentes con la fe que profesan y a testimoniarla con una vida ejemplar.

Carta católica. El escrito de Santiago pertenece al grupo de las llamadas «cartas católicas». Las otras son las dos de Pedro, las tres de Juan y la de Judas. El significado de «católico» –universal– expresa la principal característica de estos escritos, es decir, que están dirigidos no a una Iglesia particular como las cartas de Pablo, sino a los cristianos en general. Con el correr del tiempo, y frente a corrientes protestantes que negaban el carácter canónico a estas cartas, el Concilio de Trento (s. XVI) definió su canonicidad, afirmando ser Palabra de Dios como los otros libros del Nuevo Testamento.

Saludo

1 1 Santiago, siervo de Dios y del
Señor Jesucristo, saluda a las doce
tribus dispersas entre las naciones.

Paciencia y sensatez

2 Hermanos míos, estimen como la
mayor felicidad el tener que soportar
diversas pruebas. 3 Ya saben que, cuando su fe es puesta a prueba, ustedes
aprenden a tener paciencia, 4 que la
paciencia los lleve a le perfección, y así
serán hombres completos y auténticos,
sin que les falte nada. 5 Si a alguno de
ustedes le falta sabiduría, pídala a Dios,
y la recibirá, porque él da a todos
generosamente y sin reproches. 6 Pero
que pida con confianza y sin dudar. El
que duda se parece al oleaje del mar
sacudido por el viento. 7 No espere ese
hombre alcanzar nada del Señor: 8 ya
que es un hombre dividido, inestable
en todos sus caminos.

Pobres y ricos

9 El hermano de condición humilde
debe sentirse orgulloso si es exaltado,
10 y el rico alegrarse cuando es humillado, porque le pasará como a la flor
de un prado. 11 Al salir el sol calienta

1,1 Saludo. Encabezado típico del género epistolar greco-helenístico, que coloca en una sola frase el remitente con sus títulos: «Santiago, siervo de Dios y del Señor Jesucristo»; el saludo y los destinatarios: «a las doce tribus dispersas entre las naciones».

¿Qué Santiago? En el Nuevo Testamento aparecen varios personajes con este nombre: los apóstoles Santiago hijo de Zebedeo y Santiago hijo de Alfeo (Mt 10,2s; Mc 3,17s; Lc 6,14s), Santiago el hermano del Señor –líder en la Iglesia de Jerusalén Hch 12,17; 15,13; 21,18; 1 Cor 15,7; Gál 1,19; 2,9.12; Jds 1–, Santiago el menor (Mc 15,40; 16,1) y Santiago el padre del apóstol Judas (Lc 6,16; Hch 1,13). Ninguno de estos personajes es el autor real de la carta; se trata de un escrito pseudónimo, amparado en la autoridad del apóstol Santiago, el hermano del Señor.

Siervo de Dios es un título común de personajes claves en el Antiguo Testamento: Abrahán, Isaac y Jacob (Gn 26,24; Ez 28,25; 2 Mac 1,2), Moisés (Dt 34,5; 1 Cr 6,34; 2 Cr 24,9; Neh 10,30; Dn 9,11), David (1 Sm 23,10; 2 Sm 7,26), Salomón (1 Re 3,7), etc. «Del Señor Jesucristo» es una antigua fórmula de profesión de fe del Nuevo Testamento (Hch 2,36; Flp 2,11; 1 Cor 8,6).

Los destinatarios son las «doce tribus», una expresión que en la Biblia se refiere a los hijos de Jacob y simbólicamente designa el pueblo de Dios. El autor la adopta para referirse al nuevo pueblo de Dios constituido por las comunidades cristianas «dispersas entre las naciones».

El término dispersión o diáspora designa desde el Antiguo Testamento a las comunidades que viven fuera de Palestina (Jn 7,35; 1 Pe 1,1) e implica una condición social (sometimiento-exclusión) y espiritual (expuesto a tentaciones). Es una carta dirigida entonces a todos los cristianos excluidos y tentados por el imperio de turno para que resistan y se mantengan fieles y esperanzados en el triunfo definitivo del proyecto de Jesús.

1,2-8 Paciencia y sensatez. El primer capítulo es una breve presentación o síntesis de los temas que el autor quiere tratar en su carta. Al mejor estilo sapiencial, el autor comienza un tema, lo abandona y lo retoma posteriormente. Por ejemplo, comienza con el tema de la prueba (2), pasa a temas como la fe, la paciencia, la sensatez y la sabiduría (3-11), y en los versículos 12-15 retoma el tema de la prueba.

Al decir «hermanos míos», el autor da a su carta un tinte familiar y se coloca al mismo nivel de sus interlocutores.

La alegría en medio del las pruebas muestra la difícil situación social y espiritual que padecían las comunidades. El tema de la prueba, que aparece tres veces en los doce primeros versículos (2.3.12), es un llamado para tomar conciencia y optar por el proyecto de Dios que libera.

Las pruebas tienen dos aspectos positivos: son motivo de alegría cuando son consecuencia de la opción por Jesús y son una gran oportunidad de madurar en la fe. Prueba y fe son la escuela donde crece la paciencia o perseverancia activa. La fe perseverante tiene como meta la perfección, que se alcanza cuando se une la opción por los pobres y el seguimiento de Jesús (Mt 19,16-22).

Para vencer la prueba es necesario pedir a Dios sabiduría (5-8; el tema se retoma en 1,16-18. Cfr. Sab 9,6). Esta sabiduría no consiste en saber muchas cosas, sino en ponerse los lentes del Evangelio para tomar conciencia y salir airosos en el «desierto» de las tentaciones sociales y espirituales, dispuestos a crear vida, alimentarla y protegerla.

1,9-11 Pobres y ricos. La riqueza, sobre la que el autor volverá en 2,1-9 y 5,1-6, es otra de las tentaciones que amenaza a las comunidades. Tanto el de condición humilde, el pobre excluido económicamente, como el rico

con fuerza, la hierba se seca, la flor se
marchita y su belleza se pierde. Así se
marchitará el rico en sus negocios.

La prueba

12 Dichoso el hombre que soporta la
prueba, porque, después de haberla
superado, recibirá la corona de la vida
que el Señor prometió a los que lo
aman. 13 Nadie en la tentación diga que
Dios lo tienta, porque Dios no es tentado por el mal y él no tienta a ninguno.
14 Cada uno es tentado por el propio
deseo que lo arrastra y seduce. 15 Después el deseo concibe y da a la luz un
pecado, el pecado madura y engendra
muerte. 16 No se engañen, hermanos
míos queridos, 17 todo lo que es bueno
y perfecto baja del cielo, del Padre de
los astros, en quién no hay cambio, ni
sombra de declinación. 18 Porque quiso,
nos dio vida mediante el mensaje de la
verdad, para que fuéramos los primeros
frutos de la creación.

Oír, hablar y cumplir

19 Hermanos míos queridos, ya están instruidos. Con todo, que cada uno
sea veloz para escuchar, lento para
hablar, y para enojarse. 20 Porque la ira
del hombre no realiza la justicia de
Dios. 21 Por tanto, dejen de lado toda

son llamados «hermanos», aunque la exhortación es opuesta: al pobre lo invita a sentirse orgulloso de su pobreza, en el sentido de no dejarse llevar por la codicia, y así será exaltado (1 Sm 2,7; Lc 1,52; Is 40,6-8). En cambio, al rico, a quien dedica los versículos 10s, lo invita a humillarse, esto es, a volver al Dios de la vida y de los pobres, para que pueda encontrar la alegría de Dios (cfr. 4,10). Llamar a ambos hermanos significa que Santiago no excluye a nadie, pero presenta unas exigencias que, de no asumirse, harán que los mismos ricos se autoexcluyan (cfr. Mt 19,16-30). La metáfora de la flor reafirma que Dios siembra por igual, pero si la flor «rica» no se humilla, si no abandona la codicia y la injusticia, se marchitará en lo que más le duele: sus negocios. Todos los que pongan su vida al servicio de la riqueza empobrecen y desvirtúan el proyecto de Jesús en las comunidades.

1,12-18 La prueba. El versículo 12 es una bienaventuranza que une el amor y la vida. El amor a Dios se demuestra soportando las pruebas y Dios lo premia con «la corona de la vida» (cfr. Ap 2,10). Jesús soportó las pruebas por fidelidad al Padre y por amor a la humanidad; por eso, Dios cambió su corona de espinas por una corona de resurrección. Cuando un creyente resiste las pruebas por amor a la vida, pasa de una resistencia pasiva a una resistencia activa.

Los versículos 13-18 son una reflexión teológica revolucionaria para la época y para nuestros días: Dios no tienta a nadie ni hace mal las cosas. Santiago recupera un bello legado bíblico consignado en los dos primeros capítulos del Génesis. En Gn 2,7 se cuenta que el ser humano fue hecho de barro, signo de su fragilidad, pero al mismo tiempo recibe de Dios el soplo de vida. Dios nunca «sopla» tentaciones, sino vida; sin embargo, cuando el ser humano se deja llevar sólo por el barro, despreciando el soplo del Espíritu de Dios, cae en la trampa de sus propios deseos –ambición, codicia– que lo precipitan al pecado y a la muerte. El ser humano es libre de optar por el bien o por el mal, por la vida o por la muerte. Que Dios todo lo hizo bueno y perfecto (16s) es la misma tesis del primer relato de la creación: «Y vio Dios que era bueno» (Gn 1,4.12.18.21.25.31).

A partir del versículo 18 entra en escena la fuerza de la Palabra de Dios, que es Palabra de verdad y de creación. El uso del pronombre de la primera persona del plural: «nos», es una clara referencia a las comunidades cristianas, por lo que esa Palabra de verdad, generadora de vida, se refiere al Evangelio de Jesús, que convierte a los cristianos en primicias de la creación (Rom 8,23). Si los cristianos somos fruto de una Palabra de vida y de verdad, el mundo debería estar sembrado de semillas de vida y de verdad, no de codicia y ambición.

1,19-27 Oír, hablar y cumplir. No basta conocer la Palabra, es necesario ponerla en práctica (Mt 7,24-27; Lc 8,21). Santiago continúa dando claves que ayuden a tomar conciencia del verdadero proyecto de Dios y para ello acude a un triple dicho de origen sapiencial que resalta el escuchar, el cuidado para hablar y la lentitud para enojarse (Eclo 5,9-15; Prov 10,19). La justicia de Dios se concreta en el amor, la libertad y la vida en abundancia; la ira, que suele ir acompañada de palabras y acciones agresivas, debe ser superada porque rompe la armonía de la comunidad.

A partir del versículo 21 se vuelve al tema de la Palabra generadora de vida bajo la metáfora de la siembra. La Palabra necesita un terreno limpio de impurezas y maldades, que permita escucharla con generosidad, sin afanes ni resistencias, y que produzca frutos reconocibles en la práctica de la vida (cfr. Mt 13,1-9; Tit 3,14). La coherencia entre la Palabra y la vida es una gran preocupación de Santiago que también debería seguir preocupando a los cristianos de hoy. Oír la Palabra y no practicarla es como el que necesita siempre el espejo para saber quién es; sin él pierde su identidad.

impureza y todo resto de maldad y reciban con mansedumbre el mensaje
plantado en ustedes, que es capaz de
salvarles la vida. 22 Pero no basta con
oír el mensaje hay que ponerlo en
práctica, de lo contrario se estarían
engañando a ustedes mismos. 23 Porque si uno es oyente del mensaje y no
lo practica, se parece a aquel que se
miraba la cara en el espejo: 24 se observó, se marchó y muy pronto se olvidó
de cómo era. 25 En cambio el que se fija
atentamente en la ley perfecta, que es
la que nos hace libres, y se mantiene
no como oyente olvidadizo, sino cumpliendo lo que ella manda, ése será
dichoso en su actividad.

26 Si uno se tiene por religioso, pero
no refrena la lengua, se engaña a sí
mismo y su religiosidad es vacía.
27 Una religión pura e intachable a los
ojos de Dios Padre consiste en cuidar
de huérfanos y viudas en su necesidad
y en no dejarse contaminar por el
mundo.

Parcialidad

2 1 Hermanos míos, ustedes que
creen en nuestro glorioso Señor
Jesucristo no hagan diferencias entre
las personas. 2 Supongamos que cuando
ustedes están reunidos entra uno con ani-
llos de oro y traje elegante, y entra también un pobre andrajoso; 3 y ustedes fijan
la mirada en el de traje elegante y le
dicen: Siéntate aquí en un buen puesto;
y al pobre le dicen: Quédate de pie o
siéntate allí, en el suelo, 4 ¿no están
haciendo diferencias entre las personas
y siendo jueces malintencionados?

5 Escuchen, hermanos míos queridos:
¿acaso no escogió Dios a los pobres de
este mundo para hacerlos ricos en la fe
y herederos del reino que prometió a
los que lo aman? 6 Ustedes, en cambio,
desprecian al pobre.

¿Acaso no son los ricos los que los
oprimen y arrastran a los tribunales?
7 ¿No son ellos quienes hablan mal del
precioso Nombre que fue invocado
sobre ustedes? 8 Por lo tanto si ustedes

El tema central de los versículos 26s es la religiosidad. Santiago distingue entre la religiosidad falsa y la verdadera. Uno de los aspectos que falsean la religión es el desenfreno de la lengua: calumnia, murmuración, chisme, etc. En cambio, la religión verdadera está íntimamente ligada a la práctica de la justicia social, simbolizada en el cuidado de los huérfanos y las viudas (cfr. Is 1,10-20; Jr 7). El mundo que contamina representaría en este caso la injusticia social. El hecho de que Santiago no mencione para nada las prácticas rituales sugiere su inclinación por una religiosidad que prioriza la dimensión ética y social.

2,1-13 Parcialidad. Las tres secciones siguientes se ocupan de la tentación del poder, no como servicio, sino como la búsqueda de intereses personales y la pretensión de estar por encima de los demás. Las comunidades están en problemas porque algunos quieren ejercer su poder haciendo alarde de su riqueza (1-13), de su fe (2,14-26) y de su sabiduría (3,1-12).

La incoherencia entre creer en Jesús y discriminar a las personas es insoportable para Santiago, actitud que seguramente se había intensificado con la llegada de personas ricas a las comunidades (6s). El mismo animador de la comunidad ha caído en la trampa de la discriminación al hacer diferencia entre el rico, a quien le ofrece un buen puesto, y el pobre, a quien invita a quedarse de pie o en el suelo.

Probablemente, el uso del anillo de oro y del traje elegante remite a los magistrados locales que compraban el cargo para administrar la justicia de acuerdo a sus intereses. El tener poder económico y judicial le daba un estatus que todos respetaban o temían. También era normal en la época que estas personas fuesen benefactores de grupos religiosos o sociales para ganarse el afecto de los pobres.

¿Será que los animadores de las comunidades están tratando de ganar benefactores aún a costa de discriminar a los pobres? La enseñanza es clara: la discriminación del pobre no es compatible con la fe en Jesús por las siguientes razones, entre otras: 1. Los ricos oprimen, manipulan los tribunales y son idólatras al utilizar el nombre de Jesús para defender lo suyo. 2. El mismo Jesús hizo opción por los pobres (5-7; cfr. Lc 4,18s), siendo fiel a la opción hecha por Dios desde el Antiguo Testamento (Éx 3,7-10). 3. La discriminación viola la ley de Dios (Prov 14,21), en cuanto contradice el precepto del amor (8; cfr. Lv 19,18; Mt 22,39). En las comunidades, el juez supremo no es el magistrado rico y corrupto que discrimina al pobre, sino el Dios que juzga según la ley de libertad (cfr. 1,25) y de acuerdo a la misericordia que hayamos tenido con el prójimo (12s).

cumplen la ley del reino, según lo escrito:
amarás a tu prójimo como a ti mismo,
procederán bien. 9 Pero si hacen diferencia entre una persona y otra, cometen pecado y son culpables ante la ley
de Dios. 10 Quien cumpliendo toda la
ley, falla en un precepto, quebranta
toda la ley. 11 El que dijo: *no cometerás*
adulterio, dijo también: *no matarás.* Si
tú no cometes adulterio, pero matas,
has quebrantado la ley.

12 Ustedes deben hablar y actuar
como quienes van a ser juzgados por la
ley de los hombres libres. 13 Será despiadado el juicio del que no tuvo misericordia, pero los misericordiosos no
tienen por qué temer al juicio.

Fe y obras

14 Hermanos míos, ¿de que le sirve
a uno decir que tiene fe si no tiene
obras? ¿Podrá salvarlo la fe? 15 Supongan
que un hermano o hermana andan
medio desnudos, o sin el alimento necesario, 16 y uno de ustedes le dice:
vayan en paz, abríguense y coman todo
lo que quieran; pero no les da lo que
sus cuerpos necesitan, ¿de qué sirve?

17 Lo mismo pasa con la fe que no
va acompañada de obras, está muerta
del todo. 18 Uno dirá: tú tienes fe, yo
tengo obras: muéstrame tu fe sin
obras, y yo te mostraré por las obras
mi fe. 19 ¿Tú crees que existe Dios?
¡Muy bien! También los demonios
creen y tiemblan de miedo. 20 ¿Quieres
comprender, hombre necio, que la fe
sin obras es estéril? 21 Nuestro padre
Abrahán, ¿no fue reconocido justo por
las obras, ofreciendo sobre el altar a su
hijo Isaac? 22 Estás viendo que la fe se
demostró con hechos, y por esos
hechos la fe llegó a su perfección. 23 Y
se cumplió lo que dice la Escritura:
Abrahán creyó en Dios y esto le fue
tenido en cuenta para su justificación
y se le llamó amigo de Dios.

24 Como ven el hombre no es justificado sólo por la fe sino también por las
obras. 25 Lo mismo pasó con Rajab, la
prostituta, ¿no hizo méritos con las
obras, alojando a los mensajeros y
haciéndolos salir por otro camino?
26 Como el cuerpo sin el aliento está
muerto, así está muerta la fe sin obras.

La lengua

3 1 Hermanos míos, no quieran muchos ser maestros, ya saben que
los que enseñamos seremos juzgados
más severamente. 2 Todos fallamos
muchas veces: el que no falla con la

2,14-26 Fe y obras. El recuerdo de las palabras que Jesús dirige a escribas y fariseos (Mt 23,3-5) y a sus discípulos (Mt 5,16) le sirve a Santiago para resolver el problema de quienes se creen campeones de la fe, pero no dan testimonio de ella con las obras.

Utilizando el recurso literario de la diatriba, que consiste en la presencia de un interlocutor imaginario, el texto comienza con una pregunta retórica que introduce el tema de la fe y las obras. La misericordia (2,13) se concreta a través de las obras; pero en este caso no se trata de las «obras de la Ley», en línea con la teología paulina (Rom 3,20.27.28; Gál 2,16; 3,2.5.10), sino de obras de misericordia con los más pobres y necesitados.

Si bien a Santiago parece preocuparle cierto abuso sobre la interpretación paulina de la justificación por la fe (Rom 3,28; Gál 2,16), su preocupación mayor sigue siendo la realidad de muchos cristianos que se jactan de ser hombres y mujeres de fe, pero de una fe vacía, estéril y pasiva que no genera compromisos de misericordia. Acudiendo nuevamente al género literario de la diatriba (18), Santiago quiere dejar claro que la fe y las obras deben caminar juntas, y que ninguna está por encima de la otra. El hecho de que se resalte más las obras no se debe a que sean más importantes que la fe, sino a la coyuntura del momento, caracterizada por unas comunidades dormidas en sus laureles. Esto lo ilustra con Abrahán y Rajab, dos personajes del Antiguo Testamento que demostraron su fe con obras concretas. Para Santiago la fe simboliza el cuerpo, y las obras, el Espíritu que da vida. Una fe sin obras es un cuerpo sin vida.

3,1-12 La lengua. Ser maestro se convirtió en una nueva tentación de prestigio y discriminación. Si para los magistrados era su riqueza (2,1-13) y para los exhibidores de la fe su falta de obras (2,14-26), para los maestros será su lengua. Son muchos los maestros que manipulan

lengua es un hombre perfecto, capaz
de dominar todo el cuerpo. 3 A los caballos les ponemos un freno en la boca
para que nos obedezcan, y así guiamos
todo su cuerpo. 4 Observen las naves:
tan grandes y arrastradas por vientos
impetuosos: con un timón minúsculo
las guía el piloto a donde quiere. 5 Lo
mismo la lengua: es un miembro
pequeño y se cree capaz de grandes
acciones. Miren cómo una chispa
incendia todo un bosque. 6 Y la lengua
es fuego. Como un mundo de maldad,
la lengua, instalada entre nuestros
miembros, contamina a toda la persona y hace arder todo el ciclo de la vida
humana, alimentada por el fuego del
infierno.

7 La raza humana es capaz de do-
mar y domesticar toda clase de fieras:
aves, reptiles y peces. 8 Pero nadie logra
dominar la lengua: mal infatigable,
lleno de veneno mortífero. 9 Con ella
bendecimos al Señor y Padre, con ella
maldecimos a los hombres creados a
imagen de Dios. 10 De una misma boca
salen bendición y maldición. Hermanos
míos, no debe ser así. 11 ¿Brota de una
fuente, por el mismo caño, agua dulce
y amarga? 12 ¿Puede, hermanos míos,
dar aceitunas la higuera e higos la vid?
¿O una fuente salada dar agua dulce?

Sabiduría auténtica

13 ¿Hay entre ustedes alguien sensato y prudente? Demuestre con su
buena conducta que actúa guiado por
la humildad propia de la sabiduría.
14 Pero si ustedes dejan que la envidia
los amargue y hacen las cosas por riva-
lidad, no se engañen ni se burlen de la
verdad. 15 Ésa no es sabiduría que baja
del cielo, sino terrena, animal, demoníaca. 16 Donde hay envidia y rivali-
dad, allí hay desorden y toda clase de
maldad.

17 La sabiduría que procede del cielo
es ante todo pura; además es pacífica,
comprensiva, dócil, llena de piedad y
buenos resultados, sin discriminación
ni fingimiento. 18 Los que trabajan por
la paz, siembran la paz y cosechan la
justicia.

Discordias

4 1 ¿De dónde nacen las peleas y las
guerras, sino de los malos deseos
que siempre están luchando en su interior? 2 Ustedes quieren algo y si no lo
obtienen asesinan; envidian, y si no lo

la Palabra de Dios al servicio de intereses mezquinos. Una lengua egoísta y codiciosa pone en crisis cualquier comunidad.

Santiago compara a la lengua con el freno que guía al caballo, con el pequeño timón que guía un barco y con la pequeña chispa que incendia un bosque (3-5). En estas comparaciones expone cinco características negativas de la lengua mal usada: contamina a toda la persona (6), se alimenta del infierno (6), es imposible de domesticarla (7s), es un mal infatigable y está llena de veneno mortífero (8). Santiago denuncia la incoherencia de los maestros de su comunidad, que con la misma lengua bendicen a Dios y maldicen al hermano (Sal 62,5). Con las tres preguntas retóricas finales (11s) la conclusión para el lector es evidente: con la lengua no se puede servir a dos señores (Mt 6,24). La lengua, usada para manipular la Palabra de Dios, hablar mal del hermano y buscar intereses egoístas se convierte en un arma mortal en el interior de las comunidades.

3,13-18 Sabiduría auténtica. Con una nueva pregunta retórica, el autor retoma el tema de la sabiduría ya planteado en 1,5. Quien ha seguido detenidamente el texto de Santiago sabrá que la respuesta debe ir ligada a la práctica de la vida. La fe, la religión y la sabiduría se reconocen en la vida cotidiana. La falsa sabiduría tiene tres características: es terrena, salvaje y demoníaca, mientras que las cualidades de la sabiduría que viene del cielo son numerosas: es pura, pacífica, dócil, comprensiva, piadosa, produce buenos resultados, no discrimina ni es mentirosa. El proverbio sapiencial del versículo 18 tiene una doble intención: cerrar la reflexión sobre la sabiduría indicando que el verdadero sabio es quien trabaja por la justicia y la paz, e introducir el tema de la sección siguiente.

4,1-12 Discordias. Muchos de los problemas que afectan a las comunidades vienen de afuera, pero en este caso, a Santiago le preocupan los que nacen de adentro:

consiguen, pelean y luchan. No tienen porque no piden. 3 O, si piden, no lo obtienen porque piden mal, porque lo quieren para gastarlo en sus placeres. 4 ¡Adúlteros! ¿No saben que ser amigo del mundo es ser enemigo de Dios?, por tanto, quien quiera ser amigo del mundo se convierte en enemigo de Dios. 5 Por algo dice la Escritura: Dios quiere celosamente a nuestro espíritu; 6 y en hacer favores nadie le gana. Por eso dice: *Dios resiste a los soberbios y da su gracia a los humildes*. 7 Sométanse a Dios. Resistan al Diablo y huirá de ustedes; 8 acérquense a Dios, y se acercará a ustedes. Purifiquen sus manos, pecadores, y santifiquen sus conciencias, indecisos. 9 Reconozcan su miseria, hagan duelo y lloren. Que su risa se convierta en llanto y su gozo en tristeza. 10 Humíllense delante del Señor y él los levantará.

11 Hermanos, no hablen mal unos de otros. Quien habla mal o juzga al hermano, habla mal y juzga a la ley. Y si juzgas a la ley, no eres cumplidor de la ley, sino su juez. 12 Uno es el legislador y juez, con autoridad para salvar y condenar. ¿Quién eres tú para juzgar al prójimo?

Ricos y satisfechos

13 Vamos ahora con los que hablan así: Hoy o mañana iremos a tal ciudad, pasaremos allí un año, haremos negocios y ganaremos dinero. 14 ¿Qué saben del mañana?, ¿qué es su vida? Ustedes son como una neblina que aparece un rato y enseguida desaparece. 15 Más bien tendrían que decir: si el Señor quiere, viviremos y haremos esto o aquello. 16 En cambio, ustedes insisten en hablar orgullosamente. Y todo orgullo de esa clase es malo. 17 Quien sabe hacer el bien y no lo hace es culpable.

5 1 Y ahora les toca a los ricos: lloren y griten por las desgracias que van a sufrir. 2 Su riqueza está podrida, sus ropas apolilladas, 3 su plata y su oro

hay hermanos que están dejando crecer malos deseos en sus corazones: ambición, codicia y violencia. La herencia cainita parece estar echando raíces en las comunidades cristianas (Gn 4,1-15). Y la oración, que es una buena posibilidad para vencer los malos deseos, también está manipulada por intereses egoístas, por ello Dios no escucha.

La expresión «adúlteros», (4) que simboliza en el Antiguo Testamento la idolatría (Os 1–3) e infidelidad del pueblo con Dios, está unida a la reflexión sobre la necesidad de optar entre Dios o el mundo. El mundo simboliza los proyectos humanos o sociales basados en la injusticia. El proyecto de Dios, en cambio, está simbolizado en el sueño de la tierra prometida y en su reinado. Los textos con los cuales Santiago prueba sus argumentos (5s) no se han podido encontrar en los textos canónicos ni apócrifos, pero hace de todas maneras memoria de algunas características del Dios del Antiguo Testamento: celoso (Éx 20,5), dador del espíritu al ser humano (Gn 2,7), generoso en extremo y que opta por los humildes (Prov 3,34; 1 Sm 2,4s).

En los versículos 7-10 aparece una serie de imperativos que invitan a la conversión y a optar por el proyecto de Dios, no de palabra sino con actitudes concretas: acercarse a Dios, purificarse las manos, santificar la conciencia, reconocer las limitaciones y ser humildes. En los versículos 11s es evidente la referencia al mensaje de Jesús de no juzgar para no ser juzgados (Mt 7,1-5).

4,13–5,6 Ricos y satisfechos. Tomamos este pasaje como una sección de tono profético veterotestamentario, aunque dividida en dos partes: 4,13-17, un oráculo contra los comerciantes ambiciosos, y 5,1-6, un oráculo contra los ricos terratenientes que oprimen al pueblo.

***Primera parte* (4,13-17).** Santiago denuncia sin ambigüedades la actitud soberbia de los negociantes de sus comunidades que centran su vida sólo en enriquecerse, excluyendo a Dios y a los hermanos. Cuando se habla en el nombre de Dios son comunes los verbos vivir y hacer (15), que coinciden con la coherencia de vida que tanto exige el autor. En cambio, cuando se habla orgullosamente (16) se prescinde de Dios, aflora la maldad, el egoísmo y la codicia, y se diluye como la neblina la verdadera identidad cristiana (13s; cfr. Os 13,3; Sab 2,4). Es necesario recuperar la fe en la providencia y la confianza absoluta en la gratuidad divina, sin que esto signifique pasividad o providencialismo. Dios nos mostró el camino, y a nosotros nos toca recorrerlo.

***Segunda parte* (5,1-6).** Estamos ante un lamento profético (Is 13,6; 15,3) y apocalíptico (Ap 18,11-19) ante la perspectiva del juicio divino, un juicio contra los ricos que adquieren sus riquezas injustamente a través

herrumbrado; y su herrumbre atestigua
contra ustedes, y consumirá sus cuerpos como fuego. Ustedes han amon-
tonado riquezas ahora que es el tiempo
final. 4 El salario de los obreros, que no
pagaron a los que trabajaron en sus
campos, alza el grito; el clamor de los
cosechadores ha llegado a los oídos
del Señor Todopoderoso. 5 Ustedes llevaron en la tierra una vida de lujo y placeres; han engordado y se acerca el día
de la matanza. 6 Han condenado y
matado al inocente sin que él les opu-
siera resistencia.

Paciencia y oración

7 Hermanos, tengan paciencia hasta
que vuelva el Señor. Fíjense en el labrador: cómo aguarda con paciencia
hasta recibir la lluvia temprana y tardía,
con la esperanza del fruto valioso de la
tierra. 8 Ustedes también, tengan
paciencia y anímense, que la llegada
del Señor está próxima. 9 Hermanos,
no se quejen unos de otros, y no serán
juzgados: miren que el Juez ya está a la
puerta.

10 Tomen como ejemplo de sufrimiento y paciencia a los profetas que
hablaron en nombre del Señor. 11 Miren, declaramos dichosos a los que
aguantaron. Ustedes han oído contar
cómo aguantó Job sus sufrimientos y
conocen lo que al final el Señor hizo
por él; porque el Señor es compasivo y
piadoso.

12 Ante todo, hermanos, no juren:
ni por el cielo ni por la tierra ni por
ninguna otra cosa. Que el sí sea un
sí, y el no sea un no, y así no serán
condenados.

El enfermo

13 Si alguno de ustedes sufre, que
ore; si está contento que cante alabanzas. 14 Si uno de ustedes cae enfermo
que llame a los ancianos de la comunidad para que recen por él y lo unjan
con aceite invocando el nombre del
Señor. 15 La oración hecha con fe sanará al enfermo y el Señor lo hará levantarse; y si ha cometido pecados, se le
perdonarán. 16 Confiesen unos a otros
sus pecados, recen unos por otros, y se

de la extorsión y explotación de los trabajadores (Dt 24,14s; Lv 19,13). Curiosamente, en el juicio serán las mismas riquezas las que actuarán como testigos e instrumento de castigo de sus dueños (2s). El versículo 4 recuerda el grito que elevan al cielo los esclavos hebreos en Egipto (Éx 2,23-25) y de la sangre de Abel que clamó al cielo (Gn 4,10). El versículo 5 recuerda la parábola de Lázaro y el rico (Lc 16,19-31). Los ricos condenan y matan al inocente cuando lo privan de un salario digno para vivir, cuando le quitan sus posesiones manipulando los tribunales, cuando ejercen la violencia a través de mercenarios, etc.

5,7-12 Paciencia y oración. Este pasaje se relaciona con el inicio de la carta (1,2-4), en torno al tema de la paciencia o perseverancia en medio de la pruebas. El tiempo entre la lluvia temprana y la tardía corresponde al tiempo de la siembra y la cosecha (Dt 11,14; Os 6,3). Ahora no es tiempo de cosecha, pero sí de espera paciente y vigilante para garantizar buenos y abundantes frutos de vida. Con este ejemplo campesino queda claro que la paciencia no es pasiva ni inactiva, al contrario: el cristiano debe mantenerse activo, haciendo lo suyo y dejando obrar también a Dios (7). En los versículos 10s se toma como ejemplo de lo anterior a los profetas y Job, y se termina con dos atributos litúrgicos de Dios tomados del Antiguo Testamento: compasivo y piadoso (Éx 34,6; Sal 86,15; Jl 2,13).

En el versículo 12 se hace una reflexión sobre la ética de la palabra, muy presente en la tradición de nuestros antepasados (cfr. la expresión «ser hombre de palabra»). La ética de la palabra no jura (Mt 5,34-37), porque expone al mismo Dios al juicio humano, y dice sí o no (2 Cor 1,18) como signo de coherencia y transparencia.

5,13-20 El enfermo. El autor destaca la importancia de la oración tanto personal como comunitaria. La oración es fortaleza en el sufrimiento, es canto de alabanza en momentos de alegría, es capaz de sanar y levantar –resucitar– a los enfermos y tiene el poder de perdonar los pecados. La oración por la salud de los enfermos es un acto comunitario bajo la animación de los ancianos de la Iglesia, quienes oran por el enfermo, lo ungen con óleo (Mc 6,13) e invocan el nombre sanador de Jesús (Lc 10,17; Hch 3,6.16). La confesión de los pecados (16) es una tradición tomada del Antiguo Testamento (Sal 32,5;

sanarán. Mucho puede la oración fervorosa del justo. 17 Elías era hombre
frágil como nosotros; pero rezó pidiendo que no lloviese, y no llovió en la
tierra tres años y seis meses. 18 Rezó
de nuevo, y el cielo soltó la lluvia y la
tierra dio sus frutos. 19 Hermanos míos,
si uno de ustedes se aparta de la verdad y otro lo endereza, 20 el que convierte al pecador del mal camino salvará su vida de la muerte y obtendrá el perdón de una multitud de pecados.

2 Sm 12; Sal 51; Lv 16; Neh 9; Bar 1-3). Para Santiago la confesión está en un contexto de sanación, por tanto debe ser comunitaria. El autor acude al Antiguo Testamento para respaldar su enseñanza y presenta a Elías como modelo de oración (17s).

Los versículos 19s comienzan con la expresión «hermanos míos», que ha recorrido de principio a fin toda la carta, dándole un tinte de intimidad y fraternidad. Indica también que las duras críticas de Santiago son constructivas y están enmarcadas dentro de la corrección fraterna. La enseñanza final es eminentemente solidaria: hay que preocuparse de los hermanos que se desvían de la verdad para que retornen al proyecto de Dios. Quien lo haga obtendrá la vida y el perdón de sus pecados. El final, más que el de una carta al estilo paulino –falta el saludo y las bendiciones– parece el de un sermón.

PRIMERA CARTA DE PEDRO

Autor, fecha de composición y destinatarios de la carta. El autor se introduce en el saludo como «Pedro, apóstol de Jesucristo»; al final, dice que escribe desde Babilonia, denominación intencionada de Roma. A lo largo de la carta se presenta como anciano, testigo presencial de la pasión y gloria de Cristo (5,1); cita, aunque no verbalmente, enseñanzas de Cristo.

La tradición antigua ha atribuido la carta a Pedro desde muy pronto. Hoy no estamos tan seguros de esto por una serie de razones. He aquí algunas: ante todo, el lenguaje y estilo griegos, impropios de un pescador galileo; la carta cita el Antiguo Testamento en la versión de los Setenta, no en hebreo, y lo teje suavemente con su pensamiento. Faltan los recuerdos personales de un compañero íntimo de Jesús. Y así, otras objeciones a las que los partidarios de la autoría de Pedro responden con respectivas aclaraciones. El balance de la argumentación deja, por ahora, la solución indecisa.

Una posibilidad: el autor es Pedro, anciano y quizás prisionero, cercano a la muerte. Escribe una especie de testamento, cordial y muy sentido. Su argumento principal es la necesidad y el valor de la pasión del cristiano a ejemplo y en unión con Cristo. Encarga la redacción a Silvano (5,12). La escribió antes del año 67, fecha límite de su martirio, a los cristianos que sufrían la persecución de Nerón.

Otra posibilidad: la carta es de un autor desconocido perteneciente al círculo de Pedro, que, en tiempos difíciles, quiere llevar una palabra de aliento a otros fieles, y para ello se vale del nombre y de la autoridad del apóstol. La escribiría a mitad de la década de los 90, para comunidades cristianas que atraviesan tiempos difíciles y quizás también de persecución bajo el emperador Domiciano.

Contenido de la carta. Aunque tenga más apariencia de carta que, por ejemplo, la de Santiago, como lo demuestra el saludo, la acción de gracias y el final, en realidad se parece más a una homilía, al estilo de la Carta a los Hebreos.

El tema dominante del escrito es la pasión de Cristo, en referencia constante a los sufrimientos de los destinatarios, comunidades pobres y aisladas que estaban experimentando una doble marginación; por una parte, el ostracismo y la incomprensión de un ambiente hostil, y por otra, el aislamiento a que les conducía su mismo estilo de vida cristiano, incompatible con el modo de vivir pagano.

Aquellos hombres y mujeres sabían lo que les esperaba cuando, por medio del bautismo, se convirtieron en seguidores de Jesús. De ahí que el autor haga referencia constante a la catequesis y a la liturgia bautismal, que marcaron sus vidas para siempre. Ahora se las recuerda para que en la fe y en la esperanza se mantengan firmes en medio de la tribulación.

El autor pone insistentemente ante sus ojos el futuro que les aguarda si permanecen fieles, es decir: «una herencia que no puede destruirse, ni mancharse, ni marchitarse, reservada para ustedes en el cielo» (1,4), pero no para que se desentiendan de los deberes de la vida presente, sino todo lo contrario, para que con una conducta intachable: «Estén siempre dispuestos a defenderse si alguien les pide explicaciones de su esperanza» (3,15). Esta vida de compromiso cristiano viene comparada en la carta a un «sacerdocio santo, que ofrece sacrificios espirituales, aceptables a Dios por medio de Jesucristo» (2,5).

Saludos

1 1 Pedro, apóstol de Jesucristo, a
los elegidos que residen fuera de
su patria, dispersos en Ponto, Galacia,
Capadocia, Asia y Bitinia, 2 elegidos
según el designio de Dios Padre, y consagrados por el Espíritu, para obedecer a Jesucristo y ser rociados con su
sangre: Gracia y paz en abundancia a
ustedes.

Esperanza cristiana

3 Bendito sea Dios, padre de nuestro
Señor Jesucristo, que, según su gran
misericordia y por la resurrección de
Jesucristo de la muerte, nos ha hecho
nacer de nuevo para una esperanza
viva, 4 a una herencia que no puede
destruirse, ni mancharse, ni marchitarse, reservada para ustedes en el cielo.
5 Porque gracias a la fe, el poder de
Dios los protege para que alcancen la
salvación dispuesta a revelarse el último día. 6 Por eso alégrense, aunque
por el momento tengan que soportar
pruebas diversas. 7 Así, la fe de ustedes, una vez puesta a prueba será
mucho más preciosa que el oro perecedero purificado por el fuego y se
convertirá en motivo de alabanza, honor y gloria cuando se revele Jesucristo. 8 Ustedes lo aman sin haberlo
visto y creyendo en él sin verlo todavía,
se alegran con gozo indecible y glorioso, 9 ya que van a recibir, como término
de [su] fe, la salvación personal.

10 Esta salvación ya fue objeto de la
búsqueda y de las investigaciones de
los profetas que profetizaron la gracia
que ustedes iban a recibir. 11 Investiga-
ban para averiguar el tiempo y las circunstancias que indicaba el Espíritu de
Cristo, que habitaba en ellos, y anunciaba anticipadamente la pasión de
Cristo y su posterior glorificación. 12 A
ellos les fue revelado que aquello que
anunciaban no era para ellos mismos,
sino para el bien de ustedes, y ahora

1,1s Saludos. El apóstol Pedro o, con seguridad, el autor posterior desconocido que pertenece al círculo de Pedro y en cuyo nombre escribe, se presenta con el mismo título de autoridad apostólica que leemos en las epístolas de Pablo. Los destinatarios son designados con dos calificativos que, ya desde el principio de esta carta circular, dejan sentados el tono y el contenido de la misma: «elegidos» y residentes «fuera de su patria».

La expresión «que residen fuera de su patria», alude a una doble marginación. Una, social y económica a causa de la política de dominación del imperio romano, que obligó a una gran masa humana de los territorios conquistados a una forzada emigración. Los cristianos a los que se dirige esta carta pertenecían a esta ola de emigrantes pobres y desarraigados, agrupados en pequeñas comunidades rurales esparcidas a finales del s. I por las mencionadas cinco provincias de Asia. La otra marginación es la que les imponía su misma vida de cristianos, incompatible con muchas de las costumbres y modos de vivir paganos (4,3), razón por la cual se convertían en sospechosos y, con frecuencia, en perseguidos (4,14). Es esta situación la que pone de relieve el hecho de haber sido precisamente ellos, los pobres y marginados, los «elegidos» por Dios Padre, los «consagrados» por el Espíritu y los «rociados» con la sangre de Jesús.

Hoy es difícil imaginarnos la emoción y la sorpresa agradecida que debían sentir aquellos cristianos y cristianas al reflexionar sobre esta elección gratuita de Dios, que los había convertido en su nuevo pueblo. Una elección divina que era, al mismo tiempo, fuente de exigencias y compromisos a los que el autor alude con la frase «obedecer a Jesucristo» (2), y a imitación de Él enfrentarse con el sufrimiento y la tribulación. A ellos les desea: «Gracia y paz en abundancia» (2).

1,3-12 Esperanza cristiana. Después del saludo, se abre la carta con una bendición solemne al estilo de las bendiciones judías (cfr. 2 Cor 1,3). Bendecir a Dios equivale a darle gracias. El autor o discípulo de Pedro, lo hace por la salvación que han recibido las comunidades al renacer a una nueva vida. El himno es como una profesión de fe, recitada en un clima de oración, en la que toca los principales temas de la catequesis bautismal en que ya han sido iniciados sus oyentes (cfr. Tit 3,5). Esta vida nueva del cristiano tiene su fuente en el designio misericordioso de Dios Padre realizado en la muerte y resurrección de Jesucristo (3) y está alimentada por la fe, custodiada por Dios y animada por la esperanza de «una herencia que no puede destruirse, ni mancharse, ni marchitarse, reservada para ustedes en el cielo» (4).

han recibido el anuncio de ese mensaje por obra de quienes, inspirados por el Espíritu Santo enviado desde el cielo les transmitieron la Buena Noticia que los ángeles querrían presenciar.

Conducta cristiana

13 Por lo tanto, tengan listo su espíritu, vivan sobriamente y confiadamente
esa gracia que se les concederá cuando se revele Jesucristo. 14 Como hijos
obedientes no vivan de acuerdo a los
deseos de antes, cuando vivían en la
ignorancia; 15 por el contrario como el
que los llamó es santo, sean también
ustedes santos en toda su conducta;
16 porque así está escrito: *Sean santos,*
porque yo soy santo. 17 Y si llaman
Padre al que no hace diferencia entre
las personas y juzga cada uno según
sus obras, vivan con respeto durante
su permanencia en la tierra. 18 No olviden que han sido liberados de la vida
inútil que llevaban antes, imitando a
sus padres, no con algún rescate material de oro y plata 19 sino con la preciosa sangre de Cristo, cordero sin mancha ni defecto, 20 predestinado antes de
la creación del mundo y revelado al
final de los tiempos, en favor de ustedes. 21 Por medio de él creen en Dios,
que lo resucitó de la muerte y lo glorificó; de ese modo la fe y la esperanza
de ustedes se dirigen a Dios. 22 Al hacerse discípulos de la verdad ustedes
se han purificado para amar sinceramente a los hermanos; ámense intensamente unos a otros, de corazón
23 porque han vuelto a nacer, no de
semilla corruptible, sino por la palabra
incorruptible y permanente del Dios
vivo. 24 Porque *toda carne es hierba y*

Estos pobres emigrantes, despreciados y perseguidos, no habían conocido ni visto personalmente a Jesús, y sin embargo «lo aman... creyendo en él... con gozo indecible y glorioso» (8), de acuerdo con las palabras del Evangelio: «dichosos los que sin ver creyeron» (Jn 20,29). La situación en que viven ahora es dura y difícil, «aunque por el momento» (6), por eso el discípulo compara su fe con «el oro... purificado por el fuego» (7), tomando la imagen bíblica de Sab 3,5s: «Dios los puso a prueba y los encontró dignos de él, los probó como oro en crisol» (cfr. Sal 66,10).

Esta «pasión de Cristo y su posterior glorificación» (11) es la que barruntaron y vieron en lontananza los profetas del Antiguo Testamento (cfr. Is 53) y la que cantaron los Salmos (cfr. Sal 22) guiados por el Espíritu. Y es la que, al cumplirse ahora el tiempo de la promesa, han recibido los destinatarios de esta carta (12). Hasta los ángeles, dice el discípulo, se asoman desde el cielo para contemplar maravillados la Buena Noticia hecha realidad en la vida de aquellos cristianos, gente pobre y sencilla.

Así termina el himno de alabanza en el que el discípulo de Pedro establece ya el tema fundamental de la carta, que se repite continuamente en cada sesión y en cada argumento, quizás como en ningún otro escrito del Nuevo Testamento: la pasión de Cristo y su glorificación, que continúa en la pasión del cristiano y en su futura y definitiva liberación.

Sería un error, sin embargo, leer en clave puramente espiritualista todo lo que nos va a decir a continuación, ya que «el cielo futuro» no es la única respuesta a los sufrimientos de una comunidad sumida en la marginación y tentada por el desaliento. Por el contrario, el cielo futuro debe hacerse ya realidad presente a través del compromiso cotidiano de los creyentes. Su tarea es construir en el mundo hostil que los rodea una «sociedad alternativa» o «casa de Dios», a la que el autor se va a referir constantemente y con variedad de expresiones.

1,13-25 Conducta cristiana. La seguridad del bien prometido hace que el cristiano viva el tiempo de la espera como tiempo ya de salvación y, por tanto, tiempo de alegría, de «sentirse uno ya como en la gloria», como se dice en nuestro lenguaje popular. Y esto no sólo a pesar de los sufrimientos presentes, sino justamente a causa de ellos. Es la paradójica alegría de los perseguidos de que hablan las Bienaventuranzas (cfr. Mt 5,12).

«Vivan sobriamente» (13), así ve el discípulo la conducta de sus oyentes para este tiempo de espera. Los caminantes son ya hijos de Dios por el bautismo, por eso apela a la obediencia filial (cfr. Is 63,8) que no es otra cosa que una llamada a asemejarse a Dios, según el mandato de Lv 11,44: «sean santos, porque yo soy santo». El Dios que exigía la santidad en el Antiguo Testamento se ha revelado en Jesucristo como Padre y un día se revelará como Juez, por lo cual es necesario proceder siempre con «respeto durante su permanencia en la tierra» (17). Hay que tomarse la vida cristiana en serio, como seria fue la prueba del amor que nos trajo la salvación.

La pasión y la gloria de Cristo es «la Buena Noticia que se les ha anunciado» (25), de la que el discípulo de

su belleza como flor del campo; la hierba se seca, la flor se marchita, [25] *pero la Palabra del Señor permanece para siempre.* Esa palabra es la Buena Noticia que se les ha anunciado.

La piedra viva

2 [1] Ahora, despojados de toda maldad, engaño e hipocresía, de toda envidia y difamación, [2] busquen, como niños recién nacidos, la leche espiritual, no adulterada, para crecer sanos; [3] ya que han gustado qué bueno es el Señor. [4] Él es la piedra viva, rechazada por los hombres, elegida y estimada por Dios; por eso, al acercarse a él, [5] también ustedes, como piedras vivas, participan en la construcción de un templo espiritual y forman un sacerdocio santo, que ofrece sacrificios espirituales, aceptables a Dios por medio de Jesucristo. [6] Por eso se lee en la Escritura: *Miren, yo coloco en Sión una piedra angular, elegida, preciosa: quien se apoya en ella no fracasa.* [7] Es preciosa para ustedes que creen; en cambio, para los que no creen, *la piedra que rechazaron los arquitectos es ahora la piedra angular* [8] *y piedra de tropiezo, roca de escándalo.* En ella tropiezan los que no creen en la palabra: tal era su destino. [9] Pero ustedes son *raza elegida, sacerdocio real, nación santa y pueblo adquirido para que proclame las maravillas* del que los llamó de las tinieblas a su maravillosa luz. [10] Los que antes no eran pueblo, ahora son pueblo de Dios; los que antes no habían alcanzado misericordia ahora la han alcanzado.

Pedro afirma que es «palabra incorruptible y permanente del Dios vivo» (23), la que purifica las conciencias abriéndolas a la verdad, la que produce el amor mutuo entre los hermanos, un amor intenso y sin fingimientos. La Palabra de Dios, en definitiva, regenera y da nueva vida al que la escucha y obedece, construyendo así la comunidad.

2,1-10 La piedra viva. De la «leche espiritual» de la Palabra de Dios que alimenta a la comunidad de recién nacidos, el discípulo pasa a otra imagen preñada de resonancias bíblicas: la piedra, que puede ser «piedra de cimiento» (cfr. Is 28,16) en la que se apoya el creyente por la fe, o «piedra angular» (cfr. Sal 118,22), que es clave y remate del edificio (cfr. Zac 4,7). El desarrollo y la aplicación que hace de esta imagen constituyen la parte central de la carta y una de las más hermosas enseñanzas del Nuevo Testamento sobre la comunidad cristiana.

El discípulo llama a Jesucristo «piedra viva» rechazada por los constructores, pero escogida y apreciada por Dios (4), en alusión a su pasión, muerte y resurrección. Sobre esta piedra viva se construye el «nuevo templo» que acoge la verdadera y definitiva presencia de Dios. Los cristianos son estas «piedras vivas» con las que se construye dicho templo, al que el discípulo llama «espiritual», no para indicar una realidad que perteneciera a otro mundo, sino para afirmar que, al contrario del templo «material» de Jerusalén, este nuevo templo lo constituyen las personas mismas, reunidas por el bautismo en una comunidad de fe, es decir, el nuevo pueblo de Dios, la Iglesia que debe caminar con los pies bien plantados en la sociedad en que vive.

Con referencia a este nuevo pueblo de Dios, el discípulo evoca los títulos de dignidad que exaltaban la función del pueblo de Israel (cfr. Is 43,20; Éx 19,6), para aplicarlos como si se tratara de profecías que tienen su completo cumplimiento en la comunidad cristiana: «raza elegida, sacerdocio real, nación santa y pueblo adquirido» (9) por la muerte y resurrección de Jesús. Es probable que el creyente de hoy, que ya no está acostumbrado al lenguaje simbólico de la Biblia, no se tome muy en serio esta maravillosa descripción de la vida cristiana que hace el autor de la carta, ni que alcance a comprender la fuerza revolucionaria evangélica que lleva dentro. Por desgracia, así ha ocurrido durante mucho tiempo, hasta que el Concilio Vaticano II ha puesto de nuevo las palabras de esta carta en el centro mismo de la vida y del compromiso de toda la Iglesia.

¿Qué significa, pues, que todos y cada uno de los cristianos formemos un «sacerdocio santo» (5)? El discípulo lo explica dos veces en este apartado. En primer lugar, significa ofrecer «sacrificios espirituales, aceptables a Dios por medio de Jesucristo» (5). Con ello se refiere a la vida misma del cristiano, hombre o mujer, se encuentre donde se encuentre y cualquiera que sea su profesión, ofrecida a Dios como don de amor y portadora de la memoria de Jesús, tal y como nos la presentan los evangelios: su obediencia filial al Padre, su amor incondicional que no conoció barreras, su opción por los pobres, débiles y marginados, su lucha por la igualdad y la justicia hasta derramar su sangre en la cruz por todos nosotros. En esto consistió el sacerdocio de Cristo, y en esto consiste el sacerdocio del cristiano recibido en el bautismo. En segundo lugar, significa proclamar «las maravillas del

Vocación cristiana y ejemplo de Cristo

11 Queridos hermanos, como a
huéspedes y forasteros les ruego se
mantengan alejados de los malos
deseos, que hacen guerra al espíritu.
12 En medio de los paganos procedan
honradamente, y así los que los calum-
nian como malhechores, al presenciar
las buenas obras de ustedes, glorificarán a Dios el día de su visita. 13 Por
amor al Señor, sométanse a cualquier
institución humana: al rey como soberano, 14 a los gobernadores como enviados por él para castigar a los malvados y premiar a los honrados. 15 Tal es
la voluntad de Dios, que, haciendo el
bien, le tapen la boca a los necios e
ignorantes. 16 Como hombres libres,
que no usan de la libertad para encubrir
la maldad, sino más bien como servidores de Dios, 17 honren a todos, amen
a los hermanos, respeten a Dios, honren al rey. 18 Los empleados sométanse
a sus patrones con todo respeto, no
sólo a los bondadosos y amables, sino
también a los de mal genio. 19 Es una
gracia soportar, con el pensamiento
puesto en Dios, las penas que se sufren
injustamente. 20 ¿Qué mérito tiene
aguantar golpes cuando uno es culpable? Pero si, haciendo el bien, tienen que
aguantar sufrimientos, eso es una gracia de Dios. 21 Ésa es su vocación, porque también Cristo padeció por ustedes, dejándoles un ejemplo para que
sigan sus huellas. 22 *No había pecado ni*

que los llamó de las tinieblas a su maravillosa luz» (9). La primera maravilla fue el testimonio de vida; la segunda, el anuncio, la proclamación de la palabra viva de la Buena Noticia portadora de la luz de la liberación. O sea, todo cristiano es o debe ser misionero de la Palabra de Dios. La predicación y proclamación del Evangelio no está reservada para unos cuantos expertos, como los obispos y presbíteros. Todo cristiano tiene el derecho y la obligación de anunciar a Jesús, el Salvador, con sus palabras y con el testimonio de su vida.

Si esto es así, ¿para qué sirven, entonces, los obispos y presbíteros? El ministerio de estos responsables y pastores de la Iglesia ha sido instituido por el mismo Jesucristo para que, a imitación suya, estén justamente al servicio de la comunidad cristiana y para que ésta siga fiel a su compromiso sacerdotal de vida y testimonio. Como personas bautizadas, son sacerdotes como los demás; como ministros ordenados, representan a Jesús en su función de guía y pastor de la comunidad. El discípulo va a hablar de ellos en la última parte de su carta.

2,11-25 Vocación cristiana y ejemplo de Cristo. El discípulo de Pedro contempla con preocupación a sus cristianos y cristianas esparcidos por las cinco provincias de Asia como «huéspedes y forasteros» (11) en medio de una sociedad pagana que los observa con ojos críticos, los difama y los tiene como malhechores, es decir, los típicos prejuicios de siempre contra los pobres y marginados. El discípulo anima a sus oyentes a que «tapen la boca a los necios e ignorantes» (15) con la fuerza del testimonio de su vida cristiana. El ejemplo que den en la vida social es capital, no sólo como protección contra posibles represalias, sino como testimonio evangélico: «al presenciar las buenas obras de ustedes, glorificarán a Dios el día de su visita» (12).

Un buen cristiano será siempre un buen ciudadano. El discípulo da normas claras de conducta ciudadana, apelando a la motivación superior que debe presidir todo el comportamiento del creyente: «por amor al Señor» (13), «tal es la voluntad de Dios» (15), «con el pensamiento puesto en Dios» (19), pero sobre todo, «como hombres (y mujeres) libres» (16), conscientes de que ante todo somos servidores de Dios (16), pues en esto consiste su libertad. Bajando a detalles concretos, exhorta a que todos respeten a las autoridades legítimas, y los criados a sus amos, aunque tengan «mal genio» (18).

Hasta ahora ha hablado a cristianos que viven más o menos en paz con los paganos, pero es en tiempos de persecución injusta cuando hay que dar el supremo testimonio de la fe y cuando la vocación cristiana de seguimiento del Crucificado alcanza su máxima expresión. El ejemplo impresionante de la pasión de Cristo que expone el discípulo en los versículos 21-25 constituye el mensaje central de toda la carta. El discípulo contempla toda la vida de Jesús –un don continuo e incondicional de amor– en su momento cumbre: su pasión salvadora, presentándola con los rasgos más resaltantes del Siervo de Yahvé (cfr. Is 53): «cuando era insultado no respondía con insultos, padeciendo no amenazaba» (23). Así «llevó sobre la cruz nuestros pecados cargándolos en su cuerpo» (24) e hizo posible que toda la vida del cristiano sea ya una vida portadora de salvación, bajo el cuidado del «pastor y guardián de sus almas» (25). El ejemplo del Crucificado que propone el discípulo de Pedro va más allá de la sola aceptación de los propios sufrimientos a imitación de Jesús; también es una invitación a cargar solidariamente los sufrimientos de todas las víctimas del pecado del mundo: los que pasan hambre, los marginados, los excluidos, los perseguidos, los débiles, para

hubo engaño en su boca; 23 cuando era insultado no respondía con insultos, padeciendo no amenazaba, más bien se encomendaba a Dios, el que juzga con justicia. 24 El llevó sobre la cruz nuestros pecados cargándolos en su cuerpo, para que, muertos al pecado, vivamos para la justicia. Sus cicatrices nos sanaron. 25 Antes andaban como ovejas extraviadas, pero ahora han vuelto al pastor y guardián de sus almas.

Matrimonios

3 1 Así también ustedes, las esposas, respeten a sus maridos, de modo que, aunque algunos de ellos no crean el mensaje, por la conducta de sus esposas, aun sin palabras, queden ganados 2 al observar el proceder casto y respetuoso de ustedes. 3 Que el adorno de ustedes no consista en cosas externas: peinados rebuscados, joyas de oro, trajes elegantes; 4 sino en lo íntimo y oculto: en la modestia y serenidad de un espíritu incorruptible. Eso es lo que tiene valor a los ojos de Dios. 5 Así se adornaban en otros tiempos las santas mujeres que esperaban en Dios y se sometían a sus maridos: 6 Como Sara, que obedecía a Abrahán llamándolo señor. Obrando bien y no dejándose inquietar por ninguna clase de temor, ustedes se hacen hijas de ella.

7 Los maridos, a su vez, sean comprensivos con sus esposas, denles el honor que les corresponde, no sólo porque la mujer es más delicada sino también porque Dios les ha prometido a ellas la misma vida que a ustedes. Háganlo así para que nada estorbe sus oraciones.

Paciencia a ejemplo de Cristo

8 Finalmente, vivan todos unidos, tengan un mismo sentir, sean compasivos, fraternales, misericordiosos, humildes; 9 no devuelvan mal por mal ni injuria por injuria, al contrario bendigan, ya que ustedes mismos han sido llamados a heredar una bendición. 10 *Si uno quiere vivir y pasar años felices,*

llevar a todos el anuncio cristiano de la liberación. La pasión del mundo debe ser la pasión del cristiano, incluso hasta la muerte. En esto consiste nuestra identidad como continuadores de la memoria de Jesús.

3,1-7 Matrimonios. El más importante testimonio cristiano es el dado en el seno de la familia. Dirige primero una larga exhortación a la esposa, pensando seguramente en las mujeres cristianas casadas con paganos. Después se dirigirá brevemente a los maridos cristianos. A éstas les exige la castidad conyugal, el «sometimiento» al marido y la modestia y serenidad interiores que pueden mantener el matrimonio unido en convivencia pacífica, e incluso atraer al esposo a la fe. En la exhortación a los maridos cristianos afirma la mayor debilidad corporal de la mujer y la igualdad espiritual en compartir la herencia del cielo.

El discípulo de Pedro es hijo de la cultura de su tiempo y, aunque el Evangelio trajo la igualdad de todos ante Dios (cfr. Gál 3,28), todavía se regía por los prejuicios machistas de la sociedad patriarcal en que vivía. En este sentido hay que tomar también el recelo del discípulo respecto a los adornos de la mujer. Sobre el exagerado ornato de éstas pronuncia Isaías una sátira divertida (cfr. Is 3,18-23).

3,8-22 Paciencia a ejemplo de Cristo. El ideal de concordia familiar se extiende a toda la comunidad cristiana, cuyos miembros, como hermanos de una sola familia, comparten la bendición de una herencia común. Los versículos 10-12 están inspirados en Sal 34,12-16; esta amplia cita en una carta breve muestra que los salmos se iban incorporando a la piedad cristiana e inspiraban la conducta.

A continuación, el discípulo vuelve a su tema favorito: el sufrimiento en razón de la fe que profesan. Más que a una persecución concreta, el autor de la carta parece referirse de nuevo a la marginación social que les imponía su misma condición de cristianos, la cual les apartaba de las prácticas y costumbres paganas, como las que señalará después en 4,3, conducta que les hacían parecer gente rara a los ojos de sus conciudadanos paganos. Es posible que la extrañeza ante el proceder de los cristianos fuera acompañada, a veces, de hostilidad y agresividad, sobre todo por ser los creyentes de clase humilde. Es comprensible, pues, que vivieran atemorizados.

El discípulo les anima a no tener miedo y conservar la calma. Es más, la situación puede convertirse en ocasión de dar testimonio de «su esperanza» (15). Es interesante que fuera la esperanza el aspecto llamativo de los

guarde su lengua del mal y sus labios de la falsedad, [11] *apártese del mal y haga el bien, busque la paz y corra tras ella.* [12] *Porque los ojos del Señor se fijan en el honrado, sus oídos escuchan sus súplicas; pero el Señor se enfrenta con los malhechores.* [13] ¿Quién podrá hacerles daño si ustedes se preocupan siempre en hacer el bien? [14] Y si padecen por la justicia, dichosos ustedes. No teman ni se inquieten, [15] sino honren a Cristo como Señor de sus corazones. Estén siempre dispuestos a defenderse si alguien les pide explicaciones de su esperanza, [16] pero háganlo con modestia y respeto, con buena conciencia; de modo que los que hablan mal de su buena conducta cristiana queden avergonzados de sus propias palabras. [17] Es mejor sufrir por hacer el bien, si así lo quiere Dios, que por hacer el mal. [18] Porque Cristo murió una vez por nuestros pecados, el justo por los injustos para llevarlos a ustedes a Dios: sufrió muerte en el cuerpo, resucitó por el Espíritu [19] y así fue a proclamar también a las almas encarceladas: [20] a los que en un tiempo no creían, cuando la paciencia de Dios esperaba y Noé fabricaba el arca, en la cual unos pocos, ocho personas, se salvaron atravesando el agua. [21] Para ustedes, todo esto es símbolo del bautismo que ahora los salva, que no consiste en lavar la suciedad del cuerpo, sino en el compromiso con Dios de una conciencia limpia; por la resurrección de Jesucristo, [22] que subió al cielo y está sentado a la derecha de Dios después de poner bajo su dominio a los ángeles, a las potestades y a las dominaciones.

Hostilidad del mundo

4 [1] Como Cristo padeció en su cuerpo, ármense ustedes con la misma actitud: quien ha sufrido en la carne

cristianos y lo que causara extrañeza a los paganos, a quienes Pablo se refiere en Ef 2,12 como gente sin «esperanza y sin Dios en el mundo». La recomendación que el discípulo de Pedro les hace es una lección práctica de evangelización misionera en un contexto de pluralismo religioso, como el nuestro de hoy: estén dispuestos a defender –su esperanza– «con modestia y respeto, con buena conciencia» (16), pero firmes en la fe.

Si el testimonio evangélico lleva consigo la persecución y el sufrimiento, sufrir por hacer el bien les asemejará a Jesucristo. Para darles ánimo y esperanza en la victoria final, el discípulo les propone el ejemplo del sufrimiento inocente del Señor, cuya resurrección por el Espíritu trajo la oferta de salvación universal a todos, incluso a las «almas encarceladas» (19) de los pecadores de antaño, a los que el pensamiento mítico-religioso del Antiguo Testamento asignaba un lugar en el mundo subterráneo y tenebroso de los muertos, al que denominaban «infierno», cuyo significado no tiene nada que ver con el concepto cristiano de infierno como condenación eterna. También allí el Señor resucitado «fue a proclamar» (19) su mensaje de salvación. Jesucristo, compartiendo la suerte de todos los hombres y mujeres, baja al mundo de los muertos, no para quedarse, sino para proclamar la liberación (cfr. Is 61,1).

El versículo 19 es uno de los textos más enigmáticos de todo el Nuevo Testamento, el cual ha encontrado eco hasta en nuestro Credo cristiano: «Descendió a los infiernos». Este descenso salvador debió ser muy importante para los primeros cristianos, como lo atestiguan las referencias de Ef 4,8-10 y Rom 10,7; les preocupaba la suerte de los pecadores y, en general, la de todos los que vivieron y murieron antes de Cristo.

¿Entraron también ellos en el plan salvador de Dios? ¿Se salvaron aunque no habían conocido a Cristo ni recibido el bautismo? Esta preocupación sobre la posible salvación de los antepasados ha estado presente en toda la historia de la evangelización de la Iglesia, especialmente en Asia, cuya cultura dio y sigue dando tanta importancia al mundo de los ancestros. La respuesta ambigua o negativa de los primeros evangelizadores de aquellas tierras constituyó entonces un grave obstáculo para la propagación del Evangelio. Con esta imagen enigmática de Cristo descendiendo y proclamando, el discípulo nos quiere decir simplemente que, en virtud de su muerte y resurrección, Jesucristo vino a ofrecer su salvación a todos los hombres y mujeres de todos los tiempos.

4,1-19 Hostilidad del mundo. El discípulo de Pedro retoma ahora el tema del sufrimiento en su aspecto medicinal o de sanación: es imposible que siga pecando quien asocia por el bautismo sus propios sufrimientos al sufrimiento de Cristo. Esa incompatibilidad con el pecado la pueden ver comparando la vida que llevaban antes, entregada a todo género de maldades, con la que llevan ahora. De ahí que su conducta contra corriente produzca la extrañeza y la hostilidad de sus antiguos camaradas de vicios.

ha roto con el pecado 2 y lo que le queda de vida corporal, ya no sigue los
deseos humanos, sino la voluntad de
Dios. 3 Bastante tiempo en el pasado
han vivido como los paganos, practi-
cando el libertinaje, vicios, borracheras, orgías, comilonas e intolerables
idolatrías. 4 Ahora, como ustedes ya no
los acompañan en los excesos de su
mala vida ellos los insultan. 5 Pero tendrán que rendir cuentas al que está
dispuesto a juzgar a vivos y muertos.
6 Para ello se llevó también a los muertos la Buena Noticia: para que condenados como hombres a morir corporalmente, vivieran espiritualmente como
Dios.

7 Se acerca el fin del universo: por
eso tengan la moderación y sobriedad
necesarias para poder orar. 8 Ante todo,
haya mucho amor entre ustedes, porque el amor perdona una multitud de
pecados. 9 Practiquen la hospitalidad
mutua sin quejarse. 10 Cada uno, como
buen administrador de la multiforme
gracia de Dios, ponga al servicio de
los demás los dones que haya recibido.
11 Quien predica, hable como quien
entrega palabras de Dios; el que ejerce
algún ministerio hágalo como quién
recibe de Dios ese poder; de modo que
en todo sea glorificado Dios por medio
de Jesucristo. A quien corresponde la
gloria y el poder por los siglos de los
siglos. Amén.

12 Queridos, no se extrañen del incendio que ha estallado contra ustedes, como si fuera algo extraordinario;
13 alégrense, más bien, de compartir
los sufrimientos de Cristo, y así, cuando se revele su gloria, ustedes también
desbordarán de gozo y alegría. 14 Si los
insultan por ser cristianos, dichosos
ustedes, porque el Espíritu de Dios y su
gloria reposan en ustedes. 15 Que ninguno de ustedes tenga que padecer
por ladrón o asesino o criminal o por
meterse en asuntos ajenos. 16 Pero si
padece por ser cristiano, no se aver-
güence, antes dé gloria a Dios por tal
título.

17 Llega el momento de comenzar el
juicio por la casa de Dios. Y, si empieza
por nosotros, ¿cuál será la suerte de

Las comunidades de Pedro nos dan una buena lección a los creyentes de hoy. Una conducta cristiana que no produzca ningún impacto en la sociedad es señal de que se ha dejado arrastrar por la corriente de aquellos que no organizan sus vidas de acuerdo con las exigencias del Evangelio. Lo peor que nos puede suceder como seguidores de Jesús es que nuestro comportamiento no diga nada a nadie, que no ofrezca ninguna alternativa al mundo de injusticia que nos rodea. El discípulo subraya la seriedad de su exhortación con la inminencia del «fin del universo» (7), cuando venga Jesucristo a juzgar a todos de acuerdo con los valores del Evangelio, tanto a los que aún estén con vida como a los que hayan muerto. No se trata de una inminencia de días o años, sino de la urgencia del cambio que lleva en sí el mensaje evangélico.

¿Quién no calificaría como «final del universo» a los acontecimientos que estamos viviendo en nuestros días, como la pobreza y el hambre de millones de seres humanos o la catástrofe ecológica a la que nos lleva un desenfrenado consumismo?

Amor intenso que pasa por alto y perdona la ofensa del otro, hospitalidad sin murmuraciones, moderación y sobriedad, servicio a los demás compartiendo los dones que cada uno ha recibido es la vida alternativa evangélica que propone el discípulo a sus humildes comunidades y que también dirige a la Iglesia de hoy con la misma fuerza profética. Son los comportamientos cristianos que hacen de la comunidad de creyentes la «casa de Dios» a la que todos son llamados. Dos servicios merecen la atención del discípulo: el servicio de la Palabra y la atención a los necesitados. El término utilizado para «palabra», es «oráculo», es decir, sentencia profética, pues lleva consigo la fuerza del Espíritu que penetra los corazones con la fuerza de la verdad.

Sorprendentemente, vuelve otra vez sobre el tema del sufrimiento, como si los padecimientos inmerecidos e imprevistos de las páginas precedentes se materializaran ahora en una persecución violenta: un «incendio que ha estallado» (12). ¿Se trata de alguna persecución concreta? ¿O más bien quiere presentar de nuevo el tema central de la carta en un modo dramático? Sea como fuere, la situación real de padecimiento existía y el discípulo les anima a valorar y a confrontar la prueba: es la ocasión de compartir los sufrimientos de Cristo (cfr. Col 1,24; Flp 3,10) que conducirá a compartir su gozo (cfr. Jn 15,11), incluso por adelantado (cfr. 2 Cor 7,4).

los que rechazaron la Buena Noticia de
Dios? 18 *Si el justo apenas se salva,*
¿qué será del impío y del pecador?
19 Por lo tanto, los que padecen por
voluntad de Dios, sigan haciendo el
bien y confíen sus vidas al Creador, que
es fiel.

A los responsables

5 1 A los ancianos que están entre
ustedes les ruego como colega,
testigo de la pasión de Cristo y partícipe de la gloria que se ha de revelar:
2 apacienten el rebaño de Dios que les
han confiado, [cuidando de él] no a la
fuerza, sino de buena gana, como Dios
quiere; no por ambición de dinero, sino
generosamente; 3 no como tiranos de
los que les han asignado, sino como
modelos del rebaño. 4 Así, cuando se
revele el Pastor supremo, recibirán la
corona eterna de la gloria.
5 Lo mismo ustedes, jóvenes, sométanse a los ancianos. Que cada uno
se revista de sentimientos de humildad
para con los demás, *porque Dios resis-*
te a los soberbios y otorga su favor a los
humildes. 6 Por tanto, humíllense bajo
la mano poderosa de Dios, y a su tiempo él los elevará. 7 Encomienden a Dios
sus preocupaciones, que él se ocupará
de ustedes. 8 Sean sobrios, estén siempre alertas, porque su adversario el
Diablo, como león rugiendo, da vueltas
buscando [a quien] devorar. 9 Resístan-
lo firmes en la fe, sabiendo que sus hermanos por el mundo sufren las mismas
penalidades. 10 El Dios de toda gracia
que por Cristo [Jesús] los llamó a su
gloria eterna, después que hayan padecido un poco, los restablecerá y fortalecerá, los hará fuertes e inconmovibles.
11 A él sea el poder y la gloria por los
siglos. Amén.

Saludos finales

12 Les escribo estas breves letras por
medio de Silvano, a quien considero un
hermano fiel, para aconsejarlos y asegurarles que ésa es la verdadera gracia
de Dios: manténganse en ella. 13 Los
saluda la comunidad de elegidos de
Babilonia y también Marcos, mi hijo.
14 Salúdense mutuamente con el beso
fraterno. Paz a todos ustedes, los que
están unidos a Cristo.

5,1-11 A los responsables. Antes de despedirse les da su testamento espiritual. El discípulo de Pedro se dirige, en primer lugar, a los «ancianos», término con que se designaba a los responsables y líderes de la comunidad –presbíteros–, no necesariamente entrados en años. Aunque se presenta con el título que le confiere su autoridad apostólica, «testigo de la pasión de Cristo» (1), los considera colegas, situando así su autoridad en el plano de la corresponsabilidad, como era corriente en la Iglesia de los primeros tiempos.

Contempla el ministerio de estos líderes como la labor y el servicio de un buen pastor, en referencia siempre al Pastor Supremo, único pastor del rebaño. Sus consejos pastorales son válidos para todos los tiempos, especialmente para muchos pastores de nuestra Iglesia de hoy, quienes aún no acaban de asimilar el verdadero sentido de la autoridad apostólica. Toda la vida de un pastor debe ser entrega generosa al rebaño, guiándolo con el modelo y ejemplo de su vida, sin otros intereses espúreos. Después se dirige a todos los miembros de la comunidad, tanto jóvenes como viejos, y les pide que sean humildes. Esta humildad, referida a la relación de los cristianos con Dios, lleva a la confianza por la que ponemos en sus manos todos nuestros afanes y sufrimientos.

En una última llamada a la vigilancia, compara al enemigo supremo, el Diablo, a un león rugiente dando vueltas alrededor de su presa. Todas estas recomendaciones del discípulo evocan la realidad de una comunidad cristiana que, soportando la prueba y la persecución, vive de la esperanza de la venida liberadora del Señor, consolada por «el Dios de toda gracia que por Cristo los llamó a su gloria eterna» (10).

5,12-14 Saludos finales. Pedro, o su discípulo, menciona en su saludo final a dos personas conocidas que han desempeñado un papel importante en la vida de la Iglesia primitiva: Silvano y Marcos.

Finalmente, les comunica los saludos de la comunidad de «Babilonia», nombre de Roma en clave simbólica, es decir, el lugar del destierro y de la persecución en un mundo hostil a Dios.

SEGUNDA CARTA DE PEDRO

Autor, destinatarios y fecha de composición de la carta. La carta comienza con seriedad y solemnidad: doble nombre del remitente, hebreo y griego; doble título, «siervo y apóstol». A lo largo del escrito se refiere a otra carta precedente (3,1), recuerda su presencia en la transfiguración (1,18), llama hermano a Pablo (3,15), se siente a punto de morir (1,14). ¿No está claro el autor?

Lo que está demasiado claro es la ficción de la pseudonimia, comúnmente practicada entonces. El autor quiere presentar el escrito como si fuera el apóstol Pedro. Ya en la antigüedad se discutió bastante sobre la autenticidad del autor. Hoy son raros los que la defienden. Las razones son convincentes. El autor se traiciona repetidas veces, como cuando se incluye en la generación postapostólica (3,4), o se distingue de los apóstoles (3,2), o al discutir el retraso de la parusía (3,8). A lo cual hay que añadir diferencia de lengua, estilo y vocabulario.

Pero si el autor no es Pedro, sí nos dice cómo imaginaba al apóstol un cristiano de la segunda generación. Este autor escribe a creyentes convertidos del paganismo, como lo sugieren el estilo, los influjos de la filosofía estoica y el tipo de herejías que combate. Es probable que se trate del último escrito del Nuevo Testamento, compuesto hacia finales del s. I o comienzos del s. II.

Género y finalidad de la carta. Aunque se presenta y comienza como carta, el texto es más bien una exhortación. Teniendo en cuenta que se dice próximo a la muerte (1,3-15), se podría catalogar el escrito como uno de esos testamentos espirituales tan corrientes entonces y de ilustre ascendencia bíblica. El autor se enfrenta con dos problemas principales: el retraso de la parusía o segunda venida del Señor y las herejías, preocupaciones comunes de la segunda generación cristiana.

La aparente tardanza de la victoria definitiva de Jesús enfriaba los ánimos de los creyentes y cundía el desaliento y la incertidumbre ante el gran acontecimiento que, con el correr de los años, aparecía cada vez más lejano. Los enemigos se burlaban de ellos: «¿Qué ha sido de su venida prometida?... todo sigue igual que desde el principio del mundo» (3,4).

El autor responde invitando a sus oyentes a mirar la historia con los ojos de la fe. El tiempo presente es el tiempo de la «paciencia de Dios», pues «no quiere que se pierda nadie, sino que todos se arrepientan» (3,9). Por otra parte, el calendario de Dios es distinto del calendario de los hombres, pues para el Señor «un día es como mil años y mil años como un día» (3,8). De esta lectura de los signos de los tiempos, el autor saca su conclusión: una conducta irreprochable y santa no sólo sitúa al cristiano en el camino de la esperanza, sino que apresura «la venida del día de Dios» (3,12), viviéndolo ya como inminente y convirtiendo la espera no en una actitud pasiva, sino en activa colaboración que acelere la transformación final.

En cuanto a las herejías o falsas doctrinas, todo induce a pensar que se trata de una forma de gnosticismo, con sus historias de mitos y la insistencia en conocimientos arcanos. El autor no las nombra, sólo insiste en el libertinaje de los herejes. Ese «día» para ellos llegará como un ladrón en la noche.

Saludo

1 [1] Simón Pedro, siervo y apóstol de
Jesucristo, a los que comparten
con nosotros el privilegio de la fe, por la
justicia de nuestro Dios y Salvador
Jesucristo: [2] que la gracia y la paz abunden en ustedes por el conocimiento de
Dios y de Jesús nuestro Señor.

Vocación cristiana

[3] El poder divino nos ha otorgado
todo lo que necesitamos para la vida y
la piedad, haciéndonos conocer a
aquel que nos llamó con su propia gloria y mérito. [4] Con ellas nos ha otorgado las promesas más grandes y
valiosas, para que por ellas participen
de la naturaleza divina y escapen de la
corrupción que habita en el mundo a
causa de los malos deseos. [5] Así, no
ahorren esfuerzos por añadir a su fe la
virtud, a la virtud el conocimiento, [6] al
conocimiento el dominio propio, al dominio propio la paciencia, a la paciencia la piedad, [7] a la piedad el afecto fraterno, al afecto fraterno el amor. [8] Si
ustedes poseen esos dones en abundancia no permanecerán inactivos ni
estériles para conocer a nuestro Señor
Jesucristo. [9] Y quien no los posee está
ciego y va a tientas, olvidando de que
lo han purificado de sus viejos pecados. [10] Por tanto, hermanos, esfuércense por asegurar su vocación y elección.
Si obran así, no tropezarán nunca; [11] y
además se les abrirá generosamente la
entrada en el reino perpetuo del Señor
nuestro y Salvador Jesucristo. [12] Por
tanto, siempre trataré de recordarles
estas cosas aunque las saben y están
firmes en la verdad poseída; [13] y mientras vivo en esta morada, juzgo oportuno mantenerlos despiertos con mis llamados. [14] Porque sé que pronto dejaré
esta morada, como me ha informado
el Señor nuestro Jesucristo. [15] Y me es-
forzaré para que, después de mi partida, ustedes se acuerden siempre de
estas cosas.

La gloria de Cristo

[16] Porque cuando les anunciamos el
poder y la venida del Señor nuestro
Jesucristo, no nos guiábamos por
fábulas ingeniosas, sino que habíamos
sido testigos oculares de su grandeza.

1,1s Saludo. Típico saludo epistolar, en este caso un claro ejemplo de pseudonimia: para dar fuerza a su escrito, el remitente se presenta, sin serlo, como Simón Pedro –los manuscritos más antiguos hablan de Simeón, forma utilizada sólo en Hch 15,14–. Emplea además dos epítetos, «siervo y apóstol», propios de Pablo (Rom 1,1; Tit 1,1), que lo identifican como misionero oficial y significativo en la Iglesia primitiva. Los destinatarios son todos los que comparten la misma fe y la misma justicia –misericordia– de Dios, probablemente comunidades judeocristianas de Asia Menor. La continuidad del saludo en el versículo 2 es común en las cartas paulinas: «gracia y la paz», aunque aquí encontramos un énfasis nuevo: que «abunden» (cfr. 1 Pe 1,2) a través del conocimiento de Dios y de Jesús.

1,3-15 Vocación cristiana. He aquí una exhortación de acción de gracias por la fe y la vocación recibida (1,5.10). En el versículo 3 se resalta la potencia de Dios generadora de vida, piedad y conocimiento de Jesús. Dios es la vida que nos permite conocer a quien dio su vida por nosotros. Expresiones como «naturaleza divina», «malos deseos» o «mundo» (4) son una clara influencia de la filosofía helenista. Sólo optando por el proyecto de Dios podemos vencer el mundo, símbolo de corrupción y maldad.

En los versículos 5-7 tenemos una lista de las ocho virtudes típicas del helenismo, también presentes en otros lugares del Nuevo Testamento (Rom 5,3s; Gál 5,22s), que comienza con la fe y termina con el amor; semillas que sólo crecen a través del conocimiento de Jesús. Los versículos 10s son una invitación a mantenerse firmes en la fe recibida, como cuota inicial para entrar en el reino de Jesús. Del carácter teológico del reinado de Dios, propio de los evangelios sinópticos (Mt 5,20; 7,21; 18,3; 19,23.24), se pasa a un carácter cristológico –reino de Jesús– propio del período pospascual.

La fuerza de los versículos 12-15 está en el verbo «recordar». El autor, sintiéndose apóstol centinela, hace memoria de las palabras de Jesús mediante el género

17 En efecto, él recibió de Dios Padre
honor y gloria, por una voz que le llegó
desde la sublime Majestad que dijo:
Éste es mi Hijo querido, mi predilecto.
18 Esa voz llegada del cielo la oímos
nosotros cuando estábamos con él en
la montaña santa. 19 Con ello se nos
confirma el mensaje profético, y ustedes harán bien en prestarle atención,
como a una lámpara que alumbra en la
oscuridad, hasta que amanezca el día y
el astro matutino amanezca en sus
mentes. 20 Pero deben saber ante todo
que nadie puede interpretar por sí mismo una profecía de la Escritura, 21 porque la profecía nunca sucedió por
iniciativa humana, sino que los hombres de Dios hablaron movidos por el
Espíritu Santo.

Contra los falsos profetas y maestros

2 1 En el pueblo de Israel hubo también falsos profetas, como habrá
entre ustedes falsos maestros, que in-
troducirán sectas perniciosas, y, rene-
gando del Señor que los redimió, se
acarrearán una rápida destrucción.
2 Muchos los seguirán en su vida vicio-
sa y por su culpa será desprestigiado el
camino de la verdad. 3 Y por amor al
dinero abusarán de ustedes con discursos engañosos. Pero la condenación
los espera a ellos sin remedio, ya que
desde hace mucho están condenados.
4 Si Dios no perdonó a los ángeles pecadores, antes bien los sepultó en el
infierno y los sumergió en el abismo de
las tinieblas, reservándolos para el juicio;
5 si tampoco perdonó a la humanidad
de antaño, sino que, guardando con otros
siete a Noé, predicador de la justicia,
envió el diluvio al mundo de los malvados; 6 si condenó a Sodoma y Gomorra
reduciéndolas a cenizas y dejándolas
como escarmiento de futuros malvados; 7 –si bien libró a Lot el justo, que
sufría con la conducta de los libertinos,
8 porque teniendo que vivir en medio de
ellos, su alma de justo se sentía constantemente torturada por las iniquida-
des que veía y escuchaba–. 9 El Señor
sabe librar a los hombres religiosos y
reserva a los malvados para castigarlos
el día del juicio; 10 especialmente a los

literario «testamento» al mejor estilo de Moisés (cfr. Dt 31, donde anuncia su muerte y da instrucciones para recordar en el futuro), Josué (Jos 22) o David (2 Sm 23).

1,16-21 La gloria de Cristo. El autor defiende la parusía de Cristo (16) como fruto, no de leyendas, sino de experiencias vividas. Y aparece entonces el recuerdo de la transfiguración como mensaje profético (18; cfr. Mt 17,3s), que como lámpara (19b) nos permite ver a Jesús en su doble dimensión de glorificado (17; cfr. Mt 17,1s) e «Hijo querido y predilecto» de Dios (17; cfr. Mt 17,5). La parusía, más que preocupación por lo que viene, es un ejercicio profético del presente que hace memoria comunitaria de Jesús para vivirlo como sol de la mañana y vencer así los problemas de la oscuridad llenando de luz el día por venir.

El contenido de los versículos 20s ha sido fundamental en la definición de los principios de inspiración e interpretación bíblica en la tradición de la Iglesia. La Escritura requiere del Espíritu para su interpretación. Esto no excluye la razón, lenguaje humano a través del cual actúa el Espíritu, ni la comunidad eclesial, lugar privilegiado donde actúa el Espíritu.

2,1-22 Contra los falsos profetas y maestros. Este capítulo tiene como objetivo desenmascarar a los «falsos maestros» que arruinan la vida de las comunidades. Toma como base la carta de Judas, que a veces cita casi literalmente (cfr. 1 y Jds 4; 4 y Jds 6; 6 y Jds 7; 9 y Jds 6; 10 y Jds 7s; 11 y Jds 9; 12 y Jds 10; 13 y Jds 12; 15 y Jds 11; 17 y Jds 12s; 2 y Jds 16; 3 y Jds 12s). La doctrina de los «falsos maestros» se caracteriza por renegar del Señor (1; cfr. 1 Jn 2,22s) e imponer en las comunidades un estilo de vida que privilegia el sectarismo, la idolatría, la inmoralidad, el desprestigio del camino de la verdad –la vida cristiana–, el amor al dinero con engaño, el libertinaje, el desprecio de la autoridad de Dios, las actuaciones animalescas, el insulto, la corrupción, el adulterio y la avaricia.

Para reforzar sus argumentos trae a colación tres ejemplos de castigos tomados del Antiguo Testamento: los ángeles pecadores (4; cfr. Gn 6,1-4), el diluvio (5; cfr. Gn 7-9) y Sodoma y Gomorra (6; cfr. Gn 19,1-28). Quien actúa de esta manera se contagia del síndrome de Balaán, que consiste en vivir para la codicia (15), en asumir la vida como un espejismo (16), en una enseñanza vacía y estéril que seduce a los frágiles en la fe (18) y en ser esclavos de la corrupción con señuelos de libertad

que siguen el instinto y sus inmundos
apetitos y desprecian la Soberanía.
Estos hombres, audaces e insolentes,
insultan a los ángeles gloriosos, 11 siendo
así que los ángeles, superiores en fuerza
y poder, no los acusan con insultos
ante Dios. 12 Esos hombres, como animales irracionales destinados por naturaleza a ser cazados y consumidos,
insultan lo que no entienden; pero se
corromperán como esos mismos animales 13 y recibirán así la paga de su
injusticia. Su idea del placer es la orgía
en pleno día; sucios y asquerosos, se
gozan en engañarlos cuando comen
con ustedes. 14 No pueden ver una
mujer sin desearla, nunca se cansan
del pecado, seductores de almas débiles, expertos en avaricia: dignos de
maldición. 15 Dejando el camino recto,
se extraviaron. Siguieron el camino de
Balaán de Bosor, que ganó dinero
haciendo el mal. 16 Y fue reprendido
por su pecado, pues su burra se puso a
hablar con voz humana frenando la
locura del profeta. 17 Estos maestros
son fuentes sin agua, nubes empujadas
por la tormenta, ellos están destinados
a las densas tinieblas.

18 Pronunciando discursos vacíos y
altisonantes alientan las pasiones y los
deseos impuros de sus oyentes recién
alejados de los que viven en el error.
19 Les prometen libertad, siendo esclavos de la corrupción. Porque uno se
hace esclavo de aquel que lo domina.
20 En efecto, si uno se ha alejado de la
inmundicia del mundo, por el conocimiento de [nuestro] Señor y Salvador
Jesucristo, y de nuevo se deja enredar
y se rinde, su final es peor que el principio. 21 Más les valdría no haber conocido el camino de la justicia que, ha-
biéndolo conocido, apartarse del santo
mandamiento que les habían trasmitido.
22 Les sucede lo del acertado proverbio:
perro que vuelve a su vómito, o este
otro: cerdo bañado que se revuelca en
el fango.

Retraso de la parusía

3 1 Queridos hermanos, ésta es ya la
segunda carta que les escribo; en
las dos les refresco la memoria para
despertar, con el recuerdo, sus mentes
sinceras. 2 Recuerden lo que anunciaron los santos profetas y el mandato
del Señor y Salvador transmitido por

(19). En medio de los castigos, el autor recuerda positivamente a personajes como Noé y Lot (5-8), hombres religiosos (9) que lograron vivir en fidelidad al proyecto de Dios, y por eso fueron liberados por el Señor.

Los versículos 20s son una dura advertencia para los que tienen una fe ambigua y débil, para quienes conociendo a Jesús, camino de justicia, se rinden fácilmente ante las «inmundicias del mundo». Las palabras del versículo 21 recuerdan la dura sentencia de Jesús contra quien habría de entregarlo: «más le valdría a ese hombre no haber nacido» (Mt 26,24).

La conclusión (22) se hace a partir de dos refranes, uno de origen sapiencial bíblico (cfr. Prov 26,11) y otro de origen helenista.

3,1-18 Retraso de la parusía. El tema predominante de toda esta sección es el día de la venida o parusía. En los dos primeros versículos, el autor resalta el valor evangelizador de las cartas apostólicas, la importancia de los recuerdos para despertar la conciencia cristiana, que él llama «mentes sinceras» (1), y el papel de la memoria, que sirve para unir en un solo proyecto, el de Jesús, los dos Testamentos, en clara alusión a profetas y apóstoles.

En los versículos 3s, el autor, como si ya conociera los planes divinos –«ante todo deben saber»– previene contra los adversarios que con cinismo, falsedad y entregados al libertinaje niegan la venida con el argumento de la inmutabilidad del mundo desde sus orígenes (4). La verdad es que a quienes tienen el poder no les interesa que las cosas cambien, para poder seguir dominando y enredando las comunidades a su antojo.

En los versículos 5-10, el autor refuta los argumentos de quienes niegan la parusía apelando a la fuerza de la Palabra de Dios, que crea el cielo y la tierra (Gn 1), pero que en un momento de la historia lo destruye a través del diluvio (Gn 7) para sacar un mundo nuevo. El cielo y la tierra, que siguen siendo fruto de la Palabra creadora de Dios (5), están a la espera de una nueva «purificación» en el juicio final a través del fuego, cuando serán condenados los seres humanos perversos. Cabe anotar

los apóstoles. 3 Ante todo deben saber
que al final de los tiempos vendrán
hombres cínicos y burlones, entregados a sus apetitos, 4 que dirán: ¿Qué ha
sido de su venida prometida? Desde
que murieron nuestros padres, todo
sigue igual que desde el principio del
mundo. 5 Al afirmar esto, ellos no tienen en cuenta que desde antiguo existía un cielo y una tierra emergiendo del
agua y consistente en medio del agua
por la palabra de Dios. 6 Y así el mundo
de entonces pereció a causa del diluvio. 7 El cielo y la tierra actuales por la
misma palabra están conservados para
el fuego, reservados para el día del juicio y condena de los hombres perversos. 8 Que esto, queridos hermanos no
les quede oculto: que para el Señor un
día es como mil años y mil años como
un día. 9 El Señor no se retrasa en cumplir su promesa, como algunos piensan, sino que tiene paciencia con ustedes, porque no quiere que se pierda
nadie, sino que todos se arrepientan.
10 El día del Señor llegará como un
ladrón. Entonces el cielo desaparecerá
con estruendo, los elementos serán
destruidos en llamas, la tierra con sus
obras quedará consumida. 11 Y si todo
se ha de destruir de ese modo, ¡con
cuánta santidad y devoción deben vivir
[ustedes]!, 12 esperando y apresurando
la venida del día de Dios, cuando el
cielo se consumirá en el fuego y los
elementos se derretirán abrasados.
13 De acuerdo con su promesa, esperamos un cielo nuevo y una tierra nueva
en los que habitará la justicia. 14 Por
tanto, queridos hermanos, mientras
esperan estas cosas hagan todo lo posible para que Dios los encuentre en
paz, sin mancha ni culpa. 15 Piensen
que la paciencia de Dios con ustedes
es para su salvación; como les escribió
nuestro querido hermano Pablo con la
sabiduría que le fue concedida. 16 En
todas sus cartas trata estos temas, si
bien en ellas hay cosas difíciles de
entender, que los inexpertos y vacilantes deforman, como hacen con el resto
de la Escritura, para su perdición.
17 Por eso, queridos hermanos, estén
prevenidos y precavidos para que no
sean arrastrados por los engaños de
hombres sin principios, y pierdan su
firmeza. 18 Crezcan, más bien, en la gracia y el conocimiento de nuestro Señor y
Salvador Jesucristo. A él la gloria ahora
y hasta la eternidad. [Amén.]

que después de cada destrucción surge una realidad nueva. Cada vez que destruimos situaciones de injusticia, violencia y muerte y permitimos que surjan nuevas realidades de justicia y fraternidad, adelantamos en la tierra pequeños momentos de parusía.

Otro argumento contra los adversarios tiene que ver con el tiempo.

Hay que diferenciar entre el tiempo de Dios –«kairos» (cfr. Sal 90,4)– y el tiempo humano –«kronos»–. De otra parte, la dilación del tiempo es una opción paciente de Dios que tiene como objetivo dar oportunidad para que todos se salven (cfr. Jn 3,16-17; 1 Tim 2,4).

Para describir la venida (10), el autor trae las figuras del ladrón y del fuego, recogidas de la tradición sinóptica (Mt 13,40.50; 24,29.35.43; 25,41) y apocalíptica (Ap 20,11; 21,1).

En los versículos 11s se dice que vivir en santidad permite apresurar la venida del Señor. El autor insiste en que la parusía no debe llevar a la pasividad esperando el fin de los tiempos; al contrario: hay que vivir y trabajar para que el mundo camine por senderos de paz, de honestidad y reconciliación (14). La mención de las cartas de Pablo (15s), escritas con sabiduría, pone de manifiesto su importancia en las comunidades, pero al mismo tiempo el autor reconoce que el mensaje de Pablo fue manipulado, falsamente interpretado y corrompido por los falsos maestros.

El final no tiene forma epistolar, al carecer de saludos y despedidas. Los versículos 17s, que forman una inclusión con 1s, retoman de manera conclusiva algunos temas tratados a lo largo de la carta: estar prevenidos para no ser engañados por los falsos maestros (17) y crecer en gracia y conocimiento de Jesús (18).

CARTAS DE JUAN

PRIMERA CARTA DE JUAN

Autor, fecha y lugar de composición de la carta. La tradición, desde los comienzos, consideró este escrito como obra de Juan el apóstol y evangelista. Hoy seguimos llamándola carta de Juan, y muchos comentaristas siguen manteniendo la opinión tradicional: sea carta o tratado, su autor es Juan. Pero hay bastantes exegetas que la atribuyen a otro Juan, o a otro autor, diverso del evangelista.

La exposición de los argumentos en pro o en contra de una u otra opinión nos llevaría demasiado lejos, y además no es tan importante. Si el autor no es el evangelista, se trata ciertamente de un discípulo o miembro de su escuela, o un portavoz de la comunidad que se inspiraba en él.

En cuanto a la fecha de la carta, considerando que era ya bastante conocida a principios del siglo segundo, podemos suponer que fue escrita a finales de la década de los 90, probablemente en Éfeso o en su región, lugares donde se desarrollaron las comunidades inspiradas por el pensamiento y la figura de Juan.

Destinatarios y circunstancias de la carta. El autor trata a sus destinatarios con afecto, como si los conociera personalmente o estuviera encargado de ellos (2,1.12. 28; 3,2.21). Atendiendo al final (5,21) podrían ser cristianos procedentes del paganismo. Más numerosos y fuertes son los indicios que apuntan a judeocristianos.

De todas formas, por aquellas fechas las comunidades eran con frecuencia mixtas. Lo cierto es que se trataba de una Iglesia fervorosa y dinámica, pero infiltrada por falsas doctrinas que habían comenzado a sembrar la confusión y el cisma.

La figura de los cismáticos o apóstatas se puede recomponer con los rasgos que esparce el autor en negativo, refutándolos y calificándolos con palabras duras: seductores, mentirosos, pertenecientes al mundo de las tinieblas y ajenos a la comunidad. Piensan conocer y ver a Dios, estar en la luz y en comunión con Él, pero no reconocen a Jesús como Mesías e Hijo de Dios, niegan la encarnación y se consideran sin pecado aunque no guardan los mandamientos.

Género y contenido de la carta. Lo que llamamos carta podría ser homilía o instrucción escrita. El desarrollo es peculiar. Alguien lo ha comparado a una escalera de caracol que gira en torno a un eje fijo, ascendiendo a planos superiores. Pide una lectura acompasada, con pausas para la resonancia mental y cordial.

Todo gira alrededor de la fe en la encarnación del Hijo de Dios y el amor al prójimo. Es imposible reconocer a Dios como Padre si no se reconoce a Cristo como su Hijo; es imposible amar a Dios si no se ama al prójimo. El autor va desarrollando su reflexión con imágenes tomadas del cuarto evangelio. Y así, confesar a Jesús como Hijo de Dios es entrar en comunión con él, participar de su vida divina, compartir su amor incondicional por todos.

El amor fraterno y la fe en Cristo son la única garantía de caminar en la luz y en la verdad, «porque el amor viene de Dios; todo el que ama es hijo de Dios y conoce a Dios… ya que Dios es amor… ha demostrado el amor que nos tiene enviando al mundo a su Hijo único para que vivamos gracias a él» (4,7-9).

Lo que existía desde el principio

1 1 Lo que existía desde el principio,
lo que hemos oído, lo que hemos
visto con nuestros ojos, lo que hemos
contemplado y han palpado nuestras
manos, es lo que les anunciamos: la
palabra de vida. 2 La vida se manifestó:
la vimos, damos testimonio y les anunciamos la vida eterna que estaba junto
al Padre y se nos manifestó. 3 Lo que vimos y oímos se lo anunciamos también a ustedes para que compartan
nuestra vida, como nosotros la compartimos con el Padre y con su Hijo Jesucristo. 4 Les escribimos esto para que
la alegría de ustedes sea completa.

Caminar en la luz: romper con el pecado

5 Éste es el mensaje que le oímos y
les anunciamos: que Dios es luz sin
mezcla de tinieblas. 6 Si decimos que
compartimos su vida mientras caminamos a oscuras, mentimos y no procedemos con sinceridad. 7 Pero si caminamos en la luz, como él está en la
luz, estamos en comunión unos con
otros y la sangre de su Hijo Jesús nos
limpia de todo pecado.
8 Si decimos que no hemos pecado,
nos engañamos y no somos sinceros.
9 Si confesamos nuestros pecados, él
es fiel y justo para perdonarnos los pecados y limpiarnos de todo delito. 10 Si
decimos que no hemos pecado, lo
hacemos pasar por mentiroso y su
palabra no está en nosotros.

2 1 Hijos míos, les escribo esto para
que no pequen. Pero si alguien
peca, tenemos un abogado ante el Padre, Jesucristo el Justo. 2 Él se ofreció
en sacrificio para que nuestros pecados
sean perdonados y no sólo los nuestros, sino los de todo el mundo.

Cumplir los mandamientos

3 La señal de que lo conocemos es
que cumplimos sus mandamientos.
4 Quien dice que lo conoce y no cumple sus mandamientos miente y no es
sincero. 5 Pero quien cumple su palabra, ése ama perfectamente a Dios. En
eso conocemos que estamos con él.
6 Quien dice que permanece con él ha
de vivir como él vivió.
7 Queridos, no les escribo un mandamiento nuevo, sino el mandamiento
antiguo que tenían desde el principio.
El mandamiento antiguo es el mensaje
que ustedes oyeron. 8 Y, sin embargo,
se lo doy como mandamiento nuevo,
que se hace realidad en Jesucristo y en

1,1-4 Lo que existía desde el principio. Juan conecta el comienzo de su carta con el comienzo del evangelio. Escribe para que los cristianos sigan en comunión con sus maestros como éstos están en comunión con el Padre y con Jesús. Si Jesús es la vid que tiene sus sarmientos, cada cristiano a su vez, es una vid que tiene otros sarmientos en unión y comunión con Él. La comunión de los cristianos con Jesús pasa a través de su comunión con los demás miembros de la comunidad; el que se separa de la comunidad también se separa de Jesús.

1,5–2,2 Caminar en la luz: romper con el pecado. Dios es luz, y Jesús es la Luz del mundo (Jn 8,12). El cristiano auténtico que está en comunión con Dios no camina en las tinieblas; sigue a Jesús que es la verdad y la vida. Juan comienza por reconocerse a sí mismo como pecador y necesitado de la salvación y del perdón de Dios revelado en Jesús. A este nivel, el pecado es una posibilidad, pero el cristiano consciente del sacrificio de Jesús por sus pecados, va a poner toda su esperanza en Él para evitarlos en el futuro.

2,3-11 Cumplir los mandamientos. El cristiano auténtico que va comenzando su vida espiritual, se va a esforzar por cumplir los mandamientos como expresión de su amor a Dios. Nadie puede excusarse de cumplir los mandamientos. El mandamiento del amor, el que conocieron desde el comienzo, es la expresión más clara de la comunión con Jesús y con la comunidad cristiana.

ustedes; porque se alejan las tinieblas y
la luz verdadera ya alumbra.
9 Quien dice que está en la luz mientras odia a su hermano sigue en tinieblas. 10 Quien ama a su hermano permanece en la luz y no tropieza. 11 Quien
odia a su hermano está en tinieblas, camina en tinieblas y no sabe adónde va,
porque la oscuridad le ciega los ojos.

Los cristianos y el mundo

12 Hijos míos, les escribo a ustedes
porque sus pecados han sido perdonados por el nombre de Jesús.
13 Padres, les escribo a ustedes porque conocen al que existe desde el
principio.
Jóvenes, les escribo a ustedes porque han vencido al Maligno.
14 Hijos, les he escrito porque ustedes conocen al Padre.
15 No amen al mundo ni lo que hay
en él: quien ama al mundo no posee el
amor del Padre. 16 Porque todo lo que
hay en el mundo, los malos deseos de
la naturaleza humana, la codicia de los
ojos y el orgullo de las riquezas no procede del Padre, sino del mundo. 17 Y el
mundo pasa con sus codicias; pero
quien cumple la voluntad de Dios permanece por siempre.

Cuidado con los anticristos

18 Hijos míos, estamos en la última
hora. Han oído que ha de venir el Anticristo; en realidad ya han venido muchos anticristos, y eso nos demuestra
que es la última hora. 19 Salieron de
entre nosotros, pero no eran de los
nuestros. Si hubieran sido de los
nuestros, habrían permanecido con
nosotros. Así mostraron que no eran
de los nuestros.
20 Ustedes han recibido la unción del
Espíritu, y todos tienen la verdadera
sabiduría.
21 No les escribo porque descono-
cen la verdad, sino porque la conocen
y porque ninguna mentira procede de
la verdad. 22 ¿Quién es el mentiroso, sino quien niega que Jesús es el Cristo?
Ése es el Anticristo: quien niega al Padre y al Hijo. 23 Quien niega al Hijo no
acepta al Padre; quien confiesa al Hijo
acepta al Padre. 24 En cuanto a ustedes
permanezcan fieles a lo que oyeron
desde el principio. Si conservan en su
corazón lo que oyeron al principio,
también ustedes permanecerán con el
Hijo y con el Padre. 25 Y ésta es la promesa que él nos hizo: la vida eterna.
26 Les escribo estas cosas pensando
en aquellos que tratan de engañarlos.
27 Ustedes conserven la unción que
recibieron de Jesucristo y no tendrán
necesidad de que nadie les enseñe;
porque su unción, que es verdadera e
infalible, los instruirá acerca de todo.
Lo que les enseñe consérvenlo. 28 Ahora,
hijitos, permanezcan con él, y así, cuando se manifieste, tendremos confianza
y no nos avergonzaremos de él en el
día de su venida. 29 Si ustedes saben

2,12-17 Los cristianos y el mundo. El cristiano que va avanzando en su fe se va alejando de las atracciones de lo mundano, viéndolas desde la perspectiva de Dios. Todo lo mundano es expresión de codicia, avidez, y orgullo (16s), es pasajero y no le ayuda para la eternidad.

2,18-29 Cuidado con los anticristos. Una expresión del espíritu del mundo son los falsos maestros que se buscan a sí mismos o buscan su propio interés. Para el autor todo el que deja la comunidad cristiana para formar su propio grupo va contra la voluntad y la oración de Jesús en la última cena sobre la unidad, es un anticristo. Juan se refiere a algunos miembros de sus comunidades que renegaban de la memoria de Jesús, de su muerte y resurrección, influenciados for falsas doctrinas de procedencia agnóstica. Estos falsos doctores rompían la unidad de la comunidad sembrando la discordia, de ahí que la reacción de Juan sea tan contundente llamándolos anticristos.

que él es justo, sabrán que quien practica la justicia es hijo suyo.

Hijos de Dios

3 1 Miren qué amor tan grande nos
ha mostrado el Padre: que nos
llamamos hijos de Dios y realmente lo
somos. Por eso el mundo no nos reconoce, porque no lo reconoce a él.

2 Queridos, ya somos hijos de Dios,
pero todavía no se ha manifestado lo
que seremos. Sabemos que, cuando
aparezca, seremos semejantes a él y lo
veremos como él es.

Romper con el pecado

3 Todo el que tiene puesta en Jesucristo esta esperanza se purifica, así como él es puro. 4 Quien comete pecado
quebranta la ley: el pecado es la rebeldía a la ley. 5 Y saben que él se manifestó para quitar los pecados y él no tuvo pecado. 6 Quien permanece con él
no peca; quien peca no lo ha visto ni
conocido. 7 Hijitos, que nadie los engañe: quien practica la justicia es justo
como lo es él. 8 Quien comete pecado
procede del Diablo, porque el Diablo es
pecador desde el principio; y el Hijo de
Dios apareció para destruir las obras
del Diablo. 9 Nadie que sea hijo de Dios
comete pecado, porque permanece en
él la semilla de Dios; y no puede pecar,
porque ha sido engendrado por Dios.

El mandamiento del amor

10 Los hijos de Dios y los del Diablo
se reconocen así: quien no practica la
justicia ni ama a su hermano no procede de Dios. 11 El mensaje que oyeron
desde el principio es que nos amemos
los unos a los otros. 12 No como Caín,
que procedía del Maligno y asesinó a
su hermano. Y, ¿por qué lo asesinó?
Porque sus acciones eran malas y las
de su hermano buenas. 13 No se extrañen, hermanos, si el mundo los odia.
14 Nosotros sabemos que hemos pasado de la muerte a la vida porque amamos a los hermanos. Quien no ama
permanece en la muerte. 15 Quien odia
a su hermano es homicida, y saben
que ningún homicida posee la vida
eterna. 16 Hemos conocido lo que es
el amor en aquel que dio la vida por nosotros. Por eso, también nosotros debemos dar la vida por los hermanos.
17 Si uno vive en la abundancia y viendo
a su hermano necesitado le cierra el
corazón y no se compadece de él, ¿cómo puede conservar el amor de Dios?
18 Hijitos, no amemos de palabra y con
la boca, sino con obras y de verdad.
19 Así conoceremos que procedemos
de la verdad y tendremos ante él la
conciencia tranquila, 20 y aunque la
conciencia nos acuse, Dios es más
grande que nuestra conciencia y lo sabe todo. 21 Queridos, si la conciencia

3,1s Hijos de Dios. El autor pasa a ver la relación del cristiano con Dios desde la perspectiva de su adopción como hijo. El cristiano va avanzando en su comunión con Dios y se da cuenta de sus limitaciones, pero sabe que el futuro de perfección será una realidad.

3,3-9 Romper con el pecado. El cristiano que va avanzando en su vida espiritual llega a un nivel en el que el pecado no entra en sus cálculos ni en su vida. Se siente tan llamado a ser santo y a estar en comunión con Dios que hasta el pecado más pequeño es visto como un gran obstáculo. Así lo veían los grandes santos, para quienes el pecado más mínimo era visto escrupulosamente.

3,10-24 El mandamiento del amor. El cristiano conforme va madurando en su fe llega a la certeza que el amor es lo único que cuenta. Todos los mandamientos son expresiones del amor. El amor no consiste en palabras; obras son amores. Hay que salir al paso de los necesitados acercándose a ellos. El que se esfuerza sinceramente por amar según el ejemplo de Jesús, no debe temer el juicio de Dios, especialmente si tiene la humildad de verse como necesitado de perdón. Dios es grande, mucho más grande que nuestra conciencia y nuestros escrúpulos. El amor no puede existir sin la fe, y la fe se hace viva en el amor. El amor y la fe forman un solo mandamiento (23).

no nos acusa, podemos confiar en
Dios, 22 y recibiremos de él lo que pida-
mos, porque cumplimos sus mandatos
y hacemos lo que le agrada. 23 Y éste
es su mandato: que creamos en la
persona de su Hijo Jesucristo y nos
amemos unos a otros como él nos
mandó. 24 Quien cumple sus mandatos
permanece con Dios y Dios con él. Y
sabemos que permanece con nosotros
por el Espíritu que nos ha dado.

Discernimiento de espíritus

4 1 Queridos míos, no crean a todos
los que se dicen inspirados, más
bien, pongan a prueba su inspiración,
para ver si procede de Dios; porque
han aparecido en el mundo muchos
falsos profetas. 2 En esto reconocerán
al que Dios inspira todo: espíritu que
confiesa que Jesucristo vino en carne
mortal procede de Dios; 3 todo espíritu
que no confiesa a Jesús no procede de
Dios, sino más bien del Anticristo. Oyeron que iba a venir, ahora ya está en el
mundo. 4 Hijitos míos, ustedes son de
Dios y han vencido a esos falsos profetas, porque el que está en ustedes es
más poderoso que el que está en el
mundo. 5 Ellos son del mundo: por eso
hablan de cosas mundanas y el mundo
los escucha. 6 Nosotros somos de Dios,
y quien conoce a Dios nos escucha,
quien no es de Dios no nos escucha.
Así distinguimos el espíritu de la verdad
y el espíritu de la mentira.

Dios es amor

7 Queridos, amémonos unos a
otros, porque el amor viene de Dios; todo el que ama es hijo de Dios y conoce
a Dios. 8 Quien no ama no ha conocido
a Dios, ya que Dios es amor. 9 Dios ha
demostrado el amor que nos tiene enviando al mundo a su Hijo único para
que vivamos gracias a él. 10 En esto
consiste el amor: no en que nosotros
hayamos amado a Dios, sino en que él
nos amó y envió a su Hijo para que,
ofreciéndose en sacrificio, nuestros
pecados quedaran perdonados.

11 Queridos, si Dios nos ha amado
tanto, también nosotros debemos
amarnos unos a otros. 12 A Dios nunca
lo ha visto nadie; si nos amamos unos
a otros, Dios permanece en nosotros y
el amor de Dios ha llegado a su plenitud en nosotros. 13 Reconocemos que
está con nosotros y nosotros con él
porque nos ha hecho participar de su
Espíritu. 14 Nosotros lo hemos contemplado y atestiguamos que el Padre
envió a su Hijo como Salvador del
mundo.

15 Si uno confiesa que Jesús es Hijo
de Dios, Dios permanece con él y él
con Dios. 16 Nosotros hemos conocido
y hemos creído en el amor que Dios
nos tuvo. Dios es amor: quien conserva
el amor permanece con Dios y Dios
con él. 17 El amor llegará en nosotros a
su perfección si somos en el mundo lo
que él fue y esperamos confiados el día

4,1-6 Discernimiento de espíritus. Los falsos maestros hablan el lenguaje del mundo; el cristiano no debe escucharles. Además, a finales del s. I habían aparecido los primeros herejes gnósticos que negaban la humanidad de Jesús y su sacrificio en la cruz. Juan se opone a ellos decididamente. El Jesús crucificado, y no solamente el Jesús glorioso, es parte esencial del mensaje cristiano.

4,7–5,13 Dios es amor – Victoria de la fe. La cumbre de la vida cristiana es vivir el amor en el Amor. Dios es Amor (4,8).

El amor de Dios es algo que, como se dijo en el evangelio (Jn 13,34s; 15,9), el cristiano debe transmitir a los demás. La prueba constatable de que uno ama a Dios es su amor al prójimo.

Ese amor es la expresión más viva de la fe. La fe del cristiano abraza sobre todo el sacrificio de Jesús que derramó su sangre por nosotros. Es un gran misterio este sacrificio. Había herejes que no podían aceptarlo. Es a través de nuestra fe y participación en el sacrificio de Cristo que recibimos la vida que Jesús ofrece al creyente.

del juicio. 18 En el amor no cabe el temor,
antes bien, el amor desaloja el temor.
Porque el temor se refiere al castigo, y
quien teme no ha alcanzado un amor
perfecto. 19 Nosotros amamos porque
él nos amó antes. 20 Si uno dice que
ama a Dios mientras odia a su hermano,
miente; porque si no ama al hermano a
quien ve, no puede amar a Dios a quien
no ve. 21 Y el mandato que nos dio es
que quien ama a Dios ame también a
su hermano.

Victoria de la fe

5 1 Todo el que cree que Jesús es el
Cristo es hijo de Dios y todo el
que ama al Padre ama también al Hijo.
2 Si amamos a Dios y cumplimos sus
mandatos, es señal de que amamos a
los hijos de Dios. 3 Porque el amor de
Dios consiste en cumplir sus mandatos, que no son una carga. 4 Todo el
que es hijo de Dios vence al mundo; y
ésta es la victoria que venció al mundo:
nuestra fe. 5 ¿Quién vence al mundo sino el que cree que Jesús es el Hijo de
Dios? 6 Es el que vino con agua y sangre, Jesucristo: no sólo con agua, sino
con agua y sangre. Y el Espíritu, que es
la verdad, da testimonio, porque el Espíritu es la verdad. 7 Tres son los testigos: 8 el Espíritu, el agua y la sangre, y
los tres concuerdan. 9 Si aceptamos el
testimonio humano, más convincente
es el testimonio de Dios. 10 Quien cree
en el Hijo de Dios posee el testimonio;
quien no cree a Dios lo deja por mentiroso al no creer el testimonio que Dios
ha dejado acerca de su Hijo. 11 El testimonio declara que Dios nos ha dado
vida eterna y que esa vida está en su
Hijo. 12 Quien acepta al Hijo posee la
vida; quien no acepta al Hijo de Dios no
posee la vida.
13 Les escribo esto a ustedes, los que
creen en la persona del Hijo de Dios
para que sepan que poseen vida eterna.

Nuestras certezas

14 Nos dirigimos a Dios con la confianza de que, si pedimos algo según su
voluntad, nos escuchará. 15 Y si sabemos que nos escucha cuando le pedimos, sabemos que ya poseemos lo que
hemos pedido. 16 Si uno ve a su hermano cometiendo un pecado que no
lleva a la muerte, rece y Dios dará vida
al hermano. Me refiero a los que cometen pecados que no llevan a la muerte:
porque hay pecados que son mortales,
por ellos no digo que rece. 17 Toda maldad es pecado, pero hay pecados que
no acarrean la muerte. 18 Sabemos que
el que ha nacido de Dios no peca, porque el Engendrado por Dios lo protege
para que el Maligno no lo toque.
19 Sabemos que procedemos de
Dios, mientras que el mundo entero
pertenece al Maligno.
20 Sabemos que el Hijo de Dios ha
venido y nos ha dado inteligencia para
conocer al que es Verdadero. Y nosotros permanecemos en el que es Verdadero y con su Hijo Jesucristo. Él es
el Dios verdadero y la vida eterna.
21 Hijitos míos, cuídense de los ídolos.

5,14-21 Nuestras certezas. Juan quiere asegurar a los miembros de su comunidad de que van por buen camino. No se han dejado engañar por los falsos maestros. Juan hace referencia a ciertos pecados que son «mortales», que llevan a la muerte. Son pecados contra la fe y el amor de los que acaba de hablar. Son los pecados de los anticristos que han salido de la comunidad. A ésos hay que dejarlos en manos de Dios y de su misericordia. Por todos los demás hay que orar, estando seguros de que Dios escucha nuestras oraciones. Los últimos versículos (18-21) hacen un hermoso resumen de toda la carta. Los hijos de Dios rechazan el pecado, se alejan de lo mundano, ponen su confianza en Jesús de quien reciben vida eterna, y rechazan toda enseñanza falsa.

SEGUNDA Y TERCERA
CARTA DE JUAN

Autor, fecha de composición y destinatarios de la carta. El autor se presenta con el título «el Anciano» –Presbítero–: ¿apelativo de edad o título de cargo? Los antiguos hablaron de la longevidad del apóstol. El autor habla con autoridad, como responsable de la comunidad a la que se dirige. No sabemos quién es el «anciano o presbítero» autor de estos escritos, pero al igual que la primera carta, hay que atribuirlas al responsable de alguna de las comunidades inspiradas por el pensamiento y la figura del apóstol Juan. Fueron compuestas, probablemente, a finales del s. I.

Destinatarios y contenido de las cartas. A diferencia de la primera carta de Juan, estas dos mini-cartas son escritos personales, dirigidos a una comunidad específica que está bajo la responsabilidad del autor. Más que cartas, habría que denominarlas «notas o avisos breves», previos a una visita donde se discutirán a fondo los problemas, cara a cara (2 Jn 12; 3 Jn 14).

Segunda carta de Juan. La «primera» de estas notas personales va dirigida a la «Señora elegida y a sus hijos» (1), en alusión a la Iglesia que forman sus destinatarios, Iglesia hermana de otra comunidad local a la que también llama «elegida». El tema que trata es doctrinal, presentado como un breve resumen del contenido de la primera carta de Juan. El problema es el mismo: muchos siguen afirmando que «Jesucristo no ha venido en carne mortal: ellos son el impostor y el Anticristo» (7). Respecto a esos tales, el consejo que da a los que se mantienen fieles a la enseñanza de Cristo es tajante: «no los reciban en casa ni los saluden. Porque quien los saluda se hace cómplice de sus malas acciones» (10s).

Tercera carta de Juan. La «segunda» trata un problema interno de abuso de autoridad. Va dirigida a un tal Gayo a quien alaba por la acogida y hospitalidad dispensadas a los misioneros itinerantes, entre ellos un tal Demetrio (12), enviados por «el Anciano». Al mismo tiempo condena la conducta del supuesto responsable de la comunidad local, Diotrefes, «a quien le gusta mandar», y por eso, «ni recibe él a los hermanos ni se lo deja hacer a los que quieren, antes los expulsa» de la comunidad (9). Es probable que con este aviso el autor esté preparando el terreno para cortar por lo sano y destituir de su cargo al tal Diotrefes.

SEGUNDA CARTA DE
JUAN

1 Del Anciano a la Señora elegida y a sus hijos a quienes amo de verdad; y no sólo yo, sino también todos los que han conocido la verdad.

2 Los amo a causa de la verdad que permanece en nosotros y estará con nosotros para siempre.

3 Que Dios el Padre y Jesucristo, Hijo del Padre, derramen su gracia sobre ustedes y les den misericordia y paz en la verdad y el amor.

4 Ha sido para mí una gran alegría encontrar entre tus hijos algunos que viven de acuerdo a la verdad, según el mandato recibido del Padre.

5 Ahora, Señora, no te escribo un mandamiento nuevo, sino el que teníamos desde el principio, que nos amemos unos a otros.

6 El amor consiste en proceder según sus mandamientos; y el mandamiento que ustedes han aprendido desde el principio es que vivan en el amor.

7 Muchos impostores han venido al mundo afirmando que Jesucristo no ha venido en carne mortal: ellos son el impostor y el Anticristo.

8 Ustedes estén atentos para no perder el fruto de su trabajo, sino para recibir, más bien, una recompensa perfecta.

9 Quien pretende avanzar más allá de la doctrina de Cristo y no permanece en ella, no está unido a Dios. En cambio, quien se mantiene en dicha enseñanza cuenta con el Padre y con el Hijo.

10 Si alguien se les presenta y no lleva esa enseñanza, no lo reciban en casa ni
lo saluden. 11 Porque quien lo saluda se hace cómplice de sus malas acciones.

12 Aunque me quedan muchas cosas por escribir, no he querido confiarlas al papel y la tinta, porque espero visitarlos y hablar con ustedes cara a cara, para que su alegría sea completa.

13 Te saludan los hijos de tu Hermana elegida.

TERCERA CARTA DE
JUAN

1 Del Anciano al querido Gayo a
quien quiero de veras.
2 Querido, como te va bien espiritualmente, pido que te vaya bien en
todo y tengas salud.
3 Me alegré mucho cuando vinieron
unos hermanos y dieron testimonio de
tu conducta fiel a la verdad. 4 No hay
para mí mayor alegría que oír que mis
hijos son fieles a la verdad.
5 Querido, es muestra de lealtad lo
que haces por los hermanos, aunque
sean extranjeros. 6 Delante de la comunidad han dado testimonio de tu amor.
Por eso es justo que los proveas en su
misión, como Dios se merece, 7 ya que
se han puesto en camino en nombre de
Cristo sin recibir nada de los paganos.
8 Por nuestra parte, debemos acoger
a gente como esa, para colaborar con
la verdad.
9 Escribí algo a la comunidad; pero
Diotrefes, a quien le gusta mandar, no
nos recibe. 10 Por eso, cuando vaya,
denunciaré sus acciones: con su male-
dicencia nos desprestigia. No contento
con ello, ni recibe él a los hermanos ni
se lo deja hacer a los que quieren, antes
los expulsa de la comunidad.
11 Querido, no imites lo malo, sino lo
bueno. Quien hace el bien procede de
Dios; quien hace el mal no ha visto a
Dios.
12 Demetrio goza de la estima de todos
y también de la verdad; nosotros añadi-
mos nuestro testimonio, y sabes que es
verdadero. 13 Aunque me quedan muchas cosas que escribirte, no quiero
confiarlas a la pluma y tinta. 14 Espero
verte pronto y hablar contigo cara a cara.
15 Paz contigo. Te saludan los amigos.
Saluda a cada uno de los amigos.

CARTA DE JUDAS

Autor y destinatarios de la carta. El remitente se presenta como Judas, hermano de Santiago. No puede ser Judas Tadeo, ya que el autor se distingue de los apóstoles (17). Entre los «hermanos de Jesús» se encuentra un tal Judas (Mc 6,3; Mt 13,55), pero tampoco ése puede ser el autor de la carta, pues ha pasado ya tiempo desde la era apostólica (3s).

La calidad del lenguaje griego, con su riqueza de vocabulario y composiciones típicamente griegas, junto a las citas de los libros apócrifos Asunción de Moisés y Enoc, hacen pensar que el autor es un judío helenístico convertido, que escribe a finales del s. I o principios del s. II a cristianos procedentes del paganismo.

En los primeros tiempos se dudó de la canonicidad de la carta; aparece citada como canónica por primera vez hacia el año 180.

Tema de la carta. La carta es un alegato contra ciertos falsos doctores, más violento en el tono que en la sustancia. Recrimina en vez de refutar con argumentos. Lanza ataques genéricos sin precisar; amenaza con ejemplos terribles. Con todo, procura temperar su rigor con la comprensión y la compasión (22s). Nos enseña que frente a ciertos errores doctrinales y morales hay que tomar posición clara y firme, sobre todo si causan división y discordia en la comunidad.

Es muy difícil completar el perfil de los falsos maestros con los rasgos de la carta. Si supiéramos de antemano que profesaban un gnosticismo incipiente, podríamos identificar detalles y rastrear indicios. De modo general, se puede decir que eran seguidores de doctrinas que separaban radicalmente lo espiritual de lo material, de tal manera que al mismo tiempo que se consideraban gente espiritual, llevaban una vida de desenfreno moral. Sus métodos parecen ser no violentos: «se han infiltrado» (4), participan en los ágapes cristianos (12), halagan (16).

Saludo

1 De Judas, siervo de Jesucristo,
hermano de Santiago, a los elegidos que
Dios Padre ama y Jesucristo custodia:
2 reciban ustedes misericordia, paz y
amor abundantes.

Falsos maestros

3 Queridos, yo tenía un gran deseo
de escribirles acerca de nuestra común
salvación, pero ahora juzgué necesario
escribirles con el fin de moverlos a luchar
por la fe que los santos recibieron de
una vez para siempre. 4 Porque se han
infiltrado entre ustedes unos individuos,
cuya condenación estaba preanunciada
desde hace mucho tiempo. Son hombres sin religión, que hacen de la gracia
de nuestro Dios un pretexto para su
desenfreno y reniegan de nuestro único
dueño y Señor Jesucristo.
5 Quiero recordarles lo que aprendieron de una vez para siempre: el Salvador sacó de Egipto al pueblo, pero
después destruyó a los incrédulos. 6 A
los ángeles que no conservaron su rango y abandonaron su morada los tiene
guardados en tinieblas, con cadenas
perpetuas, para el juicio del gran día.
7 De modo semejante Sodoma y
Gomorra y las ciudades limítrofes: se
entregaron a inmoralidades sexuales,
se dejaron llevar por vicios contra la naturaleza y ahora sufren la pena de un fuego
eterno para escarmiento de otros. 8 Y así,
también éstos, perdidos en sus sueños,
contaminan su cuerpo, desprecian la
autoridad del Señor, e insultan a los
ángeles gloriosos. 9 Cuando el arcángel
Miguel se disputaba con el Diablo el
cuerpo de Moisés, no se atrevió a condenarlo con insultos, sino que dijo: El
Señor te reprima. 10 Éstos, en cambio,
maldicen lo que no conocen y, como
animales irracionales, se corrompen
con lo que perciben por los sentidos.
11 ¡Ay de ellos! Siguieron la senda de Caín.
Por ganar dinero se han desviado como
Balaán, y como Córaj mueren por su rebeldía. 12 Éstos son los que contaminan
las comidas fraternales que ustedes celebran, comen como sinvergüenzas sin
otra preocupación que su estómago;
son como nubes arrastradas por los
vientos sin dar agua, árboles en otoño
sin fruto, muertos dos veces y arrancados de raíz; 13 olas encrespadas del mar
con la espuma de sus desvergüenzas,

1,1s Saludo. Encabezamiento propio del género epistolar. El remitente se presenta como Judas, hermano de Santiago. Los evangelios, fuera de Judas Iscariote, mencionan a dos Judas: el hijo de Santiago, del grupo de los doce (Lc 6,16; Hch 1,13) y el hermano de Jesús (Mt 13,55; Mc 6,3). Ninguno de los anteriores es el autor de la carta, entre otras cosas, por la ausencia del título «apóstol». Estamos ante otro caso de pseudonimia.

El título de «siervo de Jesucristo» lo presenta como alguien de gran autoridad en cuanto se inscribe entre los siervos y servidores de Dios en el Antiguo Testamento –Abrahán, Moisés, David, los profetas–, y de Jesús en el Nuevo Testamento –Pablo, Pedro, Santiago–. Los destinatarios nos son, como suele ser común de las cartas del Nuevo Testamento, comunidades o personas, sino los cristianos en general, elegidos y custodiados por el amor de Dios y la protección de Jesús.

El saludo del versículo 2 cambia las expresiones «gracia y paz», típicas en las cartas de Pablo y Pedro, por el de «misericordia, paz y amor».

1,3-16 Falsos maestros. El versículo 3 comienza con el adjetivo «queridos» o «amados», tercera vez que nos encontramos con la palabra amor, lo cual indica su importancia en la carta y en la teología de Judas. Es desde la clave del amor desde donde el autor invita a desarrollar los motivos de la carta: luchar por la fe y resistir contra quienes desde dentro amenazan la armonía de las comunidades (3s). La lucha es tarea no sólo de los dirigentes, sino de todos los cristianos, considerados santos en virtud de una fe recibida (3). Los adversarios se caracterizan por ser falsos, manipuladores, impíos y apóstatas. Su condenación estaba preanunciada por su adhesión a la larga lista de hombres y mujeres que en la historia de

estrellas fugaces cuyo destino perpetuo
son espesas tinieblas. 14 De ellos profetizó Enoc, el séptimo descendiente de
Adán: Miren que llega el Señor con sus
millares de santos, 15 para juzgar a todos:
para probar la culpa de todos los impíos,
por todas las impiedades que han cometido, por todas las insolencias que
han pronunciado contra él los impíos
pecadores. 16 Éstos son los que protes-
tan quejándose de su suerte y dejándose llevar de sus pasiones. Su boca
profiere insolencias y, si alaban a las
personas, es por interés.

Recomendaciones

17 En cuanto a ustedes, queridos
míos, recuerden lo que anunciaron
los apóstoles de nuestro Señor Jesucristo: 18 En los últimos tiempos habrá
hombres que se burlarán de todo, que
seguirán sus pasiones impías. 19 Ésos
son los que provocan discordias, hombres sensuales, que no poseen el espíritu. 20 Ustedes, en cambio, queridos,
edifiquen su existencia sobre la santísima
fe, oren movidos por el Espíritu Santo,
21 consérvense en el amor de Dios y esperen de la misericordia de nuestro Señor Jesucristo la vida eterna. 22 Tengan
compasión de los que dudan; 23 a unos
sálvenlos arrancándolos del fuego, y
tengan compasión de los otros, pero
con cuidado, aborreciendo hasta la
ropa contaminada por su contacto.
24 Al que puede preservarlos de toda
caída y presentarlos ante su gloria sin
mancha y gozosos, 25 al Dios único,
que nos salvó por Jesucristo Señor
nuestro, sea la gloria, la majestad, el
poder y la autoridad desde la eternidad,
ahora y por los siglos. Amén.

salvación optaron por el proyecto faraónico o proyecto del mal, a pesar de que Dios quiso liberarlos de dicha esclavitud (5a). Es importante destacar que un hecho fundante de la fe de Israel es la liberación de Egipto (Éx 12,51). En los versículos 5b-8, Judas señala tres episodios de condenación en el Antiguo Testamento: en primer lugar, los incrédulos, que no lograron superar actitudes faraónicas durante el desierto: murmuraciones (Éx 16,2s), codicia (Éx 16,20), idolatría (Éx 32), etc. En segundo lugar, los ángeles «caídos» por causar caos en el orden divino y desobedecer la voluntad de Dios (Gn 6,1-6). Finalmente, la inmoralidad sexual que causó la destrucción de Sodoma y Gomorra (Gn 19,1-25). La expresión «perdidos en sus sueños» (8) es una manera sutil de identificar a los adversarios como falsos profetas (Dt 13,2.4; Jr 23,27.32; 27,9).

En los versículos 8-16, el autor se dedica a caracterizar a los adversarios con epítetos caricaturescos, duros y amenazadores. Respalda sus argumentos con citas del Antiguo Testamento y de la literatura apócrifa. La lista de delitos es larga: la inmoralidad, el desprecio de la autoridad divina y la blasfemia (8); la falta de humildad (9; cfr. el apócrifo de la «Asunción de Moisés» y Zac 3,2); su presunción de una sabiduría superior –típico del gnosticismo– y su inmoralidad (10; cfr. 8); la envidia violenta de Caín, la codicia económica de Balaán y la rebeldía sin causa de Córaj (11); la contaminación de las celebraciones y el rompimiento de la comunión (12); murmuran de su suerte; son inmorales, blasfemos y egoístas (16). La actitud pecaminosa que más se repite es la «inmoralidad» (3 veces).

El autor refuerza sus acusaciones con cuatro metáforas sapienciales tomadas de la naturaleza (12s) que indican el contraste entre la posibilidad de ser buenos y la opción de los adversarios por no serlo, por una vida estéril, desvergonzada y sin claridad: nubes que no dan agua, árboles sin fruto y muertos, olas desvergonzadas y estrellas que dan tinieblas. En los versículos 14s, Judas se vale de Enoc (Gn 5,18-24), patriarca justo y fiel a Dios, para introducir el tema del juicio a los culpables.

1,17-25 Recomendaciones. Judas vuelve al tono exhortativo y fraterno de los versículos 1-3 para destacar la importancia de recordar (cfr. 5) lo anunciado por los apóstoles (cfr. 1 Tim 4,1) y para combatir a los «infiltrados» que se burlan de todo, crean discordias, viven inmoralmente y no tienen el Espíritu, el soplo de Dios –«ruah»- que da vida (Gn 2,7), esto es, viven como si estuvieran muertos (17-19). Para Judas, la memoria es fundamental para mantenerse en la tradición del proyecto de Dios.

En los versículos 20s, deja a un lado a los adversarios y se dirige a los cristianos, sus queridos, para que saquen del baúl de los recuerdos sus mejores herramientas para mantenerse firmes en el camino del Señor. La lista incluye la fe, la oración, el amor, la misericordia y la compasión con los que dudan, pero con cuidado de no contaminarse (cfr. Ap 18,4). Es importante notar que, a pesar de la dureza del autor con los «infiltrados», llama a la comunidad a tener compasión de ellos (22s), aunque con mucho cuidado.

La carta no se cierra, sino que queda abierta con una doxología muy positiva que contrasta con el tono negativo anterior.

La doxología da reconocimiento al Dios único y salvador y a Jesús, salvador y digno de alabanza.

APOCALIPSIS

APOCALIPSIS DE JUAN

Autor. Quien escribe se llama a sí mismo Juan (1,1.4.9; 22,8) y dice estar confinado en una isla por confesar a Jesucristo. Siendo tan frecuente el nombre de Juan, la cuestión de la autoría se presta a múltiples interpretaciones. En los primeros siglos se le identificó con el apóstol y evangelista. Pero ya en la segunda mitad del s. III se comenzó a dudar e incluso negar su autoría, atribuyendo el libro a otro Juan. Hoy seguimos uniendo este libro a las cartas y al evangelio en un «cuerpo joaneo», pero son pocos los que atribuyen el libro al apóstol, aunque conserven como válido el nombre de otro Juan.

De la lectura, aun somera, deducimos que el autor es de origen judío, mediano conocedor del griego, muy versado en el Antiguo Testamento, especialmente en los profetas, y conocedor de géneros literarios entonces en boga. Del género apocalíptico, además del nombre, tomó muchos recursos, pero se distanció en puntos fundamentales. Mientras los otros autores se esconden en nombres ilustres del pasado –Enoc, Abrahán, Moisés, Isaías, Baruc–, y trasforman el pasado en predicción, nuestro autor se presenta con su propio nombre, se dice contemporáneo de los destinatarios y se ocupa declaradamente del presente (1,19).

Destinatarios, fecha y lugar de composición. Los destinatarios inmediatos son siete Iglesias de la provincia romana de Asia, a las que Juan se siente particularmente ligado y a las que escribe para compartir sus penas y por el encargo «profético» recibido.

Como Pablo escribía desde la prisión, este Juan escribe desde el destierro o confinamiento a unas comunidades que ya saben de hostilidad y acoso, que ya han tenido mártires (2,13; 6,9) y que ahora se enfrentan a la gran persecución.

El autor quiere prevenir y alentar a sus hermanos cristianos para la grave prueba que se avecina (3,10), cuando el emperador exigirá adoración y entrega (13,4.16-17; 19,20). ¿A quién se refiere en concreto?

Barajando los datos que proporciona el libro, es probable que el autor aluda al emperador Domiciano, quien exigió en todo el imperio honores divinos, «nuestro Dios y Señor», declaró delito capital el rehusar la adoración, y la leyenda lo miró como a un Nerón redivivo (13,3). En este caso, el libro habría sido escrito en la segunda parte de la década de los 90.

Pero su contenido no se agota en la referencia a la coyuntura histórica concreta. Con tal de no tomarlo a la letra ni como trampolín de especulaciones, el libro sigue trasmitiendo un mensaje ejemplar a todas las generaciones de la Iglesia. Las hostilidades comenzadas en el paraíso (Gn 3) no acabarán hasta que se cumpla el final del Apocalipsis: «Sí, vengo pronto. Amén» (22,20).

Género literario. La primera palabra del texto es «Apocalipsis» –Revelación–, que ubica ya al libro en ese bien definido género literario llamado «apocalíptico».

El Antiguo Testamento tiene un solo representante, Daniel. El resto son apócrifos. El escritor apocalíptico se sitúa por lo general en una coyuntura de cambio o vuelco decisivo de la historia. Mira al pasado y rastrea los signos premonitorios que le indican los tiempos precedentes. Contempla un presente preñado de peligros y angustias, y descorre el velo del futuro próximo, viendo en él el juicio solemne y la restauración del reinado de Dios. Después entran las imágenes propias del género. Con todo ello interpreta y resume los signos del pasado y predice los acontecimientos que están a punto de llegar.

Nuestro autor acepta la pauta del género, la aplica y la modifica. No resume el pasado, ni el de Israel ni el de la Iglesia, pues lo supone conocido. El futuro final y definitivo no es inminente, aunque es seguro. Muchas cosas van a suceder en el intermedio.

Para decirnos todo esto, Juan usa todos los recursos que le ofrece el lenguaje apocalíptico: las visiones grandiosas, las alegorías, la simbología de los colores y los números, los signos cósmicos, las figuras humanas. El repertorio es enorme, en gran parte tomado del Antiguo Testamento, pero tratado con libertad creativa.

Además, nuestro autor incorpora otros géneros a su obra, por ejemplo, el género epistolar. Es más, el escrito entero, encerrado entre los saludos del comienzo y del final, es como una gigantesca carta, con remitente, para ser leída públicamente por los destinatarios.

Juan se siente investido de una misión de profeta y llama a su obra profecía: «Palabra de Dios» (1,9), «espíritu profético» (19,10), «palabras proféticas» (22,7). Se considera enviado y portavoz de mensajes divinos.

Contenido. Por su rico imaginario, su extrañeza fantástica y su oscuridad enigmática, este libro ha fascinado a lectores, pensadores y artistas que no siempre han acertado con la correcta perspectiva para interpretarlo. Es más, muchas sectas pseudo-cristianas han manipulado la obra como si fuera una bola de cristal para adivinar el futuro desde la fecha exacta del fin del mundo, hasta el número exacto de los salvados.

Para el cristiano o lector de hoy, la interpretación interior del texto nos puede desconcertar o parecer incomprensible. No así para la mayoría de los contemporáneos de Juan, quienes, familiarizados con la literatura apocalíptica, sabían leer entre líneas, interpretar el lenguaje cifrado y captar el mensaje.

El libro comienza con una grandiosa auto-presentación de Cristo resucitado, Señor y dueño de la historia, «yo soy el primero y el último» (1,17), «el que vive… por los siglos de los siglos» (1,18), y que tiene un mensaje para las «siete Iglesias» (20), o sea, la totalidad de la Iglesia. A través de las siete cartas, Cristo conoce y reconoce, reprocha y amonesta, promete y cumple, pide atención e interpela. Es una llamada solemne a la conversión ante la prueba que se avecina.

Pasadas las siete cartas, el tema de conjunto (4–22) es la lucha de la Iglesia con los poderes hostiles. Juan despliega netamente los campos, como sucede en las guerras. El Jefe de la Iglesia es Jesucristo, tiene sus testigos, sus seguidores «servidores de nuestro Dios» (7,3). Enfrente está Satán que tiene su capital en Babilonia (símbolo de Roma, capital del imperio), con sus agentes y un poder limitado.

La lucha va acompañada de impresionantes perturbaciones en el cielo y en la tierra. La concepción apocalíptica impone el dualismo dentro del mundo y de la historia, las antítesis, las oposiciones simétricas de personajes, figuras y escenas, como en un gran drama.

La victoria de Cristo y los suyos es segura, pero pasa por la pasión y la muerte. El Jefe, el Cordero, fue degollado; sus testigos, asesinados (11,1-12); sus siervos han de superar la gran tribulación (7,14).

Sin embargo, llegará el juicio de la capital enemiga y su caída (17s), la batalla final (19,11-21) y el juicio universal (20,11-15). Después vendrá el final glorioso y gozoso, hacia el cual tiende el curso y el oleaje de la historia. El final tiene la forma de una boda del Mesías-Cordero con la Iglesia.

Lectura profética de la historia. Es una lectura válida para todos los tiempos, mensaje de aliento y de esperanza para todos los seguidores de Jesucristo que luchan contra corriente para que las realidades del reinado de Dios, un mundo mejor, una sociedad más justa, se vayan haciendo presentes. La tarea aparece como utopía imposible, por eso, ayer como hoy, la Iglesia grita: «Ven, Señor Jesús». Así termina la Palabra de Dios del Nuevo Testamento.

Introducción

1 1 Revelación que Dios confió a
Jesucristo para que mostrase a
sus siervos lo que va a suceder pronto.
Él envió a su ángel para transmitírsela a
su siervo Juan, 2 quien atestigua que
cuanto vio es Palabra de Dios y testimonio de Jesucristo. 3 Feliz el que lea y
felices los que escuchen las palabras
de esta profecía y observen lo escrito
en ella, porque el tiempo está cerca.

Mensaje a las siete Iglesias: saludo

4 De Juan a las siete Iglesias de Asia:
les deseo el favor y la paz de parte de
Aquel que es, que era y que será, de
parte de los siete espíritus que están
ante su trono 5 y de parte de Jesucristo,
el testigo fidedigno, el primogénito de
los muertos, el Señor de los reyes del
mundo.

Al que nos ama y nos libró con su
sangre de nuestros pecados, 6 e hizo de
nosotros un reino, sacerdotes de su
Padre Dios, a él la gloria y el poder por
los siglos [de los siglos] amén.

7 Mira que llega entre las nubes:
todos los ojos lo verán,
también los que lo atravesaron;
y todas las razas del mundo
se darán golpes de pecho por él.
Así es, amén.

8 Yo soy el alfa y la omega, dice el
Señor Dios, Aquel que es, que era y
que será, el Todopoderoso.

Visión de Jesucristo

9 Yo Juan, hermano de ustedes, con
quienes comparto las pruebas, el reino
y la paciencia por Jesús, me encontraba
exilado en la isla de Patmos a causa de
la Palabra de Dios y del testimonio de
Jesús. 10 Un domingo, se apoderó de
mí el Espíritu, y escuché detrás de mí
una voz potente, como de trompeta,
11 que decía: Lo que ves escríbelo en
un libro y envíalo a las siete Iglesias:
Éfeso, Esmirna, Pérgamo, Tiatira, Sardes, Filadelfia y Laodicea. 12 Me volví
para ver de quién era la voz que me hablaba y al volverme vi siete lámparas
de oro 13 y en medio de las lámparas

1,1-3 Introducción. La palabra griega «Apocalipsis» se traduce al latín como «Revelación». Con estos dos nombres es conocido el último libro del Nuevo Testamento. El estilo apocalíptico comprendía una manera de pensar, escribir e interpretar los acontecimientos de la historia, en un período cuando los creyentes estaban amenazados por los poderes del mal, en medio de persecuciones y tribulaciones. El autor del Apocalipsis quiere levantar y afianzar la fe de sus lectores porque Dios está a cargo de la historia, y los poderes del mal no pueden prevalecer contra su Iglesia. El inmenso poder del imperio romano –perseguidor de la Iglesia– va a caer como ya cayeron en el pasado los enemigos del Pueblo de Dios. Este Juan es constituido testigo de cuanto ha visto y oído: visiones y anuncios. Desde el principio afirma solemnemente que su escrito es «palabra de Dios», es decir, profecía, y testimonio de Jesucristo. Con el mismo tema cerrará el libro (22,20).

1,4-8 Mensaje a las siete Iglesias: saludo. El libro comienza y acaba como si fuera una carta; se considera como una profecía, aunque en realidad miraba al presente de la Iglesia perseguida mucho más que a un futuro lejano. Los títulos que se dan a Jesús en esta introducción lo presentan como el glorioso triunfador de la muerte que asegura el triunfo de los cristianos perseguidos. Jesús es el Alfa y la Omega –la primera y la última letra del alfabeto griego– porque lo abarca todo. Nada se escapa a su acción y poder.

1,9-20 Visión de Jesucristo. Esta visión sirve de introducción a todo el libro. Jesús es el Señor de la gloria y de la historia, como aparecerá en cada capítulo.

La grandeza de Cristo es descrita con alusiones al Éxodo (Éx 19,16) y a Daniel (Dn 7,13s). Jesús es el Mesías sacerdotal (túnica), con la franja o cinturón real (13); es sabio y eterno (cabellos), juez (mirada penetrante, espada), estable y seguro (firmeza en los pies), que tiene en sus manos el destino de los pueblos (las siete estrellas).

Jesús está en medio de su comunidad, las Iglesias, representadas por los siete candelabros que nos recuerdan a la «Menorah» o gran candelabro de siete brazos usado en la liturgia judía.

una figura humana, vestida de larga túnica, el pecho ceñido de un cinturón de
oro; 14 cabeza y cabello blancos como
la lana blanca o como nieve, los ojos
como llama de fuego, 15 los pies como
de bronce brillante y acrisolado, la voz
como el estruendo de aguas torrenciales. 16 En su mano derecha sujetaba
siete estrellas, de su boca salía una espada afilada de doble filo; su aspecto
como el sol brillando con toda su fuerza.
17 Al ver esto, caí a sus pies como
muerto; pero él, poniéndome encima la
mano derecha, me dijo:
—No temas. Yo soy el primero y el
último, 18 el que vive; estuve muerto y
ahora ves que estoy vivo por los siglos
de los siglos, y tengo las llaves de la
muerte y el abismo. 19 Escribe lo que
viste: lo de ahora y lo que sucederá
después. 20 Éste es el símbolo de las
siete estrellas que viste en mi mano
derecha y de las siete lámparas de oro:
las siete estrellas son los ángeles de las
siete Iglesias, las siete lámparas son las
siete Iglesias.

Mensaje a las siete Iglesias: contenido

2 1 Al ángel de la Iglesia de Éfeso
escríbele: Esto dice el que sujeta
en la mano derecha las siete estrellas,
el que camina entre las siete lámparas
de oro: 2 Conozco tus obras, tus fatigas,
tu paciencia, que no toleras a los malvados, que has sometido a prueba a los
que se dicen apóstoles sin serlo y has
comprobado que son falsos; 3 has soportado y aguantado por mi causa sin
desfallecer. 4 Pero tengo algo contra ti:
que has abandonado tu amor del principio. 5 Fíjate de dónde has caído, arrepiéntete y haz las obras del principio. De
lo contrario, si no te arrepientes, vendré
y removeré tu lámpara de su puesto.
6 Sin embargo tienes a tu favor esto,
que detestas la conducta de los nicolaítas como yo la detesto. 7 El que
tenga oídos escuche lo que dice el Espíritu a las Iglesias. Al vencedor le per-
mitiré comer del árbol de la vida que
está en el paraíso de Dios.
8 Al ángel de la Iglesia de Esmirna
escríbele: Esto dice el primero y el último, el que estaba muerto y revivió.
9 Conozco tu aflicción y tu pobreza, pero eres rico; sé que te injurian los que
se dicen judíos y son más bien la sinagoga de Satanás. 10 No te asustes por
lo que has de padecer; porque el Diablo va a meter en la cárcel a algunos de
ustedes y sufrirán durante diez días. Sé
fiel hasta la muerte, y te daré la corona

2,1–3,22 Mensaje a las siete Iglesias: contenido. Las siete Iglesias no son especiales ni simbólicas. Eran las Iglesias de las que el autor se sentía responsable. Las siete estaban a lo largo de una carretera romana que las comunicaba. No eran únicas; sus problemas eran los mismos de los de otras muchas Iglesias.

Cada carta es una llamada a la conversión. El número siete puede indicar que son Iglesias que representan a la Iglesia universal, con sus virtudes y defectos en medio de los desafíos creados por la religión imperial.

Las Iglesias de Éfeso, Pérgamo y Tiatira se enfrentaban a los Nicolaítas, quienes probablemente eran un grupo de cristianos que buscaban adaptarse a las normas sociales y religiosas del imperio, con una relajación de costumbres que iba contra el espíritu cristiano (2,1-14).

Éfeso era una ciudad famosa por sus ritos religiosos en honor de la diosa Artemisa, cuyo templo era una de las maravillas del mundo antiguo (Hch 19,23-40). Con sus 300.000 habitantes, Éfeso era la «luz de Asia», gran centro comercial y religioso; una tradición temprana la asoció con el apóstol Juan.

Esmirna, que se gloriaba de su fidelidad a Roma, había recibido a muchos judíos que habían sobrevivido a la destrucción de Jerusalén por los romanos; estos judíos se habían convertido en enemigos de los cristianos que formaban el nuevo Israel de Dios.

Pérgamo, residencia del gobernador romano promotor del culto al emperador, tenía una floreciente industria de pergaminos, con una gran biblioteca y centro cultural.

Tiatira tenía una nueva Jezabel; como la esposa malvada del rey Ajab que fue enemiga personal del profeta Elías y llevó al pueblo a la idolatría, tentaba a los cristianos a la aceptación de los ritos religiosos paganos, a una verdadera prostitución religiosa.

de la vida. 11 El que tenga oídos escuche lo que dice el Espíritu a las Iglesias.
El vencedor no padecerá la segunda
muerte.
12 Al ángel de la Iglesia de Pérgamo
escríbele: Esto dice el que tiene la espada afilada de doble filo. 13 Sé que
donde tú habitas tiene su trono Satanás. A pesar de todo mantienes mi
nombre sin renegar de mí, ni siquiera
cuando Antipas, mi testigo fiel, fue asesinado en la ciudad de ustedes, donde
habita Satanás. 14 Pero tengo algo contra ti: que toleras allí a los que profesan
la doctrina de Balaán, que indujo a Ba-
lac a poner un tropiezo a los israelitas
empujándolos a comer víctimas idolátricas y a cometer inmoralidades sexuales. 15 Lo mismo tú toleras a los que
profesan la doctrina de los nicolaítas.
16 Arrepiéntete; de lo contrario, iré
pronto allá para luchar contra ellos con
la espada de mi boca. 17 El que tenga
oídos escuche lo que dice el Espíritu a
las Iglesias. Al vencedor le daré del maná
escondido, le daré una piedra blanca y
grabado en ella un nombre nuevo que
sólo conoce el que lo recibe.
18 Al ángel de la Iglesia de Tiatira
escríbele: Esto dice el Hijo de Dios,
el que tiene los ojos como llamas de
fuego y los pies como bronce lustrado.
19 Conozco tus obras, tu amor y tu fe,
tu paciencia y tu honradez, tus obras
recientes, mejores que las precedentes.
20 Pero tengo contra ti que toleras a
Jezabel, que se declara profetisa y engaña a mis siervos conduciéndolos a la
inmoralidad sexual y a comer carne
sacrificada a los ídolos. 21 Le he dado
tiempo para que se arrepienta, y no
quiere arrepentirse de su prostitución.
22 Mira, a ella la postraré en cama y a
los que cometieron adulterio con ella,
si no se arrepienten de su conducta, les
enviaré sufrimientos terribles. 23 Daré
muerte a sus hijos, y sabrán todas las
Iglesias que soy yo quien examina
entrañas y corazones, para retribuir a
cada uno según sus obras. 24 A los demás de Tiatira les digo que, si no han
aceptado esa doctrina ni aprendido los
supuestos secretos de Satanás, no les
impondré otra carga. 25 Basta que conserven lo que ya tienen hasta que yo
vuelva. 26 Al vencedor, al que permanezca fiel hasta el final le daré poder sobre las naciones: 27 los apacentará con
vara de hierro, los quebrará como vaso
de arcilla 28 –es el poder que recibí de
mi Padre–; y le daré la estrella matutina.
29 El que tenga oídos escuche lo que
dice el Espíritu a las Iglesias.

3 1 Al ángel de la Iglesia de Sardes
escríbele: Así dice el que tiene
los siete espíritus de Dios y las siete
estrellas: Conozco tus obras: pasas por
vivo y estás muerto. 2 Vigila y robustece
el resto que todavía no ha muerto;
porque no encuentro tus obras justas a
juicio de mi Dios. 3 Recuerda lo que

Sardis se encontraba en una situación de coma espiritual. Sus habitantes tenían fama de comodones y lujuriosos. Dos veces había caído en manos de sus enemigos por falta de vigilancia. Tenía una floreciente industria de lana blanca a la que parece referirse el texto de la carta.

Filadelfia recibe un trato más personal, lleno de ternura. Ha permanecido fiel en medio de dificultades y persecuciones; y no ha mezclado la fe con otras doctrinas y prácticas incompatibles con ella. Ahora se debe preparar para una tribulación general.

Laodicea tenía una floreciente escuela de medicina y farmacia para el tratamiento de los ojos; su fama había llegado hasta Roma. La ciudad se consideraba autosuficiente (3,17). Laodicea recibía aguas procedentes de unas fuentes termales de Hierápolis, a seis kilómetros de distancia; las aguas llegaban ya tibias. El «amén» está inspirado en Is 65,16 y quizás en 2 Cor 1,20; dice lo categórico y definitivo, sin mezcla ambigua de sí y no. Al amén categórico se opone frontalmente la mezcla y confusión de caliente y frío, las componendas de paganismo y cristianismo (cfr. 2 Cor 6,14-16), que provocan la náusea de Dios (cfr. Jr 14,19).

recibiste y escuchaste: obsérvalo y arrepiéntete. Si no estás en vela, vendré
como un ladrón, sin que sepas a qué
hora llegaré. 4 Con todo, tienes en Sardes
unos cuantos que no han contaminado
sus vestiduras. Vestidos de blanco se
pasearán conmigo, porque son dignos.
5 También el vencedor se vestirá de
blanco y no borraré su nombre del libro
de la vida; lo confesaré ante mi Padre y
ante mis ángeles. 6 El que tenga oídos
escuche lo que dice el Espíritu a las
Iglesias.

7 Al ángel de la Iglesia de Filadelfia
escríbele: Esto dice el Santo, el que dice la verdad, el que tiene la llave de
David; el que abre y nadie puede cerrar, el que cierra y nadie puede abrir:
8 Conozco tus obras. Mira, te he puesto
delante una puerta abierta que nadie
puede cerrar. Aunque tienes poca fuerza, has guardado mi palabra y no has
renegado de mí. 9 Mira lo que haré a la
sinagoga de Satanás, a los que se dicen judíos sin serlo, porque mienten:
haré que salgan a postrarse a tus pies,
reconociendo que yo te amo. 10 Como
tú guardaste mi encargo de perseverar,
yo te guardaré en la hora de la prueba,
que se echará sobre el mundo entero
para probar a los habitantes de la tierra.
11 Voy a llegar pronto: conserva lo que
tienes para que nadie te arrebate la corona. 12 Al vencedor lo haré columna en
el templo de mi Dios y no volverá a salir; en ella grabaré el nombre de mi
Dios y el nombre de la ciudad de mi
Dios, de la nueva Jerusalén que baja
del cielo desde mi Dios, y mi nombre
nuevo. 13 El que tenga oídos escuche lo
que dice el Espíritu a las Iglesias.

14 Al ángel de la Iglesia de Laodicea
escríbele: Así dice el Amén, el testigo fidedigno y veraz, el principio de la creación de Dios. 15 Conozco tus obras, no
eres ni frío ni caliente. Ojalá fueras frío
o caliente; 16 pero como eres tibio, ni
frío ni caliente, voy a vomitarte de mi
boca. 17 Dices que eres rico, que tienes
abundancia y no te falta nada; y no te
das cuenta de que eres desgraciado,
miserable y pobre, ciego y desnudo.
18 Te aconsejo que me compres oro
refinado para enriquecerte, vestidos
blancos para cubrirte y no enseñar des-
nudas tus vergüenzas, y medicina para
ungirte los ojos y poder ver. 19 A los
que amo yo los reprendo y corrijo. Sé
fervoroso y arrepiéntete. 20 Mira que
estoy a la puerta llamando. Si uno escucha mi llamada y abre la puerta,
entraré en su casa y cenaré con él y él
conmigo. 21 Al vencedor lo haré sentarse
en mi trono junto a mí, igual que yo
vencí y me senté junto a mi Padre en su
trono. 22 El que tenga oídos escuche lo
que dice el Espíritu a las Iglesias.

Liturgia celeste
(Ez 1,26-28)

4 1 Contemplé después una puerta
abierta en el cielo y oí la voz de
trompeta que me había hablado al
principio: Sube acá y te enseñaré lo
que va a suceder después. 2 En ese
momento se apoderó de mí el Espíritu.
Vi un trono colocado en el cielo 3 y en
él sentado uno cuyo aspecto era de

4,1-11 Liturgia celeste. Con símbolos poéticos tomados de las profecías de Isaías y Ezequiel se presenta el misterio de Dios que es grandeza, firmeza, estabilidad, tranquilidad y claridad.

El autor parece tener en mente la corte imperial –romana o persa–, con el senado y consejeros que acompañaban al emperador como parte de su séquito. Los romanos solían saludar al emperador proclamándolo digno, señor y dios de su pueblo. El cristiano sólo puede aclamar de ese modo al único Dios de cielo y tierra.

Dios no vive aislado en su gloria. El cielo es vida, luz, alabanza, y adoración; es como un espectáculo de luz y sonido que deleitará a los santos por toda la eternidad.

jaspe y cornalina; rodeando al trono
brillaba un arco iris como de esmeralda.
4 Alrededor del trono había veinticuatro
tronos y sentados en ellos veinticuatro
ancianos, con vestiduras blancas y coronas de oro en la cabeza. 5 Del trono
salían relámpagos y se escuchaban
truenos. Siete antorchas de fuego ar-
dían ante el trono, los siete espíritus de
Dios. 6 Delante del trono había como
un mar transparente, como cristal. En
el centro, rodeando el trono, estaban
cuatro seres vivientes cubiertos de ojos
por delante y por detrás. 7 El primer ser
viviente tenía figura de león, el segundo
de toro, el tercero tenía rostro humano,
el cuarto tenía figura de águila volando.
8 Cada uno de los seres vivientes tenía
seis alas, cubiertas por dentro y por
fuera de ojos. No descansan ni de día
ni de noche y dicen: Santo, santo, santo,
Señor Dios Todopoderoso, el que era y
es y será. 9 Cada vez que los seres vivientes daban gloria y honor y gracias
al que estaba sentado en el trono, al que
vive por los siglos de los siglos, 10 los
veinticuatro ancianos se postraban ante
el que estaba sentado en el trono, adoraban al que vive por los siglos de los
siglos y ponían sus coronas delante del
trono diciendo:

11 —Eres digno, Señor Dios nuestro,
de recibir la gloria, el honor y el poder,
porque creaste el universo y por tu
voluntad fue creado y existió.

El Cordero y el rollo

5 1 A la derecha del que estaba sentado en el trono vi un rollo escrito
por delante y por detrás y sellado con
siete sellos. 2 Vi un ángel poderoso que
pregonaba con voz potente: ¿Quién
es digno de abrir el rollo y romper sus
sellos? 3 Nadie en el cielo ni en la tierra
ni bajo tierra podía abrir el rollo ni examinarlo. 4 Yo lloraba mucho porque nadie era digno de abrir el rollo y examinarlo. 5 Pero uno de los ancianos me
dijo: No llores; que ha vencido el león
de la tribu de Judá, retoño de David: él
puede abrir el rollo de los siete sellos.

6 Entre el trono y los cuatro vivientes
y los veinticuatro ancianos vi que estaba un cordero como sacrificado, con
siete cuernos y siete ojos –los [siete] espíritus de Dios enviados por todo el
mundo–. 7 Se acercó a recibir el rollo de
la mano derecha del que estaba sentado
en el trono. 8 Cuando lo recibió, los
cuatro vivientes y los veinticuatro ancianos se postraron ante el cordero. Cada
uno tenía una cítara y una copa de oro
llena de perfumes –las oraciones de los
santos–.

9 Cantaban un cántico nuevo:
—Eres digno de recibir el rollo y romper sus sellos,
porque fuiste degollado y con tu sangre compraste para Dios
hombres de toda raza, lengua, pueblo y nación;
10 hiciste de ellos el reino de nuestro Dios y sus sacerdotes,
y reinarán en la tierra.

5,1-14 El Cordero y el rollo. El cordero es una figura bíblica con múltiples simbolismos. Es la víctima pascual de la liberación del pueblo; es el cordero sacrificado por el pecado (Jn 1,29), el león de Judá y la raíz de David, que triunfa sobre la fuerzas del mal. Los siete cuernos y los siete ojos indican que la plenitud del poder y del conocimiento le pertenecen a Cristo glorificado (Mt 28,16-20). Los siete atributos del cordero pertenecen a Dios en el Antiguo Testamento. Los emperadores romanos pretendían atribuírselos a sí mismos. El rollo que sólo el cordero puede abrir y leer contiene los secretos de la historia que Jesús tiene en su mano (1,16). El imperio romano podía dominar y matar; sólo Jesús puede liberar y dar vida.

11 Me fijé y escuché la voz de muchos ángeles que estaban alrededor del
trono, de los vivientes y los ancianos:
eran millones y millones, 12 y decían
con voz potente:

—Digno es el Cordero degollado
de recibir el poder, la riqueza,
el saber, la fuerza, el honor,
la gloria y la alabanza.

13 Y escuché a todas las criaturas,
cuanto hay en el cielo y en la tierra, bajo
tierra y en el mar, que decían:

—Al que está sentado en el trono
y al Cordero
la alabanza y el honor y la gloria
y el poder por los siglos de los siglos.

14 Los cuatro vivientes respondían
Amén y los ancianos se postraban
adorando.

Los sellos

6 1 Vi al Cordero que abría el primero de los siete sellos y oí a uno de
los cuatro vivientes que decía con voz
de trueno: Ven. 2 Vi un caballo blanco y
a su jinete con un arco; le pusieron una
corona, y salió vencedor para seguir
venciendo.

3 Cuando abrió el segundo sello, oí al
segundo viviente que decía: Ven. 4 Salió
un caballo color fuego; al jinete le en-
cargaron que retirase la paz de la tierra,
de modo que los hombres se matasen.
Le entregaron una espada enorme.

5 Cuando abrió el tercer sello, oí al
tercer viviente que decía: Ven. Vi salir
un caballo negro y su jinete llevaba una
balanza en la mano. 6 Oí una voz que
salía de entre los cuatro vivientes: Se
vende una ración de trigo, por una moneda de plata y tres raciones de cebada
también por una moneda de plata;
pero no hagas daño al aceite ni al vino.

7 Cuando abrió el cuarto sello, oí la
voz del cuarto viviente que decía: Ven.
8 Vi salir un caballo amarillo; su jinete
se llama muerte y los acompaña el que
representa el reino de la muerte. Les
han dado poder para matar a la cuarta
parte de los habitantes del mundo,
con la espada, el hambre, la peste y
las fieras.

9 Cuando abrió el quinto sello, vi con
vida debajo del altar a los que habían
sido asesinados por la Palabra de Dios
y por el testimonio que habían dado.
10 Gritaban con voz potente: Señor santo
y verdadero, ¿cuándo juzgarás a los habitantes de la tierra y vengarás nuestra
sangre? 11 Entonces les dieron a cada
uno una vestidura blanca y les dijeron
que esperaran todavía un poco, hasta
que se completase el número de sus
hermanos que, en el servicio de Cristo,
iban a ser asesinados como ellos.

12 Cuando se abrió el sexto sello, vi
que sobrevino un violento terremoto,
el sol se volvió negro como ropa de luto, la luna tomó color de sangre, 13 las

6,1-17 Los sellos. Los sellos eran usados en la antigüedad para identificar la propiedad, para dar validez a los documentos, y para proteger cosas preciosas o secretas. El libro sellado es propiedad exclusiva de Dios y contiene los grandes secretos de su plan salvador. El rollo se va desdoblando gradualmente, revelando su contenido, no para satisfacer la curiosidad humana sino para cumplir los planes de Dios. Los sellos recuerdan a los cristianos que las calamidades de la historia y de la naturaleza deben servir para despertar las conciencias ante la caducidad de lo humano. Los cuatro caballos del Apocalipsis, inspirados en Zacarías 1,8-11 y 6,1-8, han sido muy populares en tiempos de guerras, especialmente durante la primera guerra mundial. Guerra, sangre, hambre, peste y muerte van hermanadas. En cada período de la historia vuelven a cabalgar los cuatro jinetes, creados por la perversión y el egoísmo humano.

Los últimos sellos vuelven a recordar que el poder de Dios está en la base de todo lo que sucede. Las oraciones de los santos condicionan lo que sucede en la tierra. Ante las calamidades, los malos se endurecen y se asustan; los creyentes viven confiados en una expectativa gloriosa porque saben que Dios dirige la historia y cuidará de los suyos.

estrellas cayeron del cielo a la tierra,
como caen los higos verdes de la higuera sacudida por el huracán. 14 El
cielo se retiró como un rollo que se
enrolla, y todas las montañas e islas se
desplazaron de sus puestos. 15 Los reyes del mundo, los nobles y los generales, los ricos y poderosos, los esclavos
y los hombres libres se escondieron en
grutas y cuevas de montes, 16 y decían
a los montes y peñascos: Caigan sobre
nosotros y ocúltennos de la mirada de
aquel que se sienta en el trono y de la
ira del Cordero. 17 Porque ha llegado el
día solemne de su ira y, ¿quién podrá
resistir?

Los que se salvan

7 1 Después vi cuatro ángeles de pie
en los cuatro puntos cardinales,
sujetando los cuatro vientos de la tierra
para que no soplasen sobre la tierra,
sobre el mar ni sobre los árboles. 2 Vi
otro ángel que subía desde oriente, con
el sello del Dios vivo, y gritaba con voz
potente a los cuatro ángeles encargados de hacer daño a la tierra y al mar:
3 No hagan daño a la tierra ni al mar ni
a los árboles, hasta que no sellemos en
la frente a los servidores de nuestro
Dios. 4 Oí el número de los marcados
con el sello: ciento cuarenta y cuatro
mil de todas las tribus de Israel:

5 De la tribu de Judá doce mil,
de la tribu de Rubén doce mil,
de la tribu de Gad doce mil,
6 de la tribu de Aser doce mil,
de la tribu de Neftalí doce mil,
de la tribu de Manasés doce mil,
7 de la tribu de Simeón doce mil,
de la tribu de Leví doce mil,
de la tribu de Isacar doce mil,
8 de la tribu de Zabulón doce mil,
de la tribu de José doce mil,
de la tribu de Benjamín doce mil
marcados con el sello.

9 Después vi una multitud enorme,
que nadie podía contar, de toda nación,
raza, pueblo y lengua: estaban delante
del trono y del Cordero, vestidos con
túnicas blancas y con palmas en la
mano. 10 Gritaban con voz potente: La
victoria es de nuestro Dios, que está
sentado en el trono, y del Cordero.
11 Todos los ángeles se habían puesto
en pie alrededor del trono, de los ancianos y de los cuatro vivientes. Se inclinaron con el rostro en tierra delante
del trono y adoraron a Dios 12 diciendo:
Amén. Alabanza y gloria, sabiduría y
acción de gracias, honor y fuerza y poder a nuestro Dios por los siglos de los
siglos. Amén.

13 Uno de los ancianos se dirigió a
mí y me preguntó: Los que llevan vestiduras blancas, ¿quiénes son y de dónde
vienen? Contesté: Tú lo sabes, señor.

14 Me dijo: Éstos son los que han
salido de la gran tribulación, han lavado y blanqueado sus vestiduras en la
sangre del Cordero. 15 Por eso están
ante el trono de Dios, le dan culto día y
noche en su templo, y el que se sienta
en el trono habita entre ellos. 16 No pasarán hambre ni sed, no les hará daño
el sol ni el calor los molestará, 17 porque el Cordero que está en el trono los
apacentará y los guiará a fuentes de

7,1-17 Los que se salvan. Cuando se destruye la naturaleza se acaba la humanidad. Antes de que sea destruida por los ángeles, hay que sellar e identificar a los siervos de Dios. 144.000 es un número perfecto (12x12x1.000). Es el número de los elegidos del Nuevo Israel, mucho más numeroso que el Israel antiguo de las doce tribus. Además, Dios acepta a todos los pueblos, razas y lenguas, a una muchedumbre inmensa e incontable, para su servicio. Los mártires son los miembros más destacados del nuevo Pueblo de Dios; han compartido ya la muerte y el sacrificio de Jesús, y por ello reinan con Él en la gloria.

agua viva. Y Dios secará las lágrimas de
sus ojos.

El séptimo sello y el incensario

8 1 Cuando abrió el séptimo sello, se
hizo en el cielo un silencio de
media hora. 2 Vi a los siete ángeles que
estaban delante de Dios: les entregaron
siete trompetas. 3 Otro ángel vino y se
colocó junto al altar con un incensario
de oro; le dieron incienso abundante
para que lo añadiese a las oraciones de
todos los santos, sobre el altar de oro,
delante del trono. 4 De la mano del
ángel subió el humo del incienso con
las oraciones de los santos hasta la presencia de Dios. 5 Después tomó el
ángel el incensario, lo llenó con brasas
del fuego del altar y lo arrojó a la tierra.
Hubo truenos y estampidos, relámpagos y un terremoto.

Las siete trompetas

6 Los siete ángeles con las siete
trompetas se dispusieron a tocarlas.
7 El primero dio un toque de trompeta:
hubo granizo y fuego mezclados con
sangre, que fue arrojado a la tierra. Se
quemó la tercera parte de la tierra,
junto con la tercera parte de los árboles
y toda la hierba verde.

8 El segundo ángel dio un toque de
trompeta: una montaña enorme se
desplomó ardiendo en el mar. La tercera
parte del mar se volvió sangre, 9 la tercera parte de los seres vivos marinos
pereció, y la tercera parte de las naves
naufragó.

10 El tercer ángel dio un toque de
trompeta: cayó del cielo una estrella
gigantesca, ardiendo como una antorcha; cayó sobre la tercera parte de los
ríos y sobre los manantiales de agua.
11 La estrella se llama Ajenjo. Un tercio
del agua se volvió ajenjo y muchos
hombres que bebieron de esas aguas
murieron, porque se habían vuelto
amargas.

12 El cuarto ángel dio un toque de
trompeta: se oscureció la tercera parte
del sol, de la luna y de las estrellas, de
modo que una tercera parte de todo se
oscureció; faltó una tercera parte de la
luz del día y lo mismo sucedió con la
noche. 13 Vi un águila volando por lo
más alto del cielo y oí que gritaba muy
fuerte: ¡Ay, ay, ay de los habitantes de la
tierra cuando suenen las trompetas que
van a tocar los otros tres ángeles!

9 1 El quinto ángel dio un toque de
trompeta: vi un astro caído del
cielo a la tierra, que recibió la llave del
calabozo del abismo. 2 Abrió el pozo
del abismo y subió un humo del pozo,

8,1-5 El séptimo sello y el incensario. El séptimo sello abre la puerta para la revelación de las siete trompetas. Las fuentes bíblicas hablan de siete ángeles especiales que están en la presencia de Dios (Tob 12,15) que revelan las acciones especiales de Dios; Miguel, Gabriel y Rafael son bien conocidos por la Biblia; Uriel, Raguel, Sariel y Remiel aparecen en los libros apócrifos. Estos ángeles son intermediarios de las oraciones de los santos y de la respuesta de Dios para sus elegidos.

8,6–9,21 Las siete trompetas. La trompeta era el instrumento musical cuyo sonido llegaba más lejos; nadie podía ignorarlo. La trompeta sonaba como señal de alarma, para reunir a la gente; anunciaba las fiestas y los triunfos del pueblo; en las batallas dirigía el curso de los combates. Pronto se convirtió en instrumento escatológico tradicional (1 Tes 4,16). Las trompetas del Apocalipsis son llamadas apremiantes y alarmantes a la conversión porque el fin está cercano. Las plagas provocadas por las trompetas recuerdan a las plagas de Egipto (Éx 7–10). Los objetos relacionados con las trompetas recuerdan los elementos empleados en la liturgia del templo de Jerusalén: trompetas, carbones, copas, perfumes, y el altar. Toda la naturaleza es como un gran templo de Dios. Las plagas contienen alusiones a fenómenos naturales y sucesos históricos de la época del autor. Están descritas en estilo poético y épico para apremiar a los lectores a la conversión.

Los fenómenos naturales y las catástrofes de la historia son señales de los tiempos, signos divinos de la limitación de lo humano. Jesús proclamó que la lluvia no es sólo un fenómeno natural; es un don divino del Padre

como humo de un horno gigante; el sol
y el aire se oscurecieron con el humo
del pozo. 3 Del humo salieron langostas
que se extendieron por la tierra. Y recibieron un poder como el que tienen los
escorpiones de la tierra. 4 Pero les prohibieron hacer daño a la hierba de la
tierra o al pasto o a los árboles. Sólo les
permitieron hacer daño a los hombres
que no llevaban en la frente el sello de
Dios; 5 no para matarlos, sino para ator-
mentarlos cinco meses. El tormento es
como el de un hombre picado por un
escorpión. 6 En aquel tiempo los hombres buscarán en vano la muerte, de-
searán morir, y la muerte huirá de ellos.
7 Las langostas se parecen a caballos
preparados para la batalla; llevan en la
cabeza coronas como de oro, tienen
rostro como de hombres, 8 cabello como de mujer, sus dientes como de león.
9 Llevan corazas como de hierro. El
rumor de sus alas es como el fragor de
muchos carros de caballos corriendo a
la batalla. 10 Tienen colas como de escorpión, como aguijones, y en la cola
poder para hacer daño a los hombres
por cinco meses. 11 Su rey es el ángel
del abismo, cuyo nombre en hebreo es
Abadón y en griego Apolión. 12 Pasó el
primer ay; atención, que detrás llega el
segundo.

13 El sexto ángel dio un toque de
trompeta: escuché una voz que salía de
los cuatro salientes del altar de oro que
está delante de Dios 14 y decía al sexto
ángel que tenía la trompeta: Suelta a
los cuatro ángeles encadenados junto
al río Grande –el Éufrates–. 15 Soltaron
a los cuatro ángeles, que estaban preparados para una hora de un día de un
mes de un año, para matar a una tercera parte de la humanidad. 16 Oí el
número de los escuadrones de caballería: doscientos millones. 17 Éste es el
aspecto que vi de los caballos y sus
jinetes: llevaban corazas de fuego, color
jacinto, y azufre. Las cabezas de los caballos como de leones; de las bocas
salía fuego y humo y azufre. 18 Por esas
tres plagas que salían de su boca, fuego
y humo y azufre, pereció una tercera
parte de la humanidad.

19 Los caballos tienen su fuerza en la
boca y en la cola. Sus colas parecen serpientes con cabezas y con ellas hieren.
20 El resto de los hombres que no
murieron por estas plagas, no se arrepintieron de las obras de sus manos: no
dejaron de adorar a los demonios y a
los ídolos de oro, plata y bronce, de piedra y madera, que ni ven ni oyen ni
caminan. 21 No se arrepintieron de sus
homicidios, ni de sus brujerías, ni de sus
inmoralidades sexuales ni de sus robos.

El pequeño libro

10 1 Vi otro ángel poderoso bajando
del cielo, envuelto en una nube,
con el arco iris sobre la cabeza; su rostro

sobre justos y pecadores (Mt 5,45). Como los siete sellos, las trompetas están dispuestas en dos series de 4+3. Las tres primeras, como los sellos, están íntimamente relacionadas entre sí, y no afectan a las personas sino a los lugares donde éstas viven y trabajan; son plagas parciales porque aún queda tiempo y espacio para la conversión.

Las dos últimas plagas recuerdan las invasiones de los partos que ya antes habían derrotado a las legiones romanas y tomado Jerusalén; eran una señal de la caducidad del imperio romano. Al final se constata que el poder de Dios puede vencerlo todo menos el endurecimiento voluntario de las personas.

10,1-11 El pequeño libro. Como el profeta Ezequiel (Ez 3,1-3), el autor presenta su misión profética de animar el bien y denunciar el mal. Antes de ponerse a hablar, el profeta debe comer y digerir libros.

Este librito que contiene el Evangelio de Jesús está abierto, no encierra secretos, y contiene un mensaje agridulce. La llamada de Dios y el anuncio de salvación es dulce, pero las denuncias y las resistencias que el profeta va a encontrar lo pueden llenar de amargura. Las confesiones del profeta Jeremías dan testimonio de ello (Jr 20,7-18). El mundo se resistirá a creer el mensaje de Jesús y se volverá contra los mensajeros.

como el sol, sus piernas como columnas de fuego. 2 Tenía en la mano un
pequeño libro abierto. Apoyó el pie derecho en el mar y el izquierdo en tierra
firme 3 y gritó con voz potente, como
ruge un león. Cuando gritó, hablaron
con su voz los siete truenos. 4 Cuando
los siete truenos hablaron, me dispuse
a escribir. Pero oí una voz del cielo que
me decía: Guarda en secreto lo que dijeron los siete truenos y no lo escribas.
5 El ángel que vi de pie sobre el mar y la
tierra firme alzó la mano derecha hacia
el cielo 6 y juró por el que vive por los
siglos de los siglos, que creó el cielo y
cuanto contiene, la tierra y cuanto
contiene, el mar y cuanto contiene: que
ya no queda tiempo; 7 que, cuando
suene el toque de trompeta del séptimo ángel, se cumplirá el plan secreto
de Dios, como anunció a sus siervos
los profetas.

8 La voz celeste que había oído me
dirigió de nuevo la palabra: Anda, toma
el pequeño libro que tiene abierto en la
mano el ángel plantado sobre el mar y
la tierra firme.

9 Me dirigí al ángel y le pedí que me
entregara el pequeño libro. Me dice:
Toma y cómelo, que en la boca te sabrá dulce como miel y amargo en el
estómago. 10 Tomé el pequeño libro de
mano del ángel y lo comí: en la boca
era dulce como miel; pero cuando lo
tragué, sentí amargo el estómago.
11 Me dicen: Tienes que profetizar de
nuevo sobre muchos pueblos, naciones, lenguas y reyes.

Los dos testigos

11
1 Me entregaron una caña semejante a una vara de medir y me
ordenaron: Levántate y mide el templo
de Dios y el altar y cuenta a los que
adoran en él. 2 El atrio exterior del templo exclúyelo de la medida, porque se
entrega a los paganos, que pisotearán
la ciudad santa cuarenta y dos meses.
3 Enviaré a mis dos testigos, que, vestidos con hábitos de penitencia, profetizarán mil doscientos sesenta días.
4 Son los olivos y las dos lámparas que
están ante el Señor del mundo. 5 Si alguien intenta hacerles daño, echarán
por la boca un fuego que consumirá a
sus enemigos. Así ha de morir quien
intente hacerles daño. 6 Ellos tienen
poder para cerrar el cielo, de modo que
no llueva mientras ellos profetizan, y
poder sobre las aguas para convertirlas
en sangre, y poder sobre la tierra para
herirla con plagas cuando quieran.
7 Cuando terminen su testimonio, la fiera
que sube del abismo les declarará
guerra, los derrotará y los matará.
8 Sus cadáveres quedarán tendidos en
la calle de la Gran Ciudad que lleva el
nombre simbólico de Sodoma y Egipto.
9 Durante tres días y medio, gente de
diversos pueblos, razas, lenguas y naciones vigilarán sus cadáveres y no
permitirán que los sepulten. 10 Los habitantes del mundo se alegrarán de su
derrota, y lo festejarán enviándose mutuamente regalos, porque aquellos dos
profetas atormentaban a los habitantes
del mundo. 11 Pasados los tres días y

11,1-14 Los dos testigos. La medida del templo es señal de la protección divina de la que goza el lugar santo (Ez 40–43; Zac 2,5-9). ç

Los dos testigos tienen los rasgos de varias figuras bíblicas: como Moisés cambian el agua en sangre (Éx 7,14-25); como Elías hacen bajar fuego del cielo (2 Re 1,9-16); como Zorobabel y Josué (Zac 4) son dos testigos y ungidos que representan la misión sacerdotal y regia de la Iglesia; como Elías y Enoc, son dos personajes que se creía que habían ascendido al cielo sin morir, por lo que se esperaba que volverían al final de los tiempos y sufrirían la muerte.

Hay quienes ven en los dos testigos una referencia a los apóstoles Pedro y Pablo, cuya predicación había resonado por todo el imperio, los cuales habían compartido ya la muerte y el triunfo de Cristo.

medio, el aliento de vida de Dios penetró en ellos, y se pusieron en pie. Los que lo vieron se llenaron de terror 12 y oyeron una voz potente, del cielo, que les decía: Suban acá. Subieron en una nube al cielo mientras sus enemigos los miraban.

13 En aquel momento sobrevino un gran terremoto y la décima parte de la ciudad se derrumbó y murieron en el terremoto siete mil personas. Los restantes se aterrorizaron y confesaron la gloria del Dios del cielo.

14 Pasó el segundo ay; mira que pronto llega el tercero.

La séptima trompeta

15 El séptimo ángel dio un toque de trompeta: voces potentes resonaron en el cielo: Ha llegado el reinado en el mundo de nuestro Señor y de su Mesías y reinará por los siglos de los siglos. 16 Los veinticuatro ancianos sentados en sus tronos delante de Dios se inclinaron hasta el suelo y adoraron a Dios 17 diciendo:

—Te damos gracias, Señor, Dios Todopoderoso,
el que es y el que era,
porque has asumido el poder supremo y el reinado.
18 Los paganos se habían enfurecido,
pero llegó el tiempo de tu ira,
la hora de juzgar a los muertos
y de dar el premio a tus siervos los profetas,
a los consagrados, a los que respetan tu Nombre, pequeños y grandes;
la hora de destruir a los que destruyen la tierra.

La mujer y el dragón

19 En ese momento se abrió el templo de Dios que está en el cielo y apareció en el templo el arca de su alianza. Hubo relámpagos, estampidos, truenos, un terremoto y una fuerte granizada.

12 1 Una gran señal apareció en el cielo: una mujer revestida del sol, la luna bajo los pies y en la cabeza una corona de doce estrellas. 2 Estaba encinta y gritaba de dolor en el trance del parto. 3 Apareció otra señal en el cielo: un dragón rojo enorme, con siete cabezas y diez cuernos y siete turbantes en las cabezas. 4 Con la cola arrastraba la tercera parte de los astros del cielo y los arrojaba a la tierra. El dragón estaba frente a la mujer que iba a dar a luz, dispuesto a devorar la criatura en cuanto

11,15-18 La séptima trompeta. La séptima trompeta, en el centro del Apocalipsis, anuncia la llegada del reino de Dios, con un mensaje paralelo al que encontramos en la pasión del evangelio de Juan (Jn 18,33–19,15). El reino llega con la revelación de Jesús como rey y señor de la creación.

El santuario y templo de Dios, la nueva «arca de la Alianza» en la que reside la gloria de Dios, de ahora en adelante se encuentra en Jesús.

11,19–12,18 La mujer y el dragón. Muchos católicos han querido ver en esta mujer simbólica a la virgen María, la Madre del Mesías, vestida con el sol como una virgen de Guadalupe. El texto sugiere más bien que la mujer puede ser la sinagoga judía de la que nacen Jesús y su mensaje. Es más probable que la mujer sea una imagen de la Iglesia que da vida a Jesús y que tiene muchos otros hijos que sufren la suerte de Jesús y son perseguidos por el dragón. El dragón representa a las fuerzas del mal, encarnadas en el imperio romano con su inmenso poder.

La muerte de Jesús en el Calvario fue el momento decisivo de la lucha entre el bien y el mal. Allí, el Príncipe de este mundo fue echado abajo (Jn 18,6; 12,31s) y tuvo lugar el juicio definitivo. Jesús, levantado en la cruz, fue exaltado al cielo (Flp 2,8-10). La lucha se decidió en el Calvario, pero aún quedan batallas individuales y colectivas por las que la Iglesia debe pasar hasta lograr la victoria contra los poderes del mal.

naciera. 5 Dio a luz a un hijo varón, que
ha de apacentar a todas las naciones
con vara de hierro. El hijo fue arrebatado
hacia Dios y hacia su trono.
6 La mujer huyó al desierto, donde
tenía un lugar preparado por Dios para
sustentarla mil doscientos sesenta días.
7 Se declaró la guerra en el cielo: Miguel y sus ángeles luchaban contra el
dragón; el dragón luchaba asistido de
sus ángeles; 8 pero no vencía, y perdie-
ron su puesto en el cielo. 9 El dragón gigante, la serpiente primitiva, llamada
Diablo y Satanás, que engañaba a todo
el mundo, fue arrojado a la tierra con
todos sus ángeles.
10 Escuché en el cielo una voz potente que decía:

—Ha llegado la victoria, el poder y el reinado de nuestro Dios
y la autoridad de su Cristo;
porque ha sido expulsado el que acusaba a nuestros hermanos,
el que los acusaba día y noche ante nuestro Dios.
11 Ellos lo derrotaron con la sangre del Cordero
y con su testimonio, porque despreciaron la vida hasta morir.
12 Por eso que se alegren los cielos, y sus habitantes.
Pero. ¡Ay de la tierra y del mar!,
porque el Diablo ha bajado hasta ustedes,
enfurecido, porque sabe que le queda poco tiempo.

13 Cuando vio el dragón que había
sido arrojado en tierra, persiguió a la
mujer que había dado a luz al varón.
14 A la mujer le dieron las dos alas del
águila gigante, para que volase a su
puesto en el desierto, donde la susten-
tarán un año y dos años y medio año,
lejos de la serpiente. 15 La serpiente
echó por la boca agua como un río detrás de la mujer, para arrastrarla en la
corriente. 16 Pero la tierra auxilió a la
mujer abriendo la boca y bebiendo el
río que había echado por la boca el
dragón. 17 Enfurecido el dragón con la
mujer, se alejó a pelear con el resto de
sus descendientes, los que cumplen los
preceptos de Dios y conservan el testimonio de Jesús. 18 Y se detuvo a la
orilla del mar.

Las dos fieras
(Dn 7)

13 1 Vi salir del mar una fiera con
diez cuernos y siete cabezas; en
los cuernos diez turbantes y en las cabezas títulos blasfemos. 2 La fiera de la

13,1-18 Las dos fieras. El dragón comienza a actuar por sus agentes delegados: son poderes políticos absolutos, con sus ideologías, divinizados, empeñados en imponer su soberanía como rivales de Dios. Son figuras emblemáticas. Algunos exhiben heridas misteriosamente curadas, es decir, derrotas ampliamente resarcidas; otros realizan obras portentosas, convincentes (Dt 13,2); alardean de infundir vida a lo inerte, como demiurgos remedando a Dios (Gn 2,7). Su blasfemia consiste en presentarse como dioses (Ez 28,9; Is 48,8.10). Pero los cristianos, «registrados en el libro de la vida» especial, el de un muerto que está vivo, resistirán con su «fe perseverante».

La primera fiera que viene del mar alude al poder de Roma, cuyos decretos y leyes eran traídos en barco a la isla de Patmos y a toda la región vecina; esas leyes imponían el culto blasfemo al emperador que se daba atributos divinos. Ante el peligro de persecución, el cristiano tenía que estar dispuesto a ir a la cárcel y a la muerte sin claudicar (10). La segunda fiera parece referirse al gobernador romano y a un sacerdote –los dos cuernos–, agentes del imperio, que obligaban a los habitantes a adorar al emperador, recurriendo a todo género de estratagemas (cfr. Hch 8,9s). A finales del s. I y comienzos del s. II, en la región de las siete Iglesias del Apocalipsis, se llegó a exigir a los habitantes presentar una cédula que probaba que habían participado en los sacrificios al emperador. Las cédulas llegaron a formar, por un tiempo, parte de la vida social y religiosa de la gente.

visión parecía un leopardo, con patas
como de oso y boca como de león. El
dragón le delegó su poder, su trono y
una autoridad grande. 3 Una de sus cabezas parecía herida de muerte, pero la
herida mortal se sanó. Todo el mundo
admirado seguía a la fiera y adoraba al
dragón que dio su autoridad a la fiera;
4 y adoraban a la fiera diciendo: ¿Quién
se mide con la fiera?, ¿quién podrá luchar con ella? 5 Le permitieron decir
cosas arrogantes y blasfemas, le dieron
autoridad para actuar cuarenta y dos
meses. 6 Abrió la boca blasfemando de
Dios, blasfemando de su Nombre y su
morada y de los que habitan en el cielo.
7 Le permitieron hacer la guerra a los
santos y vencerlos; le dieron autoridad
sobre toda raza, pueblo, lengua y nación.
8 La adorarán todos los habitantes de
la tierra cuyos nombres no están registrados desde el principio del mundo
en el libro de la vida del Cordero degollado. 9 El que tenga oídos que escuche:
10 El destinado al cautiverio irá cautivo,
el destinado a la espada a espada
morirá. ¡Aquí se pondrá a prueba la
perseverancia y la fe de los santos!

11 Vi subir de la tierra otra fiera, con
dos cuernos como de cordero, que
hablaba como un dragón. 12 Ejercía toda
la autoridad de la primera fiera en su
presencia, y obligaba a todos los habitantes de la tierra a adorar a la primera
fiera, cuya herida mortal se había sanado.
13 Hace grandes señales: hace caer
rayos del cielo a la tierra en presencia
de los hombres. 14 Engaña a los habitantes de la tierra con las señales que
le permiten hacer delante de la fiera.
Manda a los habitantes de la tierra
fabricar una imagen de la fiera herida a
espada y todavía viva. 15 Le permitieron
infundir aliento en la imagen de la fiera,
de modo que la imagen de la fiera
hablara e hiciera morir a los que no
adoraban la imagen de la fiera. 16 A
todos, pequeños y grandes, ricos y
pobres, libres y esclavos, hace que les
pongan una marca en la mano derecha
o en la frente; 17 de modo que el que no
lleve la marca con el nombre de la fiera
o con los numerales de su nombre no
pueda comprar ni vender. 18 ¡Aquí se
pondrá a prueba el talento! El que
tenga inteligencia que calcule el número de la fiera; es número de una
persona y equivale a 666.

Los salvados

14 1 Vi al Cordero que estaba en el
monte Sión y con él ciento cuarenta y cuatro mil que llevaban su
nombre y el nombre del Padre grabado
en la frente. 2 Oí un ruido en el cielo:
como ruido de aguas torrenciales, como ruido de muchos truenos, el ruido
que oí era como el de muchos arpistas
tocando sus arpas. 3 Cantan un cántico
nuevo delante del trono, delante de
los cuatro vivientes y de los ancianos.
Nadie podía aprender el cántico fuera
de los ciento cuarenta y cuatro mil rescatados de la tierra. 4 Son los que no se

El número 666 es la suma de los valores de las letras del nombre «Nerón César». Para los romanos, cada letra del alfabeto tenía un valor numérico. El número 6, uno menos de siete, es número de imperfección; la triple repetición es la forma del superlativo hebreo: «santo, santo, santo», tres veces, equivale a «santísimo»; la bestia es totalmente imperfecta, destinada al fracaso. El lector es invitado a pensar y adivinar este mensaje consolador del autor (18).

14,1-5 Los salvados. La visión del Cordero con los elegidos en el Monte Sión recuerda la descripción de la comunidad cristiana en la carta a los Hebreos (Heb 12,22-24). Los 144.000 son los miembros del nuevo Israel de Dios (12x12x1.000), una multitud inmensa. La idolatría es vista en la Biblia como una infidelidad a la relación matrimonial que el pueblo tiene con su Dios. Estos 144.000 son los fieles cristianos que han permanecido fieles a Cristo sin adorar a los ídolos. En el Apocalipsis,

han contaminado con mujeres y se
conservan vírgenes. Éstos acompañan
al Cordero por donde vaya. Han sido
rescatados de la humanidad como
primicias para Dios y para el Cordero.
5 En su boca no hubo mentira: son
intachables.

La hora del juicio

6 Vi otro ángel volando por lo más alto del cielo llevando la Buena Noticia
eterna, para anunciarla a los que residen en la tierra, a toda nación, raza,
lengua y pueblo. 7 Él proclamaba con
voz potente: Respeten a Dios y denle
gloria, porque ha llegado la hora de su
juicio. Adoren al que hizo el cielo y la
tierra, el mar y los manantiales.
8 Un segundo ángel lo acompañaba
diciendo: Cayó, cayó la gran Babilonia,
la que embriagaba a todas las naciones
con el vino furioso de su prostitución.
9 Un tercer ángel los acompañaba diciendo a grandes voces: El que adore a
la fiera y a su imagen, el que acepte su
marca en la frente o en la mano 10 habrá de beber el vino de la cólera de Dios
vertido sin mezcla en la copa de su ira;
será atormentado con fuego y azufre
delante de los santos ángeles y delante
del Cordero. 11 El humo del tormento
se eleva por los siglos de los siglos. No
tienen descanso de día ni de noche los
que adoran a la fiera y a su imagen, los
que reciben la marca de su nombre.
12 ¡Aquí está la constancia de los santos, que observan los mandamientos de
Dios y se mantienen fieles a Jesús! 13 Oí
una voz celeste que decía: Escribe: Felices los que en adelante mueran fieles al
Señor. Sí –dice el Espíritu– descansarán
de sus fatigas porque sus obras los
acompañan. 14 Vi una nube blanca y en
la nube sentada una figura humana,
con una corona de oro en la cabeza y
en la mano una hoz afilada.
15 Salió otro ángel del templo y gritó
en voz alta al que estaba sentado en la
nube: Mete la hoz y siega porque llegó
la hora de la siega, cuando la cosecha
de la tierra está bien madura. 16 El que
estaba sentado en la nube metió la hoz
en la tierra y la tierra quedó segada.
17 Salió otro ángel del templo del
cielo, también él con una hoz afilada.
18 Salió otro ángel de junto al altar,
el que controla el fuego, y dijo a grandes voces al de la hoz afilada: Mete la
hoz afilada y vendimia las uvas de la vid
de la tierra, porque los racimos están
maduros. 19 El ángel metió la hoz en la
tierra y vendimió la vid de la tierra y
echó las uvas en la cuba grande de la
ira de Dios. 20 Pisaron la cuba fuera de
la ciudad y se desbordó la sangre de la
cuba, que llegó a la altura del freno de
los caballos en un radio de trescientos
kilómetros.

Las siete últimas plagas

15 1 Vi otra señal en el cielo, grande
y admirable: siete ángeles que
llevan las siete últimas plagas, en las
que se agota la ira de Dios. 2 Vi una

todo el mundo recibe un sello; los que adoran la bestia reciben su imagen en sus manos; los elegidos reciben la señal del Cordero, la cruz, en sus frentes.

14,6-20 La hora del juicio. Los poderes del mal, con el dragón, fueron derrotados en la confrontación con Miguel y los ángeles (12,7-12). Los cristianos no se dejan asustar por las bestias (13,16s; 14,9s). Una vez más, en el versículo 12, como lo hizo anteriormente (13,9.18), el autor piensa en algo que los lectores pueden ver que está sucediendo. La fidelidad a Cristo puede pasar por el martirio (12s). La siega y la vendimia son imágenes tradicionales del juicio (Mc 4,29).

15,1-8 Las siete últimas plagas. Sucede un nuevo septenario de plagas, que en cierto modo repite o renueva los siete sellos y las siete trompetas. Sólo que es el último septenario, en el cual se está consumando el juicio.

Los elegidos, como el pueblo redimido de Egipto después de cruzar el Mar Rojo, están junto a un mar de

especie de mar transparente veteado
de fuego. Los que habían vencido a la
fiera, a su imagen y al número de su
nombre estaban junto al mar transparente con las cítaras de Dios. 3 Cantan
el cántico de Moisés, siervo de Dios, y
el cántico del Cordero:

Grandes y admirables son tus obras,
Señor Dios Todopoderoso;
justos y acertados tus caminos,
Rey de las naciones.
4 ¿Quién no te respetará, Señor,
quién no dará gloria a tu nombre?
Tú sólo eres santo,
y todas las naciones vendrán
a adorarte en tu presencia,
porque se han revelado
tus decisiones.

5 Después vi cómo se abría el templo,
la tienda del testimonio en el cielo.
6 Del templo salieron los siete ángeles
de las siete plagas, vestidos de lino puro
resplandeciente, ceñida la cintura
con cinturones de oro. 7 Uno de los
cuatro vivientes entregó a los siete ángeles siete copas de oro llenas de la ira
de Dios que vive por los siglos de los
siglos. 8 El templo se llenó de humo por
la gloria y el poder de Dios, y nadie
podía entrar en el templo hasta que se
completaron las siete plagas de los
siete ángeles.

Las copas de la ira

16 1 Oí una voz potente que salía
del templo y decía a los siete
ángeles: Vayan a derramar a la tierra las
siete copas de la ira de Dios.

2 Salió el primero y derramó su copa
en la tierra: a los que llevaban la marca
de la fiera les salieron úlceras malignas
y graves.

3 El segundo derramó su copa en el
mar: Se convirtió en sangre como de
muerto, y murieron todos los seres
vivientes del mar.

4 El tercero derramó su copa en los
ríos y manantiales y se convirtieron en
sangre. 5 Oí que el ángel de las aguas
decía: Justa es tu sentencia, oh Santo,
el que eres y el que eras, 6 porque de-
rramaron la sangre de santos y profetas; les darás a beber sangre como se
merecen. 7 Y oí decir al altar: Sí, Señor,
Dios Todopoderoso, tus sentencias son
justas y acertadas.

8 El cuarto derramó su copa en el
sol, y le permitieron quemar a los hombres con fuego. 9 Los hombres se quemaron terriblemente y blasfemaron del
nombre de Dios, que controla estas
plagas; pero no se arrepintieron dando
gloria a Dios.

10 El quinto derramó su copa sobre
el trono de la fiera: su reino quedó en

cristal y de fuego; cantan el Cántico de Moisés y del Cordero, con un texto tomado de varios salmos. Mientras los elegidos cantan, el mundo debe prepararse para recibir el pago de sus injusticias.

16,1-21 Las copas de la ira. Las copas, como antes los sellos, son las últimas llamadas urgentes a la penitencia y a la conversión. Las plagas de las copas no tienen limitaciones de cantidad o espacio, y afectan a todo el universo; su finalidad es quitar los obstáculos para el establecimiento del reinado de Dios. Todas ellas son una reinterpretación escatológica de las plagas de Egipto del Éx 7–10.

Las cuatro primeras plagas afectan a los elementos principales de la naturaleza y de la creación: tierra, mar, agua potable y el sol; las tres últimas plagas contienen alusiones a hechos históricos y políticos que estaban sucediendo o que se esperaba que iban a suceder pronto. La séptima plaga de las tres series es idéntica: mira hacia el futuro (8,1-5; 11,15-19; 16,17-21).

Desde los días del Éxodo, el pueblo oprimido ve un poder liberador en las calamidades de la historia; después de ellas se espera un futuro de libertad y felicidad. Los malos que no tienen nada que esperar se desesperan; lo que debía servirles de medicina se les convierte en castigo. «Har-Maggedon» (16) es literalmente el Monte de Meguiddó; era una ciudad fortificada del norte de Israel, cerca del Monte Carmelo, que guardaba la entrada a la fértil llanura de Esdrelón. Por su emplazamiento estratégico se convirtió en campo de batalla obligado y en lugar de desastres históricos (2 Re 9,27; 23,29; Zac 12,11). Los malos van a sufrir un desastre definitivo.

tinieblas, y se mordían la lengua de dolor. 11 Blasfemaron del Dios del cielo por sus úlceras y dolores; pero no se arrepintieron de sus acciones.

12 El sexto derramó su copa en el río Grande –el Éufrates–: su agua se secó para abrir paso a los reyes de oriente. 13 Vi salir de la boca del dragón, de la boca de la fiera y de la boca del falso profeta tres espíritus inmundos como sapos. 14 Son los espíritus de demonios que hacen señales y se dirigen a los reyes del mundo y los reúnen para la batalla del gran día del Dios Todopoderoso. 15 ¡Atención, que llego como ladrón! Dichoso el que vela y guarda sus vestidos; así no tendrá que pasear desnudo enseñando sus vergüenzas. 16 Los reunió en un lugar llamado en hebreo *Har-Maggedon*.

17 El séptimo derramó su copa en el aire. Del templo y del trono salió una voz potente que decía: ¡Se terminó! 18 Hubo relámpagos, estampidos y truenos; hubo un gran terremoto como no lo ha habido desde que hay hombres en la tierra; así de violento era el terremoto. 19 La Gran Ciudad se partió en tres y se derrumbaron las ciudades de las naciones. Dios se acordó de Babilonia la Grande y le hizo beber la copa de la ira de su cólera. 20 Huyeron todas las islas y no quedaron montañas. 21 Granizo gigantesco como talentos cayó del cielo sobre los hombres. Los hombres blasfemaron de Dios por la plaga de granizo, que era una plaga terrible.

El juicio de la gran prostituta

17 1 Uno de los siete ángeles que tenían las siete copas se acercó a mí y me dirigió la palabra: Ven que te muestre el castigo de la gran prostituta, sentada a la orilla de los grandes ríos 2 con la que fornicaron los reyes del mundo, y con el vino de su prostitución se embriagaron los habitantes del mundo. 3 Me trasladó en éxtasis a un desierto. Allí vi una mujer cabalgando una fiera color escarlata, cubierta de títulos blasfemos, con siete cabezas y diez cuernos. 4 La mujer vestía de púrpura y escarlata, enjoyada de oro, piedras preciosas y perlas. En la mano sostenía una copa de oro llena de las obscenidades e impurezas de su fornicación. 5 En la frente llevaba un título secreto: Babilonia la Grande, madre de las prostitutas y las obscenidades de la tierra. 6 Vi a la mujer emborrachada con la sangre de los santos y la sangre de los testigos de Jesús. Me llené de estupor a su vista.

7 El ángel me dijo: ¿De qué te admiras? Te explicaré el secreto de la mujer y de la fiera que la soporta, la de las siete cabezas y los diez cuernos. 8 La fiera que viste existió y ya no existe, pero va a subir del abismo para ser aniquilada. Los habitantes del mundo cuyos nombres no están escritos desde el principio del mundo en el libro de la vida se asombrarán al ver que la fiera existió y no existe y se va a presentar. 9 ¡Aquí se pondrá a prueba el talento del perspicaz! Las siete cabezas son

17,1-18 El Juicio de la gran prostituta. Por su apertura a la idolatría, el imperio romano era la gran prostituta religiosa que todo lo contaminaba. Los romanos se creían salvadores del mundo. Para el autor del Apocalipsis eran los opresores y sus pervertidores. Roma, cabeza y encarnación del imperio, era conocida como la ciudad de las siete colinas (9), y gozaba de un poderío inmenso. Los siete reyes parecen ser los siete primeros emperadores: Augusto, Tiberio, Calígula, Claudio, Nerón, Vespasiano y Tito; el octavo, que se dice es uno de los siete, designa al emperador Domiciano, un nuevo Nerón que persiguió a los cristianos con gran crueldad.

El autor escribe en tiempos de Domiciano, pero aparenta vivir en tiempos de Vespasiano, el sexto emperador; así puede anunciar la brevedad del reinado de Tito –dos años–, y dar más credibilidad a sus predicciones.

siete colinas, donde está entronizada la
mujer. Son también siete reyes: 10 Cinco han caído, uno está reinando, otro
no ha llegado aún; cuando venga, durará poco. 11 La fiera que existía y no
existe ocupa el octavo puesto, aunque
es uno de los siete, y será destruido.
12 Los diez cuernos que viste son diez
reyes que todavía no reinan; pero durante una hora compartirán con la fiera
la autoridad. 13 Tienen un solo propósito y someten su poder y autoridad a la
fiera. 14 Lucharán contra el Cordero,
pero el Cordero los derrotará, porque
es señor de señores y rey de reyes, y
los que él ha llamado son elegidos y
leales. 15 Añadió: los ríos que viste,
donde está sentada la prostituta, son
pueblos, multitudes, naciones y lenguas. 16 Los diez cuernos que viste y la
fiera aborrecerán a la prostituta, la dejarán arrasada y desnuda, se comerán
su carne y la quemarán. 17 Porque Dios
los ha movido a ejecutar su designio,
aunando propósitos y sometiendo sus
reinos a la fiera, hasta que se cumplan
los planes de Dios. 18 La mujer que viste es la gran capital, soberana de los
reyes del mundo.

Caída de Babilonia

18 1 Después vi bajar del cielo a otro
ángel, con gran autoridad, y la
tierra se deslumbró con su resplandor.
2 Gritó con voz potente: ¡Cayó, cayó
la Gran Babilonia! Se ha vuelto morada
de demonios, guarida de toda clase
de espíritus inmundos, guarida de toda
clase de aves impuras y repugnantes,
3 porque todas las naciones han bebido
del vino furioso de su prostitución, y
los reyes del mundo han fornicado con
ella y los comerciantes del mundo se
han enriquecido con su lujo fastuoso.
4 Oí otra voz celeste que decía: Pueblo
mío, salgan de ella, para no ser cómplice
de sus pecados y no sufrir sus castigos.
5 Porque sus pecados se apilan hasta el
cielo, y el Señor tiene en cuenta sus crímenes. 6 Páguenle en su misma moneda,
denle el doble por sus acciones; la copa
en que preparó sus mezclas llénenla el
doble; 7 cuanto fue su derroche y su
lujo dénselo de pena y tormento. Se
decía: Tengo un trono de reina; no quedaré viuda ni pasaré penalidades. 8 Por
eso, en un día le llegarán sus plagas:
matanza, duelo y hambre, y la incen-
diarán; porque el Señor Dios que la
condena es poderoso.

9 Por ella llorarán y harán duelo los
reyes del mundo que con ella fornicaron y se dieron al lujo, cuando vean el
humo de su incendio, 10 y desde lejos,
por miedo a su tormento, dirán: ¡Ay, ay
de la Gran Ciudad, Babilonia la poderosa, que en una hora se cumplió tu
sentencia!

11 Los comerciantes del mundo llorarán y harán duelo por ella, porque ya
nadie compra su mercancía: 12 oro y
plata, piedras preciosas y perlas, lino y
púrpura, seda y escarlata, maderas aromáticas, objetos de marfil, instrumentos de maderas preciosas, de bronce,
hierro y mármol, 13 canela y especias,
perfumes, mirra e incienso, vino y aceite, flor de harina y trigo, vacas y ovejas,

Algo semejante hizo el autor del libro de Daniel aparentando vivir durante la cautividad de Babilonia.

En el Apocalipsis, el autor anuncia con seguridad la caída del poderoso imperio romano porque sabe por la historia bíblica que los poderes e imperios que oprimen al Pueblo de Dios acaban en la ruina.

18,1–19,4 Caída de Babilonia. El anuncio de la caída de Roma y del final de las persecuciones está narrado en estilo épico. Las puertas del infierno no van a prevalecer contra la Iglesia. El autor canta la caída de Roma con una lamentación parecida a las que se usaban en las tragedias griegas de la antigüedad; los amigos de Roma –reyes, príncipes, comerciantes, ricos, pilotos, navegantes y

caballos, carros, esclavas y esclavos.
14 La ganancia que codiciabas se te
escapó, tu refinamiento y esplendor
los has perdido y no los volverás a encontrar. 15 Los comerciantes en esos
productos, que se enriquecían con ella,
se mantendrán a distancia por miedo a
sus tormentos, llorarán y harán duelo
16 diciendo: ¡Ay, ay de la Gran Ciudad,
que se vestía de lino, púrpura y escarlata, que se enjoyaba con oro, piedras
preciosas y perlas! 17 Tanta riqueza arrasada en una hora.
Todos los pilotos y navegantes, marineros y traficantes marinos se quedarán lejos y, al ver el humo de su incendio, 18 gritarán: ¿Quién como la Gran
Ciudad? 19 Se echarán polvo a la cabeza,
llorarán y harán duelo gritando: ¡Ay, ay
de la Gran Ciudad, de cuya abundancia
se enriquecían los que navegan por el
mar; que en una hora ha sido arrasada!
20 Alégrense por ella, cielos, santos y
apóstoles y profetas, porque, al conde-
narla a ella, Dios les ha hecho justicia.
21 Después un ángel poderoso levantó una piedra como una rueda de
molino y la arrojó al mar diciendo: Así
será arrojada con ímpetu Babilonia, la
Gran Ciudad, y no se la encontrará
más. 22 No se escuchará en ti sonido de
cítaras, cantores, flautistas y trompetas; no habrá allí artesanos de ningún
oficio; no se oirá en ti el ruido del molino 23 ni brillará en ti la luz de la lámpara, ni se oirá en ti la voz del novio y
de la novia. Tus mercaderes eran grandes del mundo, con tus hechicerías se
extraviaron todas las naciones, 24 en
ella se derramó la sangre de profetas y
santos y de todos los asesinados en el
mundo.

19 1 Después escuché en el cielo un
rumor como de una gran multi-
tud que decía: ¡Aleluya! A nuestro Dios
corresponden la victoria y la gloria y el
poder, 2 porque son justas y acertadas
sus sentencias. Porque ha condenado a
la gran prostituta que corrompió al mundo con sus inmoralidades y le ha exigido
cuentas de la sangre de sus servidores.
3 Y repitieron: ¡Aleluya! El humo de ella
asciende por los siglos de los siglos.
4 Los veinticuatro ancianos y los
cuatro vivientes se postraron y adoraron al Dios sentado en el trono y dijeron:
¡Amén, aleluya!

La boda del Cordero

5 Del trono salió una voz que decía:
Alaben a nuestro Dios, todos sus siervos y fieles, pequeños y grandes. 6 Y escuché un rumor como de una gran
multitud, como ruido de aguas torrenciales, como fragor de truenos muy
fuertes: ¡Aleluya ya reina el Señor, Dios
[nuestro] Todopoderoso! 7 Alegrémo-
nos, regocijémonos y demos gloria a
Dios, porque ha llegado la boda del
Cordero, y la novia está preparada. 8 La
han vestido de lino puro, resplandeciente –el lino son las obras buenas de
los santos–.
9 Me dijo: Escribe: Dichosos los convidados a las bodas del Cordero y añadió: Son palabras auténticas de Dios.
10 Caí a sus pies en adoración. Pero me

marineros– cada cual por su turno, pronuncian una estrofa de lamentación. Roma quedará como la Jerusalén destruida cantada en las Lamentaciones de Jeremías (Jr 25,10). El Apocalipsis contrasta el llanto de los ricos y poderosos con la alegría de los pobres, santos, apóstoles y profetas. Los cristianos con su oración pueden acelerar la caída de los poderes del mal.

19,5-10 La boda del Cordero. Una vez más se anuncia el establecimiento del reinado de Dios como una realidad en la historia (11,17; 19,5).

El símbolo matrimonial del Señor con Jerusalén (Comunidad) es frecuente en el Antiguo Testamento. Dos textos nos interesan especialmente porque cantan la boda por amor de un rey vencedor: Is 62,1-9 y Sal 45: éste es

dijo: ¡No lo hagas! Soy siervo como tú
y como tus hermanos que mantienen
el testimonio de Jesús. A Dios has de
adorar. –El testimonio de Jesús es el
espíritu profético–.

El jinete victorioso
(Is 63)

11 Vi el cielo abierto y allí un caballo
blanco. Su jinete [se llama] Fiel y Verdadero, Justo en el gobierno y en la
guerra. 12 Sus ojos son llama de fuego,
en la cabeza lleva muchas diademas.
Lleva grabado un nombre que solamente él conoce. 13 Se envuelve en un
manto empapado en sangre. Su nombre es la Palabra de Dios. 14 Las tropas
celestes lo siguen cabalgando blancos
caballos, vestidos de lino blanco limpio. 15 De su boca sale una espada afilada para herir a las naciones. Los apacentará con vara de hierro y pisará la
cuba del vino de la ardiente ira de Dios
Todopoderoso. 16 En el manto y sobre
el muslo lleva escrito un título: Rey de
reyes y Señor de señores.

17 Vi un ángel de pie sobre el sol,
que gritaba a todas las aves que vuelan
por el cielo: Vengan, reúnanse para el
gran banquete de Dios. 18 Comerán
carne de reyes, carne de generales,
carne de poderosos, carne de caballos
con sus jinetes, carne de libres y esclavos, de pequeños y grandes. 19 Vi que la
fiera y los reyes del mundo con sus tropas se reunían para luchar contra el
jinete y su tropa. 20 Cayó prisionera la
fiera y con ella el falso profeta que, haciendo señales ante ella, engañaba a
los que aceptaban la marca de la fiera
y a los que adoraban su imagen. Los
dos fueron arrojados vivos al foso de
fuego y azufre ardiente. 21 Los demás
fueron ejecutados con la espada del
jinete, la que sale de su boca. Y todas
las aves se cebaron en sus carnes.

El milenio

20 1 Vi un ángel que bajaba del cielo con la llave del abismo y una
enorme cadena en la mano. 2 Sujetó al
dragón, la serpiente primitiva, que es el
Diablo y Satanás, lo encadenó por mil
años 3 y lo arrojó al abismo. Cerró y
selló por fuera, para que no extravíe a
las naciones hasta que se cumplan los
mil años. Después lo han de soltar por
breve tiempo.

4 Vi unos tronos, y sentados en ellos
los encargados de juzgar; vi también

el esquema que sigue nuestro autor. Mt 22,1 propone la parábola de un «rey que celebraba la boda de su hijo»; Lc 15,1 llama dichosos a los invitados al banquete del Reino. En la Iglesia, todos están invitados a la alegría porque forman parte del cortejo de bodas de Jesús, el Cordero de Dios.

19,11-21 El jinete victorioso. Dejando pendiente la boda, pasa a describir la guerra, de la cual sólo nos presenta al ejército vencedor y las consecuencias de la derrota. La guerra de este párrafo es trasposición metafórica con la cual quiere el autor conjurar la violencia de la persecución y la seguridad de la victoria. Esa colosal batalla de valores y proyectos, librada en lo más profundo de hombres y sociedades, en el escenario de la historia, toma en la superficie poética la figura de una victoria militar.

La victoria de Cristo a lo largo y al final de la historia está asegurada; los poderes del mal serán eliminados. El jinete se describe con detalles que hacen resaltar el poder y la gloria del Cristo triunfador. Se describen primero sus cualidades internas (11), y luego su figura exterior (12-16). El nombre que Él sólo conoce (12) es el Nombre sobre todo Nombre (Flp 2,9). Es el Rey de reyes y Señor de señores, con un título cuyas letras suman 777, el número perfecto que proclama la grandeza de Cristo a todas las naciones. En su primera venida, Jesús llegó como de incógnito, casi como un extranjero indocumentado, débil y humilde; unos pocos lo reconocieron y creyeron. Su segunda venida, que en la teología joánica sigue sucediendo a lo largo de la historia, no puede ser ignorada. Cristo es el triunfador sobre el pecado y la muerte que asegura el triunfo de los que ponen su fe en Él.

20,1-10 El milenio. Ahora le toca al principal responsable, el dragón con sus diversos nombres o títulos. Pero aquí realiza el autor una difícil operación, separando en segmentos temporales lo que nosotros separaríamos en planos espaciales o en «dimensiones».

El autor dice que durante mil años el dragón estará encadenado y que después tendrá libertad de acción por

las almas de los que habían sido deca-
pitados por el testimonio de Jesús y la
Palabra de Dios, los que no adoraron a
la bestia ni su imagen, los que no aceptaron su marca ni en la frente ni en la
mano. Vivieron y reinaron con Cristo
mil años. 5 Los demás muertos no revi-
vieron hasta pasados los mil años. Ésta
es la resurrección primera. 6 Dichoso
y santo el que tome parte en la resurrección primera. No tendrá poder sobre ellos la muerte segunda, sino que
serán sacerdotes de Dios y de Cristo y
reinarán con él mil años. 7 Pasados los
mil años soltarán de la prisión a Satanás, 8 y saldrá a extraviar a las naciones en las cuatro partes del mundo, a
Gog y a Magog. Los reunirá para la batalla, innumerables como la arena del
mar. 9 Avanzarán sobre la anchura de la
tierra y cercarán la fortaleza de los santos y la ciudad amada. Pero caerá un
rayo del cielo que los consumirá. 10 El
Diablo que los había engañado fue
arrojado al foso de fuego y azufre, con
la fiera y el falso profeta: allí serán atormentados día y noche por los siglos de
los siglos.

El juicio

11 Vi un trono grande y blanco y a
uno sentado en él. De su presencia huyeron la tierra y el cielo sin dejar rastro.
12 Vi a los muertos, grandes y pequeños, de pie ante el trono. Se abrieron
los libros, y se abrió también el libro de
la vida. Los muertos fueron juzgados
por sus obras, según lo escrito en los libros. 13 El mar devolvió sus muertos.
Muerte y abismo devolvieron sus muertos, y cada uno fue juzgado según
sus obras. 14 Muerte y abismo fueron
arrojados al foso de fuego –ésta es la
muerte segunda, el foso de fuego–.
15 Quien no esté inscrito en el libro de la
vida será arrojado al foso de fuego.

Nuevo cielo y nueva tierra

21 1 Vi un cielo nuevo y una tierra
nueva. El primer cielo y la primera tierra habían desaparecido, el
mar ya no existe. 2 Vi la Ciudad Santa,
la nueva Jerusalén, bajando del cielo,
de Dios, preparada como novia que se
arregla para el novio. 3 Oí una voz potente que salía del trono: Mira la morada de Dios entre los hombres: habitará

un tiempo (segmentos temporales simbólicos); nosotros diríamos que en un plano es impotente y en otro plano es poderoso. Cualquier intento de milenarismo, que intenta interpretar los mil años como un período concreto de la historia, queda sin apoyo de antemano. Por lo demás, todo se contempla en una visión celeste, de carácter parabólico. El diablo tiene poder sobre los que se dejan seducir (Gn 3; 2 Cor 11,3). Cuantos son fieles a Cristo reducen al diablo a la impotencia.

Los fieles perseguidos y martirizados por las fuerzas del mal sueñan con el día en que el poder de Dios se manifieste reprimiendo las fuerzas del mal. El imperio perseguidor y las fuerzas del mal simbolizadas en Og y Magog, después de un breve tiempo, acabarán en la ruina. La Iglesia perseguida tendrá una resurrección y nueva vida, gozando de la paz de Dios por un tiempo ilimitado.

20,11-15 El juicio. Los textos bíblicos que hablan del juicio final o del juicio de las naciones enemigas del Pueblo de Dios están escritos en estilo apocalíptico, con símbolos tomados de los profetas y del Éxodo. Los enemigos del Pueblo de Dios tendrán que dar cuenta de sus obras. El juicio de Dios se refiere tradicionalmente a la derrota de las naciones paganas enemigas del pueblo escogido; la historia está llena de los juicios de Dios. El juicio final ya fue anunciado en 14,14-20 bajo la doble imagen de la siega y de la vendimia. Aquí, el juicio es el triunfo definitivo de Cristo y de los cristianos, la victoria abierta del bien sin que los malos puedan impedirlo. El juicio de Dios es la impotencia del mal. El juicio final de Mateo 25,31-46 se debe interpretar como una parábola de premio y castigo para los que se niegan a aceptar las exigencias del reino de Dios.

21,1-8 Nuevo cielo y nueva tierra. Frente a la Babilonia malvada, Dios hace una nueva creación, una nueva humanidad, congregada en su Iglesia. Sus orígenes son divinos. La Nueva Jerusalén es presentada en este texto en su aspecto exterior, como una novia engalanada, una virgen fiel, lo contrario de la gran prostituta romana del capítulo 17. Se está dando una nueva creación que trae a la memoria el primer capítulo del Génesis: se ha creado el mundo nuevo que Dios quiere que exista. Los pecadores quedan excluidos de este nuevo mundo, pero tendrán

con ellos; ellos serán su pueblo y Dios
mismo estará con ellos. 4 Les secará
las lágrimas de los ojos. Ya no habrá
muerte ni pena ni llanto ni dolor. Todo
lo antiguo ha pasado. 5 El que estaba
sentado en el trono dijo: Mira, yo hago
nuevas todas las cosas. Y añadió: Escribe, que estas palabras mías son verdaderas y dignas de fe. 6 Y me dijo: Se
terminó. Yo [soy] el alfa y la omega, el
principio y el fin. Al sediento le daré a
beber gratuitamente del manantial de
la vida. 7 El vencedor heredará todo
esto. Yo seré su Dios y él será mi hijo.
8 En cambio, los cobardes y desconfia-
dos, los depravados y asesinos, los lujuriosos y hechiceros, los idólatras y
embusteros de toda clase tendrán su
lote en el foso de fuego y azufre ardiente –que es la muerte segunda–.

La nueva Jerusalén
(Is 54,11s; 60,10-18; Ez 40–48)

9 Se acercó uno de los siete ángeles
que tenían las siete copas llenas de
las últimas plagas y me habló así: Ven
que te enseñaré la novia, la esposa del
Cordero.

10 Me trasladó en éxtasis a una montaña grande y elevada y me mostró la
Ciudad Santa, Jerusalén, que bajaba
del cielo, de Dios, 11 resplandeciente
con la gloria de Dios. Brillaba como
piedra preciosa, como jaspe cristalino.
12 Tenía una muralla grande y alta, con
doce puertas y doce ángeles en las
puertas, y grabados [los nombres] de
las doce tribus de Israel. 13 A oriente
tres puertas, al norte tres puertas, al sur
tres puertas, a occidente tres puertas.
14 La muralla de la ciudad tiene doce
piedras de cimiento, que llevan los
nombres de los doce apóstoles del
Cordero. 15 El que hablaba conmigo
tenía una caña de medir de oro, para
medir la ciudad y las puertas y la muralla. 16 La ciudad tiene un trazado cua-
drangular, igual de ancho que de largo.
17 Midió con la caña la ciudad: doce mil
estadios: igual en longitud, anchura y
altura. Midió la muralla: ciento cuarenta y cuatro codos, en la medida humana que usaba el ángel. 18 El aparejo de
la muralla era de jaspe, la ciudad de oro
puro, límpido como cristal. 19 Los cimientos de la muralla de la ciudad están adornados con piedras preciosas.
El primer cimiento de jaspe, el segundo
de zafiro, el tercero de calcedonia, el
cuarto de esmeralda, 20 el quinto de
ónice, el sexto de cornalina, el séptimo
de crisólito, el octavo de berilo, el no-
veno de topacio, el décimo de criso-
praso, el undécimo de turquesa, el
duodécimo de amatista. 21 Las doce
puertas son doce perlas, cada puerta
una sola perla. Las calles de la ciudad
pavimentadas de oro puro, límpido como cristal. 22 No vi en ella templo alguno, porque el Señor Dios Todopoderoso y el Cordero son su templo. 23 La
ciudad no necesita que la ilumine el sol
ni la luna, porque la ilumina la gloria de
Dios, y su lámpara es el Cordero. 24 A

siempre la puerta abierta para creer y convertirse en los nuevos hijos de Dios, el Israel de Dios.

21,9–22,5 La nueva Jerusalén. Una vez más presenta a la novia y esposa del Cordero con sus adornos. La Ciudad Santa tiene figura de cubo de 2 kilómetros de lado, por ser ésta una figura geométrica perfecta. La muralla de 72 metros de altura parece desproporcionada, dadas las dimensiones de la ciudad. Al estar protegida por Dios no necesita defensas humanas; la muralla sirve más como adorno. Ésta es la Ciudad de Dios edificada sobre los doce apóstoles de Jesús. Cada puerta está hecha de una sola perla (21,21). Son puertas de perlas. Todo lo mejor, lo más precioso y bello entra a formar parte de ella. Dentro de esta ciudad se encuentra un nuevo paraíso con árboles de la vida que aseguran una vida eterna para sus moradores (22,2). Sus puertas están siempre abiertas para todo el que quiera aceptar la salvación de Dios por la fe en Jesús (21,25-27).

su luz caminarán las naciones, y los
reyes del mundo le llevarán sus riquezas. 25 Sus puertas no se cerrarán de
día. No existirá en ella la noche. 26 Le
traerán la riqueza y el esplendor de las
naciones. 27 No entrará en ella nada
profano, ni depravados ni mentirosos;
sólo entrarán los inscritos en el libro de
la vida del Cordero.

22 1 Me mostró un río de agua viva,
brillante como cristal, que brota-
ba del trono de Dios y del Cordero. 2 En
medio de la plaza y en los márgenes del
río crece el árbol de la vida, que da
fruto doce veces: cada mes una cosecha, y sus hojas son medicinales para
las naciones. 3 No habrá allí nada maldito. En ella se encontrará el trono de
Dios y del Cordero. Sus siervos lo adorarán 4 y verán su rostro y llevarán en la
frente su nombre. 5 Allí no habrá noche.
No les hará falta luz de lámpara ni luz
del sol, porque los ilumina el Señor Dios,
y reinarán por los siglos de los siglos.

Venida de Cristo

6 Me dijo: Estas palabras son verdaderas y fidedignas. El Señor, Dios de
los espíritus proféticos, envió a su ángel para mostrar a sus siervos lo que
ha de suceder en breve. 7 Mira que llego pronto. Dichoso el que guarde las
palabras proféticas de este libro.

8 Yo soy Juan, el que ha oído y visto
esto. Al escuchar y mirar, me postré a
los pies del ángel que me lo enseñaba
para adorarlo. 9 Pero él me dijo: ¡No lo
hagas! que soy siervo como tú y tus
hermanos los profetas y los que guardan las palabras de este libro. A Dios
has de adorar. 10 Me añadió: No ocultes
las palabras proféticas de este libro,
porque su plazo está próximo. 11 El
malvado que siga en su maldad y el
impuro en su impureza, el honrado en
su honradez y el santo en su santidad.
12 Yo llegaré pronto llevando la paga
para dar a cada uno lo que merecen
sus obras. 13 Yo soy el alfa y la omega,
el primero y el último, el principio y el
fin. 14 Dichosos los que lavan sus vestidos, porque tendrán a su disposición el
árbol de la vida y entrarán por las puertas en la ciudad. 15 Fuera quedarán los
invertidos, hechiceros, lujuriosos, asesinos, idólatras, los que aman y practican la mentira. 16 Yo, Jesús, envié a mi
ángel a ustedes con este testimonio
acerca de las Iglesias. Yo soy el retoño
que desciende de David, el astro brillante de la mañana.

17 El Espíritu y la novia dicen: Ven. El
que escuche diga: Ven. Quien tenga
sed venga, quien quiera recibirá sin que
le cueste nada agua de vida. 18 –Yo
amonesto a los que escuchan las palabras proféticas de este libro: Si alguien
añade algo, Dios le añadirá las plagas
escritas en este libro. 19 Si alguien quita
algo de las palabras proféticas de este
libro, Dios le quitará su participación en
el árbol de la vida y en la Ciudad Santa,
que se describen en este libro.

20 El que atestigua todo esto dice: Sí,
vengo pronto. Amén. Ven, Señor Jesús.
21 La gracia del Señor Jesús esté con
todos. [[Amén.]]

22,6-21 Venida de Cristo. Apartando el saludo final (1,3), lo que resta se presenta como un trenzado de dos temas, desconcertante para nosotros.

Un tema secundario se refiere al carácter del libro y a cómo debe ser tratado: iría bien como apéndice antes del saludo final.

El otro tema es de suma importancia y se refiere a la parusía o venida de Jesucristo. Es el mensaje final de la esperanza, en clave de amor y añoranza. Jesús vino y sigue viniendo. Jesús habló y nos sigue hablando. A cada cristiano le toca escuchar su voz y recibirlo en su vida. En medio de las angustias del mundo, el cristiano deberá ansiar siempre la nueva venida de Jesús. «Marana–Tha», Ven, Señor, (17; 1 Cor 16,22) debe ser la oración continua del cristiano; es una oración de fe y optimismo que le debe entusiasmar.

Evangelio de Cada día

A continuación presentamos las lecturas evangélicas de cada día que la Iglesia propone a sus fieles. Esperamos que sea un instrumento que facilite el encuentro, tanto personal como comunitario, en unión con la Iglesia Universal, de la Vida con la Palabra y de la Palabra con la Vida, de manera que el Anuncio del Maestro, la semilla de su Palabra, germine en nosotros y produzcamos en abundancia los frutos de su Reino.

Observaciones

Para saber qué lectura evangélica corresponde a una determinada fecha, lo primero que debemos hacer es ubicar dicha fecha en los distintos calendarios que se presentan en las páginas 600 y 601. Por ejemplo, el evangelio del 20 de Agosto de 2012 (p. 601). Esa fecha se encuentra en la *Semana 20, del Calendario del Tiempo Ordinario,* que en dicho año empieza con el *Domingo 19 de Agosto*. De estos datos podemos concluir que el 20 cae en Lunes. Así que la lectura que corresponde a dicha fecha es del *Lunes de la Semana 20 del Tiempo Ordinario.* Una vez determinado esto, lo que sigue es muy sencillo. Buscamos en la *Tabla de los Evangelios de Tiempo Ordinario* (p. 605), *el Lunes de la Semana 20*. El evangelio de dicha fecha es: Mt 19,16-22.

Si una fecha cae en Domingo, la lectura corresponde al Ciclo determinado por el Calendario Litúrgico, véase el *Calendario de las Principales Celebraciones Litúrgicas* (p. 600). Por ejemplo, el 08 de Marzo de 2009 (*Domingo 02 del Tiempo de Cuaresma*), la lectura corresponde al *Ciclo B*: Mc 9,2-10.

El Año Litúrgico comienza con el *Tiempo de Adviento* (más o menos a finales de Noviembre y a principios de Diciembre); el *Tiempo de Adviento* es un tiempo de preparación para el *Tiempo de Navidad,* que empieza la noche anterior al 25 de Diciembre y se extiende hasta la Fiesta del *Bautismo del Señor* (Domingo 02 del Año Civil, o el 08 de Enero si la Solemnidad de la *Epifanía del Señor* se celebra el Domingo 07). Después de esta Fiesta empieza el *Tiempo Ordinario*, y se extiende, en su primera parte, hasta el Martes anterior al *Miércoles de Ceniza (Inicio del Tiempo de Cuaresma)*. Puede constar de cuatro a nueve semanas, según la fecha de PASCUA, que varía cada año. Al respecto véase la *División del Tiempo Ordinario* en el *Calendario de las Principales Celebraciones Litúrgicas*. Su segunda parte comienza con el Lunes posterior a la Solemnidad de *Pentecostés (Fin del Tiempo de Pascua)* y se extiende hasta el Sábado posterior a la Solemnidad de *Jesucristo, Rey del Universo*, con lo que culmina el Año Litúrgico (más o menos a finales de Noviembre y principios de Diciembre).

El Año Litúrgico está salpicado de diversas Fiestas y Solemnidades propias de los Santos, cuyas celebraciones muchas veces varían de fecha según la Tradición de una determinada Iglesia; aquí sólo recogeremos las Fiestas y las Solemnidades Universales de Nuestro Señor, de la Virgen María y de los Apóstoles.

Calendario de las Principales Celebraciones Litúrgicas

Año	Ciclo	Adviento	Bautismo del Señor	Miércoles de Ceniza	Pascua	Pentecostés	División del Tiempo Ordinario			
							Antes de Cuaresma		Después de Pentecostés	
							Hasta	Sem	Desde	Sem
2008	A	02 Dic (07)	13 Ene	06 Feb	23 Mar	11 May	05 Feb	**04**	12 May	**06**
2009	B	30 Nov (08)	11 Ene	25 Feb	12 Abr	31 May	24 Feb	**07**	01 Jun	**09**
2010	C	29 Nov (09)	10 Ene	17 Feb	04 Abr	23 May	16 Feb	**06**	24 May	**08**
2011	A	28 Nov (10)	09 Ene	09 Mar	24 Abr	12 Jun	08 Mar	**09**	13 Jun	**11**
2012	B	27 Nov (11)	08 Ene	22 Feb	08 Abr	27 May	21 Feb	**07**	28 May	**08**
2013	C	02 Dic (12)	13 Ene	13 Feb	31 Mar	19 May	12 Feb	**05**	20 May	**07**
2014	A	01 Dic (13)	12 Ene	05 Mar	20 Abr	08 Jun	04 Mar	**08**	09 Jun	**10**
2015	B	30 Nov (14)	11 Ene	18 Feb	05 Abr	24 May	17 Feb	**06**	25 May	**08**
2016	C	29 Nov (15)	10 Ene	10 Feb	27 Mar	15 May	09 Feb	**05**	16 May	**07**

Abreviaturas

MCE = Miércoles de Ceniza; **DRA** = Domingo de Ramos; **DPA** = Domingo de Pascua
ASC = Ascensión; **PEN** = Pentecostés
BDS = Bautismo del Señor; **JRU** = Jesucristo Rey del Universo

Calendario del Tiempo de Adviento

Sem	2008	2009	2010	2011	2012	2013	2014	2015	2016
01	**02 Dic** (07)	**30 Nov** (08)	**29 Nov** (09)	**28 Nov** (10)	**27 Nov** (11)	**02 Dic** (12)	**01 Dic** (13)	**30 Nov** (14)	**29 Nov** (15)
02	09 Dic (07)	07 Dic (08)	06 Dic (09)	05 Dic (10)	04 Dic (11)	09 Dic (12)	08 Dic (13)	07 Dic (14)	06 Dic (15)
03	16 Dic (07)	14 Dic (08)	13 Dic (09)	12 Dic (10)	11 Dic (11)	16 Dic (12)	15 Dic (13)	14 Dic (14)	13 Dic (15)
04	23 Dic (07)	21 Dic (08)	20 Dic (09)	19 Dic (10)	18 Dic (11)	23 Dic (12)	22 Dic (13)	21 Dic (14)	20 Dic (15)

Calendario del Tiempo de Cuaresma

Sem	2008	2009	2010	2011	2012	2013	2014	2015	2016
MCE	**06 Feb**	**25 Feb**	**17 Feb**	**09 Mar**	**22 Feb**	**13 Feb**	**05 Mar**	**18 Feb**	**10 Feb**
01	10 Feb	01 Mar	21 Feb	13 Mar	26 Feb	17 Feb	09 Mar	22 Feb	14 Feb
02	17 Feb	08 Mar	28 Feb	20 Mar	04 Mar	24 Feb	16 Mar	01 Mar	21 Feb
03	24 Feb	15 Mar	07 Mar	27 Mar	11 Mar	03 Mar	23 Mar	08 Mar	28 Feb
04	02 Mar	22 Mar	14 Mar	03 Abr	18 Mar	10 Mar	30 Mar	15 Mar	06 Mar
05	09 Mar	29 Mar	21 Mar	10 Abr	25 Mar	17 Mar	06 Abr	22 Mar	13 Mar

Calendario del Tiempo de Pascua

Sem	2008	2009	2010	2011	2012	2013	2014	2015	2016
DRA	16 Mar	05 Abr	28 Mar	17 Abr	01 Abr	24 Mar	13 Abr	29 Mar	20 Mar
DPA	**23 Mar**	**12 Abr**	**04 Abr**	**24 Abr**	**08 Abr**	**31 Mar**	**20 Abr**	**05 Abr**	**27 Mar**
02	30 Mar	19 Abr	11 Abr	01May	15 Abr	07 Abr	27 Abr	12 Abr	03 Abr
03	06 Abr	26 Abr	18 Abr	08 May	22 Abr	14 Abr	04 May	19 Abr	10 Abr
04	13 Abr	03 May	25 Abr	15 May	29 Abr	21 Abr	11 May	26 Abr	17 Abr
05	20 Abr	10 May	02 May	22 May	06 May	28 Abr	18 May	03 May	24 Abr
06	27 Abr	17 May	09 May	29 May	13 May	05 May	25 May	10 May	01 May
07/ASC	04 May	24 May	16 May	05 Jun	20 May	12 May	01 Jun	17 May	08 May
PEN	**11 May**	**31 Jun**	**23 May**	**12 Jun**	**27 May**	**19 May**	**08 Jun**	**24 May**	**15 May**

Calendario del Tiempo Ordinario

Sem	2008	2009	2010	2011	2012	2013	2014	2015	2016
BDS	**13 Ene**	**11 Ene**	**10 Ene**	**09 Ene**	**08 Ene**	**13 Ene**	**12 Ene**	**11 Ene**	**10 Ene**
01	_14 Ene*_	_12 Ene*_	_11 Ene*_	_10 Ene*_	_09 Ene*_	_14 Ene*_	_13 Ene*_	_12 Ene*_	_11 Ene*_
02	20 Ene	18 Ene	17 Ene	16 Ene	15 Ene	20 Ene	19 Ene	18 Ene	17 Ene
03	27 Ene	25 Ene	24 Ene	23 Ene	22 Ene	27 Ene	26 Ene	25 Ene	24 Ene
04	**03 Feb**	01 Feb	31 Ene	30 Ene	29 Ene	03 Feb	_03 Feb*_	01 Feb	31 Ene
05		08 Feb	07 Feb	06 Feb	05 Feb	**10 Feb**	09 Feb	08 Feb	**07 Feb**
06	**_12 May*_**	15 Feb	**14 Feb**	13 Feb	12 Feb		16 Feb	**15 Feb**	
07	_19 May*_	**22 Feb**		20 Feb	**19 Feb**	**_20 May*_**	23 Feb		**_16 May*_**
08	_26 May*_		**_24 May*_**	27 Feb	**_28 May*_**	_27 May*_	**02 Mar**	**_25 May*_**	_23 May*_
09	01 Jun	**_01 Jun*_**	_31 May*_	**06 Mar**	_04 Jun*_	_03 Jun*_		_01 Jun*_	_30 May*_
10	08 Jun	_08 Jun*_	_07 Jun*_		_11 Jun*_	09 Jun	**_09 Jun*_**	_08 Jun*_	07 Jun
11	15 Jun	_15 Jun*_	13 Jun	**_13 Jun*_**	17 Jun	16 Jun	_16 Jun*_	14 Jun	14 Jun
12	22 Jun	21 Jun	20 Jun	_20 Jun*_	_25 Jun*_	23 Jun	_23 Jun*_	21 Jun	21 Jun
13	_30 Jun*_	28 Jun	27 Jun	_27 Jun*_	01 Jul	30 Jun	_30 Jun*_	28 Jun	28 Jun
14	06 Jul	05 Jul	04 Jul	03 Jul	08 Jul	07 Jul	06 Jul	05 Jul	05 Jul
15	13 Jul	12 Jul	11 Jul	10 Jul	15 Jul	14 Jul	13 Jul	12 Jul	12 Jul
16	20 Jul	19 Jul	18 Jul	17 Jul	22 Jul	21 Jul	20 Jul	19 Jul	19 Jul
17	27 Jul	26 Jul	_26 Jul*_	24 Jul	29 Jul	28 Jul	27 Jul	26 Jul	26 Jul
18	03 Ago	02 Ago	01 Ago	31 Jul	05 Ago	04 Ago	03 Ago	02 Ago	02 Ago
19	10 Ago	09 Ago	08 Ago	07 Ago	12 Ago	11 Ago	10 Ago	09 Ago	09 Ago
20	17 Ago	16 Ago	_16 Ago*_	14 Ago	19 Ago	18 Ago	17 Ago	16 Ago	16 Ago
21	24 Ago	23 Ago	22 Ago	21 Ago	26 Ago	25 Ago	24 Ago	23 Ago	23 Ago
22	31 Ago	30 Ago	29 Ago	28 Ago	02 Sep	01 Sep	31 Ago	30 Ago	30 Ago
23	07 Sep	06 Sep	05 Sep	04 Sep	09 Sep	08 Sep	07 Sep	06 Sep	06 Sep
24	_15 Sep*_	13 Sep	12 Sep	11 Sep	16 Sep	15 Sep	_15 Sep*_	13 Sep	13 Sep
25	21 Sep	20 Sep	19 Sep	18 Sep	23 Sep	22 Sep	21 Sep	20 Sep	20 Sep
26	28 Sep	27 Sep	26 Sep	25 Sep	30 Sep	29 Sep	28 Sep	27 Sep	27 Sep
27	05 Oct	04 Oct	03 Oct	02 Oct	07 Oct	06 Oct	05 Oct	04 Oct	04 Oct
28	12 Oct	11 Oct	10 Oct	09 Oct	14 Oct	13 Oct	12 Oct	11 Oct	11 Oct
29	19 Oct	18 Oct	17 Oct	16 Oct	21 Oct	20 Oct	19 Oct	18 Oct	18 Oct
30	26 Oct	25 Oct	24 Oct	23 Oct	28 Oct	27 Oct	26 Oct	25 Oct	25 Oct
31	_03 Nov*_	_03 Nov**_	31 Oct	30 Oct	04 Nov	03 Nov	_03 Nov*_	_03 Nov**_	_03 Nov**_
32	09 Nov	08 Nov	07 Nov	06 Nov	11 Nov	10 Nov	09 Nov	08 Nov	08 Nov
33	16 Nov	15 Nov	14 Nov	13 Nov	18 Nov	17 Nov	16 Nov	15 Nov	15 Nov
JRU	23 Nov	22 Nov	21 Nov	20 Nov	25 Nov	24 Nov	23 Nov	22 Nov	22 Nov
34	**_24 Nov*_**	**_23 Nov*_**	**_22 Nov*_**	**_21 Nov*_**	**_26 Nov*_**	**_25 Nov*_**	**_24 Nov*_**	**_23 Nov*_**	**_23 Nov*_**

Notas

(*) La Semana del Tiempo Ordinario empieza el lunes, ya que el día anterior es una Fiesta o Solemnidad

(**) La Semana del Tiempo Ordinario empieza el martes, ya que los días anteriores son Fiestas o Solemnidades

Evangelios de ADVIENTO

Domingo 1º	**A**	Mt 24,37-44	**B**	Mc 13,33-37	**C**	Lc 21,25-28.34-36
Semana 01 de Adviento	L	Mt 8,5-11	M	Lc 10,21-24	M*	Mt 15,29-37
	J	Mt 7,21.24-27	V	Mt 9,27-31	S	Mt 9,35–10,1.6-8
Domingo 2º	**A**	Mt 3,1-12	**B**	Mc 1,1-8	**C**	Lc 3,1-6
Semana 02 de Adviento	L	Lc 5,17-26	M	Mt 18,12-14	M*	Mt 11,28-30
	J	Mt 11,11-15	V	Mt 11,16-19	S	Mt 17,10-13
Domingo 3º	**A**	Mt 11,2-11	**B**	Mc 1,6-8.19-28	**C**	Lc 3,10-18
Semana 03 de Adviento	L	Mt 21,23-27	M	Mt 21,28-32	M*	Lc 7,18-23
	J	Lc 7,24-30	V	Jn 5,33-36		
Desde el 17 de Diciembre al 07 de Enero las lecturas evangélicas se rigen por la fecha y no por el día, excepto el Domingo 4º de Adviento, las Fiestas de la Sagrada Familia y del Bautismo del Señor.						
Domingo 4º	**A**	Mt 1,18-24	**B**	Lc 1,26-38	**C**	Lc 1,39-45
Días previos a Navidad	**17**	Mt 1,1-17	**18**	Mt 1,18-24	**19**	Lc 1,5-25
	20	Lc 1,26-38	**21**	Lc 1,39-45	**22**	Lc 1,46-56
	23	Lc 1,57-66	**24**	Lc 1,67-79		

Evangelios de NAVIDAD

Medianoche (24-25 de Diciembre, misma lectura para todos los Ciclos)						Lc 2,1-14
Navidad (25 de Diciembre, misma lectura para todos los Ciclos)						Jn 1,1-18
Octava de Navidad	**26**	Mt 10,17-22	**27**	Jn 20,2-8	**28**	Mt 2,13-18
	29	Lc 2,22-35	**30**	Lc 2,36-40	**31**	Jn 1,1-18
Sagrada Familia	**A**	Mt 2,13-15.19.23	**B**	Lc 2,22-40	**C**	Lc 2,41-52
La Fiesta de la Sagrada Familia se celebra el Domingo después de Navidad, o el 30 si Navidad cae en Domingo						
María, Madre de Dios (01 de Enero, misma lectura para todos los Ciclos)						Lc 2,16-21
Antes de Epifanía	**02**	Jn 1,19-28	**03**	Jn 1,29-34	**04**	Jn 1,35-42
	05	Jn 1,43-51	**06**	Mc 1,6b-11	**07**	Jn 2,1-12
Epifanía (Misma lectura para todos los Ciclos)						Mt 2,1-12
Después de Epifanía	L	Mt 4,12-17.23-25	M	Mc 6,34-44	M*	Mc 6,45-52
	J	Lc 4,14-22a	V	Lc 5,12-16	S	Jn 3,22-30
Bautismo del Señor	**A**	Mt 3,13-17	**B**	Mc 1,7-11	**C**	Lc 3,15-16.21-22

Evangelios de CUARESMA

Miércoles de Ceniza						Mt 6,1-6.16-18
	J	Lc 9,22-25	V	Mt 9,14-15	S	Lc 5,27-32
Domingo 1º	**A**	Mt 4,1-11	**B**	Mc 1,12-25	**C**	Lc 4,1-13
Semana 01 de Cuaresma	L	Mt 25,31-46	M	Mt 6,7-15	M*	Lc 11,29-32
	J	Mt 7,7-12	V	Mt 5,20-26	S	Mt 5,43-48
Domingo 2º	**A**	Mt 17,1-9	**B**	Mc 9,2-10	**C**	Lc 9,28b-36
Semana 02 de Cuaresma	L	Lc 6,36-38	M	Mt 23,1-12	M*	Mt 20,17-28
	J	Lc 16,19-31	V	Mt 21,33-43.45-46	S	Lc 15,1-3.11-32
Domingo 3º	**A**	Jn 4,5-42	**B**	Jn 2,13-25	**C**	Lc 13,1-9
Semana 03 de Cuaresma	L	Lc 4,24-30	M	Mt 18,21-35	M*	Mt 5,17-19
	J	Lc 11,14-23	V	Mc 12,28-34	S	Lc 18,9-14

Evangelios de CUARESMA

Domingo 4º	**A**	Jn 9,1-41	**B**	Jn 3,14-21	**C**	Lc 15,1-3.11-32
Semana 04 de Cuaresma	L	Jn 4,43-54	M	Jn 5,1-3.5-16	M*	Jn 5,17-30
	J	Jn 5,31-47	V	Jn 7,1-2.10.25-30	S	Jn 7,40-53
Domingo 5º	**A**	Jn 11,1-45	**B**	Jn 12,20-33	**C**	Jn 8,1-11
Semana 05 de Cuaresma	L	**AB:** Jn 8,1-11 **C:** Jn 8,12-20	M	Jn 8,21-30	M*	Jn 8,31-42
	J	Jn 8,51-59	V	Jn 10,31-42	S	Jn 11,45-57

Evangelios de PASCUA

Domingo de Ramos	**A**	Mt 21,1-11 Mt 26,14–27,66	**B**	Mc 11,1-10 Mc 14,1–15,47	**C**	Lc 19,28-40 Lc 22,14–23,56
Semana Santa	L	Jn 12,1-11	M	Jn 13,21-33.36-38	M*	Mt 26,14-25
	J	Jn 13,1-15	V	Jn 18,1–19,42		
Vigilia Pascual	**A**	Mt 28,1-10	**B**	Mc 16,1-7	**C**	Lc 24,1-12
Domingo de Pascua (Misma lectura para todos los Ciclos)						Jn 20,1-9
Octava de Pascua	L	Mt 28,8-15	M	Jn 20,11-18	M*	Lc 24,13-35
	J	Lc 24,35-48	V	Jn 21,1-14	S	Mc 16,9-15
Domingo 2º	(Misma lectura para todos los Ciclos)					Jn 20,19-31
Semana 02 de Pascua	L	Jn 3,1-8	M	Jn 3,5a.7b-15	M*	Jn 3,16-21
	J	Jn 3,31-36	V	Jn 6,1-15		Jn 6,16-21
Domingo 3º	**A**	Lc 24,13-35	**B**	Lc 24,35-48	**C**	Jn 21,1-19
Semana 03 de Pascua	L	Jn 6,22-29	M	Jn 6,30-35	M*	Jn 6,35-40
	J	Jn 6,44-51	V	Jn 6,52-59	S	Jn 6,60-69
Domingo 4º	**A**	Jn 10,1-10	**B**	Jn 10,11-18	**C**	Jn 10,27-30
Semana 04 de Pascua	L	**A:** Jn 10,11-18 **BC:** Jn 10,1-10	M	Jn 10,22-30	M*	Jn 12,44-50
	J	Jn 13,16-20	V	Jn 14,1-6	S	Jn 14,7-14
Domingo 5º	**A**	Jn 14,1-12	**B**	Jn 15,1-8	**C**	Jn 13,31-33a.34-35
Semana 05 de Pascua	L	Jn 14,21-26	M	Jn 14,27-31a	M*	Jn 15,1-8
	J	Jn 15,9-11	V	Jn 15,12-17	S	Jn 15,18-21
Domingo 6º	**A**	Jn 14,15-21	**B**	Jn 15,9-17	**C**	Jn 14,23-29
Semana 06 de Pascua	L	Jn 15,26–16,4a	M	Jn 16,5-11	M*	Jn 16,12-15
	J	Jn 16,16-20	V	Jn 16,20-23a	S	Jn 16,23b-28
Ascensión del Señor	**A**	Mt 28,16-20	**B**	Mc 16,15-20	**C**	Lc 26,46-53
Domingo 7º	**A**	Jn 17,1-11a	**B**	Jn 17,11b-19	**C**	Jn 17,20-26
La lectura evangélica del Domingo 7º sólo se realiza si la Ascensión se celebra el jueves de la Semana 06						
Semana 07 de Pascua	L	Jn 16,29-33	M	Jn 17,1-11a	M*	Jn 17,11b-19
	J	Jn 17,20-26	V	Jn 21,15-19	S	Jn 21,20-25
Pentecostés	**A**	Jn 20,19-23	**B**	Jn 15,26-27; 16,12-15	**C**	Jn 14,15-16.23b-26

Evangelios de SOLEMNIDADES y FIESTAS movibles en TIEMPO ORDINARIO

Fiesta de Jesucristo Sumo y Eterno Sacerdote: Jueves después de Pentecostés **(Lc 9,11b-17)** Solemnidad de la Santísima Trinidad (ST): Domingo después de Pentecostés Solemnidad del Cuerpo y de la Sangre de Cristo (CSC): Jueves o Domingo después de la Santísima Trinidad Solemnidad del Sagrado Corazón de Jesús (SCJ): Viernes posterior al Segundo domingo después de Pentecostés						
ST	**A**	Jn 3,16-18	**B**	Mt 28,16-20	**C**	Jn 16,12-15
CSC	**A**	Jn 6,51-58	**B**	Mc 14,12-16.22-26	**C**	Lc 9,11b-17
SCJ	**A**	Mt 11,25-30	**B**	Jn 19,31-37	**C**	Lc 15,3-7

Evangelios de TIEMPO ORDINARIO

Bautismo del Señor						
Semana 01	L	Mc 1,14-20	M	Mc 1,21-28	M*	Mc 1,29-39
	J	Mc 1,40-45	V	Mc 2,1-12	S	Mc 2,13-17
Domingo 2º	**A**	Jn 1,29-34	**B**	Jn 1,35-42	**C**	Jn 2,1-11
Semana 02	L	Mc 2,18-22	M	Mc 2,23-28	M*	Mc 3,1-6
	J	Mc 3,7-12	V	Mc 3,13-19		Mc 3,20-21
Domingo 3º	**A**	Mt 4,12-23	**B**	Mc 1,14-20	**C**	Lc 1,1-4; 4,14-21
Semana 03	L	Mc 3,22-30	M	Mc 3,31-35	M*	Mc 4,1-20
	J	Mc 4,21-25	V	Mc 4,26-34	S	Mc 4,35-41
Domingo 4º	**A**	Mt 5,1-12a	**B**	Mc 1,21-28	**C**	Lc 4,21-30
Semana 04	L	Mc 5,1-20	M	Mc 5,21-43	M*	Mc 6,1-6
	J	Mc 6,7-13	V	Mc 6,14-29	S	Mc 6,30-34
Domingo 5º	**A**	Mt 5,13-16	**B**	Mc 1,29-39	**C**	Lc 5,1-11
Semana 05	L	Mc 6,53-56	M	Mc 7,1-13	M*	Mc 7,14-23
	J	Mc 7,24-30	V	Mc 7,31-37	S	Mc 8,1-10
Domingo 6º	**A**	Mt 5,17-37	**B**	Mc 1,40-45	**C**	Lc 6,17.20-26
Semana 06	L	Mc 8,11-13	M	Mc 8,14-21	M*	Mc 8,22-26
	J	Mc 8,27-33	V	Mc 8,34–9,1	S	Mc 9,2-13
Domingo 7º	**A**	Mt 5,38-48	**B**	Mc 2,1-12	**C**	Lc 6,27-38
Semana 07	L	Mc 9,14-29	M	Mc 9,30-37	M*	Mc 9,38-40
	J	Mc 9,41-50	V	Mc 10,1-12	S	Mc 10,13-16
Domingo 8º	**A**	Mt 6,24-34	**B**	Mc 2,18-22	**C**	Lc 6,39-45
Semana 08	L	Mc 10,17-27	M	Mc 10,28-31	M*	Mc 10,32-45
	J	Mc 10,46-52	V	Mc 11,11-26	S	Mc 11,27-33
Domingo 9º	**A**	Mt 7,21-27	**B**	Mc 2,23–3,6	**C**	Lc 7,1-10
Semana 09	L	Mc 12,1-12	M	Mc 12,13-17	M*	Mc 12,18-27
	J	Mc 12,28b-34	V	Mc 12,35-37	S	Mc 12,38-44
Domingo 10º	**A**	Mt 9,9-13	**B**	Mc 3,20-35	**C**	Lc 7,11-17
Semana 10	L	Mt 5,1-12	M	Mt 5,13-16	M*	Mt 5,17-19
	J	Mt 5,20-26	V	Mt 5,27-32	S	Mt 5,33-37
Domingo 11º	**A**	Mt 9,36–10,8	**B**	Mc 4,26-34	**C**	Lc 7,36–8,3
Semana 11	L	Mt 5,38-42	M	Mt 5,43-48	M*	Mt 6,1-6.16-18
	J	Mt 6,7-15	V	Mt 6,19-23	S	Mt 6,24-34

Evangelios de TIEMPO ORDINARIO

Domingo 12º	**A**	Mt 10,26-33	**B**	Mc 4,35-41	**C**	Lc 9,18-24
Semana 12	L	Mt 7,1-5	M	Mt 7,6.12-14	M*	Mt 7,15-20
	J	Mt 7,21-29	V	Mt 8,1-4	S	Mt 8,5-17
Domingo 13º	**A**	Mt 10,37-42	**B**	Mc 5,21-43	**C**	Lc 9,51-62
Semana 13	L	Mt 8,18-22	M	Mt 8,23-27	M*	Mt 8,28-34
	J	Mt 9,1-8	V	Mt 9,9-13	S	Mt 9,14-17
Domingo 14º	**A**	Mt 11,25-30	**B**	Mc 6,1-6	**C**	Lc 10,1-12.17-20
Semana 14	L	Mt 9,18-26	M	Mt 9,32-38	M*	Mt 10,1-7
	J	Mt 10,7-15	V	Mt 10,16-23	S	Mt 10,24-33
Domingo 15º	**A**	Mt 13,1-23	**B**	Mc 6,7-13	**C**	Lc 10,25-37
Semana 15	L	Mt 10,34–11,1	M	Mt 11,20-24	M*	Mt 11,25-27
	J	Mt 11,28-30	V	Mt 12,1-8	S	Mt 12,14-21
Domingo 16º	**A**	Mt 13,24-43	**B**	Mc 6,30-34	**C**	Lc 10,38-42
Semana 16	L	Mt 12,38-42	M	Mt 12,46-50	M*	Mt 13,1-9
	J	Mt 13,10-17	V	Mt 13,18-23	S	Mt 13,24-30
Domingo 17º	**A**	Mt 13,44-52	**B**	Jn 6,1-15	**C**	Lc 11,1-13
Semana 17	L	Mt 13,31-35	M	Mt 13,36-43	M*	Mt 13,44-46
	J	Mt 13,47-53	V	Mt 13,54-58	S	Mt 14,1-12
Domingo 18º	**A**	Mt 14,13-21	**B**	Jn 6,24-35	**C**	Lc 12,13-21
Semana 18	L	**A:** Mt 14,22-36 **BC:** Mt 14,13-21	M	**A:** Mt 15,1-2.10-14 **BC:** Mt 14,22-36	M*	Mt 15,21-28
	J	Mt 16,13-23	V	Mt 16,24-28	S	Mt 17,14-20
Domingo 19º	**A**	Mt 14,22-33	**B**	Jn 6,41-51	**C**	Lc 12,32-48
Semana 19	L	Mt 17,22-27	M	Mt 18,1-5.10.12-14	M*	Mt 18,15-20
	J	Mt 18,21–19,1	V	Mt 19,3-12	S	Mt 19,13-15
Domingo 20º	**A**	Mt 15,21-28	**B**	Jn 6,51-58	**C**	Lc 12,49-53
Semana 20	L	Mt 19,16-22	M	Mt 19,23-30	M*	Mt 20,1-16a
	J	Mt 22,1-14	V	Mt 22,34-40	S	Mt 23,1-12
Domingo 21º	**A**	Mt 16,13-20	**B**	Jn 6,60-69	**C**	Lc 13,22-30
Semana 21	L	Mt 23,13-22	M	Mt 23,23-26	M*	Mt 23,27-32
	J	Mt 24,42-51	V	Mt 25,1-13	S	Mt 25,14-30
Domingo 22º	**A**	Mt 16,21-27	**B**	Mc 7,1-8.14-15.21-23	**C**	Lc 14,1.7-14
Semana 22	L	Lc 4,16-30	M	Lc 4,31-37	M*	Lc 4,38-44
	J	Lc 5,1-11	V	Lc 5,33-39	S	Lc 6,1-5
Domingo 23º	**A**	Mt 18,15-20	**B**	Mc 7,31-37	**C**	Lc 14,25-33
Semana 23	L	Lc 6,6-11	M	Lc 6,12-19	M*	Lc 6,20-26
	J	Lc 6,27-38	V	Lc 6,39-42	S	Lc 6,43-49
Domingo 24º	**A**	Mt 18,21-35	**B**	Mc 8,27-35	**C**	Lc 15,1-32 ó 15,1-10
Semana 24	L	Lc 7,1-10	M	Lc 7,11-17	M*	Lc 7,31-35
	J	Lc 7,36-50	V	Lc 8,1-3	S	Lc 8,4-15
Domingo 25º	**A**	Mt 20,1-16	**B**	Mc 9,30-37	**C**	Lc 16,1-13
Semana 25	L	Lc 8,16-18	M	Lc 8,19-21	M*	Lc 9,1-6
	J	Lc 9,7-9	V	Lc 9,18-22	S	Lc 9,43b-45

Evangelios de TIEMPO ORDINARIO

Domingo 26º	**A**	Mt 21,28-32	**B**	Mc 9,38-43.45.47-48	**C**	Lc 16,19-31
Semana 26	L	Lc 9,46-50	M	Lc 9,51-56	M*	Lc 9,57-62
	J	Lc 10,1-12	V	Lc 10,13-16	S	Lc 10,17-24
Domingo 27º	**A**	Mt 21,33-43	**B**	Mc 10,2-16	**C**	Lc 17,5-10
Semana 27	L	Lc 10,25-37	M	Lc 10,38-42	M*	Lc 11,1-4
	J	Lc 11,5-13	V	Lc 11,15-26	S	Lc 11,27-28
Domingo 28º	**A**	Mt 22,1-14	**B**	Mc 10,17-30	**C**	Lc 17,11-19
Semana 28	L	Lc 11,29-32	M	Lc 11,37-41	M*	Lc 11,42-46
	J	Lc 11,47-54	V	Lc 12,1-7	S	Lc 12,8-12
Domingo 29º	**A**	Mt 22,15-21	**B**	Mc 10,35-45	**C**	Lc 18,1-8
Semana 29	L	Lc 12,13-21	M	Lc 12,35-38	M*	Lc 12,39-48
	J	Lc 12,49-53	V	Lc 12,54-59	S	Lc 13,1-9
Domingo 30º	**A**	Mt 22,34-40	**B**	Mc 10,46-52	**C**	Lc 18,9-14
Semana 30	L	Lc 13,10-17	M	Lc 13,18-21	M*	Lc 13,22-30
	J	Lc 13,31-35	V	Lc 14,1-6	S	Lc 14,1.7-11
Domingo 31º	**A**	Mt 23,1-12	**B**	Mc 12,28b-34	**C**	Lc 19,1-10
Semana 31	L	Lc 14,12-14	M	Lc 14,15-24	M*	Lc 14,25-33
	J	Lc 15,1-10	V	Lc 16,1-8	S	Lc 16,9-15
Domingo 32º	**A**	Mt 25,1-13	**B**	Mc 12,38-44	**C**	Lc 20,27-38
Semana 32	L	Lc 17,1-6	M	Lc 17,7-10	M*	Lc 17,11-19
	J	Lc 17,20-25	V	Lc 17,26-37	S	Lc 18,1-8
Domingo 33º	**A**	Mt 25,14-30	**B**	Mc 13,24-32	**C**	Lc 21,5-19
Semana 33	L	Lc 18,35-43	M	Lc 19,1-10	M*	Lc 19,11-28
	J	Lc 19,41-44	V	Lc 19,45-48	S	Lc 20,27-40
Cristo Rey	**A**	Mt 25,31-46	**B**	Jn 18,33b-37	**C**	Lc 23,35-43
Semana 34	L	Lc 21,1-4	M	Lc 21,5-11	M*	Lc 21,12-19
	J	Lc 21,20-28	V	Lc 21,29-33	S	Lc 21,24-36

Evangelios de SOLEMNIDADES y FIESTAS no movibles de Nuestro Señor, de la Virgen María y de los Apóstoles

ENE	**25** La Conversión de san Pablo (Mc 16,15-18)	AGO	**10** San Lorenzo, diácono y mártir (Jn 12,24-26) **15** La Asunción de la Virgen María (Lc 1,39-56) **24** San Bartolomé, apóstol (Jn 1,45-51)
FEB	**02** La Presentación del Señor (Lc 2,22-40) **22** La Cátedra de san Pedro (Mt 16,13-19)		
MAR	**19** San José (Mt 16.18-21a.24a) **25** La Anunciación del Señor (Lc 1,26-38)	SEP	**08** La Natividad de la Virgen María (Mt 1,1-16.18-23) **14** La Exaltación de la Cruz (Jn 3,13-17), *en AL:* **03** MAY **21** San Mateo, apóstol y evangelista (Mt 9,9-13) **29** Santos Arcángeles Miguel, Gabriel y Rafael (Jn 1,47-51)
ABR	**25** San Marcos, evangelista (Mc 16,15-20)		
MAY	**03** San Felipe y Santiago, apóstoles (Jn 14,6-14) **14** San Matías, apóstol (Jn 15,9-17) **31** La Visitación de la Virgen María (Lc 1,39-56)	OCT	**18** San Lucas, evangelista (Lc 10,1-9) **28** San Simón y san Judas, apóstoles (Lc 6,12-19)
JUN	**24** La Natividad de san Juan Bautista (Lc 1,57-66.80) **29** San Pedro y san Pablo, apóstoles (Mt 16,13-19)	NOV	**01** Todos los Santos (Mt 5,1-12a) **02** Conmemoración de los fieles difuntos (Jn 14,1-6) **30** San Andrés, apóstol (Mt 4,18-22)
JUL	**03** Santo Tomás, apóstol (Jn 20,24-29) **25** Santiago, apóstol (Mt 20,20-28)	DIC	**08** La Inmaculada Concepción de la Virgen María (Lc 1,26-38) **26** San Esteban, protomártir; **27** San Juan, apóstol y evangelista; y **28** Santos Inocentes. Véase las lecturas de Tiempo de Navidad
AGO	**06** La Transfiguración del Señor (**A:** Mt 17,1-9; **B:** Mc 9,2-10; **C:** Lc 9,28b-36)